KALT SOMMERS

UNTERGANG

INVICTICON

Printausgabe, erschienen 2022
1. Auflage

ISBN: 978-3-95949-605-6

Eutiner Straße 24,
18109 Rostock

www.main-verlag.de
www.facebook.com/MAIN.Verlag
order@main-verlag.de

Druck: AKT AG, FL-9497 Triesenberg (AgenTisk Huter d.o.o)

Bibliografische Information der Deutschen Nationalbibliothek:
Die Deutsche Nationalbibliothek verzeichnet diese Publikation in der Deutschen Nationalbibliografie; detaillierte bibliografische Daten sind im Internet über http://dnb.d-nb.de abrufbar.

THOMAS PREGEL

KALT SOMMERS

UNTERGANG

DRITTER TEIL

HOLSTEINER TRILOGIE III

Das Buch

BENJAMIN SANDOW KEHRT NUR AUS einem einzigen Grund aus Berlin nach Kaltsommer zurück: Um sein Erbe so schnell wie es geht zu verkaufen, und damit alle Bande zwischen seinem neuen Leben in Berlin und seiner Kindheit in Kaltsommer für immer zu durchtrennen. Schließlich wartet Gerrit in Berlin, Benjamins um gut zwanzig Jahre jüngere Liebe.

Doch Kaltsommer wäre nicht das, was es ist, wenn es nicht zu einem unerwarteten Showdown käme …

Mit »Kaltsommers Untergang« endet die Holsteiner Trilogie. Kaltsommer an sich mag in einer Zeit der Akzeptanz und Toleranz nicht mehr gebraucht werden, aber der Zauber des Neuen und des Wandels wohnt diesem Buch, das zugleich auch ein historischer Roman ist, und die Geschichte des Umgangs mit der Homosexualität in Schleswig-Holstein vom 8. Jahrhundert bis heute schildert, inne.

DRITTER TEIL

FEUERWOLKE

Dreiunddreißigstes Kapitel

Ein Mensch wird zweimal beerdigt – zum einen physisch, zum anderen bürokratisch. Und nebenbei muss auch noch sein Dasein abgewickelt werden. Benjamin hätte niemals gedacht, was für ein Aufwand das alles ist. Einiges hatte er zwar von Berlin aus erledigen können und zu diesem Zweck seine Wohnung in Neukölln als Büro reaktiviert. Er wollte den ganzen Papierkram nicht bei Gerrit am Küchentisch erledigen, sondern nach getaner Arbeit wie zum Feierabend nach Hause kommen können. Ließ er die Unterlagen in seinem Hinterhofloch, konnten sie ihn nicht bis nach Friedrichshain verfolgen. Und der Rest lief sowieso über sein Handy, das in dieser Angelegenheit, da er es nur mit staatlichen Stellen oder der Anwaltskanzlei von Dr. Grünwohld zu tun hatte, ausschließlich zu den üblichen Geschäftszeiten klingelte. Allerdings rief mindestens einmal pro Woche Bente Nissen an, um ihm vom Stand der Dinge in Kaltsommer zu unterrichten, unaufgefordert natürlich und der Idee, dass ihn das nicht wirklich interessieren könnte, nicht im Mindesten gegenüber aufgeschlossen. So war er also immer im Bilde darüber, wie es in Gerburgs Haus aussah – unverändert – und was gerade im Garten zur Reife gedieh. Benjamin konnte sich noch genau daran erinnern, dass er der Nachbarin ausdrücklich erlaubt hatte, die Früchte nach Belieben zu ernten, damit sie nicht verfaulten, was schade gewesen wäre. Trotzdem fragte sie bei jeder einzelnen Pflanze nach, ob sie sich bedienen dürfe. Er spielte mit dem Gedanken, sich eine neue Telefonnummer zuzulegen, sobald diese ganze unerfreuliche Geschichte vorüber wäre.

Vieles hatte sich auf postalischem Wege erledigen lassen, der Verkauf des Brillenladens etwa oder das Versenden der Bescheinigungen an alle, die offiziell beglaubigt wissen mussten, dass Gerburg nicht mehr lebte, von der Rentenkasse über das Zeitungs-Abo bis hin zum Telefon- und Internetanbieter. Konten ließen sich nicht so leicht auflösen, die Bank verlangte persönliche Anwesenheit dazu oder zumindest die eines Bevollmächtigten. Dr. Grünwohld hätte auch diese Aufgabe sofort übernommen, aber solange noch Kosten für Gerburgs längst begrabenes Dasein aufliefen, war es einfacher, diese weiterlaufen zu lassen. Auch die Stromversorgung kündigte er noch nicht. Dass er noch mindestens einmal nach Kaltsommer musste, war klar. Außerdem hatte Elke Siebert, die Maklerin, die er mit dem Hausverkauf beauftragte, weil sie mit dem Wolkenheim bereits Erfahrungen gesammelt hatte, ziemlich unverhohlene Andeutungen über die gute Verkäuflichkeit von Immobilien derzeit selbst hinter der Nebelwand gemacht. »Die Leute kaufen, kaufen, kaufen«, hatte sie am Telefon gesagt. »Und ob das nun nur eine Blase ist, sollte Ihnen völlig egal sein, solange Sie Ihr Geld noch kriegen, bevor die platzt.« Dass sie ihm dabei behilflich sein könnte, daran ließ sie nicht den geringsten Zweifel. Er hatte schnell Gefallen an ihrem pragmatischen Ansatz gefunden.

So war es bereits August geworden und die Sommerferien sowohl in Berlin als auch in Schleswig-Holstein nahezu vorbei, als Benjamin das nächste Mal nach Kaltsommer fuhr. Wieder hatte Mehmet ihn gefahren und Gerrit mit im Auto gesessen, wieder hatten sein Kleiner und er in Gerburgs Doppelbett geschlafen – es fühlte sich jetzt schon nicht mehr ganz so merkwürdig an – und ihr Freund in seinem alten Zimmer übernachtet. Ein Wochenende waren die beiden geblieben, die Zeit nutzend, an verbliebenen Möbeln zu rücken und den letzten Hausrat nach den Kategorien Verkauf/Flohmarkt, Sozialkaufhaus und Sperrmüll zu ordnen. Im Laufe der Zeit hatte Gerburg einige teure Küchengeräte angeschafft, darunter einen Thermomix, der sogar gebraucht aussah. »Das ist seltsam«, wusste Benjamin den beiden anderen zu berichten, »denn in meiner Kindheit war Kochen für sie nur eine lästige Angelegenheit, die sie von ihrer eigentlichen Arbeit abhielt. Ich weiß nicht, wie oft ich Nudeln mit Tomatensoße aus dem Glas oder der Tüte vorgesetzt bekam. Zum Glück habe ich bald kaum noch hier gegessen.« – »Wo hast du denn dann gegessen?«, fragte Mehmet verwundert. »Bei der Familie meines Freundes hier im Dorf. Dass ich so groß und stark geworden bin, hab ich einzig und allein den Kochkünsten von Olafs Mutter Bärbel zu verdanken.« – »Hast du ihn«, fragte da Gerrit zögerlich, »seither eigentlich mal wiedergesehen?« – »Seit wann?«, fragte Benjamin aufmerksam zurück. »Seit dem Tod deiner Mutter?« – »Nein«, war Benjamin plötzlich sehr froh, seinen

Freund beruhigen zu können, »nur Rüdiger, seinen Vater, und der ist inzwischen geistig so verwirrt, dass er mich gar nicht mehr richtig erkannt hat.« – »Das ist traurig«, meinte Mehmet, und Benjamin antwortete: »Ja, irgendwie schon.«

Gestern am späten Nachmittag waren sie zurück nach Berlin gefahren, Mehmet musste heute wieder ins Büro, und Gerrit wurde in seinem derzeitigen Praktikumsbetrieb erwartet. Benjamin hatte sie nur ungern ziehen lassen, so ganz allein in Gerburgs teils leerem, teils durchwühltem Haus fühlte sich die Rückkehr nach Kaltsommer nicht mehr so leicht und unbeschwert an. In der Nacht hatte er kaum geschlafen, Gerburgs Bett kam ihm für sich allein viel zu groß vor. Außerdem schreckte er einmal aus einem wirren Traum auf und war für einen Moment fest davon überzeugt, sie würde neben ihm liegen, weder tot noch lebendig. Viel hätte nicht gefehlt, und er wäre in sein altes Zimmer umgezogen. Wie gerädert war er am Morgen aufgestanden und hatte erst mal Gerrit eine lange Textnachricht geschickt, deren gefühliger oder besser gesagt: schwülstiger Tonfall mehr sagte als die tausend Worte, die er machte, um seinem Kleinen mitzuteilen, wie sehr er ihn schon jetzt vermisste und sich darauf freute, ihn in spätestens einer Woche wiederzusehen. Dass Gerrit brauchte, bis er Zeit und Gelegenheit für eine Antwort fand, versetzte Benjamin regelrecht einen Stich, obwohl er wusste, wie sehr ihn der Einblick in die praktische Arbeit eines Maschinenbauers gerade forderte. Wenn in dieser Zeit, in der er ein geschmackloses Frühstück in sich hineinstopfte, die Nissen an seiner Tür geklingelt hätte, um ihm die Nichtigkeiten ihres Alltags zu erzählen und gleichzeitig ihn auszuhorchen, er hätte ihr sein Herz ausgeschüttet.

Stattdessen klingelte um Punkt zehn Uhr wie verabredet die Maklerin. Elke Siebert trug einen eleganten anthrazitfarbenen Hosenanzug mit weißer Bluse und feuerroten Pumps, die sie offensichtlich auf ihren Lippenstift abgestimmt hatte. Ihre kurzgelockten schwarzen Haare, die nicht einen Hauch von Grau zeigten, ließen den Blick frei auf die kleinen goldenen Ohrstecker und eine Goldkette aus platten dünnen Gliedern, an der ein Anhänger in Form einer Rose, besetzt mit – jedenfalls vermutete Benjamin das – kleinen Rubinen, hing. Ihr ganzer Auftritt zeugte von Geschmack, ihre Körperhaltung war ungemein aufrecht, jede Bewegung hatte etwas Federndes, Energiegeladenes, und ihre Augen, umgeben von einem Kranz aus Lachfältchen, blickten warm und freundlich. Weder erinnerte Elke Siebert ihn an eine Dragqueen, noch bestätigte sie sein durchaus vorurteilsbeladenes Bild von den Angehörigen dieses Berufsstandes als Geldgeier, was Benjamin sehr erleichterte. Er ließ die Frau gerne ins Haus.

Während sie durch die Räume gingen, die Maklerin Fotos schoss und den Wert von Grundstück und Gebäuden – es gehörten ja auch noch eine Garage mit Werkstattraum unter dem Dach, ein geräumiger Carport und ein sehr gut in Schuss gehaltener Schuppen hinten im Garten für Gerburgs nun verwaiste Gärtnerutensilien dazu – einzuschätzen versuchte, wusste Benjamin kaum etwas zu sagen. Er kam sich wie ein Museumswärter vor, der abgestellt war, der neuen Kuratorin das Spielfeld für ihre zukünftigen Ausstellungsideen zu zeigen. Natürlich beantwortete er alle ihre Fragen, etwa zum Baujahr, zur Wohnfläche in Quadratmetern und Grundstücksgröße, nach bestem Wissen und Gewissen. Noch in Berlin hatte er sich gewissenhaft darauf vorbereitet und alle von ihm für nötig gehaltenen Daten aus den entsprechenden Dokumenten und Unterlagen zusammengetragen. Aber dann wollte Frau Siebert auch solche Dinge wissen, wann zum Beispiel die Heizungsanlage das letzte Mal erneuert worden sei oder das Dach, und da musste er bereits passen.

»Ich wohne schon so lange nicht mehr hier«, stammelte er.

»Macht nichts«, wischte sie sein Nichtwissen unbekümmert weg. »Hier drinnen sieht alles nicht älter als fünf bis zehn Jahre aus, da muss wohl kaum was nachgerüstet werden.«

»Von mir?«

»Oder von den Käufern.«

Benjamin nickte erleichtert.

»Das Dach dagegen«, fuhr sie dort und deutete mit dem Finger durch die Küchendecke, »scheint mir wesentlich älter zu sein. Kann sein, dass wir das in unserem Angebot als renovierungsbedürftig einstufen müssten. Das würde dann den Preis natürlich etwas drücken.«

»Sehr?«

Sie schüttelte lächelnd den Kopf. »Nein. Ich sagte Ihnen ja schon am Telefon, dass der Immobilienmarkt zurzeit eine Goldgrube ist. Da ist so viel heiße Luft drin, dass selbst echte Bruchbuden noch als lohnendes Anlageobjekt gelten – auch wenn es bei solchen Objekten dann eher um den Bauplatz geht als um das Gebäude selbst. Meist wird dann abgerissen und neu gebaut.«

»Na ja, das ist hier wohl nicht möglich«, gab Benjamin zu bedenken. »Dieses Haus ist zwar erst zwischen 1936 und 1938 gebaut worden, von der Wehrmacht damals, als die das Gut übernommen hatte, für ihre Arbeiter, und es steht auch nicht unter Denkmalschutz, aber es ist eben nur das Viertel eines Reihenhauses.«

»Wer das hier kauft«, war sich Frau Siebert sicher, »will nichts Neues.«

»Aber das hier ist Kaltsommer, viele ortsfremde machen lieber einen Bogen um das Dorf …«

»Und bei dem wabernden Nebel drum herum ist das noch schwerer als sonst!«

Diese flapsige Bemerkung war der Maklerin offensichtlich ungewollt über die Lippen gerutscht, aber dieses Mal war es an Benjamin, lachend darüber hinwegzugehen. »Da haben Sie recht«, sagte er nur und bot der Dame einen Kaffee an.

Der lief noch durch die Maschine, als Elke Siebert wieder auf die günstige Marktlage selbst für das Wolkenheim zu sprechen kam. »Letztens«, erzählte sie, »hatte ich für kurze Zeit ein anderes Objekt aus diesem Dorf in meinem Portfolio. Das hatte ich vor noch nicht einmal zwanzig Jahren an die heutigen Eigentümer verkauft, und ich muss gestehen, ich hätte nicht gedacht, dass die solange hierbleiben würden. Sie wirkten überhaupt nicht auf mich wie Menschen, die für Kaltsommer die nötigen Voraussetzungen mitbringen. Trotzdem wollten die das Haus damals haben. Nun schienen sie aber doch genug vom hiesigen Wetter gehabt zu haben, denn sie wollten es über mich wieder verkaufen. Das war noch vor dem Sommer, bald nach diesem tragischen Busunglück. Seltsamerweise haben die Eigentümer aber einen Rückzieher gemacht, kaum hatten sich die ersten Interessenten gemeldet. Warum, kann ich nicht sagen, aber plötzlich schienen sie Skrupel zu haben.«

»Da brauchen Sie sich bei mir keine Sorgen zu machen«, beschwichtigte Benjamin die Maklerin.

»Darauf wollte ich auch nicht hinaus«, erwiderte sie. »Was ich damit sagen will, ist, dass es wirklich viele Interessenten für das Haus gab, auch wenn es in Kaltsommer steht, und sie waren durch die Bank weg alle dazu bereit, einen Preis am oberen Ende der Skala zu bezahlen. Genau das erwarte ich auch hier, zumal dieses Grundstück wesentlich größer ist.«

»An anderen Orten der Welt gäbe es sogar Abendsonne«, frotzelte er und reichte ihr einen Kaffeebecher. »Bitte sehr.«

»Danke.« Sie sog genüsslich das Aroma ein. »Machen Sie sich wegen der fehlenden Abendsonne keine Sorgen.«

Sie tranken einen Moment schweigend ihren Kaffee, Benjamin sah sich dabei in der Küche um. »Soll die Küche eigentlich drinbleiben?«, fragte er. »Die ist noch nicht so alt und macht, zumindest auf mich, noch einen ziemlich guten Eindruck. Sie ist maßgeschneidert für diesen Raum.«

»Ihre Mutter hat viel gekocht?«

»Nicht in meiner Kindheit, aber später wohl schon. Irgendwann muss sie angefangen haben, das ganze Gemüse, das sie hinten im Garten anbaute, selbst zu verbrauchen.« Er schüttelte ungläubig den Kopf und lächelte wehmütig. »Sie hat immer begeistert gegärtnert, aber nur die Blumen ins Haus geholt und ins Geschäft mitgenommen. Obst und Gemüse dagegen hat sie an die Nachbarn verschenkt oder entsorgt, wenn sie es nicht loswurde.«

»Ihre Mutter war eine sehr entschlossene und energische Frau, nicht wahr?«, bemerkte Elke Siebert, ihn erst ganz am Ende ansehend.

Benjamin nickte stumm.

»Ich habe sie kennengelernt«, berichtete sie daraufhin, »bei so mancher IHK-Veranstaltung. Sie war tough, besonders im Umgang mit den Männern. Das fand ich sehr beeindruckend. Sie war meinungsstark und ließ sich von niemandem etwas sagen. Viele Männer haben ihr das übel genommen und sie deswegen gemieden. Die haben sie erst akzeptiert, als sie ein gewisses Alter erreicht hatte, als die Herren in ihr so etwas wie eine Mutter erblickten und sich ihr dadurch gefahrlos unterordnen konnten.«

Das Lachen platzte aus Benjamin heraus wie ein Husten. Worüber er allerdings wirklich lachte, hätte er der Siebert niemals erzählt.

»Leider«, fuhr die fort, »hatte Ihre Mutter aber auch kein Interesse daran, zugunsten der Frauenförderung Netzwerke mit anderen Geschäftsinhaberinnen und in der Wirtschaft tätigen Frauen zu gründen. Sie war immer eine Einzelkämpferin.«

»Sie konnte nie besonders gut mit anderen Menschen …«

Eine Weile tranken sie schweigend ihren Kaffee, ein jeder in eine andere Ecke der Küche schauend. Von dort näherten sich die Blicke schließlich langsam wieder an, über Schranktüren, Arbeitsflächen und Elektrogeräte krabbelnd.

»Über die Küche können wir uns auch später noch Gedanken machen«, erklärte Frau Siebert. »Manche Kunden sind froh, wenn etwas so Elementares schon drin ist, andere wollen sich partout komplett neu einrichten.«

Insgesamt dauerte der Termin fast zwei Stunden. Benjamin brachte die Maklerin bis an ihr Auto und sah ihr nach, wie sie die Auffahrt hinab fuhr und unten nach rechts auf die Lindenallee abbog. Irgendetwas daran empfand er als falsch, aber erst als sie schon außer Sichtweite war, durchfuhr es ihn wie ein Stromschlag: Das ist doch die gefährliche Richtung! Beinahe wäre er ihr hinterhergelaufen, obwohl es völlig nutzlos gewesen wäre. Ein zweiter Gedanke hielt ihn sogleich zurück: Da steht ja jetzt die Ampel und regelt den Verkehr von und zur Bundesstraße. Er atmete tief durch, rieb sich, nervös kichernd, über das Gesicht und warf einen Blick gen Himmel. Der Bauch der Wolke zeigte ein unbewegliches helles Weiß, als wäre sie gar nicht echt, sondern eine Attrappe aus Plastik, die irgendein Scherzkeks unbemerkt dort oben aufgehängt hatte. So hatte er die Wolke noch nie gesehen, sie kam ihm direkt fremd vor, beinahe unheimlich. Auch nässte sie einmal mehr nicht. Die Wasserläuse, die sein ganzes früheres Leben hier bestimmt hatten, schienen allesamt ausgestorben zu sein. Nicht nur Frau Nissen beklagte sich inzwischen darüber, dass ohne regelmäßiges Gießen sämtliche Pflanzen vertrocknen würden. Auch das war etwas Neues, Ungewohntes. Benjamin gefiel zwar, dass es tatsächlich einmal sommerlich warm war in Kaltsommer, aber an die Begleitumstände musste er sich noch gewöhnen – oder hoffentlich auch nicht. Je schneller er Haus und Grund abstoßen konnte, desto besser.

Er wischte sich noch einmal mit seinen prankenartigen Händen über Stirn und von der Helligkeit geblendete Augen und ging wieder hinein. Gegen drei Uhr wollte ein Gebrauchtwagenhändler vorbeikommen, der Interesse an Gerburgs Auto hatte.

Vierunddreissigstes Kapitel

Leon bemühte sich, seine Eltern weder zu hassen noch zu verachten. Manfred und Martin redeten ihm immer wieder ins Gewissen, wenn er anfing, auf seine Erzeuger zu schimpfen, und zumindest ihnen gegenüber wollte er ein guter Sohn sein. Dennoch empfand er es jedes Mal als Zumutung, zu ihnen gehen zu müssen, weil es etwas mit den Erziehungsberechtigten zu besprechen oder aus seinem Zimmer vom Dörnsberg ins Verwalterhaus zu holen galt. Deswegen hatte er begonnen, das Haus selbst zu hassen. Immerhin stand sein Kauf am Anfang ihres ganzen Familienelends, eine Fehlentscheidung, die Vater und Mutter nicht zu korrigieren imstande waren. Für diese Schwäche aber verabscheute Leon sie. Gegen eine solche Reaktion war das Haus nicht gewappnet, dafür gab es auf dem Dach keinen Blitzableiter. Seine Abscheu stand ihm ins Gesicht geschrieben, wenn immer er es betrat. Oft wählte er dafür Zeiten, zu denen er beide in Kiel im Büro wusste, seit ihrer Rückkehr aus dem Italienurlaub vor gut zwei Wochen war seine Mutter allerdings häufiger krank zu Hause geblieben.

»Leon, bist du das?«, rief Anna Kaufmann von der Couch im Wohnzimmer.

Sein Gesicht versteinerte sofort, während sich sein Magen zu einem Knoten zusammenzog. Kaum einen Laut hatte die Tür beim Öffnen und Schließen gemacht, und trotzdem hatte sie ihn gehört. Dass sie überhaupt schon wieder zu Hause war!

»Ja!«

»Komm doch mal her zu mir.«

Widerwillig ging er zur Stube. Auf der Türschwelle blieb er stehen. »Was ist denn?«, fragte er ebenso genervt wie missmutig.

Sie lächelte ebenfalls nicht, ihr Gesichtsausdruck wirkte eher unangenehm berührt. Allerdings war das für Leon schwer zu erkennen, denn die Jalousien waren heruntergelassen und das einzige Licht kam vom Fernseher, der bei heruntergedrehter Lautstärke den typischen Nachmittagsmüll zeigte. In diesem Licht sieht niemand gut oder freundlich aus, dachte Leon, allenfalls gespenstisch.

Die auch bei Tag nicht hochgezogenen Jalousien waren ihre jüngste Marotte. Seit sie Italiens Sonne wieder gegen Kaltsommers Wolke hatte eintauschen müssen, klagte sie bei deren Schein über etwas, das sie Migräne nannte. Sie behauptete, das grelle Weiß, das die Wolke absonderte, verursache ihr stechende Kopfschmerzen und Übelkeit. Sie könne kaum die Augen öffnen, weil es ihr dann wie mit tausend Nadeln in die Netzhaut steche. Außerdem stinke es immer noch nach Gänsescheiße, intensiver als jemals zuvor, weshalb sie die Fenster nicht einmal mehr zum Lüften öffnen könne, ohne dass ihr sofort schlecht werde. Dieser Ort werde mehr und mehr zur Last für sie. Doch auf die letztens auf diese Litanei hin von ihrem Sohn beinahe schon gebellt vorgebrachte Frage, warum sie den Hausverkauf wieder gestoppt hätten, anstatt endlich von hier zu verschwinden, hatte sie nur betreten geschwiegen. Dieses Schweigen hatte ihn noch mehr verletzt als ihr heimlicher Versuch, ihren Kaltsommerballast abzuschütteln, oder ihr naiver Glaube, dies hinter seinem Rücken tun zu können. Wie er sie da so in ihrem elenden Selbstmitleid liegen sah, kam ihm die Galle hoch. Das war doch alles pure Heuchelei! Sie jammerte über einen schmerzenden Schädel und hielt sich ständig nur den Bauch.

»Was ist los?«, fragte er erneut.

»Könntest du mir aus der Küche ein Glas Mineralwasser bringen?«, bat sie und klang, als würde es jeden Moment mit ihr zu Ende gehen. »Neben dem Kühlschrank steht eine angebrochene Flasche, die kannst du nehmen. Nimm bloß keine gekühlte Flasche, kaltes Wasser vertrage ich gerade nicht.«

Leon bedachte seine Mutter mit einem abfälligen Blick, ging dann aber in die Küche, um ihr das Gewünschte zu holen. Als er zurückkam, hatte sie den Fernseher ausgeschaltet und sich, trotz der feuchtwarmen Luft im Zimmer eingewickelt in eine Wolldecke, aufgesetzt. Im nun herrschenden Zwielicht war ihr Gesicht kaum noch zu erkennen. Nur das Weiß ihrer Augen leuchtete als geisterhafter Doppelpunkt darin auf. Damit schien sie ihn regelrecht zu verfolgen, als er zurückkam und, nach kurzem Zögern, das Glas vor ihr auf die Glasplatte des Couchtischs stellte.

Das verursachte ein kurzes hässliches Schrieken, bei dem sich ihre Augen reflexhaft schlossen. Am liebsten hätte Leon den Moment zum Weglaufen genutzt, auf Nimmerwiedersehen zurück ins Verwalterhaus, aber seine Beine fühlten sich an wie aus ein paar schlecht gefüllten Sandsäcken zusammengenäht.

»Willst du kein Licht anmachen?« Er räusperte die Worte mehr hervor, als dass er sie sprach.

Sie verharrte eine schier endlos lange Zeit regungslos, dann drehte sie langsam den Oberkörper, fuhr den rechten Arm aus und knipste die Lampe auf dem Beistelltischchen neben der Couch an. Deren Schirm dämpfte den Schein gleich wieder, trotzdem kniff sie erneut die Augen zusammen, als wäre das Gefunzel auch schon wieder viel zu hell für sie.

In Leon kochte die Wut. Er hatte keinen Bock auf dieses Theater. Sie rührte ja nicht einmal ihr Wasser an. Nur ihren Bauch hielt sie weiterhin fest umschlungen, als könnte der sonst wegkullern, unter den Schrank vielleicht und dort liegen bleiben. Nicht dass es da viel zum Kullern gegeben hätte, Anna Kaufmann war zwar keine besonders sportliche Frau, aber sie war von Natur aus sehr schlank. Weder seine Geburt noch die Büroarbeit oder der normale Alterungsprozess hatten bisher etwas daran geändert. Was das Aussehen anging, kam er sehr nach ihr, von seinem Vater hatte Leon lediglich die mausbraunen Haare geerbt. Ihre Aschblonden sahen bei diesem Licht nicht golden aus, sondern glanzlos und strähnig. Aber eben nicht krank, nur vernachlässigt. Sie ließ sich gehen, als wäre das eine Varieté-Nummer, und brauchte dafür Publikum. Den Gefallen wollte Leon ihr auf keinen Fall tun, leider nur schienen seine Füße inzwischen mit dem Boden verwachsen zu sein. Er kam nicht vom Fleck.

»Was is?«, schnauzte er.

Sie zuckte zusammen, fing sich aber gleich wieder. »Setz dich doch«, sagte sie und klopfte auf den freien Platz neben sich auf der Couch.

»Warum?«

»Wir«, begann sie zögerlich, »wir haben uns so lange nicht mehr richtig unterhalten …«

Tausend mögliche Erwiderungen darauf schossen Leon durch den Kopf, eine abfälliger als die andere. In all den sechzehn Jahren, die er jetzt schon auf dieser Welt wandelte, hatte es eine Sache gegeben, die es zwischen ihm und ihr oder generell zwischen Eltern und Kind niemals gegeben hatte, und das war eine richtige Unterhaltung. So eine richtige Unterhaltung funktioniert nur, wenn man etwas Substantielles zu sagen hat, dafür aber braucht man ein Rückgrat – und das fehlte sowohl Robert als auch Anna Kaufmann. Sie scheuten Festlegungen wie der Teufel das Weihwasser, machten nach Möglichkeit einen großen Bogen darum, und wenn sie sich dann doch einmal dazu gezwungen sahen, kam, unsicher und ungeübt darin, wie sie waren, automatisch das Falsche dabei heraus. Leute wie sie landeten dann in Kaltsommer.

»Worüber?«

Sie zuckte mit den Schultern. »Bitte«, flüsterte sie.

Vielleicht war es ihre offen und ehrlich zur Schau gestellte Ratlosigkeit, mit der sie seinen Widerwillen überwand. Er sank, ihr schräg gegenüber, in den zur Sitzgarnitur gehörenden Sessel, in dem sein Vater abends gerne vor dem Fernseher saß. Die Couch war schon immer Annas Reich gewesen.

Eine ganze Weile saßen sie nur herum und schauten bald sich, bald das Wohnzimmer an, in dem die Verlegenheit wie ein sich ausbreitendes Gas Kubikzentimeter für Kubikzentimeter den Sauerstoff zu verdrängen drohte.

Bevor es ihr völlig den Atem nahm, sagte Anna Kaufmann: »Ist so einiges passiert hier, während wir weg waren.« Und als ihr Sohn darauf nichts erwiderte außer einem kalten Blick, seufzte sie schwer und ergänzte: »Schrecklich der Selbstmord von diesem Schilling. Seine Mutter tut mir so leid …«

»Du hättest ihr ja beistehen können.«

»Wie denn? Das passierte doch alles, als wir im Urlaub waren.«

»Die Beerdigung fand am Tag nach eurer Rückkehr statt«, erinnerte Leon sie, »daran hätten du und Papa teilnehmen können. Das ganze Dorf war da, um ihm die letzte Ehre zu erweisen, schließlich war er so was wie ein Held. Mich hat er ja auch aus diesem verdammten Bus gezogen!«

Anna wand sich in Sprachlosigkeit.

»Ich war da.« In diesem Moment war Leon sehr dankbar für das matte Licht, das die Gänsehaut auf seinen nackten Armen verbergen half. »Ich war in der Kirche, und bin dann den ganzen Weg zum Friedhof hinter dem Sarg hergelaufen. Der wurde zwar von einem Auto transportiert, aber das fuhr nur Schritttempo durch Bornhöved. Ihm folgten die gesamte Freiwillige Feuerwehr Kaltsommers und die Mitglieder aller Freiwilligen

Feuerwehren, die damals mitgeholfen hatten, und noch Abordnungen von weiteren Wehren aus ganz Holstein. Der Trauerzug wurde zu einer richtigen Prozession, der sich jeder anschließen konnte, der wollte. Und das haben viele getan, selbst Leute aus Bornhöved, die Ralph Schilling gar nicht kannten. Auf dem Friedhof standen die Menschen dann erst recht dicht gedrängt zwischen den Gräbern, so voll war es nicht einmal bei Justine Heises Beerdigung gewesen.«

»Das ist alles so traurig …«

»Ja!«

»Das tut mir alles so leid.« Und plötzlich liefen Anna Kaufmann Tränen über die Wangen.

Leon wurde es zu viel. »Was? Was denn?«, rief er aufgebracht. »Was tut dir leid? Warum flennst du auf einmal? Dich hat das alles hier doch nie interessiert! Dich nicht und Papa auch nicht. Ihr habt immer so getan, als ginge euch das alles nichts an, als gehört ihr nicht hierher. Und … und sobald ihr bemerkt habt, dass ich aber sehr wohl hierhergehöre, da habt ihr euch auch für mich nicht mehr interessiert!«

»Das ist nicht wahr.«

»Doch!«

»Leon, halt!«, rief seine Mutter ihm flehend nach und hielt ihn mit folgenden Worten kurz vor der Tür zum Flur auf: »Bitte, das wollte ich nicht. Das tut mir leid.« Als er sich zu ihr umdrehte, das Gesicht noch immer von bebender Wut entstellt, saß sie da wie über ihren noch immer mit den eigenen Armen fest umklammerten Bauch zusammengesunken, als gelte es, die kleine Wölbung, die so selbst bei ihr zum Vorschein kam, zu schützen. »Wir wollten dir immer gute Eltern sein, Leon«, sagte sie, »das musst du uns einfach glauben.«

Er sah keinen Sinn darin, ihr den Unterschied zwischen Absicht und Tat zu erklären. Überhaupt war er nur hergekommen, um ein paar Schulsachen aus seinem Zimmer zu holen und ins Verwalterhaus zu bringen, das neue Schuljahr begann in ein paar Tagen. Darauf würde er jetzt verzichten und die Sachen entweder zu einem späteren Zeitpunkt holen, wenn sie wirklich mal außer Haus war, oder eben gar nicht mehr. Am besten wäre es sowieso, nie wieder einen Fuß in dieses Lügengebäude zu setzen.

»Leon, bitte!«

Er wandte sich langsam von ihr ab.

»Leon!« Anna Kaufmann wusste nur noch einen Weg, ihren Sohn vom Gehen abzuhalten: »Wir sind bereit, dich dauerhaft im Verwalterhaus wohnen zu lassen.«

Er blieb stehen, drehte sich aber nicht zu ihr um. Den Gefühlswirrwarr, der sich gerade in seinem Gesicht abspielte, mochte er ihr nicht zeigen, den verstand er ja selbst nicht richtig.

»Dein Vater und ich haben darüber geredet«, fuhr seine Mutter fort wie eine Anglerin, die vorsichtig an der Schnur zieht, weil sie sich nicht sicher ist, ob der Fisch ihr schon am Haken hängt, »und wir sind bereit, dich … dich zu ihnen gehen lassen. Wenn du das wirklich möchtest. Die könnten sogar die Vormundschaft für dich haben, das wäre für alle wohl praktischer. Aber dein Vater und ich, wir würden uns sehr freuen, wenn du uns ab und an mal besuchen kommen würdest.«

Für Leon waren das ersehnte Worte, aber etwas ließ ihn plötzlich misstrauisch werden. Diese Idee hatte er selbst schon vor Wochen aufgebracht, als er ihnen verklickerte, definitiv nicht mit ihnen in den Urlaub zu fahren, sondern in Kaltsommer zu bleiben. Dagegen hatten sie sich schon gesträubt, weil sich eine solche Verweigerung in ihren Augen nicht gehörte. Solange er seine Füße unter ihren Tisch stelle … Als wäre es eine Form der Schocktherapie, hatte er ihren Widerstand damit zu brechen versucht, halb als Vorschlag vorgebracht, halb als Drohung. Am Ende hatten sie den bekannten Kompromiss geschlossen, der die Lage zumindest etwas entspannte, aber zugleich auch einen Schwebezustand erschuf, der auf Dauer schwer zu halten sein würde. Für Leon stand längst fest, dass er nie wieder richtig zu seinen Eltern zurückkehren würde. Er hätte aber niemals geglaubt, dass sie das irgendwann genauso empfinden würden, geschweige denn so schnell. Das konnte er nicht so recht glauben, er war sich sicher, dass sie noch immer zu große Angst vor dem damit verbundenen Gesichtsverlust hatten, das eigene Kind nicht mehr selbst zu erziehen und es darüber hinaus auch noch an zwei Schwule zu verlieren.

»Wir haben im Urlaub viel darüber gesprochen«, erzählte Anna ihrem Sohn.

»Aha.«

»Wir halten das für die beste Lösung für alle.«

Langsam wandte Leon sich ihr wieder zu, erst im letzten Moment den Blick hebend und sie ansehend. Sie saß jetzt aufrecht auf der Couch, den

Rücken durchgedrückt, Kinn und Brust vorgeschoben – und ein seltsames, völlig unerwartetes Strahlen ging von ihr aus. Es lag nicht nur als Lächeln in Mund- und Augenwinkeln, sondern schien aus jeder Pore ihres Körpers zu kommen. Ihre Haare sahen noch immer ungepflegt aus, aber der Rest von ihr verströmte plötzlich pure Gesundheit. Es brauchte nicht einmal mehr das Lämpchen neben ihr, um für Licht und Helligkeit zu sorgen.

Leon überlief es heiß und kalt. »Warum?«, fragte er, kaum hörbar.

»Bitte? Ich verstehe nicht.«

»Was ist los? Warum habt ihr plötzlich eure Meinung geändert?«

Ihr Strahlen verlor an Kraft. »Was meinst du?«, fragte sie zurück. »Können wir nicht einfach unsere Meinung ändern, weil wir eingesehen haben, dass es so tatsächlich besser für alle ist?«

»Nein!«

»Aber so ist es.« Sie sank schon wieder in sich zusammen. »Das musst du mir glauben.«

»Nein! Also was ist los? Was führt ihr im Schilde?«

»Gar nichts. Wir ...«

»Du lügst doch!« Ein Zittern ergriff ihn, von den Haar- bis hinunter zu den Zehenspitzen. Man hätte es für Schwäche halten können, tatsächlich war es nackte Wut. Seine Eltern änderten nicht plötzlich ihre Meinung, schon gar nicht, weil sie zur Vernunft gekommen wären. Sie zählten nicht zu den Menschen, die aus sich selbst heraus zu vernünftigem Handeln fähig sind, das konnten sie nur nach Anleitung. Also musste hier etwas faul sein. Leon schrie seine Mutter an: »Du lügst doch, wenn du nur den Mund aufmachst! Sag mir endlich, was hier los ist!«

Das tat sie, ihre Fassade nicht länger aufrechthalten könnend. Die Wahrheit allerdings traf Leon wie die Erschütterung durch ein Erdbeben der Stärke 10 auf der Richterskala, und was bei diesem ersten Stoß noch nicht einstürzte, krachte bei den unzähligen Nachbeben in sich zusammen.

»Wir wollen im Haus hier einiges ändern«, erklärte Anna Kaufmann ihrem Sohn endlich. »Um uns wohler zu fühlen.«

»Was heißt das?«

»Na ja«, druckste sie herum, »da du, wenn du ... dort wohnst, dein Zimmer hier nicht mehr brauchst, wollen wir die Räume neu verteilen. Das Büro kommt nach oben in das halbe Zimmer zwischen deinem Raum und unserem Schlafzimmer, dafür wollen wir hier unten das Esszimmer etwas vergrößern und den Platz, der dann noch bleibt, als Gästezimmer einrichten.«

»Ich verstehe nicht, was das mit mir zu tun hat«, blaffte er, jedoch nicht mehr ganz so heftig; in seinem Kopf rotierten längst die Gedanken.

»Die Arbeiten sollen auch schon in spätestens einem Monat beginnen«, erzählte seine Mutter, allmählich selbstsicherer werdend. »Ein Architekt war schon hier und hat sich alles angesehen, ein Maler auch. Wir waren sogar schon in einem Möbelhaus und haben uns nach einer neuen Einrichtung umgeschaut. Wir wollen alles neu und schön machen.«

»Aber das betrifft doch alles mein Zimmer nicht.«

»Wenn du dann mal vorbeikommst – natürlich musst du uns besuchen kommen, du bist ja weiterhin unser Sohn, du wirst immer zur Familie gehören –, wirst du sehen, wie schön hier alles geworden ist.« Sie war jetzt richtig in Fahrt gekommen und redete ohne das geringste Stocken weiter: »Wir hätten schon damals, als wir das Haus kauften, alles einmal komplett renovieren und nach unseren Vorstellungen umbauen sollen, dann wäre von Anfang an alles besser geworden, schöner. Wir haben es damals nicht richtig gemacht, das holen wir jetzt nach. Das wird ein richtiger Neuanfang.«

»Mama, wovon sprichst du?«

»Wenn du dann möchtest, kannst du sogar über Nacht bleiben. Eben für solche Besuche soll ja das Gästezimmer sein – und besuchen kommen musst du uns unbedingt.«

»Warum sollte ich euch besuchen kommen?« Leons Kehle wurde von aufsteigenden Tränen zugeschnürt, er verstand gar nichts mehr, bis auf eins: »Wenn ihr mich rausschmeißt, warum soll ich euch dann noch besuchen kommen?!«

Erst jetzt sah Anna ihn wieder an, überrascht aufschauend, als wäre sie abrupt aus einem wunderschönen Traum erwacht. »Aber wir schmeißen dich doch nicht raus«, erwiderte sie, vollkommen überzeugt von ihren eigenen Worten, »wir erfüllen dir nur deinen sehnlichsten Wunsch. Du bist hier doch schon lange nicht mehr glücklich, und wir können nicht glücklich sein, wenn du es nicht bist.«

»Ich bin nicht glücklich, weil ihr unglücklich wegen mir seid!«

»Wir werden immer deine Eltern bleiben«, fuhr sie fort, seinen Einwand gar nicht hörend, »und du wirst auch nicht aus dem Testament gestrichen oder so. Da musst du dir keine Sorgen machen.«

Entweder war es zum Schreien oder zum Totlachen, so oder so, es würde ihn jeden Moment zerreißen. Er wäre auch schon längst aus dem Haus geflohen, um nie mehr einen Fuß hinein zu setzen, ihm brannte dieses Dach längst lichterloh über dem Kopf, wenn ihn nicht ein einziger Gedanke hartnäckig zurückgehalten hätte, ein Punkt, der ihm weiterhin unklar war. Es war die Frage, die er nun schon mehrmals gestellt hatte, ohne darauf eine Antwort zu bekommen. Sie war so redselig, aber dazu schwieg sie, und das war verdächtig.

»Was wird aus meinem Zimmer?«, brüllte er mit letzter Luft. »Warum darf ich nicht mehr zurück in mein Zimmer?«

Diesmal hatte sie ihn gehört, das war offensichtlich. Sie verstummte, schrumpfte in sich zusammen, wieder auf so eigenartige Weise rund um ihr Bäuchlein, und sah ihn von unten an. Jedoch nur bedingt unterwürfig, nicht wirklich eingeschüchtert, sondern so, als spannte sie nur alle ihre Muskeln für den letzten Schlag an. Bei ihrem Anblick musste Leon an eine Maus mit den Giftzähnen einer Schlange denken. Ihm gefror das Blut in den Adern, und so verstrich auch dieser letzte Moment, die Flucht anzutreten, ungenutzt.

»Wir brauchen es.«

Sie hatte es nicht geflüstert, nur leise gesagt. Leon kam es trotzdem so vor, als hätte sie ihn in einer fremden Sprache verflucht.

»Was?«

»Wir brauchen das Zimmer«, wiederholte sie.

»Warum?«

Und plötzlich war da wieder dieses Strahlen in seiner Mutter, das er nie zuvor bei ihr gesehen hatte. Er begriff, dass er die falsche Frage gestellt hatte.

»Wofür?«, korrigierte er sich, um gleich darauf noch präziser zu werden: »Für wen?«

»Wir«, verkündete Anna Kaufmann, ihren Bauch mit beiden Händen umfassend, mit plötzlich salbungsvoller Stimme, als wäre sie die Mutter Gottes persönlich, »wir kriegen noch ein Kind. Einen kleinen Kaufmann oder eine kleine Kauffrau.« Sie giggelte entzückt vor sich hin. »Ich war schon schwanger, als wir nach Italien fuhren, und jetzt ist das erste Trimester fast rum, jetzt kann man allmählich davon sprechen, die größte Gefahr ist überstanden.«

Leon verstand bestenfalls die Hälfte von dem, was sie sagte. Das Feuer, das bisher nur das Dach des Hauses – seines Elternhauses – zu Asche verbrannte, hatte auf seinen Kopf übergegriffen. Wütende Flammen verzehrten seinen Verstand. Da war das Offensichtliche, das ihn an ihrer Aussage zweifeln ließ: ihr Alter. War sie körperlich überhaupt noch in der Lage, schwanger zu werden? Irgendwann war es bei Frauen doch damit vorbei, wegen der Wechseljahre. Aber wann die bei einer Frau einsetzten, hätte er spontan nicht zu sagen gewusst, nicht mehr, und schon gar nicht, ob seine Mutter ihre mit ihren sechsundvierzig Jahren nicht längst gehabt haben müsste. In Bio hatten sie das längst durchgenommen, nur so richtig interessiert dafür hatte er sich nicht, und das rächte sich jetzt scheinbar.

Da war das Unglaubliche: Er wurde Bruder. Seine Tage als Einzelkind waren gezählt. Egal ob es ein Junge oder Mädchen werden würde, er wäre plötzlich ein großer Bruder, so groß, dass man ihn selbst für den Vater halten könnte. Diese Vorstellung war lächerlich, brutal lächerlich geradezu.

Und dann war da noch das Entsetzliche: Sie tauschten ihn gegen ein neues Kind aus! Der erste Versuch war in die Binsen gegangen, dann probierten sie es eben ein zweites Mal.

Das Überraschendste an diesem Gedanken war jedoch, wie weh er Leon tat. Noch bis vor fünf Minuten hätte er selbst am lautesten behauptet, fortan und für alle Zeit von seinen Erzeugern getrennt zu sein, wäre das Beste, was ihnen allen passieren könnte. Allerdings hätte er sich selbst dabei in ihrem Leben als ersatzlos gestrichen betrachtet, als nicht mehr auszufüllende Leerstelle. Wenn er ehrlich war, hatte ihm das die nötige Genugtuung verschafft, diese Trennung wirklich anzustreben. Auf einer negativen Ebene wären sie weiterhin miteinander verbunden gewesen, in einem Ungleichgewicht, das für sie schwerer zu ertragen gewesen wäre als für ihn. Stattdessen kehrten sich die Waagschalen jetzt um, ihre hob sich in den Himmel, seine raste wie ein Fahrstuhl mit gekappten Seilen abwärts in die Hölle. Sollte sie jemals unten auf dem Boden aufschlagen, würde es ihn zerschmettern.

Noch aber befand er sich im freien Fall, und die Fliehkräfte zerfetzten ihm die Eingeweide. Er war unfähig zu sprechen. Sobald er den Mund aufmachen würde, würde er Blut und Verzweiflung erbrechen. Sie sah so glücklich aus! Noch nie hatte er seine Mutter so glücklich gesehen. Wie konnte sie in diesem Moment so glücklich sein? Und sie sagte auch nichts mehr. Sie hatte gesagt, was sie zu sagen hatte, ihre Botschaft war überbracht. Sie hatte allen Grund, zufrieden zu sein. Die notwendigen Veränderungen in ihrem Leben waren in Gang gesetzt und liefen inzwischen reibungslos.

Und Leon durfte gehen, das spürte er. Er war entlassen. Gefeuert, schrien die Flammen in seinem Kopf.

Leon ging nicht, er rannte.

✪

MANCHER STEHT ZEITLEBENS UNTER KEINEM *guten Stern. Für den, von dem ich jetzt noch berichten muss, gilt das ganz bestimmt. Was immer schiefgehen kann, geht auch schief. Das Los, das die Schicksalsgöttinnen ihnen zuteilen, als Lebensweg spinnen und schließlich mit einem tödlichen Schnitt beenden, zeichnet sich durch keinerlei Schönheit oder Glück aus. Das Pech klebt ihnen an den Händen wie das Blut aus den Schürfwunden nach einem erneuten, nur mit Ach und Krach aufgefangenen Sturz. Und obwohl sie recht zäh sein müssen, um überhaupt das Erwachsenenalter zu erreichen, währt dies dann meistens nicht sehr lange. Der Tod kommt zu ihnen als Erlösung, aber selbst er verlangt noch einen hohen Preis.*

Ein solcher Unglücksrabe war Otto Runge. In das Umbruchsjahr 1919 hineingeboren, kam er einige Wochen zu früh auf die Welt, in ein Land, dessen Selbstbewusstsein durch die Kriegsniederlage und die ihm auferlegten Friedensbedingungen gebrochen war. In den Augen Konstantin und Hermann Runges, ihres Zeichens Vater und Großvater des Jungen, war das zu klein, schwach und bläulich geratene Kind das Sinnbild des Niedergangs ihrer Nation. Das war ja nur ein Knabe und kein Bursche! Am liebsten hätten sie gar nichts damit zu tun haben wollen. Konstantin war selbst an der Front gewesen, in einem anderen Regiment als Karsten Fabian Bobzien jedoch und mit wesentlich mehr Glück im Mündungsfeuer von Maschinengewehren und Granatwerfern. Die schwersten Verletzungen hatte seine Seele davongetragen, während sein Körper nichts als ein paar repräsentative Narben zurückbehielt. Er war erst nach der Kapitulation aus dem Feld zurückgekehrt, wie ein geprügelter Hund und mit nichts als Wut und Verachtung für die neue Regierung im Bauch, die ihn um den Sieg und um die eigene Ehre gebracht hatte. Alles war umsonst gewesen. Er hatte sofort Ottilie Stein geheiratet, die Tochter Rudolf Steins, eines Studienkollegen seines Vaters, so wie es die beiden Familienoberhäupter vereinbart hatten. Von Liebe konnte nicht die Rede sein, bestenfalls von Pflichterfüllung, und so war es nicht sonderlich überraschend, dass die Ehe der beiden einem Stellungskrieg glich, der dann und wann in nächtlichen Überfällen gipfelte. An der zu frühen Geburt seines ersten Sohnes und Stammhalters trug natürlich allein Ottilie Schuld, an seinem Samen konnte es genauso wenig liegen wie an der schwierigen Versorgungslage. Deshalb wurde der Sohn auch nach seiner Mutter benannt und nicht nach dem Vater. Seinen eigenen Namen oder den seines Großvaters hob Konstantin sich für die nachfolgenden Söhne auf, die zu tragen ihn mehr verdienen würden.

Nur kamen keine Söhne mehr, nicht einmal Töchter. Wohl empfing Ottilie noch mehrmals, doch verlor sie die Frucht jedes Mal sehr schnell wieder. Im Stillen schob sie es auf die Gewalttätigkeit ihres Mannes und war erleichtert, nicht noch eines seiner verhassten Blagen austragen zu müssen. Laut beklagte sie das Schicksal der nur einmaligen Mutterschaft, das ihr wohl oder übel beschieden wäre. Sie war eine fromme Frau und glaubte sowieso, dass Gott ihr besonders schwere Prüfungen im Leben auferlegte, damit sie dereinst direkt ins Paradies einziehen könne. Wie oft träumte sie davon, Nonne zu werden und in ein Kloster zu ziehen. Aber das war ja eher so ein katholisches Ding und jeder Papismus in ihren Augen Ketzerei.

Was brauchte sie auch ein Kloster, wenn sie doch in Kaltsommer lebte! Dieser Ort war die größte Prüfung überhaupt, die schlimmste. Seine Mauern bestanden nicht aus Stein, sondern aus Wasserdampf und Eiskristallen und waren noch wesentlich anfälliger für Feuchtigkeit und Kälte als jeder alte Glaubenskerker. Nie schien hier die Sonne, und obgleich sie es immer als sündhaft empfunden hatte, sich zu sehr in deren warmen Strahlen zu aalen, vermisste sie, die all ihre Mädchensommer in Travemünde verbracht hatte, ihren Schein nun sehr. Aber außer ihr schien sich niemand hier daran zu stören. Die Leute liefen herum bleich wie Gespenster, waren eher wortkarg und wenig gesellig. Zumindest galt das für die anderen Frauen, die alle ihren Hausstand hüteten, als hinge ihr Leben davon ab, das Herdfeuer niemals ausgehen zu lassen, und hielten, wenn überhaupt, ab und zu ein Pläuschchen über den Gartenzaun. Ottilie wurde nicht schlau aus ihnen, nicht einmal aus Karoline Duggen, die sie als Hilfe für den Haushalt angestellt hatte und die gar keine Hilfe bei dessen Erledigung brauchte, wie Ottilie erleichtert festgestellt hatte. Ottilie hätte sich also ganz den gesellschaftlichen Pflichten einer Hausherrin hingeben können, wenn es denn hier ein echtes Gesellschaftsleben gegeben hätte. Ottilie langweilte sich und vertiefte sich immer mehr in Gebet und Religion.

Schnell entwickelte sie einen Blick für das Sündhafte im Menschen. So dauerte es nicht lange, bis sie die ganz spezielle Variante der Sünde in Kaltsommer entdeckt hatte. Ihr eigener Herr Vater hatte sie mitten hinein ins Herz von Sodom verheiratet! Männer lebten hier zusammen mit Männern und manchmal sogar Frauen mit Frauen. Sie waren zwar immerhin so anständig, das nicht zu sehr an die große Glocke zu hängen, schließlich verstießen sie damit nicht nur gegen die Gesetze Gottes, sondern auch gegen die des Staates. Aber sie taten es auch nicht gerade heimlich. Jeder hier wusste Bescheid, was diese Nachbarn in ihren eigenen vier Wänden trieben – und keinen scherte es! Das war der Gipfel überhaupt, dass selbst die guten Bürger des Dorfes daran keinen Anstoß nahmen. Selbst ihr Mann pfiff nur verächtlich durch die Zähne, wenn sie anfing, ihn auf diese grassierende Gottlosigkeit hinzuweisen. Er kanzelte sie sogar kurz angebunden ab, wenn sie nach der Polizei rief, als wäre die protestantische Variante der Inquisition: »Halt's Maul, Weib! Das geht dich 'n Dreck an!«

Obwohl Konstantin Runge in dem einzigen Glauben erzogen worden war, dass eine starke Nation starker Männer bedürfe, die starke Söhne zeugten, empfand er die männliche Homosexualität nicht als Sünde und nur als lässliches Verbrechen. Da war er, eben ein echtes Kind Kaltsommers, wesentlich entspannter als sein zugezogener Vater und einfach zu sehr im Schatten dieser Männer aufgewachsen, die er nicht als großartig anders als die normalen Männer des Dorfes empfand. Sie waren nicht fauler, triebhafter oder was auch immer als alle anderen auch. Es hatte nie einer versucht, ihn zu verführen, davor nämlich hatte Hermann Runge seinen Sohn früher regelmäßig gewarnt, nicht einmal als einer seiner besten Kumpel irgendwann solche Neigungen entwickelte. Thoralf Schönfeld war ihm immer ein treuer und verlässlicher Kamerad gewesen und es eine Schande, dass der Russe ihn gleich bei einem der ersten Gefechte an der Ostfront abgeknallt hatte. Thoralf war ein ganzer Kerl gewesen.

Nicht dass er sich jemals die Mühe gemacht hätte, Ottilie dies zu erklären. Und nachdem sie ihm nur dieses bläuliche Würmchen geboren hatte, hatte sie sowieso kein Anrecht mehr darauf. Aus dem würde niemals ein echter Mann werden! Anstatt ihm etwas von Feuer und Schwefel über Kaltsommer zu predigen, sollte sie sich lieber auf ihre Mutterrolle konzentrieren und ihm echte Söhne schenken.

Wir sehen also, in welchem Umfeld Otto Runge seinen ersten Atemzug tat. Das warme Nest, das es eigentlich hätte sein sollen, war ein feuchtkaltes Verlies, in dem er sich mehr oder weniger selbst überlassen wurde. Gute Startbedingungen ins Leben sehen anders aus. Dass er überhaupt wuchs und gedieh, lag einzig und allein an Karoline Duggen, die ihn aus purer Not, weil das Kind in seiner kalten Krippe sie dauerte, als eine Art Mündel annahm.

Sie war die Tochter Gottfried Duggens, nur ein knappes Jahr älter als die junge Dame, für die sie arbeitete, aber schon aussehend wie eine Frau, die ihre besten Tage bereits hinter sich hatte. Nach dem frühen Tod ihrer Mutter hatte sie als ältestes Kind den Haushalt ihres Vaters geschmissen und sich um ihre beiden Brüder gekümmert. Da das Geld, das Gottfried auf dem Gut verdiente, jedoch vorne und hinten nicht reichte – nicht nur er, auch seine Söhne hatten regelmäßig hohe Zechen im »Krug« zu begleichen –, war schnell klar, dass auch Karoline bei der erstbesten Gelegenheit eine Stelle antreten musste. Sie scheute nicht davor zurück, da die in einem fremden Haushalt anfallenden Aufgaben dieselben sein würden wie zu Hause. Mitunter, wenn er guter Laune war, fasste Konstantin Runge ihr an den Hintern oder den Busen, aber selbst das kannte sie schon von ihren Brüdern. Die wies sie mit Schlägen zurecht, bei ihrem Brotherrn war das natürlich nicht möglich, aber auch nicht nötig, denn im Grunde genommen verabscheute er die Dienstmagd seiner Frau mindestens ebenso sehr wie diese. Ottilie war ein verwöhntes Püppchen, vom Scheitel bis zur Sohle angefüllt mit Stroh und Marotten, Karoline dagegen sah aus wie ein Knochen, auf dem ein zu großer Hund schon zu lange herumkaute. Konstantin überließ sie nur zu gern seinem Sohn und diesen ihr.

Nicht dass Karoline ein sehr herzlicher Mensch gewesen wäre. Ihr Wesen war ebenso verhärmt wie ihr Aussehen, ihre Seele so rau wie Sandpapier. Zuneigung zeigte sich bei ihr eher durch kleine Gesten als durch Worte, oft verbunden mit Essen. Wenn Otto hinfiel und mit aufgeschürften Knien angerannt kann, nahm sie ihn, wenn überhaupt, nur kurz in den Arm. Lieber reichte sie ihm irgendetwas von dem, was sie gerade zubereitete: ein Bissen Fleisch, den Löffel, mit dem sie den Pudding umgerührt hatte, oder rohen Butterstreusel, denn die ganze Familie Runge war geradezu verrückt nach Streuselkuchen. Otto hatte diesen Zusammenhang natürlich bald heraus, weshalb er irgendwann nicht einmal mehr hinzufallen brauchte, um ganz aufgelöst in der Küche aufzutauchen. Auch Karoline hatte den Simulanten schnell durchschaut, aber tief in ihrem Herzen rührte sie die Anhänglichkeit des Jungen. Das war ihr kleines Geheimnis, eins auf Kosten von Vater und Mutter Runge, und das ließ es doppelt süß schmecken.

Allerdings hatte es zur Folge, dass Otto, nachdem er zuerst klein und dünn gewesen, bald klein und pummelig war. Bis zu seinem zehnten Lebensjahr, als er endlich einen Schub machte und schlagartig um einen Kopf größer wurde, hätte jeder, der ihn sah, ihn für mindestens zwei Jahre jünger gehalten, als er war. Alles an Otto wurde rund und glatt, da war nichts Kantiges, Markantes, Männliches an ihm zu erkennen. Wenn sein Vater einen besonders ungnädigen

Tag hatte, rief er seinen Sohn nur Weibchen. Dann verspottete er Frau und Kind als Weib und Weibchen, kniff Karoline schmerzhaft in den Po und drohte den Gutsarbeitern an, sie alle zu entlassen, wenn sie nicht endlich vernünftige Arbeit leisteten. An seinen guten Tagen ließ er seinen Unmut nur an den beiden mit ihm unter einem Dach wohnenden Personen aus. Otto war über jede Minute froh, die er und sein Vater getrennt verbrachten, er verstand sowieso nicht, was ihn mit diesem Mann verband. Das Desinteresse seiner Mutter hingegen war für ihn schwerer zu akzeptieren. Bei ihr äußerte es sich durch genervtes Seufzen und Verziehen der Gesichtsmuskulatur, sobald sie seiner ansichtig wurde, aber manchmal auch, das stand in engem Zusammenhang mit der Laune ihres Gatten, durch gemeine Kommentare, die denen ihres Mannes in nichts nachstanden, weil sie darauf aufbauten. »Du siehst wirklich aus wie ein kleines Mädchen«, sagte sie dann und fuhr fort: »Aber an einem Ort wie diesem ist das ja auch nicht weiter verwunderlich.« Als Otto endlich begriff, was sie damit meinte, hatte er, im Gegensatz zu ihr, bereits noch eine ganz andere Sache begriffen, und die Vorfreude auf den Tag, wenn es ihr wie Schuppen von den Augen fiele, machte ihm so manche ihrer Gemeinheiten erträglicher.

Karoline hatte das längst gesehen, nur sie wurde natürlich nicht gefragt. Also hielt sie den Mund, auch dem Jungen gegenüber. Sie ahnte, was es bedeutete, wenn die Dame des Hauses ihrem eigenen Kind androhte: »Ich werde für dich beten!« Ob sie es wirklich tat oder wie, stand freilich auf einem anderen Blatt. Ob der Vater in diesem wichtigen Moment dann wenigstens eine Hilfe sein würde, wagte Karoline ebenfalls zu bezweifeln: Die Runges waren noch nicht lange genug hier, aus den falschen Gründen gekommen und an fremde Dinge glaubend, als dass die offenkundige Ablehnung des Hermann Runge, die eher der seiner Schwiegertochter entsprach, in Konstantin Runge mehr als eine oberflächliche Toleranz hatte entstehen lassen. Davon, Kaltsommers spezielle Verhältnisse schlicht zu akzeptieren, war der hier geborene Sohn im Grunde noch ebenso weit entfernt wie sein zugezogener Vater. Beide sahen sich als echte Herrenmenschen, und die akzeptieren nicht, die tolerieren nur, denn Toleranz ist ein Privileg, das man jederzeit und einseitig widerrufen kann. Karoline mochte im Leben nicht viel Schulbildung mitbekommen haben, diesen feinen Unterschied jedoch hatte sie in Kaltsommer von der Pike auf gelernt. Wie alle Alteingesessenen hatte sie ein feines Gespür dafür entwickelt, einen zusätzlichen Sinn wie ein unsichtbares drittes

Auge auf der Stirn, und damit sah sie ganz klar voraus, dass Ottos Schwierigkeiten gerade erst begonnen hatten.

Im Dorf sahen die meisten das ähnlich, und das brachte ihm überall, wo er hinging, Sympathien ein. Zwar hänselten sie ihn gerne, indem sie ihn »kleines dickes Ottochen« riefen, aber ihre Stimmen klangen dabei liebevoll und warmherzig. Otto selbst störte sich nicht daran, sein Gehör war inzwischen fein genug entwickelt, um den Unterschied zu den Stimmen seiner Eltern zu erkennen. So trieb er sich bald viel draußen unter der Wolke herum, jagte mit den anderen Kindern Wasserläuse, spielte Fangen und Verstecken und kehrte nur allzu gern in den Stuben seiner Freunde für einen kleinen Imbiss ein. Die Gastfreundschaft dort wärmte ihn wie die Strahlen der Sonne, die er bisher nur von Besuchen bei seinen Großeltern mütterlicherseits in den großen Ferien in deren Haus am Strand von Travemünde kannte. Die Einwohner Kaltsommers mochten, ja liebten den Sohn des zukünftigen Gutsverwalters, dessen Gutmütigkeit und Treuherzigkeit durch die sanfte Traurigkeit, die ganz tief in ihm steckte und die beide Elternteile gleichermaßen in ihn eingepflanzt hatten, besonders berührend wirkten. Es war ihnen unverständlich, wie man diesem Kind, dieser guten Seele etwas Böses wollen könnte. Aber genau darauf würde es hinauslaufen, das war so sicher wie das Amen in der fernen Bornhöveder Kirche, in die der Junge jeden Sonntag geschleppt wurde.

Als es dann soweit war und Otto in die Pubertät eintrat, deckte ihn das ganze Dorf, so gut und so lange es eben ging. Sobald Konstantin, sein Opa Hermann oder seine Oma Brunhilde – um Ottilie mussten sie sich keine Sorgen machen, die trat nur selten vor die Tür, um ins Dorf zu gehen – sich näherten, verstummte das Gespräch, wenn man denn von Otto gesprochen hatte, oder wurde das Thema gewechselt. Zu Hause sorgte währenddessen Karoline weiterhin nach Kräften dafür, dass der Junge sich nicht verplapperte, denn wenn er zu viel Glück empfand, wurde er schnell leichtsinnig. Während früher, als er ein Säugling war, sein Verlassensein sie gedauert hatte, war es jetzt seine Seligkeit, die sie um ihn fürchten ließ. Wenn die Eltern ein Unglücksrabenpaar waren, dann würden die niemals einen Glücksraben als ihr Küken dulden.

Mit dreizehn verliebte sich Otto unsterblich in August Heinsohn – es war seine erste Liebe, die musste unsterblich sein. Otto war zwar endlich gewachsen und hatte dadurch etwas von seiner Rundlichkeit verloren, aber er war immer noch kleiner als seine Altersgenossen. Im Vergleich mit August wurde das besonders deutlich, der bereits mit seinen knapp vierzehn Jahren ein langer Lulatsch war. Er war mit seiner Familie gerade erst hergezogen, sie hatten den Hof an der Straße nach Ruhwinkel übernommen, in der Kurve, wo die Rüderkoppel abzweigte. Dort wuchsen weder Getreide noch Futterrüben auf den Feldern, sondern Obstbäume, die sie bewirtschafteten. Außerdem bauten sie noch Gemüse an, allen voran Grünkohl, der unter Kaltsommers Wolke sehr gut gedieh. Das Obst dagegen, vornehmlich Äpfel, machte ihnen von Anfang an Probleme: Egal welche Sorte, die Frucht blieb ziemlich sauer. So langsam dämmerte es Hendrik, Augusts Vater, warum Erdmann Garg ihm Grund und Boden so bereitwillig verkauft hatte, kaum dass sein eigener Vater, der natürlich ebenfalls Erdmann hieß, viel zu früh an Tuberkulose gestorben war. Der hatte jetzt seine Schäfchen im Trockenen und arbeitete trotzdem zusätzlich noch auf dem Gut beim alten Eduard Wulff und bediente und wartete die Maschinen, die immer zahlreicher wurden. Im Hause Heinsohn fühlte man sich unterdessen betrogen, hatte aber kaum Zeit und Muße, sich diesem in aggressiven Wellen aus Galle vom Bauch aufsteigenden Gefühl hinzugeben, weil der tägliche Überlebenskampf immer härter wurde. Mit Äpfeln aus Kaltsommer war kein Staat zu machen. Das Gemüse dagegen lief ganz gut, weshalb Hendrik Heinsohn nicht nur darüber nachdachte, diesem Betrüger Garg mal so richtig mit den Fäusten die Meinung zu geigen, sondern auch alle Obstbäume mit Stumpf und Stiel herauszureißen und nur noch Kohl, Bohnen, Erbsen und so weiter und so fort anzupflanzen, eben alles, was nicht unbedingt süß schmecken sollte.

Was die erwachsenen Heinsohns über diese ganzen wirtschaftlichen Probleme ebenfalls nicht sahen, war die Entwicklung, die ihr Ältester in diesen Wochen und Monaten nahm. August schimpfte niemals auf dieses Dorf mit seinem beschränkten Wetter, denn August hatte sehr schnell begriffen, dass er am besten aller Orte gelandet war. In Stolpe, wo er die ersten zwölf Jahre seines Lebens verbracht hatte, wäre er spätestens jetzt in einem Albtraum erwacht, als sich seine Hormone endgültig zu Wort meldeten. In Kaltsommer dagegen erblickte er tausend traumhafte Möglichkeiten, relativ angstfrei Erfahrungen zu sammeln. Wenn man weiß, wonach man suchen muss, wird man nicht nur augenblicklich fündig, man wird auch selbst gefunden. Es brauchte kaum mehr als ein paar Ausflüge ins Dorf, um zu wissen, wer von den Einwohnern dasselbe empfand wie er und dass sie es ebenso von ihm wussten. Fast überall wurde er mit Freuden willkommen geheißen, und vor den Leuten, vor denen er sich in acht nehmen sollte, warnte man ihn schnell. August wurde beinahe sofort heimisch in Kaltsommer, und so empfand er es als nicht sehr schlimm, dass seine Eltern ihm dieser Tage kaum Beachtung schenkten. Solange sie ihre Probleme nicht durch einen erneuten Umzug, wieder fort von diesem wunderbaren Wolkenheim, zu lösen gedachten, war für ihn alles gut.

Nur dass er sich ausgerechnet in Otto Runge verguckte, kam auch für August etwas überraschend. Die Runges waren eine der Familien, vor der man ihm im Dorf gewarnt hatte, weil ihre Haltung etwas Zersetzendes habe, was auch immer das bedeuten sollte. Das war das eine. Das andere lag in Otto selbst begründet, der so gar nicht dem Bild von Männlichkeit entsprach, von dem er bei Tage und erst recht bei Nacht träumte. August war bisher der Meinung gewesen, athletische, durch Sport und harte Arbeit gestählte Leiber zu mögen und dazu einen harten, zum Zupacken neigenden Charakter. So sah er sich ja auch selbst. Otto nun war das genaue Gegenteil davon, weich an Körper und Geist, nicht strahlend schön, nicht überschwänglich und forsch, sondern still und genügsam wie ein bei Regen ausklingender Tag. Otto war durch und durch feminin und schien selbst damit nicht das geringste Problem zu haben. Die Verachtung, mit der etwa seine eigenen Eltern und Großeltern auf ihn herabblickten, nahm er gar nicht wahr. Niemals wurde er laut, niemals beschwerte er sich darüber, ungerecht behandelt zu werden. Die Lieblosigkeit seiner eigenen Familie akzeptierte er so klaglos wie eine ihm von Gott persönlich auferlegte Buße. Dafür war dieser Otto Runge im Kaltsommer selbst so tief verwurzelt wie kaum ein zweiter Mensch. Wenn er durch die Straßen des Dorfes lief, nach links und rechts grüßte und von dort zurückgegrüßt wurde, kam es August so vor, als flatterte ein ganz seltener Schmetterling durch seinen vielleicht eng begrenzten, aber zum Existieren vollkommen ausreichenden Lebensraum. In Augusts Augen war Otto Kaltsommer, und Kaltsommer war das Beste, was ihm jemals hätte passieren können.

Für Otto war August der Schlüssel, der ihm Zugang zu Spiel und Kameradschaft der anderen Kinder erschloss. Die mochten das kleine dicke Ottochen durchaus, fanden ihn lieb und nett, aber er wirkte eben immer auch etwas entrückt, so als gehörte er nicht wirklich zu ihnen. Otto war, und anders hätte das im Hause Runge auch gar nicht sein können, ein altes Kind, nur war das für Gleichaltrige natürlich kaum zu verstehen. Es musste erst August zu ihnen stoßen, um den unsichtbaren Schlagbaum, der sie voneinander trennte, zu heben und die Grenze durchlässig zu machen. Erst mit seiner Ankunft verstanden sie allmählich, was mit Otto los war und warum ihn alle außer seine eigenen Eltern behandelten wie ein rohes Ei. Dass er selbst das weder wollte noch gebraucht hätte, wurde ihnen allen erst jetzt klar. In Ottos weicher Schale steckte ein robuster Kern, der keinerlei Angst davor hatte, sich beim Toben blaue Flecken und Schürfwunden zu holen.

Jeder Schmerz verging sofort, sobald August seine Hand auf die ramponierte Stelle legte, egal ob darüber noch Stoff lag oder er die nackte Haut selbst berührte. Augenblicklich schlug Ottos Herz schneller und regte sich sein ganzer Organismus, um in rasender Geschwindigkeit die Blessur zu heilen, damit gleich wieder alles schier und schön für seinen Freund war. Denn das war August für ihn und er für August. Weniger als zwei Wochen brauchte es, um nicht nur in ihnen beiden diese Erkenntnis reifen zu lassen, sondern in jedem im Dorf, der Augen im Kopf hatte. Nur in den Häusern von Hermann und Konstantin Runge natürlich nicht; alles, was man dort sah, war die Tatsache, dass ihr alles andere als männlicher Knabe endlich einen Kameraden gefunden hatte, einen echt strammen Burschen noch dazu. Man nahm das mit großer Erleichterung auf, vielleicht nahm sich ihr Sohn ja ein Vorbild an diesem Neuankömmling. Nicht dass sie von Augusts Vater viel gehalten hätten. Der musste ein echter Idiot sein, wenn er ausgerechnet hier eine Obstplantage betreiben wollte, mit der sich die Gargs nachweislich schon in die Nesseln gesetzt hatten. Aber Söhne müssen nicht zwangsläufig nach ihren Vätern kommen, das hatten Runges ja selbst schon schmerzlich erfahren müssen.

Otto und August schienen diese im Ganzen widersprüchliche Gemengelage zumindest zu erahnen, auf jeden Fall hielten sie sich mit allzu großen Bekundungen von Zuneigung in der Öffentlichkeit zurück. Das lag allerdings auch daran, dass beide noch kaum über Erfahrungen verfügten und sich erst langsam aneinander herantasteten. Wer auf seine ersten Entdeckungsreisen geht, braucht dafür kein Publikum, das sich vielleicht bemüßigt fühlt, Kommentare und hilfreich gemeinte Tipps zu geben.

Den Sommer hindurch trafen sich die beiden in Heinsohns Apfelmiete in der Scheune, obgleich es dort zwar ungemein kühl war, aber auch sehr trocken. Dort waren sie ungestört, nachdem selbst die letzten Reste Vorjahresäpfel verkauft oder entsorgt waren. Aus ungefragt geborgten Decken bauten sie sich ein Lager, in dem es sich zu zweit sehr gut aushalten ließ. Als dann aber im Herbst die neue Ernte begann, mussten sie sich einen neuen Ort für ihr

Stelldichein suchen, und das war leichter gesagt als getan. In Kaltsommer sind zu dieser Jahreszeit grundsätzlich alle warmen Plätze belegt, wer sich zu spät auf die Suche macht, muss nehmen, was übrig bleibt. Allerdings sahen sie sich an den Erntetagen sowieso nicht sehr häufig, da August auf dem elterlichen Hof mit anpacken musste. Auch beim Mosten half er, besonders seine Mutter hoffte, so noch den einen oder anderen Groschen extra zu verdienen. Nur leider war der Saft aus den schönen Holsteiner Cox, die sie anbauten, noch saurer als die Äpfel selbst, da nun das Fruchtfleisch als Puffer wegfiel. »Muultrekker«, rief jeder, der eine Kostprobe nahm, und verzog entsprechend das Gesicht. Die Ernte in jenem Jahr fiel sehr gut aus, aber Familie Heinsohn blieb zum zweiten Mal in Folge auf ihren Produkten sitzen. Das ließ die Eltern in Depression versinken und entfachte in August erst recht das Bedürfnis, sich von Otto trösten zu lassen. Zu Hause redeten sie nur noch von radikalen Schritten, entweder wirklich alles roden und neu anfangen oder verkaufen und wegziehen. Ihr einziger verlässlicher Kunde war eine Apfelsaftfabrik in Ascheberg, die aber nahm die Äpfel nur zu Schleuderpreisen ab.

Davon wollte August nichts hören. Er brauchte ein Ausweichquartier für sich und Otto, wo sie sich treffen und die Welt vergessen konnten. Sie fanden nur den Geräteschuppen neben dem Hühnerstall hinten im Garten von Konstantin Runges Grundstück. Karoline entdeckte sofort, was da lief. Zu oft sah sie die beiden Jungs sich nach hinten stehlen, zu sehr darauf bedacht, nicht auszusehen, als hätten sie etwas zu verbergen, und gerade deshalb wirkend wie zwei ungeübte Schleichkatzen auf der Jagd. Sie wäre niemals auf die Idee gekommen, ihren Arbeitgebern von den Vorkommnissen im Schuppen zu erzählen. Deshalb gab sie fortan noch mehr als sonst darauf Acht, dass die nicht zu oft in ihrer Küche erschienen, von wo aus der Blick einmal quer durch den Garten direkt auf Schuppen und Stall ging. Was Ottilie anging, wusste sie, dass sie da nichts zu befürchten hatte. Konstantin kam nur in die Küche, wenn er sich von seiner Frau ungesehen einen Schluck von den ausschließlich als Zutaten für die Speisen gedachten Spirituosen wie Sherry, Portwein oder Wein gönnen wollte. Das geschah zumeist in den Abendstunden, wenn häusliches Miteinander auf dem Programm stand. Ottilie sah es nicht gern, wenn ihr Mann trank, die Nächte konnten dann übel werden, und so bewachte sie die Hausbar wie die Erzengel den Eingang zum Paradies. Nur wenn sie Besuch hatten, selten jemand anderes als ihre Schwiegereltern Hermann und Brunhilde, gab sie den Weg frei, nachdem Hermann ihr einmal ordentlich den

Kopf gewaschen hatte, weil sie sich angemaßt hatte, den Alkoholausschank in ihrem Haus auf ein gottverträgliches Maß zu beschränken. Noch Tage danach hatte sie an überspannten Nerven gelitten und bei jedem lauten Geräusch um sich herum zu wimmern angefangen. Geradezu peinlich aber war, dass die sich erst wieder beruhigt hatten, als sie selbst heimlich zur Sherryflasche griff, um sich ein kleines, ein kleinstes Schlückchen zu gönnen. Dafür kam sie aber nicht in die Küche, die Blöße hätte sie sich niemals gegeben.

So ging Augusts und Ottos Versteckspiel lange gut. Beinahe den ganzen Winter hatten sie für sich, obwohl es in dem Schuppen »verdammt kalt« wurde, wie August sich ausdrückte. Otto zuckte darüber nur mit den Schultern und holte sich die Wärme, die er brauchte, durch noch engeres Anschmiegen an seinen Freund. Überhaupt war er kein Mensch, der viele Worte machte, er genoss still, was er hatte. Trotzdem erzählten sie einander immer mehr von dem, was sie bewegte und bedrückte, je länger der Winter dauerte, und kamen sich so näher und näher. Wenn sie aber über Auswege aus ihrer Misere nachdachten, dann allein für August, niemals für Otto. »Mir würde nicht einmal weglaufen helfen«, wusste der, erschreckend abgeklärt für sein Alter, »meine Familie würde mich schon aus Prinzip einfangen und zurückbringen.« Was dagegen Heinsohns anbelangte, schien die Lösung des Problems, dass die Familie, wirtschaftlich ruiniert, wieder wegziehen könnte, auf der Hand zu liegen: »Ich muss nur meinen Vater überreden, dass er meinen Opa überredet, dass der den alten Wulff überredet zuzustimmen, für das Gut Äpfel als Futter anzukaufen. Pferde lieben doch Äpfel!« – »Du kannst doch nicht gute Holsteiner Cox an Pferde verfüttern!« – »Warum nicht? Die Hauptsache ist doch, dass ihr die Dinger los seid.« – »Aber so edle Äpfel«, begann August und wusste nicht weiter, »die Pferde würden daraus ja nur Pferdeäpfel machen!« Sie lachten längst Tränen, als Otto den Schlusspunkt setzte: »Die könnte man immerhin noch als Rosendünger oder getrocknet Brennstoff verkaufen.«

So hätte es ewig weitergehen können, gemeinsam wurde ihnen warm ums Herz. Mit dem Frühjahr aber kam die Wende, und ausgerechnet Brunhilde Auguste Runge, in Kaltsommer geborene Faber, sollte dabei die unrühmlichste Rolle spielen. Ottos Großmutter war von jenem ersten Tage an, als ihr Bruder Wilhelm seinen Kommilitonen aus Kiel mit zu Besuch gebracht hatte, in Hermann verliebt gewesen, und das Backfischhafte dieser Liebe hatte sie bis heute nicht abgelegt. Noch immer himmelte sie ihren Ehemann an und stellte seine Entscheidungsgewalt nicht infrage. Kein Wunder, wenn man in einem mutterlosen Haushalt aufwächst, in dem das erzieherische Augenmerk der Männer allein auf Gehorsam und Unterordnung abzielt. Bei Brunhilde, die stets auf subtile Art und Weise für den Tod der Mutter im Kindbett verantwortlich gemacht wurde, fiel das auf den fruchtbarsten Boden. So hatte sie keine eigene Meinung zu den besonderen Verhältnissen, in denen viele Männer in ihrem Heimatdorf Kaltsommer lebten, obwohl sie die von klein auf kannte, sondern hatte die auf ideologischen Überzeugungen basierende von Vater und Bruder sowie das fremdelnd-angewiderte ihres zugezogenen Mannes übernommen. Sie dachte nicht eine Sekunde über die Konsequenzen ihres Handelns nach, als sie, gackernd wie ein vom Marder aufgescheuchtes Huhn, aus Richtung Stall zum Haus gelaufen kam, hektische rote Flecken im Gesicht. Ottilie dachte zuerst auch wirklich, es wäre etwas mit den Hühnern, nur Karoline, die gerade Kartoffeln schälte, begriff sofort den Beginn der Tragödie.

Brunhildes ganzer Stolz war ihr Blumengarten, dem sie den Großteil ihrer Zeit zwischen Frühjahr und Herbst widmete. Weil der Geräteschuppen ihres Sohnes jedoch größer war als ihr eigener und Ottilie nichts von Gartenarbeit hielt, lagerte sie dort einen Teil ihres Arbeitsgeräts über Winter ein; Hermann wollte ihr ja keinen größeren Schuppen zugestehen. Nun war es Zeit, dieses zurückzuholen, nachdem kaum noch Gefahr von Nacht- und Bodenfrost bestand. Das neue Gartenjahr konnte beginnen. Als sie aber die Tür des Schuppens öffnete, sah sie nur zwei halbnackte Jungen in inniger Umarmung auf einem Nest aus Säcken und Decken liegen, und obwohl sie sich einzureden versuchte, dieses Bild nicht zu verstehen, begriff sie es doch sofort. Ihre Augen zeigten ihr nur, was sie seit langem wusste, was sie jedoch verdrängt hatte, weil nicht sein konnte, was nicht sein durfte. Nun aber gab es kein Zurück mehr. Es bringt nichts, die Augen erst zu schließen, nachdem man die Wahrheit geschaut hat. Brunhilde, sich hinter ihrem Schock versteckend, kannte nichts anderes mehr, als umgehend ihre Pflicht zu erfüllen und das Ungeheuerliche zu melden. Sie stotterte und stammelte und kreischte und schrie, dass das halbe Dorf längst wusste, was los war, als Ottilie endlich nicht mehr anders als selbst begreifen konnte und in Ohnmacht fiel. Das hätte Karoline nur zu gern gesehen, aber sie war da längst auf dem Weg zum Schuppen, um August nach Hause zu schicken und Otto auf das Folgende vorzubereiten. Alle drei erwarteten nichts Geringeres als das Jüngste Gericht.

Für Otto erfolgte das keine Stunde später, als sich seine ganze in Kaltsommer wohnende Familie im Wohnzimmer seines Elternhauses versammelt hatte: Vater und Großvater, Großmutter und die noch immer bei jedem zweiten Wort hyperventilierende Mutter. Karoline war der Rest des Tages freigegeben worden. Instinktiv vermied man Zeugen für das Folgende, selbst um den Preis, auf ein ordentlich zubereitetes Abendessen verzichten zu müssen. Er blickte in ihre versteinerten, strengen, entsetzten Gesichter, bekam es allein deshalb schon mit der Angst zu tun und fing an zu weinen. Das aber hätte er nicht tun sollen, damit bestätigte er erst recht alle Vorurteile, die diese Erwachsenen gegenüber ihrem eigenen Nachkommen hegten. Sowohl Hermann als auch Konstantin Runges Mienen verfinsterten sich umgehend. Otto bekam weiche Knie, seine Hand suchte instinktiv nach Halt, und diese Bewegung war es schließlich, die das Tribunal eröffnete. Wie eine Maus, die von ihrem eigenen Fluchtinstinkt an den Bussard am Himmel verraten wird, stürzten sich die Männer auf ihn.

»Wie kannst du nur?!«, schimpfte Ottos Vater in der braunen Uniform, die er schon seit Jahren regelmäßig trug.

»Das wird Konsequenzen haben!«, drohte sein Großvater, das noch glänzend neue Parteiabzeichen am Revers.

Fünfunddreißigstes Kapitel

»Hallo.«

»Hallo. Wo bist du … auf einem Schiff?«

Benjamin lachte befreit auf. »Nein«, antwortete er, »aber trotzdem auf dem Wasser.«

»Versteh ich nicht«, gestand Gerrit.

»Ich stehe auf der Hörnbrücke in Kiel.«

»Okay …«

»Die überquert die Hörn«, erklärte Benni, erneut lachend, während ihm der Seewind durchs dünne Haar strich und Möwen um ihn herum kreischten. Er blickte in Richtung offenes Meer, vorbei an gleich zwei riesigen Fähren, die eine norwegisch, die andere schwedisch, von denen er nicht hätte sagen können, ob sie gerade be- oder entladen wurden. »Die ist so was wie das Ende des Kieler Hafens, der letzte Ausläufer der Förde.«

»Jetzt schwebst du also hundert Meter über dem Wasser.«

»Mach fünf draus, und damit bist du dann wahrscheinlich noch großzügig.«

»Ihr Nordlichter seid immer so bescheiden.«

Sie lachten zusammen.

»Es tut so gut, deine Stimme zu hören«, sagte Benjamin. »Ich wünschte, du wärst jetzt hier bei mir. Wir könnten am Wasser entlangspazieren, Fischbrötchen essen oder rüber nach Laboe fahren, das Marineehrenmal besuchen.«

»Langweilst du dich etwa ohne mich?«

Wenn es nur das gewesen wäre. »Kaltsommer nervt mich«, seufzte er.

Gerrit dachte einen Moment darüber nach, nicht nur über den Inhalt dieser Worte, sondern mehr noch über ihren Klang, und antwortete: »Es ist ja bald vorbei. Ein paar Tage noch, dann darfst du zurück nach Berlin kommen und musst niemals wieder dorthin zurückkehren, wenn du nicht willst. Das Haus ist doch so gut wie verkauft.«

»Das ging echt schnell.« Benjamins Gemüt heiterte sich sogleich wieder etwas auf. »Die Maklerin hatte das ja gesagt, aber ich konnte trotzdem nicht glauben, dass sich so schnell ein Käufer für ein Haus in Kaltsommer finden würde.«

»Wann unterzeichnet ihr den Kaufvertrag?«

»Dienstag ist der Termin beim Notar. Der Entrümpler ist für Mittwoch bestellt, und am Donnerstag, spätestens Freitag bin ich wieder bei dir.«

»Na, das nenn ich mal eine Perspektive!«

»Wird aber auch Zeit. Zum Glück konnte ich mit Herrn Pleschinski ausmachen, erst zum 1. September mit der neuen Arbeit zu beginnen, sonst wäre das alles hier noch mächtig in Stress ausgeartet. Hier geht morgen das neue Schuljahr los, in Berlin läuft es bereits seit einer Woche.«

»Aber für euch sind diese Daten doch nicht so von Bedeutung, oder?«, fragte Gerrit nach.

»Nicht für die Kurse, die ich unterrichte«, bestätigte Benjamin, »aber in anderen Bereichen des Unternehmens schon. Es war schon sehr kulant von meinem Chef, den Vertragsbeginn um einen Monat zu verschieben.«

»Die wollen dich eben.«

»Und ich will nur dich.«

Kaum eins der soeben gewechselten Worte war neu. Sie telefonierten täglich miteinander, längst war es für sie wichtiger geworden, des anderen Stimme zu hören als sich irgendetwas zu erzählen. Jeder von ihnen saß gerade an seinem Ort fest, hatte Dinge zu erledigen, die sich nicht aufschieben oder von woanders aus erledigen ließen. Das war ein Fakt und Umstand, und auch wenn sich diese missliche Zeit absehbar ihrem Ende näherte, fühlte es sich mit jedem Tag schmerzhafter an, die Nähe des anderen entbehren zu müssen. Es tat Benjamin gut, mit Gerrit zu reden, besser noch wäre es gewesen, ihn einfach nur still in den Arm nehmen zu können. Er hätte nicht gedacht, dass dieser Aufenthalt allein in Kaltsommer ihn so belasten würde. Mitunter litt er so sehr darunter, meistens wenn es unmittelbar ans Auflegen ging und das Tuten aus dem Telefon ihm sein Alleinsein verkündete wie weiland die Posaunen das Ende von Jericho. Mehr als einmal schon war er versucht gewesen, aus purer Verzweiflung etwas Dummes zu tun, nur damit er seinen Kleinen noch für ein paar Minuten länger im Ohr hätte. Nur mit allerletzter Kraft hatte er sich davon abhalten können, Gerrit nicht schon jetzt, ohne dabei romantisch vor ihm aufs Knie gehen zu können, seinen Antrag zu machen. Und obwohl Gerrit sofort Ja gesagt hätte, wäre das nicht richtig gewesen, hätte er diesen großen Augenblick damit vermasselt. Jetzt steckte ihm die magische Frage auch schon wieder in der Kehle und schnürte ihm die Luft ab, und Gerrits Beteuerung, ihn bald wieder und dann für immer zu haben, machte die Entfernung zwischen ihnen noch viel unerträglicher. Benjamin konnte als Antwort nur stumm nicken, den Blick fest auf den blauen Horizont gerichtet.

»Was machst du heute noch Schönes?«, fragte sein Kleiner nach einer Weile.

Und der rote Bär musste sich räuspern, bevor er antworten konnte: »Ich werde noch in Kiel bleiben, etwas essen und vielleicht ins Kino.«

»Klingt doch nicht schlecht.«

»Wie man's nimmt.« Benni fing sich langsam wieder. »Eigentlich hatte ich alle Tucken Kaltsommers zusammentrommeln und herbringen wollen, um den Kielern mal zu zeigen, was eine echte CSD-Parade ist, aber die wollten lieber alle zu Hause bleiben und Unkraut jäten.«

»Schade«, meinte Gerrit lachend, »das wäre bestimmt ein imposanter Zug durch die Gemeinde geworden.«

»So was hätte diese Stadt noch nicht gesehen!« Und nachdem sie ausgelacht hatten: »Und was machst du heute noch Schönes?«

»Ich treff mich mit Nina und Johann.«

»Hilf mir mal auf die Sprünge …«

»Kommilitonen von mir. Du kennst sie von meinem Geburtstag.«

»Ah, ich glaube, ich erinnere mich. Was habt ihr vor?«

»Nichts Besonderes. Nur ein paar Bierchen im Mauerpark zischen.«

»Scheint also die Sonne bei euch.«

»Es ist ein herrlicher Sommertag in der Hauptstadt.«

»In dieser hier auch …«

Es gab diverse Gründe, warum er Kaltsommer kurz nach dem Mittag geflohen war, der Mangel an Sonnenschein zählte allerdings nur bedingt dazu. Es war immer wieder bemerkenswert, wie leicht man auf den verzichten konnte, wenn man die prägendsten Jahre seines Lebens ohne ihn verbracht hatte. Aber das Wolkenheim hatte sich verändert, und das lag nicht nur daran, dass es jetzt kaum noch etwas für Benjamin gab, was ihn damit verband, oder jemanden. Mit dem Tod seiner Mutter war die letzte noch halbwegs intakte Brücke in dieses Stück Vergangenheit eingestürzt, und alle anderen Menschen würden ihn nicht in der gleichen Weise dort festhalten können. Das galt für alte Bekannte, die er einmal geliebt hatte, allen voran natürlich Olaf und seine ganze Familie, ebenso wie für neue, die er in der Kürze der Zeit schon ins Herz geschlossen hatte. Dunja und Petra etwa, die er aber auch auf Dauer hinter sich lassen würde, war Gerburgs Haus erst einmal verkauft und für ihn hier oben nichts mehr zu tun. Seine Zukunft spielte in Berlin, und zwar zu hundert Prozent, daran bestand gar kein Zweifel mehr. Benjamin wollte nie mehr nach Kaltsommer zurückkehren müssen.

Das Dorf setzte ihm zu, körperlich und seelisch. Es gab dort Veränderungen zu beobachten, die etwas Verunsicherndes, Alarmierendes an sich hatten. Nicht nur er empfand das so, auch die Nachbarn, mit denen er gesprochen hatte, allen voran natürlich die Nissen, aber auch das greise Paar Garg oder die jungen Nebendahls. Die Witwe Möller von gegenüber hatte ihm etwas von inzwischen dauerhaft schlaflosen Nächten erzählt, und so grau und krank, wie sie aussah, war daran wohl kaum etwas übertrieben. Dunja zitterte am ganzen Körper, obwohl es in Kaltsommer so warm und trocken war, wie Benjamin es noch nie erlebt hatte, und selbst Petra wirkte mit den Nerven am Ende. Vorgestern war er kurz im Laden gewesen, um Brot, Wurst und Käse zu kaufen, und in einen hysterischen Anfall der Niemann-Tochter geraten. Die Töpfermeisterin hatte den Brennofen auf eine zu hohe Temperatur eingestellt und eine ganze Ladung Steingut für die Tonne produziert. Materiell hielt sich der Schaden in Grenzen, die Sache war bloß ärgerlich, nicht gleich existenzgefährdend. Aber Petra hatte Rotz und Wasser geheult, als wäre das das Ende der Welt. Und so benahmen sich alle Kaltsommeraner: dünnhäutig, leicht entflammbar.

Benjamin hatte dafür drei Gründe ausgemacht, nachdem er die anderen und sich selbst einer eingehenden Betrachtung unterzogen hatte. Das Licht war der erste Grund. Die Wolke brannte geradezu wie eine milchweiße und erschreckend wattstarke Glühbirne über ihren Köpfen. Tagsüber war es ein so grelles Weiß, dass man ohne Sonnenbrille sofort Kopfschmerzen davon bekam. Doch selbst in der Nacht dimmte sich dieses Licht nur zu einem hellen Grau herab, als würde der Vollmond unmittelbar über ihnen am Himmel hängen. Zu also jeder der vierundzwanzig Stunden des Tages drang dieser Schein durch Vorhangspalten und Rolloritzen herein, presste sich an getönten Brillenrändern vorbei und selbst noch durch das geschlossene Lid ins Auge. Es gab kein Entkommen davor, und selig wären allein die Blinden gewesen. Die Wärme, die in Kombination mit einer immer stärker um sich greifenden Trockenheit kam, war Grund Nummer zwei. Die Luft unter der Wolke hatte alle Feuchtigkeit verloren – manche Dorfbewohner behaupteten sogar, gesehen haben zu wollen, wie sie zu den Rändern hin verdampfte und sich, diese noch dichter machend, in die Nebelwand ergoss. Petras Vater Hans und der ehemalige Bürgermeister Max Heinsohn, beide Männer Großmäuler vor dem Herrn, taten sich dabei am lautesten hervor. In diesem Fall jedoch ernteten sie damit kein bestenfalls amüsiertes Kopfschütteln, sondern stille, furchtsame Zustimmung. Wer nicht täglich seine Blumenkübel, Rabatten und Beete goss, fand nur noch welke Pflanzen vor, deren tote Wurzeln in einem beinharten Boden steckten, von dem tonnenweise Staub aufgestiegen wäre, hätte sich in Kaltsommer auch nur das geringste Lüftchen geregt. Aber die Luft stand, totenstill und fürchterlich stinkend, und das war die dritte Ursache dafür, warum Kaltsommer gerade so unerträglich war. Alles stank: Ausgüsse, Mülltonnen, die Ställe von Huhn, Schaf, Rind und Pferd, Misthaufen, Gülle- und Jauchegruben, menschlicher Schweiß ebenso wie das Deo, das man auftrug, um dessen Geruch zu überdecken. Der Gestank der Nonnengänse, die weiterhin keinerlei Anzeichen zeigten, ihr Quartier wechseln zu wollen, und emsig auch noch den letzten grünen Trieb und Halm von den Feldern knabberten, war da nur noch das Tüpfelchen auf dem »Ieh!«. Es waren sogar schon eine ganze Reihe dieser Vögel verendet, an Hunger oder Krankheit, und der Rest sah ebenfalls nicht gut aus. Aber weder Aasfresser noch Räuber schienen noch Appetit auf diese leichte Beute zu haben. Ihre Kolonie, die sich systematisch immer entlang der Nebelwand voranfraß, umfasste einer Schätzung Eike Schönfelds nach, der neben der Bewirtschaftung seines Resthofs noch als Jäger tätig war, circa dreihundertfünfzig Tiere. Wie viele davon bereits umgekommen waren, ließ sich schwer sagen, doch wenn man sich dem Schwarm, der regelmäßig Stoßtrupps in die Gärten des Dorfes ausschickte, um auch diese endgültig kahlzufressen, zu sehr näherte, schlug einem neben dem Gestank von Kot und trockenen Federn auch noch der von Verwesung entgegen. Kaltsommers Luft war der Inbegriff eines Miasmas und hätte eigentlich das Tragen von Sauerstoffmasken nötig gemacht, fand Benjamin, um sich nicht mit sicherlich bald giftigen, ja tödlichen Keimen anzustecken.

Es war nicht gesund, in Kaltsommer zu verweilen. Es brauchte für den Besucher aus Berlin nicht einmal mehr Gerburgs Geist, der in jeder Ecke und Mauerspalte ihres einstigen Besitzes steckte und ihm mit kalter, ausdrucksloser Miene deutlich machte, dass er, ihr Sohn und Erbe, hier absolut nichts zu suchen hatte. Einst war Kaltsommer ein trotz aller meteorologischen Mängel wunderbares Refugium gewesen, das Benjamin alle Möglichkeiten geboten hatte, die es brauchte, damit ein Mensch wie er sich entwickeln konnte. Wenn die Schule in Neumünster einmal zu anstrengend wurde, weil seine ortsfremden Mitschüler oder die Lehrer nicht verstehen konnten oder wollten, wie ein Kerl wie er schwul sein konnte, dann hatte er nur unter die Wolke zurückkehren müssen, um Ruhe zu finden und neue Kraft zu tanken. In Kaltsommer war immer sogleich jeder Rechtfertigungs- und Erklärungsdruck von ihm abgefallen. Hier hatte er einfach der sein können, der er war, Gerburg hin oder her. Davon war jetzt nichts mehr übrig. In Berlin, bei Gerrit und seinen Freunden, war er nun der, der er sein konnte, Kaltsommer dagegen eine einzige Belastung. Er musste sie so schnell wie möglich abstoßen, daran bestand kein Zweifel mehr. Bis das allerdings endgültig geschehen war, würde er noch einige Tage und Nächte in diesem ruinierten Wolkenheim zubringen müssen … Benjamin seufzte schwer.

»Benni, alles okay bei dir?«

Der antwortete mit einem erleichterten Auflachen. Auf die Aufmerksamkeit seines Kleinen war absolut Verlass. »Ja«, sagte er, »aber ich kann es kaum erwarten, wieder bei dir zu sein.«

»Am liebsten würde ich sofort losfahren und dich persönlich abholen.«

»Bloß nicht!«

Die Worte waren ihm herausgerutscht, bevor sie ihm richtig bewusst geworden waren. Auf einmal erfüllte ihn der Gedanke, dass sich Gerrit den schädlichen Umwelteinflüssen Kaltsommers aussetzte, mit blankem Entsetzen. Er sah seinen Kleinen vor sich, krank, bis auf die Knochen abgemagert und dem Tode nahe, und das wirkte so realistisch, als hätte er doch noch einmal eine dieser seltsamen Visionen, die ihm im Januar und Februar so zugesetzt hatten. Nur im Gegensatz zu denen, die, obwohl sie sich letztendlich um nichts anderes als den Untergang des Wolkenheims drehten, immer auch etwas Faszinierendes an sich hatten, verursachte diese ihm hier nichts als eine eiskalte Gänsehaut.

»Was? Wieso denn nicht?«

»Ach …«, der rote Bär geriet ins Schwimmen, »ach, das ist doch nicht nötig. Die paar Tage noch. Dann bin ich doch sowieso wieder in Berlin. Und ich verspreche dir, wenn ich zurückkomme, habe ich eine kleine Überraschung für dich.«

»Wieder was aus dem Porzellanladen?«

»Was?«

»Ist es wieder eins der schönen Teile aus dem Dorfporzellanladen da bei euch?«, präzisierte Gerrit. »Irgendetwas, das zu der schönen Obstschale passt, die du mir nach dem ersten Besuch dort oben geschenkt hast?«

»Ach so, nein, das nicht.« Benni klang erleichterter, als ihm lieb war – und ärgerte sich gleich im nächsten Moment, Gerrits Steilvorlage nicht genutzt zu haben, nachdem er sein Plappermaul mal wieder nicht im Griff gehabt hatte. Also fügte er lahm hinzu: »Oder vielleicht ja doch.«

»Jetzt bin ich aber wirklich mal gespannt.«

»Mach dich nicht lustig über mich!«

»Tu ich nicht«, versicherte Gerrit ihm. »Ich hätte mich über ein weiteres Stück aus dieser regenbogenmäßig schimmernden Kollektion wirklich gefreut. Aber ich denke, ich weiß schon, worum es geht.«

Benjamin schloss für einen Moment die Augen, zog den leicht brackigen Salzgeruch der Luft tief durch die Nase ein, spürte den kühlenden Wind auf der Kopfhaut und lauschte dem Geschrei der Möwen, dem tuckernden Dieselmotor eines Schiffs, Autolärm und einem aus dem nahen Bahnhof abfahrenden Zug. Er beschloss, sofort mit der Frage herauszurücken, sollte sein Kleiner auch nur ansatzweise mit seiner Vermutung richtig liegen, bevor er die Augen wieder öffnete, den Horizont fixierte und fragte: »Na, worum geht es denn?«

»Das verrate ich dir nicht.« Dem machte dieses Geplänkel offensichtlich Spaß, er gluckste fröhlich in sein Handy. »Ich lass mich lieber überraschen, als dir die Überraschung zu verderben.«

»Aber wenn du richtig vermutest«, wandte Benni ein und verdrehte die Augen, »dann gibt es doch gar keine Überraschung, weder für dich noch für mich.«

»Du weißt doch gar nicht«, kam es spitzfindig zurück, », was ich vermute.«

»Da hast du recht.« Der Knoten, der ihm die Kehle zugeschnürt hatte, seit er aus einer Überreaktion heraus mit diesem großen, ziemlich schiefen Ablenkungsmanöver begonnen hatte, löste sich endgültig auf. Und wieder einmal hatte ihn allein Gerrit vor einer Dummheit bewahrt – das tat er nun schon, seitdem sie in der Sauna damals zusammengekommen waren, und verdiente dafür tatsächlich eine Belohnung. Er würde also wirklich noch einmal in den Laden gehen und bei Dunja und Petra etwas handgemacht Hübsches für ihn kaufen. »Dann will ich auch nicht weiter in dich dringen.«

»Das wäre dann aber doch schade.«

»Was?«

»Nichts. Schon gut. Nur ein kleines Wortspiel.«

Der rote Bär musste etwas um die Ecke denken, begleitet vom Kichern seines Freundes, bis er die nette kleine Anzüglichkeit verstand. »Du Schlingel, du«, tadelte er verträumt.

»Komm nach Hause«, erwiderte der, »so schnell es geht. Du fehlst mir.«

»Du fehlst mir doch auch.«

»Ich liebe dich.«

»Und ich liebe dich.«

Dem war nichts weiter hinzuzufügen.

»Am Freitag bin ich wieder bei dir«, wisperte Benjamin dennoch.

»Ich werde den ganzen Tag lang am Fenster nach dir Ausschau halten«, flüsterte Gerrit.

Als guter Hobbypoet im Ruhestand wusste Benjamin, wann der richtige Augenblick gekommen war, um aufzulegen. Schwer war es trotzdem. Sie hätten nach stundenlang weiter Süßholz raspeln können, aber irgendwann wären ihnen die Worte doch im Mund schal geworden. Romantik ist wie eine köstliche, aber auch hochsensible Suppe: Nur ein Gran zu viel, egal ob von Salz, Pfeffer, Zucker oder irgendeines anderen Gewürzes, und sie schmeckt nicht mehr. Allerdings waren beide ziemlich ausgehungert und neigten dazu, selbst noch den letzten Tropfen aus dem

Topf zu lecken, auch wenn sie dafür den Kopf ganz tief hineinstecken mussten.

So stand Benjamin noch eine ganze Weile auf der Hörnbrücke mitten in Kiel, während Gerrit auf seinem Balkon in Friedrichshain saß. Erst als seine Freunde Nina und Simon per Textnachricht nachfragten, wo er denn bleibe, trennten sie schweren Herzens die Verbindung. Gerrit fuhr rüber nach Prenzlauer Berg in den Mauerpark, und Benjamin gönnte sich eine Pizza in Kiel. Er brauchte nicht lange, um sein Gericht aufzuessen, und hätte danach gut noch ins Kino gehen können, hatte so ganz alleine aber dazu keine Lust. Also fuhr er zurück nach Kaltsommer, so schwer ihm das auch fiel, doch nicht in Gerburgs sich auflösendes altes Heim, sondern zu Dunja und Petra, die ihn wie immer mit offenen Armen empfingen. Das Paar aus dem Verwalterhaus, Manfred und Martin, war ebenfalls da, zusammen mit ihrem Ziehsohn Leon, der ganz eigene Probleme haben musste, wenn Benjamin seinen Gesichtsausdruck richtig deutete. Jedenfalls musste er sich an diesem Abend keinerlei jugendlicher Flirtversuche erwehren, und das war zur Abwechslung einmal ganz erholsam.

Sechsunddreissigstes Kapitel

Der Urlaub hatte nur kurzzeitige Erholung gebracht. So schön die Trips nach Paris und Princeton mit Abstechern nach London, New York und San Francisco auch gewesen, kaum waren sie wieder zurück in Kaltsommer, gingen die alten Probleme von Neuem los. Während der Reise war Ella so aufgeräumt und sowohl den Dingen als auch ihren Mitmenschen gegenüber aufgeschlossen gewesen wie schon lange nicht mehr, dass Alexandra und Markus auch sich selbst von einem frischen Hoffnungswind belebt gefühlt und die Reise genossen hatten. Sobald ihre jüngste Tochter aber zurück in ihrem Zimmer unter der Wolke weilte, war ihr Wesen wieder buchstäblich ebenso verschlossen wie ihre Zimmertür. Mit ihren Schwestern hatte sie herumgealbert, wie es Leonora und Imogen in ihrer Kindheit niemals zugelassen hätten, die drei hatten San Francisco ganz allein unsicher gemacht. Nun war Schulbeginn, und die Eltern konnten Ella an ihrem bleichen Gesicht ansehen, wie schwer ihr die Rückkehr in diesen Alltag fiel. Lediglich der Umstand, dass sie sich gegen die Wiederaufnahme der Fahrgemeinschaft entschieden hatte und erneut mit dem Bus zur Schule fahren wollte – »Mit der neuen Ampel kann jetzt doch nichts mehr geschehen«, hatte sie lapidar erklärt –, ließ sich als letzte positive Entwicklung werten. Die ersten beiden Tage war sie dann auch mit dem Bus gefahren und fahl wie ein Geist und mit dem Appetit eines solchen in ihrer Klause unter dem Dach verschwunden. Minutenlang hatte Alexandra an ihrer Tür gehorcht, ob sie wohl weinte, aber nichts hören können. Beruhigt hatte sie das nicht, und so war es am Abend zu einer Unterredung, ja ernsthaften Auseinandersetzung mit ihrem Mann gekommen. Die Mutter hatte, nicht zum ersten Mal, die Möglichkeit einer stationären Behandlung angedacht, um das Unfall-Trauma endlich mit professioneller Hilfe zu bewältigen. Der Vater wollte nicht von seiner Linie abweichen und verwies auf die Zeit in Form von Alltag und

Normalität als beste Wundenheilerin. »Wie kannst gerade du als Arzt nur so ignorant sein!«, hatte sie ihn angeschrien, doch er nur mit einem Nicken in Richtung Obergeschoss leise geantwortet: »Nicht so laut.«

Der Haussegen hatte noch heute Morgen beim Frühstück schiefgehangen. Ohne viele Worte zu verlieren, war erst Ella zur Schule aufgebrochen und danach Markus in seine Praxis. Wer allein mit ihren Sorgen zurückgeblieben war, war sie, Alexandra, die Ehefrau, die Mutter und die unter Pseudonym veröffentliche Schriftstellerin, die schon lange keine zwei brauchbaren Sätze mehr aneinandergereiht hatte. Denn sie war ja auch selbst noch eine Tochter, die sich an der eigenen Familiengeschichte abarbeitete und mit jedem Tag frustrierter wurde ob der Fruchtlosigkeit ihrer Bemühungen. Ihre leise Hoffnung, nach der Rückkehr aus dem Ausland würde sich ihre Mutter besonnen haben und ihren Fragen gegenüber zugänglicher sein, hatte sich gleich am nächsten Morgen zerschlagen. Da war sie Almut besuchen gegangen, um ihr die mitgebrachten Souvenirs zu überreichen. Sie musste das Thema nicht einmal mehr direkt anschneiden. Eine Gesprächspause, die man als Vorbereitung auf einen solchen Themenwechsel hindeuten konnte, reichte schon aus, das alte, von den unzähligen Runzeln und Falten jedoch nicht weicher gemachte Gesicht zu verhärten. Das war und blieb eine undurchlässige Mauer, eine Tresortür ohne Schloss oder anderweitigem Öffnungsmechanismus, weil der Schatz, der dahinter gehütet wurde, nicht zu wertvoll war, um einen Raub Möglichkeit werden zu lassen, sondern scheinbar zu gefährlich. Noch hatte Alexandra es immer im Guten versucht und die Trumpfkarte, die sie bei ihren Recherchen über ihren Vater Otto entdeckt hatte, nicht gezogen. Nicht jede Waffe, die man entdeckt, sollte man einsetzen, die Folgen könnten zu verheerend sein. Aber ihre Geduld wurde endlicher mit jedem Tag.

Dass sie die Spannung kaum mehr aushielt, lag neben den Ängsten um Ella und dem lieblosen und entwürdigenden Verhalten Almuts allerdings auch noch an Kaltsommer selbst. Irgendetwas war da im Gange. Es lag buchstäblich in der Luft, die auch eine Alexandra Runge-Kluge niemals zuvor so trocken, warm und nervtötend grell erlebt hatte. Und so stinkend. Zu allem Überfluss kannte Bente Nissen, die natürlich sogleich wieder zur Stelle war, kaum dass sie vom Flughafen heimgekommen waren, kein anderes Thema als Kaltsommers Luftveränderung. Spekulierend und theoretisierend plapperte sie drauflos, als hätte sie in den letzten dreieinhalb Wochen keinen einzigen Menschen zum Reden gehabt. Selbst wenn sie zwischendurch einmal kurz vom Weg abkam, um ihre Arbeitgeberin über den Fortschritt beim Verkauf des Sandow-Hauses, der überraschenden späten Schwangerschaft im Hause Kaufmann, den Selbstmord Ralph Schillings oder den nun unmittelbar bevorstehenden Umzug Rüdiger Harms' ins Altenpflegeheim nach Wankendorf – »Das muss Olaf so schwer gefallen sein, aber sein Vater braucht jetzt wirklich rund um die Uhr Betreuung.« – zu informieren, diese Verschnaufpausen dauerten niemals lange. Die Nissen schien während des Sprechens nicht einmal Atem holen zu müssen, um von der geäußerten Vermutung, dass sie Benjamin Sandow wohl niemals mehr in Kaltsommer wiedersehen würden, sobald der das Haus seiner Mutter verkauft hätte, weil er viel zu verliebt in diesen Berliner Jungspund sei, zu der kruden These zu gelangen, dass »doch bestimmt diese schrecklichen Gänse für den Klimawandel unter der Wolke verantwortlich sind. Mit ihren Ausdünstungen bringen sie unser spezielles klimatisches Gleichgewicht so sehr durcheinander, die gehören einfach nicht hierher. Wenn Sie mich fragen, gehören die Viecher allesamt abgeschossen! Aber essen würde ich die dann immer noch nicht, selbst wenn Eike Schönfeld mir persönlich einen der Vögel gerupft und ausgenommen vorbeibringen würde.« Nur zu gut war ihr anzusehen, wie gerne sie jetzt eine geraucht hätte.

Über diese Dinge aber wollte sich Alexandra erst recht nicht den Kopf zerbrechen – sie wollte raus hier. Eine Handvoll Tage erst war sie wieder zurück, und schon hielt sie es nicht mehr aus in ihrem Haus. An diesem Mittwochmorgen also packte sie ihre Sachen zusammen, warf sie auf den Beifahrersitz und brauste im Auto davon, bevor ihre Haushälterin angeradelt kam und sie mit ihrem sinnfreien Geschwätz lähmte wie die Spinne ihre Beute mit ihrem Giftbiss. Wenn sie Bente Nissen zuhörte, begriff sie erst so richtig, was der Terminus *brain drain* wirklich bedeutete.

Sie fuhr nach Schleswig, floh über den Kanal ins Landesarchiv, um Vergessen in der Arbeit zu finden. Die sich um nichts anderes als die Vergangenheit ihrer Familie drehte. Es war zum Mäusemelken! Ihr ganzes Leben war ein Spinnennetz, das von gleich mehreren Weberinnen intakt und straff gehalten wurde, und sie nur eine armselige Fliege, die sich mit jeder verzweifelten Bewegung nur noch mehr in den klebrigen Fäden verfing. Nur ein kräftiges Reißen – ein wohl zumindest verbaler Gewaltakt – würde sie daraus befreien können. Den aber scheute sie nach wie vor, obwohl sie selbst kaum noch verstand, warum.

Wie so oft inzwischen, wenn sie die Rader Hochbrücke überquerte, wäre sie am liebsten auf ihrem höchsten Punkt angehalten und ausgestiegen, um aus dieser luftigen Höhe das sich nach Nord und Süd ausbreitende Land anzuschauen und wie es von der von Menschenhand angelegten Wasserstraße von West nach Ost zerschnitten wird. Allein die Überfahrt ließ sie jedes Mal schon befreit aufatmen, obwohl sie eingesperrt in ihrem Auto saß. Wie musste es sich da erst anfühlen, draußen auf dem Beton an der Brüstung zu stehen! Vermutlich hätte sie damit umgehend nur einen Großeinsatz von Polizei und Feuerwehr ausgelöst, weil irgendjemand sie für eine Selbstmordkandidatin hielt. So schlimm war es jedoch nicht einmal bei der Rückfahrt, wenn es wieder nach Kaltsommer ging und sich das Gefühl der Freiheit in ihrer Brust in eins der Beklemmung zurückverwandelte. Denn genauso wie vor ihrer großen Sommerreise würde es auch heute wieder sein, daran zweifelte Alexandra keine Sekunde. Doch bis dahin lag zumindest eine Handvoll Stunden vor ihr, die sie ohne den ungewöhnlichen Barometerdruck Kaltsommers über sich und um sich herum verbringen durfte. Daran änderte nicht einmal die Beschäftigung mit dem traurigen, tragischen, ja skandalösen Schicksal ihres Vaters, dessen Entdeckung mehr einer Aufdeckung gleichkam und sich las wie eine Horrorgeschichte. Eine Horrorgeschichte, die umso grausamer wirkte, je verschlossener sich ihre eigene Mutter gab …

Alexandra kam in Schleswig an, bevor der Gedanke an die Frau, die sie geboren hatte, sie in Trauer oder Rage oder gleich beides auf einmal stürzen konnte. Es tat so wohl, die schöne Stadt an der Schlei mit ihren Museen und dem Archiv wiederzusehen. Weil sie sich durch den Anblick der alten Residenz der Herzöge von Gottorf dermaßen beflügelt fühlte und es noch früh am Tag war, fuhr sie kurzentschlossen erst einmal nicht ins Prinzenpalais, um weitere bedrückende Akten zu wälzen, deren bitterer Staub ihr die Atemwege verstopfte und ihr das Gefühl gab, ersticken zu müssen. Sie bog vorher ab und steuerte das Wikinger-Museum Haithabu an. Die Sonne schien, die Luft war warm, warum sollte sie nicht erst ein wenig durch die Freilichtanlagen wandeln? Etwas Schöneres, um den Kopf von all dem mitgebrachten Ballast zu befreien, konnte es doch gar nicht geben.

Sie liebte Schleswig für seine Lage am Wasser. Wenn sie an eins während ihrer Zeit in Hamburg gern zurückdachte, dann waren es die Spaziergänge an Alster und Elbe, die sie regelmäßig unternommen hatten. Sie und Markus, zuerst allein, dann später mit den Kindern, Leonora und Imogen. Nur Ella kannte das nicht mehr, die war voll und ganz ein Kind aus Kaltsommer. Sie mochte Wasser nicht einmal sonderlich, es sei denn in Form von Nieselregen, von Wasserläusen. Umso überraschender war es gewesen, mit welchem Elan sie sich in die Fluten von Atlantik und Pazifik gestürzt hatte. Wie befreit hatte ihre Jüngste dort drüben in der Neuen Welt gewirkt, stets eingerahmt und wie behütet von ihren Schwestern. Alexandra hätte zu gerne geglaubt, dass es wirklich nicht mehr brauchte als einen Ortswechsel, um all ihre Probleme zu lösen. Aber das hieße, die regelmäßig vorkommenden Phasen zu ignorieren, in denen Ella sich von ihnen zurückgezogen und in ihrem Hotelzimmer eingeschlossen hatte, egal wie schön der Abendhimmel leuchtete und wie nett die Gesellschaft war. Alexandra, die ihrer Tochter nicht hatte hinterherspionieren wollen, stand dennoch das eine oder andere Mal vor dieser verschlossenen Tür mit irgendeiner nichtssagenden Nummer darauf und traute sich nicht, anzuklopfen, obwohl sie meinte, Ella dahinter leise wimmern zu hören. Es hätte sowieso nichts gebracht, sie war da genauso störrisch und verstockt wie ihre Großmutter. Nein, ein Umzug würde nichts bringen, weder jetzt sofort als Familie nach Schleswig noch später Ella allein hinaus in die Welt, wohin immer es ihr auch gefallen mochte. Wenn man aus Kaltsommer stammte, nahm man immer ein Stück Wolke mit, die einen im Kopf, die anderen im Herzen, viele, so wie Ella, in beidem, und dann gab es kein Entrinnen. Dann gab es nur Kaltsommer …

Zum Glück war auf dem Gelände des Museums noch kaum etwas los. So sah niemand, wie Alexandra sich plötzlich schüttelte, als litte sie an einem Fieber. Sie ließ die rekonstruierten Hütten hinter sich, diese dunklen, fensterlosen Behausungen, in denen die mittelalterlichen Menschen hier einst gelebt hatten, ging hinunter ans Wasser der Schlei und setzte sich auf den Steg. Der war ebenfalls nicht mehr original, sondern für die Touristen nachgebaut, aber so wie das kühle Nass heute träge um seine Stelzen leckte, dürfte es das auch damals schon getan haben. Es machte keinen Unterschied, und darauf kam es an. Gewisse Dinge sind unabänderlich. Es gelingt ihnen, sich auch Neubauten und

Modernisierungen anzupassen und untertan zu machen. Doch handelt es sich dabei nicht um Sturheit, sondern es ist schlicht das Stoische des Materiellen, und deshalb ist die Beharrlichkeit der Dinge so viel leichter zu ertragen als die der Menschen. Irgendwann begreift man, dass man dagegen nicht ankommt, was man auch tut. Der einzige Ausweg, der einem bliebe, wäre die Zerstörung. Dazu aber neigt man wiederum eher bei Menschen als bei Dingen. Denn Menschen könnten sich ändern. Sie sind die anpassungsfähigsten Kreaturen von allen, und tun es oft genug, weil sie sich durch Logik oder Not dazu gezwungen oder überzeugt sehen. Und tun es oft genug eben auch nicht, ohne irgendeinen nachvollziehbaren Grund. Lieber nehmen sie es in Kauf, missverstanden zu bleiben und Beziehungen zerbrechen zu lassen, als sich ihren Mitmenschen zu öffnen. Die einen ziehen sich ganz tief in sich selbst zurück, um sich unerreichbar zu machen, die anderen dagegen sind bereit, es auf eine Konfrontation ankommen und Gewalt, egal ob nur mit Worten oder schon mit Fäusten, eskalieren zu lassen. Dritte wiederum scheinen nur darauf zu warten, dass man einen Hammer nimmt und ihre verhärtete Schale mit ein paar schweren Hieben aufbricht, um sie von sich selbst zu befreien, auch um den Preis schlimmster Verstümmelung. Das mochte auf Ella zutreffen. Noch war sie jung und eventuell formbar – aber welche Mutter würde ihrer eigenen Tochter so etwas antun? Almut dagegen zählte eindeutig zur zweiten Kategorie. Eher würde sie die eigene Tochter an sich zugrunde gehen lassen, als ihr auch nur den allerkleinsten Schritt entgegenzukommen.

Seltsamerweise war es dieser Gedanke, der Alexandra zu dem Schluss kommen ließ, es dann auch auf eine finale Auseinandersetzung mit ihr ankommen lassen zu können. Scheinbar sah Almut in der eigenen Tochter nichts anderes als etwas, das es zu erdulden galt, mit dem man bestenfalls noch das gemeinsam erlebte Gegenwärtige teilte, aber das auf keinen Fall auf einer gemeinsamen und damit teilbaren Vergangenheit beruhte. Alexandra war allerdings nicht aus dem Nichts entstanden, es war nicht der Klapperstorch gewesen, der sie eines schönen Tages den Kamin herab in Almuts Schoß hatte plumpsen lassen. Sie war menschengemacht, wie jedes andere Kind auch. Sie hatte eine Mutter und einen Vater, und die beiden hatten in einer bestimmten Beziehung zueinandergestanden – und die wiederum war wesentlich komplizierter gewesen als die anderer Paare.

Während Alexandra auf dem Steg saß und ihre Füße nur Zentimeter über dem warmen Wasser der Schlei baumeln ließ, beschloss sie endgültig, ein Recht auf das Wissen zu haben, wie es um diese Beziehung ihrer Eltern wirklich stand. Sobald sie die nämlich erfahren hätte, würde sie damit zu Ella gehen und sie wie einen Zauberschlüssel nutzen, mit dem man selbst solche Schlösser öffnen kann, die eigentlich nur von einer, nämlich der anderen Seite zugänglich sind. Sie hatte genügend Fantasy-Romane geschrieben, um sich das bildlich vorstellen zu können.

Und das brachte sie zum nächsten Punkt auf ihrer Liste der unbewältigten Konfliktpunkte: Martin Becker. Wenn sie schon aufräumte, dann bitte richtig. Sie hatte Herrn Becker viel zu verdanken, keine Frage, aber schon seit einer geraumen Weile kam er ihr nicht mehr vor wie ein Alter Ego oder auch nur wie ein nützlicher Idiot. Wenn überhaupt war Martin Becker nur noch eine leere Hülle, eine Maske, die sie sich überstülpte, obwohl sie ihr nicht mehr passte und es darunter schrecklich juckte, ohne dass sie sich hätte kratzen dürfen. Sie hatte Martin Becker damals aus mehreren Gründen erfunden, ökonomisches Kalkül war einer davon gewesen, Schutz der eigenen Privatsphäre ein anderer. Beide fühlten sich inzwischen irrelevant an. Es war an der Zeit, Martin Becker einen neuen Platz zuzuweisen oder ihn sogar ganz zu entlassen. Die nächste Zeit würde erweisen, was besser wäre. Das nächste Buch würde es zeigen, je nachdem, wie sehr sie das selbst aus dem Richtungslosen Land herausführte.

Alexandra zog die Füße zurück auf das von Wind und Wetter ausgebleichte Holz des Stegs und stand auf. Sie wischte sich über den Hosenboden, richtete ihr kurzärmeliges Oberteil, sah sich noch einmal unter dem weiten Himmel über der Schlei um und ging zurück zum Auto, vorbei an den ersten Schulklassen des neuen Jahres, die einen Ausflug nach Haithabu machten. Schleswig inzwischen wie ihre Westentasche kennend, fuhr sie auf dem kürzesten Weg ins Landesarchiv im schönen alten Prinzenpalais. Dort angekommen holte sie ihren Laptop aus dem Kofferraum und die beiden prallgefüllten Jutebeutel mit ihren Aufzeichnungen und Notizen und ging hinein.

»Frau Runge-Kluge«, begrüßte sie Ingrid Lange-Gschwendner, die Leiterin des Polizeiaktenarchivs, »hallo. Sind Sie aus dem Urlaub zurück? Wie war die Reise?«

»Sehr schön, danke.«

»Soll ich Ihnen das Wägelchen mit Ihren Akten bringen? Wir haben sie doch nicht wieder einsortiert, sondern für Sie aufgehoben.«

Alexandra zögerte einen Moment, bevor sie entschied: »Das wäre lieb von Ihnen. Dann kann ich immer mal wieder ein paar Details nachschauen, während ich schreibe.«

»Sie wollen schreiben?« Frau Lange-Gschwendner horchte auf. Die Archivleiterin kannte den Inhalt der von dieser speziellen Nutzerin angeforderten Akten, im Laufe der letzten Wochen waren sie darüber ins Gespräch gekommen. »Über Ihren Vater?«

»Über die ganze Familie.«

»Das klingt sehr spannend. Und ich denke, es ist eine sehr erzählenswerte Geschichte.«

»Auf jeden Fall ist es notwendig.« Diese Aussage konnte die Archivleiterin natürlich nicht wirklich verstehen, Almut war bisher zwischen den beiden Frauen nie Thema gewesen. Aber sie konnte kein Buch über Otto Runge schreiben, ohne darin zugleich auch die Geschichte ihrer Mutter Almut, geborene Cordte, einzuweben. »Ich bin an meinem üblichen Platz hinten in der Ecke.«

»Dann bin ich gleich mit den Akten da«, versprach Ingrid Lange-Gschwendner, die schon von vielen hier die Ankündigung gehört hatte, jetzt endlich die eigene Familiengeschichte aufschreiben zu wollen. Bei Frau Runge-Kluge war sie sich zum ersten Mal sicher, dass der das tatsächlich gelingen konnte. Da war etwas an ihr, so eine ganz bestimmte Art von Entschlossenheit und Selbstsicherheit, die die Archivarin zuversichtlich stimmte. Ihre Kundin hatte sich noch nicht fertig an ihrem Platz eingerichtet, der Laptop fuhr eben erst hoch, da kam sie schon mit dem kleinen Wagen an den Tisch am Ende des Raums, der am weitesten von einem der Fenster entfernt war, gefahren. Auf ihm stapelten sich verschiedene Ordner und Hefter. Nur der kleinste Teil davon war mit dem Namen »Otto Runge« bezeichnet. Die meisten enthielten allgemeine Artikel, Berichte, Briefe, Haftbefehle, Vernehmungsprotokolle, Regierungserlasse, Prozessakten, Gerichtsurteile, Deportationsbefehle und Transportanordnungen, Anträge auf sogenannte Vorbeugehaft, ein paar ganz wenige Zeugnisse aus Konzentrationslagern, etwa über medizinische Versuche, und weiteres Quellenmaterial vornehmlich aus der NS-Zeit und frühen Bundesrepublik Deutschland. Sie alle handelten von Sittlichkeitsverbrechern, sprich Homosexuellen. Der bei weitem dickste Einzelordner jedoch trug den seltsamen Namen »Kaltsommer«, und über den hätte selbst Ingrid Lange-Gschwendner am liebsten auch ein Buch geschrieben, denn was sie da gelesen hatte, nachdem Frau Runge-Kluge ihr erzählt hatte, dass dies ihr Heimatdorf sei, klang in ihren Ohren wie ein kaum glaubhaftes Märchen: Ein Dorf unter einer permanenten Wolke, in dem sich seit Jahrhunderten scheinbar schon besonders viele gleichgeschlechtlich veranlagte Männer und Frauen einfanden, um dort in Frieden zu leben, und das spätestens mit Beginn des Kaiserreichs 1871 und der entsprechenden neuen, restriktiven Gesetzeslage zum ständigen Beobachtungsobjekt der Geheimdienste und Sicherheitsapparate wurde. Frau Runge-Kluge wusste, dass ihre Archivarin diesen Ordner studiert hatte, und vielleicht würde diese sie deshalb demnächst einmal fragen, wo genau denn das Dörfchen liege und ob es einen Besuch lohne.

Für heute verzichtete Ingrid Lange-Gschwendner jedoch auf diese Konversation, was Alexandra sehr zupasskam. Sie wollte jetzt arbeiten. Sie wollte endlich schreiben. Zu lange schon war ihr eigener Schreibtisch verwaist, hatte das Kreativzentrum ihres Gehirns brachgelegen. Es war an der Zeit, dass dieser Brunnen wieder Wasser führte. Die war jetzt reif. Zum einen stimmte der Leidensdruck, zum anderen sah sie endlich klar, was alles in dieses neue, so völlig anders als ihre anderen Bücher werdende Werk hineingehörte. Dass es dafür den hohen freien Himmel Schleswigs brauchte anstatt die alles überlagernde Wolke Kaltsommers, schien nur folgerichtig zu sein. Heute begann für Alexandra ein ganz neues Kapitel ihres Lebens, und wenn das die alten Seiten wie im Sturm vom Tisch fegte, dann sollte es eben so sein. Jetzt galt es, Mauern einzureißen, alte Denkmäler zu stürzen und neue zu errichten.

Sie begann zu schreiben:

JEDES LAND HAT GRENZEN, DENN Länder sind immer menschengemacht. Der Mensch kann nur begrenzte Dinge erschaffen, da er selbst endlich, also begrenzt ist. Dies gilt auch und erst recht für das Richtungslose Land. Darin kann man sich nur verlieren, solange man seinen Grenzen nicht zu nahe kommt, sei es mit Absicht oder aus Versehen. Denn, Wanderer, beides ist möglich. Man kann noch so lange als Orientierungsloser durch seine märchenhaften und verwunschenen Landschaften gewandelt sein, plötzlich steht man vor einem Wegweiser. Oder Grenzpfosten. Manchmal auch vor einem Schlagbaum, einer Steilwand oder einem Abgrund. Was es ist, ist letztlich gleich, wichtig ist nur, dass dieser Weg jetzt seinen Endpunkt erreicht hat.

Hallo! Mein Name ist Alexandra Runge-Kluge, und ich bin Hausfrau und Mutter. Aber Sie, werte Lesende, kennen mich besser unter dem Namen Martin Becker. Wie eine Art Zauberer von Oz hat er in den letzten bald zwei Jahrzehnten das Bild vom Richtungslosen Land beherrscht. Wie es dazu kam, will ich Ihnen nun erzählen. Aber nicht nur das allein, denn da gibt es noch mehr, viel mehr. Ich will Ihnen auch von mir selbst erzählen und von meiner Familie. Von meiner Mutter, in der Sie so manche böse Königin und Hexe des Richtungslosen Landes wiederzuerkennen glauben werden, und über meinen Vater, scheinbar das Vorbild für so manche gute Kraft, die mit ihrem magisch langen Arm beschützend aus diesiger Ferne gewaltet hat. Die Wahrheit ist etwas komplizierter. Sie fängt schon damit an, dass mein Vater gar nicht mein Vater sein kann.

✩

AUSGERECHNET BRUNHILDE RETTETE IHREN ENKEL *davor, weit weg auf eine dieser neuen Schulen geschickt zu werden, auf denen die Nazis die Söhne ihrer eigenen Elite auszubilden gedachten. Sie sprach ein echtes Machtwort, dass nach Hermanns plötzlichem Herztod im Sommer 1934 möglich wurde und ihren eigenen Sohn Konstantin dermaßen überraschte, dass er es nicht wagte, sich diesem zu widersetzen. Ottilie hätte es gerne gesehen, wenn Otto aus dem Haus gewesen wäre, aber ihre Meinung zählte weniger denn je. »Lasst den Jungen bei mir wohnen«, lautete Brunhildes Kompromissvorschlag, »er kann mir zur Hand gehen. Ich kann die Hilfe gut gebrauchen.« Sie wohnte jetzt in einem relativ neuen, freistehenden, weiß verputzten Haus im Waldweg, gleich am Rande des Pferdeteichs. Konstantin hatte auch deshalb zugestimmt, weil er im Grunde genommen Otto das Internat mit all seinen Anforderungen und Härten nicht zutraute und neue Blamage und einen noch viel größeren Skandal als beim ersten Mal fürchtete. Seit dem Vorfall mit diesem Bauerntölpel Heinsohn war zwar nichts weiter mehr passiert, dennoch erschien es ihm besser, Otto lieber weiter so gut es ging unter der Wolke und hinter dem Nebel verborgen zu halten. Konstantin litt sehr unter der Erkenntnis, dass Söhne nicht automatisch die guten Eigenschaften ihrer Väter erbten.*

Otto blieb in Kaltsommer und lebte gut bei seiner Oma. Die drückte selbst dann ein Auge zu, wenn er sich mit August traf. Sie musste allerdings auch keine Schande mehr aus dieser Richtung befürchten, durch den Schock der Entdeckung und das darauf folgende Getöse war ihre Romanze in nackter Furcht erstarrt, wovon sie sich nur noch in Form einer Freundschaft erholt hatte. Beiden war es recht so, denn ohne so recht zu begreifen, was da auf sie zurollte, ahnten sie zumindest, dass die neue Herrschaft für sie zum Schreckensregime zu werden drohte. Familie Runges Reaktion auf die Entdeckung der gleichgeschlechtlichen Veranlagung ihres eigenen Sohnes sprach Bände.

In Kaltsommer wurden die politischen Veränderungen im darauffolgenden Jahr nur allzu sichtbar. Im Januar starb Eduard Ferdinand Wulff, ihr alter, von vielen hochverehrter Gutsherr. Freilich nicht von Konstantin Runge, dem die politische Einstellung seines Arbeitgebers – er hatte den Verwalterposten seines Vaters übernehmen können, obwohl der alte Wulff etwas gegen die Braunen hatte und Konstantin das Tragen der Uniform im Dienst verbot – zuwider war. »Wenn er nicht gestorben wäre«, teilte er Ottilie am Abend nach der Beerdigung vollmundig mit, »ich hätte ihn selbst bei der Polizei gemeldet. Der Mann ist ein Feind Deutschlands gewesen.« Seine Frau widersprach nicht, ihr waren diese Dinge gleich, Politik und Wirtschaft gehörten ins Reich der Männer. In Brunhildes Haus sowie im Rest des Dorfes dagegen herrschte große Trauer. Man erinnerte sich des alten Herrn als eines großzügigen und zugleich bescheidenen Mannes, dessen besondere Vorliebe den Pferden galt. Sogar dass er hoch zu Ross ins Reich der Toten einzureiten gedachte, nämlich auf dem Rücken seines Lieblingstiers, dem Hengst Wanderbursch, sahen sie in diesem Zusammenhang in einem rosa Licht. Gleich nach der Beerdigung wurde dieser Stolz des Gestüts in den Park hinter das Herrenhaus geführt, wo man tags zuvor eine Grube ausgehoben hatte. Franz Thomsen, der sich seit zwanzig Jahren um das Wohl der Pferde kümmerte, setzte den Pistolenschuss selbst an, auch wenn ihm dabei das Herz brach. Man schaufelte das Grab zu und setzte einen Stein mit Namen und Lebensdaten als Inschrift darauf. Den gab es wirklich, ich habe noch ein Foto von ihm gesehen.

Aber damit noch nicht genug der Veränderungen in Kaltsommer. Eduard Ferdinand Wulff hatte drei Töchter, die sich über das Erbe nicht einigen konnten. Also verkauften sie das Gut, und zwar an die Wehrmacht. Konstantin Runge hatte ihnen diesbezüglich gut zugeredet, für ihn ging ein Traum in Erfüllung. Je weiter seine eigenen Kriegserlebnisse zurücklagen und sich sein im Gefecht erlittenes Trauma zu todesmutiger Mannhaftigkeit verklärte, die beschmiert wurde durch den Schandvertrag von Versailles, desto mehr sehnte er sich nach militärischer Wiederauferstehung und Korrektur der Geschichte. Für den Krieg aber waren Pferde noch immer unverzichtbar, und so wurde aus dem Gut Kaltsommer das Remonteamt Kaltsommer. Hierhin kamen die von der Wehrmacht erworbenen dreijährigen Pferde, um durchzuseuchen, wie man das nannte, denn Pferde sind eine doch recht krankheitsanfällige Spezies. Ein Jahr lang behielt man sie auf diesen Militärgestüten, bis sie durch den gegenseitigen engen Kontakt immunisiert und gestärkt waren, bevor sie zur Artillerie überstellt wurden. Was man mit den Pferden machte, die dabei auf der Strecke blieben, weiß ich nicht. Was ich aber weiß und sagen kann, ist, dass die Wehrmacht gleich zu Beginn ihrer Anwesenheit in Kaltsommer eine Unsumme an Geld in die Infrastruktur des Dorfes investierte. Viele alte Gebäude, für die man keinen Nutzen mehr hatte, wurden abgerissen, etwa die alte Stellmacherei oder die Meierei, in der vormals auch die Wohnung des Verwalters untergebracht war. Es war das Haus, in dem Brunhilde ihre Kindheit verbracht hatte, und der Anblick der Abrissarbeiten tat ihr in der Seele weh. Zugleich aber wurde auch vieles neu gebaut, nicht zuletzt die ganzen Arbeiterwohnungen samt eigenem Stallgebäude entlang der Lindenallee, der Speicherstraße und noch im Gartenweg. Kaltsommers Gesicht veränderte sich radikal, und da nicht einmal der bald folgende Krieg daran viel ändern sollte, sah dieses Dorf im Wesentlichen bis zum Zeitpunkt unserer Geschichte noch immer so aus, durch so manchen Neubau hier und da erweitert, versteht sich.

Natürlich brachte die Wehrmacht ihr eigenes Personal mit, um das Heeres-Gestüt zu betreiben, griff aber auch gerne auf Kompetenz und Know-how, die bereits vorhanden waren, zurück. Von den ehemaligen Arbeitern verlor kaum einer seinen Job, Konstantin Runge allerdings musste in die zweite Reihe wechseln. Als Zivilist durfte er zwar weiterhin der Verwaltung angehören, jedoch nicht in führender Position. Er nahm das zähneknirschend hin, schließlich geschehe das alles nur zum Besten Deutschlands. Ottilie, die mit den Jahren ein sehr feines Gespür für die Gemütslage ihres Mannes entwickelt hatte, ging ihm dennoch die nächsten Wochen nach Möglichkeit aus dem Weg. Gelang es ihr nicht, konnte eine solche Begegnung mit blauen Flecken enden. Die wiederum warf sie, bekam sie Gelegenheit dazu, ihrem Sohn vor, dessen weibisches, entartetes Wesen den Vater so verbittert hätte. Brunhilde hatte der Schwiegertochter längst das Haus für solche Besuche außerhalb von Geburts- und Feiertagen verboten, weshalb die Otto seitdem ganz einfach auf der Straße abpasste, um sich an ihm abzureagieren. Die peinlichen Blicke der Nachbarn ignorierte sie dabei geflissentlich. Sie kannte die Leute eh nur vom Sehen und wusste überhaupt nichts mehr über die Vorgänge im Dorf, seitdem der Junge aus dem Haus war und sie Karoline Duggen hatte kündigen müssen, weil seit der Umstrukturierung das Geld fehlte, sie zu bezahlen; und Konstantin verachtete grundsätzlich allen Klatsch und Tratsch. Auch 1941 wurde es nicht besser, als Kaltsommer vom bloßen Remonteamt zum Heeres-Forschungs- und Versuchsgestüt umgewandelt wurde. Nicht nur in den Konzentrationslagern begann man zu forschen, etwa welche Höchst- und Niedrigsttemperaturen und andere Extrembelastungen der menschliche Körper aushalten konnte, auch die Pferdekörper sollten für den Kriegseinsatz verbessert werden. Dafür durften die Tiere jedoch in ihren vergleichsweise komfortablen Ställen bleiben. Nur für Kaltsommer war diese Entscheidung katastrophal, denn anstatt die für die Forschung nötigen veterinärmedizinischen Strukturen neu aufzubauen, brachte man zu diesem

Zweck Personal und Forschungsmaterial aus Polen mit, aus dem gleich zu Beginn des Krieges eroberten Gestüt Racot. Zu diesem Zeitpunkt waren die meisten Männer Kaltsommers bereits an der Front, ersetzt wurden sie durch die polnischen Kollegen, die mit nach Holstein kamen, allerdings nicht als Zwangsarbeiter. Das schmeckte nicht nur Konstantin Runge nicht. Viele sahen es mit Sorge, dass sich die nun zumeist alleine zu Hause weilenden deutschen Frauen gleich einer ganzen »Horde« von Polen ausgesetzt sahen, die dank der Propaganda in ihren Augen zumeist nur minderwertige Wilde waren. Aber diese Polen waren tatsächlich Angestellte der Wehrmacht, wozu sie eine Sondervollmacht gemacht hatte, die der neue Gestütsleiter Dr. Albat für sie erwirkte. Er wusste, was er an diesen erfahrenen Männern hatte. Dennoch oder gerade deswegen mag es keine Menschenfreundlichkeit gewesen sein, die ihn zu diesem Schritt veranlasst hatte, sondern die Hingabe an seine Arbeit, die einzig und allein darin bestand, die Wehrhaftigkeit und damit Angriffslust seines Landes zu steigern.

All diese Vorgänge bekam Otto nur am Rande mit, weil er in jenen Jahren nur wenig Zeit im Wolkenheim verbrachte und selten Post von dort erhielt. Nach der Schule hatte er ursprünglich sofort eine Schneiderlehre beginnen wollen, doch durchkreuzte das neue Staatswesen diesen Plan vorerst. Der Einzige, dem das gefiel, war sein Vater. Der hatte die Hoffnung, aus seinem verweichlichten Sohn doch noch einen echten Mann zu machen, noch immer nicht aufgegeben. Nichtsdestotrotz hatte er sich Ottos Berufswunsch nicht in den Weg gestellt, wenn auch einmal mehr zähneknirschend. Der passte ja leider wie die Faust aufs Auge. Als die Schule aber vorbei war und niemand in der Familie höhere Bildung für den Jungen für nötig hielt – Otto hasste die Schule, vom ersten Tag an hatte sie für ihn aus nichts anderem als Hänselei und Drangsal bestanden –, begann für ihn erst einmal der Reichsarbeitsdienst, dem sich unmittelbar der Wehrdienst anschloss. Es mochte ihm an Muskelkraft und Athletik fehlen, zur Ausmusterung reichte das trotzdem nicht. Zweieinhalb Jahre dauerte diese Zeit, die Otto als noch bedrückender in Erinnerung haben sollte als die Schulzeit davor. Ihr immerhin schloss sich eine Phase der Entspannung an, denn als ihn die Kaserne wieder ausspuckte, war bis zum Kriegsausbruch noch genügend Zeit, die ersehnte Ausbildung anzufangen. Er durfte sie sogar noch beenden und sich einen Meister der Damen- und Herrenschneiderei nennen, ehe er in den bereits vollentbrannten Krieg eingezogen wurde. Da Polen längst erobert war, ging es für ihn nach Westen, in die Niederlande und nach Belgien und später nach

Frankreich. Alle diese Länder hätte Otto in Friedenszeiten gerne einmal bereist, Brüssel und natürlich die Modestadt Paris waren Sehnsuchtsorte für ihn. Aber seine Erinnerungen an sie blieben auf die schändlich malträtierten Schlachtfelder und zerschossene Kleinstädte beschränkt. Zumindest anfangs. Bald erkannten seine Vorgesetzten, dass dieser Otto Runge aus Holstein als Soldat kaum etwas taugte, dafür mit Nadel und Faden umzugehen verstand, weshalb er schließlich in die Etappe zurückbeordert wurde, um fortan die in Kampf und Feldlageralltag in Mitleidenschaft gezogenen Uniformen und sonstige Wäsche der Offiziere zu flicken. Einmal wurden ihm sogar ein paar Meter indigoblaue Seide auf den Arbeitstisch geknallt, verbunden mit der Aufforderung, daraus ein Kleid für eine Dame zu schneidern. Diese Dame war eine junge Belgierin, die Freundin ebenjenes Offiziers, der den schönen Stoff irgendwie irgendwo requiriert hatte.

Für Otto war das ein Glück im Unglück, er durfte sich im Hinterland des allgemeinen Gemetzels einigermaßen sicher fühlen. Nicht dass er das jemals in dieser Deutlichkeit in einem seiner Briefe nach Hause geschrieben hätte, aber selbst wenn, Konstantin Runge hätte es niemandem weitererzählt. Der beschränkte sich darauf, überall mit seinem Sohn, dem tapferen Soldaten, der bisher noch jedes Gefecht ohne eine einzige Schramme überstanden hätte, anzugeben. Und Otto war bereit, alles dafür zu tun, dass es so blieb. Im Wesentlichen hieß das für das Wolkenheimer Kind, sich auf nichts einzulassen, auf kein Techtelmechtel und Stelldichein, erst recht auf keine Affäre oder ausgewachsene Liebschaft. Es hätte in der Wehrmacht nicht an Gelegenheiten gemangelt, doch seit dem abrupten Ende seiner besonderen Freundschaft zu August Heinsohn war er grundsätzlich vorsichtig geworden. In seiner Lehrzeit hätte er sich beinahe in einen anderen Lehrling verliebt, aber weil der noch unsicherer war als Otto, er hatte immerhin den Vorteil, aus Kaltsommer zu stammen, wurde nichts draus. Otto hielt sich aus purer Angst zurück, denn immer wieder wurden ihm Horrorgeschichten über Männer erzählt, die man »erwischt« hatte. Von Zuchthaus, Konzentrationslager und Hinrichtung war dann die Rede. Er zweifelte keine Sekunde lang daran, dass alle diese Geschichten wahr waren, und das half ihm, nicht schwach zu werden. Er tröstete sich mit dem Traum, eines Tages unter die Wolke zurückkehren zu dürfen, und dann würde alles gut werden.

Er kam früher dorthin zurück als gedacht. Plötzlich wurde er mitsamt der ganzen Einheit nach Osten verlegt, um am Russlandfeldzug teilzunehmen. Ottos Nähstube blieb zwar in der Etappe, aber sie waren kaum in dieses unendlich weite Land vorgestoßen, als sie von Partisanen angegriffen wurden. Was genau passierte, erfuhr er niemals so ganz, nur dass es ein Hinterhalt mit Sprengstoff war. Man fragte auch besser nicht nach oder erzählte groß davon, das konnte einem als Wehrkraftzersetzung ausgelegt werden. Im einen Moment jedenfalls saß Otto noch auf der Ladefläche eines Lasters, im nächsten kam er in einem Feldlazarett zu sich. Weder an die Explosion noch an die Verwundung an Bauch und Brust durch Schrapnell konnte er sich erinnern. Allerdings würde er fortan für den Kriegsdienst untauglich sein, und das begriff er sofort. Vielleicht heilten seine Wunden deshalb so sauber und schnell, weil die Erleichterung seinen körpereigenen Abwehrkräften Flügel verlieh. Eine gewisse Kurzatmigkeit blieb zurück infolge einer Lungenpunktierung, außerdem fehlte ihm nun ein Stück des Magens, weshalb er nur noch kleine Mahlzeiten zu sich nehmen konnte, die dafür aber öfter als dreimal am Tag. Ansonsten blieb nichts zurück außer der hässlichen Erinnerung – und die Freude darüber, zurück nach Hause zu dürfen.

Wie sehr sich Kaltsommer verändert hatte, fiel ihm erst mit Verspätung auf. Vorerst wurde selbst die Wiedersehensfreude von dem veränderten Verhältnis zu seinem Vater überlagert. Der nämlich zeigte sich über und über stolz auf seinen Heldensohn. Kein Wort mehr verlor er über dessen weibische Weichlichkeit und lobte ihn stattdessen, am liebsten im »Krug« bei einem kühlen Glas Bier: »Ich habe es doch immer gewusst, es hat nur der richtigen Umstände bedurft, um ihn zum Mann reifen zu lassen. Der Krieg ist und bleibt der beste Lehrer des Mannes!« Da die Erfolgsmeldungen von den Fronten noch einigermaßen glaubhaft klangen, stimmten ihm Jörn Marquardt, der die Wirtschaft vor einigen Jahren von seinem an einem Hirntumor verstorbenen Vater übernommen hatte, und die übrigen Gäste nur allzu gern zu.

So erfreulich diese familiäre Entwicklung auch war, es konnte Otto nicht lange von der Frage ablenken, was er nun zu tun gedachte. Er musste arbeiten, und nicht nur, weil er das Geld brauchte. Arbeitslosigkeit galt als asozial und volksschädlich, und davon waren nicht einmal Veteranen ausgenommen, die bis zur Wehruntauglichkeit verwundet worden waren. Aber Otto wollte auf keinen Fall Kaltsommer mehr verlassen. Der Betrieb im scheinbar völlig neugestalteten Dorf gefiel ihm, zumal der augenscheinlich nichts an seiner geschützten Idylle hinter Wolke und Nebelwand geändert hatte. Er entschloss sich also, mitten im Krieg und in der Kriegswirtschaft, sich als Schneidermeister selbstständig zu machen, wofür er sich im Haus seiner Großmutter eine Kammer als Schneiderstube einrichten durfte. Und überraschenderweise bekam er schnell viel zu tun, da an der Pferdezuchtforschung viele akademisch gebildete Herren mit entsprechendem Einkommen beteiligt waren, die gerne gute Kleidung trugen und er sich als akkurat und qualitativ hochwertig arbeitender Handwerker einen Namen machte. Gerne hätte er auch mal wieder ein schönes Kleid genäht, für eine der Ehefrauen der Wissenschaftler etwa, aber dazu kam es nicht. Seine Kundschaft war und blieb fast ausschließlich männlichen Geschlechts, von ein paar Ausbesserungsarbeiten, die die gestandenen Hausfrauen Kaltsommers nicht selbst hinbekamen, einmal abgesehen.

Es hätte alles gut sein können.

Sein Name lautete Eugen Egon Ewald von Gronka, aber da die ersten beiden die Namen von Großvater und Vater waren, war sein Rufname Ewald. Ungefähr zur Halbzeit der kaiserlichen Hohenzollern-Herrschaft war der Königsberger Bankier Eugen Friedrich Gronka in den Adelsstand erhoben worden, woraufhin er sich das Gut eines finanziell in die Bredouille geratenen Junkers kaufte, um dort seinen Lebensabend zu verbringen. Nicht dass der alte Mann viel von Landwirtschaft verstanden hätte, immerhin lief die Milchwirtschaft ganz gut und warfen die Weizenfelder einen ordentlichen Ertrag ab. Wichtiger waren sowieso die Pferde, die für den lebenslangen Städter Gronka der Inbegriff von Herrschaft und stolzer Abkunft waren. Sein Enkel dachte ähnlich. Seit er als Knirps das erste Mal auf einem Pferderücken gesessen hatte, wollte er nichts anderes mehr als reiten. Ein echter Pferdenarr wurde aus ihm. Auf Gut Gronka, wie es nun hieß, begann man, das Ostpreußische Warmblut zu züchten, wenn auch nur im kleinen Rahmen. Ewald von Gronka träumte davon, eines Tages ein großes Gestüt zu führen und Tiere zu züchten, vor denen sich selbst die edlen Hengste und Stuten aus Trakehnen verbeugen müssten. Zu diesem Zweck studierte er Veterinärmedizin und Biologie und war überzeugt davon, dass es überlegene und unterlegene Rassen gebe, im Tierreich und generell. Mit der NSDAP sympathisierte er von Anfang an, obschon er in Hitler nur einen Parvenü sah, so ungehobelt wie unappetitlich. Der Krieg passte zu dieser Ansicht und schob seine Pläne vorerst auf, bot ihm aber auch bald ganz ungeahnte Möglichkeiten, Erfahrung und Wissen zu sammeln und Vorstudien für den späteren Erfolg durchzuführen. So landete Ewald von Gronka auf dem Heeres-Gestüt in Kaltsommer.

Zu diesem Zeitpunkt war er zweiundvierzig Jahre alt, ohne dass die Jahre sein Gardemaß auch nur ansatzweise gebeugt hätten. Er war schlank wie ein Windhund, hatte stechende blaue Augen, kurze blonde Haare und einen gezwirbelten Schnurrbart, der wie ein später Dank an jenen Herren wirkte, der seine Familie einst über den Stand der bloßen Bürgerlichkeit erhoben hatte. Als Leiter des Gestütslabors hatte er sich im ehemaligen Verwalterhaus breitgemacht, weshalb Konstantin und Ottilie Runge ihn verabscheuten, denn sie hatten für dessen Einrichtung weichen müssen. Nicht zu Brunhilde, Gott bewahre, sondern in ein schlichtes Einfamilienhaus im Gartenweg, wo die Dinger reihenweise standen und alle gleich aussahen. Das war so gewöhnlich, und für diesen Sturz aus der gehobenen Klasse machten sie Ewald von Gronka persönlich verantwortlich. Allerdings gab es auch Momente, etwa wenn der Herr Laborleiter hoch zu Ross an ihnen vorbeiritt, aufrecht und stark wie eine deutsche Eiche, da mischte sich Bewunderung in ihre Abscheu, bei Konstantin für den offensichtlich reinblütigen Arier und bei Ottilie für den Athleten. Manchmal träumte sie nachts von ihm und ließ dabei seinen Ehering einfach weg, der von einer braven Frau namens Rosemarie auf dem fernen Gut Gronka kündete.

Ein solcher Ausritt war es schließlich auch, der Ewald zu Otto führte. Nichts liebte der Chefveterinär des Gestüts mehr, als durch den Wald nördlich des weißen Herrenhauses zu reiten. Die Tummelplätze und Bewegungsbahnen interessierten ihn nicht, die waren ihm nicht verwegen genug. Er brauchte echtes Gelände, wild und unberechenbar. Bei einem solchen Galopp durchs Gehölz litt allerdings oftmals sein Reitanzug – die Wehrmachtsuniform trug er ausschließlich im Dienst, die empfand er grundsätzlich als ordinär –, denn Dornen gab es hier wie überall im Übermaß. Wie froh war er da, als er hörte, dass im Dorf selbst ein vorzeitig aus dem Krieg heimgekehrter Schneidermeister sein Handwerk wiederaufgenommen hatte und die ersten Rückmeldungen über seine Arbeit durchweg positiv waren. Der Mann verstand wohl etwas von seinem Beruf, und so suchte Ewald von Gronka ihn noch im Herbst 1941 auf, nachdem eine vorwitzige Brombeerranke ihm das Hosenbein unmittelbar über dem Stiefel aufgeschlitzt hatte.

Für Otto war es Liebe auf den ersten Blick. Das Aussehen dieses Mannes gefiel ihm, aber sein souveränes, selbstsicheres Auftreten war es, das ihn wie wehrlos in seinen Bann zog. Mit einem Schlag waren August, der sowieso noch irgendwo an der Front weilte, und die bittere Lektion, dass es selbst im Schutz der Wolke keine absolute Sicherheit gab, vergessen. Als hätte er sich all die Jahre nur für diesen einen Mann aufgespart. Das war natürlich ungeheuer dumm, das wusste Otto selbst, aber eben auch ungeheuer romantisch. So war es kein Wunder, dass er jetzt ganz plötzlich feststellte, wie sehr er sich mittlerweile danach sehnte. Und Herr von Gronka? Der erblickte sofort die Gelegenheiten, die sich ihm hier boten, und feminine Männer mochte er sowieso; während seines Studiums in Berlin hatte er sich auf den Transvestitenbällen immer am wohlsten gefühlt. Der Flickauftrag war schnell abgehandelt, und im Schutze des Hauses im Obergeschoss von Brunhilde Runges Haus lernten sie einander noch schneller kennen.

»So, Sie kommen also aus diesem doch recht seltsamen Dorf?«, fasste Ewald die Situation zusammen. »Dann kennen Sie sich hier ja gut aus?«

»Geboren und aufgewachsen, Herr von Gronka«, bestätigte Otto. »In eben jenem Haus, das Sie jetzt als Labor nutzen.«

»Wirklich?«

»Ja. Meine Eltern haben es noch immer nicht verwunden, dass sie dort ausziehen mussten. Es ist und bleibt das schönste Haus am Platz.«

»Nach dem Herrenhaus, meinen Sie.«

»Das ist doch nichts für Leute wie uns.«

»Ah, ja …«

»Gefällt es Ihnen denn im Verwalterhaus?«

»Nun, ich bewohne ja nur eine kleine Wohnung unter dem Dach. Der Rest ist Labor und tagsüber voller fremder Leute.«

»Das ist bestimmt mitunter anstrengend.«

»Ach, abends hat man ja seine Ruhe«, gestand Herr von Gronka. »Dann ist es nach dem ganzen Trubel manchmal schon zu ruhig.«

Otto nickte nur. »Ich war seit Jahren nicht mehr in dem Haus«, warf er ein, »ich kann mir vorstellen, dass es sich innen sehr verändert hat.«

»Wenn Sie möchten, zeige ich es Ihnen gerne mal. Am besten nach Laborschluss, dann sind wir unter uns. Sie könnten mir ja meine Hose vorbeibringen?«

Es verstand sich von selbst, dass Otto, als er dieser Einladung ein paar Tage später folgte, dies in der Dämmerung tat und dabei aufpasste, möglichst nicht gesehen zu werden, obwohl er als Tarnung die reparierte Hose des Herrn Chefveterinärs dabeihatte. Der Hausherr empfing ihn im mit Monogramm bestickten Hausmantel, den Zwicker auf der Nase, einen Cognacschwenker in der Hand und die Pfeife mit dem geschnitzten Meerschaumkopf im Mund; im Dienst rauchte er Zigaretten, die in einer Elfenbeinspitze steckten. Otto war von dem Anblick sofort hingerissen, so viel Stil hatte er noch nie aus der

Nähe erlebt. Endlich hatte das Verwalterhaus das Biedere seiner vormaligen Bewohner abgelegt und atmete die große weite Welt.

Herr von Gronka führte seinen Gast schnell durch die Laborräume, für die er kaum einen Blick übrighatte. Otto sah etwas genauer hin und erkannte ohne jedes Bedauern, dass ihm die umfunktionierten Räume, die keine Spur mehr vom alten Runge-Haushalt enthielten, gleichgültig waren. Es ging auf direktem Wege in den oberen Stock, wo sich der neue Hausherr eingerichtet hatte. Es handelte sich tatsächlich nur um eine kleine Wohnung, zweieinhalb Zimmer und ein eigenes Bad, die aber waren geradezu luxuriös eingerichtet. Sämtliche Möbel waren aus Ebenholz gefertigt, wuchtig und schwer, wobei die Hausbar einen zentralen Platz im Wohnzimmer einnahm. Auf dem Boden überlappten sich Perserteppiche und vermittelten den Füßen des Gastes das Gefühl, auf weichem Waldboden zu laufen. Vor den Fenstern waren die dichten Brokatvorhänge zugezogen und präsentierten ihre orientalische Ornamentik. Die vorherrschenden Farben waren Schwarz, Nachtblau, Waldgrün und Gold, und der Kerzenschein, den Ewald von Gronka dem elektrischen Licht vorzog, hob ihre ins Unergründliche reichende Tiefe noch stärker hervor. Aus dem Schlafzimmer kam der Duft von Sandelholz. Der rührte von einem Räucherstäbchen her, das schon zu einem Drittel in seiner Bronzehalterung heruntergebrannt war. Sie hatte die Form einer Hand, deren zarte Finger die duftende dünne Stange hielten. Die Hand, die sich nun auf Ottos Schulter legte, war lang und feingliedrig, von rosiger Haut und mit perfekt manikürten Nägeln. Ihr Griff war angenehm fest.

»Eigentlich bevorzuge ich Weihrauch, um in meinem Quartier Wohlgeruch zu verbreiten«, erklärte Ewald von Gronka und blickte dem kleinen Schneiderlein tief in die Augen. »Aber der ist dieser Tage so schwer zu bekommen, die Kirche hamstert alle Bestände.«

»Das tut mir sehr leid«, stammelte Otto, wie hypnotisiert vom tiefen Blau der von Gronkaschen Augen.

»Ja, es ist schade.« Die zweite schöne Hand des Veterinärs aus Ostpreußen landete auf Ottos anderer Schulter, gemeinsam zogen sie ihn näher an den größeren Mann heran, bis er in dessen Präsenz zu verschwinden schien. »Aber vielleicht weißt du ja einen Weg, wie ich diesen tragischen Umstand etwas vergessen kann …«

So unerfahren Otto in diesen Dingen noch war, er wusste sofort, was zu tun war. Zudem wusste Ewald genau, was er wollte, und leitete den jungen

Mann sehr exakt an. Otto machte all das glücklich. Als er in der Mitte der Nacht nach Hause in sein eigenes Bett zurückschlich, war ihm, als schwebe er auf Wolken, als liefe er auf der Oberseite von Kaltsommers ewiger Wolke dahin und müsste nur die Hand ausstrecken, um die Seligkeit der Sterne zu berühren.

Sie begannen ein Verhältnis, das Otto buchstäblich um den Schlaf brachte, da es ausschließlich nach Einbruch der Dunkelheit stattfand. Aber weil er so ein unendliches Glück verspürte, machte ihm das nicht das Geringste aus. Außerdem wurden zu dieser Jahreszeit die Tage immer kürzer und die Nächte immer länger, das machte vieles einfacher. Auch verbrachte Otto nicht jeden langen Abend in Ewalds Armen, der hatte schließlich noch andere gesellschaftliche Verpflichtungen, »und die kann ich nicht so einfach ignorieren. Hin und wieder muss ich mich im Kreis der Offiziere zeigen, oder wenn die Universitätsprofessoren vorbeischauen, die sich nach dem Stand unserer Forschung erkundigen und immer gute Ratschläge für uns, was wir noch besser machen könnten oder einmal versuchen sollten, in petto haben.« Dass das jedoch nicht der Grund für jeden Abend, den sein Geliebter ihm absagte, war, fand Otto ebenfalls schnell heraus. Ewald von Gronka unterhielt noch weitere Verhältnisse zu mindestens drei weiteren derzeitigen Bewohnern Kaltsommers, darunter zu einem der Polen aus Racot, für den der Umzug in dieses holsteinische Dorf eine ungeahnte Traumerfüllung darstellte.

Sobald der Chefveterinär des Heeres-Gestüts sich seiner Sache sicher wähnte, hielt er vor Otto mit der breiten Ausfächerung seiner Bedürfnisse nicht länger hinterm Berg. Und sein Gespür trog ihn nicht, das kleine Schneiderlein zeigte sich zwar verletzt, aber nur für einen kurzen Moment. Ein Trick half dabei, dass Otto ihm gewogen blieb, denn Ewald verstand es, jeder Situation den Anschein von etwas Besonderem zu geben. Seit seiner Zeit in Berlin wusste er, dass ihn nichts so sehr stimulierte wie zart gebaute Männer in Frauenkleidern. In Otto erkannte er dafür den genau richtigen Typus, sowohl von der Statur her als auch vom Wesen. Otto selbst hatte niemals ernsthaft darüber nachgedacht, und sei es nur für ein paar Stunden das Geschlecht zu wechseln, aber sobald sein angehimmelter Ostpreußen-Adliger entsprechende Andeutungen darüber gemacht hatte, wie einzigartig das ihre Beziehung werden ließe, schlug die Idee in ihm Wurzeln und entwickelte sich wie von selbst weiter fort. Als Otto dann das erste Mal in einem schlichten Kleid, das er selbst aus der abgelegten Garderobe von Mutter und Großmutter genäht hatte, aus Ewalds Badezimmer kam und im Schlafzimmer vor ihn trat, war dessen Freude tatsächlich echt und rein. Er mag durchtrieben gewesen sein, aber sicherlich nicht blöd, und offenbarte diesen intimsten seiner Wünsche nicht jedem, mit dem er etwas anfing. Doch wie jetzt zwei rote Rosen namens Scheu und Unsicherheit auf Ottos Wangen erblühten, als hätte er noch Rouge aufgetragen, berührte Ewald zutiefst. Bisher war kaum ein Mann, den er durch eine alltägliche Begegnung kennengelernt hatte, dazu bereit gewesen. Bisher hatte er sich nie getraut, einen solchen Mann darum zu bitten. Diese Kontakte waren immer einschlägigen Gesellschaften und Orten vorbehalten gewesen, über denen stets das Damoklesschwert von Polizeirazzien schwebte. Das hatte ihnen durchaus einen speziellen Reiz beigemischt, aber zugleich das Private genommen. Was er hier in Kaltsommer mit Otto erlebte, war auch für Ewald von Gronka etwas in seiner Tiefe berührend Neues.

In jener Nacht ein paar Tage vor Weihnachten spürte das auch Otto, denn so zärtlich, ja liebevoll war Ewald zuvor zu ihm nicht gewesen. Gemeinsam durchbrachen sie eine Schallmauer, und der Jüngere hatte nicht ganz Unrecht, wenn er danach glaubte, dass sie nun wirklich eng miteinander verbunden wären. In der Folge lud Ewald ihn öfter zu sich ein, verzichtete häufiger auf anderweitige nächtliche Begegnungen. Er ließ sie nicht ganz sein, das wäre zu viel verlangt gewesen, und Otto verlangte das auch nicht von ihm. Er trennte lieber Liebe von Sex. Er wusste sogar bald, mit welchen der anderen Männer, egal ob im Rahmen ihrer Tätigkeit nach Kaltsommer Zugezogene oder Alteingesessene, sein Ewald parallel noch in die Kiste hüpfte oder dies früher einmal getan hatte, und konnte sich mit ihnen ganz normal unterhalten, wenn sie sich denn mal über den Weg liefen. Mit ihnen mochte er den Körper seines Geliebten teilen, dessen Herz aber gehörte ihm allein.

Der Winter war eine Wonne, das Frühjahr eine Pracht, der Sommer etwas schwierig, weil selbst an diesem verwunschenen Ort viel zu lange hell, doch dafür versprach der Herbst golden zu werden. Otto verbrachte die Tage mit Näharbeit für seine Kunden, während er die Abende für die eigene Garderobe vorhielt – Ewald schenkte ihm hin und wieder wunderschöne edle Stoffe, die er trotz Krieg in allen Windrichtungen und beginnendem Mangel zugeschickt bekam. Otto bewunderte seinen Mann dafür, und der ließ es sich gefallen; auch für ihn machte ein fester Partner in diesen unsicheren Zeiten ungeheuer Sinn, gerade wenn er so folgsam und formbar war wie sein kleines Schneiderlein.

Nur Perücken weigerte Otto sich zu tragen, ganz besonders die mit Korkenzieherlockenfrisur, die Ewald so liebte, weil die so neckisch aussähen. Aber zum

Streit zwischen ihnen kam es auch deshalb nicht. »Ich finde Frauen mit Bubikopf zwar abartig«, erklärte Ewald entschieden, »aber dir steht das.« – »Ich bin ja auch keine Frau.« – »Das stimmt …«

Otto nahm nicht wahr, wie die Schatten sein Paradies zu verfinstern begannen. Er lebte in einer Blase der Glückseligkeit, die sich bald so groß ausdehnte wie Kaltsommer selbst. Unter der Wolke und hinter dem Nebel wähnte er sich geschützt. Er meinte ganz genau zu wissen, wer hier die Schlangen waren, auf die es aufzupassen galt. So sah er sich lediglich vor seinen Eltern vor, mit denen er nur noch ein Wort wechselte, wenn sie seine Großmutter besuchten. Das kam nicht sehr häufig vor, und diese Besuche dauerten niemals lange, dann hatten sie sich nichts mehr zu sagen und gingen wieder getrennte Wege. Früher war es meistens schnell zum Streit zwischen ihnen gekommen, und an ihm, Otto, hatte der sich normalerweise entzündet. Brunhilde verhätschele ihren Enkel, lautete der Vorwurf Konstantins und Ottilies, sich darin ausnahmsweise einmal einig. Sein eigenes Kind zu verstoßen, gerade hier in Kaltsommer, gezieme sich nicht, erwiderte die alte Frau, die dabei allzu oft an ihren Bruder und dessen fatales Wirken einst im Wolkenhelm denken musste. Ottos Onkel hatte eine späte zweite Karriere als Parteifunktionär hingelegt und war ein begeisterter Anhänger eines totalen Kriegs, von dem er in jedem seiner spärlichen Briefe faselte. Davon und von der Eroberung der ganzen Welt, um diese durch die Ausrottung alles Nichtdeutschen deutsch zu machen. Brunhilde überflog das Geschreibsel Wilhelms nur noch und antwortete darauf gar nicht mehr. Wichtig war allein, dass ihr Bruder niemals erfuhr, was sein Großneffe für einer war. Zu ihrem und Ottos Glück war Wilhelm stolz darauf, seine dörfliche Herkunft – er betonte immer, von der Gutsleitung abzustammen und nicht von Landarbeitern, obwohl ihm der deutsche Bauer angeblich heilig war – komplett hinter sich gelassen zu haben.

So war tatsächlich nicht Wilhelm Arnold Faber die Schlange, deren Biss den Traum zerstörte, aber eben auch nicht Konstantin und Ottilie Runge. Brunhilde schwieg sowieso und mit ihr der Großteil des Dorfes, wenn es um diese Dinge ging. Selbst viele der von der Wehrmacht hierher versetzten Männer redeten nicht über Kaltsommers ganz eigenes Bevölkerungspotenzial, obwohl von denen viele das auch gar nicht mitbekamen, weil sie entweder zu vertieft in ihre Arbeit waren oder sich so etwas sowieso nicht vorstellen konnten, wenn nicht gar beides. Niemand sprach darüber, erst recht nicht die, die es betraf. Sie wussten längst, was ihnen blühte, sollten sie jemals entdeckt werden. Das hatte sich sehr wohl herumgesprochen. Längst hatte die Regierung unter Adolf Hitler Gesetze verschärft oder neu erlassen, die jede Sekunde ihres Lebens in Gefahr und Furcht verwandelten, weil sie mit Strafen drohten, von denen der Tod vielleicht nicht einmal die schlimmste war. Man musste schon sehr verliebt sein, um diese ständige Bedrohung nicht mehr zu spüren.

Sein Name war Hans Friedrich Hunkemöller, und er kam ursprünglich aus einem kleinen Dorf in der Nähe von Bremen. Wehr- und Kriegsdienst hatten ihn in die Welt hinausgewirbelt, ansonsten hätte er irgendwann den Bauernhof seines Vaters übernommen. Für ihn war das eine zwiespältige Sache, einerseits hatte der väterliche Hof ihm Sicherheit gegeben, andererseits hatte er wohl nur so die Erfahrungen machen können, nach denen er sich so schmerzlich sehnte. Immerhin bewahrte sein Talent im Umgang mit Pferden ihn davor, an die Front geschickt zu werden. Stattdessen landete er im holsteinischen Kaltsommer und erkannte beinahe sofort, was so besonders am Wolkenheim war. Als er dort ankam, war er zweiundzwanzig Jahre alt gewesen, einen Meter zweiundneunzig groß, muskulös durch die harte Landarbeit von Kindesbeinen an, und das ohnehin dünne rotblonde Haar fiel ihm bereits aus. Er wirkte älter, als er war, und das ließ ihn in den Augen vieler erst recht attraktiv erscheinen: ein ganzer echter Kerl. Wäre Ottos Aufmerksamkeit nicht bereits vollständig okkupiert gewesen, er hätte ebenfalls einen Blick auf diesen Neuankömmling gewagt. Auch für Hänschen, denn so wurde er stets nur gerufen, waren die Tage in Kaltsommer das Paradies, angefüllt mit der Arbeit bei den Pferden und den Liebschaften auf den Heuböden. Doch er wurde nicht nur selbst beäugt, er hatte ebenfalls ein Auge auf einen ganz bestimmten Mann geworfen, der für ihn schnell zum Inbegriff weltläufiger Männlichkeit wurde. Eugen Egon Ewald von Gronka, denn um keinen Geringeren geht es hier natürlich, bemerkte dies sofort. Und weil es ihm besonders schmeichelte, dass ein Typ wie der Hans sich für ihn interessierte und bereit war, sich ihm hinzugeben, öffnete er auch ihm nur allzu gern seine Tür. Ihre Affäre dauerte nur kurz, im Grunde genommen waren sie durch ihre Vorlieben nicht kompatibel, und Hänschen fand ziemlich schnell heraus, warum. Dass er ausgerechnet in dem unscheinbaren kriegsversehrten Otto, dem Dorfschneider, einen Nebenbuhler hatte, der imstande war, ihn auszustechen, überraschte ihn so sehr, dass er selbst bald darüber lachen und loslassen konnte. Hänschen beobachtete das Liebespaar eine kleine Weile, lange genug, um die spezielle Art ihres Verhältnisses herauszufinden, dann ließ er, sich ins Fäustchen lachend, von Ewald ab. Sollte der doch mit seiner männlichen Mieze glücklich werden.

Hänschen war es auch, solange er in Kaltsommer bleiben durfte. Willige Männer, nicht zuletzt solche in seinem Alter, gab es genug, um sich über das Ende der Affäre hinwegzutrösten. Im Herbst 1943 allerdings traf ihn ein harter Schicksalsschlag, er wurde an die Ostfront versetzt. Vorher jedoch erhielt er noch einmal zwei Wochen Heimaturlaub. Wie betäubt fuhr er ab, denn nur solange der Krieg für ihn nicht wirklich real gewesen war, waren die Gedanken daran erträglich gewesen. Er fuhr zuerst nach Hause zu seinen Eltern, doch hielt er es dort nur eine Woche aus. Sobald Mutter und Vater den Grund für seinen überraschenden Besuch kannten, sahen sie ihn mit einem solchen Entsetzen an, als hätten sie in ihm schon das Gespenst gesehen, dass er zukünftig sein würde. Das hielt Hans nicht aus. So packte er seine Sachen, verabschiedete sich von ihnen und fuhr nach Hamburg, freilich ohne zu wissen, was er dort wollte. Er kannte dort niemanden, aber gerade das war es, was ihn jetzt dorthin zog. Die Anonymität verlieh ihm noch einmal Flügel. Doch weil er das Fliegen unter diesen Umständen nicht gewohnt war, erging es ihm bald wie Ikarus. Hänschen stürzte sich Hals über Kopf in das Hamburger Halbweltleben, das trotz aller kriegs- und gesetzlich bedingter Beschränkungen wild gedieh. Es war ja ohnehin an das Verborgene und Dunkle gewöhnt, und Hänschen musste, weil er weder die Örtlichkeiten noch die Spielregeln kannte, notwendigerweise abstürzen. Die Gestapo griff ihn auf, wegen sogenannter Sittlichkeitsverbrechen. Sie stellte ihn vor die Wahl: Konzentrationslager oder auspacken und Verschickung an die Front, wo er sein Glück versuchen dürfe, noch einmal mit heiler Haut davonzukommen. Hans wusste, was ihn im KZ erwartete, die Emslandlager waren nicht weit weg von seinem Heimatdorf und jedem bekannt, was dort vor sich ging. Er entschied sich für Möglichkeit Nummer zwei.

Zu seiner Ehrenrettung sei erwähnt, dass er sich bemühte, mehr als nur die eigene Haut zu retten. Ihm war schnell klar, dass die Gestapo-Leute Namen von ihm hören wollten, die Namen anderer Sodomiten, wie die es nannten, die sich ihm gegenüber gewählter ausdrückten, und Arschficker, wie es von den Grobschlächtigeren kam. Mit Gewalt drohten sie ihm jedoch durch die Bank weg alle, und manche drohten nicht nur. Sobald sie glaubten, er winde sich zu sehr bei den Antworten, schlugen sie zu. Über Hamburg redete er viel. Er glaubte, das tun zu können, weil er dort niemanden wirklich kennengelernt hatte und keine vollen Namen wusste. Das waren alles schnelle heimliche Begegnungen gewesen und die Erinnerung an sie zusätzlich noch überlagert von der dabei empfundenen Verzweiflung. Die Beamten notierten trotzdem eifrig jedes Fitzelchen an Information, dass sie zu hören bekamen. Allein damit waren sie es noch lange nicht zufrieden. Sie wollten mehr wissen, da es ihnen arg unwahrscheinlich vorkam, dass ein junger, kraftstrotzender Mann wie er vorher immer brav gewesen sein wollte, schließlich kenne man Leute mit seiner Veranlagung nur zu gut. Womit sie nicht ganz unrecht hatten, aber sich trotzdem von ihren eigenen Vorurteilen blenden ließen. Das bewahrte viele Männer vor einem ähnlichen Schicksal, denn nun gingen sie Hans doch auf den Leim. Er beschloss, seine ländliche Herkunft, seine Wehrmachtsangehörigkeit und die bisherige Stationierung ebenfalls auf dem platten Land wie Trümpfe auszuspielen und so vom wahren Ausmaß seiner Kenntnisse in Kaltsommer abzulenken. Und trotzdem musste er einen Pakt mit dem Teufel schließen, denn zumindest einen Namen musste er ihnen geben.

Er hatte persönlich nichts gegen Otto Runge, verspürte keinen Groll, weil der von Ewald den Vorzug erhalten hatte, oder Ähnliches. Aber der kleine Schneider aus dem Wolkenheim trug ab und an Frauenkleider, und das war das Detail, der Köder, auf den diese Hunde sofort anspringen mussten. Nach so etwas lechzten sie ja!

So entschied sich im Keller des Hamburger Stadthauses, von dem Otto Runge in seinem Leben noch niemals etwas gehört hatte, sein Schicksal. Der Oktober ließ noch immer die Blätter der Bäume bunt leuchten, als eines frühen Morgens die Gestapo in Kaltsommer einfiel, ihn aus dem gerade erst aufgesuchten Bett riss und mitnahm. In einer Truhe fanden sie außerdem eine ganze Reihe immer raffinierter geschneiderter Abendkleider, von denen Otto zwar behauptete, sie gehörten nicht ihm, er hätte sie allein aus Lust und Laune genäht. Aber man zwang ihn, sie anzuziehen, und siehe da, sie passten ihm alle wie angegossen.

Noch bevor Kaltsommer an jenem Morgen richtig erwacht war, befand sich Otto bereits auf dem Weg nach Hamburg, schon jetzt aus Mund und Nase blutend.

Siebenunddreißigstes Kapitel

Der Tag begann mit einem Knall und endete in statischem Rauschen.

Die Sonne wäre kurz vor sechs Uhr an diesem Donnerstagmorgen aufgegangen, doch zu diesem Zeitpunkt war es draußen bereits taghell. Zum einen lag es an der Dämmerung, zum anderen an der Wolke, die mehr denn je wirkte wie ein von innen beleuchteter Kegel aus feinstem Milchglas. Woher dieses Licht kam, blieb schleierhaft, nur dass es unerträglich grell für die Augen war, stand als Tatsache fest. Es drang durch jeden Vorhangspalt und jede Jalousieritze, und wer es gewohnt war, bei völliger Dunkelheit zu schlafen, hatte ein fieses Problem. Diese Helligkeit konnte Menschen um ihren wohlverdienten Schlaf bringen. Jeden, nicht nur die Alten, die sowieso schon von schlechten Träumen geplagt wurden. Justus Thomsen etwa, der den Bauernhof bewirtschaftete, an dessen Land Gerburgs Garten hinten stieß, hatte, wie es seine Frau Kathrin im Dorfladen mit schwarz umringten Augen erzählte, ihr Schlafzimmerfester mit Teerpappe abgeklebt, um dieses unheimliche Leuchten auszusperren. Nun war es zwar endlich wieder stockfinster im Raum, dafür stank es extrem nach Teer, zumal sich dieser Geruch in der allgemeinen Wärme draußen wie drinnen besonders intensiv entfaltete. Zu lüften hätte also keinen Sinn gemacht, und dann wäre die schöne Finsternis auch gleich wieder passé gewesen.

Aber nicht nur die Thomsens klagten über diese besondere Art von nächtlicher Ruhestörung und ergriffen entsprechend ausgefallene Maßnahmen dagegen. Leon hatte sein Bett im Verwalterhaus in eine Höhle aus Decken und Kissen umgebaut, in die kein Lichtstrahl drang und in der ihn allein schon der Sauerstoffmangel einschlafen ließ. Nebendahls Kinder hatten ein Spielzimmer im Keller ihres Hauses, das sie kurzerhand in einen Schlafsaal umfunktionierten. Die Eltern beneideten ihre Kleinen um diese Idee und Möglichkeit, während sie selbst im eigenen

Schlafzimmer zurückblieben und es mit einer zusätzlichen Wolldecke vor dem Fenster versuchten. Mareike Nebendahl war im achten Monat ihrer fünften Schwangerschaft und brauchte Ruhe. Melanie Harms überlegte, ob sie nicht einfach im Büro ihres Blumenladens in Wankendorf übernachten sollte, aber das wäre unfair Olaf und Rüdiger gegenüber gewesen. Wenigstens ihr Schwiegervater würde es diesbezüglich bald besser haben: eine Woche noch, dann durfte er ins Altenpflegeheim nicht weit von ihrem Laden umziehen. Diese Entscheidung zu fällen, war schwer genug für sie gewesen, aber jetzt waren sie und Olaf mit jedem Tag überzeugter davon, es richtig gemacht zu haben. Eingeborener Kaltsommeraner hin oder her, bliebe Rüdiger noch länger diesen Bedingungen ausgesetzt, würde das ihn umbringen und nicht die Demenz. Im Hause Niemann-Vogel über dem Dorfladen und der Töpferwerkstatt litt die Kreativität, was auch das sonst so harmonische Zusammenleben Dunjas und Petras unter Spannung setzte. Im Hause Runge-Kluge dagegen schien das Eheleben auf Eis gelegt, aber nicht, weil Alexandra und Markus die Implosion ihrer Beziehung fürchteten, soweit dachten sie gar nicht. Sie wollten Ella mit offenem Streit nicht noch weiter seelisch belasten. Wenn ihre Tochter überhaupt noch schlief, dann wohl in der Schule; das neue Schuljahr war gerade einmal drei Tage alt gewesen, und sie hatten bereits einen Anruf von ihrer zutiefst besorgten Klassenlehrerin erhalten. Und selbst die Zen-Buddhisten-Brüder Jörg und Rolf Tietze, die eigentlich hätten fähig sein sollen, Entspannung und Ausgeglichenheit durch die von ihnen tagtäglich praktizierte Meditation im Herrenhauspark zu gewinnen, sahen sich dazu kaum mehr in der Lage. Draußen unter den Bäumen meditierten sie gar nicht mehr, denn das grelle Licht drang durch das geschlossene Lid wie Wasser durch ein Sieb. Selbst in geschlossenen Räumen wurde es schnell schwierig, weil die Luft zum Schneiden dick. Inzwischen hatten sie den großen Schlafsaal direkt über der Durchfahrt im Torhaus, wo die meisten Teilnehmer übernachteten, wenn sie ihre Sessions abhielten, zum Meditationsraum umfunktioniert. Der war riesig, weshalb sich die Luft darin besser verteilte, und besaß nur kleine Fenster, die sich gut abhängen ließen. Trotzdem wollte es ihnen nicht gelingen, sich so tief wie sonst in sich selbst zu versenken, und so erhoben sich die beiden wie gerädert und mit steifen Gliedern, stolperten über die an den Rand geräumten Matratzen und die alte Holzstiege hinunter und hinaus ins blendende Freie.

Derlei Beispiele ließen sich noch reihenweise anführen, jeder Einwohner Kaltsommers hätte sein eigenes beitragen können. Nur Benjamin nicht, der hatte ganz andere Sorgen. Hausverkauf und Entrümpelung verzögerten sich, unabhängig voneinander und aus verschiedenen Gründen, und so wurde es nichts mit der Rückkehr nach Berlin noch vor dem Wochenende. Der Notartermin, der den Verkauf besiegeln sollte, würde immerhin an diesem Vormittag endlich stattfinden, die Entrümpelung vielleicht am Samstag. Zuerst hatte der Käufer den ursprünglichen Termin kurzfristig wegen einer anderen, furchtbar wichtigen Sache, wie er sich ausdrückte, absagen müssen, dann der Gerümpel- und Schrotthändler seinen, weil angeblich sein gesamtes Team einer Norovirus-Attacke zum Opfer gefallen sei. Benjamin wollte ihm das gerne glauben, aber er ärgerte sich trotzdem maßlos darüber. Dieser doppelte Ärger hatte ihn Nerven gekostet und zumindest in den ersten Nächten dieser Woche den Schlaf. Erst gestern gegen Abend, als der Notar anrief, um den Termin für heute noch einmal ausdrücklich zu bestätigen, hatte er sich wieder beruhigt – und sofort die tiefe Müdigkeit gespürt, die längst von ihm Besitz ergriffen hatte. Gegen zehn Uhr war Benjamin in Gerburgs Bett gefallen, hatte noch mit Müh und Not den Wecker auf acht Uhr stellen können und war eingeschlafen. Selbst das obligatorische Gute-Nacht-Telefonat mit Gerrit war kurz ausgefallen, weil er kaum noch einen zusammenhängenden Satz hatte hervorbringen können. Sein Kleiner immerhin hatte das süß gefunden und gelacht …

Der Wecker zeigte noch nicht einmal halb sechs, und Benjamin schlief tief und fest, als etwas direkt über ihm auf das Dach und Veluxfenster krachte. Ein dumpfer lauter Knall war es, begleitet von einem helleren Geräusch, das nur von springendem Glas stammen konnte, und gefolgt von einem Poltern, als etwas Großes und Schweres die Dachschräge hinunterschlitterte und über die Traufe in die Tiefe stürzte, dabei der Dachrinne noch einen mitgebend. Den etwas matschig klingenden Aufprall auf den Steinplatten, die als Gehweg ums Haus führten, hörte Benjamin nicht mehr. Dabei saß er senkrecht im Bett, mit rasendem Herzen und in seinen Ohren rauschendem Blut, bereit, bei dem kleinsten weiteren Geräusch die Flucht zu ergreifen. Er trug nur eine Unterhose, aber das hätte ihn nicht aufgehalten. Die Gedanken in seinem Kopf gingen so wirr durcheinander, wie ihm die schütteren Haare vom Kopf abstanden, während sein Blick panisch nach der Quelle für das so abrupt herbeigeführte Ende seines Schlafes suchte. Irgendwo hier musste es eine Gefahr geben!

Sein Kreislauf zwang ihn, sich wieder hinzulegen. Der hatte den Sprung aus dem Land der Träume nicht mit vollzogen und wollte überhaupt nicht in die Gänge kommen. Plötzlich wurde Benjamin ganz schummrig vor Augen und sogar ein wenig schlecht. Für eine geraume Weile setzte sein Denken wieder aus, während der rote Bär in sich hineinhörte und zugleich versuchte, seine Umwelt zumindest mit den Ohren nach weiteren auffälligen Geräuschen zu scannen. Ab und an gab er ein grollendes Brummen von sich. Es kostete unheimlich viel Kraft, sich zu sammeln und zu besinnen. Als er dann die Augen wieder aufschlug, ging sein Blick direkt durch das Veluxfenster über ihm, dessen Jalousie er in seinem gestrigen Tran nur zur Hälfte heruntergelassen hatte. Ein Riss ging einmal quer durch das untere Drittel der Scheibe.

Zuerst glaubte Benjamin an Einbildung, dann setzte sich Stück für Stück ein Bild in seinem Kopf zusammen: Irgendetwas war soeben auf das Dach direkt über ihm gekracht. Etwas mit ordentlich Gewicht, wenn davon sogar eine Scheibe Fensterglas, die dafür gemacht war, Wind und Wetter, notfalls fiese kleine Hagelkörner auszuhalten, beschädigt wurde. Aber das eben war definitiv kein Hagel gewesen, der war in Kaltsommer, zumindest soweit sich Benjamin zurückerinnern konnte, noch nie vorgekommen. Sonnenschein und Hagelschlag waren seit jeher die beiden Wettererscheinungen, mit denen in diesem Dorf gegeizt wurde. Allerdings beantwortete das nicht die Frage, was eben passiert war. Im Gegenteil, es verschärfte sie noch: Was fällt plötzlich vom Himmel und ist in der Lage, ein Fenster beinahe zu durchschlagen?

So richtig auf die Beine brachte Benjamin jedoch erst der Gedanke, dass entweder er oder eine Versicherung, sollte es eine Police geben, die einen entsprechenden Schaden abdeckte, noch einmal würde Geld investieren müssen, um das Haus in einem ordnungsgemäßen Zustand an den neuen Besitzer zu übergeben. Unter Umständen verlängerte sich sein Aufenthalt in Kaltsommer dadurch noch einmal. Er musste aufstehen und nachsehen, vielleicht sogar gleich Fotos machen, um alles zu dokumentieren. Mit einem Ächzen setzte Benjamin sich also wieder auf, wartete kurz, ob seinem Kreislauf das noch immer zu schnell ging, und erhob sich, als der grünes Licht signalisierte. Er zog sich ein T-Shirt und eine Trainingshose über, schlüpfte in Badeschlappen und angelte sich noch das Handy vom Nachttisch. Seufzend nahm er die Treppe nach unten in Angriff, als gelte es, sich seinem unvermeidlichen Schicksal zu stellen. Die Luft, die ihn beim Öffnen der Haustür traf, war unangenehm warm. Über Nacht musste sie sich noch einmal um mehrere Grad Celsius aufgeheizt haben. Sie versengte einem nicht die Haut, aber regte sofort die Schweißproduktion an und machte das Atmen schwer. Und sie stank, stärker denn je. Das Miasma eines Molochs, der Kaltsommer nun wirklich nicht war …

Langsamen Schrittes ging Benjamin ums Haus herum in den Vorgarten. Um ihn herum schien alles noch zu schlafen, es war geradezu unheimlich still. Für Insekten mochte es auch wirklich noch zu früh sein, schoss es ihm durch den Sinn, aber auch die Vögel waren merklich still. Normalerweise war ihr Konzert hier am frühen Morgen am lautesten, und ausgerechnet heute ließen sich höchsten ein paar Spatzen aus dem Gebüsch rund um Nebendahls Hühnerhagen vernehmen. Sie klangen zaghaft und zögerlich, wie verschreckt – und die stolzen Hähne, die über ihre Hennenschar wachten und sonst um diese Zeit ihren Krähwettkampf austrugen, gaben nicht einen Pieps von sich. Krabat bellte mehrfach, auch das ein dumpfer, wie erstickter Laut. Durch das viele Blattwerk zwischen sich und dem Hund auf der anderen Alleeseite war für Benjamin nicht zu erkennen, was da los war. Doch davon einmal abgesehen herrschte eine ungewöhnliche Stille in Kaltsommer – trotz der Brutkastenwärme überlief es Benjamin kalt.

An die Gänse, die den wesentlichen Beitrag zum seit Wochen widerlichen Geruch der Luft Kaltsommers leisteten, dachte er erst, als er den toten Vogel vor sich liegen sah. Er musste im Flug gestorben und dann wie ein Stein vom Himmel gefallen sein, direkt auf Gerburgs Dach. Vermutlich an Entkräftung, so ausgezehrt, wie er aussah. Auch das Gefieder, das einmal schön gewesen sein musste, war nur noch als hässlich-kläglicher Rest vorhanden. Doch war das Tier nicht in der Mauser gewesen, sondern es wirkte eher, als wäre es mitten beim Rupfen dem Schlachter vom Schoß gesprungen. Ein Auge war vereitert, aus dem Hintern kringelte sich Gewürm. Beinahe hätte Benjamin sich übergeben.

Als sein leerer Magen aufhörte, sich um die eigene Achse zu drehen, machte er endlich die Fotos. Zuerst fotografierte er die verendete Nonnengans, dann, einige Schritte zurücktretend, über etwas verwildert aussehende Buchsbaumhecken steigend und ungeniert in die von Unkraut überwucherten Blumenbeete trampelnd, den Schaden am Dach. Zwei oder drei der alten Schindeln schienen in Mitleidenschaft gezogen zu sein, dazu die kaputte Scheibe, die er wohl ebenfalls würde austauschen lassen müssen, aber immerhin hatte die Dachrinne nichts abbekommen, als der Kadaver mit all seinem Restgewicht über sie hinausgerutscht war. Mit etwas Glück war der Gesamtschaden nicht sehr hoch, vielleicht sogar klein genug, um damit gar nicht erst die Versicherung zu belasten; er hatte sowieso schon so viel Papierkram dieser Tage zu erledigen. Ärgerlich war es trotzdem! Als laste ein Fluch auf seinem Abschied von Kaltsommer, dachte Benjamin unwillkürlich, als erlaube sich Gerburg einen letzten bösen Spaß mit ihm, um ihn noch einmal so lange wie möglich an diesem ungeliebten Ort festzuhalten.

Krabats erneutes Bellen zerriss dieses Hirngespinst und lenkte seine Aufmerksamkeit auf die andere Seite der Straße. Bei Einems herrschte Aufregung. Norbert fuhr, das Getriebe malträtierend und die Pedale unsachgemäß bedienend, sodass der Motor aufheulte, den Wagen aus der Garage und parkte ihn im Leerlauf vor dem Haus. Das war verwunderlich, der Autobahnpolizist galt als der beste und erfahrenste Autofahrer des Dorfes. Leider konnte Benjamin durch das viele Grün in seinem Blickfeld nicht sehen, was los war. Erst nachdem zwei Autotüren mit übermäßig viel Kraft zugeschlagen worden waren und der Wagen mit quietschenden Reifen von der Sandskoppel in die Lindenallee eingebogen war, wo er sich röhrend entfernte, konnte er immerhin ein paar Rücklichter erkennen. Norbert Einem – er musste es sein, Thekla fuhr seit Jahren nicht mehr selbst, ihre MS-Erkrankung ließ es nicht zu – gab Gas, als müsse er ein Rennen gewinnen. Benjamin vermutete automatisch, dass dieser ansonsten so nüchterne, ja staubtrockene Mann dies nur tat, weil irgendetwas mit seiner Frau nicht in Ordnung war. Zurück am Gartenzaun blieb der altersschwache Neufundländer Krabat und bellte sich nach Herrchen und Frauchen die Seele aus dem Leib.

Auch das trug dazu bei, das unwirtliche Gefühl dieses Morgens zu vertiefen. Plötzlich wirkte alles um ihn herum kläglich und beklagenswert und die Wolke über seinem Kopf wie ein Sargdeckel, der sich unwiderruflich zu schließen drohte. Die Gans erst mal an Ort und Stelle liegenlassend, auf keinen Fall hätte er sie mit seinen bloßen Händen angefasst – sich das nötige Gerät zusammenzusuchen, um den Kadaver wegzuschaffen, fehlte ihm gerade der Nerv –, beschloss Benjamin, wieder hineinzugehen. Ihm schwirrten sowieso wieder die Sinne. Dieses Mal war nur nicht der Kreislauf der Verursacher, vielmehr schien die Müdigkeit zurückzukommen und ihr Recht einzufordern. Er würde also, nach einem kurzen Umweg über die Toilette, zurück ins Bett gehen und versuchen, noch etwas zu schlafen. Bis zum Weckerklingeln um acht war noch immer viel Zeit. Zum Glück hatte er die Haustür nicht hinter sich zugezogen, sonst hätte er jetzt dumm aus der Wäsche geguckt. Dann hätte er bei der Nissen anklopfen und sie um den Ersatzschlüssel bitten dürfen. Sie aber hätte ihn bestimmt erst wieder gehen lassen, wenn sie ihm jedes Bisschen an Information über das, was soeben geschehen war und am heutigen Tage noch alles so anstand, ausgesaugt hätte. Danach wäre er mit Sicherheit reif für die Klapse gewesen.

Benjamin schloss sorgsam hinter sich die Tür, den Schlüssel bis zum Anschlag im Schloss umdrehend. Auch die Zwischentür zum Flur zog er fest hinter sich zu, obwohl die Luft dahinter noch stickiger und verbrauchter zu sein schien als die draußen. Am Ende des Flurs drückte er auf den Lichtschalter für die Kellertreppe, über deren unterem Ende blinkend die Neonröhre ansprang. Der obere Teil des Treppenaufgangs war noch mit weißer Raufasertapete tapeziert, hier hing der Sicherungskasten und wartete hinter der Tür der Staubsauger auf seinen Einsatz. Nach unten zu war das blanke Mauerwerk dick mit weißer Farbe gestrichen, während die Stufen mit grauem Filz ausgeschlagen waren. So war es schon immer gewesen, sowohl für die Mutter als auch den Sohn war die Kellertreppe niemals mehr gewesen als der Weg ins Bad und zur Vorratskammer. Erst unten im Keller war der Boden dann mit weißen Fliesen ausgelegt, die hie und da mit blauen Schlieren lockten und nicht ganz billig gewesen waren. Dasselbe galt für die Kacheln an den Wänden. Außerdem lief man unten auf ein Dekoelement zu, das Gerburg sorgfältig auf dem Boden unter dem Kellerfenster platziert hatte: eine mit klassischen chinesischen Motiven verzierte Bodenvase, in der ein selbstgebastelter Fächer aus Pfauenfedern steckte. In den letzten Wochen hatte sich doch einiges an Staub darauf abgesetzt.

Und am Fuß der Vase hockte eine dicke fette schwarze Spinne.

Offensichtlich hatte sie nicht damit gerechnet, dass ihr derzeitiger menschlicher Hausgenosse so früh schon wach sein würde. Dass der nun bei ihrem Anblick laut aufstöhnte, löste trotzdem keine Panik- und Fluchtreaktion bei ihr aus. Während die schweren Schritte die Treppe herunterkamen und sich langsam an ihr vorbeiquetschten, blieb sie so ruhig sitzen, als wäre sie noch immer allein und lauerte auf Beute. Benjamin sah zu, dass er ins Bad kam, auch diese Tür fest hinter sich schließend. Allmählich wurde ihm alles zu viel. Deswegen setzte er sich zum Pinkeln auch hin. Das schien ihm sicherer, nicht zuletzt, weil er so die Tür im Blick behalten konnte – und den zentimeterhohen Spalt darunter. Jeden Moment, fürchtete er, könnte die Spinne darunter hindurch- und auf ihn zugelaufen kommen, aber nicht alleine, sondern mit Tausenden von Schwestern im Schlepptau, alle genauso dick und fett und schwarz wie sie.

Als er wieder aus dem Bad kam, war die Spinne spurlos verschwunden. Das Ekelgefühl, das ihm die Kehle zuschnürte, löste das nicht unbedingt. Er beeilte sich, zurück ins Bett zu kommen.

Tatsächlich riss ihn der Wecker dann Punkt acht Uhr aus dem Schlaf, und wenn Benjamins Blick beim Aufschlagen der Augen nicht sofort auf den Sprung in der Scheibe direkt über ihm gefallen wäre, in dem sich das grelle Licht der Wolke brach, hätte das alles auch nur ein Traum sein können. Stattdessen gemahnte es ihn, endlich tätig zu werden, bevor der Kadaver im Vorgarten Ungeziefer und Aasfresser anzog. Die Parasiten waren ja bereits da, und er dachte erschauernd an die aus dem After der Nonnengans kriechenden Würmer. Weil er jetzt sowieso keinen Hunger mehr hatte, beschloss er, den toten Vogel noch vor dem Frühstück und der Dusche zu entsorgen. Wie und wo, waren allerdings die schwierigeren Fragen. Durfte man so ein Tier überhaupt in den Hausmüll werfen, in der Komposttonne vielleicht? Die Alternative wäre, hinten im Garten ein Grab auszuheben. Wenn das mal nicht übertrieben war! Und überhaupt, dass er sich mit solch schwachsinnigen Dingen herumschlagen musste. Das hier war nicht sein Besitz, jedenfalls hatte er ihn niemals gewollt, und vielleicht wäre es das Beste, einfach seine Sachen zu packen, ins Auto zu steigen und davonzufahren, während hinter ihm die Haustür nur angelehnt blieb und ein Schild mit der Aufschrift »zu verschenken« daran klebte …

Jammern löst keine Probleme, es hält nur vom Handeln ab. Benjamin schälte sich aus der Bettdecke und ging nach unten. Obwohl die Blase schon wieder drückte, ignorierte er die Kellertreppe und ging gleich nach draußen. Dort schien sich die Luft in den letzten zwei Stunden noch einmal um mehrere Grade erwärmt zu haben, schon so früh am Morgen erinnerte sie an eine Trockensauna. Vom Schlüsselbord im Vorflur holte er den Bund, der ihm jedes Schloss außerhalb des Wohnhauses aufschloss, und ging erst in die Garage, den alten Stall, in dem die Landarbeiter früher etwa ihre Kuh gehalten hatten, und danach nach hinten in den Schuppen, um zu sehen, was für Werkzeug und Gerät zur Bergung der Gänseleiche sich finden ließe. Er nahm sich eine der Schubkarren sowie Spaten und Schaufel, nur Arbeitshandschuhe in seiner Größe gab es natürlich nicht. »Auf keinen Fall fass ich das Ding mit bloßen Händen an!«, schimpfte er in die dicke dämmrige Luft des Schuppens hinein, verließ diesen wütend und schob mit der Karre zurück zur Garage. Er ahnte bereits, dass ihm Schaufel und Spaten kaum helfen würden. Ein Müllsack, einer von den gelben, die Gerburg in dem kleinen Kabuff, das früher einmal das Klo gewesen war, bis zu ihrer Abholung gelagert hatte, musste als Lösung herhalten. Benjamin warf gleich die ganze Rolle in die Karre und wollte erneut nach den Griffen der Karre greifen, als eine ihm wohlbekannte Stimme ihn im ersten Moment gehörig erschreckte.

»Du hast eine tote Gans in deinem Garten, Benni.«

Rein zufällig natürlich war Bente Nissen gerade jetzt hier vorbeigekommen, um mit dem Fahrrad zu ihrer Arbeit im Haushalt von Familie Runge-Kluge zu fahren. Der liebe Benni hatte Mühe, sie nicht sauer anzupampen.

»Ja, hab ich gesehen«, antwortete er schnaufend. »Bin gerade dabei, sie … wegzumachen.«

»Gut«, nickte sie. »Bei dem warmen Wetter sollte man das nicht lange draußen rumliegen lassen, das zieht nur Keime und Bakterien an.«

Benjamin grunze; man konnte, wenn man wollte, es als Zustimmung werten.

»Ist sie aufs Dach geknallt?«, fragte die Nissen, als wäre es eine schlichte Formalität, ihr diese Information zu bestätigen. »Da scheinen ein paar Schindeln kaputt zu sein.«

»Ja.«

»Und das ausgerechnet heute, wo du das Haus verkaufen willst?«

»Ja!«

Endlich stieg sie aufs Rad, aber sicher nicht, weil sein aggressiver Tonfall sie eingeschüchtert hätte. »Ich muss dann auch los, die Arbeit ruft«, sagte sie und trat in die Pedale. Aber bevor sie richtig in Schwung gekommen war, rief sie noch über die Schulter zurück: »Es wird seltsam sein, wenn hier keine Sandows mehr wohnen. Schade.«

Benjamin blieb wortlos zurück, erstarrt, als wäre er mit einem Eimer kalten Wassers übergossen worden. Er wusste nicht wie, aber der alten Klatschbase gelang es doch immer wieder, das letzte Wort zu haben. Widerwillig raffte er sich auf und machte sich an die Arbeit.

Am Ende brauchte er nicht nur die Gartenwerkzeuge nicht, sondern erwies sich auch die Schubkarre als überflüssig. Er probierte ein wenig herum, bevor er sich für die praktischste, wenn auch ekligste Lösung entschied, sich einen der gelben Säcke von der Rolle riss, mit dem linken Arm hineinfuhr und die tote Gans mit der so geschützten Hand am Hals ergriff. Da der schwere Leib nicht von seinem eigenen Gewicht vom Kopf abgerissen wurde und aufplatzend auf den Gehwegplatten aufschlug – Benni hatte ein ziemlich deutliches Bild davon, wie das aussehen müsste, im Kopf –, machte er kurzen Prozess und lief, den noch kaum von Fliegen entdeckten Kadaver weit von seinem Körper weghaltend, los. Verbuddeln kam für ihn längst nicht mehr infrage, also ging es vom Schritt über den Trab in den Galopp, bis er die drei Mülltonnen mit der Hausnummer 6 darauf erreicht hatte, die an der Garagenrückseite standen. Grün war für Papier, schwarz für Restmüll und braun für organische Abfälle, und dort hinein, sie war so gut wie leer, stopfte er den toten Vogel. Mit einem Knall klappte der Deckel wieder zu, und Benjamin blieb so schwer atmend neben der Tonne stehen, als hätte er gerade einen olympischen Sprint hingelegt.

»In der Stadt wäre das nicht passiert!«, schimpfte er, als er dazu wieder in der Lage war.

Er hätte sich wohl noch länger seinem Ärger hingegeben, wenn ein Blick auf die Uhr ihn nicht zur Eile gemahnt hätte. Um zehn musste er beim Notar in Neumünster sein, und diesen Termin durfte er auf keinen Fall verpassen, erst recht nicht nach diesem Morgen. Immerhin brachte er noch Schubkarre, Spaten und Schaufel zurück in den Schuppen, bevor er sich rasierte, duschte und zwei Scheiben Toast mit Honig einverleibte. Beinahe hätte er das Zähneputzen vergessen, aber nachdem er auch dafür noch einmal glücklich nach unten ins Bad gelaufen war, an eine große schwarze Spinne verschwendete er schon längst keinen Gedanken mehr, konnte er endlich ins Auto springen und losfahren. Aus Kaltsommer herauszufahren fühlte sich unglaublich erleichternd an.

Allerdings musste er dafür durch den Nebel, und der war an diesem Morgen, ihm fiel kein besseres Wort dafür ein, in Bewegung. Er war noch dicker, feuchter und wärmer als sonst und trieb überraschend schnell dahin. Er waberte nicht einfach ziellos vor sich hin, nein, er bewegte sich wie von einer unsichtbaren Kraft angetrieben im Uhrzeigersinn, Feuchtigkeit in kleinen Perlen auf die Autoscheiben drückend. Nebelläuse, keine Wasserläuse, dachte Benjamin unwillkürlich. Er gab Gas, sobald die Ampel auf Grün sprang. Trotz der erstickenden Wärme um sich herum spürte er plötzlich Eiseskälte bis hinein in sein Knochenmark. Dass er den Atem angehalten hatte, bemerkte er erst, als er auf der Rendswührener Seite wieder aus der Nebelbank hinaus- und mitten hinein in einen schönen Sommertag inklusive Sonnenschein und Schäfchenwolken fuhr.

So richtig beruhigten sich Benjamins Nerven erst wieder, als er in Dr. Grünwohlds Kanzlei mit Blick auf den Großflecken in Neumünster saß. Der Mann, korpulent, jovial sowie äußerst pünktlich und akkurat, was seine Rechnungen anging, war Rechtsanwalt und Notar und interessierte sich allein aus geschäftlichen Gründen für den Hausverkauf seiner verstorbenen Klientin. Sentimentales musste sich Gerburgs Sohn von ihm nicht über die Mutter anhören, und das fand der sehr erfrischend. Der Termin bei ihm gestaltete sich sogar noch recht heiter, denn der baldige Besitzer des Anwesens in Kaltsommer, Herr Moritz Bingen, erschien dazu mit seinem Lebenspartner. Den Besichtigungstermin hatte Moritz Bingen allein absolviert, jedoch jeden Raum mit dem Handy filmend, und trotzdem wunderte sich Benjamin jetzt, warum damals nicht sofort sein Schwulenradar angesprungen war. Er hatte überhaupt kein Auge dafür gehabt, nicht das geringste Interesse, und Gerrit würde sich schieflachen, wenn er ihm das am Abend erzählte. Moritz Bingen war Ende dreißig, sein Partner Jobst Marquardt Ende zwanzig, und beide würden sich sehr gut in ihre neue Umgebung einpassen, da war Benjamin sich sicher. Nicht einmal der frische Dachschaden sorgte für größere Verstimmung, man einigte sich gütlich: Die neuen Besitzer würden ihn reparieren und Benjamin die Rechnung bezahlen. Idealere Nachfolger für das Sandow-Haus hätte Elke Siebert gar nicht finden können, sie war jeden Cent ihrer Maklercourtage wert. Benjamin verstand sich bestens mit den beiden und wünschte ihnen zum Abschied im Haus alles erdenklich Gute. Anschließend, im Gefühl, etwas über einhundertdreißigtausend Euro reicher zu sein, und weil es auf Mittag zuging, suchte er sich ein Restaurant, um sich ein fürstliches Mahl zu gönnen. Gehobene Küche sollte es sein. Er befragte das Internet, das ihm prompt den »Blechnapf« vorschlug. Das Angebot klang gut, doch zögerte er schon, als er den Namen las, und entschied sich sofort dagegen, als ihm wieder einfiel, woher der ihm geläufig war. Hier hatte Gerburg ihre Hirnblutung erlitten, bei einem Rendezvous mit dieser Bankschluse Tamo Lindemann …

Der »Postkeller«, der ungefähr genauso ewig unverwüstlich war wie Kaltsommers Wolke und den er schon aus Schulzeiten kannte, hätte einmal mehr als Ausweichmöglichkeit herhalten können, doch ging man da nun wirklich nicht hin, um zu essen. Am Ende machte ein Chinese keine fünfzig Meter von Dr. Grünwohlds Kanzlei das Rennen, der mittags ein Büffet anbot. Das war zwar recht übersichtlich gestaltet, dafür schmeckte ihm jedes der bereitstehenden Gerichte vorzüglich. Benjamin stopfte sich den Magen voll, als ginge es danach zum restlebenslangen Fasten in ein Kloster und nicht zum restlichen Aufräumen zurück nach Kaltsommer. Kaltsommer, das Haus dort, das nun endlich verkauft war! Der erste und endgültigste Schritt raus aus diesem Kaff und heim nach Berlin zu seinem Kleinen. Trotz der Schwere in seinem Bauch fühlte er sich so leicht wie nie zuvor. Er bestellte sich einen doppelten Espresso zum Nachtisch, zahlte und hätte sich am liebsten für den Rest des Nachmittags auf eine Wiese im Rencks Park gelegt, so schön warm und sonnig waren das Wetter und sein Gemüt. Tatsächlich ging er ein wenig darin spazieren und setzte sich schließlich auf eine Bank, von der aus er genau auf die Turnhalle und Rückseite seines alten Gymnasiums, der Klaus-Groth-Schule, blickte, wo noch immer der Unterricht lief. Die Geräusche von quietschenden Turnschuhen, rufenden Schülern und Anweisungen gebenden Lehrern erzeugten nicht die geringste Wehmut in ihm. Bisher hatte er jedes Klassentreffen geschwänzt, und so würde er es auch in Zukunft halten, allerdings aus anderen Gründen. Wenn er früher den Einladungen nicht gefolgt war, dann weil er sich gescheitert und seinen ehemaligen Mitschülern unterlegen vorgekommen war; nicht, dass er gewusst hätte, wie es denen ergangen war, er hatte ja zu keinem mehr Kontakt. Von jetzt an dagegen war es nicht mehr wichtig, was die anderen von ihm denken mochten, denn jetzt waren sie wirklich eine Vergangenheit, die er ein für alle Mal hinter sich gelassen hatte. Er war hier raus, aus dieser Schule ebenso wie aus Kaltsommer und überhaupt aus Schleswig-Holstein. Seine Zukunft lag in Berlin bei Gerrit, und die hatte bereits am späten Vormittag dieses sommerlich warmen Augusttages begonnen. Benjamin teilte seinem Kleinen, versehen mit vielen glücklichen Emojis, noch die erfolgreiche Transaktion mit, dann machte er sich auf den Rückweg. Ein allerletztes Mal, dachte er und strahlte vor Glück.

Bis Rendswühren trug ihn diese Welle der Euphorie ungetrübt vor sich her. Kaum hatte er jedoch die letzte Kurve der B430 vor der Abzweigung nach Kaltsommer passiert, krachte die urplötzlich und mit die Sinne verwirrender Gewalt auf einen Wellenbrecher. Dort rahmten, auf dem Grünstreifen der Gegenfahrbahn, ein Polizeiauto und ein Krankenwagen einen Kleinwagen ein, der halb in den Graben gefahren war. Darin hatte ein älteres Ehepaar gesessen, das, Benjamin erkannte es überraschend genau im Zucken der Blaulichter, erschreckend bleich, wie ausgelaugt aussah, so als wären beide gerade erst wieder aus einer Ohnmacht erwacht. Instinktiv trat er auf die Bremse, nicht um seine Hilfe anzubieten, die beiden wurden ja bereits versorgt, sondern weil sich jede Faser seines Körpers plötzlich dagegen sträubte, in die wallende Nebelwand unmittelbar vor sich einzudringen. Selbst das grüne Leuchten der Ampel schien eher eine Warnung denn Einladung zum Fahren zu sein. Der Moment währte zu kurz, schon war er an der Ampel vorbei und mittendrin in dieser dickmilchigen Suppe, die sich noch schneller im Uhrzeigersinn drehte als nur wenige Stunden zuvor. Und die noch wärmer und feuchter geworden war. Im Nu waren die Scheiben beschlagen, innen wie außen, und das Gebläse saugte nur noch mehr Wärme ins Wageninnere, was selbst die Klimaanlage zu überfordern schien. Binnen weniger Sekunden, noch während Benjamin über den Linksabbiegerstreifen auf den gänzlich unsichtbaren Schlund der Lindenallee zurollte – ohne zu blinken, aber das spielte bei diesen Sichtverhältnissen sowieso keine Rolle mehr –, stieg die Temperatur um ihn herum um mehrere Grad. Zusammen mit der extremen Luftfeuchtigkeit trieb es ihm nicht nur den Schweiß aus den Poren, sondern ließ es ihm auch die Sinne schwinden. Er spürte, wie ihm, zum zweiten Mal an diesem Tag bereits, der Kreislauf in den Keller sackte. Schwarze Punkte tauchten vor seinen Augen auf und fingen im Nebel an zu tanzen. Arme und Beine wurden ihm wabbelig-weich wie Pudding, Lenkrad und Pedale wollten sich kaum noch bedienen lassen. Und ihm wurde übel, gewaltig übel. Er wusste, wenn er nicht schleunigst aus dieser Dampfsauna herauskäme, würde es ihm mindestens so ergehen wie dem Ehepaar eben. Wenn er sich nicht plötzlich nur so vollkommen kraftlos gefühlt, so sehr danach gesehnt hätte, einfach die Augen zu schließen und zu verschnaufen … Mit einer allerletzten Anstrengung trat Benjamin das Gaspedal durch und bog gerade noch rechtzeitig in die Allee ein, ohne die Schilder auf der Mittelinsel abzurasieren. Als übte er Bocksprünge, kam sein Leihwagen glücklich auf der Kaltsommerseite aus dem Nebel gehüpft. Dort gelang es ihm gerade noch, ihn an den Straßenrand zu steuern, bevor er die Tür aufriss und sich, gehalten vom Gurt, während unter ihm der Motor absoff, auf den Asphalt erbrach. Mehrfach, bis all das schöne chinesische Essen wieder aus ihm heraus war und eine stinkende Pfütze unter dem Fahrzeug bildete.

Wie lange er dort stand und verzweifelt versuchte, wieder zur Besinnung zu kommen, hätte er nicht zu sagen vermocht. Wie eine Ewigkeit kam es ihm vor, zumal das Klima des Wolkenheims nichts dazu beitrug, dass es ihm besser ging. Auch auf dieser Seite des Nebels war die Luft viel zu warm, zu warm und zu trocken. Und das Licht, das vom Wolkenbauch abstrahlte, tat in den Augen weh, stärker als jemals zuvor. Zudem stank es unglaublich penetrant nach Gänsescheiße, als hätten die Viecher seit dem Morgen ihre Verdauungsleistung noch einmal um ein Hundertfaches gesteigert. Es war die Hölle auf Erden, und sie brachte Benjamin an seine Grenzen. Der erste klare Gedanken, den er wieder fassen konnte, war der reuevolle, überhaupt noch einmal hierher zurückgekehrt zu sein. Ihm schien es, als wäre er in eine Falle getappt.

Schließlich konnte er weiterfahren. Im Schritttempo ging es den knappen Kilometer die Straße hinab, flankiert von den hohen Linden, die wie abfällig auf ihn niederzuschauen schienen. Die neben der Einfahrt zu den Hausnummern 6 und 8 hätte er beinahe gestreift. Er ließ das Auto bis unter das Carport ausrollen, dann schälte er sich aus dem Sitz und schleppte sich nach drinnen. Die Kleidung klebte ihm komplett am Körper, nass und schwer. In der Küche klatschte er sich kaltes Wasser ins Gesicht, das brachte immerhin etwas Klarheit zurück in seine Welt. Aber schwach und wie nur knapp dem Tode entronnen fühlte er sich immer noch, und deshalb zog er sich am Geländer die Treppe hoch ins

Obergeschoss und legte sich, wie er war, aufs Bett. In einer Mischung aus Erschöpfungsdämmer und totaler Müdigkeit blieb er dort die nächsten Stunden liegen. Es war schon nach neun Uhr, als er wieder zu sich kam und das Display seines Handys ihm nicht nur die Zeit, sondern auch gleich mehrere verpasste Anrufe Gerrits anzeigte.

Er drückte sofort auf Rückruf, als hinge sein Leben davon ab. Nichts schien er plötzlich so nötig zu haben, wie die Stimme seines Liebsten zu hören. Dieser Tag war der perfekte Sturm von Traum und Albtraum gewesen, das musste er sich von der Seele reden. Und Gerrit ging glücklicherweise auch gleich ran, doch war die Verbindung äußerst schlecht. Durch das Knacken, Krachen und Rauschen in der Leitung konnten sie einander kaum verstehen, und nach fünf Sekunden brach die Verbindung wieder zusammen. Natürlich versuchte Benjamin es sofort noch einmal und dann noch einmal und noch einmal. Jedes Mal war die Leitung entweder gleich tot oder verendete immer schneller röchelnd wie ein Lungenkranker in statischem Rauschen. Es war kein Durchkommen. In seiner Verzweiflung versuchte Benjamin es mit einer Textnachricht – *Irgendwas ist los, ich kann dich nicht erreichen!* –, aber auch die ging gar nicht mehr raus. Das Netz in Kaltsommer war komplett zusammengebrochen.

Benjamin war zum Heulen zumute. Sein Kopf schmerzte mindestens ebenso sehr wie sein Herz, um beides hatte sich gleichermaßen die Angst mit einem eisigen Griff gelegt. Irgendetwas war tatsächlich los, er konnte nur nicht verstehen, was. Stattdessen kamen ihm seine Visionen, diese Traumgebilde vom Untergang Kaltsommers wieder in den Sinn. Mit solcher Macht und Klarheit überfielen sie ihn, dass es seinen Kopf zurück aufs Kissen drückte, während sie hinter seinen geschlossenen Lidern das Bild von Feuer, das direkt über ihn aufs Dach regnete, auf seine Netzhaut brannte. Nicht einmal Tränen vermochten dieses Feuer zu löschen.

Irgendetwas war los, aber was es sein konnte, begriff Benjamin nicht einmal dann, als er die Augen wieder aufschlug und durch das gesprungene Fenster direkt über sich in den Himmel blickte: Die Wolke bewegte sich. Als hätte die Drehbewegung des Nebels auf sie übergegriffen, drehte sie sich im Uhrzeigersinn um die eigene Achse. Schnell, erschreckend schnell! Und je länger Benjamin ungläubig darauf starrte, desto schneller schien sie noch zu werden.

Achtunddreissigstes Kapitel

Für Dunja und Petra begann der Tag mit einem Streit. Petras Nerven lagen nach wie vor blank, weil das Wetter ihr den Schlaf raubte und die Schlaflosigkeit ihre Arbeitsfähigkeit untergrub. Damit konnte sie noch nie gut umgehen. Ihr Kopf steckte voller Ideen, die umgesetzt werden wollten, aber wenn sich ihre Hände nicht auf die entsprechenden Handgriffe konzentrieren konnten und sie Fehler machte, blockierte sich alles in ihr. Den einen oder anderen Tag ließ sich das aushalten, eine wochenlange Schaffenspause jedoch nicht, dann musste es unweigerlich zum Nerveninfarkt kommen. Der einzige Weg, diesen zu vermeiden, war für Petra, es mit der Brechstange zu versuchen, sich nächtelang in ihrer Töpferstube zu verbarrikadieren und ihre zunehmend zittrigeren Hände zum Gehorsam zu zwingen. Weil diese Phasen bisher nur sporadisch aufgetreten und lediglich von kurzer Dauer gewesen waren, waren sie immer zu verschmerzen gewesen. Jetzt hingegen verursachte ihr die Unfähigkeit zu kreativ-konstruktiver Arbeit echte Schmerzen, das war Petra am Gesicht abzulesen. Dunja empfand Mitleid mit ihrer Frau, aber auch sie steckte fest. Der einzige Rat, der ihr einfiel und den sie trotz allem für richtig hielt, wollte nicht verfangen.

»Dann mach halt eine Pause«, rief sie, nur mit Mühe den Kaffee davon abhaltend, über den Becherrand zu schwappen. »Ich kann die Werkstatt eine Weile übernehmen.«

»Und was soll ich dann machen?« Petra schaute sie an, als hätte Dunja soeben die Scheidung von ihr verlangt.

Die zuckte mit den Schultern. »Den Verkauf im Laden«, schlug sie betont ruhig vor, »die Bestellungen oder die Bücher.«

»Das geht nicht!«

»Warum nicht?«

»Das kannst du alles besser als ich.«

»Wirklich?«

»Ja! Ich bin dafür besser in der Werkstatt.«

Vor ein paar Tagen erst, als sich dieser Streit in wesentlich deftigerer Form schon einmal zwischen ihnen abgespielt hatte, widersprach Dunja an dieser Stelle vehement. Als Folge davon waren am Frühstückstisch so richtig die Fetzen geflogen – allerdings ohne dabei das eigene schöne Geschirr zu zerdeppern. Das wäre ihnen im Traum nicht eingefallen. Sie hatten sich nur angeschrien, wüst beschimpft und auch Dunja sich irgendwann bemüht, die wunden Punkte Petras zu berühren. Denn ob gewollt oder nicht, dass Dunja inzwischen kaum noch kreativ arbeitete, sondern sich fast ausschließlich ums Geschäft kümmerte, war eine Entwicklung, die ihr immer weniger gefiel. Nicht nur Petra war eine gelernte Meisterin ihres Fachs, sie ebenfalls. Und sie vermisste die Arbeit, das Gefühl der nassen Werkstoffe an ihren Fingern, die Hitze des Brennofens, das Filigrane der Pinselführung bei der Bemalung. Sie war gut in all diesen Dingen, sehr gut sogar, und wie sehr sie diese Tätigkeiten vermisste, ging ihr mit jedem Tag umso mehr auf, den Petra nicht vorankam. Beide steckten in einer Sackgasse, getrennt nur durch eine hohe Mauer, gegen die sie, jede von ihrer Seite, immer wilder mit den Fäusten hämmerten. Allein die Wand wollte nicht nachgeben, und so war, nachdem sie sich heiser geschrien hatten, eine jede in ihren Bereich zurückgekehrt. Bis Petra eine völlig ruinierte Charge Steingut aus dem Ofen holte und einen Weinkrampf erlitt, den unter anderem Benjamin Sandow voll umfänglich miterleben durfte.

Sie wären wohl wieder sklavisch diesem Drehbuch gefolgt, wenn nicht plötzlich das Telefon geklingelt hätte. Beate war dran, die Stimme ein einziges Stöhnen, die darum bat, zum Arzt gefahren zu werden wegen plötzlich wieder akut gewordener Magenschmerzen. Petras Mutter litt seit Jahren unter einem anfälligen Magen und Verdauungsstörungen, was sich bereits in einer Unzahl an Magenschleimhautentzündungen sowie ein paar Geschwüren manifestiert hatte. Ihr Mann Hans bot da keine Hilfe. Er behauptete, ihr Gejammer nicht ertragen zu können, und verließ so schnell wie möglich das Haus, wenn Beate mal wieder einen ihrer Anfälle, wie er das nannte, hatte. »Ich hätte ja einen Krankenwagen gerufen«, erzählte Beate noch, »aber Hans hält das für übertrieben.«

»Kannst du sie fahren?«, fragte Petra Dunja.

»Mach ich«, nickte die, nicht unglücklich darüber, einmal diesem Wolkenloch zu entkommen. »Aber unter einer Bedingung.«

Petra stöhnte auf wie ihre Mutter. »Welche?«

»Du gehst heute nicht in die Werkstatt, sondern kümmerst dich ausschließlich um den Laden.«

»Wie willst du das kontrollieren, wenn du nicht da bist?«

»Ich kann sie auch abschließen und den Schlüssel mitnehmen.«

»Das ist kindisch!«

»Ja, ist es. Aber ich würde es tun, da kannst du Gift drauf nehmen.«

Beide hätten spontan nicht gewusst, wo sie den Schlüssel zur Töpferstube verwahrten oder ob es nicht mehrere davon gäbe, das war eine der Türen im Haus, die immer offenstand. Beide sahen sich an der Nasenspitze an, dass sie dasselbe dachten. Einen Moment lang fixierten sie sich wie Revolverheldinnen beim Duell, dann stahl sich je ein halbes Lächeln auf die zusammengepressten Lippen. Zusammengenommen ergab das immerhin ein ganzes. Halbwegs beruhigt aß Dunja ihr Käsebrot auf, trank den Kaffee aus, putzte Zähne und holte die Autoschlüssel.

»Hoffentlich ist es wieder nur blinder Alarm«, sagte Petra zum Abschied.

»Wenn was sein sollte«, versprach Dunja, »ruf ich an.«

Kurz darauf war sie weg, und während es für Dunja und Beate in den folgenden Stunden vom Hausarzt in Wankendorf nach Neumünster in die Notaufnahme des Friedrich-Ebert-Krankenhauses ging und von dort für Beate sofort in den OP, um an einem bis dahin geplatzten Magengeschwür operiert zu werden, erlebte Petra, wie sie am Abend resümierte, den seltsamsten Tag ihres Lebens. Am seltsamsten deshalb, weil sie sich niemals zuvor so einsam gefühlt hatte.

Tatsächlich hielt sie den ganzen Tag über im Laden die Stellung, obwohl sie um ein entsprechendes Versprechen herumgekommen war. Aber so ganz allein im Haus erkannte sie in der sperrangelweit offenstehenden Tür zur Werkstatt dieses Mal weder eine Einladung noch eine Verpflichtung, sondern nur den Schlund einer gähnenden Leere, der sie zu verschlucken drohte, wenn sie sich ihm näherte. Also hielt sie Abstand und war dankbar für jeden Kunden, der sie besuchen kam. War der Laden doch einmal leer, saß sie auf dem Stuhl hinter der Kasse wie heruntergefahren in einen Standby-Modus; nicht einmal mehr zu atmen schien sie dann. Zum Glück kam das an diesem ganz speziellen Tag nur sehr selten vor.

Der erste Kunde des Tages jedoch, der kam, war ihr Vater. Hans Niemann schien nur darauf gewartet zu haben, seine Schwiegertochter vom Hof fahren zu sehen, da klopfte er schon ans Glas des noch verschlossenen Eingangs. Er lungerte dort herum wie ein Bettler, fuhr es Petra bei seinem Anblick durch den Sinn, und noch nicht völlig verrauchte Reste ihrer Wut loderten für einen Moment erneut auf. Ein ließ sie ihn schließlich nur, weil allein seine Unfähigkeit, der eigenen Ehefrau Fürsorge angedeihen zu lassen, einen weiteren Streit mit Dunja unterbunden hatte. Dankbarkeit geht die krummsten Wege. Er strich auch gleich um sie herum wie ein Kater um den leeren Milchtopf, umgarnte sie regelrecht. Er hatte nach dem Aufwachen lieber gleich das Haus verlassen, anstatt mit den Klagelauten Beates im Ohr zu frühstücken. »Geh hoch und schmier dir 'ne Scheibe Brot«, erlaubte Petra ihm nicht eben überschwänglich, »du weißt ja, wo alles steht.« Er war verschwunden, noch ehe sie ganz bis zum Ende gekommen war. Während sie ihn oben rumoren hörte – sogar ihren hochmodernen Kaffeevollautomaten konnte er auf einmal selbst bedienen –, wanderte Petras Blick durch die großen Fensterscheiben nach draußen auf die Hauptstraße, die im grellen Schein des Wolkenlichts beinahe nass aussah. Sie war nicht nass, sondern knochentrocken, staubtrocken sogar, denn teilweise lief die Ernte bereits, und die schweren Landmaschinen trugen in den tiefen Profilen ihrer Reifen jede Menge Dreck durchs Dorf. Der bröckelte ab und wurde von anderen Fahrzeugen zermalmt und aufgewühlt. Jeder Wagen, der die Hauptstraße entlangfuhr, wirbelte Staub auf – in Kaltsommer, dem eigentlich feuchtesten Ort des Landes!

Überhaupt war schon viel los an diesem Morgen. Zum einen lag das natürlich daran, dass es ein ganz normaler Tag zu Beginn des neuen Schuljahrs war. Petra sah die Schulkinder zur Bushaltestelle gehen und die unterschiedlichen Busse vorbeifahren, die zur Grundschule nach Wankendorf von links nach rechts und die zu den weiterführenden Schulen nach Neumünster von rechts nach links. Mit dem fuhr auch Leon wieder. Kleine Kinder, die unter ihren Ranzen beinahe verschwanden, größere und große Kinder, deren Traglast proportional zu Alter und Größe abzunehmen schien. Dazu kam der Berufsverkehr, der einige bekannte Gesichter an ihrem Laden vorbeitrug. Manfred und Martin etwa, die heute ausnahmsweise einmal zusammen in Manfreds dickem Mercedes nach

Kiel fuhren. Martins Audi hatte vor zwei Tagen überraschend seinen Geist aufgegeben, war mitten auf der Autobahn im Feierabendverkehr verreckt, die Elektronik komplett ausgefallen. Danach sah Petra Leons Eltern in ihrem Kombi von VW vorbeibrausen, auf Wolke Nummer sieben, wie es schien, seit Annas späte zweite Schwangerschaft öffentlich geworden war. Leon sprach seitdem kaum noch, weder mit seinen Eltern noch mit sonst jemandem. Wenn überhaupt, wünschte er sich, sie mögen endlich wegziehen, endlich und ein für alle Mal aus seinem Leben verschwinden. Es war nicht schwer, hinter seinem Zorn die Verletzung darüber zu erkennen, durch einen zweiten Versuch ersetzt zu werden. Wenn der Junge nicht schon bei Manfred und Martin ein neues Zuhause gefunden hätte, er hätte auch bei ihr und Dunja Unterschlupf gefunden. Vielleicht hätte das sogar ihr Vater, der jetzt mampfend die Treppe herunterkam, in der einen Hand das angebissene Honigbrot, in der anderen einen perfekt mit der Maschine hinbekommenen Milchkaffee, gut gefunden. Der mochte die Kaufmanns überhaupt nicht, weil sie sich durch ihre Tendenz zur Abschottung seinem Einfluss von Anfang an entzogen hatten. Ihnen den Sohn auszuspannen, hätte ihm mit Sicherheit ein hübsches Gefühl moralischer Überlegenheit gegeben.

Den Kaufmanns folgte Dr. Markus Kluge. Von den vielen Fahrzeugen, die diese Ausfahrt aus dem Dorf nahmen, war er einer der wenigen, die wirklich nach Wankendorf mussten. Die anderen hatten sich nach dem Busunfall nur angewöhnt, dort auf die Autobahn zu fahren, anstatt die viel nähere Auffahrt Bornhöved zu nehmen; daran hatte auch die Installation der Ampel nichts geändert. Seine Frau hingegen, die irgendetwas in Schleswig zu tun hatte, wohin sie inzwischen tagtäglich fuhr, musste die Lindenallee nehmen, um zur A7 zu kommen. Das Gerücht besagte, dass sie an einem Buch über die Familie, über ihren Vater schrieb. Fragte man sie, hielt sie sich jedoch bedeckt. So auch an diesem Morgen, als sie in ihrem BMW vorfuhr, um kurz für Samstag frische Brötchen zu bestellen. Immerhin wirkte sie nicht mehr so fahrig wie noch vor ein paar Wochen. Was auch immer sie tat, es schien ihr die Stabilität zurückzugeben, die sie seit dem Unglück verloren hatte. Ella allerdings sollte es nicht wirklich gutgehen, selbst die Reise hatte ihr wohl keine dauerhafte Erholung gebracht. Gerade in den Abendstunden sah man sie oft durch das Dorf wandern, so als schlafwandele sie, wie es Thies Dührkopp ausdrückte. Der war ja auch so ein geisterhafter Nachtwandler und wollte dem Mädchen selbst tief in der Nacht schon mehrfach begegnet sein. Was genau los war, wusste man natürlich trotzdem nicht, und die letzte Person, die man dazu noch hätte befragen können, schwieg sowieso eisern wie ein Grab, die Miene ganz Verdruss. Almut Runge, Alexandras Mutter und Ellas Oma, sah man so gut wie gar nicht mehr im Dorf. Manch einer behauptete, sie wolle der eigenen Verwandtschaft aus dem Wege gehen, weil sie weder mit den psychischen Problemen ihrer Enkelin umgehen konnte noch damit, dass die eigene Tochter, diese gelangweilte Arztgattin, wie man sie gerne nannte, in aller Öffentlichkeit die schmutzige Familienwäsche zu waschen gedachte. Tatsächlich wurde ihr Buch schon jetzt sehnsüchtig im ganzen Dorf erwartet.

An diesem Morgen jedoch, kurz nachdem Alexandra Runge-Kluge ihre Bestellung aufgegeben hatte, suchte Almut Runge seit längerer Zeit mal wieder den Laden auf. Sie wirkte nicht nur verschlossen wie eine Auster, fand Petra, sondern sah regelrecht verhärmt und total übermüdet aus. Aschfahl war sie im Gesicht, ihre Bewegungen waren unkoordiniert, so als hatte sie Probleme, ordentlich zu gucken, und sie schwitzte stark. Aber sie machte auch nicht den Eindruck, als wollte sie über ihren Zustand oder die Gründe dafür reden. Als Hans es auf seine typisch hemdsärmelige Art versuchte, ignorierte sie ihn so geflissentlich, wie es nur das Rührmichnichtan Almut Runge konnte. Hans sah aus, als hätte sie ihm mit eiskalter Hand eine Ohrfeige verpasst.

Ihr auf dem Fuße folgte die andere Personengruppe, die an diesem Morgen für viel Verkehr in Kaltsommer sorgte: die Rentner. Eine ganze Parade alter Dorfbewohner kam nach und nach in den Laden gestolpert, um lustlos ihre Einkäufe zu tätigen. Und alle sahen sie ebenso erschöpft und fertig aus wie Almut Runge. Die Witwe Möller etwa, die eine halbe Stunde brauchte, um ein paar Kartoffeln, eine Tüte Milch und eine Tafel Schokolade zusammenzusuchen. Immerhin wusste sie dabei zu berichten, dass Norbert Einem schon ganz früh am Morgen mit seiner Frau weggefahren sei und der arme Krabat noch immer wie verlassen am Gartenzaun stehe und die Allee hinab winsele. Hans wollte natürlich alles haarklein erfahren und erfuhr doch nur in tausendfachen Wendungen, dass sie auch nicht mehr wisse, es sich aber bestimmt um einen neuen MS-Schub bei Thekla handele. Erst als Rasmus Duggen als Nächster den Laden betrat, ließ Petras Vater von der armen alten Dame ab und stürzte sich auf ihn. »Na, hast du deine Bienen endlich wiedergefunden?«, rief er ihm sofort zu und stach dem alten Imker damit mitten ins Herz. Petra war kurz davor, ihren Vater vor die Tür zu setzen. Doch als sie sah, welchen schwachen, ja hinfälligen Eindruck Rasmus machte, so als ginge es mit ihm zu Ende, vergaß sie es. Der mysteriöse Verlust seiner Bienenvölker und die Suche nach ihnen – »Sie sind nicht tot, sie sind geflohen«, behauptete er –, saugte ihm die letzte Lebensenergie aus. Im Dorf hielt man ihn zusehends für einen alten Trottel, für einen zweiten Rüdiger Harms, der geistig entrückt den Wald durchstreifte und nach seinen Königinnen mit ihrem Gefolge rief. Petra tat das in der Seele weh. Erstens war Rasmus nicht dement, sondern ganz offensichtlich in Trauer, und zweitens machte man keine Scherze über Rüdiger, dessen Zustand inzwischen wirklich kritisch war und der wohl nur noch ins Pflegeheim übersiedeln würde, um dort zu sterben. Rasmus blieb nicht lange. Hans vertrieb ihn mit seinem blöden Spruch regelrecht, und Petra drohte ihrem Vater: »Wenn du meine Kundschaft noch einmal so respektlos behandelst, kannst du dir einen anderen Platz zum Verkriechen suchen!« – »Entschuldige, Mäuschen.« Am liebsten hätte sie ihm eine gelangt.

Irmgard Schilling schaute kurz vorbei. Den Schock über den Selbstmord ihres Sohnes schien sie einigermaßen verkraftet zu haben, was auch daran liegen mochte, dass man ihr gegenüber von Ralph und seinem tragischen Schicksal nur in den allerhöchsten Tönen sprach. Tatsächlich verlor man über ihn auch hinter ihrem Rücken kein böses Wort. Wenn dieses Dorf je einen Helden hervorgebracht hatte, dann doch wohl ihn, gerade weil sein Heldentum ihn zerstört hatte. Das flößte selbst einem chronischen Elefanten im Porzellanladen wie Hans Niemann genug Respekt ein, um sich in Irmgards Gegenwart wenigstens nicht danebenzubenehmen. Er ließ sie nahezu unbehelligt ihre Einkäufe tätigen. Auf Louise Garg dagegen, die nur Minuten später den Laden betrat, stürzte er sich wie ein Geier aufs Aas. Ihren Erdmann sähe man ja kaum noch, machte er sich an sie heran, obwohl er ganz genau wusste, dass der sich von seinem Sturz vom Bordstein infolge der Gänseattacke, bei der sein Oberschenkelhals zu Bruch ging, nur langsam wieder erholte. Aus dem Krankenhaus hatten sie den bald Neunzigjährigen wieder entlassen, aber »wenn nicht täglich zweimal die Pflegekraft ins Haus käme, wüsste ich nicht, wie ich ihn versorgen sollte«, berichtete Louise mit von Sorgen gezeichneter Miene.

Danach ebbte der Strom der Leute, sowohl draußen auf der Straße als auch im Laden, ab. Die morgendliche Rushhour war vorbei. Als Letzter lief Olaf Harms vorbei, einmal mehr ohne zumindest einen Gruß durch das Glas zu werfen. Seit er und Melanie die Entscheidung getroffen hatten, Rüdiger doch ins Heim abzugeben, wirkte er regelrecht gebrochen, wie besiegt. Und um Jahre gealtert. Morgens stapfte er grundsätzlich starr vor sich hinblickend zur Arbeit bei der Besamung an ihnen vorbei, als existiere außer seinem einsamen Weg nichts sonst mehr in der Welt. Wenn er in seiner Mittagspause nach Hause zurückkehrte, um der bewilligten Hauspflegekraft, die in Rüdigers Augen wohl allzu häufig ein böser Einbrecher war, unter die Arme zu greifen, sowieso, und erst am Nachmittag, wenn er gelegentlich noch etwas fürs Abendessen bei ihnen besorgte, schaute er kurz herein. Aber auch dann blieb er verschlossen und wortkarg und schien seine Umgebung kaum richtig wahrzunehmen. Vor drei Tagen war er hier im Laden seiner alten große Liebe Benjamin Sandow begegnet und hatte ihn erst beim Hinausgehen erkannt. Wie aus einem Traum erwachend, von dem sich nicht sagen ließ, ob er gut oder schlecht war, hatte er sich kurz geschüttelt, den roten Riesen gegrüßt und ihm sein Beileid zu Gerburgs Tod ausgesprochen. »Danke«, hatte Benjamin geantwortet, selbst nicht recht wissend, was er aus der Situation machen sollte, und gefragt: »Wie geht es dir?« Doch Olaf hatte nur den Kopf geschüttelt, sich entschuldigt und gesagt, schnell nach Hause zu müssen. Benjamin war bei ihnen im Laden zurückgeblieben, als hätte das zum Abschied läutende Glöckchen über der Tür ihm einen baldigen Tod verkündet, und bedrückt gemeint: »Rüdiger muss es wirklich schlecht gehen. Das ist so traurig.« Nicht einmal eine Umarmung hätte da als Trost geholfen.

Der Vormittag dümpelte vor sich hin wie ein Badesee, der aufgrund einer giftigen Algenplage nicht betreten werden darf, während draußen das Wolkenlicht immer greller schien. Leider gab es für die großen Schaufenster keine Jalousien oder Markisen, die die Helligkeit wenigstens etwas gedämpft hätten. Schlagartig wirkte Kaltsommer wie ausgestorben. Hans, auch er übermüdet und nicht nur, weil Beate seit drei Tagen schon immer lauter in sich hinein gejammert hatte, suchte sich ein stilles Plätzchen und schlief prompt ein. Zu seinem leisen Schnarchen hielt Petra die Stellung hinter der Kasse, auch ihre Lider wurden von Minute zu Minute schwerer. Ein böser Traum schreckte ihren Vater kurz vor dem Mittag aus seinem Schlaf auf und riss die Tochter gleich mit aus ihren dösenden Gedanken. Sie hörte, wie er nach Luft schnappte, als hätte er sich verschluckt, und reckte reflexhaft den Hals, um zu sehen, was los war. Sie fing seinen Blick auf: glasig, desorientiert und verängstigt. Als er begriff, dass er beobachtet wurde, schüttelte Hans sich und fragte: »Was gibt es denn zu essen, Mäuschen?«

Hans Niemann verwendete diesen Kosenamen nur, um seine eigene Erbärmlichkeit – er selbst hätte bestenfalls von Erbarmungswürdigkeit gesprochen – zu überspielen, das hatten Petra, Beate und auch Dunja längst herausgefunden. Er benutzte grundsätzlich nur diesen einen für alle drei und manchmal auch für andere Frauen, von denen er etwas wollte. Er glaubte ernsthaft, dass es beim zarten Geschlecht nicht mehr brauchte als ein Mäuschen, um seinen Willen durchzusetzen. Normalerweise machte Petra das wütend. Aber es hatte gar keinen Sinn, ihm zu erklären zu versuchen, wie entwürdigend diese Verniedlichung war, auf dem Ohr war er taub. Heute kam noch das Gefühl hinzu, sich für den Tag schon genug gestritten zu haben, dass ihr für eine weitere sinnlose Auseinandersetzung die Energie fehlte. Also schloss sie den Laden ab, drehte das obligatorische Schild von »Offen« auf »Bin gleich wieder da« und führte ihren alten Herrn die Treppe nach oben in die Küche. Am Herd erlaubte sie sich immerhin einen kleinen Stich gegen diesen und kochte Nudeln in einer nicht nur vegetarischen, sondern veganen Gemüsesoße. Allein bei dem Wort sträubten sich ihm schon die Nackenhaare. Dennoch aß er mit großem Appetit, während sie nur mit Löffel und Gabel auf ihrem Teller herumklapperte. Nach Essen war ihr inzwischen genauso wenig zumute wie nach Reden. Das änderte sich erst, als Dunja aus Neumünster anrief, um Bericht zu erstatten.

»Ich bleib hier, bis sie wieder wach ist, okay?«, verkündete ihre Frau.

»Okay«, antwortete Petra, und es klang, als würde sie mit diesem einen Wort Dunja umarmen. »Soll ich Papa losschicken mit einer Tasche für Mama?«

»Nicht nötig. Beate war auf alles vorbereitet und hatte ihre Übernachtungssachen schon eingepackt, als ich kam.«

»War es so ernst?«

»Sie hatte schlimme Schmerzen, seit ein paar Tagen wohl schon. Zuerst meinte sie, es könnte mit dem seltsamen Wetter zu tun haben. Oder mit den in der Luft schwebenden Gänsefäkalien …«

Am liebsten hätte Petra ihrem Vater diese Neuigkeiten um die Ohren gehauen wie ein nasses Handtuch. Doch als sie das Telefon aus der Hand legte, saß der ihr nicht mehr am Küchentisch gegenüber. Er hatte sich auf die Toilette verdrückt, wo er sich nach jeder warmen Mahlzeit am liebsten aufhielt, immer schon. Früher hatte er dort sogar geraucht, langsam eine, manchmal zwei Zigaretten durchgezogen, um nach dem Essen für die nötige Entspannung zu sorgen. Er trug immer eine Schachtel am Leib, aus der er sich ab und an eine gönnte. Allerdings hoffte Petra inständig, dass er heute darauf verzichtete.

Sie trafen sich unten im Laden, der wieder geöffnet war. Er roch nicht verqualmt, und das ließ Petras Ärger verrauchen. Sie erzählte ihm, sollte er es tatsächlich nicht mitbekommen haben, was mit seiner Frau los war, und er nickte nur stumm dazu, während er seinen Platz vom Vormittag wieder einnahm. Ein alter Kater, der nur deshalb das Mausen nicht lassen kann, weil es ihm zu sehr zur Gewohnheit geworden ist. Weil in Sachen Kundschaft immer noch Flaute herrschte, ging Petra noch einmal kurz nach oben und machte ihnen Kaffee, für beide mit viel Milch und Zucker; dass es Hafermilch und Birkenzucker waren, merkte er nicht einmal.

Draußen waren längst sämtliche Grundschüler mit dem Bus aus Wankendorf zurückgekehrt, die letzten liefen gerade in kleinen, sich nach und nach auflösenden Grüppchen nach Hause. Zwei von ihnen, Lisa und Lena, beide dritte Klasse, die eine eine Quandt, die andere eine Jessen, eröffneten den Kundenreigen für den Nachmittag. Von ihrem Taschengeld, das üppig ausfallen musste, so häufig, wie sie im Laden vorbeischauten, kauften sie sich ein paar Süßigkeiten, grüßten freundlich und gingen wieder. Anders als sonst wirkten sie dabei aber still und erschöpft, und Petra hatte nicht den Eindruck, dass das am harten Schultag lag. Selbst die Kinder sahen aus, als hätten sie gleich eine ganze Reihe schlechter Nächte hinter sich. Sie wollte Hans darauf aufmerksam machen, doch der war schon wieder eingeschlummert. Erst als wenig später die Türglocke regelrecht aggressiv läutete, schreckte er, sofort hellwach, auf. Sein alter Freund und Kupferstecher Max Heinsohn stand im Laden, nicht um etwas zu kaufen, sondern auf der Suche nach ihm. Mit dem Nebel sei irgendwas los, verkündete er, Hans müsse sofort kommen und sich das ansehen. »Was ist denn los?«, wollte Petra wissen, und Max antwortete, an ihren Vater gerichtet: »Er … er bewegt sich.« Keine zehn Sekunden später dampften die beiden alten Herren in Richtung Heinsohnsches Dorfende ab und war Petra wieder allein.

Sie fühlte sich durch diese Neuigkeit nicht sonderlich alarmiert, hielt den Auftritt des Ex-Bürgermeisters von Kaltsommer eher für Wichtigtuerei als etwas ernsthaft Bemerkenswertes. Wahrscheinlich hatte der nur einmal mehr das Gespenst seiner eigenen Bedeutungslosigkeit erblickt und konnte das nicht ertragen. Sie dachte es auch deshalb, weil es Heinsohn mit einer solchen Leichtigkeit gelungen war, ihr den Vater auszuspannen. Jetzt leistete ihr niemand mehr Gesellschaft, nicht einmal der.

Ein ganz seltener Gast bewahrte sie davor, in Selbstmitleid zu zerfließen: Ella Kluge. Plötzlich stand sie im Laden, selbst die Türglocke schien ihren Eintritt erst im allerletzten Moment bemerkt zu haben, orientierte sich kurz und suchte sich dann zielsicher eine Mahlzeit aus gekühlter Cola, zwei Äpfeln und einem kleinen Laib Mischbrot zusammen. Sie war bleich und dünn, sehr dünn, registrierte Petra, ihr Haar strähnig und die Tränensäcke unter den Augen gewaltig. Dazu die zerknitterte Kleidung, die aussah, als hätte sie darin geschlafen. Petra wusste nicht, ob man noch von seelischer Verwahrlosung sprechen sollte oder schon von geistiger Erkrankung. »Nanu, du bist aber früh«, sagte sie mit einem Blick auf die Uhr, die noch nicht halb zwei anzeigte. Der Bus aus Neumünster nach der sechsten Stunde kam erst in über einer halben Stunde, der Letzte hingegen, der nach der dritten, war bereits seit fast zwei Stunden durch. »Hattest du einen kurzen Tag heute?«, fragte sie, doch Ella nickte nur stumm, zahlte schnell, ohne ihr dabei auch nur einmal in die Augen zu sehen, und ging wieder. Dieses Mal läutete die Türglocke etwas lauter, so als wäre sie glatt ein bisschen nervös, und Petra wurde das Gefühl nicht los, dass das Mädchen die Schule geschwänzt hatte.

Erneut war es das Klingeln des Telefons, das sie aus ihren Gedanken riss, und wieder war es Dunja, als hätte sie deren verwirrende Trübsal erkannt. »Deine Mutter ist aus dem OP raus, der Arzt sagt, es ist alles gut verlaufen«, hielt sie mit der frohen Botschaft nicht lange hinter dem Berg. »Sie wird aber ein paar Tage im Krankenhaus bleiben müssen, bis alles einigermaßen wieder geheilt ist. Und danach wird sie wohl für den Rest ihres Lebens Schonkost essen müssen.«

»Na, das geschieht meinem Vater recht!«, platzte es gallig aus Petra heraus.

»Er rückt dir nicht von der Pelle, was?«

»Doch, er ist weg.« Und Petra erzählte ihrer Frau von Max Heinsohns Nebel-Auftritt.

»Aber das stimmt«, verkündete die da zu ihrer Überraschung. »Irgendwas ist mit dem Nebel los. Er ist extrem dick und warm und bewegt sich ziemlich schnell im Uhrzeigersinn. Das war heute Morgen die reinste Tortur, durch ihn hindurchzufahren. Ich dachte schon, jeden Moment verreckt mir das Auto, weil der Kühler explodiert.«

Petra konnte nicht glauben, was sie da hörte. Was, wenn das stimmte, die Situation sich zwischenzeitlich sogar verschlimmert hätte und Dunja deswegen den Rückweg nicht mehr schaffte. »Komm nach Hause«, bat sie, flehte beinahe.

»Sobald Beate aufgewacht ist. Dann komm ich, versprochen.«

Petra schluckte. »Okay …«

»Ach, und du glaubst gar nicht, wen ich hier getroffen habe«, musste Dunja ihr unbedingt noch erzählen.

»Norbert Einem?«

»Woher weißt du das?«

»Willkommen auf dem Dorf.« Beide lachten grimmig. »Klementine Möller war heute schon hier, sie hat den Aufbruch der beiden mitbekommen.«

»Thekla litt wohl plötzlich unter Sprechstörungen und halbseitigen Lähmungserscheinungen«, erzählte Dunja. »Aber Norbert war sich wohl ziemlich sicher, dass es kein Schlaganfall war, sondern nur ein weiterer MS-Schub, weshalb er sie selbst in die Klinik gefahren hat. Seine Diagnose hat sich bestätigt, immerhin, aber fertig mit den Nerven ist er doch.«

»Grüß ihn ganz lieb.«

»Mach ich.«

»Und komm nach Hause.«

»Werd ich.«

»Versprochen?«

»Ganz fest versprochen.«

Dass Petra diesbezüglich Zweifel quälten, behielt sie lieber für sich. Sie hätte sowieso nicht erklären können, woher die rührten. Es allgemein mit dem bisherigen Verlauf dieses Tages zu begründen, schien ihr ein bisschen zu nichtssagend. Sie sprachen weiter säuselnd um den heißen Brei herum, von gelegentlichem Knistern und Knastern untermalt, bis die Türglocke erneut um ihre Aufmerksamkeit bat.

Jörg Tietze kam herein. Wie sehr dem Zen-Buddhisten das Klima zusetzte, war bestens an seinem Schädel abzulesen, auf dem, sonst akkurat kahlrasiert, die grauen Stoppeln sprossen. Er schenkte Petra ein müdes Lächeln und grüßte halblaut, sie nickte still lächelnd zurück. Ihr war nicht mehr nach Reden zumute und ihm ganz offensichtlich ebenfalls nicht. Das änderte sich erst, als gleich darauf Traudel Molkentin den Laden betrat. Sie machte einen aufgelösten Eindruck, verängstigt regelrecht, als sie ohne Umwege zu Petra an den Kassentresen trat, um nach etwas zu fragen, und dann doch die Frage vergessen hatte. Petra kam es so vor, als wären die dünne weiße Sommerhose und das roséfarbene T-Shirt, auf den ein Spruch in englischer Sprache rund um das weite Feld der Liebe gedruckt war, wobei »Love« selbst in glitzernden Pailletten auf den Stoff gesetzt war, feucht, wie durchgeschwitzt oder zu früh von der Leine genommen.

»Traudel, alles in Ordnung?«

»Ich …« Sie wischte sich mit fahriger Geste eine graue Haarsträhne aus der Stirn und sah mit fliegendem Blick hierhin und dorthin, als wüsste sie kaum, wo sie war oder wie sie hergefunden hatte. »Irgendetwas stimmt nicht«, setzte sie erneut an, »der Nebel …«

»Was ist damit?«

»Er … er macht unser Haus unbewohnbar.«

Die Molkentins wohnten ganz unten am Ende der Allee, unmittelbar an der Nebelgrenze, und hin und wieder kam es vor, dass er ihnen durch die geöffneten Fenster in die Räume schwappte, zumeist im Sommer, wenn das Umland unter einer Hitzewelle stöhnte. Und trotzdem: »Ich verstehe nicht …«

»Der Nebel, er breitet sich aus«, versuchte Traudel Molkentin zu erklären und schaffte es endlich, ihr in die Augen zu sehen. Petra erkannte in ihnen nackte Angst. »Er breitet sich aus«, fuhr die alte Dame fort, »und er ist schrecklich warm. So warm, dass man es kaum in ihm aushält. Nur ein paar Sekunden in dieser Suppe, und du schwitzt wie der Teufel und bist kurz vorm Kollabieren. Und ich kann Florian nicht erreichen, der geht nicht an sein Handy. Was soll ich denn tun? Irgendwas stimmt nicht. Der Nebel – irgendwas stimmt damit nicht.«

Ein Schluchzen beendete ihren Redeschwall wie ein Ausrufezeichen. Petra hatte kaum verstanden, was die Frau gesagt hatte, intellektuell, nicht akustisch. Das klang so seltsam, so unglaublich, und dennoch stand die gute alte Traudel, eine ansonsten gestandene Frauensperson, hier vor ihr, völlig aufgelöst und den Tränen nahe. Das allein hätte schon gereicht, um dieses Gerede nicht als Spinnerei abzutun, aber dann waren da ja auch noch Max Heinsohn, der mit einer ähnlichen Botschaft in den Laden gekommen war, und Dunja, die ebenfalls so etwas erzählt hatte. Anstatt irgendetwas Tröstendes zu antworten, erstarrte Petra selbst vor Angst. Dieses Mal empfand sie mehr als nur Beklemmung wie bei Dunjas Anruf eben, es schnürte ihr regelrecht die Kehle zu. Kein einziges Wort kam da mehr durch.

»Hallo, Frau Molkentin.«

Beide Frauen zuckten erschrocken zusammen, obwohl Jörg Tietze mit seiner wie stets sanften, einfühlsamen Stimme gesprochen hatte. Auf leisen Sohlen war er zu ihnen an den Tresen getreten, ein Bund Karotten mit Grün in der Hand, nachdem er unweigerlich mitgehört hatte, was die Alleebewohnerin berichtete. Ein gütiges Lächeln hatte sich neben den Spuren einer tiefen Müdigkeit einen Platz in seinen Gesichtszügen erstritten.

»Herr Tietze, haben Sie mich erschreckt«, entfuhr es Petra. Am schuldbewussten Ausdruck in Traudels Miene erkannte sie, dass die dasselbe dachte.

»Hallo, Herr Tietze«, stammelte die, »ich hab Sie gar nicht bemerkt. Entschuldigung.«

Obwohl Jörg und sein Bruder Rolf jetzt schon seit bald dreißig Jahren in Kaltsommer lebten und längst von allen als anständige, vertrauenswürdige Nachbarn akzeptiert wurden, gab es trotzdem kaum jemanden, der sie nicht noch immer siezte. Es mochte an dem Religiösen, beinahe Mönchhaften liegen, das sie ausstrahlten, obwohl dem jede dogmatische Strenge abging. Nur ein paar der alten Dorfmänner, ihr Vater etwa oder der Altbürgermeister Heinsohn, duzten sie grundsätzlich. Aber das hatte mehr etwas mit Platzhirschgehabe und Revierverteidigung zu tun als mit allem anderen, da war Petra sich ziemlich sicher. Sie mochte die Brüder und freute sich immer, wenn die im Laden vorbeischauten.

»Nicht doch«, sagte Jörg jetzt abwinkend. »Ich muss mich entschuldigen, wenn ich mich einfach so ungefragt in Ihre Unterhaltung einmische.«

»Das macht doch nichts«, meinte Petra.

»Ja«, stimmte Traudel zu, sich erneut die von Feuchtigkeit schwere Strähne aus der Stirn wischend und hinters Ohr klemmend. »Ich … Was soll ich sagen? Es betrifft Sie ja auch. Sie Wohnen in Kaltsommer, und wenn das mit dem Nebel so weitergeht, dann …«

Die anderen beiden warteten ab, ob sie den Satz noch beenden würde, doch als nur erschrocken verwirrtes Schweigen kam, berührte der Zen-Buddhist sie sanft an der Schulter und gewann damit sofort ihre Aufmerksamkeit. »Frau Molkentin, ich möchte mich wirklich nicht einmischen«, begann er, »aber was Sie da sagen, klingt erschreckend. Ich glaube Ihnen trotzdem jedes Wort, denn dass hier irgendwas los ist, das merkt ja wohl jeder.« Sie seufzte erleichtert und schloss die Augen, sich das erste Glitzern von Tränen aus den Augenwinkeln wischend. »Ich möchte Ihnen meine Hilfe anbieten«, fuhr er fort, nachdem sie die Bewegung ausgeführt hatte. Ihre Augen öffneten sich schlagartig wieder und schauten ihn an. »Wenn Sie nicht wissen, wo Sie hinsollen, dann können Sie und ihr Sohn jederzeit bei uns Unterschlupf finden. Sie können Zimmer im Herrenhaus haben, Platz ist da genug …«

»Aber das kann ich doch nicht annehmen.«

»… und dort solange bleiben, wie es nötig ist.«

»Aber bekommen Sie denn nicht bald wieder Gäste für eine Ihrer Sessions?«

»Erst mal nicht. Und wenn das mit dem Wetter so weitergeht und der Nebel noch dichter wird, dann wohl sowieso nicht. Wie sollen die Leute denn dann noch zu uns finden.«

Noch während er es aussprach, wusste Jörg Tietze, dass diesen Worten jede Leichtigkeit abging, die er im Sinn gehabt hatte. Die beiden Frauen blickten ihn zutiefst erschrocken an, und da begriff er, dass nicht nur Traudel Molkentins Sohn Florian zurzeit seiner Arbeit außerhalb des Dorfes nachging, sondern auch Petras Partnerin Dunja deshalb nicht im Laden war, weil sie jenseits des Wolkenheims etwas erledigen musste. Er kam jedoch nicht mehr dazu, sich für seinen Fauxpas zu entschuldigen, denn da brachen die Tränen endgültig aus der alten Dame heraus.

Unter normalen Umständen hätte Traudel Molkentin dieses Angebot rundweg abgelehnt, sich höflich bedankend und keine Widerrede duldend. Nicht weil es ihren Stolz verletzt hätte, damit hatte sie keine Probleme. Sie war es nur gewohnt, ihre Sorgen alleine zu meistern, ihre und die ihrer Familie. Ihr Mann war seit über dreißig Jahren tot und also keine Hilfe mehr, Florians Leben nicht unbedingt optimal verlaufen und auch er für jede Stütze, die sie ihm geben konnte, dankbar. Aber sie hatte auch ihr ganzes Leben nicht nur unter der Wolke verbracht, sondern buchstäblich auch im Schatten des Nebels. Die anderen Einwohner Kaltsommers konnten kaum verstehen, wie das war, denn so nah wie die Molkentins lebte kaum einer von ihnen am Nebel, von den Leuten am Baschenberg einmal abgesehen. Aber die gehörten kaum mehr dazu, hätte man meinen können … Für alle anderen war die Nebelwand nur eine kurzzeitige Behinderung der Sicht auf dem Weg aus dem Dorf heraus oder wieder hinein. Niemand sonst, egal auf welcher Seite, lebte so nahe an dieser weißen wabernden Wand wie sie, niemand sonst hatte im Laufe der Zeit ihr Wesen ebenso eingehend wie beiläufig studieren können. Dass der Nebel sich manchmal ausbreitete und ihr gesamtes Grundstück in Watte einhüllte, als hätte Christo sich ein neues Kunstwerk ausgedacht, war ja kein Witz. Dass sie dadurch ständig mit Feuchtigkeit und ihren Folgen zu kämpfen hatten, erst recht nicht. Was auch immer ihren Großvater Horst damals geritten haben mochte, ausgerechnet dieses Stück Land zu erwerben und sein Haus darauf zu bauen, hätte er den Platz dafür nur um fünfzig Meter weiter die Allee hinauf Richtung Dorf verlegt, dann hätten sie diverse daraus resultierende Probleme gar nicht erst und immer wieder bekämpfen müssen. Doch redeten sie jetzt nicht mehr nur von kaum jemals richtig trocknender Wäsche oder stets wiederkehrendem Schimmelbefall in den Räumen, Alltagsplagen, mit denen zu leben man lernte. Das hier besaß eine neue Dimension, das war gefährlich. Dieser Nebel hatte sich in eine echte Bedrohung verwandelt, das spürte Traudel mit jeder Faser ihres Körpers. In ihm lauerte, unsichtbar fürs Auge, aber jederzeit mit seinen feuchtheißen Fingern nach ihr greifend, ein Horror. Nur war der schwer in Worte zu fassen, für sich selbst schon und für Außenstehende allemal. Sie verstand ja selbst nicht, was vor sich ging, sie begriff lediglich die tiefernste Warnung. Dass sie nun trotzdem auf Verständnis stieß, man ihr sogar Hilfe anbot, das überforderte sie schlichtweg. Immerhin half das Weinen ihr im Gegenzug, noch einmal so manches zu überdenken, auch der Angst den ihr gebührenden Platz einzuräumen und zu entscheiden, dass sie diese dargebotene Hand nicht ausschlagen durfte. Solange der Nebel ihr Haus einhüllte, durch jede Ritze kroch und die Räume füllte, als führte dort der Kammerjäger einen Universalangriff gegen Ungeziefer durch, war es unbewohnbar. Sie hatte es jetzt ja schon keine fünf Minuten darin ausgehalten und bereits nachts in ihrem Bett gespürt, dass irgendetwas grundlegend nicht mehr stimmte. Sie hätte gleich da die Reißleine ziehen und mit Florian, der ebenfalls sah, dass etwas in Unordnung geraten war, die eigene Evakuierung planen anstatt ihn zur Arbeit schicken sollen. Nun hatte sie den Salat.

»Kommen Sie mit zu uns, Frau Molkentin«, hörte sie Jörg Tietze sein Angebot wiederholen. »Sie werden uns willkommene Gäste sein, solange diese Krise dauert – oder was auch immer es ist.«

»Ist gut«, antwortete sie endlich, schniefend, nickend, sich entschlossen die Tränen abwischend, »danke. Ich werde kommen. Aber ich muss vorher unbedingt noch ein paar Sachen aus dem Haus holen, damit wir nicht völlig mittellos sind. Und meinen Sohn, den muss ich auch anrufen. Er muss wissen, was los ist, damit er mich nicht unnötig sucht, wenn er von der Arbeit kommt.«

»Ich werde mitkommen und Ihnen beim Tragen helfen.«

Traudel Molkentin seufzte sehr tief. »Danke, das wäre sehr nett.«

Jörg Tietze setzte schnell seinen Einkauf fort, Petra wurde den Eindruck nicht los, dass er jetzt mehr kaufte als ursprünglich geplant, bezahlte und verließ mit der alten Dame an seiner Seite den Laden. Man rief sich zum Abschied Grüße zu, und Petra endete zum Klingeln der Türglocke: »Viel Glück und alles Gute.« Dann war sie wieder allein und fühlte sich tatsächlich so einsam wie niemals zuvor in ihrem Leben. Die schlechten Nachrichten häuften sich, dachte sie, und wenn selbst eine sonst so resolute Person wie Traudel die Fassung verlor, dann musste es wahrlich ernst sein. Wenn doch nur Dunja endlich zurückkäme, zu ihr nach Hause in Sicherheit, dann würde es ihr zumindest wieder etwas bessergehen. Aber Dunja ließ weiter auf sich warten.

Obwohl Petra wusste, dass sie hinten durch den Hofeingang kommen würde, schaute sie jedes Mal, wenn die vermaledeite Türglocke läutete, hoffnungsvoll auf, nur um dann immer größere Mühe zu haben, den eintretenden Kunden nicht mit dem Ausdruck reinster Enttäuschung oder gar, je länger sich dieser Nachmittag hinzog, mit einer Leichenbittermiene zu begrüßen. Dem Postboten machte das nichts aus, der war noch gehetzter und abgekämpfter als sonst, als er ihr, mit den Gedanken ganz woanders, die Post nur so gerade eben noch auf den Kassentresen warf. Eike Schönfeld hätte er auf dem Weg nach draußen beinahe umgelaufen und schien es nicht einmal zu bemerken. Der schaute kurz herein, um auf seinem Weg zu Max Heinsohn ein paar Flaschen Bier zu kaufen. In seiner guten Stube versammelten sich inzwischen die Ältermänner Kaltsommers, um das »seltsame Verhalten des Nebels zu bekakeln«, wie Schönfeld es unumwunden nannte. »Wenn du meinen Vater dort triffst, Eike«, war das Einzige, was Petra dazu einfiel, »dann schick ihn mal her. Dunja müsste jetzt jeden Moment aus Neumünster aus dem Krankenhaus zurückkommen, und er will doch bestimmt wissen, wie es seiner Frau geht.« – »Hat Beate es wieder mit dem Magen?« Sie nickte nur, und der Bauer im Ruhestand fuhr mitfühlend fort: »Sonja hat seit Tagen Migräne. So schlimm war es bei ihr noch nie, aber sie will nicht, dass ich sie zum Arzt bringe.« – »Das tut mir leid. Bestell ihr bitte gute Besserung von mir.« – »Mach ich, mach ich.« Er nickte, steckte sein Wechselgeld ein und ging mit zehn Flaschen Bier aus der Kühlung, die bei jedem Schritt in dem Jutebeutel klirrten, den er tat.

Ida und Pia Thode schauten vorbei, auch sie wollten ein wenig Taschengeld in Süßigkeiten einwechseln, in Schokolade. Wenn Petra sich ihre blassen Mienen genauer beschaute, konnten beide Mädchen die zur Beruhigung ihrer Nerven sehr gut gebrauchen. Sie blieben wortkarg, anders als sonst, wenn die Aussicht auf Naschkram ihre Zungen beflügelte, aber mittlerweile konnte Petra sich so schon denken, dass sie die zweifache Fahrt durch den Nebel mit dem Bus nach Wankendorf und wieder zurück verdauen mussten. Ihnen folgte Lutz Reinke, die alternde Dorfdiva, wie er sich selbst nannte; tatsächlich trat er inzwischen nur noch selten als »Lutzia di Kaltsommermoor« auf und schien auch sonst immer ruhiger, häuslicher zu werden. Er machte einen genügsamen Eindruck, arbeitete als ganzjährig Festangestellter bei der Gärtnerei Lommer oben an der

Rüderkoppel und lebte allein in seinem Häuschen im Schulweg, das er nach dem Tod seiner Eltern geerbt hatte. Petra, die ihn als Kind noch zu seinen Glanzzeiten als dörfliche Dragqueen erlebt hatte – durch die Konkurrenz mit Albert »Muschi Sahne-Häubchen« Garg, mit dem er bei Dorffestivitäten um die Gunst des Publikums gerungen hatte, hatte sie ihn als funkensprühendes Fabelwesen in Erinnerung –, glaubte nicht, dass er einsam war, und dennoch widmete sie ihm immer ganz besonders viel Aufmerksamkeit, wenn sie zufällig bei seinen Einkäufen im Laden zugegen war. Wie immer kaufte er sehr gesund ein, fast nur Obst und Gemüse sowie dunkles Brot und Vollkornnudeln. Und dieses Mal eine kleine Flasche Kräuterlikör. Petra sah ihn mit fragend hochgezogenen Augenbrauen an, und er antwortete frank und frei: »Weil sich da was zusammenbraut und ich langsam die Hosen gestrichen voll hab.« Es hätte für sie gar nicht seines Kopfnickens in Richtung Heinsohn und Nebelgrenze bedurft, um zu verstehen, worauf er anspielte. »Die halbe herrliche Dorfmännlichkeit ist inzwischen bei Max zusammengekommen und versucht, mit möglichst markigen Sprüchen das eigene Unbehagen an dem, was da mit dem Nebel gerade geschieht, zu übertünchen«, fuhr Lutz fort, ohne dabei im Mindesten amüsiert auszusehen. »Und ich wäre in den blöden Gewächshäusern beinahe kollabiert, so sehr hat sich die Atmosphäre darin aufgeheizt. Aber glaubst du, mich hätte einer gefunden und gerettet? Nein, die glotzen alle nur wie die Ölgötzen auf den Nebel und zerreißen sich die Mäuler. Ich hab gesehen, dass ich von da weggekommen bin, der Baschenberg ist schon so gut wie im Nebel versunken und zwingt die Bewohner aus ihren Häusern.« Petra erzählte ihm daraufhin von Traudel Molkentin und ihrem Asyl im Herrenhaus. »Kann gut sein«, kommentierte er trocken, »dass Molkentins da heute Nacht nicht die einzigen Gäste bleiben. Irgendwas braut sich da zusammen, und es ist nicht schön.« Danach entschuldigte sich Lutz bei ihr und lief nach Hause, ganz krank im Gesicht aussehend und immer wieder zum Himmel empor schielend, als erwartete er, jeden Moment von dort oben durch einen Blitz erschlagen zu werden. Petra blieb mit einem flauen Gefühl im Magen zurück.

Als Olaf von der Arbeit bei der Besamung zurück nach Hause am Laden vorbeistiefelte, missmutig, müde und mit gebeugtem Rücken, hätte sie ihn gerne darauf angesprochen, aber ausgerechnet heute kehrte er nicht kurz für die letzten Besorgungen und einen kleinen Plausch bei ihr ein. Er schaute nicht einmal auf und warf einen Gruß durch die Scheibe, und Petra traute sich nicht, ihm nachzulaufen, weil sie fürchtete, sich lächerlich zu machen. Dunja würde ja gleich kommen, dann hätte sie eine sowieso viel vertrautere Person zum Reden. Aber statt ihrer Ehefrau kam Mareike Nebendahl, hochschwanger und begleitet von den beiden kleinsten ihrer bisher vier Kinder, den Mädchen Bente und Nanke. Anders als sonst stürmten aber auch die nicht freudestrahlend und jubelnd in das Warenparadies, in dem sich sofort bei Ankunft tausend ungeahnte Wünsche auftun, sondern sie schlurften brav an den Händen ihrer Mutter herein und nahmen kaum wahr, was da alles an Begehrenswertem um sie herum in den Regalen wartete. Alle drei wirkten, als hätten sie ihre Energie für den Tag bereits aufgebraucht. Die Kinder wollten nicht einmal ein Eis, und Mareike hatte es eilig, zurück zu den Söhnen Tore und Tade zu kommen – und vermutlich auf die Couch, um endlich die Füße hochlegen zu können. »Wie lange dauert es denn noch?«, fragte Petra, während sie die Zutaten für ein gesundes Abendessen einscannte, und deutete mit dem Kinn auf den geschwollenen Bauch der anderen. »Stichtag ist der 1. September«, antwortete die mit erschöpftem Lächeln. »Dann ist es ja bald geschafft.« – »Ja, aber wenn das mit dem Wetter so bleibt, werden die letzten Wochen zur Qual.« – »Das ist bestimmt nur eine Phase«, meinte Petra und verspürte selbst nicht den geringsten Trost dabei.

Die Nebendahls gingen und gaben erneut Rasmus Duggen die Klinke in die Hand. Mehr denn je machte er einen geistig verwirrten Eindruck, und diesmal glaubte Petra nicht, dass es etwas mit seinen verschwundenen Bienen zu tun hatte. Oft kam er mehrmals am Tag in den Laden, weniger um etwas zu kaufen, als vielmehr wegen der Gesellschaft. Aber jetzt definitiv aus Angst. »Was ist denn los, Rasmus?«, fragte Petra, kam hinter ihrem Kassentresen hervor und legte ihm beruhigend die Hände auf die Schultern. Der alte Imker zitterte am ganzen Leib. »Ich halt das nicht mehr aus«, stöhnte er. »Was? Was denn?« – »Erst das Wetter und jetzt die Gänse. Diese blöden Viecher! Diese blöden, blöden Viecher! Alle abschießen hätte man sie sollen!« – »Was ist denn mit denen? Rasmus, was ist mit den Gänsen?« Sie hatte ihn regelrecht durchgeschüttelt, und als beide das bemerkten, warfen sie sich einen so verblüfften wie erschrockenen Blick zu und stockten. Etwas zur Besinnung brachte es ihn dennoch, und er antwortete mit klarer Stimme: »Seit dem Nachmittag drehen die Vögel durch. Sie fliegen nicht, aber sie schnattern immer lauter und schlagen unentwegt mit den Flügeln. So als wollten sie jeden Moment abheben, können aber nicht, aus welchem Grund auch immer. Sie sind unruhig, so als ahnten sie etwas.« – »Was sollen die denn ahnen?« – »Weiß ich doch nicht! Aber Tiere haben doch einen sechsten Sinn fürs Unglück, oder nicht?« Wieder sahen sie sich an, in beklommenes Schweigen verfallend. »Ich hol uns erst mal einen Schnaps, zur Beruhigung«, erklärte Petra plötzlich, nicht nur ihren Gast damit überraschend. Lutz Reinkes Beispiel mit dem Kräuterlikör machte Schule, dachte sie, ließ Rasmus stehen und ging nach hinten ins Lager, wo Korn im Kühlschrank und angestaubte Gläser standen. Doch gerade als sie hinten war und die Gläser an ihrem T-Shirt sauberwischte, hörte sie erneut die Türglocke läuten und einen kurzen Wortwechsel, zu gedämpft allerdings, um etwas zu verstehen. Geistesgegenwärtig nahm sie noch ein drittes Glas vom Bord und ging zurück nach vorn. Sie sah gerade noch, wie Rasmus fluchtartig das Weite suchte, und die Unschuldsmiene ihres Vaters, der ihr mit nach außen gekehrten Handflächen versicherte: »Ehrlich, Mäuschen, ich hab nichts gesagt.«

Anstatt ihm die Leviten zu lesen und auch seinem Bieratem Rechnung zu tragen, also den Schnaps wieder wegzubringen, schenkte sie beiden ein Glas ein. Dabei quasselte Hans seine Tochter voll, obwohl er eigentlich nichts zu erzählen hatte, zumindest nichts, was Petra nicht schon von Lutz Reinke gehört hatte. Er war aufgeregt wie ein Schuljunge, überdreht. Nur sprach aus ihm weniger Aufregung als vielmehr Angst, der es nach noch einem und noch einem Gläschen verlangte, ehe Hans bekennen konnte: »Rasmus hat recht, irgendwas passiert hier. Irgendwas Schlimmes.« Und plötzlich war Hans Niemann den Tränen nah.

Bevor Petra jedoch fragen konnte, was genau er damit meinte, hörte sie die Hintertür in ihren Angeln quietschen. Das tat sie auch erst seit ein paar Tagen, bemerkte sie noch, bevor die Erkenntnis sie traf wie eine Erlösung: »Dunja?«

»Ja.«

Die Stimme ihrer Frau klang gedämpft, als fehlte ihr die Kraft zum Sprechen. So sah sie auch aus, als sie an Warenlager und Werkstatt vorbei nach vorne in den Laden kam: als fehlte ihr die Kraft für alles. Als hätte nicht Beate operiert werden müssen, sondern sie. Ihr kurzes Haar war übersät mit Schweißperlen, das Gesicht eingefallen und grau, die Augen blickten stumpf drein wie die eines Tiers, das beinahe von einem Räuber erlegt worden ist und nun nachträglich in Schockstarre fällt. Petra wollte sie instinktiv in den Arm nehmen, sie wiegen und halten und sich so gleichzeitig einen Halt verschaffen, solange ihr die Erleichterung die Beine unter dem Leib wegzuknicken drohte. Aber Hans, als hätte dieser von Sekunde zu Sekunde nur seltsamer werdende Tag selbst seinen verkümmerten Sinn fürs Zwischenmenschliche geschärft, folgte Dunjas Blick und kam seiner Tochter zuvor, indem er seiner Schwiegertochter ebenfalls ein Glas Korn einschenkte. Und weil ihm die kondenswassernasse Flasche dabei beinahe aus der Hand gerutscht wäre, genehmigte er sich gleich auch noch einen. Dunja wartete mit dem Trinken jedoch nicht auf ihn, sondern kippte sich die eiskalte Flüssigkeit augenblicklich in den Rachen. Sie schüttelte sich und verlangte stumm einen zweiten. Hans beeilte sich, sein Glas zu leeren und ihrem Wunsch gleich doppelt nachzukommen. »Hier, mein Mäuschen«, sagte er generös.

Nicht, dass Dunja nicht ab und an mal gerne einen trank, aber diese Reaktion versetzte Petra in Angst und Schrecken. Ihr Gehirn fing Feuer, und der Flammentanz warf erschreckende Schatten an ihre Schädelwand. Plötzlich konnte es für sie nur noch eine Erklärung für dieses seltsame Verhalten ihrer Frau geben: »Dunja, was ist mit Mama? Ist Mama etwa tot?«

»Was?« Schlagartig nahm Dunja sie wahr. Für einen Moment starrte sie Petra an wie einen Clown, dem in der Nachmittagsvorstellung ungewollt die bunte Hose vom blanken Hintern gerutscht ist. Doch kommt ein solcher Anblick zu unerwartet, um darüber lachen zu können. Während man sich noch fragt, ob sich der Typ im Kostüm gerade einen schlechten Scherz erlaubt hat oder nicht, hat der seine Blöße längst wieder bedeckt, jedwede Gefühlsregung unter der dicken Schicht Schminke verbergend.

In Petras Gesicht allerdings war nicht das Geringste verborgen. Je länger sie keine Antwort erhielt, desto mehr wurde ihre die Frage zur Gewissheit. »Was ist mit Mama?«, wiederholte sie flehend. »Ist sie wirklich tot?«

»Nein. Nein!« Dunja schüttelte den Kopf und suchte nach den richtigen Worten. »Ihr geht es gut, wirklich. Sie hat die OP sehr gut überstanden. In ein paar Tagen kann sie wieder nach Hause. Sie braucht etwas Ruhe, aber im Krankenhaus scheint sie die erst mal zu finden. Auf jeden Fall schlief sie schon wieder, als ich ging.«

Petra schlug die Hände vors Gesicht und konnte das Weinen nicht mehr zurückhalten. Ihre Nervenenden waren ausgefranst wie ein fadenscheinig gewordener Teppich. »Hier, nimm«, sagte Hans und reichte ihr sein Glas. »Tut gut.«

Es brauchte einige Minuten, bis sie alle sich soweit sortiert hatten, dass sie klar miteinander sprechen konnten. Ein drittes Glas brauchten sie dafür immerhin nicht, die zwei benutzten reichten aus, während Dunja erst noch einmal schnell den Verlauf ihres Tages zusammenfasste. Sie erzählte flüssig, bis sie zu ihrer Rückfahrt nach Kaltsommer kam. Da stockte sie plötzlich. Das bisschen Rosa, das eben erst frisch auf ihren Wangen erblüht war, welkte wieder dahin, als sie sagte: »Beinahe hätten die mich nicht mehr ins Dorf gelassen. Nur auf meine eigene Verantwortung, sagten sie.«

»Wer sagte das?«, fragten Vater und Tochter unisono.

»Die Polizei. Und die Feuerwehr.«

Den Niemanns kam es so vor, als spräche Dunja in Zungen. Die genehmigte sich noch einen Korn, während die anderen zu verstehen versuchten, was sie gerade gesagt hatte. Hans hatte zuerst einen Verdacht und konnte den natürlich nicht für sich behalten: »Der Nebel, richtig? Es liegt am Nebel!«

»Er ist wie eine Walze«, platzte es aus Dunja heraus. »Eine riesige, feuchtheiße Walze, die sich immer schneller um ihre eigene Achse dreht, und wer hineinfährt, wer sich zu lange darin aufhält, der kommt nicht mehr heraus.« Ein Schaudern durchlief ihren gesamten Körper. »Da draußen auf der Rendswührener Seite stehen inzwischen bestimmt bald zwanzig Pkw, Lkw und Kleintransporter, deren Insassen alle medizinisch betreut werden müssen. Nur weil sie auf der Bundesstraße durch diesen verdammten Nebel gefahren sind. Die Polizei ist da mit mehreren Wagen und diverse Feuerwehren.«

»Unsere Sirene hat gar nicht geheult«, meinte Hans kopfschüttelnd, als wäre das der Beweis dafür, dass seine Schwiegertochter reinen Unsinn redete.

»Die haben den Katastrophenschutz angefordert, hat mir der Polizist erzählt, der mich an der Weiterfahrt hindern wollte.« Dunja schien Hans'

Einwand gar nicht gehört zu haben. »Die wollen alle Zufahrten zum Dorf sperren, jede Straße, auf der man gerade durch diesen Nebel muss. Es ist zu gefährlich, sagen sie, man kann wohl in ihm einen Kreislaufkollaps erleiden oder sogar einen Herzinfarkt. Ein Lkw-Fahrer soll einen Herzinfarkt erlitten haben. Der muss aber auf der Bornhöveder Seite gestanden haben, den hab ich jedenfalls nicht gesehen.«

»Was meinst du damit, sie sperren die Zufahrten zum Dorf ab?«, fragte Petra, während Hans nur kopfschüttelnd neben ihr stand, die Schnapsflasche umklammernd wie einen Rettungsring.

»Die sind ernsthaft in Sorge«, fuhr Dunja fort, nichts und niemanden mehr hörend. »Die sehen in dem Nebel eine echte Gefahr für Leib und Leben.«

»Was meinst du damit, sie sperren die Zufahrten zum Dorf ab?« Diesmal schrie Petra ihre Frage nicht nur, sie ergriff Dunja auch bei den Schultern und schüttelte sie heftig durch. »Die können uns hier doch nicht einfach so einsperren! Mama ist im Krankenhaus, die müssen wir doch besuchen.«

Dunja ließ ihre Frau gewähren, alles andere als erbost darüber, aus ihrem düsteren Bericht gerissen zu werden. »Ich glaube, sie haben genau das vor«, sagte sie schließlich, als Petra endlich erschöpft von ihr abließ, und fügte hinzu: »Und glaub mir, das ist richtig so. Dieser Nebel, er ist gefährlich.«

»Was ist passiert?«, fragte Hans an seiner Tochter Stelle.

Wieder durchlief ein Schaudern Dunja, als sie zu ihrer Antwort ansetzte: »Schon heute Morgen, als wir nach Wankendorf zum Arzt fuhren, fühlte sich die Fahrt durch den Nebel ja seltsam an. Danach waren wir beide, Beate und ich, total groggy, als hätten wir nicht genug Sauerstoff abbekommen. Ich musste sogar kurz rechts ranfahren, weil Beate schlecht geworden war. Fünf Minuten lang fürchtete sie, sich erbrechen zu müssen, erst danach bekam sie wieder halbwegs Farbe im Gesicht. Als uns Dr. Kluge dann nach Neumünster weiterschickte, nahm ich gleich den Weg über Altenrade und Schipphorst, um erst da auf die B430 aufzufahren. Auf keinen Fall wollte ich dem Nebel noch einmal zu nahe kommen, allein bei dem Gedanken überkam mich schon das kalte Grausen. Und Beate auch, das war ihr deutlich anzusehen. Aber eben auf der Rückfahrt blieb mir ja gar nichts anderes übrig, da musste ich wieder da durch, wenn ich zu euch nach Hause zurückkehren wollte. Aber der Polizist hatte recht, es war lebensgefährlich. Ich hab buchstäblich die Hand vor Augen nicht mehr gesehen. Schon nach wenigen Metern waren die Scheiben komplett beschlagen, innen wie außen, weil durch die Lüftung nur feuchtheiße Luft kam. Und ich selbst habe kaum noch Luft bekommen. Ich kroch im Schritttempo dahin und japste nach Atem. Und plötzlich kam mir der schreckliche Gedanke, dass ich in meinem eigenen Auto ersticken könnte, wenn ich zu lange durch diesen Nebel schlich. Ich konnte noch immer überhaupt nichts sehen, nicht einmal schemenhaft die Bäume, und ich bekam Panik und drückte plötzlich aufs Gas. Dass ich die Einfahrt in die Allee getroffen habe, ohne einen Unfall zu bauen, ist reines Glück. Mit ordentlich Karacho bin ich unter der Wolke endlich wieder aus dem Nebel geschossen und hätte beinahe endgültig die Besinnung verloren. Wieder musste ich rechts ranfahren. Ich hab die Tür aufgerissen, mir war egal, ob da jemand nach mir aus dem Nebel kommen und sie mir abfahren könnte, ebenso blind und besinnungslos wie ich. Ich wollte nur noch frische Luft atmen – ein wenig frischer als im Nebel war sie ja wenigstens.« Dunja lächelte schwach und endete: »Ich weiß nicht, wie lange ich da so am Straßenrand stand, bis ich das Gefühl hatte, wieder einigermaßen bei Sinnen zu sein. Bis dahin aber war ich komplett nass, nicht nur nassgeschwitzt, sondern auch von der Luftfeuchtigkeit. Es fühlte sich an, als wäre ich in einen riesigen Schwarm Wasserläuse geraten. Und als ich dann die Tür zuklappte und einen Blick in den Rückspiegel warf, um weiterzufahren, sah ich hinter mir eine seltsame Pfütze auf dem Asphalt. Ich denke, da hat kurz vor mir jemand genauso gehalten wie ich, nur konnte der seinen Mageninhalt nicht mehr zurückhalten.«

»Aber du bist zurückgekommen«, war das Einzige, was Petra darauf erwidern konnte. »Du bist zu uns zurückgekommen.«

»Ich bin zu dir zurückgekommen«, präzisierte Dunja. »Was hätte ich denn sonst tun sollen?«

Während sich die beiden Frauen gegenseitig in den Arm nahmen, schenkte Hans ihnen mit zitternder Hand erneut die Gläser voll. Er selbst behalf sich mit der ziemlich geleerten Flasche, als er ihnen mit den Worten zuprostete: »Ich weiß ja nicht, ob das wirklich das Richtige war, was du getan hast, Dunja, aber ich danke dir dafür. Für alles, was du heute für uns getan hast.«

An diesem Abend ging Hans erst spät nach Hause. Er blieb bis weit über den Ladenschluss hinaus bei Tochter und Schwiegertochter, aß ein appetitloses Abendbrot und war mit ihnen bemüht, sich über ein möglichst harmloses Gesprächsthema zu unterhalten. Gegen zehn verließ er sie dann, alle drei fühlten sich gezeichnet von diesem Tag und wollten ins Bett. Aber weil der Himmel über ihm zu grell war und wirkte, als würde sich im Bauch der Wolke sämtliches Gedärm wie ein Nest giftiger Nattern bewegen, das gerade aus der Winterstarre erwacht, und weil die Unruhe in ihm sowieso noch immer zu stark war, als dass die Aussicht auf Schlaf erfolgreich gewesen wäre, setzte er sich zu Hause in seiner leeren Wohnung noch vor den Fernseher. Er schaute über Glasfaserkabel, weil der Empfang über die Satellitenschüssel gestört war, und schlief darüber irgendwann ein. Als er gegen drei Uhr erwachte, war der Bildschirm schwarz. Es gab kein Signal mehr, egal auf welchem Programm, obwohl der Fernseher einwandfrei lief. Manchmal war das Bild, wenn er übers Internet schaute, momentweise unscharf, aber ganz weg war es noch nie gewesen. Das ließ Hans ganz mulmig im Magen werden, und, die Uhrzeit nicht achtend, wählte er instinktiv die im Handy gespeicherte Nummer des Störungsdienstes: Auch hier bekam er kein Signal. Alle Leitungen waren tot.

DIE GESTAPO HIELT GRAUSAM WORT *und schickte Hans Friedrich Hunkemöller mit dem nächsten Zug an die bereits bröckelnde Ostfront, mitten hinein in den nächsten russischen Winter. Er überlebte dort nicht lange, obwohl ihn niemand nach den Gründen ob seines sehr späten Eintritts in den aktiven Dienst an der Waffe scheel ansah, sondern im Gegenteil alle den neuen Kameraden willkommen hießen. Stalingrad war seit dem vorigen Winter verloren und der Krieg als solcher, das schwante den meisten Soldaten bereits, wohl ebenso. An Desertion dachte trotzdem kaum einer, wo hätten sie in diesem riesigen Land denn auch hinsollen. Sie waren umzingelt von Einsamkeit, Leere, Kälte und einer Bevölkerung, die allen Grund hatte, die deutschen Besatzer für ihre abgrundtiefen Gräueltaten zu hassen. Also kämpften sie immer weiter für ihren fernen Führer, und das neue Jahr war noch keine drei Wochen alt, da geriet Hans' Einheit in ein Gefecht und wurde im Kugelhagel nahezu zerrieben. Ihn traf es in den Bauch und an der Schulter, sodass er noch einige Stunden lebte, bis er, halb verblutend, halb erfrierend, endlich starb. Für Hans Friedrich Hunkemöller war das leidvolle Dasein damit beendet, für Otto Runge dagegen sollte das Martyrium gerade erst beginnen.*

Er sollte niemals erfahren, wer ihn an die Gestapo verraten hatte, schließlich hatte seine volle verliebte Aufmerksamkeit immer nur dem Einen gegolten, neben dem selbst ein attraktiver junger Kerl wie Hans kaum auffiel. Aber wer ihn ans Messer geliefert hatte, war Otto auch nicht wichtig, denn eins wusste er mit Sicherheit: Eugen Egon Ewald von Gronka war es nicht gewesen. Er war sich ziemlich sicher, dass sie in diesem Fall zusammen von der Geheimen Staatspolizei abgeholt worden wären – eine Vorstellung, der nicht zuletzt etwas Romantisches, Tröstliches innewohnte und die ihm in so mancher Stunde im eiskalten Keller des Hamburger Stadthauses das Herz wärmte. Die ihm die Kraft gab, den Mund zu halten. Lieber wäre er gestorben, als seinen Freund zu denunzieren.

Aber genau das wollten die beiden Beamten, die sich ihm als Kriminalkommissare Buchholz und Grindelmeier vorstellten. Beide trugen Anzug und Krawatte, die an ihnen saßen wie eine Uniform, waren über einen Meter achtzig groß, Buchholz etwas schlanker als Grindelmeier, der allmählich in die Breite ging. Außerdem schienen sie Otto ungefähr gleichaltrig zu sein und in jedem Fall gleichermaßen bösartig. In ihren Augen, nicht blau, sondern grau wie die Gleichgültigkeit, glühte nicht einmal der geringste Funken Mitgefühl für ihr Opfer. Sie verfolgten allein ein Ziel, nämlich »die vollständige Aufdeckung und Ausmerzung des säuischen Schwulennetzwerks in deinem Wolkenkaff von Heimatdorf, du Sau!«, wie es Buchholz auf den Punkt brachte. Grindelmeier nickte dazu wild entschlossen, und so machten sie sich ans Werk, auf nichts und niemanden Rücksicht nehmend. Weder auf die Tatsache, dass Otto selbst ehemaliger Frontkämpfer war, verwundet im Dienst für Führer und Vaterland, noch den Umstand, dass sowohl sein Vater als auch sein Großvater Parteimitglieder der ersten Stunde waren, große Nummern dort, wo sie herkamen. Mit dieser Rücksichtslosigkeit konnte Otto sogar einigermaßen umgehen, denn was seine Soldatenzeit betraf, so war für ihn das einzig Gute daran, sie überlebt zu haben. Von seinen Eltern hingegen erwartete er sowieso keinerlei Hilfe. Wahrscheinlich hatten die sich längst öffentlich von ihm distanziert und gegen ihn ausgesagt. Er glaubte nicht, dass Vater oder Mutter ihn ans Messer geliefert hatten, dann hätte Oma Brunhilde wiederum öffentlich mit ihnen gebrochen, und spätestens damit hätte sich diese Angelegenheit zu einem dorfweiten Skandal ausgewachsen. Er war sich aber zu hundert Prozent sicher, dass keiner von ihnen, nicht einmal seine Oma, ihm zu Hilfe kommen würden. Brunhilde mochte vielleicht noch für ihn beten, mehr aber auch nicht. Um sie musste er sich also nicht kümmern, wenn das Ansehen seiner Familie jetzt ein paar Dellen bekam, geschah der das nur recht. Was Otto dagegen auf keinen Fall wollte, war, selbst zum Verräter zu werden, ganz besonders nicht an Ewald.

Also schwieg er tapfer, so eisern, wie sich das für einen alten Frontkämpfer gehörte. Die Beschimpfungen, Beleidigungen und Bedrohungen, immer wieder konterkariert durch Schmeicheleien und die in Aussicht gestellte vollständige Rehabilitation bei Kooperation, machten ihm nichts aus. Letzteres glaubte er keine Sekunde lang, denn seine beiden Verhörspezialisten waren zwar gut, aber auch unfähig, mit den Augen zu lügen. Die blieben immer kalt, wenn sie ihm Honig um den Bart schmierten, und erwärmten sich nur, wenn sie ihm die Hölle heiß machen wollten. Beide, Buchholz ebenso wie Grindelmeier, hatten nicht zuletzt deshalb Karriere bei den Sicherheitsbehörden des Dritten Reiches gemacht, weil sie eine Neigung zum Sadismus hatten. Mitgefühl für ein anderes Lebewesen kam bei ihnen kaum jemals vor, das sah ihre Persönlichkeitsstruktur nicht vor, und man musste nun wirklich kein Genie sein, um das zu erkennen. Beinahe schon folgerichtig war es da, dass sie versuchten, auch seine alte Kriegsverwundung gegen ihn zu verwenden, seinen verkleinerten Magen, der nur noch kleine Portionen fasste und dafür häufiger gefüttert werden wollte. Bald ließen sie ihn tagelang hungern, bald stopften sie ihn mit Essen voll, bis er sich erbrach, nur um ihn dann mit ihren schweren Stiefeln in sein eigenes Erbrochenes zu treten. Zwischendurch lasen sie ihm Zeugenaussagen vor, in denen er als notorischer Sittlichkeitsverbrecher hingestellt wurde. Jede dieser Aussagen stammte von Menschen aus Kaltsommer, allen voran natürlich von Konstantin und Ottilie Runge, aber auch von Leuten, die Otto gar nicht kannte, weil sie entweder für ihre Arbeit auf dem Wehrmachtsgestüt Zugezogene waren oder gleich frei erfunden. Es war ihm egal, weder seine Oma noch Ewald waren unter diesen sogenannten Zeugen. Otto hielt stand.

Schwerer auszuhalten war die folgende physische Gewalt, nicht zuletzt deshalb, weil Buchholz und Grindelmeier nun erst zur Höchstform aufliefen. Alles davor war nur zum Aufwärmen gewesen. Buchholz erwies sich als Meister in der Handhabung des Gummiknüppels, während Grindelmeier es mit dem Ochsenziemer zur Perfektion gebracht hatte. Mit diesen Werkzeugen in der Hand legten sie auch die letzte Zurückhaltung ab, Scham kannten sie sowieso keine. Sie hießen ihn, sich vor ihren Augen nackt auszuziehen, sobald sie seine zum Verhörraum umfunktionierte Zelle betraten, um dann seinen gesamten Körper vom Hals an abwärts mit Schlägen und Tritten zu traktieren. Warum sie sein Gesicht verschonten, nur gelegentlich spuckte Buchholz ihm seinen Rotz mitten hinein, blieb Otto schleierhaft. Er zweifelte daran, diesen Kerker lebend wieder zu verlassen, oder wenn doch, dann erst nach Jahren, wenn alle sichtbaren Blessuren längst wieder verheilt sein würden. Wenn sie wollten, konnten sie ihn bis in alle Ewigkeit hier unten festhalten, sie hatten das Gesetz auf ihrer Seite. Alles andere prügelten sie windelweich und grün und blau, aber ganz selten brach dabei ein Knochen auch nur an. Selbst wenn sie sich noch so sehr in Rage schrien, schwitzten und keuchten unter der geballten Intensität ihrer Schläge, so verloren sie doch niemals die Beherrschung. Sie genossen jedes einzelne Schmatzen und Klatschen und Zischen, wenn Gummiknüppel und Ochsenziemer seine Haut malträtierten und sein ganzes Skelett zum Beben brachten, aber aus Versehen um brachten sie ihn nicht. Stattdessen legten sie immer wieder Pausen ein, wenn sie sahen, dass ihr Opfer ein wenig Erholung benötigte – oder wenn Grindelmeier pinkeln musste. Der schien überhaupt eine schwache Blase zu haben, so oft, wie ihn der Drang nach Erleichterung überkam, und dann urinierte er am liebsten auf Otto. Und jeden Feierabend, wenn die beiden Gestapo-Männer rechtschaffen erschöpft von ihrer Arbeit waren und bevor sie nach Hause zu ihren Familien heimkehrten, entleerte Grindelmeier sich auch noch einmal grinsend auf Ottos Häftlingskleidung, die dieser dann vor den Augen seiner Peiniger wieder anziehen musste.

Ab und an, so beiläufig, als tue es gar nichts zur Sache, fragten sie ihn nach Namen. Sie kannten sich überraschend gut mit allerlei schwulen Sexpraktiken aus, die sie, sich in ihrem Ekel davor suhlend wie zwei kranke Schweine, eine nach der anderen benannten, jedes Mal verbunden mit der Frage, mit wem er dies gemacht und von wem er sich jenes habe machen lassen. Auf manche Sachen wäre Otto von allein niemals gekommen, etwa die mit den Fäusten. Für ihn war Sex letztendlich nichts weiter als Kuscheln ohne Kleidung. Er wusste, er war in diesen Dingen eher brav und zurückhaltend. Nicht umsonst hatte Ewald ihn ja immer mit der Anrede »mein Blümchen« geneckt und ihn dann, gehüllt in die schönsten selbstgeschneiderten Abendroben, Iris oder Erika genannt oder, wenn er sich nicht glatt genug rasiert hatte, Stachelbeere. Aber das hätten Buchholz und Grindelmeier ihm niemals geglaubt, von der Tatsache, im Leben bisher nur zwei Sexualpartner gehabt zu haben, ganz zu schweigen. Sie wollten immer nur Namen, Namen, Namen.

Ottos Lippen blieben versiegelt, selbst als sie ihm die belastenden Aussagen des Chef-Veterinärs des Heeres-Versuchs- und Forschungsgestüts Kaltsommer vorlasen. Der wollte allerdings nur gehört haben, dass es seit Ankunft der polnischen Angestellten aus Racot immer wieder zu unsittlichen Kontakten zwischen diesen und der gemeinen Dorfbevölkerung gekommen sei, auch zu mann-männlichen. Beobachtet habe er, Eugen Egon Ewald von Gronka, solche selbst zwar nie, und er interessiere sich für solchen Klatsch auch nicht, schließlich sei es seine alleinige Aufgabe, dem Führer leistungsstarke Pferde für das Überleben des deutschen Volkes zu schenken. Er könne sich dies aber sehr gut vorstellen, da Kaltsommer doch ein höchst seltsames Dorf sei, in dem im kalten Wolkenschatten so manch nachtschattiger Trieb gedeihen würde. Ob auch der Schneider zum Kreis dieser sich der rassenschändlichen Unsittlichkeit Hingebender gehöre, könne er nicht sagen, obschon die Schneiderei natürlich ein eher weibischer Beruf sei. Den allerdings übe Herr Otto Runge sehr gut und gewissenhaft aus, als sein Kunde hätte er niemals Grund zur Klage über die erbrachte Leistung gehabt. Und nein, natürlich habe er nicht gewusst, dass Herr Runge ein Transvestit sei.

In Ottos Ohren hatte Ewald zu seinem Schutz getan, was er konnte. Er empfand es in dieser Situation durchaus als legitim, auch die eigene Haut retten zu wollen. Eine komplette Verleugnung ihrer Bekanntschaft wäre ebenso falsch gewesen wie zu offenes Gerede. Gleichwohl merkte er, dass Buchholz und Grindelmeier Ewald nicht mochten, dass in jedem Wort, das sie über ihn sagten, ein unausgesprochener Verdacht mitschwang. Warum sonst sollten sie immer wieder sein dandyhaftes Verhalten erwähnen oder von seinem Kleidungs- und Einrichtungsgeschmack als dekadent reden. Dieser Mann war zu groß für ihre Kragenweite, die Botschaft kam bei Otto an, ohne konkrete Beweise würden sie nichts in seine Richtung unternehmen. Er konnte seinen Geliebten also tatsächlich schützen und vor einem ähnlichen Schicksal wie dem seinen bewahren, und das gab Otto erst recht die Kraft, sich nicht brechen zu lassen.

Trotzdem neigten sich seine Kräfte allmählich dem Ende zu. Da es in seiner Zelle weder eine Uhr gab noch ein Fenster, um am Wechsel von Tag und Nacht das Verstreichen der Zeit erkennen zu können, wusste er nicht, wie lange sie ihn hier unten schon festhielten und folterten. Seinem Körper nach eine ganze Ewigkeit. Unterhalb seines Halses gab es keine einzige Stelle mehr, die nicht verfärbt war und nicht schmerzte. Noch schlimmer sah es mit seinem Magen aus, der zu einem kleinen, unreif sauren Apfel zusammengeschrumpft war und Nahrung weder aufnehmen, noch bei sich behalten wollte, nicht einmal den geringsten Bissen oder kleinsten Schluck. Ausgestattet mit den besten Anatomiekenntnissen und Wissen aus seiner Krankenakte ließen sie Ottos alter Kriegsverwundung immer wieder eine ganz spezielle Behandlung angedeihen. Neben der Essensfolter waren das gezielte Tritte und Schläge sowie Behandlung mit einmal brüllend heißen, dann wieder eiskalten Wickeln; die einen wie die anderen fuhren ihm bald wie Messerstiche durch den ganzen Leib. Otto ahnte, es war nur noch eine Frage der Zeit, bis seine Peiniger in ihm einen so ernsten Schaden anrichteten, dass er sich davon nicht mehr erholen konnte.

Blieb die Frage, ob er das überhaupt noch wollte. Ob es nicht besser war, aufzugeben und sein Lebenslicht verlöschen zu lassen. Was für Aussichten hatte er denn überhaupt noch? Er wusste, was dieses Land mit Menschen wie ihm machte, der 1935 noch einmal verschärfte Paragraph 175 hatte zeitlebens wie ein Damoklesschwert über seinem Haupt geschwebt. So oder so, ob er nun irgendetwas gestand oder verschwiegen blieb, es war längst dabei, auf ihn niederzufahren und ihm langsam, ganz langsam den Kopf vom Hals zu trennen. Selbst wenn es am Ende zu keiner Anklage kommen sollte, wusste jeder, warum sie ihn mitgenommen hatten – und unter den gegebenen Umständen würde ihm das selbst in Kaltsommer zum Schandmal gereichen. Auch ohne Verurteilung war er jetzt offiziell ein 175er, vor diesem Makel konnten ihn nicht einmal Wolke und Nebel mehr bewahren. Was blieb ihm da denn noch? Wo könnte er noch hin? Es gab kein Loch in diesem Land, das tief genug wäre, sich darin zu verkriechen. Es gab ja nicht einmal mehr Ewald, denn dass er zu dem nicht zurückkehren konnte, war klar, er stand schließlich ebenfalls unter Beobachtung. Er hatte nichts mehr, er war ganz allein, verloren und verlassen.

Buchholz und Grindelmeier wiederum waren erfahren genug, um zu erkennen, wann ihnen die Felle davonschwammen, sei es durch körperliche oder geistige Aufgabe des Delinquenten. Zu einer Anklage wegen Verstoßes gegen Paragraph 175 des Reichsstrafgesetzbuches würde es in jedem Fall kommen. Sie hätten aber ihre Arbeit nicht ordentlich gemacht, wenn sie dem Gericht nicht ein Geständnis des Angeklagten vorlegen konnten. Als sie nun also sahen, wie der Lebenswille in Ottos Blick den Halt zu verlieren und zu flackern begann, spielten sie endlich die beiden Trümpfe aus, die sie noch im Ärmel stecken hatten. Mindestens einer davon musste stechen, sonst hätte die schwule Sau sie doch tatsächlich besiegt.

»Kennst du Hans Friedrich Hunkemöller?«, fragte Buchholz.

Ein schwaches Kopfschütteln war Ottos Antwort. Wer auch immer dieser Mann war, er interessierte ihn nicht mehr.

»Kennst du Hans Hunkemöller, ja oder nein?«, wiederholte Grindelmeier schärfer.

»Nein.«

»Was? Lauter gefälligst!«

»Nein!«

»Das ist aber seltsam«, nahm Buchholz den Ball wieder auf, »und weißt du auch warum? Weil wir von ihm deinen Namen haben. Also erzähl uns hier keinen Scheiß. Es ist ein Verbrechen, Kriminalbeamte anzulügen. Oder willst du etwa behaupten, dein Hänschen hätte uns belogen, hä?!«

»Ich kenne keinen Hans oder Hänschen.«

»Du lügst doch!« Grindelmeier nahm Fahrt auf. »Ihr lügt doch alle! Ihr steckt alle unter einer Decke. Haltet zusammen wie Pech und Schwefel. Aber das verspreche ich dir: Wir werden eure geheimen Netzwerke schon zerschlagen. Wir kriegen euch alle und machen euch Volksschädlingen den Garaus!«

Wenn er nicht zu schwach und gleichgültig dafür gewesen wäre, hätte Otto über diese Tirade gelacht. Wie schön wäre es für ihn gewesen, wenn es diese Netzwerke wirklich gegeben und wenn er ein Teil davon gewesen wäre. Dann hätte er sich die meiste Zeit seines Lebens vielleicht nicht so einsam gefühlt, dann hätte er vielleicht schon nach August und vor Ewald sein Glück gefunden. Wenn es solche geheimen Netzwerke wirklich gäbe, quer durch alle Schichten der Gesellschaft, wie Grindelmeiers an die Wand gemaltes Bedrohungsszenario für eben diese dies doch nahelegte, dann läge er jetzt vermutlich nicht auf diesem kalten Zellenboden, ein paar mit seinem Blut besudelten Stiefelspitzen unmittelbar vor seinen halbgeschlossenen Augen. Dann hätte er sich niemals für sein Dasein rechtfertigen müssen, weil es dann allgemein akzeptiert wäre. Ein solches Netzwerk hätte, egal wie geheim es anfangs auch sein mochte, nach und nach und nur zu Beginn unmerklich an den Stellschrauben dieser Gesellschaft gedreht und ihre Verfassung hin zum Guten verändert. Davon war Otto überzeugt. Dieser Gedanke ging ihm, obschon flüchtig, durch den Kopf, als die beiden Gestapo-Männer ihr Verhör endgültig auf die Zielgerade einbiegen ließen, und er brachte ihn eben nur deshalb nicht mehr zum Lächeln, weil er zu schwach und zu gleichgültig dafür geworden war. Nur dass es bald vorbeisein würde, das spürte er, und ein Gefühl des Friedens senkte sich auf ihn herab wie eine wärmende Decke.

Buchholz und Grindelmeier versuchten, ihn mit weiteren Schlägen und Tritten und einem Eimer kalten Wassers wieder aufzumuntern. Sie verfolgten die Hunkemöller-Spur noch ein wenig weiter, bis sie einsehen mussten, dass da wirklich nichts zu holen war. Zugleich sahen sie, dass ihnen nun buchstäblich die Zeit zwischen den Fingern zerrann, dass Otto Runges Lebensgeister ihnen einer nach dem anderen entfleuchten. Wenn sie ihn in diesem Zustand auch nur ein paar wenige Stunden sich selbst überließen, würde er sich nicht wieder rudimentär erholen, sondern ganz den Geist aufgeben. Sie mussten am Ball bleiben, hatten aber nur noch eine einzige Möglichkeit für einen Schuss aufs Tor.

»August ist gefallen.«

Zuerst wusste Otto weder, wer das sein sollte, noch, wer das gesagt hatte. Aber plötzlich war doch nicht mehr alles gleich, denn einen August kannte er ja wirklich …

»In Stalingrad umgekommen. Schon vor einem Jahr, haben aber erst jetzt die Bestätigung bekommen. Soll elend erfroren sein im russischen Winter.«

»Gut zu wissen, dass selbst ihr warmen Brüder gegen diese Kälte nicht ankommt.«

»Tod durch Unterkühlung erwartet man bei denen gewiss nicht.«

»Ja, notfalls stöpseln sie sich einfach der Reihe nach beieinander ein und erzeugen dann Reibungshitze.«

»Aber irgendwie ist das auch beruhigend. Ich hatte immer die Befürchtung, dass nur dieses Gesocks aus Russland heimkehren würde, und dann wäre der ganze Sieg doch für die Katz gewesen.«

»Den Katz, meinst du wohl.«

Die Witzeleien gingen noch eine ganze Weile so weiter, Buchholz und Grindelmeier konnten auf ein unerschöpfliches Reservoir davon zugreifen. Otto hörte ihnen schnell nicht mehr zu. Etwas hatte ihn abgelenkt, der Name August endlich einen Funken des Erkennens in ihm entzündet. Plötzlich leuchtete ein Licht am Ende des Tunnels auf.

»Ich kenne August«, gestand er unter Schmerzen.

Seine Peiniger ließen das Herumalbern sofort sein.

»So, du kennst August also?«, fragte Buchholz. »August Heinsohn?«

»Ja.«

»Du meinst, im biblischen Sinn, was?«, präzisierte Grindelmeier.

Das verstand Otto nicht.

»Ihr hattet was miteinander?«, erklärte ihm Buchholz, und Grindelmeier stellte die Sache ganz klar: »Gefickt habt ihr.«

»Ja.«

»Was hast du gesagt?« Grindelmeier wollte es nun unmissverständlich hören. »Lauter, Soldat! Die ganze Wehrmacht soll hören, wie ihr beiden Dreckschweine es miteinander getrieben habt.«

»Ja.«

»Wir werden dafür sorgen, dass solche Umtriebe ein Ende haben. Mit Stumpf und Stiel werden wir euch aus dem Volk ausreißen und ausrotten. Auf dem Scheiterhaufen der Geschichte werden Kreaturen wie ihr ein für alle Mal verbrennen. Wenn wir mit euch fertig sind, wird es keinen einzigen von euch warmen Brüdern mehr geben.«

Dieses Mal gab es für Otto keinen Grund zum zumindest innerlichen Lächeln, da Grindelmeier seine Worte im Takt von Stiefeltritten im Triumph bellte, und die trafen allesamt zielsicher seine Magengrube. Der Schmerz war überwältigend, und so verlor er gnädigerweise das Bewusstsein. Als er aber wieder zu sich kam, lag er auf einer harten Pritsche, notdürftig mit einer dünnen Decke bedeckt und beim Schein einer schirmlos in der Fassung hängenden Funzel. Er war allein, und einzig die Schmerzen in seinem gesamten Körper bewiesen ihm noch, dass Buchholz und Grindelmeier nicht einfach nur ein böser Traum gewesen waren. Erst beim Prozess einige Wochen später sollte er sie noch einmal wiedersehen, als sie dem Gericht ihren sogenannten Untersuchungsbericht präsentierten. Dessen Beginn verschob sich allerdings, da die Folter Ottos Magen so zugesetzt hatte, dass es lange dauerte, bis er wieder feste Nahrung aufnehmen und verdauen konnte und kein Blut mehr spuckte.

Für seine Verhandlung brachte man Otto nach Neumünster, wo man ihn gleich neben dem Gerichtsgebäude in das Gefängnis sperren konnte, sorgsam isoliert von allen anderen Häftlingen, damit er mit denen nicht sofort weiter Unzucht trieb. Es war nicht mehr als ein Verhandlungstag angesetzt für seinen Fall und Publikum ausdrücklich zugelassen. Die Bänke waren voll, wenn auch nicht überquellend, obwohl draußen vor den Fenstern ein herrlicher Frühsommertag herrschte, der selbst die größte Kriegsnot ein wenig erträglicher werden ließ. Mit Ausnahme der Gestapo-Leute Buchholz und Grindelmeier erkannte er unter den Zuschauern nur zwei Personen, Konstantin und Ottilie Runge, und empfand Erleichterung darüber, zumal seine Eltern alles taten, um den Eindruck zu erwecken, als kennten sie den Angeklagten nicht. Unnötig zu sagen, dass von Herrn von Gronka jede Spur fehlte. Otto war nur froh, dass seine Großmutter Brunhilde nicht ebenfalls erschienen war. Es hätte ihm wehgetan, wenn sie das nun folgende Schmierentheater hätte mitansehen müssen. Den Prozess an sich, so viel verstand Otto sofort, hätte man sich auch sparen können, da es nach Augusts Tod ja keine Zeugen mehr gab und dessen Andenken heute noch einmal unnötig in den Schmutz gezogen werden würde. Das Urteil stand ohnehin schon fest.

Otto folgte dem Prozess kaum einmal aufmerksam. Sein Verteidiger, ein durchaus sympathischer Mann mit Parteiabzeichen am Revers, hatte ihm gleich bei ihrem ersten und bisher einzigen Treffen die Unvermeidlichkeit der Dinge erklärt und ihm nahegelegt, sich schuldig zu bekennen, um unnötigen Ärger zu vermeiden. Der könne sich in einem härteren Urteil niederschlagen, hatte Herr Meinhardt es ihm verdeutlicht, nicht nur Zuchthaus, sondern ein Strafbataillon an unmittelbar vorderster Front oder sogar noch schlimmeres. Näher musste er sich nicht erklären, Otto verstand den Wink sofort. Tatsächlich war das Konzentrationslager die einzige Strafe, vor der er sich wirklich fürchtete. Er wusste, wenn er dort landete, würde es mit ihm ein zügiges und trotzdem unendlich grausames Ende nehmen. Eine Hinrichtung auf dem Schafott oder durch Erschießen – hätte er als ehemaliger Frontsoldat darauf nicht ein Anrecht? – wäre humaner gewesen. Allein um Humanität ging es hierbei natürlich nicht. Deshalb war er mit der Bereitschaft in diesen Gerichtssaal getreten, zu kooperieren und alles, was nötig war, zuzugeben, nur um wenigstens nicht im KZ zu landen. Wenigstens war August tot, ihn konnte niemand mehr für das, was früher einmal war, belangen.

Der Richter war Mitte vierzig und von ruhiger und besonnener Art, ganz im Gegensatz zum Staatsanwalt, der ein in Härte ergrauter Hund war und vorzugsweise kläffte wie ein Straßenköter. Dennoch ließen weder Herr Warburg auf seinem hohen Stuhl noch Herr Boos auf seiner Anklägerbank niemals einen Zweifel an ihrer linientreuen Gesinnung. Der Prozesstag verlief wie nach Drehbuch, und nicht einmal Ottos Schuldeingeständnis vermochte daran etwas zu ändern oder ihn abzukürzen. Besonders Herr Boos schien einen übergeordneten Auftrag darin zu sehen, wieder und wieder die Gefahren des mannmännlichen Sexualverkehrs für Kinder und Jugendliche, die Stabilität der Gesellschaft im Allgemeinen und die Wehrkraft aller kämpfenden Einheiten im Besonderen zu betonen. Diese wiederkehrende Litanei nahm sehr viel Raum ein, den Richter Warburg ihr ein ums andere Mal gewährte. Außerdem durften die beiden außerplanmäßigen Kriminalkommissare Buchholz und Grindelmeier lang und breit und nacheinander die Ergebnisse ihres Verhörs ausbreiten, obwohl beide haargenau dasselbe aussagten und im Wesentlichen sichergestellt haben wollten, dass sich der Angeklagte lange Zeit geweigert hatte zu kooperieren. »Der Justiz auch noch absichtlich zur Last fallen, das war ja klar!«, ereiferte sich Staatsanwalt Boos daraufhin folgerichtig gleich zweimal.

So zog der Tag sich in die Länge, und da es ein Stück ohne jede Überraschung war, strapazierte es die Geduld und Aufnahmefähigkeit der Zuschauer bald schon sehr. Immer wieder sah Otto im Publikum unterdrücktes und verstohlenes Gähnen. Wenn der Boos nicht ständig herumgeschrien hätte, wäre so manches Kinn dauerhaft auf die Brust gesunken. Otto hatte Verständnis dafür, und darin lag etwas Tröstliches, denn wenn sein Blick zufällig auf seine Eltern fiel, sah er bei ihnen keine Langeweile. Die saßen stocksteif auf ihren Plätzen, die Mutter mehr vor Scham verkrampft als vor Angst, der Vater bis unter die Haarwurzeln angefüllt mit Ekel und Zorn darüber, von seinem ohnehin missratenen Sohn auch noch einer solchen öffentlichen Demütigung ausgesetzt zu werden. Warum die beiden überhaupt erschienen waren und sich dieser damit ausgesetzt hatten, fragte er sich dennoch erst sehr spät, einfach weil es besser war, weniger schmerzhaft, nicht zu sehr an diese lange und gründlich verkorkste Beziehung denken zu müssen. Deshalb traf es ihn auch wie ein Schlag, als Staatsanwalt Boos Konstantin Runge in den Zeugenstand rief.

Das kam unerwartet, das war neu. Niemals hätte Otto gedacht, dass sein Vater auch noch öffentlich das Wort ergreifen würde in diesem Prozess der Schande. Dass er dies sogar freiwillig tat, wurde ebenfalls schnell klar. Es bedurfte nur der Eingangsfrage, was Konstantin Runge zu den gegen seinen Sohn erhobenen Vorwürfen zu sagen habe, um ihm eine sehr ausführliche Antwort über die Lippen kommen zu lassen. Die war ohne Zweifel vorbereitet und nach der waren keine weiteren Fragen mehr nötig. Währenddessen schaute der Vater seinen Sohn kein einziges Mal an, sondern blickte stur geradeaus auf den Reichsadler mit dem Hakenkreuz in seinen Krallen, der über dem Richterpult an der Wand prangte. Ottilie dagegen sah regungslos aus dem Fenster, als hätte sie selbst noch das Atmen eingestellt. Richter Warburg, Verteidiger Meinhardt und das Publikum schaute sich gebannt Konstantins Auftritt an, und allein Boos warf Otto immer wieder böse funkelnde Blicke zu, ganz so, als erwartete er, dass er unter den wie Hammerschläge auf den Amboss niedersausenden Anklagen seines Vaters vor Scham in den Grund und Boden gleich unter seiner Holzbank versinken müsste.

»Ich habe alles mir Menschenmögliche getan, um aus meinem Sohn einen guten Menschen, anständigen Mann und aufrechten Deutschen zu machen«, begann Konstantin Runge im Tonfall tiefster persönlicher Verletzung. »Seit seiner Geburt war klar, dass er anders war als andere Jungs. Von Anfang an war er weich und zart, fast schon mädchenhaft. So musste es zwangsläufig Ziel meiner Erziehung sein, ihm die weibischen Flausen auszutreiben und ihn abzuhärten. Ich habe ihn niemals verwöhnt, ihm niemals Zuneigung gezeigt, wenn er sich diese nicht durch seine Taten verdient hatte, ihn jedoch auch niemals härter bestraft, als es unbedingt sein musste. Meine Hand saß nie lockerer als die anderer Väter. Ich habe gedient, damals in Kaisers Krieg, den wir gewonnen hätten, wenn uns die weibischen Roten nicht den Dolch in den Rücken gestoßen hätten. Aber sie taten es und machten dem Schandvertrag von Versailles damit überhaupt erst möglich, andernfalls hätten wir den Krieg gewonnen, davon bin

ich überzeugt … Was ich aber damit sagen will, ist, ich kann unterscheiden, wann Strenge und Härte angebracht und gerecht sind und wann nicht. Ich habe meinen Sohn niemals unnötig gequält. Und trotzdem ist er geworden, wie er ist. Gegen seine Andersartigkeit kam ich nicht an, kam niemand an. Sie war schon immer da und hat ihn von Anfang an verdorben. Sie hat aus ihm einen hinterlistigen Geheimniskrämer gemacht, dem das Wissen, wie er seine eigenen Eltern hintergehen kann, quasi schon in die Wiege gelegt worden war. Jeden Freiraum, den er erhielt oder sich ergaunern konnte, wusste er zu nutzen. Da ich tagsüber gearbeitet habe, wie ein verantwortungsvoller Familienvater dies tut, wäre es Aufgabe seiner Mutter gewesen, sein Treiben in diesen Stunden zu überwachen. Aber das Mutterherz neigt zur Nachsicht und die Weiber sind sowieso schwach, also war es ihm ein Leichtes, sich ihrer Aufsicht zu entziehen. Es war nur ein Zufall, dass wir ihn und diesen August Heinsohn auf frischer Tat ertappten, wie sie … wie sie … Ich weiß nicht, wer wen verführt hat, ich kenne den anderen nicht gut genug, um etwas Konkretes über ihn aussagen zu können. Aber ich kenne meinen Sohn und weiß daher, wozu er fähig ist. Seit damals verfolgt mich das Gefühl der Schande auf Schritt und Tritt. Kaum noch aus dem Haus traute ich mich. Ich versuchte, es wiedergutzumachen, sobald unser aller Führer die schwächliche Republik hinweggefegt und die Macht ergriffen hatte, indem ich meinem Sohn die gute nationalsozialistische Schulerziehung angedeihen ließ. Die schien auch zu wirken, jedenfalls sind mir aus dieser Zeit keine weiteren Fehltritte von ihm bekannt. Er absolvierte den Arbeitsdienst und den Wehrdienst und wurde im Krieg verwundet, und niemals – kein einziges Mal! – wurden Klagen über ihn laut. Ich hegte schon Hoffnung, er möge seine Schändlichkeit überwunden haben, aber dem Bösen, dem Verdorbenen ist mit solchen Mitteln wohl doch nicht beizukommen. Es hatte sich nur versteckt, um auf einen günstigeren Moment zu warten. Der kam allem Anschein nach, sobald er nach Hause zurückgekehrt war, und ich kann gar nicht sagen, wie tief es mich verletzt und beschämt hat zu erfahren, dass er ausgerechnet das Haus seiner Großmutter für seine schmutzigen Taten missbraucht hat. Für meine Mutter war diese Offenbarung ein so schwerer Schlag, dass sie seitdem das Bett kaum mehr verlässt, so sehr frisst es sie auf. Sie hatte es gut mit ihrem Enkel gemeint, ihm ein Dach über dem Kopf gegeben, als er eins brauchte, einen Ort, an dem er seiner Arbeit als Schneider nachgehen konnte, immerhin das ein anständiges Handwerk. Doch wie hat er es ihr gedankt!? Hintergangen hat er sie, in ihrem eigenen Haus! Kostümbälle hat er dort mit seinen Liebhabern gefeiert, verkleidet als Frau, um sich erst recht über die natürliche Ordnung der Geschlechter lustig zu machen. Sobald sich ihm die Gelegenheit dazu bot, hat er endgültig alles verächtlich gemacht, was ich und diese Nation mit all ihren Institutionen ihn gelehrt haben. Und das tut besonders weh. Er ist nun vollends entglitten, entgleist, und jetzt bin ich nur noch froh und erleichtert, dass man ihn endlich geschnappt und ihm das Handwerk gelegt hat. Ich kann nichts mehr für ihn tun. Er ist ein erwachsener Mann, der für seine eigenen Taten geradestehen muss. Nichts und niemand kann ihm mehr helfen, fürchte ich. Er ist nicht zu bessern, sein Wesenskern ist, wie er ist: einfach falsch gepolt, ein Missgriff der Natur. Deshalb möchte ich das Gericht darum bitten, ihn mit aller Härte, die das Gesetz für Fälle wie ihn vorsieht, zu bestrafen. Nur so kann sichergestellt werden, dass er nicht wieder rückfällig wird. Nur so kann ich meinem Sohn noch einmal helfen, denn das ist er und wird er immer bleiben. Bitte, bestrafen Sie meinen Sohn und bewahren Sie ihn so vor sich selbst. Danke.«

Nichts davon hätte es, wie bereits gesagt, gebraucht, weder die inszenierte Beweisführung noch das emotionale väterliche Plädoyer am Schluss. Das Urteil hatte bereits zu Prozessbeginn festgestanden. Auch am Schuldspruch bestand nicht eine Sekunde lang Zweifel, allein was die Art der Bestrafung anging, bot das Gesetz einigen Spielraum. Richter Warburg war sich dessen bewusst gewesen, vorher bereits und erst recht während der Verhandlung. Es war sein Anspruch, für jeden Angeklagten das im Sinne des Gesetzes gerechteste Urteil zu finden. Niemand sollte ihm jemals vorwerfen können, willkürlich gehandelt zu haben, geltendes Recht und Gesetz waren sein einziger Maßstab. Also galt es, die verschiedenen Aspekte dieses Falles zu bedenken, wobei es schnell auf drei alles dominierende Faktoren hinauslief: die ursprünglichen Vorwürfe basierten auf Hörensagen, nachgewiesen werden konnte ihm trotzdem eine Tat, und alles spielte sich im unmittelbaren Umfeld der Wehrmacht mitten in einem Krieg ab, bei dem es um Gedeih und Verderb Deutschlands, um Leben und Tod des gesamten deutschen Volkes ging. Richter Warburg war ein besonnener Mann, er wusste, was er zu tun hatte. Ein Fliegeralarm verschob die Urteilsverkündung zwar noch auf den nächsten Tag – der Angriff galt Kiel, nicht Neumünster, trotzdem wurde das Gerichtsgebäude evakuiert –, dann aber verlas Richter Warburg von seiner Richterbank:

»Hiermit verurteile ich den Angeklagten Otto Runge wegen Vergehen gegen den Paragraphen 175 RStGb zu drei Jahren Zuchthaus und anschließender Überstellung in polizeiliche Vorbeugungshaft. Dieser kann der Verurteilte

jedoch entgehen, wenn er sich während der Haft einer Kastration unterzieht, da das Gericht davon überzeugt ist, so dauerhaft weiteren Straftaten dieser Art vorbeugen zu können. Unterzieht der Verurteilte sich noch in den ersten sechs Monaten dieser medizinischen Behandlung, verkürzt sich seine Haftstrafe um die Hälfte, weil dann von einer günstigen Sozialprognose auszugehen ist, davon, dass von ihm keine Gefahr für andere mehr ausgeht. Und wenn ich mir dieses persönliche Wort zum Schluss erlauben darf, Herr Runge, so würde ich Ihnen dringend empfehlen, von dieser Möglichkeit der Strafverkürzung Gebrauch zu machen. Ersparen Sie sich und Ihrer Familie diese Schande und alles, was da noch folgen mag. Sie haben die Chance, in den Kreis der Gesellschaft zurückzukehren, aber nur, wenn Sie guten Willen zeigen.«

Neununddreissigstes Kapitel

An Schlaf war in dieser Nacht nicht zu denken. Zu der stickig im Zimmer stehenden Luft, gegen die die offenen Fenster nichts halfen, kam die Drehbewegung der Wolke, die aufgrund ihrer eigenen inneren Helligkeit selbst noch gegen ein Uhr in der Nacht gut zu erkennen war. Um diese Uhrzeit hielt Benjamin es nicht mehr aus in seinem Bett, weil ihm schon ganz schlecht wurde von der Scheibe, die irgendein irrer Hypnotiseur am Himmelszelt angebracht haben musste. Je länger er durch das gesprungene Fenster darauf starrte, desto flauer wurde das Gefühl in seinem Magen. Dagegen half auch das Schließen der Augen nichts, denn sobald er die Lider herunterklappte, regnete es eingebildetes Feuer auf seine Netzhaut. Aber nicht diese sensorischen Erfahrungen waren es, die ihn nach unten trieben, wo er unschlüssig durch die Zimmer tigerte, als gelte es, sich zu versichern, dass alles das, was überhaupt noch in diesen leergeräumten Höhlen sein sollte, tatsächlich noch an Ort und Stelle war. Als fürchtete er, die jahrzehntealten Staubflusen, die hinter den abmontierten Schränken zum Vorschein gekommen waren, würden sich in Luft auflösen, sobald er ihnen den Rücken zuwandte. Nicht ein Übermaß an Empfindungen ließ ihn sich schließlich an dem kleinen Campingtisch, der Gerburgs alten Küchentisch für die letzten Tage in Kaltsommer ersetzt hatte, wie einen gestrandeten Wal zum Halten kommen, sondern das völlige Fehlen einer weiteren: Es war so still überall. Sonst riefen Käuze durch die Nacht, krähte mal ein Hahn, obwohl der Tagesanbruch noch weit in der Ferne lag, waren andere, nicht zu identifizierende Tierlaute zu hören, brachte eine Brise die Lindenkronen zum Rauschen oder wenigstens zum Flüstern oder fuhr sogar ein Auto zu nachtschlafender Zeit durch den Ort. Doch nichts davon war in dieser Nacht zu hören, selbst Krabat hatte irgendwann sein zum Jaulen und Winseln herabgesunkenes Bellen am Gartenzaun eingestellt. Die Witwe Möller von gegenüber hatte dem armen Hund irgendwann am Abend zumindest Futter und Frischwasser gebracht, so gebeugt gehend, als würde sie jeden Moment unter ihrer Last zusammenbrechen. Erst am Campingtisch, den er überragte wie ein mächtiger Fels einen kleinen Gebirgssee, fiel Benjamin auf, dass er auch seit Stunden schon keinen anderen menschlichen Laut mehr vernommen hatte, spätestens seitdem die Nebendahl-Kinder zu Bett gegangen waren. Die Nissen zum Beispiel, die sich sonst immer bis spät draußen herumtrieb, in der einen Hand eine Gießkanne, in der anderen die obligatorische Zigarette, und mit jedem ins Gespräch zu kommen suchte, der ihr nicht rechtzeitig auszuweichen vermochte, auch ihre Stimme hatte er den ganzen Abend über nicht ein einziges Mal gehört. Die junge Melanie Rixen von nebenan, die ihn einmal ganz zu Anfang genau abgecheckt und danach jedes Interesse an seiner Gegenwart verloren hatte, schien gar nicht da zu sein. Sonst war sie unweigerlich durch die Wand zu hören, wenn sie die Treppe nahm, in der Küche hantierte oder immer etwas zu laut den Fernseher laufen ließ. Heute schien sie gar nicht erst von der Arbeit nach Hause zurückgekommen zu sein, ihr Auto stand jedenfalls nicht auf dem Hof. Da war nichts, überhaupt nichts zu hören. Nirgends. Das ganze Dorf wirkte wie ausgestorben oder eher, das kam Benjamin korrekter vor, wie abgestorben. Was es früher jemals hier an Leben gegeben haben mochte, davon war in dieser langen Nacht nichts mehr da. Selbst die verdammten Nonnengänse verhielten sich so ruhig, dass man glatt glauben konnte, sie wären endlich in ihr angestammtes Sommerquartier weitergezogen.

Die Stille war ohrenbetäubend und schwoll zusammen mit dem Gefühl der Einsamkeit und des Verlassenseins in Benjamins Ohren zu einem Dröhnen an, das seinen Kopf zum Platzen zu bringen drohte. Wenn er wenigstens Gerrit hätte anrufen und mit ihm reden können! Aber das Netz war noch immer tot, sodass er zur Ablenkung nicht einmal lustige Internetclips schauen konnte. Wie sehr ihn das beunruhigte, darüber mochte er gar nicht nachdenken. Es gab nur noch ihn und die alles umfassende Stille, hinter der eine bedrohliche Leere lauerte, die sich immer näher durch die Finsternis an ihn heranpirschte und dabei weit, weiter, am weitesten ihr Maul aufriss. Viel fehlte nicht mehr, und sie würde ihn verschlucken.

Geradezu überrascht war Benjamin, als er ein weiteres Mal auf sein Handydisplay schaute und sah, dass es schon auf vier Uhr zuging. Als wäre er in der allgemeinen Unveränderlichkeit der Dinge bei lebendigem Leibe zu Stein erstarrt wie ein Dinosaurier, den die Zeit in ihrer Eile sterben zu lassen vergessen hatte. Auf dem Campingstuhl, auf dem er mehr hockte als saß, weil der für einen Mann seiner Größe nicht geschaffen war, schliefen ihm schon vom Steißbein an abwärts sämtliche Glieder ein. Auch das war nicht zum Aushalten, schon länger eigentlich nicht mehr. Er brauchte Bewegung, Tätigkeit, irgendetwas, sonst würde er hier noch ersticken. Wenn ihm früher, in seiner Kindheit und Jugend, Gerburgs Decke auf den Kopf gefallen war, dann hatte er sich einfach zu Olaf davongemacht, selbst tief in der Nacht; nicht zuletzt zu diesem Zweck war der in ein Zimmer im Erdgeschoss gezogen, damit Benjamin direkt durch das Fenster zu ihm ins Bett krabbeln konnte, ohne dass halbe Haus aufzuwecken. Olaf hatte ihn immer hereingelassen, noch das leiseste Klopfen ans Glas hatte er gehört. Diesen Ausweg konnte Benjamin heute natürlich nicht mehr nehmen. Aber selbst wenn die Möglichkeit noch bestanden hätte, wäre er nicht durchs Dorf zum Harmshof geschlichen. Lieber hätte er alles stehen- und liegenlassen, um nach Berlin zu seinem Kleinen zu kommen …

Bevor er sich selbst einmal mehr die eigenen Ohren volljammerte, ungewollt in seiner eigenen Vergangenheit festzustecken, beschloss Benjamin, einen Mittelweg zwischen dem Alten und dem Neuen zu nehmen und zumindest einen sehr frühmorgendlichen Spaziergang zu machen. Er musste sich unbedingt die Beine vertreten, sonst starben die ihm auf dem blöden Campinghocker wirklich noch ab. Da er sich sicher war, auch danach nicht wieder ins Bett zurückzukehren, duschte er schnell und ohne jedes anhaltende Gefühl von Erfrischung, denn spätestens beim Abtrocknen geriet er wieder unangenehm ins Schwitzen. Danach zog er sich an und verließ das Haus. Er brauchte nicht mehr als ein T-Shirt und wäre auch mit einer kurzen Hose ausgekommen, wenn er denn eine eingepackt hätte – aber wer erwartet in Kaltsommer schon tropische Nächte?! Leise, ganz leise, als könnte sich nur bei dem geringsten Geräusch ein Raubtier auf ihn stürzen, zog er die Haustür ins Schloss, verzichtete aufs Abschließen und verließ, jeder Schritt unerträglich laut und verräterisch knirschend auf dem Kies, den Hof. Erst als er von der Auffahrt unter das hohe Blätterdach der Lindenallee trat, entspannte er sich etwas. Nicht einmal Bente Nissen hatte ihm aufgelauert.

In beinahe jeder anderen Nacht hätte Benjamin nun dem anderen ständigen Wachwandler Kaltsommers begegnen können. Thies Dührkopp aber war am Vorabend gar nicht mehr nach Hause zurückgekehrt, sondern nach der Arbeit auf einem Kieler Dachstuhl direkt zum Fußballtraining nach Wankendorf gefahren. Schon als er dort ankam, hatte er aus dem Verkehrsfunk von Straßensperren rund um sein Heimatdorf erfahren und sowieso in Wankendorf von der A21 abfahren müssen. Die Polizei hatte jedes einzelne Fahrzeug auf den Verzögerungsstreifen gewunken, und weil nicht jeder Fahrer den Grund dafür akzeptieren wollte, war es zu einem kleinen Verkehrschaos gekommen. Thies hatte nicht weiter darüber nachgedacht und das mulmige Gefühl, als die Radiomoderatorin die Sperrung mit einem seltenen Wetterphänomen begründete, beiseitegeschoben. Seine Mitspieler wussten teilweise mehr, der Rest vermutete wild ins Blaue hinein, was da los sei, warum der Nebel plötzlich verrücktspiele. Er als Einwohner des Wolkenlochs, der doch sicherlich mehr wisse als sie, blieb jedoch stumm, als wären ihm plötzlich die Stimmbänder verdorrt, und verlangte, dass sie endlich mit dem Training begännen. Schnell wurde jedoch klar, dass er selbst nicht bei der Sache war. Seine Pässe und Flanken kamen selten an, bei der Annahme sprang ihm der Ball ein ums andere Mal vom Fuß und beim Dribbling verstolperte er die Pille regelmäßig. Am Ende stand er an den Torpfosten gelehnt da und schaute in die malerisch untergehende Sonne, ein Ausdruck tiefster Bestürzung im Gesicht. Dort drüben im Westen stand die Wolke, und zum ersten Mal in seinem Leben empfand Thies sie als bedrohlich. Als sein bester Freund Boy ihn fragte, ob er nicht lieber mit zu ihm nach Stolpe kommen und die Nacht auf seiner Couch schlafen wolle, sagte er nicht nein. Dort schlief er zwar noch immer nicht, als Benjamin sich als sein einmaliger Vertreter auf den Weg machte, durch Kaltsommers leere Straßen zu patrouillieren, aber das lag mehr an einem ungeahnten Gefühl der Erleichterung. Erleichterung darüber, ausnahmsweise einmal nicht in diesem Hexenkessel der Elemente ebenso wie der Erinnerung festzustecken. Er empfand dieses eine Mal richtiges Glück im Leben gehabt und noch rechtzeitig den Absprung geschafft zu haben – und so überraschend und vage diese Empfindung auch noch war, so sehr schämte er sich in diesem Moment dafür. Ihm war nach Weinen zumute.

Benjamin konnte das von sich nicht behaupten. Ihm schnürte die Beklemmung umso enger die Kehle zu, je länger er durch die einsamen

Straßen Kaltsommers lief. Teilweise kam er sich vor wie Jona, der die Eingeweide seines sterbenden Wals durchstreift, auf der immer verzweifelteren Suche nach einem Ausgang, während sich über ihm die Wolke lautlos um die eigene Achse drehte wie ein Mühlstein, der sich gleich auf ihn herabsenken und ihn zermahlen würde. Es war alles noch immer so entsetzlich still! Im ziellosen Zickzack lief er durch das Dorf und hörte außer seinen eigenen Tritten auf dem Pflaster nicht ein einziges Geräusch. Wenigstens eine Katze hätte doch einmal, von ihm bei der Mäusejagd überrascht, erschrocken über die Straße und ins nächste Gebüsch huschen können. Wo waren die Singvögel, diese Frühaufsteher? Die hätten längst ihr Tagwerk mit Gesang beginnen sollen, es dämmerte schließlich bald. Wieso brannte zwar hinter ungewöhnlich vielen Fenster zu dieser frühen Stunde Licht, egal ob noch oder bereits wieder, ohne dass hinter den Gardinen auch nur ein einziger menschlicher Schatten zu sehen gewesen wäre? So verströmten diese erleuchteten Karrees nichts als Unruhe, die sich nur allzu gut mit der, die Benjamin sowieso schon in sich spürte, verband. Weil sein gestriger Tag als ein solches Wechselbad der Gefühle verlaufen war und er, spätestens nachdem sein Handy den Netzkontakt verloren hatte, keinerlei Nachrichten mehr empfangen hatte, wusste er natürlich nicht, dass in vielen dieser Häuser Menschen auf Angehörige warteten, die es ebenso wie Thies Dührkopp nicht mehr nach Hause zurückgeschafft hatten, nachdem sie gestern zur Arbeit, zum Einkaufen, in die Schule oder sonst wohin gefahren waren. Auch für sie gab es kein Durchkommen mehr in die Außenwelt, noch hätten sie nicht einmal zu sagen gewusst, ob nun sie die Abgeschnittenen waren, oder ihre Vermissten.

Mit solchen Gedanken sah sich Benjamin erst konfrontiert, als ihm plötzlich doch jemand unterwegs begegnete. Ohne so recht zu wissen, wie er dorthin gekommen war, befand er sich gerade am östlichen Ende der Sandskoppel, auf dem kleinen Hügelchen, unmittelbar bevor sie in die Appelallee abzweigte. Nur wenige hundert Meter vor ihm schälte sich die Nebelwand mehr und mehr aus dem Dämmer, die gewaltiger aussah als sonst, regelrecht massiv. Doch anstatt ihres üblichen Waberns drehte sie sich nun wirklich unübersehbar im Uhrzeigersinn. Benjamin war es, als betrachtete er einen Wirbelsturm aus seinem eigenen Auge heraus oder einen Mahlstrom aus seinem Innern, und beide Vorstellungen verursachten ihm eine Gänsehaut. Zumal sich selbst hier kein Lüftchen regte und alles stiller war als in jedem Stummfilm. Normalerweise hätte selbst so früh am Morgen auf der Autobahn gleich hinter dem Nebel der Verkehr rollen und das Brummen von Motoren zu ihm herüberdriften sollen. Aber da war nichts, nur wieder diese tönende Leere, als hätte die Welt jenseits des Nebels aufgehört zu existieren.

Und plötzlich war da eben doch jemand. Eine Gestalt kam auf ihn zu, nur nicht auf der Straße, sondern über die Koppel zu seiner Linken. Auf deren anderem Ende, dicht zusammengedrängt unter ein paar vom Nachbargrundstück überhängenden Ästen, stand unruhig eine kleine Herde Kühe, die ebenso wie das Weideland, von dem sie sich ernährten, Familie Harms gehörte. Olaf war wie immer aufgestanden, um sie vor Schichtbeginn bei der Besamung zu melken, was sie an diesem Morgen nur widerwillig mit sich geschehen ließen, obwohl ihnen die Milch bereits schmerzhaft im Euter drückte. Allerdings war auch Olaf nicht wirklich aufgestanden, da er gar nicht richtig im Bett gewesen war. Die Sorge um Melanie, die gestern Abend nicht aus ihrem Blumenladen heimgekommen war und die weder ihn angerufen hatte, noch von ihm hatte angerufen werden können, hatte ihn wachgehalten. Hinzu kam Rüdiger, der zwar kaum noch sein Bett verließ, aber von einer ungeheuren Unruhe erfüllt war. Die ganze Nacht hindurch hatte die ihn immer wieder aufschreien lassen, als wären nicht irgendwelche Geister der Vergangenheit hinter ihm her, sondern ein echtes Assassinen-Kommando. Olaf war geradezu dankbar gewesen, das Haus wenigstens kurzzeitig verlassen zu können, um seiner bäuerlichen Pflicht gegenüber seinen Tieren nachzukommen, was ihm, kaum draußen, sofort ein schlechtes Gewissen bereitete. Wie er unter diesen Umständen seine acht Stunden bei der Besamung abreißen sollte, darüber wollte er gar nicht erst nachdenken. Zumal er sich ziemlich sicher war, dass Martha vom häuslichen Pflegedienst heute nicht kommen würde. Wenn Melanie nicht kam, dann Martha erst recht nicht, dann überhaupt niemand. Sie waren allein und verlassen, und das Warum spielte für Olaf nur eine untergeordnete Rolle, weil er zu viel anderes zu tun hatte. Alles dauerte länger an diesem Morgen, weil er fahrig war und weil seine Kühe selbst ihm gegenüber Furcht an den Tag legten. Wenn sie nur hektisch mit den Ohren zuckten, mit dem Kopf ruckten oder mit dem Schwanz schlugen, ging es ja noch. Aber machte er auch nur eine ansatzweise zu schnelle Bewegung, traten sie sofort nach hinten aus. Gleich mehrmals entging er nur knapp einem wuchtigen Huftritt, der ihn ernsthaft hätte verletzen können. Und kaum hatte er seine Mädels aus dem Melkstand entlassen, liefen sie, so weit es ging, über die Koppel davon, als wäre ausgerechnet er ihre größte Bedrohung. Mit Müh und Not brachte Olaf die Milch zum Hof und goss sie in den Kühltank, der im Verlauf des Tages noch vom Milchlaster hätte geleert werden müssen. Olaf grübelte noch darüber, ob der heute wirklich kommen würde, als er zurück ins Haus kam, das Frühstück vorbereitete und nach seinem Vater sah …

»Hey! Hey!«, rief er jetzt, heftig mit den Armen wedelnd, als er die Silhouette eines Menschen die Straße entlanggehen sah. »Papa! Papa, bist du das?«

Benjamin erkannte den, der da auf ihn zugestürmt kam, sehr wohl: an der Stimme, an der Haltung, an seiner ganzen Art. Aber es war das Panische, das in Olafs Ruf mitschwang, das ihn anhalten und warten ließ. Olaf war niemand, der schnell die Fassung verlor. So drehte Benjamin sich ihm zu, winkte auch schon einmal zu seiner Beruhigung und sagte erst, als er sich sicher war, dass Olaf seinen Irrtum bemerkt hatte: »Moin, Olaf. Was ist denn los? Was ist mit Rüdiger?«

»Weg«, antwortete der, nach Luft schnappend und ohne Zeit, sich darüber zu wundern, seinen alten Freund so früh am Morgen am Dorfrand umherstreifen zu sehen. »Papa ist weg, und ich weiß nicht, wohin. Er kann doch kaum noch aufstehen, hat keine Kraft mehr in den Beinen für längere Strecken. Aber im Haus ist er nicht, ich hab überall geguckt. Er ist weg, Benni, er ist weg!«

»Ich helf dir suchen.«

Einen Moment lang schauten sie sich an, abwartend, taxierend, Dinge abhakend, die die Zeit längst für sie zu den Akten gelegt hatte. Dann nickte Olaf dankbar und lächelte ein so trauriges Lächeln, dass darüber sogar seine Erschöpfung und Müdigkeit verblassten.

»Danke.«

»Dafür nicht. Mach ich doch gern.«

Olaf nickte. »Steig über den Zaun, dann gehen wir gemeinsam über die Koppel zum Haus zurück und starten von dort aus unsere Suche.« Einladend drückte er die obere Lage Stacheldraht ein Stückchen nach unten.

»Ne, lass mal«, erwiderte Benjamin kopfschüttelnd; mit seinen langen Beinen hätte locker so über den Zaun setzen können. »Du gehst über die Koppel zurück, ich über die Appelallee. Dabei kann ich gleich nachschauen, ob er nicht dort irgendwo … ist.«

So machten sie es, aber weder der eine noch der andere konnte Erfolg vermelden, als sie sich wenig später an der Harms'schen Haustür trafen. Es war bereits hell genug, um ohne Taschenlampe auszukommen, tatsächlich nahm das Licht, das von der Wolke abstrahlte wie von einem riesigen Reflektor, wieder jenen grellen Ton an, der das Schauen ohne Sonnenbrille schnell unerträglich machte. Ein Kopfschütteln genügte zur Verständigung.

»Wo kann er nur sein?«, fragte Olaf mehr sich als Benjamin.

»Ich weiß es nicht.«

Unschlüssig standen sie vor der Tür und sahen sich an, als ihnen beiden bewusst wurde, dass sie sich seit sehr vielen Jahren schon nicht mehr so nahegekommen waren wie eben jetzt. Und beide sahen sie nicht gut aus. Beide waren sie übernächtigt mit rot unterlaufenen Augen und dicken Tränensäcken darunter, unrasiert, die Haare, so überhaupt noch vorhanden, nur notdürftig gekämmt und die Kleidung auch nicht mehr ganz frisch. Sie sahen aus, als hätte das Leben es mit ihnen in den letzten Jahren nicht sehr gut gemeint, und wussten dennoch beide, dass dem nicht so war. Der Buschfunk Kaltsommers funktionierte in alle Richtungen, und so wussten sie genug voneinander, um nun kein falsches Mitleid zu empfinden. Allein Rüdigers beängstigendes Verschwinden war ein Grund, sich nicht an diesem unverhofften Wiedersehen zu erfreuen.

»Komm erst mal rein«, sagte Olaf, die Tür aufstoßend, und dieses Mal war sein Lächeln kaum von Bitterkeit getrübt. »Versuchen wir, einen Plan zu machen und dann die Suche nach Papa systematisch anzugehen.«

Benni nickte nur und betrat die Küche. In der duftete es nach Kaffee und Toastbrot vom gedeckten Frühstückstisch her, der beim Schein der altersschwachen Neonröhre über der Spüle beinahe verwunschen wirkte. Gedeckt war für zwei Personen, und diese Entdeckung ließ die nostalgische Blase, die in dem Besucher aufzusteigen begann, zerplatzen. Suchend sah er sich um und fragte: »Wo ist denn deine Frau? Wo ist …«

»Ich weiß nicht, wo Melanie ist.« Sofort war Olafs Verzweiflung zurück. »Sie kam gestern nicht nach Hause, und ich kann sie auch nicht erreichen. Und nun ist auch noch Rüdiger weg, und das kann doch alles gar nicht sein. Ich meine, er ist so alt und krank und schwach. Am kommenden

Montag hätte er nach Wankendorf ins Heim umziehen sollen, weil das einfach alles nicht mehr geht, nicht einmal mit Haushaltshilfe. Aber selbst die ist heute nicht gekommen, und dabei sollte sie längst da sein. Das kann doch alles nicht sein, Benni. Was geht hier denn auf einmal vor sich?«

Der fackelte nicht lange und nahm seinen alten Freund in den Arm. Er hielt ihn so lange, bis Olaf sich wieder beruhigt und das Zittern, das seinen ganzen Körper durchgeschüttelt hatte, als sollte auch das letzte Bröckchen Zuversicht aus seinem Organismus herausgesiebt werden, sich gelegt hatte. Bei keinem anderen Menschen hätte er das so selbstverständlich gemacht, bei keinem außer Gerrit natürlich. Es gab allerdings selbst nach so vielen Jahren auch keinen anderen Menschen, den er noch immer so gut kannte, körperlich wie charakterlich. Es half sicherlich, nicht im Streit auseinandergegangen zu sein, dass sie nicht aus den Trümmern ihrer implodierten Beziehung voreinander hatten flüchten müssen damals, wie es bei ihm und Elmar der Fall gewesen war. Da war kein böses Blut zwischen ihnen, kein noch immer schwelender Streit, der nun eventuell wieder hätte auflodern können. Da war nur Raum für etwas Neues, für gegenseitige Sympathie und Hilfe in der Not. Und deshalb setzte Benjamin Olaf, kaum war dies möglich, auf die alte Eckbank, die seit ihren Kindertagen an ebendieser Stelle stand, und goss ihm einen Becher Kaffee ein, bevor er sich ebenfalls setzte. Nicht unmittelbar neben Olaf wie früher, sondern ans andere Ende der Bank. Von warmen Erinnerungen an dieses Haus, das ihm seine Kindheit gerettet hatte, wurde er trotzdem einen Augenblick lang überschwemmt.

»Wo könnte Rüdiger denn sein?«, fragte er schließlich. »Hat er einen Lieblingsplatz, hier auf dem Hof oder irgendwo draußen im Dorf?«

»Er dürfte nirgends sein!« Allein die Tischkante hielt Olaf davon ab, aufzuspringen und kopflos durch die Küche zu hasten. »Er muss in seinem Bett sein! Weil er gar nicht mehr anders kann, weil er zu schwach für alles andere ist und … Benni, Papa erkennt seit ein paar Wochen endgültig niemanden mehr. Seine Demenz ist so weit fortgeschritten, dass der Arzt, der wegen der Pflegestufenuntersuchung hier war, hinterher zu uns meinte, dass er Weihnachten vermutlich schon nicht mehr bei uns sein würde.«

»Das tut mir so leid, Ole.«

»Er stirbt, Benni. Papa stirbt – und jetzt ist er auch noch verschwunden! Und auch Melanie ist weg, und ich kann sie nicht erreichen.«

»Ich kann meinen Freund auch nicht erreichen«, erzählte Benjamin, als würde das irgendetwas erklären. »Sowohl Telefon als auch Internet sind komplett tot. Da geht kein Signal raus oder rein gerade.«

»Das liegt an der Wolke.« Schlagartig wurde Olaf aschfahl im Gesicht. »Papa redet inzwischen ständig im Schlaf. Er wälzt sich von einer Seite auf die andere und schreit Dinge, und manchmal kann man die sogar verstehen. Dass die Wolke sich auftun und es Feuer regnen wird. Dass Kaltsommer ausgelöscht wird, weil seine Zeit vorbei ist und es nicht mehr gebraucht wird. Solche Dinge, immer wieder.«

Olaf war dermaßen in seine Erinnerung vertieft, dass er nicht sah, wie nun Benjamin seinerseits erbleichte. Wie er mehrmals schlucken musste, bevor er zu fragen imstande sah: »Kaltsommer ist seltsam gerade, nicht wahr? Als ginge wirklich etwas vor hier …?«

Olaf blieb ihm eine mit Worten artikulierte Antwort schuldig.

»Okay, ich weiß, was wir jetzt machen«, riss Benni beide aus der lähmenden Ungewissheit. Er unterstrich seinen zurückgewonnenen Elan mit den Handflächen, die er auf die Tischplatte klatschen ließ, dass Geschirr und Besteck nur so klirrten. »Wir sehen jetzt noch einmal gemeinsam im Haus nach, ob er sich nicht doch hier irgendwo versteckt hat. Wer weiß, wenn er solche Angst hat, wie seine Albträume das vermuten lassen, vielleicht hat er sich dann ja einfach nur irgendwo verkrochen.«

»Aber ich hab das Haus doch schon durchsucht.«

»Egal. Du weißt doch, zwei Augen sehen mehr als eins.«

Trotzdem signalisierte das müde Grinsen in Olafs Gesicht Einverständnis.

»Dann stellen wir den ganzen Hof auf den Kopf. Wir schauen in jede Ecke und in jeden Winkel und selbst noch unter den Heuhaufen. Und wenn wir ihn dann noch immer nicht gefunden haben sollten, nehmen wir uns das Dorf vor. Notfalls trommeln wir alle Nachbarn zusammen und teilen sie in Suchtrupps ein. Irgendwo muss er ja sein, Rüdiger kann Kaltsommer nicht verlassen haben.«

»Und wenn er in den Nebel gelaufen ist?«, wandte Olaf ein. »Der ist so dicht, darin kann er sich doch glatt verirren.«

Und er ist so warm, dass er … Aber diesen Gedanken dachte Benjamin nicht zu Ende. »Los, komm«, sagte er und erhob sich federnd vom Tisch, »machen wir uns an die Arbeit.«

Olaf folgte ihm weitaus kraftloser, die Augen ein Abgrund aus Pessimismus.

Der schien begründet, solange sie Haus und Hof nach Rüdiger absuchten. Dort fehlte jede Spur von ihm, und je weniger Möglichkeiten Olaf noch einfielen, wo sie nach seinem Vater schauen konnten, desto näher schien er einem Weinkrampf. Als Letztes warfen sie einen Blick in den Hühnerstall, Benjamin leuchtete den düsteren Verschlag mit der Lampe an seinem Handy aus, zu etwas anderem war das Ding ja nicht mehr nütze, doch auch das vergebens. Nicht einmal ein Huhn hielt sich darin auf, um in einem der Nester sein tägliches Ei zu legen, und die drei Stück, die darin lagen, waren die kotigen Gipsattrappen, die die Vögel genau dazu animieren sollten; seit Tagen schon ging die Eierproduktion immer weiter zurück.

»Hier ist Papa nicht«, stellte Olaf niedergeschlagen fest, »er ist nirgends.«

»Er kann sich aber auch nicht in Luft aufgelöst haben«, erwiderte Benjamin und klopfte seinem alten Freund kumpelhaft auf die Schulter. »Wenn er nicht hier ist, wird er sich irgendwo im Dorf aufhalten.«

»Aber wo? Wir zwei allein werden Stunden brauchen, um es ganz abzusuchen.«

»Deine Nachbarn werden uns helfen, es geht hier schließlich um Rüdiger!«

Mit dieser Prophezeiung sollte Benjamin sowohl Recht als auch Unrecht behalten. Zwar schlossen sich ihnen, sobald sie durch Kaltsommers Straßen zogen, nach Rüdiger riefen und an jeder Haustür mit der Bitte klingelten, sich auf dem Grundstück nach dem alten dementen Mann umschauen zu dürfen, mehr und mehr Dorfbewohner an. Aber eben weil das Dorf seit dem gestrigen Tag seltsam leer war und viele Leute deswegen eigene Sorgen hatten – schon Sandra Thode von nebenan mochte nicht von ihrem toten Telefon weichen, vielleicht rief ihr Mann Maik ja gerade dann an, während ihr die Töchter Ida und Pia am Leib klebten, als wären sie über Nacht daran festgewachsen –, schloss sich ihnen im Laufe der Zeit nicht einmal die Hälfte der im Dorf Verbliebenen an. Dennoch reichte es aus, um am späten Mittag vor dem Laden in der Hauptstraße eine Menschentraube anschwellen zu lassen. Dunja und Petra, die an diesem Morgen gar nicht erst geöffnet hatten, sondern versuchten, eine Verbindung ins Friedrich-Ebert-Krankenhaus nach Neumünster zu Mutter

Beate zu bekommen, versorgten alle in der trockenen, staubigen Hitze mit kühlen Getränken und erschauderten so manches Mal bei dem Anblick der knapp vierzig Köpfe, die ihre Augen allesamt hinter Sonnenbrillen verbargen. Nicht dass das nicht nötig gewesen wäre – das Licht von der scheinbar immer schneller rotierenden Wolkenscheibe über ihnen wurde immer noch greller und stechender –, wie aus einem schlechten Horrorfilm, der plötzlich Realität zu werden droht, wirkte es trotzdem. Dunja musste oft an die Stephen-King-Erzählung »Kinder des Mais« denken, obwohl die Parallelen so offensichtlich nun auch wieder nicht waren. Wenn das hier die Auswüchse eines fatal irregeleiteten Kultes waren, dann verstand sie nicht, von welchem und worum es gehen sollte. Aber gerade dieses Unverständnis erfüllte sie bis unter die Haarspitzen mit kältester Sorge, und wenn sie sich so umschaute, war sie damit nicht allein. Von Olaf einmal abgesehen, der als einziger seinen Sichtschutz mehr in der Hand hielt, als auf der Nase sitzen hatte, um sich wieder und wieder über die bekümmert dreinblickenden Augen zu wischen, sah sie nur in angespannte, verängstigte und leere Gesichter, die scheinbar keinen anderen Halt mehr kannten als diese kleine Gemeinschaft. Als hinge ihr Schicksal und das Kaltsommers davon ab, ob sie Rüdiger Harms fänden; oder wie, in welchem Zustand …

Weder in einem der Häuser noch in Garagen, Ställen, Anbauten, Gewächshäusern, Scheunen oder Schuppen noch in einem der Nutz- und Blumengärten hatten sie ihn gefunden. Olaf hatte sogar in den Ställen der Besamung nachgesehen, wohin ihm die anderen nicht folgen durften und wollten. Die Bullen in ihren Boxen waren auch so schon nervös genug, wie man am Geräuschpegel, der nach draußen auf die Straße drang, hörte. Ständig traten sie gegen die Wände und schlugen mit ihren Hörnern an die Eisenstangen, und kaum lief Olaf durch die Gänge, steigerte sich ihr Muhen zu einem echten Brüllen. Olaf selbst registrierte es kaum. Er bemerkte nur am Schweiß auf seiner Haut, wie ungemein stickig es da drin war, obwohl sämtliche Oberlichter offenstanden. Nur Rüdiger war auch hier nicht, und keiner der Bullen hätte ihm sagen können, wo er stattdessen hätte suchen sollen. Enttäuscht verließ er seinen Arbeitsplatz und kam zurück zu den anderen, die in gebührendem Abstand auf dem Waldweg standen oder sogar schon in Richtung Allee und Bushaltestelle davonstrebten.

»Wo ist er nur? Wo kann er nur sein?«, murmelte Olaf nun, nicht im Mindesten erfrischt von der Orangenlimonade neben seinen unstet herumtippelnden Füßen. »Er ist doch viel zu schwach, um sich solange auf den Beinen zu halten.«

Benjamin, der mit Ausnahme des Bullenstalls nicht von seiner Seite gewichen war und auch jetzt in unmittelbarer Nähe zu ihm stand, übernahm einmal mehr die Leitung. Nicht nur Olaf schien ihm diese automatisch zu übertragen. Es mochte an seiner schieren Größe liegen oder daran, dass er als Lehrer es gewöhnt war, Autorität auszustrahlen, dachte Dunja, jedenfalls wagten es nicht einmal die üblichen Verdächtigen aus der sonst so führungsaffinen Altherrenriege Kaltsommers, sich mit Ratschlägen vorzudrängeln. Auch Hans Niemann und Max Heinsohn redeten dem verlorenen Sohn des Dorfes nicht dazwischen, als der bestimmte: »Jetzt suchen wir die Felder ab! Wir machen das wie im Fernsehen, bilden lange Reihen und gehen die Felder systematisch ab.«

»Und was, wenn er da auch nicht ist?« Olaf hatte mit jeder verstreichenden Sekunde mehr Mühe, an einen guten Ausgang zu glauben, mit jeder Möglichkeit, die ihm einfiel, was seinem Vater alles passiert sein könnte. »Oder wenn es dunkel wird, bevor wir ihn gefunden haben? Was ist mit dem Wald? Da haben wir noch gar nicht nach ihm gesucht. Was, wenn er sich im Wald verlaufen hat?«

Dieser Einwand fiel auf fruchtbaren Boden. Sofort erklangen Stimmen, die eine Aufteilung des Suchtrupps verlangten, um auf den Feldern und im Wald gleichzeitig zu suchen. Rasmus Duggen bot sich sogar an, den zweiten Trupp anzuführen, schließlich kannte sich keiner in diesem kläglichen Rest des einst stolzen Isarnho besser aus als er, der er dort seit Wochen schon nach seinen verschwundenen Bienen suchte. Gestern hatte so mancher deswegen noch über ihn gelacht, jetzt wollte sich nicht zuletzt Hans Niemann ihm sofort anschließen.

»Dafür fehlen uns die Leute«, wandte Benjamin jedoch ein. »Wenn wir jetzt zusammenbleiben, können wir die Felder relativ schnell abgehen und haben dann auch noch Zeit, uns den Wald vorzunehmen. Teilen wir uns auf, brauchen wir für beides viel, viel länger.«

»Dann rufen wir eben noch ein paar mehr Leute!«

Nicht nur Benjamin, alle sahen Eike Schönfeld fragend an. »Wen denn? Und wie?«, fragte Benjamin ihn. »Jeder im Dorf weiß inzwischen, dass wir nach Rüdiger suchen, aber wer nicht hier ist, hat gerade eigene Sorgen.«

»Abwarten«, antwortete der Bauer in Frührente darauf nur und lief einmal quer über die Straße zum Feuerwehrgerätehaus. Als junger Mann war er selbst einmal Wehrführer gewesen, und bis heute gehörte er Kaltsommers Einsatztruppe bei Bränden, Unfällen oder Katzen, die so dumm waren, von den Bäumen, auf die sie geklettert waren, nicht mehr herunterzukommen, an. Er wusste, wie man zumindest die Allerneugierigsten anlockte, und noch bevor sich die anderen so recht fragen konnten, was er vorhatte, heulte schon die Sirene auf. Dreimal ließ sie ihren Ruf erschallen, als würde Gott persönlich um Hilfe bitten, und plötzlich erfüllte ein Gefühl von Feierlichkeit die Menschen vor dem Dorfladen. Selbst Olaf konnte eine gewisse Rührung nicht verbergen und griff instinktiv nach Benjamins starkem Arm. Der legte dankbar seine Hand auf die seines Freundes und drückte sie, versonnen lächelnd.

Auf diese Weise kamen immerhin noch einmal zwölf Leute mehr zusammen und schlossen sich, doch ein stückweit in die Falle gelockt, notgedrungen der Suchaktion an. Keiner von diesen gehörte der Freiwilligen Feuerwehr an. Deren Mitglieder waren, von Eike einmal abgesehen, allesamt berufstätig und, seitdem Ralph Schilling nicht mehr unter ihnen weilte, außerhalb beschäftigt; keines von ihnen hatte gestern frei gehabt.

Wieder übernahm Benjamin die Führung und teilte, um Olaf zumindest ansatzweise zu beruhigen, nun doch zwei Gruppen ein: eine kleine unter Rasmus Duggens Leitung für den Wald und eine große unter seinem Kommando für die Felder. Insgeheim hätte er auch lieber im Wald gesucht, weil die Baumkronen den Blick auf die lautlos über seinem Kopf kreisende grellweiße Scheibe wenigstens etwas verstellt hätten. Aber wenn Rüdiger wirklich so schwach war, wie Olaf behauptete, dann war es unwahrscheinlich, dass er so weit gekommen sein konnte. Rasmus, begleitet von Hans und Max und einer Handvoll anderer, machte sich umgehend auf den Weg, die guten Wünsche mit gleicher Münze zurückzahlend. Doch kaum waren sie außer Sicht, stellte sich den Zurückgebliebenen eine ganz andere Frage.

»Wo fangen wir denn an?«, wollte Eike wissen.

»Rund um den Harmshof«, antwortete Benjamin wie aus der Pistole geschossen. »Von dort aus arbeiten wir uns immer weiter zu den Rändern vor, bis wir, wenn nötig, jeden einzelnen Quadratmeter diesseits des Nebels abgelaufen sind.«

Sie begannen mit dem Rapsfeld gegenüber des Hofs auf der anderen Seite der Hauptstraße. Das war bereits abgeerntet, einen kümmerlichen Ertrag abwerfend, was Karsten Göben, dem der Acker gehörte, sehr verärgert hatte. Bisher war der Raps mit seinem herrlich gelben Blütenleuchten – der stets um eine knorrige Ausstrahlung bemühte Bauer hätte niemals offen zugegeben, diese Pflanze allein deshalb anzubauen, weil er ihre Farbe so liebte – noch immer gut in Kaltsommer gediehen, weil er hier unberührt von der sich überall sonst ausbreitenden Trockenheit wachsen konnte. Doch da es im Frühjahr zuletzt aus dieser verdammten Wolke über ihnen geregnet hatte, war es damit nun auch Essig und es fraglich, ob sich der Rapsanbau an diesem Ort überhaupt noch lohnte. Immerhin erleichterte es ihnen jetzt die Suche. Zwischen den kurzen Stoppeln ließ sich jedes größere Objekt wie etwa ein Körper sofort erkennen. Allerdings stießen sie nur auf einen einzigen Körper, und der gehörte einer verendeten Gans.

»Wo sind die Viecher überhaupt?«, wollte Bente Nissen wissen, die natürlich ihrem Suchtrupp angehörte und sich nur mühsam an Bauer Göbens Rauchverbot auf seinem knochentrockenen Stoppelfeld hielt.

»Hinten am Stövkamp«, antwortete Lutz Reinke, der sich ihnen angeschlossenen hatte, als sie die Gewächshäuser an der Rüderkoppel durchsucht hatten. Zu tun gab es sowieso nichts, und er hätte weiter nur wie hypnotisiert auf die Nebelwalze gestarrt, durch die schon lange kein Auto mehr gekommen war. Selbst das Jaulen eines Martinshorns war an diesem Tag noch nicht durch das fette Weiß gedrungen, es war, als existierte dort draußen gar keine Welt mehr. Das jagte ihm eine Angst ein, gegen die weder Likör noch Sekt halfen, nicht einmal nachts gegen die Albträume. »Sie haben sich wieder auf dem Feld der Besamung zusammengerottet, wo sie schon das ganze Jahr über hauptsächlich rasten.«

»Auf dem Feld wird lange nichts mehr wachsen«, wusste Eike Schönfeld zu berichten, »das haben die Tiere aber mal amtlich verseucht.«

»Wie denn das?« Zuerst hatte Dunja die Nonnengänse ja noch gemocht und es faszinierend gefunden, dass die großen Vögel quasi zusammen mit ihr in Kaltsommer ein neues Zuhause gefunden hatten. Aber während sie sich immer besser ins Dorfleben eingepasst hatte, wurde es von Tag zu

Tag offensichtlicher, wie wenig die Gänse hierher gehörten. Schon lange fanden sie nicht mehr genug Nahrung und plünderten deswegen Gärten, anstatt einfach wegzufliegen und sich einen passenderen Ort zu suchen. Was hielt sie denn unter der Wolke?

»Allein schon der Kot«, antwortete Eike ihr, und es war ihm egal, ob sie zuhörte oder nicht. »Nach so vielen Monaten ist der Grund extrem überdüngt. Und dann kommen da noch die ganzen Kadaver hinzu und die ausgefallenen Federn – ich will nicht wissen, was sich da alles für Keime und Bakterien tummeln! Also entweder wird die Besamung den Boden dort austauschen oder ein paar Jahre warten müssen, bis sie den Acker wieder bestellen kann.«

»Ich glaube nicht, dass das so lange dauern wird«, wandte Irmgard Schilling ein. Dass sie sich der Suche überhaupt anschloss, hätte niemand von ihr verlangt. Aber seit dem Selbstmord ihres Sohnes hatte sie sich keinen Tag versteckt, eher im Gegenteil, als hätte ihr das allgemein bekannte Schicksal Ralphs erst vollständige Bewegungsfreiheit gewährt. Sie hatte sich zu Traudel Molkentin und Marianne Lütjens, Ute Heinsohns Tante Marianne, gesellt, und es wäre beeindruckend gewesen, wie sehr diese drei alten Frauen dem Staub, der Hitze und dem grellen Wolkenlicht trotzten, wenn nicht alle zu sehr mit ihrer Aufgabe und ganz eigenen unangenehmen Gedanken beschäftigt gewesen wären.

»Warum nicht?«, fragte Eike gereizt zurück.

»Weil es alles Natur ist«, antwortete Irmgard. »Die müssen den ganzen Mist nur einmal anständig unterpflügen, und dann können sie sich im kommenden Jahr sogar das Düngen sparen.«

Darüber entspann sich eine Diskussion, in der selbst der aufgegebene Bauer Schönfeld schnell seine Hitzigkeit verlor. Vielmehr tat es gut, ein Thema gefunden zu haben, mit dem sie sich alle zugleich ablenken konnten. Selbst die Zen-Brüder Jörg und Rolf Tietze beteiligten sich lebhaft daran, obwohl ihr Zugang zur Landwirtschaft tatsächlich ausschließlich über ein idealistisch-ökologisch gefärbtes Konsumverhalten erfolgte; mit der industriellen Komponente, die sie in ihrer unmittelbaren Nachbarschaft sehen konnten, beschäftigten sie sich eher nicht. Bis jetzt jedenfalls, als auch sie mit ihren Schuhen Erdbrocken zu Staub zermahlten und knöchelhohe Rapsstängel in knisternde Fetzen zertraten.

Benjamin dagegen beteiligte sich nicht an ihrer Unterhaltung, die über seinen Kopf hinwegflog. Seine Aufmerksamkeit galt nach wie vor allein Olaf. Der sah mit jedem Schritt mehr so aus, als würde er gleich zusammenbrechen, weil ihn die manische Energie, die ihn nach seinem Vater suchen ließ, immer schneller auffraß. Mehrfach war er schon über seine eigenen Füße gestolpert, und zweimal hatte allein Benjamins schnelle Reaktion ihn davor bewahrt, der Länge nach hinzuschlagen. Während alle anderen im Abstand von zwei bis drei Metern über das Feld marschierten, war zwischen ihnen kaum ein halber Meter Platz, und doch wäre niemand auf die Idee gekommen, daran irgendetwas zu kritisieren. Die beiden waren schließlich schon immer unzertrennlich gewesen, daran änderte auch der Umstand nichts, dass sie seit Jahrzehnten nicht mehr zusammen waren. Benjamin empfand es ebenso: als liefe er neben seinem lange vermissten Bruder her. Ein Bruder allerdings, der nun auch noch begann, Selbstgespräche zu führen, während sein Blick unstet und wirr über das Land schweifte und mehr noch über den eng begrenzten Horizont. Was Olaf vor sich hin murmelte, war nicht zu verstehen, vom häufig eingestreuten »Papa« einmal abgesehen. Aber Benjamin erkannte tiefste Besorgnis, wenn er sie sah.

»Wir werden ihn finden«, versprach er Olaf leise und legte ihm zum wer weiß wievielten Mal an diesem Tag die Hand tröstend auf die Schulter.

Der schien ihn zuerst gar nicht gehört zu haben, bis er plötzlich nickte und, ohne den Blick von der Stelle abzuwenden, an der Nebel und Wolke miteinander verschmolzen, sagte: »Und dann müssen wir ihn ins Krankenhaus bringen. Papa kann nicht länger in Kaltsommer bleiben, das Dorf ist nicht mehr gut zu ihm.«

Benjamin schwieg betroffen, seine Hand auf Olafs Schulter fühlte sich plötzlich wie abgestorben an. Er wusste nicht, wie er seinem Freund erzählen sollte, dass es aus irgendeinem Grund im Moment kein Durchkommen durch den Nebel gab. Wie gefährlich das war, hatte er gestern Nachmittag bei seiner Rückkehr aus Neumünster schon gespürt. Und nach allem, was er seither gehört hatte, war die Situation nur schlimmer geworden, wenn nicht einmal mehr Funksignale und Radiowellen durchkamen und selbst geschützt im Erdboden verlegte Glasfaserkabel tot waren. Was auch immer los war, sie in Kaltsommer waren auf sich alleingestellt, und der Gedanke war so unerträglich, dass man ihn lieber konsequent beiseiteschob, solange es ging.

Eine neuerliche Gelegenheit dazu bot sich wenig später, als sie Göbens Rapsfeld abgesucht hatten und sich ihnen die Frage stellte, wo sie fortfahren wollten. Vor ihnen in nördlicher und westlicher Richtung erstreckten sich mehrere ineinander übergehende Maisfelder, auf denen der Mais zwar auch nicht gut, aber immerhin noch stand. Anders als üblich wuchsen die Pflanzen nicht mannshoch und darüber hinaus, sondern bestenfalls bis Brusthöhe, sahen ihre Blätter aus wie zum Trocknen aufgehängter Tabak und die Kolben regelrecht mickrig. Wie sie da so regungslos in der unbewegten Luft standen, aufgereiht in schier endlosem Spalier und eher braun als grün, fühlte Benjamin sich an diese Armee aus Terrakottakriegern erinnert, die sich irgendein früher chinesischer Kaiser in sein Grabmal hatte stellen lassen. Ihr Anblick war ihm unheimlich, und er hätte viel dafür gegeben, erst mal woanders weiterzusuchen. Olaf hingegen zögerte keine Sekunde und trat zwischen die Reihen, als könnten ihn nicht einmal mehr Geister erreichen.

Also folgten sie ihm, und wenn danach eins der zum Teil bereits gedroschenen Weizenfelder drankommen würde, um die hier traditionelle dreiteilige Fruchtfolge zu vollenden, würden sie ihm auch in das hinein folgen. Es war doch vollkommen gleich, wo sie suchten, und nicht nur, weil es um eine Nadel im Heuhaufen ging. Solange es ihnen nur möglich war, den Blick nicht heben und zum Himmel emporschauen zu müssen, weil alles da oben ihnen sofort die Tränen in die Augen getrieben hätte, war alles leidlich gut. Allerdings erwies sich das Maisfeld, gerade im Vergleich zu den Rapsstoppeln vorher, als besondere Herausforderung. Allein schon wegen der Blattspreite und Fahnen, die, trocken und substanzlos wie Papier, über Arme und Hände, Hälse und Wangen strichen und sich erschreckend tot anfühlten.

Immer wieder stolperten die Suchenden über Kadaver. Die waren zwischen den Maisstängeln nicht immer rechtzeitig zu sehen, zumal es sich dabei nicht ausschließlich um verendete Gänse handelte. Allein Dunja, die auf Olafs anderer Seite lief, wäre im Abstand von nur wenigen Metern beinahe erst in eine tote Amsel, eine Spitzmaus, eine Feldmaus und eine Ratte getreten, von einigen reglos auf dem Rücken liegenden Käfern ganz zu schweigen. Irgendwann fluchte sie nur noch und beneidete Petra darum, die sich entschieden hatte, im Laden zu bleiben, weniger um diesen offenzuhalten, als vielmehr um das Telefon zu bewachen und zu versuchen, endlich eine Verbindung ins FEK herzustellen. Lutz Reinke stolperte über einen Fuchskadaver und hätte sich sowohl wegen des Gestanks als auch wegen des Anblicks von Fliegen und Maden beinahe erbrochen. Jörg Tietze war sich sicher, die Überreste eines Rotmilans gefunden zu haben, sein Bruder Rolf eine Stockente. Doch meistens lagen tote Nonnengänse in ihrem Weg, elend zerzaust und abgemagert, manchmal kaum noch mehr als ein Gerippe in einem Nest aus Federn; und je näher sie dem Stövkamp mit dem letzten Feld vor der Nebelwand kamen, desto mehr wurden es. Immer regelmäßiger ertönten jetzt Flüche und Ausdrücke des Unwillens aus den Maisreihen, knickte plötzlich mindestens eine der vertrockneten Pflanzen ab, wenn wieder einmal jemand einen überraschten Ausfallschritt machte. Dazu der Gestank, der nun eindeutig der der lebenden Tiere war, aber darum nicht weniger unerträglich. Selbst jetzt noch, nach Monaten der Trockenheit, der Dürre, schafften es diese Vögel, ihren Ausdünstungen etwas Schlammiges, Brackiges beizugeben, den Geruch eines umgekippten Tümpels, der all die anderen Noten von Auswurf, Mangel, Krankheit und Tod einzurahmen schien.

Benjamin nannte diese Mischung Miasma, alle anderen dachten automatisch an den Pesthauch vergangener Zeitalter. Dennoch meinten sie dasselbe, und es war Traudel Molkentin, die in Worte fasste, was das bedeutete: »Hier sollte die Gemeinde Schilder aufstellen: Betreten auf eigene Gefahr!« Dennoch fühlten sich die Suchenden unwiderstehlich von der Gänsekolonie angezogen, ohne sagen zu können, was nun genau ihre Faszination ausmachte. Der Ekel stand ihnen ins Gesicht geschrieben und manchem auch Mitleid, als sie einer nach der anderen aus dem Maisfeld auf die Straße traten, dieses schmale Asphaltband, das hauptsächlich von Treckern befahren wurde und an dem kein einziges Haus stand und das trotzdem Am Stövkamp hieß. Unter ihren Füßen knirschte getrockneter Gänsekot, in dem manchmal ein wenig Flaum steckte, und nur wenige Meter vom Rand des verwüsteten Ackers entfernt hauchte gerade einer der zur Gattung der Meergänse gehörenden Vögel sein Leben aus, buchstäblich. Von seinem einst eleganten schwarzen und grauen Federkleid war kaum noch etwas übrig, als hätte sich die Räude erfolgreich das falsche Opfer gesucht, die Augen waren mit gelbem Eiter verkrustet und aus dem Schnabel drang nicht mehr noch als ein leises Röcheln. Benjamin musste an die Gans denken, die gestern in aller Herrgottsfrühe auf das Fenster unmittelbar über seinem schlafenden Haupt gekracht war, und war dankbar dafür, dass dieses Tier mit dem Hinterteil von ihnen abgewandt lag. Auch so wurde ihm übel bei dem Anblick. Ihm und allen anderen, die sich instinktiv zu einem dichten Pulk zusammendrängten und geschockt auf das grauenvolle Bild vor ihnen starrten. Allein Olaf stand ein wenig abseits, das Gesicht ausdruckslos, aber der Körper vor Anspannung vibrierend – als wollte er sich jeden Moment auf die siechen Tiere stürzen und ihnen einem nach dem anderen die Hälse umdrehen, fand Benjamin.

Denn kaum einer der Gänse ging es noch gut, das war offensichtlich. Die ganze Kolonie lag im Sterben. Dass sie sich von allen Orten, an die sie nicht gehörten, ausgerechnet Kaltsommer ausgesucht hatten, wurde ihnen jetzt zum Verhängnis. Die, die noch nicht verendet waren und noch über die dazu nötige Kraft verfügten, hatten sich in der Mitte des Ackers zusammengedrängt, ihres Rastplatzes, der nun bald ihr Friedhof sein würde. Überall lagen Kadaver, der in beinharten Rissen erstarrte Mutterboden war gesprenkelt mit ihnen wie von einem Ausschlag, und es stank krankhaft nach Verwesung. Ihr einst stolzes Geschnatter war verkommen zu einem rauen Gekrächze, das ihnen nur schwer aus den verdrehten Hälsen kam. Viele wiesen kahle Stellen auf, die Haut schrundig und übersät mit Furunkeln und Karbunkeln, und was überhaupt noch an Federn da war, starrte vor Dreck. Dass sie von einer Horde Menschen beäugt wurden, die ihnen in ihrem geschwächten Zustand alles hätten antun können, schienen sie kaum mitzubekommen, auf jeden Fall wirkten sie nicht unruhiger als zuvor. Von diesen Menschen hatten sie allerdings auch kaum etwas zu befürchten. Den Teufel hätten die getan, sich diesem Totenreich noch einen Zentimeter weiter zu nähern. Selbst die, die in den vergangenen Monaten diese Tiere hassen gelernt hatten, wegen eines geplünderten Gartens oder schlechter Träume, hielt nun der Widerwille zurück und alle zusammen die kriechende Angst vor einer Ansteckung mit dem, was auch immer all dieses Siechtum ausgelöst hatte. Schon verspürten nicht wenige von ihnen den Wunsch, sofort einmal quer durch das Maisfeld den Rückzug antreten und sich in ihren Häusern verbarrikadieren zu wollen, den Grund für ihr Hiersein, der weiterhin vermisste Rüdiger Harms, bereits wieder vergessen habend.

Olaf aber hatte ihn nicht vergessen. Im Gegenteil, er erinnerte sich nur allzu gut an die Reaktion seines Vaters, als der diese Vögel das erste Mal über Kaltsommer erblickt hatte. Von Anfang an war da Missbilligung und Ablehnung gewesen, die unmissverständliche Behauptung, dass sie nicht hierhergehörten. Einhergegangen war das bald mit schlechten Träumen bei Nacht und leichten Angstattacken bei Tage, aus denen sich schnell ein tiefgreifender Hass Rüdigers auf sie speiste. Ein Hass, der schließlich in diesem seltsamen Angriff des alten Mannes auf die Kolonie und das Ergreifen, Köpfen und Aufspießen einer der Gänse auf einem Zaunpfahl gipfelte – und vielleicht sogar seinen geistigen Verfall beschleunigte. Ganz sicher sogar, davon war Olaf mittlerweile überzeugt. Seitdem diese Viecher hier angekommen und hängengeblieben waren, egal aus welchem Grund, seitdem hatte sich Rüdigers Verstand immer schneller zersetzt. Seitdem waren auch andere schlimme Dinge passiert, Klimaveränderungen ebenso wie Busunfälle und Selbstmorde und Hirnblutungen und komatöse Kinder und weiß der Geier, was noch alles! Jetzt war auch noch ein ganzer Teil der Dorfbevölkerung verschwunden, nicht zuletzt Melanie, und niemand wusste, was mit ihnen war. Alles ging den Bach runter, alles löste sich auf, und zwar, seit diese verdammten Vögel hier angekommen waren. Rüdiger hatte das geahnt. Sein Vater hatte es von Anfang an gewusst und sie zu warnen versucht. Aber niemand wollte auf ihn hören. Er war ja doch nur ein alter Spinner, wenn auch einer, der seine Spinnereien mit seiner Hirnerweichung entschuldigend konnte. Wer glaubt denn schon einem Dementen?

Olaf glaubte ihm. Mehr als das. Er zweifelte plötzlich keine Sekunde mehr daran, genau zu wissen, wo sein Vater sich aufhielt, wohin es ihn, egal ob in Wahn und Dämmer seiner Erkrankung oder ob bei klarem Verstand, getrieben hatte. Rüdigers Gedanken tauchten auf einmal mit solcher Klarheit in seinem eigenen Kopf auf, als hätte eine telepathische Übertragung zwischen Vater und Sohn stattgefunden: Die Gänse waren der Feind. Die Gänse waren das Verderben, mit ihnen hatte alles begonnen. Wenn sie Kaltsommer retten wollten – und alle seine Bewohner –, dann mussten sie diese widerwärtigen Boten des Todes vertreiben. Das hatte Rüdiger ihnen die ganze Zeit klarzumachen versucht, das hatten sie nicht verstanden, hatte auch er, Olaf, nicht verstehen wollen. Bis jetzt.

Mit einem markerschütternden Schrei stürzte Olaf auf das Feld vor.

Noch ehe irgendjemand begriff, was da los war, und so mancher sich ganz in der Überzeugung einrichtete, niemals einen Fuß auf dieses verseuchte Stück Grund zu setzen, war Olaf längst unter den Nonnengänsen. Die geschwächten Tiere hatten kaum Zeit, ihm auszuweichen, und so trafen sie seine Tritte oder wurden sie an Hälsen und Flügeln ergriffen und zur Seite geschleudert. Es traf sie die Gewalt eines Berserkers, dem die Verzweiflung die Sinne stumpf gemacht hatte. Ein großes Geschrei erhob sich, sowohl auf dem Feld als auch auf der Straße davor. Doch nichts half, nichts hielt Olaf davon ab, ausgerechnet hier nach seinem Vater zu suchen. Er stolperte so manches Mal, ausrutschend auf Kot und Kadavern, und rappelte sich gleich wieder auf, um mit unverminderter Wut fortzufahren.

Benjamin sah als Erster ein, dass seinem Freund nicht anders zu helfen war, als ihm zu Hilfe zu kommen. Also überwand das Mitleid in ihm seinen Ekel und stürzte auch er sich dem gefiederten Feind entgegen. Es war ihm egal, ob oder wer ihm folgte, er tat dies für Olaf und für Rüdiger, um der alten Zeiten willen, die allein durch sie nicht so schlecht gewesen waren. Zwar verzichtete er darauf, Gewalt gegen die Vögel anzuwenden, das hielt ihn trotzdem nicht davon ab, sich zu seiner vollen Größe aufzuplustern und ihnen gehörig Angst einzujagen. Die nahmen Reißaus, so gut sie konnten, auch wenn das hieß, dass sich manche nur noch mit allerletzter Kraft fortschleppten und eine scheinbar direkt vor seinen Augen tot umfiel, gefällt von der Angst oder einem Herzinfarkt. Benjamin ließ kein Nachdenken darüber zu, stattdessen formte er mit den Händen eine Flüstertüte vor seinem Mund und schrie wieder und wieder: »Rüdiger?! Rüdiger?! Rüdiger?!«

Bald folgten ihm die anderen Mitglieder des Suchtrupps, und binnen kürzester Zeit entglitt die Situation. Die Suche verwandelte sich in ein Gemetzel. Wie von Sinnen stürzten sich die Bewohner Kaltsommers auf die Nonnengänse, die sie in den vergangenen Wochen und Monaten von Herzen zu hassen gelernt hatten. Endlich konnte sich ihr aufgestauter Hass entladen, und er tat dies blitzartig und mit einer animalisch urwüchsigen Energie. Der Besamungsacker verwandelte sich in ein Schlachtfeld, versinkend in einer Kakophonie aus Schreien und Geschnatter und dumpfen Schlägen, die von Flügeln und Fäusten gleichermaßen herrührten. Selbst Personen, denen man ein solches Verhalten niemals zugetraut hätte, nämlich den älteren Damen Molkentin, Schilling und Lütjens, beteiligten sich an dieser ungleichen Auseinandersetzung, bei der die Gänse niemals auch nur den Hauch einer Chance hatten. Die fielen wie die Fliegen – die so ziemlich die einzige andere Lebensform waren, die sich auf diesem Seuchenacker uneingeschränkt wohlfühlten – und manche sogar vom Himmel. Mit allerletzter Kraft war es ihnen gelungen, sich in die Luft zu erheben, nur um gleich darauf von ihrem eigenen Restgewicht und der Schwerkraft unsanft zurück auf den Boden geholt zu werden; und welche diesen Sturz noch überlebte, die erfuhr gleich darauf, was es hieß, die Feindschaft eines Menschen auf sich gezogen zu haben.

Das Schauspiel nahm schnell apokalyptische Züge an, indem der Urgrund für dieses Aufeinandertreffen noch schneller vergessen schien. Nicht einmal Benjamin fiel zuerst auf, dass sich Olaf an der Auslöschung der Nonnengänse in Kaltsommer nicht mehr beteiligte. Erst nach einer ungewiss langen Zeit, als er sich mit funkensprühenden Augen und von Blut, Federn und anderem Dreck klebrigen Fäusten nach seinem nächsten Opfer umsah, bemerkte er seinen Freund plötzlich wieder. Er saß in sich zusammengesunken am Feldrand, nur eine Handbreit von der lautlos rotierenden Nebelwalze entfernt. Olaf saß da und hielt etwas in den Armen – oder vielmehr jemanden.

»Rüdiger!«, schrie Benjamin und: »Olaf!«

Über tote und sterbende Gänse springend, als wären es Hürden in einem pervertierten olympischen Wettlauf, rannte er zu den zwei Gestalten, die eine über der anderen kauernd. Er bremste erst mit den Knien ab, als er diese neben Olaf in den Boden rammte, und konnte sich nur gerade eben noch mit den Händen abstützen, sonst wäre er mit dem Gesicht im Dreck gelandet, weil sich die Energie mit aller Kraft einen Weg aus seinem Körper bahnte wie ein böser Geist. Aber es war nicht nur die Kinetische, die ihn verließ, sobald er mit Gewissheit Rüdigers wächserne Züge sah, sondern jede Form von Energie. Für einen Moment fürchtete er sogar, seinen eigenen letzten Lebensfunken auszuhauchen. Er hörte sich etwas stammeln, Namen und zusammenhangloses Zeug, spürte, wie ihm die Tränen über die Wangen liefen, und wusste dann nur noch, wie er Olaf schluchzend um den Hals fiel. Dessen Körper dagegen wirkte kalt wie Stein, während seine Augen stumpf und leer auf den reglosen Leib in seinen Armen starrten.

Rüdiger Harms war tatsächlich tot. Ein letztes Mal war er auf Gänsejagd gegangen, angetrieben von einem Impuls, den er mit seinem wirren Geist selbst nicht mehr zu verstehen imstande gewesen, der ihm aber kurzzeitig noch einmal geradezu jugendliche Kraft verliehen. Wie von Flügeln getragen, war er, kaum dass Olaf am frühen Morgen zum Melken nach draußen gegangen, aufgestanden, hatte sich wie üblich seinen alten blauen Morgenmantel angezogen, obwohl ihm dieser Tage darin schnell warm wurde, und war zielsicher zur Tür hinausgeschlüpft. Ganz leise begleitete ihn dabei noch ein Klimpern aus den Manteltaschen. Die Rapsstoppeln hätten ihn mehrmals beinahe zu Fall gebracht, als wären sie Fußangeln, vom gefiederten Feind allein für ihn ausgelegt. Der Mais verwandelte sich zeitweise in ein unübersichtliches Labyrinth, das ihm jede Orientierung nehmen wollte. Und wenn die Gänse sich nicht durch ihr ständiges Geschnatter verraten hätten, hätte er sich wirklich darin verlaufen können. Doch waren es von Natur aus dumme Vögel, und just in dem Moment, als er sich ernsthaft in der Bredouille wähnte und sich blind für die richtige Richtung um die eigene Achse drehte, als bestände eine direkte Verbindung zwischen ihm, der Wolke und dem Nebel, flogen sieben von ihnen in einem ausgefransten V unmittelbar über seinen Kopf hinweg und wiesen ihm den Weg. Mit der zweiten Luft trat er aus dem dämmerigen Maisdschungel, bereit zum sofortigen Angriff auf das feindliche Heerlager. Allein der blieb aus, denn als er den schrecklichen Zustand sah, in dem sich die einst stattlichen Tiere inzwischen befanden, dauerte ihr Schicksal ihn. Plötzlich verstand er, was auch immer sie dazu verleitet hatte, sich ausgerechnet hier niederzulassen: Sie waren in die Irre geführt worden. Sie mochten Boten des bevorstehenden Untergangs sein, aber zu verantworten hatten sie ihn nicht, und es wäre kindisch und falsch, den Überbringer dafür zu bestrafen, dass er nur seine Arbeit getan. So oder so, sie würden ebenfalls mit ihrem Leben bezahlen, bezahlten bereits damit. Ihm aber stand es nicht zu, wie eine Strafe Gottes über sie zu kommen und das Dezimierungswerk, das Hunger und Krankheit bereits begonnen, fortzuführen.

Die Erkenntnis überkam Rüdiger Harms mit dem gleißenden Glanz eines Geistesblitzes. Es war der letzte klare Moment seines Lebens, und als sein Verstand endgültig in der Dunkelheit versank, verließ ihn auch die Kraft, die ihn noch einmal bis an die Grenze Kaltsommers getragen hatte.

Weder merkte er, dass sich seine nun bleischweren Füße noch einmal in Bewegung gesetzt hatten, noch wie er instinktiv den am Boden hockenden Tieren auswich. Er lief mitten unter sie wie ein vom Erweckungsgeist beseelter Prediger, nach dem sich Hälse reckten und Köpfe drehten. Hätte er jetzt die Arme ausgebreitet und seine Stimme erhoben, ihm wäre Gehör geschenkt worden. Stattdessen lief er noch ein paar kurze Schritte und fiel um. Die Kraft reichte nicht einmal mehr aus, um sich noch auf den Rücken zu drehen. Er blieb mit Augen, Nase und Mund auf den Boden gepresst liegen, auf Kaltsommers einst fruchtbaren Boden, den Trockenheit und Vogelkot nun tödlich versiegelt hatten. Rüdiger Harms starb ungefähr eine halbe Stunde später, noch ehe Olaf sein Verschwinden überhaupt bemerkt hatte. Sein Körper war bereits kalt, als der ihn endlich fand, ihm zärtlich den Unrat von Wangen, Kinn und Stirn wischte und in seine untröstliche Umarmung hüllte. Selbst Olaf brauchte eine ganze Weile, um zu realisieren, dass inzwischen auch er gehalten wurde, von Benjamins bärenhaften Armen, und dass ihm dessen Tränen den Nacken benetzten.

Ruhe kehrte ein über dem Feld am Rande Kaltsommers, wenn auch keine Stille. Stumm war einzig die Nebelwalze unmittelbar vor ihnen, stumm und unbeeindruckt von dem Leid direkt vor sich. Hinter den drei zu einer Figur erstarrten Körpern jedoch blieb ein Rest Geräusch übrig. Dort schnaufte, keuchte und hustete es, murmelte, flüsterte und fluchte es, greinte, weinte und betete es sogar, während die Menschen nach und nach einen Halbkreis um den Toten und die Trauernden bildeten, und von dahinter noch kam weiterhin das aufgeregte Schnattern der allerletzten Nonnengänse. Und trotz allem dröhnte es ihnen allen wie ein einziges betretenes Schweigen in den Ohren. Als sie ausgezogen waren, nach dem armen alten verwirrten Rüdiger zu suchen, mochte dieses Ende schwer vorstellbar gewesen sein, nur dass sie ihn finden würden, daran hatte niemand je gezweifelt. Wo hätte er denn hinsollen, außer im Nebel selbst zu verschwinden? Aber dass er tot sein könnte, diese Möglichkeit hatte keiner von ihnen an sich herangelassen. Von Dunja einmal abgesehen, hatte jeder der Anwesenden ihn sein Leben lang gekannt. Er war immer dagewesen, zuerst als ein Mann, mit dem manchmal nicht gut Kirschenessen gewesen, ein Heißsporn voller Jähzorn, für den man keine Ursache wusste, da er etwa nie wie so manch anderer darüber lamentierte, sich als Gefangener unter Kaltsommers Wolkenglocke zu empfinden und von hier wegzuwollen. Später dann, nachdem er seine Frau vertrieben und die Demenz ihm endgültig Ruhe beschert hatte, als liebenswerten, hilfsbereiten Herrn, der stolz auf seine Söhne war und sich ansonsten rührend um seine Hühner kümmerte. Der Mann, der wie ein freundlicher Geist durchs Dorf irrlichterte und Hilfe mit echter Liebenswürdigkeit quittierte. Dieser Mann war jetzt tot, und er war genauso unverständlich gestorben, wie sich bisher die kaum zueinander passen wollenden Teile seines Lebens aneinandergereiht hatten. Das traf nicht nur Olaf hart, selbst wenn er unbewusst schon lange mit einem so gearteten Ende seines Vaters gerechnet haben mochte.

»Ich muss Andreas anrufen«, sagte er plötzlich und richtete sich etwas auf, Benjamins auf ihm lastendes Gewicht beiseiteschiebend. »Ich muss ihm sagen, dass Papa gestorben ist.«

»Wie denn«, murmelte Eike Schönfeld sofort, »wenn die Leitungen nicht funktionieren!«

Olaf hatte es zum Glück nicht gehört, auch weil Benjamin sein Ohr schnell mit einer anderen Aussage abschirmte: »Bringen wir ihn erst mal nach Hause, okay? Bringen wir Rüdiger heim, damit er nicht länger auf diesem … diesem Acker liegen muss.«

Dessen Sohn schien darüber erst nachdenken zu müssen, als hätte er Mühe, die Bedeutung gewisser Worte zu verstehen. Von was für einem Heim konnte denn jetzt noch die Rede sein, von welchem Zuhause? Aber hier konnte sein Vater natürlich auch nicht bleiben, inmitten all der stinkenden Scheiße und Verwesung! Mit einem Ruck erhob Olaf sich, Rüdigers Körper mühsam an die eigene Brust pressend. »Okay«, sagte er, zu wem auch immer genau, und hätte beinahe seinen Vater fallen lassen. Die Leichenstarre hatte bereits eingesetzt und ihn von einem Menschen in einen sperrigen Gegenstand verwandelt. Doch als Benjamin auf der einen und Dunja auf der anderen Seite beherzt zugreifen wollten, um einen Rückfall des Entseelten in den Unrat zu verhindern, zischte Olaf sie an: »Nicht! Das ist mein Vater, ich trage ihn. Das ist meine Aufgabe, ich schaffe das.«

Er schaffte es nicht, plötzlich fehlte ihm alle Kraft. Als er erneut versuchte, seinen Vater hochzuheben, knickten die Beine unter ihm weg. Wieder nur dank Benjamins und Dunjas Hilfe schlugen sie nicht beide hin. Aber Olaf war immer noch nicht soweit, seine Last mit ihnen zu teilen. Es brauchte noch mehrere vergebliche Anläufe, bis ihm selbst für das peinliche Gefühl des Scheiterns keine Energie mehr blieb. Erst da gab er auf und nach und überließ seinen Vater Benjamins starken Armen, während er selbst Halt bei Dunja suchte und fand. Wie versteinert sah er zu, wie Benjamin den Leib seines Vaters an Schultern und Knien unterfasste und mit einer erschreckenden Leichtigkeit hochhob, als wäre er nichts weiter mehr als ein luftleerer Balg, ein Bündel vertrockneter Haut und hohler Knochen. Allein das Schluchzen, das sich dabei Benjamins Kehle entrang, klang wie ein angestrengtes Ächzen.

Olaf und Dunja traten beiseite, damit Benjamin sich umdrehen und einmal quer zurück über die Felder den Heimweg antreten konnte. Er tat dies mit gravitätischen Schritten und einem ganz von der Schwere seiner Aufgabe angefüllten Blick. Die anderen wichen sofort mehrere Schritte zurück, einen Pfad freigebend, an dem sie plötzlich wie eine Ehrenformation Spalier standen. Und als Benjamin zwischen sie trat, als trüge er den nach langem Kampfe gescheiterten Erlöser selbst auf seinen Armen, senkten nicht wenige den Blick. Olaf dagegen, der mit Dunja direkt dahinter folgte, bedachten sie mit einem traurigen Lächeln und trostvollen Worten und flüchtig aufgelegten Händen. Sobald sie vorbei waren, schlossen die Menschen die Lücke und schlossen sich ihnen an. Im Nu hatte sich eine echte Prozession gebildet, die heimwärts strebte, über ein verwüstetes Feld und zwischen Gänsekadavern hindurch. Keine Aggression war mehr zu spüren, die Trauer in ihren Herzen stimmte sie alle friedfertig.

Selbst die Nonnengänse, die überlebt hatten, nahmen in dieser Menschengruppe keine Gefahr mehr wahr und schienen das Gemetzel unmittelbar zuvor bereits wieder vergessen zu haben. Ungefähr vierzig Tiere hatten überlebt und sich in einem dichtgedrängten Pulk auf dem verdreckten Asphaltband des Stövkamps zusammengefunden. Mit großen Augen und schiefgelegten Köpfen beobachteten sie die seltsame Formation, die sich ihnen näherte, und sahen lange Zeit keine Notwendigkeit dafür, dieser auszuweichen. Erst als Benjamin mit Rüdiger auf den Armen nur mehr zwanzig Meter von ihnen entfernt war, ging ein schnelles Schnattern durch die Vögel, als reichten sie ein Stichwort durch ihre Reihen. Wie ein Tier breiteten sie ihre Flügel aus und erhoben sich schwerfällig vom Boden. Sie flogen eine niedrige Runde über den Mais und ihren alten Rastplatz, einen vollendeten Kreis um die Menschen dort ziehend, und als auch der letzte von diesen endlich zu ihnen aufschaute, führte ihre Flugbahn sie steil hinauf in den Himmel. Die Blicke folgten ihnen, egal wie sehr das Gleißen der Wolke ihnen selbst durch die getönten Brillengläser die Netzhaut verbrannte, und sahen eine ganze Weile einfach zu, wie diese ortsfremden Vögel nun dort oben eine Runde nach der anderen zogen, immer zusammen mit der Wolke im Uhrzeigersinn. Mit einem Mal wirkten sie so majestätisch und schön wie seit ihrer ersten Sichtung in Kaltsommer im Winter nicht mehr.

Jedoch, sie flogen nicht in ihrer üblichen Formation, sondern bildeten einen engen Ring genau unter dem Mittelpunkt der Wolke. Das war so ungewöhnlich, dass es nach und nach jedem der Beobachter auffiel. Und bei aller Schönheit, an diesem Bild stimmte etwas nicht, dieses Verhalten war fremd und sogar beängstigend. Denn je länger sie dort oben flogen, desto schneller schien sich die Wolke über ihnen noch zu drehen. Aus dem Rotieren wurde ein Rasen, und selbst wenn auch diese Wolke nur aus sehr feinen Wassertröpfchen bestehen mochte, so besaßen doch auch diese eine gewisse Masse. Masse aber, die beschleunigt wird, entwickelt Energie, verwandelt sich in Fliehkraft, in etwas Geschleudertes, vom Zentrum der Drehung weg nach außen …

Plötzlich riss die Wolke auf, als würde sich dort oben über Kaltsommer ein Auge öffnen. Und ein schreckliches Auge musste es sein, dessen Blick nun in Form eines echten Sonnenstrahls zur Erde hinabstürzte. Die Gänse, die eben noch eine Art Wimpernkranz darum gebildet hatten, schwärmten zu allen Seiten davon, wie von einer unsichtbaren Hand ausgerissen. Nicht wenige fielen taumelnd zur Erde, immer schneller werdend, je tiefer sie kamen. Die Menschen von Kaltsommer aber, so sie zu dieser Nachmittagsstunde noch in ihrem guten alten Heimatdorf weilten, hatten dafür kaum einen Blick. Sie sahen nur das Licht, dieses goldene Licht, das schräg durch das Loch an ihrem Himmel in ihren Luftraum eindrang und sengend nach ihrem Grund und Boden griff.

Und das heiße Auge öffnete sich immer weiter und ließ immer mehr Licht herein.

»O Gott!«, entfuhr es nicht nur Benjamin flüsternd, ebenso ehrfurchtsvoll wie zutiefst erschrocken, und er presste Rüdigers Leichnam fester an sich.

Vierzigstes Kapitel

»… Müssen die Sperrungen der A21 und B430 weiterhin bestehen bleiben. Umleitungen sind ausgeschildert, und alle Verkehrsteilnehmer werden dringend gebeten, den Bereich weiträumig zu umfahren. Für alle Bewohner Kaltsommers, die nach wie vor nicht in ihr Dorf zurückkehren können, ist eine Notunterkunft in der Ballsporthalle Wankendorf, Auf dem Bös 2, eingerichtet. Dort tagt auch der Krisenstab, den die Gemeinde und die Kreisverwaltung eingerichtet haben. Alle Bewohner Kaltsommers werden gebeten, sich dort einzufinden und Angaben über diejenigen ihrer Angehörigen zu machen, die noch im Dorf eingeschlossen sind, damit der Krisenstab sich ein genaues Bild von der Anzahl der zu rettenden Menschen machen kann. Außerdem wird dringend davon abgeraten, eigenmächtig in die Nebelwand einzudringen. Die Temperaturen darin sind so hoch, dass sie schon nach kürzester Zeit zum Kreislaufkollaps führen und sogar tödlich enden können. Die Bürger sind aufgerufen, sich an die Einsatzkräfte von Polizei und Feuerwehr zu wenden, wenn sie Hilfe brauchen, und diese warnen noch einmal ausdrücklich vor Alleingängen ohne jedwede Schutzausrüstung. Das Betreten des Nebels rund um Kaltsommer bedeutet Lebensgefahr!«

Zum ersten Mal in der langen Spanne seiner Existenz machte Kaltsommers Wetterphänomen Schlagzeilen. War es bisher für seine Umwelt eine Anomalie, die man nur registrierte, wenn es sich absolut nicht mehr vermeiden ließ, und ansonsten nach Kräften ignorierte, war das nun nicht mehr möglich. Doch nicht etwa, weil jemand die spezielle Schönheit dieser Wolke mit ihrem bodenlangen Nebelkleid erkannt hätte, sondern weil sie es sich anmaßte, die Verkehrswege zu blockieren, Umwege und damit Zeitverluste zu erzwingen und sogar Menschen in ihrer Gesundheit zu gefährden. Als die ersten Notrufe von Menschen mit Kreislaufproblemen während der Passage durch das wabernde Weiß auf Autobahn und Bundesstraße bei den Rettungsstellen eingingen, glaubte man noch an Einzelfälle. Als diese sich häuften und selbst Ersthelfer und Polizisten von Schwindelgefühlen und Übelkeit berichteten, sah man sich gezwungen, zu handeln. Bis man sich allerdings dazu durchrang, Straßensperren zu errichten, vergingen noch einmal einige Stunden. Tatsächlich war die aus dem FEK von ihrer Schwiegermutter heimkehrende Dunja die Letzte, die noch durchgelassen wurde, wenn auch ausdrücklich auf eigene Gefahr. Norbert Einem, der knapp zwei Stunden später denselben Weg zu fahren versuchte, schließlich wartete sein armer alter Hund seit dem Morgen darauf, gefüttert zu werden, wurde die Durchfahrt bereits verwehrt. Nicht einmal der Umstand, selbst bei der Polizei zu arbeiten, half ihm noch. Die Kollegen erklärten ihm mit Dringlichkeit in der Stimme den Ernst der Lage und baten ihn, sich zumindest für die kommende Nacht eine andere Unterkunft zu suchen, bis die Lage geklärt sei. Allerdings folgte Norbert dieser Aufforderung erst, nachdem der Einsatzleiter persönlich sie für ihn äußerst barsch wiederholt hatte. Da drehte er um und fuhr zurück zu Thekla ins Krankenhaus.

Als er jedoch am Eingang zu ihrer Station mit Verweis auf das Ende der Besuchszeit abgewiesen wurde und nun vom Parkplatz des FEK aus versuchte, zumindest Witwe Möller oder einen anderen seiner Nachbarn in Kaltsommer zu erreichen, damit die sich um Krabat kümmerten, gab es bereits den ersten Toten in Kaltsommer. Sein Name lautete Ronald »Ronny« Melles, und er wohnte nicht im Wolkenheim. Den Teufel hätte er getan, dort wohnen zu müssen, es reichte ihm schon, jeden Tag unter diesem unnatürlichen Deckel über seinem Kopf die Post austragen zu müssen. Die Leute dort mochte er, die waren immer freundlich zu ihm gewesen, selbst wenn sie auf ihre Briefe und Pakete mitunter auch mal zwei, drei Tage länger warten mussten, weil er aufgrund des stetig ansteigenden Sendungsaufkommens seine viel zu große Runde nicht immer schaffte. Niemals hatte er sich deswegen ein böses Wort anhören müssen, und in der Adventszeit hing an vielen Haustüren ein kleines Dankeschön in Form von Schokolade oder selbstgebackenen Plätzchen, die er noch jedes Mal bedenkenlos mitgenommen hatte. Insofern unterschieden sich die Bewohner Kaltsommers nicht von denen anderer Dörfer, und dennoch war es Ronny unverständlich, wie man hier auch nur einen einzigen Tag lang leben konnte. Als dann der Winter unter der Wolke im Dauernieselregen ersoff, fühlte er sich in dieser Einstellung nur bestätigt. Als sich aber ein echtes Dürrefrühjahr anschloss, gefolgt von einem Dürresommer, machte das nichts besser. Im Gegenteil, für ihn erhöhte das nur das Gefühl, es hier mit einem vollkommen unnatürlichen Ort zu tun zu haben. Mehrmals versuchte er, mit Kollegen die Route zu tauschen, aber alle wussten, was er vorhatte. Nicht einmal auf eine Rotation ihrer Austragungswege wollten sie sich einlassen. Manchmal spielte er mit dem Gedanken, sich krank zu melden, einfach weil er die Vorstellung nicht ertrug, schon wieder dorthin zu müssen. Er tat es nie, das entsprach nicht seinem Arbeitsethos. An diesem Donnerstag jedoch wäre er tatsächlich beinahe wieder umgedreht, kaum hatte er den Nebel passiert, weil er, über die Appelallee ins Dorf kommend, in dieser undurchdringlichen Suppe fast die Orientierung verloren hätte und von der Straße abgekommen wäre. Mit Mühe und Not nur war er nicht durch den Stacheldrahtzaun zu seiner Rechten gerollt und auf einer Kuhweide zum Stehen gekommen. Der Schweiß rann ihm aus allen Poren, und er zitterte, als hätte er Fieber und Schüttelfrost. Geschlagene zehn Minuten stand er einfach nur am Straßenrand, mehrere davon zusammengesunken über dem Lenkrad seines gelben Kleinbusses, und rang mit sich. Erst dann konnte er seine Tour fortsetzen, schon jetzt gezeichnet von der Anstrengung, die es ihn kostete, seinen Fluchtreflex zu unterdrücken. Deshalb war er nicht richtig bei der Sache, übersah er Briefe oder fuhr an Hausnummern vorbei, an denen er etwas abzugeben gehabt hätte. Doch anstatt sich die liegengebliebene Post für den nächsten Tag aufzuheben, fuhr er in jedem einzelnen Fall wieder zurück, sobald er seinen Fauxpas bemerkte, um das Vergessene und Übersehene nachzuholen, denn da spulte sich in seinem Kopf längst das immergleiche Mantra ab: Morgen komm ich hier nicht mehr hin zurück. Morgen komm ich hier nicht mehr hin zurück. Er wollte nur nach Hause und wieder einen richtigen Himmel sehen. Dieser Wunsch jedoch wurde ihm verwehrt. Als er endlich durch und alle Post ausgetragen war, war es bereits zu spät, und nicht nur Polizei und Feuerwehr hatten den Ring um Kaltsommer geschlossen. Der Nebel ebenfalls. Ronny nahm wieder die Strecke über die Appelallee nach Bornhöved und zögerte nur kurz, als sich die Nebelwand immer höher, dichter und undurchdringlicher vor ihm aufbaute. Er wollte – musste – da durch, sonst käme er nie wieder nach Hause. Also gab er mehr Gas, als dies allein schon ob der eingeschränkten Sicht zuträglich war. Hinzu kamen noch die extrem hohe Temperatur und eine atemberaubende Luftfeuchtigkeit sowie der Umstand, von diesem Arbeitstag ganz besonders und restlos ausgelaugt zu sein, und so brauchte es nur wenige Meter, um die Kontrolle über das Fahrzeug zu verlieren. Diesmal durchbrach er den Zaun, der Bauer Göbens Kuhkoppel vom schmalen Band der Straße trennte, dabei rutschten Ronny die Füße von Gaspedal und Kupplung. Irgendwie schienen sie sich dadurch auch in Luft aufgelöst zu haben, denn so sehr er mit seinen Füßen da unten herumstocherte, er fand keins der Pedale mehr wieder. Sein signalgelbes Postauto rollte auf der Weide aus und blieb schließlich stehen, als hätte es für immer seinen Geist aufgegeben. Ronny reagierte nun erst recht mit Panik, öffnete die Tür und lief los, so gut es mit der schmerzenden Lunge überhaupt ging. Er lief in die Richtung, in der er Bornhöved am ehesten vermutete. Er kam nicht weit. Zum einen lief er im Kreis – wohin er auch blickte, es sah überall gleich aus –, zum anderen kollabierte sein Organismus sehr schnell. Zuerst versagte sein Kreislauf, wenig später sein sich zu Tode rasendes Herz. Ronald Melles merkte davon gnädigerweise nichts mehr. Er hatte das Bewusstsein bereits verloren, noch bevor er auf dem harten trockenen Gras der Koppel aufschlug.

Auch sein Fehlen wurde erst am nächsten Morgen entdeckt, als er nicht zur Arbeit kam. Am Vortag war er so spät dran gewesen, dass die Kollegen schon Feierabend gemacht hatten, ohne sich etwas dabei zu denken; es kam ja inzwischen regelmäßig vor, dass einer von ihnen wesentlich länger für seine Arbeit brauchte als eigentlich vorgesehen. Nur wo er abgeblieben sein könnte, ahnten sie in diesem Moment noch nicht, und das, obwohl die Ereignisse rund um Kaltsommer da bereits den Sprung aus dem Verkehrsfunk in die Nachrichten geschafft hatten. Sogar der NDR hatte ein Fernsehteam aus Kiel geschickt, um Bilder zu machen, und mehrere private Sender ebenfalls.

Zu diesem Zeitpunkt gab es allerdings längst das zweite Todesopfer zu beklagen, ohne dass auch das jemand bemerkt hätte. Nachdem man ihn mit Verweis auf die abgelaufene Besuchszeit nicht wieder auf die Station zu seiner Frau gelassen hatte, saß Norbert Einem eine geraume Weile in seinem Wagen und überlegte, was er tun sollte. Nicht eine Sekunde lang jedoch dachte er darüber nach, wo er die Nacht verbringen sollte. Sein Sohn Thomas hätte sich angeboten, der lebte mit seiner Familie oben in

Kropp, und die beiden Kinder hätten sich mächtig über ein so unverhofftes Wiedersehen mit ihrem Opa gefreut. Morgens am Frühstückstisch natürlich, bis er dagewesen wäre, hätten die beiden bereits im Bett gelegen. Über den Zustand ihrer Mutter wussten sowohl Thomas als auch Markus Bescheid. Er hatte sie am Nachmittag angerufen und ihnen mitgeteilt, dass sie sich keine allzu großen Sorgen machen mussten. Theklas Zustand war stabil, obschon sie in Zukunft mit noch mehr Einschränkungen würde leben müssen als ohnehin schon. Daran ließ sich jetzt nichts mehr ändern, und deshalb konnte er sich endlich um Krabat kümmern. Der war seit dem frühen Morgen allein und brauchte neben seinem Futter ebenfalls seine Medizin gegen die Schmerzen in den alten Gelenken. Für Norbert Einem war von Anfang an klar, dass er es in dieser Nacht noch zurück nach Kaltsommer schaffen würde, um seinen treuen alten Hund zu versorgen.

Sein Auto fand man später auf dem Parkplatz eines großen Agrardienstleistungsunternehmens in Rendswühren, nur einen Steinwurf von Kaltsommers um sich greifender Nebelwand entfernt. Tatsächlich dauerte es sogar noch bis zum Wochenende, bis der fremde Wagen, der weder dem Unternehmen noch jemandem von der Belegschaft gehörte, auffiel. Der Polizei gemeldet wurde er sogar erst am nächsten Montagmorgen, die kam, über das Kennzeichen den Halter abfragte und feststellte, dass für Norbert Einem bereits eine Vermisstenanzeige vorlag, gestellt von seinem Sohn Thomas. Den hatte seine Mutter alarmiert, die es sehr ungewöhnlich fand, dass Norbert sie nicht mehr besuchen gekommen war. Das sah gar nicht nach ihm aus. Er tauschte ja sogar Schichten, wenn sie im Krankenhaus lag, um während der Besuchszeit frei für sie zu sein. Da Norbert ein Kollege war, setzte man trotz der verworrenen Lage alle Hebel in Bewegung, ihn schnellstmöglich zu finden, und konnte doch lange Zeit keinen Erfolg vermelden. Man fand nur heraus, dass er noch am Donnerstagabend mit seiner Dienststelle sowie mit dem Kaltsommer-Krisenstab telefoniert hatte. Was er erfuhr, dürfte ihm nicht gefallen haben, nämlich dass niemand und aus keinem einzigen Grund mehr durch die Straßensperren in den Nebel gelassen werde. Die Gefahr für Leib und Leben werde inzwischen als so hoch eingeschätzt, dass selbst Rettungskräfte sich nicht mehr in diese trübe, feuchtheiße Suppe begeben dürften. Jeder, mit dem er sprach, forderte Norbert auf, sich für die Nacht irgendwo einzuquartieren und den Dingen notgedrungen ihren Lauf zu lassen.

Für Norbert war das schlicht inakzeptabel. Zwar hatte er am Morgen die seltsame Konsistenz des Nebels am eigenen Leib zu spüren bekommen, doch hatte Thekla in ihrem angeschlagenen Zustand weit stärker darauf reagiert als er, mit Atemnot und rasenden Kopfschmerzen. Nun lag es außerhalb seines Vorstellungsvermögens, dass sich das weiter verschlimmert haben könnte. Er hatte fast sein gesamtes Leben in Kaltsommer gelebt, nur für den Wehrdienst und die Ausbildung war er für ein paar überschaubare Jahre fort gewesen. Wenn also einer wusste, wie dieser Nebel tickte, dann er. Und der Nebel war keine Gefahr für den Menschen, lediglich eine Art Sichtschutz, hinter dem es sich kommod leben ließ. Außerdem wartete hinter dieser weißen Wand sein altersschwacher Neufundländer auf ihn, auf Futter mindestens ebenso sehr wie auf Zuwendung, zumal am Morgen keine Zeit gewesen war, einen der Nachbarn darum zu bitten. Er musste zurück nach Kaltsommer. Ihm blieb gar keine Wahl, er musste nach Hause.

Also fuhr er, sobald es dämmerte, über die B430 von Neumünster zurück nach Osten und bog unmittelbar vor der Straßensperre links nach Rendswühren ab, das Licht ausschaltend, sobald er von dem großen Verkehrsweg herunter war. Im Schritttempo bog er auf den Parkplatz, ließ dabei schon das Fahrzeug nur noch ausrollen und stellte es ganz am Rand ab. Wie ein Dieb in der Nacht öffnete und schloss er die Tür, schaute er sich ein ums andere Mal um und schlich auf Zehenspitzen durch die kleine Ansammlung von Häusern, in denen allesamt die Fernseher liefen, ohne dass jemand dem Programm ernsthaft gefolgt wäre. Stattdessen saßen die Rendswührener in dieser warmen Sommernacht beisammen und starrten herüber zu Nebel und Wolke, die umso geisterhafter aufglühten, je dunkler der Tag wurde. Bis auf die Wiederholung der eigenen Verwunderung über die Vorgänge dort drüben waren ihnen längst die Worte ausgegangen, und um die auszudrücken, reichte inzwischen ein simples Kopfschütteln. Trotzdem war es für Norbert ein Leichtes, an ihnen vorbei zu schlüpfen. Niemand in Rendswühren konnte sich vorstellen, dass sich jemand dem Wetterungetüm freiwillig nähern wollen würde, schon gar nicht nach Einbruch der Nacht. Norbert musste lediglich ein paar Zäune überwinden und aufpassen, nicht über die Feldraine zu stolpern, und schon hatte er die feuchten Ausläufer der Nebelwand erreicht.

Selbst hier zögerte er kaum einen Moment, obwohl ihm die Geschwindigkeit, mit der der Nebel gegen seine ausgestreckte Hand drückte und diese unangenehm warm benetzte, ein ungutes Gefühl bereitete. Ganz von dem Glauben erfüllt, keine Wahl zu haben, unterdrückte er allen Zweifel und schritt voran. Er müsse sich nur beeilen und immer geradeausgehen, dann würde schon nichts passieren, und im Nebel schien es heller zu sein als davor, das musste doch ebenfalls helfen! Dank des Polizeidienstes war er trotz seiner knapp sechzig Jahre noch immer ein fitter Mann, und wenn er den Atem flach hielt …

Nach nicht einmal zehn Metern hatte Norbert bereits die Orientierung verloren. Mais, der in Reihen quer zu seiner Marschrichtung wuchs, zwang ihn beinahe unbemerkt zur Kursänderung, einmal, zweimal, öfter, als er zu zählen bereit gewesen wäre. Er hatte allein sein Ziel vor Augen, die nichts sahen, was nicht unmittelbar vor ihnen auftauchte und in sein Gesicht klatschte. Dazu schluckte der Nebel jedes Geräusch. Bald schon fühlte er sich nicht einmal mehr imstande, die eigenen Schritte, die eigenen keuchenden Atemstöße zu hören. Die Luft um ihn herum war wie nasse Watte, die sich auf Haut, Haar und Kleidung legte, bis alles durchtränkt war, und sogar noch seine Gehörgänge verstopfte. Zuerst war es nur der Rechte, doch wenig später auch der linke. Und der Mais wollte gar kein Ende nehmen. Eine Reihe folgte auf die nächste, als hätte die Besamung, der das meiste Land auf dieser Seite Kaltsommers gehörte oder von der es zumindest bewirtschaftet wurde, hier das größte Maisfeld der Welt angelegt. Was natürlich Blödsinn war, selbst in ihrem ausgedehnten Zustand konnte die Nebelwand nicht tiefer als vierzig, vielleicht fünfzig Meter sein. Die hätte er bei seinem Tempo in weniger als zwei Minuten durchqueren müssen – in weit weniger als zwei Minuten. Aber er konnte nicht vom Weg abgekommen sein, er hatte jede Abweichung sofort wieder korrigiert, da war sich Norbert vollkommen sicher.

Sich diesen Irrtum einzugestehen, wäre einer Niederlage gleichgekommen, mehr noch, einer Aufgabe und einem Versagen – und der Erkenntnis, wenn ihm schon der Hinweg nicht gelang, ihm der Rückweg erst recht misslingen würde. An diesem Punkt konnte es für Norbert nur weiter vorwärtsgehen, egal wie schwer ihm der Atem bereits ging, der gesamte Brustkorb schmerzte, wie viele schwarze Flecken und silberne Sternchen ihm vor den Augen flimmerten oder er mit den Füßen an irgendwelchem Wurzelwerk hängenblieb. Er musste ja so gut wie durch sein, zurückzugehen wäre auf jeden Fall Selbstmord. Wenn nur wenigstens ein leises Lüftchen geweht hätte, um ihn dann und wann etwas zu erfrischen, um wieder besser, klarer denken zu können …

Der Tod kam zu Norbert Einem jedoch nicht in Form eines Kreislaufkollapses, sondern auf dem Rücken eines Wildschweins reitend. So intelligent diese Tiere auch sind, insbesondere wenn es darum geht, eine Gefahr zu wittern, diese Rotte hatte das Übel, das sich über ihren Köpfen und um sie herum zusammenbraute, definitiv unterschätzt. Während den ganzen Tag über die Wildtiere Kaltsommers beschränkten Umkreis geflohen waren, so schnell ihre Beine, Flügel oder Bäuche sie trugen, hatten diese Schwarzkittel zu lange abgewartet, weil sie die Helligkeit des Tageslichts weiterhin mehr fürchteten als das Gefühl der Bedrohung um sie herum. Alle anderen Tiere hatten den Wald schon verlassen und waren durch den Nebel gehastet, da suchten sie noch nervös nach Futter. Es handelte sich um eine Bache mit sechs beinahe ausgewachsenen Frischlingen sowie um einen alten Keiler mit mächtigen Hauern im Unterkiefer. Sie hatten sich ebenso verirrt wie Norbert und komplett der Panik ergeben. Der Keiler hatte sogar den Kontakt zur Rotte verloren und raste nun kopflos durch das Maisfeld, das er genauso wenig wie der Mensch, der plötzlich seinen Weg kreuzte, erkennen konnte. Beim ersten Mal touchierte er Norbert nur leicht am Bein; dass der so aufschrie, war mehr der Überraschung geschuldet als einem echten Schmerz. Als der wilde Eber den Schrei hörte, wähnte er sich allerdings ernsthaft in Gefahr. Doch anstatt das Weite zu suchen, folgte er seinem Instinkt und schaltete auf Angriff. Mit einem Mal wurde Norbert Einem zum ungewollten Torero und das Wildschwein zum blinden Stier, die sich in einer von Pflanzen zugewucherten Arena unter Ausschluss der Öffentlichkeit ein Duell auf Leben und Tod lieferten. Norbert hörte das Grunzen, das von allen Seiten gleichzeitig an seine Ohren drang, während das Adrenalin seinen Körper flutete und ihm doch nur erlaubte, sich hysterisch im Kreis zu drehen, nach einem Ausweg ebenso suchend wie nach der Quelle für die Gefahr. Dem Keiler half immerhin sein Geruchssinn, der es ihm erlaubte, seinen vermeintlichen Gegner immer enger einzukreisen. Trotzdem gingen seine ersten Anläufe noch fehl. Norbert hörte nur, wie immer dichter um ihn herum der Mais plattgewalzt wurde. Anstatt wegzulaufen, das ließen seine sich plötzlich wie Pudding anfühlenden Beine nicht zu, war er bemüht, dem Geräusch auszuweichen. Er wusste um die Gefährlichkeit von Wildschweinen und fürchtete sich zu Recht vor deren scharfen Eckzähnen. Aber weder sein Wissen darum noch seine Bereitschaft, dem Tier das Feld zu überlassen, konnten ihn retten. Bei seinem fünften Angriff hatte der Keiler den richtigen Winkel erwischt und rannte frontal in Norbert. Er riss den Menschen um und schlitzte ihm dabei mit den Hauern den Bauch auf. Er rannte kurz weiter, drehte um und führte einen weiteren Angriff aus, diesmal gegen Hals und Kopf des am Boden Liegenden. Erst danach ließ er von Norbert ab, der schnell das Bewusstsein verlor. Instinktiv versuchte er noch, die klaffende Wunde an seinem Bauch mit den Händen zuzuhalten, während er in rasender Geschwindigkeit verblutete. Der Eber war selbst noch gar nicht nördlich von Rendswühren aus dem Nebel herausgekommen, hysterisch quiekend, als wäre der Teufel persönlich hinter ihm her, um ihn für seine Untat sofort zur Rechenschaft zu ziehen, da hatte Norbert Einem sein Leben bereits verloren. Seine Leiche jedoch, ebenso wie die des Postboten Ronald Melles übrigens, sollte niemals gefunden werden,.

Soweit erst einmal die tragischsten Fälle. Außer Norbert Einem versuchte niemand mehr, auf eigene Faust zu seinen Lieben oder wenigstens zu seinem Besitz vorzustoßen. Der Rest hielt sich an die behördlichen Anweisungen und versammelte sich, so nicht kurzfristig individuelle Unterbringungsmöglichkeiten aufgetan werden konnten, in der Ballsporthalle in Wankendorf. Zu ihnen gehörte selbst ein Momme Iversen, auch wenn der einmal mehr seine besten Manieren hervorkehrte und entweder über die typische Unfähigkeit der Behörden schimpfte, nicht einmal eine solche lokale Krise anständig in den Griff zu bekommen, oder nahtlos in Jammer darüber versank, nicht nach Hause zu dürfen. Am Nachmittag hatte er einen Termin zwecks Beantragung eines neuen Personalausweises auf dem Amt in Wankendorf gehabt und war anschließend noch in »Schlüters Gasthof« in der Dorfstraße auf ein paar Bier eingekehrt, den »Krug« gab es ja leider nicht mehr. Er hätte es niemals zugegeben, aber er war an der Theke dort auch deshalb versackt, weil er Angst vor der Rückfahrt nach Kaltsommer hatte. Schon als er ins Taxi gestiegen war, hatte sich der Fahrer seltsam still verhalten, wie eine Maus, die von der Katze in die Enge getrieben worden ist, und dann hatte er mächtig Gas gegeben, um das Wolkenheim so schnell wie möglich wieder zu verlassen. Hätte ihn die Polizei in diesem Moment erwischt, der Fahrer wäre seinen Führerschein für mehrere Monate los gewesen. Momme protestierte vom Rücksitz aus, ohne Gehör zu finden. Stattdessen beschleunigte der Taxifahrer immer mehr, sodass sie durch den Nebel schossen wie eine Kanonenkugel – die Passage dauerte nur wenigste Sekunden, aber hinterher war Momme dankbar dafür, dass sie nicht auch nur eine Millisekunde länger gedauert hatte. Wie die feuchte weiße Nebelwatte gegen die Scheiben drückte und die Temperatur sofort um mehrere Grade nach oben gesprungen war, dass es einem den Schweiß nur so aus allen Poren drückte und das Herz zu rasen begann, das war beängstigend gewesen. Dass der Motor nicht augenblicklich überhitzt und verreckt war, sie nun gefangen in dieser Todeszone, das war ihm noch immer unbegreiflich. Und ein zweites Mal wollte er es nicht erleben. Deshalb hatte er es sich am Tresen bequem gemacht, ein Herrengedeck nach dem anderen bestellt und umso lauter gejammert, je höher sein Pegel stand: »Erst finde ich keinen Käufer für mein Holz, dieses schöne Lindenholz. Alle haben Kamine, aber keiner will mein Holz kaufen. Und dann läuft auch noch mein Perso ab und ich muss einen Neuen beantragen. Ich bin verflucht. Ich bin verflucht.« Er merkte gar nicht, wie immer mehr Plätze um ihn herum frei wurden. Das fiel ihm nicht einmal dann auf, als der Wirt Achim ihn plötzlich mit der Mitteilung aus dem Selbstmitleid riss, dass er sich für die Nacht wohl ein neues Quartier suchen müsse, weil Kaltsommer gesperrt sei. Es dauerte eine ganze Weile, bis er die Zusammenhänge begriff, und noch länger, bis er Achims Weigerung, ihm zumindest für diese Nacht Obdach zu geben, weil alle Gästebetten belegt seien, akzeptierte. Darum, wenigstens zur Ballsporthalle gefahren zu werden, bat er dann schon gar nicht mehr: »Ich weiß ja, ihr könnt mich eh nicht leiden. Ihr wollt nur mein Geld!« Momme bezahlte seinen Deckel und stiefelte, das Gehirn noch immer vom Alkohol benebelt, los. Bis zur Halle am Ortsausgang Richtung Bornhöved war es ein gutes Stück, und er nutzte die Zeit, um sich erneut ordentlich in sein Selbstmitleid hineinzusteigern. Denen würde er schon was erzählen, all denen, die ihn nicht in einem anständigen Bett schlafen lassen wollten. Wie enttäuscht war er da, als er die Halle endlich erreicht hatte und keine zwanzig Leute dort antraf. Die Presse hatte längst Feierabend gemacht; sie würde erst früh am nächsten Morgen zurückkehren, um brandheiß von der ersten Nacht in der Notunterkunft zu berichten. Der dreiköpfige Krisenstab, bestehend aus einem Gemeindevertreter sowie den zuständigen Feuerwehr- und Polizeichefs, hatte nichts mehr zu organisieren gewusst und sich ebenfalls für die Nacht verabschiedet. Zurückgeblieben waren eine Handvoll Sanitäter vom Roten Kreuz, Elisabeth Kröger, die Pastorin von Bornhöved – Kaltsommer gehörte zu ihrem Sprengel, obwohl es in der Gemeinde Wankendorf lag –, das THW mit einer Suppenküche und ein paar seiner Nachbarn. Die drängten sich alle an dem Ende des weiten Raums zusammen, der am weitesten vom Eingang entfernt war. Ein paar, Lasse Heise etwa, lagen wie tot auf ihren Feldbetten, der Rest hatte sich zu einer Art Gesprächskreis zusammengefunden. Nur schien man sich nichts mehr zu sagen zu haben, als Momme dazukam, ihn sahen nur erschöpfte leere Augen an. Es überraschte ihn lediglich, Anna und Robert Kaufmann mitten in diesem Kreis zu sehen, hielten sie sich doch sonst aus allen Dorfangelegenheiten heraus, als wären sie etwas Besseres. Aber sie hatten scheinbar nicht nur in Kaltsommer keinen Anschluss gefunden, sondern auch unter ihren Arbeitskollegen nicht. Momme wunderte das nicht. Ihre Weigerung, in ein Hotel zu gehen, weil die in der Ferienzeit viel zu teuer seien, verstand er dagegen nur allzu gut. Darüber kamen sie bald ins Gespräch, mit dem sie sich immerhin durch die halbe Nacht schleppten. Als sie es beendeten, um endlich ein wenig Schlaf zu finden, hatte Momme erfahren, dass ihr Sohn Leon bei einem Schulfreund in Neumünster geblieben war und sie keinen Kamin hatten und dementsprechend auch kein Feuerholz brauchten.

Eine andere Person ignorierte er, weil sie ihn ebenfalls ignorierte: Melanie Harms. Was sie hier wollte, wo doch ihre Eltern in Wankendorf lebten und sie zur Not noch ihren Blumenladen gehabt hätte, verstand er sowieso nicht. Melanie hingegen hatte schnell erkannt, dass er von ihren Liebsten nichts wusste, und sich deshalb um dieses Ekelpaket von einem Menschen, der Olaf hinter vorgehaltener Hand gerne Schlampe und männliche Dorfmatratze nannte, nicht weiter gekümmert. Allerdings wusste ihr auch sonst niemand etwas Neues von zu Hause zu berichten, und da Telefone und Handys in Kaltsommer scheinbar nicht mehr funktionierten und niemand mehr ins Dorf hineingelassen wurde, fühlte sie sich auf brutalste Art und Weise von allem abgeschnitten. Wieder und immer wieder hatte sie mit den Leuten vom Krisenstab gesprochen. Auf sie eingeredet hatte sie, ihren Mann und vor allem ihren Schwiegervater da rauszuholen, der sei schwer krank und stünde unmittelbar vor dem Umzug ins hiesige Pflegeheim. Niemand konnte oder wollte ihr helfen. Sie hätten alles versucht, wurde ihr erklärt, Drohnen und sogar ein Aufklärungsflugzeug von der Bundeswehr, aber nichts, kein Funksignal oder anderer Sensor habe die kompakte Wand aus kondensierter Luftfeuchtigkeit durchdringen können. Eine Wärmebildkamera – diese Information blieb vorerst vertraulich, sie hätte zu unnötig viel Aufregung unter den hier gestrandeten Angehörigen geführt – hatte lediglich einen einzigen fetten roten Fleck dort gezeigt, wo sich das Dorf Kaltsommer befand.

So etwas hatte noch keiner von ihnen jemals gesehen, selbst alte Recken des Katastrophenschutzes waren sprachlos bei diesem Anblick gewesen. Es sah aus, als würde die Atmosphäre an diesem Ort kochen, und nicht wenige fragten sich schon jetzt, ob das überhaupt ein Mensch überleben konnte. Viele der Verantwortungsträger waren nicht zuletzt deshalb nach Hause gegangen, sobald sie die Möglichkeit dazu hatten, weil sie fürchteten, ihre Mimik und Gestik im Gespräch mit den Menschen aus Kaltsommer nicht unter Kontrolle behalten zu können und Dinge zu verraten, die deren Gemüt nur noch weiter belastet hätten. So fühlte sich auch Melanie Harms schnell, als redete sie gegen eine Wand, wenn immer sie auf diese Leute mit ihren Fragen eindrang. Es blieb ihr bald nichts anderes mehr übrig, frustriert, verletzt und erst recht verängstigt, als die Nähe ihrer Nachbarn zu suchen und die der Pastorin Kröger. Es war richtig rührend, zu sehen, wie sehr die junge Frau sich bemühte, den Menschen Beistand zu leisten.

Beide Frauen blieben die ganze Nacht und darüber hinaus. Elisabeth Kröger ging erst für ein paar Stunden nach Hause, nachdem am Morgen ihr Wankendorfer Kollege als Ablösung eingetroffen war und nachdem sie dafür gesorgt hatte, dass man Lasse Heise in ein Krankenhaus brachte. Der Mann, der erst kürzlich seine Tochter verloren hatte und nun seine trauernde Frau alleine zu Hause wusste, konnte offensichtlich nicht mehr. Die ganze Nacht hindurch hatte er wie betäubt auf seinem Feldbett gelegen, aus offenen Augen an die Decke starrend und nicht einmal eine Wimper rührend. Er hatte jedes Gespräch verweigert und ebenso die Aufnahme von Nahrung und Flüssigkeit. Sein Zustand wirkte beinahe katatonisch. In den frühen Morgenstunden, draußen schickte sich gerade die Sonne an, einen neuen, richtig heißen Sommertag einzuläuten, bemerkte Elisabeth Kröger dann den strengen Geruch. Sie war nicht zufällig an seiner Liege vorbeigekommen und sah den nassen Fleck in seinem Schritt sofort. Aber er hatte nicht nur die Kontrolle über seine Blase verloren, sondern auch die über seinen Schließmuskel – und beides nicht bemerkt. Er lag nur da, starrte leer die Decke an und reagierte auf gar nichts mehr. Lasse Heises Abtransport weckte sofort die wenigen Schlafenden und brachte Sorge und Angst in seine Freunde und Nachbarn zurück. Die Hilfskräfte immerhin waren darüber erleichtert, dass dieser Vorfall noch vor der Rückkehr der Presse, der öffentlichen Aufmerksamkeit passiert war. Noch hielt die die Vorgänge rund um das verwunschene Wolkenheim nur für ein Kuriosum, mit dem sich das Sommerloch gut füllen ließ. Das sollte sich im Verlauf des Tages grundsätzlich ändern, als die Mienen der um ihre Angehörigen Bangenden nicht mehr nur besorgt aussahen, sondern immer verzweifelter wurden.

Zu diesen Mienen zählte wiederum die Melanies, als sie nach einem kurzen, appetitlosen Frühstück bei ihren Eltern in der Bahnhofstraße zur Ballsporthalle zurückkehrte. Sie kam in Begleitung ihres Vaters Klaus-Jürgen, während Mama Heide zu Hause die Nachrichten in Rundfunk und Fernsehen sowie das Telefon überwachte. Die beiden hatten so lange gebraucht, Olaf als ihren Schwiegersohn zu akzeptieren – kaum war Melanie mit ihm zusammengekommen damals, hatten sie von allen Seiten nur Schauergeschichten über seinen moralisch zweifelhaften Lebenswandel zugeflüstert bekommen –, umso froher und dankbarer war sie jetzt für ihre selbstlose Unterstützung. Sie mochten Olaf inzwischen ehrlich, aber richtig ins Herz geschlossen hatten sie Rüdiger. Sobald er ins Heim umgezogen war, wollten sie ihn dort regelmäßig besuchen, obwohl sie selbst schon so manches Zipperlein mit sich herumschleppten. Klaus-Jürgen etwa benötigte einen Stock zum Gehen und konnte nicht mehr lange stehen. Die Schmerzen aber, die er diesen Tag über in seinen alten Knochen verspürte, zeigte er seiner Tochter keine Sekunde lang.

Beide erlebten, wie die Ballsporthalle an diesem Freitag mehr und mehr zum Treffpunkt und Tummelplatz wurde. Nicht nur sämtliche von ihrem Wohnort abgeschnittenen Bewohner Kaltsommers fanden sich dort ein, der Aufforderung der Behörden entsprechend, auch viele Angehörige und Freunde, die darauf hofften, an Informationen über ihre Lieben zu kommen. Viele Gesichter, in die Melanie blickte, kannte sie und erkannte die Furcht darin als ein Spiegelbild ihrer eigenen. Sie empfand das Gespräch mit ihnen, und wenn nur ein paar kurze Worte gewechselt wurden, zwar für den Moment als erleichternd, auf Dauer aber als zunehmende Belastung, weil ständig neue Leute ankamen und trotzdem keiner Neues wusste. Sie alle waren verdammt zum Herumsitzen und Warten, und je länger dieser Zustand anhielt, desto mehr fühlte er sich an wie der Vorhof zur Hölle. Das ertrug nicht jeder. Ute Heinsohn, die mit Baby und Lebensgefährten die Nacht bei dessen Eltern verbracht hatte, brach unter der Last der Unwissenheit um das Schicksal fast aller ihrer Familienangehörigen zusammen. Gegen Mittag passierte das, und es war ein gefundenes Fressen für die Journalisten von Presse, Funk und Fernsehen. Endlich hatten sie das passende Bild für diese undurchschaubare Gemengelage – und dann stammte es auch noch von der Bürgermeisterin des Ortes selbst! Dabei versuchte sie noch, tapfer zu sein und, die kleine, fieberglühende Gloria fest an die Brust gedrückt, den Reporterfragen Rede und Antwort zu stehen. Es entsprach ihrem eigenen Pflicht- und Verantwortungsbewusstsein als Amtsträgerin, die sich, Schild und Blitzableiter in einem, schützend vor ihre Leute stellt, auch wenn sie kaum mehr zu sagen wusste als: »Ich hab doch auch keine Ahnung, was los ist.« Die bekamen es jedoch kaum mit, da sie sich immer tiefer ans hinterste Ende der Halle zurückzogen, hinter einer ganzen Mauer von rollbaren Trennwänden regelrecht verbarrikadiert. Was da um sich herum passierte, konnten sie immer weniger begreifen und erst recht nicht verarbeiten, zumal sich unter die Behördenvertreter, Sanitäter, Feuerwehrleute, Polizisten, THWler, Katastrophenschützer und Journalisten mehr und mehr Gaffer mischten. Die Neugier ist ein so starker Magnet, dass er selbst das Gleichgepolte anzuziehen vermag. Manche hatte es beinahe gegen ihren Willen hierhergezogen. Ihre Füße hatten sich in Bewegung gesetzt, obwohl sie sich dafür schämten. Aber wissen, was da los war, mussten sie eben doch; der Widerwille auf ihren Gesichtern konnte leicht als Herablassung und Verachtung für die Menschen aus Kaltsommer missverstanden werden. Andere wurden vom in der Luft hängenden Brandgeruch einer bevorstehenden Katastrophe angelockt und sahen sich, Vorfreude im Blick, ganz ungeniert die Vorgänge an. Sie hofften darauf, demnächst etwas zu erleben, und spielten permanent mit ihren Handys herum, um bereit für historische Fotos und Videoaufnahmen zu sein. Sie telefonierten auch ständig mit Freunden und Bekannten oder tippten vor Aufregung und unbeachteter Autokorrektur fehlerhafte Nachrichten, um alle Welt auf dem Laufenden zu halten. Noch unangenehmer als diese Gruppe war jedoch eine dritte und letzte, die nicht nur aus Neugierde gekommen war und dem Wunsch, ein Spektakel geboten zu bekommen, sondern weil es um Kaltsommer ging, um das mit warmen Brüdern nur so vollgestopfte Wolkenloch. Seit Jahrhunderten war ihnen dieses Dorf ein Dorn im Auge, und sei es nur, weil es sich in seiner Fremdartigkeit und seiner dem bloßen Auge entzogenen Gemeinschaft perfekt als Sündenbock für all ihre verdorbenen Fantasien anbot. Jedes Vorurteil gegen diesen »ganz speziellen Menschenschlag«, wie es selbst an diesem Tag manche der zumeist männlichen Angehörigen dieser Gruppe in Mikrofone und Kameras raunten, jedes dieser Vorurteile hatte die Zeiten allein deshalb überdauern können, weil es eben Menschen wie diese gab und gibt, die es sich stets so einfach wie möglich machen. Sie brauchen einen Ort wie diesen, um sich besser und in ihrer Überlegenheit bestätigt zu fühlen, und als solcher besitzt er die magische Gewalt eines Fetischs über sie. Kaltsommer nun eventuell fallen zu sehen, wäre ihr wahrgewordener feuchter Traum. Sie hielten sich etwas abseits, eben außerhalb des Rampenlichts, aber noch so nahe, dass jeder sie irgendwann bemerken musste, in der Hauptsache Männer aus Wankendorf, Bornhöved, Trappenkamp und einigen anderen umliegenden Dörfern, und schossen einen abfälligen Kommentar nach dem nächsten ab wie Giftpfeile, jedes Mal hocherfreut, wenn einer davon ins Schwarze traf.

Früher oder später musste diese dauerhafte Provokation Aggression und Gegenreaktion hervorrufen. Am frühen Nachmittag, als noch immer niemand sagen konnte, was hinter Nebel und Wolke vor sich ging, nur dass beides sich immer stärker aufheizte und immer schneller rotierte wie ein wildgewordener Brummkreisel, war es endlich soweit. Pawel Ostrowski hörte mit halbem Ohr, wie ein Kerl über ihn sagte, dass er sich nun wohl auch bald einen neuen Stecher suchen könne. Er hatte nur kurz frische Luft schnappen wollen, weil die in der Halle immer dicker und sauerstoffärmer wurde, und obwohl er um die Schaulustigen draußen wusste. Was ihn an dieser Äußerung so traf, dass er sich plötzlich brüllend auf den Sprecher stürzte, war jedoch weniger der beleidigende Inhalt, als vielmehr die üble Gehässigkeit, der Wille des anderen, ihn selbst in dieser Situation unbedingt noch verletzen zu wollen. Bei Pawel, und der zählte nun wirklich nicht zu den Heißblütigen, brannten sofort alle Sicherungen durch. Es ging hier schließlich um sein Heim und seine Freunde und Nachbarn. Die Prügelei, die folgte, war eher ein Handgemenge und nach kurzer Zeit wieder beendet. Sie zeitigte nicht mehr als ein paar Schrammen und blaue Flecken, eine aufgeplatzte Lippe, ein ansatzweise blaues Auge und ein verstauchtes Handgelenk. Es hatte mehr aus Geschrei bestanden denn aus platzierten Schlägen, und das Schreien ging auch noch ein Weilchen weiter, nachdem Polizisten, Sanitäter und ein paar andere Pawel von der Giftnatter, die im ganzen Kreis für ihre menschenverachtenden Ansichten berüchtigt war, heruntergezogen hatten. Die Natter schimpfte längst nicht mehr nur über Perverse und Hinterlader, sondern drohte dem Ausländer – Pawel war ebenso deutsch wie polnisch fluchend über ihn gekommen – auch mit Anzeige und Ausweisung. Als Pawel das endlich begriff, brach sein ganzer Zorn in sich zusammen. Stattdessen fing er an zu lachen, wieherte plötzlich los wie ein Pferd und stammelte immer wieder atemlos: »Ich bin EU-Bürger, Mann, ich bin EU-Bürger.« Irgendwann fanden auch alle anderen auf seiner Seite diesen Ausspruch komisch und stimmten in sein Lachen mit ein. Allein den Sprücheklopfer und seine selbstgerechte Bruderschaft regte das natürlich nur umso mehr auf, und schon tönten sie alle herum von wegen Körperverletzung und Gerichtsverfahren. Niemanden beeindruckte das mehr, denn um Pawel herum blieben sie solidarisch und verkündeten unisono, zu seinen Gunsten aussagen zu wollen, selbst die Amtsträger in Uniform. Ein Polizist sprach nach kurzer Rücksprache mit seinen Vorgesetzten einen Platzverweis gegen die Hetzer aus, dem sie sich, demonstrativ laut in Richtung der Objektive und Aufnahmegeräte murrend, unterwarfen. Sie gingen nicht nach Hause, sondern suchten sich einen neuen Ausguck an der Peripherie des Geschehens wie auf die nächste Mahlzeit wartende Geier. Rund um die Ballsporthalle waren sie es trotzdem zufrieden und entspannte sich die Atmosphäre sichtlich.

Zu denen, die geholfen hatten, die konfrontative Situation aufzulösen, zählte Manfred Philipps. Er und Martin hatten die Nacht bei Freunden in Kiel verbracht und zumindest darin etwas Ruhe gefunden, dass Leon bei seinem Schulfreund Torben untergekommen war. Zufall oder Glück oder was auch immer hatten wohl ihre Hand im Spiel, dass die beiden sich just für diesen Tag verabredet hatten, um nach der Schule ins Kino zu gehen. Als sie aus dem Lichtspielhaus wieder hinaus ins Freie traten, in die glühende Abendsonne Neumünsters, hatten nicht nur Leons Eltern, sondern auch Manfred und Martin ihm schon zahlreiche Fragen nach seinem Verbleib und Befinden auf die Mailbox gesprochen. Während Leon seinen Eltern aber nur mit einer kurzen Textnachricht geantwortet hatte, rief der Zuläufling bei seinen Ziehvätern an, eher ungläubig als beunruhigt über das, was er über Kaltsommer hören musste. Obwohl er am Morgen auf dem Weg hin zur Schule die Passage durch den Nebel durchaus als beängstigend empfunden hatte, sofort waren eiskalte Erinnerungen an die katastrophal endende Busfahrt kurz nach Ostern wieder erwacht, und er schweißgebadet mitten in Neumünster an der Haltestelle gleich gegenüber von Karstadt ausgestiegen war, war die Vorstellung, sein Heimatdorf könnte inzwischen komplett von der Außenwelt abgeschnitten sein, noch immer zu abstrakt. In Torbens Zimmer dann hatte er sein Handy gar nicht mehr aus der Hand legen können und beinahe zwanghaft die Nachrichtenticker verfolgt, die Bilder einer nicht mehr einfach nur dick vor sich hin wabernden weißen Wand zeigten. Sie zeigten einen weißen Mahlstrom oder Wirbelsturm, hungrig auf Menschenfleisch. Dass alle oder zumindest die meisten, die er liebte, in Sicherheit waren, beruhigte ihn nicht wirklich. Torben blieb bis spät in die Nacht mit ihm zusammen auf, ohne einen seiner unerwiderten Annäherungsversuche zu starten, und schlief wie aus Solidarität mit Leon ebenso unruhig. Er war zur Stelle, als Leon schreiend aus einem Albtraum erwachte, in dem er – soweit er sich erinnern konnte – durch den Nebel taumelte und flammenlos verbrannte. Trotzdem waren beide an diesem Morgen zur Schule gegangen. Schulkinder aus Bornhöved dagegen erschienen gar nicht, weil die Busverbindung über die B430 unterbrochen war und die Eltern ihre Kinder lieber zu Hause behielten. Manche Lehrer machten nicht einmal richtigen Unterricht, weil die Unruhe in ihrer Schülerschar dafür zu groß gewesen wäre, und riefen spontan eine aktuelle Stunde aus, in der sie die Vorgänge rund um Kaltsommer diskutierten. Leon beteiligte sich daran nicht, auch nicht, als ihn sein Geschichtslehrer zu einer Stellungnahme zwingen wollte und es ihm dann offensichtlich übelnahm, dass ausgerechnet der Kaltsommeraner unter ihnen die großzügig gewährte Gelegenheit, ihnen allen sein Herz auszuschütten, nicht ergriff. Die meisten Lehrerinnen und Lehrer akzeptierten das. Sie änderten den Unterricht zumeist nur ab, um Leon eine Atempause zu verschaffen, und als Herr Bohnkamp, sein Erdkundelehrer, den Ereignissen damit zu begegnen suchte, die Entstehung von Nebelfeldern und Wolken zu erklären, durfte er kommentarlos den Raum verlassen. Je näher nämlich das Ende des Schultags rückte, desto mehr bedrückte ihn die Frage, wie es danach weitergehen sollte. Torbens Eltern hatten zwar schon erklärt, ihn auch diese Nacht wieder bei sich aufnehmen zu wollen, aber das brachte ihm keine echte Erleichterung. Es schien sein Problem nicht zu lösen, obwohl er lange Zeit gar nicht benennen konnte, was dieses Problem eigentlich war. Erst als Martin ihn anrief, um ihm zu sagen, dass er Leon am Nachmittag abholen und zur Ballsporthalle nach Wankendorf bringen werde, nahm das etwas von dem Druck aus seiner Brust. Über Martins Anruf freute er sich so sehr, dass er ein paar Freudentränen nicht zurückhalten konnte – hätte sein Vater ihm dasselbe angekündigt, er hätte sich lieber in der Rumpelkammer der altehrwürdigen Klaus-Groth-Schule verkrochen, als mit ihm zu gehen. Als Martin vor dem Haupteingang hielt, wo Torben mit ihm zusammen gewartet hatte, musste der Leon erst einmal lange fest in den Arm nehmen, bevor sie losfahren konnten. »Bis heute Abend«, rief Leon seinem Freund immerhin noch zum Abschied zu, denn in der Notunterkunft sollte er, da waren sich alle Erwachsenen einig, nach Möglichkeit nicht schlafen. Martin steuerte den Wagen zwar noch auf der Plöner Straße aus Neumünster heraus, bog aber dann gleich hinter Husberg von der B430 ab und nahm eine Strecke nach Wankendorf, die sich schier endlos lang durch ein kleines Dorf nach dem Nächsten wand. Erst kurz vor dem Ziel gab die Landschaft das erste Mal den Blick auf die Wolke frei, die in der heißen Luft und dem grellen Licht dieses Nachmittags zu glühen schien, während sie sich erschreckend schnell um sich selbst drehte. Als hätte sich ein Derwisch diesen verbeulten alten Zaubererhut aufgesetzt und, seiner wilden Macht erliegend, völlig die Kontrolle über seine Bewegung verloren. Leon konnte kaum hinsehen.

Endlich an der Ballsporthalle angekommen, flog er Manfred in die Arme. Der, sonst nicht so nah am Wasser gebaut, vergoss ebenfalls ein paar Tränen der Erleichterung und hätte seinen Zuläufling am liebsten gar nicht mehr losgelassen. Martin gab seinem Mann einen Kuss und vervollständigte ihre Umarmung. Anna und Robert Kaufmann bekamen davon gar nichts mit, obwohl Manfred sie davon in Kenntnis gesetzt hatte, dass ihr Sohn auf dem Weg war. Sie verließen die Sporthalle nicht. Robert war kurz vom Lärm der Prügelei nach draußen gelockt worden und schnell wieder nach drinnen verschwunden, sobald das Gerangel vorüber war. Jeder, der es nicht besser wusste, hätte die beiden Männer und den Jugendlichen für die perfekte Regenbogenfamilie gehalten, die Presse jedenfalls tat es. Nur wenig später ging ein Foto ihres innigen Wiedersehens mit einer entsprechenden Bildunterschrift über die Ticker. Von der Begegnung Leons mit seinen leiblichen Eltern sahen die Ortsfremden hingegen nichts. Die fand hinter einem mobilen Sichtschutz in der Halle statt, der scheinbar auch über die Kraft eines Schallschutzes verfügte. Tatsächlich wurde zwischen ihnen – Manfred und Martin waren zu Leons Unterstützung mitgekommen, hielten sich aber grundsätzlich zurück – kaum ein Wort gewechselt, nicht einmal eine echte Begrüßung. Auch ihre Erleichterung brachten die Eltern Kaufmann nur recht sparsam zum Ausdruck. Bevor Leon schreien konnte, führten seine Ziehväter ihn aus dem Separee fort und in den Duschraum hinter der Männerumkleide, wo sie für den Moment ungestört waren. Dabei wusste Leon nicht einmal, was genau ihn so aufgeregt hatte, die Antwort oder die Geste, nur dass etwas aus ihm herauswollte, das war offensichtlich. In der gekachelten Dusche angekommen, in der seine Schreie sicherlich einen wunderbaren Widerhall gefunden hätten, kam ihm dann aber nur noch ein dumpfes Stöhnen über die Lippen, begleitet von einem trockenen Schniefen. Immerhin tat es gut, seine heiße Stirn kurz gegen die kühlen Kacheln zu drücken. Manfred schlug vor, nach draußen zu gehen und sich auf dem Weg etwas zu trinken und vielleicht auch zu essen zu holen, das würde ihren Nerven guttun, und das taten sie dann auch. Sie gesellten sich zu einer Gruppe aus Kaltsommer rund um Ute Heinsohn, die sich ganz in der Nähe des Zelts, in dem der Krisenstab saß, angesammelt hatte. Sie kamen gleichzeitig mit Thies Dührkopp an, der trotz aller Sorgen erst noch zur Arbeit gegangen war und mit seiner Erleichterung darüber, seine alte Flamme hier anzutreffen, nicht hinter dem Berg hielt. Alle anderen freuten sich unheimlich darüber, noch ein weiteres bekanntes Gesicht wiederzusehen.

Allerdings traute sich Ute nicht in das Zelt hinein, obwohl sie die Bürgermeisterin des betroffenen Ortes war. Niemand hätte sie abweisen können, schließlich vertrat sie fast vierhundert Menschen, von denen inzwischen ein gutes Drittel hier mit ihr rund um diese Turnhalle darauf wartete, Nachricht von ihren eingeschlossenen Familien zu erhalten oder zumindest gesagt zu bekommen, dass man an einer Lösung arbeite und bald alles wieder gut sein werde. Je länger die Warterei dauerte, desto unerträglicher wurde sie – desto blanker lagen die Nerven, wie die Prügelei vorhin gezeigt hatte. Nicht jeder konnte so erleichtert dreinschauen wie Thies, der außer um seinen Hausstand um nichts und niemanden sonst fürchten musste. Lasse Heise lag schon im Krankenhaus, auf einer psychiatrischen Station wohl, wenn die Gerüchte stimmten. Hannes Nebendahl würde ihm bald folgen, wie es aussah, so sehr bangte er um seine vier Kinder und seine hochschwangere Frau Mareike. Mehrfach schon hatte er versucht, die Rettungskräfte und Nachbarn zu einer Verzweiflungsaktion zu überreden, etwa ihn mit einem Funkgerät auszustatten und an ein langes, langes Seil zu binden, an dem er sich dann in den Nebel vortasten wollte. Vielleicht käme er ja durch, ließe aber vorher die Spannung auf dem Seil nach und bräche der Funkkontakt ab, dann wüssten sie, dass etwas nicht stimmte, und könnten ihn sofort zurückziehen. Die vom Krisenstab hatten alles getan, ihm diese Idee wieder auszureden, und er war, niedergeschlagen und frustriert, abgezogen. Wenig später nur stand er erneut auf deren Matte, seine Idee durch die Zutat eines wärme- oder feuerfesten Schutzanzugs verfeinert, die es ihm ermöglicht hätte, die Hitze im Nebel länger zu ertragen. Dass das nach einhelliger Meinung der Experten ebenfalls nicht funktionieren würde oder warum, wollte er weder hören noch glauben. Dieses Mal hatte er den Krisenstab und seine ausführenden Organe erst wüst beschimpft und dann einen hysterischen Weinkrampf erlitten. Ute hätte so gerne etwas für Hannes getan, sie kannte ihn als stets freundlich-fröhlichen Mann, der seine Familie und ihr Leben in Kaltsommer über alles liebte. Es jagte ihr Angst ein, ihn so am Boden zu sehen. Aber er ertrug nicht einmal eine tröstende Hand auf seiner Schulter, sondern machte diese erste mächtige Woge von Verzweiflung mit sich alleine aus und hockte seither in Sichtweite des Krisenstabs auf dem Kantstein des Sporthallenparkplatzes und starrte verstockt vor sich hin. Man musste kein großer Menschenkenner sein, um zu sehen, dass es in ihm brodelte, dass er noch lange nicht aufgegeben hatte. Ute fürchtete, er könnte sich zu einem

Alleingang entscheiden, um seine Familie zu retten, und deshalb hatte sie bereits viele Leute, egal ob Bekannte oder Fremde, gebeten, ein Auge auf ihn zu haben. Sobald er Anstalten machte, sich von diesem Sammelplatz zu entfernen, sollte er aufgehalten werden. Mehr aber konnte sie nicht tun, für ihn nicht und für niemanden sonst – schon gar nicht für ihren Vater Max, ihre Brüder Max Junior und Udo, für ihre Schwägerinnen und Nicht und Neffen oder für Tante Marianne. Sie fühlte sich unfähig, wie eine Versagerin, obwohl sie auf einer rationalen Ebene verstand, dass diese Krise ihre Macht und Möglichkeiten weit überschritt. Dieses Gefühl hatte sich so tief in sie hineingebohrt, dass sie es buchstäblich wie einen schweren, glühend heißen Stein in ihrer Magengrube spürte. Inzwischen war es ihr nicht einmal mehr ein Trost, dass sie Gloria und Tino hier bei sich wusste. Der hatte ihre Tochter auch schon wieder zurück zu seinen Eltern gebracht, weg von diesem ganzen … Durcheinander.

Alles, was sie hätte tun können, wäre gewesen, in das Zelt des Krisenstabs zu treten und, als ortskundige Vertreterin und eben Bürgermeisterin der Betroffenen, an dessen Arbeit beteiligt zu werden. Anders als Melanie Harms hatte sie ja nicht einmal mehr jemanden zum Telefonieren, da ihr jüngster Bruder Karl-Johann längst schon auf dem Weg von Lübeck hierher war. Melanie hatte noch ihren Schwager Andreas, der seinen Schweinezuchtbetrieb in Niedersachsen nicht mal eben so verlassen konnte und trotzdem auf dem Laufenden gehalten werden wollte, während er daran arbeitete, die Versorgung seiner Tiere sicherzustellen, bevor er sich, wohl spätestens an diesem Abend, auf den Weg gen Norden machte. Mit einer Mischung aus Bewunderung und Verwunderung hörte sie, wie ruhig, wie beherrscht Melanie mit dem Bruder ihres Mannes sprach, ihn von jeder Hektik und Hast abzuhalten suchte, mit der er am Ende sich selbst noch in Gefahr gebracht hätte. Überhaupt schien jeder um sie herum mittlerweile ständig sein Handy am Ohr zu haben, mit Verwandten, Freunden oder Kollegen zu sprechen, gestrandete Kaltsommeraner ebenso sehr wie Einsatzkräfte, Pressevertreter oder diese widerwärtigen Schaulustigen. Nur sie hatte niemanden mehr zum Reden – abgesehen von den Mitgliedern des Krisenstabs. Aber was war, wenn die ihr auch nichts sagen konnten, wenn die genauso ratlos waren wie sie?

Sie zuckte zusammen, ihr Herz setzte mindestens zehn Schläge lang aus, als sich eine Hand auf ihre Schulter legte und eine Stimme von schräg hinter ihr etwas sagte. Sie drehte sich um und sah in Manfred Philipps‘ von Sorge gezeichnetes, aber freundlich dreinschauendes Gesicht. Verdattert fragte sie: »Was?«

»Wenn du möchtest«, wiederholte Manfred das Angebot, das er ihr gemacht hatte, »geh ich mit dir rein. Von den Leuten kenne ich zwar niemanden persönlich, aber ich weiß doch, wie diese Typen ticken. Man muss sie nur zu nehmen wissen, dann nehmen sie einen auch ernst.«

Ute verstand erst, was er meinte, als er mit dem Kinn in Richtung des Krisenstabzelts nickte. Es kostete sie einiges an Überwindung, bevor sie antworten konnte: »Das wäre sehr nett.«

»Na, dann komm«, sagte Manfred und reichte ihr seinen Arm.

Bis zum Zelteingang waren es kaum zehn Meter. Es stand nicht einmal jemand davor, um den Zugang zu bewachen. Wenn es doch einmal ein Unbefugter wagte, ins Innere zu treten, kam er meistens schnell wieder heraus, mit einem verwirrten Ausdruck im Gesicht, so als hätte er sich gegen alle Wahrscheinlichkeit in der Tür geirrt. Als wäre dort tatsächlich nicht das zu finden, was zu erwarten wäre, sondern lediglich ein sich in Luft auflösendes Versprechen.

Niemand würde sie also aufhalten, schon gar nicht jetzt mit Manfred an ihrer Seite, und auch nicht die Angst, doch nur enttäuscht zu werden, die sich wie Bleigewichte um ihre Beine legte. Dennoch schaffte sie den Weg wieder nicht. Plötzlich nämlich gerieten die Menschen auf dem Parkplatz vor der Halle in Unruhe, als hätte eine starke Brise nicht die Baumkronen über ihnen erfasst, sondern sie selbst, ihre Körper, Köpfe und Münder. Aus denen erscholl ein immer lauteres Rauschen.

»Was ist los?«, fragte sie, sich nach allen Seiten gleichzeitig umblickend.

»Keine Ahnung«, antwortete Manfred; selbst er wirkte auf einmal verunsichert.

Leute liefen zusammen und auseinander, redeten laut und riefen. Es klang nach Verwunderung, Erleichterung und einem Hauch Resignation gleichermaßen, aber was los war, ließ sich einfach nicht verstehen. Der Krisenstab kam aus seinem Zelt gelaufen und aus der Halle die obdachlosen Bewohner Kaltsommers – selbst sie schienen schon im Bilde zu sein. Alles strömte zu einem wilden, wabernden Pulk zusammen, zu einem vielköpfigen, vielgliedrigen und vielstimmigen Fabelwesen, das urplötzlich unter sich eine neue Futterquelle entdeckt hat und sich begierig darauf stürzt. Nur Ute und Manfred nicht. Ihnen teilte sich die veränderte Situation nicht mit, als säßen sie in einer Blase gefangen, die die Kommunikation störte. Aber sie erkannten auch Martin und Leon mittendrin, ohne dass sie die beiden dorthin hätten laufen sehen. Sie waren plötzlich einfach nur da, ein Teil der Masse, die sich ihnen nicht mitteilte. Unter anderen Umständen wäre es komisch gewesen.

Zögernd, als wäre es gefährlich, näherten sich Ute und Manfred dem Pulk. Er hatte sie untergefasst, und sie klammerte sich an seinen Arm, als könnten sie beide nicht mehr selbstständig gehen. Hoffnung wechselte sich in Windeseile mit nackter Angst in ihnen ab und verlangsamte ihre Schritte. Doch irgendwann waren sie nahe genug, um die Neuigkeit zu hören, die alle so elektrisierte. Sie konnten sie nur nicht glauben. Mitten aus der Menge rief es immer wieder: »Der Ministerpräsident! Der Ministerpräsident kommt! Der Ministerpräsident kommt hierher!« Ute und Manfred sahen sich an, sahen den irren Unglauben im Gesicht gegenüber und – brachen in Gelächter aus. Es half ihnen insofern, dass es die unerträgliche Spannung in ihrer Brust löste.

Der Aufruhr hatte sich noch nicht wieder gelegt, als ein Auto mit Berliner Kennzeichen langsam die Bornhöveder Landstraße entlanggekrochen kam und nach einer Parkmöglichkeit suchte. Zwischen mannigfaltigen Einsatzfahrzeugen, Übertragungswagen, privaten Pkws und Alleebäumen fand sich schließlich eine Lücke, in die sich der Beetle quetschen konnte. Niemand nahm Notiz davon, zumal die beiden Männer, die dem Fahrzeug entstiegen, so ziemlich allen völlig unbekannt waren. Es handelte sich um einen älteren, kräftig gebauten, südländisch wirkenden Mann und einen Jüngeren, der aussah wie der typische brave deutsche Junge von nebenan. Wäre die Situation ruhiger gewesen, hätten sich wenigstens die Giftnattern auf ihrem Beobachtungsposten gefragt, wie es zu dieser seltsamen Paarung hatte kommen können, um sich gleich darauf selbst die Antwort zu geben: Kaltsommer! So aber konnten sich Gerrit und Mehmet unbemerkt unter das völlig aufgekratzte Volk mischen; dass sich für den Abend der Ministerpräsident des Landes Schleswig-Holstein angesagt hatte, hatten sie gerade eben im Radio gehört.

Seit seinem ersten Besuch in Kaltsommer war Mehmet fasziniert von diesem Dorf. Die Wolke, der Nebel, das eigenwillige Klima, das alles übte eine seltsame Anziehungskraft auf ihn aus. Nur den Wunsch, dort leben zu wollen, verspürte er nicht unbedingt. Trotzdem wollte er mehr darüber wissen und hatte deshalb angefangen, in seiner Freizeit das Internet und zunehmend auch analoge Archive nach Informationen darüber abzusuchen. Dass er nichts finden konnte, nicht einmal das kleinste Bröckchen, irritierte ihn, wurmte ihn und stachelte ihn an, tiefer zu graben. Da er außerdem ein Nachrichtenjunkie war, der gleich diverse Apps nutzte, die ihn möglichst in Echtzeit mit dem Neusten aus aller Welt versorgten, hatte er sich eine Filterfunktion eingerichtet, die ihn benachrichtigte, sobald irgendwo der Name Kaltsommer auftauchte. Bis gestern Abend hatte die sich kein einziges Mal gemeldet, seitdem jedoch gab sie ein helles Ping nach dem anderen von sich. So war Mehmet auf die brenzlige Lage in und um Kaltsommer gestoßen, und weil er seit seiner ersten Passage durch den Nebel zumindest ahnte, wie gefährlich es wirklich sein musste, rief er sofort bei Gerrit an. Der wusste zu diesem Zeitpunkt nur, dass irgendetwas nicht stimmte, nicht aber was. Der Kontakt zu Benjamin war und blieb abgerissen, und das gab ihm ein ganz mulmiges Gefühl. Kaum hatte Mehmet ihm die Lage, so gut es ging, geschildert, erklärte Gerrit: »Ich muss da sofort hin!« – »Dann fahr ich dich«, kam es ohne Zögern von Mehmet.

Er konnte kurzfristig Überstunden abbummeln, Gerrit ließ sich eine Krankschreibung für seinen Praktikumsbetrieb geben. Die war nicht einmal an den Haaren herbeigezogen, nach dieser Nacht war er mit den Nerven völlig am Ende. Wenn er nicht versuchte, Benni zu erreichen, war er mit seinen Gedanken bei ihm, und je schwärzer die Nacht wurde, desto düsterer wurden seine Vorahnungen. Wenn sogar all die moderne Technologie – an die war Kaltsommer ja immerhin angeschlossen – keine Verbindung mehr zwischen ihnen schaffen konnte, dann musste es wahrhaft ernst sein. Er glaubte nicht, dass sein roter Bär körperlich in Gefahr wäre, fürchtete aber, dass das nur noch eine Frage der Zeit sein würde. Was er allerdings dagegen tun wollte oder konnte, blieb ihm selbst völlig schleierhaft, und das raubte ihm vollends den Schlaf. Allein die Aussicht, gleich früh am nächsten Morgen nach Schleswig-Holstein aufzubrechen, hielt ihn davon ab, sich gleich jetzt ein Taxi zu rufen und damit die knapp dreihundertfünfzig Kilometer zurückzulegen. Weiß Gott, er wäre dazu bereit gewesen.

Als Mehmet dann endlich gegen acht Uhr dreißig vor Gerrits Haus hielt, erwartete der ihn schon mit einer gepackten Sporttasche neben den

Füßen am Bordstein. Er wollte sich nicht einmal richtig begrüßen lassen, sondern forderte nur die sofortige Abfahrt. Mehmet tat, wie ihm geheißen, alle seine eigenen Fragen, Gedanken und Bedenken auf einen späteren Zeitpunkt schiebend. Als ahnte er bereits, im Verlauf dieser Fahrt noch sehr viel Gelegenheit zu bekommen, sie mit Gerrit zu teilen. Denn kaum hatten sie die Simon-Dach-Straße in Berlin-Friedrichshain verlassen, standen sie auch schon im ersten Stau. Der Berufsverkehr an diesem Freitagmorgen meinte es nicht gut mit ihnen. Über eine Stunde brauchten sie, um wenigstens auf den Berliner Ring Richtung Hamburg zu kommen. Der zeigte sich ebenfalls bös verstopft, als wären die Berliner zur Evakuierung in ihren Privatfahrzeugen aufgefordert worden, ohne dass Mehmet oder Gerrit dies mitbekommen hätten. Buchstäblich jeder schien an diesem sonnigen Morgen die Stadt verlassen zu wollen. Auf der A24 dann reihte sich eine Baustelle an den nächsten Unfall, und zwar immer so, dass sie sich gerade zwischen zwei Abfahrten feststitzend vorfanden. Es war zum Mäusemelken! Es war bereits nach dreizehn Uhr, als sie endlich den Rastplatz Stolpe erreichten, der ziemlich genau die Hälfte der Strecke markierte. Gerrit wäre am liebsten ohne Unterbrechung weitergefahren, Mehmet aber brauchte unbedingt eine Pause. Er hätte sich jetzt auch eine lange Dusche vorstellen können, so verschwitzt war er und so sehr sehnte er sich nach etwas Entspannung. Gerrit gestand ihm immerhin einen Kaffee zu und ein belegtes Brötchen, bevor sie sich wieder in den weiterhin sehr dichten Verkehr auf der Autobahn einfädelten, selbst brachte er nur einen halben Cappuccino herunter. Danach kamen sie erst einmal gut voran. Sofort besserte sich ihre Stimmung, zumal die Schlagzeilen, die weiterhin regelmäßig auf Mehmets Handydisplay aufploppten, zumindest keine weitere Verschlechterung der Lage Kaltsommers andeuteten. Darüber kamen die beiden endlich ins Gespräch, und es wäre schwierig zu sagen gewesen, wem von beiden dies mehr Erleichterung brachte. Nicht dass sie großartig etwas zu sagen gewusst hätten. Auch sie konnten bloß spekulieren, aber das half schon, den Druck abzubauen. Bis sie kurz hinter der Landesgrenze von Mecklenburg-Vorpommern zu Schleswig-Holstein ein weiteres Mal im Stau feststeckten. »Die können doch unmöglich alle ausgerechnet heute übers Wochenende aufs Land oder an die Küste wollen!«, rief Gerrit verzweifelt aus. »Da sind bestimmt auch viele Hamburger Pendler mit bei«, versuchte Mehmet zu beruhigen. Er fand kein Gehör. Aber es war auch egal, für wenigstens eine Dreiviertelstunde bewegte sich die Blechlawine, von der sie nun ein Teil waren, nicht einen Zentimeter vor oder zurück. Als es dann endlich wieder vorwärtsging, war nirgendwo ein Grund für die Verkehrsstörung zu erkennen. Darüber konnte sich Gerrit gleich noch einmal trefflich aufregen. Er schimpfte immer noch, als sie bei Schwarzenbek-Grande auf die B404 abbogen. Hier war die Straße die meiste Zeit über nur zweispurig und verstopft mit Lastwagen und Landmaschinen, weshalb Mehmet Gerrit bat, ruhiger zu sein, damit er sich besser konzentrieren könne. Erst funkelte Gerrit ihn an, aber bevor er etwas sagen konnte, fügte sein Fahrer hinzu: »Versuch doch noch mal, Benni anzurufen. Das hast du seit dem Rastplatz nicht mehr gemacht, vielleicht kommst du ja jetzt durch.« Das war augenscheinlich eine gute Idee, und obschon die Verbindung weiterhin unterbrochen blieb, war der Kleine auf dem Beifahrersitz wenigstens beschäftigt. Erst als aus der Bundesstraße nahtlos die Autobahn 21 wurde, legte er sein Handy wieder weg, denn nun waren sie ihrem Ziel schon ganz nahe. Die Strecke war gesäumt von Knicks und Feldern und Bäumen, die ihre vollbelaubten Kronen in den Himmel reckten, nur den Blick auf die Wolke konnten sie irgendwann trotzdem nicht mehr verstellen. Immer deutlicher zeichnete sie sich vor ihnen ab, ein grelles hässliches Ding, das sich in unheimlicher Geschwindigkeit um sich selbst drehte. Wie ein auf den Kopf gestellter giftiger Strudel in einem Hexenkessel, kam es Mehmet in den Sinn, obwohl er alles andere als ein Freund von Märchen war. Es war nur so, dass dieses Ding da vor ihnen in der Luft nicht nur unnatürlicher denn je aussah, sondern jetzt auch richtiggehend ungesund. Am liebsten wäre er auf die Bremse getreten, hätte den Rückwärtsgang eingelegt und wäre zurück nach Berlin gebraust, in Sicherheit. Aber das hätte er Gerrit niemals antun können. Der saß wie versteinert neben ihm und starrte auf die Wetteranomalie, unter der sein Freund steckte. Das kam nicht infrage. Also fuhr er weiter, lediglich etwas langsamer als vorher, bis sie die Ausfahrt Bornhöved erreichten. Dort wurden sowieso alle Fahrzeuge von der Autobahn gelotst, denn gleich dahinter war diese gesperrt. Ein Stück voraus wurde die Fahrbahn von einer blendend weißen Masse verschluckt wie von einem gefräßigen Nichts in einem Horrorfilm. Er folgte brav der Umleitung, quälte sich durch das total verstopfte Bornhöved und fand sich bald darauf wieder auf der alten B404 wieder, auf der es nun, haarscharf an der Nebelwand vorbei, nach Wankendorf ging. Sie erreichten die zentrale Sammel- und Auffangstelle, zu der die Durchsagen im Radio scheinbar auch sie gerufen hatten, immerhin noch vor dem Ministerpräsidenten des Landes Schleswig-Holstein.

Sie mischten sich unter die wie manisch aufgedrehten Leute und gingen sofort in der Menge unter. Bis sie sich einen Überblick verschafft und herausgefunden hatten, dass Benjamin nicht hier war, verging eine geraume Weile. Und obwohl Gerrit genau das geahnt hatte, war es für ihn doch niederschmetternd, weiter um seinen roten Bären bangen zu müssen. Am liebsten hätte er sich, wie schon so manch anderer vor ihm, in den Rinnstein gesetzt und losgeheult. Zum einen hielten ihn davon die wirren Rettungsszenarien ab, die sich plötzlich in seinem Kopf abspulten wie wildgewordene Filmrollen – Seilschaften durch die Nebelwand, Landekapseln, wie man sie aus der Raumfahrt kannte, abgeworfen aus der Stratosphäre, Tunnelbohrungen –, zum anderen Mehmet. Der ließ gar nicht erst zu, dass sein Freund in die Depression abglitt, sondern schnappte sich seine Hand und zog ihn zum Zelt des Krisenstabs. Anders als die Einheimischen jedoch stoppte er nicht vor dem Eingang. Der war sowieso nicht verschlossen, also drückte Mehmet ihn mit dem Arm auf, trat ein und verlangte im selben Augenblick: »Ich möchte bitte mit einem Verantwortlichen sprechen!«

Die beiden Männer, der eine in Polizeiuniform, der andere in einem zerknitterten Anzug, warfen den Eindringlingen erschrockene Blicke zu, so als hätte man sie gerade bei irgendetwas ertappt. Dabei hatten sie nur über den großen, die meiste Fläche des Raums einnehmenden Tisch gebeugt dagestanden und ratlos auf eine Karte der Gegend gestarrt: ein kleiner Teil darauf war mit dickem Marker rot eingekreist. Wo das Problem lag, konnte so jeder sofort sehen, wie man es löste, dagegen nicht. Der Anzugträger stellte sich als Günter Rohleder vor und fragte immerhin, was er für sie tun könne.

»Mein Freund ist noch da drinnen!«, platzte es aus Gerrit heraus.

»Wann holen Sie den Menschen aus Kaltsommer raus?«, fragte Mehmet, Gerrits Hand drückend.

Günter Rohleder schenkte ihnen ein trauriges Lächeln. »Wir wissen es nicht«, gab er zu. »Wir warten gerade auf aktuelle Wetterdaten. Aber die sind schwierig zu erheben, scheinbar ist alles, was wir hier an Sensortechnik haben, den Vorgängen in der Wolke und dem Nebel nicht gewachsen. Wir sind blind, sobald wir nach Kaltsommer blicken.«

»Wer sind Sie denn, dass Sie das überhaupt beurteilen können?«, schimpfte Gerrit und riss sich von Mehmet los. »Sie können hier doch nicht nur so blöd rumstehen und auf Karten starren. Da drin sind Leute eingesperrt. Geliebte Menschen.«

»Ich bin«, erklärte Herr Rohleder mit einer Ruhe, die ihm zur Ehre gereichte, »der Leiter des Katastrophenschutzes des Landes Schleswig-Holstein – und nebenbei auch ausgebildeter Meteorologe. Ich fürchte, ich weiß, wovon ich spreche.« Und als sich Mehmet für ihr nassforsches Auftreten entschuldigen wollte, winkte er ab und sagte: »Wir tun alles, was wir können, um den Eingeschlossenen zu helfen. Und sobald wir einen Weg gefunden haben, zu ihnen vorzudringen und sie dort rauszuholen, werden wir das tun. Aber ich will ehrlich mit Ihnen sein: So etwas wie das da draußen, habe ich noch nie gesehen. Niemand hat sowas jemals gesehen, zumindest nicht hier auf der Erde. Es ist ja nicht nur die Hitze, die zur Gefahr geworden ist. Scheinbar hat sich in Wolke und Nebel auch ein extrem hochfrequentes elektromagnetisches Feld gebildet. Das stört Sensoren und sogar die Bordelektronik von Aufklärungsflugzeugen und Drohnen. Und deshalb sind wir blind und können nur blöd rumstehen und wie die Ölgötzen auf Landkarten starren.« Günter Rohleder raufte sich die Haare und wandte sich ab.

Es blieb einen Moment still, dann sagte der Polizist: »Wir tun unser Bestes, glauben Sie uns. Und wir werden Sie und alle anderen informieren, sobald wir irgendwelche Fortschritte gemacht haben. Wie wäre es, wenn Sie sich einen Kaffee oder etwas zu essen drüben beim Roten Kreuz holen, ja? Dort könnten Sie auch Angaben zu den von Ihnen vermissten Personen machen, damit würden Sie auch uns helfen. Wenn wir wissen, wie viele Menschen zurzeit vermisst werden, können wir unsere Rettungsmaßnahmen entsprechend planen.«

Unversehens standen Mehmet und Gerrit wieder draußen vor dem Zelt. Sie brauchten einen Moment, um das zu realisieren. Die Ankündigung, dass der Ministerpräsident komme, sorgte noch immer für ein ordentliches Durcheinander, die Leute verhielten sich, als stünde ihnen die Ankunft eines Heilsbringers bevor. Auf vielen Gesichtern zeigte sich ein erleichtertes Lächeln, und wildfremde Menschen klopften sich wie erlöst gegenseitig auf die Schultern.

»Dabei ist der Mann doch eher ein Unglücksrabe«, konstatierte Gerrit bei diesem Anblick bitter.

»Er tut, was er tun muss«, widersprach Mehmet sanft. »Und sollte er am Ende wirklich nichts anderes zu verkünden haben als Unheil, möchte ich nicht in seiner Haut stecken. Und jetzt komm, tun wir, was der Herr Wachtmeister gesagt hat, und teilen den Helfern mit, wen wir suchen.«

Gerrit aber vermochte sich nicht von der Stelle zu rühren, der Schrecken war ihm im Gesicht versteinert und lähmte all seine Glieder. »Ich habe solche Angst«, gestand er flüsternd. »Ich habe Angst, Benni nie wieder zu sehen.«

»Ich weiß«, sagte Mehmet und spürte, wie auch ihn die Lähmung plötzlich zu überwältigen drohte.

Nachdem sie es endlich zur Niederlassung des Roten Kreuzes im geschützten Eingangsbereich der Ballsporthalle geschafft und Benjamins Daten angegeben hatten, war ihre Beklemmung nicht weniger geworden. Tatsächlich fühlte sich das alles erst jetzt so richtig real an. Nun stand Benjamin Sandow offiziell auf der Liste der vermissten Personen, und für Gerrit in seiner momentanen Gemütslage kam das einer offiziellen Feststellung seines Todes gleich. Er hatte lange durchgehalten, aber er saß noch auf dem Klappstuhl vor dem Tapeziertisch und beobachtete, wie der Rotkreuzler die letzten Zeichen in seinen Laptop tippte, als er nicht mehr an sich halten konnte. Die Verzweiflung brach sich Bahn, und Mehmet brauchte lange, ihn wenigstens wieder halbwegs zu beruhigen. Von allen Seiten streckten sich ihm sofort helfende Hände entgegen, nicht nur die von ausgebildeten Helfern, und das rührte ihn zutiefst. Sie zogen sich nicht einmal zurück, als sie erfuhren, wen Gerrit vermisste, und für die Überraschung, die Mehmet darüber empfand, und wenn es auch nur für eine Sekunde war, schämte er sich ein wenig. Das ist der besondere Zauber von Kaltsommer, dachte er und hätte selber beinahe geheult.

Während der Ministerpräsident auf sich warten ließ, kamen Gerrit und Mehmet etwas zur Ruhe. Ganz selbstverständlich durften sie sich zwei Feldbetten nehmen und etwas hinlegen, wenn sie denn wollten. Aber so gut es auch getan hätte, wenigstens einmal kurz die Augen zuzumachen, jetzt, da sie endlich da waren, begann erst die wirklich nervenaufreibende Warterei. Jetzt hatten sie überhaupt nichts anderes mehr zu tun – wie alle anderen um sie herum in der Ballsporthalle auch. Mehmet kam es so vor, als wären sie dem Schicksal direkt in den Würfelbecher geklettert, den dieses nun kräftig schüttelte, um für sie den weiteren Verlauf der Ereignisse auszuknobeln. Dennoch bereute er die Fahrt nicht. Gerrit tat es offensichtlich gut, unter den Kaltsommeranern zu sein, unter Gleichgesinnten. Zwar war die erste Person, die ihn ansprach, eine Reporterin, doch er erzählte ihr bereitwillig: »Mein Freund, also mein Lebenspartner, ist unter den Eingeschlossenen. Seine Mutter ist letztens gestorben und er muss ihren Haushalt auflösen. Deshalb ist er noch einmal in das Dorf gefahren, eigentlich lebt er mit mir zusammen in Berlin. Wir haben noch so viel gemeinsam vor.« – »Auch zu heiraten?«, fragte die Journalistin, und die Anteilnahme in ihrer Mimik kam Mehmet nicht nur professionell vor. »Natürlich!«

»Stimmt das?«, fragte Mehmet überrascht, als die Frau sich bedankt hatte und weitergezogen war. »Wollt ihr wirklich heiraten?«

»Ja.« Gerrit lächelte ihn verklärt an.

»Hast du ihm einen Antrag gemacht oder er dir?«

»Benni wird mir einen machen. Er war schon mehrmals kurz davor, hat dann aber doch immer wieder gezögert. Er wartet nur noch auf den richtigen Moment.«

»Bist du dir sicher?«

Das darauf folgende Schluchzen sagte alles.

Mehmet hob entschuldigend die Hände. »Ich wollte nicht …«

»Schon gut«, winkte Gerrit ab und straffte sich. »Ich weiß ja, wir sind erst seit einem halben Jahr zusammen, aber er ist der Richtige. Er für mich und ich für ihn. Wir haben uns nicht gesucht und trotzdem gefunden, und ich weiß, wenn das alles hier vorbei ist, werden wir schnurstracks nach Berlin aufs nächste Standesamt fahren und uns trauen lassen.«

Darin bestärkte ihn nicht zuletzt Elisabeth Kröger. Mehmet drückte noch Gerrits Hände, als sie plötzlich neben ihren Pritschen auftauchte. Sie erkannte Benjamins Freund von Gerburg Sandows Beerdigung wieder und fragte, wie es ihm, wie es beiden gehe. Gleich darauf saß sie neben Gerrit und hörte zu, wie der ihr beinahe wörtlich dasselbe erzählte wie kurz zuvor der Reporterin. Als er fertig war, strahlte sie ihn an, die Inkarnation purer Zuversicht, und beschied ihm: »Und so wird es kommen. Und vielleicht kommen Sie uns dann ja später einmal gemeinsam hier besuchen. Vergessen Sie uns nicht.«

»Wie kann man das hier jemals vergessen.« Die Worte waren Mehmet gegen seinen Willen herausgerutscht, aber am Blick der Pastorin erkannte er, dass er einen wohlverborgenen wunden Punkt berührt hatte.

»Entschuldigung«, sagte er, schon wieder die Hände abbittend erhebend, »das war nicht so gemeint.«

»Aber es ist ja leider korrekt«, antwortete Frau Kröger ihm und schenkte ihm ein erschöpftes Lächeln. »Und trotzdem dürfen wir die Hoffnung nicht aufgeben, schon gar nicht«, fügte sie hinzu und sah wieder zu Gerrit, »wenn so viel Aussicht auf zukünftige Freude besteht.«

Die Pastorin verabschiedete sich mit dem Versprechen, bei Problemen, egal ob praktischen oder seelischen, jederzeit zur Verfügung zu stehen. Sie verschwand in den labyrinthischen Feldbett- und Trennwandtiefen der Halle, in der das Licht aus den Fenstern immer abendlich goldener wurde. Nach und nach nahmen andere ihren Platz ein, angefangen bei den Leuten, die leidlich wussten, wer Gerrit war und was ihn hergeführt hatte. Ein älteres glatzköpfiges Männerpaar mit einem Jugendlichen im Schlepptau etwa, die sich als Manfred Philipps, Martin Egmont und Leon vorstellten. Gerrit, obwohl er sich offensichtlich kaum an sie erinnerte, fasste schnell Vertrauen zu ihnen und quetschte sie nach allen Regeln der Kunst aus, was sie vom Verbleib seines roten Bären zu berichten wussten. Viel war das nicht, was Gerrit sichtlich zusetzte. Mit dem Fragen aufhören konnte er trotzdem nicht.

»Was ist mit diesen beiden Lesben vom Dorfladen? Warum sind die nicht hier?«

»Sind noch drin.« Manfreds Gesicht wurde vor Bitterkeit ganz grau. »Petras Mutter liegt wohl im Krankenhaus in Neumünster, warum, weiß ich nicht. Anscheinend hat Dunja sie am Morgen hingefahren und ist dann am Nachmittag noch zurück nach Kaltsommer gekommen. Jedenfalls geht man derzeit davon aus …«

»Und … und … dieser Olaf?«, zog Gerrit zwanghaft den nächsten Namen aus seinem Gedächtnis hervor. »Bennis Ex, was ist mit dem?«

Ein Kopfschütteln und Schulterzucken war die Antwort.

»Und … und …«

»Und Frau Nissen?«, half Mehmet aus. »Die neugierige Nachbarin?«

»Auch noch drin.«

Ihnen blieben die Worte und Namen, mochten sie nun bekannt sein oder nicht, in der Kehle stecken, weil es wehgetan hätte, sie auszusprechen und dann gleich darauf auf der Vermisstenliste wiederzufinden. Für Gerrit und Mehmet, weil jeder Name mehr wie ein Echo von Benjamins Name klang, das dröhnender wurde, je öfter man es aussprach; für die Verwalterhaus-Familie, weil sie schon längst mehr in Verlusten dachten als in Vermissten – und ausgerechnet die Erleichterung, auf keiner dieser Listen zu stehen, verstärkte diese Gedanken noch.

»Wie viele werden denn zurzeit vermisst?«, fragte Mehmet schließlich flüsternd.

»Über hundert Personen«, antwortete Martin.

Die Gänsehaut war noch nicht abgeklungen, als Ute Heinsohn sich zu ihrer Runde gesellte, wieder mit Thies an ihrer Seite. Sie wusste auch nicht mehr zu sagen, aber es tat ihr wohl zu hören, mit welcher Liebe, Empathie und Bereitwilligkeit Gerrit von Benjamin sprach, kaum fühlte er sich dazu aufgefordert. Als sie leise erzählte, dass fast ihre ganze Familie väterlicherseits zu den Eingeschlossenen zählte, war er es, der ihr mit seiner Entschlossenheit neuen Mut einflößte, als er verkündete: »Noch ein Grund mehr, sie alle da wieder rauszuholen!«

Es stießen noch andere zu ihnen, auch Melanie Harms und ihr Vater. Der konnte kaum noch laufen und nahm dankbar Thies' Platz neben Mehmet ein. Für Gerrit wurde Olafs Ehefrau sofort die mit Abstand interessanteste Person ihres wachsenden Kreises, selbst noch, als längst klar war, dass sie deshalb auch nicht mehr über den Verbleib ihres Mannes und seines Exfreundes wusste. Die größten Sorgen schien sie sich sowieso um ihren Schwiegervater zu machen, der krank und hinfällig war, wie jeder um sie herum wusste außer den beiden Berlinern, und von denen schaffte es auch nur einer, angemessenen Anteil an Rüdigers Schicksal zu nehmen. Nicht dass sich irgendjemand daran gestört hätte, sie mochten zwar alle in einem Boot sitzen, aber trotzdem hatte jeder seine eigenen Sorgen im Gepäck. So tief musste das Gemeinschaftsgefühl auch nicht gehen, Hauptsache, es war überhaupt vorhanden, um dem Einzelnen für den Moment die nötige Kraft zum Durchhalten zu geben. Als Außenstehender erkannte Mehmet das ganz deutlich, als er seinen Blick durch die Halle schweifen ließ und nur überall dort ein Übermaß an Verzweiflung oder Niedergeschlagenheit erblickte, wo die Leute in ihrer Vereinzelung gefangen waren. Etwa der schmierige Kerl hinten in der Ecke, der – selbst auf die Entfernung war es zu hören – etwas von Feuerholz und Betrügereien vor sich hin brabbelte. Oder das nicht mehr ganz so junge Ehepaar, das scheinbar noch ein Kind erwartete, wenn auch die Schwangerschaft sich noch in einem recht frühen Stadium befand, und sich vollkommen um das kleine Fleischhügelchen krümmte, als bestünde die Möglichkeit, selbst darin Platz und Schutz zu finden. Oder der Mann mit den weitaufgerissenen Augen, in denen das Feuer schon ziemlich heruntergebrannt wirkte, weil es allmählich alle Hoffnung, seine Familie, die Frau und Kinder, doch noch zu retten, verzehrt hatte, während er hier, zur Untätigkeit verdammt, herumsitzen musste. Jeden Versuch, ihn in ihre Gemeinschaft miteinzubeziehen, wehrte Hannes Nebendahl inzwischen rigoros ab. Und je öfter er dies tat, desto mehr sah es aus, als wollte er sich so dafür bestrafen, gestern wie üblich zur Arbeit gefahren zu sein und damit seine Familie mutwillig im Stich gelassen zu haben.

Der Abend war hereingebrochen und die Aufregung über den angekündigten Ministerpräsidentenbesuch längst wieder in sich zusammengefallen. Man richtete sich auf eine zweite Nacht in der Notunterkunft ein, vermutlich ebenso schlaflos wie die erste. Man versorgte sich mit Essen, manch einer auch mit Schnaps, und machte sich auf ein erneutes langes Warten auf die nächste Morgendämmerung gefasst. In die Halle wurde nur noch gelassen, wer entweder aus Kaltsommer stammte oder nachweislich Angehörige dort hatte. Deshalb bekam man drinnen zuerst auch nicht mit, wie draußen, ausgehend vom Zelt des Krisenstabs, sich eine neue Unruhe ausbreitete. Unmittelbar vorher war ein Fahrzeug der Bundeswehr vorgefahren, gleich darauf hatten überall Handys angefangen zu läuten: Eine Nachricht machte die Runde. Nur leider konnte die kein Mensch verstehen. Zu seltsam klang sie, zu unerwartet kam sie, zu sehr überstieg sie das ohnehin schon überstrapazierte allgemeine Vorstellungsvermögen der Katastrophenhelfer. Am Ende war es Günter Rohleder, der Leiter des Krisenstabs höchstselbst, der sich ein Herz fasste, in die Ballsporthalle ging, die Versammelten um sich scharte und ihnen mitteilte, wofür weder er noch all seine Fachleute eine Erklärung wussten:

»Wir können noch immer nicht nach Kaltsommer vordringen, nicht per Funk und erst recht nicht physisch. Auch ein Überflug ist weiterhin nicht möglich, da sich der obere Rand der Wolke in einer Höhe befindet, in die normale Flugzeuge und auch all unsere Drohnen nicht aufsteigen können. Allerdings liegen uns jetzt erste Satellitenbilder vor … und die zeigen, dass … dass sich die Wolke über Kaltsommer geöffnet hat. Zusammen mit dem Nebel bildet sie jetzt einen Schacht, der bis hinauf in den offenen Himmel, zur Sonne und den Sternen reicht. Wir wissen nicht warum, aber die Wolke hat sich geöffnet. Vielleicht ist das ja ein gutes Zeichen, weil das bedeuten könnte, dass sie sich jetzt endgültig auflöst und der Weg ins Dorf bald wieder frei sein wird.«

Herr Rohleder hatte dies im besten Sinne gemeint. Wenn er schon nichts anderes konnte, dann wollte er wenigstens ein wenig Hoffnung verbreiten, denn die Hoffnung, darin wäre er sich mit Pastorin Kröger einig gewesen, sollte man nicht einmal zuletzt verlieren. Aber als er jetzt in die Gesichter der Kaltsommeraner blickte, sah er darin keine Hoffnung. Er sah Entsetzen, nacktes Entsetzen, und verstand nicht, warum. Er verstand es nicht einmal dann, als die Worte, die zuerst irgendwo leise in den hintersten Reihen geflüstert worden sein mussten, es endlich auch bis an seine Ohren geschafft hatten. Er verstand sie nicht, aber glaubte sie sofort, und das jagte ihm eine solche Angst ein, dass er Mühe hatte, nicht von der Pritsche, auf die er kurzerhand gestiegen war, zu fallen. Sie lauteten:

»Die Wolke stirbt. Unsere Wolke stirbt.«

Auf den ersten Blick hatte sich in Kaltsommer nichts verändert, als Otto Runge im Mai 1947 nach Hause zurückkehrte. Er hatte die Hälfte seiner Zuchthausstrafe abgesessen und noch sehr lange auf diversen Krankenstationen, zuerst hinter Gittern, dann in zivilen Einrichtungen, verbracht, um die Folgen des vom Gericht angeratenen und nicht sehr sorgfältig durchgeführten medizinischen Eingriffs auszukurieren. Unter der neuen Herrschaft war es ihm bisher nur leidlich besser ergangen als unter der alten. Sobald die sich im Norden einrichtenden Briten erfahren hatten, weshalb er eingesessen hatte und operiert worden war, stand ihnen der blanke Ekel ins Gesicht geschrieben. Natürlich gab es Ausnahmen – die gibt es immer –, und insgesamt behandelten sie ihn wenigstens noch wie einen Menschen. Sie versorgten ihn mit Essen, gaben ihm Mittel gegen die Schmerzen, die ihm das entzündete Narbengewebe bereitete, sorgten sich um sein leibliches Wohl. Aber die Kälte und Verachtung, mit der sie ihn, den zumeist auch in ihren Augen juristisch korrekt Verurteilten Verbrecher gegen die Sittlichkeit, in die Freiheit verabschiedeten, sorgte dafür, dass Otto auch an diese Zeit der Rekonvaleszenz nicht gerne zurückdachte. Immerhin sprachen sie ihn von jeglicher Mittäterschaft an den Untaten der Nazis frei. Doch selbst mit diesem Persilschein in der Tasche wusste er nur einen Ort, an den er gehen, wo er sich zumindest halbwegs sicher fühlen konnte.

Ob er sich dessen wirklich so sicher war und Kaltsommer noch immer für das Refugium hielt, das es einst gewesen sein mochte? Ich kann es nicht beurteilen, Otto Runge hat schließlich keinerlei persönliche Aufzeichnungen hinterlassen. Es gibt nur die amtlichen Akten über ihn, allesamt von Polizei und Justiz, und die werfen einen komplett einseitigen Blick auf diesen so vielfach geschundenen Mann. In ihnen taucht er nur als jemand auf, der gegen das Gesetz verstoßen hat, nicht nur einmal, sondern wiederholt. Solange Adolfs Komplizen und Mitläufer an den Schaltstellen der Macht saßen wie die Zecken am Wirtskörper, ließen sie es sich nicht nehmen, zumindest immer wieder den Eindruck zu erwecken, als gäbe es noch etwas weitaus Schlimmeres als Völkermord per Gaskammer. Selbst Männer wie Otto, die nach dem Krieg und nach dem Neuanfang alles taten, um den Kopf unten zu halten, aus der Schusslinie, konnte dieser beharrliche Verfolgungswahn jederzeit erneut treffen. Und Otto hatte wahrlich kein Bedürfnis mehr, diese Art der Aufmerksamkeit noch einmal auf sich zu ziehen. Aber auch er hatte eben weiterhin Bedürfnisse, an denen nicht einmal eine Kastration etwas änderte. Zuneigung und Nähe sind nicht an Fortpflanzung und Sex gebunden. Otto war sich bald darüber im Klaren, alle anderen schienen das lieber nicht wissen zu wollen.

Allen voran seine Eltern, die ihn nach seiner Rückkehr widerwillig aufnahmen. Brunhilde war in den letzten Kriegstagen verstorben, eines Morgens nicht mehr aus dem Schlaf erwacht, und noch bevor die Briten die Zügel über das ehemalige Heeresgestüt Kaltsommer in die Hand genommen hatten, waren Konstantin und Ottilie Runge in ihr Haus gezogen. Das half, die wirtschaftlichen Einbußen, die Konstantins Versetzung vom Büro in die Stallungen des Gestüts nach sich zog, abzufedern. Die Wunde, die sein Stolz davontrug, heilte es jedoch kein bisschen. Er sah seine Versetzung – »Vom Kopf an den Arsch!«, wie er es selbst ausdrückte – als reine Strafaktion an, als Ausdruck einer Siegerjustiz der neuen Machthaber, deren Grundlage nichts anderes war als Rache. Dabei hatten die den Krieg doch gewonnen, was wollten die sich da noch an den Deutschen rächen?! Er war zwar Mitglied der Partei gewesen, aber das hieß noch lange nicht, dass er von den Verbrechen der Nazis gewusst oder sich aktiv daran beteiligt hätte. Er sei vom Führer und seiner Bande ebenso getäuscht worden wie alle anderen auch, schwadronierte er im »Krug«, kaum hatte der wieder geöffnet. »Nur gutgeheißen hättest du sie, nicht wahr?«, erwiderte Hinrich Harms scharf, wohlwissend, dass der alte Runge, der bis zuletzt sein Parteiabzeichen am Revers herumtrug wie einen Fetisch, am Konjunktiv scheitern würde. Und tatsächlich war alles, was Konstantin darauf zu antworten wusste: »Wir hatten hier doch nicht mal Zwangsarbeiter. Die Polen auf dem Gut waren ordentliche Arbeiter, mit Arbeitsvertrag und allem Drum und Dran.«

Mindestens ebenso wie die Möglichkeit, für seine politischen Überzeugungen zur Rechenschaft gezogen zu werden, fürchtete er die Bloßstellung, sollte sein bisher so glücklich verschollener Sohn den Mund aufmachen und erzählen, was man ihm im Namen dieser Politik angetan hatte. Denn auch Konstantin Runge war ein Kind von Kaltsommer, und es gab Überzeugungen der Außenwelt, die teilte er tief in seinem Inneren eben doch nicht. Für alle Beteiligten wäre es besser gewesen, Otto wäre nicht zurückgekommen, aber seinen eigenen Sohn an der Haustür abweisen konnte er nicht. Ottilie dagegen ekelte sich mehr denn je vor dem zierlichen, zerbrechlichen Mann mit dem kaputten Magen. In dem wollte sie nun gar nicht mehr den Säugling erkennen, der vor gut achtundzwanzig Jahren aus ihrem Schoß gekommen war.

Dementsprechend kalt war das Klima im Hause Runge, und Luft gab es zu wenig, um sie für Worte zu verwenden. Außer den Mahlzeiten gab es nur eine Woche nach Ottos Rückkehr keinerlei Überschneidungen in ihrem Alltag mehr, und selbst für die wurden keine festen Zeiten angesetzt. Gegen Mittag dampfte das Essen auf dem Herd, wo Brot und Butter, süße wie herzhafte Belege für Frühstück und Abendessen standen, wusste jeder selbst. Otto wartete grundsätzlich ab, bis er niemanden in der Küche mehr herumhantieren hörte, dann rückte er vor, holte sich die kleinen Bissen, die er über die nächsten Stunden verteilt essen würde, und trat damit den Rückzug in sein Quartier an. Das war seine alte Nähstube, seine Schneiderwerkstatt, die aufzulösen seine Eltern noch keine Gelegenheit gefunden hatten. Unter der Werkbank räumte er Platz für eine Matratze frei, die tagsüber, wenn er Kundschaft empfing, verdeckt wurde von einem sehr roten Vorhang, hie und da mit weißen Halbkreisen und schwarzen Karos verziert. Sein altes Zimmer gleich nebenan nutzte Vater Konstantin als Büro. Das hieß im Wesentlichen, dass er sich dorthin zurückzog, sich gleichsam versteckte, vor seiner Frau, vor seinem Sohn, vor der ganzen gemeinen Welt, und dumpf vor sich hin grübelnd seine Pfeife paffte, wenn man ihm im Wirtshaus mal wieder zu viele Widerworte gegeben hatte. Keinen Fuß mehr setzte Otto in dieses Zimmer, in dem er sowieso nur selten Zeit verbracht hatte …

Manche Dinge hatten sich eben doch verändert in Kaltsommer und andere gar nicht, und niemand sonst verkörperte die Gültigkeit dieser beiden Feststellung so sichtbar wie Hinrich Harms. Hinrich hatte der Krieg von der Westküste nach Holstein geführt. Die Wehrmacht hatte ihn auf Reisen geschickt, zuerst, als gelernter Landwirt, der gut mit Pferden umzugehen wusste, auf das Heeresgestüt Kaltsommer und kurz vor Schluss doch noch an die zurückweichende Westfront. Nach deren Kollaps und der Kapitulation war der nun Vierundzwanzigjährige nicht nach Dithmarschen zurückgekehrt, denn den elterlichen Hof würde sein älterer Bruder Wilhelm erben, sondern unter Kaltsommers Wolke. Nicht dass er die sonderlich mochte, wohl aber Hermine Duggen, die Nichte von Ottos ehemaliger Beschützerin Karoline. Fridolin, Karolines Bruder und Hermines Vater, war im Volkssturm verheizt worden, und plötzlich hatte der Duggen-Hof ohne männlichen Erben dagestanden. Zum Glück erwiderte Hermine Hinrichs Gefühle, und dass sie bei der Hochzeit erst siebzehn war, störte niemanden. Hinrich zog in das Bauernhaus oben in der Kurve, wo aus der Hauptstraße die Ruhwinkler Straße wurde, und lebte fortan mit gleich drei Duggen-Frauen unter einem Dach. Neben Hermine waren da noch Karoline, die keinerlei Anstalten machte, sich einen Mann zu suchen, und seine Schwiegermutter Klara, genannt Klärchen, die Letzte im Dorf, die, bis zu ihrer Hochzeit, noch den Namen Wedekind getragen hatte. Gottfried Duggen, Fridolins Cousin, hatte diese Entwicklung als Einziger mit Argwohn betrachtet. Wenn Hinrich nicht aufgetaucht wäre, hätte er, der es so nie über den Status eines einfachen Landarbeiters hinausbrachte, wohl den Hof aus dem anderen Familienzweig übernommen. Immerhin war er kein nachtragender Mensch, und trotzdem suchte er von da an kaum mehr die Nähe zu den selbstständigen, wohlhabenden Verwandten.

Hinrich also hatte die alten Machtstrukturen innerhalb Kaltsommers kaum mehr kennengelernt und interessierte sich auch nicht dafür. Er sah nur, dass Konstantin Runge im Dorf nichts mehr zu melden hatte. Und außerdem war da ja noch Karoline, seine Schwiegertante, wie er sie nannte, die ihm so einiges über Kaltsommers gestürzten heimlichen Herrscher zu erzählen wusste. Die hegte weiterhin die größten Sympathien für ihren ehemaligen Schützling und lud ihn, kaum hatte sie von seiner Heimkehr erfahren, zu sich auf den Hof ein, der von den Leuten noch immer automatisch Duggenhof genannt wurde. Otto folgte ihrer Einladung gerne, nur über das reden, was ihm widerfahren war, wollte er weder mit ihr noch mit sonst jemandem. In dieser Hinsicht wären die Ängste seines Vaters vollkommen unbegründet gewesen. Konstantin jedoch hätte seinem Sohn nicht einmal dann geglaubt, wenn der sich eidesstattlich zur Verschwiegenheit verpflichtet hätte. Ein Grund mehr für Otto, das elterliche Heim so oft wie möglich zu verlassen. An Karolines Tisch war er immer willkommen, und im Grunde genommen musste er über sein Schicksal auch keine Worte mehr verlieren, in groben Zügen war es sowieso den meisten Bewohnern des Wolkenheims bekannt. Gewisse Dinge sprechen sich herum, egal wie sehr einige versuchen, sie unter den Teppich gekehrt zu halten. Eben das war es ja, was Konstantin Runge so zusetzte.

Trotz der widrigen Umstände zu Hause, lebte Otto sich nach und nach wieder ein. Die Nachbarn grüßten ihn freundlich, teilweise sogar mit Herzenswärme, wenn sie ihm begegneten. Die wenigen Briten, die zur Kontrolle des Gestüts in Kaltsommer stationiert waren, schienen entweder nicht zu wissen, weshalb er fort gewesen war, oder es interessierte sie schlicht nicht – und natürlich lebte sich auch von ihnen ein kleiner Teil sehr schnell hier ein –, und als Schneider für Damen- wie für Herrengarderobe war er bald gefragt.

Zuerst bezahlten sie ihn noch in Naturalien, die er komplett als Miete an seine Eltern abgab, später dann, als sich die Wirtschaft normalisierte und es wieder richtiges Geld gab, das etwas wert war, in Münzen und Scheinen. Davon behielt er immer ein Gutteil für sich. Wenn seine Eltern eine Mieterhöhung ankündigten und mit Rauswurf drohten, sollte er nicht zahlen wollen, antwortete er ihnen: »Dann ist es so. Aber dann muss ich mir eine neue Wohnung suchen und sicherlich auch erzählen, wer ich bin und woher ich komme.« Er sagte dies weder kalt noch verächtlich, sondern ganz sachlich, als simple Feststellung. Danach war die Mieterhöhung für die nächsten Monate vom Tisch. Tatsächlich hätte er in dieser Zeit nur sehr schwer eine Wohnung mit Platz für eine Werkstatt darin gefunden, wo noch immer überall Flüchtlinge einquartiert waren. Allein seiner Anwesenheit hatten Konstantin und Ottilie es zu verdanken, dass sie von diesen »Plagegeistern aus dem Osten«, wie der einst so begeistert vom Lebensraum dort schwadronierende Herr Papa die Neuankömmlinge nannte, in ihrem eigenen Haus verschont blieben. Aber Dankbarkeit war noch nie seine oder Ottilies Stärke gewesen.

Otto machte es ihnen trotzdem überraschend leicht. Wenn er nicht gerade wegen Stoff, Garn, Kreide, Nadeln und anderem Werkstattbedarf nach Neumünster oder Kiel fahren musste, setzte er keinen Fuß jenseits des Nebels. »Warum nicht?«, fragte Karoline ihn als Einzige. »Du musst dich doch auch mal amüsieren. Sonst verkümmerst du hier noch seelisch.« – »Du fährst doch auch nicht«, hielt Otto ihr entgegen. »Bei mir ist das was anderes. Ich bin alt genug, dass ich das nicht mehr nötig habe.« Er lachte darüber, und sobald sein Lachen sie angesteckt hatte, war das Thema erledigt. Lange Zeit reichten ihm diese gelegentlichen heiteren Momente bei Karoline aus, dass er sich nicht einsam fühlte.

Niemals hätte er ihr sagen können, wie tief die Angst in ihm wurzelte, noch einmal in die Fänge des Staates zu geraten. Von Buchholz und Grindelmeier, seinen beiden Gestapo-Schergen, träumte er noch jede Nacht. Die Selbstgewissheit, mit der sie ihn gefoltert hatten, verfolgte ihn bis in diese Tage. Sie hatten sich vollkommen im Recht gefühlt in allem, was sie ihm antaten, ebenso wie Richter Warburg und Staatsanwalt Boos und selbst noch sein Pflichtverteidiger Meinhardt. Von Reue keine Spur. Und wenn Otto sich nun die Entwicklung anschaute, die der sich immer deutlicher am Horizont abzeichnende neue deutsche Staat zu nehmen gedachte, wuchs das Gefühl der Bedrohung in ihm mit jedem Tag nur wieder mehr. Er las nicht viel Zeitung, dass sein Vater sich über jeden alten Bekannten freute, der es in das demokratisch verfasste Wesen der Bundesrepublik schaffte, reichte ihm, sich sofort unter seiner Werkbank hinter dem aus alten Naziflaggen zusammengenähten Vorhang einzuigeln. Seine Vorstellung von der Bundesrepublik Deutschland war die eines wurmzerfressenen Kadavers, den gleich drei Doktoren Frankenstein aus fernen fremden Ländern zum Leben wiedererwecken wollten. Sie wussten gar nicht, was sie taten, und das raubte ihm jede Hoffnung. Sicher war es, wenn überhaupt, nur hier, in Kaltsommer, unter der Wolke und hinter dem Nebel. Leidlich sicher jedenfalls.

Viele Jahre ging es so für Otto gut, mehr als fünfzehn, um genau zu sein. In dieser Zeit wechselte das ehemalige Gut und Gestüt Kaltsommer mehrmals seine Bestimmung. Zuerst nutzten es die britischen Sieger als Pferdeerholungsheim für ihre Rheinarmee. Weil aber in dieser Zeit die Versorgungslage der örtlichen Bevölkerung katastrophal war, stimmten die Verantwortlichen in London und Berlin schließlich zu, die Anlagen zu räumen und zurück an die sich neu gründenden deutschen Verwaltungseinheiten zu übergeben, damit die landwirtschaftlichen Nutzflächen für die Ernährung der Bevölkerung herangezogen werden konnten. Interessenten für das Anwesen gab es einige, und am Ende wurde eine Höhere Fachschule für Wirtschaft und Verwaltung dort eingerichtet sowie die Dorfschule. Diese wiederum zog bald wieder aus und in das ehemalige Verwaltungsgebäude des Remonteamts in die nun in Schulweg umbenannte Straße um. An ihrer statt machte sich die DEULA, die Deutsche Landmaschinenschule, in den Räumlichkeiten des Herrenhauses breit und blieb für das nächste Jahrzehnt.

Otto nahm alle diese Wechsel und Entwicklungen nur am Rande wahr. Er konzentrierte sich ganz auf seine Arbeit und war bemüht, alles andere auszublenden. Egal wer oder was gerade in Kaltsommers altem Herzen residierte, er wusste, dass dadurch ein beständiger Strom an neuen Männern in das Dorf geschleust wurde. Damit wollte er nichts mehr zu tun haben, dem fühlte er sich nicht mehr gewachsen. So war und blieb es auch, als auf die Ausbildungsstätte für Landmaschinenfahrer der Katastrophenschutz folgte, was so manchen in Kaltsommer der guten alten Zeit hinterhertrauern ließ, in der die Dinge noch Beständigkeit besaßen. Konstantin Runge zählte auch zu diesen Männern, der in den vielen Besitzerwechseln nichts anderes als einen Abstieg zu erblicken vermochte. Dabei hätte er sich noch am ehesten entspannt zurücklehnen und den Zeitläuften zuschauen können. Er arbeitete inzwischen bei der ebenfalls neu ins Dorf gezogenen Rinderbesamung, die einen Teil der Stallanlagen des Guts übernommen hatte, ein kleiner Verwaltungsposten nur, aber sicher bis zu seinem Renteneintritt in wenigen Jahren. Trotzdem nörgelte er mit jedem Tag mehr an allem und jedem herum, allen voran an Otto, als trüge der die Verantwortung für alles, was passierte.

Dieses endlose Gemecker und Herumkritteln an seiner Person war es, was ihn schließlich bewog, doch noch einmal einen Neuanfang zu wagen. Er tauschte seine selbstständige Schneidertätigkeit ein gegen eine sichere Beschäftigung in der Änderungsschneiderei des Kaufhauses Hertie in Neumünster. Und es war eine Wohltat, die Stadtluft zu schnuppern. Die neuen Kollegen mochten ihn, die Kunden schätzten seine Arbeit, und obwohl er stets zurückhaltend und seinen Mitmenschen gegenüber reserviert blieb, verriet doch das leise Lächeln in seinem Gesicht, wie sehr ihm die neue Umgebung gefiel. Im Haus wusste man, dass er im Krieg gewesen war und in Gefangenschaft – man nahm automatisch Kriegsgefangenschaft an, und Otto ließ sie in diesem Glauben –, dass sein Magen dabei Schaden genommen hatte, weshalb er nur selten zu den gemeinsamen Mittagsmahlzeiten in die Kantine mitkam, und respektierte allgemein seinen Wunsch nach innerer Abgeschiedenheit. Er kam pünktlich und ging pünktlich und durchstreifte die alte Textilindustriestadt, während er auf den Bus nach Kaltsommer wartete. Denn dort wohnte er nach wie vor. Ein Umzug aus dem Schatten der Wolke heraus wäre für ihn niemals infrage gekommen, egal wie nervtötend die Situation zu Hause auch sein mochte. Zu der trug neben seinem Vater auch Mutter Ottilie bei, die beinahe täglich wehleidiger wurde. Sie litt keine Schmerzen, sie war nicht krank, sie langweilte sich ganz einfach nur, weil sie außer Sticken niemals etwas gelernt hatte, womit sie sich selbst beschäftigen konnte. »Dann lies doch mal ein Buch«, schlug Otto ihr vor, und sie zog eine Flunsch, als hätte er sie zutiefst beleidigt. Sie wünschte sich einen Fernseher, aber für den hatte Konstatin, der lieber in die Kneipe ging, keinerlei Verwendung. Freundinnen besaß sie ebenfalls keine, und so blieb ihr nur der ungeliebte Sohn, um zumindest ihren Frust abzureagieren. Und trotzdem kam ein Auszug für Otto nicht infrage, selbst als Familie Runge noch einmal umzog, nämlich aus dem Waldweg in eine der von der Wehrmacht gebauten Arbeiterwohnungen in der Lindenallee. Nach der Auflösung von Gut und Gestüt hatten sich auch dort die alten Besitzverhältnisse zu lösen begonnen, und Konstantin, der seine Jahre im Verwalterhaus im Schatten der herrschaftlichen Bäume nicht vergessen konnte, nutzte die erstbeste Gelegenheit, an diesen vergangenen Glanz anzuknüpfen. Er hätte gerne eine der Eckwohnungen bekommen, gab sich dann aber mit der Hausnummer 20 zufrieden, denn ein langgezogenes Grundstück und einen Stall durfte er auch so wieder sein Eigen nennen. Und Otto musste mit, um die dort draußen anfallenden Arbeiten zu erledigen, etwa morgens und abends die Kuh melken, die sie wie viele ihrer Nachbarn hielten. »Dafür erbst du das alles auch mal«, machte er seinem Sohn die neuen Aufgaben schmackhaft, »gibt ja sonst niemanden, dem ich es vererben könnte.« Otto tat, wie ihm geheißen, und die Sehnsucht nach der Zeit nach dieser Erbschaft war noch der geringste Grund. Er konnte und wollte sich kein anderes Leben vorstellen.

Bis eines Tages Flemming Arp auftauchte, um sich die Hose seines neuen Anzugs enger machen zu lassen. Es war am frühen Nachmittag, quasi noch in der Mittagspause, und Otto allein in der Schneiderwerkstatt. Zu seinem Glück oder seinem Verhängnis, wäre noch ein Kollege anwesend gewesen, hätte er sich diesen Kunden niemals so genau angeschaut und ihm schließlich in die Augen gesehen. Flemming Arp war lang und schmal und an den Gliedern etwas spaddelig, hatte aber mit den Jahren einen kleinen Spitzbauch entwickelt, wie er bei diesem Typ Mann häufig vorkommt, sodass er dünn und dick zugleich wirkte. Die Hände waren gepflegt, das volle, aber ergraute Haar trug er militärisch kurz, und sein Gesicht mit den leichten Aknenarben war glattrasiert. Hinter den erst noch unverbindlich höflich dreinblickenden grauen Augen aber lauerte ein Abgrund. Der Abgrund des Wiedererkennens nämlich, und in den stürzten beide augenblicklich. Nicht dass sie sich von früher her gekannt hätten. Sie erkannten die gemeinsam geteilte Neigung darin wieder, das mögliche gegenseitige Interesse aneinander – und das erduldete Unrecht und Leid. Ein einziger Blick genügte, um zu wissen, woran sie waren. Das sollte ihr gemeinsames Schicksal besiegeln. Beinahe ohne es zu wollen, fassten sie automatisch Vertrauen zueinander, denn das Erkennen brachte auch die Erkenntnis mit sich, wie sehr sie doch jemanden vermisst hatten, dem sie sich anvertrauen konnten.

Das geschah nicht sofort, die Repressionsmaßnahmen des alten wie des neuen Staates hatten ihre beabsichtigte Wirkung voll entfaltet. Wer sich so lange schon nirgends mehr dazugehörig fühlt, findet selbst dann nicht automatisch wieder Anschluss, wenn er meint, vor seinem Seelenverwandten zu stehen. Was Otto erlebt hatte, daran erinnerte er sich nur allzu gut. Dass dieser Flemming Arp eine ähnliche Geschichte zu erzählen hätte, dessen war er sich sicher.

Für diesen Tag wurde nur eine Hosenbundänderung in Auftrag gegeben und ein Abholtermin vereinbart.

»Wann haben Sie das gute Stück denn fertig?«

»Übermorgen.«

»Wieder um diese Zeit?«

»Gerne zehn Minuten früher als heute. Dann könnten Sie die Hose gleich einmal anpassen und sehen, ob sie richtig sitzt.«

»Dann bis übermorgen, Herr …?«

»Runge. Otto Runge.«

»Bis übermorgen, Herr Runge.«

»Auf Wiedersehen, Herr Arp.«

Flemming Arp zog mit einem letzten schnellen Nicken von dannen und ließ einen Otto zurück, dem ganz schwindlig war ob seiner Kühnheit. Er machte sich ans Werk, die Arbeit war reine Routine, und legte die fertige Hose so hin, dass seine Kollegen sie ihm nicht wegnehmen würden. Danach aber wusste er nichts mehr mit sich anzufangen. Ständig musste er an den übernächsten Tag denken, und je mehr er daran dachte, desto eher graute es ihn davor. Seine Konzentration ließ nach, und er stach sich in die Finger, wenn sein wildgewordener Verstand sich ausmalte, was alles passieren mochte. Nicht alles davon war schön. In den beiden Nächten schlief er kaum, und selbst seine chronisch unaufmerksamen Eltern bemerkten seine Zerstreutheit. Beim Blick in den Spiegel meinte Otto, auf einen kranken Mann zu schauen.

Dem Herrn Arp schien es ganz ähnlich ergangen zu sein, sein Gesicht wirkte bei ihrem Wiedersehen geradezu käsig. Immerhin sah er ganz flott aus in Cordhose und Rollkragenpullover in Braun und Dunkelgrün, nicht so steif und förmlich, als käme er nur auf einen Sprung in seiner Mittagspause vorbei. Kaum hatten sich Ottos Kollegen in ihre verabschiedet, stand er schon vor ihm.

Er räusperte sich und sagte: »Ich hoffe, ich bin nicht zu früh …«

»Aber nicht doch«, brachte Otto nach einem Moment hervor. »Bitte, kommen Sie mit nach hinten, Herr Arp, ich habe Ihre Hose schon in der Umkleidekabine bereitgelegt.«

Das Anprobieren war nichts anderes als eine Formalität, die Hose saß nun passgenau unterhalb der spitzen Wölbung von Flemming Arps Bäuchlein und über seinem knochigen Hintern. Dass die ganze Aktion überhaupt zehn Minuten dauerte, lag daran, dass beide es nicht eilig hatten. Sie wechselten kaum ein Wort dabei, aber jeder Handgriff, jede Änderung der Körperhaltung übermittelte eine Botschaft. Es war wie ein Tanz, der auf den ersten Blick entsetzlichen kompliziert wirkte. Kennt man jedoch die Schritte, ist er ganz einfach, selbst wenn man seit Jahren keine Übung mehr darin hat. Wie gut er es gemacht hatte, wusste Otto im Augenblick ihres Abschieds, als Flemming ihm die Hand gab.

»Haben Sie herzlichen Dank, Herr Runge.«

»Das habe ich gern gemacht.«

»Nun denn. Auf Wiedersehen.«

»Auf Wiedersehen.«

Flemming ging einmal mehr davon, dieses Mal mit seiner Anzughose in einer Plastiktüte mit dem rotweißen Logo des Kaufhauses darauf in der linken Hand. Seine Rechte aber war warm und weich gewesen und hatte Ottos einen Moment zu lange gehalten, während in seiner Stimme beim Abschiedsgruß ein kurz Zögern versteckt gesessen hatte. Er hatte Kontakt hergestellt, um sicherzugehen, dass seine letzte Botschaft auch wirklich ihren Adressaten erreichte: ein kleiner weißer Zettel, auf dem nichts weiter stand als eine Telefonnummer und die Zeitangabe wochentags ab 18:00 Uhr. Otto zog sich in die Umkleidekabine zurück, sich auf dem Weg dahin dreimal umschauend, ob ihn auch ja niemand beobachtete. Erst dort las er das Zettelchen, und bevor er die Kabine auf wackeligen Beinen wieder verließ, spähte er erst recht mehrmals durch einen Spalt im Vorhang. Bei der erstbesten Gelegenheit ließ er das kompromittierende Stück Papier in den Untiefen seiner Brieftasche verschwinden, sorgfältig zusammengefaltet, bis von außen nur eine dicke, vollkommen zeichenlose weiße Fläche zu erkennen war.

Er brauchte fünf Tage, den Rest der Woche inklusive Wochenende und noch den folgenden Montag dazu, bis er sich traute, die Nummer zu wählen. Nicht von zu Hause aus, obwohl sie seit kurzem einen eigenen Apparat besaßen, sondern von einem öffentlichen Münzfernsprecher am Bahnhof in Neumünster. Seinen Eltern hatte er etwas von einer Betriebsversammlung erzählt, weshalb er erst mit dem letzten Bus gegen zwanzig Uhr wieder in Kaltsommer sein würde; er hätte ihnen auch etwas von einem Betriebsausflug auf einem fliegenden Teppich erzählen können, sie hatten eh nicht zugehört. Dafür nahm Flemming gleich nach dem zweiten Klingeln ab, als hätte er – seit Stunden, seit Tagen! – auf seinen Anruf gewartet. Das Gespräch dauerte trotzdem keine drei Minuten und bestand im Wesentlichen aus einer Verabredung für den kommenden Sonntagnachmittag. Die war den Eltern Runge schon etwas *schwerer zu erklären, es gab so viel im Garten zu tun. Aber da hatte Flemming in Otto längst Kräfte freigesetzt, die er in sich nicht einfach nur verschüttet geglaubt hatte, sondern seit langem schon abgestorben.*

Bei aller Liebe, die für beide offensichtlich zwischen ihnen vorhanden war, ihre Beziehung nahm zu keinem Zeitpunkt das Wesen einer stürmischen Romanze an, nicht einmal am Anfang, wenn Gefühle und Hormone wie geile Triebe ins Kraut schießen. Ihr Umgang miteinander hatte immer etwas erholsam Abgeklärtes und kam ganz ohne das Bedürfnis aus, sich ständig und überall anfassen oder wenigstens heiße, sehnsüchtige Blicke zuwerfen zu müssen, selbst hinter verschlossenen Türen. Sie waren nicht mehr jung, und ein jeder von ihnen hatte eben seine Geschichte. Der offizielle Teil von Flemmings ging so:

»Während ich im Krieg war, starb meine Frau an einer Blutvergiftung. Die hat sie nach einem Bombenangriff auf Kiel erlitten, als sie sich in den Trümmern verletzte. Sie muss da mit irgendeiner giftigen Substanz in Kontakt geraten sein oder auch einfach nur mit irgendwelchen bösartigen Keimen, wer weiß das schon. Auf jeden Fall war die medizinische Versorgung so schlecht, dass sie daran gestorben ist. So war ich, als ich aus dem Feld heimkam, Witwer. In meiner Trauer aber wollte ich nicht länger in Kiel bleiben, die ganzen Erinnerungen und so, und habe mir deshalb woanders eine Stelle gesucht. So bin ich nach Neumünster zur Sparkasse gekommen, deren Leitung ich vor drei Jahren übernommen habe.«

»Du warst richtig verheiratet?«

»Ja.« Flemming schmunzelte ob Ottos Ungläubigkeit.

»Und hat sie …?«

Das Schmunzeln verschwand. »Ja, irgendwann schon. Und dass sie niemals an Scheidung gedacht hat, rechne ich ihr hoch an.«

»Wie hieß sie?«

»Margot. Wir kannten uns schon seit Kindertagen. Wir waren die besten Freunde.«

»Tut mir leid, dass sie gestorben ist.«

»Danke.«

Den inoffiziellen Teil, den, der ehrenrührig gewesen wäre und zumindest zum Teil von dieser anderen Erzählung verdeckt, wenn nicht gar vertuscht werden musste, erfuhr Otto erst etwas später. Was ihm zugestoßen war, hatte er da schon längst erzählt. Auch wenn das Körperliche zwischen ihnen nie besonders im Fokus stand, ließ sich die Verstümmelung, die Otto erlitten hatte, doch nicht allzu lange verheimlichen. Der anteilnehmende Schmerz, mit dem Flemming ihn betrachtete, als er es erfuhr, löste in Otto eine tiefe Erleichterung aus. Die musste er dem anderen mit einer Welle von Zärtlichkeit mitteilen und milderte die das Entsetzen zumindest etwas.

»Ich bin in Buchenwald gewesen«, erzählte Flemming, da kannte Otto ihn bereits seit einem Dreivierteljahr. Er schien nicht mehr sagen zu wollen – als wäre damit schon alles gesagt – und den Blick schon wieder abwenden, wenn er dabei nicht flüchtig Ottos etwas ratlose Miene gesehen hätte. Der wusste buchstäblich von nichts, kannte nur seine eigenen Erfahrungen, die so quälend waren, dass sie ihn wie Austernschalen umgaben und von allem anderen abgeschirmt hatten. Nur wuchs darin eben keine Perle, sondern ein Geschwür. Flemming konnte das verstehen. Er wusste von überhaupt nur einer Handvoll weiterer Überlebender, kaum eine andere Häftlingsgruppe war so systematisch zu Freiwild erklärt worden wie die Häftlinge mit dem rosa Winkel auf der Brust. Selbst noch innerhalb des Lagers waren sie die Parias gewesen, die Fußabtreter, die sich vor Hass, Frust und Zorn ihrer eigenen Mitgefangenen in acht nehmen mussten. Für sie hatte es keine Solidarität gegeben, nur untereinander, aber sie waren gestorben wie die Fliegen. Die wenigsten durch Selbstmord, die meisten durch Genickschuss, den Sadismus von Wachpersonal und Kapos, Krankheiten wie Fleckfieber und Tuberkulose, Unterernährung und natürlich die Arbeit im Steinbruch.

»Ich bin im Steinbruch gewesen, kaum dass ich nach Buchenwald überstellt worden war«, fuhr Flemming fort. Ebenso wie Otto hätte er am liebsten niemals wieder an diese dunkelste Zeit seines Lebens gedacht, hatte deshalb ebenfalls keinen Kontakt zu anderen Überlebenden gesucht und wäre mit Sicherheit niemals auf die Idee gekommen, so etwas wie eine Opfergruppe zu gründen und für seine Rehabilitierung und eine Entschädigung zu kämpfen. Trotzdem verfolgten ihn immer wieder Albträume. Es gab kein Entrinnen vor den Bildern, die immer da waren, gleich hinter seiner Schädelwand lauerten und nur auf eine Möglichkeit für ihren Auftritt warteten. Besonders schlimm war es in der Frühe, kurz vor der Dämmerung, wenn buchstäblich ein neuer Morgen graute. Er wachte nicht schreiend auf, er lag nur wach und in kalten Schweiß gebadet da und starrte in die Finsternis über sich, wo sich die bösesten Kreaturen nur so tummelten. Sie taten, als wären sie Dämonen aus der Hölle, und waren doch nichts als Menschen, und gerade das machte

ihren tiefsten Schrecken aus. Seine Mitmenschen hatten ihm das angetan, nicht irgendwelche Monster.

Es war einer der letzten echten Winterabende des Jahres. Draußen heulte der Wind und trieb Schnee um Flemmings Haus in Neumünster-Gartenstadt und verfing sich in den ohnehin schon hohen blickdichten Ligusterhecken rund um das Grundstück. An diesem Samstagmorgen war Otto mit dem Bus in Kaltsommer aufgebrochen, und dorthin würde er erst Montag nach Feierabend zurückkehren. Die Wochenenden gehörten ihm und Flemming, die hatte er sogar gegen seine Eltern durchgesetzt. Bei Ottilie war das kein Problem gewesen. Die hatte sich, kaum war die Verliebtheit ihres Sohnes offensichtlich geworden, in eine Traumwelt geflüchtet, ihm ihren Segen gegeben und nur darum gebeten, die Auserwählte bald einmal nach Hause mitzubringen. Konstantin hatte das Korrektiv dazu geliefert und Otto nur mit ätzender Stimme ermahnt: »Wehe, du machst uns noch mal Schande!« Das hatte Otto nicht vor. Er wusste ja, was alles passieren konnte, und deshalb hätte er seinem Vater beinahe versprochen, diskret zu sein. Dass er es nicht getan hatte, bereitete ihm zumindest ein kleines bisschen Genugtuung. Jetzt saß er mit seinem Partner – ein besseres Wort konnte er sich für das, was sie miteinander teilten, nicht vorstellen – auf dem Sofa vor dem brennenden Kamin und trank sein mit ein wenig Apfelsaft versetztes Mineralwasser, während im Hintergrund eine von diesen amerikanischen Jazz-Platten lief, die Flemming so liebte. In dieser Umgebung fühlte Otto sich wohl. Hier fühlte er sich sicher, sogar in der unmittelbaren Nähe zu einem anderen Mann, nämlich zu diesem anderen Mann, auch wenn dessen Blick sich gerade in einer düsteren Ferne verlor und er unnatürlich blass aussah.

Flemming nahm einen großen Schluck von seinem schottischen Whisky und wiederholte leise, aber deutlich: »Ich bin in Buchenwald gewesen. Ich kam direkt dorthin, gleich nach meiner Verurteilung 1943. Als Kämpfer aus dem 1. Weltkrieg und Offizier der Reserve hatte ich gleich zu Beginn, nach dem Überfall auf Polen, einrücken und an ein paar Manövern und Auffrischungskursen teilnehmen müssen, war dann aber wieder ins zivile Leben entlassen worden. Noch hatte man ja genügend jüngere Männer, die man an der Front verheizen konnte. Außerdem hatte ich ja diese Schulterverwundung damals in den letzten Kriegstagen erlitten, die mir von Zeit zu Zeit, etwa bei einem Wetterwechsel, Probleme bereitete und mich in meinen Bewegungen einschränkte. Ich wollte nicht in diesen Krieg ziehen, der mit jedem Tag größer wurde, bis er sich in alle Himmelsrichtungen zugleich ausgebreitet hatte. Jeder mit auch nur einem Funken militärischem Sachverstand im Kopf hätte sehen müssen, dass das Wahnsinn war. Ein Wahnsinn, den wir beim besten Willen niemals gewinnen konnten. Deshalb tat ich alles, nicht wieder einberufen zu werden. Ich bemühte mich, an der Heimatfront unentbehrlich zu werden, übernahm kleinere Parteiämter und wurde Blockwart in meinem Viertel. Margot sah das nicht gern, denn wenn es etwa zu einem Luftangriff kam, bin ich ja nicht mit in den Bunker gegangen, sondern habe aufgepasst, dass alle anderen Deckung suchten und niemand währenddessen die unbewachten oder zerstörten Wohnungen plünderte.«

»Hattest du da keine Angst?«, fragte Otto. »Du hättest jederzeit von einer Bombe getroffen werden können. Oder von Trümmern verschüttet.«

»Seltsamerweise nicht, nein. Mir machte das sogar ein stückweit Spaß. Wenn um mich herum die Sirenen heulten, Scheinwerfer den Himmel absuchten, um die Quelle für das Motorendröhnen von dort oben zu finden, dazu das Sausen der fallenden Bomben und die Erschütterung und der Feuerschein, wenn sie explodierten, nicht nur über den Werften, sondern über der ganzen, mit Flakgeschützen nur so gepflasterten Stadt – das alles war zwar wie ein Tanz auf dem Vulkan, aber es hatte auch etwas Befreiendes. Der Tod lauerte an allen Ecken, aber er musste mich erst mal finden und erhaschen.«

»Das kannst du unmöglich ernst meinen«, widersprach Otto. »Wenn ich nur das Knallen der Gewehre auf dem Übungsplatz gehört habe, ist mir schon angst und bange geworden.«

Flemming lachte sanft. »Ich war voller Adrenalin – und ich lernte in einer dieser Bombennächte Lorenz kennen.« Ganz kurz nahm sein Gesicht einen verklärten Ausdruck an. »Ohne das Tohuwabohu um uns herum hätten wir uns vermutlich niemals gefunden und schon gar nichts miteinander angefangen, aber die Gefahr hat alles verführerischer erscheinen lassen, als es war, und die Befriedigung noch süßer gemacht als ohnehin schon. Wir wussten, das, was wir taten, war Selbstmord, trotzdem trafen wir uns auch bald tagsüber. Wir konnten einfach nicht anders. Natürlich wurden wir entdeckt und denunziert – aber Selbstmord war eben doch nicht das, was folgte. Es wäre für uns beide besser gewesen, damit hätten wir vielleicht sogar noch einen Rest unserer Ehre oder zumindest unserer Familienehre retten können. Mein Parteiabzeichen war plötzlich nichts mehr wert, den ehrenwerten Stand des Blockwarts hatten wir beschmutzt, und wir rechneten beide mit dem Erschießungskommando. Jedenfalls hatten wir uns damit immer gegenseitig aufgegeilt, wenn wir zusammenwaren, um so schnell wie möglich zum Höhepunkt zu kommen.«

Otto starrte ins Feuer und dachte, jemand sollte noch ein Scheit nachlegen …

»Ich denke, Lorenz als ehemaliger Weltkriegssoldat, Freikorps-Mitglied und SA-Mann wurde sofort an die Front geschickt«, fuhr Flemming dessen ungeachtet und nun tonlos fort. »Ich dagegen, der Geistesmensch mit Fronterfahrung, der die Fähigkeit besitzen sollte, die Wehrkraft des Volkes auf jeder Ebene zu zersetzen, wie es mein Ankläger ausdrückte, gehöre aus dem Verkehr gezogen, bis ich mich entweder gebessert oder den Tod gefunden hätte. Ich wurde zu drei Jahren Lagerhaft verurteilt, und so kam ich nach Buchenwald.«

»Du musst das nicht erzählen, wenn du nicht willst.« Otto traute sich endlich, Flemmings Hand zu ergreifen. Die lag kalt und tot wie ein Fisch in der seinen. Er meinte es ehrlich, als er sagte: »Ich kann mir schon vorstellen, was die da mit dir gemacht haben.«

Flemming lachte auf, und Otto lief es eiskalt den Rücken hinunter. »Sei froh, dass du das nicht kannst«, antwortete er. »Du bist niemals in diesem Steinbruch gewesen.«

Aber mehr erzählte er tatsächlich kaum. Innerlich sträubte sich alles dagegen, die schrecklichen Erinnerungen heraufzubeschwören und zum Teil ihrer Beziehung werden zu lassen, vielleicht sogar zu einer Schlinge, die sich ihnen um den Hals legte und sie langsam erstickte. Dieser Steinbruch, der extreme körperliche Arbeit mit Unterernährung und dem absoluten Fehlen von Arbeitsschutzmaßnahmen kombinierte, sodass ständig jemand kollabierte oder von Gestein zermalmt wurde und, wenn er das Pech hatte, dann noch nicht tot zu sein, erschossen wurde wie ein räudiger Köter, am liebsten mit einem Schuss ins Genick, weil dabei der SS-Mann hinter dir aufragen konnte wie ein urgewaltiger Gott. Denn das gefiel ihnen, dieses Gefühl elementarster Macht machte für sie den Reiz ihrer Arbeit aus, allen voran mit den homosexuellen Gefangenen, die fast ausschließlich der zum Steinbruch verurteilten Strafkompanie angehörten. Nur unter großen Schmerzen hätte Flemming das alles über die Lippen gebracht, und so schwieg er dankbar, sobald Otto auch nur andeutete, seine Sprachlosigkeit respektieren zu wollen. In den Jahren, die sie zusammen waren, kamen sie, wenn überhaupt, nur noch zufällig und sehr bruchstückhaft auf Buchenwald zu sprechen. Von seiner Zeit als kleiner NS-Funktionär und Blockwart dagegen erzählte Flemming häufiger. Es störte Otto nicht im Geringsten, dass sein Partner nicht nur aus taktischen Gründen ein Anhänger Hitlers geworden war. Dass er sich ausgerechnet mit diesem Lorenz so gut verstanden hatte, war nicht von ungefähr gekommen. Otto sah darin deshalb kein großes Problem, weil er diese Ambivalenz nur zu gut von zu Hause kannte. Sein eigener Vater konnte noch immer kein Unrecht darin erkennen, der NSDAP angehört zu haben. Wenn Konstantin etwas bereute, dann lediglich, dass sein eigener Sohn in die Mühlen der NS-Justiz geraten war, obwohl er die Meinung des Führers über Homosexuelle als eingefleischter Kaltsommeraner beim besten Willen nicht nachvollziehen konnte, und so Schande über die Familie gebracht hatte. Trotzdem hätte Konstantin Runge seinen Führer und Reichskanzler niemals offen kritisiert. Alles andere, was der angeschoben hatte, den Krieg definitiv eingeschlossen, befürwortete er nach wie vor, wenn auch nur innerhalb der eigenen vier Wände. Selbst Flemming rutschte manchmal, wenn er zu viel Scotch getrunken hatte, eine Klage darüber heraus, dass der Krieg, obschon in seinem schieren Umfang Wahnsinn, verloren gegangen sei. Wenn Otto das bei seinem Vater aushalten konnte, dann bei dem Mann, den er liebte, erst recht.

Zu ihrem zweiten gemeinsamen Weihnachten schenkte Otto Flemming ein selbstgeschneidertes Tweed-Jackett und eine Pfeife, obwohl der nur Zigaretten rauchte. Otto grinste dabei bis über beide Ohren.

»Warum denn das?«, fragte Flemming verwundert.

»Damit du«, erklärte Otto, während er erst eine Jazz-Platte auflegte und danach seinem Mann einen ordentlichen Schluck seines Lieblingsgetränks aus den Highlands einschenkte, »endlich aussiehst wie ein richtiger englischer Gentleman.«

»Was ja schon immer mein allergrößter Traum war.« Er ließ es sich trotzdem gefallen, besonders den Scotch, und das Tweed-Jackett trug er danach sogar regelmäßig im Haus.

Immer nur im Haus oder bestenfalls noch auf der Terrasse auf der Rückseite seines Hauses. Die war so von Bäumen, Hecken und Sichtschutzwänden umstellt, dass man sie von den Nachbargrundstücken aus nicht einsehen konnte. Das war Flemming wichtig, das war einer der Grundpfeiler seines Lebens, an dem niemand rühren durfte. »Was ich privat mache, geht niemanden etwas an«, betonte er, und deshalb beschränkte sich ihre Beziehung ausschließlich auf Flemmings Haus. Gemeinsam in die Stadt gingen sie nie. Sie fuhren nicht einmal zusammen in eine andere Stadt, um dort ins Kino, ins Theater oder in ein Restaurant zu gehen. Zu sehr fürchtete Flemming um den Verlust seiner Reputation, die er sich nach dem Krieg mit so viel Energie und Sachverstand wieder aufgebaut hatte, dass niemand von dem dunklen Fleck in seiner Vergangenheit auch nur das Geringste ahnte. Das vermutete er jedenfalls. Otto dagegen war sich ziemlich sicher, dass Flemmings Nachbarn ziemlich genau über das Verhältnis im Bilde waren, in dem der Hausherr zu dem jüngeren, recht unscheinbaren Mann, der jedes Wochenende vorbeikam und über Nacht blieb, stand. Man sah sich zwar nur selten, aber Begegnungen am Gartenzaun ließen sich im Laufe der Zeit beim besten Willen nicht immer verhindern. Flemming blendete das einfach aus. Er tat so, als wäre die Fassade, die er aufgebaut hatte, das reinliche Haus in einem gepflegten Garten, eingerahmt von stets akkurat gestutzten Hecken, Büschen und Bäumen, undurchdringlich und perfekt. Otto akzeptierte das, Hauptsache, er konnte mit seinem Mann zusammen sein. Dass Flemming sich auch weigerte, einmal mit nach Kaltsommer zu kommen, wo sie sich unter der Wolke und hinter dem Nebel offen hätten zeigen können, fand er allein deshalb nicht schlimm, weil ihm so die sich zwangsläufig daraus ergebende Konfrontation mit seinen Eltern erspart blieb. »Ich bin da mal zufällig durchgefahren«, erklärte Flemming seine Abwehr, »und ich war noch nicht ganz zur Hälfte durch das Dorf durch, da überkam mich schon die Depression.« – »Ich weiß, was du meinst«, hatte Otto ihm darauf geantwortet, »als ich das erste Mal das Dorf verließ und die Sonne sah, bekam ich blanke Panik. Ich fürchtete, die Strahlen würden mir die Haut von den Knochen brennen.« Flemming hatte den Zusammenhang nicht verstanden, aber Otto seinen kleinen Spaß gehabt.

Sie blieben fast dreieinhalb Jahre zusammen, ohne dass sich an dieser Grundkonstellation jemals etwas änderte. Unter der Woche sahen sie sich nicht – Flemming brachte nicht einmal mehr seine ausbesserungs- und änderungsbedürftigen Kleidungsstücke im Geschäft vorbei, das erledigte Otto nach Feierabend privat –, und die Wochenenden verbrachten sie in dem Häuschen in der Gartenstadt, als wäre es ein verwunschenes Schloss, in das man nur per Zauberspruch gelangt. Trotz aller Einschränkungen war es die beste Zeit in Ottos Leben. Selbst sein ramponierter Magen, der sonst ständig Probleme machte und nicht nur wenig Nahrung aufnahm, sondern diese grundsätzlich in Sodbrennen zu verwandeln schien, verhielt sich meistenteils ruhig. Da konnte seine Mutter noch so sehr greinen, dass ihr »lieber Otto« sie nicht an seinem Leben teilnehmen ließ, und aus seinem Vater ständig die in saure

Aggression umkippende Furcht von einem neuerlichen Prozess mit seinem Sohn auf der Anklagebank und ihm am moralischen Pranger gleich dahinter sprechen, allein das Wissen, am Wochenende wieder bei Flemming zu sein, ließ ihn alles das ertragen. Es linderte die Magenschmerzen, war Balsam für die immer hart am Rande einer Entzündung entlangschrammende Magenschleimhaut und löste die Knoten im Narbengewebe dort unten. Niemals vorher und niemals hinterher sollte er sich wieder so entspannt fühlen, so sehr mit sich selbst im Reinen.

Bis eines hässlichen Februartages des Jahres 1965 die Polizei plötzlich an seinem Arbeitsplatz auftauchte und ihn zur Befragung auf die Dienststelle mitnahm. Die beiden Beamten, obwohl in Zivil doch gut als solche zu erkennen, nannten keinen Grund und legten ihm auch keine Handschellen an. Sie nahmen ihn nicht fest, und doch fühlte sich Otto regelrecht abgeführt, denn Widerspruch oder einen Aufschub auf die Zeit nach Feierabend duldeten sie nicht. Also folgte Otto ihnen, sich mehr Sorgen über die Auswirkungen auf sein Angestelltenverhältnis machend als Gedanken über die Ursache für diesen Zwischenfall. Im Wesentlichen versuchte er, jedes Gefühl von Déjà-vu zu unterdrücken, sonst wäre er Gefahr gelaufen, panisch schreiend Reißaus zu nehmen.

Weder Otto noch Flemming sollten jemals erfahren, wer sie denunzierte. Nicht einmal ich weiß es, und ich habe die archivierten Akten gelesen. Die Anzeige wurde anonym gestellt – gegen Flemming, nicht gegen Otto. Jemand wollte ihn dabei beobachtet haben, wie er spätabends eine öffentliche Toilette auf dem Kleinflecken betreten hatte, sowohl beim Ein- als auch beim Austreten in Begleitung eines jungen Herrn. Der Polizei reichte bereits die Verdächtigung der strafbaren Handlung nach Paragraph 175, um tätig zu werden. Die Identität dieses besagten jungen Herrn wurde niemals festgestellt, nur dass es sich nicht um Otto handelte, ist sicher. Vielleicht ist er also nur eine Fantasiegestalt, dem bösen, verleumdungsfrohen Geist eines Neiders, Missgünstigen oder, weil Flemming ihm einen Kredit nicht hatte bewilligen wollen, nach Rache Gesinnten entsprungen. Das Wissen um all diese Details ist vor Jahren schon zusammen mit den involvierten Personen in deren Gräbern versunken. Für Otto zählte nur, dass sie *– denn natürlich war es für ihn schwierig, in diesem Moment nicht an Buchholz und Grindelmeier zu denken, zu groß muteten ihm die Ähnlichkeiten an – nun doch gekommen waren. Sie hatten ihn geholt. Er und Flemming, sie waren so vorsichtig gewesen, und am Ende hatte alles nichts geholfen. Sie waren aufgeflogen.*

Es dauerte keine zwanzig Minuten, da hatten die Beamten ihn schon auf die Wache gebracht, ihn hineingeschleppt wie Raubtiere ihre Beute, um sie an ihre Jungen zu verfüttern, denn Otto hatte kaum mehr laufen können. Ihm war alle Kraft aus Armen und Beinen gewichen, und in seinem Kopf kreisten die Gedanken wie in einem Wirbelsturm um ein völlig leeres Zentrum. Ins Vernehmungszimmer hatten sie ihn beinahe tragen müssen, was die beiden Beamten mit einer Menge despektierlicher Aussprüche kommentierten. Dort hatten sie ihn auf einen Stuhl plumpsen und allein gelassen. Die Tür fiel hinter ihnen ins Schloss und schien Otto die Luftzufuhr abzuschneiden. Plötzlich ging ihm der Atem schwer und fühlte sich seine Kehle trocken an. Er hätte gerne um ein Glas Wasser gebeten, aber dafür hätte er wohl schreien müssen. Doch wollten sie nicht genau das? Dass er bettelte und flehte, noch bevor das Verhör überhaupt angefangen hatte? War das nicht auch damals schon Teil der Folter gewesen?

Wie lange sie ihn warten ließen, konnte er nicht ermessen. Das kann auch ich nicht rekonstruieren, da aus dem seiner Akte beigefügten Protokoll nur 16:40 Uhr als Beginn der Vernehmung notiert ist. Die führte ein gewisser Kriminalkommissar Roland Löbau durch, zum damaligen Zeitpunkt neunundvierzig Jahre alt, den ganzen Krieg hindurch bei der Wehrmacht gewesen und es immerhin bis zum Feldwebel gebracht, schlussendlich in der Normandie in Gefangenschaft geraten und erst knapp drei Jahre nach Kriegsende wieder heimgekehrt, wo er sich zum Polizisten hatte ausbilden lassen. Er war nur wenige Jahre älter als Otto und schien bereit gewesen zu sein, in ihm eher den alten Frontkameraden zu erblicken als den Abartigen und Perversen, dem er nun die ihm zur Last gelegten Straftaten beweisen sollte. Jedenfalls brüllte er nicht herum, verzichtete auf Beleidigungen und Erniedrigungen und sorgte dafür, dass Otto etwas zu trinken bekam, damit der überhaupt sprechen konnte. Otto selbst war überrascht von so viel Freundlichkeit. Doch ließ ihn das sich nicht entspannen, im Gegenteil, nun war er erst recht auf der Hut. Das konnte alles nur Taktik sein, ein Versuch, ihn einzulullen, um ihn dann gezielt zu überrumpeln. Er durfte nichts Gutes von diesem Mann erwarten, der auf dem Stuhl ihm gegenüber auf der anderen Seite des Tischs Platz genommen hatte. Kein Wunder, dass er zutiefst verwirrt reagieren musste auf dessen Verhöreröffnung.

»Ihr Vater ist bereits informiert, Herr Runge, er ist ein alter Freund meines Vorgesetzten«, lauteten also Kommissar Löbaus ersten Worte. »Sie müssen mir nur ein paar Fragen beantworten, dann können Sie Ihren Vater in spätestens einer Stunde nach Hause begleiten.«

»Worum geht es denn?«, stammelte Otto. Die Aussicht, von seinem Vater von einer Polizeiwache abgeholt zu werden, behagte ihm nicht im Geringsten. Der konnte diesen Vorgang nur als die Schande lesen, vor der er seinen Sohn immer wieder so eindringlich gewarnt hatte.

»Wie gut kennen Sie Flemming Arp, Herr Runge?«

»Wen?«

Löbau seufzte, lächelte aber auch. »Bitte, Herr Runge, machen Sie mir meine Arbeit nicht schwerer, als sie ohnehin schon ist«, sagte er. »Ich weiß, das ist eine unappetitliche Sache, das sind diese Dinge immer, aber wir müssen sie nun einmal klären. Aber wenn Sie es so wollen, formuliere ich die Frage um: Kennen Sie Flemming Arp, den Leiter der Stadtsparkasse Neumünster?«

»Ja.«

»Woher?«

Otto schluckte. »Von der Arbeit. Er hat mir mal eine Anzughose zum Ändern vorbeigebracht.«

»Wann war das?«

»1962.«

»War das Ihre einzige Begegnung?«

»Nein. Er brachte in der Folge öfter mal Kleidungsstücke vorbei, die geändert werden sollten.«

»Wann zuletzt?«

»Ich weiß nicht. Vor anderthalb Jahren vielleicht?«

»Und seitdem?«

»Was seitdem?«

»Haben Sie Herrn Arp seitdem mal wiedergesehen?«

Otto dachte angestrengt nach und antwortete schließlich: »In der Stadt mal, glaube ich. Abends nach Feierabend, auf dem Weg zum Bus.«

»Haben Sie bei diesem Treffen miteinander geredet?«

»Kann sein. Kurz vielleicht.«

»Sicher sind Sie sich nicht?«

»Nein. Wieso denn?«

»Waren Sie mal bei Herrn Arp zu Hause?«

Wieder dachte Otto nach, noch angestrengter diesmal. »Ja, ein- oder zweimal«, gab er zu. »Ich habe ihm seine geänderten Anziehsachen vorbeigebracht.«

»Warum?«

»Kundenservice.«

»Ist das so üblich bei Ihnen im Kaufhaus?«

»Nein.«

»Warum haben Sie es denn bei Herrn Arp gemacht?«

»Er schien ein wichtiger Kunde zu sein.«

»Der dann aber trotzdem irgendwann nicht wiederkam.«

»Ja, leider.«

Roland Löbau ließ seinen forschenden Blick von oben nach unten und wieder zurück über Ottos schmächtigen und nun auch noch in sich zusammengesunkenen Körper schweifen. Er schien ihn zu scannen, so als würden sich Lügen und Unwahrheiten auf der Haut wie Pickel zeigen. Otto fühlte sich durchschaut, und je länger der Kommissar nichts sagte, desto durchschauter. Sein Magen verknotete sich so sehr, als wollte er im nächsten Moment reißen. Und Löbau sagte noch immer nichts. Er fing nur an, sich ein paar Notizen in die mitgebrachte Akte zu machen, auf seinem Gesicht dabei einen Ausdruck purer Gleichgültigkeit zur Schau stellend. Der Kommissar machte hier nur seine Arbeit, ihn ging das alles gar nichts an.

»Was ist denn mit Herrn Arp?«, fragte Otto endlich.

»Er wurde festgenommen«, antwortete Löbau, ohne aufzuschauen.

»Weswegen?«

Erst jetzt hob er den Blick und suchte direkten Augenkontakt. »Wegen Sittlichkeitsverbrechen. Ihm werden strafbare homosexuelle Handlungen vorgeworfen.«

»Wie schrecklich.«

»In der Tat«, erwiderte Löbau, und Otto kam es so vor, als unterdrückte der ein Lachen. »Wussten Sie denn etwas von Herrn Arps absonderlicher Veranlagung?«

»Ich? Nein! Wieso?«

Der Kommissar nickte nur auf den wieder zugeklappten Aktendeckel vor sich auf dem Tisch. »Ich kenne Ihre Akte, Herr Runge«, erklärte er, nicht unfreundlich, sondern nüchtern um die Fakten bemüht. »Auch wenn Sie seither nicht wieder aktenkundig geworden sind, wissen wir doch beide, dass das nichts heißen muss, oder, Herr Runge?«

»Wenn nichts in der Akte steht, dann gibt es da auch nichts.« Otto war selbst ganz überrascht, wo er die Kraft für diese so entschieden hervorgebrachte Erwiderung hernahm. Aber sie beflügelte ihn, gleich die Flucht nach vorn anzutreten: »Und da Sie meine Akte nun schon kennen, wissen Sie ja auch,

welcher Behandlung ich mich unterzogen habe, um geheilt zu werden von meiner Veranlagung. Was auch immer Sie also andeuten wollen, Herr Löbau, ich kann es nicht getan haben, weil ich dazu rein körperlich schon seit zwanzig Jahren nicht mehr in der Lage bin.«

Der wirkte tatsächlich etwas überrumpelt, als hätte er bisher noch gar nicht über die Bedeutung dieses Informationsteils auf seinen schlauen Blättern nachgedacht. »Dann hat die Operation«, fragte er zögerlich, geradezu etwas lahm, »also wirklich funktioniert?«

»Ja«, antwortete Otto. Aber er ließ sich Zeit damit, es war ihm wichtig, dass dieser Löbau ihm diesmal seine volle Aufmerksamkeit zuwandte, gerade weil dem das Thema sichtlich unangenehm war. Als der Beamte ihn dann mit leicht gequälter Miene anblickte, fügte er hinzu: »Es kann doch nicht sein, dass sich die Nazis dermaßen geirrt hätten, oder?«

Während aber für Otto dieser Spruch nichts als Bitterkeit enthielt, die sich wie ein giftiger Schwall in seinen Magen ergoss und ihn endgültig übersäuern ließ, schien Löbau ihn nur als geschmacklos zu empfinden. »Darüber macht man keine Witze«, sagte er matt.

Trotzdem schien Otto ihn besiegt zu haben. Besiegt mit der bösen Ironie der Geschichte, vergiftet mit dem Zynismus desjenigen, den man nicht rechtzeitig ausgelöscht hatte. Löbau nämlich stellte nur noch ein paar Fragen, die selbst der angespanntesten Person und erst recht einem alten Frontsoldaten sofort als Rückzugsgefecht offenbar wurden, und beendete dann die Vernehmung, die er jetzt sogar nur noch Befragung nannte. Er dankte Otto höflich für seine Mitarbeit, stand auf und wollte gehen.

»Und das war's?«, fragte Otto überrascht. »Und was ist mit mir?«

»Sie bleiben noch kurz einen Moment hier. Ich schaue, ob Ihr Vater schon da ist, und lasse Sie dann sofort holen.«

Wenn Otto jemals so etwas wie Triumph über den glücklichen Ausgang dieser Geschichte empfunden haben sollte, so zerstob dieses Gefühl nun noch eher, als der Kommissar die Tür zum Vernehmungsraum hinter sich hatte schließen können. Am liebsten hätte Otto ihn zurückgerufen, aber das war ja völlig unmöglich. Er hätte dem Beamten niemals erklären können, dass damit, mit der Übergabe an seinen Vater, das eigentliche Verhör, das Martyrium erst beginnen würde. Sein Vater kam gewiss nicht in freundlicher Absicht. Nicht um seinen Sohn vor falschen Anschuldigungen zu bewahren, sondern um sein eigenes Ansehen zu retten.

So war es dann auch wirklich. Konstantin Runge warf Otto nicht einen Blick zu, weder auf der Wache noch danach im Auto. Er hatte sich vollkommen in seinem Stolz darüber, ein ehrenwerter Bürger zu sein, der noch nie mit dem Gesetz in Konflikt geraten war, eingekapselt. Für die Taten seines erwachsenen Sohnes konnte man ihn nicht verantwortlich machen. Natürlich kümmerte er sich trotzdem um ihn, das gehörte sich so. Was ihn nicht davon abhalten würde, ihm sein Missfallen darüber auszudrücken, in was für eine schändliche Situation er ihn und seine Mutter wieder einmal gebracht hatte. Otto war beinahe überrascht, zu welch ausdrucksstarker Mimik und Gestik sein Vater vor Publikum fähig war.

Er fürchtete sie allerdings auch, und das zu Recht. Kaum waren sie zu Hause in Kaltsommer angekommen, ein fieser kalter Nieselregen, wie er nur hier im Winter möglich war, rieselte aus der Wolke herab, wurde die Stimmung erst so richtig frostig. Bevor Otto aussteigen konnte, wandte sich Konstantin an ihn und teilte ihm mit: »Deine Mutter weiß von nichts. Ich habe ihr gesagt, du musstest zur Polizei, weil du Zeuge bei einem Verkehrsunfall geworden bist. Wage es ja nicht, eine andere Geschichte zu erzählen, hörst du?! Allein, weil es nur einen unnötigen Skandal provozieren würde, schmeiß ich dich jetzt nicht raus. Du solltest dich zusammenreißen und uns keine weitere Schande bereiten. Doch genau das hast du getan. Das verzeihe ich dir nicht, darauf kannst du Gift nehmen. Und sobald sich die Wogen wieder etwas geglättet haben, wird es noch Konsequenzen haben. So was wie heute darf sich niemals wieder wiederholen. Und jetzt geh mir aus den Augen, für heute will ich dich nicht mehr sehen!«

Es dauerte jedoch, bis die Wogen, von denen Konstantin Runge sprach, sich wieder geglättet hatten. Als Otto nämlich am nächsten Morgen zum Frühstück in die Küche kam – er hatte überlegt, ohne zur Arbeit zu fahren, aber damit hätte er nur wieder neuerlichen Zorn seitens seines Vaters auf sich gezogen –, saß Ottilie schon am Tisch und las ganz aufgeregt die Zeitung.

»Junge, hast du schön gehört«, begrüßte sie ihn und hielt ihm die Schlagzeile entgegen: »Der Leiter der Sparkasse Neumünster hat sich umgebracht. Erhängt in seiner Zelle. Da drin saß er in Untersuchungshaft, weil er ein perverser Sodomit war.«

Einundvierzigstes Kapitel

WER NICHT SCHON TOT WAR in Kaltsommer, schlief nicht in dieser Nacht.

Rüdiger Harms war nämlich nicht der Einzige, der diesen Tag der sich öffnenden Wolke nicht überlebte. Nur stand sein Tod ob der Umstände im Mittelpunkt der Aufmerksamkeit und zog die meisten der im Dorf Eingesperrten an wie ein Magnet. Olaf und Benjamin hatten ihn in seinem Bett aufgebahrt, ihn gewaschen und in seinen besten Anzug gehüllt; den hatte er zuletzt auf Gerburg Sandows Beerdigung getragen. Was hätten sie auch sonst mit ihm machen sollen? Weder Arzt noch Bestatter waren zu erreichen, und obwohl die Temperaturen alles andere als gut für einen Leichnam waren, gab es eben auch kein Kühlhaus in Kaltsommer, denn einen solchen Fall hatte es hier noch nie gegeben. So mancher hätte in seinem Haus eine Gefriertruhe gehabt, die groß genug für Rüdigers auf einmal so klein und zerbrechlich wirkenden Körper gewesen wäre, doch daran wollten nicht einmal die Besitzer dieser Geräte denken. Also lag Rüdiger auf seinem Bett, die Hände über dem Bauch gefaltet, die Augen geschlossen und der Mund leicht geöffnet. »Ihr solltet ihm den Kiefer hochbinden«, hatte Hans Niemann geraten, ungefragt und altklug wie ein vorlauter Junge. Olaf hatte ihn nicht einmal mit einem Blick aus seinen unendlich müden Augen bedacht und Petra ihren Vater in die Küche geführt, wo Hans sich zu den anderen älteren Herrn an den Tisch setzte. Von irgendwoher waren plötzlich Schnaps und Gläser aufgetaucht, doch hatte der Alkohol noch nicht seine Wirkung entfaltet. Noch herrschte in den Gesichtern, in denen der Trinkenden ebenso wie in allen anderen, dumpfe Erschütterung vor, und die rührte nicht nur vom Toten den Flur hinunter her. Zu dem ging Petra bald zurück, obwohl sie einen Schluck von dem Klaren auch ganz gut vertragen hätte. Sie ging zurück zu Olaf, der zur Linken seines Vaters auf einem Stuhl mehr kauerte als saß und ins

Leere starrte. Neben ihm saß Benjamin, immer wieder Olafs Hand in die seine nehmend, als wären sie noch immer ein Paar, das sich in der Stunde der Not beisteht. Hin und wieder, als wäre er unfähig, sich die Unmöglichkeit seines Vorhabens zu merken, murmelte Olaf, jetzt endlich seinen Bruder Andreas anrufen zu müssen. Dann fing er leise an zu weinen, wenn ihm aufs Neue bewusst wurde, dass sie von der Außenwelt abgeschnitten waren. Was das wirklich bedeutete, der Schock, den das Begreifen auslöste, fraß sich immer offensichtlicher in die Gesichter der Anwesenden. Irgendetwas passierte hier, und sie konnten nicht einmal fliehen, sollte sich die böse Vorahnung, die daran hing wie ein siamesischer Zwilling, bewahrheiten und bald etwas Schreckliches passieren. Kaltsommers Wolke öffnete sich nicht einfach so, weil sie genug von ihrer feuchten Existenz hatte. Besonders deutlich standen diese Gedanken Dunja ins Gesicht geschrieben, die auf der anderen Seite des Bettes saß und wirkte wie aus der Welt gefallen. Vor dem Entsetzen hatte sie sich in eine geistige Abwesenheit geflüchtet, in eine Entrückung, die alles andere als tröstlich war. Petra glaubte zu wissen, woran ihre Frau jetzt unwillkürlich dachte, nämlich daran, dass die Falle endlich zugeschnappt war. Diesen Gedanken hatte Dunja nach ihrem ersten Besuch damals bei Hans und Beate Niemann geäußert, nachdem sie wieder zurück unter Hamburgs herrlich wolkenverhangenem Himmel gewesen waren. Dass sie sich in Kaltsommer wie eine Maus in einer Lebendfalle gefühlt habe, nur dass niemand kommen würde, sie daraus zu befreien und zurück in die freie Wildbahn zu setzen. Diesen fürchterlichen Gedanken hatte Dunja genau dieses eine Mal geäußert und danach nicht wieder. Jetzt lähmte diese Angst sie bis ins Mark. Und Petra wusste nicht, wie sie ihrer Frau die nehmen sollte, sie hatte sich längst selbst damit angesteckt wie mit einem Virus. Alles Glück, das sie im Laufe dieses Jahres darüber empfunden hatte, endlich mit ihrer Frau heimgekehrt zu sein und sich zusammen den Traum einer eigenen Töpferwerkstatt erfüllt zu haben, war zu Asche zerfallen, die ihr nun den Mund verstopfte. Sie konnte sich lediglich neben Dunja setzen und, den Blick auf den alten toten Mann vor ihnen gerichtet, stumm ihre Hand halten.

Zu viert hielten sie Totenwache, während im Rest des Hauses ein reges Kommen und Gehen herrschte. Dabei war es egal, was die Leute hertrieb, mochte es nun Anteilnahme oder Neugier sein, Furcht oder der Wunsch nach Gesellschaft. Die Tür stand jedem offen, und wenn durch sie schon keine frische Luft hereinströmte, denn selbst der Abend brachte keine Abkühlung, so doch altbekannte, vertraute Gesichter, die man gerne willkommen hieß. Selbst Sandra Thode kam von nebenan mit ihren Töchtern Ida und Pia herüber, ausgelaugt und aufgelöst, weil das Telefon sie noch immer nicht mit ihrem Mann Maik hatte verbinden wollen, und schuldbewusst erleichtert, endlich die Verantwortung für ihre verängstigten Töchter auf weitere Schultern zu verteilen. Karsten Göben und Max Heinsohn nahmen sie irgendwann mit nach draußen, wo sie ihnen helfen durften, Olafs sechzehn bereits laut muhende Kühe zu melken und Rüdigers nun verwaiste Hühner zu füttern. Währenddessen richteten im Haus die Frauen Kaltsommers einen Imbiss her aus Speisen, die sie selbst schnell zu Hause zubereitet hatten. Auf dem Esszimmertisch, dessen Stühle nun zum größeren Teil um Rüdigers Bett standen, drängten sich bald gekochte Eier, Kartoffel-, Nudel- und grüne Salate, Fleischbällchen, die hatte Irmgard Schilling noch fertig eingefroren, fertig gewürzte und vorgegarte Geflügelspieße aus dem Supermarkt von Ulrike Quandt, und Brot in allen Farben und Formen und Frischegraden. Außerdem wurden Getränke gebracht: Wasser und Brause für die Kinder, Bier, Wein, Sekt und Korn für die Erwachsenen. Die Stimmung hätte heiter sein oder doch wenigstens irgendwann werden können, wie es so oft im Umfeld eines Verstorbenen geschieht, sobald der erste Schrecken abgeklungen ist. Am Tod kann man sowieso nichts mehr ändern, der ist eine unumstößliche Tatsache. Aber ebenso das Leben, das der Tote gelebt hat, und die Erinnerung daran besitzt eine tröstende Kraft, die es auch mit der Trauer aufnehmen kann, hat sie genügend Zeit gehabt, sich zu entfalten. Jeder in Kaltsommer hatte Rüdiger Harms gekannt und ihn gemocht, selbst damals schon, als er seinen Frust darüber, den eigenen Hof nicht mehr gewinnbringend bewirtschaften zu können, zu häufig an Frau und Kindern ausgelassen hatte. Im Grunde seiner Seele war er immer ein guter Kerl gewesen, mehr als alles andere hatte seine Demenzerkrankung das offensichtlich werden lassen. Darin waren sich alle einig, und dennoch vermochte sie diese Gewissheit an diesem Abend nicht zu trösten. Der plötzlich offene Himmel über ihnen barg keine Hoffnung, sondern war wie eine nackte Drohung, die sie dazu veranlasste, ihren Kopf ganz tief zwischen die Schultern einzuziehen und am besten nicht nach oben zu schauen. Was konnte man sich denn schon von einem kreisrunden blauen Himmelsauge, das lidlos auf einen herabstarrte, versprechen, wenn es eingerahmt wurde von einer ebenso kreisrunden weißen Wand, die vom Erdboden bis ganz da oben in mehreren tausend Metern Höhe reichte und von der niemand mehr zu sagen vermochte, wo der Nebel von einst aufhörte und die als ewig angesehene Wolke begann. Zu allem schrecklichen Überfluss drehte sich dieser fahle Trichter, dem nicht einmal das Sonnenlicht ein wenig Glanz zu verleihen vermochte, unentwegt um sich selbst wie ein auf der Stelle stehender Wirbelsturm. In dessen Auge aber ist man nicht wirklich sicher, es ist nur eine Frage der Zeit, bis es sich wieder mit verheerender Gewalt schließt. Wenn man denn wenigstens etwas von dieser Wirbelbewegung gehört hätte! Doch da war nichts, nur diese lautlose Drehung, diese still malmende Rotation, die nach und nach noch die letzten Gänse vom Firmament gesaugt hatte, als wären sie kleine Appetithappen, die Vorbereitung auf ein größeres, feineres Mahl. Unter diesen Umständen konnte sich keine heitere Stimmung einstellen. Es gab nur Beklemmung und Unruhe, Sorge und Furcht, Angst und wirkungslosen Schnaps.

Dem Reiz der Sterne konnte sich trotzdem niemand entziehen außer Olaf. Sterne über Kaltsommer hatte noch niemals zuvor jemand gesehen. So mussten sie alle, als endlich die Nacht hereinbrach, das Licht löschte und selbst das geisterhafte Leuchten des Trichters um sie herum etwas dämpfte, nach und nach vor das Haus treten und zum Firmament aufschauen. Es waren nur kleine, stecknadelkopfgroße Pünktchen, die dort oben blinkten, manche von ihnen existierten schon gar nicht mehr, weil ihr Strahlen zu lange gebraucht hatte, um bis zur Erde zu gelangen. Aber selbst in dieser Atmosphäre mit der miasmatischen Luft und dem Toten im Zimmer hinter ihnen war ihr Anblick wenigstens faszinierend, wenn nicht gar etwas tröstlich. Dunja jedenfalls konnte sich an ihnen gar nicht sattsehen, und Petra ließ sie schauen, solange sie wollte, obschon ihr diese Begeisterung, hinter der sich noch eine ganz andere Sehnsucht verbarg, einen Stich versetzte. In Benjamins Augen las Petra dasselbe Gefühlspotpourri. Der aber vermochte sich bald wieder vom Sternengefunkel loszureißen und zurück zu Olaf und Rüdiger gehen, und Petra wusste, dass er das nicht nur konnte, weil er lange genug in Berlin gelebt und Sterne ohne Ende gesehen hatte. Wenn es eine Gelegenheit dazu gegeben hätte, sie hätte sich vielleicht bei Dunja dafür entschuldigt, sie an diesen ihr völlig fremden Ort verschleppt zu haben. Es fand sich keine solche Gelegenheit, was gut so war, stattdessen wurden plötzlich andere Dinge diskutiert. Als wohnte den Sternen eine kathartische Kraft inne, regten sie die Gehirne der Eingesperrten wieder zum Denken an.

Natürlich begann es in der Küche, wo noch immer die Männer saßen und den Spirituosen zusprachen. Petra blieb dort hängen. Sie wollte ein Auge auf ihrem Vater behalten, der schon wieder zu sehr wie in seinem Element wirkte und seine Frau nicht im Geringsten zu vermissen schien. Allerdings hatte auch Petra zuletzt vor Stunden versucht, Kontakt zum FEK in Neumünster herzustellen, und nicht nur, weil sie akzeptiert hatte, dass das zurzeit nicht möglich war. Sie blieb bei Hans und Max, Eike Schönfeld und Bauer Göben, die es sich am Küchentisch der Familie Harms gemütlich gemacht hatten, ordentlich vom Schnaps durchgeglüht waren und allmählich anfingen, Reden zu schwingen. Irgendjemand musste etwas tun, und sie hielten das augenscheinlich für ihre Aufgabe. Aber schon jetzt war klar, dass sie nur ihre Ratlosigkeit hinter möglichst spektakulären Vorschlägen verbargen. Denn natürlich war es Hans Niemann, der zuerst den Mund aufmachte und postulierte: »Wir setzen zwei von uns in das schnellste Auto und lassen die mit Höchstgeschwindigkeit durch die Nebelwand fahren! Wir müssen nur schnell sein, dann kommen wir durch. Wer zu langsam ist, der stirbt!« – »Und wer zu schnell ist, der stirbt erst recht«, gab ihm glücklicherweise Traudel Molkentin sogleich Pfeffer. »In diesem Nebel kannst du die Hand vor Augen nicht sehen, wie willst du da die Straße erkennen, Hans? Du hast noch nicht mal das Gaspedal ganz durchgedrückt, da bist du entweder schon gegen einen Baum gefahren oder gegen einen Brückenpfeiler.« Die Umstehenden, etwa fünfzehn Personen drängten sich in der Küche, murmelten zustimmend, und Hans stammelte verlegen: »Ich hab doch nicht gesagt, dass ich fahren sollte …« – »Wer denn dann?«, wollte Ulrike Quandt wissen, die ihre Tochter Lisa bei den Großeltern nebenan in der Stube wusste, was ihr wenigstens etwas Erleichterung verschaffte. Als Hans ihr die Antwort schuldig blieb, bellte sie: »Die jungen Leute etwa? Die jungen Männer? Die, die alle nicht da sind, weil sie auf der anderen Seite dieser … dieser Barriere ebenso festsitzen wie wir?« Selbst Hans begriff, dass sie um ihren Mann Jörn bangte, dass sie fürchtete, er könnte nicht nur auf der anderen Seite festsitzen, sondern irgendwie noch in den Nebel geraten sein. »Aber wir müssen doch etwas tun«, erwiderte er frustriert und klang weinerlicher, als sogar ihm selbst lieb war.

Benjamin bekam noch mit, wie nicht nur die alten Herren am Tisch ihm zustimmten. Er hielt es trotzdem nicht in der Küche aus: Es war ja doch alles nur eitles Geschwätz, denn es gab keinen Weg heraus aus dieser Falle. Wahrscheinlich war selbst eine Evakuierung aus der Luft nicht möglich. Es hätte schon einer Raumfähre bedurft, um über diese Wolkenwände drüber zu kommen. Nicht dass er einen solchen Versuch nicht zu schätzen gewusst hätte, mehr als alles andere in der Welt sehnte er sich nach Gerrit. Alles hätte er dafür gegeben, seinen Kleinen wieder in die Arme zu schließen. Er würde ihn nie wieder loslassen und endlich mit einem Ehering auf ewig an sich binden. Bis das soweit war, hatte er sich um Olaf zu kümmern, der einsam bei seinem Vater die Stellung hielt und sich nur bewegte, um die Fliegen zu vertreiben, die nun immer häufiger ihren Weg zu Rüdiger fanden. Das war nicht gut, ebenso wenig wie der Geruch, der langsam stärker wurde und in absehbarer Zeit unerträglich sein würde. Bei diesen Temperaturen, die selbst in der Nacht und trotz des sternenklaren Himmels weiter zuzunehmen schienen, konnten sie Rüdiger nicht mehr lange so aufgebahrt liegenlassen. Entweder sie fanden doch eine Möglichkeit, ihn zu kühlen, oder sie mussten ihn, und sei es nur provisorisch, beerdigen, bis das alles hier vorbei war und sie anständig von Rüdiger Abschied nehmen konnten.

»Wie geht es dir?«, fragte Benjamin und kam ums Bett herum.

Olaf antwortete mit einem unverständlichen Brummen.

»Hast du was gegessen?« Er blieb vor seinem ältesten Freund stehen und schaute aufmunternd auf ihn herab. »Soll ich dir etwas zu essen holen?«

»Nein.«

»Ja, vielleicht solltest du wirklich nicht hier drin essen. Geh doch ins Wohnzimmer, da haben die Frauen ein regelrechtes Büffet aufgebaut.«

»Ich hab keinen Hunger, danke.«

Benjamin setzte sich neben Olaf und angelte sich seine Hand. »Du sollst nicht etwas essen, weil du Hunger hast oder nicht«, sagte er, »sondern um bei Kräften zu bleiben. Ich bleib auch solange bei Rüdiger, während du weg bist, damit er keine Sekunde alleine ist.«

Endlich sah Olaf ihn wenigstens an. In seinem Gesicht rangen die unterschiedlichsten Emotionen miteinander. Benjamin glaubte, Trauer und Bestürzung ebenso darin zu erkennen wie Wut und Zorn, Hass und Liebe. Manches davon bezog er unweigerlich auf sich. Wenn man sich so lange schon kennt und so vieles gemeinsam erlebt hat, macht man sich auch ab und an schmutzig, und nicht jeder Fleck lässt sich wieder vollständig aus dem Gewebe waschen.

»Es tut mir leid«, flüsterte er plötzlich, »dass ich damals einfach so weggegangen bin.«

Olafs Augen zogen sich irritiert zusammen. »Was meinst du?«

»Leeds. Und später dann Berlin.«

»Du musstest da hingehen«, schüttelte Olaf den Kopf. »Es war richtig für dich, das zu tun.«

»Aber ich hätte dich wenigstens fragen können, was du davon hältst. Oder ob du mitwillst.«

»Was hätte ich denn in England gesollt? Außerdem hätten wir uns so ein Auslandsjahr niemals leisten können.«

»Ich meine doch Berlin …«

»Benni«, Olaf sprach den Namen wie einen tiefen Seufzer aus und wandte sich ihm zu, »was hätte das denn gebracht? Du wolltest weg, ich nicht. Für dich war es richtig zu studieren, für mich war es richtig, den Hof zu übernehmen.«

»Aber ich hab das Gefühl, dass ich einfach so abgehauen bin.«

»Bist du ja auch. Zweimal sogar.«

»Und das ist so komisch?«

Olaf wischte sich das Lachen aus dem Gesicht. »Von heute aus betrachtet, ja.«

»Ich weiß nicht«, erwiderte Benjamin ratlos, »ich hätte mich doch anders verhalten sollen.«

»Heute verhältst du dich anders, das ist alles, was zählt.«

»Du meinst, ich hab dazugelernt?«

»Dein Studium war nicht umsonst.«

Sie lachten leise, während aus der Küche das An- und Abschwellen diskutierender Stimmen herübergeweht wurde. Das Schweigen, das folgte, fühlte sich angenehm an, weich wie eine um die Schultern gelegte Decke.

»Wenn es dich tröstet«, nahm Olaf den Faden wieder auf und blickte dabei auf seinen Vater, »ich war nie wirklich sauer auf dich. Ein bisschen verletzt, ja, aber schon als du in Leeds warst und ich damit freie Bahn hatte, habe ich die Zeit genutzt, hier ein paar Erfahrungen zu sammeln. Du weißt schon …«

»Ja, ich weiß.« Benni nickte versonnen. »Kaum war ich zurück und wir wieder zusammen, wurde darüber immer laut und deutlich geflüstert, sobald ich jemandem nur den Rücken zuwandte. Gerburg hat das natürlich mit keinem Wort erwähnt, wenn wir mal miteinander gesprochen haben in dem Jahr, aber auch sie wusste natürlich davon.«

»Deine Mutter war schon ein spezieller Fall.«

»Ja, vermutlich. Nicht unbedingt ein Original, eher ein Prototyp, der dann niemals in Produktion ging.«

»Du bist böse«, meinte Olaf und lachte zum ersten Mal seit langer Zeit wie befreit auf.

»Stimmt doch aber!« Benni lachte erleichtert mit. »Und nur damit du es weißt, ich hab in Leeds auch nicht unbedingt gelebt wie ein Mönch.«

»Dein Gastbruder?«

»Nicht so klischeehaft, bitte! Nein, ein Typ aus der Schulrugbymannschaft.«

»Das ist klischeehaft.«

Wieder ließen sie das Lachen in einem gemeinsamen Schweigen ausklingen. Olaf wedelte ein paar Fliegen fort, Benjamin unterdrückte ein Gähnen und wischte sich den Schweiß von der Stirn. Von seinen Achselhöhlen strömte ein saurer Geruch aus, wegen dem er sich aber nicht zu schämen brauchte, denn Olaf neben ihm roch nicht besser. Überhaupt schien inzwischen alles um sie herum zu stinken. Nicht nur sie oder die Leiche, sondern wirklich alles.

»Ich hab gehört«, sagte Olaf plötzlich, »du hast einen Freund?«

»Ja, Gerrit«, antwortete Benjamin überrumpelt. »Er ist jünger als ich.«

»Das hab ich auch gehört.« Olaf boxte ihm lachend in die Seite.

Der rote Bär verzog grinsend das Gesicht. »Ich hätte niemals geglaubt«, erzählte er von einer längst beigelegten Verwunderung, »mit einem Jüngeren eine richtige Beziehung eingehen zu können. Aber Gerrit, er ist einfach der Richtige für mich. Mit ihm ist alles so einfach, so … so …«

»Richtig?«

»Mach dich nicht lustig über mich!« Nun war es an Benjamin, den Ellbogen auszufahren.

»Das tu ich gar nicht«, wehrte Olaf ab. »Ich weiß doch, was du meinst. Ich kann deine Verwirrung sogar sehr gut nachvollziehen. Als ich Melanie kennenlernte und begriff, dass ausgerechnet sie die Richtige für mich ist, da war niemand überraschter als ich.«

»Du hattest vorher nie was mit einer Frau gehabt?«

»Doch. Aber mit Männern hatte sich der Sex immer besser angefühlt.« Plötzlich senkte Olaf die Stimme und fuhr fort: »Geiler ist der Sex mit Männern auch bis heute, aber mit Melanie … Ich weiß nicht, ich kann das eine mit dem anderen nicht vergleichen.«

»Mit ihr ist es Liebe.«

»Ja! Ja, so ist es.«

»Wie bei mir und Gerrit.«

Ein drittes Mal schwiegen sie einvernehmlich. Dieses Mal jedoch durften sie den Gesprächsfaden nicht wieder aufnehmen, weil zwei Dinge in kurzer Folge passierten: In der Küche brach Streit aus, und vorher trat aus Rüdigers zerfallendem Körper Gas aus. Es stank grauenvoll und verlangte unmissverständlich nach einer Handlung. Weil aber Olaf ganz entsetzt auf seinen Vater starrte und sich nicht rühren konnte, erhob sich Benjamin, um nach dem Rechten zu sehen. Beim Aufstehen drückte er Olafs Knie, kräftig, als wollte er dort einen Energieimpuls erzeugen und durch den gesamten Körper jagen, um wieder Leben in ihn zu bringen. Olaf sah immerhin auf, ein verwirrtes Lächeln im Gesicht: ein kleiner Junge, der nicht weiß, was er tun soll.

»Ich kümmer mich mal um die alten Männer«, meinte Benjamin so beiläufig wie möglich.

»Okay. Ich bleib hier.«

»Du könntest mir einen Gefallen tun«, sagte der rote Bär jedoch, als er über Olaf aufragte.

»Was denn?« Seine Stimme klang so fürchterlich verzagt.

»Geh ins Esszimmer und trink zumindest was.« Er wehrte Olafs Einspruchsversuch mit wedelnden Händen und Kopfschütteln ab und fuhr fort: »Dass du nichts essen kannst, versteh ich ja, aber trink wenigstens was. Du brauchst Flüssigkeit, gerade bei diesen Temperaturen. Ich will nicht, dass du mir noch zusammenklappst.«

»Aber …«

»Rüdiger wird danach immer noch hier sein, und das weißt du auch, Olaf.« Benjamins Blick wurde auffordernd, ein wenig streng wie bei einem Schüler, der sich wider besseres Wissen wehrt. »Also, kommst du? Kurz wenigstens?«

Olaf sah wieder zu seinem Vater. »Gleich.«

Benjamin zog die Lippen kraus. Er wollte niemanden bitten, seinem Freund etwas zu bringen. Olaf sollte den Raum auch deshalb verlassen, um bei der Rückkehr die Dringlichkeit zumindest irgendeiner Bestattungshandlung zu erkennen. Wenn er ständig nur im Zimmer saß, wie sollte er da den Unterschied zwischen verbrauchter Luft und Verwesungsgeruch erkennen? Dieses geradezu südländische, ja tropische Wetter war gefährlich in dieser Hinsicht, es begünstigte die Entstehung von Krankheiten. Benjamin seufzte, er wollte nicht unnötig Druck auf Olaf ausüben. »Bitte, tu es – für mich.«

Immerhin sah der ihm hinterher, als er Rüdigers Zimmer verließ und sich dem brodelnden Vulkan in der Küche näherte. Dort drängten sich zehn, zwölf Personen und diskutierten heftiger denn je über die Frage, was sie tun wollten, um aus diesem Gefängnis, in das sich ihr Wolkenheim so plötzlich verwandelt hatte, auszubrechen. Es waren jedoch nicht nur die alten Männer, die sich in die wenigen verbliebenen Haare geraten waren, die Frauen mischten ebenfalls gut mit. Tatsächlich waren die es, die den alten Herrn Paroli boten und dabei wesentlich generationenübergreifender aufgestellt waren als die Gegenseite. Die Gegenseite bestand aus Hans Niemann, Bauer Göben, Max Heinsohn, Max Junior und Eike Schönfeld; sie saßen breitbeinig um den Tisch herum, die Hände, zu Fäusten geballt, lagen wie alte Kanonenkugeln zwischen Gläsern, Flaschen, verschüttetem Schnaps und Zigarettenasche, die Rücken nach außen gekehrt, sodass sie beim Krakeelen ständig die Hälse verrenken mussten, um das renitente Weibsvolk um sich herum anfunkeln zu können. Das wurde angeführt von Petra Niemann, die selbst ihrem Vater gegenüber nicht mehr an sich halten konnte, und Traudel Molkentin, sekundiert von Ulrike Quandt und Irmgard Schilling und zumindest moralisch unterstützt von den Brüdern Tietze. Ganz am Rand, von den Zankenden nicht wahrgenommen, obwohl sie rauchte wie ein Schlot und Augen und Ohren so weit wie möglich aufgesperrt hatte, stand Bente Nissen und beobachtete die Szenerie. Benjamin fand, sie sah regelrecht hingerissen aus, fasziniert, schwärmerisch, so als wäre sie im Geiste schon dabei, anderen von diesem tollen Erlebnis zu erzählen. Wenn irgendein Sinn darin gelegen hätte, hätte er sie am liebsten einmal kräftig durchgeschüttelt, um sie zur Besinnung zu bringen.

»Was ist los?«, fragte er die Nissen stattdessen. »Worüber streiten sie?«

»Die Männer haben beschlossen, eine Handvoll Freiwillige mit Seilen aneinanderzubinden und durch den Nebel nach draußen zu schicken.«

»Spinnen die denn?«

»Sie sind überzeugt davon, dass es klappt.« Und Bente Nissen war zumindest überzeugt, dass sie danach noch mehr zu erzählen hätte.

Sie standen alle unter Druck. Die Situation war furchteinflößend, vielleicht sogar wirklich ein Grund, um panisch zu werden, aber selbst mit dem letzten kleinsten Rest von Menschenverstand musste man doch erkennen, dass dieser Vorschlag Wahnsinn war. Die eine Seite hatte das begriffen, die andere wollte es definitiv nicht wahrhaben. Wenn die einen logisch argumentierten, nur vielleicht etwas laut, weil Petra schon gar nicht mehr anders konnte, als ihrem Vater einmal quer über den Tisch wütend ins Gesicht zu brüllen, wichen die anderen schlicht aus. »Niemand kommt durch den Nebel, schon gar nicht zu Fuß«, rief Petra, sich selbst bereits wiederholend, »sonst wären die uns doch längst holen gekommen!« – »Wer sagt denn, dass die es überhaupt versucht haben, diese Feiglinge?«, antwortete ihr der alte Heinsohn, im Geiste durch elysische Felder lustwandelnd, betört vom lieblichen Duft von Heroismus und Märtyrertum. Denn darum drehte sich inzwischen alles: Opfer und Opferbereitschaft. Zugleich war nämlich klar, dass sich die Herren am Tisch eher als Generalstab verstanden, dessen Aufgabe die Planung war, während die Umsetzung beim gemeinen Fußvolk lag. Obwohl niemand das so aussprach, obwohl sich niemand traute, das Kind bei seinem Namen zu nennen, lag es für Benjamin offen auf der Hand, dass es bei dieser Auseinandersetzung im Grunde genommen allein darum ging.

Plötzlich stahl sich ein fast schon bösartig zu nennendes Grinsen in sein Gesicht, und Benjamin trat vor, einen Schritt in die Küche hinein und alle anderen Körper an den Rand drängend. Er deutete auf die am Tisch Sitzenden, als griffe er gezielt in ein Wespennest, und meinte lapidar: »Lasst sie doch gehen. Wer gehen will, soll es versuchen. Wenn sie tatsächlich durchkommen – gut, wenn nicht – auch gut.«

Am schnellsten reagierte Jörg Tietze. »Herr Sandow, bitte«, sagte der Zen-Buddhist mit sanfter Stimme, »das bringt uns doch nicht weiter.«

Aber noch bevor Benjamin ihm darin Recht geben konnte, fiel Petra schon über ihn her wie eine Furie: »Bist du bescheuert? Du kannst meinen

Vater doch nicht in den Nebel schicken, das ist sein sicherer Tod! Ich dachte, du wärst ein Freund ...«

»Der wohnt nicht umsonst schon lange nicht mehr hier«, ätzte, da war seine Tochter noch gar nicht fertig mit ihrer Tirade, Hans Niemann gegen ihn, »der kann es sich leisten, so was zu sagen.«

»Wenn überhaupt«, schlug sofort der alte Max in dieselbe Kerbe, »dürfte Gerburg hier sprechen. Du gehörst nicht mehr zu uns.«

»Sogar das Haus hast du doch schon verkauft«, übernahm Hans wieder.

Nicht dass damit auch nur das geringste ihrer Probleme gelöst gewesen wäre, aber anstatt über die dümmste Form des Selbstopfers zu sprechen, das Himmelfahrtskommando, schimpften die einen plötzlich auf ihn, den Außenseiter und Abgewanderten, während sich die anderen für ihn in die Bresche warfen. Der Graben zwischen den Parteien verlief ziemlich genau dort, wo bereits der Vorherige den Boden gespalten hatte. Und Benjamin stand nur da und hielt es aus, die Beschimpfungen ebenso wie den Beistand. Er gab den Blitzableiter, bis sich das Gewitter verausgabt hatte und nur noch Ozon die Luft verpestete. Der Geruch blieb jedoch, weil es selbst bei geöffneter Tür zum Hof und offenen Fenstern keinen Luftaustausch gab, im sternenbedeckten Kessel Kaltsommers bewegten sich nach wie vor nur die Wände wie ein stummes Mahlwerk. Trotzdem war wenigstens die Aggression abgeflaut und räumte der Vernunft wieder etwas mehr Platz ein. Es war Zeit und Raum, zu sachdienlicheren Fragen zurückzukehren. Benjamin war gerne bereit, sich an deren Beantwortung zu beteiligen, auch wenn das hieß, Olaf noch länger mit Rüdigers Leiche alleinzulassen, mit ihren ungesunden Ausdünstungen.

Die größte Hilfe dabei war ihm Traudel Molkentin. Die hatte nicht nur bis auf weiteres ihr Heim an den Nebel verloren und bangte, ihr Sohn Florian möge wenigstens sicher auf der anderen Seite auf sie warten. Sie war schon immer eine tatkräftige, anpackende Person gewesen. Sobald sich alle etwas beruhigt hatten, trat sie vor, als wollte sie den roten Bären herausfordern, stemmte entschlossen die Hände in die Hüften und sagte: »Okay, wir kommen hier gerade nicht raus. Aber was tun müssen wir trotzdem. Wir können nicht einfach nur rumsitzen und warten, dann gehen wir uns früher oder später richtig an die Gurgel. Was können wir tun, um unsere Lage zu verbessern?«

Benjamin brauchte einen Moment, um auf eine passende Antwort zu kommen, aber Traudel fungierte wie ein Schutzschild, hinter dem er sich die nötigen Gedanken machen konnte.

»Sind eigentlich alle, die noch in Kaltsommer sind«, fragte er, »sind die gerade hier auf dem Harmshof?«

Traudel zuckte mit den Achseln. »Weiß nicht«, sagte sie, »vermutlich nicht.«

Weil niemand einen Überblick hatte, schlug Benjamin vor: »Wir sollten uns in Teams aufteilen und das ganze Dorf absuchen, von Tür zu Tür gehen, sehen, ob noch jemand da ist oder vielleicht sogar Hilfe braucht, und überhaupt alle einmal versammeln.«

»Und dann? Wieso das? Warum sollen alle zusammenkommen?«, fragte Eike Schönfeld. »Meine Frau hat Migräne, die verlässt kaum das Schlafzimmer. Bald fängt es an zu tagen, da wäre es grausam, sie aus ihrem Zuhause zu holen.«

»Dann lässt du sie eben dort«, lenkte Benjamin ein. »Wichtig ist nur, dass wir wissen, wer noch da ist und in welchem Zustand. Wenn endlich Hilfe durchkommt, werden wir gut vorbereitet sein.« Nun stemmte auch er die Hände in die Hüften, was Traudel Molkentin sofort dazu veranlasste, ihre Arme vor der Brust zu verschränken. Benjamin sah sich derweil um und sagte: »Wir sollten nur einen zentralen Sammlungsort finden, wo alle gut hinkommen können und wo genug Platz ist. Hier sollten wir das, denke ich, nicht machen. Um Rüdiger seine wohlverdiente Ruhe zu gewähren.«

»Wir öffnen das Torhaus«, bot Jörg Tietze schließlich an, nachdem sich für einen Moment betretenes Schweigen in der Küche ausgebreitet hatte. »Die Remisen und den Schlafsaal. Dann kann sich etwas hinlegen, wer möchte, und ausruhen.«

»Und was ist mit den Tieren? Die müssen auch gefüttert und gemolken werden!« Bauer Göbens Einwand war berechtigt, obschon Benjamin ihn als nicht sehr hilfreich empfand. Kaum machte endlich einer einen konkreten Vorschlag, und sei es nur, um die Leute von ihren düsteren Gedanken abzulenken, kamen andere und redeten den kaputt. Vorher sich selbst nur Mist zusammenreimen und dann alles besser wissen wollen – das nennt man wohl Demokratie, dachte er und musste plötzlich lächeln. Die anderen aber lasen es als Zuversicht und sahen ihn mit neuer Bereitschaft an, seinem Vorschlag zu folgen. Benjamin sah es mit Verwunderung, was sein Lächeln nur umso breiter werden ließ, denn wenn jemand niemals einen Führungsanspruch in Kaltsommer erhoben hätte, dann doch wohl er.

Mit gestrafften Schultern wandte Benjamin sich Karsten Göben zu, während seine Stimme so laut und tragend wurde, als spräche er zu einer Klasse, und erklärte: »Dafür finden wir auch eine Lösung. Das Problem mit den Tieren haben ja mehrere.«

»Und wie teilen wir uns auf?«, wollte Hans Niemann prompt wissen. »Und was machen wir, wenn wir jemanden entdecken, der Hilfe braucht? Viele von uns sind schon älter und können nicht mehr einfach so einen anderen Menschen tragen.«

»Deshalb ja die zentrale Sammelstelle.« Benjamin blieb geduldig. »Dort werden die Einsätze koordiniert und denen geholfen, die Hilfe brauchen, aber auch den Helfern, wenn die Bedarf anmelden. Ich denke, die Freiwillige Feuerwehr kann uns da mit ihrer Ausrüstung und ihrem Knowhow behilflich sein.«

»Von denen ist doch außer mir kaum einer da«, jammerte Eike Schönfeld.

»Das wird schon gehen.« Der rote Bär atmete tief durch. »Zusammen kriegen wir das hin.«

»Und wenn wirklich jemand Erste Hilfe benötigt? Ich kann das gar nicht mehr richtig.«

Sie vertändelten Zeit. Noch bevor sie überhaupt angefangen hatten, etwas zu tun, zerredeten sie ihre Tat bereits. Benjamin wäre es ja egal gewesen, Hauptsache, die Leute waren beschäftigt und vergaßen ihre eingesperrte Lage etwas. Andernfalls, damit hatte Traudel Molkentin ganz recht, gingen sie sich früher oder später wirklich gegenseitig an die Gurgel. Aggression ist wie Wasser, sie findet immer einen Weg. Er hätte sich also darauf beschränken können, dem Gerede um sich herum seinen Lauf zu lassen und nur dann und wann moderierend einzugreifen, wenn sich die Köpfe zu sehr erhitzten. Die Rolle und dieses Recht hatten sie ihm ja immerhin zugestanden. Ihn trieb allerdings die Befürchtung um, dass es in so manchem der Häuser dieses Dorfes tatsächlich die eine oder andere hilfsbedürftige Person gab. Nicht nur Rüdigers Schicksal ließ das vermuten, sondern auch Sonja Schönfelds Migräne-Anfall oder das nicht selten fortgeschrittene Alter der Einwohner Kaltsommers. Je länger sie brauchten, um aus dem Quark zu kommen, desto brenzliger konnte deren Situation werden, und einen echten Notfall konnten sie mit dem, was sie hatten, tatsächlich nicht versorgen. Wenn Markus Kluge unter ihnen gewesen wäre, dann vielleicht, aber der Arzt war offensichtlich noch rechtzeitig in seine Praxis nach Wankendorf gefahren und nicht wieder zurückgekehrt. Sie waren auf sich alleingestellt.

Es gibt Tage, da ist eine Schulklasse einfach unruhig und nicht zu bändigen. Trotzdem muss man seinen Unterricht durchziehen, ohne dass sich die Kollegen in den angrenzenden Klassenräumen über Lärmbelästigung beschweren und man sich selbst mit einem Nervenzusammenbruch auf eigenen Wunsch hin in die nächste Heilanstalt einweisen lassen möchte. Das sind anstrengende Schultage, die alles andere als optimal verlaufen und auch für die Lehrkraft selbst unbefriedigend enden, weil man nicht das leisten konnte, was man sich vorgenommen hat. Benjamin hatte in seinem Berufsleben schon einige davon erlebt. Bei den Bildungsträgern häufiger, weil dort durch die Bank weg die saßen, die es aus diversen Gründen auf dem ersten Bildungsweg nicht geschafft hatten. Viele von den dort Sitzenden waren verhaltensauffällig, hatten Hummeln im Mors und die Aufmerksamkeitsspanne von Eichhörnchen auf Speed. Denen konnte er an solchen Tagen nicht helfen, die ließen sich nur halbwegs in Schach halten. Er musste seine Energie auf diejenigen konzentrieren, die trotz der allgemeinen Unruhe zur Mitarbeit bereit waren, und nur ab und an wie ein Dompteur die verbale Peitsche schwingen, um den Geräuschpegel wieder zu senken. Und genauso machte er es auch jetzt in Harms‘ alter Küche. Er pickte sich diejenigen heraus, die zu konstruktiver Mitarbeit fähig waren, besprach sich mit ihnen und gab ihnen Instruktionen. Gleichzeitig behielt er diejenigen im Auge, die sich nur abreagieren wollten, dabei aber nicht auf die Idee kommen sollten, dies durch Beleidigungen oder Kopfnüsse zu tun. Wie nicht anders zu erwarten, gehörte die Tischbesatzung eher zu letzterer Gruppe, wenn man auch zu ihrer Ehrenrettung sagen muss, dass gerade Bente Nissen und Ulrike Quandt – die Frau schien nicht nur Haare auf den Zähnen zu haben, sondern regelrecht streitsüchtig zu sein – immer wieder mit großer Freude Öl ins Feuer der herrschaftlichen Geltungssucht gossen. Einzig Karsten Göben brach aus diesem Muster aus, weil der sich um seine zweihundert Rinder ernsthafte Sorgen machte. Er war der Erste, der ging, um sich zu kümmern, und versprach, sobald wie möglich zurückzukommen und, wie schon am Vorabend, auch Olafs Kühe wieder zu melken. Die Nacht war inzwischen so weit fortgeschritten, dass es nicht mehr lange bis zur Dämmerung dauern konnte, die Tiere wurden unruhig und die Milch musste aus den anschwellenden Eutern geholt werden. »Allerdings sollte heute Nachmittag der Milchwagen endlich wieder durchkommen«, sagte er zum Abschied mit düsterer Miene, »mein Tank ist so gut wie voll. Wenn der Milchlaster heute Nachmittag nicht kommt, kann ich die Milch von heute Abend gleich auf die Felder kippen.«

Damit ging er, bald darauf gefolgt von Rolf Tietze, Jörgs jüngerem Bruder, der sich daranmachen wollte, das Torhaus für weitere Gäste vorzubereiten. Traudel Molkentin begleitete ihn, sich den Zen-Buddhisten zu Dank verpflichtet fühlend, die ihr in ihrer Not Obdach gegeben hatten. Sie packte mit an, wo sie konnte. Jörg blieb zurück und half, die Suchteams einzuteilen, die das Dorf nach weiteren Einwohnern absuchen sollten. Petra Niemann und Irmgard Schilling beteiligten sich ebenfalls an dieser Aufgabe, und so kamen sie ganz gut voran. Sie setzten dabei ganz auf Freiwilligkeit. Jeder sollte nach seinen Möglichkeiten mithelfen, wobei sie schon ein wenig darauf hofften, dass ihre momentane Lage so viel Druck auf ihre Nachbarn ausübte, dass die sich allein dadurch schon zur Teilnahme animiert fühlten. Wer sich partout nicht einbringen wollte, sollte davon überzeugt werden, Harms Küche gegen das Torhaus zu tauschen. Dort hätte man die Hitzköpfe einerseits besser unter Kontrolle, während auf dem Harmshof andererseits die nötige Ruhe einkehren könnte. Benjamin erzählte den anderen auch, warum ihm das wichtig war: »Ich will Olaf davon überzeugen, seinen Vater zumindest vorläufig zu begraben. Die Verwesung hat bereits begonnen, und bei den Temperaturen wird die schnell voranschreiten. Ich will nicht, dass er dabeisitzt und von den giftigen Gasen eingehüllt wird.«

»Ich würde dir ja unseren Kühlraum im Herrenhaus anbieten«, erwiderte Jörg bedauernd, »aber wenn wir keine Session haben, nutzen wir den nicht. Der frisst zu viel Strom. Ich kann ihn natürlich anmachen, wenn du das möchtest, aber es würde etwas dauern, bis der Raum kalt genug ist, um … Und dann ist es auch nur ein Kühlraum und kein Gefrierraum.«

»Danke, es wird schon irgendwie gehen. Ich …«

In diesem Moment fiel der Strom aus.

Und als sich alle wieder etwas beruhigt hatten und der Tumult über die plötzliche Finsternis abgeebbt war, sahen sie im Türrahmen zum Hof, umrahmt vom ersten Licht des neuen Tages, eine Gestalt stehen.

»Ihr solltet rauskommen«, sagte Dunja mit seltsamer Stimme, »und euch das mal ansehen.«

Dunja hatte es im Haus nicht mehr ausgehalten, schon lange bevor die Sterne herausgekommen waren. Es lag jedoch nicht an der Gegenwart von Rüdigers Leiche oder den Zersetzungsprozessen in deren Innerem, die sie durch ihre besonders feine Nase wahrnahm. Vielmehr lag es an der Enge im Haus, alle Zimmer überlaufen, an jeder Ecke steckten Leute die Köpfe zusammen und sprachen wild und laut miteinander, sich dadurch nur gegenseitig weiter aufpeitschend, oder an dem immer intensiveren Schweißgeruch, den die lebenden Körper verbreiteten. Der war allgegenwärtig und betäubend – und sie trug ihren Teil dazu bei. Nie zuvor hatte Dunja an sich so einen sauren Geruch bemerkt. Wenn sie aus Versehen die Arme zu weit hob und ihr ein Schwall dieses Gestanks aus den eigenen Achselhöhlen in die Nase drang, fühlte sie das regelrecht an, als würde ihr jemand eine dicke Nadel in Richtung Gehirn durch den Schädel treiben. Sie hielt ihren eigenen Gestank nicht aus. Doch welches Zimmer auch immer sie im Haus der Harms betrat, er wartete dort bereits auf sie. Dass die anderen genauso stanken wie sie, empfand sie nicht als Trost, das minderte weder Peinlichkeit noch das beklemmende Gefühl in ihrer Kehle. Der Harmshof schien sich in ein Nachtasyl von Tippelbrüdern und -schwestern verwandelt zu haben, ohne seinen Gästen nach Wochen auf der Straße die Möglichkeit einer Wäsche von Haut und Kleidung anzubieten.

Außerdem wollte Dunja Petra nicht verlassen, die die Vorgänge in ihrem Heimatdorf noch wesentlich stärker verwirrten als sie selbst, die Zugezogene. Ihr machte es angst, auf einmal in Kaltsommer eingeschlossen zu sein und eine Luft atmen zu müssen, die mit jeder Sekunde verbrauchter und wärmer zu werden schien. Petra dagegen verstand nicht, warum plötzlich die Wolke aufgebrochen und die Sonne über ihrem geliebten Wolkenheim aufgegangen war. Sie konnte es intellektuell nicht verarbeiten. Dieser Vorgang war ungeheuerlich, ja geradezu unerhört. Natürlich verbarg sich hinter Petras Empörung ebenso wie hinter der aller anderen Angst, aber die war von einem anderen Kaliber als Dunjas. Die war grundsätzlicher, urwüchsiger, existenzieller. Wie tief die bei Petra und den anderen rührte, konnte Dunja kaum erahnen, aber jeder Blick in die Augen der Kaltsommeraner fachte ihre eigene Angst nur noch mehr an. Und sie konnte mit niemandem darüber sprechen. Alle waren so schrecklich beschäftigt, so zu tun, als könnten sie tatsächlich eine Lösung für ihre momentane Lage finden. Vielleicht hätte sie mit Benjamin reden können, der hatte lange genug in der Außenwelt gelebt, um den Tunnelblick des Einheimischen etwas geweitet zu haben, wenn der nicht der Beschäftigtste von allen gewesen wäre.

Es mussten erst die Sterne über Kaltsommer entdeckt werden, um ihr etwas Luft zu verschaffen. Wie alle anderen war auch Dunja nach draußen gelaufen, um sich das Schauspiel, das eigentlich keins war, anzusehen. Den allergrößten Teil ihres Lebens hatte sie unter einem offenen Himmel gelebt, bei dem der freie Blick auf Sonne, Mond und Sterne selbstverständlich war, nur regelmäßig von vorbeiziehenden Wolken unterbrochen. Emmerich mochte nicht der sonnigste Ort Deutschlands sein, aber er war mit Sicherheit auch kein Wolkenheim. Die Himmelskörper gehörten dazu wie das Rathaus, die Kirchen oder die Straßenlaternen. Nur in Kaltsommer war das Blinzeln der Sterne eine Sensation. Doch auch bei ihrem Anblick bemerkte Dunja einen Unterschied zwischen sich und den Alteingesessenen: Während deren Faszination von Furcht durchsetzt war, empfand sie plötzlich Heimweh. Als würde ihr in diesem Moment überhaupt zum ersten Mal gewahr werden, was sie alles aufgegeben hatte, um mit der Frau, die sie liebte, an einem Ort wie diesem leben zu können. Als hätte sie in den letzten Monaten nicht jede Gelegenheit genutzt, aus dem Dorf herauszukommen und ein wenig Sonne zu tanken. Als hätte sie in letzter Zeit nicht an neuen Designs für ihre Töpferware gedacht, die auf Sternenbildern basierten. Es war nicht so, dass sie sich nicht ihre Freiräume gesucht hätte oder von Petra dazu gezwungen worden wäre, auf diese zu verzichten, und trotzdem spülte sie beim Anblick der Sterne über Kaltsommer eine mächtige Woge selbstmitleidigen Heimwehs hinweg.

Als die anderen nach und nach wieder ins Haus zurückkehrten, um ihre sinnlosen Diskussionen über Rettung aus der Not und Ordnung im Chaos fortzusetzen, blieb Dunja draußen zurück. An der Hauswand stand eine Bank, auf die hätte sie sich setzen können. Stattdessen entfernte sie sich vom Haus, ging langsam über den knirschenden Kies am sommerlich leeren Kuhstall und an Rüdigers unruhig in ihrem Verschlag herumflatternden Hühnern vorbei in Melanie Harms Blumen- und Gemüsegarten. Daneben lag eine kleine Rasenfläche, die verdorrten Grashalme leuchteten fahl in der Dunkelheit. Dunja legte sich mitten hinein. Die trockenen Pflanzen kitzelten und piekten kurz, dann hatte der Schweiß aus ihrem Nacken sie geschmeidig gemacht, und Dunja konnte ihren Blick ungehindert und durch nichts abgelenkt gen Himmel aufsteigen und zwischen den Sternen versickern lassen. Hier hinten war der Lärm aus dem Haus nicht mehr zu hören, und da nicht die leichteste Brise ging, raschelte auch nichts im Gestrüpp oder in den Baumkronen. Nur Olafs Kühe auf der Weide nebenan verbreiteten etwas Unruhe. Sie muhten verhalten, so als hätten sie dieselbe Angst vor den Sternen wie ihre menschlichen Halter, schnauften viel und liefen in der Herde unentwegt von einer eingezäunten Seite zur anderen.

Es war friedlich hier draußen, und beinahe wäre Dunja eingeschlafen. Beinahe, denn die Stille ringsum ging zu tief, um natürlich zu sein. Wo waren die Vögel der Nacht, die Käuze und Eulen, die mit ihren Rufen den Mäusen und anderen kleinen Nagern den Schrecken in die Glieder trieben? Warum stritten sich nirgendwo Katzen mit ihrem durchdringenden, babyhaften Gejaule? Warum fiel nicht einmal ein Apfel vor der Zeit von einem der Bäume und schlug dumpf auf dem Boden auf? Eine solche Stille war schlicht unmöglich. Wo Leben ist, ist Lärm. Es war ja nicht einmal mehr das Geräusch vorbeifahrender Autos auf der Autobahn oder der Bundesstraße zu hören. Kaltsommer hatte sich in einen Kokon verwandelt und mit seiner Verpuppung begonnen, kam es Dunja in den Sinn. Nur wie der offene Himmel in dieses Bild passen sollte, der in diesem Fall die – von einem Räuber? – aufgerissene Spitze dieses Kokons hätte sein müssen, das wusste sie nicht.

Die unfertige Metapher ließ sie nicht mehr los. Mit Ruhe und Frieden im taulosen Gras war es vorbei, ihr Geist erneut aufgestört. Ihr Blick trübte sich ein, verfinsterte sich, glitt in düstere Innenwelten ab, in denen sich nichts als Schatten von erschreckenden Formen und Größen tummelten. Beinahe hätte sie darüber das Verblassen der Sterne verpasst. Ein neuer Tag wollte unbemerkt anbrechen. Aber Dunja begriff noch rechtzeitig, was vor sich ging, und nahm den Himmel wieder schärfer ins Visier. Das tiefe

Nachtblau über ihr, das wie ein leichter Deckel auf der hohlen rotierenden Säule von Kaltsommers zerbrochener Wolke lag, nahm einen milchigen Ton an, und die Sterne blinzelten ein letztes Mal, ehe sie ganz ihre Augen schlossen. Ein Horizont war nirgends zu sehen, aber im Osten musste es jetzt stetig heller werden. Schon krochen die ersten Strahlen wie Finger über das Firmament und krallten sich in den Wolkentrichter, der selbst in der tiefsten Nacht nicht völlig sein gespenstisches Leuchten verloren hatte. Sein oberer Rand verfärbte sich, tauschte Gespenst gegen Knochen ein und den Knochen schließlich gegen Metall. Chrom oder Silber vielleicht, Quecksilber. Ja, Quecksilber mochte passen, denn das Licht blieb nicht oben am Rand. Dort sammelte es sich nur und begann dann, langsam an den Trichterwänden hinabzulaufen. Einer Flüssigkeit gleich, die sich ihre Energie von der Schwerkraft lieh und in Geschwindigkeit umwandelte. Auf seine Weise war es ein traumhaft schöner Anblick. Aber Dunja fürchtete den Moment, an dem dieses flüssige Licht die Erde berührte. Das war kein Regenwasser, was da herabkam, das war Hitze, die sich noch zur ohnehin schon allgegenwärtigen Trockenheit hinzugesellen wollte. Wenn dieses heiße Licht den Boden berührte, das verdorrte Gras, den toten Mais auf den Feldern, was würde dann passieren?

Dunja musste gar nicht so lange warten, um einen Vorgeschmack davon zu bekommen. Mit dem Ohr so dicht an der Erde, hörte sie es frühzeitig: ein Zischen, das erst leise, dann immer lauter aus dem abgestorbenen Wurzelwerk des Rasens um sie herum aufstieg. Zuerst konnte sie es nicht glauben, hielt es für eine Sinnestäuschung, bis sie es von überall zischen und sogar knacken hörte. Als hätte sie eine Ameise gebissen, sprang sie auf, rieb sich die Haut im Nacken und auf den nackten Unterarmen und sah sich um, gehetzt wie ein Tier in der Falle. Jetzt war es nicht mehr nur zu hören, jetzt sah sie es auch. Kleine und kleinste Dunstwölkchen, die zusammen mit den Geräuschen aufstiegen und sich gleich darauf in der warmen Luft auflösten. Und je lauter das Zischen und Knacken, desto dichter der Dunst und desto länger sein Hängen in der Luft.

Einen Moment stand Dunja da wie erstarrt, weil ihr Hirn sämtliche Energie zusammenziehen musste, um dieses optische und akustische Rätsel zu knacken. Als das gelang, traf sie die Erkenntnis wie eine Ohrfeige. Sie taumelte ein paar Schritte zurück und hielt sich gar nicht erst damit auf, ihr Gleichgewicht zurückzugewinnen. Sie lief sofort los, zurück zum Haus, in dem es mit einem Schlag dunkel wurde und aus dem erschrockene, entsetzte Rufe drangen. In ihrem Unterbewusstsein begriff sie, dass der Strom ausgefallen war, nur war das gerade nicht wichtig. Das war vielleicht sogar ganz gut, denn wenn stimmte, was sie sich zusammengereimt hatte, dann wäre von nun an jede Steckdose, jedes elektrische Gerät, jedes Kabel eine zusätzliche Gefahrenquelle.

Sie wartete nicht ab, bis sie wieder zu Atem gekommen war, sondern bis sich die Leute in der Küche halbwegs wieder beruhigt hatten. Dann aber machte sie entschlossen auf sich aufmerksam und rief diese zu sich nach draußen in den Hof. Sie mussten gar nicht erst bis nach hinten in den Garten gehen, um das neueste Phänomen von Kaltsommers Verwandlung zu sehen, es hatte auch hier bereits angefangen, zwischen den Kiessteinchen, den Ritzen in den Backsteinmauern und im Gebälk der Dächer. Sie deutete darauf und hörte, wie augenblicklich alles Gerede um sie herum verstummte. Stattdessen gab es Schlucken, Keuchen, lautes verdutztes Schweigen.

Dunja spürte, wie Petra neben sie trat und ihre Hand ergriff; die war schweißnass und kalt. Sie vernahm, wie ihre Partnerin mehrmals erfolglos den Mund öffnete und schloss.

»Was ist das?«, fragte sie endlich.

»Der Auszug der Geister hat begonnen.«

Zweiundvierzigstes Kapitel

Diese zweite Nacht in der Notunterkunft war weitaus schlimmer als die vorhergehende. Die Nachricht, dass sich die Wolke geöffnet hätte, hatte die fatale Wucht einer Bombe entfaltet, die zur Hauptgeschäftszeit in einer Einkaufsstraße explodiert. Wer nicht aus Kaltsommer kam, konnte das kaum nachvollziehen, der sah nur Tränen und Bestürzung und ein paar Nervenzusammenbrüche. Selbst Gerrit, der sich mit diesem Dorf so eng verbunden wähnte, blieb ratlos zurück. Was war so schlimm daran, dass sich diese Wolke, die in seinen Augen weniger phänomenal als vielmehr lästig war, in Wohlgefallen auflöste? Sollte sie tatsächlich dauerhaft verschwunden sein, würde sich die Lebensqualität in Kaltsommer um ein Vielfaches erhöhen. Oder nicht? Aber die Frage traute er sich nicht zu stellen, dafür fürchtete er die Antwort viel zu sehr. Ein Blick in die wie betäubten, leeren Gesichter reichte, um zu begreifen, dass diese Menschen das Maß ihrer Lebensqualität anders bemaßen. Zum ersten Mal erahnte er die wahre und prägende Bedeutung von Wolke und Nebel für Kaltsommer und seine Bewohner und was es sie an Überwindung kosten mochte, die einen mehr, die anderen weniger, beides hinter sich zu lassen.

Gerrit tat in dieser Nacht kein Auge zu, während Mehmet neben ihm, wenn auch unruhig, leise schnarchend schlief. Man hatte sie ganz selbstverständlich wie Angehörige behandelt und ihnen zwei Pritschen in der Ballsporthalle zugewiesen, sodass sie sich nicht erst noch auf die mühsame Suche nach einer Übernachtungsmöglichkeit machen mussten. Das wäre auch schwierig geworden, denn was an Hotel- und Ferienzimmern in der Gegend verfügbar war, war bei ihrer Ankunft längst belegt, und zwar nicht nur von Urlaubern. Gerrit lag auf dem Rücken, starrte hinauf zur hohen Hallendecke, die durch die Fenster oben auf der leeren Tribüne von Straßenlaternenlicht beleuchtet wurde, und kämpfte seine Ängste um Benjamin nieder. Was ihm nicht gut gelang, weil die anderen Leute in der Halle zwar still waren, aber nicht ruhig. Überall quietschten die provisorischen Betten, wenn sich jemand schlaflos von einer Seite auf die andere und wieder zurückwarf, konnte plötzlich ein Wimmern ertönen, gefolgt von beruhigendem Flüstern, brach sich der aus einem Albtraum mitgebrachte Schrei Bahn oder wurde verstohlen miteinander getuschelt. Für Gerrit waren diese Geräusche wie Glutnester, aus denen sich jederzeit ein Flächenbrand entwickeln konnte, sobald jemand käme und behauptete, in Kaltsommer wäre etwas passiert. Er verbot seiner Fantasie, sich auszumalen, was das sein könnte. Besser ging es ihm dadurch nicht.

Irgendwann hielt er es nicht mehr aus, stand auf und ging, sich seinen Weg durch das Labyrinth der Trennwände bahnend, nach draußen. Er brauchte frische Luft. Die fand er dort und Ruhe. Nicht nur die Schaulustigen hatten sich vorerst zurückgezogen, auch die Journalisten. Es waren noch welche da, sie hielten sich beim Roten Kreuz auf, tranken Kaffee, aßen belegte Brötchen und behielten unentwegt das Zelt des Krisenstabs im Auge, in dem ebenfalls noch Licht brannte. Gerrit behelligten sie nicht. Niemand fühlte sich bemüßigt, ihn etwas fragen oder ihm helfen zu wollen, und die wachestehenden Polizisten nickten ihm bloß einen kurzen Gruß zu; sie hatten gesehen, wie er aus der Halle gekommen war, dass er dazugehörte. Damit das so blieb, begab Gerrit sich bis an den Rand des Parkplatzes, wo er am weitesten von allen anderen Menschen weg war. Er atmete tief ein und aus, unterdrückte fast schon verärgert das sofort in ihm aufsteigende Schluchzen und schallt sich einen Idioten ob seiner im Moment völlig unangebrachten Gefühlsduselei. Mit der war niemandem geholfen. Er sah hinauf in den Nachthimmel, erblickte zwischen den Baumkronen ein paar funkelnde Sterne und suchte automatisch im Westen nach Kaltsommers Wahrzeichen. Der Blick von dieser Position aus war jedoch ziemlich verstellt, von Bäumen und der nahen Autobahnüberführung, auf der noch immer jeglicher Verkehr unterbrochen war und gespenstische Ruhe herrschte. Gerrit musste seinen Kopf ganz weit in den Nacken legen, um die Wand zu sehen, in die sich die Wolke verwandelt hatte und die angeblich in immer schnellerem Tempo um ihre eigene Achse kreiste. Sie leuchtete fahl, als würde sie das Licht eines Vollmondes reflektieren, aber einen solchen konnte er nirgendwo entdecken. Vielleicht weil die Nachtluft etwas diesig war, angefüllt mit Feuchtigkeit, die umso mehr kondensierte, je näher sie dem neuen Morgen kamen. Der brachte auch eine Frische mit sich, die Gerrit frösteln ließ und ihn davon überzeugte, wieder hineinzugehen. Es fühlte sich nicht verheißungsvoll an, auf einen Sonnenaufgang zu warten, der am Ende nichts als Unglück bescheinen mochte.

Auf dem Weg zurück zu seiner Pritsche verlief er sich in dem zwielichtigen Gewirr aus Schlafstätten und Paravents in der Halle. Er sah sich schon an der Gleichförmigkeit der Dinge verzweifeln und wie ein Irrer durch die beweglichen Korridore laufen, allmählich den Verstand und Benni verlierend. Er schielte in so manches provisorische Schlafgemach, nur um festzustellen, dass dahinter nicht Mehmet träumend auf ihn wartete. Einmal immerhin sah er die Bürgermeisterin, Ute Heinsohn, die dieses Mal nicht mit ihrer kleinen Tochter zur Familie ihres Lebensgefährten gegangen, sondern in der Notunterkunft bei ihren Bürgern geblieben war. Sie saß auf dem Rand ihrer Pritsche, die Ellbogen auf die Oberschenkel gestützt und das Gesicht in den Händen vergraben, und starrte ein tiefes, tiefes Loch in den Boden; auf einer Pritsche neben ihr schlief tief und fest dieser Thies Dührkopp. Gerrit überlegte, ob er sie ansprechen sollte, doch fiel ihm nichts ein, was er ihr hätte sagen können. Leise stahl er sich davon. Als er dann endlich sein und Mehmets Separee gefunden hatte, fand er seinen Begleiter wach vor und sich mit seinem sorgenvollen Blick konfrontiert.

»Wo warst du?«, fragte Mehmet flüsternd und setzte sich auf. »Ich bin aufgewacht, und du bist weg.«

»Ich war nur mal kurz draußen. Brauchte frische Luft.«

»Na gut«, brummte sein türkischer Bär und besann sich dann: »Alles in Ordnung?«

Gerrit schenkte ihm ein tapferes Lächeln. »Muss ja. Und nun schlaf weiter. Es reicht, wenn einer von uns kein Auge zutut.«

»Sicher?«

»Ja.«

»Ich weiß nicht, ob ich überhaupt noch mal einschlafen kann …« Er warf Gerrit einen langen Blick zu und versuchte es trotzdem. Allerdings blieb er auf der Seite liegen, von der aus er den Kleinen sofort im Blick hätte, öffnete er die Augen wieder.

Gerrit deckte ihn noch ein Weilchen mit seinem Lächeln zu, ehe es erlosch und er es sich erneut auf seiner Liege bequem zu machen und für die kommenden Stunden des reglosen Abwartens zu wappnen suchte. Doch bevor er wieder nur elend zur Decke hinaufstarrte, zog er sein Handy aus der Hosentasche hervor und checkte das Display. Nachrichten von seinen Eltern und seiner Schwester Celina fand er dort, die wissen wollten, wie der Stand der Dinge war und wie es ihm ging. Er antwortete nicht, das konnte er nicht. Stattdessen versuchte er ein weiteres Mal, Benni zu erreichen. Weder über die Mobilfunk- noch über die Festnetznummer seiner Mutter ließ sich eine Verbindung herstellen. In seinem Magen bildete sich ein Klumpen aus eiskalter Verzweiflung, und ihm war klar, dass er jetzt erst recht keine Ruhe finden würde. Also suchte er das Internet nach den neuesten Informationen über Kaltsommer ab, das urplötzlich kein anderes Thema mehr zu kennen schien. Leider wussten die sozialen Medien und großen Nachrichtenseiten auch nichts Neues zu berichten, und die meisten beschränkten sich sowieso darauf, dass der Ministerpräsident in die Ballsporthalle nach Wankendorf kommen werde …

Der kam tatsächlich am frühen Vormittag. Begleitet von einer Entourage aus PR-Leuten, Bodyguards und wichtigen Mitarbeitern, die ihn wie eine Corona umgaben, und mit dem Schweif an Medienvertretern und Katastrophentouristen, den er hinter sich herzog, war er ein Komet, der auf seiner endlosen Bahn durch die Tiefen des Raums an eben diesem Ort vorbeischaute. Neues Wissen brachte er nicht mit, das Briefing durch Günter Rohleder, den total übernächtigten Leiter des Krisenstabs, vermochte auch dem Landesherrn keine Erkenntnisse zu vermitteln, die nicht schon bekannt gewesen wären. Dennoch war sein Besuch nicht umsonst. Zum einen schien er etwas Ordnung ins Chaos zu bringen und sämtliche Bewohner Kaltsommer, die im Moment exiliert waren, in der Wankendorfer Ballsporthalle zusammenzubringen. Nur ein gutes Drittel von ihnen nächtigte dort, der Rest war bei Verwandten und Freunden in der Umgebung untergekommen. Florian Molkentin etwa bei einem Arbeitskollegen in Schmalensee, Jörn Quandt bei seiner Schwester in Gönnebek und Melanie Rixen bei einer Kollegin in Neumünster. Der Ministerpräsident rief sie alle zusammen und erneuerte, das war das andere, mit dem Mitgefühl, das er ihnen persönlich ebenso wie im Namen des gesamten Landes Schleswig-Holstein aussprach, ihr Gemeinschaftsgefühl. Selbst die, die ihn eigentlich ablehnten – Momme Iversen wäre so einer gewesen, für den war dieser viel zu junge und viel zu liberale Mann quasi der Inbegriff eines Vertreters der Altparteien abseits der großen Fische in Berlin. Normalerweise hätte er sich nicht gescheut, pauschal Gefängnis für ihn zu fordern, wenn nicht gar, und dafür musste nicht einmal der Alkoholpegel stimmen, das Abhacken der Rübe. Jetzt wollte Momme ihm unbedingt kurz die Hand schütteln. Um ihn herum hielt man nur deshalb den Atem an, weil man fürchtete, Iversen würde wieder von seinem unverkäuflichen Lindenholz zu jammern anfangen. Aber auch Manfred Philipps oder sein Partner Martin, die durch ihre gehobene berufliche Stellung regelmäßig in Kiels höheren Kreisen verkehrten und dem Mann deshalb des Öfteren bereits begegnet waren, ließen sich die Gelegenheit nicht entgehen. Sogar Markus Kluge und seine Frau Alexandra, die sich bis zur Benommenheit sediert an seinen Arm klammerte, andernfalls hätte sie die Gewissheit, dass ihre Ella die Schule geschwänzt hatte und in Kaltsommer geblieben war, umgeworfen wie vor ihr etwa Lasse Heise, sogar die beiden kamen, um ihren Landesvater zu treffen. Nicht einmal Gerrit und Mehmet, die nun wirklich nur Gäste waren, ließ das Erscheinen des Ministerpräsidenten kalt. Sie alle fühlten sich berührt und in eine seltsam feierliche Stimmung versetzt, als sich dieser Mann, und sei es nur für eine Minute, zu ihnen setzte, ihre Hand hielt oder sie tröstend in den Arm nahm, sich ihren Kummer anhörte und ihnen Mut zusprach, sie bat, die Hoffnung niemals aufzugeben.

Solange der Ministerpräsident unter ihnen weilte, leuchtete sein schützendes, wärmendes Licht über ihnen. Kaum war er weg, stürzte Kälte, wie sie nur nackte Furcht zu erzeugen vermochte, auf sie ein, heftiger als jemals zuvor. Trotz der Hitze draußen und der Wärme in der Halle, begannen sie, kollektiv zu frieren. Die Helfer vom Roten Kreuz und Technischen Hilfswerk brachten Decken, neugierig beäugt von den Journalisten, die immer noch nicht wieder in die Halle durften, nachdem der Ministerpräsident sich für seinen Besuch bei den Entwurzelten Zurückhaltung, Nachsicht und Privatsphäre erbeten hatte. Die Kaltsommeraner nahmen die Decken auch dankbar an, aber das Frösteln, das wie glitschige Eiswürmer über ihre Haut kroch, klang erst ab, als sie immer enger zusammenrückten und neue Zuversicht in der gegenseitigen Nähe zu ihren alten Nachbarn und Freunden fanden. Die meisten jedenfalls. Momme Iversen konnte sich nicht recht überwinden und hielt sich am Rand, Robert und Anna Kaufmann dagegen wollten nicht mitmachen, weil sie sich nicht zugehörig fühlten, sondern lieber mit dem Schicksal haderten, dass es sie auf diesen falschen Weg in dieses bösartig verwunschene Nest geführt hatte. Sie mochten nicht einmal ihren Erstgeborenen Leon ansehen, der mitten unter diesen Leuten saß und eindeutig zu einem von ihnen geworden war. Kaltsommer hatte ihn ihnen weggenommen und entfremdet, in jeder nur möglichen Hinsicht. Ihre Werte waren nicht mehr die seinen, und nur das noch Ungeborene in Annas Bauch half ihnen über diesen tragischen Verlust hinweg. Leon war verloren. Aber darüber konnten sie mit niemandem sprechen. Niemand hatte Verständnis für sie, nur weil sich ihr Kind anders entwickelte, als sie sich das wünschten. Mit ihrem Kummer waren sie allein, und deshalb hielten sie sich abseits. Die beiden Berliner dagegen, der haarige Türke und der junge Hüpfer an seiner Seite, der angeblich der Freund von diesem auch nicht mehr ganz jungen Benjamin Sandow war, die waren sofort regelrecht adoptiert worden, obwohl sie nie in Kaltsommer gelebt, nur bestenfalls auf einen kurzen Besuch vorbeigeschaut hatten. Die wussten nicht, was es hieß, tagein, tagaus unter dieser Wolke mit ihrem ganzjährigen nasskalten Klima zu leben, das einem die Lebensfreude aus dem Leib saugte. Sie durften sogar einen Sohn des Dorfes endgültig nach Berlin entführen und wurden noch gefeiert. Wenn aber sie, Robert und Anna Kaufmann, sich nach einem neuen Domizil außerhalb umsahen und im Austausch dafür sogar bereit waren, ihren Sohn zurückzulassen, ihn zu opfern, dann wurden sie nur scheel angeguckt …

Tatsächlich sah niemand die Kaufmanns scheel an. Man hatte längst akzeptiert, dass dieses Ehepaar gar nicht zu ihnen gehören wollte. Wenn man kein Verständnis für sie hatte, dann aus dem einzigen Grund, dass sie bereit waren, ihren Sohn, ihr eigen Fleisch und Blut, zu verlassen. Immerhin gab es Manfred und Martin, die so auf ihre alten Tage ganz unerwartet noch Eltern eines Teenagers wurden. Längst hatte sich im Dorf ihr Wort vom Zuläufling mit Wohlwollen etabliert. So allgegenwärtig war es geworden, dass es Leon peinlich in den Ohren klingelte und auch schon zu Gerrit und Mehmet vorgedrungen war. Mehmet noch mehr als Gerrit fand die Offenheit, mit der man in Kaltsommer alternativen Lebensformen begegnete, ungeheuer faszinierend. So eine Selbstverständlichkeit fand man nicht einmal immer in den großen, sich aufgeklärt wähnenden Metropolen. Aus diesem Grunde suchte er das Gespräch mit Manfred und Martin, die ihm bereitwillig Rede und Antwort standen. Gerrit behielt er dabei stets an seiner Seite, denn der Kleine schwächelte immer offensichtlicher. Seine Batterien waren so gut wie leer, und Mehmet wollte in seiner Nähe sein, falls die Kraft ihn ganz verlassen und er zusammenbrechen sollte. Gerrit fühlte sich schwach, aber noch annähernd nicht in einem solch kritischen Zustand. Wenn sich nur die Zeit nicht so unendlich dehnte! Stunde um Stunde saßen sie in dieser vermaledeiten Halle und erfuhren nichts Neues. Es bewegte sich einfach nichts, und sie waren zum Warten verdonnert. Nicht einmal die Auswertung der Satellitenbilder hatte etwas ergeben, außer dass noch alle Gebäude standen und sich die im Dorf Verbliebenen scheinbar rund um das Torhaus sammelten. Herr Rohleder hatte sie dankenswerterweise informiert, gegen Mittag war das gewesen. Per Funk oder auf sonstigem Wege sei weiterhin kein Durchkommen, fügte er noch betrübt hinzu, und der Strom scheine ausgefallen zu sein. Das ließe sich jedoch nicht mit Sicherheit sagen, die Signale seien nicht eindeutig. Was der Leiter des Krisenstabs den um ihre Angehörigen und Heime Bangenden dagegen verschwieg, weil er das selbst nicht verstand und ihm dieser Umstand am meisten Angst einjagte, war die Entdeckung, dass sich alles Laub an den Bäumen Kaltsommers gelb und braun verfärbt hatte und von den Zweigen fiel, als wäre schon tiefster Herbst. Mehr als alles andere empfang Günter Rohleder ausgerechnet das als beunruhigend.

Die Gestrandeten waren bei aller geistigen wie körperlichen Erschöpfung auch so unruhig genug. Zwar schien die Anspannung generell etwas nachgelassen zu haben, aber auch dafür zeichnete hauptsächlich die Ermüdung verantwortlich. Immer wieder brach jemand ganz unvermittelt in Tränen aus, mal verstohlen hinter vorgehaltener Hand, mal laut und heftig schluchzend und nur durch das Spritzen entsprechender Mittel wieder zu beruhigen. Was ganz aufhörte, waren Auseinandersetzung aus irgendeinem nichtigen Anlass heraus. Die Menschen hatten sich in die Umstände eingefunden, sich notgedrungen mit ihnen arrangiert. Sie wirkten wie Soldaten zwischen ihrer ersten und zweiten Schlacht. So oder ähnlich empfanden Rohleder und die übrigen Angehörigen des Krisenstabs die Gemengelage, so empfand es auch Gerrit, obwohl er eher behauptet hätte, dass man sich so zwischen zwei Krebsoperationen fühlen musste, die beide jederzeit und selbst später noch schlecht ausgehen konnten. Das hatte er bei seiner Oma erlebt, die an einem zu spät erkannten Darmkrebs gestorben war und zwischen den einzelnen Behandlungen immer tapfer gelächelt hatte. Doch sobald sie sich unbeobachtet wähnte, hatte sie nur krampfhaft nicht geweint.

Am frühen Nachmittag erschien Elisabeth Kröger wieder in der Halle und verteilte Kaffee und Kuchen und warme Worte. Die Bornhöveder Pastorin wäre gerne schon gleich am Morgen gekommen, eine Beerdigung und das Planen einer Taufe hatten sie in ihrer Gemeinde gebunden. Pastor Nutt, ihr Wankendorfer Kollege, ließ sich nicht mehr blicken, nur am allerersten Tag, als die Lage noch ungewiss und neu war, hatte er kurz vorbeigeschaut. Er bot zwar in seiner Kirche täglich Andachten und »Gebete der Hoffnung« für Kaltsommer an, die richteten sich allerdings eher an die Schäfchen seiner eigenen Gemeinde. Für die war die Situation ebenfalls belastend, obwohl die Gestrandeten natürlich herzlich dazu eingeladen waren. Nicht einmal die Kleider- und Lebensmittelspenden, die manche Wankendorfer in seinem Pastorat abgaben, brachte er persönlich vorbei. Das überließ er ein paar rührigen Gemeindegliedern. Dieses Feld also gehörte Elisabeth Kröger, und sie tat alles, um den Unbehausten ein wenig Trost zu spenden. Für jeden fand sie ein freundliches Wort, selbst für Momme Iversen, dem sein Holz wieder eingefallen war, oder für Mehmet, der gar nicht ihrer Gemeinde angehörte. Gerrit wollte nicht mit ihr sprechen. Er dankte ihr für das Angebot und nahm auch einen Becher Kaffee, aber winkte ab, als die Pastorin fragte, ob sie sich nicht ein Weilchen zu ihm setzen dürfe. »Mir geht es gut«, erwiderte er und hielt das im Vergleich mit allen anderen um sich herum nicht einmal für gelogen, »die anderen brauchen Sie mehr als ich.« Sie nickte, ihn aus den Augen mit Wärme überschüttend, und ging langsam zur nächsten Pritsche, während Gerrit sich vorkam, als wäre er soeben gesegnet worden. Warum ihm das so wohltat, hätte er nicht zu sagen vermocht. Er merkte nur, wie es ihn plötzlich mit einer angenehmen Ruhe erfüllte. Um ihn herum herrschte ein einziges Kommen und Gehen. Mehmet, der ein geborener Kommunikator war und mit nahezu jedem ins Gespräch kommen konnte, zog die Leute an wie ein Magnet, ohne dabei seinen jungen Freund auch nur eine Sekunde lang aus den Augen zu lassen. Noch immer war das Paar Manfred und Martin bei ihnen, ihr Ziehsohn hingegen hatte sich irgendwo verkrochen. Nun gesellten sich Ute Heinsohn, Thies Dührkopp und

Melanie Harms zu ihnen, die ihren erschöpften Vater nach dem Besuch des Ministerpräsidenten wieder nach Hause geschickt hatte. Er sollte sich etwas ausruhen, und genau dieses Bedürfnis spürte Gerrit nun endlich auch in sich. Er nippte noch einmal an seinem Kaffee, stellte ihn unter sein Feldbett, damit niemand darüber stolperte, und legte sich hin. Er wollte nicht unbedingt schlafen, tatsächlich glaubte er nicht, dass das bei dieser Helligkeit und dem Stimmengewirr um sich herum möglich wäre. Er wollte nur ein wenig mit geschlossenen Augen ruhen. Er hörte noch eine ganze Weile die Stimmen Mehmets und der anderen und verstand so viel, dass die nur ihrer Ratlosigkeit Ausdruck verliehen, selbst nachdem er sich auf die andere Seite gedreht und den Kopf tief ins Kissen gedrückt hatte. Er schlief knapp vier Stunden.

Das Handy weckte ihn, seine Mutter rief an. Aus irgendeinem wüsten Traum hochschreckend, der in zigtausend unkenntliche Scherben zersprang, als er die Kombination aus Klingelton und Vibrationsalarm in seiner Hosentasche fühlte, fummelte er nach dem Gerät, während er gleichzeitig versuchte zu erraten, wo er war. Für einen langen Moment erkannte er den Ort nicht wieder. Als er dann endlich soweit war, den Anruf anzunehmen, hörte Gerrit noch kurz ihre Stimme, bevor das Handy seinen Geist aufgab. Der Akku war komplett leer. Und Gerrit fühlte sich plötzlich zerrissen zwischen Verzweiflung und Wut, während ihm das Gefühl der Hilflosigkeit wie eine Schlange in die Ferse biss und ihn mit ihrem Gift lähmte. Der Schlaf hatte überhaupt keine Erholung gebracht, er hatte alles nur noch schlimmer gemacht. Ganz unvermittelt fing Gerrit an zu weinen.

Mehmet war sofort bei ihm und tröstete ihn. »Das ist doch nur der Akku«, sagte er, den Kleinen in den Armen wiegend, »sonst nichts, nur der Akku. Guck mal, du kannst mit meinem Handy telefonieren, das habe ich frisch aufgeladen. Und während du deine Mutter anrufst, werde ich dein Handy zur Ladestation bringen, okay? Es ist nur der Akku, mein Lieber, nur der Akku. Der ist doch bei uns allen schon so gut wie leer.« Wenigstens ein kleines Lächeln erntete er dafür.

Carmen Bäumler wollte eigentlich nur eines wissen: »Sollen wir zu dir kommen, Schatz? Wir stehen praktisch in den Startlöchern und können jede Sekunde losfahren. Es gibt zwar keine Zimmer mehr da oben, aber Papa würde einen Camper leasen, dann wären wir unabhängig. Und du müsstest nicht in dieser überfüllten Turnhalle ohne jede Privatsphäre ausharren.«

»Mehmet ist bei mir.«

»Oh …«

Er hatte sie nicht verletzten wollen. »Mama, ihr könnt gerne kommen, wenn ihr das möchtet«, sagte er deshalb, obwohl ihm schon wieder die Tränen kommen wollten, »aber ihr könnt nichts tun. Gar nichts. Niemand kann das. Niemand kommt durch diese Wolke durch, weder rein noch raus. Aber hier in der Halle werde ich noch am ehesten erfahren, wenn es was Neues gibt.«

»Wir könnten trotzdem kommen. Und dich unterstützten.«

»Ihr dürft kommen, das werde ich euch doch nicht verbieten.«

»Dann kommen wir. Morgen ganz früh fahren wir los, dann sind wir hoffentlich gegen Mittag bei dir.«

»Danke.«

»Sollen wir irgendwas mitbringen?«

»Was denn?«

»Was immer du brauchst, Schatz.«

Außer Benjamin fiel ihm nichts ein, was er brauchte, selbst Mehmets Nähe war ihm plötzlich unangenehm. Als der sich wieder neben ihn setze und ihm den Arm um die Schultern legen wollte, empfand er das als zu aufdringlich. Mehmet konnte nichts dafür, für nichts, was hier passierte. Er war nur so freundlich und hilfsbereit und liebenswert und – wenn Gerrit ihn jetzt plötzlich anschaute, schwanden all seine Hoffnungen auf einen guten Ausgang und stürzte er ins Bodenlose.

»Ich glaub, ich geh mal duschen«, sagte er und stand abrupt auf. »Ich stink wie ein Iltis.«

»Tun wir das nicht alle?«

»Aber ich …«

»Ist schon gut, Gerrit.« Mehmet war das Verständnis in Person, und er wusste, dass das nicht das war, was Gerrit gerade brauchte. »Geh duschen. Und wenn du damit fertig bist, holen wir uns was zu essen.«

»Ich hab keinen Hunger.«

»Darum geht es auch nicht.«

Bevor Gerrit irgendetwas erwidern konnte, machte Mehmet eine eindeutige Geste in Richtung der Umkleide- und Duschräume. Gerrit ging schließlich und merkte schon auf dem Weg dahin, dass er gelogen hatte. Er hatte doch Hunger. Sein Magen war ein leerer Raum in der Mitte seines Körpers, der nicht weiter in sich zusammenschrumpfte, je länger er nichts zu tun bekam, sondern im Gegenteil sich auszudehnen begann, als wollte er nun Gerrit selbst verschlucken. Ganz schwach fühlte er sich plötzlich, und auf wackeligen Knien erreichte er die Männerumkleide. In der war er glücklicherweise allein, nur ein schwacher Duschgelduft zeugte noch von einem vorherigen Benutzer. Er setzte sich auf die den Raum umspannende Holzbank, während er sich auszog, und hielt sich gar nicht erst damit auf, seine ohnehin wenigen Klamotten an die Haken über seinem Kopf zu hängen. Barfuß patschte er in den Duschraum, unsicher über die nassen Fliesen stakend. Aus einem der Duschköpfe tropfte es noch, und ein Rest Wasserdampf hing in der Luft, aber solange er duschte, und er duschte sehr lange, sollte er die sanitären Anlagen für sich allein haben. Mit dem Gesicht zur Wand und der Hand auf den Knopf stand er unter dem Wasserstrahl, als wäre er wieder eingeschlafen, und ließ sich unentwegt das Wasser auf Kopf und Nacken prasseln. Zu guter Letzt hätte er beinahe noch vergessen, sich Haut und Haar zu waschen.

Ganz in Gedanken versunken, schlurfte Gerrit auf nassen Füssen zu seinen Sachen in die Umkleide zurück.

»Hallo.«

Er fuhr zusammen und seine Hände an das um die Hüfte geschlungene Handtuch, als könnte es bei dieser unerwarteten Begrüßung aufgehen und zu Boden fallen.

»Entschuldige, ich wollte dich nicht erschrecken.« Leon winkte abwehrend mit den Händen, er konnte Gerrit kaum in die Augen sehen. »Ich … ich …«

»Hast du mich etwa beobachtet?«, fragte der und wich automatisch ein paar Schritte zurück Richtung Duschraum.

Der Jüngere wurde rot wie eine Tomate. »Ich? Nein! Ich … ich …«

»Was? Was willst du von mir?«

»Ich …« Leon raufte sich die Haare. »Es tut mir leid.«

Aber weder sagte er, was ihm leidtue, noch lief er davon, obwohl seine Miene verriet, dass ihm sehr danach war. Er blieb neben der Tür zur Halle an die Wand gepresst kleben wie eine plattgehauene Fliege, ließ seinen Blick unstet durch den Raum schwirren und hatte offensichtlich etwas auf dem

Herzen, von dem Gerrit sich nicht vorstellen konnte, was es sein mochte. Wenigstens wirkte er nicht bedrohlich oder wie ein kranker Spanner, der noch an seinen Ausreden feilen muss, und deshalb kam Gerrit wieder etwas näher. Sie waren sich noch nie begegnet. Gerrit kannte den Jungen nur vom Hörensagen, aus Benjamins Geschichten, als eine dieser lustigen Anekdoten, wie sie so wohl nur in Kaltsommer vorkommen konnten. Das war der Leon, der seinem Benjamin mehr oder weniger offen schöne Augen gemacht hatte. Gerrit ging zu seinen Sachen, drehte dem anderen den Rücken zu, öffnete sein Handtuch und begann, sich abzutrocknen.

»Wie kann ich dir helfen?«

Leon brauchte lange, um den Mut zu finden, das zu sagen, was er die ganze Zeit schon hatte sagen wollen, seitdem Gerrit am Vortag an der Halle angekommen war, weil er sich diesem Studenten aus Berlin auf verquere Weise verbunden fühlte. Er wusste nur nicht, wie er es sagen sollte und ob es überhaupt angebracht war, ob ihm diese Worte zustanden. Zwar hatte er Benjamin Sandow eine ganze Zeit angehimmelt, aber mehr war ja nicht passiert.

»Ich wollte mich bei dir entschuldigen«, stammelte er schließlich leise.

Es war nicht schwer zu erraten, was er meinte. Gerrit war plötzlich sehr froh, dass vor ihm nur die Wand mit den Kleiderhaken daran war. Diese Geste war so süß, dass sie ihn zutiefst rührte. »Dass du versucht hast, mir den Freund auszuspannen?«, erwiderte er und hörte selbst noch seiner eigenen Stimme das Lächeln an.

»Ja.«

»Weißt du, Leon«, begann Gerrit, legte das Handtuch beiseite, zog sich die Unterhose an und drehte sich zu ihm um, »das geht schon in Ordnung. Mach dir keinen Kopf deswegen, okay? In deinem Alter hätte ich das vermutlich auch gemacht.«

»So alt bist du doch noch gar nicht.«

Gerrit schlüpfte in seine Jeans. »Das stimmt.« Jetzt griff er erneut nach dem Handtuch, um sich noch einmal gründlich die Haare trocken zu rubbeln.

»Ich meine, du siehst immer noch sehr jung aus.«

»Ich hab's kapiert, danke.«

Leons Gesichtsfarbe schaltete wieder von erhöhtem Blutdruck auf schweren Sonnenbrand. Gerrit ließ ihm Zeit, wieder etwas abzukühlen.

Es war ihm nicht mehr unangenehm, nackt und bloß vor diesem Fremden herum zu hampeln, aber dieses Gespräch, wo immer es sie noch hinführen mochte, ließ sich leichter führen, wenn sie beide komplett angezogen waren. Denn dass der Jüngere noch nicht fertig war, stand ihm deutlich ins Gesicht geschrieben. Gerrit nutzte dessen Wortfindungsschwierigkeiten, um sich die Haare zu kämmen, ein wenig Deo aufzutragen und ein frisches T-Shirt überzustreifen. Alles in allem fühlte er sich erfrischter, ja lebendiger, als er selbst das von einer simplen Dusche erwartet hätte.

»Es tut mir leid«, wiederholte Leon gerade, als er sein Handtuch zusammenlegte und das Duschgel darin einwickelte, machte eine Pause, holte tief Luft und fuhr fort: »Es tut mir leid, dass dein Benjamin noch drin ist.« Gerrit merkte, wie ihm eine Gänsehaut über den ganzen Leib kriechen wollte. »Er hätte doch gar nicht mehr dort sein sollen, er hatte den Absprung doch schon längst geschafft. Und jetzt sitzt er da fest und … und …«

»Und er wird da auch wieder rauskommen«, entfuhr es Gerrit. »Wir werden ihn da wieder rausholen! Ihn und alle anderen, diese Dunja und Petra …«

Leon wollte das gerne glauben, aber: »Bist du dir sicher?«

»Wie meinst du das?«

Doch der Jüngere schüttelte nur den Kopf und sah zu Boden.

Plötzlich war die Gänsehaut überall. Sie zog Gerrits Körperoberfläche derart zusammen, dass er die Spannung kaum mehr aushielt. »Natürlich kommen die da alle wieder raus«, bellte er beinahe. »Warum denn nicht? Diese Wolke, sie kann sich nicht ewig halten! Das ist physikalisch unmöglich. Und nur weil alle, die du liebst, draußen sind, dieser Manfred und dieser Martin und deine Eltern, heißt das noch lange nicht, dass der Rest geopfert werden kann!«

Leon starrte ihn an, entsetzt bis ins Mark. Tausend mögliche Erwiderungen gingen ihm durch den Kopf, doch alles, was er herausbrachte, um diesem herausfordernden Blick abzuwehren, war ein geflüstertes: »Ich liebe meine Eltern nicht.«

Gerrit versuchte, diesen Satz zu begreifen, während der Junge heftig schluckte und sich die Hand vor den Mund hielt wie einen Maulkorb. »Das ist doch Blödsinn«, brachte er hervor. »Du kommst aus Kaltsommer, da ist das doch kein Problem.«

»Ja, ich komm aus Kaltsommer – aber meine Eltern nicht!« Schlagartig verwandelte sich Leon in eine weinende Furie mit geballten Fäusten und nassen Wangen. »Scheiße!«, rief er, riss die Tür auf und lief davon.

Gerrit merkte, dass er fror. Ihm war nicht einfach nur kalt, er fror. Draußen wie drinnen herrschten noch immer über 25 Grad Celsius im Schatten, und in seinem Innern machte sich eine entsetzliche Kälte breit. Leons Worte fraßen sich wie Knochenkrebs durch sein Skelett, verdarben sein Rückenmark und drangen in sein Gehirn ein, um es zu Brei aufzulösen. Es wollte ihm einfach nicht gelingen, die Aussagen des Jungen allein auf die allgemeine Überspanntheit zurückzuführen, ihnen mit dieser durchaus plausiblen Erklärung die Zähne zu ziehen. Sie nagten fröhlich weiter an seinem Verstand. Plötzlich meinte er, Kaltsommer mit Bennis Augen zu sehen, geblendet von Helligkeit und Hitze, und als er sich endlich an beides gewöhnt hatte und die Schärfe ins Bild zurückkehrte, fiel Feuer vom Himmel herab …

»Wo warst du denn so lange?«, fragte Mehmet, sichtlich besorgt. »Ich wollte schon nach dir schauen gehen.«

»Bin aufgehalten worden«, stammelte Gerrit.

»Von wem? Was hat der gemacht?« Unwillkürlich ballte Mehmet die Fäuste; auch er war allmählich mit den Nerven zu Fuß.

»Leon. Es war nur Leon.«

»Die kleine Husche?«

»Sag doch so was nicht. Er kann doch auch nichts dafür.«

»Was? Wofür?«

Es war nicht nett, aber wie er Mehmet um eine Fassung ringen sah, von der er noch nicht einmal wusste, dass er sie bereits verloren hatte, musste er plötzlich lachen. Es war so lächerlich. Alles. Dass sie hier waren und nicht in Berlin. Diese ganze Notunterkunft. Dass ein komplettes Dorf plötzlich von einer vom Himmel herabgestiegenen Wolke eingeschlossen werden konnte. Er fasste Mehmet bei den Schultern, hielt sich auch selbst etwas daran fest, drückte seinem türkischen Bären einen Kuss auf die gerunzelte Stirn und sagte: »Er wollte nur reden, sonst nichts. Einfach nur reden.«

»Aha …!«

Nachdem er Mehmet einigermaßen wieder beruhigt hatte, seine eigenen Nerven gewannen dadurch ebenfalls etwas an Stabilität zurück, führte er ihn nach draußen zum Stand von Rotem Kreuz, Kirche und

Feuerwehr. Letztere hatte dort einen Grill aufgebaut, an dem sich die in der Halle Einquartierten kostenlos versorgen konnten. Viele machten von dem Angebot Gebrauch. Sie bildeten einen dichten Pulk in der heißen Dunstglocke des Grills, die Nähe mindestens ebenso genießend wie die Bratwurst und das Kotelett. Es gab sogar Bier, und das lud noch mehr zum Verweilen ein. Gerrit trank bewusst mehr als eins und hoffte auf die schläfrig machende Wirkung für die Nacht. Erleichternd war auch zu sehen, wie die beiden Glatzköpfe Manfred und Martin Leon ins Auto setzten und mit ihm in ihre eigene Notunterkunft in Kiel davonfuhren. Egal, wie viel Sympathie er auch für den Jungen verspüren mochte, noch so eine Unterhaltung mit ihm hätte Gerrit nicht ausgehalten.

Die Nacht war längst hereingebrochen und eine von Tuscheleien, Wortfetzen, Schnarchen, dem Knarzen von Pritschen und eiligen Schritten auf dem weichen Hallenboden durchsetzte Stille hatte sich ausgebreitet, als Gerrit endlich versuchte, ein wenig Schlaf zu bekommen. Er war recht optimistisch. Die paar Stunden am Nachmittag hatten nicht viel gebracht, die Nacht davor war so gut wie schlaflos gewesen, und jetzt legte ihm der Gerstensaft dankenswerterweise das Hirn lahm. Mehmet lag bereits auf seiner Pritsche, die Augen geschlossen, der Mund leicht geöffnet, und sah aus, als wäre er ins Koma gefallen. Und dabei hatte er weniger als Gerrit getrunken. Er beneidete seinen alten Freund um seine Fähigkeit, zu schlafen, und wünschte für sich dasselbe. Allein zu ihm wollte der Schlaf nicht kommen. Sobald er die Lider schloss, brannte Feuerschein auf seiner Netzhaut. Wieder schien er mitten in Kaltsommer zu stehen, und vom Himmel regnete es Feuer herab. Er konnte förmlich die Hitze spüren, und am ganzen Körper brach ihm der Schweiß aus. Es wurde so schlimm, dass er es selbst ohne das dünne Laken, das ihm als Decke diente, nicht mehr aushielt. Als würde er auf seinem Lager schmelzen. Sogar die Luft, die er einatmete, schien ihm als pure Hitze in die Luftröhre zu dringen und die Lungen zu verbrennen. Und dazu immer wieder das Bild des lichterloh brennenden Kaltsommers. Alles war nur noch Feuer und Flamme.

Erst draußen auf dem Parkplatz kam Gerrit wieder zu Atem. Die Nachtluft kühlte den Schweiß auf seiner Haut und griff ihm mit den leichten Fingern einer Brise ins Haar, als wollte sie ihn liebkosen. Wenn er jetzt die Augen schloss, sah er nichts als Schwärze, wohltuende Schwärze.

Öffnete er sie jedoch und schaute nach Westen, sah er, wie sich unverändert die Wolkensäule in den Himmel schraubte, abweisend und undurchdringlich. Sie war von ihrem ganz eigenen Licht erfüllt, das zu blass und kalt für Feuerschein war und trotzdem nicht besser. Totenlicht, dachte Gerrit unwillkürlich und wandte sich schaudernd ab, Totenlicht.

✩

FLEMMING ARPS SELBSTMORD MUSS OTTO endgültig gebrochen haben. Anders kann ich mir sein weiteres Schicksal nicht erklären, ist nicht nachvollziehbar, wieso er sich auf das Folgende einließ. Während immer mehr Details über die Strangulation angeblich mit dem eigenen Hosenbein in der Untersuchungshaftzelle die Runde machten und nicht zuletzt von Ottilie Runge wieder und wieder ebenso genüsslich wie weltvergessen durchgekaut wurden, zerbröselte es ihren Sohn zu Staub. Was weder der Erziehung durch seine Eltern noch das Verschwinden Eugen Egon Ewald von Gronkas oder die Gestapo-Folter mit anschließender Kastration gelungen war, schaffte diese Katastrophe. Sie war nicht der Tropfen, der das Fass zum Überlaufen brachte, nein, sie ließ es bersten. Danach muss ihm alles gleich gewesen sein, weshalb er sich auf diesen Pakt mit dem Teufel einließ. Der Teufel aber war wiederum Ottos eigener Vater Konstantin. In der Krise blühte der noch einmal so richtig auf. Er stellte sich als Retter der Familienehre dar, freilich streng allein den eigenen Prinzipien und Wertvorstellungen folgend, was das Ergebnis nicht sonderlich verwunderlich erscheinen lässt.

In der Causa Arp galt Otto zu keinem Zeitpunkt als Verdächtiger, immer nur als Zeuge. Das hatte er durchaus seinem Vater zu verdanken, der alte Beziehungen aus dem Krieg und danach spielen ließ. So wurde nicht untersucht, warum Otto so häufig im Hause des Neumünsteraner Sparkassen-Chefs zu Besuch gewesen war und scheinbar auch dort übernachtet hatte. Sein erhaltenes Vorstrafenregister allein hätte vermutlich schon die nötigen Antworten geliefert, und es wäre ein Leichtes gewesen, ihm daraus einen Strick zu drehen. Anstatt eines 175ers hätte man der Öffentlichkeit gleich zwei von der Sorte präsentieren können. Die hätte es mit Dankbarkeit quittiert. So aber erfuhr die Presse niemals Ottos Namen, er verlor nicht seinen Job und die Ehre des Hauses Runge blieb von einem weiteren Skandal verschont. Der ersten Befragung durch Kriminalkommissar Löbau folgte keine zweite mehr.

»Das hast du mir zu verdanken«, ließ Konstantin seinen Sohn rundheraus wissen. »Vergiss das niemals!«

»Werde ich nicht«, stammelte der nur.

Sie waren in Ottos Zimmer in der Lindenallee in Kaltsommer, in das Konstantin ohne anzuklopfen gekommen war. Er war der Herr dieses Hauses, und jetzt endlich bot sich ihm die Gelegenheit, sein Wort wieder zum alleini-

gen und unwidersprochenen Gesetz zu erheben. Nachdem er sorgfältig hinter sich die Tür geschlossen hatte, Ottilie saß unten in der Stube, hörte Radio und sollte darüber hinaus nichts hören, gebot er Otto, sich auf das akkurat gemachte Bett zu setzen, während er selbst sich den Stuhl vom Schreibtisch heranzog. Das war die einzige andere Sitzgelegenheit im Raum. In dem standen sonst nur noch ein Kleiderschrank und eine Werkbank, an der Otto private Aufträge ausführte. Auf der Fensterbank standen ein paar Blumen, die selbst morgens, wenn die Sonne aufging, mit den Linden draußen um das Licht konkurrieren mussten, und über der Werkbank hingen gerahmt Ottos Meisterbriefe, die ihn als Schneidermeister im Allgemeinen und als Herrenschneider im Besonderen auswiesen. Der Teppich war ein farbloses Beige, die Bettwäsche weiß, die Tagesdecke dunkelblau und die Möbel aus düsterer Eiche. Bunte Lebendigkeit brachten allein die Stoffmuster in dieses Zimmer, das für Otto niemals mehr als ein Verwahrungsort für sein von aller Welt ungeliebtes Selbst sein sollte. Auch deshalb war er so gern bei Flemming gewesen. Der hatte ihn so akzeptiert, wie er war, und deswegen hatte Otto sich gar nicht erst um die Einrichtung dieser Büßerzelle bemüht. Lediglich dem Drang, ein Foto von Flemming auf seinem Schreibtisch aufzustellen, hatte er widerstehen müssen. Damit wären die Nächte unter der Woche allein in seinem Bett etwas erträglicher geworden, etwas weniger einsam und verloren. Otto wusste, dass er spätestens jetzt hätte ausziehen müssen, das Heim seiner Eltern war schon lange nicht mehr sein Heim und würde es auch nicht mehr werden. Der Schock lähmte ihn, Flemmings Verlust zog selbst diesem Vorhof zur Hölle den Stachel.

Otto sah seinen Vater nicht an. Er hielt seinen Blick auf die reglos im Schoß liegenden Hände gesenkt und hörte dem Radio zu, das seine langsam schwerhörig werdende Mutter viel zu laut eingestellt hatte. Dass sein Vater ihn niederstarrte mit seinem altbekannten Blick, in dem sich Wut, Enttäuschung, Unverständnis, Selbstgerechtigkeit und eine gute Portion Selbstmitleid zu Abscheu vermischten, die allein Otto vorbehalten war, wusste er sowieso. Immer schon hatte dieser ganz spezielle Blick auf ihm gelastet wie ein Joch und ihn zu Boden gedrückt, und niemals hätte er dagegen aufbegehrt. Weil er Konstantins Autorität, die stets eher herrisch als souverän war, nichts entgegenzusetzen gewusst hätte außer dem totalen Bruch zwischen ihnen. Dadurch aber hätte Otto sich der Welt erst recht hilflos ausgeliefert gefühlt. Selbst in diesem Moment, da sein ganzes Leben einmal mehr in Scherben lag und er in sich keine Kraft mehr spürte, es wieder zusammenzusetzen, selbst in diesem Moment war er nicht überzeugt davon, dass so ein Bruch vielleicht besser für ihn gewesen wäre. Konstatin war ihm nie ein guter Vater und Ottilie nie eine gute Mutter gewesen, nur seine Eltern waren sie trotzdem. Da hatte er sich früher ihre alte Haushälterin Karoline Duggen noch so oft als echte Mutter wünschen können, das änderte nichts an dieser Tatsache, egal wie viel Liebe sie immer für ihn gehegt hatte und wohl bis heute hegte, obschon sich ihre Freundschaft in den letzten Jahren etwas abgekühlt hatte. Noch immer müsste er nur seine Tasche packen – die, die er sonst zu den Wochenenden bei Flemming mitgenommen hatte – und an die Tür des Duggenhofs klopfen, und sie würden ihm dort sofort Unterschlupf gewähren. Unter der Wolke wäre noch immer ein eigener Platz für ihn gewesen. Doch ohne Flemming gab es keinen Grund mehr, nach einem Ausweg zu suchen.

»Ich habe dich gewarnt«, hörte Otto seinen Vater sagen, »du solltest mir keine Schande mehr machen. Aber genau das hast du getan. Jetzt wird wieder überall hinter unserem Rücken über uns getuschelt. Wir sind die Lachnummer des Dorfes, weil du dich nicht im Griff hast.«

»Ich dachte, keiner weiß wa…«

»Sei still! Du sprichst jetzt nur noch, wenn du dazu aufgefordert wirst.«

Otto zuckte zusammen und horchte in die Tiefe des Raumes, ob unten am Lautstärkeregler des Radios gedreht wurde. Diesen Ausbruch ihres Mannes hätte Ottilie hören müssen, und obgleich sie ihren Sohn niemals zu Hilfe gekommen wäre, allein vor lauter Neugierde hätte sie nun lauschen müssen. Aber ihre Schwerhörigkeit war nicht in den Ohren entstanden, sondern hatte sich vom Gehirn aus dahin vorgearbeitet. Nach und nach hatte sie eine Wahrnehmung nach der anderen in ihrem Leben abgeschaltet, weil es zu viel Arbeit gemacht hätte, nur das Wünschenswerte herauszufiltern. Darüber hatten ihre Sinnesorgane sich zurückgebildet und die Fähigkeit verloren, überhaupt noch etwas wahrzunehmen. Otto wusste, von unten würde keine Hilfe kommen, aber auch das hatte inzwischen keine Bedeutung mehr.

»Deine fortgesetzte Schande«, fuhr Konstantin Runge fort, seine Stimme nur mit Mühe zügelnd, »ist eine zu große Belastung für unsere Familie. Das kann so nicht weitergehen. Du handelst komplett verantwortungslos und wirst uns alle damit noch in den Abgrund ziehen. Dass wir hier in Kaltsommer sind, ändert nichts daran, denn du selbst hast ja bewiesen, dass die Grenze des Dorfes nicht auch die Grenze für dein verkommenes Handeln ist.«

»Ich muss nun mal zur Arbeit.«

Konstantin schnaufte, viel hätte nicht zu einer Ohrfeige gefehlt. »Wenn dir die Arbeit wenigstens Verantwortung eingebläut hätte«, schimpfte er. »Aber davon hast du ja scheinbar noch nie was gehört – und das ist dein Problem. Du musst unbedingt lernen, Verantwortung zu übernehmen, wenn schon nicht für dich, dann eben für andere. Wenn du eine Familie hättest, würdest du dich nicht so verhalten.«

»Papa …«

»Nenn mich nicht so! Nenn mich ja nicht so! So darfst du mich erst wieder nennen, wenn du weißt, was es heißt, ein Kind zu haben und großzuziehen.«

Ganz langsam drehte Otto seinen Kopf und suchte das Gesicht seines Vaters. Es schwebte, den Blick voll verzweifelter Abscheu, über ihm, starrte auf ihn herab und schien selbst nicht zu wissen, ob es lachen oder weinen sollte.

»Du wirst heiraten, Junge. Und du wirst ein Kind haben. Ich habe alles schon arrangiert.«

Otto sah seinen Vater an, als hätte der plötzlich in Zungen geredet. Während sein Kopf noch diese letzten drei Sätze zu verarbeiten suchte, hatte sein Körper bereits die passende Stressreaktion gefunden, und ein stechender Schmerz ließ ihn unwillkürlich die Hand auf seinen Magen legen.

»Das wird dir auch nicht helfen, mein Freund«, meinte Konstantin verächtlich, der Handbewegung mit den Augen folgend. »Vor dieser Aufgabe wirst du dich nicht drücken, denn sonst gehe ich persönlich zur Polizei und zeige dich an. Ich werde auch deine Mutter zur Aussage zwingen, und sie wird bestätigen, dass du in den letzten drei Jahren jedes Wochenende bei diesem Sparkassenheini verbracht hast.« Wieder schnaufte er, sein Kopf hatte sich hochrot verfärbt. »Und du weißt, was das mit ihr machen wird. Aber ich schwöre bei Gott, wenn du jetzt nicht tust, was ich sage, werde ich alles tun, um dich ein für alle Mal hinter Gitter zu bringen. Das ist immer noch das kleinere Übel als alles, was du uns sonst noch antun wirst.«

»Und«, Otto schluckte, »und wen soll ich heiraten?«

»Almut Cordte.«

»Die ist neunzehn!«

»Und schwanger.«

»Von wem?«

Diesmal schnaubte Konstantin. »Von einem britischen Soldaten. Die kleine Schlampe hat sich mit dem Feind eingelassen, und als Dank dafür, hat der sie sitzengelassen. Sie sitzt hier mit einem Braten in der Röhre, und der Scheißkerl ist zurück in der Heimat. Ihr werdet euch gut verstehen, seid ja beides leichte Mädchen.«

Der Schmerz in Ottos Magen wurde stärker, dagegen hätten jetzt nur noch viel Ruhe und eine nicht zu heiße Wärmflasche geholfen.

»Ich habe schon alles mit Eduard besprochen, seine Frau ist ebenfalls einverstanden«, erzählte Konstantin unbeirrt weiter. »Die beiden sind verzweifelt und wissen nicht, was sie sonst tun sollen. Ihre Tochter ist verstockt und dickköpfig, aber immerhin scheint sie die eigene Ratlosigkeit oder sogar Scham über das, was passiert ist, gefügig zu machen. Sie wird in diese Heirat ebenso einwilligen wie du, und so können wir gleich zwei Probleme auf einmal aus der Welt schaffen. Die Hochzeit findet in drei Wochen statt.«

»Da wird sich Mama aber freuen.«

Dieses Mal hielt sich Konstantin nicht zurück und klatschte Otto die flache Hand mit aller Kraft ins Gesicht. Die Wucht des Aufpralls warf dessen Kopf so weit zurück, dass er sogar noch gegen die Wand auf der anderen Bettseite stieß. Es bumste dumpf, und auf Ottos Wange begannen sich die Umrisse der väterlichen Hand rot abzuzeichnen.

»Wage es ja nicht, dich über deine Mutter lustig zu machen. Wir tun das für dich, nur für dich. Damit du nicht noch einmal wieder in so einen Schlamassel kommst.«

Während sein Vater sich zurück auf den Stuhl plumpsen ließ und nach Atem rang, rieb sich Otto die linke Gesichtshälfte und kehrte den Blick für eine Weile nach innen. Er wusste nicht, was er sagen sollte. Konstantin dagegen hatte alles gesagt, was es seiner Meinung nach zu sagen gab. Otto wusste, er müsste jetzt sofort seine Sachen packen und dieses Haus für immer verlassen, vielleicht rauf nach Dänemark oder Schweden gehen oder gleich über den Großen Teich nach Amerika, egal wohin, nur weit weg. Er glaubte nicht, dass sein Vater dann noch zur Polizei gehen und ihn anzeigen würde. Ihm ging es im Grunde genommen nur darum, seinen Sohn, den schrecklichen Anblick seines Sohnes und damit jede Erinnerung an die an ihm klebende Scham aus den Augen zu bekommen. Aber dazu fehlte Otto die Kraft. Selbst nur aufzustehen und den Raum zu verlassen, um sich unten in der Küche Wasser für eine Wärmflasche warmzumachen, hätte ihn überfordert. Sein Magen schmerzte, als wäre der gerade eben erst im Krieg verwundet worden, in seinem Kopf herrschte die Leere nach der Kapitulation, und sein Herz hätte am liebsten sofort aufgehört zu schlagen. Alles in ihm war Kummer. Kummer, der sich nur unter einem Berg von Gleichgültigkeit begraben ließ, denn die Alternative wäre gewesen, seinem Vater die Lächerlichkeit seiner Hochzeitspläne darzulegen. Dass aber hätte den Streit nur fortgeführt und schließlich auch seine Mutter mit sich gerissen, und Otto empfand immerhin noch genug für diese Frau, die ihn geboren hatte, um ihr das nicht antun zu wollen.

»Und ihr wollt wirklich ein Kuckuckskind als Enkelkind akzeptieren?«, fragte er nur matt.

»Wenn das Kind auf die Welt kommt«, antwortete Konstantin Runge kühl, »werden deine Mutter und ich nicht mehr hier sein. Ich gehe im Mai in Rente, und danach ziehen wir sofort in eine kleine Wohnung in Neumünster. Du wirst hier mit deiner Braut leben und ihr Kind als dein eigenes aufziehen. Cordtes werden ja weiterhin nur ein Stück die Allee rauf wohnen, es sind also Großeltern da, die sich um das Kind kümmern und es von Zeit zu Zeit verwöhnen können.«

Und so wurde es gemacht. Wenn Konstantin allerdings wirklich geglaubt haben sollte, damit allem Gerede endgültig einen Riegel vorzuschieben, hatte er sich gründlich getäuscht. In Kaltsommer durchschaute jeder dieses abgekartete Spiel, dafür waren beide Frischvermählte zu bekannt im Dorf. Jenseits von Wolke und Nebel nahm kaum jemand Notiz von dieser Verbindung, obwohl die Trauung auf dem Standesamt in Wankendorf vorgenommen und nicht wie üblich noch um eine kirchliche Feier ergänzt wurde. Diesseits verleitete es selbst die Tolerantesten zu ausgiebiger Klatschsucht.

Otto blendete es aus, Almut litt schwer darunter. Erst hatte die Liebe ihres Lebens sie mit einem Kind im Bauch sitzenlassen, und nun verhökerte ihre eigene Familie sie an einen alten Mann, einzig um den Schein einer längst durchgebrannten Lampe zu wahren. Almut hatte nur deshalb eingewilligt, weil sie nicht gewusst hätte, wo sonst hin, wie sie sich anders hätte helfen sollen. Ihr Vater Eduard hatte andernfalls mit Rauswurf gedroht. Der hatte das cholerische Temperament eines kleinbürgerlichen Tyrannen von seinem Vater Eberhardt geerbt und herrschte über seinen Hausstand mit harter Hand, weil das im Beruf nicht möglich war. Kein Wunder, dass sie bereit gewesen war, für den Erstbesten, der ihr die große weite Welt versprach, alles stehen und liegen zu lassen. Bis dahin hatte sie Erzieherin werden wollen, jetzt endete sie als Hausfrau und Mutter bei einem Mann, der aus den bekannten Gründen keinerlei Interesse an ihr zeigte. Dass sie nicht doch weggelaufen war und es mit den Gefahren und Herausforderungen der Selbstständigkeit aufgenommen hatte, sollte sie ihr Leben lang bereuen.

Zwischen ihr und Otto gab es keinerlei Verständigung, nicht einmal darüber, was es zum Mittagessen geben sollte. Zwar lebten sie im selben Haus, teilten sogar das Schlafzimmer miteinander, wenn auch in getrennten Betten, aber das war zu wenig, um eine gemeinsame Basis zu schaffen. Otto verließ morgens Kaltsommer, um weiter nach Neumünster zur Arbeit zu fahren, und nach Feierabend und an den Wochenenden arbeitete er entweder draußen im Garten oder schloss sich in seiner Werkstatt ein, die er sich in seinem alten Zimmer eingerichtet hatte. Meistens erledigte er da Aufträge aus dem Kaufhaus, ohne dafür einen Zuschlag zu kassieren, denn aus dem Dorf kam kaum noch jemand zu ihnen. Ottos stumpfer Blick war wenig einladend und Almuts wütendes Funkeln, das jedem Besucher unterstellte, bei ihnen nur herumschnüffeln zu wollen, erst recht nicht. Über das Vergangene wurde sowieso nicht gesprochen. Selbst wenn Otto es versucht hätte, sie hätte ihm schon vor Ende des ersten Satzes das Wort abgeschnitten. Er merkte ja nicht einmal, dass in ihrem Haus alles Englische tabu war – und dass sie doch nicht anders konnte, als jede englische Serie und jeden englischen Film, der im Fernsehen lief, zu schauen. Gut, den Fernseher hatte sie allein, Otto betrat die Stube nur, wenn doch einmal Gäste kamen.

In der Hauptsache waren das Eduard und Isolde Cordte, die in der Lindenallee 4 wohnten, zusammen mit Emmy, Eduards älterer Schwester, und ihren zwei so gut wie erwachsenen Mädchen. Den Mann hatte sie im Krieg verloren, irgendwo in Russland war er begraben, und das schien sie ihm wie Fahnenflucht anzulasten. Sie machte den für Volk und Vaterland Gefallenen dafür verantwortlich, dass sie jetzt dem guten Willen ihres Bruders ausgeliefert war. Der nämlich ließ kaum einen Tag vergehen, an dem er nicht betonte, wie gut dieser Wille wirklich war. Die Cordtes waren eine schreckliche Sippe, der das Subalterne in ihrer DNS festgeschrieben stand. Die Verbindung mit den Runges, selbst unter diesen Umständen, war ihnen wie ein Geschenk des Himmels vorgekommen. Waren die doch nicht nur lange Zeit ihre Vorgesetzten gewesen, sondern Konstantin hatte selbst nach seiner Deinstallation als Gutsverwalter noch etwas von einem Herrn an sich gehabt, bis heute recht eigentlich. Nicht umsonst hatten sie während der Jahre, über die jetzt nicht mehr gesprochen werden durfte, so als wären sie niemals gewesen, denselben politischen Vorstellungen angehangen. Die Ehe zwischen ihren Kindern war da kaum mehr etwas anderes als eine logische Konsequenz – und dass der kleine Bastard unter dem Herzen seiner Tochter nicht von Otto Runge war und Konstantin es zähneknirschend hatte akzeptieren müssen, das Sahnehäubchen auf Eduards Kuchen. Die schändliche Tatsache, wer das Balg wirklich gezeugt hatte, verdrängte er, ein weiteres Tabu, über das niemals gesprochen werden durfte.

Dieser Balg immerhin, das Kind ließ Otto wieder etwas zugänglicher werden. Das war auch gut so, sonst wäre die kleine Alexandra, kaum dass sie im Sommer dieses verhängnisvollen Jahres das Licht der Welt erblickt hatte, komplett vernachlässigt worden und verwahrlost. Almut wollte ihr nicht einmal die Brust geben, und wenn Otto in der Arbeit weilte, dauerte es bisweilen, bis das schreiende Baby sein Fläschchen bekam. Sie mochte dieses Ding, das aus ihr herausgekrochen war, lange Zeit nicht einmal anschauen, jedoch nicht, weil es sie an den Tommy erinnert hätte, sondern weil sie eine erschreckende Ähnlichkeit mit Eduard und Isolde aufwies. Alexandra war durch und durch eine Cordte, und dass sie nicht auch charakterlich genauso wurde wie die, hatte sie zum einen der Zuwendung Ottos zu verdanken und zum anderen der Ignoranz ihrer Großeltern. Die sahen in dem Kind weiterhin nur den Schandfleck auf der weißen Familienweste, zumal tatsächlich niemand in Kaltsommer auf ihre hässliche kleine Scharade hereingefallen war und ihnen jeder ständig mit einem einzigen Blick bedeutete, die Wahrheit zu kennen. Das machte den alten Cordtes das Leben schwer, und deshalb kapselten sie sich mehr und mehr vom Dorf ab. Alexandra besuchten sie nur an ihrem Geburtstag und an Weihnachten und auch das nur, weil die Konvention das von ihnen verlangte. Gegenbesuche auf dem Hof der Cordtes waren gar nicht erwünscht, von keinem einzigen Mitglied des Runge-Haushalts. Natürlich blieb auch das niemandem unter der Wolke verborgen, für Eduard war es zum Haareraufen. Wenn Konstantin und Ottilie wenigstens ab und an vorbeigekommen wären, aber die hatten sich regelrecht nach Neumünster abgesetzt wie in ein Land jenseits des Ozeans.

Aus Otto wurde derweil so etwas wie ein richtiger Vater. Am Dorfgeschehen um sich herum nahm er schon lange keinen Anteil mehr, obwohl man ihm noch mit dem größten Wohlwollen begegnete. Für ihn hatte man im Wolkenheim das meiste Verständnis, und wenn immer die Dorfbewohner ihn mit »dem Mädchen« spielen sahen, ging ihnen das Herz auf. Die Liebe, die er Alexandra zeigte und die sie ihm zurückgab, ließ die Vorbehalte in Kaltsommer gegen die Kleine mehr und mehr dahinschmelzen und sie als eine der ihren akzeptieren. Otto selbst hatte niemals Vorbehalte gegen sie gehegt, tatsächlich hätte er bis zu Alexandras Geburt nicht einmal geglaubt, auch nur das Geringste mit diesem Kind zu tun zu haben. Ins Krankenhaus war er überhaupt nur gekommen, weil das vom Ehemann und vermeintlichen Vater verlangt wurde; in diesem Moment spielte nicht einmal der Altersunterschied zu seiner Angetrauten in den Augen der Umstehenden eine Rolle. Niemand sah ihn schräg an, stattdessen war er überall willkommen. Als die Schwestern das Desinteresse der Mutter an dem Säugling bemerkten, sie schoben es auf eine Phase postnataler Depression, wurde seine Anwesenheit sogar ausdrücklich verlangt. Auf dem Papier war er der Vater dieses so unschuldigen wie hilflosen Wurms, der dringend Zuneigung und Wärme brauchte, und kaum hatte er sie zum ersten Mal gesehen, da verspürte er beides für sie.

Fraglos einer der schönsten Momente in Ottos gesamtem Leben war der auf der Säuglingsstation im Friedrich-Ebert-Krankenhaus, als man ihm dieses zarte Geschöpf zum ersten Mal in den Arm legte und ihn bat, es in den Schlaf zu wiegen. Der hereinbrechende Abend hatte auf den Krankenhausfluren Ruhe einkehren lassen, Almut sich in ihrem Kindbett eingeigelt und das Personal anderes zu tun: Er war mit Alexandra ganz allein. Mit ihren Augen erkannte sie noch nichts, ihr Gesicht war rot und knitterig vom Weinen, ihre kleinen Hände griffen ziellos in der leeren Luft umher, sie wirkte unruhig und verängstigt auf Otto. Und er hielt sie so unsicher in seinem Arm, traute sich nicht einmal, sie an sich zu drücken, aber nur aus Furcht, sie dabei zu zerquetschen. In seinem Herzen regte sich längst ein anderes Gefühl. Es war nicht vergleichbar mit seinen Gefühlen für August Heinsohn, Herrn von Gronka oder Flemming und doch so ähnlich. Er wagte es sich selbst kaum einzugestehen, aber dann drehte ihm Alexandra ihr Köpfchen zu, kuschelte sich in seine linke Flanke, den harten Knochen seines Brustkorbs nicht spürend, und schlief ein. Plötzlich fühlte Otto seine Angst und Aufregung verfliegen. Sein Herzschlag beruhigte sich und sein Griff um das Kind wurde entschlossener, fester, während gleichzeitig Tränen in ihm aufsteigen wollten. Langsam löste er seine rechte Hand von dem warmen Bündel in seiner Armbeuge, strich damit zärtlich über den dünnen blonden Flaum auf ihrem Kopf und über ihre Wange, sah sich etwas verstohlen im Raum um und flüsterte mit erstickter Stimme: »Ich werde gut auf dich aufpassen, meine Kleine. Ich werde dafür sorgen, dass es dir an nichts fehlt. Solange ich da bin, soll es dir gutgehen – auch wenn mich jeder für deinen Opa halten wird.« Lächelnd drückte er das Kind an sich, und selbst sein Magen schien in diesem Moment damit ganz einverstanden.

Sie hatten immerhin sechs gute Jahre miteinander.

Almut dachte von Alexandra stets nur als von »dem Kind« und konnte sich nicht überwinden, Nähe zu ihrer Tochter aufzubauen. Wenn immer sie sie ansah, musste sie an den Vater denken, der sich aus dem Staub gemacht hatte, mit all ihren Wünschen und Träumen im Gepäck wie Diebesgut. Das Nachtragende hatte sie zu Hause gelernt. Es war in ihrem Wesen ebenso tief verankert wie in dem ihres Vaters, ihrer Tante oder ihres Bruders Eberhardt, der die erstbeste Frau, die er schwängerte, geheiratet hatte. Jetzt konnte sie es nicht mehr ablegen. Sie musste den Groll, den sie gegen Alexandras Vater hegte, an der Kleinen abreagieren. Sie war aber auch kein schlechter, kein bösartiger Mensch und begriff sehr wohl, dass sie es sich mit diesem Sündenbock zu einfach machte. Deshalb war sie geradezu erleichtert darüber, mit wie viel Liebe der alte schwule Mann, der nun ihr Ehemann war statt des feschen englischen Soldaten, Alexandra als sein Kind angenommen hatte. Wenn sie sich zu sehr über das Kind ärgerte und ihr die bittere Galle hochkam, fing sie nicht an zu schimpfen, sondern drückte es Otto in die Arme und wandte sich ab. Mehr als einmal dachte sie daran, doch noch fortzugehen, vielleicht sogar das Wahnsinnige zu versuchen und in England nach Harold Grantham zu suchen – wenn sie denn nur daran geglaubt hätte, von ihm erwartet zu werden. Dieser Siegermachtshallodri, der sie in die Schande gerissen hatte … Almut blieb in Kaltsommer und lernte, die amüsierten bis abschätzigen Blicke ihrer Mitmenschen zu ignorieren. Allerdings bestand sie darauf, den Führerschein zu machen und ein Auto anzuschaffen, damit sie die Einkäufe nicht im Dorf erledigen musste. Otto hielt das prinzipiell für eine gute Sache. Er selbst hielt nicht viel von diesen rollenden Blechkisten und sah trotzdem ihren Nutzen gerade in einem Dorf, in dem es zwar eine kleine Schule gab, aber keinen Arzt.

Zum Arzt musste er inzwischen häufiger, sein Magen bereitete ihm zusehends Probleme. Mitunter hatte er so starke Schmerzen, dass er tagelang aufs Essen verzichtete, weil jeder Bissen die Situation noch verschärfte. Sein Hausarzt in Wankendorf, einer, der sich viel auf die im Krieg erworbene Zähigkeit und Widerstandskraft des Soldaten einbildete, schrieb die Beschwerden allein Ottos alter Kriegsverletzung zu und hielt eine gründlichere Untersuchung nicht für nötig. »Wir alten Frontschweine sind doch hart im Nehmen«, sagte Dr. Nachtweih nur und klopfte Otto zum Abschied kräftig auf die Schulter. Der wusste, dass dem nicht unbedingt so war, hoffte aber, dass es dieses eine Mal wenigstens zutraf. Er machte sich Sorgen, was aus Alexandra werden würde, sollte ihm etwas zustoßen und er nicht mehr für sie da sein können. Almut, mochte sie sich mit der Zeit auch immer mehr bemühen, ihre Tochter nicht wie ein ungeliebtes Haustier anzusehen, traute er nicht über den Weg. Bisher hatte am Ende immer noch ihre Verstocktheit über die Empathie gesiegt. Die Freude, mit der das Mädchen ihn begrüßte, wenn er am Abend von der Arbeit nach Hause kam, sagte alles.

Es wäre gesünder für Otto gewesen, wenn ihn nicht so viele Dinge belastet hätten oder wenn er sie wenigstens hätte lösen können. Dafür jedoch hätte er mit Almut reden müssen. Sie hätten miteinander wenn schon nicht wie ein Ehepaar, dann wie zwei erwachsene Leute, Geschäftspartner vielleicht, kommunizieren müssen, um das, was im Argen lag, zu klären. Das konnten beide nicht. Almut sah darin erkennbar keinen Sinn, und wenn immer er sich aufraffen wollte, schnürte es ihm die Kehle zu. Sie war quasi schon mit ihm zwangsverheiratet worden, da wollte er sie nicht auch noch zu einer Unterhaltung mit ihm zwingen. Er glaubte ernsthaft, kein Recht dazu zu haben, weil sie das noch mehr in ihrer Eigenständigkeit beschädigt hätte. Das allerdings brachte ihn mehr und mehr in eine ausweglose Lage, je weiter sich seine gesundheitlichen Probleme verschlimmerten, weil sie ihm buchstäblich zusätzlich auf den Magen drückten. Wollte er Alexandra wirklich helfen, musste er irgendwann wohl oder übel das Gespräch, wenn nicht eher gar die Konfrontation mit Almut suchen.

Otto trug dieses Sorgenpaket mit sich herum wie einen Buckel, der mit jedem Tag ein Stückchen größer wurde und ihn drückte, in der Körpermitte faltete und zusammenstauchte, bis dafür buchstäblich kein Raum mehr war. Er aß kaum noch, er schlief unruhig, seine Arbeit litt unter seinem Konzentrationsmangel, und gut sah er schon lange nicht mehr aus. Die Kollegen bei Hertie munkelten längst etwas von Krankheit und hätten beinahe Wetten darauf abgeschlossen, wann er wohl nicht mehr kommen würde. Nachdem er damals von der Polizei aus unersichtlichen Gründen abgeführt worden war, hatte sich ihr Verhältnis untereinander fundamental verschlechtert, und das war nicht unbedingt auf ihr Bedürfnis nach Klatsch und Tratsch zurückzuführen. Natürlich hatten sie geredet und so manche Vermutung geäußert. Tatsächlich aber wäre nicht einer oder eine von ihnen auf die Idee gekommen, einen Zusammenhang zwischen Otto und dem verhafteten 175er und ehemaligen Sparkassenchef Flemming Arp zu sehen, der sich so spektakulär in seiner Zelle das Leben genommen hatte. Und selbst wenn das herausgekommen wäre, die meisten hätten es eher nicht gegen Otto verwendet, denn im Grunde genommen mochten sie alle diesen arbeitsamen, stillen, ja geradezu scheuen Mann, dem etwas so Zerbrechliches anhaftete. Die Nachricht von seiner Eheschließung hatte sie viel mehr verwirrt, als es das Eingeständnis, homosexuell zu sein, jemals hätte tun können. Allein Otto legte keinen Wert mehr auf nähere Kontakte zu anderen Menschen, egal wie verständnisvoll sie ihm begegnen mochten. Er war es, der sich abkapselte und nicht mehr als die Form von Höflichkeit zuließ, die ein reibungsloses Miteinander ermöglichte. Er erschien pünktlich zur Arbeit, erledigte seine Aufträge zügig und mit großer Sorgfalt und Kompetenz, und wenn mal Not am Mann war, sprang er ganz selbstverständlich ein. Er war ein verlässlicher Mitarbeiter. Mehr aber wollte er nicht sein, und deshalb nahm er seine Kollegen von sich aus auch kaum mehr wahr. Die dagegen behielten ihn sehr wohl im Auge, weshalb es ihnen nicht entgehen konnte, dass er mehr und mehr abbaute. Sie hätten gerne mit ihm geredet, ihm vielleicht sogar ins Gewissen geredet, einen Spezialisten egal für welche Beschwerden aufzusuchen, und durften doch nur über ihn reden. Später behaupteten sie unisono, die Katastrophe lange vor ihm kommen gesehen zu haben, und da ist durchaus etwas Wahres dran.

Auf jeden Fall riefen sie sofort den Notarzt, als er im Mai 1970 kurz vor der Mittagspause kollabierte. Nach Tagen des Fastens, er hatte auf dessen heilende Wirkung gehofft, und wenig Schlaf, war an diesem Morgen noch leichtes Fieber dazugekommen. Selbst Almut hatte ihn sorgenvoll angeschaut und geraten, vielleicht lieber zu Hause zu bleiben. Sein Gesicht war eingefallen, die Haut beinahe aschgrau und seine Haltung so krumm, als hätte man ihm soeben eine Eisenfaust in den Bauch gerammt. »Lass dich krankschreiben«, bot sie an, »ich fahr dich auch zum Arzt.« – »Ach, der macht doch eh nichts«, antwortete Otto und schleppte sich zum Bus. Es war nicht so, dass er ihre Besorgnis nicht hätte nachvollziehen können. Er sah nur keinen Sinn darin, wenn ihn Dr. Nachtweih dann sowieso nur wieder jovial auf die Schulter geklopft und zur Arbeit geschickt hätte, etwas davon schwafelnd, dass der Dienst für das Vaterland eben niemals aufhöre. Also redete er sich ein, gerade eine schwierige Phase durchzumachen. Die hatte es früher auch schon gegeben, und bisher war noch immer wieder alles von alleine besser geworden.

Erst als ihm über dem Auftrennen eines Mantelsaums die Sinne schwanden, kurz bevor er für eine geraume Zeit gar nichts mehr wusste, war er bereit, sich einzugestehen, dass die Lage dieses Mal doch ernster war.

Er kam ins Friedrich-Ebert-Krankenhaus. Dort wurde Magenkrebs in einem zu weit fortgeschrittenen Stadium diagnostiziert, als dass er noch behandelbar gewesen wäre. Ein sehr junger Arzt namens Zülpich teilte es ihm mit derart gravitätischer Miene mit, dass Otto im ersten Moment nicht wusste, ob er sich darüber freuen sollte oder weinen. Tatsächlich empfand er zuerst so etwas wie Erleichterung: Endlich war der böse Geist aus der Flasche und hatte sich damit selbst der Verdammnis anheimgegeben, denn ein Zurück in die Flasche war nun nicht mehr möglich. Dann aber kamen Almut und Alexandra ins Krankenhaus, und während seine Frau wie erwartet nur wenig Anteilnahme zeigte, brach ihm das von nackter Angst zerquälte Gesicht des Mädchens das Herz. Was würde nur mit ihr passieren, wenn er nicht mehr war? Die Schmerzen, die diese Frage mit sich brachte, waren so heftig, dass man ihm dagegen ein Mittel spritzen musste.

Die letzten Monate bis zu seinem Tod verbrachte Otto zumeist im Krankenhaus, obwohl die Ärzte nicht viel mehr tun konnten, als ihm Morphium zu geben. Den betroffenen Teil des Magens zu entfernen, war keine Option, da sein Magen sowieso nur noch ein Rest war. Zudem hatte der Krebs bereits gestreut und diverse Lymphknoten befallen. Nicht nur war die Diagnose viel zu spät erfolgt, dafür durfte Otto dem alten Kameradendoktor Nachtweih danken, auch die Voraussetzungen für eine erfolgreiche Behandlung wären von Anfang an zu stark eingeschränkt gewesen. Otto akzeptierte das, er trug niemandem mehr etwas nach. Aber je schlechter sein Zustand wurde, desto weniger konnte Almut damit umgehen. Er hätte eher erwartet, dass sie sich über ihre bevorstehende Freiheit freuen würde, stattdessen wurde sie mit jedem Tag dünnhäutiger und besonders ihrer Tochter gegenüber gereizter. Otto ahnte, was los war, und ihm schwante Böses. Nicht für sich, natürlich nicht, sondern für Alexandra.

Im Oktober des Jahres kam er noch einmal für zwei, drei Wochen aus dem Krankenhaus nach Kaltsommer zurück. Es schien ihm besserzugehen, die Medikamente waren gut eingestellt und wirkten, selbst sein ohnehin nie besonders ausgeprägter Appetit kehrte leidlich zurück. Das war keine Rekonvaleszenz, Otto wusste das genauso gut wie die Ärzte. Aber er nahm, was er kriegen konnte, denn er hatte auf dieser Welt zumindest noch eine Sache zu erledigen.

Almut hatte ihn in seiner alten Schneiderstube untergebracht, und eine Rückkehr ins gemeinsame Schlafzimmer hätte Otto selbst auch nicht gewünscht. Zwischen seiner Werkbank, den Stoffproben, Nadelkissen, Maßbändern, bunten Kreiden und dem elektrischen Bügeleisen – war das eine Erleichterung gewesen, als die Dinger endlich erschwinglich wurden und er es nicht mehr mit Kohle auf Temperatur bringen musste – fühlte er sich recht wohl. Wenn jetzt sein Blick auf seine beiden, von Fotos von Alexandra umkränzten Meisterbriefe an der Wand über der Arbeitsplatte fiel, erfüllte ihn das mit angenehmen Erinnerungen an seinen Beruf. Die Tür stand Tag und Nacht offen, und wenn Alexandra zu Hause war, wich sie ihm nicht von der Seite. Sie nahm sogar ihre Mahlzeiten bei ihm ein. Almut ließ es nur zu gerne geschehen, denn wenn sich Mutter und Tochter zufällig im Haus begegneten, krachte es sofort zwischen ihnen. Aus dem, was besonders die Ältere der Jüngeren dann an Beschimpfungen an den Kopf warf, war sich Otto sicher, die Bestätigung seiner schlimmsten Befürchtungen entnehmen zu können. Auch deshalb war es gut, dass er noch einmal unter die Wolke und hinter den Nebel zurückgekehrt war, obwohl ihm die allgegenwärtige Feuchtigkeit und Kühle nicht guttaten. Seine Schneiderstube wurde noch immer nur mit einem rustikalen Kanonenofen geheizt, und es wurde unangenehm kalt, sobald der auszugehen drohte. Aber nicht der Ofen war das Problem oder das Wetter, das es für ihn noch zu lösen galt, beides war nur ein willkommener Anlass, die ihm angetraute Frau zu sich zu rufen.

»Almut.«

Er hörte sie in der Küche hantieren, es würde wohl wieder einen Auflauf zum Mittagessen geben.

»Almut, ich brauche neue Kohlen.«

Alexandra war aus dem Haus gerannt, nachdem sie und ihre Mutter sich vor einer Stunde einen epischen Streit über das Aufräumen des Zimmers einer gewissen jungen Dame geliefert hatten. Alexandra hatte es glatt für unwichtig erklärt, schließlich sei ihr Papa endlich mal wieder zu Hause und sie wolle lieber mit ihm spielen, und Almut hatte dieses nachvollziehbare Argument einfach nicht gelten lassen. Ein Wort gab das andere, und plötzlich setzte es eine schallende Ohrfeige, die das Mädchen in die Flucht schlug. Die Szene war so schnell eskaliert, dass sie Otto gut eingeübt vorkam und erst recht zum Handeln antrieb.

»Almut, ich brauche deine Hilfe!«

Die Backofentür klappte scheppernd zu, und endlich näherten sich ihm Schritte. Immerhin bemühte sie sich, den säuerlich-genervten Ausdruck in ihrem Gesicht zu unterdrücken, als sie im Türrahmen stehenblieb und die Situation einzuschätzen suchte. Es widerte sie an, ihm beim Waschen oder dergleichen helfen zu müssen, weshalb sie es damit nie eilig hatte und er sie schon mehrmals unter Vorspiegelung falscher Tatsachen hatte anlocken müssen.

»Was ist?«

»Der Ofen. Du musst Kohle nachlegen.«

»Fehlt dir heute selbst zu der kleinen Bewegung die Kraft?«, sagte sie, machte sich aber dennoch daran, wieder für ausreichend Befeuerung zu sorgen.

»Nein«, antwortete Otto, als sie fertig war und sich die Finger an der Schürze abwischte; nicht, dass die schwarz gewesen wären, sie verwendete grundsätzlich eine Zange für die Eierbriketts. Jetzt starrte sie ihn mit offener Wut an, doch er fuhr ungerührt fort: »Ich muss mit dir reden.«

»Ich hab keine Zeit, ich muss mich um das Essen kümmern.«

»Ich hab keine Zeit!« Er hielt sie am Arm zurück, sie riss sich reflexartig von ihm los. Einander zu berühren hatte niemals zu ihrem Eheversprechen gehört, und wenn es nicht so dringend gewesen wäre, hätte Otto diese Grenze auch nicht übertreten. »Setz dich.«

»Hier ist kein Stuhl!«

»Dann bleib stehen, das ist mir egal. Aber eine Sache ist mir nicht egal, und bevor wir die nicht geklärt haben, gehst du hier nicht weg.«

»Das Essen verbrennt noch.«

»Es gibt Schlimmeres.« Und bevor Almut ihm eine knallte, kam er lieber gleich zum Punkt: »Ich bin bald tot, und dann bist du mich endlich los. Aber wen du nicht los bist, ist Alexandra. Für die wirst du dann ganz allein verantwortlich sein.«

»Das weiß ich auch.«

»Du wirst sie dann nicht mehr an jemanden abschieben können, denn der Einzige, der bisher jemals wirklich für sie da war, bin ich. Ihre Großeltern, egal ob von deiner oder meiner Seite, sind Totalausfälle, und es ist einfach falsch, sie die ganze Zeit bei ihren Freunden zu lassen. Almut«, Ottos Stimme wurde eindringlich, und beinahe hätte er wieder nach ihrem Arm gegriffen, »wenn ich tot bin, wirst du dich um sie kümmern müssen. Ich meine wirklich kümmern. Wenn ich tot bin, musst du endlich ihre Mutter sein.«

»Ich bin ihre Mutter. Wäre ich es nicht, wären wir zwei jetzt nicht hier.«

Das Grinsen in seinem Gesicht war nur eine schmerzhafte Grimasse. »Eben das meine ich«, erwiderte er. »Du machst noch immer Alexandra für all dein Unglück verantwortlich. Das ist sie aber nicht. Alexandra kann nichts dafür. Sie ist nicht schuld daran, dass dein Engländer dich verlassen hat und dass deine Eltern dich gezwungen haben, mich zu heiraten, oder dass ich ebenfalls in diese Hochzeit eingewilligt habe. Nichts davon ist Alexandras Schuld. Und du kannst jetzt nicht mehr länger so tun, als ob doch. Den Luxus hast du nicht mehr, wenn ich tot bin. Verstehst du überhaupt, wovon ich rede?«

»Behandel mich nicht, als wäre ich ein dummes kleines Kind!«

»Dann behandel du dein Kind nicht, als wäre es nur der Blitzableiter für deinen Ärger.«

Sie starrten einander an wie zwei Revolverhelden beim Duell, die einander nicht zeigen mochten, dass sie beide ihre Waffen zu Hause vergessen hatten.

»Geh raus, such dir eine Stelle«, fuhr Otto fort, jetzt um einen versöhnlichen Tonfall bemüht. »Das wirst du vermutlich sowieso, so viel Witwenrente wirst du nicht kriegen. Die Welt ist größer als dieses Dorf. Wenn es sein muss, zieh weg. Niemand hält dich auf.«

»Sei nicht albern!«

»Dann bleibt hier. Das Haus ist abbezahlt, und niemand wird dir mehr dreinreden.« Er hob eine Hand, damit sie ihn nicht gleich wieder unterbräche. »Nur um Himmels willen, Almut, kümmere dich um dein Kind! Alexandra ist so ein gutes Mädchen, sie hat es nicht verdient, von ihrer eigenen Mutter wie ein Waisenkind oder Mündel behandelt zu werden. Ihr werdet bald allein auf der Welt sein, aber ihr könnt doch wenigstens euch haben. Hört auf, euch wie Feinde zu benehmen. Das seid ihr nicht, ihr seid Mutter und Tochter.«

Almut rang nach Worten. »Ich muss nach dem Essen sehen«, stammelte sie schließlich. »Ich glaube, es verbrennt.«

»Versprich mir das, Almut.« Als Otto dieses Mal ihren Arm ergriff, zog sie ihn nicht weg. »Versprich mir, dass du dir Mühe geben wirst und deine Tochter nicht länger von dir fortschiebst, wenn ich tot bin. Alexandra braucht dich, sie ist noch viel zu klein, um so mutterseelenallein zu sein.«

»Ich …«

»Almut, bitte.«

Ihr Blick entfloh in Richtung Küche, sie seufzte tief und zittrig.

»Bitte, Almut, bitte.«

»Ist gut.« Sie schloss die Augen, und die Anspannung wich aus ihrem Körper. Als sich ihre Lider wieder hoben, sah sie Otto direkt an. »Aber dieses Kind treibt mich manchmal zur Weißglut, das sage ich dir.«

»Und du sie«, lachte Otto. »Ihr zwei seid euch so ähnlich.«

Almut zog eine Schnute. »Ich muss mich jetzt wirklich um das Essen kümmern«, sagte sie, machte sich von ihm los und verließ das Zimmer.

Für den Moment war Otto erleichtert, er hatte getan, was er konnte. Aber natürlich verbesserte sich das Verhältnis zwischen Mutter und Tochter nicht über Nacht, und sein Sterben lastete besonders auf Alexandra schwer. Sie wusste vielleicht nicht, was es hieß, zu sterben, sie begriff aber sehr wohl schon, dass ihr geliebter Papa bald nicht mehr da sein würde. Dafür brauchte sie ein Ventil, und das fand sie in der einzigen anderen ständig anwesenden Person, ihrer Mutter. Die immerhin schien sich stärker zusammenzureißen als zuvor. Das jedenfalls meinte Otto in den letzten Tagen zu beobachten, die er noch in Kaltsommer verbrachte, und anschließend bei ihren Besuchen im Krankenhaus. Dahin nahm Almut Alexandra bis zu seinem Ende mit, was Otto seiner Frau hoch anrechnete. Sie feierten Weihnachten auf der Station und Silvester, auch wenn sie das Jahr 1971 schon am frühen Nachmittag zu dritt mit Tröten und Luftschlangen begrüßten; selbst ein paar der Schwestern und Ärzte taten so, als würden sie ihre Gläser heben.

Otto lebte danach noch dreizehn Tage, die letzten zehn davon kaum jemals mehr bei Bewusstsein. Eine hohe Dosis Morphium war nötig, sonst wäre er vor Schmerzen vergangen. Sein Verstand umwölkte sich immer mehr, seine Wahrnehmung versank in einem Nebel, und beides war nur deshalb nicht beängstigend, weil es ihm seltsam vertraut vorkam. Alles um ihn herum wurde grau, doch war das nicht immer schon so gewesen? Aus diesem allumfassenden Grau aber traten immer wieder bunte Flecken hervor und warmes Leuchten, wenn sich etwas oder jemand noch einmal zu einer Erinnerung verdichtete. Und diese Erinnerungen waren allesamt schön, obwohl keine Namen oder konkreten Tage und Orte mehr an sie gebunden waren. Und so lächelte Otto oft in seinen letzten Tagen und nahm Alexandra die größte Furcht, der Ort, an den ihr Papa nun ging, mochte ebenso schrecklich und böse und voller Schmerzen sein wie der, den er verließ. Und so starb Otto Runge am 13. Januar 1971 im Friedrich-Ebert-Krankenhaus zu Neumünster friedlich und mit sich selbst im Reinen.

Dreiundvierzigstes Kapitel

Sie begruben ihn am Rand eines Blumenbeetes mit vertrockneten Gladiolen. Überall um sie herum entwich noch immer mit leisem Geräusch die Feuchtigkeit aus allen Dingen, selbst aus dem steinharten, kaum mit dem Spaten aufzubrechenden Boden. Geister hatte Dunja diese kleinen weißen Fähnchen genannt, ausziehende Geister, und war dann in Tränen ausgebrochen, als wäre sie über irgendetwas zutiefst erschrocken. Alle um sie herum, im Ganzen vielleicht vierzig Personen, hatten verstört reagiert und sich schnell ihren neuen Aufgaben zugewandt. Bis nur noch Benjamin mit Olaf und Rüdiger auf dem Harmshof zurückgeblieben waren. Benjamin war wieder ins Haus gegangen, um seinen alten Freund davon zu überzeugen, seinen Vater provisorisch zu beerdigen, und hatte diesen überraschend aufgeräumt gefunden. »Wäre wohl besser«, hatte Olaf nach einem Blick auf den Leichnam und Rümpfen der Nase knapp erklärt und ein weißes Laken aus dem Schrank geholt. Darin wickelten sie den Toten in seinem Sonntagsstaat ein und trugen ihn hinaus in den Garten. Sie arbeiteten schweigend, blickten bloß immer wieder hinauf zum Himmel, wo nun jeden Moment die Sonne selbst erscheinen musste, und um sich herum auf den Tanz von Kaltsommers uralten Geistern. Ihnen gelang es sogar, die Luft selbst in Bewegung zu bringen, denn kaum waren sie der Erde, Mauern, Dächern, Pflanzen und Bäumen entstiegen, zog es sie unwiderstehlich nach außen, zur Wand aus Wolke und Nebel, mit der sie sich, längst wieder unsichtbar geworden, vereinigten. Auf der schweißnassen Haut der beiden Grabenden hinterließen sie eine angenehm kühle Spur. Dem Moment wohnte durchaus etwas Friedvolles, ja erhaben Feierliches inne.

Wenn nur der Boden nicht so knüppelhart gewesen wäre und zu allem Überfluss die über Nacht gelb gewordenen Blätter von den Büschen und Bäumen fielen, als wäre es bereits Spätherbst. In der Stille, die nur vom unruhigen Muhen der Kühe durchbrochen wurde, hörte sich das Fallen des Laubs besonders laut an und, so kam es Benjamin jedenfalls vor, unheildrohend. Während er weiter Rüdigers Grab aushob und das Blatt seines Spatens mit der bereits erlahmenden Kraft seiner Arme und Füße wieder und wieder in die störrische Erdkruste trieb, füllte sich sein Kopf zusehends mit düsteren Gedanken. Das Gefangensein hinterließ erste Spuren, von denen das Gefühl von Hoffnungs- und Ausweglosigkeit am tiefsten reichte, denn daran geknüpft wie ein Galgenstrick war die Furcht, Gerrit niemals mehr wiederzusehen. Das war furchtbarer als die Angst vor dem Sterben selbst, und Benjamin bereute es mehr denn je, seinen Heiratsantrag immer wieder hinausgezögert zu haben.

»Mach mal eine Pause«, drangen Olafs Worte plötzlich gleichsam in sein Ohr und sein Bewusstsein. »Hol uns doch mal was zu trinken, hm?«

»Was?«

»Wenn du nur wie wild auf den Boden eindrischst, als wäre er an allem Schuld hier, kommen wir auch nicht schneller voran«, erklärte Olaf geduldig. »Was auch immer dir gerade im Kopf rumgeht, es belastet dich doch sehr. Deswegen mach eine Pause und hol uns Wasser. Ich könnte auch gut einen Tropfen kühles Nass vertragen.«

»Aber …«

»Nichts aber. Geh. Ist schon in Ordnung. Papa läuft uns nicht weg. Zumindest nicht auf seinen Beinen.«

Benjamin ging zurück ins Haus. Mit seinen leeren, wie verwüstet anmutenden Räumen, der offenen Tür und den offenen Fenstern wirkte es, als wäre gerade eben erst eine Horde Plünderer abgezogen. Der Geruch von Schweiß, Zigarettenrauch, verderbenden Speisen und beginnender Verwesung hielt sich hartnäckig in der zum Schneiden dicken Luft, die wie gemacht schien für die Flügel der Brummer und Fliegen. Die fühlten sich im Haus so ganz allein sichtlich wohl. Benjamin füllte eine Karaffe mit lauwarm aus dem Hahn strömendem Leitungswasser, griff zwei Gläser und eilte zurück zu Olaf. Auf dem von zig Füßen aufgewühlten Kies des Hofes wäre er beinahe gestolpert und hätte das Wasser wieder verschüttet. Aber selbst wenn das passiert wäre, wäre er nicht wieder in die Küche gegangen, sondern hätte den Anschluss in der Melkstube beim Kuhstall benutzt. Dort, wo Olafs Milchtank stand, ziemlich voll und, da ohne Strom, ohne Kühlung.

Olaf erwartete ihn, unter einer alten Buche am Ende des Gartens sitzend und sich deren fallendes Laub aus den Haaren wischend. Rüdiger lag, das Weiß des Lakens selbst im Schatten blendend grell, unter einem Apfelbaum ein Stück weiter, auch ihn bedeckten bereits erste gelbe und braune Blätter wie ein letzter Gruß aus der alten Welt hinein in die neue. Benjamin setzte sich zu Olaf, reichte ihm ein Glas und schenkte beiden ein. Das Wasser schmeckte leicht abgestanden, sie tranken trotzdem gierig.

»Ich hätte es vorher ein bisschen ablaufen lassen sollen«, meinte Benjamin, als er ausgetrunken hatte.

»Schon okay«, winkte Olaf ab.

»Ich hab mal gehört«, erzählte Benni, »dass sich gerade im Sommer, wenn es so heiß ist, in den Leitungen Legionellen bilden können. Deshalb ist es immer gut, erst ein wenig Wasser ablaufen zu lassen, bevor man welches zum Trinken abnimmt.«

»Ich glaube nicht, dass wir uns darüber Sorgen machen müssen.«

Benjamin schwieg, den Blick in die von der Wolkenwand ausgesperrte Ferne gerichtet. Das Herz wurde ihm schwer. Wie ein Stein lag es in seiner Brust, angefüllt mit dem Gewicht eines anderen, nach dem es ihm mehr denn je verlangte.

»Gerrit, das war sein Name, oder?«

»Was?«

»Dein Zukünftiger heißt Gerrit, nicht wahr?«

»Ja, aber …«

»Du wirst ihn wiedersehen, Benni«, verkündete Olaf mit einer beinahe an Härte grenzender Gewissheit. Er lehnte sich zu seinem Freund hinüber, packte ihn bei der Schulter, drückte ihm die schwieligen Finger ins Fleisch und bekräftigte: »Ganz bestimmt!«

»Ich wü…«

»Du wirst ihn wiedersehen. Und ich werde Melanie wiedersehen.« Olaf erhob sich, sich Staub und Laub von der Hose klopfend. Benjamin hatte ihn noch nie als so groß wahrgenommen. »Was auch immer das hier ist, wir kommen hier raus und sehen die beiden wieder. Und außerdem will ich Papa nicht umsonst begraben haben.«

Gegen seinen Willen musste Benjamin lachen. Er machte Anstalten, ebenfalls aufzustehen.

»Du kannst ruhig noch sitzenbleiben, wenn du willst«, bedeutete Olaf ihm.

»Nein, ich helf dir«, wehrte er ab. »Der Tag wird nicht jünger und die Hitze nicht geringer. Je schneller wir fertig werden, desto besser.«

Sie brauchten noch anderthalb Stunden, bevor das Loch tief genug war, um einen ausgewachsenen Menschen aufzunehmen. Als es so weit war, hoben sie Rüdiger hoch, trugen ihn zur Grube und legten ihn sachte hinein. Die Blätter, die dabei nicht herabgefallen waren, ließen sie auf ihm liegen wie eine Grabbeigabe. Trotzdem ging Olaf danach noch durch den Garten seiner Frau und brach ein paar Blumen ab, die nicht zu vertrocknet aussahen, hauptsächlich Kamille. Ein paar davon reichte er an Benjamin weiter, der einmal kräftig den Pflanzenduft einsog, bevor er sie nach einem letzten Innehalten ins Grab fallen ließ. Olaf tat es ihm nach. Dann starrten sie auf den eingehüllten Leib Rüdigers, unschlüssig, was sie nun noch tun konnten oder sollten.

»Er war ein guter Mann, dein Vater«, sagte Benjamin schließlich. Er seufzte und ergänzte lächelnd: »Er war mir mehr Vater als mein eigener.«

Olaf nickte unwillkürlich. »Er war ein guter Vater«, stimmte er zu, »für Andreas und mich. Und für dich. Er hatte seine Fehler, aber er hat auch viel richtig gemacht. Er …«

Bevor ihm die Stimme brechen konnte, wandte Olaf sich ab, griff nach seinem Spaten und begann, die Erde zurück ins Loch zu schaufeln, den Blick angestrengt auf seine Tätigkeit gerichtet. Benjamin sah ihm einen Moment lang dabei zu, nach ein paar passenden letzten Worten suchend, und als er keine fand, machte auch er sich wieder an die Arbeit. Nach etwas mehr als einer halben Stunde waren sie fertig. Zwischen ihnen wölbte sich nun ein kleiner Hügel aus harter, bröseliger Erde, die auch alles Klopfen mit der flachen Spatenseite nicht weiter zerkleinern konnte. Es war kurz vor zehn Uhr am Vormittag, und nun musste die Sonne wirklich jeden Moment über den Rand der Wolkenröhre lugen.

»Das muss erst mal reichen.« Olaf sah auf, wischte sich Staub und Schweiß ab. »Und jetzt? Was machen wir jetzt?«

Benjamin war sich unschlüssig. Erforderte es die Pietät vielleicht, noch eine Weile am geschlossenen Grab zu verweilen? Doch wozu? Es war unwahrscheinlich, dass ausgerechnet jetzt noch jemand zum Kondolieren vorbeikommen würde, so ziemlich jeder im Dorf war mit anderen, gewichtigen Dingen beschäftigt. Und außerdem sollte dies ja nicht Rüdigers endgültig letzte Ruhestätte bleiben. Sobald die Wege wieder frei wären, würden sie eine Umbettung auf einen ordentlichen Friedhof veranlassen. Sie hätten ins Haus gehen und ein wenig aufräumen können oder sich den anderen anschließen, um festzustellen, wer sonst noch in Kaltsommer zurückgeblieben war. Sie könnten sich aber auch wieder unter die alte Buche setzen und dem Tag beim Vergehen zuschauen. Es hätte vermutlich keinen Unterschied gemacht und ihre Erschöpfung nach der schlaflosen Nacht und der harten körperlichen Arbeit gut als Ausrede gedient. Am allerliebsten wäre Benjamin unter die Dusche gesprungen oder hätte sich, noch besser, für mehrere Stunden in der Badewanne einweichen lassen. Aber ohne Strom gab es kein heißes Wasser, und ohne heißes Wasser machte das keinen Spaß. Obwohl von Spaß zu sprechen in diesem Moment mit Sicherheit wieder pietätlos war …

Der verzweifelte Ruf der Natur beendete sein Grübeln, als auch er endlich begriff, dass Olafs Kühe wohl seit einiger Zeit schon elend muhten. Wie aus einem Traum erwachend, schüttelte er sich und folgte dem Blick seines Freundes über Knick und Zaun hin zur Hauskoppel, auf der die sechzehn schwarzbunten Rinder unruhig hin und her liefen und, wie es schien, nach ihrem Besitzer riefen.

»Scheiße!«, fluchte Olaf.

»Was ist los?«

»Ich hab die Kühe nicht gemolken.«

»Hat der Göben das nicht gemacht?«

»Gestern Abend«, erwiderte Olaf, »aber nicht heute Morgen.«

Benjamin dachte einen Moment nach, bevor er fragte: »Soll ich dir helfen?«

»Kannst du denn mit der Hand melken?«, fragte Olaf zurück und schien sich das sofort vorzustellen, dem Lächeln in seinem Gesicht zufolge. »Ohne Strom funktioniert die Melkanlage nicht.«

»Mist!«

Olaf winkte ab. »Halb so schlimm«, erklärte der Bauer, »bei meiner Handvoll Mädels bin ich recht schnell damit durch. Hauptsache, die Milch kommt aus dem Euter raus und staut sich nicht, sonst gibt es böse und sehr schmerzhafte Entzündungen.«

»Und du brauchst wirklich keine Hilfe?«

»Hierbei nicht, nein. Und wenn ich meine Tiere gemolken habe, werde ich rüber zu Karsten gehen und fragen, ob ich ihm zur Hand gehen kann. Er hat zwar einen Generator, aber irgendwie höre ich den nicht. Es kann also gut sein, dass er seine hundertzwanzig Milchkühe ebenfalls per Hand melken muss.«

Benjamin riss die Augen auf. »Und was soll ich tun?«

»Geh ins Dorf«, schlug Olaf vor, »und hilf den anderen. Die werden sicherlich auch für jede Hilfe dankbar sein. Und du kannst ja mal rumfragen, wer von denen da Melkerfahrung hat. Wer kann, sollte vielleicht auch bei Göbens Tieren mit anpacken. Schon schlimm genug, dass wir die Milch vermutlich zum größten Teil wegkippen müssen, aber dafür können die Tiere ja nichts.«

Benjamin sah seinen Freund unschlüssig an. »Bist du dir sicher?«

»Ja. Geh ruhig. Hier kannst du mir fürs Erste nicht mehr helfen.« Er hielt einen Moment inne und fügte etwas besonnener hinzu: »Du hast mir schon so viel geholfen.«

»Okay.« Der rote Bär nickte und griff nach seinem Spaten, der Karaffe und seinem Glas. »Aber das bring ich noch mit weg.«

Lächelnd schlurften sie zurück zum Haus, aus dem noch immer jedes Leben bis auf das von ein paar Brummern und Fliegen gewichen schien. Ob es diese Leere war, die Olaf nicht aushielt, oder wirklich nur der Wunsch, seinen Kühen die Schmerzen zu nehmen, plötzlich hatte er es eilig. Ein paar Sekunden lang schauten sie sich an, und Benjamin wollte schon die Arme für eine kleine Abschiedsumarmung ausbreiten, doch da hob Olaf, rückwärts über den Kies laufend, die Hand.

»Bis nachher«, rief er und drehte sich um. »Ich komm zum Torhaus, wenn ich hier irgendwann fertig bin.«

»Ist gut«, rief Benjamin ihm nach, ohne sich so recht sicher zu sein, ob Olaf ihn überhaupt noch gehört hatte. »Und wenn du nicht kommst«, gab er leise ein Versprechen, »sehe ich nach dir.«

Langsam ging er am Haus vorbei vor zur Hauptstraße und wandte sich nach links in Richtung Torhaus. Auf den ersten Schritten checkte er noch einmal sein Handy, es zeigte ihm weder eingegangene Nachrichten oder Anrufe an noch überhaupt Empfang. Er versuchte gar nicht erst, Gerrit erneut zu erreichen. Stattdessen schaltete er das Gerät ganz aus, um den Akku zu schonen. Der hatte seinen Saft ohnehin fast aufgebraucht, und es war fraglich, wann er ihn wieder aufladen konnte. Auf seinem Gesicht wurden schlagartig alle seine Sorgen sichtbar, Sorgen, hinter denen sich bisweilen eine entsetzliche Angst verbarg. Um sich abzulenken von seinem düsteren Inneren, sah er sich um. Vielleicht begegnete er ja schon jetzt zufällig einem der Suchtrupps und konnte sich nach dem vorläufigen Stand der Dinge erkundigen. Leider war fallendes Laub alles, was er zu sehen bekam. Dazu das leise Rascheln, das die verwelkten Blätter in dem immer noch anhaltenden leichten Luftzug erzeugten. Es wirkte so herbstlich und hätte deplatzierter nicht sein können in der Hitze. Immerhin nahm die Feuchtigkeit mehr und mehr ab, sodass nicht jede noch so kleine Bewegung gleich einen Sturzbach aus Schweiß erzeugte. Nicht mehr lange, dachte Benjamin und sah automatisch zur Wolkenwand auf, und dieses rotierende Etwas aus heißen Dämpfen hätte jeden noch so kleinen Tropfen Feuchtigkeit in sich aufgesogen. Und dann? Unwillkürlich glitt sein Blick immer weiter an der weißgrauen Masse entlang nach oben, bis er den Rand erreicht hatte und das kreisrunde Stück Himmel sah, das neuerdings über Kaltsommer thronte. Das Blau da oben war kein Azur, sondern grob und ausgeblichen wie zu oft gewaschener Jeansstoff. Als hätte dieser blaue Himmel schon immer jenseits der Wolke über Kaltsommer gewartet und war über das Warten alt und durchscheinend geworden. Jetzt fehlte ihm die Kraft, um wirklich bezaubernd und schön zu sein.

Tatsächlich empfand Benjamin diesen Himmel eher als bedrohlich, und den Grund dafür erblickte er gleich darauf. In diesem Moment nämlich war die Sonne auf ihrer täglichen Bahn hoch und weit genug gekommen, um endlich über den Rand der hohlen Wolkensäule zu blinzeln. Aber auch die Sonne war eher weiß als gelb, nicht freundlich strahlend, sondern blendend grell. Benjamin schirmte reflexartig die Augen mit der Hand ab und sah trotzdem für die nächste Minute nur helle Punkte auf seiner Netzhaut. Zugleich spürte er die Strahlen auf seiner Haut, ihre brennende Hitze, die das unangenehme Gefühl, dieser fremden Naturgewalt ausgesetzt zu sein, noch weiter verstärkte. Als Kind, als er zum ersten Mal das Dorf verlassen musste, um nach Wankendorf in den Kindergarten zu gehen, hatte er sich ähnlich eingeschüchtert von der Sonne gefühlt und Angst davor gehabt, was es wohl mit ihm machte, wenn er ihr einen gesamten Tag lang ausgesetzt sein würde. Damals war nichts Schlimmes passiert, und dennoch hätte er gerne darauf verzichtet, noch einmal diese Angst verspüren zu müssen. Er beschleunigte seinen Schritt, um so schnell wie möglich in den Schatten des Torhauses treten zu können.

Da er bei seiner natürlichen Blässe sowieso stark zu Sonnenbrand neigte und schon zu fühlen glaubte, wie ihm die Strahlen die Haut versengten, legte Benjamin die wenigen hundert Meter bis zum Torhaus zügig zurück. Ein paar Menschen, Eike Schönfeld und Hans Niemann unter ihnen, standen auf dem Platz davor, mitten in dem kleinen, beinahe trapezförmigen Beet, wo im Winter immer der Weihnachtsbaum des Dorfes und im Frühjahr der Maibaum aufgestellt wurde, und starrten durch ihre Sonnenbrillen kopfschüttelnd nach oben. Um sie herum fiel das Lindenlaub wie gelbbrauner Schnee und häufte sich zu ersten trocken knisternden Verwehungen auf. Die Einzige aus dem Pulk, die ihn bemerkte und ihm einen kurzen Gruß zuwinkte, war Irmgard Schilling, alle anderen wirkten wie sonnensüchtige Ölgötzen. Dabei zeigten sich auf so manchen feisten Backen und hohen Stirnen bereits die ersten ungesunden roten Stellen. Benjamin sah zu, dass er unter das Dach oder wenigstens in den Schatten kam. Die Gemengelage war so schon unangenehm genug, sie musste nicht durch juckende, brennende, sich abpellende Haut noch unangenehmer werden. Er passierte die Tordurchfahrt mit ihrer hohen gewölbten Decke und brauchte auf der anderen Seite erst einmal einen Moment, um sich zu orientieren. Wo waren denn alle? Drüben im Herrenhaus standen die Eingangstüren sperrangelweit offen, aber im Park dazwischen, weder auf dem sich um den Mittelteich herum gabelnden Weg noch auf den Grünflächen, war niemand zu sehen. Auch Stimmen hörte er zuerst keine, sondern nur das leise, aber beständige Rascheln der fallenden Blätter. Unschlüssig blieb er stehen, überlegte und ging dann weiter zum Herrenhaus; die offenen Türen schienen ihn herbeizurufen, einzuladen.

Wie die meisten Einwohner Kaltsommers war er kaum jemals in diesem Gebäude gewesen. Kurz nach ihrem Einzug Ende der 1980-Jahre hatten die Zen-Buddhisten einen Tag der offenen Tür veranstaltet, um Fremdheitsgefühlen und Voreingenommenheiten entgegenzuwirken, bevor sie sich verfestigen konnten, und Benjamin war zusammen mit Olaf und seinem kleinen Bruder Andreas hingegangen. Sogar der Turm war damals zu besteigen gewesen und sämtliche Räume zu besichtigen, die Küche eingeschlossen, wo ein Kuchenbüffet aufgebaut worden war.

Daran konnte er sich noch erinnern, nicht aber, ob es nach Renovierung und frischer Farbe gerochen hätte. Wie dem auch sei, es zog ihn zur Küche, die in einer Art Souterrain gelegen hatte, irgendwo im Ostflügel des alten Gemäuers. Und tatsächlich wusste er, auf dem rechten Weg zu sein, noch bevor er sie erreicht hatte, denn immer deutlicher vernahm er Stimmen und das Klappern von Töpfen. Er stieß die Tür auf und traf auf Petra und den Hausherrn Jörg Tietze; nicht nur Wangen und Kinn schrien bei ihm wie bei allen anderen Männern mal wieder nach einer Rasur, sondern auch der Schädel, was ihn, so empfand es Benjamin und schämte sich augenblicklich für diesen Gedanken, besonders ungepflegt aussehen ließ. Der Schweißgeruch im Raum, der sich mit dem Geruch von überreifem Obst und Gemüse mischte, stammte von beiden und wurde durch seinen eigenen noch verstärkt, die geöffneten Fenster brachten auch hier keine Entlastung.

»Hallo«, grüßte er, »darf man eintreten?«

»Eintreten und mithelfen«, erwiderte der Zen-Buddhist lächelnd.

»Hallo Benni!«, rief Petra, einen großen, mit Wasser gefüllten Topf in den Händen. »Wie geht's dir? Wie geht's Olaf? Seid ihr fertig? Wo ist er jetzt?«

»Er melkt seine Kühe. Und anschließend will er zu Karsten Göben rüber, um ihm beim Melken zu helfen. Sieht so aus, als würde Göbens Generator nicht funktionieren, weshalb er alle seine Tiere mit der Hand melken muss.«

»Na, das hat uns noch gefehlt«, stöhne Petra und stellte den Topf auf einer der großen, chromglänzenden Arbeitsflächen ab. Sie stemmte die Hände in die Hüften, dachte kurz nach und meinte: »Von den Alten können bestimmt noch ein paar melken. Wir fragen gleich mal rum und schicken alle, die wir finden können, zum Göbenhof.«

»Gute Idee«, stimmte Jörg zu und wischte sich mit einem Geschirrtuch den Schweiß von der Stirn. »Machst du das? Ich versuche, draußen auf dem Parkplatz ein Feuer in Gang zu bekommen und uns eine warme Mahlzeit zu kochen. Wenn du mir von drüben noch die eine oder andere Schnippelhilfe rüberschicken könntest, wäre das super.«

»Mach ich.« Petra nickte, wischte sich resolut die Hände an ihrer Hose ab und sagte, als sie wieder nach den Henkeln des großen Topfes griff: »Komm, Benni, du kannst mir helfen. Du nimmst das Tablett mit den Bechern und Gläsern. Das muss rüber zum Torhaus, das Wasser aus den Hähnen da ist irgendwie nicht mehr gut. Ganz bräunlich ist es und schmeckt nach Schlamm oder so.«

»Okay«, erklärte er, »aber soll ich nicht lieber den Topf nehmen? Der sieht sehr schwer aus.«

»Danke, ich schaff das schon.« Sie winkte ab und hievte das Zehnlitergefäß in die Luft. »Und außerdem hast du gerade ein Grab geschaufelt, ich kann mir vorstellen, dass deine Arme müder sind als meine.«

Sie duldete keine Widerrede und verließ die Küche durch einen separaten Eingang an der Seite des Gebäudes. Als Benjamin ihr endlich mit dem klirrenden Geschirr auf dem Arm nachfolgte, stand sie oben an der kurzen Treppe auf dem Parkplatz, wo der kleine Fuhrpark des Zen-Zentrums unter einer stattlichen hohen Kastanie stand: ein Van, ein Kleinwagen und ein kleiner Schaufelbagger. Sie wirkte weder ungeduldig noch genervt noch angestrengt, sondern lächelte milde zu ihm auf, als er schließlich neben ihr stand. Die Beschäftigung tat ihr gut, andernfalls hätten die Sorgen, die wie Pilze rund um sie alle herum aus dem Boden sprossen, sie kaputtgemacht. Benjamin musste nicht erst fragen, um zu wissen, dass sie zu ihrer Mutter im Krankenhaus genauso wenig Kontakt hatte wie er zu Gerrit.

»Geht's dir gut?«, fragte er trotzdem, als sie sich langsam in Bewegung setzten.

»Ich halte durch«, lautete die Antwort. »Wenigstens hat sich Dunja wieder gefangen. Sie ist mit ein paar Leuten drüben im Laden und bringt nach und nach die Lebensmittel her. Verkaufen können wir das Zeug eh nicht mehr, und wer weiß, wie lange wir hier noch aushalten müssen.«

Benjamin nickte stumm, lief ein paar Schritte schweigend neben der Töpfermeisterin her und versuchte, auf etwas anderes als seine verweichlichten Lehrermuskeln zu achten, die sich tatsächlich bereits über das lächerliche Gewicht, das sie zu tragen hatten, beklagten. »Wie sieht's denn überhaupt aus im Dorf?«, fragte er.

»Die Witwe Möller ist tot«, platzte es aus Petra heraus. »Sie muss mindestens gestern schon gestorben sein, während des Mittagessens vermutlich. Auf jeden Fall saß sie wohl zusammengesunken am Küchentisch, das Gesicht im Teller. Gestovte Schwarzwurzeln mit Kartoffeln, hat jedenfalls mein Vater gesagt, der zum Team gehört hat, das sie gefunden hat.

Wahrscheinlich Herzinfarkt. Sie war ja wirklich nicht mehr die Jüngste und trug seit Jahren schon einen Schrittmacher. Vielleicht ist der ausgefallen.«

»Du weißt aber schon, dass so ein Schrittmacher nicht ans örtliche Stromnetz angeschlossen ist …?«

So ganz gelang es ihr nicht, das Lachen zu unterdrücken, beinahe wäre ihr Wasser über den Topfrand geschwappt. Mehrere Schritte lang perlte es ihr über die Lippen und tat auch Benjamin wohl.

»Was sonst noch?«, fragte er.

»Jasmin Heise hat sich umgebracht.«

»Was? Wer …?«

»Die Frau von Lasse«, erklärte Petra und holte tief Luft. »Sie hat ihre Tochter Justine infolge dieses schrecklichen Busunfalls verloren, es ging ihr psychisch ziemlich schlecht. Und jetzt ist auch Lasse nicht mehr da, wahrscheinlich hat sie keinen anderen Ausweg mehr gesehen. Hat Schlaftabletten genommen und wohl auch ein paar Schmerzmittel. Alles, was sie im Haus finden konnte. Sie lag im Schlafzimmer auf dem Bett und hielt ein Foto ihrer Tochter in der Hand.«

»Und sonst?«

Sie musste sich ebenso räuspern wie er, bevor sie antworten konnte: »Krabat ist auch tot, Einems alter Hund. Lag tot auf dem Rasen. Weiß nicht, woran er gestorben ist, aber wohl nicht verhungert, obwohl bei Einems niemand zu Hause ist. Und Gargs bräuchten beide dringend medizinische Hilfe. Erdmann ist wohl aus dem Bett gefallen und hat sich den Oberschenkelhals gleich noch mal gebrochen, und Louise ist beim Versuch, ihn zurück ins Bett zu heben, ebenfalls gestürzt oder ausgerutscht und hat sich die Schulter gebrochen. Das glaubt jedenfalls die Nissen, die ihre Nachbarn gefunden hat. Um Erdmann steht es ganz schlecht, aber auch Louise hat wohl kaum noch Kraft.«

»Und sonst?«

»Almut Runge hat einen Nervenzusammenbruch erlitten, als sie hörte, dass ihre Enkeltochter Ella am Donnerstag die Schule geschwänzt hat und deshalb ebenfalls hier festsitzt. Aber die Runge ist zäh wie Leder, die hat sich schnell wieder gefangen und ist zum Haus am Wald, um nach Ella zu sehen. Ach ja, und Rasmus Duggen ist auch nicht mehr ganz richtig im Kopf. Er streift nur noch durch den Wald und sucht seine Bienen und ist für nichts anderes mehr ansprechbar. Wir kriegen ihn nicht dazu, auch nur mal eine Minute innezuhalten, damit er was isst und trinkt. Wenn er so weitermacht, ist er der Nächste, der entweder auf die Krankenstation muss oder auf den Friedhof.«

Benjamin nickte gewichtig. »Aber sonst geht's allen gut?«

»Alles prima.«

Sie hatten das Torhaus erreicht. Petra führte ihn zu einer Tür in der Durchfahrt, die zu einem muffig nach altem Holz riechenden Treppenhaus führte. Benjamin konnte sich nicht erinnern, sie schon jemals betreten zu haben, obwohl er sich sicher war, dass diese Treppe, folgte man ihr bis ganz nach oben, hinauf auf den Turm führte. An jenem Tag der offenen Tür vor ungefähr dreißig Jahren war er aber auf diesem Turm gewesen, das wusste er noch, und er war nicht hinaufgeflogen.

»Wir sind oben im großen Schlafsaal«, erklärte Petra und deutete mit dem Kinn die Richtung an.

Benjamin nickte und stellte für einen kurzen Moment das Tablett auf dem Treppenpfosten ab, um seine wehklagenden Bizepse zu entlasten; er bewunderte, mit welch stoischer Gelassenheit Petra ihre Last trug.

»Licht gibt es leider nicht«, fügte sie mit bedauerndem Blick in den dunklen Schacht über ihnen hinzu. »Der Stromausfall.«

»Kerzen?«

»Nur im Notfall und nur in der Nacht. Es ist alles so knochentrocken hier.«

Er brummte einsichtig.

»Zum Glück gibt es oben Toiletten, sodass man nicht für jedes Geschäft nach unten muss.«

»Wie viele sind denn da oben?«

»Nicht viele.« Ihr Kopf bewegte sich leicht nach links und rechts, während sie durchzählte. »Im Augenblick keine zwanzig. Die meisten sind unterwegs im Dorf oder in ihren Häusern und wollen, wenn überhaupt, nur für die Nacht herkommen. Zu Hause fühlen sie sich doch wohler.«

»Und«, fragte Benjamin, das Wort in die Länge ziehend, »wie viele Menschen sind zurzeit überhaupt noch in Kaltsommer?«

»Wenig. Um und bei siebzig, würde ich sagen. Viele waren noch zur Arbeit oder haben Besorgungen gemacht.« Jetzt stellte Petra doch den Topf auf der drittletzten Stufe ab und rieb sich über die schmerzenden

Arme. Plötzlich lachte sie auf, hart und kurz. »In der Hauptsache sind noch Alte, Frauen und Kinder hier. Komisch, oder, dass es die immer am schlimmsten trifft?«

»Na ja«, wand Benjamin sich und versuchte, ihrem herausfordernden Blick standzuhalten, während er nach einer Antwort suchte, die nicht allzu lahm klang, »ich würde die Dinge nicht so schwarzsehen, wir kommen hier bestimmt noch wieder raus.«

»Dein Wort in Gottes Ohr!«

Sie nahm den Topf wieder auf und stapfte die Treppe nach oben, vorsichtig eine Stufe nach der anderen ertastend. Benjamin folgte ihr noch vorsichtiger und konnte trotzdem nicht verhindern, dass er einmal mit dem Fuß hängenblieb und ihm beim Versuch, zumindest das Tablett im Gleichgewicht zu halten, zwei ineinander gestapelte Gläser herunterfielen. Sie fielen allerdings nur weniger Zentimeter tief auf eine höhergelegene Stufe, wo sie zwar ordentlich klirrten, aber nicht in tausend Scherben zerbarsten. Im allzu trüben Dämmerlicht sammelte er sie wieder ein, atmete schnaufend durch und flüsterte optimistisch nach oben: »Nichts passiert. Alles gut.«

»Und dabei sollten Scherben doch Glück bringen«, erwiderte Petra trocken und ging weiter.

Oben im Schlafsaal, der den gesamten Raum über der Tordurchfahrt einnahm, sodass man durch seine Fenster in die Allee und den Park gleichermaßen sehen konnte, schwang Traudel Molkentin das Zepter, assistiert von Rolf Tietze. Matratzen lagen in drei langen Reihen auf dem Boden, doch waren nur die wenigsten davon benutzt. Außer Traudel hatten dieses Asyl bisher nur wenige in Anspruch nehmen müssen, hauptsächlich die Bewohner des Baschenbergs, deren Häuser die Wolkennebelwand ebenfalls verschluckt hatte. Die Gemüsebauern Ulf und Cindy Lüdersen saßen dort mit ihrer dreizehnjährigen Tochter Meike, noch immer vom Schock gezeichnet, dass sich diese mysteriöse Naturgewalt ihren Hof und ihre Ernte geholt hatte. Ansonsten war da noch der alte Thoralf Rixen, ein entfernter Verwandter Melanie Rixens, Rentner und Eigenbrötler, den allein sein noch aus dem Krieg stammendes Gefahrenbewusstsein davor bewahrt hatte, der feuchtheißen Luftfront zum Opfer zu fallen. Jedenfalls erzählte er das, vielleicht nur aufgrund der ungewohnten Umgebung und Situation so redselig, ein ums andere Mal allen anderen. Neben ihm saß Helgard Kramer, die seit dreißig Jahren in Trappenkamp als Altenpflegerin arbeitete und nur deshalb zu Hause gewesen war, weil sie Urlaub hatte. Ihrem Gesicht war deutlich anzusehen, dass sie noch immer nicht wusste, ob sie über diesen Umstand froh sein sollte oder nicht. Von den restlichen fünfzehn Bewohnern des Baschenbergs, die meisten werktätig und kinderlos oder nach deren Auszug wieder allein, fehlte jede Spur. Man hoffte nur, dass sie tatsächlich nicht zu Hause gewesen waren, als die Wolke brach und vom Himmel fiel und sich, als wäre es eine Entschädigung für das Verlorene, ein Stück Land rund um Kaltsommer herum holte. Was aus den Haustieren geworden war, die manche dort hielten, ein paar Katzen auf jeden Fall und die zwei Ponys von Katja Behrendt, wusste niemand. Selbst Meike Lüdersen hatte in der Eile des Aufbruchs ihren Kater Fiete nicht finden können. Man ahnte jedoch nichts Gutes für die Tiere, die, und sei es nur eingezäunt auf einer Weide, eingesperrt gewesen waren. Das traf besonders die Niederlassung der Rinderbesamung Schleswig-Holstein, die in den Ställen auf dem Baschenberg Jungbullen heranzog. Die waren komplett im heißen Dampf versunken, und über Stunden, so erzählten es nicht nur Lüdersens und Thoralf Rixen übereinstimmend, sondern auch die Gärtner von der nahegelegenen Rüderkoppel, waren die Schreie der kleinen Bullen zu hören gewesen. Schmerzensschreie, die immer kläglicher wurden, bis sie am Ende ganz verstummten. Wer das gehört hatte, betete inständig, dass wirklich kein Mensch mehr auf dem Baschenberg zurückgeblieben war.

Benjamin machte sich nützlich. Das war das Beste, was er tun konnte, andernfalls hätte er sich nur in eine Ecke setzen und warten können. Warten auf das Verstreichen der Zeit oder, aber den Gedanken wollte er nicht in seinem Kopf haben, auf den großen Knall. Denn dass es nicht ewig so weitergehen würde, war so sicher wie das Amen in der Kirche. So mancher um ihn herum mochte sich in das Dumpfe dieser Idee flüchten, dass man sich nur wegducken und ausharren müsste, dann ginge die Gefahr schon von selbst vorüber. In Benjamins Augen jedoch wirkte das wie das Verhalten eines Igels, der erst zu spät merkt, dass er auf eine Autobahn gelaufen ist und sich zu einer mit spitzen Stacheln bewehrten Kugel zusammenrollt, weil sich die Reifen der Autos und Lastwagen davor so sehr fürchten, dass sie es niemals wagen würden, ihn zu überrollen. Ein

Blick auf die Wolkenwand um sie herum hätte genügen müssen, um jeden verständigen Menschen vom Gegenteil zu überzeugen. In dieser Wand herrschte eine ungeheure Dynamik. Nicht nur wirbelte sie unermüdlich und mit hoher Geschwindigkeit im Kreis um Kaltsommer herum, sondern in ihr war auch jede Menge Bewegung von oben nach unten und wieder zurück. In dieser senkrechten Wolke walteten Kräfte, die von Stunde zu Stunde enormer zu werden schienen, und man musste kein Meteorologe oder Physiker sein, um voraussehen zu können, dass die innere Struktur der Wolke, das, was sie zusammenhielt, diesen Kräften irgendwann nachgeben musste. Die Frage war nur, wie das dann aussehen würde. Benjamin konnte sich vieles vorstellen, von Blitz, Donner und Feuer, das sie alle verbrannte, bis zu einem plötzlichen Vakuum, das ihnen die Augen aus dem Schädel saugte und den Kopf zerplatzen ließ wie eine von ihren eigenen Faulgasen aufgeblähte Melone. Aber so oder so, der Blick in die Zukunft beunruhigte ihn zutiefst, und deshalb war er bereit, alles zu tun, um beschäftigt zu sein. In seinem Kopf lauerte eine mindestens ebenso große Gefahr für seine Gesundheit wie in der Wolke. Selbst wenn er die Untergangsfantasien noch irgendwie in Schach halten könnte, der Gedanke an Gerrit, ihn eventuell nie mehr wiederzusehen, hätte ihn um den Verstand gebracht.

Leider gab es für ihn nicht viel zu tun. Im Torhaus hatten Traudel Molkentin, Petra und die beiden Tietzes alles im Griff; Dunja hatte die Überführung der Lebensmittel aus dem Laden in ihr neues zentrales Lager drüben im Vorratsraum des Herrenhauses unter ihrer Ägide und brauchte für die Arbeit sowieso nicht mehr als zwei starke Männer, Eike Schönfeld und ihren Schwiegervater; um die beiden bettlägerigen Gargs kümmerte sich Bente Nissen, und Benjamin war sich nicht sicher, ob das für die alten Leute eine reine Freude war; wer melken konnte, immerhin noch fünf oder sechs Personen, allesamt Rentner, darunter Tante Marianne und überraschenderweise Irmgard Schilling, war auf die beiden Nachbarhöfe Göben und Harms gegangen und half auch beim Füttern, was schwierig war, denn die Koppeln waren abgegrast und Heu und Silage so gut wie aufgebraucht; die restlichen Tierhalter, sie besaßen ein paar Schweine, das eine oder andere Pferd und Schaf und diverse Hühner, schafften ihre Arbeit meistenteils alleine; und sowieso hatten sich die meisten in ihre Häuser, in die eigenen vier Wände zurückgezogen, weil ihnen das zumindest noch den Rest eines Gefühls von Vertrautheit vermittelte. Aber nicht einmal das wollte für Benjamin klappen. Das einzige Haus, in das er hier zurückkehren konnte, gehörte ihm nicht mehr, stand so gut wie leer und war niemals wirklich sein Heim gewesen. Es war immer nur Gerburgs Heim und Reich gewesen und er darin so etwas wie ein Gestrandeter, bestenfalls geduldig, aber niemals willkommen. Kein Wunder, dass er sich stets so wenig wie möglich darin aufgehalten hatte und erst zu Olaf, dann nach Leeds und schließlich nach Berlin geflohen war. Kein Wunder, dass für ihn Beziehungen auch nur Fluchtpunkte waren, die ihm helfen sollten, sich vor seiner Herkunft zu verstecken, und dass erst Gerrit daherkommen musste, um dies zu ändern. Kein Wunder, dass er erst jetzt, nach weit über zwanzig Jahren in Berlin, die Stadt als seine neue, ja als seine erste und echte Heimat ansehen konnte. Aber beides, sowohl Stadt als auch Mann, waren gerade unerreichbar. Alles, was er in Kaltsommer noch hatte, war ein entleertes, ein seelenloses Haus, bis unters Dach angefüllt mit dem Mief schlechter Erinnerungen. Er ging trotzdem noch einmal hin. Am späten Nachmittag war das, da trugen die Linden schon fast keine Blätter mehr, raschelten seine Füße durch zentimeterhohes, papiertrockenes Laub und war Dunjas Auszug der Geister aus allen Dingen bereits unbemerkt an sein Ende gelangt. Er ging hin und redete sich ein, nachsehen zu wollen, ob es dort nicht doch noch etwas für die Allgemeinheit Verwertbares gebe, und war doch froh, als er absolut nichts mehr fand. Ohne das geringste Bedauern zog er die Tür hinter sich ins Schloss, drehte den Schlüssel zweimal herum, steckte sich den schmalen Bund, an dem nur noch die Schlüssel für Garage und Gartenschuppen klimperten, in seine Hosentasche und war entschlossen, sie so lange dort zu vergessen, bis er sie den neuen Besitzern aushändigen musste. Dann würde er auch Gerrit wiedersehen, und das war sowieso das Einzige, was jetzt noch zählte. Sie – er – mussten nur irgendwie dieses seltsame Ereignis überstehen, und alles würde endlich gutwerden. Ewig konnte es ja auch nicht dauern, egal wie eigenwillig es diese Wolke um sie herum trieb. Früher oder später würde ein starker Wind, ein mächtiger Orkan aufkommen und das ganze Gewaber zerfetzen und in alle Himmelsrichtungen zerstreuen.

»Hast du Hunger?«, fragte Petra ihn, als er zurück zum Torhaus kam. Die Sonne war schon wieder oben hinter dem Wolkenrand verschwunden, aber es war immer noch hell. Das Licht, das sich an den Trichterwänden spiegelte, blieb unangenehm grell. Kühler wurde es dadurch ebenfalls nicht, obgleich die Hitze jetzt, nachdem alle Feuchtigkeit verdunstet oder von der Wolke aufgesogen worden war, sich nicht mehr ganz so unerträglich anfühlte. Benjamin sah, wie Petra ihn ansah, forschend, fragend, und hörte sie fragen: »Alles in Ordnung mit dir?«

»Ja.« Er war ehrlich überrascht. »Wieso?«

»Du siehst so … so …« Sie fand das Wort nicht, das sie suchte, und endete deshalb: »Du siehst aus, als hättest du einen Geist gesehen.«

Er musste schmunzeln. »Ich würde eher sagen«, erwiderte er, »ich habe mich gerade von einem Geist verabschiedet.«

»Dann gibt es Geister in Kaltsommer?« Petra griff sein Schmunzeln auf.

»Jede Menge. Und wenn es nach mir ginge, dürften die hier auch alle bleiben.«

»Hey, das ist aber nicht sehr nett!«

»Das hier ist ihr natürlicher Lebensraum. Das weißt du doch selbst, du bist auch lange Zeit weggewesen und dann zurückgekommen.«

»Aber doch nicht wegen der Geister.«

»Doch, auch. Aber deine dürften wesentlich freundlicher sein, als meine es jemals waren.«

»Ist wirklich alles in Ordnung bei dir?«

»Ich vermisse meinen Freund, das ist alles.«

Petra betrachtete den roten Bären einmal vom Scheitel bis zur Sohle. Früher hatte sie nie einen Zugang zu ihm gefunden, und nicht nur, weil er ein paar Jahre älter als sie war. Er schien niemals richtig anwesend zu sein, es sei denn, Olaf befand sich in seiner Nähe. Dann erst schien auch der Rest von Kaltsommer für ihn zu existieren. Das hatte sich grundlegend geändert, das sah sie jetzt. Er strahlte es in seltener Reinheit aus jeder Pore seines Körpers aus. Und deshalb legte sich ihre Sorge, hier könnte noch jemand in Schwermut versinken, wieder. Ein Lächeln breitete sich über Petras Gesicht aus, sie nickte mit dem Kinn in Richtung Herrenhaus und sagte: »Komm, gehen wir was essen. Jörg hat draußen im Park gedeckt. Ich habe gerade oben Bescheid gesagt, dass jeder herzlich eingeladen ist, und vielleicht kommen auch wirklich ein paar runter.«

»Sind denn noch welche dazugekommen?«, fragte Benjamin, und die Tordurchfahrt begleitete seine Worte mit einem flüsternden Echo.

»Udo und Britta Heinsohn.«

»Die haben die Gärtnerei kurz vor der Autobahnbrücke, richtig? Neben dem Baschenberg?«

»Genau. Udo sagt zwar, dass ihr Haus noch nicht von der Wolke verschluckt ist, aber das Gewächshaus schon. Er sagt, die Wolke ist durch die geöffneten Fenster eingedrungen und hat nach und nach den gesamten Raum gefüllt. Er sagt, da drin sei es heiß wie in einer tödlichen Dampfsauna und es sähe auch so aus. Er wollte wohl noch einmal rein, um ich weiß nicht was zu holen, und ist wie gegen eine Wand aus Hitze und Feuchtigkeit gelaufen. Und jetzt quillt die Wolke wohl schon durch die offenen Fenster auf der Hofseite wieder raus, und Britta hat wohl Angst gehabt, dass sie als Nächstes nach ihrem Haus greift. Deshalb sind sie weg.«

»Aber die haben doch jede Menge Verwandte hier. Wundert mich, dass sie nicht bei denen untergekommen sind.«

»Ute hätte sie sicherlich aufgenommen, aber die ist ja drau… nicht da. Die Brüder waren sich nie so richtig grün untereinander. Liegt auch an Max, der hat sie zu Konkurrenten herangezogen und immer nur dem seine Aufmerksamkeit und Zuwendung gezeigt, der gerade am fleißigsten gewesen war oder die besten Noten nach Hause gebracht hatte.«

»Verstehe.« Benjamins Blick ging stiften, schweifte durch den Park, der vor ein paar Stunden noch ziemlich belaubt gewesen war und jetzt kahl und doch von sommerlich goldenem Licht überströmt dalag. Nur Vogelgezwitscher war keins zu hören und auf den Oberflächen der Teiche trieben nicht nur bunte Blätter, sondern auch diverse Fische mit dem Bauch nach oben. Der Anblick war surreal, und es roch alles ein wenig faulig.

»Ute war immer außen vor, weil sie ein Mädchen war«, fuhr Petra in ihrem Bericht fort, »und darunter hat sie früher stark gelitten. Nicht dass wir jemals Freundinnen gewesen wären, sie ist ja doch ein paar Jahre jünger als ich. Aber sie ist, scheint mir, doch aus dem ganzen Heinsohn-Clan die Einzige, die sich von ihrem Vater und den Verhältnissen unter ihm emanzipiert hat. Sie und Karl-Johann, der hat sich ja gleich ganz abgesetzt und ein eigenes Leben begonnen.«

»Wer?«

»Na, Utes jüngster Bruder: Karl-Johann Heinsohn. Lebt jetzt mit seiner Familie in Lübeck.«

»Ich glaube, an den kann ich mich gar nicht mehr erinnern.«

»Der war ja auch ein ziemlicher Nachzügler.«

Und Petra schien alle Gründe dafür zu kennen. Umso erfreuter war Benjamin, der nicht aus Unhöflichkeit nicht mehr zuhören mochte, sondern weil es ihn einfach nicht länger interessierte, als sie endlich die überraschend festlich eingedeckte Tafel erreicht hatten. Der Weg durch den Park schien im Laufe des Tages, seit er ihm am Vormittag zuletzt gegangen war, um einiges länger geworden zu sein. Noch überraschender war jedoch, dass es wunderbar nach Fleisch roch, nach gegrilltem Fleisch.

»Lecker, oder?«, begrüßte ihn Dunja, die seine Miene sofort richtig deutete. »Ist doch besser, wir essen es auf, sonst würde es nur verderben, jetzt, nachdem alle Truhen und Eisfächer nicht mehr funktionieren.«

»Das halte ich für sehr vernünftig«, erwiderte Benjamin. Und plötzlich zeigte sich ein breites Grinsen auf seinem Gesicht, als er feststellte, dass er niemals zuvor in seinem Leben einen solchen Appetit, ein solches Verlangen nach würzigem, knusprigem Fleisch hatte.

Ihre Runde auf dem Rasen vor dem Haupteingang zum Herrenhaus bestand im Wesentlichen aus ihm, Dunja und Petra und ihren Vater Hans, den beiden Hausherren Jörg und Rolf Tietze, Traudel Molkentin sowie Helgard Kramer, der es im Schlafsaal im Torhaus zu heiß und stickig geworden war. Außerdem lag da der alte Thoralf Rixen auf seiner Matratze und träumte schwer. Sein Ächzen und Stöhnen war es auch, dass Familie Lüdersen kurzzeitig zu ihnen trieb, zumindest um einen Happen zu essen. Die drei waren noch so verunsichert, dass sie lieber unter sich blieben. Die beiden ebenfalls geflüchteten Heinsohns Udo und Britta waren für den Abend doch bei Max sen. und Max jun. untergekommen, auch dort sollte gegrillt werden. Überhaupt schien das mit dem Grillen die Idee des Tages zu sein, denn überall glommen bereits die Kohlen und brutzelten Würstchen, Steaks, Koteletts und Fisch auf dem Rost, gelegentlich begleitet von ein wenig Gemüse und Brot. Allerorten aß man mit gutem Appetit, während zumeist nackte Füße in verdorrtem Gras und welkem Laub spielten und sich die kreisrunde Wolkenwand im letzten Licht des Abends noch einmal in einen großen, silbrigen Reflektor verwandelte, dessen Glanz selbst durch Sonnenbrillenglas kaum zu ertragen war. Erst als droben am Firmament einmal mehr die Sterne funkelten, entspannten sich nicht nur die Augen: Wieder war ein langer

Tag ohne größere Katastrophe überstanden, und noch stand das eigene Heim, das mehr Behaglichkeit bot als irgendein fremdes, selbst als das gleich nebenan.

Für Entspannung sorgte zusätzlich der Alkohol, der bald in Strömen floss. Zuerst hielten sie sich an Rotwein, weil es dem nicht schadete, wenn er etwas Temperatur hatte. Tatsächlich war er genießbarer als Weißwein oder Sekt oder der ungekühlte Schnaps, die sich allesamt in warme Plörre verwandelt hatten. So betranken sich an diesem Abend nicht alle Kaltsommeraner hemmungslos, sondern nur die ganz Hartgesottenen. Der jüngere Max Heinsohn etwa gehörte dazu oder Eike Schönfeld und Ella Kluge, die, von ihrer Oma unbemerkt, nach und nach die Hausbar ihrer Eltern leertrank. Erst danach war sie betäubt genug, um schlafen und die jede Nacht wie Geier über sie herfallenden Albträume aushalten zu können.

Im Herrenhauspark merkten sie kaum, wie sehr ihr Pegel schon gestiegen war. Dunja schwankte kurz, als sie aufstand, um ihre mit Schokolade gespickten Bananen in die letzte Kohlenglut zu legen, es verlangte sie und alle anderen nach etwas Süßem. Hans nickte immer wieder auf seinem Stuhl ein, und Petra unterließ es, ihrem Vater vorzuschlagen, ins Bett zu gehen, er hätte diesen eh nur abgewehrt. An diesem Abend wäre die Tochter nicht einmal dann eingeschritten, wenn er von der Sitzfläche zu Boden gesunken und auf dem harten Grund tief und fest eingeschlafen wäre. Petra empfand es als selten schön, Hans so nah bei sich zu wissen, und allein der Gedanke an ihre Mutter, die in Neumünster im Krankenhaus lag wie in einer anderen Welt, versetzte ihr hin und wieder einen Stich. Ein Schluck vom Roten und ihr nettes Beisammensein linderte auch diesen Schmerz. Rolf Tietze holte sogar irgendwann eine Schachtel Zigaretten aus dem Haus, bot sie reihum an und saß schließlich mit den Damen Molkentin und Kramer paffend und schmauchend an ihrem Ende des Tisches. Sein Gesicht verklärte sich selig lächelnd.

»Ist in den Dingern was drin?«, konnte sich Benjamin nicht enthalten zu fragen, als er sah, mit welcher Behaglichkeit der Zen-Buddhist alle viere von sich streckte.

Die beiden Raucherinnen blickten etwas erschrocken auf, aber beruhigten sich wieder, als Rolf grinsend antwortete: »Heutzutage nicht mehr.«

»Aber früher schon?«

»Früher regelmäßig«, warf Jörg, der ältere Bruder, ein. Ein schneller Blick in das von Kerzenlicht erhellte Gesicht sagte Benjamin, dass da wirklich kein Vorwurf in der Stimme gewesen war. Beide Brüder waren mit diesem Teil ihrer Vergangenheit definitiv im Reinen.

»Ich hab mit vierzehn angefangen, zu kiffen«, erzählte Rolf, »zu rauchen sogar schon mit zwölf. Ich war ein ziemlicher Wildfang, der quasi nichts ausgelassen hat. Hauptsache Party. Ich hab auch noch härtere Drogen genommen, aber zum Glück immer nur, weil ich Spaß haben wollte. Ich war süchtig nach Spaß. Andere um mich rum sind böse abgestürzt, ich hab immer noch wieder den Absprung geschafft. Und irgendwann hatte ich dann genug davon.«

»Wirklich? So einfach war das?«, fragte Petra ungläubig.

»Einfach ist das falsche Wort«, erwiderte Jörg, seinen Kopf hin und her wiegend. »Das war ein schleichender Prozess, der mir zuerst selbst nicht bewusst war. Ich griff immer seltener zu dem Zeug und ging auch immer seltener aus, und so entwöhnte ich mich Schritt für Schritt, würde ich sagen.«

»Was war passiert?«, fragte Benjamin. »Wie ist das gekommen?«

»Ich fürchte, ich bin einfach erwachsen geworden.«

Das Lachen ging einmal rund um den Tisch und wurde vom Klirren sich zuprostender Gläser untermalt. Hans kam kurz zu sich, sah sich etwas verwirrt um und nickte gleich wieder ein, während alle anderen anfingen, ihre in der Glut gegarten Schokoladenbananen zu verputzen.

»Heute lebe ich quasi das andere Extrem«, fuhr Rolf mittendrin fort, »es kann mir gar nicht ruhig genug sein. Am schönsten finde ich es hier, wenn mein Bruder und ich das Anwesen für uns alleine haben, wenn keine Veranstaltungen sind und uns Gäste ins Haus tragen.«

»Stimmt«, kommentierte Jörg trocken, »die sind kaum weg, da brauchst du dann doch erst mal wieder eine Zigarette.«

»Sollen wir lieber gehen?«

Dunjas Scherz ließ erneut Gelächter aufbranden.

»Wie stehen denn eigentlich eure Eltern dazu«, wollte Traudel wissen, ihren Löffel sauberleckend, »dass ihr beide so was wie Mönche geworden seid? Ich kann mir vorstellen, dass die ganz schön traurig sind, keine Enkelkinder bekommen zu haben?«

»Die haben Enkelkinder«, antwortete Jörg jedoch. »Ich habe eine Tochter.«

»Und ich hab zwei Söhne, die schon erwachsen sind«, ergänzte Rolf.

»Und unsere Schwester hat sogar fünf Kinder«, beendete Jörg die Aufzählung.

»Aber«, fragte Petra nach einem Moment, »aber waren die schon mal hier? Haben die euch hier schon mal besucht?«

»Ja«, kam es von den Brüdern unisono.

»Hab ich gar nichts von mitbekommen.« Dem konnten sich alle anderen am Tisch nur anschließen.

»Sie sind eben nicht von hier«, erklärte Jörg stellvertretend für die ganze Familie. »Einerseits finden sie Kaltsommer total faszinierend, aber andererseits hat sie die Wolke immer auch eingeschüchtert. Sie konnten nicht wirklich verstehen, was uns getrieben hat, ausgerechnet hier unsere Zelte aufzuschlagen.«

»Sie waren also öfter mal in den Ferien zu Besuch«, fügte Rolf hinzu, »aber haben sich dann immer nur zwischen Herren- und Torhaus bewegt – um ein Dach über dem Kopf zu haben, falls der Himmel über ihnen doch einstürzen sollte.«

»Na, da müssen sie jetzt ja keine Angst mehr vor haben!«

Beide Sprüche, Rolfs ebenso wie Benjamins, waren witzig gemeint, aber die Situation, in der alle Blicke wie auf Kommando zu den Sternen emporflogen und beim Anblick des nackten Himmelsgewölbes über ihnen erschauderten, verdarb den Humor. Ein leises, unterdrücktes Seufzen entrang sich hie und da den Kehlen, und das Schweigen, das sich am Tisch ausbreitete, war bedrückend.

»Wie ich höre, hast du das Haus deiner Mutter endlich verkauft, Benjamin?«

Traudel versuchte, die Situation zu retten.

»Ja.«

»Wurde auch Zeit«, erklärte sie, schon wieder etwas forscher, »dieses Haus hat dir nie gutgetan, Junge. Gerburg mochte eine gute Geschäftsfrau gewesen sein, aber das Mütterliche ging ihr doch völlig ab.«

Benjamin wiegte langsam den Kopf hin und her.

Traudel trank einen großen Schluck Wein und fuhr fort: »Aber ich fürchte, das ist ihr schon in die Wiege gelegt worden. Ihr Vater Gustav war ein echter Tyrann, und ich glaube, den hat nicht erst der Krieg kaputtgemacht. Der muss vorher schon eine kalte, eine böse Ader gehabt haben. Und Emmy, deine Oma, die hat sich ihm komplett unterworfen.«

»Traudel, bitte«, flüsterte Petra.

»Das war so schade«, reagierte die jedoch nicht, »denn eigentlich war Emmy eine liebenswerte und warmherzige Frau. Aber Gerburg ist voll und ganz nach ihrem Vater gekommen.«

Alle Blicke richteten sich plötzlich auf Benjamin. Der versuchte nur einen Moment lang, sich hinter seinem Weinglas zu verstecken.

»Ich habe meine Großeltern ja kaum kennengelernt«, sagte er schließlich, »die wollten das genauso wenig wie Gerburg. Aber vermutlich hast du recht.«

»Ich bin nur froh«, erwiderte Traudel da schnell, »dass du nicht so geworden bist. Du kommst wieder voll und ganz nach deiner Oma, und das ist auch gut so.«

Und Benjamin dachte kurz an die Männer in seinem Leben, an Olaf, an Elmar und an Gerrit, und sagte still: »Im Großen und Ganzen ja.«

Stille trat ein, die durch nichts gestört wurde.

»Sie kannten meine Familie gut, Frau Molkentin?«, fragte Benjamin.

»Traudel, bitte. Kein Grund, so förmlich zu sein.« Die alte Frau lächelte ihn warmherzig an. »Ich kannte Emmy, auch wenn sie etwas älter war als ich. Auch ihre Mutter Gertrud habe ich noch kennengelernt, die ja versucht hat, den Laden über Wasser zu halten, nachdem erst ihr Sohn Björn im Krieg gefallen war und dann auch noch Bjarne, ihr Mann, in den letzten Kriegstagen umgekommen ist. Er ist zum Volkssturm eingezogen worden, aber woran er gestorben ist oder wie genau, das ist nie wirklich geklärt worden. Manche sagen, er wurde erschossen, weil er sich geweigert hat, für die verlorene Sache zu kämpfen. Aber ob das stimmt, weiß man nicht.«

»Was du, Traudel«, hakte Benjamin nach, »wäre das möglich?«

»Das kann ich dir nicht sagen«, erwiderte die und grinste trotz des schweren Themas. »Aber dein Urgroßvater war Geschäftsmann, der wird schon in der Lage gewesen sein, die Vor- und Nachteile eines Geschäfts gegeneinander abzuwiegen. Für Gertrud jedenfalls machte das keinen Unterschied. Die beiden Männer, die das Geschäfts eigentlich führen sollten, waren tot und die Wirtschaft zusammengebrochen, und wie alle anderen litten sie und deine Oma Emmy Hunger. Als dann kurz nach dem Krieg Gustav nach Kaltsommer kam und blieb und offensichtlich nach einer Frau suchte, war Gertrud nur allzu froh, als seine Wahl auf Emmy fiel und sie ihre Tochter damit besser abgesichert wähnte. Sie stellte Gustav im Laden an und beteiligte ihn sogar – doch selbst in wirtschaftlich besseren Zeiten hätte der den Karren wohl gegen die Wand gefahren.«

»Woran lag's?« Von diesen Dingen hatte Benjamin noch nie etwas gehört, sie waren in seiner Familie noch etwas Verboteneres gewesen als ein Tabu. Selbst Oma Emmy, die er tatsächlich als weiche, liebenswerte Person in Erinnerung hatte, obwohl er ihr nur selten begegnet war, hatte auf ihn immer und bis heute letztendlich so gewirkt, als hätte sie niemals eine Vergangenheit besessen, als hätte sie immer nur als runzlige, verhuschte Frau im Hier und Jetzt existiert. Vielleicht fühlten sich Traudel Molkentins Enthüllungen jetzt für ihn auch deshalb nur so an wie der interessante Bericht über irgendeine Familie, deren Mitglieder zufällig ähnliche Namen trugen wie seine Vorfahren, und hatte er deshalb kein Problem damit, dass so viele fremde Leute ebenfalls zuhörten. »Gerburg hat mir gegenüber nur einmal fallenlassen, dass Opa Gustav dem Alkohol recht zugeneigt war.«

»Er hat schon gerne getrunken«, bestätigte Traudel nickend, »aber auch gerne gegessen. Maßlos gegessen, muss man wohl sagen. Sobald frische Ware ankam, hat er sich erst mal drüber hergemacht. Er hat seiner Frau und seiner Schwiegermutter die Haare vom Kopf gefressen und sie immer tiefer in Schulden gestürzt.«

Benjamin dachte nach. »Aber Opa war nicht dick«, wandte er ein, »der war immer dünn wie ein Strich. Die Löhndorf-Seite neigte eher zu Rundungen.« Und er klopfte sich auf die unübersehbaren Schwimmringe, seine Masse, die Gerrit so mochte …

»Das stimmt«, erwiderte Traudel lächelnd, »dein Opa sah zeitlebens aus wie ein Hungerhaken. Aber er hat den Laden in den Ruin gefr… gefuttert. Nachdem die D-Mark eingeführt worden war und alles nach einem Neubeginn aussah, schienen sich auch die wirtschaftlichen Verhältnisse im Hause Löhndorf-Sandow etwas zu erholen, aber ich denke, am Ende beschleunigte die neue harte und stabile Währung nur den Verfall. Die Verbindlichkeiten wuchsen rasant an. Und als dann die Fallers ins Dorf kamen und nach einem passenden Platz für ihre Schlachterei suchten, war das Geschäft nur noch eine Formsache. Gustav hat wohl ein bisschen getobt, aber eher nur pro forma, dann hat er sich buchstäblich zur Ruhe gesetzt.«

»Ich erinnere mich«, nickte Benjamin, »ich habe ihn niemals arbeiten sehen.«

»Wo auch immer er den Wisch herhatte«, winkte Traudel ab, »vermutlich von einem alten Kriegskameraden, der in der Verwaltung Karriere gemacht hat, er besorgte sich so eine Bescheinigung, Kriegsinvalide zu sein, sodass er eine monatliche Rente bekam. Und den Rest des Geldes, dass sie zum Leben brauchten, hat deine Oma verdient, auch nach Gerburgs Geburt noch.«

»Was hat sie gemacht? Nicht einmal das weiß ich …«

»Geputzt. Sie kannte sich zwar auch mit Buchhaltung aus, schließlich hat sie das im eigenen Laden von der Pike auf gelernt. Aber sie hat eben niemals einen kaufmännischen Abschluss machen können, und so blieb ihr kaum was anderes übrig als putzen. Außerdem passte das Gustav ganz gut, denn ihre Schichten lagen meist spätabends oder frühmorgens, also wenn er schlief. Wenn er aber wach war und zu Hause bedient werden wollte, war sie da.«

»Das klingt ziemlich hart«, entschlüpfte es Dunja und schaute dann verlegen zwischen Benjamin und Traudel hin und her.

»So war es aber«, wandte die ein. »Ich würde gerne Schöneres über die alten Sandows erzählen, aber da ist nichts.«

»Schon gut«, beschwichtigte Benjamin. Seine Stimme klang fest, aber er war ganz froh, dass der Kerzenschein kaum sein Gesicht erhellte. Er hätte nicht zu sagen gewusst, welche Emotion darin gerade am stärksten abzulesen war. »Ich hab zwar nicht viel von meinen Großeltern mitbekommen, weil es zwischen ihnen und uns kaum Kontakt gab, aber im Nachhinein deckt sich das, was Traudel erzählt, voll und ganz mit meinem Eindruck. Da herrschte immer dicke Luft, und Oma Emmy war ständig auf den Beinen, scharwenzelte immer nur um Opa herum. Sie war fünf Jahre jünger als er, sah aber bei seinem Tod mindestens zehn Jahre älter aus, und überlebt hat sie ihn ja auch nur um ein paar Monate.«

»Sie war verbraucht«, stimmte Traudel zu. »Sie hatte sich aufgerieben, ohne jemals in der Lage gewesen zu sein, sich Hilfe zu holen. Das hätte

Gustav niemals zugelassen, denn dann wäre ja rausgekommen, was für ein Faulpelz er war. Stattdessen hat er versucht, Gerburg zu seiner nächsten Dienstmagd abzurichten, aber die hat schon ganz früh allergisch darauf reagiert.«

»Sie war wohl ein Papakind«, kommentierte Benjamin trocken. Er konnte sich lebhaft vorstellen, wie sehr es schon früh zwischen Gerburg und seinem Großvater gekracht haben musste. »Als ich dann später kam, hat das zum totalen Bruch geführt.«

»Ja«, relativierte Traudel jedoch überraschend, »aber damals war nicht nur für ihn ein uneheliches Kind eine Schande. Selbst im guten alten Kaltsommer, wo man gegenüber anderen Lebensformen schon immer eine größere Toleranz an den Tag gelegt hatte als anderswo, war das ein Skandal. Und Gerburg schien den auch noch zu genießen. Selten habe ich einen Menschen mit einer so demonstrativ hocherhobenen Nase durch das Dorf laufen sehen. Sie hat sich niemals einschüchtern und erst recht nichts sagen lassen. Und das war auch wieder bewundernswert, sonst hätte sie niemals erfolgreich ihr eigenes Geschäft geführt.«

»Fürs Geschäft war das gut«, erwiderte Benjamin, den Kopf sinnend hin und her wiegend, »aber zu Hause … Ein Zuhause habe ich eher bei Harms auf dem Hof gefunden.«

»Oh«, Traudel hielt sich betroffen die Hand vor den Mund, »entschuldige, Benjamin, ich wollte nicht … also …«

Er wollte abwehren und erneut beschwichtigen, erklären, dass alles gut und er mit sich im Reinen wäre, weil er das endlich guten Gewissens sagen konnte. Dazu kam es nicht mehr. Plötzlich dröhnten aus dem Dorf die Bässe eines Ghettoblasters an ihre Ohren, gefolgt von ausgelassenem Gejohle. Irgendjemand hatte augenscheinlich ein paar volle Batterien gefunden. Der unerwartete Lärm fegte sofort alle trüben Gedanken beiseite und zauberte stattdessen ein Lächeln in die Gesichter. Selbst Hans, dem das Kinn immer tiefer auf die Brust gesunken war und der leise vor sich hin geschnarcht hatte, zuckte zusammen und wachte auf. Sein erst panischer, dann verwirrter Blick sorgte für zusätzliche Erheiterung, während gleichzeitig die Frage die Runde um den Tisch machte, wer sich da wohl ein wenig Spaß gönnen mochte. Nur aufstehen und nachsehen gehen wollte keiner von ihnen.

»Nicht mal du, Rolf?«, neckte Jörg seinen jüngeren Bruder.

Der schüttelte sein Haupt, sanft grinsend. »Ich sagte doch, meine Tage als Partymaus sind vorbei«, erwiderte er und fügte hinzu: »Ich finde es viel schöner, hier mit euch zu sitzen und alten Geschichten zu lauschen.«

»Auch wenn die nicht immer schön sind?«, hakte Petra nach.

»Geschichten sind Geschichten«, antwortete er und erntete lachende Zustimmung für so viel Weisheit.

»Also mehr Wein«, ergriff Benjamin Initiative wie Weinflasche, »und mehr Geschichten.«

Sie saßen immer noch draußen in der nicht auch nur um einen Grad abkühlenden Luft, als der nächste Tag heraufdämmerte.

Vierundvierzigstes Kapitel

Die Zeit ist grausamer als Gott. Ihre Herrschaft währt ebenfalls unendlich, aber sie lässt innerhalb eines Wimpernschlags ganze Lebensalter vergehen und alles Lebendige dahinwelken. Nur fühlt es sich für die, die zum Verwelken verdammt sind, nicht wie ein Wimpernschlag an, sondern wie ein ins Unendliche gedehntes Jetzt, an dem sie festhängen wie Fliegen auf einer Klebefalle. Erst ist da Panik, wenn sie begreifen, dass sie nicht wieder davonfliegen können, dann, wenn die Energie dafür verbraucht ist, spüren sie, wie der Hunger an ihnen zu nagen beginnt und sie von innen heraus aufzehrt, langsam, ganz langsam …

In diesem Stadium befanden sich Gerrit und alle Bewohner Kaltsommers mit ihren Freunden und Verwandten inzwischen, die weiterhin in der Ballsporthalle Wankendorf ausharrten. Neues gab es schon lange nicht mehr zu berichten, neue Gesichter wurden kaum mehr als solche wahrgenommen. Ihre Flüchtlingslagerexistenz, die keine konzentrierte Beschäftigung mit irgendetwas anderem außer Warten duldete, nicht einmal ein simples Kreuzworträtsel, verlangte ihre volle Aufmerksamkeit. Doch da war nichts als eine gähnende Leere, in die man jederzeit stürzen konnte. Man konnte stumm, wie betäubt auf seiner Pritsche sitzen und hineinstarren oder dagegen anbrüllen, es machte keinen Unterschied. Das Essen schmeckte nicht mehr, es gab kein Thema, über das sich zu unterhalten noch wert gewesen wäre, und wenn das Atmen nicht ein angeborener Automatismus wäre, hätten manche selbst das eingestellt. Das Einzige, was ab und an noch an ihrem Bewusstsein rüttelte, war ein Albtraum, immer und überall derselbe, wie es schien, nur um wenige Grade von der Person im Nachbarséparée verschieden. Früher oder später fing jeder in der Halle an, von Feuer zu träumen, selbst Mehmet, der noch mit am wenigsten Grund hatte, dieser Massenpsychose zum Opfer zu fallen. Gerrit war nicht von dieser gruseligen Wolke eingeschlossen, der saß neben ihm und hatte jetzt auch noch seine Eltern zur Unterstützung da. Wenn Mehmet etwas fürchtete, dann dass sein Freund einen schweren seelischen Schaden nehmen könnte, sollte der seinen Liebsten verlieren. Das Gefühl einer herannahenden Katastrophe lag in der Luft, allerdings war trotz aller Feuerträume niemandem klar, wie eine solche aussehen könnte. Natürlich, es war August, und das Land stöhnte unter dem zweiten Dürresommer in Folge. Aber wir sprachen hier noch immer von Kaltsommer, dem neben dem Amazonasbecken vermutlich feuchtesten Ort der Erde. Eine Feuersbrunst lag da nicht gerade besonders nahe. Eher eine Sintflut. Oder ein aggressiver Schimmelpilz, für den die allgegenwärtige Feuchtigkeit ein Fest ist und der alles befällt und zersetzt: Stein, Baum und Fleisch. Aber nicht Feuer, nicht in einer zur Säule geformten Wolke, die jede Physik Lügen strafte und vertikal bis hinauf in die Stratosphäre reichte.

Es gab keine Ablenkung von diesen düsteren Gedanken, denn selbst Neuankömmlinge verfielen ihnen sofort. Von diesen gab es immer mehr, Pilger, die noch einmal das Goldene Kalb schauen wollten. Zum einen waren es Angehörige der Eingeschlossenen, die, die schon vor Jahren weggezogen waren. Melanie Harms durfte ihren Schwager Andreas in die Arme schließen, Ute Heinsohn Karl-Johann, ihren Bruder. Als sie die Wolkensäule mit eigenen Augen sahen und nicht mehr nur als unglaubwürdiges Abbild auf dem Bildschirm ihres Fernsehers, erschütterte es sie in ihren Grundfesten. Auch sie meinten plötzlich, Brandgeruch wahrzunehmen. Schlagartig waren sie wieder zu Hause, als wären sie niemals weggewesen. Es tauchten Gesichter auf, alte Bekannte von früher, die man hier gar nicht mehr erwartet hätte, weil sie sämtliche Brücken nach Kaltsommer abgebrochen zu haben schienen. Unter ihnen waren Birgit und Uwe Bergmann, die trotz ihrer Kieler-Förde-Bräune sofort wiedererkannt und begrüßt wurden, allen voran von Markus Kluge, der ihnen damals zusammen mit seiner Frau das Haus am Wald abgekauft hatte. Sie erzählten von ihrem Sohn Christian, der die Ereignisse von Frankfurt aus verfolge und mindestens ebenso ungläubig sei wie seine Eltern. Leider könne er nicht kommen, der Redakteursberuf und die Zwillinge – »Ja, er und sein Mann sind Väter geworden. Wir sind jetzt Großeltern!« – hielten ihn am Main fest. Andere Rückkehrer wurden nicht so schnell erkannt oder eher noch ignoriert, weil ihr Weggang aus dem Dorf unter unschönen Umständen stattgefunden hatte. Der Bekannteste von diesen war eindeutig

Thorsten Faller. Den erkannte jeder, der dafür noch nicht zu abgestumpft war. Ihn hatte es nach Büsum verschlagen, auf die andere Seite des Landes, wo er noch immer als Schlachter arbeitete. Zum Rest seiner Familie hatte er kaum noch Kontakt, nicht einmal zu seinem Bruder Tobias, der immer noch in den USA lebte. Und erst recht nicht zu seiner Mutter Johanna oder Tante Christina, die sich in Trappenkamp eine kleine Wohnung teilten und gegenseitig das Leben zur Hölle machten, weil sie rein gar nichts aus ihren Schicksalsschlägen gelernt hatten. Lediglich seinen Vater hatte er ab und an in der JVA Neumünster besucht, bis der zwei Jahre zuvor überraschend an einem Herzinfarkt gestorben war. Der Straße weiter nach Osten bis Kaltsommer war er kein einziges Mal mehr gefolgt, und kaum hatte er den Parkplatz vor der Sporthalle in Wankendorf betreten und die ersten wiedererkennenden Seitenblicke auf sich gespürt, wusste er auch wieder, warum. Weil er aber Daniel Freiwald direkt in die Arme lief, blieb er trotzdem. Den Oberkommissar hatte es ebenfalls in die Nähe seiner alten Heimat zurückgetrieben, und anders als die meisten hatte er keine Hemmungen, seinen alten Freund aus Kindertagen zu begrüßen. Ihre Freundschaft war längst eingeschlafen und würde durch dieses Ereignis auch nicht wiederbelebt werden, aber darum ging es jetzt nicht mehr. Beiden tat es wohl, in all dieser Verwirrung auf jemanden zu treffen, dem sie noch von früher her automatisch vertrauten. Allein dadurch überwanden sie zügig ihre Sprachlosigkeit, gelang es ihnen immer besser, all die großen Worten, die ihnen wie Felsbrocken auf der Zunge lagen und sich mit Widerhaken in ihre Kehle gekrallt zu haben schienen, loszuwerden, auszuspucken wie im Rachen kratzende Schleimbatzen. »Ich weiß nicht, aber irgendwie fühlt es sich an, als würde gerade irgendwas zu Ende gehen – und als könnte sich das noch als richtig gut erweisen«, gestand Thorsten schließlich sogar, und Daniel überraschte sich selbst, als er darauf antwortete: »Ja, irgendwie schon. Und trotzdem habe ich ein grauenvolles Gefühl, wenn ich sehe, was aus der Wolke geworden ist.«

Es kamen noch andere Leute, Schaulustige, die sich jedoch nicht so sehr für die heimatlosen Menschen aus Kaltsommer interessierten. Über die hatten sie inzwischen in den Nachrichten und Sondersendungen genug erfahren, nun wollten sie das große Mysterium selbst sehen: die Wolke, die immer noch jeden Durchblick verwehrte und nur im All vorbeifliegenden Satelliten einen Einblick erlaubte. An den Zufahrtsstraßen staute es sich, besonders auf der B430 oder der A21. Aber auch sämtliche Kreis- und Landstraßen verwandelten sich dort, wo die eilig aufgestellten Absperrgitter die Weiterfahrt unterbanden, in Großraumparkplätze, und Menschen stiegen familienweise aus den Autos in einer echten Jahrmarktstimmung. Eine solche Attraktion hatte es noch nie gegeben, und vermutlich würden sie etwas Vergleichbares bis an ihr Lebensende nicht mehr erleben. Dass Wochenende war, beflügelte die Ausflügler in ihrer Touristenneugier noch. Bald schon zog sich ein geschlossener Ring Schaulustiger einmal um den äußeren Wolkenrand und nahm nicht die geringste Rücksicht auf Grundstücksgrenzen, Raine und Feldfrüchte. So mancher Bauer fürchtete insbesondere um seinen Mais, egal wie verkümmert der in diesem trockenen Jahr auf dem Halm stand; dass ihre Versicherung für einen solchen Schaden aufkommen würde, durfte getrost bezweifelt werden. Sie waren machtlos gegen den Unterhaltungswillen des Volkes, das mit Picknickausrüstung, Grillutensilien, Bollerwagen voller Kühlboxen mit Kaltgetränken und Musikanlagen anrückte. Während man den kulinarischen Genüssen zusprach, erging man sich in Fachsimpeleien über Ursachen und Auswirkungen des kapriziösen Wetterphänomens. Von dem behaupteten nicht wenige jetzt im Brustton der Überzeugung, schon immer gewusst haben zu wollen, dass es einmal ein böses Ende damit nehmen werde. Woher sie dieses Wissen bezogen, sagten sie weder, noch wurden sie danach gefragt. Das hätte die festliche Atmosphäre gestört. Es war schon schlimm genug, dass viele Hobbydrohnenpiloten ihr wertvolles Spielzeug an die blöde Wolke verloren. Die gab es scheinbar wie Sand am Meer, Männer jeden Alters, die glaubten, mit ihren privaten Geräten das zu schaffen, was dem Katastrophenschutz mit all den staatlichen Ressourcen, auf die er zurückgreifen konnte, nicht gelungen war. Überall und immer wieder rund um das abgeschottete Kaltsommer, im Norden ebenso wie im Süden, im Westen wie im Osten, surrte eine Drohne nach der anderen hinauf in den Himmel und mitten hinein in das wabernde Weiß und ward nicht mehr gesehen. Kaum hatte die weiche Wand sie verschluckt, brach der Kontakt zum stolzen Kontrolleur an seinem Bedienpult ab, was zuerst nur Ratlosigkeit und Unglaube erzeugte und dann ganz schnell in Unmut und Wut umschlug. Dass die Herren vielleicht nur einer auf dem Mist ihrer eigenen Überheblichkeit gewachsenen Schnapsidee gefolgt waren und dafür nun die gerechte Quittung erhalten hatten, das mochten nur die wenigsten von ihnen zugeben. Es gab ein paar Lästereien deswegen, Flüche und Austausch von Schimpfworten, aber in aller Regel beruhigten sich die Gemüter schnell wieder. Nur in zwei, drei Fällen, angetrieben von zu viel direkter Sonneneinstrahlung und Alkohol, heizte sich die Stimmung bis zum Faustkampf auf. Die Polizei, die diese Entwicklung vorausgeahnt hatte, hatte keinerlei Mühe, Ruhe und Ordnung wiederherzustellen.

Überhaupt pendelte sich rund um Kaltsommer eine gewisse Routine ein, jetzt, nachdem die Sensationslust sich etwas gelegt hatte. Am besten war das noch für diejenigen, die es am wenigsten wahrnahmen, die Menschen in der Ballsporthalle zu Wankendorf. Sie schliefen schlecht, wachten zerschlagen auf, machten sich vielleicht etwas frisch, dann besorgten sie sich die Mahlzeit, die gerade ausgegeben wurde, dämmerten weiter vor sich hin, verspürten ab und an die plötzliche Notwendigkeit – als hätte ein Wespenstich sie aufgescheucht –, sich danach zu erkundigen, was es Neues gab, und kehrten, wenn sie die ernüchternde Antwort erfuhren, abgestumpfter als zuvor auf ihren Platz zurück. Für alles andere fehlte ihnen die Energie, das Verharren in diesem improvisierten Wartezimmer zehrte sie langsam, aber sicher aus. Das galt selbst für Ute Heinsohn, die Bürgermeisterin Kaltsommers und damit erste und oberste Repräsentantin dieser Menschen. Je weniger man sich inzwischen an sie mit der Bitte um Informationen, Stellungnahmen oder einfach nur ihre Anwesenheit wandte, desto erleichterter war sie. Sie, genau wie alle anderen auch, hatte nichts zur Lösung des Problems beizutragen, egal wie lange sie zuvor unter der Wolke gelebt hatte. Sie verstand noch weniger als die sogenannten Experten, was da eigentlich zum Problem geworden war. Wenn sie Richtung Kaltsommer blickte und die im Sonnenlicht schimmernde Wolkensäule betrachtete, empfand sie nichts als Hilflosigkeit, die ihr die Kehle zuschnürte. Hilflosigkeit und, mit jeder weiteren Stunde, die verstrich, wachsende Sorge um ihren Vater, ihre Brüder, Tante Marianne und alle anderen. Wenn sie nur gewusst hätte, worum es hier ging, was das alles sollte, dann hätte sie sich vielleicht noch davon überzeugen lassen, dass irgendein Sinn dahintersteckte. Und wenn es einen Sinn gab, dann musste zumindest theoretisch die Möglichkeit auf einen guten Ausgang bestehen. So aber träumte auch sie immer intensiver nur von Flammen, die aus einem unsichtbaren Himmel herabregneten und alles in Brand steckten. Auf die Dauer war das nicht auszuhalten, und so war sie froh, wenn sie sich wenigstens um Gloria kümmern konnte. Deren Bedürfnisse, Hunger, Müdigkeit, volle Windeln, waren nachvollziehbar, gegen die konnte sie etwas tun.

Melanie Harms dagegen war froh, ihren Kummer wenigstens mit Andreas teilen zu können. Dass ihr Schwager gekommen war, rechnete sie ihm hoch an, denn sein Schweinemastbetrieb duldete im Grunde genommen noch weniger den Ausfall seiner Arbeitskraft als Olafs kleiner Milchviehhof. Andererseits wäre es ihm unmöglich gewesen, in dieser Situation nicht zu kommen, wie seine verstörte Miene gleich bei seiner Ankunft verriet. Selbst wenn er inzwischen seit zwanzig Jahren in Niedersachsen lebte, Kaltsommer steckte noch immer ganz tief in ihm und darum auch die Sorge um seinen Bruder und seinen dementen Vater. Dass keine Verbindung zu den beiden zustande kommen wollte, marterte ihn ebenso wie Melanie, und zumindest darin konnten sie einander Beistand leisten. Aber auch sie beschlich ein immer mulmigeres Gefühl, je länger sich die Wolkensäule rund um ihr Heimatdorf wie eine ebenso unantastbare wie unberechenbare Naturgottheit in den Himmel erhob. Sie hofften auf einen guten Ausgang und hofften es mit wie Flutwasser steigender Verzweiflung.

Momme Iversen dagegen schien seinen Frieden mit der Situation gemacht zu haben. Er hatte das Jammern eingestellt und seinen elenden Vorrat an unverkäuflichem Lindenholz vergessen, schlief Stunde um Stunde auf seiner Pritsche, als befände er sich auf einem langersehnten Kuraufenthalt, und wurde nur mäßig von Albträumen gequält. Niemand störte ihn, nicht weil man ihm diese Seelenruhe von Herzen gönnte, sondern weil sie ihn schlicht über ihre eigenen Ängste und Nöte vergaßen. Anna und Robert Kaufmann waren ebenfalls an einem besonderen Punkt angelangt, hatten endlich begriffen, welches Zeichen ihnen diese Zeit senden wollte, und ein weiteres Mal Kontakt zu der Kieler Maklerin Elke Siebert aufgenommen. Dieses Mal war es ihnen Ernst mit dem Verkauf des Hauses in Kaltsommer und dem Erwerb eines neuen am besten in der Landeshauptstadt oder doch in deren Peripherie. »Ist wohl besser so«, kommentierte Leon trocken, als sie es ihm bei der nächstbesten Gelegenheit erzählten. Sie scheuten sich nicht mehr, vor ihrem Sohn mit offenen Karten zu spielen, zumal beide Seiten wussten, dass er bei Manfred und

Martin bleiben würde. Seitdem sie sich auch dagegen nicht mehr sperrten, die Frage, wie sie denn dastehen würden, wenn bekannt wurde, dass sie ihren Sohn an zwei alte schwule Männer verloren hatten, und diese Frage hatte sie hauptsächlich umgetrieben und ausgebremst, hatte über die unheimlichen Vorgänge rund um das Wolkenkaff ihren Schrecken verloren. Darüber hinaus tröstete die wachsende Frucht in Annas Leib über den Verlust des Erstgeborenen hinweg, und beide Eltern hofften, dieses Mal ein kleines Mädchen geschenkt zu bekommen. Leon wünschte es ihnen ebenfalls und nur noch ganz selten, etwa wenn er ein weiteres Mal aus einem dieser abgründigen Träume aufschreckte und sich abreagieren musste, seine zukünftige Schwester möge eine kleine Dunja oder Petra werden. So oder so, für sie wollte er gerne ein großer Bruder sein, allein schon um ihr zu zeigen, wie vielfältig die Welt war.

Aber das waren die Ausnahmen, die wenigen Inseln des Optimismus im ansteigenden Meer der Verzweiflung. Hannes Nebendahl etwa hielt es im Notquartier gar nicht mehr aus und lief querfeldein nach Hause, nur um sich dann doch nicht in das Ungeheuer aus Luft und Dampf hineinzutrauen. Wohl näherte er sich ihm ein ums andere Mal, nur um doch wieder zurückzuweichen, als die nasse Hitze ihm die Haut versengte. Sein Instinkt sagte ihm, er würde nicht bis auf die andere Seite kommen, zu seiner Familie, den vier Kindern und seiner mit dem fünften schwangeren Frau Mareike, und sein Verstand unterwarf sich diesem. Ihm blieb nur die Hoffnung, dass am Ende alles gut ausgehen werde – eine grausamere Folter hätte es nicht geben können. Allerdings wäre es nicht besser gewesen, selbst diese Hoffnung zu verlieren, wie das Schicksal Lasse Heises zeigte. Ohne zu wissen, dass er auch seine Frau Jasmin inzwischen verloren hatte, waren seine Nerven zerrüttet. Mittlerweile hatte man ihn in die geschlossene psychiatrische Abteilung der Uniklinik Kiel verlegt, sediert und fixiert, weil er plötzlich nicht nur geschrien hatte, als würde er bei lebendigem Leibe am Spieß gebraten werden, er hatte außerdem versucht, sich die Augen auszukratzen. »Der Bus brennt! Der Bus brennt!«, kreischte er wieder und wieder, und selbst nachdem sich herumgesprochen hatte, was es mit diesem Bus auf sich hatte, blieb dieser Satz für Ärzteschaft und Pflegepersonal kryptisch. Andere hielten sich leidlich besser. Florian Molkentin etwa, dem es noch gelang, im Angesicht der Befürchtung seine Mutter niemals wiederzusehen, seinem alten Dämon Alkohol standzuhalten, obgleich es ihm von Tag zu Tag, ja Stunde zu Stunde schwerer fiel. Seine beiden Kumpel von der Freiwilligen Feuerwehr, Sönke Stölting und Frederik Bobzien, halfen ihm dabei und damit auch sich selbst. Wer weiß, wie oft sie sich schon besinnungslos besoffen hätten, wenn sie nicht ein gutes Vorbild für Florian hätten sein müssen. Pawel Ostrowski und seine Frau Barbara lenkten sich mit Arbeit in ihrem Laden ab und versanken doch mehr und mehr in der Angst, ihr Heim zu verlieren. Kathrin Thomsen fürchtete um ihren Mann. Sie hatte sich längst krankschreiben lassen. Sie hätte es nicht mehr fertiggebracht, nur noch einen Kunden der VR Bank Wankendorf zu bedienen, nicht solange Justus zu den Gefangenen der Wolke zählte. Sie lag, wenn auch nicht ganz so stark wie Lasse Heise, abgefüllt mit Beruhigungsmitteln, auf der Couch ihrer Schwester in Kalübbe und verfolgte das Geschehen mit manischem Blick im Fernsehen. Melanie Rixen blieb bei ihrer besten Freundin in Neumünster und betrauerte schon jetzt ihre vier Meerschweinchen, um die sich nicht einmal Bente Nissen kümmerte. Die hielt die kleinen Nager für ekliges Rattengezücht, das grundsätzlich ausgerottet gehörte. Einer solchen Frau vertraute sie bestimmt nicht die Schlüssel zu ihrem Haus an. Gerburg Sandow hätte sie darum gebeten, die war lange nicht so verlogen gewesen wie die Nissen, sondern jedem gegenüber geradeheraus. Thies Dührkopp, der weiter bei seinem besten und einzigen Freund Boy in Stolpe nächtigte, verwirrten die Vorgänge rund um Kaltsommer gerade deshalb, weil er zwar jederzeit und zurecht hätte behaupten können, dort nie wirklich glücklich gewesen zu sein. Der Ort war angefüllt mit Geistern und schlechten Erinnerungen für ihn, und trotzdem mochte er ihn nicht loslassen. Nicht einmal der Umstand, dass Ute bei ihm hier draußen war und nicht bei ihrem Vater und den Brüdern da drinnen, tröstete ihn wirklich. Ihre ganze Aufmerksamkeit galt ihrer Tochter Gloria, und die wiederum war nicht von ihm. Er schämte sich für diese Gedanken und hielt immer mehr Abstand zur Ballsporthalle. Beate Niemann lag derweil in ihrem Krankenhausbett im FEK und mochte sich kaum erholen von ihrer Magengeschwür-OP. Das Personal hatte so lange wie möglich versucht, das Geschehen rund um Kaltsommer vor ihr zu verbergen. Erst nachdem sie selbst nicht in der Lage gewesen war, ihren Mann, ihre Tochter oder Dunja zu erreichen, hatte man ihr die Wahrheit, soweit man diese überhaupt kannte, sagen müssen. Daraufhin schienen sich spontan gleich eine ganze Reihe neuer Geschwüre in ihrem Magen zu bilden, dem Gefühl in ihren Eingeweiden nach jedenfalls. Thekla Einem, die nicht weit von ihr entfernt auf einer anderen Station lag, erlitt einen schweren Schub ihrer Multiplen Sklerose, als statt ihres Mannes Norbert die Kinder an ihrem Bett erschienen und widerwillig zugeben mussten, nicht zu wissen, wo ihr Vater abgeblieben und was mit Kaltsommer los sei. Ganz zu Beginn hatte ihr die Krankheit für einige Tage das Augenlicht geraubt, bis jetzt war das nicht wieder vorgekommen, nun schlug diese sie erneut mit Blindheit. Wenn nur wenigstens auf der Rückseite ihrer Lider nicht ständig Flammen gelodert hätten … Blieb noch das Ehepaar Runge-Kluge: er Landarzt, sie noch immer die unerkannte Starautorin, er gewohnt, in Notsituationen zu funktionieren, sie völlig aus der Bahn geworfen von der Erkenntnis, ihr jüngstes Kind jenseits dieser undurchdringlichen Barriere zu wissen. Für Alexandra fühlte sich das tatsächlich mehr und mehr wie das Jenseits an, jedenfalls wenn sie ihren immer eindringlicheren Albträumen glauben sollte. Trotzdem verwehrte sie es Markus, sie allzu sehr mit Psychopharmaka und Schlaftabletten vollzupumpen, so betäubt wäre sie sich erst recht dem Geschehen hilflos ausgeliefert vorgekommen. Erst als Leonora und Imogen, Ellas ältere Schwestern, aus New York und Paris eingetroffen waren – auch das Fernsehen dort berichtete inzwischen von den seltsamen Vorgängen in Holstein, aber selbst jetzt, als sie mit eigenen Augen sahen, was aus ihrer guten alten Wolke geworden war, konnten sie es kaum glauben –, gewann Alexandra wieder etwas mehr an innerer Stabilität.

Und dennoch wartete auch sie bald nur noch auf den großen Knall. Dass die Lage nicht ewig so bleiben würde, sondern dass etwas passieren musste, war allen klar. Es wollte nur keiner darüber sprechen, weil das bedeutet hätte, dass man, selbst wenn man um den reinsten Optimismus bemüht gewesen wäre, irgendwann unweigerlich das Undenkbare in Worte hätte fassen müssen. Jeder dachte daran, von Zeit zu Zeit und immer öfter, je länger sich diese Notsituation hinzog, und der Druck, der sich in ihren Köpfen und Herzen aufbaute, drohte sie mehr und mehr zu zerreißen. Aber noch zogen sie sich lieber in eine stille dunkle Ecke zurück, um den anderen die eigenen Tränen nicht zu zeigen, wenn es sie überkam. Die Waschräume und Toiletten waren beliebte Orte dafür, mit dem kalten Wasser aus den Hähnen konnte man das Gerötete der Augen wenigstens etwas kaschieren.

Niemand wusste, wie es weitergehen sollte oder könnte. Günter Rohleder, der Leiter dieses Sondereinsatzes des Katastrophenschutzes, nicht und auch nicht Elisabeth Kröger, die Bornhöveder Pastorin, die in ihrem Sonntagsgottesdienst noch eine geradezu inbrünstige Fürbitte für die Nachbarn aus Kaltsommer gehalten hatte, bevor sie wieder nach Wankendorf ins Notquartier gekommen war. Die Anstrengungen und der Schlafmangel der letzten Tage waren ihr anzusehen. Sie hatte dunkle Ringe unter den Augen, ihr Teint wurde blasser und blasser, und wenn niemand hinsah, gähnte sie pausenlos hinter vorgehaltener Hand. Selbst abends kam sie nicht mehr zur Ruhe, weil diese Wolken-Geschichte immer weitere Kreise zog. Der aus Bornhöved stammende Postbote Ronald Melles wurde vermisst – seine letzte Tour hatte ihn nach Kaltsommer geführt –, und seine Angehörigen, Eltern, Geschwister und Exfrau, fürchteten das Schlimmste. Sie waren zwar keine Kirchgänger, aber noch immer Kirchenmitglieder, und selbst wenn sie das nicht gewesen wären, hätte Elisabeth Kröger sich ihrer angenommen. Das war ihr Job. Trotzdem war sie froh um jede Unterstützung, die ihr, ob nun direkt oder indirekt, zuteilwurde. Pastor Nutt, ihr Wankendorfer Kollege, fiel ja leider weitestgehend aus, Seelsorge zählte definitiv nicht zu seinen Stärken. Dafür trafen immer mehr Angehörige, Freunde und Freiwillige ein, so mancher davon mit psychologischer oder theologischer Ausbildung, ein paar wenige sogar mit beidem. So konnte sie sich ab und an eine Pause oder zumindest ein Päuschen leisten, denn niemandem wäre damit geholfen, sich um eine körperlich wie seelisch zusammenbrechende Pastorin kümmern zu müssen. Weil es schön war, im Schatten der Bäume ließ sich die Hitze aushalten, setzte sie sich dazu draußen an den Rand des Sporthallenparkplatzes. Von dort aus konnte sie sämtliche Vorgänge gut überschauen, während sie an einem Becher Kaffee nippte, der für ihren Geschmack etwas zu dünn war. Alles in allem hatte sich das Krisenmanagement auf einem guten Niveau zwischenmenschlicher Hilfsbereitschaft und Bedürfnisbefriedigung eingependelt. Dadurch fühlte sie sich einmal mehr in ihrer Haltung, dass das Gute in den Menschen noch immer stärker war als alles andere und sie Gottes Liebe und Wohlwollen verdienten, bestätigt. So ließ sich die kurze Pause noch besser genießen.

Und von wo die Leute überall herkamen, um Beistand zu leisten, sogar aus Düsseldorf. Der junge Freund Benjamin Sandows, dessen Mutter sie erst vor kurzem beerdigt hatte, erhielt Unterstützung von seinen eigenen Eltern. Die kamen mit einem Wohnmobil vorgefahren und mussten erst einmal ihren Sohn in die Arme schließen, bevor sie mit diesem Ungetüm von einem Fahrzeug weiterfuhren und sich einen Stellplatz suchten. Sie konnten nicht weit gefahren sein, so schnell, wie sie wieder zurück waren, auf Fahrrädern diesmal. Ihr Sohn Gerrit und dieser Mehmet, selbst sie bezeichnete diesen Mann automatisch als Bären, standen noch immer draußen vor der Halle und schnappten nach Luft, dabei düstere Blicke gen Wolkensäule werfend, als die beiden Alten rufend und klingelnd auf den Parkplatz fuhren. Mehmet freute sich offensichtlich über diese rasche Rückkehr. Ihm fiel eine Last vom Herzen, deren Ursprung Elisabeth nur allzu gut nachvollziehen konnte. Gerrit dagegen wusste nicht, ob er lachen oder weinen sollte, als er seine Eltern auf ihren Rädern so schnell wiedersah. Es war ja nicht so, dass er die Mühen, die sie auf sich genommen hatten, um in dieser Krise bei ihm zu sein, nicht zu schätzen wusste. Aber da war auch ein kleiner Teil in ihm, eine miese kleine Stimme in seinem Ohr, die ihm etwas von einer zusätzlichen Last flüsterte, die er jetzt zu schultern hätte. Auf keinen Fall wollte er den beiden zeigen, wie viel ihm die ganze Situation inzwischen abverlangte. Wenn er auch nur das geringste bisschen nachgab, fürchtete er, wäre es endgültig um ihn geschehen. Dann würde er zusammenbrechen und in ihren Armen flennen wie ein Baby. Aber wem wäre damit geholfen? Benjamin ganz gewiss nicht, und gerade für ihn wollte er doch stark sein und bleiben.

»Ihr seid ja schnell zurück«, war alles, was er hervorbrachte.

»Was denkst du denn!«, erwiderte Carmen Bäumler und presste ihn schon wieder an ihren Busen.

»Wir stehen quasi gleich ums Eck auf einem Privatgrundstück«, erklärte Leonhard Bäumler hauptsächlich Mehmet, weil der als Einziger zuhörte. »Haben wir im Internet aufgetan. Der Besitzer verlangt fünfzig Euro pro Tag, dafür kriegen wir sogar Frühstück.«

»Ist nicht wahr!«, sagte Mehmet.

So ging es ein Weilchen hin und her, wobei Gerrit nicht mit seiner Verwunderung hinter dem Berg hielt, dass seine Eltern sich auf eine solche linke Geschäftemacherei eingelassen hatten. Er war schon dabei, sich richtig in dieses Thema hineinzusteigern, als seine Mutter ihn resolut ausbremste: »Was interessiert mich jetzt das Geld? Von mir aus kann der Mann damit sogar glücklich werden, obwohl er weiß, dass er nur die Notlage anderer Menschen ausgenutzt hat. Mir bricht da bestimmt kein

Zacken aus der Krone, und du solltest darauf auch keinen Gedanken mehr verschwenden.« Und zumindest Elisabeth Kröger, die diese Worte ebenfalls hörte, stimmte ihnen aus ganzem Herzen zu.

»Außerdem bezahl ich die Rechnung, also kriegt euch beide wieder ein«, kommentierte Leonhard trocken, und Mehmet brauchte Minuten, bis aus dem Lachen ein Kichern geworden war und das Kichern ganz verebbte.

»Und was machen wir jetzt?«, fragte Gerrit schließlich.

»Wie wäre es mit einem Spaziergang?«, schlug Mehmet vor. »Ich glaube, es würde uns guttun, wenn wir mal ein wenig hier rauskommen.«

Die Eltern Bäumler waren sofort dafür. Nach Stunden auf der Autobahn sehnten sie sich nach ein wenig Bewegung. So sahen sie außerdem gleich noch etwas von diesem idyllischen Landstrich, in den sie ohne diese Umstände wohl niemals in ihrem Leben gekommen wären. Nur Gerrit zweifelte am Sinn dieses Vorschlags. »Wir können doch nicht einfach weggehen«, meinte er, sich unsicher nach dem Zelt des Einsatzleiters umsehend, »wenn nun irgendwas geschieht …?«

»Dann erfahren wir das rechtzeitig«, versprach Mehmet. »Wenn wir hierbleiben, werden wir noch paranoid. Und wir kommen dann ja auch wieder zurück.«

Nicht dass das Gerrit überzeugt hätte, aber ihm wäre auch nichts mehr eingefallen, womit er die anderen vom Bleiben hätte überzeugen können.

Im Schein der Nachmittagssonne liefen sie los, und die Eltern Bäumler schlugen bewusst ein schlenderndes Tempo an. Sie machten auch gar keinen Hehl daraus, dass sie ihren Sohn so lange wie möglich vom Notquartier mit seiner angespannten Atmosphäre loseisen wollten. Ein wenig Gezerre gab es noch um die Richtung, in die es gehen sollte, Gerrit wollte die Bornhöveder Landstraße nach Tanneck und Ruhwinkel laufen, weil er wusste, dass man von dort freie Sicht auf die Wolkensäule hatte. Dass dort den gesamten Straßenrand entlang noch immer Autos Stoßstange an Stoßstange parkten und Schaulustige den Weg versperrten, blendete er aus. Carmen und Leonhard dagegen bevorzugten eine Route, die sie so bald wie möglich dem Blickfeld des mit jeder Minute furchterregender anmutenden Wetterphänomens entzog. »Ich muss noch was aus unserem Caravan holen«, erklärte Carmen schließlich und entschied die Diskussion zu ihren Gunsten. Mehmet war es gleich, er glaubte sowieso nicht, dass sie so nahe an Kaltsommer der Wolke überhaupt entgehen konnten. Er war nur zu höflich, dies den Bäumlers aufs Brot zu schmieren. Er war einfach froh, dass sie ihn mitnahmen, ganz selbstverständlich, als wäre er ein Teil ihrer Familie.

Das riesige Mietwohnmobil von Gerrits Eltern stand ein gutes Stück weit oben auf dem Bösterredder. Bis zum massigen Turm des alten Kornspeichers und dem zum Heimatmuseum umgewidmeten Bahnhofsgebäude in seinem Schatten waren es höchstens noch hundert Meter. Es nahm fast die gesamte, ohnehin recht kurze Einfahrt vor dem Einfamilienhaus ein und zwang den Hausherrn, über den eigenen Rasen zu fahren, um mit seinem Auto in die Garage zu kommen. Den Bäumlers war es egal, Deal war Deal, und Herr Osterhage selbst hatte ihn so vorgeschlagen. Von dem war jedoch nichts zu sehen, als sie dort ankamen, nicht einmal ein schneller Blick hinter der Gardine hervor; tatsächlich saß er in Schlüters Gasthof und sah sich das historische Geschehen bei einem Bier im Fernsehen an. Wenn das einem egal war, dann Gerrit. Er hatte sowieso den ganzen Weg hier hoch ständig nur nach Westen geschaut und zwischen Bäumen und Sträuchern hindurch und über Giebel hinweg den Aufenthaltsort Benjamins angestarrt. Plötzlich war er es gewesen, der ihre kleine Gesellschaft aufhielt.

Am Wohnmobil angekommen, hätte Carmen ihren Sohn gerne dazu gebracht, sich ein wenig in einen der komfortablen Sessel darin zu setzen, ihm ein Glas Bier oder Wein zu reichen, irgendetwas, Hauptsache, er machte einmal eine Pause. Doch dazu hätte sie ihn schon mit roher Gewalt nötigen müssen. Mehr als einen kurzen blinden Blick durch die Tür warf er nicht ins Innere dieses fahrenden Pensionszimmers, bevor es ihn wieder zur Straße zurückzog, zu einem Punkt, von dem aus er das drohende Unheil mit seinem aufmerksamen Blick in Schach halten konnte. Mehmet war hin- und hergerissen. Einerseits erkannte er Carmens Bestreben und hätte es begrüßt, wenn er nicht andererseits gewusst hätte, welche Belastung so ein Herumsitzen und Warten für Gerrit bedeutete. Während Carmen also im Wohnmobil herumwühlte und, unterstützt von ihrem Mann, so tat, als suchte sie etwas, wanderte Mehmets Blick ständig zwischen Eltern und Sohn hin und her in dem anstrengenden Versuch, möglichst beiden Seiten gerecht zu werden. Die alten Bäumlers öffneten auch wirklich ein paar Biere und entkorkten eine Flasche Weißwein, rissen Cracker- und Kekstüten auf, boten an,

Kaffee zu kochen, ein Abendessen zuzubereiten, und durchwühlten nebenbei die ganze Zeit über ihre mitgebrachte Kleidung, als könnten sie sich nicht für die passende Abendgarderobe entscheiden. So schlugen sie immerhin eine gute Dreiviertelstunde tot.

Gerrit driftete in dieser Zeit Meter für Meter wieder den Weg zurück, den sie gekommen waren, ein Ausdruck düsterster Sorge im Gesicht. Die ständigen Fragen seiner Eltern, ob er nicht dies haben wolle oder das, erreichten ihn gar nicht mehr. Er stand auf dem wie ausgestorben im Abendlicht daliegenden Bürgersteig, glotzte durch die Lücke zwischen zwei Häusern und mahlte mit den Kiefern. Das war ein neues Detail, erkannte Mehmet alarmiert. »Wir sollten weitergehen«, teilte er Bäumlers mit, »die Bewegung ist besser für ihn als das Herumstehen.« Nach einem Blick auf ihren Sohn stimmten die zu. Im Nu gab es im Camper nichts mehr zu tun. Carmen warf sich eine dünne Strickjacke locker über die Schultern, Leonhard band sich einen Pullover um die Hüfte und schloss das Fahrzeug ab, während Mehmet Gerrit zurief, dass sie weitergehen wollten. Nur hörte der auch ihn nicht mehr. Er musste die gut fünfzig Meter zu Gerrit gehen und ihn am Arm fassen, um seine Aufmerksamkeit zurückzugewinnen.

»Wir wollen weiter«, sagte er sanft und erschrak, als Gerrit ihm den Kopf zuwandte und er wachsende Panik in seinen Augen sah.

»Die Wolke bewegt sich immer schneller«, sagte er erstickt. »Sieh doch, sie dreht sich immer schneller, und das Wabern wird stärker. Wenn das so weitergeht, wird es sie bald zerreißen.«

Mehmet glaubte nur einen Moment lang, dass dies ein Grund für Erleichterung sein könnte. Beinahe sofort erzeugte diese Aussicht auch in seinem Hirn eine Schreckensvision, die ihm als Gänsehaut von den Haarwurzeln einmal ganz nach unten bis zu den Fußsohlen über den Körper kroch.

»Wir müssen weiter«, brachte er schwach hervor.

Immerhin folgte Gerrit. Mehmet musste ihn zwar ein wenig führen, weil sein kleiner Freund nun gar nicht mehr imstande war, geradeaus zu schauen, und sonst gegen Zäune und Laternenpfähle gelaufen wäre. Aber er kam mit, fügsam, wenn nicht gar willenlos. Den zeigte er erst wieder, als sie das Ende des Bösterredders erreicht hatten und sich entscheiden mussten, ob sie nach links Richtung Bockhorn und damit Kaltsommer einbiegen sollten oder nach rechts nach Wankendorf hinein. Die Eltern Bäumler hätten alles dafür gegeben, nach rechts gehen zu dürfen, aber dagegen sperrte Gerrit sich wie ein Pferd, das auf diesem Weg eine Gefahr wittert. Ihnen wäre nur Streit geblieben, Geschrei und Tränen und am Ende ein schlechtes Gewissen, hätten sie ihrem Sohn diesen Zwang angetan. Also nahmen sie den Bockhorner Weg zur Bekskate, bogen wenigstens nicht in die schmale Straße mit dem seltsamen Namen Drögenkuhlen ein, denn die hätte sie nur wieder zurück nach Tanneck und damit auf die Bornhöveder Landstraße geführt. Außerdem machte dieses schmale Asphaltband gerade einen viel zu geschäftigen Eindruck. Die Tagesausflügler, die hier ihre Autos abgestellt hatten, machten sich daran, nach Hause aufzubrechen. Motoren heulten auf, Bremsen quietschten, Kinder schrien, Erwachsene schimpften, Hupen blökten, und sowohl Mehmet als auch die alten Bäumlers dachten nur, wie schön es wäre, jetzt einfach nach Hause fahren und das alles hinter sich lassen zu können. Wenn es nicht für Gerrit die Hölle gewesen wäre. Ihm half allein der Umstand, dass alle diese Gaffer und Katastrophentouristen Feierabend machten und so wenigstens wieder etwas mehr Ruhe einkehrte. Als sie gleich darauf in die Bockhorner Allee einbogen – eine kurze Strecke Wegs, gesäumt von alten hohen Linden, die es trotzdem keine Sekunde lang mit der Pracht der Lindenallee Kaltsommers aufnehmen konnte, obwohl die Straße sogar etwas erhöht im Vergleich zu den Feldern zu beiden Seiten angelegt war – stand auch tatsächlich nur noch eine Handvoll Wagen am Straßenrand und dazwischen ein paar Unentwegte, die mit dem Feldstecher über ein kleines Wäldchen hinweg die Wolkensäule beobachteten. Sie schillerte geradezu im Abendlicht, leicht messingfarben, wenn auch wie Messing von schlechter Qualität. Wie eine Fälschung. Es passte gut zum Müll, der überall herumlag und den die Schaulustigen achtlos liegengelassen hatten. Leonhard echauffierte sich ordentlich über diese Achtlosigkeit; es war ihm deutlich anzusehen, wie gut ihm das tat.

Doch Gerrit wollte weiter, die Wolke zog ihn an wie ein Magnet. Er hielt sich nicht lange mit der Fernsicht auf oder der Umweltverschmutzung zu seinen Füßen, sondern setzte sich wieder in Bewegung. Ein paar Meter voraus bog die nächste schmale Straße links von dieser Allee ab, dieses Mal trug sie den Namen Eichholz. Sie führte mitten durch das schmale Wäldchen vor ihnen hindurch und war an ihren

Rändern unregelmäßig mit Häusern bebaut. Es machte alles einen ungemein idyllischen Eindruck, allein für den hatte Gerrit keinen Sinn. Er lief im Stechschritt an den gepflegten Gärten und hübschen Häuschen vorbei, wusste mehr, als dass er es hörte, wie ihm bittend, ja flehend hinterhergerufen wurde, nicht so schnell zu machen und auf die anderen drei zu warten, und wäre einmal fast von einem davonfahrenden Tagestouristen angefahren worden. Im Gegensatz zu ihrem Sohn kreischten Carmen und Leonhard Bäumler entsetzt auf und verlangten nun erst recht von ihm, stehen zu bleiben und nicht ohne sie weiter so kopflos voranzustürmen, obwohl am Ende ja gar nichts passiert war. Deswegen ignorierte er sie auch weiterhin, hastete durch den Waldschatten, der trotz seiner Überschaubarkeit überraschend tief und dicht war, und tauchte auf der anderen Seite erneut ins Abendlicht ein. Er spürte es wohl warm auf seiner Haut, hörte auch wieder vermehrt Stimmen, die schnatterten und riefen und lachten, weil sie das alles nur für eine lustige Attraktion hielten und nicht für etwas Gefährliches, für einen Menschenkäfig. Die Wut, die darob in ihm keimte, beschleunigte seine Schritte noch einmal. Das Gelände war hier leicht hügelig, die Straße lief zwischen Feldern und Weiden entlang, die von Zäunen und Knicks in Parzellen unterteilt wurden und die trotz der Trockenheit und des Reifegrads der auf ihnen wachsenden Pflanzen noch angenehm grün waren. Nur dafür hatte er keinen Blick. Sein Blick war starr auf die Wolke gerichtet, sodass man nicht mehr zu sagen gewusst hätte, ob diese ihn voll und ganz absorbierte oder er sie. Er jedenfalls schien bereit, mit purer Willenskraft eine Bresche in ihre wabernde Wand zu schlagen und so zu Benjamin zu gelangen. Und die letzten Ausflügler, die ihn so sahen, machten ihm bereitwillig Platz, denn so einer schien gar keinen Spaß zu verstehen.

Der Eichholz erklomm eine kleine Anhöhe und lief direkt auf einen Knick zu, vor dem er sich selbst gabelte: Rechts ging es zu einer Ansammlung von Gebäuden, von denen schwer zu erkennen war, ob die zu einem oder mehreren Bauernhöfen gehörten, links dagegen in einem weiten Bogen nach Kaltsommer. Gerrit schlug keine dieser Richtungen ein, sondern kletterte über eine Pforte auf die nächste Koppel. Auf der befand sich weder Mensch noch Tier, dafür bot sich ihm die nun unverstellte Sicht auf Kaltsommers Wolke. Sie war zum Greifen nahe, er meinte sogar, die feuchte Hitze, die sie abstrahlte, spüren zu können. Eigentlich hätte er von hier aus Kaltsommers Wald zumindest schemenhaft durch das bleiche Wabern erblicken sollen, aber da war nichts, absolut nichts. Nur dieses undurchdringliche Geisterweiß.

Endlich blieb er stehen, die Hände wie ringend ineinander verschlungen.

Es dauerte einen Moment, bis seine Eltern und Mehmet zu ihm aufgeschlossen hatten. Sie schnauften, als hätten sie ein Belastungs-EKG hinter sich gebracht. Das gab Gerrit noch eine letzte kurze Schonfrist, bevor sich ihre Sorge ein weiteres Mal über ihm entlud wie ein Gewitterguss.

»Du musst besser aufpassen!«, machte sich Carmen als erste Luft. »Bist du denn verrückt geworden? Den Leuten einfach so vors Auto laufen. Wenn der Fahrer eben nicht rechtzeitig gebremst hätte, wärst du jetzt auf dem Weg ins Krankenhaus.«

In dem Stil ging es ein paar Minuten lang weiter, bis sich auch sein Vater und Mehmet Kummer und Schrecken von der Seele geredet hatten. Gerrit nickte dazu selbstvergessen im Takt ihrer Atemlosigkeit. Es tat ihm ja durchaus leid, dass sie sich seinetwegen gerade solche Sorgen machten. Nur seine Sorgen waren eben größer, und zumindest dieses eine Mal rechtfertigte das sein Verhalten voll und ganz. Was sie nach und nach wohl selbst einsahen. Einer nach dem anderen verstummten sie beim Anblick der Wolke, die sich in schrecklicher Erhabenheit vor ihnen in den lupenreinen Sommerabendhimmel bohrte. Gerrit wusste, dass sie deswegen verstummten, dass dieser Anblick ihnen die Worte im Hals steckenbleiben ließ. Alles andere in der Welt verblasste daneben. Mensch, Tier und Natur wurden unwichtig, es gab nur noch diese weiße, um ihre eigene Achse rotierende Wand und diejenigen Einwohner Kaltsommers, die hinter ihr eingeschlossen waren. Allen voran dieser eine, der dort eigentlich gar nicht mehr hingehörte, der an seine Seite gehörte, der nur noch einmal hingefahren war, um letzte Dinge zu regeln, um dann für immer zu ihm zurückzukehren. Benjamin war nur zur falschen Zeit am falschen Ort gewesen, und allein schon deshalb musste er da wieder rauskommen. Alles andere wäre eine schreiende Ungerechtigkeit …

Dieser Gedanke lähmte ihn. Vermutlich hätte er ihn bis ans Ende aller Tage dort stehen lassen, zur Statue erstarrt, die sich nach und nach in Stein verwandelte. Einmal meinte er, eine Hand tätschelnd auf seiner Schulter zu spüren und einen kaltfeuchten Schweißabdruck in seinem Nacken zu hinterlassen und dazu in seine Richtung gehauchte Tröstungen zu hören. Er glaubte, das alles kam von seiner Mutter. Ebenso unsicher war er sich, wer von den beiden Männern hinter ihm flüsterte, dass das alles doch auch irgendwie faszinierend sei, dass sich ihnen ein solches Schauspiel wohl niemals wieder im Leben bieten würde. Es gab keine Antwort darauf, die für Klarheit hätte sorgen können. Im Angesicht der Wolke war alles eins und gleich und die Zeit ein versiegender Fluss. Selbst die Sonne oben am Himmel schien ihre Bahn, sorgfältig einen Bogen um diesen ungeheuerlichen Pfahl machend, nicht mehr standesgemäß zu beenden und stattdessen einfach an Ort und Stelle zu verlöschen. Das Licht um sie herum wurde schwächer, die Temperaturen kühler, die Wolkensäule aber schillerte nur umso stärker, als würde sie inzwischen ihr eigenes Licht erzeugen und nicht mehr nur fremdes reflektieren. Als besäße sie eine eigene Energiequelle, die den Sommertag genutzt hatte, sich bis zum Anschlag aufzuladen.

Der Donnerschlag kam dennoch überraschend.

Vögel kreischten und stoben auf, Rehe, Füchse, Hasen, Kaninchen, Wildschweine und anderes Landgetier, das sich trotz der bedrohlichen Witterung noch in der Nähe seines alten Zuhauses aufgehalten hatte, tobte panisch davon, der möglichen Gefahr durch die anwesenden Menschen keinerlei Beachtung mehr schenkend, und die Menschen selbst schrien auf, wankten rückwärts, stolperten über ihre eigenen Füße und fielen hin. Den Blick von der Wolkensäule abwenden konnten sie nicht, ihr Fluchtinstinkt war zu verkümmert dazu. Denn auf den Donner folgten Blitze. Nicht nur einer, zahlreiche. Sie schlängelten und zischelten durch den rasenden Wasserdampf und, in den höheren Regionen, die Eiskristalle und heizten alles mit ihrer elektrischen Ladung auf, bis es nur so knisterte. Die Elektrizität wurde so stark, dass sich jedes Haar an Gerrits Leib aufstellte und ihm die Haut prickelte. In seinen Ohren rauschte das Blut, sein Herz raste, sein Hirn versuchte verzweifelt, irgendeinen Sinn in dieses erneut veränderte Bild von Kaltsommer zu bringen, die Bedeutung dieser neuerlichen Wendung zu erfassen. Es wollte ihm nicht gelingen. Je länger er es jedoch versuchte, desto stärker hörte er in sich sämtliche Alarmglocken schrillen. Er spürte ganz einfach, dass er nicht gerade den Beginn eines Sommergewitters beobachtete, das eine längst unangenehm gewordene Hitzeperiode beendete. Das da vor ihm war ein elektromagnetischer Sturm, und nicht nur passte der so gar nicht in diese friedlich-unspektakuläre Landschaft. Seine Auswirkungen würden verheerend sein. Zumindest für die Menschen in Kaltsommer. Für Benjamin!

Gerrit machte auf dem Absatz kehrt und lief zurück zur Ballsporthalle in Wankendorf. Er blieb kein einziges Mal stehen, egal wie sehr ihm die Lungen brannten und das Seitenstechen quälte, er wollte unbedingt zurück zum Notquartier und zum Zelt des Krisenstabs. Vielleicht wussten die ja etwas Neues. Vielleicht wussten die jetzt einen Weg, wie man den Eingeschlossenen zu Hilfe kommen konnte. Dieser Herr Rohleder schien doch ein recht fähiger Mann zu sein. Allein den hatte der Donnerschlag ebenso überrascht wie alle anderen auch. Er stand inmitten eines riesigen Menschenpulks auf dem Parkplatz und starrte mit offenem Mund auf das entfesselte Naturschauspiel. An ein Spektakel dachte jetzt offensichtlich niemand mehr. In den Gesichtern drängelten sich Angst, Panik und Hysterie, und Gerrit sah einige Leute aus Kaltsommer, die Bürgermeisterin etwa oder Melanie Harms, die offen weinten. Als wäre ihr Heim, als wären ihre Lieben bereits verloren. Das war schlimm, das war unerträglich. Am schlimmsten war jedoch, dass in ihm selbst so ein fatalistisches Gefühl aufstieg und sich wie eine kalte Pranke um seine Kehle legte. Er konnte kaum mehr atmen und ächzte und stöhnte. Und als der nächste heftige Donnerschlag die Luft zerriss, fing auch er an zu weinen. Er wollte es nicht, er wollte weiter stark für Benjamin sein, es überwältigte ihn einfach wie eine riesige Welle aus Schmerz.

Fünfundvierzigstes Kapitel

In Kaltsommer ging ein Blitz dem ersten Donnerschlag voraus. Außerhalb sah man ihn nicht, weil er sich an der Innenseite der Wolkenröhre bildete, ungefähr auf zwei Dritteln Höhe, und sich dann im grellen Zickzack nach unten entlud. Erst blendete es die Augen, dann dröhnte es in den Ohren, als beinahe sofort darauf der Knall ertönte, Fensterscheiben in den Rahmen und Geschirr in den Schränken klirren ließ, den Boden in Vibration versetzte und den Menschen wie ein kräftiger Schlag auf die Brust die Luft aus den Lungen presste. Ein paar Autoalarmanlagen wurden ausgelöst und hupten los, was das Zeug hielt. Sonja Schönfeld in ihrem abgedunkelten Zimmer meinte gar, ihr würde der ohnehin schon von der Migräne malträtierte Schädel platzen, und für ein paar Sekunden verlor sie das Bewusstsein. Almut Runge, die für Ella und sich gerade das Abendbrot im Haus am Wald zubereitete, rutschte beim Schneiden einer Gurke in dünne Scheiben mit dem Messer ab und in ihren Finger, tief genug, dass es lange nicht aufhören wollte zu bluten. Max Heinsohn musste danach seine Herztabletten nehmen, leichenblass um die Nase, während sich Hans Niemann lieber einen Schnaps genehmigte. Es war nicht sein Erster und auch nicht sein Letzter an diesem Tag. Die Klapplade in der alten Schrankwand aus Kirschholz im Wohnzimmer, hinter der sich die Hausbar verbarg, stand inzwischen dauerhaft offen. Wenn Beate bei ihm gewesen wäre, hätte sie vielleicht einen mäßigenden Einfluss auf ihn genommen. So tat er, was immer er wollte, zumal Petra und Dunja ebenfalls Besseres zu tun hatten, als sich rund um die Uhr um ihn zu kümmern. In Göbens Ställen, auf Olafs Koppel und in den Boxen der Rinderbesamung spielten die Kühe und Bullen verrückt und erfüllten den Abend mit ihrem bald klagenden, bald rasenden Brüllen. Immerhin mussten die Kühe nicht länger gemolken werden. Schon beim Melken am Morgen war den Bauern und ihren Helfern aufgefallen, dass die meisten Tiere die Milchproduktion eingestellt hatten. Aus den Eutern kam kaum mehr ein Tropfen. Einerseits lag darin eine Erleichterung für sie, denn so fiel ein durch den weiterhin herrschenden Blackout äußerst zeitaufwendiger Arbeitsgang weg und mussten sie sich zugleich keine Gedanken mehr darüber machen, in welchen Graben sie die ganze anfallende Milch denn entsorgt hätten. Andererseits war das ein Quell für neue Sorgen, denn die frische Milch wäre eine gute Ergänzung zu ihrem Speiseplan gewesen, der, je länger die Krise dauerte, mit Sicherheit umso eingeschränkter ausfallen durfte. Was konnte man nicht alles aus frischer Milch machen … Und zu allem Überfluss verletzten sich in der Panik nach dem ersten Blitz- und Donnerschlag, die von allen darauffolgenden noch einige Zeit in Gang gehalten wurde, ein paar Tiere, manche so stark, dass sie über kurz oder lang daran verendeten. Der alte Holstein-Friesian-Zuchtbulle Igor VI. etwa rammte seinen Schädel so oft gegen die Wände und Gitterstäbe seiner Box, bis beide Hörner ab- und sein Schädel angebrochen war und er eine Hirnblutung erlitt, an der er rund eine Stunde später zu Grunde ging. So wie ihm erging es noch ein paar weiteren der stattlichen Tiere der Besamung. Die verwandelten alle zusammen ihren Stall in ein einziges dröhnendes Tollhaus, dem sich kein Mensch mehr nähern, geschweige denn betreten mochte. Selbst Olafs alter Liebling Muhdi, sonst von seinen menschlichen Betreuern gerühmt für seinen Gleichmut, ließ sich davon anstecken und brüllte sich die Seele aus dem Leib, weil sich draußen jenseits von Wand und Dach etwas zusammenbraute, das sich noch wesentlich unheilvoller anfühlte als ein bloßes Unwetter.

Benjamin traf die atmosphärische Entladung, als er gerade die Hauptstraße hinunter ging. Die letzten Stunden hatte er bei Olaf verbracht. Nun wollte er sich im Torhaus einen Schlafplatz suchen und etwas ausruhen, nachdem schon die letzte Nacht schlaflos verlaufen war und ihn dieser Tag ununterbrochen auf Trab gehalten hatte. Vor Schreck geriet er ins Stolpern und kam, ums Gleichgewicht bemüht und gleichzeitig den Himmel nach der Ursache für diesen unglaublichen Lärm absuchend, mit dem rechten Fuß vom Bordstein ab. So gesellte sich zu der Enttäuschung, dass es nicht doch endlich einem Düsenjäger gelungen war, diese undurchsichtige Schallmauer überall um sie herum zu durchbrechen und zu beweisen, dass Hilfe, ja Rettung möglich war, noch der Schmerz im Knöchel, den er sich dabei leicht verstauchte. Wie ein Storch auf einem Bein stehend, rieb er sich wankend mit beiden Händen das lädierte Gelenk, während gleich darauf weitere Entladungen wie Kanonendonner bei Kriegsausbruch zu hören und sehen waren und sein Blick kreuz und quer und auf und ab über den weiterhin harmlos blauen Himmel und die Wolkenwand fuhr. Die schien zwar an einigen Stellen schmutzig-grau zu werden, als würden sich Pulverqualm und Feuerrauch einer verborgenen Schlacht in den Wasserdampf mischen, wies aber immer noch nicht die geringsten Risse auf. Eher das Gegenteil war der Fall. Durch die dunklen Töne in ihrem Weiß wirkte sie noch kompakter als ohnehin schon. Und dazu das unentwegte Getöse der Autohupen und der Rinder, in das sich jetzt zusehends aufgeregte Stimmen mischten, als die verbliebenen Bewohner Kaltsommers auf die Straßen strömten und sich nach dem Grund für das plötzliche Chaos wie mindestens ebenso nach einem Ansprechpartner umsahen. Benjamin sah Lutz Reinke aus dem Schulweg kommen. Der wohnte dort, hatte sich seit Beginn dieser, wie nicht nur er es immer stärker empfand, finalen Phase der Krise in sein Haus zurückgezogen und nicht einmal mehr gezeigt. So wie er taumelte, hatte er seine Nerven wohl mit Alkohol beruhigt, dachte Benjamin unwillkürlich bei seinem Anblick. Er mochte ihn dafür nicht verurteilen, schließlich hatte er letzte Nacht genau dasselbe gemacht, nur eben in Gesellschaft. Während Lutz sich noch auf der Kreuzung von Hauptstraße, Schulweg und ›Zum Speicher‹ ratlos suchend um die eigene Achse drehte, stießen schnell Dunja und Petra aus ihrem Laden zu ihm und außerdem Ulrike Quandt; sie hielt ihre neunjährige Tochter Lisa an der Hand, die erschrocken weinte. Petra winkte ihm zu, als sie den Blick die Hauptstraße hinauf- und herabgleiten ließ, und ihm gelang es immerhin kurz, die eine Hand von seinem schmerzenden Knöchel zu lösen und zurückzuwinken. Dann drehte er sich entschlossen um und humpelte zurück zum Harmshof. Olaf hatte eben damit beginnen wollen, seine Kühe mit ein wenig aus dem Winter übriggebliebenem Heu zuzufüttern, weil ihre Weide kaum noch frisches Gras hergab, erinnerte er sich. Sein alter Freund mochte zwar nur sechszehn Kühe besitzen und die sich durch Sanftmut und Zutraulichkeit auszeichnen, aber so wie das klang, kannten auch die jetzt kein Halten mehr. Wenn Olaf ausgerechnet in diesem Moment zwischen ihnen gestanden hatte … Mit Bildern von Hufen vor Augen, die menschliche Knochen zermalmten, überwand Benjamin den Schmerz in seinem Fuß. Und Olaf war tatsächlich nicht im Haus und nicht im Stall oder der Scheune. Er lag allerdings auch nicht zertrampelt auf der Hauskoppel, sondern stand am Gatter und schaute auf seine kleine Rinderherde. Die probte eine ausgewachsene Stampede und tobte muhend von links nach rechts und vorne nach hinten über die wenigen Hektar trockenes Gras. Ein Tier kollabierte gerade, als Benjamin ankam, und fiel brüllend in den Staub. Ein zweites stolperte über den schweren Körper und blieb ebenfalls liegen. Olaf schlug sprachlos die Hände über dem Kopf zusammen.

Alles, was Benjamin tun konnte, war, ihm tröstend den Arm um die Schulter zu legen und ihn an sich zu ziehen. Jedes Wort wäre ungehört verhallt, weil der Lärm der panischen Kühe auf Bauer Göbens Hof alles andere übertönte und noch weiter anschwoll. Die Milchkühe in ihrem Laufstall drehten völlig durch und trieben sich gegenseitig in den Wahnsinn. Sie brüllten, rannten herum und stießen einander und selbst gegen die Wände und Gatter. Bis eines endlich barst. Es klang, als würde der halbe Stall einstürzen. Während Olafs Tiere daraufhin zumindest kurzzeitig in Schockstarre verfielen, erbrach sich ein breiter Strom angsterfüllter Rinder ins Freie und rannte blindlings davon. Auf ihrem Weg weg von den Gebäuden, die für sie für alles Übel verantwortlich zu sein schienen, durchbrachen sie Zäune und stolperten über Ackerfurchen und kamen dabei der Wolkenwand bedenklich nahe. Zu nahe. Als die vorderen Tiere erkannten, dass das seltsame Ungetüm, das sich vor ihnen in der Landschaft erhob und sich an manchen Stellen bleigrau verfärbt hatte, als würden kleine Explosionen darin nicht nur für Blitz und Donner sorgen, sondern auch rußigen Qualm verbreiten, eigentlich ursächlich für die ganze Angstmacherei war, und ihr Vorpreschen plötzlich abbremsten, da war die Erkenntnis bei den hinterherstürmenden Tieren noch gar nicht angekommen. Die rannten weiter und drückten die vor ihnen kopfüber hinein in die wabernde heiße Luftmasse. Ihr Brüllen nahm augenblicklich einen ganz anderen Charakter an, das Angstvolle löste sich in Schmerz auf. Am Ende blieb weniger als ein Drittel von Göbens Milchkühen übrig und verteilte sich irritiert über die Koppeln und Felder, immer wieder in frische Panik ausbrechend, sobald ein neuer kombinierter Blitz- und Donnerschlag die Atmosphäre erschütterte. Wer diesen Verlust allerdings nicht mehr mitansehen musste, war Karsten Göben selbst. Er hatte sich gegen das Gatter gestemmt, als seine Kühe es durchbrachen, und wurde von ihnen niedergewalzt. In dem Getöse waren seine eigenen Schreie komplett untergegangen. Nur seine Frau Dorthe, die ihm gerade zu Hilfe eilen wollte, hatte es beobachtet. Ihr Kreischen war es, dass Olaf und Benjamin über Zäune setzen und die Appelallee sprinten ließ, als die Kakophonie endlich etwas abflaute. Sie ahnten sofort, was passiert war. Der Anblick des bis zur Unkenntlichkeit zertrampelten Körpers allerdings, der sich ihnen dann bot, raubte auch ihnen erst mal den letzten Nerv.

Dabei war Karsten Göben nicht der erste Tote dieses Tages. Am Vormittag war erst Erdmann Garg gestorben und ihm seine Frau Louise kurz nach dem Mittag gefolgt. Woran genau, das hätte eine Obduktion klären müssen. Bente Nissen, die anwesend war, war sich ziemlich sicher, dass Louise nicht nur ein gebrochenes Herz dahingerafft hatte, sondern auch die Erschöpfung, nachdem sie ihren Mann so lange so aufopferungsvoll gepflegt hatte. »Ihr Werk war getan«, verkündete die Nissen, als sie ein Trupp Bewohner Kaltsommers, dem in diesem Fall neben Dunja und Petra noch Hans Niemann und Rolf Tietze angehörten, in das Haus ihrer Nachbarn führte, als wäre es der Spruch für ihren Grabstein. Die anderen reagierten darauf mit peinlichem Schweigen. Am Vormittag hatten andere spontan gebildete Totengräbertrupps bereits Jasmin Heise und Klementine Möller beigesetzt, jeweils hinter ihren Häusern, um später – und hätten sie dieses Später nicht als Versprechen im Hinterkopf gehabt, es wäre ihnen niemals möglich gewesen, die in der Trockenheit versteinerte Erde aufzubrechen – die Umbettung und Identifizierung, sollte die Polizei darauf bestehen, zu erleichtern. Benjamin hatte sich nicht daran beteiligt, er hatte mit Rüdiger sein Soll bereits erfüllt. Tatsächlich hatte er sich zuerst etwas hingelegt, aber trotz der durchzechten Nacht kein Auge zutun können. Als er sich erhob, verspürte er dafür umso mehr Muskelkater in den Armen, im Nacken, im Rücken und selbst noch in den Beinen und im Hintern. Selbst die Entrümpelung von Gerburgs Haus war körperlich nicht so anstrengend gewesen wie das Ausheben von Rüdigers vorläufiger letzter Ruhestätte. Schon im Liegen auf einer der Matratzen oben im stickigen Schlafsaal des Torhauses hatten die Muskeln geschmerzt, doch war das kein Vergleich damit, als er aufstehen und irgendetwas tun wollte. Hinter seinen geschlossenen Lidern nämlich waren, kaum dass er es sich leidlich gemütlich gemacht hatte, Bilder erschienen, die angefüllt waren mit Feuer und Zerstörung, gefolgt von Wüstenei und lebloser Ödnis. Er wusste nicht einmal, was genau er da sah, weil es nichts Vertrautes mehr in diesen Bildern gab. Trotzdem war er sich sicher, dass es sich um Kaltsommer handelte. Als ihm die seltsamen Visionen vom Jahresbeginn wieder einfielen, die ihm – so unendlich lange schien das jetzt schon her zu sein – sogar den einen seiner beiden Jobs gekostet hatten, war es das mit seinem Ruhebedürfnis gewesen. Damals nämlich hatte Gerrit sie verdrängt und durch seine Gegenwart ersetzt, jetzt hingegen hatte er Schwierigkeiten, das Gesicht seines Freundes vor seinem geistigen Auge heraufzubeschwören oder sich an den Klang seiner Stimme zu erinnern. Das war ein alarmierendes Zeichen, wie ein Stromstoß, den sich Kühe an einem elektrischen Zaun holen, und ganz ähnlich wie diese Tiere trieb es ihn in die Flucht. Im Rahmen der gegebenen Möglichkeiten jedenfalls. Nur schienen seine Muskeln in der knappen Stunde, die er zu schlafen versucht hatte, ausgetrocknet zu sein wie das Land um ihn herum, in der Sonne mit einer harten Kruste überbacken, die ihn jetzt ganz steif machte und daran hinderte, sich auch nur in eine aufrechte Position zu begeben. Er brauchte beinahe Gewalt gegen sich selbst, allein um die Augen wieder zu öffnen, und meinte, dabei zerbröselndes Mauerwerk auf seine Wangen herabrieseln zu spüren. So ähnlich musste sich der Golem fühlen, dachte er zusammenhanglos, wenn ihn die Rabbiner nach langer Pause wieder zum Leben erweckten. Nur fühlte der sich dabei vermutlich nicht halb so elend wie Benjamin, der einfach keine körperliche Anstrengung mehr gewohnt war. Zumal sich zum Erschöpfungsschmerz in sämtlichen Körperteilen nun noch ein unerträglicher Durst gesellte. Der machte es wirklich nötig, aufzustehen, um gestillt zu werden. Der alte Thoralf Rixen schlief wie tot auf seinem Bett, tatsächlich hob und senkte sich seine Brust nur minimal, und lediglich der Schweißgeruch, vermischt mit den anderen Ausdünstungen eines nur schlecht gewaschenen Körpers, erzählte noch etwas von Lebendigkeit und normal arbeitenden Körperfunktionen. Außerdem waren noch Cindy und Meike Lüdersen da, und während Meike ihm immerhin mit dem Blick folgte, starrte ihre Mutter nur apathisch an die Decke. Ulf Lüdersen hatte sich dem Trupp angeschlossen, der die Witwe Möller unter die Erde brachte, sonst hätte ihn die Untätigkeit noch verrückt werden lassen. Ansonsten war niemand da.

Benjamin trank die Karaffe leer, die auf dem Tablett neben der Tür stand, und selbst lauwarm kam ihm das Wasser wie ein Labsal vor. Bevor er den Schlafsaal verließ, versprach er im Stillen, alsbald frisches Wasser zu holen, und trat ins Treppenhaus. Darin roch es nach Hitze, altem Staub und noch älterem Gebälk. Und von oben kamen Stimmen. Er folgte ihnen ins grelle Mittagslicht und traf auf dem Turm Traudel Molkentin, Dunja und Petra. Sie hatten, gequält von innerer Unruhe und uneingestandenen Ängsten, auch nicht schlafen können und waren, nachdem Jörg Tietze ihnen den Weg gezeigt hatte, hier hinaufgekommen, um vielleicht einen Hauch frischerer Luft als unten auf dem Boden und in allen Räumen abzubekommen. Dieser Wunsch hatte sich nicht erfüllt, unter der Turmspitze war die Atmosphäre ebenso brütend wie überall sonst. Dafür war die Aussicht beeindruckend, egal wie eng die Grenzen des Wolkenheims Kaltsommer sein mochten. »Ich hatte ganz vergessen, wie viel man von hier oben sieht«, meinte Benjamin anerkennend. »Du warst schon mal hier drauf?«, fragte Dunja überrascht. »Ja«, antwortete er mit seligem Lächeln, »als die Buddhas damals kurz nach ihrem Einzug einen Tag der offenen Tür veranstalteten – vor ein paar Jahrzehnten.« – »Ich erinnere mich«, warf Traudel nickend ein, »da war ich noch etwas besser in Schuss.« – »Und ich erst«, stimmte Benjamin zu. Dann ließen sie schweigend die Blicke über das in der Ofenluft vor sich hin backende Dorf schweifen, in dem sich jetzt, nachdem auch das letzte Blatt welk vom Baum gefallen war, gar nichts mehr zu regen schien. Dafür konnten sie durch das kahle Geäst der Linden hin und wieder jemanden beim Haus der Witwe Möller sehen, Freunde und Nachbarn, die schlurfend und gebeugt ihre schwierige Aufgabe erledigten. Dazu gab es nichts zu sagen und auch sonst zu nichts, was sich dem Auge bot. »Ich seh mal, ob ich irgendwo was zu essen und zu trinken bekomme, und dann dreh ich ne kleine Runde durchs Dorf. Mal sehen, wie es Olaf heute geht«, erklärte Benjamin und beeilte sich, die enge Treppe wieder hinabzusteigen, bevor eine der Frauen auf die Idee kommen konnte, ihn zu begleiten. Im Moment war ihm nicht nach Gesellschaft.

Dass er jetzt, nachdem sich die Nachricht von Karsten Göbens Tod wie ein Lauffeuer im ganzen Dorf verbreitet hatte, mit Olaf in dessen Küche saß und Korn trank, ging einigermaßen in Ordnung. Noch ganz blass im Gesicht hatten sie sich von dem menschlichen Tumult aus Klagen, Weinen und Schreien, der den tierischen abgelöst hatte, davongeschlichen und waren in die vertrautere Umgebung zurückgekehrt. Ein großer Trost lag jedoch nicht darin, dafür sah alles zu leer und beinahe verwahrlost aus. Olaf hatte nach den Ereignissen der letzten Tage, die seinen Besitz zeitweilig zum Zentrum Kaltsommers hatten werden lassen, noch nicht die Zeit oder Energie gefunden, wieder aufzuräumen. Selbst der Dunst von Bente Nissens elenden Zigaretten schien noch immer in der dicken Luft zu hängen. Zuerst hatten sie beide Wasser aus dem Hahn getrunken. Das war selbst nach einer Minute noch lauwarm, löschte aber trotzdem den Durst. Dann hatten sie sich an den alten Küchentisch gesetzt und angeschwiegen, während ein jeder sich bemühte, die Geräuschkulisse, die durch die geöffnete Tür drang, auszublenden. Bis Olaf plötzlich stumm den Kopf geschüttelt hatte, aufgestanden und nach unten in den Keller gegangen war, um die Flasche Klaren aus der Truhe zu holen. Da die seit dem Stromausfall nicht geöffnet worden war, hatte sie sich noch einen letzten Rest Kühle bewahrt. Für Benjamin machte das den Getreidebrand, der nun wirklich nicht sein Lieblingsalkohol war, gerade noch erträglich. In rascher Folge leerte er zusammen mit seinem alten Freund drei kleine Gläschen und ließ sich sofort das vierte Mal nachschenken.

»Nich' viel schnacken, Kopp in'n Nacken«, erhob er freudlos sein Glas und stürzte es hinunter. Er schüttelte sich ausgiebig und stellte es diesmal so ab, dass Olaf ihn erst würde fragen müssen, bevor er ein fünftes Mal einschenken konnte. Das hochprozentige Getränk tat seinem leeren, gestressten Magen nicht gut, wie er allmählich merkte.

Olaf allerdings schien ebenfalls genug zu haben. Er hatte auf den alten Trinkspruch nichts erwidert, nicht einmal sarkastisch die Mundwinkel verzogen, sondern nur sein Glas an die Lippen geführt und es nach hinten gekippt. Er setzte es so achtlos ab, dass es umkippte und in Richtung Tischkante davonrollte. Ohne hinzuschauen, einem reinen Reflex folgend, legte er seine große, breite, von den Jahren harter Arbeit gezeichnete Hand darüber und hielt es auf. Benjamin wollte eine Bemerkung machen, er hätte selbst nicht gewusst, ob es etwas Aufmunterndes geworden wäre. Als er aber endlich den Blick von der Hand, die er lange schon nicht mehr aus einer solchen Nähe bewusst wahrgenommen hatte und kaum mehr als vertraut erkannte, hob und Olaf in die Augen schaute, erblickte er darin einen Tränenschimmer. Er befürchtete, dass der nicht von der Schärfe des Korns herrührte.

»Das wird kein gutes Ende nehmen«, raunte Olaf.

»Das kannst du nicht wissen.«

»Die Tiere wissen es.«

»Du meinst die Kühe?«

Olaf wischte sich mit dem Handrücken über die Augen, es sah ebenso nach Entschlossenheit aus wie nach Zorn oder Verzweiflung. »Nicht nur die Kühe«, sagte er und sah Benjamin mit einem durchbohrenden Blick an. »Alle Tiere wissen es. Wussten es mindestens schon lange – oder was glaubst du, warum wir hier seit Tagen nicht einen Vogel mehr haben singen hören? Aber nicht nur die sind weg, auch die Kaninchen und der Fuchs und sogar einige Insekten.«

»Nun hör aber auf!« Benjamins Lachen klang selbst ihm zu aufgesetzt, um als Widerspruch zu überzeugen. »Nur weil Rasmus Duggen seine Bienen weggeflogen sind …«

»Tiere sind intelligenter als Menschen, wenn es um sich anbahnende Naturkatastrophen geht. Deren Sinne sind besser als unsere, wir haben unsere durch unsere Zivilisiertheit verkümmern lassen«, erklärte Olaf und ließ dabei Benjamin nicht aus den Augen, egal wie offensichtlich unangenehm dem das war. »Von den Tieren geblieben sind nur die, die wir durch Einsperren dazu gezwungen haben, oder die Aas- und Scheißefresser wie die Fliegen.«

»Du kannst doch nicht aus allem ein böses Omen machen.«

»Das böse Omen ist doch nicht die Flucht der Tiere«, widersprach Olaf, »das böse Omen war im Winter und Frühjahr der ständige Nieselregen. Das böse Omen war die plötzliche, nicht enden wollende Trockenheit, die darauf folgte. Das böse Omen war das Busunglück, das zum ersten Mal konkret den Tod nach Kaltsommer brachte. Das böse Omen war der Nebel um uns herum, der immer dichter, dicker und wärmer wurde. Das böse Omen war das blendende Licht, dass immer stärker durch die Wolke über uns sickerte und, wie sich jetzt zeigt, uns vor nichts anderem warnen wollte als ihrer endgültigen Auflösung. Wir haben keins dieser Omen ernstgenommen, keiner von uns, auch ich nicht, und jetzt ist es zu spät. Das, was auch immer uns, diesen Ort hier geschützt hat, dieser seltsame Zauber, den die Wolke über uns und um uns herum ausgebreitet hatte, damit Menschen wie wir einigermaßen in Frieden leben konnten, der ist verflogen. Unser Schutzschild vor der Welt ist weg, und jetzt sind wir ihr schutzlos ausgeliefert. Aber dafür ist dieser Ort nicht geeignet, dem haben wir nichts entgegenzusetzen, und deshalb werden wir untergehen. Dieses Donnern und Blitzen in der Wolkenwand um uns herum – hörst du es? Schon wieder, es wird immer schlimmer – kündigt die Apokalypse an, unsere Apokalypse.«

Wenn sein Freund bei diesen Worten wenigstens alkoholselig gelallt hätte oder sie vor Sarkasmus nur so getrieft. Aber Olaf sprach relativ unbewegt und klang vollkommen überzeugt von der Richtigkeit seiner Ankündigung. »Ich glaube, du brauchst noch einen Schnaps«, sagte Benjamin, weil er nicht wusste, was er sonst hätte sagen sollen, »du machst als Kassandra nicht unbedingt die beste Figur.«

»Hör auf, dich über mich lustig zu machen!« Nicht einmal das kam mit Wut heraus, in Begleitung einer auf den Tisch knallenden Faust etwa. Nur Olafs Blick wurde um mehrere Grade kälter und verursachte Benjamin eine Gänsehaut. »Ich meine, was ich sage. Kaltsommer war immer schon eine Anomalie, aber mit der ist es jetzt vorbei.«

»Und … warum?«

»Woher soll ich das wissen?!«

Sie fixierten einander über Tisch, Flasche und Gläser hinweg, als würden sie sich jeden Moment mit den Fäusten aufeinander stürzen wollen, und schließlich meinte Benjamin: »Liegt bestimmt am Klimawandel. Bei der Erderwärmung verdampft doch selbst die dickste Wolke.«

Selbst Olaf musste darüber lachen, obwohl es bei ihm ein wenig hysterisch klang. Von draußen drang noch immer das irre Muhen seiner und Göbens Kühe herein, das ihm sichtlich zusetzte, und als er nach der Schnapsflasche griff, um ihnen wieder einzuschenken, zitterte seine Hand. Benjamin wollte gerade helfend eingreifen, als ein so heftiger Donnerschlag ertönte, dass danach nicht nur ihre Trommelfelle klingelten, sondern das ganze alte Bauernhaus in seinen Grundfesten erschüttert schien. Gemeinsam stießen sie vor Schreck die Flasche vom Tisch, die auf den Fliesen darunter zerschellte. Doch anstatt aufzuspringen und zu fluchen, hielten sie sich nur an den Händen fest und ließen ihre Blicke erschrocken durch den Raum fliegen, als könnten sich darin jeden Moment Risse auftun und alles auseinanderfallen.

»Sieht aus, als hättest du recht mit deiner Prophezeiung, Kassandra«, krächzte Benjamin, als sich ihre Blicke endlich trafen und haltsuchend aneinander festklammerten.

»Davon kann ich mir dann im Jenseits einen Blumentopf kaufen.«

»Scheiße, der war heftig.«

»Dass keine …«

Was auch immer Olaf sagen wollte, die Feuerwehrsirene heulte plötzlich auf und schnitt ihm das Wort ab. Instinktiv hörten sie zu und zählten mit, wie oft sie erklang: Sie gab drei lange, wie klagende Töne von sich!

»Das ist der Feueralarm«, konstatiert Olaf, bleich werdend.

»Scheiße, und das bei der Trockenheit!«

»Und die meisten Mitglieder unserer Freiwilligen Feuerwehr sind nicht im Dorf …«

»Und jetzt?«

»Komm!«, forderte Olaf Benjamin auf und war schon zur Tür hinaus, noch ehe der realisiert hatte, was gerade geschah. Wie benommen stand er auf, trat mitten in die Scherben der Kornflasche, die unter seinen Schuhen knirschten – ein so surreales Geräusch, als käme es aus einer anderen Welt –, spürte beim ersten Auftreten einen leisen stechenden Schmerz, der ihn an seinen Stolpler beim ersten Donnerschlag vor Stunden erinnerte, aber nicht aufhalten konnte. Nach ein paar vorsichtigen Schritten war er in der Lage, Olaf die Hauptstraße hinunter zum Feuerwehrgerätehaus zu folgen. Dort hatte sich bereits eine überraschend groß wirkende Menschenmenge versammelt.

Benjamin stellte sich zu Olaf, Dunja, Petra und Hans Niemann, der kaum registrierte, dass plötzlich noch jemand neben ihm stand. Die Fahne, die Petras alten Herrn umwehte, verriet den Grund, noch bevor die schwankende Haltung und die fahrigen Bewegungen weitere Hinweise geben mussten. Hans Niemann hatte den ganzen Tag hindurch getrunken, und hätte seine Tochter nicht vor knapp einer Stunde nach ihm gesehen und ihn mit zu sich nach Hause genommen, er würde sich noch immer mit der Flasche trösten. Eine bessere Antwort auf die so unverständlich verworrene Lage fiel ihm nicht ein. Seiner Tochter hatte er zwar erklärt, er vermisse seine Frau, aber das war nur ein Teil seines Problems. Wie so viele andere auch war er inzwischen einfach nur noch überfordert, während sich um ihn herum die Seltsamkeiten immer weiter aufhäuften und kein Ende in Sicht schien, jedenfalls kein gutes. Eine Düsternis lag in den Gesichtern der am Feuerwehrgerätehaus Versammelten, eine Hoffnungslosigkeit, die durch den plötzlichen Klang der Sirene noch verstärkt, ja bestärkt worden war. Wer auch immer die Sirene betätigt hatte, Benjamin hoffte, dass es dafür einen guten Grund gab – und zugleich wollte er nicht, dass dies mehr als nur eine Übung war. Zu lebendig standen ihm noch die Bilder von Bauer Göbens zertrampeltem Körper vor Augen. Selbst wenn der diesen Unfall zuerst noch überlebt hätte, sie hätten ihm doch niemals helfen und erst recht nicht Hilfe holen können. Sie waren in Kaltsommer eingesperrt, und was das wirklich hieß, wurde mit jeder verstreichenden Sekunde deutlicher.

»Was ist los?«, fragte er die vier Personen neben sich. »Warum sind wir hier? Wo brennt's?«

»Entschuldigt bitte den Schrecken, den ich euch eingejagt habe«, antwortete Jörg Tietze, als hätte er seine Frage gehört. Er stand auf einem Tisch, den er mit seinem Bruder Rolf aus dem Gemeinschaftssaal des Feuerwehrgerätehauses geholt und vor das große offene Tor mit dem Einsatzfahrzeug dahinter gestellt hatte. Rolf flankierte ihn auf der einen Seite, Traudel Molkentin auf der anderen. Alle drei trugen besorgte Mienen zur Schau, die im abendlichen Licht, das mit abnehmender Helligkeit immer grauer zu werden schien, ungesund bleich aussahen. Es kostete Benjamin einige Mühe, bei diesem Anblick seine unweigerlichen Gedanken an dunkle Vorboten zu unterdrücken. Ihm wurde plötzlich ganz kalt ums Herz.

»Was ist denn los?«, griff Lutz Reinke seine Frage auf. Auch er war nicht nüchtern, und der Alkohol zusammen mit der Angst hatten offensichtlich die Diva, die immer schon in ihm gesteckt hatte, aus dem Ruhestand zurückgeholt. Mit großer Geste, die einer Cleopatra oder Scarlett O'Hara würdig gewesen wäre, fügte er hinzu: »Warum stört ihr uns in dieser dunklen Stunde!«

»Recht hat er, Recht hat er«, murmelte Hans Niemann neben Benjamin dazu benommen, und Petra legte ihm beruhigend eine Hand auf den Arm.

Jörg musste hoch oben auf seinem Tisch die Hände erheben und eine Ruhe gebietende Geste machen, um das aufbrandende Gemurmel niederzudrücken, bevor es in Gemurre überging und Geschimpfe. Die Lage war angespannt, und nur ein falsches Wort, egal von wem, konnte sie weiter eskalieren lassen. Der Zen-Buddhist hatte die Führung übernommen und damit die Verantwortung, und wenn er jetzt nicht aufpasste, machten ihn die anderen für alles, was passierte, verantwortlich.

»Wir haben euch hier zusammengetrommelt – und damit meine ich Traudel, meinen Bruder und mich«, sprach er endlich weiter, während das Licht von gleich mehreren Blitzen über sein Gesicht flackerte, »wir haben euch hier zusammengetrommelt, weil die Lage ernst ist. Mehr als das, sie ist gefährlich.«

»Dann brennt es gar nicht?«, kam es von Eike Schönfeld. Er klang doch tatsächlich etwas enttäuscht.

»Nein – noch nicht!«

Mehrere Stimmen wurden zugleich laut, Fragen und Verwunderung ebenso wie unverhohlenen Unmut äußernd. Jemand rief, er lasse sich doch nicht verarschen.

»Aber das ist nur noch eine Frage der Zeit«, ging Jörg auf alle diese Äußerungen zugleich ein. »Alles ist knochentrocken. Überall liegt welkes, trockenes Laub. Nur ein Funke, und alles brennt wie Zunder. Und der Strom funktioniert nicht, die Freiwillige Feuerwehr ist praktisch nicht vorhanden, und wir sind vom Rest der Welt abgeschnitten. Jetzt dazu diese Blitze aus der Wolke. Vorhin habe ich einen gesehen, der aus der Wolke herausgeschossen und in den Boden davor eingeschlagen ist. Das war gleich nach diesem zweiten besonders starken Blitz- und Donnerschlag. Ich bin zu der Stelle hingerannt: Der Boden war versengt, komplett schwarz. Dieser Blitz ist zum Glück in eine kahle Stelle eingeschlagen, wo nicht einmal mehr Gras wuchs. Aber so viel Glück werden wir nicht mehr lange haben. Früher oder später wird ein Blitz in einen Baum einschlagen oder in einen Blätterhaufen, und dann wird es hier in Nullkommanichts zu einem Großbrand kommen. Das müssen wir unbedingt verhindern! Es geht doch schließlich um unser Zuhause, das müssen wir retten.«

Selbst Benjamin fand das richtig. Nicht dass er plötzlich den Wunsch hegte, nach Kaltsommer zurückzukehren. Aber für Olaf und Petra und Dunja und alles, was gewesen und unter dem Strich gut und schön war, dafür fand er es richtig. Wenn er helfen konnte, ihnen ihr Zuhause zu bewahren, dann wollte er das gerne tun. Und vielleicht weil es hier nicht um ihn zu gehen schien, sondern um seine Freunde, war er in der Lage, besonders schnell auf Jörg Tietzes Worte zu reagieren und Zustimmung durch Handlungsbereitschaft zu zeigen. »Was sollen wir tun?«, rief er mit so dröhnender Stimme, dass jeder in seiner Nähe erschrocken zusammenzuckte. »Wie können wir helfen?«

Viele Möglichkeiten hatten sie nicht. Ihnen blieb kaum etwas anderes übrig, als sich in kleinen Gruppen zusammenzutun und in einem möglichst dichten Intervall die Dorfränder abzugehen. Feuerpatrouillen nannte Jörg diese kleinen Gruppen, und »am besten wäre es, wenn jedes Team mindestens eine Axt oder Säge dabeihaben könnte, um notfalls den Flammen den Weg abzuschneiden.« Das war auf dem Land das kleinste Problem. So gut wie jeder Haushalt besaß so etwas, viele sogar mehrere Äxte und Sägen, selbst wenn der Garten nur klein war. Sehr viele hatten sich in den letzten Jahren außerdem einen Kamin angeschafft, zusätzlich zur Zentralheizung, und ausnahmsweise hatte das mal nichts mit dem Alleinstellungsmerkmal Wolke und ihrer alles durchdringenden Feuchtigkeit zu tun gehabt, sondern mit der flächendeckenden Renaissance dieser alten Technik zur Wärmeerzeugung.

Genügend Leute für genügend Zweier- oder Dreierteams zusammenzubekommen, war die viel größere Schwierigkeit. Nicht jeder der im Dorf Verbliebenen war, zumindest momentan, dazu in der Lage. Wie sich herausstellte, hatten nicht nur Hans Niemann und Lutz Reinke ihre Unsicherheit und Angst in Alkohol ertränkt. Selbst Eike Schönfeld, der lange Zeit der Freiwilligen Feuerwehr angehört hatte und sich so rührend um seine an inzwischen dauerhafter Migräne leidender Frau kümmerte, hatte zuletzt immer häufiger einen Schluck aus der Flasche gebraucht, um sich zumindest so etwas Ähnliches wie Optimismus zu bewahren. Andere waren körperlich am Ende, von Alter und Hitze und Schlaflosigkeit gleichermaßen so erschöpft, dass man ihnen einen endlosen Fußmarsch immer im Kreis um das Dorf herum nicht zumuten konnte, zumal ein Gutteil dieser Runde durch unwegsam bewaldetes Gelände führte. Traudel Molkentin, die sich keine Pause gönnte und Trost darin fand, sich für ihre Mitmenschen aufzureiben, hätte es gerne versucht. Nur lief sie längst auf der allerletzten Rille und musste mit sanftem Druck davon überzeugt werden, weiter bei den Menschen im Torhaus zu bleiben und sich um die zu kümmern. Dort blieben am Ende auch die beiden Niemänner Petra und Hans, wenn auch oben auf dem Turm, von wo aus sie Ausschau halten sollten nach verdächtigem Lichtschein an der Peripherie und im Dorf selbst. Zu diesem Zweck drückte man ihnen eine Sirene in die Hand, die per Muskelkraft und Kurbel bedient wurde. Sobald sie auch nur das geringste Rauchzeichen zu sehen meinten, sollten sie Alarm schlagen und die Leute mit vollen Wassereimern in die richtige Richtung lotsen. Eimer, die von denen, die nicht mit auf Patrouille gingen, erst noch zusammengetragen und gefüllt werden mussten.

»Bitte«, sagte Jörg, bevor er alle an ihre Aufgaben schickte, »seid wachsam und vorsichtig. Die Lage ist so ernst. Ich hab das Gefühl, mit jeder Sekunde zucken mehr Blitze durch die Wolke. Man kann ja schon gar nicht mehr die einzelnen Donnerschläge voneinander unterscheiden. Das grollt jetzt in einer Tour. Ich fürchte, es ist nur noch eine Frage der Zeit, bis mal einer der Blitze falsch abbiegt. Darauf müssen wir einfach vorbereitet sein.«

Zwar nickten alle, die das hörten, aber niemand suchte den Blick seines Nachbarn, um Zustimmung und gegenseitige Bestätigung auszutauschen. Dafür war die Furcht vor genau diesem einen Blitz inzwischen viel zu groß. So richtig Jörgs Maßnahmen im Kern waren, dadurch hatte er der Gefahr, die ihnen drohte, zugleich eine konkrete Gestalt gegeben: ein Pulverfass, das auf seinen Funken wartet. Es war, als würde plötzlich wieder eine Wolke über ihnen liegen, eine durch und durch schwarze diesmal, als wäre sie aus Kohle gemacht, die jeden Moment als tödlich heiße Asche auf sie niederregnen würde.

»Viel Glück«, wünschte Jörg ihnen und entfernte sich dann selbst schnell zusammen mit seinem Bruder in die für ihn bestimmte Richtung.

Benjamin bildete zusammen mit Dunja und Olaf ein Team. Sie hatten den südöstlichen Abschnitt zugeteilt bekommen, der sich zum größten Teil über das Land der Göbens erstreckte. Olaf hatte darum gebeten, und er hatte es auch eilig, dorthin zu kommen. Er schritt schnell aus, und allein die größere Schrittlänge gestattete es Benjamin, die Höhe halten zu können, während Dunja sich ganz schön sputen musste, um den Anschluss nicht zu verlieren. »Nicht so schnell, bitte«, rief sie mehrmals, ohne Gehör zu finden. Olaf schien nur noch schneller zu werden, die Miene mit jedem Schritt grimmiger werdend. Als er den Harmshof erreichte, bog er darauf ab, anstatt vor bis zur Appelallee oder gleich zum Göbenhof zu laufen, von wo aus ihr Abschnitt der brodelnden Wolke schneller zu erreichen gewesen wäre. Weder Benjamin noch Dunja sagten etwas, sondern folgten dem Hofherrn; sie wollten glauben, er wisse, was er tue, er kennte alle Abkürzungen.

Er führte sie direkt zum Gatter seiner Hauskoppel, auf der vierzehn seiner sechszehn Kühe noch immer unruhig herumliefen. Die anderen beiden Tiere lagen auf dem Boden, und nur bei einer von beiden hob und senkte sich der Torso noch in unregelmäßigen Abständen.

»Was ist denn hier passiert?«, fragte Dunja erschrocken bei diesem Anblick.

Bevor Benjamin ihr jedoch antworten konnte, tat Olaf etwas Überraschendes. Er schnalzte mehrmals mit der Zunge, rief seine kleine verängstigte Herde heran und öffnete gleichzeitig das Gatter sperrangelweit. Benjamin starrte ihn einen Moment lang irritiert an und fragte dümmlich: »Was soll das? Was machst du da, Olaf?«

»Ich lasse sie frei«, erklärte er, sich abwendend, und man hätte die Stumpfheit seiner Stimme für Kaltherzigkeit halten können. »Was auch immer passieren wird diese Nacht, es ist besser, wenn sie das nicht in Gefangenschaft erleben. Einfangen kann man sie immer noch wieder – wenn das morgen früh überhaupt noch nötig sein wird.«

»Sag doch sowas nicht«, sprach Dunja Benjamins Gedanken aus.

»Ja,«, fügte er hinzu. »Denk doch an Melanie, willst du sie denn gar nicht wiedersehen?«

»Was hat das denn damit zu tun?«

»Womit?« Benjamins Irritation wuchs.

»Ob ich es will oder nicht. Was geschehen wird, geschieht.«

»Und warum …«, Benjamin tauschte einen hilflosen Blick mit Dunja. Er wollte nicht glauben, dass sein eigenes Wiedersehen mit Gerrit allein von der kalt waltenden Hand des Schicksals abhing. »Und warum hast du dich dann auf diese ganze Aktion eingelassen? Warum machst du mit, einen möglichen Brand abzuwehren, wenn du … wenn du dich für so machtlos hältst?«

»Irgendwas muss man doch tun.«

Damit ging Olaf los Richtung Göbenhof, nahe vorbei am großen Laufstall, dessen Eingang mit Menschenblut befleckt war und in dem drei vermutlich tote Kühe lagen und eine stand, abgemagert, verwirrt und apathisch. Sie sah aus, als könnte sie jeden Moment kollabieren und ebenfalls sterben. Benjamin sah einen langen Speichelfaden, der ihr aus dem Mund hing, ihre Hinterläufe waren dagegen von einer ganz anderen Ausscheidung verdreckt. Unter dem Dach stand die Luft brütend und heiß, und Fliegen schienen hier ihr Paradies gefunden zu haben. Trotz der Hitze schüttelte Benjamin ein kaltes Schaudern durch, mit dem er Dunja neben sich anzustecken schien. Sie sahen sich an und lächelten verlegen, während sie Olaf weiter folgten, einen möglichst großen Abstand zum Wohnhaus haltend, in dem sich noch immer ein paar ältere Frauen des Dorfes um die frisch verwitwete Dorthe Göben kümmerten. Aus der Richtung kam nichts als Stille. Es war keine gute Stille.

»Was glaubst du«, fragte Dunja ihn plötzlich, »warum verhält er sich … so?«

»Wie?«, fragte Benjamin zurück, um Zeit zu gewinnen. Er wollte eigentlich nicht näher darüber nachdenken, warum sein alter Freund mindestens diesen ganzen Tag schon in einer derartigen Weltuntergangsstimmung war. »Wer?«

»Olaf! Warum ist er so … so düster?«

Benjamin ging erst ein paar große Schritte, ehe er antwortete: »Er hat gerade seinen Vater verloren. Zwei seiner Kühe sind tot, und die anderen geben keine Milch mehr. Wir sind seit Tagen komplett von der Außenwelt abgeschnitten und von … von unseren Liebsten. Wenn das nicht Gründe genug sind, die Hoffnung zu verlieren, dann weiß ich auch nicht.«

»Hast du die Hoffnung denn auch schon verloren?«, hakte Dunja zaghaft nach.

Benjamin blieb stehen. Einen Moment stand er da wie eingefroren, dann fuhr er sich mit beiden Händen übers Gesicht und durchs schüttere Haar, verrieb den sowieso schon alles bedeckenden Schweiß, bis alles erst recht ölig glänzte, und sagte mit plötzlicher Heftigkeit: »Ich will nicht, dass es so endet. Ich will das hier überleben, weil ich meinen Freund wiedersehen will. Ich habe ihm noch einen Heiratsantrag zu machen. Ich war zum ersten Mal in meinem Leben wirklich glücklich, und jetzt soll das so … enden? Ausgerechnet an dem Ort, den ich mich so lange so sehr angestrengt habe, hinter mir zu lassen, um etwas Neues, um endlich etwas Eigenes zu beginnen? Das will ich nicht! Ich will zu meinem Gerrit. Ich will nach Berlin. Ich will zu ihm nach Hause.«

»Tut mir leid«, murmelte Dunja und fuhr gedankenverloren fort: »Wenigstens habe ich Petra bei mir.«

»Ich bin heilfroh, dass Gerrit nicht hier ist«, erwiderte Benjamin hart. »Nicht wenn es so kommt, wie Olaf befürchtet.«

Sie schloss erst wieder am Wolkenrand zu den Männern auf. Die standen stumm am Rande dieser unwirtlichen Welt und blickten ratlos nach links und rechts. Die Dämmerung brach zwar bereits herein, aber noch war es hell genug, um problemlos den ihnen zugeteilten Abschnitt überblicken zu können. Der führte im Wesentlichen über Wiesen und abgeerntete Stoppelfelder, kaum Material genug, um als Grundlage für einen Großbrand zu dienen. Wenn es in der vor ihnen aufragenden Wolke nur nicht so gebrodelt hätte! Die eingedickten Luftmassen waren in unbändiger Bewegung, nicht länger immer im Kreis herum, sondern wie innerlich kochend. Dafür sprachen nicht nur die Blitze und das Donnergrollen, die sie ein ums andere Mal aufleuchten und wie von Kanonenschlägen widerhallen ließen. Davon zeugte ganz besonders die unangenehme Wärme, die sie abstrahlte und die gar nicht mehr so feucht war, wie zu vermuten gewesen wäre. Wenn Kaltsommers einstige meteorologische Anomalie früher einmal mit nichts anderem als Feuchtigkeit angefüllt gewesen sein mochte, so war sie es jetzt nur noch mit knisternder Elektrizität. Wahrscheinlich hielten deshalb auch Göbens Kühe dazu einen gebührenden Abstand ein, obwohl sie zugleich die vertraute Nähe der Menschen zu suchen schienen. Bald schon folgte Olaf, Benjamin und Dunja ein großer Pulk nervöser Rinder, rund fünfzig Meter entfernt und bei jedem lauten Geräusch, dass die Wolke von sich gab, zusammen- und zurückschreckend. Es hätte süß oder niedlich oder glatt ein Clip für Youtube sein können, wenn nicht alles, die drei Menschen eingeschlossen, ausschließlich ein Gefühl der Bedrohung und Beklemmung geatmet hätte. Wenn nicht alles so sinnlos gewesen wäre.

»Ich geh nach Hause und leg mich hin«, erklärte Olaf plötzlich. »Das bringt doch alles nichts.«

Über ihnen standen längst die Sterne am Himmel und erhob sich die Wolke wie ein Knochen, übersät mit unzähligen versengten Stellen. Olaf sah noch einmal an ihr hinauf und herab, ließ seinen Blick nach links und rechts streifen, überschaute auch das ganze dunkle Dorf, und Benjamin meinte, Angst und Ekel gleichermaßen in den Zügen seines alten Freundes zu entdecken, unmittelbar bevor der sich entschlossen in Richtung seines Zuhauses in Bewegung setzte.

»Gute Idee«, stimmte er nach einem kurzen Blickwechsel mit Dunja zu, »wir können alle etwas Ruhe gebrauchen.«

Sie liefen auf den Straßen zurück zum Harmshof, seine eigene Hauskoppel mit den toten Tieren darauf wollte Olaf nicht betreten. Nach fünfzig Metern bemerkte Benjamin, dass die Kühe ihnen weiterhin in einigem Abstand folgten. Ohne den genauen Grund dafür benennen zu können, beunruhigte ihn diese animalische Zutraulichkeit. Was sahen diese Wesen, die in den Augen der Menschen kaum mehr als Nutzvieh waren, in eben diesen Menschen, dass es diese Anhänglichkeit in der Not rechtfertigte? Olaf jedenfalls schien bereits jede innere Verbindung zu ihnen gekappt zu haben. Als Benjamin ihn auf ihre vierbeinigen Verfolger aufmerksam machte, zuckte der nicht einmal mehr gleichgültig mit den Schultern. Nur Dunja empfand ihre viehischen Schatten ebenfalls als unheimlich und suchte instinktiv die Nähe des roten Riesen. Der hätte tröstend den Arm um sie gelegt, wenn ihm sein eigener Schweißgeruch nicht zu sehr zuwider gewesen wäre. Damit wollte er sie nicht auch noch belästigen.

Sie bogen von der Appelallee auf die Hauptstraße ein und kurz darauf auf den Harmshof. Der Kies knirschte unter ihren Schuhen. Olaf ging direkt auf seine Haustür zu, die noch immer offenstand und aus der muffige Wärme drang. Er streckte eine Hand nach dem Türrahmen aus, als brauchte er eine Stütze, um über die Schwelle zu kommen, und sagte mit einer knappen Drehung seines Kopfes: »Also, macht's gut.«

»Warte!«, hielt Benjamin ihn zurück, nur um festzustellen, dass er gar nicht wusste, weshalb. »Willst du wirklich einfach so gehen?«, stotterte er.

»Ich gehe nicht«, antwortete er, freudlos lachend, und drehte sich zu den beiden anderen um. Sein Blick war stumpf und leer. »Ich bin zu Hause und lege mich hin. Meine Frau ist weg, durch eine unüberwindliche Barriere von mir getrennt, meine Rinder sind entweder tot oder ihre Euter ausgetrocknet, ich habe nichts mehr zu tun hier. Schlafen ist da das Beste, was ich noch tun kann.«

»Und … und was ist mit uns? Du kannst uns doch nicht einfach so hier draußen stehenlassen.«

»Nun, in der Stube steht eine Couch, und dann ist da ja auch noch Rüdigers Bett …«

»Nein, das meine ich nicht«, hob Benjamin abwehrend die Hände.

Wieder lachte Olaf freudlos. »Ich weiß«, sagte er. Dann straffte er sich, stellte sich direkt vor seinem alten, ihn um einen ganzen Kopf überragenden Freund auf, schien erst seine großen Hände ergreifen zu wollen, um es dann doch bleiben zu lassen, und erklärte: »Benni, ich danke dir für alles, was du in den letzten Tagen für mich getan hast, aber jetzt möchte ich ein wenig allein sein. Ich bin müde und möchte wirklich etwas schlafen. Und wer weiß, wenn ich die Augen wieder aufmache, vielleicht ist dieser Albtraum dann ja vorbei.«

»Aber Olaf …«

»Und dir danke ich auch, Dunja«, fuhr der unbeeindruckt fort, ihr zunickend. »Bestelle Petra bitte meine herzlichsten Grüße.«

»Olaf!«

»Das mache ich.« Dunja trat neben Benjamin und legte ihm eine Hand auf sein Kreuz. »Und du ruh dich aus. Wir können alle ein bisschen Ruhe gebrauchen, denke ich. Komm, Benni, wenn du magst, kannst du bei uns zu Hause das Gästebett haben. Du musst nicht ins Haus deiner Mutter zurück oder ins Torhaus.«

Der schien sich zuerst widersetzen zu wollen. Er schaute unschlüssig zwischen den beiden anderen hin und her, und sein Mund arbeitete, als bestünden Worte aus Ton, den man erst mit Zunge und Kiefer in die richtige Form bringen muss, bevor man sie aussprechen kann. Stattdessen schluckte er sie hinunter, mehrfach und unter großer Anstrengung. Mehr als ein Nicken brachte er schließlich nicht zustande.

»Na, dann komm«, meinte Dunja und verstärkte den Druck auf seinen Rücken. »Gute Nacht, Olaf.«

»Gute Nacht.«

»Schlaf gut.«

»Ihr auch.«

»Na, komm, Benni, gehen wir.«

Doch der wehrte sich noch ein letztes Mal, sah den Mann, der der erste wichtige Mensch in seinem Leben war, mit Augen an, die sich jeden Moment in Tränen aufzulösen schienen, und machte eine Bewegung zu ihm hin. Die erstarb, noch ehe zu erkennen war, wohin sie hätte führen sollen, in eine Umarmung vielleicht, und murmelte nur: »Bis morgen.«

»Bis morgen.« Dieses Mal war das Lächeln erfüllt von echter Wärme.

Olaf ging ins Haus und schloss hinter sich die Tür. Benjamin wartete noch einen Augenblick, um Licht im Küchenfenster aufscheinen zu sehen, bis er sich wieder an den Stromausfall erinnerte. Mit hängendem Kopf und Schultern, die mit jedem Schritt schwerer zu wiegen schienen, ließ er sich von Dunja fortführen. Außerdem fing er plötzlich wieder an zu humpeln, und sie fürchtete bereits, diesen Berg von einem Mann halb bis ins Zentrum Kaltsommers hinein schleppen zu müssen.

Allerdings kam sie nicht dazu, ihn sich seiner mit einer entsprechenden Nachfrage wieder etwas stärker selbst wahrnehmen zu lassen und zumindest einen Teil der nötigen Körperspannung zu erzeugen. Kaum hatten sie die Hausecke umrundet, sahen sie im Zwielicht auf der Hauptstraße still eine große Herde Kühe stehen, als hätten die Tiere nur auf sie gewartet. Das ihnen am nächsten stehende begrüßte sie mit einem leisen Muhen, ein langgezogener Laut, der mindestens ebenso melancholisch klang wie erleichtert. Jedenfalls in Dunjas Ohren.

»Langsam machen mir die Viecher Angst«, sagte sie und versuchte, leichthin zu klingen. Und als von Benjamin keine Reaktion kam: »Aber was sollen die armen Dinger auch machen, die sind vermutlich ebenso verwirrt wie wir. Die haben doch nur uns Menschen kennengelernt, im Guten wie im Schlechten. Wenn nicht auf uns, auf wen sollen sie sich denn dann verlassen, um Halt und Orientierung zu finden, nicht wahr?«

Das war mehr so dahingesagt, mit einer Antwort Benjamins hatte sie nicht gerechnet. Aber mehr noch als seine Worte erschreckte sie der pessimistische Tonfall, in dem er plötzlich Olafs Gedanken wiederholend und fortsetzend, sagte: »Haben sie nicht einen Anspruch darauf, von uns aus dieser Krise gerettet zu werden? Alle wilden und frei herumlaufenden Tiere sind rechtzeitig geflohen, nur die, die wir zu unserem Nutzen eingesperrt haben, sind noch da. Jetzt müssen wir uns auch um sie kümmern und zusehen, wie wir sie mit uns durchbringen. Das sind wir ihnen schuldig.« Und dann schnalzte er plötzlich mit der Zunge und rief den Kühen zu: »Na, dann kommt, Mädels. Rund ums Torhaus ist bestimmt noch ein bisschen frisches Gras.«

Und sie kamen tatsächlich. In kaum zwei Metern Abstand folgten knapp hundert Kühe, Schwarzbunte ebenso wie Rotbunte, auf der Hauptstraße mitten hinein nach Kaltsommer, bis auf den kleinen Platz, wo diese auf den sich öffnenden Schlund der Lindenallee traf und die Abzweigung des Waldwegs. Dort verteilten sie sich, auf dem Grasstreifen vor dem alten herrschaftlichen Empfangsgebäude ebenso wie auf dem kleinen Beet in der Mitte und rund um die Bushaltestelle. Manche ließen sich auch, als spürten sie, dass hier bis auf weiteres kein Verkehr fahren würde, mitten auf der Fahrbahn nieder, auf dem Asphalt, der noch immer die brütende

Hitze des Tages abgab. Nicht einmal die wenigen anderen Menschen, die noch wach waren und beim Anblick der seltsamen Prozession staunend angelaufen kamen, vermochten diese sonst so schreckhaften Tiere einzuschüchtern. Schließlich fanden ein paar der Kühe sogar den Weg durch die große Tordurchfahrt auf die andere Seite in den Park mit seinen baumbestandenen Rasenflächen und den Teichen. Deren Wasser roch zwar inzwischen ziemlich brackig, den Durst löschte es trotzdem.

Wie sich herausstellte, waren Dunja, Benjamin und Olaf nicht die Einzigen, die ihren Patrouillengang vorzeitig abgebrochen hatten. Alle, die mit ihnen zusammen in die unterschiedlichsten Richtungen aufgebrochen waren, um aufzupassen, dass nicht irgendwo aus der wütenden Wolke ein Blitz ins Land und in trockenes Gestrüpp einschlug, waren wieder zurück. Die Gebrüder Tietze noch dazu in Begleitung, von Almut Runge und ihrer Enkelin Ella einerseits und andererseits von Rasmus Duggens Leichnam. Den hatten sie im Wald gefunden, gestorben durch Hitzschlag, Hirnschlag, Herzinfarkt oder vielleicht auch alles zusammen, und das vermutlich bereits vor einem Tag. Keiner von ihnen kannte sich mit Gerichtsmedizin aus, und aus Krimis wussten sie doch nur, dass große Hitze den Verwesungsprozess beschleunigte. Die Betroffenheit war groß, und immer wieder ging jemand zu seinem in eine dunkelgrüne Plastikplane eingewickelten Körper, der in einer der Remisen lag, um wenigstens jetzt sicherzustellen, dass sich bis zu seinem provisorischen Begräbnis am nächsten Morgen nicht auch noch die Ratten an ihm gütlich taten. Anders als alle anderen freien Tiere, nicht zuletzt Duggens Bienen, waren die ganz offensichtlich bewusst zurückgeblieben. Als wussten sie etwas, was den anderen entgangen war.

Benjamin fühlte sich niedergeschlagen und deprimiert, als hätte Olafs Fatalismus auf ihn abgefärbt. Er verabschiedete sich nur kurz von Dunja und ging nach oben in den Schlafsaal, um sich hinzulegen. Er wusste, er verhielt sich unhöflich, konnte aber gerade nicht mehr anders. Wem er dabei auf der Treppe begegnete, nickte er höchstens knapp zu und verweigerte jeden Wortwechsel. Er brauchte Ruhe, Schlaf eigentlich, aber als er sich so weit wie möglich von allen anderen entfernt auf eine der Matratzen gelegt hatte, kam nicht Morpheus über ihn oder wenigstens Gerrits liebes Gesicht. Stattdessen versank er in einer Leere, die ihn wie ein Schwarzes Loch verschluckte und zerquetschte. Plötzlich fühlte Benjamin sich einsam und verlassen, und die Angst, seinen Kleinen nie mehr wiederzusehen, würgte ihn in der Kehle. Auf alle anderen hätte er ja noch verzichten können, aber nicht auf Gerrit. Der war der einzige Mensch auf Erden, dem er sich noch verbunden und zugehörig fühlte. Doch der saß jenseits einer wildgewordenen Wolkenwand, in der es blitze und donnerte, rumorte wie in einem Reagenzglas voller gefährlicher Substanzen, die langsam bis an ihren Siedepunkt erhitzt wurden …

Als es ihm endlich gelang, sich aus den Schlingen dieser Vorstellungen zu befreien, waren mehrere Stunden vergangen. Um ihn herum schien alles in tiefen Schlaf versunken, dem nichts Märchenhaftes innewohnte. Nichts von Dornröschen, die auf den erlösenden Kuss ihres Prinzen wartete, vielmehr wirkte der wie das Ergebnis einer schweren Betäubung. Draußen herrschte tiefe, sternenklare Nacht und eine dicke Luft, die angefüllt war mit Ozon. Nachdem er seine trockene Kehle mit eklig lauwarmem Wasser befeuchtet hatte, war er nach einem Moment der Unschlüssigkeit nach oben auf den Turm gestiegen. Ein besserer Ort war ihm nicht eingefallen, ihm, der gar nicht mehr in Kaltsommer hätte sein, der dieses vermaledeite Nest längst hinter sich gelassen haben sollte. Wenn er nicht Gerburgs Haus noch hätte verkaufen müssen, läge er jetzt zusammen mit Gerrit friedlich schlafend im Bett in Berlin und würde vielleicht nicht einmal die Nachrichten über die sonderbaren Vorfälle im holsteinischen Hinterland verfolgen. Selbst ihr Erbe erwies sich noch als vergiftetes Geschenk! Im Leben wie im Tod erwies sich Gerburg als Meisterin der Verachtung anderer, allen voran ihres Sohns. Er hätte ihren Nachlass ignorieren, ihn einfach verrotten lassen sollen, anstatt so zu tun, als würde das Ordnen ihrer letzten Dinge sie doch noch einmal einander näherbringen. Jetzt saß er in der Falle, und als er auf die Plattform des Torhausturms trat, die miasmatische Luft einatmete und auf die Wolkenwand ringsum sah, die alles Phänomenale verloren hatte und nur noch bedrohlich schwarz aussah, als werde sie von innen heraus von einem Schwelbrand aufgezehrt, auf diesen Kerker, der jeden Moment einzustürzen und sie alle unter sich zu begraben drohte, da überkam ihn eine eiskalte Wut auf seine tote Mutter.

»Sieht schrecklich aus, oder?«

Er fuhr erschrocken zusammen und sah sich verwirrt um. Erst auf den zweiten Blick entdeckte er Traudel Molkentin. Sie saß zusammengekauert in einer Ecke des Turms, eingeklemmt zwischen dem Geländer und einer alten, mit einer Kurbel betriebenen Sirene und lächelte matt und kraftlos zu Benjamins finsterer Gestalt empor. Sie schien keine Feuerwache mehr zu halten, sondern Sirene und Geländer als Stützen zu benutzen, um nicht rücklings und reglos wie ein toter Fisch auf der Plattform liegen zu bleiben.

»Entschuldige«, sagte sie leise, »ich wollte dich nicht erschrecken, Benjamin.«

»Das haben Sie nicht, Frau Molkentin«, stammelte er.

Er sah sich demonstrativ um, sie ließ ihm die Zeit. Vielleicht stand irgendwo am Himmel jenseits des Wolkenrands ein Mond, auf jeden Fall kam von da oben noch ein wenig silbriges Licht, das den Gebäuden und kahlen Bäumen Kaltsommers Kontur verlieh. In der Wolke zuckten weiterhin Blitze und grollte Donner, mitunter so laut und grell, dass man unwillkürlich zusammenzuckte. Dann gaben auch die Kühe laut, die sich, vereinigt zu einer einzigen großen Herde, rund um das Torhaus gelagert hatten; auch ihre Nervosität schien sich in eine erschöpfte Schicksalshörigkeit verwandelt zu haben. Ansonsten war weder etwas zu sehen noch zu hören, nicht einmal die Käuze, die früher zu jeder Augustnacht dazugehört hatten.

»Es ist so still«, sagte Benjamin. Er sah Traudel nicht an.

»Ja«, antwortete sie und fuhr nach einem leeren Moment fort: »Jetzt sind sogar die Bullen bei der Besamung ruhig. Irgendwann vorhin war noch mal jemand in den Ställen und hat die armen Tiere wohl gefüttert, seitdem herrscht Ruhe.« Sie seufzte. »Aber man kann die Bullen ja auch nicht einfach freilassen wie die Kühe, damit sie sich selbst versorgen, bis alles wieder beim Alten ist, dafür sind sie zu aggressiv.«

Jetzt warf Benjamin ihr doch einen Blick zu. Traudel Molkentin war ein paar Jahre älter als Gerburg, früher hatten sie kaum etwas miteinander zu tun gehabt, weil ihr Sohn Florian ein paar Jahre älter als er war und sie vielleicht am Rande des Dorfes gewohnt haben mochte, er jedoch dank seiner Mutter am Rande der Gesellschaft. Immerhin hatte sie ihn immer freundlich gegrüßt, wenn sie sich über den Weg gelaufen waren. Sie schien nicht so klatsch- und tratschsüchtig zu sein wie so viele andere. Trotzdem wollte Benjamin sich jetzt nicht unbedingt mit ihr unterhalten, er verspürte eher den Wunsch, allein zu sein – allein auf das Ende zu warten.

»Möchten Sie sich nicht unten etwas hinlegen?«, fragte er leise, als könnte die Frage allein sie panisch über das Geländer hüpfen lassen. »Ich kann die Wache übernehmen, ich kann sowieso nicht schlafen.«

Sie lächelte, aber schüttelte den Kopf. »Das ist lieb von dir«, meinte sie. »Wenn du nichts dagegen hast, bleibe ich trotzdem hier. Unten ist es so stickig, und schlafen kann ich auch nicht. Mir geht so viel im Kopf rum – und außerdem habe ich Angst, die Leiter nicht mehr nach unten zu schaffen. Meine Beine fühlen sich an wie Wackelpudding.«

»Ich könnte Sie stützen …«

»Danke, lass mal.« Wieder lächelte sie und klopfte auf einmal mit der Hand neben sich auf den Boden. »Setz dich einfach zu mir, wir müssen auch nicht miteinander reden.«

Er konnte nicht anders, als lächelnd ihrer Einladung Folge zu leisten.

Eine kleine Weile schwiegen sie einträchtig nebeneinander. Benjamin schielte immer wieder zu ihr herüber, mehr gab es sowieso nicht zu sehen, und stellte besorgt fest, wie erschöpft, beinahe schon krank seine alte Nachbarin aussah. Diese Anteilnahme entkrampfte sein Herz und löste schließlich seine Zunge. Plötzlich fühlte es sich doch besser an, nicht mutterseelenallein hier oben vor sich hin vegetieren zu müssen, während er auf irgendein unbestimmtes Ereignis wartete. Er konnte noch immer nicht daran glauben, dass am Ende doch noch alles gut werden würde, aber das Schicksal schien nicht mehr ganz so schwer auf seiner Brust zu lasten.

»Ich vermisse meinen Freund«, gestand er und blickte angestrengt auf seine im Schoß liegenden Hände, während sich das Geländer in seinen Rücken drückte.

»Ich mache mir Sorgen um meinen Sohn«, erwiderte Traudel.

Benjamin schaute überrascht auf und lachte in ein paar kurzen Stößen, als versuchte er, ein Husten zu unterdrücken. »Ich denke, er sollte sich eher Sorgen um Sie machen, Frau Molkentin«, sagte er.

»Ja, vielleicht hast du recht.« Ihr Blick glitt in die Ferne.

»Wahrscheinlich stehen Florian und mein Freund in genau diesem Moment draußen auf der anderen Seite der Wolke«, sinnierte Benjamin, »und suchen nach einem Weg, uns zu retten.«

»Wahrscheinlich.« Sie nickte knapp, dann wandte sie sich ihm direkt zu und fragte: »Wie heißt dein Freund noch mal?«

»Gerrit.«

»Das ist so ein Junger, nicht wahr? Er war mit zu Gerburgs Beerdigung?«

»Ja, genau.«

»Er machte einen netten Eindruck.«

»Er ist …«

Sie tätschelte ihm still das Knie, während er schluckte.

»Was ist«, überkam es Benjamin plötzlich, »wenn wir hier wirklich sterben?«

»Das wäre sicherlich tragisch.«

Er sah Traudel an, erkannte im Dämmer, dass sie über ihre Antwort mindestens ebenso überrascht war wie er, und beide brachen in Gelächter aus. In ein Gelächter, das sie schnell zu einem Kichern dämpften, weil es unangenehm laut und weit in das stille Dorf hinein schallte und zumindest sofort von den Kühen unten eine Reaktion provozierte. Wie fragend muhten die leise zu ihnen herauf und beruhigten sich erst, als sie ignoriert wurden.

»Entschuldige, das war dumm«, kicherte sie und wischte sich die Feuchtigkeit aus den Augen.

»Nein, war es nicht«, widersprach er. »Ich habe noch so viel vor, gerade jetzt, nachdem ich Gerrit kennengelernt und Gerburgs Haus verkauft habe. Und Sie, Sie wollen sicher auch noch einiges machen, oder?«

»Sag Traudel, Benjamin.«

»Bitte?«

»Wenn wir schon auf dem höchsten Punkt Kaltsommers die Nacht zusammen verbringen und darauf warten, dass irgendwas passiert, egal was, dann können wir uns auch duzen. Ich bin Traudel, du bist Benjamin, und du kennst mich jetzt schon genauso lange wie ich dich, da können wir auf Förmlichkeiten gerne verzichten. Abgemacht?«

»Abgemacht.«

Sie plauderten miteinander, während die Nacht ihren finsteren Gang nahm und in der Wolke ringsherum weiter Blitze zuckten und Donner grollte. Traudel erzählte viel von ihrem Sohn Florian, der es so schwer hatte nach der Trennung von seiner Frau, in ein so tiefes Loch gefallen war, aus dem er sich nur allmählich und mühsam wieder herausgekämpft hatte. »Er war immer sensibler, als man glauben mag, wenn man ihn so sieht«, sagte sie, »aber er hat die fatale Neigung, sich die Dinge zu sehr zu Herzen zu nehmen. Ich habe Angst, dass die Spätfolgen dieser Sache hier bei ihm zu einem Rückfall führen könnten.« Benjamin versuchte, sie zu beschwichtigen, ihr gut zuzureden und Hoffnung zu machen, obwohl er nur Phrasen drosch. So klang ihm sein Geschwätz jedenfalls selbst in den Ohren. »Nachdem das mit Olaf hier vorbei war und ich nach Berlin gegangen war«, begann er dann aber zu erzählen, ohne dass er dies vorgehabt hätte, »lernte ich einen Typen kennen, Elmar, den ich für meine große Liebe hielt, weil er mich in allem unterstützte – ich hielt mich damals noch für einen verkannten Dichter, von dem Irrglauben bin ich zum Glück inzwischen kuriert. Aber Elmar wollte gar nicht mich, wie sich herausstellte, er wollte mein Talent als Dichter haben. Das war so bescheiden und begrenzt, und trotzdem war er eifersüchtig darauf. Und je weniger Erfolg ich damit hatte, obwohl er mich unter seine Fittiche genommen hatte, je mehr sich die Beschränktheit meines Talents zeigte, desto schlimmer wurde es mit ihm. Er quälte mich, er quälte sich, ich quälte mich und ihn wohl auch, und wir quälten uns beide. Unsere ganze Beziehung war eine einzige Qual, aber ich konnte nicht von ihm lassen, und als es dann doch vorbei war, dachte ich, niemals wieder jemanden wie ihn finden zu können. Dass das gut so war, begriff ich so richtig erst, als mir Gerrit über den Weg lief. Ich brauchte bald zwanzig Jahre, um diese toxische Beziehung mit Elmar hinter mir zu lassen, und nicht einmal der Umstand, dass er dann bald darauf gestorben ist, hatte daran etwas geändert. Erst seit Gerrit fühle ich mich wieder frei.«

Traudel nickte bedächtig. Sie hätte viele unterschiedliche Bemerkungen machen oder Fragen stellen können und entschied sich letztendlich für diese: »Und wie steht es zwischen dir und Olaf? Ihr habt doch sicherlich schon lange nicht mehr so viel Zeit zusammen verbracht wie … wie jetzt?«

»Wir sind definitiv getrennt.« Ein wenig war Benjamin selbst überrascht, wie leicht und klar ihm diese Worte über die Lippen kamen. »Ich weiß nicht einmal, ob wir überhaupt noch Freunde sind. Ob das noch nötig ist. Er hat jetzt seine Melanie, und ich habe meinen Gerrit, und wir leben an völlig unterschiedlichen Orten des Landes. Nicht nur unsere Wege haben sich getrennt, auch unsere Leben. Ich mag ihn immer noch, und das hat nicht nur was mit unserer gemeinsamen Vergangenheit zu tun. Aber ich komme ohne ihn aus und er ohne mich. Und das fühlt sich nicht schlimm an, sondern richtig. Ich kann ihm ohne Bitterkeit gegenübertreten und ihm alles Gute wünschen für sich und Melanie.«

»Das ist schön.«

»Das ist Gerrits Werk.«

»Das klingt jetzt aber wieder sehr nach großer Abhängigkeit.«

Er lachte auf. »Ich bin halt ein Gewohnheitstier.«

»Und jetzt«, begann Traudel und ließ sich Zeit damit, die Frage zu Ende zu bringen, »jetzt, wo ihr heiraten dürft, werdet ihr heiraten?«

»Hoffentlich.«

Die entspannte Stimmung war zerstört, alle Sorgen wieder da. Traudel hatte nur nach einer Gelegenheit gesucht, ihre Freude an Benjamins Glück ausdrücken zu können, und er war sich dessen voll bewusst. Trotzdem schnürte ihm plötzlich der erneute Gedanke an den nicht beizeiten vollzogenen Heiratsantrag die Kehle zu. Er würgte regelrecht daran und spürte kaum, wie Traudel ihm tröstend, um Schadensbegrenzung bemüht, über die Schulter strich.

Danach wollte ihr Gespräch nicht mehr richtig in die Gänge kommen. Stattdessen ergriff die Erschöpfung wieder von ihnen Besitz und brachte sie zum Gähnen und Japsen. Sie versicherten einander, dass es okay sei, wenn sie oder er einschliefe, er oder sie würde dann schon Wache halten, und starrten ansonsten in das Dunkel um sich herum. Dort verlor sich ihr Blick lieber im Gewirr der kahlen Baumkronen als im irrlichternden Gewusel der Wolkenwand dahinter. Immerhin war es ihnen gelungen, für eine kleine Weile das Düstere ihrer momentanen Lage zu vertreiben, das im wahrsten Sinne des Wortes Aussichtslose. In Kaltsommer hatte es nie einen Horizont gegeben, auf den man seinen Blick hätte richten, hinter dem man seine Hoffnungen hätte wachsen lassen können. Kaltsommer selbst war der Ort für Hoffnungen, Wünsche und Sicherheit gewesen, egal wie begrenzt seine Ausmaße und von außen bedroht seine Existenz auch immer gewesen sein mochte. Viele Jahrhunderte lang hatte das, bald besser, bald schlechter, funktioniert, ohne jemals selbstverständlich gewesen zu sein. Dafür waren die gefährlichen Kräfte ringsum immer zu präsent und zu mächtig gewesen. Letztendlich hatten sie nur die Wolke, den Nebel und das schlechte Wetter gehabt, die sie vor allzu häufigen Übergriffen von außen schützten. Warum also hatten sich ausgerechnet die Elemente, ihre alten Schutzpatrone, jetzt gegen sie verbündet? Warum sah es so aus, als wollte ihnen die Natur plötzlich den Garaus machen? Gerade wenn das Leben von Tag zu Tag besser wird, fragte sich Benjamin.

Er hatte nicht gemerkt, dass Traudel eingeschlafen war. Sie atmete im Schlaf so flach und leise, dass es schien, als atmete sie überhaupt nicht mehr. Ihr Kopf ruhte auf der handbetriebenen Sirene, als wäre die das weichste Kissen der Welt. Schlechte Träume schien sie jedenfalls nicht in das Hirn der Schläferin zu induzieren. Benjamin sah ihr einen Moment lang beim Schlafen zu, er hätte sie zugedeckt und ihr einen Kuss auf die Stirn gedrückt, wenn das möglich gewesen wäre, dann ließ er Blick und Gedanken wieder schweifen.

Beide trafen auf nichts, was sie hätte fesseln können. So fremd der Anblick Kaltsommers aus der Turmperspektive in dieser sternenklaren, doch dunstigen Nacht ohne Laternenbeleuchtung und Blättern an den Sommerbäumen sein mochte, Benjamin konnte darüber weder mehr staunen noch verwundert sein. Und so sehr ihn die Sehnsucht nach Gerrit verzehrte und er vergebenen Chancen nachtrauerte, dass sie unabänderlich waren und alles Weitere nicht mehr in seiner Hand lag, ließ ihn stumpf und verbraucht zurück. Was auch immer als Nächstes geschehen mochte, es spielte keine Rolle mehr. Ihm würde sowieso nur die passive Rolle des Beobachters bleiben. Er hoffte nicht einmal mehr, dass es schnell gehen möge. Am liebsten hätte er die Dinge ebenso verschlafen wie Traudel. Nur leider wollte ihm das noch immer nicht gelingen. Vom Sitzen auf dem Boden tat ihm das Steißbein weh, die Streben des Geländers drückten sich ihm schmerzhaft in den Rücken, die drückend schwüle Luft verursachte ihm Kopfschmerzen. Außerdem schien der Ozongeruch immer stärker zu werden, und er wusste, das konnte nichts Gutes bedeuten. Er wusste nur nicht, was es überhaupt bedeuten konnte. Und dennoch, mehr als ein wenig Unruhe, die sich zum Rest seiner unbequemen Lage gesellte, erzeugte es nicht in ihm. Er rutschte mit seinem Hintern auf der Plattform hin und her, um den Steiß zu entlasten, und drückte den Rücken durch, um seine Knochen vom Gestänge zu lösen, doch nichts half, gemütlich ging anders. Schließlich stand er auf, reckte und streckte sich, gähnte herzhaft, als wäre er soeben aus tiefstem Schlaf erwacht, und rümpfte angewidert die Nase, als ihm sein eigener saurer Schweißgeruch aus den Achseln entgegenstieg. Eine kalte Dusche wäre jetzt herrlich erfrischend gewesen. Dafür aber hätte er zurück in Gerburgs Haus gehen müssen, und das wollte er auf keinen Fall. Hier oben war gerade der beste Platz in ganz Kaltsommer für ihn.

Die Kühe unten hatten seine Bewegungen oben bemerkt. Sofort rührte sich die Herde, wurden Köpfe gehoben, leise gemuht und erhoben sich einige der Tiere schwerfällig aus ihrer Ruheposition. Als sähen sie ihren

Anführer in mir, dachte Benjamin und schmunzelte. Was wäre wohl los, wenn er dieser seiner Gemeinde aus Rindviechern plötzlich mit gewaltiger Stimme, die die Stille der Nacht zu Scherben zerschlagen und dem Grollen aus der Wolke Konkurrenz gemacht hätte, eine Predigt über den bevorstehenden Untergang der Welt gehalten hätte? Nicht dass ihm dafür die rechten Worte in den Sinn gekommen wären – oder dass sie ihn richtig verstanden hätten –, aber lustig war die Vorstellung schon. Vielleicht hätte er ja für ein wenig Panik gesorgt und eine kleine Stampede losgetreten: ein Haufen erschöpfter Kühe mit ausgetrockneten Eutern, die durch Kaltsommers verlassene und von viel zu früh gefallenem Herbstlaub bedeckten Straßen rannten, nur um – was eigentlich? Hätte ihre Geschwindigkeit ausgereicht, sie durch das tödliche Treibhaus der Nebelbank hinaus auf die andere Seite in die Freiheit zu tragen? Sofort erinnerte Benjamin sich wieder an seine letzte Fahrt durch eben diese Nebelbank und wie er sich anschließend übergeben musste, weil diese Fahrt in die falsche Richtung gegangen war. Nein, er würde nicht den von göttlichem Zorn erfüllten Prediger der Apokalypse geben und ein paar arme Rinder in den Tod schicken. Die Tiere konnten nichts für das, was gerade passierte oder überhaupt jemals passiert war. Sie waren genug damit gestraft, dass sie, ebenso wie er, hier eingesperrt waren und nicht beizeiten hatten weggehen dürfen.

Und in diesem Stil wäre es mit Benjamins Gedanken weitergegangen, wenn die Dinge nicht endlich ein Einsehen gehabt und die nächste Eskalationsstufe gezündet hätten. Es sollte die Letzte sein, der Funke, der die Explosion herbeiführen würde. Nur mit Erleichterung war auch das trotz allem nicht verbunden.

Nachdem er die Idee, zu den Kühen zu predigen, verworfen hatte, hatte Benjamin seinen Blick ein weiteres Mal schweifen lassen, nacheinander in alle Himmelsrichtungen, von West nach Süd nach Ost nach Nord. Immer an der Wolkenwand ging es entlang, die so schwarz und tot aufzuragen schien wie niemals zuvor. Noch immer blitzte es in ihrem Inneren und drang dumpfes Grollen nach außen. Sie schien dabei kaum noch aus Wasserdampf und Eiskristallen zu bestehen, sondern fast nur noch aus Qualm und Rauch. Aus einer düsteren, immer kompakteren Materie jedenfalls, die sich daranmachte, endgültig alles Licht zu verschlucken. An ihrem oberen Rand lösten sich sogar erste Rauchfetzen und verdunkelten das Firmament. Einer nach dem anderen starben die

Sterne. Es roch noch immer nicht nach Feuer. Benjamin sog die Luft tief ein, aber seine Nase meldete auch weiterhin nur Ozon, Kuh, Dung und das zunehmend faulige Wasser der drei Teiche im Herrenhauspark. Es hätte beruhigt sein können – es fühlte sich an wie eine Zuspitzung. Wie die Ruhe vor dem Sturm. Und die Kühe spürten es ebenfalls. Wie eine Welle schwappte die Beunruhigung durch ihre Reihen und brachte sie auf die Beine und ließ sie, den Blick in die allzu nahe Ferne gerichtet, enger zusammenrücken. Ihr Muhen wurde lauter, vielkehliger, in Benjamins Ohren klang es unmissverständlich besorgt. Für einen Moment dachte er daran, sich die Sirene zu greifen und an der Kurbel zu drehen, obwohl nirgends Flammen zu sehen, zu hören oder zu riechen waren. Vielleicht hätte das wenigstens die Anspannung etwas aufgebrochen, Dampf aus dem Kessel gelassen. Er konnte es nicht, dabei hatte Traudel den Warnapparat zwischenzeitlich wieder freigegeben. Ihr Kopf ruhte jetzt in der eigenen Armbeuge auf dem Boden der Aussichtsplattform; ihr Schlaf schien wie ein Panzer zu sein, der noch dem Ansturm der sich verändernden Verhältnisse standhielt. Und nicht einmal sie vermochte Benjamin zu wecken. Plötzlich erfasste ihn eine ungeheure Angst und lähmte ihn, ließ ihn nicht einmal mehr daran denken, Alarm zu schlagen. Es war, als zöge sich um ihn herum alles zusammen, die Luft, Kaltsommer, seine eigene Haut über den Knochen, als presste es ihn zu einem komprimierten Klumpen von sich selbst zusammen, aus dem gleich der eine Tropfen seiner ureigenen Essenz quellen würde, der Sinn seines Lebens, seines Daseins – Kaltsommers …

Der Blitz war so grell, dass es ihn für Sekunden blendete, der Donner so laut, dass Fundamente erzitterten, Scheiben klirrten und barsten, Kühe davonstürmten und es ihn von den Füßen gerissen hätte, wenn er sich nicht mit aller Macht am Geländer festgehalten hätte. Als Benjamin die Augen wieder öffnete und scharfgestellt hatte, sah er bereits die Flammen auf sich zukommen: eine einzige große, sich ausbreitende und alles verschlingende Feuerwalze.

Der Blitz war in den komplett ausgetrockneten und mit seit Jahren absichtlich nicht weggeräumten Totholz angefüllten Wald eingeschlagen. Seine Hitze hatte sofort Feuer entfacht, und das Feuer sich auf die Nahrung gestürzt wie ein hungriger Fettsack auf ein Büffet. Gierig verschlang es alles, was in seine Reichweite kam. Dadurch wuchs es und wurde gieriger und verschlang nur noch mehr. Binnen Sekunden brannten mehrere Quadratmeter Wald, nach nur wenigen Sekunden mehr der erste Hektar. Es ging rasend schnell, und es gab nichts, was dieses Feuer noch hätte aufhalten können. Denn nicht nur der Wald war ausgetrocknet, das ganze Dorf Kaltsommer brannte bald wie Zunder. Und das überall herumliegende welke Laub wirkte zusätzlich als Brandbeschleuniger. Es fraß sich an den Alleen und Baumreihen ebenso entlang wie an Feldrainen und über verdorrte Koppeln und Stoppelfelder. Es verzehrte ungewässerte Gärten und machte sich bei der erstbesten Gelegenheit über die Häuser her. Als Erstes wurde dabei das Haus am Wald der Familie Runge-Kluge ein Raub der Flammen, aber dem folgten schnell weitere. Schneller als das Auge sehen konnte, brannte der komplette Waldweg ab. Und dann platzten zeitgleich die Dächer des Herrenhauses und der Ställe der Rinderbesamung auf und ließen schwärzesten Rauch in die Höhe quellen, apokalyptisch orange angestrahlt von den Flammen darunter. Dabei brüllten die wie triumphierend und konnten doch nicht das Gebrüll der Bullen überdecken, die, gefangen in ihren Boxen, erstickten und verbrannten. Die Menschen, die inzwischen alle wach und auf den Straßen waren, verschwendeten keinen Gedanken an ihre Rettung. Sie waren längst mit ihrem eigenen Sterben beschäftigt, auch wenn sie das noch nicht begreifen wollten. Stattdessen rannten sie kreischend und weinend durcheinander und versuchten, soweit wie möglich vom Feuer und der unglaublichen Hitze, die ihm vorausging und allen Sauerstoff verbrauchte, wegzukommen. Aber wohin sie auch laufen mochten, am Ende ihres Weges stand immer noch unverrückbar die Wolke wie eine Kerkerwand, und durch die gab es kein Entkommen. Sie waren gefangen, wirklich gefangen gewesen, die ganze Zeit über, und jetzt schien es sich endgültig zu rächen, dass sie niemals wirklich einen Fluchtversuch unternommen hatten. Jetzt würden sie sterben, und wenn sie nicht vor Angst starben oder an Sauerstoffmangel, an Überhitzung oder tatsächlich durch Verbrennen, dann spießten sie die Hörner der Kühe auf oder wurden sie unter deren Hufen zermalmt. Die Kühe nämlich wollten genauso wenig sterben wie die Menschen, auch ihr Instinkt befahl ihnen die Flucht. Doch auch für sie gab es kein Entkommen.

Benjamin bekam das alles nur am Rande mit, ebenso wie er nur am Rande mitbekommen hatte, wie Traudel neben ihm aufgesprungen und in

Panik die Leiter herab ins Treppenhaus genommen hatte. Den Geräuschen nach musste sie mindestens eine Sprosse übersehen haben und aus einer nicht geringen Höhe abgestürzt sein, sich wieder aufgerappelt und das nächste Stockwerk nach unten zur Straße in Angriff genommen haben. Benjamin ließ sie ziehen. Weder half er ihr, noch schloss er sich ihr an, für ihn war es schon fast so, als hätte es diese Frau niemals gegeben. Für ihn gab es nur noch die Feuerwand, die lodernde Glut, die sich rings um ihn ausbreitete und ihn einkreiste und ihm Haut und Haar versengte, je näher sie ihm rückte. Die Hitze prickelte in seinen Zellen, das Blut begann in seinen Adern zu kochen, der letzte Rest Feuchtigkeit, der noch in seinem Körper steckte, wurde nach draußen gepresst und verdampfte augenblicklich. Er wusste, wegrennen war zwecklos, aus dieser Hölle gab es kein Entkommen. Er hatte schließlich den Panoramablick und konnte nirgends eine Bresche in dem sie umgebenden Wall aus Naturgewalten entdecken. Kaltsommer hatte sie in Geiselhaft genommen, zu einer lebenslangen Haftstrafe verdonnert, und die würde sich genau jetzt vollenden.

Überraschenderweise fühlte Benjamin kaum etwas. Im Angesicht der Realität des Schreckens, der ihn sich holen kam, war seine Angst zu Staub zerfallen. Die Erkenntnis, unweigerlich zum Tode verurteilt zu sein, hatte der Hoffnung den Hals umgedreht und ihn auch von ihrem würgend verzweifelten Griff befreit. Und wenn es ein Jenseits gab, dann würde er Gerrit dort wiedersehen. Seinen Kleinen, der ihn so unverhofft von seinen Geistern der Vergangenheit befreit und ihm ein so herrlich diesseitiges Glück beschert hatte. Und so kam es, dass das Letzte war, was Benjamin sich wünschte, als das Feuer ihn erstickte, bevor es seine sterblichen Überreste zu Asche verbrannte, es möge seinen lieben Gerrit nicht allzu hart treffen. Dieser Gedanke bedeutete ihm einen Trost. Der bewahrte ihn vor allzu heftigen Schmerzen, während um ihn herum ganz Kaltsommer in einem See aus Feuer verging.

ALS ES PASSIERTE, WUSSTE ICH *sofort, was los war. Ich wollte es nicht wahrhaben, mein Verstand weigerte sich, es zu akzeptieren. Es – den finalen Akt: Kaltsommers Untergang. Das sagt sich so leicht, aber ich kann noch immer die Erschütterung spüren, die mich damals niederwarf, zuerst meinen Verstand und kurz darauf meinen Körper. Im Gegensatz zu anderen Überlebenden und Angehörigen habe ich mich immerhin wieder ganz gut berappelt. Wahrscheinlich, weil ich mir eine Aufgabe gestellt habe, weil ich mich gezwungen habe, weiterzumachen und nachzuforschen, Bericht zu erstatten und Zeugnis abzulegen. So kann ich wenigstens etwas von Benjamin über die Zeiten retten und bewahren. Von ihm und von Kaltsommer, denn dieses seltsame Dorf ebenso wie der Mann, den ich so sehr liebte, sie sind beide nicht mehr.*

Als es passierte, stand ich wie angewurzelt auf dem Parkplatz der Ballsporthalle in Wankendorf und schaute – entsetzt, aber eben nicht ungläubig – nach Westen in die Nacht. Zwischen Ästen hindurch und an der Autobahnüberführung vorbei ragte dort Kaltsommers Wolkensäule in den Himmel wie ein Giftpilz. Seit Stunden stand ich schon dort, seit ich von meinen Eltern und Mehmet fortgelaufen war, zurück zum Lagezentrum, nachdem der erste Blitz- und Donnerschlag unsere Trommelfelle beinahe hätte platzen lassen. Die Verantwortlichen dort schienen von der Entwicklung der Dinge ebenso überrascht wie alle anderen, allen Wetterdaten und Aufklärungsbildern von Satelliten zum Trotz. Auch diese Herren und Damen, allen voran Günter Rohleder, der Leiter des Katastrophenschutzes, standen nur bestürzt auf dem Parkplatz und glotzten wie blöd zur Wolke hinüber. Ihre Münder waren offen, ihre Augen weit aufgerissen, in allen war Unbehagen zu lesen, in manchen die nackte Furcht. Niemand verstand, was gerade geschah. Niemand hatte bisher auch nur andeutungsweise verstanden, was geschehen war, wir spürten nur alle instinktiv und gegen unseren Willen, dass jetzt etwas unvermeidlich zu Ende ging.

Wir sahen zu, wie sich die Wolke in ein Kriegsgebiet verwandelte. Als würde in ihrem Inneren die Mutter aller Schlachten gekämpft, blitzte und donnerte es und fing ihr Schäfchenwolkenweiß an, sich schwarz zu verfärben wie von explodierenden Rauch- und Rußbomben. Was sich dahinter in Kaltsommer selbst abspielte, konnten wir nur erraten, aber dass viele das Allerschlimmste vermuteten, wurde an dem vielfachen Stöhnen, Ächzen, Weinen und Beten schnell deutlich. Während die Sonne sank und der Mond stieg, kam das gesamte Leben im Umkreis für einen unendlich langen Moment zum Erliegen, weil alles nur noch in Richtung Kaltsommer starrte. Bis dann die Fernsehsender zur Liveberichterstattung übergingen, Polizei, Feuerwehr und Sanitäter in alle Richtungen ausschwärmten und Herr Rohleder Bundeswehrunterstützung anforderte. Gleich eine ganze Reihe der in der Ballsporthalle gestrandeten Bewohner Kaltsommers brachte die Angst um ihre im Wolkenheim gefangenen Liebsten schier um den Verstand. Sie brachen zusammen, mussten notärztlich betreut und manche ins nächste Krankenhaus gebracht werden. Andere stürmten plötzlich los, ließen alles stehen und liegen und wollten nach Hause, retten, was noch zu retten war. Sie wollten durch die Wolke. Das war Selbstmord und musste verhindert werden, weshalb Rohleder den Bereich rund um Kaltsommer weiträumig absperren ließ. Er hieß die Sicherheitskräfte einen Cordon sanitaire um die Gefahrenzone ziehen und gab die Anweisung aus, niemanden auch nur in die Nähe der Wolke zu lassen. Er sprach es nicht aus, aber er fürchtete noch mehr Opfer als diejenigen, die es mit Sicherheit geben würde. Er durfte schon von Amts wegen nicht zulassen, dass sich bei den Gestrandeten die Haltung durchsetzte, von nun an tot besser dran zu sein als lebendig. Bis zum Ende nahm er seine Aufgabe mit dem größten Ernst wahr, erst viel später bemächtigten sich die düsteren Dämonen der Depression seines Gemüts.

Ob seine Maßnahmen ausreichten, die Opferzahl zu begrenzen, kann ich nicht sagen. Niemand kann das, dafür war die Lage zu unübersichtlich. Es hat nie eine hundertprozentig verlässliche Übersicht über die Anzahl der Eingeschlossenen und Ausgesperrten gegeben. Bei manchen Namen ist man sich bis heute unsicher, diese Menschen sind wie vom Erdboden verschwunden; vermutlich sind sie es auch, aber ganz tief im Herzen und gegen jede Überzeugung wünscht man sich, sie mögen sich einfach nur aus dem Staub gemacht haben, ihren eigenen Neuanfang weit, weit weg. Florian Molkentin und Hannes Nebendahl konnten die Sicherheitskräfte gerade noch davon abhalten, mit aller Gewalt zur Wolke durchzubrechen. Es bedurfte Hand- und Fußfesseln sowie starker Beruhigungsmittel, um sie von weiteren Versuchen, zu ihren Liebsten zu gelangen, abzuhalten. Maik Thode, Jörn Quandt und viele der anderen Männer, die die tägliche Arbeit von ihren Familien getrennt hatte, sowie Norbert Einems Söhne Markus und Thomas wären wohl ebenfalls gegangen, wenn der Anblick der verderbenden Wolke ihnen nicht alle Kraft geraubt und den Boden unter den Füßen weggezogen hätte. Der Arzt Markus Kluge sackte zuerst ohnmächtig in sich zusammen, als ihm endgültig klar wurde, dass seine jüngste Tochter Ella noch immer jenseits der Ortsgrenze weilte. Seine Frau Alexandra Runge-Kluge wartete damit, bis er wieder bei Sinnen war, dann gab etwas in ihr nach, brach und konnte bis heute nicht wieder repariert werden. Das Ehepaar Manfred Philipps und Martin Egmont ging im Anschluss gemeinsam in Frührente und kümmerte sich um Leon Kaufmann, ihren Zuläufling, der schließlich ihr Adoptivsohn wurde. Leon kehrte gar nicht mehr zu seinen Eltern zurück, die als einzige geradezu erleichtert in Richtung ihrer ungeliebten Heimstatt blickten. Sie bemühten sich, es nicht zu offen zu zeigen, aber der Lauf der Dinge öffnete ihnen einen Weg aus der Sackgasse, in die sie ihr Leben hatten driften lassen. Wenn sie an diesem Punkt überhaupt noch etwas fürchteten, dann, dass die Versicherung eventuell nicht für alle entstehenden Schäden aufkommen würde und sie die selber tragen müssten. Griff bei einer solchen Art von Katastrophe ihre Elementarversicherung überhaupt? Leon sah seinen Eltern diese Gedanken an der Nasenspitze an, spürte bitterste Galle in sich aufsteigen, verzichtete aber darauf, sich mit Flüchen und Fäusten auf seine Erzeuger zu stürzen, und ließ sich zähneknirschend von seinen Ziehvätern in die tröstenden Arme nehmen. Mit ihnen ließ sich der Schmerz teilen, und das war besser, heilsamer als jeder Wunsch nach Gewalt gegen solche, die sowieso niemals wirklich dazugehört hatten.

So wie ihm ging es vielen Überlebenden. Hinterher fanden sie sich zusammen und gaben sich gegenseitig Halt. Nicht alle, manche mussten fort von hier, sie halten die Bilder, die Kaltsommers Untergang ihnen eingebrannt hat, nicht aus. Ich kann das verstehen. Mich verfolgen sie ebenfalls regelmäßig, obwohl ich so sehr bemüht bin, das Erlebte in etwas Produktives, in etwas Gutes umzuwandeln. Aber manchmal fühle auch ich mich einfach nur wie Lots Frau, die nicht anders kann, als sich noch einmal nach ihrem geliebten Sodom umzusehen und vor lauter Entsetzen zu einer Salzsäule zu erstarren.

Ich bin den entgegengesetzten Weg gegangen. Als das Unglück seinen Lauf nahm, bin ich nicht in die Wolke gerannt, sondern davon fort, hin zum Lagezentrum. Als der erste Schock sich löste und die Leute kollabieren oder kopflos werden ließ, blieb ich, wo ich war, und wandte den Blick nicht mehr ab. Als die Flammen endlich erloschen waren und der Rauch sich verzogen hatte, ging ich nicht zurück nach Berlin, um mein altes Leben fortzusetzen. Mit dem war es seit jenem ersten Blitz- und Donnerschlag ebenfalls vorbei, obschon ich nicht so vermessen bin, es oder mich zu den Opfern dieser Katastrophe zu zählen. Mein Benjamin ist eins dieser Opfer, ich bin nur sein Angehöriger, darum bemüht, sein Andenken zu bewahren. Nicht jeder kann damit umgehen, zu vielen alten Freunden habe ich keinen Kontakt mehr. Auch meine Eltern hätten sicherlich etwas anderes für mich im Sinn gehabt. Trotzdem halten sie zu mir, besuchen mich regelmäßig und unterstützen mich mit Geld, wenn ich es nötig habe. Auf meine Schwester kann ich mich ebenfalls verlassen und auf Mehmet erst recht. Überhaupt ist er der beste und treueste Freund, den ich mir nur wünschen kann. Er will nicht einmal die Hoffnung aufgeben, dass ich mich eines Tages eventuell doch noch wieder verliebe.

Manchmal wache ich mitten in der Nacht auf, geweckt vom Dröhnen eines Knalls, der in der Vergangenheit liegt und nur in meinem Kopf, in meinen Träumen nachhallt …

Durch den Livestream eines Nachrichtensenders, der seine Kameraaugen permanent auf die Wolke ausgerichtet hielt, können wir heute genau rekonstruieren, wann die Katastrophe ihren Lauf nahm. Nachdem es am Abend den ersten Blitz und Donner gegeben hatte, denen dann ein ganzes Feuerwerk folgen sollte und die, als würde es im Inneren der Wolkenwand bereits lichterloh brennen, ihr makelloses Weiß kohlschwarz verfärbten, zeichneten die Objektive und Mikrofone um exakt drei Uhr siebenundvierzig in der Frühe die nächste Eskalationsstufe auf. Von meinem Standpunkt auf dem Parkplatz aus sah ich, wie plötzlich die ganze nördliche Seite der Wolkensäule grellweiß aufleuchtete, als wäre eine gewaltige Phosphorbombe explodiert. Ihm folgte unmittelbar der Donnerschlag, dessen Schallwelle über das Land walzte, Grundmauern erzittern, Alarmanlagen losheulen, Tiere durchdrehen und Menschen aus unruhigem Schlaf schrecken ließ. Alles zusammen dauerte keine fünf Sekunden, aber danach stand die Welt buchstäblich in Flammen.

Während um mich herum alles in Aufregung, Panik und Hysterie versank, blieb ich wie angewurzelt stehen und starrte nur nach Kaltsommer hinüber. Meine Haut wurde kalt und gefühllos wie Eis. Ich merkte kaum, wie mich abwechselnd meine Mutter und Mehmet umfassten und mein Vater mir seine Hände auf Arme und Schultern legte. Mein Herz schien nur noch einmal pro Minute zu schlagen, mein Gehör konzentrierte sich auf die Geschehnisse in der Ferne und nahm den Lärm unmittelbar um mich herum nur noch als Rauschen im Hintergrund wahr, mein Blick aber fokussierte sich voll und ganz auf die Wolke, als wäre die Luft plötzlich ganz klar und sie ganz nahe. Später sah ich mir die Aufzeichnung des Livestreams an – das tue ich heute noch hin und wieder, obwohl ich weiß, dass es mir nicht guttut – und erkannte vieles wieder. Als wäre ich selbst zur Kamera geworden, die, unbeteiligt und emotionslos, alles aufnahm, was passierte, und zwar in Nah- und Ferneinstellung zugleich.

Nach der grellen Explosion vergingen ein paar wenige Momente, die ich nutzte, um die Sternchen von meiner Netzhaut zu blinzeln. Als ich wieder einwandfrei sehen konnte, sah ich zuerst nur Schwärze, als hätte die elektrische Entladung die Atmosphäre nun endgültig zu einer kompakten Masse verdichtet. Ich wollte gerade zaghaft glauben, dass sich das Unwetter – ich weiß bis heute nicht, wie ich die Vorgänge besser benennen soll, für so ein Ereignis fehlt es unserer Sprache an Worten – damit vielleicht selbst erledigt hätte. So wie ein Feuer erlöschen kann, weil es sich, etwa aufgrund einer Verpuffung, selbst den Sauerstoff entzieht. Doch dann sah ich das Glühen. Es breitete sich von der Stelle aus, an der eben noch der Blitz zuckte. Nur war das Licht, das es verbreitete, ein anderes. Es war konstanter und nicht blendendweiß, sondern von einem tiefen Orange. Feuer, dachte ich, und gleich darauf verbreitete sich um mich herum der grausame Ruf: »Es brennt! Kaltsommer brennt!« Der Ruf ging nicht, es brenne in Kaltsommer, nein, Kaltsommer selbst sollte brennen. Und ich wusste, warum sie das riefen, denn ich dachte genauso: Kaltsommer brannte!

Spätestens jetzt stürzte alles, was eine Feuerwehruniform trug, zu den Fahrzeugen, und kurz darauf heulten die Sirenen im gesamten Umkreis. Selbst aus Kiel, Rendsburg, Norderstedt und Lübeck wurden professionelle Kräfte angefordert. Nur konnten sie nichts tun. Gegen diese Flammen und ihre unglaubliche Hitze konnten sie mit ihren lächerlichen Spritzen nichts ausrichten. Die Feuerwehrleute, so berichteten sie hinterher, das Entsetzen noch tief in ihre Gesichter geschrieben, kamen nicht dicht genug heran, um auch nur einen einzigen Tropfen Wasser auf die lodernde Brunst zu gießen. Alles, was ihnen zu tun blieb, war aufzupassen, dass sich das Feuer nicht ausbreitete und die gesamte Gegend in Brand setzte. Damit immerhin hatten sie Erfolg. Außer Kaltsommer verbrannte nichts in dieser Nacht.

Kaltsommer aber verbrannte komplett. Allerdings wäre es zu wenig zu sagen, es brannte bis auf die Grundmauern nieder, bis nichts mehr außer ein paar verkohlten Mauerresten und Asche übrigblieb, die der Wind in den folgenden Tagen über ganz Holstein verstreute. Nicht einmal dafür reichte es noch. Als wäre die Welt ein Teller auf dem Altar eines gierigen Gottes und Kaltsommer die Opfergabe darauf, die dieser mit seinen riesigen Händen ergriffen und sich in den Schlund gestopft hätte, nur um sich anschließend vorzubeugen und auch noch das letzte Krümelchen vom Teller zu lecken. Was von Kaltsommer übrigblieb, war ein bis in mehrere Meter Tiefe verbrannter Boden, gespickt mit rechteckigen Löchern, überall dort, wo sich früher die Kellergeschosse der Häuser befunden haben. Die Wissenschaft kann sich das nicht erklären, weil sie zwar sagen kann, wie heiß ein Feuer sein müsste, um selbst Backstein, Beton und Stahl zu verzehren, aber nicht, wie eine solche Temperatur auf der Erde und noch dazu in einer solch gemäßigten Region wie Holstein ohne jedwede vulkanische Aktivität möglich sein sollte. Für Haut und Knochen dagegen reichte die Hitze allemal aus. Manche Möchtegernpropheten behaupten heute gerne, der Untergang Kaltsommers beweise unumstößlich die Existenz der Hölle. Nicht anders sei es zu erklären, als dass sich die Erde selbst aufgetan und mit dem gewaltigen Feuer aus ihrem Innern das Dorf der Sodomiten vertilgt hätte, um die Menschheit von dieser Todsünde zu befreien.

Das ist Schwachsinn, und sei es nur, weil es uns Sodomiten immer noch gibt und immer geben wird. Es ist auch deshalb Schwachsinn, weil ich mit eigenen Augen gesehen habe, dass das Feuer nicht von unten aus der Erde kam, sondern von oben aus der Luft, aus der Wolke. Ein Blitz, dieses Ergebnis einer elektrostatischen Aufladung, hat den Funken geschlagen, aus dem schließlich der Feuersturm erwuchs. Ich mag zwar nicht wissen, warum das geschehen ist – niemand weiß das –, aber mit Religion oder das, was übelwollende Leute dafür halten, hatte es nicht das Geringste zu tun.

Ich muss nur die Augen schließen, um alles noch einmal zu sehen.

Zuerst war es nur ein Glühen, ein orangeroter Fleck, der sich auf dem schwarzen Wolkengrund ausbreitete. Als würde sich ein Tischtuch mit einem umgekippten Glas Blutorangensaft vollsaugen, so sah es aus. Zuerst jedenfalls. Denn dieser Fleck breitete sich mehr und mehr aus, nach links, nach rechts und nach oben zum Himmel. Als ich mit meinem Blick der sich ausbreitenden Glut folgte, sah ich, wie sich vom oberen Wolkenrand schwarze Schlieren lösten, als wollten sich Teile der Wolke davor in Sicherheit bringen. Was ich sah, waren nichts anderes als Rauchfahnen und Kaltsommers Wolkensäule nur mehr ein Schornstein, der seine Arbeit verrichtete. Ich musste unweigerlich an ein Krematorium denken. Bis heute ziehe ich automatisch diesen Vergleich …

Binnen kürzester Zeit verwandelte sich alles, was eben noch schwarz gewesen, in glühendes Rot und Kaltsommers Käfig in einen Glutofen. Gleichzeitig frischte bei uns draußen der Wind auf. Das dachte ich jedenfalls so lange, bis ich jemanden in meiner Nähe erschrocken murmeln hörte: »Das Feuer, es zieht Sauerstoff an!« Erst das schärfte meine Wahrnehmung erneut, und nun sah auch ich die Flammen. Für einen Moment schien es, als würden die Lohen an der Wolkenwand bis in die Stratosphäre klettern und das gesamte Firmament in Brand setzten wollen, dafür jedoch waren sie zu gierig. Zu schnell fraßen sie, was sie vorfanden, und fraßen es restlos auf. Nachdem sie Gott allein weiß wie lange an dieser Stelle der Erde das Dasein bestimmt hatte, brauchte es nur eine Handvoll Minuten, um Kaltsommers altehrwürdige und oft ärgerliche Wolke zu verschlingen. An ihre Stelle aber trat nicht das kalte Nichts, sondern nur ein weiterer, ein echter Schrecken, und aus der Feuersäule wurde eine Feuerrose. Die brauchte so viel Luft zum Atmen, dass sie sie uns anderen streitig machte und uns förmlich aus den Lungen saugen wollte. Während sie Fahrt aufnahm und sich, eine wie rasend brennende Fackel, um die eigene Achse zu drehen begann – ebenfalls im Uhrzeigersinn, nur nicht so träge wie die vergangene Wolke – verwandelte sich die laue Augustnacht um uns herum in ein einziges Getöse, beschienen von einem weithin über das Land sichtbaren roten Leuchten. Was sich zu nah an diesem Wirbelwind befand und nicht niet- und nagelfest war, wurde von ihm eingesogen und auf Nimmerwiedersehen verdaut. Das erzählten gleich mehrere Feuerwehrmänner, Polizisten und Leute vom THW einhellig. Egal ob Müll, Totholz oder draußen vergessene Sonnenschirme, alles verleibte sich der Feuersturm ein, wenn er es in seine heißen Finger bekommen konnte. Denn das war es längst: ein Tornado aus Feuer, der aus allem, was sich ihm bot, Energie zog und sich so immer heftiger anfachte. Und dazu brüllte er mächtig und ohrenbetäubend, es klang wie der Triumph eines gehässigen Siegers. Mir standen die Haare zu Berge, meine Haut kribbelte, als würde sie jeden Moment selbst zu brennen anfangen, und mir schlotterten die Knie, aber ich konnte den Blick nicht abwenden. »O mein Gott!«, entfuhr es meiner Mutter, und eine mir unbekannte Stimme, wohl die eines alten Mannes, sagte atemlos: »So muss es damals in Hamburg und Dresden bei den Bombenangriffen gewesen sein, ein echter Feuersturm.« Und eine dritte Person, ihr Tonfall zu panisch hoch, um das Geschlecht bestimmen zu können, rief: »Was machen wir, wenn das Feuer um sich greift? Was machen wir, wenn das Ding da loswandert?« Eine Antwort auf ihre

Fragen bekam sie nicht, danach potenzierte sich die allgemeine Anspannung nur noch einmal. Und in der Tat neigte sich der Feuertornado bald in die eine, bald in die andere Richtung, fauchte und brüllte mal lauter, mal leiser, und dann und wann knallte es, als furze er fröhlich vor sich hin – in Wirklichkeit gingen nur Öltanks, Gasleitungen und Fahrzeuge in die Luft. Am Ende bewegte das Feuer sich doch nicht von Ort und Stelle. Wie die Wolke zuvor schien auch es an den Ort gebunden zu sein, der einstmals Kaltsommer hieß. Dort drehte es sich auf der Stelle wie ein sich selbst verbrennender Derwisch, und wenn es dabei Schmerz oder Qual empfand, dann schien es dies als reinen Genuss wahrzunehmen, den es aus vollen Lungen in die Welt hinausschrie. Immer schneller drehte sich dieser Sturm um sich selbst, immer lauter und höher wurde sein Brüllen und immer heller sein Schein. Orange oder rot war der schon lange nicht mehr, sondern blendendweiß und an seiner Spitze sogar bläulich. Und so drehte und drehte sich die gewaltige Flamme und verzehrte alles in ihrem Radius und bohrte sich noch einige Meter tief in den Grund, um auch dort jedes Leben vorerst abzutöten.

Ich wusste, Benjamin war längst tot. Aber erst später, als ich diese seltsamste aller Walstätten betrat, als sie von den Brandermittlern freigegeben wurde und ich sie betreten durfte, konnte ich es wirklich glauben. Dass nichts mehr von ihm zurückgeblieben sein sollte, so absolut gar nichts …

Das Feuer brannte bis in den Morgen. Die Sonne stand schon wieder am Himmel, als es sich endlich verausgabt hatte und erschöpft in sich zusammenfiel. Die Erde selbst war noch tagelang zu heiß, als dass man sie hätte betreten können. Sie glühte wie Schlacke frisch aus dem Hochofen, und Rauch stieg aus ihr auf, aus ihrem Inneren, als hätte die Hitze darin einige außergewöhnliche geologische und biochemische Veränderungen vorgenommen und Schwefelquellen freigelegt. Die bei weitem dramatischste Veränderung jedoch zeigte sich beim Blick über das Gelände: Der war nun frei. Nichts stand da mehr im Weg, weder eine Wolke noch eine Nebelwand. Wenn das Auge jetzt schauend über das Land streift, wird es nicht mehr von einem unerklärlichen Wetterphänomen blockiert, das mitten in der Landschaft steht oder hängt oder im Himmel festgeschraubt ist. Die Sicht wird durch nichts mehr getrübt, es sei denn, es zieht gerade ein Tiefdruckgebiet über ganz Holstein hinweg. Von denen gibt es hier viele, mehr als in Berlin jedenfalls, wo das Wetter lange nicht so wechselhaft, ja launisch ist. Und den Menschen hier gefällt diese neue Offenheit und Weite, es passe besser zur flachen, sich zum Horizont hin erstreckenden Gegend. Fragt man die Bewohner von Rendswühren, Ruhwinkel, Bornhöved oder Wankendorf, hört man immer öfter, wie unnormal dieses Kaltsommer doch gewesen sei und dass die Dinge jetzt endlich ihre Richtigkeit hätten. Kaum einer vermisst Kaltsommer noch, zumindest wenn man es von der Wolkenseite aus betrachtet. Das gilt sogar für die Überlebenden, für ehemalige Kaltsommeraner, von denen sich viele in der Gegend niedergelassen haben. Die Wolke, sagen sie, und das elende Wetter, das vermissen sie nicht. Dann jedoch müssen sie sich abwenden, als schämten sie sich. Dabei müssen sie in solchen Momenten immer nur wieder aufs Neue begreifen, dass es nicht um die Wolke geht und dass es niemals um die Wolke ging.

Da ist so viel Schmerz, dem sich viele nicht stellen können und manche nicht stellen wollen. Diejenigen, die sich an seiner Bewältigung versuchen, werden von ihnen scheel angesehen oder sogar bekämpft. Sie schreien und toben und drohen mit den Fäusten, weil man die Geister nicht endlich ruhen lassen will. Aber ich kann nicht anders. Ich muss etwas tun, sonst erdrückt mich die Trauer wie ein riesiger Felsbrocken, der mir auf dem Rücken liegt und den ich mit aller Kraft und Gewalt zurück auf den Berg stemmen muss, von dem er herabgestürzt ist. Zum Glück bin ich nicht allein damit. Und auch wenn ich weiß, dass Benjamin über meine Bemühungen nur müde lächeln wird, dort, wo er jetzt ist, so bin ich mir zugleich sicher, dass er sich trotzdem geschmeichelt fühlt. Du warst immer etwas anfällig für die Anerkennung durch andere, mein roter Bär, und wenn ich jetzt also dauerhaft dahin zurückkehre, wo du einst hergekommen bist, dann weiß ich, dass du das tief in deinem Herzen begrüßt. Denn genau das tue ich. Ich kehre an den Ort deiner Herkunft zurück, der, den du niemals so ganz hattest hinter dir lassen können, und lasse mich dort häuslich nieder. Ich habe so viele Pläne im Kopf, und weil ich nicht alleine bin, bin ich zuversichtlich, sie auch in die Tat umsetzen zu können.

Als das Glosen und Toben in der Ferne und das Menschenrauschen um mich herum – die Gestrandeten fielen erschöpft auf ihre Feldbetten in der Sporthalle, die Anwohner und Schaulustigen gingen heim oder suchten ihre Unterkünfte auf, die Einsatzkräfte hielten Brandwache, damit die Katastrophe nicht doch noch von einem vereinzelten Funken weiterverbreitet wurde, die Medienleute schwärmten um die allerbesten Bilder aus und auch der erneute Besuch des Ministerpräsidenten war vorzubereiten, erste Gerüchte sprachen sogar von der Bundeskanzlerin –, als das alles sich gelegt hatte, baten meine

Eltern und Mehmet mich, mit ihnen zu kommen. »Du musst dich doch auch etwas ausruhen«, bettelten sie beinahe und wollten mich zu ihrem Wohnwagen bringen. Meine Füße aber rührten sich nicht von der Stelle. Als hätte die Hitze in Kaltsommer bis zu mir auf dem Parkplatz in Wankendorf gereicht, den Asphalt geschmolzen und sie einsinken lassen. Nun hatte sich alles wieder abgekühlt, und ich steckte fest. Sie flehten mich an und zerrten an mir, ich blieb, wo ich war. Erst Mehmet fand die richtigen Worte, die den Bann aufhoben und meine Füße vom Grund lösten. »Du musst jetzt stark für deinen Benni sein«, sagte er und fügte die magischen Worte hinzu: »Wenn du von jetzt an für ihn sprechen willst, musst du bei Kräften sein. Und dafür musst du dich ausruhen. Er würde sicher nicht wollen, dass du dich für ihn quälst.« Ich sah ihn an, ganz überrascht, weil er einen Gedanken in Worte gefasst hatte, der mir seit Stunden im Schädel herumgeschwirrt war, ohne dass ich ihn hätte greifen, ja deutlich hätte vor mir sehen können. »Ja«, antwortete ich ihm nur. Ich nickte, wobei sich mein Kopf anfühlte, als säße er nicht auf einem Hals, sondern auf einer ausgeleierten Feder, und tat einen ersten Schritt.

Weiter kam ich nicht. Unter mir knickten die Beine weg, und wenn mich nicht drei Menschen gehalten hätte, ich wäre wie ein Sack Kartoffeln umgekippt. Ich kam erst im Krankenhaus wieder zu mir, mit einem Tropf im Arm, weil ich völlig dehydriert war, und Beruhigungsmitteln im Organismus, um meiner geschundenen Seele und meinem gequälten Geist wenigstens etwas Ruhe zu verschaffen. Ich fühlte mich auch wirklich wie betäubt, leer und bis unter die Schädeldecke vollgestopft mit Emotionen zugleich. Ich nahm meinen eigenen Körper nur noch wie ein paar aneinandergeschweißte Röhren wahr, die von innen sorgfältig mit Asbest ausgekleidet waren, damit nichts von den giftigen Substanzen, die sich darin befanden, nach außen dringen konnte. Selbst das Sprechen fiel mir schwer. Wenn überhaupt, antwortete ich auf Fragen nur mit einer kaum merklichen Bewegung meines Kopfes. Meistens verzog ich auch nur ablehnend die Lippen. Mein Gesicht muss in jenen ersten Tagen eine einzige Grimasse der Ausdruckslosigkeit gewesen sein.

Ich lag im Universitätsklinikum in Kiel, und obwohl er nicht mein behandelnder Arzt und selbst krankgeschrieben war, sah Martin Egmont regelmäßig nach mir. Meistens hatte er seinen Mann Manfred mit dabei und manchmal auch Leon. Für sie gehörte ich längst zu Kaltsommer, für sie war ich einer von ihnen. Dass Benni selber keiner von ihnen mehr hatte sein wollen, kümmerte sie nicht im Geringsten. Ich fand das rührend, und in dem Moment, als mir das aufging, liefen zum ersten Mal Tränen über mein Gesicht. Da war die Besuchszeit längst vorbei und ich als Privatversicherter mit Einzelzimmerzuschlag allein in meinem Krankenzimmer. Ich ließ mich nicht gehen, ich war nur zu schwach, die Tränen zurückzuhalten. Sie schossen aus mir heraus, wie Wasser nach einem mächtigen Regenguss durch das Bett eines ausgetrockneten Flusses in der Wüste schießt: Nichts hielt dem stand. Eine Schwester, die verspätet kam, um mein kaum angerührtes Abendessen abzuräumen, fand mich, und mein fortgeschrittenes Stadium der Selbstauflösung rührte offensichtlich ihr Herz. Wie die Leute hier oben so sind, machte sie nicht erst viele Worte, sondern setzte sich zu mir aufs Bett, nahm mich in ihre Arme und drückte mich an sich. Sie hielt mich, bis ich ausgeweint hatte. Dann legte sie meinen Kopf behutsam zurück auf das Kissen, ging ins Bad und holte ein feuchtes Tuch, um mir den Schnodder aus dem Gesicht zu wischen. Anschließend stemmte sie zufrieden die Hände in die Hüften und fragte: »Na, geht's uns jetzt besser?« Als ich doch tatsächlich lachen musste, lächelte sie zufrieden, nahm das Tablett und ging hinaus.

Nach meiner Entlassung aus dem Krankenhaus bestanden meine Eltern darauf, dass ich nicht sofort nach Berlin zurückkehrte. Sie wollten, dass ich erst mal zur weiteren Erholung in ein Sanatorium in der Schweiz gehen sollte. Meinen Einwand, dass es keine Zauberberge gebe, ignorierten sie geflissentlich. Ich ging trotzdem, weil ich spürte, dass sie es wirklich gut mit mir meinten. Ich sollte Benjamin dort nicht vergessen, nur lernen, mit seinem Verlust zu leben. Mir wieder auf die Beine zu helfen und ein Weiterleben zu ermöglichen, war ihre Art, das Erlebte in all seiner ebenso grotesken wie grausamen Unverständlichkeit zu verarbeiten. Richtige Fortschritte machte ich allerdings erst, nachdem ich wieder in Berlin war und – ich trat inzwischen überall als sein Verlobter auf, weshalb Benjamins von ihm entfremdeter Vater Joachim mir seinen gesamten Nachlass hinterließ – plötzlich wieder konkret auf seinen Spuren wandeln konnte. Ich zog allerdings nicht zurück in meine alte Wohnung, ich schlief bei Mehmet. Darauf hatten sowohl er als auch meine Eltern bestanden, und mir war es egal. Solange ich tagsüber nur zwischen Bennis alten Sachen verbringen, seinen Duft, der noch daran klebte, einatmen, in seinen unzähligen Gedichtbänden blättern und lesen konnte, was er selbst geschrieben hatte, war ich zufrieden und abends tatsächlich so erschöpft, dass ich brav Mehmet, der mich auf dem Heimweg von der Arbeit abholen kam, folgte.

Unter seinen Sachen befand sich auch ein Notizbuch, in dem er über Kaltsommer geschrieben hatte. Die ersten Einträge behandelten albtraumhafte und Albträume auslösende Visionen von Kaltsommers Untergang, in denen es Feuer vom Himmel regnete und alles zu Schutt und Asche verbrannte. Wenn es doch nur so gewesen wäre und dies nicht nur ein müder Abklatsch der Wirklichkeit! Zuerst pfefferte ich das Notizbuch angewidert, so, als hätte ich mir daran die Finger verbrannt, in die Ecke und erlebte noch am selben Abend einen kleinen Nervenzusammenbruch. Der erfüllte Mehmet mir der allergrößten Sorge. »Vielleicht solltest du mal eine Pause machen«, schlug er vor. »Geh spazieren, die frische Luft wird dir guttun.« Ich befolgte seinen Rat, doch führte mich der Spaziergang geradewegs zurück in meine Wohnung. Ich konnte die Finger nicht von Benjamins Notizen lassen. Ich musste sie noch einmal lesen. Und dann noch einmal, und schließlich gelang es mir, den Schrecken zu überwinden und weiterzublättern.

Auf den nächsten Seiten änderte sich der Tonfall. Ganz offensichtlich war es auch meinem roten Bären gelungen, das Furchteinflößende seiner Visionen zurückzudrängen und sich stattdessen Kaltsommer selbst zu widmen. Plötzlich ging es nicht mehr um das Ende seines Heimatdorfes, sondern um dessen Anfang. Aber weil die Anfänge Kaltsommers so sehr im Dunkeln liegen – dass es ausgerechnet über diese alte Siedlung keine bis kaum historische Aufzeichnungen gibt, ist Fluch und Segen zugleich –, hatte er schnell den Entschluss gefasst, daraus ein Langgedicht, ein echtes Epos zu machen. Weit gekommen ist er damit nicht, weil ihm etwas anderes in die Quere kam, jemand anderes: ich. Auf eine der letzten beschriebenen Seiten in diesem Notizbuch hat er doch tatsächlich ein Herz mit meinem Namen darin gemalt. Wie ein verliebtes Schulmädchen. Ich kann bis heute vor Glück heulen, wenn ich nur daran denke.

Nun, ich bin kein Dichter und ich brauchte ein paar Tage, um diesen beglückenden Schock zu überwinden, aber danach wusste ich, was ich zu tun hatte. Mein Umfeld reagierte zuerst eher besorgt auf diese neuerliche Wendung der Ereignisse. Es konnte nicht verstehen, wieso aus dem aufgegebenen Vorhaben eines gescheiterten Dichters eine Verpflichtung – ich sprach dagegen lieber von einer Berufung – für mich erwachsen sollte. In mir schien doch mehr zu Bruch gegangen zu sein als befürchtet. Ich musste unverhohlen mit einem Alleingang drohen, um sie davon zu überzeugen, mir wenigstens nicht unnötig Steine in den Weg zu legen. Das gab ihnen zu denken und ließ sie schließlich einlenken. Mein Studium gab ich auf, und ich zog, nur ein gutes Jahr nach den schrecklichen Ereignissen, in eine kleine Einliegerwohnung auf einem nur noch nebenwirtschaftlich betriebenen Bauernhof in Ruhwinkel nach Schleswig-Holstein. Meine Fenster gingen zwar in die falsche Richtung, aber ich hielt mich sowieso nur selten in der Wohnung auf. Die meiste Zeit streifte ich durch die Gegend in Richtung Kaltsommer.

Der Ort war damals noch Sperrzone. Nur hielten sich die Anwohner nicht wegen des behördlichen Verbots davon fern, sondern eher aus Furcht, ebenfalls zu weniger als Asche zu verbrennen, wenn sie das lose im Wind flatternde Absperrband hinter sich ließen. Außerdem hielt die Corona-Pandemie die Leute noch immer in Atem, auch wenn die Fallzahlen in dieser Gegend eher niedrig waren – nur in Stolpe hatte es gleich zu Beginn einen größeren Ausbruch gegeben. Die für mich günstige Nebenwirkung war, dass erst recht niemand ernsthaft das Betretungsverbot kontrollierte. Die vom Land eingesetzte Untersuchungskommission hatte ihre Arbeit bereits abgeschlossen und einen Abschlussbericht vorgelegt, in dem die Wissenschaftler im Grunde genommen nur ihr völliges Unverständnis des Vorgefallenen einräumten, und Folgeuntersuchungen fanden ausschließlich noch in Laboren statt. Man hatte so viele Proben genommen, dass eine Feldforschung, die diesen Namen verdient hätte, bis auf weiteres nicht nötig war. Mir spielte das alles in die Hände, so konnte ich ungestört das Gelände erkunden.

Wo Kaltsommer einst stand, erstreckte sich nun eine mehrere Quadratkilometer große, kreisrunde Fläche schwarzverbrannter Erde. Es gab keinerlei Erhebungen mehr, nur die wie die Stiefelabsätze eines Riesen in den Boden gedrückten Kellerlöcher brachen die Ebenmäßigkeit auf. Pflanzen wuchsen zu diesem Zeitpunkt noch keine wieder. Es gab nicht ein Fitzelchen Grün zu sehen, und wenn der Wind Staub aufwirbelte, dann hatte er diesen Staub vorher selbst dorthin geweht. Asche lag gar nicht mehr in der Luft. Das Feuer war so heiß gewesen, dass es selbst die verbrannt hatte. Der ganze Fleck sah aus wie eine Vulkanlandschaft, deren Vulkan sich bei seinem letzten Ausbruch komplett selbst vernichtet hat. Ich kam mir unendlich einsam und verlassen vor, als ich den Ort dieser Auslöschung zum ersten Mal betrat, nicht einmal meine Schuhe vermochten auf der zementharten Erde ein leises Knirschen zu erzeugen. Und ob ich es wollte oder nicht, kaum stand ich hier zum ersten Mal wieder, musste ich an das bisschen Zeit denken, dass ich zusammen mit Benni in Kaltsommer verbracht hatte. Doch die Bilder kippten sofort um in ein höllisches Szenario, als mein Kopf zu begreifen versuchte, wie es zu dieser Katastrophe hatte kommen können, wie es in diesem Feuersturm gewesen sein muss. Ich brach an Ort und Stelle zusammen und heulte wie ein ausgesetzter Schlosshund, zu entsetzt, um mich auf grüneres, auf lebensfreundlicheres Gelände zu retten.

Ich mied Kaltsommer danach trotzdem nicht. Im Gegenteil, ich kam immer öfter, und nach und nach gewöhnte ich mich an den Schrecken, der es noch immer beherrschte. Es war, als würde ich mich selbst desensibilisieren, um eine lästige Allergie loszuwerden. Natürlich blieben meine Gänge über den Hügel des alten Bahndamms nicht unbemerkt. In Ruhwinkel war ich vom ersten Tag an bekannt wie ein bunter Hund und wurde zumindest anfangs ziemlich argwöhnisch beäugt. Weil keiner wusste, was ich eigentlich dort wollte, behielt man mich lieber im Auge. Mir war das ganz recht, die Leute sollten sich an mich gewöhnen. Es störte mich außerdem nicht im Geringsten, dass die Arbeiter, die die Brücke mitsamt dem Stück A21, die das Feuer ebenfalls komplett ausradiert hatte, nicht einmal die mächtigen Pfeiler standen mehr, ab September 2020 wiederaufbauen sollten, mich ständig kommen und gehen sahen. Sie sollten mich sehen. Sie sollten mich sehen und von mir erzählen und langsam die Aufmerksamkeit auf mich lenken. Das führte zwangsläufig zum gewünschten Ergebnis, und bereits im Oktober jenes Jahres wartete wie zufällig ein Lokalreporter der Kieler Nachrichten im Schatten des Bahndamms auf mich. Er stellte mir jede Menge Fragen über mich, meine Verbindung zu Kaltsommer und meine Absichten, die ich ihm allesamt äußerst geduldig und ausführlich beantwortete. Der Artikel, der gut eine Woche später im hiesigen Lokalteil, der Ostholsteiner Zeitung, erschien, war in Ruhwinkel und Umgebung sofort Dorfgespräch. Dass er meine Aussagen nur arg verkürzt wiedergegeben hatte, wodurch die Zusammenhänge zerrissen wurden und manches, was bei mir noch wie ein gut durchdachtes Vorhaben geklungen hatte, nun wie eine Drohung klang, steigerte die Verbreitung seines Inhalts sogar noch. Ich musste deshalb erst mal einiges an Anfeindung aushalten, bevor die Menschen bis zu mir vordringen konnten, die ähnlich dachten wie ich. Bereits in der Adventszeit hatte ich nicht nur eine Homepage gebaut, sondern konnte auch ein erstes Zoommeeting durchführen unter dem unmissverständlichen Titel: Lasst uns Kaltsommer wieder aufbauen!

Das schlug richtig große Wellen, ich kam damit sogar bis über die Landesgrenzen hinaus ins Fernsehen. Für die einen war ich einfach nur bedauernswert, für die anderen der durchgeknallte Schwuli, der nicht über den Tod seines Lovers hinwegkam (und am Besten abgeknallt gehörte, quasi mit dem Gnadenschuss). Für eine dritte Gruppe dagegen war ich ein bewundernswertes Vorbild an Kraft und Hoffnung. Nur echte Unterstützter gewann ich dadurch wenige. Dafür blieben die Richtigen übrig, nachdem sich das Sensationspotenzial meiner sogenannten Story endlich erschöpft hatte. Die meisten waren alte Kaltsommeraner. Melanie Harms zählte ebenso dazu wie Florian Molkentin. Auch der Haushalt Philipps-Egmont mit Leon machte mit. Ute Heinsohn war für viele noch immer die amtierende Bürgermeisterin Kaltsommers, und nachdem sie sich öffentlich auf meine Seite geschlagen hatte, bekam meine Sache sogar ein quasi-amtliches Siegel aufgedrückt – und natürlich die Unterstützung von Thies Dührkopp, der inzwischen kurz vor der Hochzeit mit Ute stand und wie befreit von all seinen Geistern und Dämonen wirkte. Mit ihnen in den Hauptfunktionen gründete ich einen Verein, dessen einziges Ziel der Wiederaufbau des verlorenen Dorfes war. Dabei kam uns zugute, dass sie noch immer alle Eigentümer des dortigen Grunds und Bodens waren und diesen auch nicht aufgeben wollten.

Andere ehemalige Bewohner Kaltsommers traten dem Verein sofort bei und unterstützten uns finanziell durch Beiträge und Spenden, erklärten aber zugleich, nicht mehr dorthin zurückkehren zu wollen, selbst wenn der Wiederaufbau gelingen sollte. Die Runge-Kluges zählten dazu, Maik Thode, Melanie Rixen und selbst der alte Querulant Momme Iversen. Der versuchte eine Zeitlang noch, den Verein dafür zu gewinnen, den Staat wegen unterlassener Hilfeleistung und auf Schadenersatz und Schmerzensgeld zu verklagen. Erst als wir ihm dabei nicht helfen wollten, zog er sich zurück. Er blieb ein still in seiner Ecke vor sich hin schmollendes Mitglied, das brav seine Beiträge zahlte und ein ums andere Mal von dem tollen Lindenholz erzählte, dass er leider nicht mehr gewinnbringend hatte verkaufen können vor dem großen Brand. Wir gewöhnten uns an ihn, egal wie sehr sein Gefasel uns anfänglich verletzte; es war sein Weg, mit dem Verlust fertigzuwerden.

Hinzu kamen noch ein paar Fortgezogene, die lange vorher schon woanders Wurzeln geschlagen, aber in Iversens »großem Brand« Angehörige verloren hatten. Auch sie hegten nicht den Wunsch auf eine Rückkehr. Es schien ihnen nur ein notwendiger Trost zu sein, zu sehen, dass der Ort ihrer Kindheit und Jugend, dass ihre alte Heimat wiederaufgebaut wurde. Andreas Harms, Melanies Schwager, war einer von ihnen, alle drei Kinder von Norbert und Thekla Einem ebenfalls, Leonora und Imogen Kluge, Utes jüngster Bruder

Karl-Johann Heinsohn und noch einige mehr. Sie waren uns alle willkommen und verliehen unserem Anliegen Gewicht und Bedeutung weit über den Kreis Plön hinaus. Selbst aus den Nachbardörfern schlug uns irgendwann nur noch Wohlwollen entgegen. Vielleicht ja deshalb, weil es unheimlich viel Energie kostet, ständig wütend und verärgert auf etwas zu sein, besonders auf eine so abstrakte Sache wie den Wiederaufbau eines Dorfes, der sich noch dazu immer länger hinstreckte. Außerdem waren die Gefühle der im Umkreis Wohnenden bezüglich Kaltsommers ständig im Wandel. Mal bedauerten sie, was passiert war, und wünschten sich einen glücklichen Neuanfang, mal bedauerten sie, dass diese Seltsamkeit und Anomalie eine Fortsetzung finden sollte. Ihr Stimmungsbarometer ging rauf und runter, aber über kurz oder lang setzte sich die Haltung durch: »Solange die verdammte Wolke nicht zurückkommt, ist es mir egal! Sollen die doch machen, was sie wollen.« Der erste Teil dieser Aussage wurde bald zu einem geflügelten Wort, und es gab uns im Verein die Freiheit, unser Vorhaben mit aller Kraft zu verfolgen.

Wir waren ein kleiner harter Kern von Leuten, die die Arbeit im Wesentlichen vorantrieben. Ich als Vereinsvorsitzender koordinierte und organisierte alles, Manfred Philipps mit seinen Kontakten und Ute Heinsohn-Dührkopp als lokalpolitische Instanz stellten die nötigen Verbindungen zur Kreis- und Landesverwaltung her. Florian Molkentin war das Mädchen für alles und immer da, wenn Not am Mann war, und Melanie Harms wiederum steckte fast den gesamten Gewinn aus ihrem Blumenladen in unsere Sache. Sobald wir praktisch tätig werden konnten, funktionierten wir wie eine eingeschworene Truppe im Einsatz, wie eine Einheit Pioniere etwa, die im Handumdrehen eine Behelfsbrücke für das nachfolgende Bataillon errichtet. Spannungen gab es trotzdem, und zwar immer dann, wenn grundlegende Entscheidungen zu treffen waren. Eine davon betraf die Art des Wiederaufbaus. Es flogen gehörig – und einigermaßen überraschend für mich – die Fetzen, als es um die Frage ging, wie Kaltsommer wiederaufgebaut werden sollte: originalgetreu oder wirklich neu. Bis zu jenem Zeitpunkt hätte ich niemals gedacht, dass etwas anderes als eine Wiederauferstehung eins zu eins überhaupt möglich sein könnte. Aber gleich einigen lief es bei dieser Vorstellung kalt den Rücken herunter, während sich zugleich ihr Gemüt erhitzte. Ausgerechnet Manfred Philipps, dieser Ausbund an Ausgeglichenheit und Geduld, erlitt deswegen sogar einen leichten Nervenzusammenbruch und stotterte immer wieder, dass das doch nur eine Kopie sei, eine Verhöhnung der Opfer, dass man das, was gewesen sei, nicht wieder zum

Leben erwecken könne. Am Ende war es eine Mehrheitsentscheidung für die Originaltreue, für Kaltsommer in seinem Aussehen bis zum August 2019, inklusive Herren- und Torhaus, Lindenallee und Wiederaufforstung des kleinen Stück Waldes an seinem Rand. Ich war glücklich, Manfred fügte sich.

Ungleich heftiger verlief vielleicht auch deshalb der folgende Namensstreit. Was ich niemals erwartet hätte, trat ein, alle meine Verbündeten lehnten den alten Namen Kaltsommer für das neue, egal wie originalgetreu wiederaufgebaute Dorf ab. »Da hat man gleich wieder nur Wolke, Nebel und Nieselregen vor Augen«, fasste Ute die Meinung aller zusammen, »das brauch ich echt nicht mehr.« – »Aber hatten diese Wasserläuse, von denen mir Benni immer erzählt hat, nicht auch etwas Heimeliges?«, wandte ich ein. »Nur wenn man drinnen im Trockenen saß«, antwortete Martin, und alle außer mir nickten gewichtig dazu. »Wenn ich eins immer vermisst habe«, erklärte Ute es mir, »dann die Weite des Horizonts. Den gab es in Kaltsommer einfach nicht, und wenn du mich fragst, das war das einzig Unnatürliche an dem Ort. Ich will den Horizont behalten, nur so werde ich nicht ständig befürchten, dass sich die Wolke von Neuem bilden und sich alles wiederholen könnte.« Den letzten Rest des Satzes brachte sie kaum über die Lippen, und da begriff ich, dass es ihr ernst damit war. Ihr und allen anderen. Trotzdem traf mich ihre Ablehnung hart, fühlte ich mich von der Einheitsfront, die sie plötzlich bildeten, absichtlich ausgeschlossen. Auf einer rein rationalen Ebene verstand ich, dass es gar nicht gegen mich ging. Es ging um Ängste, die ich als im Rheinland aufgewachsener nicht teilte, auch wenn ich mich schon längst als Einheimischer fühlte. Immerhin war ich es, der das Problem, das sich aus dieser Ablehnung heraus ergab, aussprach und nicht zuletzt mir selbst so ein wenig Zeit zur Gewöhnung verschaffte: »Und wie wollen wir Kaltsommer stattdessen nennen?«

Weil niemand sofort mit einem ernstzunehmenden Vorschlag aufzuwarten wusste, Lindendorf ebenso bescheuert klang wie Westruhwinkel oder Himmelblick – Leon Kaufmann steuerte Neutuntenstein bei und trat damit eine ganze Lawine an Spottnamen los, die in meinen Freunden teils schon sehr lange gereift sein mussten –, beschlossen wir, diese Frage zu vertagen. Wir wollten alle einige Zeit in uns gehen und uns geeignete Vorschläge ausdenken. Ich nutzte diese Zeit hauptsächlich dazu, wieder stundenlang über das Gelände zu schlendern, das einmal Kaltsommer gewesen war. Jetzt, über dreieinhalb Jahre nach der Katastrophe, war der Boden zwar noch immer kohlschwarz, aber er zeigte endlich erste Risse, aus denen es grün spross. Mit dem neuen Frühjahr erhoben erste Keimlinge ihre zarten Häupter über die Wüstenei und brachten zaghaftes Leben zurück. Der Wind musste die Samen über das Land geblasen haben, und anders als zuvor waren dieses Mal einige hängengeblieben und hatten es geschafft, Wurzeln in den Untergrund zu treiben. Mich traf das wie ein Schlag, es haute mich buchstäblich um. Ich sank neben der kleinen Pflanze, von der ich nicht sagen konnte, ob es Gras, Blume, Strauch oder gar Baum werden würde, zu Boden und schluchzte vor Glück. Beinahe hätte ich das arme Ding sogar gepflückt, um es an mein Herz zu drücken. Stattdessen stand ich auf, lief wie torkelnd über die Feuerstelle und erblickte immer mehr grüne Triebe. Ich war so begeistert, dass ich ein Foto davon machte und es Mehmet schickte. Der gratulierte mir, als hätte ich sie eigenhändig erfolgreich angepflanzt. Danach machte ich noch fünfzig oder hundert weitere Bilder und schickte sie an meine Mitstreiter und postete sie auf allen verfügbaren sozialen Netzwerken. »Das Leben geht weiter!«, jubelte ich dazu und heulte schon wieder.

Außerdem zog es Ute und Thies mit Gloria, Melanie und Florian, Manfred, Martin und Leon und noch einige andere ehemalige Kaltsommeraner an. Als hätten sie nichts zu tun oder einfach alles stehen und liegen lassen, kaum dass sie meine Nachricht erhalten hatten. Auch andere kamen, Leute aus Ruhwinkel, aus Bornhöved und Wankendorf, sogar aus Neumünster und Kiel, um das Wunder des Lebens zu bestaunen. Manche beglückwünschten uns, andere standen einfach nur fassungslos da und stammelten, dass sie so etwas niemals für möglich gehalten hätten. Elisabeth Kröger, die Pastorin der Vicelinkirche zu Bornhöved, die uns von Anfang an wohlwollend begleitet und immer wieder Gemeinderäume für unsere Vereinstreffen zur Verfügung gestellt hatte, verkündete gar in ungewohntem Pathos: »Das Leben mag endlich sein, aber am Ende ist es doch zäher als der Tod.« Sie musste selbst darüber lachen. Es heißt trotzdem, dass sie diese neue Einsicht gleich am darauffolgenden Sonntag als Kernbotschaft ihrer Predigt nutzte.

Und es war genau dort, auf diesem Feld der verbrannten und jetzt neu aufkeimenden Träume, dass Manfred Philipps uns mitteilte, vielleicht die Lösung für unser Namensproblem gefunden zu haben. »Ich habe in ein paar Archiven gewühlt«, sagte er, »und bin dabei auf etwas Interessantes gestoßen. Scheinbar hieß Kaltsommer nicht immer Kaltsommer, diesen Namen hat es erst im 15. Jahrhundert bekommen. Vorher wurde es Sconebeke genannt, was wohl so viel wie Schöne Buchen heißt.« – »Also sollen wir unser neues Dorf also Schönebuchen nennen oder Buchenschön?«, fragte Florian und kam mir zu meinem Glück zuvor. Ich hätte diese Frage wesentlich sarkastischer gestellt. »So ähnlich«, antwortete Manfred ihm gelassen. »Ich dachte da eher an eine plattdeutsche Variante, das klingt irgendwie runder.« – »Und wie?«, wollte Leon wissen, der des Plattdeutschen ebenso wenig mächtig war wie ich. »Schönböken.«

Was soll ich sagen, dieser Name verfing. Selbst ich bin inzwischen davon überzeugt, dass er der Richtige für unser neues altes Dorf ist. Seit diesem Tag auf der frisch ergrünenden Unglücksstätte sind knapp sechseinhalb weitere Jahre vergangen, und längst hat sich wieder eine dünne Schicht Muttererde gebildet und schickt sich an, die Brandnarben ein für alle Mal zu verdecken. Der Verkehr auf der A21 fließt wieder ungehindert über die Brücke und, gerade seitdem wir Schönböken als neuen Namen verkünden konnten, Geld in unseren Wiederaufbaufond. An dem haben sich Privatleute ebenso beteiligt wie die Landes- und die Bundesregierung und die Europäische Union. Wie haben einen Masterplan erstellt und verabschiedet, der genau vorschreibt, wann, wie und wo welche Arbeiten vorgenommen werden sollen, um unser Dorf wiederauferstehen zu lassen. Als Letztes würden die Linden der Allee gepflanzt werden, vorgezogene Setzlinge, kleine Bäume schon eher, denen der Stress der Bauarbeiten erspart werden soll. Bis dahin wird es noch einige Zeit dauern, aber wir sind guter Dinge, dass wir unseren Zeitplan einigermaßen werden einhalten können. Denn heute ist endlich der erste Spatenstich, und alle sind gekommen, um diesem feierlichen Ereignis beizuwohnen: ehemalige Bewohner Kaltsommers aus nah und fern, meine Eltern und meine Schwester Celina, Mehmet, sogar Bennis Vater, alt und klapprig, aber voller Dankbarkeit dafür, dass das Andenken an seinen ihm so wenig bekannten Sohn wachgehalten wird. Natürlich ist die Presse da, von lokalen Medien ebenso wie überregionalen und internationalen, wenn auch nicht so massiv wie damals bei der Katastrophe. Und die Ministerpräsidentin hat es sich sowieso nicht nehmen lassen, eine der Festreden zu halten. Sie wird wieder etwas über die Rückeroberung und Wiederbelebung des ländlichen Raumes sagen, da bin ich mir ziemlich sicher. Es ist trotzdem schön, dass sie uns die Ehre erweist. Nur Manfred weilt nicht mehr unter uns. Dieser unermüdliche Kämpfer für das neue Schönböken ist im letzten Jahr von uns gegangen, friedlich im Schlaf, nachdem wir endlich von der Politik grünes Licht erhalten hatten. Deswegen wird Schönböken auch nicht zu hundert Prozent sein wie Kaltsommer, denn der früher namenlose Platz vor dem Torhaus, an dem die Bushaltestelle lag und an den auch der Garten des Verwalterhauses, seines Heims, grenzte, wird zukünftig seinen Namen tragen. Und es wird gut so sein, denn Kaltsommer existiert wirklich nicht mehr. Es ging an jenem schrecklichen Tag im August 2019 unter, und hätten wir versucht, es zu reanimieren, es hätte uns der Reihe nach in den Wahnsinn getrieben. Mich auch. Mich vermutlich sogar als Allererstes. Es wäre ein Ort voller Geister geworden, die uns bis ans Ende aller Tage heimgesucht hätten. So aber wird es ein Ort des Lebens sein, ein kleines Dorf mitten in Holstein, dem man seine besondere Vergangenheit und höchst eigenwillige Geschichte kaum ansieht. Allein wir, die wir dabei waren, wir wissen es und werden davon erzählen. Und wenn ich endlich in das aus rotem Backstein errichtete Hausviertel mit der Hausnummer 6 einziehen werde – das Grundstück habe ich den erleichterten Neubesitzern schon vor Jahren für einen großzügigen Preis abgekauft –, dann bin ich auch wieder mit dir vereint, Benjamin. Hier, wo ich hingehöre, in Schönböken.

So werde ich es auch in der kleinen Rede erzählen, die ich zur Feier des Tages halten darf. Einleiten aber werde ich sie mit ein paar Zeilen, die ich mir von dir, mein Benni, geborgt habe. Ich weiß nicht, wann du sie aufgeschrieben hast oder in welchem Zusammenhang. Ebenso wenig kann ich sagen, ob diese beiden Verse schon das gesamte Werk bilden oder nur Fragment geblieben sind. Mir ist es egal. Egal. Was zählt, ist allein ihre Botschaft, und die könnte passender nicht sein:

Eben vor dem Regen
Bin ich heimgekommen.

MAIN Verlag

Thomas Pregel
Der Erste von uns

ISBN: 978-3-95949-545-5

Ein Kaminzimmer, eine Runde älterer Herrschaften, eine Beerdigung.
Was als besinnliches Gedenken an den Verblichenen gedacht ist, mutiert nur zu rasch in ein heftiges Ränkespiel um das Erbe. Auch wenn jeder sein eigenes Süppchen kocht, in einem sind sich alle einig: Der Lebenspartner ihres verstorbenen Bruders soll möglichst nichts vom Kuchen abbekommen!
In seinem Gesellschaftsroman zeichnet Thomas Pregel das Portrait einer Familie, deren Hauptakteure aus der Generation, die nach dem Zweiten Weltkrieg geboren wurde, stammen. Sie haben die ganz junge Bundesrepublik erlebt und die ersten gesellschaftlichen Umbrüche der Sechziger- und Siebzigerjahre. Im Kaminzimmer wird ihr Weg in die heutige Zeit reflektiert.

KALT SOMMERS
UNTERGANG

INVICTICON

Printausgabe, erschienen 2022
1. Auflage

ISBN: 978-3-95949-605-6

Eutiner Straße 24,
18109 Rostock

www.main-verlag.de
www.facebook.com/MAIN.Verlag
order@main-verlag.de

Druck: AKT AG, FL-9497 Triesenberg (AgenTisk Huter d.o.o)

Bibliografische Information der Deutschen Nationalbibliothek:
Die Deutsche Nationalbibliothek verzeichnet diese Publikation in der Deutschen Nationalbibliografie; detaillierte bibliografische Daten sind im Internet über http://dnb.d-nb.de abrufbar.

THOMAS PREGEL

KALT SOMMERS

UNTERGANG

ZWEITER TEIL

HOLSTEINER TRILOGIE III

Das Buch

Benjamin Sandow kehrt nur aus einem einzigen Grund aus Berlin nach Kaltsommer zurück: Um sein Erbe so schnell wie es geht zu verkaufen, und damit alle Bande zwischen seinem neuen Leben in Berlin und seiner Kindheit in Kaltsommer für immer zu durchtrennen. Schließlich wartet Gerrit in Berlin, Benjamins um gut zwanzig Jahre jüngere Liebe.

Das Unbehagen im Dorf nimmt zu, dabei hat es während des Dreißigjährigen Kriegs und Holsteins Fall unter die Regentschaft der dänischen Könige schon genug erlebt.

Mit »Kaltsommers Untergang« endet die Holsteiner Trilogie. Kaltsommer an sich mag in einer Zeit der Akzeptanz und Toleranz nicht mehr gebraucht werden, aber der Zauber des Neuen und des Wandels wohnt diesem Buch, das zugleich auch ein historischer Roman ist, und die Geschichte des Umgangs mit der Homosexualität in Schleswig-Holstein vom 8. Jahrhundert bis heute schildert, inne.

ZWEITER TEIL

WOLKENBRUCH

Achtzehntes Kapitel

Es war interessant geworden, durch Kaltsommer zu spazieren. So vieles war in der letzten Zeit geschehen und geschah noch, dass man nicht umhinkam, festzustellen: Dinge waren in Bewegung geraten. Was sie bedeutete und wohin diese Bewegung führte, war noch nicht absehbar, aber sie lag überall spürbar in der Luft. Thies Dührkopp glaubte manchmal schon, sie mit Händen greifen zu können, und er war so etwas wie der Nachtwächter auf Kaltsommers Straßen, dem nichts entging. Seit seiner Kindheit von Nervosität, Angstzuständen und Schlaflosigkeit gequält, hatte er es sich angewöhnt, nach Einbruch der Dunkelheit aus dem Haus zu schlüpfen und durch sein Heimatdorf zu laufen. Ein Schatten unter Schatten, den man leicht übersah, dessen Katzenaugen jedoch jede Finsternis durchschauten. Natürlich war das eine ziemlich romantische Interpretation seiner Probleme, zu denen man durchaus noch Einsamkeit zählen durfte. Stets war er müde, manchmal mürrisch, wenig kommunikativ, ein Trauerkloß, den niemand auf Dauer ertragen mochte. Nur auf dem Fußballplatz gelang es ihm, seinen Lebenspanzer ab und an aufzubrechen und der Welt seine leichte, fröhliche Seite zu zeigen. Je hitziger und umkämpfter das Match, desto stärker taute er auf. An diesem Abend etwa waren sie vom TSV Wankendorf in einem Freundschaftsspiel gegen den TSV Quellenhaupt Bornhöved angetreten, und vielleicht weil es um nichts ging außer um das Prestige, besser zu sein als der Nachbar, war es ein heißer Kampf geworden. Thies als bester Kopfballspieler in der Geschichte seines Vereins hatte zwei Tore zum 4:2-Sieg seiner Mannschaft beigetragen, weil endlich einmal die dafür nötigen Flanken angekommen waren. Danach hatte er sich danach so gut und gelöst, dass er noch auf ein Bier mit in Schlüters Gasthof in der Dorfstraße gekommen war. Boy hatte ihn trotzdem noch ein wenig dazu drängen müssen, aber Thies hatte inzwischen gelernt, seinem besten und einzigen Freund in diesen Dingen zu vertrauen. Boy hatte ihn in die Mannschaft gebracht, hartnäckig um Akzeptanz für den freudlosen Schweiger geworben und immer wieder zwischen ihm und den Mitspielern vermittelt, bis die sich endlich an ihn gewöhnt und ihn als wertvollen Teil des Teams angenommen hatten. Thies war dankbar dafür. Das Kicken war so ziemlich das einzige im Leben, was ihm echten Spaß bereitete, und nicht nur wegen der Endorphine, die dabei Körper und Geist überfluteten.

Die Euphorie war jedoch ganz schnell verflogen, nachdem er nach Hause in die Eduard-Wulff-Straße zurückgekehrt war. Dort war alles leer und still und wanderte der Geist des Todes durch die Räume. Der Tote selbst war lange abtransportiert, verbrannt und die Asche in einer versiegelten Urne aus rostfreiem Stahl in einem nur mit den Lebensdaten des Verstorbenen gekennzeichneten Grab beerdigt. Mit dem Pastor waren sie zu sechst bei der Trauerfeier gewesen, und wie sich herausstellen sollte, war nicht einmal der Tote selbst wirklich anwesend gewesen. Dessen Gespenst, ein vor Schmerzen stöhnendes, erblindetes Gerippe, dessen Haut mit widerlich anzuschauenden braun-bläulichen Flecken übersät war, geisterte noch immer durch sein altes Zuhause. Und wie hätte es auch anders sein können, nachdem sie Tore darin die letzten anderthalb Jahre seines Lebens quasi eingesperrt hatten – aus so vielen Gründen, die letztendlich alle auf eine Ursache zurückzuführen waren: Angst.

Thies hatte sich immer wohlgefühlt in Kaltsommer. Durch die Abschottung durch Wolke und Nebelwand existierte hier ein ganz besonderes Gemeinschaftsgefühl. Nicht nur kannte jeder jeden, man war auch stets freundlich und hilfsbereit im Umgang miteinander, denn von den Außenweltlern wurde man meistens doch nur schräg angesehen, sobald die von ihrem Wohnort erfuhren. Untereinander musste man diese leise, aber stetige Demütigung nicht befürchten. Dieses Wissen hatte Thies seit dem Tag seiner Geburt erfüllt, es war ihm mit der Muttermilch und der Erfahrung seiner älteren Geschwister eingeflößt und eingeimpft worden. Er hatte von Anfang an dazugehört, einfach weil er hier lebte. Deshalb hatte er an Kaltsommer als einen guten Ort geglaubt und war er so erschüttert gewesen, als sich dieser Glaube als Trugschluss erwies. Im Herbst 1987 war sein Bruder Tore mit der Diagnose HIV-positiv zurück nach Kaltsommer gekommen, im Frühjahr 1989 war er an den Folgen von Aids gestorben. Die knapp achtzehn Monate dazwischen hatten für den kleinen Bruder alles ein für alle Mal verändert. Als sie an jenem verregneten Frühlingstag vom Friedhof in Bornhöved zurück ins Haus an der Ecke Eduard-Wulff- und Hauptstraße gekommen waren, vom ganzen Dorf hinter Gardinen hervor beobachtet, waren sie sich alle wie Aussätzige vorgekommen. Wie ein Haufen menschlicher Schmutz, dreckig und infektiös, den die anderen am liebsten gestern schon aus dem Dorf entfernt gesehen hätten. Keiner hatte ihnen mit Tore geholfen, kaum jemand hatte auch nur jemals ein Wort der Anteilnahme für sie übrig gehabt. Eltern hatten ihren Kindern verboten, mit den kleinen Dührkopps zu spielen, und von einem Tag auf den anderen war aus dem einst warmen und von Lebensfreude erfüllten Heim der Familie eine Quarantäne- und Isolierstation geworden, die niemand außer ihnen mehr betrat.

Thies, damals noch viel zu klein, um diese Vorgänge zu verstehen, litt bis heute unter der plötzlichen Ausgrenzung. Er litt mehr darunter als seine Eltern und Geschwister, die irgendwann einer nach dem anderen anderswo ein neues Leben begonnen hatten. Anders als sie hatte er Kaltsommer niemals hinter sich lassen können, nicht diese frühe, durch und durch gute Empfindung, ein Teil des Dorfes zu sein. Deshalb war er nach der Walz, die seine Lehre zum Zimmermann beendete, nach Kaltsommer zurückgekommen, und tatsächlich hatte ihn niemand mehr argwöhnisch beäugt. Es war, als wäre niemals etwas passiert. Die Kaltsommeraner taten, als wäre er nur ein wenig verreist gewesen und endlich nach Hause zurückgekommen, sehr zu ihrer Freude.

Natürlich hatte sich die Erde seit Tores Tod weitergedreht und sich auch in Kaltsommer die Erkenntnis durchgesetzt, dass Aids nicht die üble Seuche war, für die man sie im ersten Moment hielt – dass die Verseuchten nicht das Übel waren. Wo, wenn nicht in Kaltsommer, hätte diese Erkenntnis reifen müssen, wo doch so gut wie jede Familie einen Schwulen in ihren Reihen hatte, der von dieser Krankheit bedroht gewesen war. Wie es trotzdem zu dieser grenzenlosen und ausgrenzenden Panik hatte kommen können, verstand Thies bis heute nicht. Erdmann und Louise Gargs Sohn Albert, Kaltsommers zeitweilige Königin Muschi Sahne-Häubchen, war noch vor Tore an Aids gestorben. Aber eben in einem Krankenhaus in Hamburg: weit, weit weg und ungesehen. Da konnte man es den Eltern sogar verzeihen, wenn sie ihn besuchen fuhren in der Virenhölle, in der er zweifelsohne zugrunde ging. Nach Alberts Tod war das Haus der Gargs voller Nachbarn gewesen, die den trauernden Eltern ihr Beileid ausgesprochen und ihnen Trost gespendet hatten. Nach Tores Tod war auch das Dührkopp-Haus tot gewesen.

Das war es noch immer. Deshalb machte sich Thies, kaum hatte er seine Sportsachen weggeräumt, wieder von dannen. Es war ein so schöner Juniabend gewesen, voller Licht und Leidenschaft und Lachen, da lastete die Stille seines Heims besonders schwer auf ihm. Also floh Thies sie, noch voller Energie. Er zog sich die Trainingsjacke über, die er trotz der vorgerückten Stunde in Wankendorf nicht gebraucht hatte, und machte einen weiteren seiner endlosen Spaziergänge durch das nächtliche Kaltsommer. Sobald er die Tür hinter sich ins Schloss zog, atmete er erleichtert auf. Mit einem Blick nach oben auf den ungewöhnlich hellen Bauch der Wolke – als hätte sich darin das dieser Tage niemals erlöschende Nordlicht verfangen – wandte er sich nach links und ging die Eduard-Wulff-Straße in Richtung Schulweg hinunter. Er hatte nicht eine einzige Lampe während seines kurzen Aufenthalts zu Hause angemacht, nicht einmal das Außenlicht über der Tür.

Er wusste, es wäre besser für ihn, wegzuziehen. Er konnte es nicht, er kam von Kaltsommer nicht los.

Thies arbeitete als Zimmermann bei einem Dachdeckerei-Betrieb in Raisdorf, spielte Fußball in Wankendorf und sein bester Freund Boy lebte in Stolpe. Außer zum Schlafen oder eben Spazierengehen hielt er sich kaum in Kaltsommer auf. Sein Haus enthielt nur die nötigsten persönlichen Dinge, und überhaupt nur an den Küchenwänden hingen ein paar Bilder, Familienfotos, die dem Raum etwas Wohnliches gaben. Früher war das anders gewesen, als sie zu sechst in diesem für so viele Köpfe viel zu kleinen Haus gelebt hatten. Nach seiner Geburt waren seine Eltern ins Wohnzimmer gezogen, damit der pubertierende Tore sich nicht das Zimmer mit einem Kleinkind teilen musste. Als Thies vier war, zog sein älterer Bruder nach Bremen, er hatte einen Ausbildungsplatz zum Schiffssteward bei einer großen Passagierschiffreederei ergattert. Das war immer sein Traum gewesen: zur See fahren und die ganze Welt sehen. Ein Jahr später war er wieder zurück, bereits krank, und diesmal war es Thies, der ins Wohnzimmer umquartiert wurde. Niemand hätte damit gerechnet, dass Tores Siechtum noch anderthalb Jahre dauern und die Dührkopps auch gesellschaftlich dermaßen isolieren würde. Selbst als

Thies die Realschule beendete und Kaltsommer für seine Lehre Richtung Kiel verließ, wurden sie noch meistenteils geschnitten, so als könnten sie alle selbst auch mit dem Virus infiziert sein – es besaß doch eine höllisch hinterhältige Inkubationszeit! Levke und Mette waren längst weggezogen und weigerten sich selbst an Weihnachten, noch einmal einen Fuß ins Dorf zu setzen, und nachdem mit ihm auch das Nesthäkchen in die weite Welt hinausgezogen war, brachen seine Eltern die Familienzelte in Kaltsommer ab. Allerdings bekamen sie das Haus nicht verkauft. Niemand wollte es haben, selbst zum Spottpreis nicht. Es war und blieb verseuchter Grund, und die Nachbarn sorgten schon dafür, dass jeder Kaufinteressent davon erfuhr, was Ende der Achtziger Jahre in seinen Mauern vorgefallen war. Stattdessen wurde hin und wieder eine Scheibe eingeworfen. Bernd und Friederike Dührkopp blieben auf der Immobilie sitzen. Selbst nach ihrer Scheidung waren sie als gleichberechtigte Eigentümer dadurch miteinander verbunden, weil auf beiden Seiten das Geld nicht da war, die jeweils Seite auszuzahlen. Das Haus verfiel zusehends. Doch dann kam Thies von seiner Walz zurück, fand die Stelle in Raisdorf und brauchte ein Dach über dem Kopf.

In all den Jahren in der Fremde, die ihn durch ganz Deutschland, Österreich, der Schweiz, Frankreich und Spanien geführt hatten, war er mit dem Kopf immer unter der Wolke in Holstein geblieben. Was das anging, war er ein typisches Kind aus Kaltsommer. Daran hatte nicht einmal die Erfahrung der Ausgrenzung etwas geändert. Tatsächlich hatte er die mit jedem Schritt, den er sich von dem Dorf entfernte, ein Stück weiter aus seinem Bewusstsein gedrängt, bis er sich einreden konnte, sie wäre gar nicht so übel gewesen. Aids war damals neu, unbekannt und nicht nur grausam gewesen, sondern eine reale Bedrohung für die meisten Familien des Dorfes. Kein Wunder also, dass sie ausgerechnet denen, die diese Krankheit in ihre Abgeschiedenheit brachten, nicht zu nahe kommen wollten. Dieser Eindruck schien sich sofort zu bestätigen, als Thies das erste Mal nach Jahren wieder nach Kaltsommer kam, um das Haus seiner Kindheit zu besichtigen. Die Nachbarn, Kistenmachers von gegenüber und Schielkes gleich nebenan, waren noch immer dieselben, erkannten ihn sofort und zeigten sich hocherfreut, ihn zu sehen. Als er ihnen seinen Plan mitteilte, seinen Eltern das Haus abzukaufen, es eigenhändig wieder instand zu setzen und dort einzuziehen, waren sie begeistert und boten ihre Hilfe an. Sie hatten ihm dann auch wirklich geholfen oder hätten es, wenn er sie gelassen hätte. Nachdem sie jahrelang von sich aus das Haus Eduard-Wulff-Straße Nr. 1 in Kaltsommer nicht hatten betreten mögen, wollte er das nun plötzlich nicht mehr. Das war sein Haus, sein Heim, sein und nur sein Dach allein unter der Wolke. Nach der Einweihungsfeier war Ute die Einzige gewesen, die ihn jemals zu Hause besuchte.

Schon als Thies in den Schulweg einbog, der ihn gleich darauf als Bockhorner Weg hinaus aufs offene Feld führte, konnte er das Schnattern der Gänse hören. Gegen jede Prognose hatten sich die Tiere in Kaltsommer häuslich niedergelassen. Zweihundertfünfzig Tiere ungefähr waren gezählt worden, inklusive des Vogels, den Rüdiger Harms abgemurkst und aufgespießt hatte. Ein paar waren von Fuchs oder Hund gerissen, eine in einer Kurve über die Straße watschelnde Gans vom Postauto überfahren und mindestens fünf von Bauern erschossen worden, die mitansehen mussten, wie ihre Ernte im Gierschlund dieser nimmersatten Kreatur verschwand. Naturschützer hatten dagegen protestiert, aber immerhin keine Anzeige erstattet. Mit dem Hinweis, dies seien die Folgen des vom Menschen verursachten Klimawandels, mit dem wir nun zu leben hätten, hatten sie sich schützend vor den Schwarm gestellt. Der hatte den Schutz dankend angenommen und angefangen zu brüten. Das war nun wirklich eine Sensation, denn Kaltsommers Topographie entsprach absolut nicht den Brutgewohnheiten dieser Art. Anstatt wie sonst ihre Nester in Klippen und auf schroffen Felsen zu bauen, mussten sie sich hier mit dem platten Land begnügen, schutzlos jedem Räuber ausgeliefert, der diese Breitengrade noch bevölkerte. Dementsprechend groß war auch die Verwüstung, die Marder, Katze, Hund und Ratte in den Gelegen anrichteten. Viele Küken waren gar nicht erst geschlüpft, und nur die wenigstens von denen, die es geschafft hatten, würden erwachsen werden und die Flugfähigkeit erlangen. Die meisten Kaltsommeraner sahen das mit stiller Genugtuung. Ihnen gingen diese Viecher mit ihrem ewigen Geschnatter und dem Hang, Gemüse- ebenso wie Blumengärten zu plündern, unheimlich auf die Nerven. Thies besaß keinen nennenswerten Garten, nur ein paar Quadratmeter Rasen, die er einmal pro Woche mähte, aber auch er musste regelmäßig Gänsescheiße von den Gehwegplatten und seinem Auto entfernen. Diese verirrte Horde Nonnengänse mochte ein Phänomen sein und vielleicht sogar eine Strafe für die menschliche Maßlosigkeit, brächen sie heute doch noch in ihr Sommerquartier auf, er würde ihnen trotzdem keine Träne nachweinen.

Im Gegensatz zu ihm waren die Gänse ein Fremdkörper in Kaltsommer. Er war der verlorene Sohn, der endlich heimkehrte, sie nichts weiter als eine Heimsuchung. Dass er mit Ute Heinsohn zusammengekommen war und nicht einmal ihr bärbeißiger Vater etwas dagegen einzuwenden gewusst hatte, war der beste Beweis dafür. Dass es nicht gehalten hatte, konnte er ihr nicht vorwerfen. Dass er ihr noch immer nachtrauerte, erst recht nicht. Allerdings hätte sie es besser treffen können als mit diesem Tino Grabovski, diesem teigigen Stubenhocker, der nichts lieber tat, als vor dem Fernseher rumzugammeln. Thies redete sich gerne ein, dass Ute das tief in ihrem Herzen wusste, denn warum sonst hatte sie ihn selbst nach der Geburt der gemeinsamen Tochter nicht heiraten wollen? Tief in seinem eigenen Herzen wusste er, dass sie auch nach einer Trennung von nicht zu ihm zurückkehren würde, aber davon träumen konnte er trotzdem, als ihn seine Füße vom Bockhorner Weg in den Stövkamp trugen und damit unweigerlich in ihre Richtung.

Im Dunkeln sah er die unzähligen Kothaufen nicht, mit denen die Gänse das schmale Band der Straße verdreckt hatten. Er spürte sie nur unter seinen Füßen, wenn er sie mit seinem Gewicht plattdrückte zu glitschig-weichen Schlieren. Die Luft roch nach Ammoniak und Morast, als hätten sich die Äcker links und rechts in Rieselfelder verwandelt. Auf denen sollten eigentlich Raps, Mais und Weizen wachsen. Aber mit den Pflanzen hatten die Tiere gründlich ein Ende gemacht, kaum dass sich im Frühjahr die ersten Keime über dem Boden zeigten. Auch der Geruch ließ Thies seinen Schritt beschleunigen – und ihre weißen Gesichter, die fahl im Zwielicht der wolkigen Juninacht leuchteten und ihm das Gefühl gaben, von fünfhundert Augen beobachtet zu werden.

Bald schon stand er an der Ecke Rüderkoppel und Ruhwinkler Straße; die Häuser hier gehörten entweder Heinsohns oder Mitgliedern der Gärtnereibetreiber-Familie Lommer. Thies hatte nur Augen für Utes Haus, das genau in der Straßenkurve stand, etwas zurückgesetzt, hinter einem Zaun und vielen Pflanzen, die am Tage bunt blühten und deren Namen er absolut nicht kannte. Sie war schnell von zu Hause ausgezogen, wenn auch nur einmal quer über die Straße in das Haus ihres recht früh verstorbenen Onkels. Der alte Max und seine Söhne konnten sehr erdrückend sein, davor war sie geflohen. Bei Ute brannte noch Licht, wahrscheinlich hockte Tino vor der Glotze. Vor ein paar Jahren wäre Thies jetzt am Ende seines Spaziergangs angekommen, die lange Auffahrt zum Haus hinaufgeschlendert, ins Haus geschlüpft und wieder zurück zu Ute ins Bett. Sie hätte im Schlaf die Arme geöffnet und ihn an sich gedrückt. In der Hochphase ihrer Liebe hatte sich das angefühlt wie ein echtes Nachhausekommen, wie der Anfang von etwas Neuem und Tragfähigem. Thies hatte sich so glücklich gefühlt, dass ihm seine permanente Traurigkeit selbst kaum mehr aufgefallen war. Ute hatte das anders gesehen und ihn irgendwann, erschöpft an Leib und Seele, wieder in sein wahres Zuhause in der Eduard-Wulff-Straße geschickt. Zurück in das alte Seuchenhaus.

Mehrere Minuten stand Thies wie ein Götze unter den Zweigen des Haselnussstrauchs, direkt an der Einmündung der Rüderkoppel in die Ruhwinkler Straße. Wäre in diesem Moment ein Auto aus Richtung Ruhwinkel gekommen und hätte ihn plötzlich in das Licht seiner Scheinwerfer getaucht gesehen, dem Fahrer wäre vermutlich ordentlich der Schrecken in die Glieder gefahren. Thies selbst hätte davon kaum etwas bemerkt, er war völlig im Treibsand seiner Erinnerungen und Sehnsüchte versunken. Das passierte ihm für gewöhnlich immer an dieser Stelle seines Weges.

Nachdem er sich daraus wieder hervorgekämpft hatte, musste er wie immer die Entscheidung fällen, ob er diese Nacht die ganz lange Strecke gehen wollte oder nur die durchs Dorf. Die ganze lange hätte ihn jetzt nach links den kleinen Hügel hinab geführt, durch die Nebelwand und unter der Autobahnbrücke entlang, die seit Wochen schon zu einer einzigen konturlosen Masse verschmolzen waren, dann den Hügel wieder hinauf und oben auf seiner Kuppe nach rechts in den alten Bahndamm nach Bornhöved. Er käme dann bei der Kleingartenkolonie wieder auf Asphalt, der hier bezeichnenderweise An den Kleingärten hieß. Ein weiterer Rechtsschwenk würde ihn zurück Richtung Autobahn, diesmal jedoch über eine Brücke und Nebelgrenze in die Appelallee bringen. Kaltsommer hätte ihn nach kurzem Ausflug wieder. Manchmal spazierte Thies sogar noch weiter, dann lief er den Bockhorner Weg immer weiter geradeaus, passierte den Nebel, sah linker Hand die roten Signalleuchten der Windkrafträder im Nachthimmel blinken und kam über Wankendorf zurück nach Kaltsommer. In solchen Nächten schlief er gar nicht. Danach war Thies heute jedoch nicht und auch nicht nach einer Wanderung in die Außenbereiche Bornhöveds. Er bog gleich rechts ab, warf Ute in ihrem von einem fremden, aber leichter zu ertragenden Mann okkupierten Haus einen letzten Blick zu und näherte sich wieder den durch die konstant hohe Feuchtigkeit in der Luft stets etwas trüb wirkenden Lichtern Kaltsommers. Nach einer langen und harten Arbeitswoche – die Auftragsbücher waren voll, aber an guten Dachdeckern mangelte es – und dem Spiel vorhin war Thies rechtschaffen müde. Nur hieß das leider nicht, dass er automatisch auch gut schlief.

Er passierte das Haus von Utes Tante Marianne, das wie immer wie eine verschlossene Muschel in einem beleuchteten Aquarium wirkte. Tante Marianne hatte ihn gemocht. Manchmal glaubte Thies sogar, sich zu erinnern, dass sie ihm als eine der wenigen nach Tores Rückkehr noch ein freundliches Lächeln geschenkt hätte. Vermutlich war das Wunschdenken, denn schon damals war Tante Marianne kaum jemals im Dorf zu sehen gewesen.

Danach kam er bei Gärtners, Hecklers und Göbens vorbei. Er überlegte kurz, ob er nicht doch noch einen Schlenker über Appelallee und Sandskoppel machen sollte, entschied sich aber dagegen und ging ins Dorf hinein, vorbei am stechpalmenheckenumrankten Anwesen von Familie Thode. Gleich daneben wohnte Olaf Harms mit Frau und Vater. Vor Rüdiger Harms hatte er in seiner Kindheit Angst gehabt, seine Wutausbrüche waren legendär. Trotzdem hatte sich Thies viel hier herumgetrieben, zumindest als Bärbel noch unter diesem Dach gelebt hatte. Auch sie war nach Einbruch der Dunkelheit gerne draußen herumgestrichen, um durchzuatmen und zu rauchen. Wenn immer sie den kleinen Jungen, der zu dieser späten Stunde längst im Bett hätte liegen sollen, sah, lud sie ihn zu einer kleinen Unterhaltung ein, die sie flüsternd wie Gefangene führten, die gemeinsam ihren Ausbruch aus diesem Gefängnis planten. Das hatte ihnen beiden gutgetan. Aber dann hatte Bärbel es endgültig nicht mehr ausgehalten, sie hatte ihre Koffer gepackt und war abgehauen. Thies hatte das einen Stich gegeben, ihm war, als hätte ihn seine Verbündete allein in seiner Zelle zurückgelassen. Seine nächtlichen Spaziergänge hatte er trotzdem fortgesetzt, nur von nun an machte er einen Bogen um den Harms-Hof. Ironischerweise war es der von Alzheimer besänftigte Rüdiger, der ihn dorthin zurückgeführt hatte. Rüdiger konnte nachts ebenfalls oft nicht schlafen, büxte regelmäßig aus und wusste dann nicht mehr, wo er war und was er so spät noch draußen machte. Wütend wurde er nur noch, wenn er die vermaledeiten Gänse sah, hörte oder roch, und das konnte Thies immer besser nachvollziehen. Daran, von einem Spaziergänger ohne Licht mitten in der Nacht auf einer unbeleuchteten Landstraße angesprochen zu werden, fand Rüdiger nichts Seltsames. Er war vielmehr froh darüber und ließ sich, nett plaudernd, zurück nach Hause begleiten. Heute jedoch musste es Olaf und Melanie gelungen sein, den Alten ins Bett zu bringen und die Tür zu verriegeln, denn bei Harms lag alles ruhig und still.

Thies ging weiter, ein paar hundert Meter noch, und er wäre wieder zu Hause. Er war jetzt fest entschlossen, zu Bett zu gehen und es mit dem Schlaf aufzunehmen, diesem Element flüchtiger als Gas. Aber er war gerade auf Höhe des Gartenwegs, als er über sich das Schlagen von Flügeln und das Schnattern von ein paar Gänsen hörte. Drei, vielleicht vier der Tiere, die nicht unbedingt nachtaktiv waren – aber was war an diesen Viechern überhaupt noch normal! –, flogen noch einmal eine Runde über das Dorf. Sie kamen dabei aus eben der Richtung, in die er musste. Ohne sich so recht klar über seine Gründe dafür zu sein, bog Thies in den Gartenweg ein. Er verspürte einen Anflug von Ekel in sich und meinte wieder, den stechenden Ammoniakgeruch in der Nase zu haben.

Selbst für einen späten Freitagabend war im Dorf wenig los. Nur hinter wenigen Fenstern brannte, gedämpft durch Gardinen, Vorhänge und nicht komplett heruntergelassene Rollos, noch Licht. Geräusche waren so gut wie keine zu hören, da es nun schon so lange nicht mehr geregnet oder auch nur genieselt hatte, dass kein Wasser mehr für das beständige Tropfen vorhanden war, das sonst die Luft erfüllte. Thies hörte nur seine eigenen Schritte, und selbst die waren durch das weiche Turnschuhmaterial ziemlich leise. Einmal kam unter einem Vorgartenbusch ein Rascheln hervor, ohne dass er das dazugehörige Tier hätte erblicken können. Eine Katze vielleicht, dies war ihre Stunde. In der Sandskoppel, auf Höhe des Spielplatzes, vernahm er die grummelig-schmatzenden Laute eines Igels auf Nahrungssuche, aber auch der blieb von der Dunkelheit verschluckt. Wahrscheinlich suchte er unter der Hecke, die den Spielplatz von der Straße trennte, nach Schnecken und anderen kleinen Insekten. Ansonsten war alles ruhig, nicht einmal Eule oder Kauz waren zu hören und ein Auto sowieso nicht.

Als Thies unter die hohen Linden der Allee trat, raschelten deren Blätter immerhin leise in einer Brise, die unten auf dem Erdboden nicht zu spüren war. In einem Zeitungsartikel über diese einen Kilometer lange Straße, die überall sonst ein Hingucker gewesen wäre, hatte er gelesen, dass ihre Bäume jedes Jahr zweihundert Millionen Blätter ausbildeten – und im Herbst natürlich auch wieder abwarfen. Die Zahl war unvorstellbar, und wenn sie zutraf, dann hätte es über seinem Kopf, so glaubte er jedenfalls, viel lauter rauschen müssen.

Plötzlich durchbrachen Scheinwerfer den Nebel am fernen Ende der Allee; dessen Dunstschwaden waren selbst von hier aus noch als geisterhaft weißer Schimmer zu erkennen. Ein Auto um diese Zeit war ungewöhnlich, obwohl es natürlich sein konnte, dass irgendein Dorfbewohner von einer Feier bei Freunden außerhalb nach Hause kam. Aber seit dem Busunglück sahen die meisten Kaltsommeraner zu, noch vor Einbruch der Dunkelheit wieder zurück zu sein, um die gefährliche Stelle oben an der Bundesstraße wenigstens noch bei Tageslicht hinter sich zu bringen. Die Ampel stand natürlich noch immer nicht, dabei sollte es schon mindestens drei weitere Beinahe-Unfälle gegeben haben. Selbst zu einer Beleuchtung des Straßenabschnitts hatte man sich auf offizieller Seite bisher nicht durchringen können und alle im Umkreis Wohnenden, denn nicht nur die Leute aus Kaltsommer beschwerten sich inzwischen über diesen nachlässigen Umgang mit einer erwiesenen Gefahr, auf den Herbst vertröstet. Im Sommer wären ja eh alle im Urlaub …

Thies konnte sich nicht helfen, er war neugierig. Er huschte über die Straße und versteckte sich hinter dem Stamm der dicken Linde, die rechts neben der geteerten Auffahrt zum Thomsen-Hof stand. Justus Thomsen betrieb auch nur noch Ammenkuhhaltung, weil Milch- und Fleischerzeugung mit zu viel Aufwand und zu wenig Ertrag verbunden waren. Was er an Getreide, Stroh und Heu an Überschüssen auf seinen Feldern einfuhr, verkaufte er auf dem freien Markt und hatte im letzten Jahr, als rundherum die Dürre besonders das Heu so teuer werden ließ, sehr gute Geschäfte gemacht. Irgendetwas Gutes musste ja auch mal von Kaltsommers beständig hoher Feuchtigkeit kommen! Trotzdem hätte auch er Schwierigkeiten, seinen Hof zu halten, wenn nicht seine Frau Kathrin ebenfalls arbeiten ging, und zwar bei der Bank in Wankendorf, die hier auf dem Land die meisten Leute noch immer bei ihrem alten Namen

Raiffeisen riefen. Die Fusion mit der Volksbank aus Neumünster, die zum neuen Namenskürzel VR geführt hatte, wurde geflissentlich ignoriert, vielleicht ja um den Bedeutungsverlust des ländlichen Raumes, der darin spürbar wurde, nicht zu deutlich wahrnehmen zu müssen.

Obwohl das Auto längst das Ortsschild passiert und damit den von Laternen beleuchteten Bereich erreicht hatte, fuhr es noch immer mit Fernlicht. Rinde und Blätter der Linden wurden von dem grellen Licht mit einer kalten, leblosen Genauigkeit aus der Dunkelheit geschält, als sollten sie gleich seziert werden. Auch das Schnurren des Motors war nun deutlich zu hören, es schwoll von Sekunde zu Sekunde an und verriet den Dieselantrieb. Thies drückte sich enger an die Linde, ein wenig grinsend immerhin über das kindische Verhalten, das er gerade an den Tag legte. Das sich jedoch in plötzlicher Aufregung zu einem schmalen Strich zusammenpresste, als das Auto gleich darauf an ihm vorbeifuhr und sein Bremslicht rot aufleuchten ließ. Es handelte sich um ein Taxi, und es hielt am Bordstein genau vor dem Haus der Witwe Möller. Thies bemerkte, dass der Fahrer keinen Blinker gesetzt hatte, während er den Wagen im Leerlauf schnurren ließ, im Inneren Licht einschaltete und seinem Fahrgast die Rechnung präsentierte. Aber das war ein unwichtiges Detail, der fehlende Blinker. Zum einen musste hier auf keinen anderen Verkehrsteilnehmer Rücksicht genommen werden, und zum anderen musste auf dem Beifahrersitz ein Riese von Mensch sitzen. Thies sah nur eine schwarze Wand, die den Sitz in Höhe und Breite überragte.

Thies schlich vor zum nächsten Baum in der Reihe, um besser sehen zu können.

Die Tür öffnete sich, und der ganze Wagen wackelte, als tatsächlich ein Riese umständlich aus dem für ihn viel zu kleinen Blechgehäuse ausstieg. Ein Berg von einem Mann setzte seinen Fuß auf den Bürgersteig, richtete sich zu voller Größe auf, schlug die Beifahrertür zu, öffnete die Tür zum Fond, nahm einen rechteckigen Gegenstand von der Rückbank – eine Reisetasche –, sagte dem Fahrer einen letzten Gruß, warf auch die Tür zu und trat einen Schritt zurück. Auf dem Dach des Fahrzeugs leuchtete das Taxi-Schild auf, dann fuhr es an. Während Thies dabei zusah, wie sich der Riese reckte und streckte, die Tasche zu seinen Füßen, fuhr das Taxi vor bis zum Torhaus, nutzte den Platz davor als Wendehammer und kam die Allee zurück. Nur der Riese sah noch länger seinen Rücklichtern nach. Überhaupt wirkte der plötzlich zögerlich, wie fehl am Platze. Thies hatte immer noch keine Idee, wer der späte Gast sein könnte. Er war sich nur sicher, in ihm keinen der erwachsenen Söhne der alten Frau Möller, die schon immer in der Lindenallee Nummer 5 lebte, zu erkennen. Auf jeden Fall erwartete die keinen späten Besuch mehr, bei ihr war alles dunkel. Erst als er den Riesen resigniert seufzen hörte, nach seiner Tasche greifen und sich einmal quer über die Straße in Bewegung setzen sah, fiel es ihm wie Schuppen von den Augen. »Na dann«, sagte der Mann noch, der nur Benjamin Sandow sein konnte.

Im Gegensatz zur Kunde vom schweren Schlaganfall seiner Mutter, die sehr schnell im Dorf die Runde gemacht hatte, hatte er lange gebraucht, um nach Hause zu kommen. Jeder, der Gerburg Sandow auch nur ansatzweise kannte, hatte Verständnis dafür. Wäre es ihr Sohn, der in Lebensgefahr schwebend im Krankenhaus läge, sie hätte vermutlich nicht einmal Blumen geschickt. Die alte Optikerin mochte ihr Geschäft verstehen, aber das Zwischenmenschliche war ihr definitiv fremd. Darin war sich ausnahmsweise einmal das ganze Dorf einig.

Wenn Benjamin jetzt trotzdem gekommen war – und dann noch so spät am Abend –, konnte das heißen, dass sie gestorben war? Thies lief, auf den Asphalt wechselnd, wo seine Füße nicht durch welkes Vorjahreslaub raschelten, vor bis zum Lindenstamm an der Auffahrt zu den Höfen der Hausnummern Lindenallee 6 und 8; der Baum auf der anderen Seite der Auffahrt war von diesem Brandkrustenpilz befallen gewesen und gefällt worden und sein Holz in den Kaminholzvorrat der Wikingerfamilie Nebendahl gewandert. Nur der Stumpf steckte noch in der Erde, die glatte Fläche des Sägenschnitts der Welt wie ein unbrauchbares Tablett präsentierend.

Ein völlig unerwartetes Geräusch riss Thies aus seinen Betrachtungen: ein Gänseschnattern.

»Scheiße!«, hörte er Benjamin Sandow nach Luft schnappen. »Was ist das denn?« Der Riese wich erschrocken ein paar Schritte zurück und gab den Blick auf eine Nonnengans frei. Die musste auf dem Schotter der Auffahrt gesessen haben. Nun fühlte sie sich gestört. Doch anstatt sich aus dem Staub zu machen, scheute sie nicht davor zurück, das, was sie offensichtlich als ihr Territorium ansah, gegen diesen übermächtigen

Eindringling zu verteidigen. Es war ein grotesker Anblick. Er hielt auch nicht lange an, der verlorene Sohn des Dorfes, der vermutlich noch gar nichts von Kaltsommers neuester Plage gehört hatte, erkannte schnell seine Überlegenheit.

»Sch!«, machte er und holte zu einem weiten Schwung mit seiner Reisetasche aus, als wollte er den Vogel damit erschlagen. »Verpiss dich, los! Schsch!«

Die Einschüchterung wirkte, die Gans ergriff die Flucht. Sie drehte sich auf den Fersen um, nahm ein paar Schritte Anlauf, hob ab und flog, Protest quakend, davon.

Benjamin Sandow sah ihr verwundert nach, schüttelte den Kopf und sagte: »Was war denn das? Meine Herren ...«

Thies hätte es ihm erklären können. Aber es hätte die Situation wohl nur noch seltsamer gemacht, wenn er jetzt plötzlich hinter seinem Baumstamm hervorgesprungen wäre und ihm etwas von nicht in ihr Sommerquartier weitergezogenen Nonnengänsen erzählt hätte. So sah er dem Riesen nur stumm hinterher, wie der, vorsichtig jetzt, wie es schien, weiter zum Haus hinaufging. Dort verschwand er aus Thies' Blickfeld. Bis aber im Haus das erste Licht anging, dauerte es noch einige Minuten, die dem heimlichen Beobachter wie eine halbe Ewigkeit vorkamen. Er stand auf dem Rasen am unteren Ende des Grundstücks, zwischen Buchsbaumhecken und Blumenbeeten, und schaute zum Haus hoch. Er starrte wie gebannt, als könnte er selbst erst wieder nach Hause gehen, wenn er gesehen hätte, dass Benjamin sein Ziel sicher erreicht hatte.

Das Licht, das anging und das zweite Fenster von rechts erleuchtete, war das in der Küche. Thies konnte Einbauschränke und eine Dunstabzugshaube sehen. Und Benjamin Sandow, der sich unschlüssig, fremd in dem Raum umsah. Der Ankömmling füllte den Raum allein ob seiner schieren Größe aus, und doch wirkte er verloren darin. Er blieb einige lange Augenblicke mitten in der Küche stehen, und allein sein Kopf bewegte sich langsam hin und her, während er wohl zu ergründen versuchte, was er hier machte. Schließlich sah Thies ihn den Kopf schütteln und aus der Küche gehen. Nach und nach wurden alle Fenster in diesem Endviertel des Vierparteienhauses hell, im Erdgeschoss ebenso wie im ersten Stock, und ab und an konnte Thies noch einen Blick auf den neuen alten Bewohner erhaschen.

Irgendwann bemerkte Thies, dass ihn fröstelte. Gleich darauf begriff er, dass das, was er hier gerade machte, ziemlich krank war. Er mochte ja vieles sein, aber ein Spanner war er nun wirklich nicht. Und ob die Ankunft ihres Sohnes wirklich bedeutete, dass die alte Sandow gestorben war, ließ sich auf diese Weise sowieso nicht herausfinden. Da würde der Dorftratsch in den nächsten Tagen eher Klarheit bringen, begünstigt vom Wochenende, an dem alle zu Hause waren und von Gartenzaun zu Gartenzaun Nachrichten austauschten.

Thies ging nach Hause. Aber es dauerte noch Stunden, bis er einschlief. Kaum lag er, kam ihm ein bitterer Gedanke: Obwohl Gerburg Sandow eine so wenig beliebte Person war, würde an ihrem Begräbnis das halbe Dorf teilnehmen, während sie bei Tore allein im Regen hatten stehen müssen.

Neunzehntes Kapitel

Kaltsommers allmorgendliches Krähkonzert weckte ihn. Die Hähne des Dorfes suchten bei ihren Hennen Eindruck zu schinden, indem sie ihre Kontrahenten auf den anderen Höfen durch pure Lautstärke überboten, während sie alles und jeden aus den Federn riefen. Vielleicht unterhielten sie sich auch nur über die Entfernung hinweg miteinander. Das hatte zumindest Olaf immer behauptet, wenn sie von Rüdigers Hähnen nach kurzer Nacht aus dem Schlaf gerissen worden waren. Damals hatte Olafs Vater bis zu fünfzig Hühner gehalten, für die brauchte es mehr als nur einen Hahn. Olaf hatte das Gekrähe nichts ausgemacht, nach kurzer Zeit war er wieder eingeschlafen. Benjamin dagegen hatte die Viecher zum Teufel gewünscht und von einem Leben geträumt, das nicht schon in aller Herrgottsfrühe durch Fremdeinwirkung begann. Nach seinem Jahr in England – in Leeds, in einer echten Großstadt verbracht – war ihm dieser Aspekt des Landlebens besonders schwer zu ertragen vorgekommen. Durch menschliche Geräusche fühlte er sich nie gestört, weder durch Autos noch Gerede in Nebenzimmern oder das Radio aus der Nachbarwohnung. Sobald sich aber die domestizierte Natur meldete, ging sie ihm auf die Nerven.

An diesem Morgen meinte Benjamin sogar einen Text aus dem eher atonalen Gesang der Dorfhähne herauszuhören: Du gehörst nicht hierher. Olaf konnte vermutlich noch immer jeden Hahn an seiner Stimme erkennen und sowohl seinem Halter als auch der Rasse zuordnen. Aber Olaf war mit Sicherheit auch schon auf den Beinen und erst recht nicht der Mann, an den er jetzt denken sollte. Olaf war Vergangenheit. Ebenso wie all das hier um ihn herum, Kaltsommer und Gerburg: Wenn es noch eines Beweises dafür bedurft hätte, dass man nicht rückwärts durch die Zeit reisen kann, dann lag der in diesem Gefühl totaler Entfremdung, das Benjamin spätestens seit seiner Ankunft hier erfüllte. Allein diese unheimlich dichte und tiefe Nebelwand, die Kaltsommer inzwischen vom Rest der Welt abschloss, in die der Taxifahrer sich nur nach dem Versprechen eines dicken Trinkgeldes tastend vorgewagt hatte, sprach Bände: Du kommst hier nicht rein! Leider war es ihm doch gelungen, aber das machte nichts besser. Er hätte draußen bleiben und die Dinge von Berlin aus regeln sollen. Alles, was seit gestern Nachmittag passiert war, als er zu diesem Kai in den Wagen stieg, sagte ihm das. Er hatte Kai über die Mitfahrzentrale gefunden und war so für einen Appel und ein Ei nach Neumünster gekommen, wo die Familie des Mannes wohnte. Er war sympathisch gewesen, kein Plappermaul und nicht übermäßig neugierig. Ein versierter Fahrer noch dazu, der die Strecke jeden Montag hin und jeden Freitag wieder zurückfuhr. Sein CDU-Parteibuch hatte ihn nach Berlin ins Gesundheitsministerium geführt. Dort gedachte er es spätestens in der nächsten Legislaturperiode entweder zum Staatssekretär zu bringen oder zum eigenen Bundestagsmandat. Von Benjamin erfuhr er nur, dass er seine Mutter nach einem Schlaganfall im Krankenhaus besuchen wolle. Kai drückte sein Mitgefühl aus und kam kein einziges Mal mehr auf das Thema zu sprechen. Erst als er Benjamin vor dem Friedrich-Ebert-Krankenhaus absetzte, wünschte er ihm alles Gute und insbesondere »Ihrer Mutter gute Besserung«. Benjamin bedankte sich artig, sah den Rücklichtern der gediegenen Limousine hinterher und fühlte sich für einen Moment von Sinnlosigkeit überwältigt.

Das war nur zum Teil auf die Uhrzeit gemünzt. Die Besuchszeit im Krankenhaus war lange vorbei, und niemand wusste, dass er endlich gekommen war, eine Woche nach Gerburgs Schlaganfall. Er hatte lange für die knapp dreihundertfünfzig Kilometer von Berlin nach Neumünster gebraucht, in jedem Sinne. Vormittags hatte er noch unterrichtet, dann seine Sachen gepackt, war einmal quer durch die Stadt nach Moabit gefahren, wo Kai ihn an der U-Bahn-Station Birkenstraße aufgabelte. Aber schon aus Berlin raus zu kommen, war ein Geduldsspiel gewesen. Die Stadt war vom Feierabendverkehr verstopft. Auf der A24 war es nicht besser geworden, Benjamin hätte niemals gedacht, dass es so viele Pendler zwischen Berlin und Hamburg gab. Solange sie sich noch im Großraum Berlin befanden, hatten sie im Stau gesteckt und waren nur im Schritttempo vorangekommen. Später dann, als sich der dichte Verkehr endlich aufgelöst hatte und sie fahren konnten, waren sie am Dreieck Wittstock/Dosse in die Folgen eines Unfalls geraten. Anderthalb Stunden Stillstand folgten. Danach war die Straße frei, aber nicht nur Kai musste mal dringend aufs Klo und brauchte einen Kaffee. Weil das »den Kohl auch nicht mehr fett« machte, wie sein Fahrer treffend bemerkte, legten sie eine dreißigminütige Pause an Rastplatz Stolpe ein. Die längste Nacht des Jahres stand ihnen noch bevor, und trotzdem fing es bereits an zu dämmern. Benjamin fühlte sich genervt, am Krankenhaus würde man ihn vermutlich abweisen und auf den nächsten Tag vertrösten. Trotzdem mochte er Kai nicht bitten, ihn direkt nach Kaltsommer zu fahren. Der Umweg wäre nicht so groß gewesen, sie hätten später nur ein wenig länger auf der A21 bleiben müssen.

Gerrit war schuld. Gerrit hatte nicht lockergelassen und solange auf ihn eingeredet, bis er nachgegeben hatte und gefahren war. Sein Kleiner konnte einfach nicht verstehen, dass da zwischen ihm und Gerburg nichts mehr war, was eine solche Reise selbst mit einer einwöchigen Verspätung rechtfertigte. Aber er wollte es gerne verstehen, wenn auch aus der falschen Hoffnung heraus, das zerrüttete Mutter-Sohn-Verhältnis seines Freundes wieder zu kitten. Dieser Romantiker! Benjamin musste lächeln. Kaum dachte er an seinen Kleinen, hob sich der Albdruck zumindest etwas von seiner Brust. Er ließ seinen Blick über Decke und Wände des Zimmers schweifen, das nur noch der Form nach sein altes Kinder- und Jugendzimmer war; bis auf die alten Möbel hatte seine Mutter es von Zeichen seines früheren Bewohners regelrecht entkernt. Immerhin hatte sie die Möbel noch gelassen und so eine Art Gästezimmer behalten, auch wenn das ob der kahlen weißen Raufasertapete, der weißgestrichenen Deckenvertäfelung und der grauen Auslegware eher wie die Zelle eines Klosters anmutete. Gäste schienen darin nicht unbedingt willkommen.

Benjamin angelte sich das Handy vom Nachttisch. Er klappte die Hülle auf, das Display sprang an und zeigte noch nicht einmal halb sieben an. Und dabei lag er bereits seit einer geraumen Weile wach, eingeengt durch das schmale Bett ebenso wie durch den unverhofft aus der Versenkung wieder aufgetauchten Ort, während er versuchte, Ordnung in seine Gedanken und Empfindungen zu bringen und die blöden Hähne draußen gar nicht mehr aufhören wollten zu krähen.

Er setzte sich auf und wählte Gerrits Nummer. Nach dem dritten Klingeln war sein Kleiner dran.

»Hab ich dich geweckt?«, fragte Benjamin sanft.

»Ja«, kam es noch verwaschen, aber nicht vorwurfsvoll zurück. Dann begriff er vollends, wer anrief und Benjamin konnte an den folgenden Fragen die Grade von Gerrits Wachwerden abmessen, die sein Kleiner wie eine Leiter erklomm: »Aber egal. Was ist los? Bist du gut angekommen? Wo bist du? Ist alles in Ordnung?«

Der rote Bär lachte brummelnd aus dem Bauch heraus. »Ja, alles okay«, sagte er.

»Sicher? Wo bist du?«

»In Kaltsommer.«

»Dann hast du deine Mutter gestern noch gesehen?«

Er hatte Gerrit ständig per Kurznachrichten auf dem Laufenden gehalten, allerdings nur bis zu seiner Ankunft am Krankenhaus. Danach war sein Kopf so voll anderer Dinge gewesen, dass er seinen Kleinen darüber glatt vergessen hatte. »Ja«, antwortete er. »Tut mir leid, ich wollte es dir gestern noch gesagt haben.«

»Ach was!« Gerrit war kein nachtragender Mensch. »Wie geht's ihr? Wie geht's dir?«

Wo sollte er anfangen?

»Mir geht es gut«, sagte Benjamin. »Nur etwas zerschlagen vom Tag gestern.«

»Und ihr? Benni?«

Es war nicht leicht gewesen, am Abend noch zu seiner Mutter gelassen zu werden. Man hatte ihm zwar sofort geglaubt, dass er Gerburg Sandows Sohn war, aber sich mit Verweis auf die späte Stunde quergestellt. Dabei lag die Frau in tiefer Bewusstlosigkeit, wenn nicht gar im Koma, sie hätte sich mit Sicherheit nicht gestört gefühlt. Ein diensthabender Arzt war weit und breit nicht verfügbar, ein Notfall, wie man ihm sagte. Deshalb verhandelte er am Ende mit der zuständigen Obernachtschwester regelrecht und erfuhr so peu à peu Details über den Zustand seiner Mutter. »Sie hätten sich zwischenzeitlich ja auch mal telefonisch nach ihr erkundigen können, wenn Sie wegen Ihrer Arbeit in Berlin unabkömmlich waren«, schalt sie ihn, um ihn loszuwerden. »Ihre Mutter liegt ja immerhin schon eine ganze Woche bei uns.« Aber mit Moral brauchte man Benjamin nicht zu kommen, dann konnte er ebenso störrisch werden wie Gerburg. Die hatte eine Hirnblutung erlitten, eine spontane Blutung im Bereich des Hirngewebes, vermutlich aufgrund von Arterienverkalkung. Gerburg musste schon seit längerem an Bluthochdruck und erhöhten Blutfettwerten gelitten haben, anders war eine so massive Blutung nicht zu erklären. Ihr Leben hatte an einem seidenen Faden gehangen, sie war sofort operiert worden. Allerdings hatte das ausgetretene Blut im Schädel viel Raum gefordert, also Hirnmasse zusammengedrückt und so Schäden daran angerichtet. »Sollte Ihre Mutter wieder zu sich kommen«, endete die Walküre in blauweißer Funktionstracht, »wird sie ein Pflegefall sein: gelähmt, vermutlich stumm, mit großer Wahrscheinlichkeit angewiesen auf künstliche Ernährung.« Danach, als Benjamin nur knapp mit dem Kopf genickt und den Boden angestarrt hatte, war sie bereit gewesen, ihn – »Für fünf Minuten!« – zu Gerburg zu lassen. Sie hatte seinen Versuch, das Gesagte zu begreifen, als Kummer missdeutet.

»Meine Mutter wird nie mehr die Alte sein«, berichtete der Sohn seinem Freund.

»Das tut mir leid.«

»Danke.«

Manchmal war ein Telefon nichts mehr als ein verdammt unzulänglicher Notnagel!

Woher Benjamins riesenhafte Größe kam, war aus seinen Vorfahren nicht wirklich ersichtlich. Sowohl seine Mutter als auch sein Vater waren von durchschnittlicher Größe für ihr Geschlecht. Selbst die wenigen Bilder, die er von Großeltern, Onkel und Tanten gesehen hatte – Gerburg hatte spätestens seit seiner Geburt kaum mehr Kontakt zu ihren Eltern, Joachims rissen sich nicht gerade ein Bein aus, ihren unehelichen Enkel kennenzulernen –, ließen keinen Hinweis auf übermäßigen Wuchs in der Vergangenheit zu. Immerhin die starke Körperbehaarung schien er von Joachims Seite zu haben – »und dein unentschlossenes Wesen!«, hörte er im Geiste Gerburg meckern –, ansonsten kam er sehr nach seiner Erzeugerin. Beide neigten sie zu Rundungen, zu kleinen Fettpölsterchen, die, solange sie nicht unkontrolliert zu wuchern anfingen, als sinnliche Kurven gelten konnten. Beide hatten sie feuerrotes Haar, das im richtigen Licht wie eine Flamme loderte. Beide hatten sie einen ausdrucksstarken Mund mit prallen Lippen, der wie geschaffen war für so schöne Dinge wie Küssen. Denn auch in ihrem sexuellen Appetit waren sie sich immer ähnlich gewesen, obschon Benjamin diesen Wesenszug bei seiner Mutter lieber ignoriert hatte.

Von dem allen war bei Gerburg jetzt noch weniger übrig als bei Benjamin von seinen roten Haaren. Sie in diesem Krankenhausbett liegen zu sehen, umringt von Maschinen, die allein das Leben in sie hinein und wieder heraus pumpten, war ein Schock gewesen. Wie klein und hilflos sie aussah. Die Haut wächsern und bleich, die Lippen blass und schlaff, das sonst so sorgsam gepflegte Haar struppig und der gefärbte Ansatz bereits am Herauswachsen, das alles berührte ihn tiefer als erwartet. Ihr Anblick dauerte ihn, wie ihm als Poesiekenner sofort einfiel, und das ließ ihn sich erst recht bekümmert fühlen. Ihr Verhältnis mochte noch so kalt gewesen sein, Gerburg so entbeint von aller Lebenskraft zu sehen, das stach Benjamin schmerzhaft falsch ins Auge. Er wusste, sie selbst hätte diesen Zustand, Menschen wie Maschinen gleichermaßen ausgeliefert, niemals akzeptiert. Sie hätte gleich bei der ersten Gelegenheit den Stecker gezogen.

»Sie hat keine Patientenverfügung für einen solchen Fall hinterlassen«, erzählte Benjamin, »jedenfalls ist mir davon nichts bekannt.«

»Ist es denn wirklich so schlimm?« Gerrit klang plötzlich regelrecht erschrocken, so als begriffe er erst jetzt, wovon hier die Rede war.

»Ja«, antwortete Benjamin scharf, nur um gleich darauf abzumildern: »Ich fürchte schon.«

Sie schwiegen beide eine Weile, hörten einander beim Atmen zu.

»Was wirst du jetzt tun?«, fragte sein Kleiner.

»Das ganze Haus auf den Kopf stellen und nach Dokumenten suchen.«

»Was für Dokumente?«

Der rote Bär räusperte sich. »Patientenverfügung. Testament. Solche Sachen«, antwortete er. »Der AB ist voller Nachrichten. Sie hat ein Geschäft, und ich weiß nicht, wie es da etwa mit einer Nachfolgeregelung aussieht. Ich kann mir gut vorstellen, dass Gerburg, Madame Ewiges Leben, über so was überhaupt nie nachgedacht hat. Und ein Auto hat sie eigentlich auch, aber wo sich das gerade befindet, weiß wohl der liebe Gott allein.«

»Dann wirst du länger bleiben?«

»Am liebsten würde ich sofort wieder fahren«, gestand Benjamin. »Ich würd nicht mal die Tür hinter mir schließen, sondern für alles und jeden, der will, offenlassen. Sollen sich die Leute doch bedienen und mitnehmen, was sie wollen. Ich will nichts davon. Das ist alles nicht meins. Ich hab mit dem hier nichts mehr zu tun, das ist nur noch Vergangenheit.«

»So schlimm?«

Dass er erst so spät in Kaltsommer aufgeschlagen war, hatte nicht nur am Verkehr gelegen und an der widerspenstigen Krankenschwester. Kaum hatte er wieder draußen von dem Friedrich-Ebert-Krankenhaus gestanden, hatte er nicht weitergewusst. Noch war es hell genug gewesen, Straßen, Häuser und Gesichter zu erkennen, aber ihm war Neumünster plötzlich vollkommen fremd vorgekommen. Wie ein Ort, den er zum ersten Mal sah und von dem er nicht wusste, wie er hierher geraten war. Geschweige denn, was er hier sollte. Nichts schien ihn noch mit der kleinen, verwelkten Person in ihrem von Maschinentürmen bewachten Bett oben auf der Intensivstation zu verbinden. In diesem Moment hätte seine Mutter auch schon tot sein können, es hätte keinen Unterschied gemacht. Einen schlimmeren Fehler, als herzukommen, hätte er gar nicht begehen können.

Anstatt gleich ein vor dem Haupteingang des Krankenhauses wartendes Taxi zu nehmen, lief er langsam vor bis zur Boostedter Straße. Dort stand in amtlicher Feierabendruhe der alte wilhelminische Backsteinbau des Amtsgerichts und gleich dahinter die Justizvollzugsanstalt. In keinem von beiden war er jemals gewesen, noch nicht einmal einen Strafzettel hatte er sich bisher zuschulden kommen lassen. Benjamin ging weiter, bog nach rechts ab in Richtung Innenstadt. Er dachte nicht darüber nach, sondern tat es einfach. Er machte nicht einmal den Versuch, sich einzureden, ihm täte die frische Luft gut. Die Entfernungen hier waren nicht so groß, schnell war er in der Altonaer Straße und konnte er vor sich das Rathaus am Eingang des Großfleckens sehen. Und viel war auch nicht mehr los, Freitagabend hin oder her. Immerhin hatten die meisten Gastronomiebetriebe noch offen, und als er an einem Pizzalieferdienst vorbeikam, meinte er den Grund für seinen Umweg zu kennen: Hunger. Aber nicht auf Pizza. Auch nicht auf Chinesisch oder einen Döner. Sein Hunger war nichts weiter als ein Rumoren in der Magengegend, das nicht an einen bestimmten Appetit oder Geschmack gebunden war. Benjamin wollte nirgendwo Halt machen und einkehren, aber er wollte auch nichts auf die Hand nehmen. Er wollte einfach nur laufen. So stand er schließlich auf dem Großflecken, sah sich mit leeren Augen im zu stillen Herzen der Stadt Neumünster um und wusste nicht, was oder wohin.

Er landete schließlich im »Postkeller«, den er noch aus Schulzeiten kannte. Wenn sie nach dem Unterricht mal keine Lust auf das eher junge und hippe »Grünberg« in der Holstenstraße hatten, waren sie in das gute alte »Postloch« eingekehrt. Dort ging es in ihren Augen erwachsener zu, auch wenn sie alle hofften, niemals so zu werden wie die Stammgäste dort. Die tranken bereits tagsüber Bier, aßen Bouletten und rauchten eine Zigarette nach der anderen. An diesem Abend schien Benjamin nirgendwo besser hineinzupassen als in diese alteingesessene Kneipe.

Er aß gutdeutsch Currywurst mit Pommes, trank dazu in schneller Folge zwei Hefeweizen und eine Cola und hätte sich als Abschluss seines Mahls beinahe noch eine Zigarette geschnorrt. Nicht dass er jemals geraucht hätte, aber heute war ihm beinahe danach. Keine Dreiviertelstunde nach seinem Eintritt verließ er das Souterrainlokal wieder, kraxelte die wenigen Stufen zum Trottoir hoch und musste sich erst mal orientieren. Jetzt war es Zeit, nach Kaltsommer zu fahren. Der letzte Bus aufs Land war lange weg, blieb also nur ein Taxi. Auf dem Großflecken standen ein paar, auf Kundschaft wartend. Benjamin aber lief noch den ganzen Kuhberg hoch bis zum Bahnhof. Er hätte lieber den nächsten Zug nach Süden genommen, zurück nach Hause, nach Berlin und zu Gerrit, das war klar. Nachdem er den Taxifahrer mit dem Versprechen auf ein hohes Trinkgeld endlich dazu gebracht hatte, ihn in das »Nebelkaff«, wie der Berufschauffeur es ausdrückte, zu fahren, konnte die letzte Etappe dieser Reise endlich losgehen. Die Fahrt dauerte um diese Uhrzeit knappe fünfzehn Minuten.

»Es fühlt sich seltsam an, wieder hier zu sein«, gestand Benjamin.

»Hat sich so viel verändert?«, fragte Gerrit.

»Nicht wirklich«, antwortete Benjamin nach kurzem Nachdenken. »In den letzten Jahren ist einiges moderner geworden. Die Möbel im Wohnzimmer, die Küche, und eine Fritz!Box hat es bei meinem Auszug natürlich noch nicht gegeben. Meine Mutter ist mit der Zeit gegangen, aber das war auch nicht anders zu erwarten.«

»Aber?«

Der rote Bär seufzte. »Obwohl meine Mutter nicht einmal hier ist, ja«, sagte er, »fühle ich mich nicht willkommen. Alles in diesem Haus schreit: Das ist nicht deins. Geh weg.« Er lachte trocken. »Es war schon richtig, zuletzt gar nicht mehr hergekommen zu sein.«

»Wie lange warst du nicht mehr bei ihr?«

»Ich war gut fünfzehn Jahre nicht mehr in Kaltsommer. Und wenn das alles hier … abgeschlossen ist, werde ich auch nie mehr herkommen.«

»Aber willst du denn nicht noch deine Ode an dieses Dorf und seinen sagenhaften Gründer Aleric schreiben?« Gerrit dachte wie immer pragmatisch. »Wäre es da nicht von Vorteil, nicht alle Brücken nach Kaltsommer abzubrechen?«

»Nein!«

Sie kicherten beide über so viel Entschiedenheit.

»Du scheinst dort noch viel zu tun zu haben«, begann Gerrit dann zögerlich, »wie lange wirst du bleiben?«

»Erst mal eine Woche. Ich kann nicht so lange den Unterricht ausfallen lassen. Das kann ich mir nicht leisten, und am Ende kommen die bei der SokraTeach noch auf die Idee, einen Ersatz für mich zu suchen.«

»Ach, das glaube ich nicht.«

»Ich würde aber auch viel lieber unterrichten als hier sein.«

»So schlimm?«

Benjamin meinte sich zu erinnern, diese Frage nur wenige Minuten zuvor schon einmal aus Gerrits Mund vernommen zu haben. Plötzlich kam er sich ziemlich weinerlich vor. »Wahrscheinlich nicht«, antwortete er. »Es war nur gestern wirklich ein anstrengender Tag, und der Anblick meiner Mutter in ihrem Krankenbett hat mich mehr mitgenommen, als ich mir selbst eingestehen möchte. Und dann: Ich hab noch nie einen Haushalt aufgelöst. Aber genau das wird mir jetzt wohl bevorstehen. Denn selbst wenn sie diese Hirnblutung überleben sollte, wird sie nicht mehr nach Hause zurückkommen, sondern in ein Pflegeheim müssen.«

»Das tut mir so leid.«

»Am allerschwersten wird vielleicht sein«, fuhr Benjamin fort, »ihren Angestellten sagen zu müssen, dass sie sich einen neuen Job suchen müssen. Ich weiß ja nicht, ob die den Laden übernehmen könnten, ob die sich das überhaupt leisten könnten. Spätestens wenn meine Mutter in ein Heim muss, werde ich das alles hier zu Geld machen müssen, um für die Pflegekosten aufkommen zu können.«

Gerrit ließ den Worten Zeit zum Ausklingen, bevor er ganz sanft fragte: »Soll ich zu dir kommen? Ich könnte dir helfen?«

»Das ist lieb von dir«, antwortete Benjamin. Plötzlich hatte er Mühe, seinem Freund nicht allzu deutlich zu zeigen, wie lieb ihm das gewesen wäre. Trotzdem klang seine Stimme belegt, als er erklärte: »Du bist mitten im Semester, du würdest viel zu viel verpassen. Und ich muss mich auch erst mal orientieren und versuchen, mir einen Überblick über die Lebensverhältnisse meiner Mutter zu machen. Aber wenn du da wärst, wäre ich zu abgelenkt dazu …«

Sie tauschten ein paar Koseworte aus, die sie angenehm weit von den bedrückenden Themen fortführten. Zum ersten Mal seit einer Woche, seit er den vermaledeiten Anruf der Polizei angenommen hatte, fiel zumindest ein Teil der Anspannung von Benjamin ab. Er war jetzt hier, zurück in Kaltsommer, er hatte gesehen, wie es wirklich um seine Mutter stand, und begann allmählich zu begreifen. Das war nicht nur ein herausfordernder Vorgang, wie er merkte, sondern auch ein notwendiger. Wenn er jemals mit Kaltsommer abschließen wollte, musste er sich dieser letzten Herausforderung stellen. Leben und Besitz Gerburgs waren die letzten Taue, die seinen Ballon noch an diesen Boden banden. Sobald sie gekappt waren, konnte er endgültig davonschweben, frei und losgelöst. Dann erst wäre auch wirklich der richtige Moment gekommen, Gerrit den Antrag zu machen. An Gerburg war er durch das Schicksal gebunden, an Gerrit durch nichts anderes als Liebe, und die wollte er in Zukunft rein und unverfälscht genießen.

Ein seltsames Geräusch lenkte Benjamin von seinen Betrachtungen ab. Es kam von draußen, durch das auf Kipp gestellte Fenster. Selbst in Kaltsommer und trotz seiner späten Ankunft war es gestern noch ziemlich warm gewesen, weshalb er zum Schlafen tatsächlich das Fenster geöffnet hatte. Außerdem war im ganzen Haus eine Woche lang nicht gelüftet worden, die Luft hatte abgestanden und verbraucht gerochen. Nun aber kam nicht nur morgendlich frischer Sauerstoff durch den Fensterspalt, sondern auch Laute, die ihn irritierten, weil er sie gar nicht mit seinem Heimatdorf in Verbindung bringen konnte: das Schnattern eines Gänseschwarms. Aber dann fiel ihm schlagartig wieder seine nächtliche Begegnung auf der Auffahrt mit dem ihn aggressiv angehenden Federvieh ein, so als hätte er nicht das Recht – die Sohnespflicht – hier zu sein. Wie ein Eindringling, wie ein Dieb in der Nacht war er sich vorgekommen.

Er erzählte sofort Gerrit von seiner unheimlichen Begegnung. »Und das ist ungewöhnlich, weil …?«, fragte der verständnislos.

Benjamin erklärte es ihm anhand von Kaltsommers ganz eigenen klimatischen Bedingungen, die sich eben auch auf das Flug- und Zugverhalten der Vögel auswirkten oder früher jedenfalls ausgewirkt hatten.

»Bist du dir denn sicher, dass es eine wilde Gans war?«, fragte Gerrit folgerichtig. »Kann es nicht einfach ein Haustier gewesen sein, dass irgendwem ausgebüxt ist?«

»Vielleicht«, gab Benjamin zu, klang aber nicht überzeugt. Bevor jedoch sein Kleiner weitere Argumente für diese Theorie hervorbringen konnte, fiel ihm noch etwas anderes Berichtenswertes ein: »Als ich dann an dem Vogel vorbei war und die Haustür endlich mithilfe der Lampe an meinem Handy aufgeschlossen hatte – immerhin den hat mir die Krankenschwester noch ausgehändigt, sonst hätte ich mir noch ein Hotelzimmer nehmen müssen –, also, als ich die Tür endlich aufhatte, da stürmte mir doch glatt an den Füßen eine Katze vorbei ins Haus.«

»Eine Katze?«

»Ja, Blanca, die Albina meiner Mutter. Nur war sie nicht mehr weiß, sondern sah ziemlich struppig, zerzaust und dreckig aus.« Plötzlich verspürte Benjamin sogar mit diesem Tier Mitleid. »Wahrscheinlich war sie eine ganze Woche lang draußen. Wahrscheinlich ist sie vor einer Woche mit meiner Mutter abends rausgegangen und musste dann draußen bleiben, als die nicht mehr zurückkam.«

»Die Arme«, stimmte Gerrit mitleidend zu. »Was hast du mit ihr gemacht? Liegt sie jetzt bei dir im Bett und wärmt dich etwas?«

Darüber musste der rote Bär dann doch lachen. »Nein, sicher nicht«, sagte er. »Gerburgs Katzen haben mich nie gemocht. Und auch Blanca ist gestern Abend ins Haus gelaufen und hat sich gleich irgendwo versteckt. Gesehen hab ich sie jedenfalls nicht mehr. Ich hab ihr nur eine ganze Dose Katzenfutter in den Napf getan und sie dann in Ruhe gelassen.« Er schwieg einen Moment, als ihm ein weiterer Gedanke kam. »Wenn nicht irgendein Nachbar sie nimmt, muss ich sie die Tage noch ins Tierheim bringen.«

»Oh nein!«

»Was soll ich denn sonst machen, ich kann sie nicht nehmen.«

»Hast ja recht. Ist aber trotzdem hart.«

Benjamin nickte stumm. Allerdings verspürte er ob dieser Aussicht weit weniger Gewissensbisse als der, Gerburgs Angestellten eventuell mitteilen zu müssen, dass sie keinen Job mehr hatten. Da schien es ihm die Katze mit dem Tierheim doch besser zu treffen.

»Ich sag dir mal, was hart wird«, sagte er, eine bedeutungsvolle Pause machend, um sie beide auf andere Gedanken zu bringen. »Um mir gleich irgendwas zum Frühstück machen zu können, muss ich den Kühlschrank aufmachen, und davor hab ich echt Bammel.«

»Hast du gestern Abend nicht mehr reingeguckt?« Gerrit lachte.

»Nein, ich hab ja glücklicherweise außer Haus gegessen.«

»Ach, das wird schon nicht so schlimm sein«, sprach sein Kleiner ihm Mut zu, »wenn das Ding die ganze Woche lang lief, wird sich der Verfall in Grenzen halten.«

Wie sich herausstellte, sollte er damit recht behalten. Nachdem sie endlich aufgelegt hatten, stand Benjamin ohne weiteres Hinauszögern der Dinge, die seiner harrten, auf. Zuerst sah er nach der Katze, aber von Blanca fehlte nach wie vor jede Spur. Nur ihren Napf hatte sie bis auf die letzte Schleimspur Gelee ausgeleckt. Benjamin nahm das als gutes Zeichen: Blanca musste zumindest ein wenig Vertrauen zu ihm fassen, sonst würde es schwer werden, sie einzufangen und ins Tierheim zu bringen. Als Nächstes ging er nach unten in den Keller, wo noch immer beide Bäder, das große Hauptbad mit der Wanne und das kleine mit der Dusche, und die einzigen beiden Toiletten im Haus untergebracht waren. Er duschte lange, obwohl die niedrige Decke hier unten dafür sorgte, dass er ständig gebeugt dastehen musste. Entspannung ging anders. Zum Abtrocken setzte er sich auf den Klodeckel, das war einfacher. Und erst danach ging er in die Küche, um in den Kühlschrank und die Schränke zu schauen; ein Bär muss nun einmal ordentlich essen. Nichts roch unangenehm vergammelt. Die Wurst warf er trotzdem sofort in den Müll, ein Stück Schnittkäse und eine Packung Frischkäse zeigten jedoch, obwohl sie bereits angebrochen waren, keinerlei Spuren von Schimmel. Das Gemüse im Gemüsefach warf Licht und Schatten, das Brot im Brotkasten trug Pelz. Aber das war halb so wild, denn in einer Schublade neben dem Herd, in der auch der Toaster untergebracht war, fand sich noch eine verschweißte Packung Aufbackbrötchen und in einer mit einer Darstellung altertümlichen schwedischen Landlebens verzierten Blechdose Knäckebrot. Roggen, der dunklen Farbe nach zu urteilen. Marmelade und Honig gab es ebenfalls und Kaffee sowieso. Benjamin deckte den Tisch, und als er die noch heiß dampfenden Brötchen dazustellte, erfüllte ihn der Anblick mit einer solchen Zufriedenheit, dass er die Tafel fotografieren und das Bild Gerrit schicken musste. Der Kleine sollte sich nicht mehr Sorgen als nötig um ihn machen. Dann setzte er sich an den Tisch und schaute nach draußen, während er aß. Am Ausblick hatte sich wenig geändert: Zierbäume, Büsche, Sträucher und Hecken, die den Blick auf die Allee verdeckten. Aber auch ein paar klaffende Lücken im Lindenbestand. Das war neu, das konnte er sich nicht zusammenreimen. Außerdem erschien ihm das Licht an diesem Samstagmorgen heller als sonst zu sein, sehr weiß und grell. So als würde der Bauch der Wolke mit Scheinwerfern angestrahlt werden und die Helligkeit reflektieren. Wo war das gute alte dämpfende Grau hin? War der Sommer früher in Kaltsommer auch so licht gewesen? Benjamin konnte sich nicht erinnern. Er aß lieber noch ein Brötchen, seinen gesunden Appetit mindestens ebenso sehr genießend wie die Ruhe, die ihn innerlich wie äußerlich umgab. Was auch immer in den kommenden Tagen und Wochen passieren mochte, er würde seinen Aufgaben gewachsen sein! Das schien ihm auch das Eichhörnchen zu bestätigen, das er beim nächsten Blick aus dem Fenster sah. Eifrig suchte es in Nachbars Garten nach im vorigen Herbst vergrabenen Nüssen und ließ sich dabei nicht einmal durch das erneut ertönende Geschnatter hochfliegender Gänse stören.

✡

Die Pest war nach Holstein gekommen, noch bevor der Schwarze Tod das Leben der Menschen hier bedrohte, und ihr Name war Gottfried.

Ich weiß ja, dieser Auftakt ist billig, aber anders beginnen hieße, die Dinge zu verharmlosen. Die Gefahr, die dem kleinen Sconebeke plötzlich drohte, war schon vorhanden, als die Holsteiner wie die Fliegen zu sterben begannen, dahingerafft von einer neuen, mysteriösen Krankheit, für die sie noch nicht einmal einen Namen wussten. Schon ohne Gottfried wäre diese Zeit als Prüfung schwer genug gewesen für die Wolkenheimer, mit ihm wurde sie endgültig zur existenziellen Bedrohung. Dass er ein Priester des Einen gültigen Gottes war, machte alles noch schlimmer. Dass auch Gottfried nicht nur aus Angst heraus handelte und tatsächlich im plötzlich allgegenwärtigen Sterben einen Beweis für die Gegenwart des Bösen, des Teufels sah, sondern darüber hinaus ein Sadist, der insgeheim Freude verspürte, wenn er andere für ihre Sünden büßen lassen konnte, war ein schlimmer Zufall. Der heiligen Mutter Kirche kann man dies nur insofern anlasten, dass sie sich fragen lassen muss, wie ein solcher Charakter für würdig befunden werden konnte, die Priesterweihe zu erhalten. Gottfried war Ende dreißig, als er nach Bornhöved kam, um in der Vicelinkirche St. Jacobi das Amt des Gemeindehirten zu übernehmen. Ein Kraft und Wille ausstrahlender Mann mit stechendem Blick und harter Stimme, der seine Schäfchen unermüdlich zur Befolgung von Gottes Geboten ermahnte. Die aus Feldsteinen und Kalk gemauerte Kirche bildete das Epizentrum seiner Macht, die er stetig auszuweiten trachtete. Je mehr Büßer auf ihn hören mussten, desto besser für ihn, für seine stetig wachsenden Allmachtsfantasien.

In Sconebeke sah er den wirksamsten Hebel dafür.

Jeder im Umkreis wusste, was für eine Sorte Mensch in dem Dorf unter der Wolke lebte. Nicht wenige Familien hatten irgendwann im Laufe der Zeit schon einmal einen Verwandten dort. Kaum einer hätte sich hingestellt und behauptet, es gut zu finden, ein solches Dorf in der eigenen Nachbarschaft zu haben. Solange aber die Sconebeker unsichtbar hinter ihrer Nebelwand blieben, war es in Ordnung für sie. Und Handel trieben sie mit ihnen sowieso. Wenn es Menschen gab, die penibel ihre Rechnungen bezahlten und qualitativ gute Waren ablieferten, dann waren es die Wolkenheimer. Sie blieben ja auch nie lange auf dem Markt, kamen, schlichen beinahe mit geducktem Haupt umher, machten nicht viel Aufhabens um ihre eigene Person und wehrten sich nur ansatzweise, wenn man sie zu sehr herunterzuhandeln versuchte. Kaum hatten sie dann ihre Geschäfte erledigt, verschwanden sie wieder unter ihrer Wolke. Spurlos, mochte man meinen, wie Nebelgeister. Niemals luden sie jemanden zu sich nach Hause ein. Wenn es ging, verkehrten sie in den Dörfern ringsum nur mit Frauen, und von kleinen Jungen und männlichen Heranwachsenden hielten sie sich beinahe schon krampfhaft fern. Sie wussten, warum, obgleich alle anderen gerade in dieser Vorsicht nur zu gern eine Bestätigung all ihrer Vorurteile sahen. Seit sich das Christentum in Holstein fest verankert hatte, war es für die Männer aus Sconebeker noch schwieriger außerhalb der Wolke geworden als zuvor schon. Und trotzdem fanden immer wieder Männer und Frauen ihren Weg dorthin. Als dann noch Gottfried nach Bornhöved kam und sah, dass seine Gemeinde regelmäßig Handel mit diesen Sodomiten trieb, war das für ihn ein gefundenes Fressen. Es war ein Ziel, auf das er Gift und Galle spucken und den Hass der Leute richten konnte, angetrieben von ihrer Angst vor dem stets unbekannten Bösen. Er besaß Charisma und Vorstellungskraft genug, um seinen Gemeindegliedern die Hölle in den schillerndsten Bildern und als Versprechen für ihre Zukunft auszumalen, sollten sie weiterhin die Gottlosen, die Gefallenen in ihrer Nähe dulden. Schon bald trauten sich die Bornhöveder nur noch im Geheimen, mit den Sconebekern Waren auszutauschen.

Und dann kam die echte Pest.

Zuerst war sie nur ein Gerücht, dass die Länden weit im Süden reihenweise von einer neuen Seuche entvölkert würden, als Nächstes die Erkenntnis, dass es diese Seuche wirklich gab, als sie ihren Weg immer weiter nach Norden nahm. Schließlich wurde es zur Gewissheit, dass auch die Holsteiner nicht von ihrer kalt herniedersausenden Faust verschont bleiben würden, spätestens als aus Hamburg, Altona und Lübeck die ersten sicheren Todesmeldungen eintrafen. Angst wurde zu Panik, Gebete zu Hysterie. Aber Priester Gottfried war sich sicher, die Wurzel allen Übels zu kennen, und strahlte entsprechend Zuversicht aus. »Wenn ihr mir folgt und tut, was ich euch sage«, versprach er seinen Gläubigen, »dann wird uns kein Unglück widerfahren. Dann wird das Himmelreich unser sein.«

Waldemar Bullenhaupt erahnte das zumindest alles. Er selbst verließ den Bannkreis der Wolke zwar nur selten und ungern, weil er die fehleinschätzenden Blicke der Außenweltler schlecht ertrug. Sconebeke hatte dort draußen auch so Augen und Ohren genug, um zu erfahren, was vor sich ging. Waldemar war so etwas wie der Bürgermeister Sconebekes, spätestens seit Siegbert, ihr Dorfältester, zu siech war, um noch sein Lager verlassen zu können. Es hatte keine Wahl gegeben, er war schlicht der Durchsetzungsfähigste, der Stärkste in ihrer Gemeinschaft gewesen, derjenige mit dem ausgeprägtesten Führungsanspruch. Sein Namenszusatz Bullenhaupt kam eben nicht von ungefähr. Er war gebaut wie ein Stier, der bei der geringsten Provokation schon den Kopf senkte und drohend durch die Nüstern schnaubte. Wenn er dann noch anfing, mit den Hufen zu scharren, wusste jeder, dass es wirklich brenzlig wurde. Wer dann nicht schrecklich vermöbelt werden wollte, hisste lieber gleich die weiße Fahne. Waldemar Bullenhaupts Herrschaft basierte auf physischer Überlegenheit, das muss ich so sagen, aber er meinte es ehrlich gut mit Sconebeke und seinen Bewohnern. Deshalb wurde sie auch allgemein akzeptiert. Seine breiten Schultern und sein breitbeiniges Auftreten schufen den Raum, den sie brauchten, um leben, um sich entfalten zu können.

Waldemar hätte seinem Heimatdorf niemals bewusst Schaden zugefügt, dafür verdankte er dieser Anomalie von Wetter und Leben zu viel. Ohne Sconebeke wäre er nicht zu dem Mann geworden, der er heute war. Ohne Sconebeke wäre er vielleicht niemals erwachsen geworden. Dass er in dieses Dorf gekommen war, hatte er wiederum seiner Mutter Ingeborg zu verdanken. Sie war, wie noch immer ein hoher Prozentsatz der Einwohner, dorthin geflohen. Ingeborg hatte mit Mann und Kindern in Depenau gewohnt, noch ein gutes Stückchen hinter dem Stolper See, mitten im Wald und mit nur wenigen Nachbarn. Dafür hatte sie einen Mann, der trank, nach jedem Rock schielte und selbst nüchtern zu faul war, sich um die Feldarbeit zu kümmern. Er verbrachte seine Zeit lieber mit Beleidigungen und Schlägen, selbst dann, wenn seine Frau einmal mehr in freudiger Erwartung war. In ihrem Leib trug sie ohnehin nur die Frucht seiner Lenden aus, und wenn diese durch sein Einwirken abging, konnte er damit leben. Er hatte so schon genug Mäuler zu stopfen; vier an der Zahl waren es noch, als Ingeborg fortging. Sie wählte einen Moment, wo ihn sein schwerer Rausch noch für Stunden außer Gefecht setzen würde, packte zusammen, was sie für sich und die Kinder brauchte, und verließ die schäbige Hütte noch vor Anbruch des Morgens. Waldemar war da gerade zwei Jahre alt gewesen und das jüngste ihrer Kinder. Seine Mutter wusste genau, wo sie hinwollte, und sie führte ihn und seine Geschwister auf *dem graden Weg nach Sconebeke. Dass Erik der Säufer sie in diese Richtung verfolgen könnte, hielt sie für unwahrscheinlich. Er sprach so gern so abfällig von dem Dorf der Bücklinge, wie er und manch anderer in der Gegend es nannten, ihm wäre im Traum nicht eingefallen, dass das ihr Ziel sein sollte. Folgerichtig sah Ingeborg ihren Mann nie wieder. Noch am späten Abend desselben Tages gelangte sie in Sconebeke an und wurde nach einem kurzen, ihre Situation richtig einschätzenden Blick aufgenommen. Sie wurden bei einer Frau namens Gerburg einquartiert, eine fröhliche, warmherzige Person, die sich über die Gesellschaft freute. Bei ihr blieben Waldemar und seine drei Schwestern auch, als Ingeborg vier Jahre später an den Folgen der Seitenkrankheit verstarb. Irgendwann hustete sie nur noch Blut. Das ganze Dorf half bei der Versorgung und Erziehung der Kinder mit, und besonders ein schon älterer Mann, der auf den Namen Siegbert hörte und keine eigene Familie hatte, bemühte sich sehr um die Stelle eines Ersatzvaters. Er nahm Waldemar unter seine Fittiche und brachte ihm alles bei, was man als Mann in dieser Welt zum Überleben brauchte.*

Waldemar wuchs heran und wurde zu einem Brocken von einem Mann, diese Entwicklung war früh absehbar. Schnell überragte er selbst um mehrere Jahre ältere Kinder um Kopfeslänge. Außerdem paarte sich seine körperliche Überlegenheit mit einem gewissen Geltungsdrang, der von dem Bewusstsein herrührte, anders als die meisten Jungs und Männer im Dorf zu sein. Sie waren seine Freunde oder ihm zumindest freundlich gesonnen, und er hätte jederzeit alles für sie getan, um sie gegen Anfeindungen und Angriffe zu verteidigen. Aber er war nicht wie sie. Sie akzeptierten das, und trotzdem verunsicherte ihn das Zeitlebens immer ein wenig. Manchmal brach sich diese Verunsicherung in Form von aggressiven Gesten und Worten Bahn, die jedoch niemals in offene Gewalttätigkeiten abglitten. Er wurde ruhiger, als Sofie nach Sconebeke kam, ebenfalls ein Flüchtlingskind. Als sie alt genug war, nahm er sie zur Frau und gründete eine Familie mit ihr. Leider sollte ihr Glück nur von kurzer Dauer und von Tragödien überschattet sein. Sofie erlitt erst zwei Fehlgeburten, brachte dann einen gesunden Jungen zur Welt, den sie nach seinem Vater Waldemar tauften, und starb bei einer weiteren Fehlgeburt. Zu diesem Zeitpunkt war er längst das Bullenhaupt und reagierte entsprechend: Er betrank sich besinnungslos und zog für eine Nacht randalierend durch den Wald. Als er am Morgen zurückkam, war sein Körper grün und blau, seine Hände blutig und sein Gesicht zerkratzt, aber Wut und Verzweiflung aus ihm verschwunden. Er wurde seinem Sohn ein guter Vater, den es nicht scherte, als der kleine Waldemar sich nicht nur ebenfalls zu einem äußerst stattlichen Mann entwickelte, sondern darüber hinaus zu einem echten Sohn Sconebekes. Der Junge ging furchtlos und mit breiter Brust durch die Welt, meldete sich freiwillig für die Handelsmissionen in die Außenwelt und ließ sich auch von den abfälligen Blicken und geringschätzigen Kommentaren der Leute dort nicht einschüchtern. Wer ihm dumm kam, bekam ganz schnell eins aufs Maul.

Lange Zeit machte das Bullenhaupt sich deswegen nicht die geringsten Sorgen, er vertraute der Intelligenz und Kraft seines Sohnes voll und ganz. Selbst als der Hetzer Gottfried nach Bornhöved, dem wichtigsten Marktplatz für die Wolkenheimer, kam, sah er darin noch kein unmittelbares Problem. Der Ton wurde etwas rauer, ihre Handelspartner dreister bei dem Versuch, sie herunterzuhandeln, ansonsten änderte sich vorerst nichts. Doch dann erreichten sie erst die schrecklichen Gerüchte aus dem Süden und bald schon der Schwarze Tod höchstselbst. Waldemar Bullenhaupt wusste, welche Stunde geschlagen hatte. Am liebsten hätte er sofort jede Verbindung zur Außenwelt gekappt, seine Sconebeker hinter den Nebel zurückgezogen wie hinter eine Burgmauer und abgewartet, bis die Bedrohung vorübergezogen wäre. Vor der Pest selbst mochte das vielleicht keinen Schutz bieten, vor dem bösen, unbedingt nach einem Schuldigen verlangenden Willen der Menschen schon eher: Wenn sie aus deren Augen verschwanden, dann mit etwas Glück auch aus deren Sinn. Im Laufe der Zeit war das Bullenhaupt zu der Einsicht gekommen, dass Gott die Wolke über ihren Köpfen erschaffen hatte, um die Männer und Frauen von Sconebeke vor seinem manchmal rachsüchtigen Blick zu schützen, die Nebelwand aber als Schutz vor der menschlichen Vergeltungssucht. Nicht dass er ein besonders gläubiger Mensch gewesen wäre, und diese Einteilung hatte er auch nicht getroffen, damit sie ihm Trost spendete, sondern ein Gefühl von Sicherheit.

Diese Sicherheit löste sich mit dem Massensterben durch die Pest in Rauch auf. Rund ein Drittel der Bevölkerung Holsteins sollte ihrer ersten und schlimmsten Welle zum Opfer fallen, und Waldemar ahnte, wen Gottfried von Bornhöved dafür verantwortlich machen würde.

Sein Sohn sah die Gefahr zwar ebenfalls, wollte aber nicht glauben, dass es so schlimm für sie kommen würde. »Am Ende sind die Menschen doch immer besser, als man meint, befürchten zu müssen«, brachte er als Argument für eine weitere Handelsfahrt nach Bornhöved vor. »Am Ende sind sie immer bereit, sich an Gottes Gebot der Barmherzigkeit zu halten.«

»Und da bist du dir sicher?«, brachte das Bullenhaupt hervor. Er versuchte, nicht allzu zynisch zu klingen.

»Ja.«

»Aber je mehr du draußen herumläufst, desto größer ist die Gefahr, dass du dich ansteckst.«

»Weißt du denn, wie man sich damit ansteckt?«

Das wusste das Bullenhaupt genauso wenig wie irgendein anderer Mensch seiner Zeit. Er wusste nur, dass diese mysteriöse Krankheit mit einem Handstreich ganze Familien, ja sogar Dörfer auslöschte. »Dann geh wenigstens nach Wankendorf. Das ist nicht so groß wie Bornhöved, da ist die Gefahr vielleicht geringer«, sagte er und fand den Gedanken logisch.

»Da sind die Geschäfte aber auch nicht so gut«, entgegnete jung Waldemar und packte weiter seinen Karren voll.

»Das ist doch jetzt unwichtig!«

»Finde ich nicht.«

Und plötzlich erkannte der Alte, warum sein Sohn wirklich wieder nach Bornhöved wollte, obwohl er erst vor ein paar Tagen dort gewesen war. Plötzlich fiel es ihm wie Schuppen von den Augen, und er schalt sich einen Idioten, dass er die Zeichen nicht schon längst erkannt hatte. Er atmete einmal tief durch und sagte: »Dann bring ihn mit her. Dann musst du nicht mehr dorthin zurück.«

»Das geht nicht, er muss sich um seine Mutter und die jüngeren Geschwister kümmern.«

»Dann bring sie auch mit.«

Jetzt sah ihn sein Sohn wenigstens an, obschon traurig. »Sie könnten hier niemals leben«, entgegnete er kopfschüttelnd und deutete nach oben. »Sie haben Angst, die Wolke könnte ihnen auf den Kopf fallen und sie durch den Erdboden direkt in die Hölle schicken. Gerade jetzt.«

»Dann gib ihn auf.« Unter den gegebenen Umständen sah das Bullenhaupt darin die einzige Möglichkeit. »Dein Leben ist wichtiger, das musst du schützen.«

»Nein, das kann ich nicht.«

»Du wirst einen anderen finden.«

»Das will ich aber nicht.«

Mit diesen Worten war sein Sohn Waldemar abgezogen. Und seit zwei Tagen überfällig.

»Ich hätte ihn aufhalten sollen«, sagte er an diesem Abend zu Siegbert. »Ich hätte ihm einfach verbieten sollen, noch einmal da rauszugehen. Es ist zu gefährlich.«

»Er hätte doch nicht auf dich gehört, Waldemar«, erwiderte der Dorfälteste. Seine Stimme war zwar brüchig wie dünnes Eis, aber immerhin war er ansprechbar. An den meisten Tagen lag er nur schlafend da oder war so verwirrt, dass er die Welt um sich herum nicht mehr erkannte, geschweige denn die Menschen. Alleine aufstehen konnte er schon lange nicht mehr, er brauchte Hilfe bei allem, beim Waschen ebenso wie beim Essen. Wenn er nicht regelmäßig gefüttert und mit Flüssigkeit versorgt worden wäre, wäre er längst gestorben. Von seiner alten Kraft und seiner bedächtig agierenden Intelligenz war kaum mehr etwas übriggeblieben, vom Alter vor der Zeit dahingerafft. Und dennoch empfanden die Sconebeker ihn nicht als Last und fürchteten sich vor seinem Tod, denn von den gegenwärtigen Bewohnern des Wolkendorfs gab es keinen, den er nicht hier willkommen geheißen hätte, mochten die nun zu Fuß durch die Nebelwand oder Kopf voran durch den Geburtskanal gekommen sein. Siegbert war ihr weiser alter Mann, ihr guter Geist, und wenn er doch einmal einen klaren Tag hatte, war das ein guter Tag für ihre ganze Gemeinschaft. Selbst Widerspruch klang aus seinem Mund nicht so schlimm wie aus dem irgendeines anderen.

Doch Waldemar Bullenhaupt hatte seinem Ziehvater gar nicht zugehört, die überbordende Sorge um seinen Sohn machte ihn taub für jedes andere Wort. Er vergaß ganz, den Alten weiter mit seinem Haferschleim zu füttern. »Wie oft habe ich ihm gesagt, nichts jenseits des Nebels anzufangen«, fuhr er in einer unentschlossenen Mischung aus Schimpfen und Jammern fort. »Er hat hier doch Auswahl genug. Aber nein! Ohne Abenteuer geht es bei dem Jungen ja nicht.«

»Das hat er bestimmt von seiner Mutter.«

»Was?« Die kleine Stichelei zeigte Wirkung, Waldemar kehrte gedanklich zurück in sein Haus und zu dem Mann, dessen Pflege er und sein Sohn, unterstützt von ein paar Frauen im Dorf, ganz selbstverständlich übernommen hatten. Er warf Siegbert einen stirnrunzelnden Blick zu und sah ihn leise lächeln. »Hör auf damit, bitte«, sagte er, »es ist so schon schwer genug.«

Siegbert unterdrückte ein Gähnen, seine Kraft für diesen Tag war so gut wie aufgebraucht. »Du kannst jetzt nur warten und auf das Beste hoffen«, sagte er und fuhr nach einer kleinen Pause fort: »Oder du gehst ihn holen.«

Sie wussten beide, dass das in der Nacht unmöglich war.

»Wenn er morgen Mittag nicht zurück ist«, entschied das Bullenhaupt stattdessen, »werde ich gehen und sehen, wo er geblieben ist.«

»Gut. Das ist gut.«

War es nicht, ihm blieb nur keine andere Wahl. Er löffelte Siegbert den letzten Rest Brei in den Mund, gab ihm zu trinken und machte ihn für die Nacht fertig. Er schürte noch einmal das Feuer, denn der Alte fror sehr leicht. Hernach starrte er düster in die Flammen, so als hoffte er, diese mögen auf sein Gehirn übergreifen und ihm die Sorgen ausbrennen. Es war schon spät, als er ins Bett ging, und noch später, als er endlich einschlief. In dieser langen Nacht vermochte nicht einmal Siegberts gleichmäßiges ruhiges Atmen von der anderen Seite der Herdstelle ihn zu beruhigen.

Tumult weckte ihn. Die Dämmerung hatte kaum begonnen, der Bauch der Wolke war noch immer mehr schwarz als grau, als aufgeregte Rufe von draußen an sein Ohr drangen. Frauen- und Männerstimmen und dazu das Weinen verängstigter Kinder, die viel zu früh und abrupt aus ihren süßen Träumen gerissen worden waren. Die Erwachsenen schienen Warnungen oder Drohungen auszustoßen, Aufforderungen zu verschwinden, aber eine weitere Stimme bat flehentlich um Gehör. Die eines jungen Mannes, wenn Waldemar sich nicht täuschte …

Mit einem Satz war er aus dem Bett und draußen vor seinem Haus. Eine Gänsehaut bedeckte seinen ganzen Körper, und die rührte nicht nur von der morgendlichen Kälte her. Die Nackenhaare stellten sich ihm auf in der plötzlichen Gewissheit, dass seine schrecklichsten Albträume wahr geworden sein mussten – allerdings wusste er zu diesem Zeitpunkt noch nicht, dass auch Albträume harmlos verglichen mit der Wirklichkeit sein können.

Mit der Macht seiner Ellbogen und Schultern rempelte er sich den Weg durch den immer enger werdenden Ring seiner Freunde und Nachbarn frei, den diese um den Fremden gezogen hatten. Die konnten ihm gar nicht so schnell ausweichen, wie er Durchlass begehrte. Aber er war das Bullenhaupt, und sie wussten, weshalb er so außer sich war. Deshalb murrten sie nicht, sondern schlossen nur stumm hinter ihm wieder die Reihen. Sie alle fürchteten nicht weniger Schlimmes als ihr Anführer.

Der Eindringling war ein junger Mann in zerrissener Kleidung und mit zerschlagenem Körper. Insbesondere sein Gesicht war übel zugerichtet worden. In Sconebeke musste man dafür nicht nach dem Grund fragen und hätte ihn, an jedem anderen Tag jedenfalls, sofort bei sich aufgenommen. Er keuchte, weil er ausgebrochen und geflohen war, und stammelte zusammenhanglos, weil er Dinge zu sagen hatte, die er nicht sagen wollte, die er sich nicht zu sagen traute.

»Wer bist du? Und wo ist mein Sohn? Wo ist Waldemar?«

Des Bullenhaupts donnernde Stimme brachte den jungen Mann zumindest halbwegs zur Besinnung. Er hieß Johann und kannte Waldemar aus Bornhöved. Mehr brauchte er dazu nicht zu sagen, den Zusammenhang begriff jeder der Umstehenden sofort. »Sie haben uns aufgelauert«, berichtete Johann, noch immer atemlos. »Es war ein Hinterhalt. Meine eigene Mutter hat uns verraten. Gottfried, er hat … er hat uns … mich … gefoltert. Für unsere Sünden büßen lassen. Weil wir an der Seuche schuld sind. Deshalb sollen wir sterben. Ausgelöscht werden vom Antlitz der Erde, damit diese wieder rein werde und Gottes Strafgericht ein Ende finde.« Er schluckte, sah sich verzweifelt um und heftete dann seinen Blick auf den Vater, den er problemlos als Abbild des Sohnes erkannte. »Ich konnte fliehen«, fuhr er an ihn gewandt fort, »als sie … als sie damit begannen …«

»Wo ist mein Sohn?« Das Bullenhaupt ertrug das Gestammel nicht mehr. Er ging vor dem im Schlamm kriechenden Jungen in die Knie, ergriff beinahe zärtlich seinen Kopf, richtete ihn auf, bis er ihm unverwandt in die Augen blicken konnte, und wiederholte mit ruhiger, fast schon toter Stimme: »Wo ist Waldemar?«

»Gottfried …« Johann schüttelte sich, versuchte instinktiv, sich dem fremden Griff zu entwinden, um nicht aussprechen zu müssen, weshalb er doch hergekommen war. »Gottfried, er hat … hat …«

»Junge, wo ist Waldemar?«

Vielleicht war es die Weichheit der Stimme dieses gewaltigen Mannes, das Zerbrochene, das darin plötzlich mitschwang, das Johann half, sich endlich zu überwinden.

»Draußen«, flüsterte er. »Waldemar ist draußen vor dem Nebel.«

Zwanzigstes Kapitel

»Hast du schon gehört, Benjamin Sandow hat wohl gestern Abend noch spät seine Mutter im Krankenhaus besucht?«

»Ja?«

»Er soll weit nach der Besuchszeit dagewesen sein.«

»Woher weißt du das?«

»Von einer Kundin.« Den gesamten Hergang, nämlich dass diese Kundin eine Schwester hatte, deren beste Freundin im FEK arbeitete und mal was mit einem Typen aus Kaltsommer gehabt haben sollte, weshalb die Kundin jetzt der Meinung gewesen war, ihr die Neuigkeit brühwarm erzählen zu müssen, oder zumindest so ähnlich, verkniff sich Melanie Harms plötzlich. Sie sah ihren Mann an und fragte ihn: »Woher weißt du das denn?«

Olaf lachte auf. »Von der Nissen.«

»Bente Nissen?«

»Als ich nach der Arbeit noch mal kurz bei Dunja und Petra war, hat sie mich gleich bei der Tür abgefangen.«

»Sie musste es dir unbedingt auf die Nase binden?« Melanie hoffte, dass ihre Stimme nicht allzu ätzend klang.

»Das halbe Dorf war schon wieder im Laden versammelt«, berichtete Olaf seiner Frau, »und hat sich das Maul zerrissen.«

»Na ja, er hat eine ganze Woche gebraucht, um herzukommen …«

»Er hätte gar nicht kommen sollen.«

Die Eheleute sahen sich an. Melanie stand noch in ihrer Arbeitskleidung und mit der Tasche über der Schulter in der Küche, Olaf saß neben seinem Vater in der Essecke und versuchte, Rüdiger zum Essen zu animieren. In letzter Zeit wurde das immer schwieriger. Oft schlief der alte Mann tagsüber und wandelte dann nachts als Geist durchs Haus, an Türen und Fenstern rüttelnd, um hinauszukommen. Wollte ihm das nicht gelingen, fing er an zu heulen. Die Krankheit schritt jetzt immer schneller voran, als hätte er Würmer im Gehirn, die seine Nervenzellen auffraßen und sich dank dieser reichhaltigen Kost wie rasend vermehrten. Sie hatten, da es für Olaf nicht infrage kam, seinen Vater ins Heim zu stecken, vor ein paar Tagen endlich den Antrag für eine häusliche Pflegekraft gestellt. Vielleicht sprang dabei wenigstens eine stundenweise Betreuung heraus oder jemand, der ihnen morgens und abends zur Hand ging. Inzwischen war ihnen jede Art von Hilfe recht, auch wenn Rüdiger zumindest die Gänsejagd eingestellt zu haben schien. Selbst wenn er das widerliche Geschnatter dieser Viecher hörte, reagierte er kaum mehr. Vielleicht war er ja nicht mehr in der Lage, es zu erkennen …

Jetzt aber ließ er langsam das kleingeschnittene Stückchen Wurstbrot zurück aufs Brett sinken, sah zu Sohn und Schwiegertochter auf und fragte: »Benjamin? Bennchen?«

»Bennchen?« Gegen ihren Willen musste Melanie lachen. »Wieso nennst du ihn Bennchen, Rüdiger?«

Auch Olaf musste schmunzeln. »So hat Papa Benni immer genannt«, erklärte er und kicherte erst so richtig los. »Bennchen mein Männchen. Gott, daran hab ich ewig nicht mehr gedacht!«

»Wieso hat er ihn denn so genannt?« Melanie ließ sich auf die Bank neben sie fallen, ihre Tasche glitt von der Schulter auf den Boden. Sie sah von einem zum anderen, und als sie sah, dass in Rüdigers Augen seit langem mal wieder ein echter Funken Leben flackerte, wären ihr beinahe die Tränen gekommen. »Warum nennst du ihn Bennchen und Männchen, Rüdiger?«

»Damit er nicht noch größer wird«, antwortete er ihr.

»Du hast Benjamin doch früher mal gesehen, oder?«, erklärte Olaf es ihr und fuhr fort, als sie nickte: »Als Benni anfing, Papa über den Kopf zu wachsen, gab er ihm diesen Spitznamen. Um ihn kleinzuhalten, nicht wahr, Papa?«

»Der Junge hätte mich doch unangespitzt in den Boden rammen können«, erwiderte Rüdiger ernsthaft. »Ich musste die Verhältnisse wieder geraderücken.«

»Das hast du, Papa«, meinte sein Sohn und rieb sich die beginnende Gänsehaut von den Unterarmen, »das hast du. Und zum Glück war Benni immer schon der sanftmütige Typ.«

Das aber hörte Rüdiger nicht mehr, sein lichter Moment war schon wieder vorbei. Er starrte selbstvergessen die Brotrechtecke auf seinem Brett an und wusste augenscheinlich nicht mehr, warum die da waren oder was er mit ihnen machen sollte. Olaf sah sich das einen Augenblick an, dann seufzte er und nahm den Fütterungsversuch wieder auf. Melanie beobachtete die beiden kurz, dann stand sie auf und beeilte sich, ihre Sachen abzulegen. Sie setzte sich zu ihnen an den Tisch zum Abendessen, ihr Ehemann hatte wie immer mit für sie eingedeckt.

Als Olaf seinen Vater eine halbe Stunde später zu Bett brachte, wusste sie, wofür die Zeit reif war. Sie holte zwei Gläser aus der Vitrine in der guten Stube und eine Flasche Rotwein aus dem Keller. In diesem Haus wurde nur selten Wein getrunken, wie in so vielen Haushalten hier war Korn immer eher der Alkohol der Wahl gewesen, am besten noch gemischt mit Cola. Oder natürlich das allgegenwärtige und schier übermächtige Bier. Dass ein Glas Wein ein echter Genuss sein konnte, das war eins der Geschenke, das Melanie mit in diese Ehe und damit in dieses Haus gebracht hatte.

Der Rotwein bekam ordentlich Zeit zum Atmen, bis Olaf endlich zurück in die Küche kam. Er sah die Flasche, die dunkelrote Flüssigkeit in den Gläsern und zögerte nicht. Er lächelte sofort. Aber anstatt sich zu setzen, blieb er stehen und fragte: »Was? Gar keine Kerze?«

»Du weißt doch, wo die sind.«

Inzwischen kannte sich Olaf weit besser in diesem Haushalt aus als sie, und so brauchte er keine Minute, den von der Manufaktur Vogel & Niemann nur ein Stücken die Hauptstraße runter gefertigten dreiteiligen Kerzenhalter mit Teelichtern zu bestücken und die Streichhölzer aus einer der abgeschlossenen Küchenschubladen zu nehmen. Er platzierte den Leuchter zwischen Brotkorb, Käseplatte und Butterfässchen.

»Noch was zu knabbern?«, fragte er.

»Schokolade vielleicht?«

Es lag immer mindestens eine Tafel Zartbitter bei den Backzutaten. Olaf reichte sie seiner Frau, und während die raschelnd die schwarze Süßigkeit auspackte, löschte er das Deckenlicht. Neben den drei Kerzen auf dem Tisch brannte jetzt nur noch das Licht über der Spüle, und durch das Fenster drang der helle Mittsommerabend herein. Olaf sah sich ein letztes Mal um, konnte weiter nichts Fehlendes noch Störendes erkennen und ließ sich wieder auf der Bank nieder. Melanie und er saßen jetzt über Eck, aber dicht beieinander und sahen sich an.

»So einen Moment haben wir schon lange nicht mehr gehabt«, sagte Olaf.

»Schläft er?«, fragte Melanie.

»Im Moment ja.«

Sie griff nach ihrem Glas. »Na dann Prost.«

»Prost.«

Sie tranken einen Schluck, stellten die Gläser zurück und Melanie gönnte sich das erste Stück Schokolade. Wie immer zerkaute sie es nicht, sondern lutschte darauf herum. Olaf sah ihr einfach dabei zu. Obwohl er ahnte, dass diese ganze Romantik nur das Vorspiel zu einer Unterhaltung sein würde, die getrost als tiefschürfend bezeichnen werden durfte, entspannte er sich. Einen solchen Moment der Zweisamkeit hatte es für sie wirklich lange nicht mehr gegeben, und es gab kein Gesprächsthema, dass diese gute, erholsame Stimmung verderben konnte. Er schenkte ihr einen weiteren Moment, nippte selbst noch einmal an seinem Wein, lächelte seine Frau warmherzig an und sagte: »Was möchtest du wissen?«

»Wie geht es dir damit, dass Benjamin wieder da ist?«

Das liebte er an Melanie so, sie fackelte nicht lange. Sie war ein Mensch, der beherzt zupackte und Missstände anging, sobald sie welche erkannte. Benni war da ganz anders gewesen, immer ängstlich, immer indifferent, immer mehr auf Beschwichtigung denn auf Problemlösung aus. Benni hatte Zeter und Mordio geschrien, wenn immer er von einem neuerlichen Seitensprung Olafs erfahren hatte, aber nur mit dem Bruch ihrer Beziehung gedroht. Olaf hatte immer gewusst, dass dies eine leere Drohung war, weil Benjamin ihn nicht wegen eines Kerls oder Fremdgehen verlassen würde. Spätestens nach Bennis Jahr in Leeds war klar, dass sein Freund eines Tages Kaltsommer in Richtung Großstadt verlassen würde, und dahin konnte Olaf nicht noch wollte er ihm folgen.

»Mir geht es gut«, antwortete er seiner Frau. »Wie geht es dir?«

»Ich weiß nicht«, gestand sie, sich mit einer Hand am Stiel ihres Glases festhaltend. »Ich weiß nicht recht, was ich davon halten soll.«

Olaf ergriff ihre freie Hand und drückte sie. »Das mit mir und Benni«, versicherte er ihr noch einmal, »ist lange vorbei. Wir haben seit Ewigkeiten nicht einmal mehr miteinander gesprochen.«

Melanie nickte knapp. »Aber er war trotzdem so etwas wie ein Teil dieser Familie.«

»Er war«, stimmte Olaf zu, »aber auch das ist lange her. Nach seinem Weggang hat er ziemlich konsequent alle Brücken nach Kaltsommer abgebrochen. Nicht nur zu seiner Mutter, auch zu uns.«

»Und ihr habt das einfach so … geschehen lassen?«

»Was hätten wir denn tun sollen? Das war Benjamins Entscheidung.«

Melanie drückte beschwichtigend die Hand, die die ihre hielt. »Das sollte kein Vorwurf sein«, entschuldigte sie sich, »das kam falsch raus. Was ich sagen, wonach ich fragen wollte, war, ob ihr das nicht als Verlust empfunden habt?«

»Sicher.« Olaf nickte, die drei Kerzenflammen fokussierend. »Aber du kannst dir denken, dass wir darüber niemals gesprochen haben. Das hat jeder mit sich selbst ausgemacht. Papa und Andi haben sofort dichtgemacht, und die einzige Person, mit der ich vielleicht darüber hätte sprechen können, wäre meine Mutter gewesen, aber die war da schon tot.«

»Hättest du mit ihr darüber gesprochen?«

»Vielleicht.«

Sie schwiegen, tranken ihren Wein und aßen Schokolade oder Käse. Melanie war sich unsicher, wie tief sie noch bohren sollte. Über vieles hatten sie in ihrer Ehe mehr oder weniger gesprochen, sprechen müssen, Olafs notorisches Fremdgehen mit Männern und – seltener – Frauen etwa oder Rüdigers schwieriges Wesen, bevor Alzheimer ihn gezähmt hatte. Benjamin dagegen war ihr immer wie ein rotes Tuch vorgekommen, wie ein Kapitel im Leben ihres Mannes, das dieser selbst noch nicht aufgearbeitet hatte und deshalb besser nicht angerührt wurde. Die erste große Liebe vergisst man nie. Nichts und niemand kann die Spuren, die sie hinterlässt, tilgen, weder im Guten noch im Schlechten. Ihre erste Liebe hieß Jörn, war mit ihr zusammen auf der Realschule und, wie sie heute wusste, noch zu unreif gewesen, um mit ihren Gefühlen vernünftig umgehen zu können, auch wenn er für einen Neuntklässler schon sehr kindisch gehandelt hatte. Er hatte damals seinen besten Freund gebeten, ihrer besten Freundin mitzuteilen, dass es aus sei zwischen ihnen. Diese Unfähigkeit, ihr das persönlich zu sagen – und ihr so die Möglichkeit zu nehmen, es ihm auszureden –, tat ihr bis heute weh wie eine Narbe bei

Wetterwechsel. Nur wusste Olaf davon nichts, was sie ihm darüber erzählt hatte, endete an jenem Tag auf dem Schulhof.

»Ich denke aber«, fuhr ihr Mann sehr zu ihrer Überraschung fort, als hätte es diese Gedankenpause niemals gegeben, »dass es das Beste für mich war, dass er damals gegangen ist. Wir waren nicht füreinander bestimmt oder doch nur für eine gewisse Zeit.«

»Und was heißt das?«, fragte Melanie vorsichtig.

»Wenn er nicht gegangen wäre, hätte ich vielleicht niemals erkannt, dass der Platz an meiner Seite längst einer anderen gehörte.«

Melanie konnte mit Mühe und Not ein freudiges Schluchzen unterdrücken.

»Du weißt, ich hatte da längst ein Auge auf dich geworfen, so wie noch niemals zuvor auf eine Frau. Aber wenn Benjamin noch länger geblieben wäre, hätte ich vielleicht nur mit dir gespielt wie … wie …«

Sie küsste ihn, bevor er die ätzenden Teile des Satzes aussprechen konnte, die, die die Stimmung vergifteten.

Sie rückten enger in der Ecke zusammen, bis sie Schulter an Schulter saßen, und ihre Hände bildeten ein einziges Knäuel auf dem Tisch.

Mit einem Mal war die Welt um sie herum vollkommen still, eingefroren geradezu, weil sich alle Wärme auf diesen Mann und diese Frau in der Küche ihres alten Bauernhauses konzentrierte. Für einen kurzen Moment existierte nichts mehr außer ihnen, kein Rüdiger in seinem unruhigen Schlaf, keine Gänse, die mit ihrer falschen Anwesenheit die Ernte zerstörten, kein Leon Kaufmann, diese auf seinem Skateboard durch das Dorf rollende Verlockung, und erst recht kein Benjamin Sandow, den niemand im Dorf zurückerwartet hätte, weil niemand ihn mehr vermisst hatte.

»Glaubst du, dass Gerburg überleben wird?«, fragte Melanie, nachdem die Kuckucksuhr im Wohnzimmer wieder zu schlagen begonnen und die Vögel ihr Abendlied fortgesetzt hatten. Sie lehnte jetzt mit dem Kopf an Olafs Hals und ließ sich angenehm von seinen Bartstoppeln an der Schläfe kitzeln.

»Ich weiß es nicht«, antwortete Olaf langsam, »aber wenn es stimmt, dass ihr Gehirn so schwer geschädigt ist, wie alle behaupten, dann ist es vielleicht besser, wenn nicht.«

»Würdest du zu ihrer Beerdigung gehen?«

»Der Großteil des Dorfes würde hingehen.«

»Stimmt.« Melanie seufzte entspannt. »Obwohl keiner sie wirklich gemocht hat.«

»Sie wollte aber auch nicht unbedingt gemocht werden.«

»Das fand ich irgendwie immer bewundernswürdig«, erklärte Melanie.

»Es hat den Leuten Respekt abgenötigt«, stimmte Olaf ihr zu.

»Dir auch?«

Die kleine Stichelei ging ins Leere, als er antwortete: »Später ja, nachdem Benjamin weg war und ich sie nicht mehr durch seine Brille sah.«

»War das Verhältnis denn wirklich so schlecht zwischen den beiden?«

»Ja.«

»Hätte er deshalb nicht zurückkommen sollen?«

»Was?«

»Du hast vorhin gesagt, er hätte gar nicht zurückkommen sollen.«

»Ja, stimmt.« Olaf räusperte sich. »Es wirkt ein bisschen heuchlerisch, dass er es jetzt doch getan hat.«

»Sie ist trotz allem seine Mutter.«

»Und er wird ihr Erbe sein – wenn sie ihn nicht aus irgendeinem Grund enterbt haben sollte.«

Mit einem Ruck richtete Melanie sich auf und sah ihren Mann an. »Daran habe ich ja noch gar nicht gedacht«, sagte sie. »Er wird dann ja Grundbesitzer in Kaltsommer.«

»Jede Wette, er wird bei der erstbesten Gelegenheit verkaufen. Und spätestens dann werden wir ihn hier zum allerletzten Mal gesehen haben.«

Aus einem Grund, den Melanie sich selbst nicht völlig erklären wollte, erfüllte sie diese Aussicht mit Erleichterung.

Wenig später gingen sie ins Bett, nachdem Olaf noch schnell den Hühnerstall zugemacht hatte, und schliefen seit längerer Zeit wieder miteinander. Keine ihrer Sorgen drückte sie an diesem Abend so stark, dass es ihnen die Stimmung verdorben hätte. Sie ließen sich Zeit dabei, genossen jede einzelne Berührung, und lagen anschließend eng aneinandergeschmiegt im letzten Zwielicht dieses langen, langen Tages. Ihr Gespräch setzte sich wie von selbst fort, doch dieses Mal sprachen sie nur über sich selbst, über ihre Familie, über ihre Zukunft. Rüdiger spielte natürlich eine Rolle, aber mehr noch ging es um den Hof mit seinen schlechten Aussichten und Melanies Pläne, ihn von der Vieh- auf die

Blumenwirtschaft umzustellen, um so ihren Blumenladen zu einem richtigen Gartenbaubetrieb umzubauen. Zum ersten Mal zeigte sich Olaf dieser Vision gegenüber nicht ablehnend, zum ersten Mal war sie nicht mit Schrecken verbunden. Er war den ewigen Kampf ums Überleben und die Notwendigkeit, dieses mit einem zweiten Job absichern zu müssen, seit längerem müde. Vielleicht war es wirklich eine gute Idee, den Besitz in die Hände seiner Frau zu legen und sich ihrer Führung zu überlassen, ihrem nachweislich vorhandenen Geschäftssinn. Rüdiger würde kaum etwas dagegen einzuwenden haben, wenn er das überhaupt noch miterlebte. Er war schon so lange nicht mehr der Herr in diesem Hause. Andreas würde auch kaum dagegen protestieren, der war mit dem Schweinemastbetrieb seiner Frau voll ausgelastet. Sie würden ihm seinen Erbteil auszahlen müssen, aber selbst das wäre das kleinere Übel verglichen mit diesem ewigen Kreuchen und Fleuchen, zu dem er jetzt gezwungen war. Und vielleicht würden sie dann ja doch auch noch ein Kind bekommen. Selbst das sprachen sie an diesem langen Abend an, und Melanie zeigte sich, und sei es nur im Gegenzug für seine Gesprächsbereitschaft, dafür offener als sonst.

»Wir werden sehen«, sagte sie und: »Meine biologische Uhr tickt ja auch nicht langsamer.«

Mehr musste Olaf für heute nicht hören.

Einundzwanzigstes Kapitel

Kaltsommer hatte sich verändert. Das fing bei so nebensächlichen Dingen an wie der Straßenbeleuchtung, die jetzt zeitgemäß mit LEDs bestückt war und die ganze Nacht hindurch brannte, betraf so Nützliches wie den Anschluss an das Glasfasersystem, das ihm hier in der Pampa ein schnelleres Internet als in Berlin bescherte, und gipfelte in so gravierenden Dingen wie neuen Gesichtern und neuen Häusern. Benjamin konnte sich nicht erinnern, dass bei seinem letzten Besuch vor fünfzehn Jahren das Wohngebiet Am Dörnsberg schon existiert hatte. Er war sich jedoch nicht sicher. Damals war er nur für eine Nacht geblieben, um ein so frostiges Weihnachtsfest zu erleben, dass es ihn schneller als geplant zurück nach Hause getrieben und er in den wenigen dunklen Stunden vor Ort von selbigem kaum etwas gesehen hatte. Die Straße mochte damals also schon angelegt gewesen und das erste oder zweite Haus gebaut worden sein, aber wenn er aus einem der Fenster seiner Mutter schaute, war davon nichts zu sehen. Es wohnten bestimmt nette Menschen in der neuen Straße, die genauso platt war wie alle anderen Straßen des Dorfes, oder wie die links und rechts von seiner Mutter. Die kannte er nicht und er wollte auch keine engeren Bande mit ihnen knüpfen, obwohl gerade diese stets stark angemalte Melanie Rixen schon beinahe aufdringlich war. Sie hatte offensichtlich den Schuss nicht gehört. Die Familie Nebendahl mit ihren vier wuseligen Kindern, die den kleinen Hof der alten Cordtes übernommen hatten, war nicht so aufdringlich, dafür umso hilfsbereiter. Bente Nissen zwei Türen weiter rauchte immer noch wie ein Schlot und war so neugierig wie eh und je. Erdmann und Louise Garg dagegen, die noch immer im anderen Ende des Reihenhauses lebten, hatte er seit seiner Ankunft kaum gesehen. Die waren inzwischen steinalt, grüßten ihn aber jedes Mal mit diesem schüchternen Lächeln. Das trugen beide Eheleute, seitdem ihr Sohn Albert damals an Aids gestorben war. Sie hatten die allgemeine Anteilnahme des Dorfes als etwas Schönes empfunden, aber die Trauer hatte sie doch in ein Schneckenhaus aus Zurückhaltung und Stille eingesperrt. Benjamin hätte nicht gedacht, dass sie noch lebten, andererseits wäre das etwas gewesen, was seine Mutter ihm während eines ihrer kurzen Telefonate mit Sicherheit mitgeteilt hätte. Gerburg hatte die Gargs gemocht, weil sie sich in nichts einmischten und sich selbst vor ihrer privaten Tragödie niemals einen Kommentar zu den Lebensverhältnissen der Alleinerziehenden erlaubt hätten.

So weit, so gut. Es gab allerdings eine Veränderung, die scheinbar nur er wahrnahm: der Geruch. Kaltsommer roch anders als früher. So auffällig anders, dass Benjamin sich die Ahnungslosigkeit der Kaltsommeraner nur dadurch erklären konnte, dass sie sich wie nebenbei an den Gestank gewöhnt hatten. Denn das war es eigentlich, ein Gestank. Ihm als der Dichtung zugeneigtem Mann fiel sofort der Begriff Miasma dafür ein. Und wenn er bei seiner Ankunft im Dorf vor vier Tagen nicht diese unheimliche Begegnung mit der Gans auf der Auffahrt gehabt hätte, wäre er sich dessen vielleicht schon da bewusst geworden. So war er zu abgelenkt gewesen und hatte es erst am Abend des nächsten Tages bemerkt, als er von einem weiteren Besuch im Krankenhaus zurückgekehrt war; dieses Mal hatte er mit einem der Ärzte sprechen können. Bei seiner Rückkehr hatte er dann auch den übel zugerichtet Vorgarten Gerburgs entdeckt, die verwüsteten Beete, die so gar nicht nach ihr aussahen. In der Tat sah die Erde wie frisch aufgewühlt aus, was ihn sofort zu der Gans vom Vorabend und dem seltsamen Geruch in der Luft zurückbrachte. Der drängte sich ihm jetzt so deutlich auf, als würde er sich ihm wie ein übler Geschmack auf die Zunge legen. Kaltsommers Luft stank nach Vieh und Kot. Nach Federvieh und Gänsescheiße, um genau zu sein. Die Nissen hatte ihm natürlich schon von der neuen Plage erzählt, die das Dorf seit Anfang des Jahres heimsuchte. Aber erst jetzt begriff er, dass sie das wirklich nicht nur so dahingesagt hatte, sondern dass da mehr Wahres dran war, als sie selbst begriff. Es war ein Geruch nach Ammoniak und nassem Gefieder, nach Unreinheit und lauernder Krankheit, nach Erregern, die in der dazu noch überraschend warmen Luft prächtig gedeihen mussten. Einmal bemerkt, kam es Benjamin seitdem so vor, als hätte sich ganz Kaltsommer in einen einzigen großen, schlecht belüfteten Geflügelmastbetrieb verwandelt, der von jeder staatlichen Kontrollstelle, sei es um des Tier- oder des Menschwohls willen, sofort geschlossen werden müsste. Es roch ungesund im Dorf.

Auch deshalb verbrachte Benjamin die meiste Zeit außerhalb. Außerdem gab es so unendlich viele Dinge bezüglich Gerburgs zu regeln. Nicht zuletzt fühlte er sich inzwischen ganz allgemein wohler, wenn er ab und an mal ein Stückchen blauen Himmel über sich sah. Was das anging, war er ganz und gar ein Berliner geworden. Und je weniger Zeit er in Kaltsommer verbrachte, desto geringer war die Gefahr, Olaf über den Weg zu laufen. Die Vorstellung behagte ihm gar nicht, nicht zuletzt, weil er es immer noch irritierend fand, zu wissen, dass sein erster Freund heute mit einer Frau verheiratet war. Die gelegentlichen Techtelmechtel mit Mädchen hatte Benjamin schon während ihrer gemeinsamen Zeit nicht verstehen können. Nach seinem Umzug und solange er dann in Berlin gewesen war, hatte ihm das nichts ausgemacht, es war die Fußnote zu einer Geschichte, die gelesen zu sein schien. Jetzt lag das Buch, in dem sie stand, plötzlich wieder vor ihm auf dem Tisch. Sollte er sie aufschlagen und noch einmal lesen, fürchtete Benjamin, Dinge darin zu lesen, die ihm damals entgangen waren und die heute eine Unterhaltung darüber nötig machen würden. Das wollte er auf keinen Fall. Er hatte genug andere Dinge um die Ohren, genug Vergangenheit zu bewältigen. Davon einmal abgesehen, konnte sich Benjamin nicht vorstellen, dass Olaf ein Interesse an einem solchen Gespräch haben könnte. Schließlich hatte der in all den Jahren auch niemals versucht, mit ihm Kontakt aufzunehmen. Ihre Beziehung war vorbei, ein für alle Mal.

Trotzdem kam Benjamin nach Möglichkeit nur zum Schlafen nach Kaltsommer. Um mobil und vom löchrigen Fahrplan des öffentlichen Personennahverkehrs unabhängig zu sein, hatte er sich gleich am Samstag ein Auto gemietet. Vom Wagen seiner Mutter fehlte immer noch jede Spur, er besaß nur den Erst- und Zweitschlüssel. Er war auch noch gar nicht dazu gekommen, sich auf die Suche nach dem Fahrzeug zu machen, einem Renault laut Schlüsselemblem. Das Wochenende hatte er zwischen dem Krankenhaus und ihrem Optikerladen in Bornhöved verbracht, den ihre beiden Angestellten die ganze letzte Woche hindurch wie selbstverständlich geöffnet hatten, obwohl sie dazu keine Vollmacht hatten und sowieso nicht wussten, wie es mit ihnen weitergehen sollte. Neben dem Gesundheitszustand ihrer Chefin war das der Punkt, den sie am dringendsten wissen mussten. Benjamin wünschte sich nichts sehnlicher, als ihre Loyalität mit guten Nachrichten zu belohnen. Er wusste nur nicht, wie er das machen sollte. Von solchen geschäftlichen Dingen verstand er nichts, und noch war keine Zeit gewesen, einen Fachanwalt einzuschalten. Ulrike und Cheyenne, so hießen die beiden jungen Frauen, die seine Mutter ausgebildet und übernommen hatte, zeigten sich bestürzt über die Mitteilung, dass Gerburg niemals mehr in der Lage sein würde, in den Betrieb zurückzukehren. »Dafür wäre schon ein Wunder vom Ausmaß der Auferstehung Christi nötig«, hatte er gesagt und sich sofort für seinen schlechten Scherz beim Blick in ihre erschrockenen Gesichter entschuldigt. Dann fragte er die beiden Optikerinnen, ob sie denn bereit und fähig wären, den Laden zu übernehmen. Als sie das bejahten, versprach er: »Ich will sehen, was ich tun kann. Ich bin kein Optiker und habe auch kein Interesse an diesem Geschäft. Ich lebe in Berlin. Ich bin mir ziemlich sicher, dass wir uns einig werden, was die Übernahme angeht. Es gibt nur ein paar rechtliche Hürden zu klären.« Den Schluss, weil Gerburg noch nicht tot war, verkniff er sich noch rechtzeitig. Im Anschluss durchforstete er zusammen mit Ulrike und Cheyenne die im Büro des Ladens befindlichen Aktenbestände, ohne selbst so recht zu wissen, wonach er eigentlich suchte. Danach gab er ihnen seine Telefonnummer und schied von ihnen mit der Bitte, den Laden am Laufen zu halten. Er wollte sich nicht auch noch mit einem Konkurs und der Abwicklung des Lebenstraums seiner Mutter herumschlagen müssen. Die beiden versprachen es ihm hoch und heilig, selbst nachdem er auf Ulrikes Frage, warum ihm dieses Geschäft so wenig bedeutete, geantwortet hatte: »Ich hatte nie etwas damit zu tun, das war immer Gerburgs Welt gewesen. Mich wollte sie auch nie dabeihaben, das hat sie stets klargemacht. Selbst als kleines Kind durfte ich nach der Schule nicht zu ihr kommen. Ich saß alleine zu Hause, bis sie abends kam. Dieses Geschäft hier«, und er zeigte auf alles um sich herum, auf die Brillengestelle, die sämtliche Wände von oben bis unten bedeckten und das Schaufenster schmückten, »hat nichts mit mir zu tun, überhaupt nichts. Es betrifft mich nur insoweit, dass es wohl über kurz oder lang zu meiner Erbmasse zählt.« Das war hart gewesen, aber Ulrike und Cheyenne wären nicht bei Gerburg Sandow geblieben, wenn sie damit nicht hätten umgehen können.

Am liebsten hätte er sich noch immer irgendwo außerhalb des Dorfes ein Zimmer genommen, trotz beginnender Feriensaison gab es Möglichkeiten dafür genug. Aber das hätte sein Budget gesprengt. Schon jetzt würde diese Woche ein Loch in seine Finanzen reißen, weil er auf der einen Seite viele ungeplante Ausgaben hatte und auf der anderen nicht zum Unterrichten kam und ihm somit die Einnahmen fehlten. Er musste seine Unkosten im Zaum halten. Deshalb kehrte Benjamin jeden Tag, mal früher, mal später, zurück nach Kaltsommer in das Haus seiner Mutter. Dort wartete außerdem noch Blanca auf ihn. Obwohl die Katze definitiv nicht auf ihn wartete. In ihm sah sie bloß einen Eindringling, der irgendetwas mit ihrer eigentlichen Besitzerin gemacht haben musste. Vor Benjamin versteckte sie sich und fraß das hingestellte Futter nur, wenn er nirgends zu sehen war. Wollte sie nach draußen – ihr Katzenklo benutzte sie nie, sie ging dafür grundsätzlich raus –, jaulte sie an der Tür, gerne schon morgens um vier, und wenn er dann kam, versteckte sie sich. Sie wartete unter dem Schuhschrank im Flur, bis er die Tür weit aufgemacht und sich wieder halb die Treppe nach oben entfernt hatte, bevor sie blitzschnell nach draußen lief. Wenn er abends zurückkam, wartete sie unter der Buchsbaumhecke, die den Wäscherasen vom Hof trennte, bis er die Tür aufgeschlossen und aufgestoßen hatte, um dann wie ein weißer fauchender Blitz an ihm vorbei ins Haus zu stürmen. Danach saß sie wieder nur unter den Möbeln und zeigte sich nicht.

Wie er sie so einfangen und ins Tierheim bringen sollte, wusste Benjamin nicht. Die Nachbarn wollten sie nicht nehmen, nicht einmal Nebendahls mit ihrem halben Haustierzoo auf dem Hof. »Blanca verträgt sich einfach nicht mit anderen Katzen«, hatte ihm Mareike Nebendahl bedauernd erzählt, »sie mag nicht einmal andere Menschen außer Ihrer Mutter.« Benjamin war nicht im Geringsten überrascht. Das passte wie die Faust aufs Auge, zumal Gerburgs Katzen immer nur sie als Bezugsperson akzeptiert hatten und sonst niemanden. Den Sohn des Hauses eingeschlossen. Wenigstens musste er nicht noch extra Futter für Blanca kaufen, Gerburg hortete in ihrem Keller einen ganzen Jahresvorrat.

Zum Füttern also musste Benjamin ebenfalls nach Kaltsommer zurück, darum wollte er keinen anderen bitten. Bente Nissen hätte es bestimmt getan, so wie sie ständig um ihn herumlungerte, sobald sie ihn draußen auf dem Hof sah. Ziemlich plump versuchte sie, ihn über Gerburgs Zustand auszuhorchen, und hätte wohl auch alles dafür gegeben, einmal ins Haus kommen zu dürfen. Benjamin war sich sicher, dass Gerburg ihre

Nachbarin kein einziges Mal zu sich nach Hause auf eine Tasse Kaffee oder einen gemütlichen Abend bei Wein und Snacks eingeladen hatte. Eine so neugierige Person wie die Nissen musste das gehörig wurmen. Aber wenigstens was das anging, gedachte Benjamin nicht, mit den Gewohnheiten seiner Mutter zu brechen. Auch er würde Bente Nissen lieber vor Neugier sterben lassen, als ihr nur einen einzigen Zentimeter entgegenzukommen. Wenn sie ihn also morgens, bevor er zu seiner Tour aufbrach, und abends, wenn er davon zurückkehrte, fragte, wie es seiner »lieben Mutter« gehe und ob sie »nicht irgendetwas tun kann«, lautete seine Antwort stets: »Nein, alles unverändert.« Es verstand sich von selbst, dass Bente Nissen keine Katze aufnehmen konnte: »Ich bin allergisch.« Bei ihr wäre allerdings auch jedes Tier sofort an Rauchvergiftung gestorben, und das gönnte er nicht einmal dem Biest Blanca.

Benjamin aß auswärts, er nutzte sein Handy, um damit ortsungebunden das, was nötig war, zu organisieren, und er hielt sich an jede Geschwindigkeitsbegrenzung, um nur ja nicht zu früh am Tag zurück nach Kaltsommer zu kommen. Er brach sogar jedes Mal in kalten Schweiß aus, wenn er sich der Dorfgrenze näherte. Die Nebelwand machte ihm Angst. Er hatte gut zwanzig Jahre hinter ihr gelebt und sie beinahe täglich einmal in die eine und einmal in die andere Richtung durchquert, aber niemals war sie so tief und tückisch beweglich gewesen. An den besten Tagen hatte man früher sogar fast durch sie hindurch auf die andere Seite sehen können. Jetzt war sie ein wallendes und quellendes Monster, das einem die Sicht nahm und selbst im Dunkeln, wenn die Autoscheinwerfer darauf trafen, wie mit Schneeblindheit blendete. Benjamin konnte sehr gut verstehen, wie es unter diesen Umständen zu dem schweren Busunfall hatte kommen können, von dem ihm schon Gerburg bei seinem Geburtstagsanruf erzählt hatte. Jeder hier kam beinahe sofort darauf zu sprechen, kaum hatte eine Unterhaltung begonnen, und Benjamin teilte seit seiner Nebelquerung am Freitagabend den Unmut der Dörfler darüber, dass die versprochene Ampelanlage noch immer nicht installiert war – und da war er nur der Beifahrer gewesen. Es war wirklich ein Skandal, zumal bereits Menschen wegen des Nebels gestorben waren.

Auf Benjamin wirkte es fast so, als wollte sich Kaltsommer noch stärker denn je von der Außenwelt abschirmen, sich regelrecht abkapseln. Vielleicht verfälschten seine Aleric-Fantasien diesen Eindruck etwas, indem sie ihn künstlich verstärkten. Vielleicht kam es ihm nur so vor, weil sein Widerwille, gerade in dieser Situation mit Gerburg im Krankenhaus und Gerrit in Berlin, sich noch einmal mit seiner Herkunft und Vergangenheit beschäftigen zu müssen, diesen Gang zurück nur umso schwerer machte. Kaltsommer war nicht der sichere Hafen für die Außenseiter der Gesellschaft, als den er ihn in seinen Visionen von früher sah, nicht mehr zumindest. Jetzt war es nur noch ein ganz normaler Teil der Welt mit ganz normalen Leuten, die täglich zur Schule und Arbeit pendelten, einkaufen oder zum Arzt mussten. Wenn er abends im Bett lag und einzuschlafen versuchte, war ihm schon mehrfach der Gedanke gekommen, dass der dichte Nebel den Eindruck erweckte, als wollte er diese Entwicklung zurückdrehen. Als wollte sich die Natur dem Versuch des Künstlers, die ferne Vergangenheit wieder lebendig werden zu lassen, andienen und für ihn neue alte Fakten schaffen. Natürlich war das Blödsinn, wenn es Aleric oder einen wie ihn jemals gegeben hat, dann werden die natürlichen Gegebenheiten Kaltsommers trotzdem nur eine untergeordnete Rolle bei der Gründung des Dorfes gespielt haben. Das war Literatur, reine Fiktion, von der er noch immer nicht wusste, ob und wie er sie jemals zu Papier bringen sollte. Aber dieser Nebel jetzt schien trotzdem irgendetwas im Sinn zu haben. Er führte ein Eigenleben, hatte sich in eine Art Würgeschlange verwandelt, die sich Kaltsommer bereits um den Hals gelegt hatte und nur noch auf den richtigen Moment wartete, um zuzudrücken.

Benjamin schlief nicht besonders gut in seinem alten Zimmer.

Außerdem hatte er die Tage ganz vergessen, frische Lebensmittel einzukaufen. Das fiel ihm am Dienstag auf, als er sich ohnehin schon bedrückt fühlte, weil er früher als sonst ins Dorf zurückgekehrt war, müde und sich in einer Sackgasse steckend fühlend. Der Limbo, in dem Gerburg sich befand, erfasste langsam auch ihn. Gerrit, der ihn sonst in solchen Momenten auffing, steckte noch über eine Stunde lang in einem Seminar. Da half nur Essen, Frustfressen. Aber der Kühlschrank war endgültig leer. Das war nicht gut, denn das hieß, entweder noch einmal ins Auto zu steigen und durch den Nebel nach Wankendorf, Bornhöved oder Trappenkamp zum Supermarkt zu fahren, oder hier zum Dorfladen zu gehen und sich den neugierigen Blicken und Fragen der Dörfler auszusetzen. Auf beides hatte Benjamin keine Lust, beides verursachte ihm einen Kloß im Hals. Aber er brauchte etwas zu essen, spätestens morgen zum Frühstück.

Es war schon so schlimm genug, sich den Aufgaben dieser Tage zu stellen, mit leerem Magen wäre es die Hölle. Benjamin entschied sich für das kleinere Übel und machte sich auf zum Dorfladen.

Er erinnerte sich noch an früher, als sich in den Räumlichkeiten die Schlachterei Faller befunden hatte. Das war auch so eine Katastrophenfamilie gewesen, dominiert von einer herrschsüchtigen Matriarchin, an deren Herrschaftsanspruch schließlich alles zerbrochen war. Als das passierte, war Benjamin lange schon nicht mehr in Kaltsommer. Trotzdem hatte er die Nachricht von der Schließung der Schlachterei mit Erleichterung aufgenommen, denn er hatte es immer gehasst, wenn Gerburg ihn dort hinschickte, um Wurst und Fleisch zu holen. Obwohl das einer der wenigen Läden war, den sie selbst gerne betrat, weil sie eine der wenigen war, die Annelie Faller mochte. Und Annelie Faller hatte Gerburg Sandow gemocht. Wahrscheinlich, weil sie einander in ihrem Gegenüber erkannten und ihnen gefiel, was sie darin erblickten. Sogar auf Benjamin hatte sich Annelie Fallers seltener Anflug von Sympathie für einen Mitmenschen übertragen, zumindest ansatzweise, und dennoch war er niemals gerne in die Schlachterei gegangen, um die Besorgungen seiner Mutter zu erledigen. Umso gespannter war er jetzt zu sehen, wie sehr sich dort alles verändert hatte, sowohl was die Einrichtung anging als auch die Atmosphäre. Dass daraus ein warmer, die Menschen mit offenen Armen willkommen heißender Ort geworden sein könnte, konnte er sich kaum vorstellen.

Seit seiner Ankunft war er nicht einmal durch Kaltsommer gelaufen. Wenn er den Hof verließ, dann immer im Auto. Nun ging er zu Fuß, obschon eiligen Schrittes. Aber das hohe volle Blätterdach der Linden wieder einmal bei Tageslicht über sich zu sehen, in diesen grünen Tunnel zu treten und darin entlangzugehen, das war doch immer noch beeindruckend. Noch immer wuchsen die Bäume so üppig, dass es dahinter keine ewige Wolke zu geben schien. Es rauschte sogar eine leichte Brise oben durchs Geäst, von der unten auf dem Erdboden nichts zu spüren war. Hier stand die Luft und roch unangenehm nach zu hohem Gänseaufkommen. In den Zweigen der Linden hörte Benjamin Spatzen und ein Taubenpaar, und es hätte ihn nicht gewundert, wenn an einem der Stämme das Eichhörnchen von Samstagmorgen herumgeturnt hätte; aber das hatte sein Tagewerk wohl schon hinter sich.

Nach einem kurzen Moment mitten auf der Fahrbahn stehend, es kam ja eh kein Auto, ging er auf dem Bürgersteig, den es nur auf der Ostseite der Allee gab, weiter Richtung Dorfkern. Große Veränderungen erblickte er erst, als er bereits kurz vor seinem Ziel war. Die alte Kegelbahn gleich neben dem Torhaus existierte nicht mehr, und der *Krug* war gleich ganz abgerissen worden. Die Kegelbahn, wo sie so manchen Kindergeburtstag gefeiert hatten, war in Wohnraum umgebaut worden, der Gasthof, wo im Anschluss an das Vogelschießen immer die Kinderdisco stattgefunden hatte, wich gerade einem Doppelwohnhausneubau. Im *Krug* hatte Benjamin die erste Transenshow seines Lebens gesehen, denn keine Geringere als Muschi Sahne-Häubchen moderierte diese Nachmittage mit einem eher munteren als frechen Mundwerk, das abends, wenn die Erwachsenen ihr Vogelschießen feierten, ins Kecke übersprang und gleich schlüpfrig wurde. Dann sollte auch ihre Garderobe wesentlicher knapper gesessen haben. Jedenfalls hatte Benjamin das gehört, erlebt hatte er es nie. Als er alt genug dafür gewesen wäre, war Muschi bereits fort. Der Anblick jetzt machte ihn nicht traurig, er ließ ihn nur ein wenig nostalgisch werden. An diese Nachmittage, die er dort mit Olaf, Andreas und zumindest Bärbel verlebt hatte, als wäre er ein richtiger Teil ihrer Familie, erinnerte er sich noch immer gern.

Besonders das Verschwinden des Gasthofs stellte eine größere Veränderung dar, als Benjamin erwartet hatte. Wo feierten sie jetzt nach dem Vogelschießen? Gab es das überhaupt noch, diesen Wettkampf des Dorfnachwuchses um kurzweilige Königswürde und das Vorrecht, sich als erster einen der Preise, zumeist Spielzeug, es war aber auch mal eine Angel darunter oder ein Bürstenset, aussuchen zu dürfen? Feierte man stattdessen im Dorf nun etwas anderes? Gerburg hätte er gar nicht erst fragen müssen, die wäre sowieso nicht hingegangen und hätte es vermutlich nicht einmal vom Hörensagen gewusst. Für sie war Vogelschießen an jedem Tag des Jahres, an dem sie ihr Geschäft für Kundschaft öffnen durfte. Er seufzte und ging die letzten Meter weiter zum neuen Dorfladen.

Der versetzte ihn in Erstaunen. Gerburg hatte ihm nicht erzählt, dass er von einem lesbischen Paar geführt wurde, die im Hauptberuf Töpferinnen waren. Zwar gab es alle wichtigen Lebensmittel, aber ein Gutteil der Ausstellungsfläche war mit Schalen, Bechern, Tassen, Tellern in jeder Größe, Schüsseln, Leuchtern und was weiß Gott noch alles bestückt. Die machten einen ungeheuer professionellen Eindruck. Besonders dieser leichte Regenbogenschimmer auf den wolkengrau lackierten Teilen gefiel ihm sofort. Irgendetwas davon, vielleicht eine der großen Obstschalen, wäre ein ideales Mitbringsel für Gerrit. Der würde Augen machen! Aber noch nicht. Erst mal brauchte er nur ein wenig Brot, Butter, Wurst und Käse.

Die Aufmerksamkeit gehörte ihm, sobald er den Laden, begleitet von einem leisen Klingeln eben über seinem ausgedünnten Haarschopf, betrat. Vier Personen befanden sich darin, schwatzend um die Registrierkasse herum, zwei Frauen mit praktischen Kurzhaarschnitten, ein älterer Mann mit breitem Kreuz und schlohweißem Haar, sowie ein Teenager, der bei seinem Anblick tellergroße Augen machte. Es war klar, dass die vier alle wussten, wer er war. Er immerhin erkannte in der etwas jüngeren Frau Petra Niemann wieder und, als er den Stapel Honiggläser auf der Theke erblickte, in dem Mann Rasmus Duggen, der offensichtlich immer noch die Imkerei als Hobby betrieb. Wer die andere Frau war, ungefähr in seinem Alter und mit hellblond gefärbten Spitzen, oder der Junge, wusste er nicht. Er sah allerdings, dass der Junge in ihm längst den Gleichgesinnten erkannt hatte und dies auch gerne noch im biblischen Sinne des Wortes tun wollen würde, der zog ihn schon mit den Augen aus. Das Lachen darüber kam ihm ganz natürlich über die Lippen.

»Benjamin Sandow, sieht man dich auch mal wieder hier!«, ergriff Rasmus Duggen als erster das Wort. »Schade nur, dass es unter so traurigen Umständen geschehen muss.«

»Hallo, Herr Duggen. Schön, Sie zu sehen.«

Sie schüttelten sich die Hände, und der Hobbyimker, von dem Benjamin nicht wusste, was er eigentlich arbeitete oder vor der Verrentung gearbeitet hatte, fragte gerade heraus: »Wie geht es deiner Mutter?«

»Nicht gut, fürchte ich«, antwortete Benjamin.

»Ist es wirklich so schlimm?«, hakte Petra nach, und als er dies bejahte, kam sie hinter der Theke hervor, umarmte ihn und sagte: »Das tut mir leid.«

Seltsamerweise war ihm diese Umarmung nicht unangenehm, obwohl er und Petra sich niemals so nahegestanden hatten. Sie war ein paar Jahre jünger als er, und für Kinder bedeutet das Welten, die zwischen ihnen liegen. Aber das Alter relativiert so manchen Unterschied. »Danke«, sagte er und drückte sie kurz an sich.

»Bleibst du jetzt ein Weilchen hier?«

»Leider nicht, Herr Duggen.« Benjamin machte ein bedauerndes Gesicht. »Ich muss bald wieder zurück nach Berlin und arbeiten.«

»Was arbeitest du denn?«, fragte Petra.

»Ich unterrichte. Aber nicht an einer Schule, sondern bei einem Bildungsträger. Deutsch und Englisch. Deshalb habe ich auch keine Ferien wie ein Lehrer, unsere Kurse folgen einem eigenen Plan.«

»Das klingt toll«, meinte Petra.

»Es ist ein Job«, erwiderte Benjamin.

»Und was passiert dann mit dem Besitz deiner Mutter? Wirst du ihn verkaufen?«

»Rasmus, bitte. Das ist doch jetzt noch nicht wichtig.« Das kam von der anderen, etwas älteren Frau. Sie legte beschwichtigend eine Hand auf dem kräftigen Oberarm des Imkers.

»Doch, das ist wichtig«, widersprach der ihr, wenn auch ohne jede Schärfe.

»Ist es wirklich«, stimmte Benjamin ihm zu. »Sollte Gerburg für länger ein Pflegefall werden, muss ich sogar verkaufen, um die Kosten decken zu können.«

Damit steckte die Unterhaltung in einer Sackgasse, und sie verfügte offensichtlich nicht über einen Rückwärtsgang, der sie aus dieser misslichen Lage wieder hinausgeführt hätte. Der alte Duggen nickte nur traurig, die Frauen schwiegen bedrückt und der Junge schien gar nicht zugehört zu haben. Er schaute immer noch Kopfkino und verschlang Benjamin mit den Augen. Erst jetzt sah der, dass der linke Arm des Jungen in einem dünnen Korsett aus Speichen steckte, die teilweise durch die Kleidung hindurch und direkt ins Fleisch führten. Das schien kein ganz neuer Zustand zu sein, Schmerzen verspürte er zumindest in diesem Moment definitiv keine.

»Was ist denn mit dir passiert?«, fragte Benjamin ihn leichthin.

»Der Busunfall«, antwortete der Junge mit belegter Stimme.

»Oh. Scheiße. Tut mir leid.«

»Schon okay. Nächste Woche kommt der Fixateur wieder ab, rechtzeitig zu den Sommerferien.«

»Freut mich zu hören. Schön für dich.«

»Ich bin übrigens Leon. Leon Kaufmann.« Und er streckte Benjamin seine Rechte entgegen, und dabei öffneten sich seine Lippen zu einem strahlenden Lächeln und legten zwei perfekte Reihen perlweißer Zähne frei. »Ich glaube, meine Eltern sind erst hergezogen, als du schon weg warst.«

»Aha.«

Dass nicht nur Benjamin Mühe hatte, ein Lachen zu unterdrücken, bemerkte Leon gar nicht. Er war versunken in seiner eigenen Welt, und aus welchen Fantasien die gerade bestand, war ihm deutlich auf die Stirn geschrieben. Der alte Duggen erwog einen Moment, einen Kommentar abzugeben, in seinen Augen blitzte der Schalk, aber dann überließ er Leon doch ganz seinen Träumereien.

Petra räusperte sich. »Was können wir für dich tun, Benjamin?«, wurde sie geschäftig.

Er nannte ihr seine knappe Einkaufsliste und war ganz überrascht, als sofort beide Frauen ausschwärmten, um die Waren zu holen.

»Brot haben wir jetzt leider nur noch abgepacktes«, teilte Dunja ihm bedauernd mit.

»Macht nichts«, winkte Benjamin ab. Erst seit er mit Gerrit zusammen war, lernte er wieder den Geschmack echten Bäckerbrotes zu schätzen, denn Gerrit aß grundsätzlich kein anderes Brot als eines vom Biobäcker. »Für die paar Tage wird's schon gehen. Ich nehme, glaub ich, auch gleich noch eine Packung Toast dazu.«

»Weizen oder Vollkorn?«

»Weizen. Wenn schon, denn schon.«

Rasmus Duggen lachte auf. »Das sag ich mir auch immer.«

Benjamin wandte sich dem Mann, dessen Alter er nicht einschätzen konnte, der immer schon groß und nicht mehr jung auf ihn gewirkt hatte, zu, deutete auf die Honiggläser und sagte: »Sie imkern immer noch?«

»Ja. Ich besser mir damit ein wenig die Rente auf. Und so komm ich regelmäßig an die frische Luft.«

»Ist das Rapshonig?« Benjamin nahm eins der Gläser in die Hand.

Duggen nickte. »Ist gerade die Saison dafür«, erwiderte er. »Der Raps hat ja gerade erst ausgeblüht. Wenn du nur eine Woche früher gekommen wärst, hättest du hier im Umkreis noch alles in Gelb erstrahlen sehen können.«

»Ging leider nicht früher. Aber ich kann mich noch lebhaft von früher daran erinnern.«

Erst jetzt bemerkte der Alte den Fettnapf, in dem er stand. »Oh, tut mir leid, Benjamin«, sagte er, »ich wollte nicht … also, es sollte kein Vorwurf sein, oder so.«

»Kein Problem, Herr Duggen, ich bin da abgehärtet.« Benjamin stellte das bis zum Rand mit dem festen, milchcremefarbenen Honig zurück auf die Theke und ging in die Keramikabteilung, während Petra und Dunja gerade mit seinen Waren zurück zur Kasse kamen. »Das Töpfern betreibt ihr hauptberuflich?«, fragte er über die Schulter.

»Ja«, antwortete ihm Petra. »Der Internethandel brummt.«

»Das freut mich für euch.«

»Wir bräuchten sogar Hilfe inzwischen«, fuhr sie fort, »aber bisher sind alle unsere Versuche, eine weitere Kraft anzuwerben oder auch nur den Ausbildungsplatz, den wir ausgeschrieben haben, zu besetzen, fehlgeschlagen.«

Nach einem letzten Blick auf die Preise kam Benjamin zurück zur Kasse. »Na ja, Kaltsommer war noch nie das attraktivste Pflaster«, sagte er.

»Aber man kann sich dran gewöhnen«, kam es von Dunja, und spätestens da hätte Benjamin mit Sicherheit gewusst, dass sie eine Zugezogene war. Rasmus Duggen oder Leon oder selbst er hätten so einen Satz niemals gesagt.

»Leon hilft uns, so gut er kann«, erklärte wieder Petra. »Aber er ist Schüler, und das hat Vorrang.«

»Ich werde euch die ganzen Sommerferien über helfen«, erwiderte er, um sich dann mit stolzgeschwellter Brust Benjamin zuzuwenden und zu erklären: »Dieses Jahr fahre ich nicht mit meinen Eltern in den Urlaub. Die können alleine nach Italien, ich bleibe hier. Die ganzen Ferien über.« Dass er in diesen ohnehin nur zwei Wochen kaum Zeit in seinem Elternhaus verbringen, sondern ständig zwischen dem Laden und dem Verwalterhaus pendeln, also entweder unter Petras und Dunjas oder Manfreds und Martins Aufsicht stehen würde, erwähnte er nicht. Ein Junge weiß sich seine Freiräume zu schaffen, und sein Blick sollte wohl die Hoffnung ausdrücken, dass auch ein großer Junge wie Benjamin Sandow das nicht vergessen hatte.

»Das ist aber schön für dich«, sagte der nur und wandte den Kopf ab in Richtung Töpfergut. Der Junge sollte nicht sein Grinsen sehen. »Ihr macht sehr schöne Dinge hier.«

»Danke«, kam es von beiden Frauen wie aus einem Mund.

»Ich hab mir auch ein paar von den Kaffeebechern zugelegt«, teilte der alte Duggen ihm mit. »Die eignen sich auch gut als Geschenk.«

Benjamin nickte. »An so was hab ich gedacht«, sagte er gedehnt. »Meinem Freund könnte ich damit eine riesige Freude machen.«

»Such dir was aus«, meinte Petra prompt, »du kriegst auch den Kaltsommerfamilienrabatt.«

»Danke, ich werde vielleicht darauf zurückkommen«, antwortete er und drehte langsam wieder den Kopf zu den anderen. Dabei streifte er flüchtig Leons Gesicht, um zu sehen, wie der die Botschaft aufgenommen hatte. Der aber hatte sie entweder überhört oder sie interessierte ihn nicht die Bohne. Unverdrossen lächelte er den rothaarigen Riesen an mit einem Zwinkern in den Augenwinkeln, das nichts anderes als ein reines Flirten war. Der Altersunterschied bedeutete ihm offensichtlich nichts, ebenso wenig wie die Tatsache, dass Benjamin nur kurz zu Besuch im Dorf war, und von seiner Armverletzung ließ er sich erst recht nicht aufhalten. Ein bisschen erinnerte dieser Leon ihn an seinen Kleinen. Beide besaßen sie schon in jungen Jahren ein schwules Selbstbewusstsein, das er in diesem Alter, obwohl im günstigen Klima Kaltsommers aufgewachsen, noch nicht entwickelt hatte, egal wie sehr er mit Hormonen aufgeladen war. Benjamin zückte sein Portemonnaie, deutete auf den kleinen Stapel Waren auf der Theke, stellte noch lächelnd ein Glas Rapshonig dazu und fragte: »Was macht das?«

Während sie die Registrierkasse zum Klingen brachte, fragte Petra sehr beiläufig: »Wie lange bleibst du denn jetzt erst mal noch?«

»Am Wochenende geht's definitiv erst mal wieder zurück, ich muss arbeiten.« Er zuckte ratlos mit den Schultern. »Ich weiß zwar immer noch nicht, was jetzt alles so auf mich zukommt, aber wenn es nicht anders geht, muss ich dann eben immer mal wieder für ein paar Tage herkommen. Bis alles geregelt ist.«

»Wenn du mal ein wenig Gesellschaft haben möchtest«, sagte Petra nach einem kurzen Blick zu ihrer Frau, »dann komm doch mal vorbei. Wir kochen was, leeren eine Flasche Wein und plaudern über alte Zeiten. Dunja und ich würden uns freuen. Und du kannst erzählen, wie es heute so in Berlin ist. Du weißt, dass ich da auch ein paar Jahre gelebt habe?«

Und ganz plötzlich überkam Benjamin ein ganz warmes Gefühl der Rührung. Wie aus dem Nichts schoss es ihm in den Magen, in die

Kniekehlen, in die Kehle und hätte sich auch seiner Augen bemächtigt, wenn er nicht sofort alle Kraft aufgeboten hätte, sich zu beherrschen. Für einen kurzen Moment fühlte er sich wie heimgekommen. »Sehr gern, danke«, sagte er schließlich. »Ich mein, vielleicht schaff ich es dieser Tage nicht, aber später bestimmt mal.«

»Das wäre schön«, erwiderte Petra lächelnd, pflückte eine der in einem Halter gleich neben der Kasse steckenden Visitenkarten heraus und reichte sie ihm. »Hier, unsere Nummern. Ruf jederzeit an. Auch aus Berlin, wenn was ist und du Hilfe brauchst, okay?«

»Okay. Danke.«

»Ja«, fiel auch Rasmus Duggen ein, »sag Bescheid, wenn du Hilfe brauchst. Ich mag zwar inzwischen ein alter Mann sein, aber zupacken kann ich immer noch gut.«

»Danke, Herr Duggen.«

»Rasmus!«

»Rasmus.«

»Dieser Laden«, erklärte Dunja, »ist so etwas wie die Informationsbörse von Kaltsommer. Wir sind wie ein Schwarzes Brett, an das jeder Nachrichten heften kann, um Dinge zu suchen und zu finden.«

»Gut zu wissen.« Er lächelte tapfer. »Was schulde ich dir jetzt also, Petra?« Sie nannte ihm den Betrag, von dem gut die Hälfte auf das Konto des Honigs ging. Er bezahlte, lud sich die Sachen auf den Arm, an eine Tasche hatte er natürlich nicht gedacht, und verabschiedete sich: »Also bis die Tage. Schönen Abend euch noch.«

Er winkte ihnen zu, während sie ihre Erwiderungen riefen – Benjamin war sich sicher, diesen Leon Kaufmann »Bis bald!« rufen zu hören –, und gewann die Tür. Wieder bimmelte das Glöckchen dicht über seinem Kopf, und dann stand er auch schon unter Kaltsommers ewiger Kuppel. Er sah kurz nach oben, atmete tief durch, empfand jetzt sogar den Geflügelhofgeruch als angenehm, und ging in dem Augenblick los, als ein dicker Mercedes im Schritttempo an ihm vorbeirollte und einmal hupte. Der rote Bär hätte beinahe vor Schreck seinen Einkauf fallen lassen, er wusste ja nicht, dass Manfred Philipps Hupen nicht ihm galt. Er hob trotzdem automatisch zum Gruß die Hand und wurde aus dem Auto zurückgegrüßt. Das zum Glück nicht anhielt, für heute hatte Benjamin genug Kontakt mit Menschen gehabt. Während der Wagen davonrollte, dachte er nur unzusammenhängend, dass es sich nicht um einen Kombi handelte, nicht um das, was sie früher Bauern-Mercedes genannt hätten, weil scheinbar jeder Bauer einen solchen fuhr, zumeist in eher farblosem Dunkelgrün. Manfred Philipps war kein Bauer und fuhr eine Limousine.

Benjamin sah zu, dass er nach Hause kam.

✧

Sie mussten den Pfahl mit Öl oder Fett als Gleitmittel eingeschmiert oder sich an seine Gliedmaßen gehängt haben, sonst wäre die Spitze nicht in so kurzer Zeit so tief und tödlich in den Leib eingedrungen. Es hätte Tage dauern müssen, bis sie wieder aus dem Fleisch ausgetreten wäre, wenn man die Arbeit allein dem Gewicht des Gepfählten überlassen hätte. Aber der Kirchenmann Gottfried von Bornhöved war ein Sadist, der seine Triebe noch kontrollieren konnte. Der handelte bedacht und überlegt, so sehr er sich auch an tagelangen Schmerzensschreien geweidet hätte. So viel Zeit stand ihm und seinen Schergen nicht zur Verfügung. Er kannte Waldemar Bullenhaupt gut genug, um zu wissen, dass der alles tun würde, seinen Sohn so schnell wie möglich zurückzuholen. Dann war auch noch dieser andere Sodomit Johann geflohen – es war klar, dass der sich nach Sconebeke abgesetzt hatte –, und das hatte ihn zusätzlich zur Eile genötigt. Das Bullenhaupt aber sollte seinen verkommenen Sohn nur noch als Leiche zurückbekommen. Und so hatte Gottfried sein Vorhaben in einer Mischung aus Glückseligkeit, endlich einmal einen Menschen töten zu können, und durchaus dem Glauben, damit der Pest Einhalt zu gebieten, ins Werk gesetzt. Es war ein Opfer für ihn ebenso wie für seinen Gott. Wo sich der junge Waldemar und sein Gespiele zum Stelldichein trafen, hatte Gottfried schon vor Wochen herausgefunden. Gegen die Sünde der Sodomie hatte er anzupredigen begonnen, sobald er von der Besonderheit ihres Nachbardorfes erfahren hatte. Sein Plan aber, seine erste Mordtat als Ausführung von Gottes Gesetzen zu tarnen, war länger schon gereift. Was ihm dazu noch gefehlt hatte, war ein äußerer Anlass, denn seine Schäfchen in Bornhöved hatten sich allmählich an das Treiben der Sconebekener gewöhnt und nicht mehr recht gewusst, warum sie es verurteilen sollten. Der Schwarze Tod war der Fingerzeig des Herrn, auf den Gottfried so sehnlich gewartet hatte.

Plötzlich passte alles zusammen: Zuerst kamen Flüchtlinge aus Segeberg, die aus erster Hand von Pesttoten dort berichteten und hofften, bei ihren Verwandten hier in Sicherheit zu sein, und gleich darauf Waldemar Junior. Er erledigte seine Geschäfte, um danach wie immer noch ein anderes Geschäft zu verrichten, bevor er nach Hause zurückkehrte. Das ganze Dorf wusste darum, doch solange die beiden jungen Männer zumindest den Anschein von Diskretion wahrten, störte sich niemand daran, nicht einmal die Eltern Johanns. Es sei ja doch seit Jahrhunderten schon immer wieder dasselbe. Diese

Gleichgültigkeit musste Gottfried durchbrechen, wollte er sein Ziel erreichen. Also ließ er die Glocke im hölzernen Gebälk des Kirchturms läuten, rief seine Gemeindeglieder im Zeichen der Not zu sich, stieg auf die Kanzel und donnerte eine Predigt auf sie herab, die wir heute eine Hasspredigt nennen würden, eine Hasspredigt, die das Volk verhetzte. Gottfried brauchte einen willfährigen Mob, den er sich nun dank der allgemeinen Furcht vor der Pest und seines Charismas im Handumdrehen schuf. »Ich habe euch immer gesagt, dass eines Tages Gottes Zorn deswegen über euch kommen werde!« Mehr musste er nicht sagen, um für seine Zuhörer den gewünschten Zusammenhang herzustellen und sie auf seine Seite zu ziehen. Und weil sie dieses Mal wirklich um ihr Leben fürchteten, folgten sie ihm aus der Kirche in ein Waldstück am Seeufer, wo die alte Fischerhütte stand, die seit dem Tod des Fischers nicht mehr genutzt wurde außer von Waldemar Junior und seinem Bornhöveder Verführungsopfer. Die Hütte war nur eine Handvoll Quadratmeter groß und weniger als zwei Meter hoch, nur ein Kind hätte aufrecht darin stehen können. Aber die beiden Männer, die sie nun auf frischer Tat ertappten, wollten sowieso nur liegen. Man ergriff sie unter vielem Treten, Schlagen, Kratzen und Beißen und führte sie nackt und bloß, wie sie waren, vor die Kirche. Dort empfing sie Gottfried mit funkelndem Blick und flammender Rede. »Es gibt nur eine Strafe für das Verbrechen der Unzucht wider die Natur, die bereits zu Zeiten Jesu Christo angewandt wurde«, ließ er diese in seinem Höhepunkt kulminieren, »und das ist die der Pfählung! Wir müssen diese beiden Männer bei lebendigem Leibe pfählen, denn nur dann wird uns die Pest verschonen, die Gott der Herr und Vater gesandt hat, um die Erde einmal mehr von allem Sündhaften zu reinigen!«

Worauf sich die braven Bornhöveder Bürger da eingelassen hatten, begriffen sie allerdings erst, als sie die langen Pfähle sahen, die sie auf Geheiß Gottfrieds zuspitzen und in den Boden rammen mussten. Diese Form der Bestrafung war ihnen unbekannt, zumindest bei lebenden Menschen. Und dass sie ihren Sohn, Freund und Nachbarn Johann ebenso wie den jungen Waldemar, den sie alle als sympathischen, lebenslustigen und stets gerechten Handelspartner kennengelernt hatten, nun mit dem After zuerst auf die Pfahlspitzen setzen sollten, ließ die meisten von ihnen instinktiv zurückschrecken, egal wie sehr ihnen mit der Hölle gedroht wurde. Das ging zu weit. Vielleicht konnte Johann deshalb entkommen, weil sich ihr Griff vor Schreck und Mitleid lockerte und sie sich nichts sehnlicher wünschten, als nicht an ihrem Bruder zum grausamen Mörder zu werden. Als Pater Gottfried das mitbekam, war Johann längst über alle Berge, und so richtete sich sein Zorn erst recht gegen sein verbliebenes Opfer. Dessen Schreie, als sich das spitze und mit Talg eingeschmierte Holz durch seine Eingeweide bohrte, trieben den Mob auseinander und ließ die Menschen sich in ihren Behausungen verkriechen, verfolgt von den grausigen Lauten. Gottfried bekam es kaum mit. Er hatte, was er immer schon wollte, und zürnte und frohlockte gleichermaßen: »Da seht ihr, was den Unreinen passiert! Was Gott der Vater mit denjenigen macht, die er beim Reinigen seiner Schöpfung mit seinem gewaltigen Besen auskehrt! Nur die Reinen bleiben zurück und werden im Paradiese leben! Und jetzt bringen wir diesen Sünder dorthin zurück, wo er hergekommen ist: ans Tor zur Hölle, damit daraus keine weiteren Dämonen mehr entfleuchen können!«

Es waren dem Gottesmann genügend Spießgesellen geblieben, seinen Befehl umzusetzen, und nicht jeder handelte aus Angst. In Windeseile hatten sie den Pfahl mit dem auf ihm reitenden Waldemar wieder aus dem Boden geholt, ihn auf einen Karren geladen und diesen bei Fackelschein, der ihre Gesichter martialisch aufleuchten ließ, zum Dorf hinaus gefahren. Den ganzen Weg über bis zur Nebelwand und dem Wolkendeckel, hinter der und unter dem der Sündenpfuhl Sconebeke wohl wie ein Kessel brodeln musste, sangen sie christliche Lieder, die Gottfried aus voller Kehle für sie anstimmte. Sie übertönten das Gewinsel vom Karren, das bei jedem Schlagloch und jeder Welle des unebenen Bodens lauter wurde. Die Stimmung war gehoben, der Zweck heiligte die Mittel, und manchmal kommt das Gute eben im Gewand des Bösen daher, um den Teufel zu überlisten und in seine Schranken zu weisen.

Auf Geheiß Gottfrieds gruben sie den Pfahl samt Reiter unmittelbar vor Sconebekes natürlicher Grenze wieder ein; darüber hinaus trauten sie sich nicht. Augenblicklich wurde aus dem Gewinsel wieder ohrenbetäubendes Geschrei. Aber nicht deshalb befahl er seinen Getreuen, sich an Waldemars Arme und Beine zu hängen. Nicht weil er das nicht ausgehalten hätte, sondern weil er eine vorzeitige Entdeckung fürchtete. Mochten in seinem Bauch auch Schmetterlinge fliegen und seine Erektion nur deshalb nicht bemerkt werden, weil alle schwer beschäftigt waren, sein Kopf war weiterhin vollkommen klar und sein Handeln überlegt. Inzwischen musste Johann Sconebeke erreicht und das Bullenhaupt vom Schicksal seines Sohnes in Kenntnis gesetzt haben. Davon war Gottfried überzeugt, deshalb war Eile geboten. Dieser irdische

Vater sollte ihm seine göttliche Beute nicht vor seiner Vollendung entreißen können. Waldemar Junior musste so schnell wie möglich sterben. Mit den vereinten Kräften von vier Männern und der Erdanziehung war das schnell getan, und vorher bereits verstummten die Schreie, die man für entsetzlich oder wunderbar halten konnte. Leider kam der Pfahl nicht perfekt heraus, dafür hätte er aus dem zum letzten Schrei geöffneten Mund austreten müssen. Stattdessen trat er aus Waldemars Halsbeuge aus, dunkelrot und feucht im Fackellicht glänzend. Gottfried sprach ein letztes Gebet, den göttlichen Segen gleichsam auf sich und seine gutgläubigen Männer herabbefehlend, dann packten sie zusammen und zogen sich schnell zurück nach Bornhöved. Er hätte den Leichnam am liebsten noch auf seinem Pfahl verbrannt, aber das wäre wohl zu viel des Guten gewesen.

Gottfried hätte durchaus auch dazu noch Zeit gehabt, denn Johann hatte sein Ziel noch nicht erreicht, als dieses zutiefst irdische Strafgericht von dannen zog. Seine Flucht war zuerst wild und kopflos gewesen und hatte ihn erst mal nur von Bornhöved fortgeführt. Die Panik trieb ihn hinaus aus dem Dorf, fort von dem üblen Fackelschein, den Todesqualen seines Freundes und der nackten Angst, ihm würde dasselbe passieren, ergriffen sie ihn. Wobei ihm seine tatsächliche Nacktheit erst auffiel, als er schon fast im Wald war, der seine Heimat noch immer an manchen Seiten umgab. Hier standen vereinzelt Bauernhäuser herum, in eins davon brach er ein – technisch gesehen, war es kein Einbruch, die Tür stand offen, die Besitzer hatten sie in der Aufregung hinter sich nicht zugezogen – griff sich die erstbesten Männerkleidungsstücke, die er fand, zog sie über und lief weiter. Die Pause hatte ihn jedoch wieder etwas zur Besinnung gebracht und Raum für einen einzelnen Gedanken geschaffen: »Sie werden erwarten, dass ich nach Sconebeke laufe.« Es gab einen direkten Weg durch den Wald dorthin, wenn ihn auch nach wie vor hauptsächlich nur die Wolkenheimer nahmen. Es wäre ein Leichtes für Gottfrieds Häscher gewesen, ihm den Weg abzuschneiden. Im Nu wäre er zurück in Bornhöved gewesen und hätte seine eigene Pfahlspitze geritten. Johann beschloss, einen Umweg zu machen und sich dem Nachbardorf von der nördlichen anstatt von seiner südöstlichen Seite zu nähern; er kannte diese Gegend wie seine Westentasche, selbst im Dunkeln sollte das für ihn kein Problem sein.

Allein diese Nacht erwies sich als zu finster für so viel Rationalität. Johann war so sehr darauf bedacht, selbst kein Geräusch zu verursachen, und horchte gleichzeitig auf jeden fremden Laut, dass er darüber schnell die Orientierung verlor und sich heillos verlief. Der Nacht war trocken, aber der Himmel bedeckt und ohne jeden Stern: Sconebekes Wolke war nirgends zu erkennen. Hin und wieder hingen Nebelfetzen in den Senken zwischen den Bäumen, doch niemals wollten sie sich zu der ersehnten Wand verdichten. Selbst die Nachttiere schienen für heute in einem anderen Teil des Waldes unterwegs zu sein. Johann war allein, und die Entdeckung seines Alleinseins tat ihm nicht gut. Hirn und Herz fingen sofort wieder an zu rasen, und alles in ihm schrie nach Hilfe wie ein Kleinkind, das unversehens mitten in der Nacht aufwacht und das Gitter seiner Wiege nicht erkennt. Fortan wechselte er öfter die Richtung, als ihm selbst bewusst war.

So entrückt war sein Geist schon, dass er die Schreie, die plötzlich an sein Ohr drangen, nicht als Ausdruck einer unendlichen Qual ansah, sondern mehr als das Rufen einer freundlichen Sirene. Instinktiv ging Johann darauf zu, und bei jedem Schritt fiel ihm ein Stein vom Herzen. Dass sie ihm auf die Füße gefallen waren und der gewaltige Schmerz ihn lähmte, bemerkte er beinahe zu spät. Er war schon dabei, die letzte Mauer aus Unterholz zu zerteilen und auf den kleinen freien Platz zu treten, wo die anderen Menschen waren, als er auf einen Schlag sowohl Gottfried als auch Waldemar auf seinem Pfahl erkannte. Er erkannte auch die Nebelwand, den Ansatz der Wolke, der wie wütend im flackernden Fackelschein aufleuchtete, und dass er nun doch am anderen Ende des Pfades von Bornhöved nach Sconebeke herausgekommen war. Und nicht wieder zurückkonnte. Für endlose Momente ragte sein halber Kopf und sein großes blankes Gesicht mit den schreckensweit aufgerissenen Augen darin aus den Blättern und Ranken hervor, gut sichtbar im Tanz der Flammen. Johann war starr vor Schreck, und es war allein dem gütigen Schicksal zu verdanken, dass weder Gottfried noch einer seiner Häscher in diesen Sekunden in seine Richtung schaute, dass sie zu beschäftigt waren mit ihrer blutrünstigen Tätigkeit. Dafür sah Johann den seltsam glückseligen Ausdruck in Gottfrieds Gesicht. Der war so verstörend, dass er davon für den Rest seines Lebens träumen sollte.

Die Sekunden vergingen, das Leben kam zurück in Johanns steife Gelenke und er zog sich ins Gebüsch zurück. Wie lange er darin reglos verborgen blieb, hätte er nicht zu sagen gewusst. Die Geräusche, die an sein Ohr drangen, jagten ihm einen Schauer nach dem anderen über den Rücken. Am schlimmsten aber war die Stille, die schließlich eintrat, egal wie sehr er sich bis zu diesem Moment danach gesehnt hatte. Es war klar, was das bedeutete.

Johann wollte es nicht sehen, nicht wahrhaben, lieber hätte er sich an Ort und Stelle lebendig selbst vergraben.

Es brauchte das erste Licht der Dämmerung, ihm die nötige Kraft zu geben, sich zu erheben und die letzten Meter nach Sconebeke zu gehen. Johann rappelte sich auf, senkte den Blick, sah weder nach rechts noch nach links und lief los. Nur wenige Minuten später lag er im Schlamm unter der Wolke zu Füßen des Bullenhaupts, Waldemars riesenhaftem Vater.

Der raste, und niemand konnte es ihm verdenken.

Waldemar Bullenhaupt wollte sofort nach Bornhöved, sich diesen Gottfried schnappen, ihm schrecklichste Dinge antun und ihn danach gegen seinen Sohn eintauschen. Was Johann ihm und den anderen Wolkenheimern stammelnd zu erzählen versucht hatte, hatte er entweder überhört oder nicht begreifen können. Andere dagegen schon, und mit ihrer Hilfe führte Johann ihn nach draußen vor den Nebel. Das gesamte Dorf folgte ihnen wie in einer Prozession.

Als das Bullenhaupt seinen gepfählten Sohn erblickte, brach sein Herz. Binnen Bruchteilen von Sekunden schlug seine überschäumende Wut um in eiskaltes Entsetzen, aus dem wiederum ein Abgrund an Trauer wurde. Jeder Gedanke an Rache in ihm zerstob zu Staub. Sconebekes starker Mann verwandelte sich in einen Klumpen kalten Fleisches, den sie fast ins Dorf zurücktragen mussten. Sie holten Waldemar vom Pfahl, brachten ihn auf ihren Schultern zurück nach Hause, wuschen seinen malträtierten Leib und hoben ein Grab in dem alten Gräberfeld nördlich ihrer kleinen Siedlung aus, wo sie schon immer ihre Toten beerdigt hatten. Am späten Nachmittag betteten sie den jungen Waldemar zum letzten Mal zur Ruhe. Kein Gebet wurde gesprochen, kein Lied gesungen, selbst letzte Worte wollten ihnen nicht über die Lippen kommen. Sie füllten nur alle zusammen das Grab wieder mit Erde auf, und Johann half dabei. Danach kehrte er mit ihnen zurück ins Dorf, und die letzte Anweisung des Bullenhaupts an diesem Tag war die, dass er fortan bei ihm wohnen würde. Johann bekam eine Gänsehaut und folgte.

Leider kann ich nicht sagen, dass dies das Ende der Geschichte war.

Nachdem Waldemar, krank vor Gram, mehrere Tage nicht von seinem Lager aufgestanden war, kam er allmählich wieder zu Kräften. Sofort schlug seine Trauer um in Wut und gleich darauf in Hass. Rache ist ein zähes Wesen, das in beinahe jedem Aggregatzustand überdauern kann und sich neu aufbaut, sobald die Rahmenbedingungen wieder stimmen. Die anderen Sconebekener ahnten das und fürchteten die Konsequenzen. Keine spürte die darob beginnende Unruhe stärker als der sieche Siegbert, Waldemars Ziehvater, mit dem er sich ein Haus teilte. Mehrmals versuchte er, das Bullenhaupt in ein Gespräch zu verwickeln und ihm die Nachteile und Gefahren der Rache auszureden. Je mehr er allerdings sprach, desto überzeugter von deren Notwendigkeit schien ihr Dorfoberhaupt zu werden. »Gottfried ist schon wütend wie ein verletzter Bär«, sagte er, »aber noch traut er sich nicht zu uns unter die Wolke. Wenn wir ihn jetzt reizen, wird er alle Hemmungen verlieren und uns hier zu Hause angreifen. Er wird die einzige Zuflucht stürmen, die wir haben, Waldemar! Für uns gibt es keinen anderen Ort als diesen auf der Welt. Setze ihn nicht aufs Spiel. Tausche ihn nicht ein gegen das Andenken deines Sohnes, auch für ihn war Sconebeke Heimat. Er hätte das nicht gewollt, gerade weil er das Glück hatte, hier bei uns geboren worden zu sein. Viele andere hatten dieses Glück nicht und werden es auch in Zukunft nicht haben, doch können sie wenigstens zu uns kommen, wenn ihre Zeit reif ist. Nimm ihnen nicht diese Möglichkeit, Waldemar, es ist ihre einzige Hoffnung auf ein einigermaßen glückliches Leben.«

Aber das Bullenhaupt war taub für diese Worte. Sein alter Starrsinn war zurückgekehrt, stärker denn je. Also rief er kurz darauf das gesamte Dorf in seiner Mitte zusammen und sprach, nicht nur, weil er jeden Einzelnen von ihnen um mindestens einen Kopf überragte, auf sie herab. Dieser Kundgebung fern blieben allein Siegbert und Johann, der keinesfalls mehr einen Fuß nach Bornhöved hineinsetzen wollte, sowie die allerkleinsten Kinder, obwohl auch sie merkten, dass etwas Schwerwiegendes im Gange war, und deshalb leicht weinten.

»Ich weiß, was ich von euch verlange«, kam ihr Dorfoberhaupt sofort zur Sache. Seine Stimme donnerte über den Platz wie ein Gewittersturm, und allein das ließ schon so manchen Widerstand bröckeln. »Aber täte ich es nicht, wäre ich ein schlechter Anführer. Denn dieser Sturm ist nicht vorüber, im Gegenteil, er braut sich immer noch zusammen. Gottfried wartet nur auf das richtige Zeichen seines teuflischen Herrn, zum Angriff auf uns zu blasen und uns für immer den Garaus zu machen. Ihr wisst das! Ihr wisst, wie böse er ist. Seit dem Tag seiner Ankunft in Bornhöved hat er uns zur Zielscheibe seines Hasses gemacht, und dieser Schweinepriester wird erst ruhen, wenn er sein Ziel erreicht hat. Diese Seuche nun, die uns alle gleichermaßen bedroht, ist ihm der willkommene, der langerwartete Vorwand, sein Vorhaben in die Tat umzusetzen. In seinen Augen sind wir, Menschen wie wir, eine Gemeinschaft wie

die unsere, für das Grauen verantwortlich. Daraus leitet er für sich das Recht ab, uns zu vernichten. Wozu er imstande ist, habt ihr alle gesehen. Aber er ist noch nicht fertig mit uns. Solange wir nur existieren, sind wir ihm ein Dorn im Auge. Und ihr habt auch gesehen, dass er keinen Mangel an Helfern leidet. Menschen, die uns in der Vergangenheit freundlich gesinnt waren, haben sich zu seinen willfährigen Werkzeugen machen lassen, als kennten sie uns nicht mehr. Als hätten sie uns niemals gekannt, als hätten sie niemals mit uns Geschäfte gemacht, getrunken und gelacht. Manche sind jetzt sogar bereit, ihre eigenen Söhne und Töchter zu verleugnen. Vielleicht nur aus Furcht, aber wer einmal das Knie in den Staub beugt, wird für immer schmutzige Hosen haben! Ihr wisst, dass ich die Wahrheit spreche, und ihr wisst, wo das alles enden wird. Es wird für uns enden, wenn wir uns nicht wehren! Diese Bedrohung ist größer als jede, die dieses Dorf jemals zuvor erlebt hat, und deshalb müssen wir entschlossen dagegenhalten und selbst tätig werden, bevor man uns überrennt und alle einen neben den anderen auf Pfähle spießt. Wir haben nur einen Versuch, und von dem hängt unser ganzes Schicksal ab. Wir müssen denen da draußen zeigen, dass wir stark sind, dass wir zur Not zurückschlagen können, dass wir eine Daseinsberechtigung besitzen. Denn nur wenn wir ihnen diese Stärke demonstrieren, sie ihnen an ihren eigenen Leibern vorführen, werden sie uns jemals akzeptieren. Nur dann werden sie begreifen, dass sie mit uns nicht machen können, was immer sie wollen. Nur dann werden sie uns in Ruhe lassen. Sie verstehen nur eine Sprache, nämlich Grausamkeit, und es ist jetzt endlich an der Zeit, dass auch wir sie zu sprechen lernen!«

Es gab keine Widerrede. Dem Bullenhaupt stellte man sich nicht in den Weg, wenn er eine Entscheidung für die gesamte Gemeinschaft getroffen hatte. Manche verdrückten sich klammheimlich in ihre Hütten oder in den Wald, aber das Gros der erwachsenen Einwohner Sconebekes folgte ihrem Anführer. Sie bewaffneten sich mit Beilen, Messern, Knüppeln und ein paar Armbrüsten, die im Laufe der Zeit mit ihren Trägern ins Dorf gelangt und dort geblieben waren, und als der Abend den Wolkenbauch über ihren Köpfen dunkel zu färben begann, zogen sie los. Fünfundzwanzig Männer und Frauen, deren Gesichter von Angst, Entschlossenheit und dem Gefühl der Ausweglosigkeit entstellt waren.

So konzentriert auf ihren Feldzug waren sie, dass keiner von ihnen fähig gewesen wäre, nach links und rechts zu schauen. Nicht einmal Waldemar Bullenhaupt, ihr Feldherr. Bevor sie sich auf den Weg gemacht hatten, hatte er sich noch unentwegt ermahnt, auf Wachen zu achten; mit einer solchen Vorsichtsmaßnahme mussten sie rechnen. Nun pirschten sie sich an Bornhöved heran – und schienen dabei Krach wie ein ganzes Bataillon Betrunkener zu machen –, und keinem fiel auf, dass niemand Wache stand, dass Gottfried nicht einmal Späher aufgestellt hatte. Sie bemerkten nur, wie einfach ihr Vormarsch vonstattenging. Das euphorisierte sie und betäubte ihre Wachsamkeit erst recht. Beinahe so schnell wie auf einem galoppierenden Pferd erreichten die Sconebeker ihr Nachbardorf.

Waldemar hielt seine kleine Schar kurz an, ließ sie noch einmal zu Atem kommen und gab ihnen letzte Instruktionen: »Gottfried ist das Haupt der Schlange. Wenn wir das abschlagen, ist dieser Schrecken vorbei. Gottfried müssen wir töten und notfalls jeden, der ihn zu verteidigen sucht. Niemanden sonst, verstanden! Niemanden sonst! Wir wollen Frieden, keine Fehde heraufbeschwören. Aber Gottfried muss sterben. Wahrscheinlich versteckt sich der Feigling irgendwo, wir müssen also das ganze Dorf durchkämmen. Dabei kreisen wir Stück für Stück die Kirche ein, vielleicht hat er sich auch dort mit seinen Getreuen verschanzt. Wenn es so sein sollte, werden wir nicht eher gehen, als bis dass wir die Schlange aus ihrem Loch gezerrt haben, und wenn wir sie dafür ausräuchern müssen!«

Sie fanden Gottfried in der Kirche auf ihren kleinen Hügel in der Mitte des Dorfes. Bei ihm waren rund vierzig Gläubige, versammelt um den Altar, sterbend unter dem Abbild ihres ans Kreuz genagelten Herrn und Erlösers. Noch bevor die Wolkenheimer zu ihrem Präventivschlag hatten ausholen können, war die Pest nach Bornhöved gekommen. Vermutlich hatten die Flüchtlinge aus Segeberg sie eingeschleppt, vielleicht war sie aber auch auf ganz anderen, ihren eigenen heimlichen Wegen dorthin gelangt. So oder so, sie war längst dabei, das malerisch an seinem See gelegene Dorf zu entvölkern. Einige Einwohner waren selbst geflohen, als die ersten Erkrankten die gefürchteten Symptome zeigten: Schmerzen, Fieber, die zu schwarzen Beulen angeschwollenen Lymphknoten und oftmals irgendwann Blutungen der inneren Organe. Andere hatten sich in ihren Behausungen verbarrikadiert, in der schwachen Hoffnung, die Krankheit möge unfähig sein, ihre Schwelle zu übertreten. Eine dritte Gruppe aber war zu Gottfried in die Kirche geflohen, um Schutz durch das Gebet zu erhalten und Gottes Segen auf ihre furchtvollen Häupter herab zu beschwören. Einer nach dem anderen erkrankten sie, und zu guter Letzt Gottfried selbst, mochte er auch noch so sehr im Namen seines begonnenen Kreuzzuges gegen die Sodomiten von Sconebeke für sein eigenes Seelenheil werben.

An jenem schrecklichen Tag wurde niemand von Menschenhand getötet und allein Gottfried nicht geholfen. Obwohl ihr erster Impuls der natürliche war, auf dem Fuß umzudrehen und das Weite zu suchen, blieben Waldemar und die Seinen, um zumindest die größte Not im Rahmen ihrer beschränkten Möglichkeiten zu lindern. Trotzdem starben viele, und nicht jeder mit Dankbarkeit auf den Lippen. Gottfrieds Gift wirkte noch lange nach.

Ich wünschte, ich könnte nun erzählen, dass wenigstens Sconebeke verschont blieb. Aber der Schwarze Tod kam auch dorthin und riss viele Seelen in seinen Abgrund. Eine Seuche kennt keine Berührungsängste und legt nicht die Frömmigkeit eines Menschen als Maßstab ihres Handelns an. Ihr Geschäft ist das Töten, und das betreibt sie ebenso demokratisch wie kapitalistisch auf Gewinnmaximierung hin ausgelegt. Was ich immerhin sagen kann, ist, dass das Wolkenheim trotzdem überleben sollte.

Zweiundzwanzigstes Kapitel

Bis zur Pforte liess Leon sein Skateboard ausrollen, dann sprang er ab und trat in derselben Bewegung auf das hintere Ende seines liebsten Fortbewegungsmittels und fing das Vordere mit der heilen Hand auf, ohne stehenbleiben zu müssen oder hinzuschauen. Er hätte nicht absteigen brauchen, die Pforte stand offen; Manfred hatte sie für Martin offengelassen, der grundsätzlich nach ihm von der Arbeit nach Hause kam. Aber der kopfsteingepflasterte Weg, der zum Carport neben dem Haus führte, war fürs Skateboarden nicht gut geeignet, schon gar nicht, wenn man noch immer an einem Arm gehandicapt war und man deshalb nur verspätet auf überraschende Gleichgewichtsstörungen reagieren konnte. Die Folgen konnten fatal sein – wie seine Mutter ihm in den letzten Wochen gefühlt tausendmal gesagt hatte und nicht Martin, der Chirurg, der Mann vom Fach also. Aus irgendeinem für Leon nicht nachvollziehbaren Grund wusste Martin besser als seine eigene Mutter, wie sinnlos es war, einem Teenager etwas ausreden zu wollen. Er hätte für Leon, den er seinen Zuläufling nannte, mit brutalster medizinischer Präzision die möglichen Folgen eines Sturzes vom Skateboard an die Wand malen können und hatte doch noch nie auch nur ein einziges Wort dazu gesagt. Leon hatte sich einmal den Spaß erlaubt, den Arzt herausgefordert und zu einer Stellungnahme bezüglich des Leichtsinns des Skateboardfahrens ohne Helm, Arm- und Knieschonern genötigt. »Ich lebe von Leuten wie dir«, hatte der darauf auf seine furztrockene Art gesagt, »da wäre es doch blöd von mir, es dir zu verbieten.« Der Zuläufling hatte das Thema danach nicht wieder angeschnitten.

Aber Leon ging die letzten Meter zum Haus auch noch aus einem anderen Grund am liebsten zu Fuß: Er durfte sich kurz der Illusion hingeben, tatsächlich darin mit seinen glücklichen Eltern zu wohnen. Nicht nur war das Verwalterhaus das schönste Haus am Platz, sondern

Manfred Philipps und Martin Egmont auch das glücklichste Paar, das Leon kannte. Dunja und Petra wirkten ebenfalls glücklich, aber nicht oder zumindest noch nicht auf eine so tiefgreifende Art. Das, tippte Leon jedenfalls, mochte damit zusammenhängen, dass sie noch nicht so lange wie die beiden Männer zusammen waren und noch dabei waren, sich zu finden und zu setzen. Bei dem Chirurgen und dem Verwaltungsbeamten befand sich alles bereits am richtigen Platz, sie hatten vor Jahren schon den richtigen Platz für sich gefunden. Einen Besseren als das Verwalterhaus hätte es für sie dabei gar nicht geben können. Wie der Name schon sagte, hatten darin früher die Verwalter des Gutes Kaltsommer gewohnt, gleich gegenüber vom herrschaftlichen Wohnsitz ihres Dienstherren. Es war keine Villa, aber verglichen mit den zumeist geviertelten Deputathäusern für die Landarbeiter definitiv privilegiert, sodass es nur folgerichtig schien, dass jetzt zwei Männer aus einer gehobenen Gehaltsschicht darin lebten. Stolz prangte in eisernen Zahlen das Jahr seiner Erbauung am Giebel: 1889. So etwas musste man sich erst mal leisten können. Leons Eltern blickten immer noch mit schlecht verhohlenem Neid auf das Anwesen am nordwestlichen Ende der Lindenallee und geradezu mit körperlichem Unwohlsein auf die Tatsache, dass ihr eigener Sohn dort ein und aus ging. Sie akzeptierten es, um den Bruch zwischen sich und Leon nicht endgültig werden zu lassen, und blendeten die Wahrheit aus, dass sie im Grunde genommen aufgegeben hatten. Nach der Schule ging ihr Kind zu den beiden Lesben in den Dorfladen, danach für den Abend zu den beiden Schwulen in ihrem Traumhaus, und nur zum Schlafen kam er zu ihnen in den Dörnsberg. Er verkroch sich dann sofort auf seinem Zimmer, morgens aß er kaum mit ihnen Frühstück, und jedes Wort, das gesprochen wurde, klang nach Vorwurf und Eskalation. Leon wusste, sie wollten ihn nur beschützen, doch sie begriffen einfach nicht, dass sie sich dafür die falschen Ziele ausgesucht hatten. Unmittelbar nach dem Unfall, als er im Krankenhaus wieder zu sich gekommen war und die pure Freude und Erleichterung darüber in ihren Gesichtern gesehen hatte, da war für einen Moment alles gut gewesen zwischen ihnen. Aber dann waren Anne und Robert Kaufmann wieder in ihre unausrottbare Schwulenpanik verfallen, und seitdem war zwischen ihnen endgültig alles im Eimer. Alle drei sehnten die Ferien herbei, und die zwei Wochen Komplettrennung während des Italienurlaubs.

In diesen zwei Wochen würde Leon ganz bei Manfred und Martin wohnen. Als wäre er nicht nur ihr Zuläufling, sondern ihr richtiger Sohn. Nichts schien richtiger zu sein als das, jedenfalls fühlte sich nichts an dieser Vorstellung falsch an. Es gab Tage, da war Leon mehr als überzeugt davon, vom Klapperstorch an der falschen Haustür abgeliefert worden zu sein. Nirgendwo fühlte er sich freier als im Verwalterhaus, selbst wenn er nur dachte, träumte und sich seinen Fantasien hingab. Zugegeben, manche davon waren seltsam, und das musste an der Pubertät mit ihren ins Kraut schießenden Hormonen liegen. So hatte er einmal geträumt, das schöne alte Haus mit dem antiken Parkett und den alten Prachtmöbeln zu betreten und die beiden Hausherrn beim Sex zu überraschen, ohne von ihnen bemerkt zu werden. Das allein wäre schon schräg genug gewesen. Das Schrägste an diesem Traum war jedoch der erotische Kitzel gewesen, der von ihm aus- und direkt in seine Unterhose ging, schließlich waren die beiden schon so alt! Beide wurden sie in den nächsten Monaten bereits sechzig. Neben ihnen wirkte selbst Olaf noch richtig jung und knackig, und das war der ja eigentlich auch nicht. Schon gar nicht in letzter Zeit, wo der nur noch schlaff und müde aussah. Und überhaupt kein Auge mehr für ihn übrighatte. Natürlich wusste Leon, dass das an Olafs Vater, dem alten Harms, lag, aber das war doch kein Grund, ihn so völlig zu missachten! Gerade jetzt, wo er wieder so gut wie geheilt war und der Sommer vor der Tür stand.

Was für ein Glück, dass da heute ein neuer Hengst auf seiner Weide aufgetaucht war. Und was für einer! Neben diesem Benjamin Sandow sah Olaf Harms aus wie ein altes Hutzelmännchen. Der Mann war doch das pure Testosteron. Das einem sofort in die Nüstern stieg, besonders wenn man dafür so empfänglich war wie ein Sechzehnjähriger, dem gerade erst die Säfte zu fließen begannen. Leon hatte diesen Riesen schon mit Augen ausgezogen, noch bevor der sich ganz unter der für ihn viel zu niedrigen Ladentür hindurchgeschoben hatte. Dank der schlüpfrigen Seiten des Internets wusste er, was er mit diesem Benjamin Sandow alles anstellen wollte – oder der mit ihm sollte –, und wegen seiner ersten eigenen sexuellen Gehversuche mit seinem Klassenkameraden Torben hatte Leon zumindest ansatzweise schon eine Vorstellung davon, wie sich das anfühlen würde. Leon war auch deshalb nicht ein einziges Mal während Benjamins Aufenthalt im Laden hinter der Theke hervorgekommen, weil er die ganze Zeit über eine beinharte Erektion hatte. So ganz war die noch immer nicht abgeschwollen, und er wusste schon, was er heute Abend als Letztes vor dem Einschlafen machen würde. Ob er danach ruhig schlief, war trotzdem nicht gesagt. Wahrscheinlich würde nicht einmal dann das schwere Schicksal, dass diesen verlorenen Sohn nach Kaltsommer zurückgeführt hatte, abkühlend auf seine heiß laufende Fantasie einwirken. So war das Leben nun einmal!

Leon ging um das Verwalterhaus herum und betrat es von der Rückseite durch den Kücheneingang; die Haustür vorne benutzte nicht einmal mehr der Paketbote. Er benutzte seinen eigenen Schlüssel, um den Sicherungsbolzen zurückzuschieben und einzutreten. Wie üblich lief die Heizung ein wenig, obwohl es ausnahmsweise mal nicht nötig gewesen wäre bei den warmen Temperaturen draußen. Im Radio lief klassische Musik und in ihrer Voliere im Wohnzimmer sangen die zwei Nymphen- und vier Wellensittiche, drei blau, einer grün, den Text dazu.

»Ich bin zu Hause!«, rief Leon.

»Das hat aber gedauert«, kam Manfreds Antwort aus der Waschküche im Keller.

»Wir haben uns mit dem alten Duggen festgequatscht.«

»Ach so. Na dann.«

Leon legte Jacke und Schultasche ab. »Was gibt's zum Abendessen?«, fragte er, als er Schritte die Kellertreppe hochkommen hörte. »Kann ich irgendwas helfen?«

»Ich dachte an Rahmgeschnetzeltes mit Spätzle und dazu ein grüner Salat«, sagte Manfred, als er in die Küche kam. »Du kannst mir gerne dabei helfen.«

»Okay.«

»Martin bringt noch frisches Brot mit.«

»Wann kommt der denn?«

»Bald, denke ich. Hast du so einen Hunger?«

»Ja.«

Sie machten sich ohne Eile ans Werk. »Wer war dieser Riese, der da vorhin aus dem Laden gekommen ist?«, fragte Manfred, während er die Fleischwürfel abspülte.

»Benjamin Sandow.«

»Dachte ich mir's doch. Ist er also doch noch gekommen.«

Leon suchte Blickkontakt. »Warum halten alle das eigentlich für so eine große Sache?«, fragte er. »Also dass Benjamin plötzlich hier ist.«

»Er und seine Mutter hatten nie das beste Verhältnis«, versuchte der Verwaltungsbeamte eine Erklärung.

»So wie ich und meine Eltern?«

»Nicht ganz so.«

»Versteh ich nicht.«

Manfred war ein Kaltsommeraner vom ersten Tag seines Lebens an, da ihn seine Mutter noch zu Hause im Gartenweg zur Welt gebracht hatte. Gerburg Sandow war immer schon dagewesen, seit er denken konnte, und immer hatte sie etwas ebenso Unnahbares wie Herrisches an sich gehabt. Sie war nicht grundsätzlich unfreundlich gewesen, aber es war auch noch nie etwas Liebenswertes und Warmes von ihr ausgegangen. Trotzdem oder vielleicht gerade deshalb hatte sie immer Verehrer gehabt, scheinbar angelockt von ihrer rot lodernden Haarlohe wie von einem Leuchtfeuer, und anders als eine gewisse Penelope aus der griechischen Sage hatte sie nicht jeden davon abgewiesen. Nur etwas Ernstes hatte sie scheinbar nie gewollt, weshalb ihr Verhalten allen anderen Dorfbewohnern Rätsel aufgab. Eine Ehe wäre, gerade damals, ihr schnellstes Ticket aus dem Elternhaus gewesen. Das, so erzählte man sich jedenfalls, obschon nicht direkt dem kleinen Manfred und seinen Freunden, war von einem Vater dominiert, der den Krieg nicht schadlos überstanden hatte und sowohl seine Frau als auch seine Tochter ständig demütigte, drangsalierte und vielleicht sogar malträtierte. Was genau vorgefallen war oder ob diese Gerüchte überhaupt stimmten, wusste Manfred nicht. Fest stand nur, dass weder Mutter noch Tochter den alten Gustav Sandow bis zu seinem Tod verlassen hatten. Vielleicht, dachte Manfred, weil sie ebenfalls gebürtige Kaltsommeraner waren, während er irgendwann irgendwo aus dem verlorenen Osten zugewandert war.

Laut sagte Manfred: »Gerburg Sandow war und ist nicht so der mütterliche Typ. Sie und ihr Sohn hatten nie ein besonders enges Verhältnis. Benjamin hat mehr Zeit bei Harms verbracht als bei ihr. Aber dann ist auch seine Beziehung zu Olaf zerbrochen, weil der schon damals so ein kleiner Schwerenöter war …«

»Der und Olaf waren mal ein Paar?!«

»Ja.« Manfred musste lachen, als er sah, was für ein Ausdruck plötzlich auf Leons Gesicht lag: nicht nur der der Überraschung, sondern auch ein etwas Lüsterner. Deshalb fügte er noch folgende Information an: »Die waren Kaltsommers Traumpaar ihrer Zeit.«

»Aber dann ist die Beziehung zerbrochen?«

»Offensichtlich.«

»Und die kommen auch nicht mehr zusammen?«

Wieder musste Manfred lachen.

»Was?«, fragte Leon argwöhnisch.

»Nichts«, antwortete der Ältere und wandte sich wieder der Zubereitung des Essens zu.

Das Thema war damit natürlich nicht vom Tisch. Leon kam immer wieder auf Benjamin Sandow zu sprechen, bis er alles aus Manfred herausgeholt hatte. Martin brauchte er gar nicht erst zu fragen, der war auch nur ein Zugezogener, weshalb er kaum etwas über den Sohn der alten Optikerin zu sagen wusste. Das wiederum hätte Leon niemals aufgehalten, ihn doch mit Fragen zu löchern. In seinem Kopf lief längst ein Film, der mit der Wirklichkeit nicht mehr das Geringste zu tun hatte und quasi keine Leerstellen oder Handlungslöcher kannte. Alles war verwertbar, selbst Martins kurze Aussage, dass er den jungen Sandow eigentlich nur vom Sehen her kenne. Aber Leon bohrte nicht nach, denn der Chirurg hatte dies in einem Ton gesagt, der ungewöhnlich für ihn war, zurückhaltend und zögerlich.

Manfred hatte es ebenfalls bemerkt. »Was ist?«, fragte er seinen Mann.

»Ich muss nach dem Essen mit euch reden, okay?«, sagte Martin nur und ging ins Schlafzimmer, sich etwas Bequemeres anziehen.

Leon sah kurz das Unbehagen in Manfreds Augen, bevor dieser hochkonzentriert die Spätzle ins kochende Wasser schüttete. Seine eigene Hochstimmung verflog vollends, diese Zögerlichkeit entsprach so gar nicht Martins Charakter. Irgendetwas war da im Busch, und es musste sich um etwas Großes, Wichtiges handeln, wenn es selbst einen Martin Egmont derartig einschüchterte. Mit ihren kugelrunden Glatzköpfen und der noch immer schlanken Statur sahen Leons Ziehväter zwar aus wie Brüder, aber damit erschöpften sich die Ähnlichkeiten weitestgehend. Manfred war einen halben Kopf größer als Martin, hatte breitere Schultern und überhaupt mehr Fleisch auf den Knochen. Er war der eher gemütliche, gesellige Typ, der den Dingen gerne ihren Lauf ließ, darauf vertrauend, dass sie schon ihren richtigen Weg finden werden. Martin dagegen war hagerer, zäher, jemand, der Kontrolle ausübte, weniger weil er anderen nicht trauen würde, sondern weil er manche Sachen schlichtweg besser konnte als die anderen. Trotzdem vergaß er darüber schon einmal das Delegieren und neigte er eher dazu, zu schnell auf sein Ziel zuzupreschen, als abzuwarten, ob sich nicht alles doch von selbst finden würde. Auf keinen Fall scheute er vor etwas zurück. Der Stier wurde immer sofort bei den Hörnern gepackt und offene Fragen geklärt.

Kein Wunder, dass während des Essens keine rechte Unterhaltung aufkommen wollte. Leon versuchte es einmal ganz direkt und fragte Martin, was los sei, aber der schüttelte nur den Kopf und antwortete: »Später.« Manfred gab ihrem Zuläufling daraufhin ein Zeichen, es gut sein zu lassen. Er wusste besser als jeder sonst, dass sein Mann nicht einen Zentimeter von dieser Linie abweichen würde, egal wie sehr er sie damit folterte. In Martins Kopf war dies der beste Weg, das Problem anzugehen, und dann gab es darüber auch keine zwei Meinungen. Er bemerkte nicht einmal, wie sehr die beiden anderen am Tisch deshalb wie auf Kohlen saßen, oder die Blicke, die sie sich zuwarfen, die einen zusehends besorgter, die anderen um Beschwichtigung bemüht.

Zum Glück gab es nicht auch noch Nachtisch.

Während Manfred und Leon abdeckten, stand Martin lediglich auf, um aus dem Schrank im Wohnzimmer eine Tafel Zartbitterschokolade zu holen. Das immerhin war nichts Ungewöhnliches, dunkle Schokolade war das einzige Laster des Chefarztes der Unfallchirurgie des Kieler Universitätsklinikums. Als Leon und Manfred an den Tisch zurückkehrten, lag die Tafel geöffnet in dessen Mitte und es fehlten bereits zwei ganze Reihen.

»Kannst du uns jetzt bitte sagen, was los ist?« Die Frage war heraus, noch bevor Manfred sich wieder richtig hingesetzt hatte.

Martin nickte nur geistesabwesend.

»Du weißt, dass du dafür sprechen musst …?«

Wieder nickte Martin. Jetzt klärte sich sein Blick jedoch und fiel, begleitet von einem schmalen Lächeln, auf Leon. Dem wurde sofort flau im Magen, das Lächeln kam ihm unendlich traurig vor.

»Es geht um Justine Heise«, begann der Chirurg langsam.

»Was ist mit ihr?«, fragte Manfred.

»Ist sie gestorben?«, fragte Leon. Plötzlich war ihm speiübel. Er hatte Mühe, die sowieso noch immer wirren Erinnerungen an den Busunfall zurückzudrängen. Instinktiv griff er sich an den fast verheilten Arm.

»Ich habe heute mit ihren Eltern gesprochen, mit Lasse und Jasmin«, fuhr Martin fort, ohne seinen Zuläufling aus den Augen zu lassen. »Die Prognose ist und bleibt schlecht, das wissen die beiden. Sie haben sich darum entschieden, dem Leid ihrer Tochter ein Ende zu machen und die Geräte abschalten zu lassen. Sie haben mich gebeten, es zu tun, weil ich ihr Arzt bin und außerdem ein Nachbar. Sie wollen nicht, dass es irgendein Fremder tut.« Er seufzte schwer. »Ich habe es ihnen zugesagt.«

Manfred, der wusste, wie wichtig seinem Mann der hippokratische Eid war, und der nur dunkel erahnen konnte, was diese Nachricht in Leon an Gefühlen auslösen könnte, zerriss es praktisch. Er versuchte, nach beiden Seiten gleichzeitig hin tröstend zu wirken, hier eine kalte Hand ergreifend, dort eine Schulter, in der sich ein Zittern ausbreitete. »Es tut mir so leid«, sagte er, in ihre Mitte und scheinbar an beiden vorbei gesprochen.

»Wann?«, fragte Leon endlich, sich räuspernd. »Wann wird es … gemacht?«

»In ein paar Tagen.« Martin sprach sehr sanft, und Manfred gewann den Eindruck, als wollte er bei Leon Tränen geradezu provozieren. Seiner ärztlichen Meinung nach hatte ihr Zuläufling den Unfall und seine Folgen bisher nicht einmal ansatzweise auf der psychologischen Ebene verarbeitet. Martin hatte von einem Damm gesprochen, der dem immer stärkeren Druck steigender Wassermassen ausgesetzt sei und irgendwann, das sei eine physikalische Gesetzmäßigkeit, brechen müsse, wenn man nicht rechtzeitig ein paar Überlaufventile öffne. Martin war kein Psychologe, aber das leuchtete auch Manfred sofort ein. Also mischte er sich nicht ein, als sein Partner zu Leon sagte: »Lasse und Jasmin brauchen noch ein wenig Zeit, um sich von Justine zu verabschieden.«

Der nickte nur und suchte sich ein Fenster, durch das er nach draußen schauen konnte.

»Leon«, fragte Martin, »Leon, möchtest du dazu nichts sagen?«

Doch der schüttelte nur den Kopf und mied weiterhin jeden Blickkontakt.

»Soll ich nachher mit zu deinen Eltern kommen und mit ihnen reden?«

Leon sah ihn an, als hätte ihn etwas gestochen. »Wieso?«, fragte er Martin scharf. »Was haben denn die damit zu tun?«

»Denkst du denn nicht, dass sie es erfahren sollten?«, begann der und wurde von Manfred unterstützt: »Sie sind doch deine Eltern, sie machen sich Sorgen um dich. Dass diese schreckliche Tragödie noch ein Todesopfer fordern wird, wird sie sicherlich schwer treffen.«

Die Worte trafen den Jungen wie ein Blitz. Er sprang auf, schob den Stuhl kratzend über den polierten Holzboden zurück und schrie: »Das wird die nicht die Bohne kümmern! Wenn überhaupt wird es der letzte Grund sein, den sie noch brauchen, von hier wegzuziehen!«

Die beiden Glatzköpfe vor ihm machten große Augen und öffneten und schlossen, einer nach dem anderen, stumm den Mund.

Leon sah es und hätte beinahe gelacht. Stattdessen kullerten erste Tränen über seine Wangen und er erzählte in einem giftigen Tonfall: »Mir haben die das auch nicht gesagt. Aber ich habe Unterlagen von einer Maklerin bei ihnen gefunden, irgendeine Elke Siebert. Die sucht schon nach einem passenden Haus für meine Eltern. Aber das kann ich euch sagen: Ich komme nicht mit! Ich bleibe in Kaltsommer. Wenn die meinen, dass sie hier nicht hingehören, dann sollen sie doch gehen. Aber ich bleibe hier!«

Leon sank zurück auf seinen Stuhl. Sein Rücken war so gekrümmt, als wäre er gebrochen, die Ellbogen waren auf den Tisch gestützt und die Hände vor dem Gesicht unablässig damit beschäftigt, Tränen wegzuwischen. Zuerst suchte er noch trotzig, herausfordernd geradezu, den Blickkontakt mit den beiden älteren Männern, dann versank er völlig in sich selbst.

Manfred und Martin brauchten tatsächlichen einen Moment, um diese Neuigkeit zu verdauen. Davon war bisher niemals die Rede gewesen. Zwangsläufig standen sie mit Anna und Robert Kaufmann in einem losen Austausch, damit beide Seiten zumindest immer über das wichtigste, was Leon anging, informiert waren. Von einem möglichen Wegzug aber hatten Kaufmanns bisher nie gesprochen, offensichtlich weder zu ihnen noch zu ihrem Sohn.

»Bist du dir sicher, was diese Maklerin angeht?«, fragte Manfred vorsichtig.

»Ich bin doch nicht blöd!«

»Vielleicht hat es ja trotzdem nichts zu bedeuten«, versuchte Manfred es erneut.

Der Blick, der ihn traf, teilte ihm mit, wie blöd er war.

»Leon, möchtest du heute Nacht hierbleiben?« Martin hatte zu seinem Pragmatismus zurückgefunden, und da er dieses Problem nicht auf einen

Schlag lösen konnte, zerlegte er es in seine Einzelteile und arbeitete diese Schritt für Schritt ab. »Ich ruf sofort deine Eltern an und erkläre ihnen die Lage.«

»Die sollen zur Hölle fahren!«

»Das ist keine Antwort auf meine Frage.«

Leon sah ihn an, und plötzlich waren da nur noch Schmerz und Angst in seinen Augen. Langsam schüttelte er den Kopf. »Nein, ich geh«, sagte er und stand auf.

»Aber doch nicht sofort?«, versuchte Manfred ihn zurückzuhalten. Er und Martin erhoben sich ebenfalls, die Gesichter voller Sorge.

»Doch«, antwortete Leon, bereits seine Sachen zusammensuchend. »Ist doch eh egal.«

»Du musst wirklich nicht gehen.« Manfred war mit seinem Latein am Ende, noch bevor sein Schützling überhaupt die Hintertür erreicht hatte. »Bleib noch, zumindest bis du dich etwas beruhigt hast.«

Leon griff nach der Klinke.

»Wirst du denn mit deinen Eltern sprechen?«

Nicht einmal diese Frage Martins hielt ihn zurück. »Nein«, sagte er. »Wenn die es nicht für nötig halten, mit mir zu reden, dann muss ich auch nicht mit ihnen reden.«

»Dann werde ich es tun.« Martin wollte das nicht als Drohung verstanden wissen, weshalb er sofort hinzufügte: »Vielleicht reden sie dann ja mit dir.«

Leon zögerte einen Moment, dann zuckte er mit den Schultern, öffnete die Tür und ging. Im Gebüsch, das die Grundstücksgrenze zu Nebendahls markierte, huschte ein weißer Katzenschatten davon und in seinem Rücken spürte er die besorgten Blicke der beiden Männer, die er gerne als Väter gehabt hätte, die aber nicht seine Erziehungsberechtigten waren und es auch niemals sein würden, weil seine biologischen Eltern schon aus Prinzip einer solchen Rechteübertragung nicht zugestimmt hätten. Sie mochten nicht verhindern können, dass ihr Sohn schwul war, aber ihn nach Kräften daran hindern, sich als Schwuler zu entwickeln, das taten sie im Grunde genommen von Anfang an.

Als er hinter sich die Pforte schloss und unter die hohen Linden mit der noch immer recht grell leuchtenden Wolke darüber trat, überlegte Leon kurz, einfach wegzulaufen. Aber nicht nur weil er sich noch immer zu Recht von Manfred und Martin beobachtet fühlte, ließ er von dem Plan ab. Wohin hätte er denn gehen sollen? Da er nicht aus Kaltsommer wegwollte, waren die Möglichkeiten ziemlich begrenzt. Vielleicht hätte er sich im alten baufälligen Getreidespeicher verstecken können – wenn er denn irgendwie hineinkommen würde. Das Ding war seit Jahren aus Sicherheitsgründen verriegelt und verrammelt. Wenn überhaupt böte der Wald noch das eine oder andere Versteck oder vielmehr: das Wäldchen. Dort hatte er als Kind zuletzt gespielt, irgendwo standen zwei ganz alte, völlig verrostete Autowracks und floss ein Bach, einen richtigen kleinen Canyon hatte der im Laufe der Zeit in den Boden gefräst. Und es bräuchte nur einen anständigen Suchtrupp, um ihn in Kaltsommers tollem Wald zu finden. Der war und blieb ein Kinderspielplatz und sonst nichts. Weglaufen machte keinen Sinn, Leon blieb nur die Wahl zwischen dem Verwalter- und seinem Elternhaus. Aber er konnte jetzt auch nicht zu Manfred und Martin zurückgehen, dafür war er zu stolz. Sein Stolz redete ihm ein, dass er sich damit eine zu große Blöße geben würde, und versprach ihm, dass er in seinem Zustand jede Auseinandersetzung mit seinen Eltern gewinnen würde. Denn dass Martin bei Kaufmanns anrufen würde, sobald Leon außer Sicht war, daran bestand nicht der geringste Zweifel.

Leon ging nach rechts die Allee hinunter, ohne einen letzten Blick zurück. Er würde morgen sowieso wieder hier sein, das war so sicher wie das Amen in der Kirche. Trotzdem ging er weniger in Richtung Dörnsberg, sondern mehr auf die dichte, weiß wabernde Nebelbank am Ende der Straße zu. Er träumte davon, einfach so in ihr verschwinden zu können. Über ihm raschelte das Blätterdach, aus der Ferne drang das Schnattern der Gänse an sein Ohr, und in Gerburg Sandows Küche brannte Licht und bewegte sich eine riesige Gestalt. Aber dieser Benjamin würde ihn auch nicht mit sich nach Berlin nehmen, der hatte ja einen Freund, wie er selbst gesagt hatte. Der hatte sein eigenes Leben, während er, Leon, sechzehn Jahre alt und Schüler, noch immer als unmündig galt und vom guten Willen seiner Umgebung abhängig war. Oder ihrem Schlechten ausgeliefert. Er ging nach Hause.

Als er die Haustür öffnete, telefonierte sein Vater noch. Ein Blick zwischen beiden genügte, um zu wissen, wer dran war und worum es ging. Seine Mutter saß in der Stube vor dem Fernseher, hatte aber den Ton etwas leiser gestellt, um mithören zu können. Sie sah bei seinem Eintritt kurz auf und gleich wieder weg. Leon ignorierte beide. Er ging grußlos auf sein Zimmer und schloss hinter sich die Tür ab, falls sie auf die dumme Idee hätten kommen sollen, mit ihm reden zu wollen. Natürlich passierte das nicht, niemand versuchte an diesem Abend, sein Zimmer zu betreten.

Dreiundzwanzigstes Kapitel

SEIN NAME WAR INGMAR MAIER, er fuhr die Strecke jede Woche und war eher der gesprächige Typ. Deshalb nahm er gerne Leute mit, einen Zuhörer zu haben, war ihm wichtiger als der Beitrag zu den Spritkosten. Das dachte jedenfalls Benjamin, der bereits lange Kilometer vor der Auffahrt auf die A24 so gut wie alles über den Fahrer seiner Mitfahrgelegenheit zurück nach Berlin wusste. Ingmar war Mitte dreißig und Berufssoldat, bei der Bundeswehr hatte er sich zum Radartechniker und Fluglotsen ausbilden lassen. »Ich bin oben in Jagel stationiert. Kennen Sie den Flugplatz?« – »Nur dem Namen nach.« Benjamin hatte einmal das Wikingermuseum in Haithabu an der Schlei besucht, und da waren die ganze Zeit die Düsenjäger der Luftwaffe im Landeanflug auf Jagel über seinen Kopf hinweggedonnert. Einerseits war es faszinierend gewesen, wenn diese grauen Stahlvögel durch die Wolkendecke brachen, andererseits nervig. Ingmar fuhr nach Berlin zu seiner Freundin, die Halina hieß, noch in Siebenbürgen in Rumänien geboren, aber sofort nach dem Mauerfall mit ihren Eltern nach Deutschland gekommen war. Sie war Zeitsoldatin gewesen, so hatten sie sich kennengelernt. »Jetzt ist sie bei der Polizei und wohnt in Schöneberg. Wo wohnen Sie?« – »Neukölln.« Nach Ablauf seiner Dienstzeit hoffte Ingmar auf eine Stelle als Fluglotse an irgendeinem der Berliner Flughäfen. »Am besten am BER, was?« Und als Benjamin nur müde grinste: »Wir wollen dann auch endlich heiraten, Halina und ich. Vorher macht das keinen Sinn, die Fernbeziehung geht uns langsam auf den Geist. Sind Sie verheiratet?« – »Nein.« – »Aber Sie haben eine Freundin?« – »Einen Freund.« – »Oh. Verstehe. Was machen Sie beruflich?« – »Lehrer.« Ingmar konzentrierte sich eine Weile aufs Fahren, bevor er feststellte: »Sie reden nicht gerade viel, oder?«

Benjamin wollte nicht unhöflich sein, er war nur erschöpft und hätte am liebsten die Augen zugemacht und geschlafen. Aber das ging nicht nur aus Rücksicht auf seinen Fahrer nicht. Der letzte Besuch am Krankenbett seiner Mutter hatte ihn viel stärker aufgewühlt, als er zugeben mochte. Nun konnte er Ingmar immerhin in wenigen Worten erklären, warum der ihn in Neumünster vor dem Friedrich-Ebert-Krankenhaus hatte einsammeln sollen. »Das tut mir sehr leid, Mann. Wird sie denn wieder?« – »Nein.«

Nach kurzer Zeit fing Ingmar wieder an zu schwatzen. Er war ein gutmütiger Kerl, glaubte Benjamin zu erkennen, er übernahm jetzt die Konversation für sie beide und erzählte alle Krankengeschichten aus seiner Familie und danach aus der seiner Freundin. Er erwartete keine Erwiderung darauf, keine Einlassung, sondern erzählte einfach nur, damit die vor ihnen liegende Autobahn kürzer und immer kürzer wurde. Es war Ingmars Weg, seinem Beifahrer Ruhe zu gönnen.

Das Verkehrsaufkommen war, einem Freitagnachmittag entsprechend, sehr hoch. Auf beiden Seiten der Leitplanke drängten sich Berufspendler und Wochenendtouristen dicht an dicht. Ab und an streute eine Baustelle zusätzlich Sand ins Getriebe des Verkehrsflusses, sorgte für Stockungen und Stauungen. Benjamin betete, dass nicht auch noch ein Unfall vor ihnen auf der Strecke geschehen möge, denn sonst säße er morgen noch in diesem Auto. Er wollte nach Hause. Er wollte nach Hause und zu Gerrit. Er wollte, dass Gerrit ihn einfach nur in den Arm nahm und an sich drückte. Die vergangenen sieben Tage hatten es in sich gehabt.

Nicht dass er alles erledigt und organisiert bekommen hätte, was er sich vorgenommen hatte. Manche Prozesse hatte er nur anstoßen können, und jetzt musste er warten, dass sie ihren mühsamen bürokratischen Gang gingen. Mit allen juristischen Belangen hatte er einen Anwalt beauftragt, sei es Gerburgs Geschäft betreffend oder ihren in Unmündigkeit versunkenen Zustand selbst. Noch war sie im juristischen Sinne eine Person, über deren Kopf hinweg man nicht so einfach entscheiden konnte. Es lief zwar alles auf ihn als zukünftigen Betreuer hinaus – dafür hatte er sich bewusst entschieden, er sah das eher als Verwaltungsaufgabe, und die passte gut zu ihrem Verhältnis –, aber der musste erst noch nach Vorlage aller entsprechenden Unterlagen und Gutachten von Amts wegen bestellt werden. Das dauerte. Und selbst wenn das schon durch gewesen wäre, die wohl, zumindest in den Augen aller anderen, wichtigste Frage hätte er trotzdem nicht entscheiden können. Es war eine unangenehm aufdringliche Frage, obwohl dafür Gerburg ausnahmsweise einmal nicht verantwortlich war. Für alle anderen wurde ihr Schicksal dadurch sogar für den Moment aus dem Mittelpunkt des Interesses gerückt – und fiel ihm so erst recht schmerzhaft auf die Füße. Als er am Mittwoch zurück nach Kaltsommer gekommen war, gutgelaunt, er hatte endlich Gerburgs mit Strafzetteln übersätes Auto auf dem Waschpohl entdeckt, hatte ihn Bente Nissen abgefangen und mit der typischen Scheinheiligkeit derjenigen, die die Antwort bereits kennen, gefragt, ob er das mit der armen kleinen Justine Heise schon gehört hätte. »Ihre Eltern wollen sie sterben lassen, es gibt wohl keine Hoffnung mehr«, teilte sie ihm bewegt mit und zog heftig an ihrer obligatorischen Zigarette. »Ich weiß nicht, was ich davon halten soll.« Benjamin wusste nicht, wer Justine Heise war und hatte auch an ihren Vater Lasse nur eine ganz vage Erinnerung als einen kleinen Jungen, nicht mehr als ein Anhängsel am Rockzipfel seiner Mutter. Dass der schon Kinder hatte, überraschte ihn beinahe, obwohl Benjamin sich gleichzeitig zu erinnern glaubte, dass Gerburg ihm von der kleinen Heise im Rahmen ihres Geburtstagstelefonats erzählt hatte. Aber für ihn war das einfach nicht wichtig, für ihn war das bei aller Traurigkeit ganz weit weg. Als die Nissen das begriff, nickte sie mit dem Kinn auf das Auto, das kein Leihwagen mehr war, und meinte: »Du hast Gerburgs Auto gefunden? Das ist großartig. Wo war es? Was wirst du damit machen? Verkaufen?« – »Mal sehen«, hatte er geantwortet und sich entschuldigt mit dem langen Tag und den vielen Dingen, die es noch zu erledigen galt. Er wollte die schwatzhafte Nachbarin nicht unnötig vor den Kopf stoßen, er brauchte sie vermutlich noch.

Die Entscheidung, die die Eltern Heise getroffen hatten, wurde auch von ihm als Sohn eingefordert, mal mehr, mal weniger direkt. Doch während Benjamin sich bestenfalls ansatzweise vorstellen konnte, wie schwer den beiden dies gefallen sein musste, gab es für ihn nichts zu zweifeln. Schwer war es nur, dies anderen mitzuteilen. Nicht nur Gerrit bereitete es offensichtlich Schwierigkeiten, das distanzierte Verhältnis zwischen ihm und Gerburg zu begreifen, aber er gab sich immerhin Mühe, es zu akzeptieren. Diese Bereitschaft fehlte den meisten anderen. Etwa dem Arzt, der ihn erst vorhin, kurz bevor Benjamin noch einmal an Gerburgs Krankenbett getreten war, zur Seite gezogen und mit ernstem Gesicht auf ihn eingeredet hatte. Dieser Arzt – und Benjamin hatte gar nicht erst seinen Namen vom Schildchen auf seiner Brust abgelesen – wollte nicht glauben, dass sich der einzige Sohn der Patientin für nicht zuständig erklärte in einer so gewichtigen Sache. Besonderes Einfühlungsvermögen legte er außerdem nicht an den Tag. »Sie müssen diese Entscheidung treffen, Herr Sandow«, stellte er ein ums andere Mal fest. »Bedenken Sie doch, wenn Ihre Mutter dieses Krankenhaus noch einmal verlassen sollte, dann nur, um in eine Pflegeeinrichtung verlegt zu werden. Sie wird keinen einzigen Tag mehr ohne intensivmedizinische Betreuung auskommen können. Dabei wäre eine palliative Betreuung die sinnvollere, die humanere. Es geht ja nicht darum, Ihre Mutter zu töten, sondern ihr endlich den Frieden zu gewähren, den sie nach einem langen, aufopferungsvollen Leben verdient hat.« – »Sie hat aber weder eine Patientenverfügung hinterlassen«, hatte Benjamin kalt geantwortet, »noch jemals in einem Gespräch mit mir oder anderen über eine solche mögliche Situation etwas über ihren Willen verlauten lassen.« – »Aber Sie sind ihr Sohn, ihr einziger lebender, naher Verwandter!« – »Gerburgs einziger naher Verwandter ist und war immer Gerburg selbst.« Der Arzt hatte ihn angesehen, als hätte er einen sehr schlechten Witz gemacht. Diese Wahrheit begriff eben niemand, niemand außer ihm. Insofern war er tatsächlich ihr Sohn und ihr als solcher am nächsten. Aber das gab ihm nicht das Recht, über ihr Leben zu entscheiden. Wenn sie zu Lebzeiten selbst nichts über lebensverlängernde Maßnahmen oder Sterbehilfe gesagt hatte, dann nur, weil sie die Entscheidung getroffen hatte, sich mit einem solchen Thema nicht auseinandersetzen zu wollen. So war es allein dem Tod vorbehalten, ihrem Leben ein Ende zu setzen. Benjamin hatte sich bei dem aufdringlichen Doktor entschuldigt und war zu Gerburg ins Zimmer getreten.

Die Eltern Heise ließen aus Liebe ihre Tochter entschlafen, er würde seine Mutter aus Respekt vor ihrer Lebensweise am Leben erhalten lassen. Das dachte Benjamin jedenfalls, bis er, vermutlich zum letzten Mal, vor ihr stand.

Wie in einem etwas kitschigen Film hatte er sich vorher die Worte zurechtgelegt, mit denen er sie von den auf Endgültigkeit abzielenden Veränderungen unterrichten wollte, die er bei ihr zu Hause vorgenommen oder doch zumindest eingeleitet hatte. Er hätte laut zu ihr gesprochen, damit sie ihn auch ja höre. Etwa davon, dass Blanca nun im Tierheim in Bad Segeberg lebte. Keiner wollte sie haben, Gerburg, hätte er sagen wollen, aber wenn es dich tröstet, sie hat sich ordentlich gewehrt. Meine Hände und Unterarme sind total zerkratzt. Und deine Zimmerpflanzen, wäre er fortgefahren, habe ich an die Nachbarn verschenkt oder weggeworfen. Viele waren sowieso schon eingegangen und nicht mehr zu retten. Du weißt, ich hatte nie viel Sinn für dieses Grünzeug. Deinen Nachbarn, wäre es weitergegangen, habe ich auch erlaubt, deinen Gemüsegarten zu ernten, sobald da was reif wird. Wäre doch schade, wenn das Zeug einfach nur verrotten würde. Die Nissen will sich sogar darum kümmern, dass vorne und hinten nicht alles komplett verwildert, und das älteste der Nebendahl-Kinder, dieser Tore, hat sich bereiterklärt, regelmäßig die Rasenflächen zu mähen. Das muss man ihr ja lassen, also der Nissen, die weiß, wie man einen Garten in Schuss hält. Ich hab ihr übrigens auch den Ersatzschlüssel fürs Haus gegeben. Wahrscheinlich rollen sich dir jetzt gerade innerlich die Zehennägel auf, und vermutlich durchstöbert sie gerade in diesem Moment alle deine Räume und Schränke. Vielleicht aber auch nicht. Sie mag neugierig und klatschsüchtig sein, aber ich kann mich nicht erinnern, dass ihr irgendjemand jemals so etwas wie Vertrauensmissbrauch vorgeworfen hätte. Über ihre Putzarbeit bei Runge-Kluges verliert sie jedenfalls nie ein Wort. Und so oder so, ich brauche jemanden vor Ort, der regelmäßig nach dem Rechten sieht. Ich muss zurück nach Berlin, ich muss arbeiten. Für alle rechtlichen Fragen habe ich deinen Anwalt, diesen Dr. Grünwohld, eingesetzt, ich denke, das ist in deinem Sinne. Er, und hier hätte Benjamin vermutlich doch eine Pause gemacht, um mindestens einmal tief Luft zu holen, er wird sich um die Betreuungsvollmacht für dich für mich kümmern und um den Verkauf deines Geschäfts und den … Verkauf des Hauses. Es geht nicht anders, du wirst das Geld brauchen, für deine Pflege und so … In dem Film, der vor seinem geistigen Auge abgelaufen war, wäre Benjamin an dieser Stelle endgültig die Stimme versiegt, nicht zuletzt deshalb, weil er fast erwartet hätte, dass diese Neuigkeiten sie mit Karacho aus dem Koma zurück ins Leben geholt und auf ihn einschimpfen lassen hätte. Wie ein Zauberspruch, dachte er, ohne entscheiden zu wollen, ob aus einem Buch für weiße oder schwarze Magie.

Nichts davon kam ihm über die Lippen, als er vor Gerburgs Bett stand. Seine Sprechwerkzeuge versagten ihm schlicht den Dienst bei ihrem Anblick. Sie sah aus, als würde sie langsam, aber sicher schmelzen und zerlaufen, als würden Matratze, Laken, Kissen und Decke ihres Krankenbettes sie Milliliter für Milliliter aufsaugen. Der menschliche Körper besteht zum allergrößten Teil aus Wasser. Ihr Fleisch, die üppigen Rundungen, die es einst gebildet hatte, hatte sich gesenkt und war in die Breite geflossen, ihre Gesichtszüge, von den einen als hart und von den anderen als ausdrucksstark wahrgenommen, waren zu einer blassen teigigen Masse erschlafft. Das Haar, auf dessen Pflege sie immer besonders viel Wert gelegt hatte, sah ungepflegt aus, fettig und nun endgültig seine lebensfrohe rote Färbung verlierend. Die Haut, wo sie sichtbar war, im Gesicht, am Hals, an den Armen und Händen, war bleich und plötzlich übersät mit Altersflecken. Benjamin hätte schwören mögen, dass die selbst vor einer Woche, bei seinem ersten Besuch hier, noch nicht dagewesen waren. Die Atmung übernahm eine Maschine für sie, die Ernährung lief über eine Sonde, für die Abfuhr gab es Katheter. Und das Gehirn jenseits der Schädeldecke war ein einziges Trümmerfeld.

Ja, die Ärzte und Pflegekräfte, mit denen er in der letzten Woche über ihren Zustand gesprochen hatte, sie alle hatten recht: Gerburg würde sich von dieser Hirnblutung niemals wieder erholen. Entweder würde ein Organversagen ihr den Garaus machen oder das Platzen eines weiteren Gefäßes in ihrem Gehirn. Gerburgs Tage waren gezählt, und doch war es nicht an ihm, ihr ein Ende zu bereiten. »Mach's gut«, hatte Benjamin nur gestammelt und war gegangen. Obwohl verdrückt die bessere Beschreibung wäre für das, was er tat. Eine geschlagene Stunde lang wartete er vor dem Haupteingang des FEK, bis Ingmar Maier endlich vorfuhr und ihn einsammelte.

Berlin kam immerhin langsam näher. »Wenn wir Glück haben, kommen wir sogar noch in die Reste der abendlichen Rushhour«, teilte Ingmar ihm freudestrahlend mit. »Wie schön«, antwortete Benjamin. »Ach, kommen Sie«, erwiderte sein Fahrer lachend, »was ist denn das für eine Fahrt in die Hauptstadt, wenn man nicht wenigstens einmal kurz im Stau gesteckt hat!«

Aber sie hatten Glück. Als sie die Stadtgrenze passierten, begrüßt vom Berliner Bären, hatte sich der stauanfällige Feierabendverkehr bereits in Wohlgefallen aufgelöst. Den Luftwaffensoldaten Maier versetzte das in so gute Laune, dass er Benjamin anbot, ihn bis an seine Haustür zu bringen. »Geht doch schnell«, meinte er. »Nein, schon gut«, wehrte Benjamin ab, »Kleistpark reicht. Mit der U-Bahn bin ich in Nullkommanichts am

Rathaus Neukölln.« – »Es würde mir keine Mühe machen«, versicherte Maier, doch sein Fahrgast zog das Trumpfass aus dem Ärmel und sagte: »Ihre Freundin wartet auf Sie. Fahren Sie lieber direkt zu ihr, ich komm schon allein zurecht.«

Also ließ Ingmar Maier Benjamin an der U-Bahnstation Kleistpark in Schöneberg aussteigen und wünschte ihm zum Abschied alles Gute, »für Sie und Ihre Mutter«. Benjamin bedankte sich und wünschte seinem Fahrer und dessen Freundin Selbiges. Er sah dem Auto nicht nach, sondern lief sofort unter die Erde, bestieg den nächsten Zug nach Neukölln und schloss knapp fünfzehn Minuten später seine Wohnungstür im dunklen Hinterhoferdgeschoss auf. Der Lichteffekt, bemerkte er, war ähnlich dem unter der Wolke Kaltsommers. Der Geruch aber, der ihm entgegenströmte und umfing, leicht abgestanden, etwas staubig und die Anwesenheit von unzähligen alten Büchern verratend, war der von zuhause. Dies hier war seine Bücherhöhle, sein Ort, sein Heim, das er sich im Laufe vieler Jahre geschaffen hatte. Papa Bär ist wieder daheim, dachte er und trat mit einem Lächeln ein.

Das Hochgefühl hielt nicht lange an. Fünf Minuten brauchte er zum Auspacken, danach stand er unschlüssig in der Mitte seines einzigen dunklen Zimmers und wusste nichts mehr mit sich anzufangen. Er schaltete das Licht ein, aber das machte nichts besser. Als er seine alten Möbel, die er zum Teil seit dem Beginn seines Studiums besaß, so plötzlich von Helligkeit übergossen dastehen sah, versetzte es ihn automatisch zurück nach Kaltsommer, in Gerburgs Haus. Es war nur eine Woche her, dass er dort spätabends angekommen war und die Räume ähnlich überfallartig in Licht getaucht hatte. Auch ihre Möbel sahen nicht mehr taufrisch aus, besonders die Sitzgarnitur im Wohnzimmer hatte, obwohl sie erst nach seinem letzten Besuch dort angeschafft worden war, einige Schäden aufgewiesen. Der weiße Velours wies überall Kratzspuren von Blanca auf und war übersät mit ihren Haaren, die man jedoch erst bemerkte, nachdem man sich von der Couch wieder erhoben hatte und feststellte, dass Hosenboden und Rücken nun komplett weiß behaart waren. Das war mit ein Grund, warum Benjamin das mütterliche Wohnzimmer weitestgehend gemieden und seine Zeit hauptsächlich in der Küche und seinem alten Kinderzimmer verbracht hatte. Der Wohnzimmerschrank war noch ganz gut in Schuss, aber ein riesiges Trumm aus irgendeinem schwarzlackierten Holz, das einen erschlug, sobald man den Raum betrat. Ihr Kleiderschrank im Schlafzimmer dagegen war modern, geräumig und außen wie innen mit Spiegeln versehen und ihr Schreibtisch und die Büroschränke zeitlos praktisch. Wenn überhaupt, dann würde er diese Teile für sich selbst übernehmen, alles andere würde ans nächste Sozialkaufhaus gehen oder auf den Sperrmüll wandern. Davon wollte er nichts haben, nicht einmal vom Inhalt der Schränke, den Küchenutensilien, die Service, das Feiertagsbesteck, die fein geschliffenen Römer und Sektschalen, die zwar von einem unverwüstlichen Geschmack zeugten, aber bei Gerburg immer nur Dekoration gewesen waren. Benjamin konnte sich nicht erinnern, dass jemals aus ihnen getrunken worden wäre, schon gar nicht von ihm. Deshalb brauchte er sie auch nicht als Erinnerungsstücke, sie würden nur Platz fressen und Staub ansetzen. Nein, das konnte alles weg, kostenlos in andere Hände übergehen oder verschrottet werden, egal. Er hatte, er wollte keinen Platz dafür frei räumen und sich so mehr Kaltsommer nach Berlin holen als unbedingt nötig. Und überhaupt, er hatte gar keinen Platz mehr frei, er hatte Gerrit.

Der Gedanke riss ihn aus dem Loch, das sich plötzlich abgrundartig unter seinen Füßen aufzutun anschickte. Er hatte Sehnsucht nach seinem Kleinen. Mit ihm würde er all das überraschend Zwiespältige, das er gerade durchlebte, bereden und verarbeiten können. Gerrit würde ihm die Kraft geben, die er brauchte, diesen einen ganz bestimmten Endpunkt in seinem Leben zu setzen. Es war ja nicht so, dass er Schuldgefühle verspürt hätte. Er hätte nur niemals gedacht, dass ihm der Abschied von seiner immer ach so fernen Mutter so schwerfallen könnte.

Er rief Gerrit an, der nahm gleich nach dem ersten Klingeln ab.

»Bist du wieder da?«, fragte er.

»Ja. Wir sind gut durchgekommen.«

»Und wie war's? Du musst mir alles erzählen!«

»Dann komm vorbei.«

»Bin schon unterwegs!« Aber ein Gedanke hielt ihn dann doch noch zurück: »Hast du was gegessen?«

Benjamin musste lachen. »Heute Mittag zuletzt«, gestand er, »Käsebrot und Bockwurst.«

»Dann bring ich was mit. Pizza?«

»Pizza ist gut. Mit viel Käse bitte.«

»Kommt sofort.« Jetzt lachten sie beide, doch bevor Benjamin auflegen konnte, flüsterte Gerrit beinahe: »Ich bin so froh, dass du wieder zurück bist.«

»Und ich erst.«

Während er auf die Ankunft seines herzallerliebsten Pizzaboten wartete, setzte Benjamin sich an den Schreibtisch und schrieb weiter an seiner »Ode für Aleric«. Die Kladde, die er vollschrieb, hatte sich im Laufe der Zeit komplett von dem Versuch, ein dichterisches Werk zu verfassen, entfernt. Nicht nur war es nicht in Versen geschrieben, sondern es enthielt auch schon lange mehr als nur die Abenteuer des sagenhaften Begründers von Sconebeke alias Kaltsommer. Spätestens seit dieser Woche war es zu Benjamins Tagebuch geworden, in das sich immer wieder Passagen schlichen, die nichts anderes als Teile seiner Memoiren waren – oder es gewesen wären, wenn es denn wirklich sein Ziel gewesen wäre, jemals seine Lebenserinnerungen auszuschreiben. Nicht dass die irgendjemand würde lesen wollen, so verhindert und gescheitert er in so ziemlich allen Belangen war. Zumindest auf den ersten Blick, langsam schien sich das Blatt ja zu wenden. Vielleicht war das sogar der Grund, warum ihm immer mehr Einzelheiten aus seiner Vergangenheit einfielen und zu Papier gebracht werden wollten: weil er endlich jemanden gefunden hatte, den es interessierte.

Die Vorstellung war zu romantisch, als dass Benjamin in diesem Moment nicht daran hätte glauben wollen. Sie übte einen so großen Reiz auf ihn aus, dass er zeitweilig mit dem Gedanken spielte, sobald er gleich die Tür geöffnet haben würde, aufs Knie zu sinken und seinem Kleinen sofort einen Antrag zu machen. Er war sich sicher, Gerrits Antwort zu kennen. Und es wäre so passend gewesen – während sich eine Tür hinter ihm für immer schließt, öffnet sich gleichzeitig vor ihm eine neue – und übertrieben symbolhaft. Nein, wenn er seinen Kleinen fragte, ob er ihn heiraten wolle, dann sollte das ein perfekter Moment sein, ein vollkommen reiner, weil es in ihm um nichts anderes als ihr Zusammensein ginge. Dieser Zeitpunkt war noch nicht gekommen, erst musste er mit Gerburg und ihren Hinterlassenschaften zurande kommen. Die wie ein Regenbogen schimmernde Obstschale, die er am Vormittag doch noch bei Petra und Dunja erstanden hatte, überreichte er trotzdem gleich, nachdem es geklingelt und er an die Tür gespurtet war. Gerrit strahlte vor Glück darüber.

✩

MANCHE DINGE GEHEN NIE VERLOREN *oder werden wiederentdeckt, ohne zu ahnen, dass sie schon einmal dagewesen sind. Jahreszeiten wechseln, Jahre kommen und gehen, ganze Epochen folgen aufeinander und bringen ihre jeweiligen Veränderungen mit. Erfindungen werden gemacht, Entdeckungen, zum Nutzen oder Schaden der Menschen, die Gründe bleiben sich meist gleich, und manchem Neuen gelingt es, sich zu etablieren, während anderes bald wieder in der Versenkung verschwindet. Mitunter bricht eine Katastrophe über die Menschen herein, wie wir gesehen haben. Dann wieder dürfen sie längere Phasen politischer Stabilität und des Friedens erleben oder zumindest den einen oder anderen friedlichen Machtwechsel. Holstein unterschied sich darin nicht von anderen Gegenden Europas oder der Welt und Sconebeke nicht vom Rest der überschaubaren Grafschaft. Als Christian I., seines Zeichens bereits König von Dänemark, Norwegen und Schweden, auch noch Herzog von Schleswig und Graf von Holstein wurde, erntete dieser Herrschafts- und Dynastiewechsel, der über mehr als vierhundert Jahre währen sollte, im Land bestenfalls erleichtertes Kopfschütteln und noch ein wenig mehr Erleichterung darüber, dass dafür nur Geld fließen musste und nicht auch noch Blut. Dem einfachen Volk konnte es ziemlich egal sein, von wem es beherrscht wurde, ein Mitspracherecht in diesen Dingen stand ihm sowieso nicht zu. Nicht einmal ihre Steuereinnahmen flossen an den dänischen Hof, sondern blieben beim Adel im eigenen Land. Das Leben ging weiter seinen gewohnten Gang, und für Sconebeke hieß das, es spielte sich zum größeren Teil unter der Wolke und hinter dem Nebel ab.*

Nachdem aber diverse Pestepidemien ebenso wie Heerzüge und Anfälle religiösen Wahns über das Land hinweggezogen waren und bald schlimmer, bald glimpflicher gewütet hatten, lebten die Wolkenheimer seit geraumer Zeit nun schon in friedlicher Koexistenz mit ihren Nachbardörfern. Man trieb Handel, blieb auch nach dem Geschäft immer öfter zusammen, um Selbiges gebührend zu begießen, und lernte sich darüber besser kennen und verstehen. Besonders die Sconebekener, die immer noch gerade deshalb nicht ausstarben, weil ständig neue Dorfbewohner unter ihre schützende Haube flohen und blieben, verloren darüber ihr fest im Kern ihres Wesens verankertes Misstrauen gegen die Außenwelt und ihre Bewohner. Nicht komplett, das wäre bei dem, was viele bis zu ihrer Ankunft hier hatten durchmachen müssen, was ihnen von solchen Außenweltlern angetan worden war, unmöglich gewesen. Aber so mancher und so manche ging doch fortan ohne falsche Scheu und in einnehmender Unbefangenheit nach draußen vor die Grenze des Dorfes, wohlwissend, dass schon nichts Schlimmes mit ihnen passieren werde. Sich nicht ständig bedroht zu fühlen, bedeutete eine große Erleichterung für sie.

Einer dieser neuen Bewohner Sconebekes war ein noch junger Mann namens Friedrich. Was er alles durchmachen musste, bevor er es mit vierzehn ins Wolkenheim schaffte, werde ich nicht erzählen. Nach allem, was bisher hier steht, können sich die geneigten Lesenden das auch selbst zusammenreimen. Es war nicht schön, so viel immerhin sei gesagt, und Friedrich konnte froh und dankbar sein, von Kiel bis ins Herz Holsteins gekommen zu sein. Seinem optimistischen und stets fröhlichen Wesen hatte er es zudem zu verdanken, dass ihm die erlittenen Narben keine nachträglichen Schmerzen bereiteten. Er zählte zu den Menschen, die niemals zurückschauen, weil es in Zukunft für sie nur besser werden kann. Er war nicht einmal besonders attraktiv: Für seinen eigenen Geschmack war er zu schmächtig, das dünne blonde Haar fing bereits an, ihm auszufallen, als er noch keine zwanzig Lenze zählte, und er hatte so riesige Segelohren, dass er allein deswegen schon zeitlebens gehänselt worden war. Friedrich hätte von sich selbst behauptet, ungestalt auszusehen, und dann hätte er so breit und strahlend gegrinst, wie es nur ein ewiger Lausbube kann, und ein jeder fühlte sich verführt, ihm sofort jede Schandtat zu verzeihen.

Denn Friedrich war kein Kind von Traurigkeit. Das freilich sollte ihm noch zum Verhängnis werden, aber so weit sind wir noch nicht.

Mit der unbändigen Energie eines Flohs, die ihm innewohnte, musste Friedrich geradezu in Sconebekes Außenhandel eintreten. Er arbeitete auch fleißig auf den Feldern mit, pflügte, säte, jätete und erntete, wann immer es von ihm verlangt wurde. So richtig jedoch blühte er erst auf, wenn das Dorf wieder einmal einen Karren mit Waren belud, um dafür auf dem nächsten Markt andere benötigte Dinge einzuhandeln. Normalerweise waren dies kurze Fahrten nach Bornhöved, nach nur wenigen Stunden war man wieder zurück. Friedrich nun erinnerte sich noch sehr genau an die Warenvielfalt des inzwischen weitaus größeren Marktfleckens von Neumünster, und dahin zog es ihn mit aller Macht. Die Menschen, der Trubel, ja selbst die vielfach üblen Gerüche der aufstrebenden tuchproduzierenden Gemeinde übten einen magischen Reiz auf ihn aus. Wenn dann auch noch Sommer war und er sich die Sonne auf das Klappergerüst seines trichterförmigen Brustkorbs brennen lassen konnte, dann war er erst so richtig glücklich. Denn es gab nur eine Sache, die Friedrich in Sconebeke wirklich vermisste, nachdem er sogar einen Partner gefunden hatte, der es leidlich aushielt, diesen kleinen Springteufel an seiner Seite zu haben, nämlich die Sonne. Friedrich war ein echter Sonnenanbeter und darin seinem unbekannten Vorfahren Aleric gleich. Dass er nicht der Erste war, der sich dem Sonnenbade hingab, hätte er niemals geglaubt. Dass viele andere Wolkenheimer bald seinem Beispiel folgten und ihre karge Freizeit damit verbrachten, auf diese Art ihren Vitamin-D-Haushalt auf Vordermann zu bringen, schmeichelte ihm dagegen sehr. Und weil sie von allen Menschen aus der Umgebung Sconebekes für diesen seltsamen Hang, Licht und Wärme zu tanken, gerne ausgelacht und verspottet wurden, wollen wir unseren Wolkenheimern gerne das Prädikat zugestehen, das Sonnenbaden tatsächlich erfunden zu haben. Natürlich lag noch niemand nackt in der Sonne oder wollte um jeden Preis braun werden. Aber wenn dabei einmal das dünne Arbeitshemd etwas hochrutschte oder das Hosenbein den Knöchel und etwas Schienbein freiließ, sodass Blicke davon angezogen wurden wie die Bienen von den Blumen, sollte das auch niemandes Schaden sein.

Ich schweife nicht einmal ab, wenn ich dies so ausführlich erzähle, wie der weitere Verlauf dieser Erzählung noch zeigen wird.

Aber kommen wir zu Friedrich zurück, unserem ebenso hässlichen wie charmanten und unverfrorenen Helden. Er war mit allen Wassern gewaschen und natürlich auch nicht auf den Mund gefallen. Ein Blick genügte ihm zumeist, um sein Gegenüber einschätzen oder gleich ganz durchschauen zu können. Das half einerseits dem gesamten Dorf, denn keiner vermochte Waren zu so günstigen Konditionen handeln wie er, und andererseits seinem lustvollen Wesen. Wenn es Seemänner gab oder gibt, die in jedem Hafen eine Braut haben, dann hatte er definitiv auf jedem Marktplatz einen Bräutigam. Sein Partner, ein ruhiger Bauer namens Gerald, wusste davon und akzeptierte es. Er hätte sowieso nichts dagegen tun können, es sei denn, ihn rauszuschmeißen, aber dafür wiederum liebte er seinen kleinen Teufel zu sehr.

Man schrieb den Sommer nach der Machtergreifung König Christians in Holstein. Die Menschen auf ihren Feldern, in den Wäldern und an den Seeufern hatten diesen Vorgang mehr oder weniger zur Kenntnis genommen und, sobald ihnen klar wurde, dass sich in ihrem Alltag dadurch nichts änderte, ihr Leben weitergeführt wie bisher. Die eigenen Bedürfnisse wollten ebenso befriedigt werden wie die der adeligen Herren, also ging man fleißig seiner Arbeit nach. Unter der Wolke Sconebekes hieß das wie in jedem Jahr, die Felder zu bestellen, um eine möglichst große Ernte einfahren zu können, Stoffe zu weben und zu Kleidung zu vernähen, um gegen das widrige Wetter gewappnet zu sein, und einen möglichst großen Vorrat an Feuerholz für den nächsten Winter anzulegen. Zwar waren die Häuser inzwischen zum größten Teil aus Holz und Stein gebaut anstatt aus Weidenflechtwerk und Lehm und die Dächer nicht mehr mit Grassoden bedeckt, sondern mit Stroh oder sogar Reet. Das half besser gegen die immerwährende Feuchtigkeit und bisweilen grausame Kälte. Aber ohne ein anständiges Feuer im Herd, ein warmes Wams auf dem Leib und einen vollen Bauch ging es trotzdem nicht. Das war schon damals die heilige Dreieinigkeit des kleinen Mannes. Und Friedrich unterschied sich in nichts von den anderen kleinen Männern, die herumliefen, mit der einen Ausnahme, dass er gerne jede Gelegenheit nutzte, sich das Wams vom Leib zu reißen. Er war einer der wenigen, die den Herrschaftswechsel begrüßten. Hoffte er doch auf neue Männer, die dadurch von Norden in sein Land gespült werden mochten. Dass das nicht sofort passieren wollte, enttäuschte ihn zutiefst. Zudem war es ein ziemlich durchwachsener Sommer mit viel Regen und Temperaturen, die kaum jemals nur die Zwanzig-Grad-Marke knackten, was ihm und den anderen Sconebekenern nur selten die Möglichkeit bot, ihrem klammen Wolkennest in echte Wärme zu entfliehen.

Friedrich hatte schlechte Laune deswegen. Da konnte er wie ein kleines Kind sein: beleidigt, weil es seinen Willen nicht bekommt. Gerald musste sich einiges an Klagen anhören und war jedes Mal heimlich froh, wenn sein Partner auf Handelstour ging, damit er etwas Luft schnappen konnte. Allerdings erfüllte es ihn mit Sorge, wenn Friedrich so mies gelaunt von dannen zog. Dann neigte er besonders zu Leichtsinn und einer gefährlichen Abenteuerlust. Schon einmal hatte er in einer solchen Stimmung versucht, bei einem Geschäft sein Gegenüber über den Tisch zu ziehen. Leider hatte es sich dabei um einen Marketender gehandelt, der vorher lange Zeit selbst Soldat gewesen war und nun Proviant für sein Fähnlein eingekauft hatte. Als er merkte, dass ihn der jungenhaft wirkende Bursche mit dem schiefen Grinsen im Gesicht und dem gefährlichen Funkeln in den Augen übers Ohr hauen wollte, fackelte er nicht lange und wurde handgreiflich. Friedrich musste die Flucht antreten und schaffte es geradeso hinter die Nebelgrenze. Hinter die wagte sich kein Außenstehender jemals, zu groß war dafür trotz Gewöhnung an seine Bewohner die zweite, unsichtbare Grenze aus Aberglauben und hochkochenden Gerüchten, die das Dorf noch immer umgab. An jenem Tag hatte Sconebeke einen ganzen Karren voll wertvoller Waren verloren, und beinahe wäre Friedrich gelyncht worden. Er aber ging mit einem zufriedenen Grinsen ins Bett und erzählte noch lange von dieser aufregenden Begegnung.

Gerald sah dem Davonziehenden mit sorgenvoller Miene nach, bis Bäume und Nebel ihn verschluckten, dann wandte er sich mit der ihm eigenen Schwerfälligkeit um und der Feldarbeit zu. Friedrich derweil schaute nur voraus, erleichtert darüber, der nasskalten Enge des Dorfes einmal mehr zu entkommen. Er war allein unterwegs, es sollte nur für diesen Tag nach Bornhöved gehen. Im Schatten der Kirche war Markt, und einige Wolkenheimer hatten ihn darum gebeten, Räucherfisch mitzubringen. Außerdem war Pökelsalz bestellt worden, um in der anstehenden Schlachtzeit ausreichend damit ausgestattet zu sein. Er selbst hatte auf seinem Wagen neben gegerbten Fellen in der Hauptsache noch einen Ballen des dicken Wolltuchs, das in Sconebeke an zahlreichen Webstühlen hergestellt wurde und inzwischen in der ganzen Umgebung im Winter aufgrund seiner hervorragenden Wärmeeigenschaften getragen wurde. In einer Lederbörse trug er noch ein paar Dreilinge und Sechslinge mit sich, im Ganzen kaum drei Schillinge. Er hatte sich jedoch vorgenommen, diesen Geldvorrat gar nicht anzutasten bei den angestrebten Transaktionen, stattdessen wollte er ihn nach Möglichkeit noch vergrößern. »Wollen doch mal sehen, wie oft ich heute die Haut des Bären verkaufen kann«, sagte er sich, und sein Gesicht hellte sich augenblicklich auf. Noch bevor er durch den Nebel war, pfiff er fröhlich vor sich hin.

Während sich Friedrich Bornhöved nun zu Fuß von Westen näherte, kam von Osten ein stattlicher Reiter mit kleinem Gefolge angeritten. In Plön hatte er zuletzt Station gemacht und wäre gerne dortgeblieben. Der königliche Auftrag, wegen dem er quer durchs Land zu reisen hatte, war so unbedeutend, dass er ob all der damit einhergehenden Widrigkeiten weniger wertlos als vielmehr einfach nur ärgerlich war. Aber Christian I. hatte ihn persönlich damit beauftragt, und er, Dietrich, ein so später Cousin seiner Königlichen Hoheit aus dem Hause Oldenburg, dass er bestenfalls durch Heirat Aussicht auf einen echten Titel und Besitz hatte, musste froh sein, überhaupt in den Genuss dieser Gunst gekommen zu sein. So kam er herum und konnte sich auf den Adelssitzen nach einer geeigneten Braut umsehen, während er für seine Majestät diesen Teil der Grafschaft Holstein erkundete und Informationen über Bevölkerung, Wirtschaftskraft und mögliches Steueraufkommen zusammentrug. Nicht dass

König Christian über diese Steuereinnahmen hätte verfügen dürfen, die hatte er an den eingesessenen Adel verpfändet, um damit seine Wahl zum Landesherrn abzusichern. Aber Bedingungen mochten sich ändern, Vereinbarungen konnten, manchmal schneller als gedacht, auf den Prüfstand gestellt werden, und plötzlich sah alles ganz anders aus. Dietrich aus dem Hause Oldenburg ging nicht fehl in der Annahme, dass der Kronenträger in seinem Schloss in Kopenhagen auf genau diesen Moment vorbereitet sein wollte.

Wenn es nur nicht ständig regnen würde …

Dietrich ritt einen Wallach, das fand er sehr passend. Die drei Männer seines Gefolges gingen zu Fuß, das entsprach ihrem Stand. Da war zum einen sein Kammerdiener Walter, ein rothaariger junger Mann von niederstem Adel, der, ebenso wie sein Herr, keinerlei Aussichten auf ein ererbtes Auskommen hatte. Er zeichnete sich durch ein hohes Maß an Aufmerksamkeit gegenüber seiner Herrschaft und den ihm auferlegten Pflichten aus und durch zumindest rudimentäre Kenntnisse der Schrift. Darüber hinaus war er schweigsam, ein wenig schwermütig vielleicht, und ebenso loyal wie diskret. Ihm vertraute Dietrich vollends. Zum anderen folgte ihm Günther, ein Kanzleibeamter mit klösterlichem Hintergrund von knapp dreißig Jahren, der bei Essen und Trinken zu Maßlosigkeit neigte und ansonsten eine mürrische Miene machte, wenn er notierte, was sie im Land an Gegebenheiten vorfanden. Schusters Rappen behagten ihm gar nicht, seine Leibesfülle und Kurzatmigkeit ließen ihm diese Fortbewegungsart unerträglich werden. Zu guter Letzt schließlich war da noch Jakob, ein alternder Soldat, der zu ihrem Schutz abgestellt worden war. Wein, Weib und Gesang waren nicht seine vornehmlichen Laster, dafür suchte er gerne Streit. Er war ein übellauniger Charakter, der überall Beleidigung und Verrat witterte, und dumm wie ein Laib Brot. Dietrich traute ihm nicht über den Weg, bisher hatte Jakob eher sie in Schwierigkeiten gebracht als sie von solchen befreit. Eutin etwa hatten sie fluchtartig verlassen müssen, nachdem er in irgendeiner Spelunke eine Prügelei mit, wie sich dann herausstellte, den Söhnen der Stadtobrigkeit angezettelt hatte – auf dem anschließenden Weg nach Plön aber hatte er dann immerhin ein paar Wegelagerer vertrieben, die sie ausrauben wollten. Dietrich vermutete in Jakob einen Spitzel seines königlichen Cousins, der sich deshalb so provokant gab, um die neuen Untertanen seiner Majestät auf ihre Treue hin zu testen. Er fand die Art seines Leibwächters dafür eher ungeeignet, fühlte sich aber selbst zu sehr von dessen rabiatem Auftreten eingeschüchtert, um ihn in seine Schranken zu weisen.

Jakob lief immer an letzter Stelle, sein schmales Bündel auf dem Rücken und abfällige Kommentare über das machend, was er links und rechts der Schlammlöcher, die sie hier Straßen nannten, sah. Vor ihm ging Walter und führte die beiden Esel, beladen fast ausschließlich mit den Habseligkeiten der Herrschaft. Er wenigstens wirkte nie unzufrieden, sondern führte mit sicherer Hand die Packtiere, sodass die sich noch kein einziges Mal störrisch gegeben hatten. Gleich hinter Dietrichs Wallach kam Günther, so schweigsam, dass man ihn für stumm hätte halten können. Er redete nur, wenn er gefragt wurde, zumindest wenn sie unterwegs waren. Er war auch dafür zuständig, auf der ziemlich ungenauen Karte von diesem Landstrich, die man ihnen bei Hofe mitgegeben hatte, nach dem Weg zu schauen. Die aber steckte die meiste Zeit in Dietrichs Satteltasche und wurde niemals auf eigene Initiative hin hervorgeholt. Es war offensichtlich, dass Günther sich nach der warmen oder zumindest trockenen Stube einer Hofkanzlei sehnte. Vermutlich wäre ihm selbst das Skriptorium eines Klosters lieber gewesen als diese gammelige Wallfahrt ins Nichts, obwohl es ihm für das Mönchsdasein definitiv an Demut und Disziplin mangelte.

Immerhin klarte es endlich einmal auf und die Sonne kam heraus.

»In welchen Ort kommen wir als Nächstes?«, wollte Dietrich wissen, sobald die ersten warmen Strahlen sein Gesicht berührten. Vor kurzem waren sie durch einen winzigen Weiler, eingeklemmt zwischen Wald und einem See, der Schmalensee genannt wurde, gekommen. Es hatte nach Fisch und Schweinemist gestunken und sich nicht von allen anderen winzigen Weilern in dieser wald- und seenreichen Gegend unterschieden. Zu holen jedenfalls gab es dort so gut wie nichts, aber scheel beäugt worden waren sie trotzdem. Dietrich hoffte auf eine größere Siedlung mit einem Gasthaus, wo es Bier und eine warme Mahlzeit gab.

Günther wusste es natürlich nicht. Jeder andere hätte längst die Geduld bei einem solch demonstrativ zur Schau gestellten Mangel an Fügsamkeit verloren, Dietrich dagegen schaute einfach resigniert selbst nach. Sein Reittier würde schon nicht vom Weg abkommen, wenn er einmal kurz die Zügel losließ, im Gegensatz zu seinem faulen Schreiber. Laut Karte kam als Nächstes – oh Wunder – wieder ein See, an dessen Ufer dieses Mal sogar ein Dorf mit Kirche liegen sollte. Das war ein gutes Zeichen. Wo eine Kirche stand, gab es zumeist auch ein Gasthaus. Das Dorf nannte sich Bornhöved. Er teilte diese Nachricht seinen Untergebenen mit, doch allein der gutmütige Walter zeigte so etwas wie Freude darüber, als er sie auch an die beiden Esel weitergab. Die anderen beiden Esel schwiegen entweder verkniffen oder murmelten etwas, das dem Tonfall nach nur abfällig gemeint sein konnte.

Dietrich versank über der Karte in Grübelei. Seit Wochen waren sie unterwegs und würden noch Wochen unterwegs sein, und dabei hätte er nicht zu sagen gewusst, was ihm unerträglicher war, der Auftrag selbst oder die Gesellschaft, in deren Begleitung er ihn ausführen musste. Überhaupt nahm er ihn nur deshalb so ernst, weil er sich davon neben Bekanntschaften zu heiratsfähigen Vertreterinnen des anderen Geschlechts noch ein gewisses Ansehen bei Hofe zu verschaffen hoffte. Es musste ihm doch wohl gelingen, danach als vertrauenswürdig zu gelten und dafür mit einer lukrativen Stellung oder gar einem schönen Lehen versehen zu werden. Einfacher wäre es gewesen, ein wenig in dieser Gegend herumzureisen, das Budget auf den Kopf zu hauen und dann mit größtenteils erfundenen Zahlen nach Kopenhagen zurückzukehren. Wenn er die hoch genug ansetzte, würde niemand Verdacht schöpfen, und am Ende wäre es sowieso bedeutungslos gewesen. Sein Vetter verfügte über dieses Land und diese Leute ja doch nur nominell und nicht konkret. Die heimischen Adelsstände herrschten weiterhin und sahen in ihm und seiner Gefolgschaft nichts weiter als Eindringlinge, die sie auch noch durchfüttern, der sie ihre schlangenfalsche Gastfreundschaft angedeihen lassen mussten. Es war ein armseliges Leben! Es war …

»Was ist denn das?«

Dietrich schreckte aus seinen Gedanken auf und sah sich zuerst nach Walter um, der diesen Ausruf getätigt hatte. Der Rotschopf mit dem kaum zu bändigenden Bartwuchs aber zeigte mit dem Finger nach vorn, über den Kopf seines Herrn hinweg. Irritiert drehte der sich auf seinem hohen Ross wieder herum, blickte auf und dachte im ersten Moment, vor ihm erhebe sich ein Berg bis hinauf in den Himmel. Das inzwischen vollkommen blaue Firmament ringsum verstärkte diesen Eindruck noch, und so brauchte Dietrich eine geraume Weile, bis er begriff, dass sich vor ihm eine einzelne Wolke erhob. Die drehte sich, dabei in Weiß- und Grautönen changierend, gemächlich um die eigene Achse und war scheinbar an Ort und Stelle fest am Himmel verankert. Er sah gleich noch einmal in die Karte, als könnte die ihm, nachdem sie zuvor allzu oft nur von geringem Nutzen gewesen, ausgerechnet jetzt Aufklärung geben. Vor ihm in der Luft schwebte ein Rätsel, ein Phänomen, doch wo andere bei seinem Anblick Furcht empfanden, erkannte Dietrich plötzlich seine große

Chance. In seiner Karte wies nichts darauf hin. Wenn er also der Erste war, der diesen Ort beschriebe, würde ihm das nicht einen gewissen Ruf, Ruhm vielleicht sogar einbringen? Sofort machte sich seine Fantasie daran, seine eigene Legende auszuschmücken.

»Wir gehen dorthin«, bestimmte Dietrich.

»Ich nicht!«, weigerte sich Günther prompt. »Das ist irgendeine Teufelei.«

Dietrich sah vom Rücken seines Pferdes auf den fettleibigen Mann hinab, der ihm zu Diensten zu sein hatte. Plötzlich überkam ihn Zorn. »Du gehst mit«, befahl er dem Schreiber, »oder du gehst von nun an allein. Ich entbinde dich sofort von deiner Aufgabe und lasse dich ohne Geld und Vorräte zurück. Außerdem werde ich bei meiner Rückkehr an den Hof von deiner Weigerung berichten. Du hast die Wahl, Günther, mir ist es egal.« Und zum ersten Mal in seinem Leben verspürte Dietrich das erhebende Gefühl von Autorität, von Macht über andere. Bisher hatte er doch immer geglaubt, aufgrund seiner niederen Stellung in der Rangfolge darauf kein Recht zu haben und selbst nur ein beherrschtes Objekt zu sein.

Trotzdem unterwarf sich Günther erst seinem Willen, als Jakob wie zufällig neben ihn trat, die Hand auf dem Griff seines schartigen Schwerts, und seine drohende Präsenz aufbaute. Man konnte über diesen alternden Militär sagen, was man wollte, Insubordination war von ihm nicht zu befürchten.

»Dann los!«, rief Dietrich und spornte seinen Wallach an.

Plötzlich war die Welt wieder schön. Das Blätterkleid des lichten Buchenwalds links und rechts der Straße war ein einziger grüner Rausch, die Luft war warm und erfüllt vom Zwitschern tausender Vögel. Bienen summten, und am Saum einer Lichtung stand Damwild, auf der Hut vielleicht, aber ohne Furcht vor den vorbeiziehenden Menschen. Bornhöved war vergessen. Das Verlangen nach einem Krug Bier und einem herzhaften Essen im dortigen Wirtshaus hatte sich schneller gelegt als ein Wind, dem endlich die Puste ausgegangen ist, und diese ganze Rundreise erhielt einen Sinn. Wieder und immer wieder starrte Dietrich auf den noch leeren Fleck auf seiner Karte, den bald dank seiner Entdeckung und seines Einsatzes ein neuer Ortsname füllen würde, ergänzt um dieses seltsame Detail der stehenden Wolke. Er wusste weder, ob dort überhaupt Menschen wohnten, noch, ob es nicht andere, jüngere oder bessere Karten als seine gab, die diese Informationen bereits enthielten. In seiner Euphorie ging er einfach davon aus, dass es im ersten Fall so war und im zweiten nicht.

Während sie eilig dahinschritten, schossen die Spekulationen darüber, worum es sich vor ihnen handeln könnte, wüst ins Kraut. Jakob beharrte natürlich tumb darauf, dass es bloß eine blöde Wolke sei. Er wiederholte diese Meinung jedoch so oft und laut, dass es mehr und mehr wie eine Selbstversicherung klang, die nötig war, um weiterhin einen Fuß vor den anderen setzen zu können. Günther murmelte ein endloses Gebet vor sich hin, begleitet vom regelmäßigen Schlagen des Kreuzes. Aus dem war zu entnehmen, dass er sich vor dem Teufel, vor Geister und Dämonen, schließlich sogar vor einem Drachen fürchtete und Kreaturen aus Nebel und Regen, die ihn mit kalten Fingern berühren und in einen von ihnen verwandeln würden. Dietrich hätte seinen Schreiber nicht für derart fantasiebegabt gehalten.

Walter hingegen war voller Vorfreude. Für ihn konnte es keinen Zweifel daran geben, direkt auf etwas Gutes und Schönes zuzusteuern. Er sah in der sich auftürmenden Wolke ein himmlisches Schloss, in dem sich bald alle seine Wünsche und Träume erfüllen würden. Dietrich immerhin ahnte, dass die Wahrheit weitaus profaner sein musste, allein der Optimismus seines Kammerdieners war angenehm ansteckend. Dass das, was dann wirklich passieren sollte, skurriler sein würde, als sie alle es sich jemals in ihren kühnsten Träumen hätten ausmalen können, merkten sie erst, als sie schon knietief in den Ereignissen drinsteckten.

Es begann damit, dass sie auf eine Wiese, die auf ihrer anderen Seite von einer Nebelwand begrenzt wurde, die wiederum nahtlos in die Wolke darüber überzugehen schien, stießen. Auf der lagen gleich mehrere Männer und ein paar wenige Frauen auf im Gras ausgebreiteten Tüchern und schienen im Sonnenschein zu dösen. Der Mittag war vorüber, der Nachmittag schon recht weit fortgeschritten, aber noch stand die Sonne hoch genug am Himmel, um über die Baumwipfel hinweg diesen Flecken Boden voll zu bescheinen. Nicht dass diese Männer und Frauen dort Unzucht oder andere schreckliche Dinge miteinander getrieben hätten. Nein, sie lagen einfach nur so da, wie selig entschlafen, als wäre der Tod nichts anderes als einer der behaglicheren Zustände des Lebens. Das war verwirrend. Hatten sie denn nichts zu tun, mussten sie nicht arbeiten? Sie sahen nicht aus wie Edelleute, denen das Essen ebenso wie der Nachttopf nachgetragen wurde, eher wie ganz normale Bauern. Was machten sie da? So versunken waren diese Leute in ihre Tätigkeit, dass sie gar nicht bemerkten, inzwischen beobachtet zu werden. Dabei flüsterte Jakob jetzt recht vernehmlich etwas von dummen Leuten, während Günther fürchtete, vom Höllenfeuer in Brand gesteckt zu werden, sollte er auch nur einen Schritt auf diese verdammte Wiese und in den Sonnenschein setzen müssen. Dietrich fiel dazu nichts ein, aber Walter fragte: »Wollen wir uns nicht einfach ein Stündchen dazulegen?« Und so seltsam es auch war, Dietrich verstand sofort, was sein Kammerdiener damit meinte, nach all den Fährnissen und Widrigkeiten ihrer Reise bisher. Selbst sein Wallach schien dieser Idee mit seinem Schnauben zuzustimmen.

Dazu kam es jedoch nicht. Plötzlich wurde hinter ihnen Geschrei laut. Ein dumpfes Rumpeln rollte wie Donnergrollen über sie hinweg, und das protestierende Muhen eines Ochsen, der zu übergroßer Eile angetrieben wurde, war zu hören. Friedrich kam von seiner Fahrt zum Bornhöveder Markt zurück.

Den ganzen Tag über hatte es ihn in den Fingern gejuckt, irgendeine Gaunerei abzuziehen. Als gegen Mittag die Sonne herausgekommen war, hatte das diesen Trieb in ihm nicht wie üblich beruhigt, sondern erst recht angestachelt. Er brauchte etwas, an dem er sich abreagieren konnte. Normalerweise hätte das auch ein Stelldichein besorgt, denn selbst eine schnelle Nummer reichte für gewöhnlich schon aus, die Nerven zu beruhigen. Aber Adolf, der bald den Hof seines Vaters am Rande des Dorfes übernehmen sollte, war just an diesem Tag selbst zum Markt nach Segeberg aufgebrochen. Als er das erfuhr, stach Friedrich der Hafer endgültig. In seinen Augen handelte er nicht anders als in Notwehr gegen sämtliche Misslichkeiten des Lebens. Und dann traf er auch noch auf Christoph, den Kaufmannssohn. Der war so alt wie Friedrich, hielt sich in seiner Arroganz aber für etwas Besseres und nannte den Gast aus Sconebeke gerne einen Wurzelgnom, am liebsten, wenn der gerade noch in Hörweite war. Zu allem Überfluss war dieser Christoph nicht nur dumm, sondern auch wohlhabend und attraktiv, das ließ die Sache für Friedrich absolut unerträglich werden. Der hatte alles und er hatte nichts, da war es wohl erlaubt, die Verhältnisse ein wenig geradezurücken.

Christophs Mutter hatte Friedrich mit seinem Karren ins Dorf ziehen sehen und ihren Sohn beauftragt, ihr so viel als möglich von dem guten dicken Stoff zu besorgen, den sie unter der Wolke herstellten. Der Winter nahte, es wurde Zeit, sich darauf vorzubereiten. Außerdem sollte Christoph noch diesen Herbst eine Kaufmannstochter aus Kiel ehelichen, da war es angebracht, diese Verbindung mit kleinen, aber feinen Geschenken auf Kurs zu halten. Also schickte sie ihren Sohn los, der weder seine zukünftige Braut noch den Dienst-

boten für seine Mutter spielen mochte. Auch ihm, das muss man der Fairness halber sagen, kam es sehr entgegen, es mit keinem anderen als dem abartigen Wurzelgnom von Sconebeke zu tun zu bekommen. Mit wuterfüllter Vorfreude marschierte er auf den Platz unterhalb der Kirche, wo sich Käufer und Verkäufer zwecks Abschluss ihrer Geschäfte trafen, und drängelte sich gnadenlos bis zu Friedrich vor. Nicht dass besonders viel los gewesen wäre an diesem Tag, das Vordrängeln gehörte einfach zu Christophs Grundeigenschaften.

Friedrich hatte ihn sogleich kommen sehen und, beinahe ein Dankgebet gen Himmel ausstoßend, gewusst, was er zu tun hatte. Wohlwissend, weswegen der verwöhnte Bengel kommen würde, sprang er auf die Ladefläche seines Wagens und zog seine Waren in repräsentable Positionen zurecht. Als Christoph vor ihm stand, ihn kaum eines Blickes würdigend und selbst der Stoffe, die er kaufte, kaum achtend, wichen alle anderen Kaufinteressenten automatisch zurück. Sie taten es weniger aus Achtung vor denn aus Abneigung gegen diesen jungen Mann aus ihrer Mitte. Friedrich dagegen gab sich ungewohnt unterwürfig und willfährig, aber nicht einmal das bekam der angehende Kaufmann mit. Er sagte nur, was er wollte, dann feilschte er um den Preis und schob es auf sein großes Verhandlungsgeschick, dass er den Stoff so billig erstand. Er warf sich den Ballen über die Schulter und fühlte sich plötzlich so zufrieden, dass er beschloss, seine Mutter noch ein wenig darauf warten zu lassen. Er schlenderte zwischen den anderen Leuten umher, begegnete ihrem freundlichen, anerkennenden Grinsen mit seinem eigenen überlegenen Grinsen und trank zu guter Letzt noch ein schönes großes Bier. Ein Dienstbote durfte sich das nicht erlauben.

Friedrich packte derweil zusammen. Als er sah, dass sein Gegner nicht sofort nach Hause ging, kaufte er noch Fisch und Salz, wie er beauftragt worden war, bevor er mit seinem Wagen von dannen zog. Auch ihn grinsten die Leute an. Manche hatten das Ding, das er abgezogen hatte, beobachtet und es schnell weitererzählt. Weil aber ihre Achtung vor Christophs Eltern nicht ausreichte, ihre Verachtung für den Sohn zumindest auszugleichen, ließen sie der Sache mit sichtlichem Vergnügen ihren Lauf. Solange Christoph also keinen Alarm schlug und sie damit zwang, Farbe zu bekennen, war Friedrich vor ihnen sicher. Er kam ungefähr zwei Drittel des Weges zurück nach Sconebeke, als er seine Verfolger hinter sich hörte und lieber die Beine in die Hand nahm. In der Zwischenzeit nämlich war Christoph nach Hause gekommen und hatte nicht nur die Ware abgeliefert, sondern auch von seiner Mutter einen Einlauf verpasst bekommen: Er hatte den dünnen, billigen Stoff gekauft und nicht den dicken teuren. Natürlich war Christophs Ehrgefühl verletzt. Und obwohl er den Preis bezahlt hatte, den die Ware tatsächlich wert war, setzte er sofort zur Verfolgung des Betrügers an, wie er nicht müde wurde zu krähen. Immerhin eine Handvoll Bornhöveder, einige von denen, die eben noch verschwörerisch mit Friedrich gegrinst hatten, machten sich mit ihm auf den Weg.

Friedrich selbst war jetzt bester Laune und sich ziemlich sicher, einmal mehr ungeschoren davonzukommen. Wenn er das nächste Mal nach Bornhöved führe, hätten sich die Wogen längst wieder geglättet. Er hatte Christoph ja nicht betrogen, sondern ihm lediglich die falsche Ware zum richtigen Preis verkauft. Der andere stand da als der Dumme. Natürlich bestand die Gefahr, dass der Kaufmannssohn sich dafür an ihm rächen könnte, der zettelte sowieso gerne Prügeleien an. Aber das jagte Friedrich keine Angst ein. Er hatte schon so oft in seinem Leben Prügel bezogen, einmal mehr machte den Kohl auch nicht mehr fett. »Guten Tag, die Herren«, grüßte er Dietrich, Walter, Günther und Jakob, als er, Ochsen und Karren gleichsam hinter sich her ziehend, an ihnen vorbei trabte. Dann sah er, wie erhofft, vor sich auf der Wiese seine Nachbarn beim Sonnenbaden und winkte ihnen fröhlich zu. Selbst Gerald war unter den knapp zehn Personen – was nichts anderes hieß, als dass er nichts anderes erwartet hatte als einen weiteren Zwischenfall mit seinem Partner. Gerald als ein Ur-Sconebekener, dessen Familie hier seit Generationen ansässig war, verspürte nur selten das Bedürfnis nach Licht und Wärme. In der Regel reichte ihm ein regenwasserdichtes Dach über dem Kopf und ein prasselndes Herdfeuer aus. Er kam nur zu besonderen Anlässen unter der Wolke hervor – oder wenn er davon ausging, dass Friedrich sich mal wieder in Schwierigkeiten zu bringen gedachte. Für gewöhnlich lag er mit seiner Vermutung richtig.

Von all dem wusste Dietrich nichts. Weder er noch irgendeiner aus seinem Gefolge begriff, was sich vor ihnen abzuspielen begann. Sie beobachteten nur staunend, wie die bisher Ruhenden wie vom Blitz getroffen aufsprangen, den Ankömmling mit Rufen und Ausdrücken begrüßten, die kaum als schmeichelhaft und nett zu bezeichnen waren, die ihn aber trotzdem sofort in ihre Reihen aufnahmen. Danach blickten sie ebenso sorgen- wie erwartungsvoll in die Richtung, aus der er gerade gekommen war. Endlich wurden sie auch ihres Publikums gewahr, doch schenkten sie dem jetzt kaum Beachtung. Das war gut so, denn gleich darauf stürmte eine Gruppe krakeelender Männer an ihrem Quartett vorbei, Verwünschungen und Beleidigungen ausstoßend, Knüppel und Dreschflegel schwingend. Ein Vorwurf mehr als alle anderen erregte dabei Dietrichs besonderes Interesse, denn der schien ihm in diese Auseinandersetzung und zu den restlichen nicht zu passen: Perversling. Woher kam dieser Ausdruck, wenn es hier doch offensichtlich um ein missglücktes Geschäft ging? Dietrich richtete sich auf seinem Wallach auf, um besser sehen zu können.

Christoph und seine Handvoll Anhänger – die üblichen Verdächtigen, die nie von seiner Seite wichen, weil sie ganz gut von den Krümeln lebten, die dieser unachtsame Herr ständig von seiner Tafel fallen ließ – stürmten auf die Wiese und blieben abrupt stehen. Zum einen blendete sie im ersten Moment der abendliche Schein der Sonne. Zum anderen hätten sie nicht damit gerechnet, sich plötzlich in der Unterzahl zu befinden, obwohl doch jeder von den eigenartigen Bräuchen wusste, die man unter und manchmal eben auch neben der Wolke pflegte. Augenblicklich schmolz sein Mob und zog sich in die Länge, wie ein Gletscher in der Wüste, von dem sehr schnell nicht einmal mehr Pfützen übrigbleiben. Christoph jedoch focht das nicht an, er brauchte diese Gelegenheit, sich abzureagieren, unbedingt. Er sollte den Kaufmannsbetrieb seines Vaters übernehmen, wozu er weder Talent noch Lust hatte; er sollte eine Frau heiraten, die er kaum kannte und nicht mochte und die nur aus Kiel kam und keine dieser richtig reichen Hansebräute aus Lübeck oder wenigstens Hamburg war; er hatte sich heute einmal mehr zum Gespött der Leute gemacht, als ihn dieser vermaledeite Wurzelgnom übers Ohr haute. Christoph hatte nie verstanden, woher das Geld, das er verprasste, kam, oder dass irgendjemand dafür arbeiten musste, dass jeder vor ihm kuschte, galt ihm als selbstverständlich. Aber die Menschen aus Sconebeke kuschten nicht. Sie mochten zurückhaltend sein, manche sogar scheu, von diesem Halunken Friedrich einmal abgesehen, und mieden öffentliche Auseinandersetzungen weitestgehend. Sie lebten zurückgezogen in ihrem elenden kleinen Wolkenheim, in dem es selbst im Sommer stets nass und kalt sein sollte. Sie luden niemanden dorthin ein und blieben selten lange jenseits seiner engen Grenzen. Wenn man nicht wusste, dass es sie gab, konnte man beinahe glauben, es gäbe sie gar nicht. Das war die Grundlage für das friedliche Zusammenleben mit ihnen, deshalb duldeten die Leute im Umland ihre Anwesenheit überhaupt. Doch dieser Friedrich musste ständig dieses Gesetz der Unaufdringlichkeit brechen. Ein ums andere Mal musste er darauf bestehen, vorhanden, ja existent zu sein. Das war nicht hinnehmbar. Jede Duldung erschöpfte sich irgendwann einmal genauso wie die dazugehörige Geduld, und diesbezüglich würde Christoph ihm heute eine Lehre erteilen. Um die Verhältnisse wieder geradezurücken, um zu beweisen, wer hier das Sagen hatte.

Gefolgt von zwei eisernen Getreuen, deren Motiv in der Lust an einer guten Rauferei bestand, verringerte Christoph sein Tempo nicht, sondern beschleunigte es sogar noch brüllend. Er hatte nur Augen für Friedrich und sah, wie der sich durchaus dem Kampfe stellen wollte, aber von einem bulligen Kerl mit festem Griff zurückgehalten wurde. Er sah nicht, was kommen würde.

Dietrich schon. Von seinem erhöhten Aussichtspunkt aus hatte er jede Bewegung auf dem Feld vor sich im Blick. Deshalb entging ihm auch die Person nicht, die sich erst auf den zweiten Blick als Frau herausstellte. Sie war eine Riesin, die ihr Haar unter einem Tuch verborgen hielt, ein breites, grobschlächtiges Gesicht hatte, Schultern wie ein Schrank, Hüften wie ein Burgwall, Beine wie Eichenstämme – und geradezu monströse Brüste. Ihr Name lautete Helga, und sie besaß außerdem eine Faust aus Eisen. Mit einer Schnelligkeit, die Dietrich ihr niemals zugetraut hätte, vertrat sie dem heranstürmenden Christoph den Weg, holte aus und versetzte ihm einen mächtigen Hieb auf die Nase. Der lief ungebremst in den Schlag hinein Es haute ihn regelrecht aus den Schuhen. Und während es ihn in einem ansehnlichen Bogen rückwärts durch die Luft ins Gras schleuderte, erstarrte seine Gefolgschaft, wo sie gerade ging und stand, zu Salzsäulen. Ganz bleich im Gesicht wurden sie. Aber damit war es noch nicht vorbei, Helga noch nicht fertig. Als wäre sie die Ruhe selbst, ging sie wuchtigen Schrittes auf Christoph zu, der, als ihr Schatten drohend auf ihn fiel, wie panisch rückwärts von ihr fortzukriechen suchte. Aus seiner Nase strömte Blut. Ihre Hände waren noch immer zu Fäusten geballt, aber dann erhob sie doch nur ihre Stimme und sagte, dass es weithin über das Feld hallte: »Das ist unser Dorf, hier hast du nichts zu sagen! Also nimm deine Spießgesellen und verzieh dich zurück in Mutters Schoß! Und wenn ich dich hier noch einmal sehe oder höre, dass du einen meiner Leute angegriffen hast, dann komm ich persönlich und brech dir jeden einzelnen Knochen im Leib.« – »Aber der Wur… Friedrich hat angefangen«, jammerte Christoph, und es klang einfach nur erbärmlich. Doch das hätte er wohl nicht sagen sollen, denn plötzlich lief Helga ganz rot an. Sie stemmte die Fäuste in die Hüften und brüllte: »Es sind ja immer die anderen, die anfangen, nicht wahr?!«

Christoph winselte, seine Schläger suchten automatisch Deckung hinter den vier Reisenden. Jakob war bereit, sein Schwert zu ziehen, und Dietrich entschied, dass es Zeit sei einzugreifen. Er schlug seinem Wallach die Hacken in die Seiten und sprengte nach vorn. Wenigstens Jakob und Walter folgten ihm auf dem Fuße. Dietrich zog keine Waffe. Er ging schlicht davon aus, dass seine Präsenz hoch zu Ross genügend Autorität ausstrahlte, um jedwede weitere tätliche Auseinandersetzung im Keim zu ersticken. Die seltsame Frau war eine fleischgewordene Drohung, der auf dem Boden Liegende ein geprügelter Hund, der trotzdem niemals das Beißen sein lassen würde, und er nichts weiter als ein Ortsfremder auf dem Rücken eines kastrierten Hengstes.

»Was ist hier los?«, fragte er so laut, dass er hoffte, damit beider Aufmerksamkeit auf sich zu ziehen. »Mein Name ist Dietrich aus dem Hause Oldenburg, und ich bin ein Emissär seiner Hoheit König Christian I., König von Dänemark, Schweden und Norwegen, Herzog von Schleswig und Graf von Holstein, eurem Herrn. Im Namen des Königs befehle ich euch, mit dieser … mit diesem Streit aufzuhören und mir zu sagen, was hier los ist. Ich dulde keinen Streit in meiner Gegenwart und werde notfalls den Frieden des Königs selbst mit Waffengewalt durchsetzen. Also sprecht, was ist hier los?«

Helga schien aus einem Traum zu erwachen und sah den Mann auf dem Pferd verdattert an. Christoph dagegen nutzte die Gelegenheit, krabbelte hinter das Reittier, rappelte sich auf, fasste sich an die Nase und rief anklagend: »Das Monsterweib hat mir die Nase gebrochen!«

»Halt's Maul«, schrie sie zurück, »sonst brech ich dir auch noch den Kiefer!«

»Herr«, änderte Christoph daraufhin seine Taktik, »Ihr habt doch alles gesehen. Ihr wart Zeuge, wie diese … diese Kreatur mich aus dem Hinterhalt angegriffen hat.«

Da aber drehte sich Dietrich zu dem jungen Mann um. Der war ihm sofort von Herzen unsympathisch, er kannte diesen Typus als ebenso verleumderisch wie feige und selbstgerecht und deshalb erklärte kalt: »Ich habe gesehen, wie du einen anderen Mann zusammen mit einer Bande von Schlägern verfolgt hast und wie diese Frau hier den anderen Mann kurzentschlossen verteidigt hat. Daran kann ich nichts Verwerfliches erkennen.«

»Dieses Monster …«

»Schweig still!« Und bevor Christoph gegen dieses Gebot verstoßen konnte, wandte er sich an Helga und fragte sie nach ihrem Namen. Als sie ihm diesen, plötzlich ganz scheu wirkend, genannt hatte, forderte er sie auf: »Sag mir, Helga, was ist hier passiert?«

»Der da hasst uns und versucht ständig, uns Schaden zuzufügen.«

»Ich …«

»Jakob«, wandte sich Dietrich an seinen Bewacher, »wenn der dort noch einmal stören sollte, verpass ihm einen auf die Nase.«

»Sehr gerne, Herr.«

Während sich Jakob demonstrativ vor Christoph aufbaute, was diesen sofort zusammenschrumpfen ließ wie einen vertrockneten Apfel, richtete Dietrich erneut das Wort an Helga. »Wer seid ihr denn und warum hasst der da euch?«

Seltsamerweise mochte sich die Frau dazu nicht äußern, und glücklicherweise quatschte der mit der gebrochenen Nase nicht gleich wieder dazwischen.

»Nun, sprich, Helga!«

Sie sah sich um. Aber bis auf zwei Männer, die unmittelbar vor der Nebelwand standen – nur ein Schritt rückwärts und sie wären darin verschwunden –, war sie nun allein. Dietrich sah ihr an, wie sehr sie sich von hier fortwünschte, trotzdem bestand er auf einer Antwort. »Wir wohnen dort, Herr, unter der Wolke«, begann sie schließlich zögerlich. »Wir tun niemandem etwas zuleide. Wir sind gute Menschen, die die Gesetze von Gott, Kaiser und König achten. Wir trachten danach, niemanden zu stören und von niemandem gestört zu werden. Wir wollen einfach nur in Frieden leben.«

»Aber wer seid ihr? Wie heißt euer Dorf?«

»Kaltsommer!«

Vielleicht war es dieser seltsame Name, der ihn verwirrte, oder die Tatsache, dass das vorlaute Bürschchen schon wieder seine Klappe nicht hatte halten können, aber beinahe hätte Dietrich die Kontrolle über das Geschehen verloren. Jakob rettete die Situation für ihn. Blitzschnell streckte er den Kerl mit einem Hieb auf die giftspritzenden Lippen nieder, bevor sich diese Helga auf ihn stürzen konnte und Kleinholz aus ihm gemacht hätte. Vor Jakob mit seinem Schwert hatte sie offensichtlich Respekt, an ihm traute sie sich nicht vorbei. Dietrich sammelte sich kurz und zog dann seine Augenbrauen zu zornigen Gewitterwolken zusammen. Niemals hätte er geglaubt, so viel Gefallen an seiner Position als Herr zu empfinden. Er blickte mit wohldosierter Herablassung auf Christoph, der nun auch aus dem Mund blutete und dem man ansah, dass er am liebsten nach Hause gelaufen wäre, um unter Mutters Rock zu kriechen.

»Heißt euer Dorf wirklich Kaltsommer?«, fragte er Helga freundlich.

»Nein«, antwortete sie und verfiel vollends ins Flüstern, als sie sagte: »Es heißt Sconebeke.«

»Das ist ein schöner Name.« Dietrich reicherte seinen aufmunternden Tonfall um eine kräftige Prise Mitgefühl an und fragte: »Aber warum nennt der da dein Dorf Kaltsommer?«

Zu seiner Überraschung runzelte Helga nur ihre hohe Stirn, dann drehte sie sich um und deutete stumm auf die Wolke.

»Was soll das heißen?« Dietrich war ehrlich verwirrt.

»Das ist ein Regenloch! Da haust der Schlechtwetterteu…«, vermochte der unverbesserliche Christoph noch dreinzurufen, bevor Jakob ihn mit einem Tritt in die Rippen das Wort abschnitt.

Helga sah es mit Genugtuung und sagte ihrerseits: »Bei uns scheint nur selten die Sonne, weil diese Wolke, die Ihr dort seht, Herr, ständig über unseren Köpfen hängt. Es gibt keinen Tag im Jahr, an dem sie sich mal auflöst, jedenfalls nicht in all den zehn Jahren, die ich jetzt schon unter ihr lebe. Und trotzdem ist es ein gutes Leben, denn Hohn und Spott der Idioten aus dem Umland dringen nicht bis durch den Nebel unter sie.«

Der Oldenburger nickte gewichtig, als hätte er auch nur ein einziges Wort verstanden. Er warf einen langen Blick auf Wolke, Nebel und die beiden Männer, die noch immer dort standen, als würden sie den Eingang zu diesem seltsamen Ort bewachen, und überlegte. »Ich will es sehen«, entschied er.

»Nein!«

Nicht nur Helgas Kehle entrang sich dieser Schrei, lauter noch kam er aus der Günthers. Ganz grün im Gesicht sah er aus und holte bereits tief Atem, um zu einer Rede anzusetzen, deren Inhalt Dietrich sich auch so denken konnte. Dabei hatte der feige Hund vermutlich weniger Lust auf Regenwetter, als er sich tatsächlich vor den imaginierten Gefahren fürchtete, die er direkt aus dem von seinem Gehirn nur lückenhaft gespeicherten Bibeltext entnahm. Dietrich brachte seinen Untergebenen mit einem strengen Befehl zum Schweigen, dann wandte er sich wieder an Helga und fragte einfühlsam: »Warum soll ich dein Dorf nicht sehen, Weib?«

»Niemand will unser Dorf sehen, Herr.«

»Warum denn nicht?«, blieb er geduldig.

»Wegen der Wolke«, stammelte die Riesin.

»Ich habe keine Angst vor Wolken.«

»Aber wir vor …«

Dietrich hätte gerne gehört, wovor diese definitiv wehrhafte Person Angst hatte, doch musste sich jetzt ausgerechnet Jakob einmischen. »Herr«, sagte er, traute sich dabei jedoch nicht, seinen Herrn anzusehen, »haltet Ihr das für weise? Wir kennen diesen Ort doch gar nicht. Wir wissen nicht, was uns dort erwartet.«

»Offene Arme«, ätzte Christoph, »das ist es, was euch dort erwartet.«

Diesmal wurde er dafür nicht bestraft, tatsächlich verstand keiner der Reisenden, was er damit meinte. Aber Dietrich, der den bösartig zischenden Tonfall des am Boden Liegenden geflissentlich überhörte, fürchtete sich tatsächlich nicht vor offenen Armen. Außerdem wurde es spät, zu spät, um noch bequem ein Nachtlager zu erreichen. Er blickte noch einmal um sich, sah jeden Einzelnen von ihnen von seinem Pferderücken herab an und bestimmte: »Jakob und Günther, ihr beide begleitet den jungen Mann zurück in sein Dorf und quartiert euch dort für die Nacht ein. Walter und ich werden Helga nach Sconebeke begleiten und dort sicherlich für die Nacht einen guten Unterschlupf finden.«

»Wir haben kein Gasthaus, Herr«, versuchte die sofort zu widersprechen.

»Keine Bange, mein Kammerdiener und ich sind recht anspruchslos«, versicherte der Adelige sie und fuhr, als sonst weiter kein Widerspruch erklang, an seine Männer gerichtet fort: »Morgen früh treffen wir uns wieder hier auf der Wiese und ziehen Richtung Neumünster weiter.«

»Tut es nicht, Herr, das ist ein böser Ort.« Günther schien ehrlich besorgt um ihn zu sein. Er deutete auf das allmählich ausdunkelnde Firmament und die Wolke und sagte: »Schaut euch doch um, der ganze Himmel ist blau, nur dort hängt eine riesige Wolke und verunstaltet ihn.« Dann zeigte er auf Helga, deren Augen sich sofort zu Schlitzen zusammenzogen, und sagte von ihr: »Und seht, was für kreatürliche Menschen dort hausen – ich sage Euch, Herr, dieser Ort ist verflucht.«

»Noch eine Beleidigung meiner Gastgeber, und du verbringst die Nacht ebenfalls dort, Günther.«

Die Drohung saß, der Schreiber trat reflexartig ein paar Schritte zurück. Jakob machte erst gar keine Probleme und animierte stattdessen den Dorfedelmann zu seinen Füßen, aufzustehen und ihnen den Weg nach Bornhöved zu zeigen. Binnen kurzem war man soweit, sich zu trennen, und verabschiedete sich für die Nacht voneinander. Dietrich gab seinen beiden Leuten noch genügend Geld für Unterkunft und Verpflegung mit, leider nicht genug, um ein Besäufnis zu starten, dann schickte er sie fort. Die beiden quittierten es mit einem gereizten Murren, zogen aber trotzdem schnell von dannen. Und noch während er ihnen hinterherschaute, überkam Dietrich aus dem Hause Oldenburg das Gefühl, eine richtige Entscheidung getroffen zu haben. Dieses Sconebeke war kein Ort für diese Männer, der eine ein Wachhund, der andere ein Schoßhund, aber beide eben doch nur Hunde. Sie hätten die ganze Nacht hindurch gebellt und später allen anderen Hunden, denen sie auf dem Weg noch begegnet wären, davon erzählt. Allein bei dieser Vorstellung sträubte sich schon Dietrichs Nackenhaar. Was auch immer er hier für ein Geheimnis entdeckt hatte, er spürte, dass es einen gewissen Schutz verdiente, und sei es nur den vor übler Nachrede. Er sollte diese Entscheidung niemals bereuen.

»Dann lasst uns gehen«, bestimmte er und an Helga gerichtet: »Bitte, geh voran und zeige uns den Weg.«

Helga zögerte noch einen letzten Moment, dann drehte sie sich um und stapfte los; an Schultern und Rücken war deutlich abzulesen, dass sie mit dieser Entwicklung nicht sehr glücklich war. Aber sie ergab sich in ihr Schicksal, und als sie die beiden Männer an der Nebelgrenze erreichten, beide in mittleren Jahren, deren Mienen Zwiespalt verrieten, und auf Stäbe gestützt, die man ebenso gut als Schlagstöcke einsetzen konnte, stellte sie ihren Gästen diese als Hans und Adolf vor. Sie erklärte ihnen in wenigen Worten die Situation, Dietrich und Walter warteten geduldig ab. Schließlich sahen auch die beiden Einheimischen keine andere Möglichkeit mehr, als dem Wunsch des hohen Herren nachzugeben.

»Ihr solltet von Eurem Pferd absteigen, Herr«, meinte Hans schließlich, »es könnte scheuen, wenn es zum ersten Mal durch den Nebel soll.«

Dietrich tat, wie ihm geheißen, reichte die Zügel jedoch nicht an Walter weiter, der sofort helfend herangetreten war. Auf seinem Gesicht lag ein ganz eigentümlicher Ausdruck, den der Herr nicht zu deuten vermochte. Eine Mischung aus Vorfreude und Ungläubigkeit mochte es sein, auf jeden Fall aber Furchtlosigkeit. Ausgerechnet dem jüngsten und unerfahrensten seiner Gefolgschaft machte dieses kleine Abenteuer am wenigsten aus.

»Wenn Ihr dann soweit seid«, sagte Hans und machte eine einladende Geste in den Nebel hinein.

Beinahe hätte Dietrich erwartet, dass sich dieser vor ihm wie ein Vorhang teilte. Das geschah nicht, er musste diese Barriere passieren, ohne sehen zu können, wohin er trat. Deshalb war er kurz versucht, dies mit geschlossenen Augen zu tun. Tatsächlich schlossen sich seine Lider aber nur einmal für den Bruchteil einer Sekunde, als sich die winzigen Tröpfchen, die sich hier zusammengefunden hatten, um das, was immer hinter ihnen lag, vor dem Blick der Außenwelt abzuschirmen, kühl auf seine Haut legten. Für einen Augenblick war seine Sicht milchig-trüb, und ein Schauder wollte ihm über den Rücken kriechen, als das Licht die warme Intensität seines sommerlichen Abendleuchtens verlor und gleich um mehrere Stufen grauer, blasser wurde. Als wären auf einen Schlag mehrere Stunden vergangen, ging es ihm durch den Kopf. Aber dann war der Nebelvorhang auch schon durchschritten, und Dietrich mit seinem Kammerdiener Walter schien sich in einer völlig anderen Welt zu befinden.

Er trat nicht in eine Märchenwelt ein, glaubte aber sofort verstehen zu können, warum dieser Trottel von Kaltsommer gesprochen hatte. Dieser Eindruck verstärkte sich, je länger er unter der Wolke blieb, und sollte sich mehr und mehr auf das Klima beschränken. Vom Sommer jedenfalls war nichts mehr übrig, obwohl er nur drei, vier Schritte getan hatte. Um ihn herum war es dunkler, kühler, feuchter, ja trüber geworden, und kaum hatte er den Nebel passiert, legte sich erst recht Nässe feiner als jeder Sprühregen auf seine noch immer erhitzte Haut. Instinktiv wischte er sich über Gesicht und Arme.

»Wir nennen sie Wasserläuse, Herr«, hörte er Hans sagen, der ihn unergründlich ansah. »Ihr müsst sie nicht fürchten, sie sind harmlos.«

Dietrich hatte nicht das Gefühl, dass der Mann sich über ihn lustig mache. Er verstand automatisch, woher der Name kam, als die winzigen Tröpfchen wuchsen und begannen, lebendig zu werden. Sie krabbelten über seine Haut, liefen in den Kragen seines Hemdes und kitzelten ihn überall. Es war nur im ersten Moment ein unangenehmes Gefühl. »Was ist das hier für ein Ort?«, fragte er.

»Eine Zuflucht.«

Die Antwort war nach kurzem Zögern gekommen, und Dietrich versuchte, im Gesicht seines Begleiters zu ergründen, was damit gemeint sei. Hans' Miene blieb jedoch verschlossen, als befände es sich hinter einem Schleier. Alles, was der Adelige sagen konnte, war, dass der Bauer ihn auch weiterhin nicht zum Besten hielt. Er glaubte stattdessen, eine ganz eigenartige Feierlichkeit aus seiner Stimme herausgehört zu haben, und fragte: »Eine Zuflucht für wen?«

»Für Menschen«, begann Hans langsam, »die nicht in eine wolkenlose Welt passen.«

»Was meinst du damit?«

Doch Hans schüttelte den Kopf. »Ihr werdet es selbst sehen, Herr«, antwortete er kryptisch, »und Euch dann eine eigene Meinung bilden. Wenn Ihr nur eure Augen und Euer Herz öffnet, dann werdet Ihr es sehen und verstehen.«

An jedem anderen Ort wäre diese Äußerung einer Beleidigung seines Standes gleichgekommen, die Dietrich nicht ungesühnt gelassen hätte. Hier dagegen fühlte er sich dafür zu befangen, befangen auf eine gute, offene Art. Die Ernsthaftigkeit, die sein Begleiter ausstrahlte, zusammen mit dem ungewöhnlich krassen Wetterwechsel, als wäre man wirklich von einer Welt in eine andere übergetreten, hatten ihn in ihren Bann geschlagen. Und so tat Dietrich, was von ihm gewünscht wurde: Er machte sein Herz weit und schaute sich um.

Der Weg führte zwischen alten Bäumen hindurch, die keinen Schatten warfen, weil sie selbst im Schatten der Wolke über ihren Wipfeln standen. Deren Bauch schimmerte mehr, als dass er leuchtete. Geisterhaft, dachte Dietrich, wie der Mond an einem schlechten Tag. Aber niemanden um ihn herum erfüllte das mit Furcht, ja es achtete dieser Erscheinung niemand mehr. Sie mussten es gewohnt sein, unter ihr zu leben, also konnte diese Wolke nichts Schlimmes sein. Trotzdem sprach Dietrich ein stilles Gebet, Gott der Herr möge seine schützende Hand über ihn halten. Der Weg, etwas schlammig, aber breit genug, um bequem mit einem Wagen darauf zu fahren, führte schnell aus dem Wald heraus und durch Felder hindurch, die sehr ordentlich bestellt aussahen. Die Felder wiederum umgaben ein kleines Dorf aus Hütten und Katen, Stallungen und Scheunen, elf Wohnstätten insgesamt. Alles sah sauber und ordentlich aus, mehr als das, solide. In anderen Dörfern, die Dietrich nicht nur jetzt auf dieser Reise gesehen hatte, sondern sein ganzes Leben lang schon, gab es immer Ecken, wo Armut oder Schlendrian sich breitmachten, Löcher in Wände und Dächer rissen und in die Fähigkeit, diesen Verfall aufzuhalten. Immer wieder war Dietrich auf Menschen getroffen, die sich gehen ließen, die nichts mehr leisten wollten oder konnten. Die Menschen hingegen, die er hier auf den Feldern entdeckte, in ihren Gärten oder auf ihren Türschwellen, wirkten da ganz anders. Keiner von ihnen war reich, alles, was sie hatten, rangen sie offensichtlich im täglichen Kampf den Elementen ab. Aber Dietrich sah auch nirgends Hunger und Not. Stattdessen starrten diese Menschen unverhohlen zu ihm zurück, manche wenige voller Unbehagen, überraschend viele stolz und fest, so als würde sein höherer Stand auf sie keinerlei Eindruck machen. Sie schienen in ihm weniger einen seltenen Gast zu sehen als vielmehr einen Eindringling, der es wagte, ihre

Ruhe und Ordnung zu stören. Doch auch darin unterschieden sie sich von den anderen Holsteinern, denen er auf seiner Reise bisher begegnet war. Die hatten in ihm nichts anderes als den Agenten des neuen dänischen Regenten erblickt, der zwar nun über ihnen allen thronen mochte, dem sie aber das Sagen nicht überlassen wollten und der dadurch überhaupt ja auch nur ein weiterer Vasall des deutschen Kaisers geworden war. Dietrich spürte, dass diese Menschen ihn nicht aus machtpolitischem Kalkül mit Argwohn beäugten, sondern auf der Basis von viel grundlegenderen Erfahrungen.

Welche das waren, begriff er im Verlaufe der nächsten Stunden – zumindest soweit er bereit war, dieses Begreifen in sich zu einer festen Erkenntnis heranreifen zu lassen. Immerhin tat das seinem aufrichtigen Bemühen um Verständnis keinen Abbruch, obschon das, was er erleben sollte, seiner gesamten Erziehung und Bildung zuwiderlief. Sein Herz blieb weit, selbst als sich seine Augen für die Nacht schlossen und er in einen nicht völlig ruhigen Schlaf fiel.

Hans und Adolph bewohnten gemeinsam ein Haus, obwohl sie keine Brüder waren, nicht einmal Vettern oder Schwager. Dennoch machten sie keinen Hehl daraus, dass sie zusammengehörten, als sie Dietrich und Walter hereinbaten und ihnen die eigene Schlafstatt als Nachtquartier überließen. Walter schien das nicht einmal zu bemerken oder doch für etwas Selbstverständliches zu halten. Er bedankte sich bloß artig bei ihren Gastgebern und richtete sich voller Behagen ein. Unterdessen bekam sein Herr gar nicht erst Gelegenheit, in ungute Grübelei zu verfallen, denn nach und nach drängte sich die gesamte Bewohnerschaft des Dorfes zu ihnen in die Stube, um sich vorzustellen, vorgestellt zu werden und einmal einen Blick auf die unverhofft hereingeschneiten Fremden zu erhaschen. Auffallend viele Männer waren darunter. Im Verhältnis dazu befanden sich die Frauen in ersichtlicher Unterzahl, und von denen waren noch weniger Mütter. Trotzdem gab es Kinder, die völlig unbefangen zwischen den Erwachsenen hin und her wuselten. Alle sahen gesund und überraschend wohlgenährt aus für Angehörige des Bauernstandes. Von den Erwachsenen waren manche versehrt, als wären sie im Krieg gewesen, trugen Narben im Gesicht, hatten ein Augenlicht verloren oder ein halbes Ohr, und einer hinkte stark und hatte einen steifen Arm. Von diesen Versehrten empfing er auch am unverhohlensten die Botschaft, hier nur für diese eine Nacht geduldet zu sein, aber keineswegs erwünscht. In ihren Augen erblickte Dietrich nichts als ein tiefes Misstrauen ihm, dem Fremden, gegenüber. Zu diesen zählte auch Helga, die er bereits von draußen, vom Feld vor der Wolke her kannte.

Sie brachte eine zweite Weibsperson mit, ebenfalls so eine groteske Riesin, die sich als ihre Zwillingsschwester Brigitte herausstellte. Sie glichen einander wie ein Ei dem anderen, und Dietrich wusste bald nicht mehr, welche von beiden wer war. Aber das machte auch nichts, beide warfen nur einen kurzen Blick auf ihn und Walter und zogen sich sofort wieder in ihre eigene Hütte zurück. Ganz im Gegensatz zu dem jungen Mann, der mit seinem Erscheinen diese unglaubliche Kette von Ereignissen erst in Gang gesetzt hatte. Friedrich war sein Name, und bei seinem Anblick fiel Dietrich keine bessere Umschreibung ein als die eines fleißigen Tunichtguts. Ununterbrochen scharwenzelte er um ihn und seinen Kammerdiener herum. Alles musste er anfassen und schien Walter regelrecht zu belagern mit Fragen und einem wasserfallartigen Wortschwall, von dem Dietrich kein einziges Wort verstand. Diesen Friedrich mussten sie, allen voran dieser ebenso stämmige wie stoische Kerl namens Gerald, schlussendlich aus der Hütte fortziehen, sonst wäre er niemals gegangen. Hans und Adolph teilten noch das Nachtmahl mit ihren Gästen, dann zogen auch sie sich zurück, zu Helga und Brigitte, wo sie für die Nacht untergekommen waren.

Dietrich und sein Diener legten sich bald schlafen, ganz verwirrt noch von den vielen neuen und unerwarteten Eindrücken, die sie an diesem Tag empfangen hatten. Als wollte er damit ein Schlusswort sprechen, meinte Dietrich nur, bevor er das Talglicht ausblies: »Wo sind wir hier nur gelandet, Walter?!«

»Ich glaube, an einem sehr guten Ort«, kam überraschend dessen Antwort.

Zuerst vermochte Dietrich nicht einzuschlafen, weil ihn Walters Aussage schwer beschäftigte. Er bemühte sich, sich das Verhalten seines Kammerdieners ins Gedächtnis zurückzurufen, seit sie die eindeutige Ortsgrenze zu diesem Sconebeke übertreten hatten. Aber unter der Wolke und hinter dem Nebel und zwischen all den fremden Menschen vermochte er diesen jungen Mann, den er seit bald zehn Jahren an seiner Seite wusste, plötzlich nicht mehr zu entdecken. Dieses Sconebeke schien ihn verschluckt zu haben, obschon nicht auf die Art, wie ein Monstrum seine Beute verschlingt. Es wirkte eher so, als hätte dieses verwunschene Dorf Walter einen Tarnmantel um die Schultern gehängt, der seinen Körper unsichtbar werden und gleichzeitig auf seinem Gesicht, als es dann doch einmal kurz in der Menge um ihn herum aufblitzte, selig lächeln ließ. Bei all diesen Gedanken verspürte Dietrich keine Furcht um seinen Kammerdiener. Darüber schlief er sogar etwas ein, denn als er wieder aufwachte, stellte er nach einiger Zeit fest, dass außer ihm nur noch Dunkelheit in diesem geliehenen Raum anwesend war. Walter war verschwunden. Das beunruhigte Dietrich dann schon, und er beschloss, auf die Rückkehr seines Dieners zu warten. Weit konnte der nicht sein, vermutlich nur auf dem Lokus hinter dem Haus. Den Tropfgeräuschen nach hatte dieser extrem feine Nieselregen, der mehr an Herbst gemahnte denn an Sommer, nicht aufgehört, sich eher sogar noch gesteigert. Ansonsten hörte Dietrich die für das Landleben üblichen Laute, wie er sie auf dieser Reise schon zigfach vernommen hatte: Rufe von Eule und Kauz, einmal wieherte ein Esel, mehrere Male bellte ein Hund und schnatterten leise Gänse. Eine durch und durch friedliche Geräuschkulisse, die den Mann aus dem Hause Oldenburg wieder zurück in den Schlaf geleitete. Als er das nächste Mal aufwachte, war Walter wieder da. Dietrich registrierte es als Selbstverständlichkeit, bevor ihn der vertraute Laut des leisen, gleichmäßigen Schnarchens des anderen sogleich wieder einschlummern ließ. Und dann war es Morgen, und noch bevor Hans und Adolf kamen, um mit dem Servieren des Frühstücks ihr Haus zurückzufordern, war der Edelmann in ihrem Bett schon erwacht und zu einem überraschenden Ergebnis all seiner im Schlaf wohl fortgesetzten Grübeleien gekommen.

»Warum hat dieser Trottel gestern euer Dorf Kaltsommer genannt und nicht Sconebeke?«, wiederholte er die Frage, die er am Vortage bereits erfolglos Helga gestellt hatte. Sie waren allein mit Hans und Adolf, obwohl Dietrich spüren konnte, dass der Rest des Dorfes neugierig draußen um diese vier Wände strich.

Zu seiner Überraschung war es Adolf, der in nüchternem Tonfall erklärte: »Wegen der Wolke, Herr. Wegen der wird es hier im Sommer nie richtig warm und im Winter nie richtig kalt. Dafür ist es ständig feucht, und da das nicht jeder auf die Dauer aushält, gehen manche von uns immer mal wieder nach draußen, um sich aufzuwärmen. In den richtigen Sommer.«

»Und das ist alles?«

»Die Leute aus den umliegenden Dörfern treiben eben gerne ihren Spott mit uns«, ergänzte Hans vorsichtig.

»Sie können sich nicht vorstellen«, fuhr Adolf fort, »dass man freiwillig so leben kann.«

Hans machte dazu ein bitteres Gesicht, Dietrich hingegen dachte nach. Er sah sich in der kargen, aber festen, trockenen und behaglich warmen Behausung um, warf einen Blick auf Walter, der wie abwesend in seiner Ecke saß und an einem Kanten Brot nibbelte, als hätte er sich über Nacht in eine Maus verwandelt, und beobachtete ein weiteres Mal seine Gastgeber.

Die wirkten übernächtigt und sorgenvoll, aber eben auch äußerst vertraut miteinander. Dietrich wollte sich bei den beiden für ihre Gastfreundschaft bedanken, bei dem ganzen Dorf recht eigentlich, ohne ihnen dabei jedoch auf die Füße zu treten. »Was ist so schlimm für euch an der Bezeichnung Kaltsommer?«, fragte er.

»Es ist abwertend«, sagte Hans.

»Und wenig einladend«, fügte Adolf hinzu.

»Aber habt ihr nicht mal daran gedacht, dass darin auch ein Vorteil für euch liegen könnte?«, fragte Dietrich nach einem Moment. Als nur ein verwundertes Schweigen als Antwort kam, fuhr er fort: »Ich habe euch gestern Abend erklärt, in welcher Funktion und Aufgabe ich unterwegs bin: Ich soll helfen, eurem neuen König einen Überblick über diese Grafschaft, ihre Ortschaften und Leute, ihre Reichtümer und Mängel zu verschaffen. Von Sconebeke weiß, von der direkten Nachbarschaft einmal abgesehen, scheinbar noch niemand etwas. Was verwunderlich ist, bedenkt man, welch markantes und weithin sichtbares Wahrzeichen über euren Köpfen hängt. Und wenn ich mich hier so umschaue, dann ist das vielleicht auch ein Segen für euch. Ihr lebt hier im Verborgenen, gerade weil die Außenansicht eures Dorfes so wenig einladend ist. In dieser verborgenen Existenz aber liegt euer Glück: Weil ihr euch genau hier niedergelassen habt, könnt ihr weitestgehend unbehelligt euer Leben leben. Nun stellt euch aber einmal vor, was passiert, wenn plötzlich auf jeder Landkarte der Name Sconebeke auftauchte. Was glaubt ihr, wie lange ihr dann noch unter euch wäret? So mag man euch verspotten, hinter eurem Nebel seid ihr wenigstens in Sicherheit. Je weniger einladend dieser Ort für die Außenwelt klingt, desto besser für euch. Deshalb solltet ihr ernsthaft darüber nachdenken, den Namen Sconebeke gegen Kaltsommer auszutauschen. Als Schutzmaßnahme sozusagen, als eine weitere Nebelwand, die sich unsichtbar, aber wesentlich unüberwindbarer noch um die andere, die echte Nebelwand legt. Deshalb werde ich – und das soll mein Geschenk an euch für Kost und Logis für diese Nacht sein – in meine Karte und alle anderen Karten, derer ich habhaft werde in Zukunft, diesen Ort mit dem Namen Kaltsommer eintragen, um euch vor allzu neugierigen Blicken zu bewahren. Ihr seid gute Menschen, und ich wünsche euch, dass es euch gut ergehen mag, dass ihr in Frieden leben könnt jetzt und immerdar.«

Anders als erwartet kam von Adolf und Hans kein Widerspruch, sie sahen ihren Gast nur verwundert an. Ob sie seinen Gedankengang verstanden hatten, fand Dietrich nicht mehr heraus, der Zeitpunkt seiner Abreise rückte zu schnell näher. Er musste nach draußen vor den Nebel, um Jakob und Günther dort zu treffen. Die Möglichkeit, dass die beiden einen eigenen Blick unter die Wolke werfen könnten, widerstrebte ihm zutiefst, das hätte den Wert seiner schönen Frühstücksansprache gefährlich untergraben. Also trieb er Walter zur Eile an. Der tat traurig, was von ihm verlangt wurde. Von den Dorfbewohnern verabschiedete er sich noch unter der Wolke, wer wusste denn schon, in wessen Begleitung seine beiden Gefolgsleute kämen?

Nicht dass Eile notwendig gewesen wäre, der alte Soldat und der fette Schreiber kamen erst, als der Vormittag schon zur Hälfte vorbei war. Sie hatten aus dem Geldmangel eine Tugend gemacht und sich mit dem Erzählen wildester und wenig wahrer Schwänke durch die Bornhöveder Schenke geschnorrt, bis sie sich buchstäblich unter den Tisch gesoffen hatten. Dass sie dazu in der Lage waren, wusste Dietrich aus eigener Anschauung, wenn ein solcher Abend nicht irgendwann eine böse Wendung nahm und in eine wüste Schlägerei ausartete. Wenigstens das war dieses Mal nicht passiert. Trotzdem gab es kein Grund zur Dankbarkeit, im Gegenteil. Seine Wut steigerte sich sogar noch, als die beiden verkaterten Gestalten endlich herangekommen waren, aber keinerlei Zeit auf eine reumütige Entschuldigung verschwendeten.

»Herr, welch Glück! Ihr habt es überlebt!«, schrie Günther stattdessen aufgeregt, wobei sich seine Stimme unangenehm überschlug. »Und Ihr seid nicht missbraucht!«

»Wenn Ihr wüsstet, was wir für Geschichten über dieses Kaltsommer gehört haben!«, pflichtete Jakob bei. »Noch heute Morgen wurden wir wieder vor jenem Ort dort gewarnt, vor seinen Bewohnern.«

»Und nur deshalb seid ihr Kerle zu spät, nicht wahr?« Der ätzende Tonfall Dietrichs zeitigte sofort die gewünschte Wirkung: Erst klappten den beiden Säufern die Unterkiefer vor Überraschung herunter, dann suchte ihr Blick betreten das Weite. Widerrede wagten sie nicht. »Wir waren am Morgen hier verabredet, aber auf euch Kerle ist ja kein Verlass. Jetzt müssen wir uns beeilen, wenn wir bis zum Abend in Neumünster sein wollen, sonst steht uns eine Nacht auf der Landstraße bevor.« Der Adelige bestieg seinen Wallach, schaute mit böse funkelnden Augen auf Jakob und Günther herab und holte zu seinem letzten Schlag aus: »Und überhaupt, allzu groß scheint eure Sorge um mich und Walter ja nicht gewesen zu sein, trotz der Gräuelgeschichten, die ihr gehört habt, denn sonst wäret ihr ja pünktlich hier gewesen. Der Schnaps ist euch

immer noch lieber als das Wohl eures Herrn. Das lasse ich mir eine Lehre sein, darauf könnt ihr Gift nehmen. Und nun bewegt eure dreckigen Ärsche. Wir wollen weg von diesem Kaltsommer, es liegt noch eine lange Reise vor uns.«

In der Tat, sie sollten noch Wochen unterwegs sein. Aber dieses Mal darf ich von einem Nachspiel berichten, das einen mit Hoffnung und Zufriedenheit erfüllen mag. Denn Dietrich aus dem Hause Oldenburg hielt sein seltsames Wort und trug überall, wo ihm das möglich war, den Namen Kaltsommer in Karten ein oder tauschte Sconebeke in Urkunden etwa durch ihn aus. Er tilgte den alten, kaum im Gedächtnis der Grafschaft Holstein gespeicherten Namen aus, um den Männern, Frauen und Kindern unter der Wolke Ruhe und Frieden zu bescheren. Um Walter Ruhe und Frieden zu bescheren. Denn ihre Wege trennten sich bald nach ihrer Rückkehr nach Kopenhagen, schweren Herzens, aber guten Gewissens, denn auch hier hielt Dietrich ein Versprechen, dass er noch unter der Wolke gegeben hatte. Damals, als sie alles für ihren Aufbruch zusammenpackten, hatte Walter sich plötzlich an seinen Herrn gewandt und gesagt: »Ich würde gerne hierbleiben.« – »Ich weiß«, hatte Dietrich geantwortet, der instinktiv begriff. Er mochte Walter, diese treue Seele, er schätzte ihn nicht nur als Kammerdiener, und deshalb war er fortgefahren: »Ich verspreche dir, ich entlasse dich aus meinen Diensten, sobald diese Reise vorbei ist. Denn seit heute sind wir in doppelter Mission unterwegs, wie du vorhin sehr wohl gehört hast. Ist die erfüllt, darfst du an diesen Ort zurückkehren, um glücklich zu werden.« Walter hatte das akzeptiert wie immer: stillschweigend.

Ein gutes Jahr später, nach einem Umweg über Kopenhagen im Winter, war es nun soweit, und Dietrich schickte seinen Kammerdiener guten Gewissens fort. Der strahlte über das ganze Gesicht und stammelte glücklich: »Ich werde endlich nach Sconebeke gehen!«

»Nein, Walter, du gehst nach Kaltsommer.«

»Ja, ich gehe nach Kaltsommer.«

Und so ging Walter nach Kaltsommer.

Vierundzwanzigstes Kapitel

In Kaltsommer fiel alles auseinander – das war zumindest Alexandras Empfinden. Spätestens seitdem die Nachricht die Runde gemacht hatte, dass sie Justine sterben lassen würden, fühlte sich alles falsch an. Nun hatte sie permanent das Gefühl, als würden ihr Feuerameisen über die Haut laufen und manchmal auch darunter. Alles brannte, und schuld daran war dieser verdammte Busunfall im Nebel! Der hatte wirklich alles ausgelöst. Wegen ihm waren schon drei Menschen gestorben. Wegen ihm starb jetzt ein Vierter, ein armes kleines Mädchen, das sein ganzes Leben noch vor sich hätte haben sollen. Wegen ihm befand sich Ralph Schilling, ihr Held von damals, seit zwei Tagen im Krankenhaus, um wegen einer Alkoholvergiftung behandelt zu werden, die man wohl als Selbstmordversuch werten musste. Auf jeden Fall hatte seine Mutter Irmgard schon dafür gesorgt, dass er, nachdem die Vergiftungssymptome kuriert wären, in eine psychiatrische Klinik mit zusätzlicher Spezialisierung auf Entgiftung und Suchtbehandlung an der Ostsee verbracht würde. Alexandra hatte Irmgard gestern Abend kurz im Dorfladen gesehen. Sie hatte einen überraschend gefassten Eindruck gemacht, obwohl ihr Gesicht vor Erschöpfung und Müdigkeit ganz grau aussah. Selbst jetzt noch, hier in der Sicherheit des Lesesaals im Landesarchiv im Prinzenpalais zu Schleswig, dem Staatsarchiv des Landes Schleswig-Holstein, weit weg von Kaltsommer, selbst jetzt noch war sich Alexandra sicher, dass sich Irmgard eigentlich viel besser hielt als sie selbst. Denn auch bei ihr zu Hause hatte die Nachricht von Justines bevorstehendem Tod Schockwellen ausgelöst und sie und Markus erneut um Ella fürchten lassen. Als sie es ihr sagten, war Ella versteinert, ganz so, als wäre sie eine der mythischen Kreaturen aus den Fantasygeschichten ihrer Mutter, und hatte sich auf ihr Zimmer geflüchtet. Von dort war kein Laut nach draußen gedrungen, nicht einmal der Fernseher fing zu murmeln an. Aber in der Nacht dann waren sie und Markus aus ihrem ohnehin unruhigen Schlaf gerissen worden, als sie ein Scheppern und andere laute Geräusche aus der Küche hörten. An einen Einbrecher hatten beide zurecht keine Sekunde lang gedacht. Sie fanden den Kühlschrank offen, geplündert und leergefressen, und Ella, die sich in das Spülbecken erbrach. Das war neu, Fressattacken hatte sie bisher nicht gezeigt, und deshalb umso besorgniserregender. Auf das Glück, an jenem Tag nicht im Bus gesessen zu haben, hatte ihre jüngste Tochter mit Verstörung reagiert, mit Fahrigkeit und Konzentrationsstörungen und unberechenbaren Temperamentsausbrüchen. Ein wenig aufbrausend war sie immer schon gewesen, aber nicht in dem Maße. Immerhin war sie anstandslos zu der Therapeutin gegangen, die Markus ihr besorgt hatte, und die Therapie schien auch anzuschlagen. In den Sommerferien hatten sie Ella eigentlich zuerst für eine Woche allein nach Paris zu ihrer Schwester Imogen schicken und danach zu dritt für zwei Wochen in die USA zu Leonora fahren wollen. Sie alle brauchten den Abstand, frische, positive neue Eindrücke. Markus war noch immer dafür, Alexandra sich dessen nicht mehr so sicher, und deshalb hatten sie sich auch noch heftig gestritten.

Alexandra wusste nicht mehr weiter, und das in einem buchstäblichen Sinne. Ihr ganzes Leben schien plötzlich in einer Sackgasse zu stecken, denn schon vorher hatte sie sich mit ihrem Mann gestritten. Sie sprachen noch immer offen über das, was sie in ihrem täglichen Leben bewegte, aber im Moment waren sie dauernd gegensätzlicher Meinung. Das allein war schon ungewohnt, ihnen war die Fähigkeit abhandengekommen, Dinge in Ruhe auszudiskutieren. Sie waren wie zwei Widder, die permanent mit den Köpfen zusammenknallen, obwohl sie schon ganz benommen sind. Eine Kommunikation auf Augenhöhe, ein echter Austausch von Gedanken war zurzeit nicht möglich. Alexandra fühlte sich mit ihren Problemen alleingelassen. Denn da waren nicht nur die Sorge um Ella, die in der Trauer um ein fremdes Kind neue Nahrung fand, sondern auch die dauerhafte, die jahrzehntealte Auseinandersetzung mit ihrer Mutter. Die hatte sich verschärft, seit Alexandra ihr mitgeteilt hatte, dass sie nun ernsthafte Nachforschungen über ihren Vater anstellen wollte. Deshalb saß sie ja überhaupt nur hier oben in Schleswig, wo die ganzen alten Polizeiakten des Landes lagerten. Seitdem hatte sie mit Almut kaum ein Wort mehr gewechselt, und wenn sich die Oma nicht ebenfalls große Sorgen um ihre jüngste Enkelin gemacht hätte, hätten sie sich nicht einmal mehr gesehen. Zum Kaffee jedenfalls war Alexandra schon lange nicht mehr in der Lindenallee gewesen. Und Markus wollte sie darin nicht unterstützen. Um des lieben Familienfriedens willen oder weiß Gott warum riet er ihr dazu, die Sache und ihren Vater Otto ruhen zu lassen. »Er ist seit so vielen Jahren tot«, lautete seine geäußerte Meinung, »bei allem, was du in den Akten finden wirst über ihn, wirst du am Ende ein Bild von ihm gewinnen, das sowieso nur aus Fragmenten und Bruchstücken besteht. Er wird so schrecklich aussehen wie eine schlecht gelagerte Mumie, aber sicher nicht wie der Mensch, der er mal war.«

Als ob es ihr darum gegangen wäre! Alexandra hatte ihn längst durchschaut, war sich ziemlich sicher zu wissen, woher seine Vorbehalte tatsächlich rührten. Denn mit der Recherche zu ihrem Vater war in ihr immer stärker die Idee gereift, endlich aus dem Schatten Martin Beckers zu treten und sich als die eigentliche Schöpferin der Märchenwelt rund um das Richtungslose Land zu erkennen zu geben. Sie wollte Martin Becker nicht sterben lassen, er sollte auch weiterhin als Autor auf dem Cover ihrer Bücher firmieren, aber sie wollte auch nicht länger diese Scharade spielen. Je mehr sie über ihren Vater erfuhr, desto verlogener – und unnötiger – kam ihr das vor. Doch Markus riet ihr schon geradezu alarmiert davon ab: »Dein Leben wird niemals wieder so sein wie vorher. Unser Leben wird niemals wieder so sein wie vorher. Glaubst du ernsthaft, dass du weiterhin so ruhig vor dich hinschreiben können wirst, wenn die Leute erst mal wissen, wer du wirklich bist?« Und bevor sie wusste, was sie darauf erwidern wollte, antwortete sie schon: »Will heißen, dass du nicht mehr so deine Diagnosen und Rezepte schreiben kannst wie bisher, wenn die Leute wissen, wer du wirklich bist.« – »Wer bin ich denn wirklich?« – »Nicht der Ernährer dieser Familie, sondern nur ein kleiner Landarzt, der den Löwenanteil ihrer horrenden monatlichen Familienausgaben dem weitaus höheren Einkommen seiner Frau überlässt.« Ganz weiß vor Zorn war er geworden. Alexandra wollte der Vorwurf, zu dem sie es früher beide niemals hätten kommen lassen, bereits leidtun, wenn er nicht plötzlich etwas anderes versucht hätte. »Du musst auch an Ella denken«, fuhr er fort, »in ihrer Situation jetzt, da kann sich eine solche Enthüllung erst recht negativ auf ihr Gemüt, auf ihre Gesundheit auswirken.« – »Wage es ja nicht, dich hinter unserer Tochter zu verstecken«, hatte sie gedroht. »Wenn ich es für richtig oder auch notwendig halte, ein öffentliches Coming-out zu haben oder über meinen Vater nachzuforschen und darüber eventuell zu schreiben, dann werde ich es tun. Das hast du nicht zu entscheiden. Aber es ist schade, dass du mir nicht zutraust, dies in einer verantwortungsvollen Art und Weise tun zu können. Ich hätte mehr Rückhalt von dir erwartet!« Erst danach hatten sie bemerkt, dass Ella die ganze Zeit über im Haus gewesen war und jedes Wort mitbekam.

Trotzdem wollte Alexandra sich nicht mehr von ihrem Plan abbringen lassen, ein doppeltes Enthüllungs- oder besser Coming-out-Buch über sich und ihren Vater zu schreiben. Sie beide hätten es verdient, war sie inzwischen überzeugt, beide sollten sie endlich die Anerkennung erfahren, die ihnen gebührte. Sie wusste nur nicht wie. Die Arbeit am neuesten Band ihres Fantasy-Zyklus' hatte sie abgebrochen. Die Handlung steckte in einer Sackgasse, aus der sie nicht herausfand, eben weil ihr zu viele andere Dinge im Kopf herumgingen. Alexandra schrieb nicht aus therapeutischen Gründen, sondern aus Lust an der Freud. Deshalb war es auch unmöglich, ihre eigene Geschichte, die ihres Vaters oder die ihrer Eltern mit der des Richtungslosen Landes zu verweben. Nicht dass sie es nicht versucht hätte, aber über einen kurzen Anfang war sie nicht hinausgekommen:

Im Richtungslosen Land ist der orientierungsloseste König, denn er findet noch immer einen Weg. Dieser König hieß seit einigen Jahren nun schon Otono, und unter seiner Herrschaft gedieh das Land in nie gekannter Pracht. Aber Otono war einsam und sehnte sich nach Liebe. Dies erkannte die Hexe Almutene, und so machte sie sich auf, um den König zu werben. Sie brachte all ihre Zauberkraft auf, und so gelang es ihr, Otono für sich zu gewinnen. Sie heirateten in einem rauschenden Fest, und das gesamte Richtungslose Land feierte mit ihnen. In der Hochzeitsnacht aber offenbarte Almutene Otono ihr wahres Gesicht und schenkte ihrem Gemahl einen Kompass. Von Stund' an war König Otono nicht mehr fähig, auch nur den geradesten Weg zu finden.

Für einen fantastischen Roman war das ein perfekter Beginn. Was aber die Geschichte ihrer Eltern anging, war er auf so vielen Ebenen falsch, wie Alexandra sie jetzt noch nicht einmal zählen konnte. Wann immer sie in das Landesarchiv zurückkehrte und neue Akteneinträge über ihren Vater entdeckte, veränderte sich das Bild grundlegend. Nichts wusste sie, gar nichts. Am bittersten war aber, dass sich Markus' Prophezeiung, am Ende nur etwas Schreckliches zu entdecken, einen gepeinigten Mann anstatt eines strahlenden Königs, der Opfer eines Komplotts wurde, immer mehr zu bewahrheiten schien. Und zum Umkehren war es ebenfalls längst zu spät.

Was außerdem noch fehlte, war das Bild ihrer Mutter in diesem Tableau. Wer war Almut Runge, geborene Cordte, wirklich? Warum hatte sie Otto Runge geheiratet, wenn sie vermutlich wusste, warum der angejahrte Mann noch immer Junggeselle war? Beide kamen sie aus Kaltsommer, beide hätten sie nicht einfach nur mit Toleranz gegenüber Homosexualität aufwachsen müssen, sondern mit Akzeptanz. Es hätte echtes Verständnis zwischen ihnen vorhanden sein müssen und deshalb auch kein Druck. Toleranz ist nur ein Privileg, das man dem anderen gewährt und jederzeit wieder entziehen kann. Diese Drohung hängt immer über dem Tolerieren wie ein Damoklesschwert. Akzeptanz dagegen entspringt aus der eigenen Überzeugung, dass etwas so, wie es ist, richtig ist. Man kann nichts daran ändern und nach einer gewissen Weile nicht mehr akzeptieren, nur weil es einem nicht mehr gefällt. Akzeptanz ist die Anerkennung von Tatsachen, Toleranz das Hinnehmen eines Zustands, den man nicht für dauerhaft hält. Und Almut Cordte schien ein Paradebeispiel dafür zu sein: Sie hatte Otto Runge ertragen, solange er lebte, und ihn danach verdammt. So jedenfalls dachte Alexandra es sich. Ob es stimmte, konnte sie nicht sagen, dafür müsste ihre Mutter sich ihr gegenüber wenigstens einmal öffnen. Das stand eher nicht zu erwarten. Das war eine zweite Geschichte, die vermutlich noch schwerer zu rekonstruieren sein würde, sollte Almut ihre Geheimnisse irgendwann mit ins Grab nehmen, als die ihres Vaters. Soweit die Tochter bisher herausgefunden hatte, existierten über Almut keinerlei Polizeiakten.

Alexandra seufzte und schaute nach draußen. Auch das Wetter war durchwachsen heute, ein Mix aus Sonne und Wolken, der die gelbe klassizistische Fassade des Prinzenpalais ein- und auszuschalten schien wie eine Leuchte. Gerade war das Gelb nur matt durch die Regentropfen auf den Fensterscheiben zu sehen, und trotzdem überlegte Alexandra, ihre Arbeit für heute sein zu lassen und entweder in eins der Landesmuseen zu gehen oder einen Spaziergang am Schleiufer entlang zu machen. Oder sie fuhr nach Hause und sah nach ihrer Tochter. Wenn sie sofort losführe, wäre sie vermutlich zeitgleich mit der aus der Schule kommenden Ella dort. Aber was dann? Alexandra hätte mit ihrer Tochter ebenso gerne ein langes und intensives Gespräch geführt wie mit ihrer Mutter, doch Ella ließ jeden Versuch dazu ebenso stur abblitzen wie ihre Oma. Für ihre Tochter hatte Alexandra allerdings mehr Verständnis. In ihr trafen die Pubertät und ein traumatisches Ereignis zusammen wie zwei Tiefdrucksysteme, die jedes für sich schon verheerend sein konnten und sich nun zu einem Jahrhundertunwetter vereinigt hatten. Das wusste Alexandra, deshalb konnte sie es zumindest tolerieren. Von ihrer Mutter hingegen wusste sie nichts, und das war einfach nicht akzeptabel. Nur wusste sie für beide Probleme keine Lösung. Sowohl ihre Tochter als auch ihre Mutter waren für sie siebenfach versiegelte Bücher, und es hätte Zauberkraft oder eines magischen Schlüssels bedurft, um diese zu öffnen, ganz so wie in ihren Geschichten. Leider waren Erzähltalent und Erfindungsgabe in der Realität die zwei Schneiden desselben stumpfen Schwertes. Und in der Zwischenzeit hatte sich Ella vielleicht irgendwo versteckt, stopfte sich mit Essen voll und erbrach es gleich wieder. Oder sie trat bereits in das nächste Stadium ihres psychischen Zusammenbruchs ein und fing an, ihre Haut mit einer Rasierklinge zu ritzen. Seit sie von Ralph Schillings Einweisung in eine psychiatrische Klinik wusste, konnte sie sich des Gedankens nicht mehr erwehren, dass ihr dies auch bald mit Ella bevorstehen würde.

Das wollte Alexandra nicht, allein die Vorstellung erfüllte sie mit kaltem Grauen. Auf einer rationalen Ebene wusste sie zwar, dass sie ihrer Tochter damit vielleicht am ehesten helfen könnte. Trotzdem ließ sie das Gefühl nicht los, in dem Fall als Mutter versagt, ihr Kind einfach in die Obhut anderer abgeschoben zu haben. Sie würde sich nicht mehr selbst um Ellas Bedürfnisse kümmern, die gerade mit der Erkenntnis rang, dass im Leben Dinge geschehen konnten, die unkontrollierbar und grausam waren. Erwachsenwerden, Busunfälle, Eltern im Streit, Eltern und Großeltern im Streit und über allem Sprachlosigkeit. Die Sprachlosigkeit in ihrer Familie war das, was für Kaltsommer die Wolke war, dachte Alexandra plötzlich, nur in einer rein negativen Variante. Die Wolke schützte einen dieser Tage immerhin noch vor Sonnenbrand und Hautkrebs …

Alexandra packte zusammen, gab die Akten zurück, in denen sie heute kaum gelesen hatte. Das Konvolut wurde, solange sie damit arbeitete, gesondert verwahrt, damit niemand sonst gerade darauf zugriff. Sie lief zu ihrem Auto. Als sie einstieg, kam gerade einmal mehr die Sonne hervor, sie nahm es als gutes Zeichen. Sie fuhr vom Parkplatz, war im Nu aus Schleswig heraus und auf der A7, auf der der Verkehr um diese Uhrzeit störungsfrei nach Norden ebenso wie nach Süden floss. In ein paar Tagen, wenn in den ersten Bundesländern die Sommerferien begannen, würde das ganz anders aussehen, jetzt aber kam sie zügig durch. Auch weil sie das Tempolimit voll ausreizte, das auf den meisten Streckenabschnitten noch unter der Richtgeschwindigkeit lag. Als sie bei Rendsburg auf die Rader Hochbrücke fuhr, um den Nord-Ostsee-Kanal zu überqueren, hatte sie für das Panorama aus riesigen Hochseeschiffen, die sich langsam ihren Weg durch das schier endlose Schachbrettmuster von Raps-, Mais-, Weizenfeldern und Kuhweiden bahnten, keinen Blick übrig. Sie wollte jetzt nur noch nach Hause und auf Ella warten. Sie wollte Ella in Empfang nehmen, vielleicht sogar in den Arm, und ihr sagen, dass alles wieder gut werden, dass sie im Sommer erst allein und dann mit ihren Eltern wegfahren würde, und wenn sie zurückkäme, wäre alles wieder im Lot. Das würde auch die Probleme mit Markus geraderücken.

Sie widerstand dem Impuls, in Neumünster sofort bei der Klaus-Groth-Schule vorzufahren und Ella persönlich aus dem Unterricht zu holen. Sie würde lieber etwas Schönes kochen, Pasta mit einer vegetarischen Soße vielleicht, Ella aß ja nur selten Fleisch. Parmesan zum Drüberstreuen hatten sie immer im Haus, Gemüse hatte sie gestern Abend erst gekauft. Oder vielleicht wollte Ella ihr ja auch beim Kochen helfen, früher hatte sie das manchmal gerne gemacht. Das waren schöne Momente gewesen, etwas Verbindendes, umso intensiver empfunden, weil es auf Freiwilligkeit basierte. Alexandra hatte damals kochen lernen müssen, das war Teil ihrer Erziehung gewesen, weil das von zukünftigen Ehefrauen nun einmal erwartet wurde. Ganz Unrecht hatte Almut damit nicht gehabt, für Markus war es selbstverständlich, dass sie das Essen auf den Tisch brachte …

Alexandra passierte Neumünster auf dem direktesten Weg und befand sich bald auf der B430, die sie schnurstracks nach Kaltsommer führte. Hauptsächlich waren Trecker unterwegs, die die erste Heumahd einbrachten und als Silage einlagerten, während ringsum der letzte Raps verblühte. Sie überholte, wenn immer das möglich war, und bremste bald schon vor Kaltsommers sich in den Himmel auftürmenden Wetterwand ab. Auch sie dachte sich beim Anblick des dicht über die Bundesstraße wabernden Nebels nicht zum ersten Mal, dass es besser wäre, das Auto außerhalb zu parken und zu Fuß hindurchzugehen. Sie verfluchte die Bürokratie in Kreis und Land, die es immer noch nicht fertiggebracht hatte, eine simple Ampel aufzustellen, um diese tödliche Gefahrenquelle zu entschärfen. Es gab noch immer Elternfahrgemeinschaften, um die Schulkinder des Dorfes nach Neumünster zu bringen, aber Ella hatte sich vor ein paar Wochen ausgeklinkt und fuhr wieder tagein, tagaus mit dem Bus. Alexandra bremste ab, tastete sich im Schneckentempo durch diesen Nebel des Grauens, von dem sie manchmal dachte, dass genauso verdampfte Milch aussehen müsste. Bevor sie links in die Allee abbog, von der heute nicht einmal die schwächsten Umrisse zu erkennen waren, stand sie viel länger als nötig am Ende des Linksabbiegerstreifens. Nicht dass es viel Gegenverkehr gegeben hätte, allein die Möglichkeit eines entgegenkommenden Fahrzeugs hielt ihren Fuß auf dem Bremspedal fest. Als sie es dann endlich wagte und anfuhr, wäre ihr beinahe ein Auto ins Heck gekracht. Es war eine Sache von Zentimetern. Sie schrie kurz auf und gab erschrocken Gas. Erst nach der Hälfte der Allee, nachdem sie längst das Ortsschild passiert hatte, drosselte sie die Geschwindigkeit wieder auf das zulässige Maß. Sie schaute nicht nach links und nicht nach rechts, nur geradeaus, das Ziel, ihr sicheres Haus am Wald, klar vor Augen. Sie musste es nur erreichen, dann würde alles wieder gut werden. An der Bushaltestelle bog sie links in den Waldweg ab und gleich darauf in die kurze Einfahrt zu ihrem Haus. Der quadratische rote Backsteinbau, der älter aussehen sollte, als er in Wirklichkeit war, eine Art norddeutscher Historismus, wenn man so wollte, strahlte Stärke und Unvergänglichkeit aus. Alexandra atmete tief durch, als sie seiner ansichtig wurde. Sie liebte dieses Haus, das erst nach ihrer Kindheit erbaut worden war. Sie konnte es kaum noch erwarten, die Tür aufzuschließen, die kurze Diele zu betreten und den vertrauten Geruch zu inhalieren.

Ihr hing sofort der Gestank von Teer und Nikotin in der Nase: Die Nissen putzte. Die rauchte nicht in einem fremden Haus, das musste Alexandra nicht befürchten, dieser üble Dunst entströmte Kleidung, Haut und Haar ihrer Haushaltshilfe. Und natürlich ihrem Atem, dem sie nicht einmal mehr mit Minzbonbons oder dergleichen beizukommen versuchte. Am liebsten hätte sie einen weiten Bogen um die Nissen gemacht und sich an irgendeinem offenen Fenster vor ihr versteckt – seit Wochen schon ließ das Wetter eine solche dauerhafte Lüftung zu, was in Kaltsommer nur äußerst selten vorkam –, aber die mit ihren Sinnen wie ein Luchs hatte sie natürlich bereits bemerkt.

»Frau Runge, sind Sie das?«, kam es aus dem Wohnzimmer. Alexandra erinnerte sich, dass die andere für heute die Reinigung des Aquariums angekündigt hatte.

»Ja.«

»Sie sind aber früh zurück.«

»Ja.«

Alexandra schlüpfte in ihre Puschen und ging in die Küche. Geradezu verbissen hielt sie in ihrem Vorhaben fest, etwas Schönes für Ella zu kochen. Das Kind musste sich vernünftig ernähren, eine Essstörung konnten sie nicht auch noch gebrauchen. Also inspizierte Alexandra den Kühlschrank nach möglichen Zutaten und dann den Vorratskeller. Als sie wieder nach oben kam, wurde sie von Bente Nissen erwartet, die, einen Becher Kaffee in der Hand, gegen die Arbeitsfläche lehnte.

»Sind Sie schon fertig mit dem Aquarium?« Alexandra bemühte sich, nicht allzu offen vergrätzt zu klingen.

»So gut wie.«

Sie hatte ganz vergessen, dass ihre Haushaltshilfe Untertöne nur hörte, wenn sie ihr in den Kram passten – oder andere Menschen betrafen. Die hörte sie dafür über viele Meilen Entfernung, als hätte sie ein besonderes Sinnesorgan dafür. Wie sonst war es zu erklären, dass sie über alle anderen immer alles wusste. Alexandra sortierte konzentriert ihr Suppengemüse.

»Sie wollen kochen?«, fragte Bente Nissen freundlich.

»Für Ella, ja«, seufzte die Hausherrin. »Sie muss was Vernünftiges in den Magen bekommen.«

»Das ist gut.« Die Nissen nickte weise. »Was gibt es denn?«

»Pasta. Mit einer vegetarischen Bolognese.«

»Lecker.«

Alexandra suchte sich Brett, Messer und Sparschäler zusammen. Sie ließ sich Zeit, obwohl es auch so wirken durfte, als wüsste sie nicht mehr, wo was aufbewahrt wurde. Sie dachte darüber nach, wie sie der Nissen am freundlichsten mitteile, dass sie sich verpissen sollte. Sie wollte allein sein mit sich und der Aufgabe, sich um ihre jüngste Tochter zu kümmern.

Aber Bente Nissen hatte nicht nur aus Neugier ihre Arbeit unterbrochen oder weil sie gespürt hatte, dass etwas vorgefallen sein musste, denn sonst wäre ihre Arbeitgeberin nicht vor dem Abend aus Schleswig zurückgekehrt. Sie wollte etwas über die Geschichte Kaltsommers schreiben, so viel hatte die Nissen bereits mitbekommen. Einen historischen Stoff scheinbar, warum sonst sollte man Zeit in einem Archiv verbringen? Allerdings war das gerade zweitrangig, es gab etwas viel Wichtigeres, was sie der Möchtegern-Autorin unbedingt erzählen musste. Etwas so Trauriges, dass es nicht länger warten konnte.

»Die kleine Heise ist gestern Abend gestorben«, platzte es aus ihr heraus. »In einer Woche ist die Beerdigung in Bornhöved.«

»Was?«

»Justine. Sie haben gestern die Geräte abgeschaltet.«

»Ich hab das schon verstanden.«

»Das arme Ding. Aber wahrscheinlich ist es besser so, es hat ja eh keine Hoffnung mehr bestanden für sie. Aber bei den heutigen Möglichkeiten der Medizin hätten sie sie wahrscheinlich noch Jahre lang mit den Maschinen am Leben erhalten können, bis ihre eigenen Eltern ganz grau und alt geworden wären.«

»Was?«

»Ich …«

Bevor die Nissen noch mehr Stuss von sich geben konnte, Alexandra bekam eine Gänsehaut davon, fasste sie den einzigen klaren Gedanken, zu dem sie gerade in der Lage war, in deutliche Worte: »Ich erzähle Ella davon! Wenn sie gleich aus der Schule kommt und Sie noch hier sein sollten, dann sagen Sie nichts zu ihr. Und jetzt entschuldigen Sie mich, Frau Nissen, ich muss telefonieren.«

»Ja, Frau Runge«, antwortete die und trank bedächtig ihren Kaffee aus, während sie zusah, wie ihre Arbeitgeberin in ihrer Handtasche nach dem Handy suchte. Sie stellte den Becher in die Spülmaschine und erklärte: »Ich mach noch den Rest vom Aquarium sauber und geh dann nach Hause.«

Eine Antwort darauf bekam sie nicht, Alexandra lief bereits die Treppe nach oben in ihr Schreibzimmer. Sie wollte Markus in der Praxis anrufen, ihn vorwarnen, bitten, sofort nach Hause zu kommen, ihr um Ellas willen beizustehen. Wenn schon die Ankündigung des Todes der kleinen Justine Heise so eine fatale Wirkung auf ihre Tochter ausgeübt hatte, was würde dann erst die Todesnachricht in Ella anrichten? Nur beide Elternteile vereint würden diesen Schock abmildern und die Folgen auffangen können.

Markus hatte gerade einen Patienten, wie ihr seine Sprechstundenhilfe Antonia Kasan mitteilte. Sie war das Kind von Russlanddeutschen, und obwohl sie bereits in Deutschland geboren war, meinte Alexandra trotzdem, einen gewissen russischen Akzent bei ihr herauszuhören. Sie mochte Antonia, die war freundlich, kompetent und hatte stets großen Respekt vor der Ehefrau des Herrn Doktor, aber heute hatte sie für Gegenwind keine Geduld.

»Es ist ein Notfall«, schrie sie beinahe ins Telefon, »Sie müssen mich sofort mit meinem Mann verbinden!«

Es klickte in der Leitung, sie hörte endlose Sekunden lang gar nichts, und als Markus das Gespräch endlich annahm, klang seine Stimme etwas ungehalten: »Ja?!«

Wie sich schnell herausstellte, wusste er es bereits. Das halbe Dorf war bei ihm in Behandlung, außerdem stand er mit Martin Egmont aus dem Verwalterhaus auf gutem Fuß. Es hätte sie nicht überraschen dürfen.

»Seit wann weißt du das?«, fragte sie vorwurfsvoll.

»Seit dem Vormittag irgendwann«, antwortete er.

»Und du hast nichts gesagt?«

»Ich wollte dich später anrufen.«

»Und in der Zwischenzeit erfährt es Ella von irgendjemandem, der …« Es schnürte ihr die Kehle zu.

»Das glaube ich nicht«, erwiderte er so ruhig, dass sie ihm die Kehle am liebsten umgedreht hätte. »Sie hat mir vorhin eine Nachricht geschrieben, dass sie mit Freundinnen nach der Schule noch ins Kino gehen will. Sie kommt erst zum Abendessen nach Hause.«

»Na, dann hab ich ja noch Zeit, was Schönes zu kochen!«

Der Rest des Gesprächs war bedeutungslos geworden. Sie ließ sich auf ihren Schreibtischstuhl fallen und schloss die Augen, hinter denen sich Druck aufbaute, während Markus beruhigend auf sie einredete, als wäre sie nur eine weitere seiner Patientinnen. Von ihrem Sarkasmus war nur noch ein schaler Nachgeschmack übrig, und plötzlich fühlte sie sich so müde, als hätte sie seit Jahren nicht mehr richtig geschlafen. Ihr Blick ging aus dem Fenster, durch grünes Lindengeäst und direkt in den blendend hellen Bauch der Wolke hinein. Für einen Moment war ihr, als wäre die nicht mehr ganz so kompakt wie früher, als löste sie sich Schicht um Schicht auf. Der Gedanke war vollkommen absurd, und trotzdem überlief sie ein Frösteln.

»Wir sehen uns dann heute Abend«, sagte sie mitten in Markus' Salbadern hinein und legte auf. Während die Hand mit dem Handy langsam in ihren Schoß sank, riss sie mit letzter Kraft ihren Blick von der Wolke los und zwang sich, auf das Feld gegenüber zu schauen, auf dem mal wieder Mais wuchs. Die Pflanzen waren erst kniehoch, geerntet wurden sie mit als Letztes im Jahr. Sie hatten noch so viel Zeit.

Das Schlagen der Haustür riss Alexandra aus ihren Gedanken. Sie stand auf, trat ans Fenster und beobachtete, wie Bente Nissen nach Hause ging. Dann wurde ihr bewusst, dass sie jetzt die nächsten Stunden über ganz allein sein würde. Sofort wurde ihr wieder kalt, aber natürlich war das noch lange kein Grund, die Nissen, diese Elster in Sachen Klatsch und Tratsch, aufzuhalten. Deshalb bog sie kurz vor der Haustür entschlossen in die Küche ab. Dort lagen noch immer Gemüse und Gerät und warteten darauf, verwendet zu werden. Eine echte Bolognese – auch eine vegetarische – musste lange, lange köcheln, erinnerte Alexandra sich wieder. Langsam, mit zuerst noch leicht zittrigen Händen machte sie sich an die Arbeit, als könnte ein köstliches Essen im Kreise der Familie alle Gefahren bannen.

Fünfundzwanzigstes Kapitel

»Herr Sandow, alles okay?«

Wathipas Stimme riss ihn aus seinen Gedanken. Er sah sie an, in ihr Gesicht, das ihm als warmherziges Lächeln entgegenstrahlte, und antwortete, ihr ebenso wie dem Rest des Kurses: »Ja, bei mir ist alles okay.« Er sah seinen Sprachschäfchen an, dass sie diese leere Behauptung durchschauten.

Nicht erst seit Radwans Begegnung mit den Schlägern und Mohammeds und Issas daraus folgenden Problemen mit der Polizei fühlte er sich diesem Kurs näher als allen anderen, die er jemals unterrichtet hatte. Von Anfang an war das so oder besser gesagt: seit die Beziehung zu Gerrit ihn offener, ausgeglichener und ruhiger hatte werden lassen. Von ihm hatte er seinen Teilnehmern zwar noch immer nichts erzählt, obwohl sie vielleicht inzwischen irgendetwas in der Art ahnten, dafür aber vom Schicksal Gerburgs. Er hatte sie nicht darüber im Unklaren lassen wollen, weshalb er mitten in der Unterrichtszeit für eine Woche verreist war. Seitdem überschütteten seine Teilnehmer ihn schier mit Herzlichkeit und Anteilnahme, brachten ihm immer wieder Kleinigkeiten zum Essen mit – dass er so etwas eigentlich nicht annehmen sollte, hatte er ihnen mehrfach schon gesagt. Besonders die gute Hausfrau und Mutter Aabidah tat sich hier mit Selbstgemachtem aus Syrien hervor, und selbst seine drei Lümmel von der letzten Bank rissen sich stärker zusammen als sonst. Radwan saß wieder zwischen den beiden anderen, nur ernster geworden, mehr denn je gewillt, in Deutschland zu bleiben, weil eine Rückkehr nach Afghanistan Lebensgefahr für ihn bedeuten würde. Diesen Willen mit einem erfolgreich absolvierten Deutsch- und Integrationskurs zu beweisen, war augenscheinlich sein Ziel. Aber trotzdem war er immer noch ein sechzehnjähriger Junge, der für jede Ablenkung empfänglich war. Doch auch Mohammed und Issa zeigten sich nicht mehr so übermütig wie zu Beginn. Ihre Begegnung mit der deutschen Polizei, die an ihrer Verfolgung festhielt, obwohl Radwan sie voll und ganz entlastet hatte, hatte sie nachdenklich gestimmt. Manchmal vermisste Benjamin ihren Überschwang, ihre Unbekümmertheit, gerade heute hätte er selbst jede Ablenkung gut gebrauchen können. Der Brief ließ ihn nicht los. Dieser ominöse, mysteriöse und ihm so unverständliche Brief, der vorne in seiner Schultasche steckte, hatte ihn völlig aus dem Konzept gebracht.

Er sah auf die Uhr: noch fünf Minuten. »Okay«, sagte er und klatschte in die Hände, »alle fertig mit der Aufgabe?«

»Schon lange!«

»Dann fangen Sie mal an, Issa. Ich will jetzt ein perfektes Plusquamperfekt hören.«

»Ich hatte meinen Stift vergessen und konnte deshalb die Aufgabe nicht machen.«

Weil grammatikalisch an dem Satz nichts auszusetzen war, ließ Benjamin ihn durchgehen. Vielmehr erkannte er die Tatsache an, dass seine Sprachschäfchen echte Fortschritte gemacht hatten und inzwischen beinahe alle gut gerüstet waren für die abschließende Prüfung. Im Nu waren die fünf Minuten vorbei und alles im Aufbruch begriffen. Abschiedsgrüße flogen hin und her, und nebenbei trug Benjamin ins Klassenbuch ein, was er heute unterrichtet hatte. Währenddessen trat Aabidah einmal mehr an sein Pult heran, bezaubernd schüchtern wie immer, obwohl sie mit Sicherheit mehr im Leben durchgemacht hatte als er, und reichte ihm eine offene Dose mit kreisrunden, von einer Pistazie gekrönten Plätzchen darin. Die dufteten herrlich nach Butter und Zucker.

»Für Sie«, sagte sie, stellte die Dose auf den Tisch und legte den Deckel daneben.

»Oh, aber Aabidah, Sie wissen doch, dass das nicht nötig ist.«

»Doch. Ist gut für die Seele.«

Er musste lächeln. Außerdem juckte es ihn bereits in den Fingern, sich eins der kleinen Gebäckteilchen zu schnappen und in den Mund zu schieben. »Was ist das denn, was Sie mir gebacken haben, Aabidah?«, fragte er stattdessen.

»Ghraibeh«, antwortete sie. »Ist eigentlich erst für Opferfest, aber ist gut für die Seele.« Sie grinste plötzlich. »Schmeckt immer.«

Benjamin wusste genau, was sie meinte, ihr Grinsen sprach eine gemeinsame Sprache. »Vielen Dank«, sagte er und versprach: »Ich werde jedes Einzelne davon genießen.«

»Aber nicht alle alleine essen«, erwiderte sie, spielerisch mit dem Zeigefinger drohend.

Während sie kichernd zu ihrem Mann Baschar ging, der von der Tür aus zum Abschied winkte, war er davon überzeugt, dass diese Frau ihn komplett durchschaut hatte.

Sobald er allein war, aß er das erste Plätzchen. Es zerging ihm auf der Zunge. Er nahm sich sofort ein zweites. Für einen seligen Moment gab es nichts auf der Welt als diese warme Geschmacksverbindung von Fett, Süße und nussiger Frucht in seinem Mund. Seine Hand wollte schon ein drittes Mal in die Dose langen, als ein anderer süßer Gedanke sie zurückhielt. Er würde Aabidahs Rat befolgen und sich den Rest für später aufheben, wenn er bei Gerrit war. Der war für solche Leckereien ebenfalls immer zu haben. Und vielleicht sorgte der Genuss dieser Plätzchen ja sogar dafür, dass es ihm gelang, diesen vermaledeiten Brief sich nicht mehr so zu Herzen zu nehmen. Was hatte dieser Brief denn schon mit seinem Leben zu tun? Gar nichts! Es war ein Gruß von Gerburgs schwindender Existenz, vielleicht ihr letzter. Ein typischer Gruß für sie, verdreht und von einem seltsamen Humor erfüllt, von dem man nicht wusste, auf wessen Kosten der ging. Sicher, Gerburg hatte ihn nicht geschrieben. Sie hätte niemals so etwas verfasst, so etwas Unterwürfiges, Bettelndes und Anbiederndes, da von Gefühlen Übermanntes. Sie war ohne ein Abschiedswort gegangen, nicht wie eine Dame, sondern wie die Diva, die sie war. Wenn Benjamin eins aus diesem Brief herauslesen konnte, dann einmal mehr die Bestätigung, dass seine Mutter die Spielregeln bestimmte, allen voran die in Beziehungen. Und trotzdem gab es Stellen in diesem Brief, die konnte er einfach nicht verstehen. Das Schreiben hätte hervorragend in den Deutschunterricht als Beispiel für Mehrdeutigkeiten, für Botschaften zwischen den Zeilen gepasst. Jetzt würde er es Gerrit vorlegen und sehen, was der daraus machte.

Benjamin packte zusammen, doch noch ein drittes Plätzchen kauend, und verabschiedete sich von den Kollegen, die er auf dem Weg nach draußen traf. Er fuhr direkt nach Friedrichshain, obwohl Gerrit erst später kommen würde; seit dem ersten Abend nach seiner Rückkehr aus Kaltsommer wohnte er praktisch bei ihm. Gerrit fand das noch schöner als er.

Der Brief stammte von einem Tamo Lindemann. Dieser Tamo Lindemann hatte, da er Benjamins Adresse nicht wusste, Ulrike und Cheyenne, die beiden Angestellten Gerburgs, gebeten, das Schreiben an ihn weiterzuleiten. Was sie offensichtlich getan hatten, denn sonst hätte Benjamin diese Erklärung, mit der der Text begann, nicht lesen können. Was dann folgte, war jedoch, gelinde gesagt, ein wenig verwirrend, sowohl inhaltlich als auch formal. Herr Lindemann musste äußerst bewegt gewesen sein, als er ihn schrieb, anders waren die Gedankensprünge nicht zu erklären. Es durfte also einiges an Wahrheit in seiner Behauptung liegen, Gerburg *sehr, sehr geliebt* zu haben, die in den Sätzen gipfelte: *An dem Abend ihres Zusammenbruchs, als wir so schön beim Essen zusammengesessen haben, um meine Festanstellung bei der Bank zu feiern, da hatte ich eigentlich um die Hand Ihrer Frau Mutter anhalten wollen. Ich wollte gerade in die Tasche meines Jacketts greifen, als sie plötzlich stöhnte und vom Stuhl auf den Boden sank. Ich drehte mich erschrocken herum und sah für einen kurzen Moment, bis sie unter der Tischkante verschwand, wie ihr Gesicht zu verlaufen schien, als wären alle Muskeln darin plötzlich geschmolzen. Jede Nacht träume ich von diesem Anblick, ich wache immer wieder schweißgebadet auf und musste mich sogar für ein paar Tage krankschreiben lassen, weil ich zu nichts mehr zu gebrauchen war.*

Benjamin fürchtete, in dieser Nacht ebenfalls von einem Albtraum geweckt zu werden. Die Beschreibung Gerburgs im Moment ihrer Hirnblutung war schon schlimm genug, aber dass ihm hier eventuell sein Beinahe-Stiefvater schrieb, verursachte ihm das kalte Grausen. Wenn es denn überhaupt so weit gekommen wäre. Benjamin konnte sich beim besten Willen nicht vorstellen, dass sie den Antrag angenommen hätte. Nicht weil sie zu ihrem Sohn nie etwas über einen neuen Mann in ihrem Leben gesagt hätte, das war nicht weiter verwunderlich. Das stand schlicht im krassen Widerspruch zu ihrer ganzen Lebensweise. Gerburg war kein Heiratsmaterial, wie sie es selbst einmal so schön ausgedrückt hatte, die Ehe sei das Grab der selbstständigen Frau. Und trotzdem wurde Benjamin die Vorstellung plötzlich nicht mehr los, dass sie auf ihre alten Tage vielleicht doch weich geworden sein könnte, so weich wie ihre Gesichtszüge im tragischen Augenblick …

Ich war oft im Krankenhaus an Gerburgs Seite, stand an anderer Stelle des Briefs, *und habe über sie gewacht. Leider war mir nicht das Glück vergönnt, Sie dort zu treffen. Dann hätte ich mich Ihnen persönlich vorgestellt. Ich weiß ja so gut wie gar nichts über Sie, Ihre Frau Mutter hat sich bei dem Thema immer sehr bedeckt gehalten.*

Das nun wieder war eher beruhigend. Es stützte seine Vermutung, dass Gerburg den Antrag rigoros vom Tisch gewischt hätte. Für wen auch immer dieser Tamo Lindemann sich hielt, seine Träume vom romantischen Eheleben unter Kaltsommers ewiger Wolke wären so oder so geplatzt wie eine Seifenblase. Das ließ ihn den nicht gerade diplomatisch verklausuliert formulierten Vorwurf, er sei *ja leider bisher so gut wie gar nicht zu Besuch gekommen*, verknusen. Das Ende des Briefs war dann sogar wieder rührend, sein Beinahe-Stiefvater kam mit einem Angebot daher:

Obwohl wir bisher nicht das Glück eines gegenseitigen Kennenlernens hatten und ich mir vorstellen kann, dass gerade viele andere Dinge in Ihrem Kopf vorgehen, die in Ihnen den Wunsch nach einem solchen Kennenlernen vermutlich gar nicht erst aufkommen lassen, möchte ich Ihnen doch meine Hilfe anbieten. Meine Mittel sind zwar beschränkt, aber was ich habe, steht Ihnen zu Ihrer freien Verfügung. Um der Liebe zu Ihrer Mutter willen. An der hat sich nichts geändert, sie wird auch bis weit über das Grab hinausreichen. Ich habe die Hoffnung nicht aufgegeben, dass Gerburg wieder aus dem Koma erwacht und wir dann nachholen können, was uns bisher verwehrt geblieben ist.

Es folgten seine Kontaktdaten, von der Postanschrift über die E-Mail-Adresse bis hin zu Handy- und Festnetznummer *(auch WhatsApp)*, und alles, was Benjamin denken konnte, war, dass Tamo Lindemann vom Krankenhaus definitiv nicht als Angehöriger angesehen wurde und über den aussichtslosen Zustand Gerburgs aufgeklärt worden war. Sonst hätte er keine Chance gehabt, sich noch etwas vorzumachen. Das fühlte sich ebenso egoistisch wie erleichternd an, und Benjamin war fest entschlossen, sich nicht bei diesem Herrn Bankkaufmann zu melden.

Damit war er gerade fertig, auf Gerrits Couch liegend und die syrischen Plätzchen schon zu zwei Dritteln geleert habend, als er dessen Schlüssel im Schloss knacken hörte. Es war kurz vor sieben. Auf der Simon-Dach-Straße kehrten die Menschen lärmend zum Essen in den Restaurants ein – der erste Ansturm des Abends, der zweite erfolgte später, wenn es Zeit für die Bars war, für Drinks und Cocktails und angeschickerte Flirtversuche –, doch Benjamin verspürte nicht nur wegen des ganzen Gebäcks in seinem Magen keinerlei Hunger mehr. Zum Glück hatten sie keine Pläne für den Abend, erst morgen wollten sie sich mit Gerrits altem Freund Mehmet dem Schwarzhaarbären treffen.

»Hallo«, rief er von der Couch in den Flur.

»Hallo«, schallte es von dort zurück. Schuhe polterten auf den Boden und nackte Füße kamen patschend näher. Gleich darauf stand Gerrit im Wohnzimmer, in T-Shirt und kurzer Hose, grinste auf ihn hinab und fragte: »Na, wie geht's? Was sind das für Kekse?«

»Syrische. Hat eine Teilnehmerin für mich gebacken. Sind total lecker.«

»Das sehe ich, sind kaum noch welche da.«

Benjamin knuffte seinem Freund in die Seite, als der sich zum ihm auf die Couch fallen ließ. »Dann hättest du eben nicht so spät kommen sollen.« Sie küssten sich, bis der Vorwurf, obwohl kaum ernst gemeint, sich in Wohlgefallen aufgelöst hatte. Benjamin hätte den Moment gerne noch länger ausgedehnt, denn kaum hatten sie sich voneinander gelöst, entdeckte Gerrit den Brief.

»Was ist das?«, fragte er, nur mit dem Finger auf das mit blauem Kugelschreiber angefertigte Schreiben deutend.

Benjamin seufzte. »Lies«, sagte er und reichte ihn seinem Kleinen, »und sag du es mir.«

Und Gerrit las. Währenddessen versuchte Benjamin, im Gesicht seines Freundes zu lesen, was der davon halten mochte. Viel war nicht zu erkennen, nur manchmal glaubte er, zu sehen, dass Gerrit sich bemühte, ein Grinsen zu unterdrücken. Außerdem ließ er sich ganz schön Zeit oder er las ihn gleich zweimal am Stück durch, als wollte er sichergehen, auch ja alles richtig zu verstehen. Als sein Kleiner den DIN A4-Bogen Papier endlich sinken ließ, saß Benjamin wie auf Kohlen.

»Und? Was hältst du davon?«

»Zwei Dinge«, Gerrit wandte sich ihm bedeutungsvoll zu, »erstens hat dieser Tamo für einen Mann eine ziemlich schöne Handschrift, und zweitens redet er ziemlich geschwollen daher.«

Benjamin zog eine Schnute. »Und von diesen Oberflächlichkeiten einmal abgesehen?«, hakte er nach.

»Ich glaube, er hat deine Mutter wirklich geliebt. Er wollte ihr ganz ernsthaft einen Heiratsantrag machen.« Gerrit sah ihn eindringlich an. »Was denkst du?«

»Dass ich erleichtert bin, dass es dazu nicht mehr kommen wird.«

Die Worte hingen im Raum, schienen sich zwischen ihnen auszudehnen wie eine Gasblase, die besser nicht platzte. Benjamin konnte seinem Freund ansehen, dass dem diese radikale Ehrlichkeit Schmerzen bereitete, aber er konnte auch nicht aus seiner Haut. Es wäre falsch gewesen, um den heißen Brei herumzureden.

»Gönnst du ihr denn gar kein Glück mehr?«, fragte sein Kleiner leise.

»Das hat damit nichts zu tun.« Benjamin suchte nach den richtigen Worten, während Gerrit ihn dabei auf eine unangenehme Art und Weise von der Seite anschaute, so als wäre er bereit, beim ersten falschen Wort aufzuspringen und das Weite zu suchen. Wie um das zu verhindern, griff Benjamin nach seiner Hand, hielt sie, drückte und knetete sie und bemühte sich gleichzeitig, ihm sein kompliziertes Innenleben bei dieser Frage zu erklären: »Ich kann mir einfach nicht vorstellen, dass Gerburg dasselbe empfunden haben sollte wie dieser Mann. So war sie einfach nicht. Das ist zu romantisch – nein, nicht romantisch! Das ist zu … zu zielführend in Beziehungsdingen. Gerburg hat immer Affären gehabt, immer jemanden, mit dem sie sich getroffen hat, aber grundsätzlich nur zu ihren Bedingungen. Sie hat bestimmt, wo es langgeht. Dass sie da plötzlich den Heiratsantrag eines Mannes annehmen soll, passt nicht ins Bild. Wenn überhaupt, dann hätte sie dem Mann einen Antrag gemacht.« Und als von Gerrit immer noch keine Reaktion kam, fügte er versöhnlich hinzu: »Vielleicht war es ja wirklich was Ernstes zwischen den beiden, ernster als alles, was Gerburg jemals gehabt hat, und vielleicht hätten die beiden unter anderen Voraussetzungen wirklich eines Tages noch geheiratet. Aber später, und nachdem sie um seine Hand angehalten hätte. So rum wäre es richtig gewesen für Gerburg. Akzeptabel.«

Gerrit nickte nur verzagt. Von der guten Laune, mit der er vor kaum zehn Minuten nach Hause gekommen war, war nichts mehr übrig.

Benjamin steckte seine zweite Pranke aus, um damit die andere Hand seines Kleinen zu umfassen. Er zog ihn an den Armen, bis er sich ihm zugewandt hatte, bis Gerrit ihm von unten in die Augen sah. »Ich«, betonte der rote Bär, »bin aber nicht so.«

»Und was heißt das genau?« In Gerrit kam ein wenig Leben zurück. »Wenn ich dich jetzt fragen würde, ob du mich heiratest, dann würdest du ja sagen?«

Plötzlich spürte Benjamin, wie ihm ganz heiß wurde, und das lag nicht daran, dass er die Veranlagung zum Bluthochdruck von seiner Mutter geerbt hätte. Viel eher fürchtete er, dass ihm durch eine unerwartete Wendung der Ereignisse das Heft des Handelns aus der Hand gerissen werden könnte. Natürlich würde er Gerrits Antrag annehmen! Aber eigentlich hatte er sich doch fest vorgenommen, selbst derjenige zu sein, der die Frage aller Fragen stellte. »Du könntest es versuchen«, antwortete er und ließ ein spitzbübisches Grinsen auf seinen Lippen erblühen, »aber ich würde schneller sein als du.«

»Was …« Es arbeitete nur kurz hinter der krausgezogenen Stirn, dann glättete sie sich, als ein Augenbrauenpaar vom Erkenntnisblitz getroffen in die Höhe schoss, nur um sich gleich darauf wieder in Falten zu legen, in Lachfalten. »Du würdest mich wirklich heiraten?«

»Ja.«

»Aber du würdest den Antrag machen wollen?«

»Ja.«

»Wann? Nicht jetzt?«

»Nein, nicht jetzt.«

»Warum nicht?«

Nun musste Benjamin doch lachen, fiel aber gleich wieder in einen Ernst zurück, von dem er hoffte, dass er angemessen feierlich wirkte, als er antwortete: »Weil ich will, dass es ein ganz besonderer Moment wird. Einer, der von nichts anderem überlagert wird, sondern ganz allein uns beiden gehört. Denn es ist wirklich nicht so, dass ich meiner Mutter kein Glück gegönnt hätte, nur soll eben die Aussichtslosigkeit ihres Schicksals nicht unser eigenes Glück überlagern.«

»Aber wir müssen dann nicht …«, setzte Gerrit an und bremste sich abrupt.

»Was?«, fragte Benjamin irritiert.

»Nichts.« Sein Kleiner winkte ab. »Das wäre wohl geschmacklos gewesen. Was ich eigentlich sagen wollte, ist«, sagte er und schenkte Benjamin endlich wieder ein strahlendes Lächeln, »dass ich damit einverstanden bin. Frag mich, wenn du den richtigen Augenblick für gekommen hältst. Auch wenn du die Antwort sowieso schon kennst.«

»Das werde ich«, versprach Benjamin hoch und heilig.

Aber als er an diesem Abend im Bett lag, Gerrit bereits schlafend an seiner Seite eingerollt, und nachdem nichts mehr ihr Beisammensein hatte trüben können, nicht einmal die Beschwerde seines Kleinen, dass er zu wenige von den leckeren syrischen Keksen abbekommen hätte, als Benjamin im Dunkeln auf dem Rücken lag und in die Dunkelheit über sich starrte, überkam ihn ein ungutes Gefühl. Was, wenn er heute nicht noch einmal die Kurve bekommen, sondern tatsächlich schon den richtigen Moment verpasst hatte? Zumindest einen möglichen richtigen Moment. Was hätte denn dagegengesprochen, gleich in dem Augenblick, als das Thema auf den Tisch kam, vor seinem Kleinen aufs Knie zu sinken und ihn zu fragen? Er hatte es ja sowieso vor, und Gerburgs Schicksal war so unvorhersehbar, dass es sie unter Umständen noch monate- oder jahrelang begleiten würde. Warum hatte er sich nicht ein Herz gefasst und es getan? Zumal er die Antwort wirklich kannte: Wenigstens diese eine Sache wäre dann in trockenen Tüchern gewesen. Aber er hatte diesen Moment verstreichen lassen, und nicht etwa, weil sein Herz zu flatterhaft gewesen wäre. Im Dunkeln verzog Benjamin den Mund zu einer Grimasse, die Abscheu, Ekel und Schmerz gleichermaßen enthielt und gleich wieder ungesehen verschwand. Nicht sein Herz war heute das Problem gewesen, beschloss er, drehte sich auf die Seite und schmiegte sich eng an den warmen schlanken Körper neben sich, sondern eins, das seit ein paar Wochen schon nur noch an einem seidenen Faden hing.

Die schreckliche Macht des Krieges ist es, dass er selbst aus den edelsten Männern Halunken, Galgenstricke und Vergewaltiger macht. Für Mädchen und Frauen dagegen hat er nur die Entscheidung zwischen Geschändeter und Hure übrig. Der Krieg ist ein Wirbelsturm, der die Länder ebenso wie die Menschen ruiniert. Der Wiederaufbau ist ein langwieriger Prozess, und nicht einmal bei den Ländern gelingt er zu hundert Prozent. Etwas Demoliertes bleibt immer zurück. Wohl dem, der niemals in seinem Leben einen Krieg erleben muss, aber Schande über den, der einen beginnt!

Menschen sind im Krieg wie Sandkörner, die das Meer in seinem Brandungsrausch vom Strand gerissen hat und fortan mit sich herumwirbelt. Ob und wo sie jemals wieder an eine Küste gespült werden, ist eine Schicksalsfrage, so abstrakt, dass sie schon beinahe bedeutungslos ist. Allein die Kriegsteilnehmer, die, zumeist aufgrund ihrer Abstammung, das Glück haben, das wüste Geschehen von einem Boot aus zu beschauen, können meistens irgendwann wieder in einem Hafen anlegen. Die einen kommen als Helden heim, die anderen haben wenigstens ohne größere Blessuren überlebt. Beide genießen in der Regel weiterhin Achtung und dürfen hinterher an ihrer eigenen Legende stricken. Als König Christian IV. von Dänemark und Norwegen, Herzog von Schleswig und Holstein nach Lübeck kam, um Frieden mit den Katholiken zu schließen, durfte er dies zu für ihn äußerst günstigen Bedingungen tun. So viele Jahre lang hatte er erbittert gegen den alten Glauben gekämpft, seine Truppen hatten ebenso wie die der Gegenseite Schneisen der Verwüstung durch Mitteleuropa geschlagen und dabei die eigenen Untertanen ebenso wenig geschont wie die der anderen. Die durchziehenden Heere waren für die Bevölkerung dabei noch ein viel schlimmeres Übel als die Schlachten selbst, ihr wurde von den Soldaten noch das letzte Hemd geraubt. König Christian der IV. nach seiner krachenden Niederlage aber bekam zumindest all seine von gegnerischen Truppen besetzten Gebiete zurück, seine oder seines Reiches Souveränität wurde nicht angetastet. Nicht einmal zurück zum Katholizismus wurden er und seine Untertanen gezwungen. Die konnten derweil sehen, wo sie blieben, ausgeplündert und ausgehungert, während er heim in seine Residenz nach Kopenhagen kehrte.

Für Hanna konnte von Heimkehr keine Rede sein. Hanna war eins dieser unzähligen Sandkörner, die die Wucht des Geschehens mitgerissen, umspült und abgeschliffen hatte, bis von seiner ursprünglichen Form nichts mehr zu erkennen war. Das war nicht allein die Schuld des Krieges, so viel sei einmal klar gesagt, dem hätte auch Hanna zugestimmt. Immer schon ein unbändiges Kind, hatte sie sich aus Abenteuerlust und dem Willen, der heimischen Enge und dem vorherbestimmten Schicksal als Hausfrau und Mutter zu entfliehen, gleich bei der ersten Gelegenheit einer der durch die Lande ziehenden Armeen angeschlossen. Ihr von Romantik getrübter Blick indes klärte sich sehr schnell wieder. Sie durfte sich zwar bald eine Marketenderin nennen, aber das einzige Bedürfnis der Truppe, das sie zu versorgen hatte, war das zwischen den Beinen. Eine andere Verwendung hatten die Männer für sie nicht, und wenn sie einmal nicht wollte, dann kam es durchaus vor, dass sie mit Gewalt genommen wurde. Selbst im hochschwangeren Zustand konnte das passieren. Vielleicht überlebten deshalb die Kinder selten ihre Geburt oder starben, kaum dass sie laufen konnten. Überhaupt starben so viele und die meisten im Tross und nicht auf dem Schlachtfeld. Allein deshalb hielten Freundschaften, so denn welche entstanden, niemals lange. Gevatter Tod war immer bei ihnen, ein Bauer, der den fruchtbarsten Acker weit und breit bestellte. Niemals ging er mit leeren Händen.

Hannas Hände waren leer, ihr Herz so gut wie. Mit dem Dänenkönig war sie von Niederlage zu Niederlage und schließlich vor die Tore Lübecks gezogen. Lübeck aber war die Königin der Hanse, die Herrscherin über den Ostseehandel, eine fette, reiche Braut aus rotem Backstein, der es weitestgehend gelungen war, sich aus dem rechtgläubigen Abschlachten herauszuhalten. Dort thronte sie mit ihren stattlichen Bürgerhäusern, Kontoren, Lagerhallen und Hafenanlagen auf ihrem Inselchen zwischen Trave und Wakenitz und wähnte sich unantastbar. Hanna hatte schon größere Städte gesehen. Die beiden Feldlager vor ihren Toren jedenfalls musste sie nicht fürchten, die waren nicht gekommen, um sich um sie zu streiten. Die waren gekommen, den Streit zwischen sich zu beenden – und Hanna damit auch den letzten Rest Existenz zu nehmen. Dass sie im Tross König Christians gelandet war, war rein Zufall und Gelegenheit geschuldet, nicht aber aus einer inneren Überzeugung heraus, bei ihm auf der rechten Seite zu stehen. Überzeugungen hatte sie schon lange nicht mehr. Dafür Angst vor der Zukunft, die sich bei ihr durch eine tiefe Kraftlosigkeit äußerte. Wenn sich das dänische Heer jetzt tatsächlich auflöste, wohin sollte sie dann gehen? Sollte sie sich dem anderen Lager anschließen? Willkommen wäre sie da bestimmt nicht. Dort gab es schon genug Marketenderinnen, die auf Konkurrenz nicht gerade begeistert reagierten. In Lübeck zu bleiben, war auch keine Alternative, in den Augen der feinen Stadt war sie nichts weiter als dreckiges Gesindel. Wie dreckig wirklich allerdings, davon hatten die Pfeffersäcke, die Bier-, Fisch- und Getreidehändler keine Ahnung.

Wohin sollte Hanna also gehen, sobald Hans gestorben war? Lange würde es nicht mehr dauern, spätestens bis zum Ende der Friedensverhandlungen würde auch der kleine Kerl seinen Frieden gefunden und der Keuchhusten dafür gesorgt haben, dass er seinen letzten Atemzug ausgehaucht hätte. Für ihn würde das eine Erlösung sein, ein Segen, Hanna hingegen würde es erlauben, fortan mit leichterem Gepäck zu reisen. Sie würde ihn in Sichtweite der vielen Kirchtürme der Hansestadt begraben, in die sie selbst bisher keinen Fuß gesetzt hatte. Doch dann?

Sie hatte eine Idee. Es gab da einen Ort, einen Sehnsuchtsort. Allein den kannte sie bisher nur vom Hörensagen, sagenumwoben und unvorstellbar. Von einer Person in ihr Ohr, in ihren Verstand, in ihr Vorstellungsvermögen gepflanzt, die behauptet hatte, von dort gekommen zu sein. Hanna war sich nicht sicher, ob sie diesen Weg wirklich gehen wollte. Zu seltsam klang, was ihr von diesem Ziel erzählt worden war. Aber eine bessere Option besaß sie im Grunde nicht, wenn sie ihre Situation einmal ehrlich betrachtete, zumal dieses Dorf gar nicht so weit von hier entfernt sein sollte. Angeblich sei dort jeder willkommen, weil sowieso kaum jemand freiwillig dorthin wolle.

Besonders ermutigend klang das nicht.

Sie blieb bis Ende Mai, die Feldherren, teils gekrönten Hauptes, ihre Unterhändler und Soldaten, allesamt Söldner, waren da bereits abgezogen. Das Hänschen starb am letzten Tag des Monats und wurde in einem Armengrab am Rande eines Friedhofs vor der Stadtmauer begraben. Sofort danach packte sie ihre Siebensachen zusammen und machte sich, nach einem letzten sehnsuchtsvollen Blick zurück auf die sieben Türme Lübecks, auf den Weg in dieses Dorf mit dem wenig einladend klingenden Namen Kaltsommer. Es wurde eine kurze Reise durch ein verheertes Land. Die Katholiken standen bis hoch nach Jütland, aber nicht sie mussten daher automatisch für die Verwüstungen, denen sie immer wieder begegnete, verantwortlich sein. Die protestantischen Heere nahmen sich ebenso rücksichtslos von der Bevölkerung, was sie brauchten oder wollten. Hanna sah geplünderte Häuser und niedergebrannte Ställe, vergossenes Blut, das von Mensch und Vieh gleichermaßen stammen mochte, und verlassene Gehöfte. Sie sah abgemagerte Frauen und

Kinder, schwärende Wunden und Männer mit fehlenden Gliedmaßen. Sie sah Elend allenthalben und wurde selbst mit einem Misstrauen angesehen, das sie zur Eile antrieb. Manchmal glaubte Hanna, ihr bisheriger Lebensweg stünde ihr unmissverständlich ins Gesicht geschrieben, selbst für die Menschen klar zu entziffern, die niemals zu lesen gelernt hatten. Sie war das Relikt eines Krieges, der vielleicht endlich vorbei war mit dem geschlossenen Frieden, und trotzdem war Vorsicht weiterhin besser als Nachsicht.

Ihr Ziel fand sich beinahe wie von selbst. Hanna jedenfalls musste nicht viele Fragen stellen nach einer Wolke, die, so verrückt das auch klingen mochte, unverrückbar immer über demselben Ort am Himmel hing. Eine Andeutung genügte in der Regel, und ihr wurde die Richtung gewiesen. Manche Menschen sahen sie dabei herablassend an, andere schlugen das Kreuz, dritte dachten sich überhaupt nichts und erzählten ihr die wildesten Geschichten über dieses Wolkenheim, froh, sich endlich einmal wieder ungehemmt darüber auslassen zu dürfen. Mehr als einmal überkam Hanna das Gefühl, diese Märchen wären den Leuten eine willkommene Abwechslung von der alles andere als gebannten Angst vor den Söldnerverbänden. Sie wollte das als gutes Omen nehmen.

Als sie dann aber tatsächlich vor Kaltsommers Wolkenhaube und Nebelmantel stand, wurden ihr doch die Knie weich. Sie erreichte das Dorf an einem trüben Junitag, dem man noch kaum den Sommer anmerkte. Kühl war es und der Himmel bedeckt, aber diese eine, einzigartige Wolke hob sich trotzdem von ihren Geschwistern ringsum deutlich ab. Sie gehörte einfach nicht dazu, stand wie eine Unberührbare zwischen den anderen und schien gar nicht anders zu können, als sich um sich selbst zu drehen, weil ihr die anderen sonst keinen Ausweg boten. Immerhin war der Nebel an diesem Tag nicht so dicht. Hanna konnte auf der anderen Seite den Weg, den sie gekommen war, weitergehen sehen und die Umrisse der Bäume; der Wald hierherum war noch dichter als andernorts.

Hanna stieg von ihrem von zwei dürren Mauleseln gezogenen Wagen herab. Sie ergriff die Zügel, murmelte ein paar Worte, die Mensch und Vieh gleichermaßen aufmuntern sollten, atmete ein letztes Mal tief durch und schritt voran. Als ihr Gesicht in den Nebel eintauchte, hielt sie automatisch den Atem an, als bestünde Gefahr, es könnte sich dabei um eine giftige Substanz handeln. Irgendein übler Sumpfbrodem, der ihr, dränge er in ihre Lunge ein, erst die Besinnung und dann das Leben rauben könnte. Nichts dergleichen geschah. Ihre Haut kühlte bei der Berührung mit den hauchfeinen Tröpfchen nur noch weiter ab. Im Nu war sie hindurch und blieb auch gar nicht erst stehen, um sich selbst für ihre mutige Tat lobend auf die Schulter zu klopfen. Sie wollte nur noch ankommen, egal was sie an ihrem Ziel erwartete.

Eine Gruppe von Häusern mit Scheunen und Ställen fand sie nach ungefähr einer Meile, umgeben von Äckern, Weiden, Gärten und Obstbäumen. Eine der Scheunen war komplett niedergebrannt und das angrenzende Wohnhaus zum Teil. Was sie hingegen nicht vorfand, waren Menschen. Es war niemand zu sehen, nicht einmal Kinder oder Greise. Waren denn etwa alle geflohen, als der Trupp Soldaten, der mit Sicherheit für die Brandschatzung verantwortlich zeichnete, gekommen war? Hanna glaubte es nicht, dafür lief zu viel Federvieh frei herum, suhlten sich die Schweine zu unbehelligt in den Koben und wirkten die Kühe mit ihren Kälbern zu unversehrt. So ein bewaffneter Verband aber hätte, einmal in den Rausch seiner Gier verfallen, alles mitgenommen, was nicht niet- und nagelfest wäre, und den Rest in Schutt und Asche gelegt. Das Dorf sah alles in allem zu unberührt aus. Wo waren die Bewohner also? Sie mochten sich nur versteckt haben, als sie das Scheppern und Bollern ihres klapprigen Wagens über den unebenen Weg heranrollen hörten …

»Ist da wer?«, rief Hanna und: »Ich komme in friedlicher Absicht. Ich komme, um Obdach zu bitten.«

Aber es war tatsächlich niemand da. Es dauerte noch bald eine halbe Stunde, bis die gesamte Bewohnerschaft des Dorfes vom anderen Ende der Nebelwand kam. Ihre Schultern waren gebeugt und ihre Mienen traurig. Hanna erkannte sofort, dass sie soeben einen der ihren beerdigt hatten. Als man sie dann endlich inmitten der Häuser entdeckte, verwandelte sich die Trauer in Sorge, Angst und Misstrauen. Überrascht von ihrer Anwesenheit zeigte sich hingegen niemand. Die Prozession, vielleicht fünfzig Personen jeden Alters, darunter auffällig viele Männer, blieb in einiger Entfernung von ihr stehen, dicht hinter einem großgewachsenen Mann zusammengedrängt. Arme und Hände hatte er bei ihrem Anblick instinktiv ein wenig von seinem Körper abgespreizt, um seinen Schutzbefohlenen dahinter mehr Platz zum Verstecken zu bieten.

»Wer bist du?«, fragte der Mann mit dröhnender Stimme. »Was willst du?«

»Ich heiße Hanna«, antwortete Hanna und setzte dann alles auf eine Karte: »Ich komme von weither, und Hedwig hat mir den Weg gewiesen.«

In der Gruppe vor ihr begann es zu summen wie in einem Bienenstock. Die Arme des Mannes sanken ein stückweit herab, sein Gesicht nahm einen eigentümlichen Ausdruck an.

»Woher kennst du Hedwig?«, fragte er.

»Wir sind uns im Krieg begegnet. Als der König dieses Landes sein Heer für die Schlacht bei Lutter aufzustellen suchte.«

»Und wo ist sie jetzt?«

»Tot.«

Ein Raunen und Seufzen ging durch die Menge. Mancher weinte, und der Mann senkte für einen Moment seinen Blick. Als er ihn wieder hob, meinte Hanna, darin Resignation zu sehen, die Bestätigung einer lange schon gehegten Befürchtung.

Der Mann sprach: »Du kannst bleiben, wenigstens für diese Nacht. Du berichtest, was geschehen ist, und dann wird entschieden, ob du auch über den Morgen hinaus bleiben darfst.«

Hanna, als hätte sie eine Wahl, erklärte sich dazu bereit und fand sich bald darauf im Haus des Mannes wieder. Er hieß Ulrich und war, wie sie es sich schon gedacht hatte, Hedwigs Vater. Er gab ihr zu essen und die Gelegenheit, ein wenig zu ruhen, während er sein Vieh versorgte. Danach kam er mit drei weiteren Personen an seiner Seite zurück. Der Abend dämmerte längst. Hanna fröstelte, aber nicht nur aus Höflichkeit wohl entzündete er für sie alle ein Feuer im Herd. Die anderen drei stellte er als Johann, Matthias und Agathe vor, sie schenkten ihr freundlich-reservierte Blicke. Und warum auch immer Ulrich sie mitgebracht hatte, sie waren in der Hauptsache stille Zuhörer und Beobachter. Ein Gespräch, so man das, was folgte, als ein solches bezeichnen darf, führten er und Hanna allein.

Hanna wusste immerhin, dass Ulrich Hedwigs Vater war, sie hatte ihn aus Hedwigs Erzählungen von zuhause wiedererkannt. Da waren zum einen seine Größe und kräftige Statur, dazu der für sein Alter noch immer sehr dichte dunkle Lockenschopf, lediglich von grauen Strähnen durchzogen, und der buschige Bart, am Kinn bereits weiß und zumindest einen Teil der Blatternarben auf den Wangen verdeckend, als besondere Merkmale. Aber all das hätte sie nicht gebraucht. Sein kalter, stechender Blick aus diesen erschreckend blauen Augen, tief und unberührbar wie ein Gletschersee, hätte ihr allein schon seine Identität verraten. Doch während Hedwig noch behauptet hatte, diese Augen seien niemals zu so etwas wie menschlicher Wärme fähig gewesen, stattdessen immer nur fordernd und herrisch, meinte Hanna echte Trauer in ihnen zu entdecken. Trauer gepaart mit einer Müdigkeit, deren Quelle tatsächlich auf dem Grunde eines Gletschersees liegen mochte. Ulrich war noch immer eine beeindruckende Erscheinung, aber die vereinten Schwerkräfte von Alter und Verantwortung forderten bereits unerbittlich ihren Tribut. Sie hatte lange genug fast ausschließlich mit Männern zu tun gehabt, um das auf den ersten Blick erkennen zu können. Als er dann auch nicht sie sofort mit Fragen nach seiner Tochter löcherte, sondern selbst zu erzählen anhob, da wusste Hanna, dass ihr vorerst keine Gefahr drohte.

»Als der König aus dem Norden herunterkam«, begann er mit einer Stimme brüchig wie Pergament, »um die anderen protestantischen Fürsten auf der Siegesburg oben auf dem Kalkberg zu den Waffen zu rufen, da fühlte sich ausgerechnet Hedwig dazu berufen, ebenfalls dort zu erscheinen. Sie wusste nicht wirklich, weshalb der Däne rief – wir wissen bis heute nicht wirklich, was eigentlich da unten im Süden passiert ist –, aber Hedwig scherte das nicht. Sie wollte hier einfach nur weg. Immer schon. Meine Tochter ist ein echtes Wolkenkind, unter der Wolke geboren und aufgewachsen, behütet und beschützt von ihr vor der Außenwelt. Sie konnte ohne Angst aufwachsen und zu der Person werden, die sie war. Aber das war ihr nie genug. Sie konnte kaum sprechen, da sagte sie schon, sie wollte hier weg. Sie wollte die Welt sehen, wie sie war, frei von einer Nebelwand, die die Sicht versperrte. Dass sie vielleicht nur lebte, weil es diesen Nebel und unsere Wolke gibt, interessierte sie nicht. Hedwig wollte die Sonne sehen, jeden Tag. Aber wer hier aufwächst, gilt in der Umgebung zumindest einmal als seltsam, und die Leute in den umliegenden Dörfern haben schnell erkannt, dass meine Tochter ein echtes Kind Kaltsommers war. Es war also klar, dass sie nicht durch eine Hochzeit aus dem Wolkenschatten herauskommen würde, dass alle anderen sie lieber weiterhin wie eingesperrt darunter wissen wollten. Früher«, seufzte Ulrich plötzlich tief, »früher waren die Menschen noch nicht so abweisend hier, weißt du. Erst seit sich die Lehren Luthers hier durchzusetzen begannen, wird es für uns aus Kaltsommer schwieriger. Die Menschen sind plötzlich so rigoros, so hartherzig allem anderen gegenüber, so als hätten sie selbst zu große Angst, auch nur beim kleinsten Fehler in ihrem reformierten Glauben in der ewigen Verdammnis zu enden. Früher konnten die Menschen von ihren Sünden noch freigesprochen werden, heute werden sie dafür verantwortlich gemacht. Und so verhalten sie sich dann auch. Wenn sie eine

Sünde begangen haben, suchen sie nach jemandem, der noch ein größerer Sünder zu sein scheint, und auf den zeigen sie dann mit dem Finger. Und wir hier unter der Wolke und hinter dem Nebel gaben schon immer ganz passable Sünder ab.«

»Hedwig«, warf Hanna in der Hoffnung ein, es tröste den Vater ein wenig, »Hedwig war ein guter Mensch.«

»Natürlich war sie das.« Ulrich brachte tatsächlich ein leises Lächeln zustande. »Sie war nicht frei von Fehlern, stolz und starrköpfig – eben ganz wie ihr Vater. An wem sonst hätte sie sich auch orientieren sollen als Kind, ihre Mutter starb an den Blattern, als sie noch ganz klein war. Immer mit dem Kopf durch die Wand, aber immer mutig und guter Dinge. Sie musste einfach die Welt sehen, und als König Christian zum Krieg rief, da sah sie ihre Gelegenheit gekommen. Sie zog mit dem sich formierenden Heer von dannen, und wie befürchtet sollte sie nicht mehr nach Hause zurückkommen.«

Niemand sagte etwas. Agathe, die Ulrich ein wenig ähnlich sah, als wäre sie seine ältere Schwester, legte ihm tröstend eine Hand auf die Schulter.

»Wo, sagtest du gleich noch mal«, fragte er endlich nach einem lauten Räuspern, »seid ihr euch begegnet?«

»Im Feldlager des Dänenkönigs bei Lutter. Die Schlacht, die er verlor und weshalb er jetzt geschlagen aus diesem Krieg ausscheidet.«

»Wo ist dieses Lutter?«, wollte Johann wissen.

»Beim Harz.«

»Du weißt, wo und was dieser Harz ist?«, fragte Ulrich den alten Mann an seiner Seite.

Der nickte und erklärte: »Ein mittelhohes Gebirge mit sehr viel Wald. Es geht die Sage, dass sich auf seinem höchsten Gipfel, dem Brocken, in der Walpurgisnacht die Hexen treffen. Auf meinem Weg nach Norden bin ich durchgewandert.«

»Aber nicht zufällig zur Walpurgisnacht?«, neckte Matthias ihn.

»Sehe ich aus wie eine alte Hexe?«

»Jeden Morgen gleich nach dem Aufstehen.«

»Und wie bist du dorthin gekommen?«, unterbrach Ulrich dieses Geplänkel. Ohne eine Miene zu verziehen, lenkte er das Gespräch zurück auf Hanna. »Wo kommst du her?«

»Aus einer sehr großen Stadt namens Prag«, antwortete sie nach einer kleinen Weile.

»Oh!« Johanns Augen leuchteten plötzlich. »Die goldene Stadt! Was ist nur in dich gefahren, dass du ausgerechnet diese Perle an der wunderschönen Moldau verlassen hast?!«

»Sie ist nicht für jeden aus Gold gemacht«, erwiderte Hanna und senkte den Blick.

Johann verstummte, und Ulrich übernahm wieder die Führung des Gesprächs. »Du warst Hedwigs Freundin?«, fragte er.

»Wir haben uns gegenseitig beigestanden …«

»Danach habe ich nicht gefragt.«

Hanna fühlte plötzlich vier Augenpaare abwartend auf sich lastend. »Man hat es nicht leicht als Frau im Krieg«, begann sie unsicher, »da ist es gut, wenn man nicht alleine ist.«

»Was hat dir Hedwig denn über uns erzählt?« Diese Frage kam von Agathe, und sie hatte wenigstens nicht wie eine Fangfrage geklungen.

»Seltsame Dinge«, rutschte es Hanna sofort heraus.

»Seltsame Dinge?«, wiederholte Agathe, eher amüsiert statt empört.

»Na ja«, wand Hanna sich, »sie hat mir von der Wolke erzählt und dem Nebel und so …« Sie schluckte, suchte erst Agathes Blick und dann den der Männer, bis sie bei Ulrich hängenblieb, und sagte: »Und alles stimmt, was sie mir erzählt hat. Einfach alles. Ich kann es noch immer kaum glauben.«

Wieder wurde für eine kleine Weile kein Wort gesprochen, aber Hanna glaubte, nicht mehr gar so viel Druck zu verspüren. Sie traute sich wieder, tiefer zu atmen.

»Was habt ihr denn in dem Heerlager gemacht?«, wollte Ulrich dann wissen. »Womit habt ihr euch euren Lebensunterhalt verdient?«

»Versorgung. Wir … wir haben die Bedürfnisse der Soldaten versorgt«, antwortete sie und fügte, alle Scham niederringend, erhobenen Hauptes hinzu: »Wir waren Marketenderinnen. Etwas anderes können wir Frauen im Krieg nicht werden.«

Ulrich nickte nur. »Hatte Hedwig Kinder?«, fragte er.

»Zwei überlebten die Geburt«, berichtete Hanna, »wurden aber nicht sehr alt. Hans, einen Jungen von drei Jahren, habe ich erst vor der Stadt Lübeck begraben müssen – unmittelbar bevor ich mich auf den Weg zu euch gemacht habe. Ich hätte ihn gerne mitgebracht, aber der Keuchhusten hat ihn mir genommen, deinen Enkel.«

»Und Hedwig? Woran ist sie gestorben?«

Ulrich klang nicht, als wollte er die Antwort wirklich hören. Tatsächlich war das nichts, was man einem Vater über seine Tochter erzählen sollte. Aber es wäre in diesem Moment ebenso falsch gewesen, sich in Schweigen zu flüchten. Er war ein erwachsener Mann, der offensichtlich schon einiges in seinem Leben gesehen hatte und eben auch seine Tochter gut genug kannte, um sich keinen falschen Illusionen hinzugeben. »Sie wurde bei einem Angriff sehr schwer verletzt«, sagte Hanna, »und erlag wenig später ihren Verletzungen. Der Tod war eine Erlösung für sie.«

Der Angriff war eine Gruppenvergewaltigung durch ob der erlittenen Niederlage bei Lutter am Barenberge frustrierte protestantische Soldaten. Alles begann danach, sich aufzulösen, das dänisch-niedersächsische Heer zu zerfallen und die Zukunft ungewiss zu werden. Hanna hatte darauf gedrungen, sich sofort abzusetzen, dem Kriegsgeschehen am besten ganz den Rücken zu kehren und irgendwo ganz neu anzufangen. Am besten zusammen. Hatte ihr Hedwig nicht aus diesem Grund immer wieder von der Besonderheit Kaltsommers geschwärmt, die sogar das widrige Klima ausglich? Es war immerhin ihr Zuhause. Ein Zuhause noch dazu, das seit Jahrhunderten Fremde mit offenen Armen empfing und ihnen einen Platz an seinem warmen Herdfeuer bot. Hedwig spielte auch immer stärker mit dem Gedanken, endlich den Heimweg anzutreten, doch erst wollte sie sich von Hans' Geburt erholen. Die war nicht ohne Komplikationen abgegangen, wahrscheinlich aufgrund ihrer Arbeit und der vielen, zumeist fatal verlaufenden Geburten zuvor. Der Feldscher, der ihnen dankenswerterweise zur Hand gegangen war, hatte sogar die Vermutung geäußert, dass Hedwig niemals wieder ein Kind würde bekommen können. Das hatte sie nicht weiter erschüttert, eher noch mit Erleichterung erfüllt. Längst war sie des Gebärens müde. Nur der kleine Hans sollte wie sein Bruder Sven überleben, dieses Schlachtfeld ebenso wie den ganzen Krieg. Beide überlebten immerhin ihre Mutter. Ihr Martyrium begann und endete auf dem verschlungenen Weg nach Lübeck, ihres gleich zu Beginn, Svens mittendrin und Hänschens ganz zum Schluss. Bis nur noch Hanna übrig war und entscheiden musste, ob sie den Erzählungen ihrer Freundin, die mehr nach Hirngespinst als nach allem anderen geklungen hatten, Glauben schenken und zumindest das Andenken an sie zurück nach Hause bringen sollte. Die Alternative wäre ihre eigene Heimkehr nach Prag gewesen. Oder sie hätte sich gleich dem nächsten militärischen Verband anschließen können; wie sie hörte, rüstete sich schon der Schwedenkönig Gustav Adolf für das Eingreifen in diesen endlosen Krieg. Aber plötzlich klang nichts davon mehr auch nur halb so verlockend wie ein Dorf unter einer ewigen Wolke, das den Blicken seiner Umwelt zusätzlich noch von einer beständigen Nebelwand entzogen blieb.

Doch war all das einem trauernden Vater nur sehr schwer zu erklären. Hanna versuchte es deshalb gar nicht erst. Er hatte nach der Art ihres Todes gefragt und sie wahrheitsgemäß geantwortet, mehr brauchte es an dieser Stelle nicht. Agathe drückte tröstend seine Hand, Johann blickte betreten zu Boden, während Matthias wohl ein Gebet murmelte. Hanna schwieg, abwartend. Sie wusste, die ganze Zeit war es hier weniger um Hedwigs Schicksal gegangen als vielmehr um ihr eigenes, um die Frage, ob diese Menschen sie in ihre Dorfgemeinschaft aufnehmen würden oder nicht. Hedwigs Hintergrund kannten sie, weil sie Hedwig als eine der ihren gekannt hatten, ihren nicht. Sie war die große Unbekannte hier, von der man entscheiden musste, ob man ihr trauen durfte. Dass die anderen das nicht vergessen hatten, bewies ihr kurz darauf Johann der Weitgereiste, als er die Schweigeminute mit folgender Frage beendete:

»Sag, Hanna, dann bist du eine Prager Protestantin?«

Sie erlaubte sich, erst gründlich über ihre Antwort nachzudenken, bevor sie das Haupt erhob und mit fester Stimme antwortete: »Wer gesehen hat, was ich gesehen habe, mit welch roher Gewalt sich die Menschen in diesem Krieg im Namen Gottes gegenseitig die Köpfe einschlagen, der kann nicht wirklich mehr in solchen Kategorien wie protestantisch und katholisch denken. Wer nicht auf dem Schlachtfeld gefallen ist, der kann nur noch vom Glauben abfallen.«

»Dann bist du also katholisch getauft?«

Johanns Hartnäckigkeit in dieser Frage, als hätte er ihr soeben gar nicht zugehört, verwirrte sie zuerst, dann ließ die sie argwöhnisch werden. »Ist das denn noch wichtig?«, erwiderte sie vorsichtig.

»In einer rein protestantischen Gegend wie dieser«, antwortete ihr Matthias alarmiert, »ja.«

»Es wäre vielleicht besser«, nahm Ulrich wieder das Zepter in die Hand, »du würdest dich noch einmal lutherisch taufen lassen – wenn du bei uns bleiben möchtest.«

Es war gut gemeint. Es war sogar das, was Hanna, wie sie jetzt klar erkannte, hatte hören wollen. Trotzdem wurde ihr Gesicht plötzlich bleich wie das eines Gespenstes und ihr schwindlig. Dass die Dinge eine solche Wendung nehmen könnten, damit hätte sie niemals gerechnet. Aber es sollte noch schlimmer kommen.

»Aber das geht gar nicht so einfach, nicht wahr?«, hörte sie wieder Johann sagen. Er sprach sachlich, ohne jede Überlegenheit, nur anschauen konnte sie ihn deshalb trotzdem nicht. »Du kannst aus dieser Katholikin nicht einfach eine Protestantin machen, nicht wahr?«

»Was meinst du, Johann?«, fragte Ulrich ihn, plötzlich von Unruhe erfasst. »Was hat das zu bedeuten?«

»Ihr wisst, dass ich viel rumgekommen bin, bevor ich bei euch gelandet bin«, begann der, und aus dem Augenwinkel erkannte Hanna, dass er sich jetzt doch ein wenig aufplusterte. »Ich habe nicht nur viel gesehen, sondern auch sehr viel gehört, besonders im süddeutschen Raum und ganz besonders dort die Sprachen, Dialekte und Akzente. Ich war auch mehr als einmal in Prag. Ich weiß also, wie die Leute dort sprechen. Hanna hier spricht die Prager Zunge ziemlich gut, nahezu perfekt, aber irgendetwas anderes klingt da noch immer durch. Etwas Früheres, Ursprünglicheres, nicht wahr? Etwas Östliches, möchte ich fast sagen.«

»Johann, worauf willst du hinaus?« Ulrich sah von einem zur anderen. »Hanna, was heißt das?«

Doch bevor sie darauf antworten konnte, fragte Johann sie: »Wie lautet dein wirklicher Name? Ist es ein ganz anderer oder Hanna so ähnlich, dass man den Unterschied kaum merkt?«

Jetzt blieb selbst Ulrich stumm. Er glotzte nur noch aus tellergroßen Augen, nichts mehr verstehend. Für Agathe und Matthias galt augenscheinlich das Gleiche, sie fixierten bald sie, bald die Tür, als wollten sie jeden Moment aufspringen und nach draußen ins Freie stürzen. Aber niemandem war so unbehaglich zumute wie Hanna selbst. Sie war überzeugt davon, jetzt endgültig alles verloren zu haben, auch ohne eine erzwungene Taufe. Das letzte Bisschen ihres alten Selbst stand auf der Kippe. Hedwig hatte die Wahrheit gekannt und sich nicht daran gestört. Aber sie waren ja auch nur zwei Huren im Krieg gewesen, um die sich sowieso niemand scherte.

»Chana«, sagte sie. »Mein richtiger Name ist Chana.«

»Dann bist du also wirklich Jüdin«, stellte Johann wieder ganz nüchtern fest.

Als wäre eine Schlange zwischen ihnen aufgetaucht, so reagierten die anderen drei: Wer zuerst auch nur vor Angst zitterte, würde gebissen werden und am schrecklichen Gift sterben. Andernfalls hätten sie jetzt wirklich schon das Weite gesucht. Das war zu seltsam, zu fremd, selbst für Kaltsommers

Verhältnisse. Vieles hatten sie hier schon gesehen, nur eine Jüdin gehörte definitiv nicht dazu. Sie starrten die junge Frau vor sich an, als wäre sie soeben erst mit Blitz, Donner und Rauch aus dem Nichts erschienen.

»Ja, ich bin Jüdin«, bestätigte Chana.

In Prag in einer strenggläubigen Familie zur Welt gekommen, gehörte sie überhaupt zur ersten Generation, die in der Stadt geboren wurde. Ihre Eltern waren kurz zuvor aus einem polnischen Schtetl dorthin übergesiedelt, dem Ruf eines Onkels des Vaters folgend, von dem die Sage ging, er hätte dort Reichtum und Glück gefunden. Er handelte auch mit Schmuck und Edelsteinen, aber in eher bescheidenem Maß. Trotzdem war das Leben in der böhmischen Metropole sicherer als weiter östlich auf dem Land, wo ständig Pogrome drohten und sie der Willkür der christlichen Herrschaft ausgeliefert waren. Auf dem Land hatten sie ein Haus mit Garten besessen, in der Stadt lebten sie zusammengepfercht in einer winzigen Wohnung. Chanas Eltern litten darunter, sie und ihre Geschwister lernten bald, die Freiheiten zu erkennen, die in den verwinkelten Gassen, auf den Plätzen und Hinterhöfen ihrer harrten. Allen voran Chana, die älteste Tochter. Kein Mitglied ihrer Familie trieb sich mehr in der Stadt herum, spätestens als aus dem Kind ein Mädchen, eine junge Frau wurde. Sie schwänzte ihre häuslichen Pflichten und manchmal sogar den Gottesdienst in der Synagoge. Dann war sie einfach weg, wie vom Erdboden verschluckt, als hätte die große, an allen Ecken und Enden prachtvoll fremde Stadt sie verschluckt. Wo sie sich herumtrieb, war nicht einmal mit Prügel aus ihr herauszuholen. Was das anging, schwieg sie eisern und erduldete selbst die härtesten Hiebe mit dem Lederriemen. Nur sie wusste, dass ihr durch die Wahrheit eine weitaus größere Gefahr drohte als vom Riemen. Die Striemen und blauen Flecken, die der verursachte, verschwanden immer irgendwann wieder, die Wahrheit dagegen hätte sie wie mit einem Kainsmal versehen. Als Gebrandmarkte wäre sie verbannt worden, wenn nicht gleich erschlagen und in irgendeinem düsteren Winkel entsorgt wie ein Stück Abfall.

Also schwieg sie über ihre Abenteuer, über die beglückende Aufregung, die sie ihr bereiteten. Das fiel ihr nicht leicht, sie liebte ihre Familie, die Nähe und Geborgenheit, die sie an guten Tagen in ihrem Kreis erlebte. Sie ging sogar gerne in die Synagoge, betete, sang und hielt die Feiertage ein. Bei all ihren Begegnungen außerhalb der jüdischen Gemeinde hatte sie schnell begriffen, dass ihre Religion und ihre Herkunft einen wesentlichen Teil ihrer Identität ausmachten. Selbst wenn sie es gewollt hätte, sie hätte beides niemals ganz abstreifen können. Einem genauen und kundigen Zuhörer wäre spätestens ihre Aussprache aufgefallen, die immer noch durchsetzt war vom Familienidiom. Aber das bedeutete auch Druck. Sie fühlte sich beständig einer inneren Spannung ausgesetzt, als wäre sie ein Seil, das zwischen zwei Welten gespannt war, die sich mit jedem Tag ein Stückchen mehr auseinander bewegten. Um diese Spannung abzuleiten, wurden ihre Abenteuer zuerst immer wagemutiger und dann waghalsiger. Es wäre nur noch eine Frage der Zeit gewesen, bis sie aufgeflogen wäre und einen großen Skandal verursacht hätte. Ihre neue Freundin war eine Dame der gehobenen Gesellschaft, die es reizvoll fand, sich mit einem Mädchen aus der Unterschicht einzulassen, zumal noch eine Jüdin. Die hätte sie aber auch sofort und ohne ein Wimpernzucken fallengelassen, wäre nur das Geringste ruchbar geworden. Die Schuld, um die es dann plötzlich gegangen wäre, der Sündenfall wäre allein Chana angelastet worden.

Stattdessen fielen die Statthalter des katholischen Königs aus einem Fenster der Prager Burg – sie überstanden es relativ unverletzt, angeblich dank der Hilfe ihrer anbetungswürdigen Jungfrau Maria –, und die Geschichte entwickelte ein Eigenleben. Aus dem Fenstersturz wurde ein Aufstand und aus dem Aufstand ein Krieg, und Chana beschloss, sich diesen aus der Nähe anzusehen. Plötzlich erschien ihr die große Stadt mit all ihren Möglichkeiten nur noch wie ein Gefängnis, in dem ihr Herz langsam zugrunde ging. Es war ein naiver Entschluss, eine Übersprunghandlung, wie man heute sagen würde, aber auch Chana konnte stur sein, wenn sie sich etwas in den Kopf gesetzt hatte.

Sie hätte nur niemals gedacht, dass die Soldaten sie höchstens als Bettgespielin auf Zeit akzeptierten – und dass der Krieg so lange dauern würde. Ein Abenteuer war er schnell nicht mehr, sondern nur noch eine moralische Ungeheuerlichkeit. Ein geplatzter Traum, der in ihr eine Leere hinterließ wie eine Hungersnot. Nachdem sie dann zusammengeschlagen und vergewaltigt wurde, weil ein paar der Kerle aus irgendeinem ihr unerfindlichen Grund Juden hassten und sie beim samstäglichen Gebet überraschten, sah sie sich gezwungen, ihren Namen zu ändern und alles Jüdische an ihr zu verbergen, um nicht noch einmal in solch eine bedrohliche Situation zu kommen. Nach Hause zu gehen, heimzukehren in den Schoß einer Familie, die sich von ihr verraten fühlte, die andere Pläne für sie gemacht hatte, kam für sie nicht infrage. Auch weil ihr in der Not die Hilfe einer Person zuteilwurde, von der sie immer geträumt hatte. Hedwig kam zu ihr wie ein rettender Engel. Ein schwangerer Engel mit einem Kleinkind an der Hand, aber was machte das schon? Für beide war es Liebe auf den ersten Blick, und bald schon kannte Chana, die jetzt Hanna hieß und auch von Hedwig lieber so genannt werden wollte, alle Legenden rund um dieses Kaltsommer. Die klangen so sehr nach Humbug, aber Hedwig erzählte sie mit einer Aufrichtigkeit, dass die Pragerin ihr keine Lüge unterstellen konnte. »Wenn all das hier vorbei ist«, hatte Hedwig noch gesagt und auf die bevorstehende Schlacht ebenso wie ihre bevorstehende Niederkunft gedeutet, »gehen wir heim nach Kaltsommer. Dort wird man uns in Ruhe unser Leben leben lassen, dort können wir die sein, die wir wirklich sind.«

Diese Worte hallten bis zu diesem Tag in Chana nach. Sie waren ein Versprechen, zu schön, um wahr zu sein, zu schön, um nicht daran zu glauben. Deshalb war sie hergekommen. Deshalb war sie dem Dänenkönig bis nach Lübeck gefolgt und dann nach Nordwesten abgebogen, hinein in das Innere eines Landes, das sie bis vor kurzem noch nicht einmal dem Namen nach gekannt hatte. Worte, die sich jetzt als Falle entpuppen mochten …

»Wir können keine Jüdin bei uns aufnehmen«, hörte sie Matthias sagen. »Wir Christen beharken uns ja schon untereinander bis aufs Blut, und selbst bis zu uns nach Kaltsommer haben sie diesen Konflikt getragen. Wolke und Nebel haben uns diesmal nicht vor einem solchen Übergriff geschützt. In dieser Situation sind nicht einmal wir mehr unsichtbar. Und wenn stimmt, was sie sagt, nämlich dass der König kapituliert hat und die Katholiken das Land wieder räumen werden, dann heißt das auch, dass sie bald wieder hier durchziehen, wieder rauben, plündern und brandschatzen werden. Nicht auszudenken, was passiert, wenn sie dann eine Jüdin bei uns finden! Oder die Lutheraner im Umland!«

Das Traurigste an dieser Analyse für Chana war, dass sie sie sehr gut nachvollziehen konnte. Sie selbst dachte inzwischen allzu oft in diesem Muster.

Agathe dachte ebenso. »Die Zeiten sind schon schwerer geworden, seit wir zu den Reformierten gehören«, sagte sie. »Die Katholiken oder der Krieg sind gar nicht mal das Problem, die sind irgendwann auch wieder weg und vorbei. Aber jeder um uns herum will doch ein besserer protestantischer Christ als sein Nachbar sein, und alles, was von diesem Verhalten abweicht, wird angezeigt. Denkt an Burkhard und Reinhart! In den Kerker geworfen haben sie sie, obwohl die Vorwürfe gegen die Beiden so niemals richtig waren. Aber das hat keinen interessiert. Dass sie aus Kaltsommer kamen, hat ausgereicht, sie an den Pranger zu stellen, wegen völlig an den Haaren herbeigezogener Vorwürfe.

Sie waren kein Paar und sie haben auch nicht durch ihre bloße Anwesenheit diesen Bauernhof in Flammen aufgehen lassen.«

»Und was willst du uns genau damit sagen?«, fragte Johann nach. Obwohl er ihr Geheimnis entdeckt hatte, klang seine Stimme noch immer am ruhigsten von allen.

»Dass wir unter Beobachtung stehen«, antwortete Agathe prompt und scharf, »das will ich damit sagen. Wir stehen so kurz davor, von einem Mob rechtschaffener Christenmenschen gestürmt zu werden, und nur weil wir diesen Leuten immer noch zu unheimlich sind und weil wir uns wie sie zum selben Glauben bekennen, lassen sie uns noch in Frieden. Noch. Das dürfen wir nicht aufs Spiel setzen. Wir dürfen nichts tun, was unsere Gemeinschaft als Ganzes gefährdet.«

Chana hörte diesen drei älteren Menschen zu, erkannte auch die echte Angst, die aus ihnen sprach. Eine Existenzangst, die anders war als die der Soldaten im Krieg, aber darum nicht weniger tief empfunden. Sie konnte sogar die Gründe für diese Furcht nachvollziehen, selbst wenn sie die Verhältnisse in diesem seltsamen Dorf noch immer hauptsächlich nur aus Hedwigs abenteuerlichen Erzählungen kannte. Die eigene Anschauung hingegen hatte etwas von einem Traumgesicht: zu schön, um wahr zu sein, um glaubhaft zu sein. Sie wäre gerne hiergeblieben, ein Teil dieser Gemeinschaft geworden, in die sie, das merkte sie instinktiv, gut gepasst hätte. Aber sie wollte auch niemanden in Gefahr bringen – oder ihr Judentum für eine Taufe opfern. Es wäre in Ordnung für sie gewesen, so zu tun, als wäre sie eine Christin, egal welcher Richtung. Sie war niemand, die das regelmäßige Gebet brauchte oder Halt im Einhalten der Gebote und Verbote und im Begehen der Feiertage fand. Das Judentum bedeutete für sie Herkunft und Familie, es war das Fundament, geschüttet in einer Vergangenheit, die weit über diese traurigen Tage, sogar weit über die ältesten ihrer Vorfahren hinaus zurückreichte. Ein Band, so gut wie unsichtbar, das sie weniger an diese Religion schmiedete, als sie vielmehr durchdrang und einen Teil ihres Wesens bildete. Denn eins war sie immer gewesen, wo auch immer sie sich gerade aufgehalten hatte oder in wessen Gesellschaft: eine Jüdin. Wenigstens die anderen hatten sie immer als solche wahrgenommen, zumindest sobald sie davon Wind bekommen hatten. Manche hatten sich überhaupt nur mit ihr eingelassen, eben weil sie eine Jüdin war. Weil das exotisch war, grenzwertig, abenteuerlicher als jede Schilderung eines Dorfes mit Namen Kaltsommer unter einer ewigen Wolke. Selbst Hedwig, noch nie zuvor einer Jüdin begegnet, war anfänglich davor zurückgeschreckt. Hedwig aber hatte ihre Vorbehalte schnell überwunden und bald nur noch die Freundin, die Schicksalsgenossin und Gefährtin in ihr erblickt. Sie hätte niemals von Chana verlangt, den Kern ihres Wesens zu verleugnen oder für ein bisschen mehr Sicherheit und Frieden einzutauschen. Der Preis dafür, gerade von einer Frau erhoben, wäre der reinste Wucher gewesen.

Chana fällte einen Entschluss, während die anderen über ihren Kopf hinweg über sie diskutierten: Sie würde um nichts betteln. Wenn es nicht anders ging, würde sie sich eben dem nächsten nach Süden ziehenden Heer anschließen und sich wieder durch das verheerte Land treiben lassen, von Schlacht zu Schlacht und Belagerung zu Belagerung. Wer weiß, vielleicht käme sie auf diesem Wege ja sogar noch einmal zurück nach Prag. Ihre Familie mochte sie verstoßen haben und sie, ein geschändetes und beschmutztes Wesen, nicht wieder bei sich aufnehmen. Ein Plätzchen für sich ließe sich dort vermutlich trotzdem leichter finden als irgendwo sonst in dieser wüsten Welt. Andernfalls würde eben auch sie aus diesem Krieg nicht mehr heimkehren.

»Es tut mir leid«, sagte sie und erhob sich, »dass ich euch so viele Unannehmlichkeiten bereitet habe. Es war ein Fehler, herzukommen und euch mit meiner Anwesenheit zu belästigen. Die Zeiten sind rau, jeder muss sehen, wo er bleibt, um nicht selbst unterzugehen. Das verstehe ich. Immerhin habt ihr mich nicht gleich weggejagt, sondern mir vorher noch zugehört. Das ist schon mehr, als jemand wie ich dieser Tage erwarten kann. Aber jetzt wird es Zeit für mich, aufzubrechen und mir einen Platz für die Nacht zu suchen – außerhalb eures Dorfes, damit niemand uns miteinander in Verbindung bringen kann.«

»Nein, das wirst du nicht.«

Chana blickte Ulrich an, nicht deshalb überrascht, weil dies ein Befehl gewesen wäre oder eine Drohung. Im Gegenteil, er hatte es mit ganz weicher, fast schon väterlich warmer Stimme gesagt. »Aber wenn ich euch doch in Gefahr bringe«, wandte sie ein.

»Glaub mir, Kind«, erwiderte er jedoch, ein trauriges Lächeln unterdrückend, »selbst für die Gefahr ist es jetzt schon zu spät am Abend. Um diese Uhrzeit traut sie sich nicht mehr zu uns heraus. Wenigstens für diese Nacht wirst du bei uns bleiben und in Sicherheit schlafen können. Kein Haar soll dir gekrümmt werden, solange du bei uns bist. Du warst gut zu meiner Tochter, dann können wir auch – zumindest für ein paar Stunden – gut zu dir sein.

Das schulden wir dir.« Und bevor sie oder irgendjemand sonst noch einen Einwand dagegen erheben konnte, machte er eine Stille gebietende Geste und bestimmte: »Du wirst diese Nacht bei Agathe schlafen, denn Kaltsommer ist wirklich nicht der richtige Ort, um unter einer Plache auf einem Wagen zu schlafen. Du sollst es warm haben in dieser Nacht. Und während du schläfst, werden wir darüber entscheiden, ob wir dich tatsächlich abweisen dürfen oder nicht. Kaltsommer war immer ein Hort der Anderen, ein sicherer Hafen für die, denen die Welt mit Verachtung begegnet. Ob ein Krieg daran etwas ändern kann, noch dazu einer, der wohl mit diesem Frieden vorbei zu sein scheint, das muss erst noch entschieden werden.« Ein Seufzen, beinahe schon ein Schluchzen schüttelte ihn, dann fuhr er fort: »Als Hedwig zu mir kam, um mir zu sagen, dass sie Kaltsommer verlassen will, weil sie etwas von der Welt sehen will und ihr ein Krieg dafür der richtige Anlass zu sein schien, da hat mich das zutiefst getroffen. Kaltsommer war bisher nie ein Ort, von dem man wegging, sondern der Ort, zu dem man kam. Sie stellte das plötzlich alles auf den Kopf. Aber so war meine Hedwig nun mal. Und bei aller Furcht um sie, war ich mir doch immer sicher, dass sie sich auf ihrer Wanderung stets mit guten Menschen umgeben würde. Der Glaube, dass sie Kaltsommer nicht verlassen hat, um es hinter sich zu lassen, sondern um es in die Welt hinauszutragen, hat mich immer getröstet. Dass du, Chana, jetzt hier bist, bestätigt mich in dieser Auffassung. Also schlafe ruhig bei uns heute Nacht, und morgen früh sehen wir weiter. Das ist das Mindeste, was wir für dich tun können.«

Niemand wagte, dagegen Einspruch zu erheben. Chana spielte wohl noch am längsten mit dem Gedanken, am Ende ergab auch sie sich wortlos in diese Anordnung. Agathe brachte sie in ihr Haus gleich nebenan, das sie ganz allein bewohnte. Sie machte ihr eine Bettstatt zurecht, ließ das Herdfeuer ordentlich auflodern, auf dass es auch den letzten Rest Feuchtigkeit und Kälte verbrannte, gab ihr sogar etwas zum Essen und wünschte schließlich eine gute Nacht. Dann ging sie wieder zu ihrem Bruder zurück. Sie gab sich nicht übermäßig herzlich dabei, war aber auch nicht unfreundlich. Sie hatte lediglich ihren Standpunkt klargemacht, und mehr gab es für diesen Moment schlicht nicht zu sagen. Chana dankte ihr und versicherte ihr trotzdem, dass es niemals ihre Absicht gewesen wäre, ihr zur Last zu fallen. Agathe zuckte nur mit den Achseln und erwiderte: »Ist schon gut, Kind.« Dann ging sie.

Chana blieb allein zurück. Beim Schein eines Talglichts lag sie in ihrem Bett und starrte die Decke an. Zum ersten Mal seit Gott weiß wie langer

Zeit hatte sie für die Nacht wieder ein Dach über dem Kopf und musste sie nicht fürchten, von Soldaten belästigt oder von Wegelagerern überfallen zu werden. Was auch immer der Morgen bringen mochte, bis dahin war sie hier tatsächlich sicher. Trotzdem glaubte sie kaum, einschlafen zu können. Zu viele Gedanken gingen ihr im Kopf herum: an Hedwig, an ihre Familie, an all die Schrecken des Krieges, den sie vielleicht wirklich endlich hinter sich lassen sollte. Egal was morgen sein würde. Selbst wenn dieses Kaltsommer nicht das Ende ihrer Irrfahrt war, sondern nur ein Etappenziel und Ausgangspunkt für eine weitere Reise, und egal wie wunderbar einlullend der Regen unablässig gegen Dach und Wände klopfte, sie sollte sich zu friedlichen Ufern aufmachen. So friedlich wie dieser Regen, ein Regen, der Leben schuf und nicht nahm. Ein Regen, der sich wie ein Schutzmantel um einen legte und noch eine Wand aus Wasserdampf schuf, hinter der man erst recht für die Gefahren der Welt unsichtbar war. Irgendwo musste es einen Ort auch für sie geben. Vielleicht einer, an dem es nicht so feucht war. Vielleicht einer, an dem eine ebenso mollige Wärme herrschte wie hier. Sie brauchte ja nicht viel, nur einen winzigen Winkel für sich selbst. Sie wollte niemandem zur Last fallen, sie konnte gut für sich selber sorgen. Man musste sie nur lassen. Man musste sie nur in Ruhe lassen wie den Regen, der auch fiel, ohne dass jemand dagegen etwas hätte sagen können. Denn der Regen war gut, der Regen war auch gut …

Sechsundzwanzigstes Kapitel

Was die Verwaltung anging, gehörte Kaltsommer zum Amt Wankendorf, nicht jedoch zur dortigen Kirchengemeinde. Zu Taufen, Konfirmationen, Hochzeiten, ab und an zu Weihnachtsgottesdiensten – sonntags eher gar nicht – oder eben zu Beerdigungen suchte man die Vicelinkirche in Bornhöved auf und ließ sich auch auf dem zugehörigen Friedhof beisetzen. Die Einwohner Kaltsommers waren nicht über die Maßen religiös. Danach, eine Kirche im eigenen Ort stehen zu haben, mit einem spitzen Turm, der ihrer Wolke in den Bauch stach, hatten sie sich niemals gesehnt. Religion war hier schon immer eher etwas Importiertes gewesen, ein Gebot der Außenwelt, an das sie sich zwangsläufig halten mussten, wenn sie sich nicht noch mehr Probleme mit ihr als ohnehin schon einhandeln wollten. Nur dass sie inzwischen auch ihre Toten außerhalb des Dorfes beerdigen sollten, sahen viele kritisch, besonders die älteren Mitbürger, eben die mit den meisten Toten. Für die Grabpflege und Verwandtenbesuche mussten sie fortan eine Fahrt in Kauf nehmen, was mit zunehmendem Alter umso schwieriger wurde. Die Kirche war für die meisten Kaltsommeraner ein Bauwerk, in dem Zeremonien und Rituale abgehalten wurden, die zum Glück keine Pflicht mehr waren. Manchmal waren die schön, bisweilen nervig – davon konnten die Konfirmanden, die in ihrer zweijährigen Konfirmationszeit an so und so vielen Sonntagen im Gottesdienst erscheinen mussten, um überhaupt für diese Segnung zugelassen zu werden, ein Lied singen – und selten nützlich. Eine Beerdigung empfanden die meisten als ebenso schrecklich wie nützlich: das ultimative Abschiednehmen von einem geliebten Menschen durch ein Ritual, das einem dabei hilft, weil es einem einen Rahmen gibt, ein Gerüst, an dem man sich währenddessen festklammern kann. Es ist traurig, schnürt dir die Kehle zu und lässt dich wünschen, ganz weit wegzulaufen. Sobald der Sarg sich aber ins Grab gesenkt hat, sobald der

Verstorbene mit all den an ihm hängenden Erinnerungen, Wünschen und Schmerzen aus der Welt geschafft ist, macht sich doch Erleichterung breit. Dann kann das eigentliche Trauern beginnen und damit die Heilung der Wunde, die der Tod gerissen hat.

Bei der Beerdigung eines Kindes liegen die Dinge jedoch nicht ganz so klar.

In zwei Karawanen brachen an diesem späten Julimittag die Bewohner Kaltsommers in Richtung Bornhöved auf. Die einen nahmen den Weg unter der Autobahnbrücke durch und am Schützenheim vorbei, um dann kurz vor Ruhwinkel auf die alte B404 abzubiegen. Die anderen bogen gleich auf die Appelallee ab, fuhren über die Autobahn hinweg und an den Kleingärten vorbei, bis sie auf den Priesterredder kamen, der bereits innerhalb der Ortsgrenze von Bornhöved lag. Den Weg über Lindenallee und B430 dagegen nahm heute niemand. Auch so krochen die Fahrzeuge mit den schwarzgekleideten Personen darin durch die Nebelbank wie durch ein Minenfeld, obwohl sie darin keinen kreuzenden Verkehr fürchten mussten. Aber der Nebel zeigte sich an diesem Tag besonders dicht, außerhalb Kaltsommers war das Thermometer in sommerliche Höhen geklettert. Die Wolke gab ein so grelles weißes Gleißen von sich, dass mancher darin unter diesen Umständen unweigerlich Totenlichter zu erkennen glaubte, bevor er sich die Sonnenbrille aufsetzte und seine Augen sich wieder entspannten. So hatten sie die Wolke noch nie gesehen, so hell, beinahe schon hart, ja schmerzhaft leuchtend. Sie waren widerwillig erleichtert, als sie endlich Wolke und Nebel hinter sich gelassen hatten und im blauen Schein eines echten Sommertages weiterfahren konnten. Nach nur einer Handvoll Minuten hatten sie ihr Ziel erreicht.

Weil die Anteilnahme groß war, hatten Lasse und Jasmin Heise beschlossen, die Trauerfeier für ihre Tochter in der Kirche abzuhalten. Die Kapelle auf dem Friedhof am Ortsrand hätte niemals genug Platz für alle Gäste geboten, wenn selbst das Gotteshaus schon aus allen Nähten zu platzen drohte. Dass mittlerweile Ferien waren und die Urlaubszeit begonnen hatte, war hier und heute nicht zu spüren. Jeder, der nicht verreist oder an anderer Stelle unabkömmlich war, saß auf den alten Holzbänken des bei Sonnenschein besonders hellen Innenraums dieses bald neunhundert Jahre alten Sakralbaus mit seinen Wänden aus Feldsteinen und Gips. Und alle starrten sie nach vorne zum Altar, vor dem der viel zu kleine verschlossene Sarg stand. Der war über und über mit Kränzen und Gestecken bedeckt, als gelte es, die kleine Justine auf jede nur erdenkliche Art vor den Blicken der Menschen zu schützen. Als könnten all die bunten Blumen die Tatsache ihres allzu frühen Todes erträglicher machen.

Olaf fühlte bei ihrem Anblick erst recht einen Kloß im Hals, während ihm der Blütenduft die Nase verstopfte und das Atmen schwermachte. Wieder und wieder war er versucht, sich die Krawatte zu lockern, um der Beklemmung in seiner Brust Herr zu werden. Die letzte Beerdigung, zu der er hatte gehen müssen, war die seiner Mutter gewesen, danach hatte er immer Arbeit vorgeschützt und sich gedrückt, aber seither war auch kein weiterer Verwandter oder enger Freund mehr gestorben. An den Tag von Bärbel Harms Beerdigung erinnerte er sich auch nur noch bruchstückhaft, als puren Stress, der sich, sobald die Urne mit ihrer Asche beigesetzt war, in eine alles betäubende Erleichterung auflöste und dem Vergessen Vorschub leistete. Zu verwirrend war das damals alles gewesen, seiner weggelaufene, tödlich verunglückte und zu einem Häuflein Asche verbrannte Mutter auf diese Art noch einmal zu begegnen. Nicht einmal ihr Grab hatte er jemals wieder besucht, darum kümmerten sich ihre Schwestern. Die hatten jeden Kontakt zu den Harms, die in ihren Augen für alles Unglück, das Bärbel widerfahren war, verantwortlich machten, abgebrochen. Nicht ganz zu Unrecht, wie Olaf fand.

Wenn es nach ihm gegangen wäre, säße er jetzt auch gar nicht hier. Wenn es nach ihm gegangen wäre, hätte er freiwillig die Nachmittagsschicht bei der Besamung übernommen, die an diesem Tag unterbesetzt war. Er war allein wegen Rüdiger hier. Sein Vater hatte unbedingt an der Beerdigung teilnehmen wollen und diesen Wunsch, dabei so klar wie selten wirkend, mit Nachdruck mehrmals vorgetragen. Weil aber Melanie wegen des Grabschmucks alle Hände voll zu tun hatte und die Demenz seinen Vater zu unberechenbar machte, um ihn der Obhut eines Nachbarn anzuvertrauen, hatte Olaf keine andere Wahl gehabt, als mitzukommen. Rüdigers Wunsch hatte ihn nicht weiter überrascht, er war ein Kaltsommeraner reinsten Wassers und fühlte sich darum mit jedem anderen Dorfbewohner verbunden, in Freud ebenso wie im Leid. Dasselbe galt eigentlich für Olaf. Er hatte schon Lasse Heise aufwachsen sehen und indirekt auch seine Tochter von Geburt an gekannt. Man kannte sich von Dorffesten, Vogelschießen, Laterne laufen, dem Aufstellen von Mai- und

Weihnachtsbaum vor dem Torhaus, oder begegnete sich einfach so auf der Straße und hielt unweigerlich für einen kleinen Plausch an, wenn die Zeit es erlaubte. Es gab kein böses Blut zwischen ihnen, und selbst wenn Lasse die allgemeine Ansicht teilte, dass Olaf so etwas wie die männliche Dorfmatratze war, ließ er den Bauern das niemals spüren. Als er mit Rüdiger beim Betreten der Kirche an der sich draußen sammelnden Familie vorbeikam, hatte Lasse ihm dankbar zugenickt. Mehr nicht, aber es hatte ausgereicht, den bereits in Olafs Hals vorhandenen Kloß auf den doppelten Umfang anwachsen zu lassen. Nur unter Gestammel hatte er dem Mann vom Bestattungsunternehmen den Umschlag mit der Kondolenzkarte und der kleinen Geldspende darin überreichen können und war seinem Vater hineingefolgt. Der schien die Ruhe selbst zu sein, noch dazu bei klarem Verstand, obschon er nur das Nötigste sprach. Olaf war dankbar dafür, Rüdiger an seiner Seite zu wissen. Fast fühlte er sich wieder wie ein kleiner Junge, dem allein die Gegenwart seines Vaters an einem solchen Ort und zu einem solchen Anlass Halt, Trost und Sicherheit spendete.

Sie saßen im hinteren Drittel der Kirche unmittelbar am Gang, die Empore mit der Orgel nicht mehr über ihren Köpfen. Einen Platz ließen sie für Melanie frei, die sich, in enger Zusammenarbeit mit dem Bestatter und der Familie, um den Blumenschmuck kümmerte und darüber hinaus die meisten privaten Gestecke und Kränze angefertigt hatte. Um alle Aufträge fertigzustellen, hatte sie die letzte Nacht beinahe durchgearbeitet. Sie hatte sich besondere Mühe gegeben, das wusste Olaf. Die war ihr umso schwerer gefallen, weil der wirtschaftliche Segen für ihren Betrieb Mehltau für ihre Seele war. Ein Gutteil ihrer Arbeit fiel durch Beerdigungen an. Auch für das eine oder andere Kind hatte sie schon Grabschmuck angefertigt, aber noch niemals für eins, das sie gekannt hatte, das ihr Nachbar gewesen war.

Neben ihnen in der Reihe saßen Kaltsommers Bürgermeisterin Ute Heinsohn und ihr Exfreund Thies Dührkopp und neben ihnen die Ostrowskis und der alte Rasmus Duggen. Ute hatte ihn, Rüdiger und Thies mitgenommen, da sonst niemand von der Heinsohn-Sippe gekommen war. Nicht einmal ihr Vater Max, der sich als Bürgermeister a.D. wohl zu nichts mehr verpflichtet fühlte, schon gar nicht dazu, einem kleinen Mädchen die letzte Ehre zu erweisen oder ihren Eltern durch seine simple Anwesenheit den Rücken zu stärken. Was Ute davon hielt, konnte man ihr am Gesicht ablesen. Wenigstens hatte sie Thies. Der füllte nur allzu gern die Stelle ihres Begleiters aus, was man wiederum problemlos an seinem Gesicht ablesen konnte. Denn auch Utes Lebensgefährte Tino hatte sie heute im Stich gelassen, während ihre Tochter Gloria bei der Tante geblieben war. Ute hatte sich bei Thies untergehakt, bleich und verschlossen, jedes Wort nur unter großer Anstrengung über die Lippen bringend und dankbar dafür, dass der Zimmermann stets an Selbstsicherheit gewann, wenn er seine Verflossene an seiner Seite wusste.

Die Kirche füllte sich zusehends, und Olaf fand es beinahe spannend, zu sehen, wer aus Kaltsommer gekommen war und wer nicht. Die jüngeren Erwachsenen waren so gut wie vollzählig da, gerade die, die selbst bereits Kinder hatten. Die Quandts etwa oder Thodes, Nebendahls, Hecklers, Thomsens und natürlich Runge-Kluges. Ella hatten die allerdings zu Hause gelassen oder die sich geweigert mitzukommen. Bei den Kaufmanns dagegen sah es anders aus, von denen war nur Leon da, während seine Eltern dem Begräbnis lieber fernblieben. Nicht dass irgendjemand etwas anderes von ihnen erwartet hätte. Leon saß neben seinem Ziehvaterpaar Philipps-Egmont, in der Reihe direkt hinter den für die trauernde Familie reservierten Bänken. Und ausnahmsweise versuchte Leon einmal nicht mit ihm zu flirten, wie Olaf erleichtert feststellte. Er drückte sich stattdessen mit krummstem Rücken so tief wie möglich in die ungemütliche Holzbank, als wollte er sich unsichtbar machen. Sein Blick hob sich selten von den in seinem Schoß verknäult daliegenden Händen, meistens nur, wenn Manfred oder Martin das Wort an ihn richteten. Dann flatterte sein Blick hoch wie ein aufgescheuchter Vogel, streifte kurz den Sarg, bevor er sich den beiden Männern zuwandte, und sank so schnell wie möglich wieder herab. Er versuchte immerhin, tapfer zu sein, das musste man ihm lassen. Was wirklich in seinem Kopf vorgehen musste, konnte Olaf sich nicht einmal ansatzweise ausmalen, wahrscheinlich übelste Erinnerungen an das Busunglück selbst, wegen dem sie heute hier zusammengekommen waren.

Aus Kaltsommer waren sonst noch beide Einems da, Thekla mit ihrem Rollator, Norbert ohne Hund. Bente Nissen saß natürlich mittendrin, zwischen Molkentins und Sonja Schönfeld, deren Ehemann Eike es, wie so manch anderer Mann auch, vorgezogen hatte, lieber zu Hause zu bleiben. Es waren doch hauptsächlich die Frauen, die die Fahne ihrer Familien hochhielten und Beistand leisteten. Aber das war damals bei der Beerdigung seiner Mutter nicht anders gewesen, erinnerte sich Olaf wieder. Mit Tod und Trauer konnten die Frauen besser umgehen oder eher: Die scheuten davor nicht so schnell zurück wie die Vertreter des starken Geschlechts. Louise Garg war noch da, neben ihr saß Almut Runge, und weiter die Frauen Gärtner, Lommer, Möller, Schielke und Kistenmacher.

Wer noch alles aus Kaltsommer anwesend war, war jedoch immer schwieriger zu erkennen, da sich die Kirche auch zusehends mit ortsfremden Gesichtern füllte. Zum Teil mochten es Freunde, Bekannte und Verwandte von Jasmin Heise sein, die aus dem Preetzer Raum stammte, zum Teil Schaulustige. Einige meinte Olaf als Einwohner von Bornhöved, Wankendorf und Trappenkamp identifizieren zu können, und war sich ziemlich sicher, dass die nicht die geringste Verbindung zu den Heises hatten. Allerdings mochte er sich da auch täuschen. Was wusste er denn schon über das Leben Justines und ihrer Eltern außerhalb des Wolkenwirbels? Denn dann war da ja auch noch die Gruppe Zwölf- und Dreizehnjähriger aus Neumünster und Umgebung, die, begleitet von ein paar Müttern und ihren Lehrerinnen und Lehrern, zusammengedrängt auf einem Haufen saßen und zumeist verstört und bekümmert aus glasigen Augen in der Kirche umherstarrten. Das war der Teil von Justines Klasse, der nicht bereits in die Ferien gefahren war, kleine Kinder, die in diesem Jahr nun schon zum zweiten Mal eine ihrer Mitschülerinnen beerdigen mussten. Noch am Unglücksort war – damals, hätte Olaf beinahe gedacht, dabei war es doch erst eine Handvoll Wochen her – Justines beste Freundin Emma Johannsen gestorben, die, als Bornhöveder Kind, unter großer Anteilnahme der hiesigen Bevölkerung zu Grabe getragen worden war. Das schienen sie in Kaltsommer längst wieder verdrängt zu haben, und in der Tat war aus ihrem Wolkenheim kaum jemand zu dieser Beerdigung gefahren. Nur Ute Heinsohn als Bürgermeisterin hatte das Dorf ganz offiziell vertreten und auch einen Kranz bei Melanie im Namen der Gemeinde in Auftrag gegeben.

Olaf beobachtete Justines Mitschüler, ein wenig zwanghaft vielleicht, denn ihr Anblick ließ ihm einen kalten Schauder die Wirbelsäule hinauf und wieder hinab kriechen. Sie waren so still, so zurückhaltend, so leblos gar. Sie waren all das, was eine Gruppe von Kindern in diesem Alter nicht sein sollte. Sie sahen verängstigt aus, und Olaf fragte sich ernsthaft, wie sie dieses doppelte Unglück, das ihren Klassenverband getroffen hatte, jemals verarbeiten sollten. Er glaubte, gelesen zu haben, dass die Schule ihnen psychologische Betreuung anbot und auch den betroffenen Eltern Hilfestellung im Umgang mit ihren traumatisierten Kindern gewährte. Aber alles konnte dadurch doch unmöglich wieder gutwerden. Als seine Mutter von dem besoffenen Autofahrer umgenietet worden war, hatte sie schon eine geraume Weile nicht mehr bei ihnen gelebt. Außerdem war er schon so gut wie erwachsen gewesen. Trotzdem hatte ihn das Erlebnis zutiefst aufgewühlt und noch sehr lange beschäftigt. Und Benjamin, damals noch immer sein Freund, war nicht wirklich eine Hilfe gewesen, selbst zu unsicher, wie er mit dem Verlust der Frau, die vermutlich mehr mütterliche Gefühle ihm gegenüber gezeigt hatte als Gerburg, umgehen sollte. Am Ende, so kam es Olaf heute vor, hatten sie einfach weitergemacht, als wäre gar nichts geschehen. Da hatten sie sich definitiv etwas vorgemacht. Und heute lag Gerburg selbst im Krankenhaus, rang mit dem Tod und wurde von ihrem Sohn kaum jemals besucht. Oder von ihm …

Melanie schlüpfte neben ihn auf den freigehaltenen Platz in der proppenvollen Kirche. Es waren sogar schon zusätzliche Stühle hereingetragen und aufgestellt worden, und trotzdem mussten einige Menschen stehen. Sie sah bleich und übernächtigt aus, angegriffen nicht nur von der Arbeit an sich, und murmelte etwas von zu vielen Lilien überall, von deren Duft ihr schon ganz schlecht sei. Olaf drückte ihre Hand und gab ihr einen sanften Kuss auf die Schläfe.

Gleich darauf zog die Familie ein durch das Spalier der sich erhebenden Trauergemeinde. Vorweg schritten Jasmin und Lasse Heise, gebrochen und gebeugt, aber seltsam würdevoll den Mittelgang entlang auf den Altarraum zu. Als sie diesen Weg das letzte Mal gegangen waren, hatten sie sich an ebendieser Stelle kirchlich trauen lassen. Jetzt wartete vor ihnen in einem viel zu kleinen Sarg ihre Tochter Justine auf sie, ihr einziges Kind. In der Kirche wurden vermehrt Schluchzer laut. Die Eltern blieben einen Moment andächtig vor dem Sarg, den auch die unzähligen Blumen weder verstecken noch verschönern konnten, stehen, dann traten sie beiseite und setzten sich vorne in die erste Reihe unter der Kanzel. Ihnen folgten beide Arme der Familie, die Heises aus Kaltsommer und die Burgmöllers aus Preetz, so viele, dass sie nur mit Mühe in die für sie reservierten Bänke passten. Kaum saßen sie, setzte die Orgel ein, und nach einem langen Vorspiel intonierte die Gemeinde wie von selbst das erste Lied. Olaf sang nicht mit. So sehr er sich auch bemühte, er konnte den Text auf dem Notenblatt nicht entziffern.

Schließlich trat die Pastorin an das Mikrofon neben dem Sarg und begrüßte in ausgewählten Worten Familie, Freunde und all die anderen, die sich an diesem Tag aufgemacht hätten, Abschied zu nehmen und Beistand zu leisten. Elisabeth Kröger stand der Gemeinde in Bornhöved seit ungefähr vier Jahren vor. Sie war klein und rundlich und besaß eine Ausstrahlung, die man als natürlichen Optimismus bezeichnen konnte. Das half ihr in ihrem Beruf ungemein, wurde sie durch ihn doch unweigerlich mit allen Stadien des menschlichen Lebens vertraut. Dass ihr diese spezielle Trauerfeier jedoch ebenfalls naheging, sie hatte selbst Kinder, eins davon in Justines Alter, war ihr deutlich anzumerken. Aber eben weil sie ihre eigenen Gefühle nicht unterdrückte, fand sie sofort einen Draht zur Familie und der gesamten Gemeinde und darüber die richtigen Worte. Ihre Stimme nahm die Anwesenden mit, führte sie aus der Kirche hinaus bis an die Pforten jenes besseren Ortes, an dem Justine nun weilte. So jedenfalls empfand es Olaf, der kaum in der Lage war, ein Wort von den Gebeten, den Liedern, Segenssprüchen und der Predigt zu behalten, sich aber gerne dem warmen Klang von Elisabeth Krögers Stimme überließ. Und als er irgendwann merkte, dass Melanie leise vor sich hin weinte, legte er einen Arm um sie und zog sie fest an sich. Rüdiger dagegen schien das Geschehen mit allergrößter Aufmerksamkeit zu verfolgen und machte auch weiterhin den Eindruck völliger Klarheit. Er sang aus voller Kehle die eher für Kinder gedachten Lieder mit. Als würde sich sein Gedächtnis nicht langsam in Treibsand verwandeln und alles Wissen und Können, das er im Laufe seines Lebens angesammelt hatte, ein für alle Mal verschlucken, brauchte er keine Hilfe, um sich an den Ablauf dieses Rituals zu halten. Er strahlte eine Sicherheit aus, eine Ruhe und Gelassenheit, um die Olaf ihn nicht beneidete, sondern für die er dankbar war, bot sie ihm doch selbst etwas Halt. Melanie lehnte sich an ihn und er sich an seinen Vater, und so sollte es ja auch sein, dachte er.

Der Gottesdienst als erster Akt dieses Abschieds war schnell vorbei, obwohl der Rektor von Justines Schule noch eine kleine Rede hielt und drei ihrer Mitschülerinnen ein Gedicht vortrugen. Ihnen verlangte das alles ab, aber sie hielten ihren Gefühlen stand, und es gab nicht einen Menschen in der Kirche, der danach nicht reflexartig über eine Gänsehaut auf seinen Unterarmen rieb. Der zweite Akt fand auf dem Friedhof am Ortsrand statt, unweit des Sees. Die meisten fuhren den kaum einen Kilometer langen Weg mit ihren Autos und verstopften schnell nicht nur den schon für normale Trauerfeiern kaum ausreichenden Parkplatz am Friedhof selbst, sondern auch die der Supermärkte auf der anderen Straßenseite. Aber einige gingen auch zu Fuß, wohlwissend, dass man mit der eigentlichen Beisetzung warten würde; und außerdem musste ja noch der Sarg mit Justines sterblichen Überresten erst einmal zu ihrer letzten Ruhestätte transportiert werden.

Familie Harms einigte sich mit Ute und Thies schnell auf den Fußmarsch. Die warme Sommerluft, höchsten vom Duft einiger Lindenblüten erfüllt, tat ihnen gut. Ihnen schlossen sich die Bewohner des Verwalterhauses an, Leon eingeschlossen, der jedoch stets ein Stückchen hinter ihnen zurückblieb und mit jeder Faser seines Körpers den Wunsch ausstrahlte, allein sein zu wollen. Man ließ ihn. Geredet wurde sowieso kaum, was nicht zuletzt an Martin Egmont lag, der an diesem Tag ebenfalls besonders verschlossen wirkte. Ihm machte es noch immer zu schaffen, dass er es war, der die Geräte abgeschaltet hatte. Dass er es auf den ausdrücklichen Wunsch der Familie getan hatte und diese ihm dafür immer wieder ihren Dank bezeugte – als einen der wenigen Außenstehenden hatte die Familie ihn zu Kaffee und Kuchen in ihr Haus eingeladen, für einen großen Leichenschmaus fehlte allen die Kraft –, machte es für ihn nicht besser. Es hatte keine Hoffnung mehr für Justine bestanden, und trotzdem war er gezwungen gewesen, seinen hippokratischen Eid zu brechen. Das nagte an ihm. Wie sehr, stand ihm ins Gesicht geschrieben, das grauer und faltiger aussah als sonst. Er hüllte sich geradezu in einen Mantel aus Unnahbarkeit, den einzig Manfred durchbrechen durfte, indem er beim Gang zum Friedhof permanent die Hand seines Ehemannes hielt. Olaf konnte sich nicht erinnern, sie jemals bei dieser Geste gesehen zu haben, schon gar nicht außerhalb Kaltsommers. Selbst er hatte in Kaltsommer mit Benjamin selten öffentlich Händchen gehalten. Aber das hatte mehr an seinem Freund gelegen, der sich in der Öffentlichkeit grundsätzlich eher reserviert verhielt. Gerburg hatte ihm geradezu eingeimpft, den Leuten so wenig Angriffsfläche wie möglich zu präsentieren, die zerrissen sich so schon genug das Maul …

Als sie am Friedhof ankamen, herrschte dort nicht einfach nur das übliche Gedränge, sondern regelrechtes Chaos. Zu viele Menschen wollten noch immer an der Beisetzung teilnehmen und ließen der mit als Letztes ankommenden Familie Heise kaum Platz. Sowohl gegenüber bei den Supermärkten als auch auf dem Weg runter zum See war nichts mehr frei, sodass sie ihre Autos schließlich am Straßenrand der K101 nach Wankendorf parken musste. Als das endlich geschehen war – wie sehr sie dieses Herumgegurke Nerven gekostet hatte, konnte jeder selbst sehen –, lagen sie weit hinter dem Zeitplan zurück. Aber wenigstens Pastorin Kröger ließ sich nicht aus der Ruhe bringen, erwartete die Eltern, Großeltern, Onkel, Tanten, Cousins und Cousinen mit gütigem, verständnisinnigem Lächeln und führte sie zielsicher in den Friedhof hinein zum Grab Justines. Sie mussten nicht weit gehen, ihre letzte Ruhestätte befand sich in einem Areal am Rand, das gerade erst wieder frisch mit neuen Grabstellen besetzt wurde, nachdem die Pacht für die alten in den letzten Jahren nach und nach ausgelaufen war. Auch Emma Johannsen lag in dieser Reihe, nur ein Stück weiter den sandigen Weg hinunter. Ihr Grabstein war eingefriedet von weißen Steinen und die Fläche zur einen Hälfte mit bunt blühenden Blumen bepflanzt und zur anderen mit Puppen und Teddybären und anderem Spielzeug ausstaffiert.

So weit mochte jedoch niemand schauen. Justines Grab, das nun ebenfalls in den mit aus der Kirche herbeigeschafften Kränzen und Gebinden, in Schleifen und Gestecken erstickte, absorbierte alle Aufmerksamkeit. Außerdem hatten Olaf und seine Gruppe gleich am Eingangstor zum Friedhof Dunja, Petra und ihre Mutter Beate entdeckt. Ein seltener Anblick, Beate Niemann verließ nicht oft ihr Haus, ohne dass jemand gewusst hätte, warum. Sie war grau geworden, seit Olaf sie das letzte Mal gesehen hatte, etwas fülliger und noch zurückhaltender als ohnehin schon. Nur an ihrer Dauerwelle hielt sie standhaft fest. Die drei Frauen waren natürlich ohne männliche Begleitung erschienen, auch Hans Niemann, der alte Immobilienkönig, der sonst keine Gelegenheit ausließ, sich in der Gesellschaft anderer zu profilieren, traute sich nicht so recht auf Beerdigungen. Er hatte allerdings erst im allerletzten Moment gekniffen, wie Petra ihnen erzählte, weshalb sie auch so spät gekommen waren, dass sie nur noch Stehplätze ganz hinten in der Kirche bekommen hatten. Dafür waren sie dann mit als Erste am Friedhof gewesen. Nun standen sie wieder ganz hinten und hörten kaum die abschließenden Segensworte, die die Pastorin sprach, bevor sie dann jeden, der dies mochte, bat, ans Grab vorzutreten, eine Blume oder eine Schaufel voll Sand hineinzuwerfen und sich persönlich von Justine zu verabschieden.

Wieder war es interessant zu sehen, wie sehr sich hier die verbliebenen Männer von den Frauen schieden. Nach den Familienmitgliedern waren es hauptsächlich die Frauen, die diese Handlung vornahmen und dann noch einmal den Eltern, die daneben stehengeblieben waren, ihr Beileid aussprachen. Auch die Mitschülerinnen, alle Mädchen und Jungen, machten es, mochte es sie auch noch so viel Überwindung kosten. Immerhin hatten sie sich abgesprochen und jede und jeder von ihnen ließ eine gelbe Nelke auf den Sarg fallen. Sämtliche anwesende Kaltsommeranerinnen traten noch einmal an die Grube heran, egal wie nahe sie der Familie wirklich gestanden hatten. Aber von den Männern wahrten die meisten Abstand, selbst von Lasse Heises Kumpeln von der Freiwilligen Feuerwehr mochten viele diesen letzten Schritt nicht gehen. So waren es im Wesentlichen nur Manfred Philipps, Martin Egmont, Leon Kaufmann, Rüdiger und Olaf selbst, die noch einmal auf den Sarg hinabsahen, der unter all dem Sand und den Blumen eher besudelt als begraben anmutete. Olaf schaute nur ganz kurz nach unten und schloss dann die Augen, als sammelte er sich zum Gebet, während ihm in Wirklichkeit beim Blick in die Grube leicht schwindelig wurde. Sobald er allerdings die Lider fest zusammengedrückt hatte, blitzten Erinnerungen an die Beerdigung seiner Mutter auf, und die waren heute nicht viel erträglicher. Olaf sah zu, dass er Platz für die Nächste machte.

Es war Irmgard Schilling, von der niemand erwartet oder verlangt hätte, heute hier zu erscheinen. Aber sie war gekommen, auch wenn sie schwach wirkte, wie kurz vor dem Zusammenbruch. Ralph befand sich noch immer in der Klinik, körperlich inzwischen in einem stabilen Zustand, seelisch noch immer am Rande des Abgrunds wandelnd. Die Umarmung von ihr und den Eltern Heise dauerte lange und kam gänzlich ohne Worte aus.

Und dann war es vorbei. Die Trauergemeinde löste sich auf. In kleinen Grüppchen lief man zurück zu den abgestellten Autos. Nur die wenigsten wirkten erleichtert, diesen letzten, aber für die Verarbeitung so notwendigen Akt hinter sich gebracht zu haben, die meisten noch immer bedrückt. Es ist schwerer, ein Kind zu beerdigen als einen Erwachsenen, der sein Leben gelebt hat, weil so ein Tod kaum zu begreifen ist, selbst wenn man genau um die Umstände weiß, um den dicken wabernden

Nebel und darin ein Bus und ein Kleintransporter, beide ohne Sicht, aber in der Pflicht, Fahr- ebenso wie Lieferpläne einzuhalten. Dieses Wissen nützt einem gar nichts. Das Gefühl von Ungerechtigkeit und Grausamkeit überlagert alles und lässt Logik und Vernunft erst recht hässlich und gemein aussehen. Wann auch immer die Trauerarbeit wirklich einsetzen mochte, am heutigen Tage in den meisten Fällen noch nicht. Es war nur allzu verständlich, dass die meisten diesen Ort so schnell wie möglich hinter sich lassen wollten.

»Ich würde gerne zu Fuß nach Hause gehen.«

Sie standen auf dem Friedhofsparkplatz, der erfüllt war vom Klang zuschlagender Autotüren und aufbrausender Motoren, als Rüdiger seinen Wunsch äußerte. Sie waren noch immer zu elft: Rüdiger, Melanie, Olaf, Leon, Manfred, Martin, Ute, Thies, Beate, Petra und Dunja. Aber niemand schaute bei diesen Worten den alten Harms an. Alle blickten, als hätte eine unsichtbare Macht ihre Köpfe mit Geisterhand gedreht, nach Westen. Dort konnten sie, leuchtend im Schein der Julisonne, den Zipfel ihrer heimischen Wolke am Himmel schweben sehen, sogar seine ganz leise Drehung im Uhrzeigersinn konnten sie ausmachen – und ein paar Gänse auf dem Weg hinein, wenn sie ganz genau schauten.

»Ich auch«, sagte Leon leise.

»Ich auch«, stimmte Dunja ihm zu, erfolglos ein Schaudern unterdrückend.

Olaf schaute auf seine Uhr. Sie waren zwar spät dran, aber noch mussten seine Kühe nicht gemolken werden. »Wenn wir durch den Priesterredder gehen und den alten Bahndamm nehmen«, meinte er achselzuckend, »dauert es nicht so lange. Und da haben wir auch Schatten.«

Melanie, Ute, Petra und Manfred mussten fahren, er und Martin sogar zügig los, um nicht zu spät bei den Heises anzukommen. Thies und Beate Niemann wollten lieber das Auto nehmen, was niemanden überraschte.

»Dann geh aber nachher mit Dunja zum Laden«, trug Manfred Leon auf, »ich möchte nicht, dass du heute alleine bist, okay?«

»Okay.«

»Okay«, sagten auch Dunja und Petra.

»Mach nicht zu lange heute«, bat derweil Olaf seine Frau.

»Ich werde nur noch ein bisschen aufräumen und komme dann nach Hause«, versprach die.

»Na, dann los«, trieb Olaf sie an und umarmte sie.

Bis zur Abzweigung Priesterredder gingen sie zusammen das Kieler Tor wieder Richtung Ortskern, dann trennten sich ihre Wege mit wenigen Worten und ein bisschen Winken. Olaf, Rüdiger, Dunja und Leon bogen nach rechts ab, die anderen sieben liefen weiter geradeaus zur Kirche, wo sie ihre Autos abgestellt hatten. Schnell nahm der Verkehr auf der Straße ab, und als sie an den scharfen Rechtsknick kamen, der den Priesterredder von der Auffahrt zur B430 wegführte, passierte sie kaum noch ein Auto. Sie hatten die von Knick und Buschwerk gesäumte Straße nahezu für sich allein. Sonne und Schatten wechselten sich ab, Vögel zwitscherten, und es roch ein wenig nach Milchkuh. Schnell wurden Krawatten gelockert, Jacketts ausgezogen und über die Schulter geworfen, oberste Hemdknöpfe geöffnet und Ärmel aufgerollt. In der Wärme des Tages schmolz die kühle Formalität der für den Anlass vorgeschriebenen Garderobe schnell dahin. Ihr Gang verlangsamte sich zu einem Schlendern, es ging nicht mehr darum, irgendwo ankommen zu müssen. Plötzlich hatten sie Zeit.

Auch das Bedürfnis, miteinander zu reden, war anfangs kaum gegeben. Manchmal machte jemand eine Bemerkung über etwas am Wegesrand – eine Drossel mit Regenwurm im Schnabel, ein Eichhörnchen, das durchs Unterholz huschte und Leon zu der Aussage verführte: »Irgendwie wirken die Viecher immer, als wären sie auf Speed.«, eine besonders hübsch blühende Blume –, ansonsten gab es nichts zu sagen. Aber mit jedem Schritt, der sie ein Stückchen weiter vom betrüblichen Grund ihres Zusammenseins wegbrachte, sank auch die Gefahr, über Justine, ihre Beerdigung, den Unfall oder Leons persönliche Verwicklung darin reden zu müssen. Je unwahrscheinlicher es also wurde, aus Versehen auf eine emotionale Tretmine zu treten, desto lockerer wurden die Zungen. Olaf sah sich sogar in der Lage, Leon ohne die Furcht, damit ein falsches Signal auszusenden, anzusprechen, eben als wären sie wirklich beide nur Bewohner desselben Dorfes.

»Ich glaube, ich sehe dich heute zum ersten Mal ohne Skateboard auf einer Straße«, meinte er munter zu dem Jugendlichen.

»Das Gehen fühlt sich auch seltsam an«, antwortete der schlagfertig, aber nicht flirtend.

»Immerhin haben deine Füße nicht vergessen«, warf Dunja ein, »wie das mit dem Gehen funktioniert.«

»Gehen wird überbewertet«, grinste Leon.

»Ich bin damals Mofa gefahren, sobald ich durfte und es mir leisten konnte«, erzählte Rüdiger. »Ich bin auch immer lieber irgendwohin gerollt als gegangen.«

»Aber ich mag gerade«, erwiderte Leon, »dass mein Skateboard keinen Motor hat. Ich muss mich trotzdem noch selbst bewegen, um es in Bewegung zu setzen, und alles, was man hört, ist das Rollen der Räder über den Asphalt. Und es stinkt auch nicht nach Abgas.«

»Gerade den Geruch hab ich immer geliebt«, bekannte Rüdiger.

Olaf war beinahe glücklich, als er seinen Vater so reden hörte. Die letzten Wochen waren hart für sie gewesen, Rüdigers Zustand hatte sich kontinuierlich verschlechtert. Nicht nur brauchte er zusehends Hilfe beim Essen oder der Körperpflege, er vergaß bisweilen auch schon, was es bedeutete, wenn die Blase drückte oder wo das Klo war. Und über ihren Antrag auf Pflegehilfe war immer noch nicht entschieden worden. Selbst Melanie, die in solchen Dingen sehr energisch sein konnte, war bereits mehrmals abgewimmelt worden. Mitunter kam ihm das Pflegesystem vor wie eine Kuh auf der Weide, die träge wiederkäut und ab und an mit dem Schwanz nach lästigen Fliegen schlägt. Dass es Rüdiger heute so gut ging, Anlass hin oder her, war für Olaf eine große Erleichterung. Er war dankbar für jeden dieser Momente, die er mit seinem Vater geschenkt bekam. Umso dankbarer sogar, wenn er an seine Kindheit zurückdachte, als sich dieser Mann seinem cholerischen Temperament nur allzu gerne hingab, wegen Nichtigkeiten schimpfte, schrie und brüllte und erst glücklich zu sein schien, wenn alle eingeschüchtert vor ihm kuschten. Wer konnte, war davor für immer geflohen, die anderen hatten versucht, sich unsichtbar zu machen oder sich ein Ventil für die eigenen aufgestauten Aggressionen zu suchen. Dankenswerterweise hatte Alzheimer von dieser dunklen Seite seines Vaters nichts mehr übriggelassen – zumindest seitdem er auch nicht mehr auf Gänsejagd ging. Die Vögel mochte er noch immer nicht. Wenn sich doch einmal welche auf seinem Grund und Boden niederließen, stürzte er sich auf sie mit Gebrüll, aber er zog nicht mehr los, um ganz Kaltsommer von ihnen zu befreien. Allerdings bescherten sie ihm Albträume, ein Umstand, den Olaf als verwirrend empfand. Er mochte die Gänse auch nicht, fand sie lästig, weil sie Gärten und Felder zerstörten und stanken wie die Pest, aber schlecht träumte er deswegen nicht. Er war nur mehrmals in der

Nacht aufgewacht, wenn wieder einmal ein Teil des Schwarms seine Runden durchs Dorf zog und mit dem elenden Geschnatter selbst Tote aufgeweckt hätte. Die meisten jüngeren Einwohner Kaltsommers reagierten so wie er auf die Invasion dieser nicht mehr ziehenden Zugvögel. Viele Ältere dagegen berichteten wie Rüdiger von Albträumen und Angstzuständen, wenn sie auch nur irgendwo eine Gänsefeder herumliegen sahen. Die schienen sogar schlimmer zu werden, je länger sich die Anwesenheit der ungebetenen Gäste hinzog. Der alte Erdmann Garg war deshalb nicht mit zur Beerdigung gekommen, weil er sich zutiefst erschreckt hatte, als vor zwei Tagen eine Gans plötzlich tief über seinen Kopf hinweggeflogen war. Sich duckend, hatte er automatisch einen Schritt zur Seite gemacht, war dabei vom Bordstein abgerutscht und auf das Kopfsteinpflaster der Sandskoppel gefallen. Sein Schutzengel musste selbst bereits in Rente gegangen sein, anders ist es nicht zu erklären, dass es nicht bei einer nur schmerzhaften Beckenprellung blieb. Der arme Erdmann zog sich gleich einen Oberschenkelhalsbruch zu. Viele ältere Kaltsommeraner gingen aus Furcht vor einem ähnlichen Schicksal nun seltener nach draußen.

Doch von Furcht war heute bei Rüdiger nichts zu spüren, im Gegenteil, er genoss jede Minute im Freien. Er war zugänglich und aufmerksam, sein Gedächtnis schien zu arbeiten, als wäre es völlig gesund. Als sie in den alten Bahndamm einbogen, der auf dieser Seite von einer Kleingartenkolonie und Bornhöveds jüngstem, noch in seiner Baustelleanfangsphase steckendem Neubaugebiet gesäumt wurde, und Leon fragte, welche Bahn hier denn früher gefahren sei, war er es, der antwortete.

»Das hier war die Bahnstrecke von Bad Segeberg nach Kiel«, erzählte er, »die sogenannte Kleinbahn. Kaltsommer hat sich mit Ruhwinkel eine eigene Station geteilt. Anfang der 60er wurde der Betrieb eingestellt. Ich bin als Kind noch damit gefahren, zwei-, dreimal sind wir in der Weihnachtszeit damit nach Kiel, um Geschenke zu kaufen und uns den Lichterglanz in der großen Stadt anzuschauen. Das war noch ein richtiger Milchkannenexpress, eine echte Bimmelbahn. Und die Bänke waren komplett aus Holz und unbequem. Aber ich hab's immer total aufregend gefunden. Aber irgendwann war sie dann weg, und ich hatte ja auch bald mein Mofa und schließlich Führerschein. Da brauchte ich keine Bahn mehr. Die Gleise haben sie dann auch ziemlich bald wieder abgebaut, und heute erinnert kaum mehr was hier an diese Zeit.«

»Wenn ich das jetzt nicht gerade gehört hätte«, stimmte Dunja die Süddeutsche ihm zu, den Weg auf- und absehend, »hätte ich niemals vermutet, dass hier mal eine Bahnstrecke verlaufen wäre. Ich hätte einfach auf einen Feldweg getippt, der nicht wichtig genug ist, um ihn zu asphaltieren.«

»Wann wurde die Strecke denn in Betrieb genommen?«, fragte Leon.

Doch hier musste selbst Rüdiger passen. »Das weiß ich nicht«, sagte er achselzuckend. »Anfang des Jahrhunderts, denke ich. Auf jeden Fall ein paar Jahrzehnte vor meiner Geburt.«

»Kaum zu glauben, dass Kaltsommer mal einen Bahnhof hatte«, warf Olaf ein, als sie weitergingen. Auch er kannte diese Geschichte nur ansatzweise, bei seiner Geburt war sie selbst schon längst wieder Geschichte gewesen.

»Bahnhof konnte man das nicht nennen«, wies Rüdiger ihn freundlich zurecht, »das war wirklich nur eine Station. Und mit den Ruhwinklern teilen mussten wir sie uns auch noch, obwohl Kaltsommer schon immer mehr Einwohner hatte als Ruhwinkel. Aber die Leute von der Kleinbahn hatten damals nicht die Schienen durch die Nebelwand legen wollen. Hatten sich nicht getraut, die Schisser. War ihnen zu unheimlich. Als könnte so einem Zug auf seinem Gleis irgendwas passieren, wenn er eine Nebelbank durchquert.«

Rüdigers anschließendes Schweigen war auf Entrüstung zurückzuführen, das der anderen unweigerlich an die jüngsten Ereignisse gebunden. Die Richtigkeit seiner Worte war kaum von der Hand zu weisen, und trotzdem wünschte sich kaum einer von ihnen einen Bummelzug zurück, zumindest nicht als einzige Alternative zu den gegenwärtigen Verkehrsmitteln. Ein anständiges Ampelsystem würde für den Anfang ausreichen, aber da ging ja nichts voran. Die Verwaltung arbeitete ebenso unzumutbar langsam wie die Pflegebürokratie, wobei es egal war, ob sie am Übermaß ihrer eigenen Vorschriften erstickte oder schlichtweg faul war: Am Ergebnis änderte sich nichts, die Menschen blieben sich selbst überlassen.

»An dieser Stelle hat damals der Faller seine blutbesudelte Kleidung entsorgt, nachdem er seine Mutter umgebracht hatte«, erzählte Rüdiger plötzlich, als sie noch gut zweihundert Meter bis zur Ruhwinkler Straße zu gehen hatten.

»Woher weißt du das denn?«, fragte Olaf. Die von seinem Vater bezeichnete Stelle unterschied sich in nichts vom Rest des alten Bahndamms: dasselbe grünbraune Gestrüpp unten und luftiges Blattwerk oben.

»Nach seiner Festnahme war ich hier und hab es mir angeschaut«, antwortete Rüdiger. »Man sah noch ein paar Spuren der Tatortsicherung, Absperrband und so, außerdem war alles im Umkreis zertrampelt.« Er schaute zu Dunja und Leon und fragte: »Habt ihr von dem Fall gehört?«

»Na klar!«, antwortete Leon wie aus der Pistole geschossen. »Das war der Aufreger des Jahres – und meine Eltern dachten einmal mehr laut darüber nach umzuziehen.«

Auch Dunja nickte, ihr Kopf schien plötzlich bleischwer zu sein. »Seit ich in Kaltsommer bin«, berichtet sie, »vergeht kaum ein Tag, an dem mir nicht irgendjemand unter die Nase reibt, dass ich in einem Haus wohne, in dem ein grausamer Mord geschehen ist.«

»Aber der war auch wirklich grausam«, erwidert Leon.

»Ja«, nickte Dunja erneut, »und dann erzählen mir die Leute, was die alte Annelie Faller doch für eine böse Vettel war und dass sie es gar nicht anders verdient hat, auf jeden Fall hätte sie ihr Schicksal herausgefordert.«

»Ich mochte nie zu ihr in den Laden gehen«, gestand Olaf unwillkürlich.

»Ich auch nicht«, stimmte Leon zu, »nicht einmal zusammen mit meinen Eltern.«

»Niemand mochte Annelie Faller«, fasste Rüdiger die Sachlage zusammen, »aber wie man Wurst herstellt, haben die Fallers gewusst. Und deine Mutter, Ole, deine Mutter konnte ganz gut mit Annelie, jedenfalls hat sie sich nichts von der sagen lassen.«

Olaf schluckte. »Ich weiß, Papa.«

»Ihr habt bestimmt erst mal einen Exorzismus gemacht bei eurem Einzug«, frotzelte Leon, an Dunja gewandt.

»Noch nicht. Wir suchen dafür immer noch nach dem Blut eines unschuldigen Knaben.«

»Da sucht ihr in Kaltsommer an der falschen Stelle«, kam es aus Olafs rauer Kehle.

Der Bahndamm verlief auf einer langgezogenen Bodenwelle, geformt von der Eiszeit, die diesem Teil Holsteins eine sanfte Hügellandschaft beschert hatte. Westlich Kaltsommers lag das Land flach und eben unter dem Himmel, das Dorf war genau in den Übergang dieser beiden Landschaftsformen gebaut worden. Als die vier auf die Ruhwinkler Straße traten, konnten sie rechter Hand nach Ruhwinkel schauen, ohne jedoch eins der Häuser dort hinter all den Bäumen auszumachen, und linker

Hand – in die wabernde weiße Wand des Nebels unter der Wolke. Von der Autobahnbrücke, unter der sie durchmussten, war bestenfalls ein Schemen zu erkennen, am ehesten noch war der Verkehr darauf als, wie es schien, zögerliches Motorenbrummen zu vernehmen. Seit ihrem Aufbruch kurz nach dem Mittag schien sich die blendend grelle Masse noch einmal weiter ausgedehnt zu haben.

Dunja starrte einen Moment wie gebannt auf das Wetterphänomen, das sich bei dieser Hitze gar nicht erst hätte bilden dürfen. Ein Zittern überlief sie. Plötzlich schien sie in ihrem eleganten schwarzen Hosenanzug und der weißen Bluse zu frieren. »Manchmal«, begann sie, als würde sie eine schlimme Sünde beichten, »manchmal wenn ich für den Laden Besorgungen mache, möchte ich gar nicht mehr zurückkommen. Dann muss ich nur an die Wolke denken, an den Nebel und die feuchtkalte Luft dahinter, und ich möchte einfach nur noch weglaufen. Manchmal macht Kaltsommer mir Angst.«

Die drei Männer blieben abrupt stehen, sahen erst sie, dann sich und wieder sie an und wussten nicht, was sie sagen sollten. Als gebürtigen Wolkenheimern war ihnen dieses Gefühl im Angesicht ihrer Heimstatt vollkommen fremd. Leon musste sofort an seine Eltern denken, deren Unbehagen er in Dunja wiedererkannte. Nur hätte er niemals gedacht, sie könnte hier unglücklich sein. Olaf dachte einmal mehr an seine Mutter, obgleich die nicht wegen des Wetters das Weite gesucht hatte. Rüdiger hingegen dachte gar nicht, sondern durchschaute, worum es wirklich ging. Er trat zu Dunja, legte ihr sachte die Hand auf die Schulter, suchte ihren Blick und sagte ihr: »Nicht Kaltsommer macht dir Angst. Es ist bloß das Wetter, das dir manchmal auf die Nerven geht. Kaltsommer ist ein Dorf wie jedes andere auch: Mal liebt man es, mal hasst man es.«

»Du weißt, dass das nicht stimmt, Rüdiger«, erwiderte sie, aber mit einem Lächeln auf den Lippen.

Den Rest des Weges legten sie zügig zurück. Nur als sie in den Nebel eintraten und die Abermillionen kleinen Tröpfen ihre von der Sonne erhitzte Haut schlagartig abkühlten, wurden sie noch einmal automatisch langsamer. Sein Auto bremste man ja auch jedes Mal ab, wenn man in diese nachgiebige Barriere fuhr. Sie hielten sich auf dem Bürgersteig und auf ihm an seinem linken Rand, so weit weg von Kantstein, Straße und sichtbehinderten Autofahrern wie nur möglich. Erst als sie auf der anderen Seite in die klare Luft hinaustraten, sprachen sie wieder, oder hätten es getan, wenn sie das grelle Licht, das die Wolke über ihnen wie ein Reflektor abstrahlte, nicht geblendet hätte. Leon zog aus der Brusttasche seines Hemdes eine Sonnenbrille und setzte sie sich lässig auf, die anderen kniffen die Augen zusammen und warteten ab, bis sie sich an das unangenehme Gleißen gewöhnt hatten.

»Irgendwie wird das immer schlimmer«, schimpfte Olaf leise.

Rüdiger nickte. »Ich kann mich jedenfalls nicht erinnern«, sagte er, »jemals ein so seltsames Licht in Kaltsommer gesehen zu haben.«

»Hängt vielleicht mit der Trockenheit zusammen«, mutmaßte Dunja.

»Mit dem Klimawandel, meinst du?«, fragte Leon.

Dunja stieß ein kurzes trockenes Lachen aus. »Mit Kaltsommers ureigenster Version davon vielleicht«, erwiderte sie. »Ist euch denn nicht aufgefallen, dass es bei uns seit Monaten nicht mehr geregnet hat? Selbst ich als Zugezogene weiß, dass das äußerst ungewöhnlich ist für dieses Regennest.«

»Stimmt.« Olaf zuckte sinnend mit dem Achseln. »Wann hat es das letzte Mal geregnet? April oder Mai, oder?«

»Was weiß ich«, grummelte Leon mit zu vollem Leben wiedererwachter pubertärer Selbstsicherheit. »Mir auch egal. Ich denke, es ist der Ausgleich dafür, dass wir andauernd diesen widerlichen Gänsegestank in der Nase haben müssen.«

Wenn alle anderen Themen ausgeschöpft sind, kann man immer noch über das Wetter oder Tiere sprechen. Das taten sie den Rest des Weges, bis sie auch Bauer Göben, die Appelallee und Thodes in einen einzigen großen Kinderspielplatz umgewandelten Resthof passiert hatten. Sandra goss gerade ihre Blumen vor dem Haus und grüßte. Als sie aber vor dem Grund und Boden der Familie Harms standen und sich voneinander verabschieden wollten, kam Melanie in ihrem Lieferwagen angefahren. Schon von weitem blinkte sie sie mit der Lichthupe an, drückte zweimal auch die richtige Hupe, dann schlug sie das Lenkrad ein und fuhr auf der entgegenkommenden Fahrbahnseite zu ihnen an den Bordstein heran, hielt, ließ das Fenster herunter und hatte ihnen definitiv etwas zu sagen. Sie sah völlig durcheinander aus, Olaf machte sich bei ihrem Anblick sofort Sorgen.

»Was ist?«, fragte er und legte ihr durch das Fenster eine Hand auf den Oberarm.

»Eine Kundin hat's mir gerade erzählt. Weiß nicht, woher die das hat«, begann sie stammelnd, schüttelte den Kopf, schluckte Speichel und sagte: »Gerburg Sandow ist heute Vormittag gestorben. Was ist das nur für ein schrecklicher Tag!«

Siebenundzwanzigstes Kapitel

ORGANVERSAGEN ALSO. MULTIPLES ORGANVERSAGEN. TOTALER Kollaps. Gerburgs Körper hatte aufgegeben.

Als das Krankenhaus ihn zu erreichen versuchte, saß er gerade beim Gespräch mit Klaus Pleschinski, dem Gründer und Chef der SokraTeach am Bahnhof Lichtenberg. Eine Stelle in der Schulorganisation wurde frei, weil die Angestellte, die den Posten bisher ausfüllte, kurzfristig in ein anderes Unternehmen wechselte. Durch seine offene, sympathische und kommunikative Art, seine Erfahrung, sein selbstsicheres Auftreten und seine Fähigkeit, selbstständig zu arbeiten, sei er der ideale Kandidat – so jedenfalls begründete Herr Pleschinski sein Angebot. Es war eine Vollzeitstelle mit Festgehalt, einerseits viel Schreibtischarbeit, andererseits aber auch weiterhin Lehrtätigkeit in Deutsch und Englisch, die ihm so viel Spaß wie noch nie machte. Benjamin musste gar nicht überzeugt werden, er wollte diesen Job. Es ging aufwärts mit ihm, in jeder Hinsicht.

Der Anruf passte dazu, ob er wollte oder nicht.

Sein Handy hatte er auf lautlos geschaltet, trotzdem bemerkte selbst Herr Pleschinski den leisen Summton des Vibrationsalarms, der zum dritten Mal innerhalb einer Viertelstunde aus Benjamins Hosentasche ertönte. »Gehen Sie lieber ran«, sagte er gelassen, »das scheint wichtig zu sein.«

Benjamin nickte, lächelte verlegen, zog sein Handy hervor und musste seinem Chef zustimmen, als er die Nummer mit Neumünsteraner Vorwahl sah. »Ist wahrscheinlich das Krankenhaus«, erwiderte er mit ahnungsvoll dunkel dräuender Stimme. Die meisten bei der SokraTeach wussten inzwischen, in welchem Zustand Gerburg sich befand, Pleschinski ganz bestimmt. Er telefonierte im ganz klassisch mit einer Sekretärin besetzten Vorzimmer seines Chefs, das Gespräch dauerte knappe fünf Minuten. Er beendete es mit dem Hinweis, gerade in einem wichtigen Termin zu sein und sich schnellstmöglich zurückzumelden, um alles Weitere zu besprechen. Er bedankte sich bei dem Arzt des Friedrich-Ebert-Krankenhauses, legte auf und ging zurück in das Büro.

»Alles in Ordnung?«, fragte Pleschinski.

»Meine Mutter ist nun doch gestorben«, antwortete Benjamin und setzte sich wieder auf seinen Stuhl an den Konferenztisch, der auch für Besprechungen wie diese genutzt wurde.

»Mein herzliches Beileid.«

Benjamin nickte, sein Blick wollte ins Leere sinken. Stattdessen griff er nach seinem Kaffeebecher, trank einen großen Schluck, den er für einen Moment im Mund herumwälzte, bevor er ihn schluckte, erneut nickte und sagte: »Ist vielleicht besser so. Sie hat ja sowieso nur noch vor sich hin vegetiert.«

»Wenn Sie irgendetwas brauchen …«

»Ein paar freie Tage, fürchte ich«, fiel Benjamin seinem Chef beinahe ins Wort. Er lachte bitter. »Ich muss die Beerdigung organisieren und dann natürlich nach oben fahren.«

»Nach oben?«

»Schleswig-Holstein. Wo ich herkomme.«

»Ach, stimmt ja«, sagte Herr Pleschinski, »Sie sind ja ein Nordlicht. Kein Wunder, dass Sie in jeder Situation einen kühlen Kopf bewahren.«

»Ja …«

Klaus Pleschinski schaute sich seinen zukünftigen Festangestellten eine kleine Weile lang an, bevor er wiederholte: »Herr Sandow, wenn ich irgendetwas für Sie tun kann oder Sie irgendetwas brauchen? Sie müssen es nur sagen, ich helfe gerne.«

»Danke, das weiß ich zu schätzen. Wirklich.« Gerade weil dieses Angebot überzeugend so klang, als käme es von Herzen, legte es sich wie eine besonders schwere Last auf Benjamins Schultern. Die Luft in diesem Zimmer schien immer dünner zu werden.

»Ich kann Ihnen auch sofort die nächsten Tage freigeben. Je eher, desto besser vielleicht; umso schneller haben wir für Sie eine Vertretung organisiert. Und Sie können sich in aller Ruhe um die letzten Dinge Ihrer Mutter kümmern.«

»Das«, Benjamin musste schlucken, es klang wie ein Schnappen nach Luft, »das ist sehr nett von Ihnen. Aber das wird nicht nötig sein, danke.

Ich habe vor Ort Leute, die mir behilflich sein werden. Meine Mutter war eine auf ihre Art sehr angesehene Frau. Geschäftsfrau. Mit Leib und Seele Optikerin. Hat immer noch ihr eigenes Geschäft gehabt, obwohl sie schon im Rentenalter war. Viele werden sie vermissen.« Er räusperte sich, setzte sich aufrechter hin und erklärte: »Ich weiß nicht, wann genau die Beerdigung stattfinden kann. In einer Woche vielleicht? Ich denke also, ich kann diese Woche noch ganz normal unterrichten.«

»Aber Herr Sandow«, sagte Klaus Pleschinski, »Sie wissen, Sie müssen nicht.«

»Doch. Doch, ich muss.« Benjamin blickte seinem Arbeitgeber offen ins Gesicht. »Nächste Woche falle ich dann aus.«

»Ist gut.«

Plötzlich hatte Benjamin es eilig, aus diesem Büro zu kommen. Seine Lungen verlangten nach Sauerstoff, von dem hier drin nichts mehr übrig geblieben zu sein schien. Er erhob sich und sagte, während er zerstreut seine Sachen zusammensuchte: »Es tut mir leid, aber ich sollte jetzt los. Danke aber noch einmal für die tolle Chance, die Sie mir geben. Ich freue mich schon sehr auf die Aufgabe, ich werde Sie nicht enttäuschen. Und wenn das hier … also diese Sache …«

»Schon verstanden, Herr Sandow, ist doch klar«, unterbrach sein Chef diesen zum Scheitern verurteilten Versuch, die ganze Situation in einem gescheiten Satz zusammenzufassen. »Noch einmal mein herzliches Beileid. Und bitte: Wenn Sie etwas brauchen, zögern Sie nicht. Ich helfe gerne.«

Sie schüttelten sich über den Tisch hinweg die Hände.

»Danke, Herr Pleschinski. Danke.«

Benjamin brauchte zwei Minuten, um aus dem klobigen Gebäudekasten nach draußen auf die Straße zu kommen. Die Unternehmensleitung saß natürlich ganz oben im siebten Stock, trotzdem nahm er die Treppe, um nach unten zu kommen. Die Aufzüge krochen nur im Schneckentempo durch die Stockwerke, und im Treppenhaus lief er kaum Gefahr, einem bekannten Gesicht zu begegnen. Wer weiß, wie er reagiert hätte, wäre er ausgerechnet jetzt der gutherzigen Aabidah Hadad in die Arme gelaufen. Sie hätte sofort gewusst, was mit ihm los war, und ihn vermutlich bis ans Ende seiner Tage mit Keksen und anderen Leckereien versorgt. Zum Glück hielt sie nicht viel vom Treppensteigen, schien sein ganzer Lieblingskurs eher lauffaul zu sein. Er konnte ungesehen entkommen.

Vom Bahnhof drang das An- und Abfahren der S-Bahnen, das Quietschen und Rattern der Nah- und Fernzüge herüber. Auf der Straße rauschten die Autos und brausten die Lastwagen. Der Bürgersteig war voller Menschen, von denen manche ein Ziel haben mochten und andere nicht. Irgendwo gurrten ein paar Tauben, scheinbar ganzjährig mit der Balz beschäftigt, in einer Seitenstraße kläffte ein Hund. Die ganze Welt war erfüllt von Geräuschen und Gerüchen, Farben und einer Wärme, die auf der Haut schnell feucht wurde, so als würde es bis zum Abend noch ein Gewitter geben. Es erinnerte fast an Kaltsommer. Nur hing über Berlin nicht eine einzige Wolke, sondern ein Flickenteppich aus Blau und Weißgrau, gesprenkelt mit den dunklen Punkten flinker Vogelleiber, eiliger Hubschrauber und scheinbar gemächlich dahinziehender Flugzeuge. So viel Leben, und Benjamin sehnte sich so verzweifelt danach, nur für diesen einen Moment wenigstens daran teilnehmen zu können, dass es ihm endgültig den Atem verschlug. Er schaffte es gerade noch, sich aus dem Sichtfeld der SokraTeach zu schleppen, bevor er sich an eine Mauer lehnen musste und nach Luft schnappte. Die Kette, die seinen Brustkorb zusammenschnürte, lockerte sich durch dessen schnelles Füllen und Leeren zumindest etwas wieder. Für ein paar Sekunden vergaß er sogar seine Sorge, von einem seiner Teilnehmer gesehen zu werden. Hauptsache, dieser Schmerz in seiner Brust ließ nach.

Er wollte nach Hause. Und er wollte Gerrit.

An die Fahrt mit den von Touristen und ihre Ferien genießenden Kindern gefüllten öffentlichen Verkehrsmitteln konnte Benjamin sich schon nicht mehr erinnern, sobald er seine Wohnungstür in Neukölln aufschloss. Kaum umfingen ihn die dumpfe, muffige, abgestandene Wärme in den Räumen, der Bücherstaub und die Vernachlässigung seines bescheidenen Eigentums, konnte er endlich wieder freier durchatmen. Trotzdem musste er sich noch ein Weilchen an den Romanstapeln an der Flurwand abstützen, um seinem Inneren die Möglichkeit zu geben, sich auf ein erträgliches Maß zu beruhigen. Einen richtig klaren Gedanken konnte er noch immer nicht fassen, und dabei hätte es gerade jetzt so viel zu tun gegeben. Er musste eine Beerdigung organisieren und hatte nicht den blassesten Schimmer, wie man das machte. Was war dafür alles notwendig? Wer kümmerte sich worum? Welche Dokumente waren vonnöten? Musste man etwa eine Sterbeurkunde vorlegen, wenn man einen

Bestatter beauftragte? Er wusste nichts, überhaupt nichts. Aber er würde all das vermutlich sehr schnell herausfinden.

Auf wackeligen Beinen ging er zu seinem Bett, das unter der sorgfältig darüber ausgebreiteten Tagesdecke darauf wartete, mal wieder benutzt zu werden. Die Oberfläche der Decke lag total glatt, nicht ein einziges Fältchen krümmte sie. Früher hätte er einem solchen Detail keinerlei Beachtung geschenkt. Seitdem er dieses Bett kaum mehr benutzte, fiel es ihm wesentlich leichter, Ordnung in seinen eigenen vier Wänden zu halten. Doch anstatt über die tiefere Bedeutung dieses Umstands nachzudenken, ließ er sich rücklings auf das Bett fallen, dass es nur so knarzte und alles ins Chaos stürzte. Er genoss das vertraute Gefühl, wie sein Rücken eine Kuhle in Matratze und Lattenrost drückte und ihm der Geruch seines frühlingsfrischen Waschmittels in die Nase drang. Einen kurzen Moment lang schaute er sich die im Zwielicht seines Hinterhoflochs grau aussehende Zimmerdecke an, dann schloss er die Augen. Einen weiteren Moment später legte er sich noch die Hände über die Augen. Mund und Nüstern öffneten sich zu einem langen Atemzug.

Das Telefon brachte ihn wieder zur Besinnung. Es steckte noch immer in seiner Hosentasche und vibrierte. Weil er hoffte, dass es Gerrit sein könnte – sein Kleiner war ein so aufmerksamer Mensch, er hatte die Schwingungen in der Luft, die die Nachricht bei ihrem Flug durch den Äther fabriziert haben musste, längst gespürt –, beeilte Benjamin sich, den Anruf anzunehmen. Am anderen Ende der Leitung waren Ulrike und Cheyenne. Sie wollten ihm ihr Beileid aussprechen und konnten kaum die Tränen zurückhalten. Benjamin selbst hatte erst vor knapp einer Stunde vom Tod Gerburgs erfahren, aber ihre beiden Angestellten wussten es bereits. Woher, erzählten sie nicht, und Benjamin fragte nicht nach. Sie baten ihn lediglich, im Laden ein Kondolenzbuch auslegen zu dürfen, in das sich die Kunden eintragen konnten, von denen viele seit Jahrzehnten schon von Gerburg betreut worden waren. Benjamin konnte sich beim besten Willen nicht vorstellen, dass irgendjemand auf diesem Wege einen letzten Gruß an Gerburg hinterlassen wollen würde, dennoch fand er die Idee rührend und wusste nichts dagegen einzuwenden. Die beiden jungen Frauen bedankten sich unangenehm überschwänglich für die Erlaubnis und boten ihm im Gegenzug jede Hilfe an, die er benötigte.

»Können Sie mir vielleicht einen Bestatter in der Gegend empfehlen?«, fragte Benjamin nach kurzem Zögern.

»Kirchenwitz hier aus Bornhöved soll ganz gut sein«, antworteten sie.

»Kirchenwitz?« Das klang zu schön, um wahr zu sein. »Heißt der wirklich so?«

»Ja. Der ist seit ein paar Jahren hier und genießt einen guten Ruf«, sagte Ulrike, die an dem Namen nichts Komisches zu finden schien.

»Erst heute hat er die Beerdigung der kleinen Justine Heise aus Kaltsommer durchgeführt«, erzählte Cheyenne, und damit war auch Benjamins Erheiterung wieder verflogen.

»Ich erinnere mich an das Mädchen …«

Es blieb einige Takte lang auf beiden Seiten still, bevor Cheyenne fragte, ob sie ihm schnell die Nummer heraussuchen solle. Benjamin winkte mit Verweis auf das Internet und der Ausrede, gerade weder Stift noch Zettel zur Hand zu haben, ab. So blieb ihnen nur noch die Wiederholung des Beistandsangebotes und des Versprechens, bei Bedarf darauf zurückzukommen, bevor sie auflegten. Ihm gelang es schneller als den Frauen.

Kondolenzbuch und Kirchenwitz beschäftigten noch immer seinen Verstand, als sein Handy sich erneut rührte. Wieder war es nicht Gerrit, und erst jetzt fiel Benjamin auf, dass er seinen Kleinen über das Gespräch eben glatt vergessen hatte. Nicht dass der das jemals gegen ihn verwendet hätte, und trotzdem hatte Benjamin plötzlich ein schlechtes Gewissen. Er wollte Gerrit heiraten, wie konnte er ihn da ausgerechnet in einer Situation wie dieser vergessen?! Dieser nächste Anruf erreichte ihn aus Kaltsommer, und das war bestimmt kein Zufall. Bis unter die Wolke hatte sich die Nachricht von Gerburgs Ableben also schon herumgesprochen.

»Hallo Petra«, sagte er.

»Oh, Benjamin, es tut mir so leid«, sprudelten die Worte sofort aus ihr hervor. »Wir haben es gerade gehört, es ist so tragisch. Auch von meiner Mutter und von Dunja soll ich dir sagen, wie sehr es ihnen leidtut. Wenn wir nur irgendetwas tun können, du weißt, du musst nur Bescheid sagen.«

»Danke, lieb von euch.« Benjamin ließ sich zurück aufs Bett fallen, als wäre sein Rückgrat einmal in der Mitte durchgebrochen. Er schloss wieder die Augen und versuchte, gleichmäßig zu atmen. Er wartete darauf, dass Petra ihren Gefühlen weiter Ausdruck verlieh. Er wusste schon jetzt nicht mehr, was er zu all dem noch sagen sollte.

Und der Tag war noch lang.

»Die Nachricht macht hier gerade in Windeseile die Runde«, erzählte Petra auch prompt. »Aber sie hat es auch ziemlich leicht, weil wir gerade alle erst von der Beerdigung der kleinen Heise zurückgekommen sind. Das ist heute wirklich ein schwarzer Tag für Kaltsommer.«

»Wer … wer im Dorf hat es denn zuerst gewusst?«

»Also wir wissen es von Melanie Harms. Dunja war zufällig dabei, als Melanie mit der Nachricht nach Hause kam.«

»Aha.«

»Aber Momme Iversen hat es auch schon gewusst«, berichtete Petra. »Gott weiß, woher er das hat. Kam vorhin in den Laden und hat es stolz überall rumerzählt.«

»Iversen war schon immer ein Ekelpaket«, stellte Benjamin fest.

»Du sagst es. Aber er hat wohl seine Quellen. Nur wollten wir ihm nicht den Triumph gönnen und fragen, woher er es wusste. Das wäre zu schäbig gewesen. Und als er bemerkte, dass wir es auch schon wussten, ist er schnell wieder abgezogen.«

»Immerhin.«

»Und nur ein paar Minuten später«, war Petras Erzählung noch immer nicht an ihrem Ende angekommen, »kam dann schon Bente Nissen in den Laden, um uns die Neuigkeit mitzuteilen.«

»Das überrascht mich nun wieder nicht.« Darüber musste Benjamin sogar leise schmunzeln.

»Sie hatte Schwierigkeiten, ihre Enttäuschung zu verbergen, als sie erfuhr, dass wir es schon wussten.«

»Die Arme.«

»Stattdessen hat sie uns dann erzählt, dass sie jemanden im FEK kennt, der sie informiert – das ist das Wort, das sie benutzt hat: informiert.«

»Zum Glück ist sie nicht Investigativjournalistin geworden«, kommentierte Benjamin, »Quellenschutz zählt nicht gerade zu ihren Stärken.«

Das Frotzeln tat gut, beiden. Davon einmal abgesehen, war es interessant zu sehen, auf welchen inoffiziellen Kanälen Wissen sich verbreitete. Vor Jahren einmal hatte es im Vorderhaus im zweiten Stock Mitte einen verstopften Abfluss gegeben, was der Mieter erst nach dem Duschen richtig bemerkte. Da war das meiste Wasser schon anderweitig als durch die Rohre versickert – und kam im ersten Stock links im Bad wieder durch die Decke zum Vorschein, ebenfalls genau über der Dusche. Das hier gerade erinnerte Benjamin sehr an diesen Vorfall, es besaß eine Unberechenbarkeit, die unter anderen Umständen äußerst faszinierend gewesen wäre. Es warf so viele Fragen auf, etwa die, warum die Nissen nicht sofort bei ihm angerufen hatte. Seine Nummer hatte sie doch …

Ihr Anruf erfolgte nur bald darauf. Nachdem er und Petra noch ein Weilchen ein immer wortkargeres Betroffenheits-Pingpong gespielt hatten, war es Benjamin endlich mit dem Verweis gelungen, noch einmal im Krankenhaus und bei Kirchenwitz in Bornhöved – »Der ist gut, Benni. Der hat das heute richtig schön gemacht. Dazu noch die ganzen Blumen von Melanie, das war ein sehr würdevolles Begräbnis!« – anrufen zu müssen, das Gespräch zu beenden. Bevor Petra in ihrer Wortnot noch auf die Idee kommen mochte, Anekdoten über Gerburg aufs Tapet zu bringen, die allein deshalb schön klangen, weil sie mit Trauerrand daherkamen, der das Bild, das sie zeichneten, unweigerlich weichzeichnete. Das musste nun wirklich nicht sein.

Entsprechend reagierte er dann auch, als Bente Nissen sich meldete und sofort Gerburgs ganzes Leben noch einmal vor ihren Augen auszubreiten gedachte. Sie meinte es nett, daran bestand kein Zweifel. Aber plötzlich sah Benjamin seine Mutter vor sich, den geringschätzig-säuerlichen Gesichtsausdruck, mit dem sie auf ein solches Rührstück reagiert hätte, und konnte diese Reaktion zu hundert Prozent nachvollziehen. Und außerdem hatte er es noch immer nicht geschafft, Gerrit anzurufen. Das war viel, viel wichtiger. Selbst beim Bestatter hätte er sich längst melden müssen, wenn alles so über die Bühne gehen sollte, wie er sich das vorstellte. Allerdings erwies es sich als ungleich schwerer, eine Bente Nissen abzuwimmeln als eine Petra Niemann. Wieder und wieder bot sie ihm ihre Hilfe an, drängte sich ihm geradezu auf, als hätte sie sonst nichts zu tun. Er wusste schon gar nicht mehr, auf welche Art er ihr noch seinen Dank dafür ausdrücken und ihr versichern konnte, gerne darauf zurückzukommen. Schließlich hatte er ihr sogar schon versprochen, sie auf jeden Fall über alle weiteren Schritte zeitnah auf dem Laufenden zu halten und sie als sein ausführendes Organ vor Ort einzusetzen, wenn immer das nötig sein würde, damit ihn die Organisation der Trauerfeier in dieser schrecklichen Phase des Abschiednehmens nicht aus Versehen misslänge. Mit zusammengekniffenen Zähnen und hüpfendem

Adamsapfel versprach Benjamin es und hoffte, nur noch auflegen zu können, bevor er platzte.

»Wann kommst du denn genau her, Benni?«, erkundigte die Nissen sich und nahm hörbar einen Zug von ihrer Zigarette.

»Ich weiß es noch nicht«, antwortete der, schwer atmend.

»Ich wisch dann noch mal kurz bei euch durch, damit alles sauber ist. Liegt ja immer schnell überall Staub, wenn niemand mehr in so einem Haus wohnt.«

»Danke, aber das ist nicht nötig.«

»Ich kauf auch ein, wenn du magst, damit was im Kühlschrank ist, wenn du kommst.«

»Das müssen Sie wirklich nicht, Frau Nissen.«

»Das Geld dafür kannst du mir später wiedergeben, das ist kein Problem.«

Benjamin atmete einmal sehr tief durch, bevor er antwortete: »Nein, wohl nicht.«

Er musste erst einen weiteren eingehenden Anruf vortäuschen, um Bente Nissen loszuwerden. Selbst das dauerte Minuten. Danach fühlte er sich total erschöpft, der Schweiß stand ihm auf der Stirn. Er hätte jetzt gut eine Dusche vertragen können, stattdessen wählte er, bevor ihm wieder irgendjemand dazwischenfunken konnte, endlich Gerrits Nummer. Nur die Mailbox ging ran, wahrscheinlich saß sein Kleiner gerade in einem Seminar. Benjamin seufzte, wimmerte beinahe und riss sich kurz vor dem Piepton mit aller Kraft zusammen, um ihm mitzuteilen: »Hallo Schatz, ich bin's, Benni. Ich wollte dir nur sagen, dass ich nachher auf jeden Fall wieder zu dir komme. Kann aber sein, dass es etwas später wird. Gerburg – meine Mutter – ist vorhin gestorben, und ich muss noch ein paar Anrufe tätigen, wegen der Beerdigung und so. Aber ich komme auf jeden Fall zu dir. Bis dann. Hab dich lieb.«

Danach blieb Benjamin eine ganze Weile auf seinem Bett liegen, die Knie an die Brust gezogen wie ein Embryo und das Handy an die Wange gedrückt wie ein Trostpflaster.

Als Nächstes kam wirklich der Bestatter Kirchenwitz aus Bornhöved dran. Einen weiteren Anruf aus Kaltsommer und Umgebung hätte er auch schwerlich erhalten können, weil niemand sonst da oben seine Nummer kannte. Kirchenwitz ließ sich leicht im Netz finden, sein Internetauftritt war hochmodern und informativ – die überall beistehenden Preise allerdings schwindelerregend. Benjamin musste die zwar nicht fürchten, da Gerburg vorgesorgt und nicht nur Geld für ihr eigenes Begräbnis zurückgelegt hatte. Sie hatte auch einen genauen Ablaufplan aufgeschrieben, er war erst letztens beim Durchsehen von Gerburgs Sachen darauf gestoßen. Aber es beeindruckte ihn sehr, wie teuer die letzte Reise heutzutage doch war, eine Luxuskreuzfahrt war nichts dagegen. In einer Mischung aus Voreingenommenheit und Beklommenheit wählte er die Nummer des Beerdigungsinstituts Kirchenwitz.

Kevin Kirchenwitz' Stimme klang noch ziemlich jung, und vielleicht sprach er deshalb etwas übertrieben salbungsvoll, zu betont einfühlsam. Die Worte entströmten sämig und süß wie Honig seinem Mund und setzten sich unwiderruflich in Benjamins Gehörgang fest. Allerdings konnte er dem Bestatter nicht unterstellen, ihm irgendeine besonders teure Dienstleistung aufzuschwatzen, schon gar nicht am Telefon, weshalb Kirchenwitz auch ein ums andere Mal betonte, dass es wesentlich praktischer wäre, wenn Benjamin zu ihm ins Institut käme, um diese Dinge zu besprechen. Außerdem wusste Benjamin längst, was er wollte, nämlich ein Rundum-sorglos-Paket, bei dem er sich selbst um so wenig wie möglich kümmern musste.

»Ich arbeite auf Honorarbasis, verstehen Sie«, meinte er, sich vor Kirchenwitz rechtfertigen zu müssen, »ich werde nur bezahlt, wenn ich wirklich arbeite.«

»Das verstehe ich, Herr Sandow«, antwortete dieser, die Worte beinahe hauchend. »Ich verstehe, dass Sie selbst in dieser schweren Zeit in Berlin vor Ort sein müssen, weil Sie dort Verpflichtungen haben. Und auch wenn ich nun viele Entscheidungen für die Trauerfeierlichkeit selbst treffen kann, werde ich doch bei manchen Details Ihre Hilfe brauchen, Ihre direkte Zustimmung. Denn Sie sind es, der sich schließlich diese Zeremonie aus der ersten Reihe anschaut, und wenn Sie da plötzlich das Gefühl kriegen, dieses oder jenes vielleicht doch lieber anders gemacht zu haben, werden Sie den letzten Tag Ihrer Mutter auf Erden immer wie mit einem Makel versehen in Erinnerung haben, und deshalb werden Sie dann nicht mehr gerne an diesen ohnehin schon schweren Tag zurückdenken.«

Benjamin machte ein unschlüssiges Geräusch und fragte: »Woran denken Sie da genau?«

»Da Ihre Mutter eine Erdbestattung wünscht und kein Urnenbegräbnis«, erklärte Kevin Kirchenwitz nach einer angemessenen Pause, »wäre es gut, wenn Sie den Sarg persönlich auswählen könnten, und mit persönlich meine ich, nach vorheriger Inaugenscheinnahme. Sie können sich zwar auch auf unserer Homepage einige Modelle anschauen, aber ich muss doch sagen, dass diese Fotos den Eindruck mitunter verfälschen. Wie das Holz wirklich wirkt, wie es bei natürlichem Licht schimmert, glänzt und welche Wärme es verbreitet, das kann man nur mit seinem eigenen Auge sehen. Von daher wäre es schön, wenn Sie die Tage zu uns ins Institut kommen und persönlich einen Sarg auswählen könnten.«

»Okay. Was noch?«

»Ihre Mutter soll in Bornhöved beigesetzt werden?«

»Ich wüsste nicht, wo sonst.«

«Gibt es schon eine Grabstelle?«

»Nein.«

»Dann müssen Sie sowieso in nächster Zeit einmal bei der Friedhofsverwaltung vorstellig werden, um eine Grabstelle zu kaufen. Bei der Gelegenheit können Sie dann gleich noch festlegen, wie diese Grabstelle aussehen soll, ob etwa mit viel Beet für Blumen oder gar keinem Beet, sondern nur mit Rasen vor dem Stein.«

»Gott, einen Stein muss ich ja auch noch besorgen!«

Hier zumindest wusste Herr Kirchenwitz seinen Kunden zu beschwichtigen. »Der Grabstein ist das Einzige«, sagte er, »was gerade nicht drängt. Der wird ja sowieso erst später aufgestellt, wenn sich das Grab etwas gesetzt hat.«

Das Bild, das sich hierbei vor Benjamins geistiges Auge drängte, war verstörend: ein ebenes Stück Erde, das mit einem Mal nach unten wegbrach und den Blick in einen Abgrund öffnete. »Und«, begann er, stotternd, weil er erst wieder seine Gedanken sortieren musste, »und wie kommt Gerburg – also meine Mutter – wie kommt sie zu Ihnen? Ins Institut?«

»Ich werde Sie persönlich überführen«, teilte der Bestatter ihm mit. »Sie liegt noch in Neumünster, sagten Sie?«

»Ja. Denke ich jedenfalls.«

»Und Sie ist eines natürlichen Todes gestorben?«

»Multiples Organversagen, nachdem Sie vor ein paar Wochen eine schwere Hirnblutung erlitten hat.«

»Das gilt als natürliche Todesursache.«

»Wieso? Sehr natürlich scheint mir das nicht zu sein …«

»Die Unterscheidung in natürlich oder unnatürlich hängt davon ab, ob der Tod durch Fremdeinwirkung zustande gekommen ist oder nicht. Ich denke, die können wir im Fall Ihrer Mutter ausschließen.«

»Und … und wieso fragen Sie mich das alles?«

Hier zögerte Herr Kirchenwitz dann doch für einen Moment, bevor er mit besonders wohlig-weich klingender Stimme erklärte: »Bestünde auch nur der leiseste Verdacht, Ihre Mutter könnte durch äußere Umstände ums Leben gekommen sein, würde vermutlich eine Obduktion angeordnet werden. Dadurch würde sich ein möglicher Termin für die Beerdigung um einige Tage nach hinten verschieben.«

Benjamin schluckte vernehmlich.

»Aber ich denke nicht, dass das hier der Fall ist, sonst hätte das Krankenhaus Ihnen diese Möglichkeit vermutlich sofort mitgeteilt.« Der Bestatter war wieder voll und ganz der optimistisch-einfühlsame Trauerbegleiter, der er in seinem Beruf zweifelsohne ebenfalls sein musste. »Alles, was ich jetzt erst mal noch von Ihnen brauche, Herr Sandow, ist eine unterschriebene Auftragsbestätigung, die mich zum Beispiel berechtigt, Ihre Mutter aus dem Krankenhaus in unser Institut zu überführen.«

»Aber wie soll das gehen?« Benjamin sah plötzlich schwarz. »Müsste ich dafür nicht wieder persönlich bei Ihnen erscheinen? Per Post würde das doch einige Tage dauern? Kann Gerburg denn überhaupt so lange in Neumünster im Krankenhaus bleiben?«

»Keine Sorge, Herr Sandow«, behielt der Fachmann die Nerven, »per Mail ginge es auch. Wenn Sie die Möglichkeit haben, das Formular auszudrucken, dann schicke ich es Ihnen gleich noch zu. Wenn Sie sogar die Möglichkeit haben sollten, das unterschriebene Formular einzuscannen und mir umgehend wieder zuzusenden, dann könnte ich mich sogar noch heute auf den Weg machen.«

Benjamin dachte nach. »Ich selbst habe kein Scanner«, sagte er.

»Aber in Berlin gibt es doch sicherlich Copyshops?«

»Die brauch ich gar nicht!« Ein riesiger Stein fiel Benjamin vom Herzen. »Mein Freund hat einen, und ich fahr sowieso gleich zu ihm.«

»Das ist doch gut.«

»Ja, das ist es.« Er atmete einmal mehr an diesem Tag tief, tief durch. Nicht dass die Dinge so liefen, wie er sich das jemals vorgestellt hätte, aber bisher gab es noch für jedes Problem eine Lösung. »Spätestens heute am frühen Abend haben Sie die Auftragsbestätigung in Ihrem Postfach, versprochen!«

»Das reicht voll und ganz, Herr Sandow. Und glauben Sie mir, Ihre Mutter ist bei uns in guten Händen. Wir werden uns gut um sie kümmern.«

»Danke. Das ist eine große Erleichterung, danke.«

»Sehr gern, Herr Sandow, sehr gern.«

Nach diesem Gespräch hätte Benjamin wirklich eine Dusche vertragen können. Nicht weil er sich durch diesen Geschäftsabschluss, der war nun einmal notwendig, besudelt gefühlt hätte, sondern weil es ihn auch den letzten Rest Kraft gekostet hatte. Der Schweiß trat ihm aus jeder Pore. Unter seinen Achseln hatten sich große dunkle Flecken gebildet, besonders unter dem Linken, den er jetzt schon seit Stunden permanent, wie ihm schien, angewinkelt hielt, um sein blödes Handy ans Ohr zu halten. Wieder ließ er sich rücklings auf das Bett fallen, nun geradezu dankbar, dass im Moment kein Mensch etwas von ihm wollte.

Als Gerrit dann endlich anrief, weinte er erst einmal haltlos vor sich hin.

Gerrit ließ seinen Freund weinen, sprach nur hin und wieder ein tröstendes Wort. Die altbekannten Formeln, die Benjamin nun schon aus so vielen Mündern gehört hatte, aber schon bei allen anderen hatten sie nicht nach leeren Floskeln geklungen und bei seinem Kleinen nun erst recht nicht. All diese Beileidsbekundungen, das fühlte er mehr, als dass er es wirklich begriff, kamen von Herzen, und das verwandelte diese Standardformulierungen in Balsam, der sich auf sein überraschend wehes Herz legte.

»Ich fahr auch gleich nach Hause«, erzählte Gerrit ihm, nachdem Benjamin sich wieder einigermaßen beruhigt hatte. »Oder soll ich lieber kommen und dich abholen?«

»Aber hast du denn nicht noch ein Seminar?«

»Ich hab mich bei meinem Professor entschuldigt – wegen eines Trauerfalls in der Familie.«

Benjamin hätte gleich wieder heulen mögen. Aber weil noch so viel zu erledigen war und das auch die Benutzung von Gerrits technischem Gerät beinhaltete, drängte er die Tränen zurück. »Nein, ich komme zu dir«, sagte er. »Wir sehen uns gleich. Danke.«

»Wofür denn? Ist doch selbstverständlich.«

»Bei dir schon, und dafür bin ich dankbar.«

Er versprach noch, sich zu beeilen, er halte es sowieso kaum noch alleine aus, dann machte Benjamin sich zur Fahrt nach Friedrichshain bereit. In seiner eigenen Wohnung gab es für ihn nichts weiter zu tun, alles andere konnte er ebenso gut bei Gerrit erledigen. Diese Raumansammlung von Zimmer, Flur, Küche und Bad war inzwischen nichts weiter als ein besseres Lager für diejenigen seiner Sachen, die er kaum noch brauchte. Nicht nur lebte er so gut wie bei Gerrit, sie sprachen bereits über eine neue gemeinsame Wohnung – und da er demnächst mehr und regelmäßiger Geld verdienen würde, sollte das selbst bei einem so aufgeheizten Immobilienmarkt wie dem Berlins kein größeres Problem darstellen. Vorerst reichten Gerrits zwei Zimmer voll und ganz, aber selbst wenn sie irgendwann mehr Platz haben sollten, würden aus diesem Hinterhofloch wohl nur die wenigsten Dinge den Umzug an den lichteren Ort mitmachen. Das war doch alles nur Krempel hier oder gleich Sperrmüll, es wurde Zeit, sich davon zu trennen. Allein seine Bibliothek, Belletristik ebenso wie Lyrik, wäre es wert, mitgenommen zu werden. Was die anging, träumte er sogar von einem richtigen Bücherzimmer, mit Regalen bis hoch zur stuckgeschmückten Altbaudecke. Sie könnten es beide als Arbeitszimmer nutzen, er in dieser gediegenen Atmosphäre seinen Unterricht vorbereiten und Gerrit an seiner Doktorarbeit schreiben …

Er kam nicht einmal bis in den Flur, da meldete sein Handy den nächsten Anrufer. Der Nachmittag ging bereits seinem Ende entgegen, die Ereignisse hatten die Stunden wie mit Heißhunger verschlungen, und Benjamin hatte nicht den blassesten Schimmer, wer jetzt noch etwas von ihm wollen könnte. Seine Verwirrung steigerte sich noch, als er die Festnetznummer sah. Deren Vorwahl war auch in Kaltsommer gebräuchlich. Nur hatte er sorgsam darauf geachtet, den Kreis derer, die seine Nummer hatten, auf ein mögliches Minimum einzugrenzen. Hatte sie von denen etwa jemand weitergegeben? Wenn ja, wäre das ein ziemlicher Vertrauensbruch. Und eigentlich konnte es nur die Nissen sein, diese alte Plaudertasche. Ihr ganzer Lebenssinn bestand doch darin, als Nachrichtenbörse zu fungieren und selbst solche Sachen weiterzutratschen, die jeder normale Mensch von selbst als vertraulich begriffen hätte. Vom Verstoß gegen jede Datenschutzrichtlinie einmal ganz zu schweigen!

Mit einer Aufwallung von Wut auf der Zunge ging er ran: »Ja?!«

»Herr Sandow? Bitte entschuldigen Sie, dass ich Sie störe«, meldete sich eine ihm gänzlich unbekannte Frauenstimme. »Mein Name ist Elisabeth Kröger, und ich bin die Pastorin der Gemeinde Bornhöved, zu der ja auch Kaltsommer gehört und damit auch Ihre Mutter Gerburg Sandow.«

Überraschung milderte seine Wut ab zu Argwohn: »Ja?«

»Mein herzliches Beileid zu Ihrem Verlust, Herr Sandow«, kondolierte Pastorin Kröger, und Benjamin hätte es gerne als routinierte Handlung einer Vertreterin der evangelischen Kirche angesehen, einer Organisation, der mehr und mehr die Mitglieder wegliefen oder -starben, ein besonders schäbiger Schrei nach Aufmerksamkeit also. Aber leider klang auch Elisabeth Kröger wie alle anderen Anruferinnen an diesem Tag ehrlich mitfühlend, und allmählich war das kaum mehr auszuhalten.

»Was … was kann ich für Sie tun?«

»Sie wundern sich sicher, woher ich Ihre Nummer habe …«

»Schon, ja.«

»Frau Schön und Frau Michels, die Angestellten Ihrer Mutter, haben sie mir gegeben«, berichtete die Pastorin. »Ich hoffe, die beiden haben nichts Falsches gemacht, sie meinten es nur gut.«

»Nein, nein. Alles okay.«

»Gut, das ist gut. Ihre Mutter war ja ein Mitglied unserer Gemeinde, auch wenn sie kaum jemals in den Gottesdienst kam.«

»Ehrlich gesagt«, gestand Benjamin, »hat es mich überrascht. Als ich ihre Papiere durchsah, hab ich an ihren Steuerbescheiden gesehen, dass sie noch immer Kirchensteuer zahlt.«

»Es gibt Menschen, für die hat sich das als der beste Weg herausgestellt, ihre Zugehörigkeit zur christlichen Gemeinschaft zu zeigen.«

»Mich hat sie weder taufen noch konfirmieren lassen.«

Elisabeth Krögers Antwort kam nicht wie aus der Pistole geschossen, das rechnete Benjamin ihr als Pluspunkt an. »Sie wird ihre Gründe dafür gehabt haben«, sagte die Pastorin und schien dabei glatt mit einem Auge zu zwinkern, »meinen Sie nicht?«

»Vielleicht.« Benjamin fasste sich, es war Zeit herauszufinden, was die Pastorin von ihm wollte. »Darf ich fragen, was der Grund für Ihren Anruf ist, Frau Kröger?«

»Da Ihre Mutter ein Gemeindemitglied war, wollte ich Ihnen natürlich nicht nur mein Beileid aussprechen, Herr Sandow«, erwiderte sie prompt, »sondern ich wollte Sie auch davon in Kenntnis setzen, dass in solchen Fällen normalerweise der zuständige Pastor oder, wie in diesem Fall, die zuständige Pastorin beim Trauergottesdienst die Predigt hält und dabei auch in persönlicher Art und Weise an die Verstorbene erinnert.«

»Ja, das weiß ich.«

»Wäre es Ihnen denn lieb, wenn ich diese Aufgabe übernehmen würde?«

»Ja. Sehr sogar, ja.«

Wieder schien so etwas wie ein Lächeln durch den Äther zu ihm zu fliegen, und Frau Kröger erklärte: »Das freut mich, Herr Sandow. Und auch wenn Ihre Mutter nicht die fleißigste Kirchgängerin gewesen sein mag, kann ich mir denken, dass auch sie sich darüber freuen würde.«

»Ohne Ihnen zu nahe treten zu wollen, Frau Kröger«, wagte Benjamin einen nicht böse gemeinten Einspruch, »aber was meine Mutter wollte oder nicht, kann von uns keiner wissen. Was Ihre Beerdigung anbelangt, hat sie zwar Anweisungen hinterlassen, aber bezüglich des Gottesdienstes steht da nichts, nur was das ganze Drumherum angeht. Wahrscheinlich, weil sie von kirchlichen Dingen nicht so die Ahnung hatte oder ihr die eher egal waren. Verstehen Sie mich nicht falsch, Frau Kröger, ich möchte Ihnen wirklich nicht zu nahe treten, aber es kann gut sein, dass meine Mutter nur deshalb nie aus der Kirche ausgetreten ist, weil ihr selbst das nicht wichtig genug war.«

»Da kennen Sie Ihre Mutter natürlich besser als ich …«

»Nein, eben nicht. Ich kann da auch nur Vermutungen anstellen. Niemand kannte Gerburg wirklich, weil Gerburg kein Interesse daran hatte, von irgendjemandem gekannt zu werden.«

Pastorin Kröger schwieg einen Moment, bevor sie erwiderte: »Ich sehe schon, es wird nicht leicht werden, Ihrer Mutter gerecht zu werden.«

»Trotzdem wäre es schön, wenn Sie die Trauerpredigt halten könnten«, antwortete Benjamin ihr. »Sie können sich ihr von einer neutralen Position nähern, das dürfte hilfreich sein.«

»Dann werde ich das auch gerne tun«, erklärte die Pastorin. »Sie könnten mir aber trotzdem bei der Meisterung dieser Aufgabe helfen, Herr Sandow, wenn wir zwei uns einmal zusammensetzen und über Ihre Mutter sprechen könnten. Es gibt bestimmt Dinge, die Sie gerne mit in meine Predigt eingeflochten haben möchten, oder Lieder, die während des Gottesdienstes gesungen werden sollten, weil Sie Ihnen oder Ihrer Mutter etwas bedeutet haben.«

»Können wir das auch telefonisch machen?« Plötzlich sträubten sich Benjamins Nackenhaare. »Ich hab so viel um die Ohren und kann auch nicht einfach so weg aus Berlin …«

»Sicher ginge das«, kam Elisabeth Kröger ihm entgegen, »aber es wäre tatsächlich besser, wenn wir das in einem persönlichen Gespräch machen könnten. Aber das ginge auch kurzfristig oder an einem Sonntag – ich weiß ja auch noch nicht, wann genau die Beerdigung Ihrer Mutter stattfinden wird. Der Bestatter wird sich deshalb erst noch mit Ihnen und uns in Verbindung setzen.«

»Kirchenwitz.«

»Bitte?«

»Der Bestatter ist Kirchenwitz aus Bornhöved. Ich habe vorhin mit ihm telefoniert.«

»Ach, gut. Ich denke, da haben Sie eine gute Wahl getroffen.« Zum ersten Mal atmete die Pastorin hörbar durch. »Ich habe ihn gerade heute erst getroffen …«

»… bei der Beerdigung Justine Heises. Ich habe davon gehört.«

»Das ist eine so schrecklich traurige Sache. Ich war nach der Trauerfeier noch bei den Eltern zu Hause, als Frau Schön und Frau Michels mich anriefen«, wurde Elisabeth Kröger plötzlich redselig. Doch schien es Benjamin, als täte sie es wie unter Zwang. Gottesleute waren eben auch nur Menschen, die sich manchmal etwas von der Seele reden mussten. »So erfuhr die Familie und ihre Gäste sofort vom Schicksal Ihrer Mutter, obwohl es dieser Arzt, dieser Doktor Egmont, bereits zu wissen schien. Aber die Wirkung auf die Eltern und Großeltern der Kleinen war trotzdem verheerend. Nur gut, dass dieser Arzt anwesend war, Jasmin Heise erlitt einen hysterischen Anfall …«

»Das tut mir leid«, stammelte Benjamin, als wäre es tatsächlich seine Schuld.

Pastorin Kröger brachte das wieder zur Besinnung. »Oh, nicht doch, ich bitte Sie, Herr Sandow«, sagte sie. »Ich hätte Ihnen das gar nicht erzählen sollen, mir tut es leid.«

»Schon gut«, erwiderte er und meinte es so. Diese Frau wurde ihm mit jeder Sekunde sympathischer, sie tat wenigstens nicht so, als trüge sie einen Heiligenschein. Ihre kleine unprofessionelle Abschweifung hatte ihn sogar auf einen Gedanken gebracht, an den er bisher nicht gedacht hatte. Vorsichtig formulierend fragte er: »Ist es eigentlich üblich, dass Sie in Ihrer Funktion als Pastorin am ... am Leichenschmaus hinterher teilnehmen?«

»Nicht unbedingt, nein.« Sie schien selbst ein erleichtertes Auflachen zu unterdrücken. »Wenn Sie es wünschen und mir meine anderen Termine es erlauben, bin ich gerne mit dabei, ansonsten haben Sie nicht die Pflicht, mich danach noch durchzufüttern.«

Sie schieden in aufgeräumter Stimmung voneinander und mit der gegenseitigen Versicherung, in Kontakt zu bleiben. Doch danach war Benjamins Entschluss, erst im allerletzten Augenblick vor Gerburgs Beerdigung nach Kaltsommer zu fahren, mächtig ins Wanken geraten. Es gab so viel zu tun, so viele Dinge zu beachten, vielleicht wäre all das leichter aus der Nähe zu erledigen. Herr Pleschinski hatte ihm letztendlich ebenfalls schon sein Verständnis dafür gezeigt und ihm somit seine Einwilligung gegeben. Und am wenigsten böse wären ihm mit Sicherheit seine Teilnehmer, egal wie kurz die nun vor den Prüfungen standen. Die waren sogar so weit, dass sie selbstständig Lerngruppen bilden konnten, um den prüfungsrelevanten Stoff zu wiederholen. Außerdem würde er rechtzeitig vor den Prüfungen wieder zurück sein, da wäre noch genug Zeit, mit seinen Schützlingen ein Intensivtraining durchzuführen, selbst wenn Gerburgs Beerdigung erst Mitte nächster Woche stattfinden sollte ...

Den ganzen Weg von Neukölln nach Friedrichshain grübelte er über diese Dinge nach. Es betäubte wohltuend seine wunden Sinne, die ansonsten auf jedes Geräusch, jedes unbeschwerte Lachen, jedes nette Geplauder oder auch nur auf die angenehme Wärme des Sommerabends gereizt reagiert hätten. In die Simon-Dach-Straße hätte er auch mit geschlossenen Augen gefunden. Als er Gerrits Wohnungstür erreichte, hatte er seine Entscheidung so gut wie getroffen, er war nur noch nicht ganz bereit, sie in Worte zu fassen und damit Wirklichkeit werden zu lassen. Erleichternd hinzu kam, dass Gerrit das gar nicht von ihm verlangte. Sein

Kleiner breitete nur die Arme aus, als er ihm aus der Küche entgegenkam, angelockt von Geräusch des Schlüssels im Schloss.

»Es tut mir so leid, Benni«, wiederholte er noch einmal. »Ich kann mir gar nicht vorstellen, wie du dich jetzt fühlst.«

»Als säße ich unangeschnallt in einer Achterbahn.«

MIT GROSSEN SCHRITTEN NÄHERN WIR *uns der Gegenwart. Aber so sehr ich das Tempo dieser Erzählung auch anziehen mag, das der gesellschaftlichen Entwicklung verläuft nun ungleich rasanter, selbst auf dem platten Holsteiner Land. Wirtschaft, Technik und Forschung ziehen an, und selbst die Landwirtschaft, dieses alte Hinkebein, wird nun immer moderner, obwohl es noch einige Zeit dauern soll, bis die Erfindung der Dampfmaschine auch in diesem Bereich voll einschlägt. Schwerer wiegen in Kaltsommer und Umgebung vorerst die politischen Umwälzungen, die in dieser Zeit eng mit Veränderungen in den Besitzverhältnissen verknüpft sind. In den Herzogtümern Schleswig und Holstein macht sich das im siebten Jahrzehnt des neunzehnten Jahrhunderts nach Christus besonders stark bemerkbar, allen voran in Holstein. Das wechselt seinen Besitzer in diesen Jahren gleich zweimal: Erst muss die dänische Krone es an die Österreicher abgeben, ehe die von ihrem alten Kriegskameraden Preußen aus ihrem kurzzeitig gehaltenen Vorposten zwischen Nord- und Ostsee wieder verdrängt werden. Das alles geht natürlich nicht ohne Krieg ab, nicht ohne Schlachten und Tote, ist aber gerade auf holsteinischer Seite auch mit großen Hoffnungen verbunden. Allen voran mit der, nun endlich, nach ziemlich genau vierhundert Jahren, zurück nach Hause zu kommen, heim ins Reich. Allerdings hat man in diesen beiden nördlichsten deutschen Herzogtümern eher von einer Eigenstaatlichkeit innerhalb des deutschen Bundesstaates geträumt, Preußen hingegen will sich beide als Provinzen einverleiben. Preußen gewinnt am Ende dieses Tauziehen – gegen den österreichischen Kaiser, nicht gegen den lokalen Herzog. Schleswig-Holsteins Schicksal wird mit einem Dokument besiegelt, das den passenden Namen »Besitzergreifungspatent« trägt und den König Preußens zum Herrn über das nun vereinigte Herzogtum erhebt. Der Kummer der Nordlichter darüber scheint sich jedoch in Grenzen gehalten zu haben, von der Entstehung einer Unabhängigkeitsbewegung als Reaktion darauf ist mir jedenfalls nichts bekannt. Wichtiger scheint der Aspekt gewesen zu sein, dass man als Deutsche nun endlich wieder von Deutschen regiert wird. Der Nationalismus hat eben auch in den nordischen Köpfen bereits damit angefangen, seine berauschenden Ideen zu entfalten, und zeigt die ersten fleischfressenden Blüten seines geballten Suchtpotenzials.*

In Kaltsommer fühlte man sich zu jener Zeit hin- und hergerissen, denn trotz Wolke und Nebel hatten seine Bewohner doch eine ziemlich klare Sicht auf all diese Veränderungen und die damit verbundenen Folgen. Manche jedenfalls. Es gab auch solche, die die neue deutsche Herrschaft vorbehaltlos begrüßten und dabei besonders die neuen politischen Gegebenheiten im Blick hatten, besonders die in vielen Bereichen viel, viel strengeren Gesetze des Königreichs Preußen. Die einen wie die anderen ahnten eben, dass das Ende der dänischen Herrschaft eine Zäsur für ihr Dorf darstellte.

Zu diesem Zeitpunkt hatte sich unser Wolkenheim sowieso schon stark verändert und zu einem Gutteil das Aussehen angenommen, das es fortan und bis in unsere Gegenwart hinein behalten sollte. Das Land gehörte seit langem nicht mehr den Menschen Kaltsommers, sondern war in den Besitz des Landadels übergegangen. Der erzielte seine Einkünfte dadurch, dass er die Landbewohner auf seinen Feldern und in seinen Ställen schuften ließ. Kaltsommer war an das Gut Perdoel gefallen, auch wenn sich dessen Herrschaft lange nicht sonderlich für dieses triste Kaff mit seiner Wasserlausplage interessierte; die Gründe hierfür dürften auf der Hand liegen. Das änderte sich erst, als sich in den Städten eine immer breitere wohlhabende Bürgerschicht herausbildete, die mehr und mehr in die Domänen des Adels einzudringen suchte, und sei es nur, weil damit langfristig selbst die Erhebung in den Adelsstand einhergehen mochte. So verschlug es auch einen reichen Hamburger Bürger namens Bokelmann in den Norden mit seinen unter der dänischen Herrschaft prosperierenden Gütern. Dieser Herr Bokelmann kaufte erst das Gut Perdoel, trennte dann davon als einen Meierhof das Dorf Kaltsommer ab und ließ sich schließlich selbst bald unter der Wolke nieder. Über die Gründe dafür könnten wir nur spekulieren, Dokumente von eigener Hand, Briefe oder Tagebücher, sind uns nicht überliefert. Aber diese Art der Spekulation wäre nichts anderes als Klatsch und Tratsch, und deshalb wollen wir uns damit gar nicht erst aufhalten. Vielleicht war dieser Herr Bokelmann einfach ein Mensch, der nasses und kaltes Wetter zu schätzen wusste – mein Gott, er kam aus Hamburg, die Stadt ist nun auch nicht gerade für ihre südländischen Temperaturen berühmt! Unter seiner Ägide wurde das erste Herrenhaus errichtet, außerdem gehörte er zu den Personen, die sich führend um die Abschaffung der Leibeigenschaft im Land bemühten. Leider war er nicht gerade vom Glück verfolgt. Herr Bokelmann musste seinen geliebten Besitz, der schnell den Status eines adeligen Gutes erhielt, bald wieder verkaufen, nachdem er Konkurs angemeldet hatte. Ein gewisser Willem Meyerink wurde der neue Besitzer Kaltsommers, und seinen Erben gehörte es auch zum Zeitpunkt dieser nun folgenden Episode unserer Geschichte, unserer losen Chronik Kaltsommers. Die Meyerinks betätigten sich nicht zuletzt als Landschaftsgestalter, legten den Park mit seinen drei Teichen an und pflanzten die imposante Lindenallee, die damals jedoch noch im Wachsen begriffen war. Zwar hatte man keine frischgekeimten Schösslinge gesetzt, sondern ungefähr zweihundertfünfzig kräftige junge Bäume, die sich über einen Kilometer Länge aneinanderreihten, aber trotzdem war da natürlich noch viel Luft nach oben. Bis diese Winterlinden ihre stattliche Höhe von dreißig Metern erreichen sollten, um so zu tun, als würden sie der Wolke den Bauch kitzeln, vergingen Dekaden. Allein die Absicht ihrer Anpflanzung war damals schon zu erkennen, und nur die Deputathäuser, das Tor- und das Verwalterhaus sowie der große Getreidespeicher fehlten noch, um Kaltsommers prägende Optik zu vervollständigen.

Ohne Zweifel, Kaltsommer gedieh unter der fremden Herrschaft. Das lag nicht zuletzt daran, dass die Herrschaften sich nicht sonderlich für die Belange und Besonderheiten der Dorfbewohner interessierten. Man lebte eher nebeneinander her als miteinander und kam sich nicht gegenseitig in die Quere. Natürlich wussten die Meyerinks, warum ihr kleines feuchtes Nest einen Männerüberschuss in der Bevölkerung aufwies und immer wieder neue alleinstehende Männer anzog. So blind und ignorant können sie einfach nicht gewesen sein. Nur bescherte ihnen das eben auch regelmäßig frische, motivierte Arbeitskräfte, und außerdem übte die dänische Rechtsprechung an dieser Stelle kaum Druck aus, also ließen sie den Dingen ihren Lauf. Die Wolkenheimer ihrerseits hatten in Jahrhunderten gelernt, ihr Leben und Streben nicht an die große Glocke zu hängen, egal wie sehr man jenseits des Nebels über sie auch tuscheln mochte. Das ermöglichte ebenfalls einen friedlichen Umgang miteinander.

Doch dann kamen die Preußen und wurde man wieder deutsch.

Deutsch war auch die vorherrschende Stimmung, als Holten Gottfried Wedekind nach Kaltsommer zurückkehrte. Als er, damals noch vom dänischen König, wieder ein Christian, der neunte diesmal, eingezogen worden war, um gegen Preußen und Österreich zu kämpfen, war er keine zwanzig Jahre alt gewesen. Er machte die Schlacht bei den Düppeler Schanzen mit, die der deutsche Feind gewann. Danach hätte Holten schon nach Holstein zurückgehen können, vermutlich wäre er dann sofort in den preußisch-österreichischen Waffengang geraten, Bismarcks sogenannten Einigungskrieg. Wenn es ihm danach noch immer beim Militär gefallen hätte, wäre er noch mit nach Frankreich gezogen, um dem alten Erzfeind Deutschlands eins auf die Mütze zu geben und das Kaiserreich wieder zu errichten. Holten hätte Paris, die prachtvollen Anlagen von Versailles, sehen können. Stattdessen schwor er dem Kriegshandwerk ab und blieb in Dänemark. Das gefiel ihm ungleich besser, zumal alle Deutschen, denen er in der Folge auf den Straßen Kopenhagens begegnete, für seinen Geschmack zu überspannt waren, zu betont deutschnational, und nicht nur die, die aus dem Süden kamen, also von jenseits der Elbe. Seine holsteinischen Landsleute benahmen sich ebenso, bei jedem Tritt und Schritt, den sie taten, schienen sie wie unter Zwang kundtun zu müssen, dass sie nun wieder echte Deutsche waren, schließlich sogar Bürger eines mächtigen Kaiserreichs. Holten wusste nicht, ob er darüber lachen oder weinen sollte. Er war zwar intelligent, aber nicht sehr gebildet: Bauernstand und Soldatenleben bringen keine Akademiker hervor. Alles, was er sich an Wissen angeeignet hatte, von den rudimentärsten Kenntnissen in Lesen, Schreiben und Rechnen einmal abgesehen, hatte er sich selbst beigebracht. Kaltsommers Dorfschulmeister war ein durchaus bemühter Lehrer gewesen, aber seine Schüler waren ein wilder Haufen, den oft genug anderweitige Pflichten in Haus und Hof vom Lernen abhielten. Einen Schulabschluss besaß Holten nicht, und auch später eröffnete sich ihm kaum jemals die Möglichkeit, Kurse an einer Bildungseinrichtung zu belegen. Die Armee war da erst recht nicht hilfreich gewesen, zumal er niemals von irgendjemandem für die Offizierslaufbahn in Betracht gezogen worden wäre. Dafür war sein Stand zu niedrig und sein Bildungsgrad zu gering. Von Zeit zu Zeit immerhin fand Holten einen Freund mit Bildung, der bereit war, sein Wissen an ihn weiterzugeben oder es doch mit ihm zu teilen. So holte der junge Wolkenheimer Bruchstück für Bruchstück nach, was ihm bisher entgangen war. Ansonsten schlug er sich zuerst mit Gelegenheitsarbeiten durch und später als Schauermann im Hafen der dänischen Hauptstadt und genoss die eher entspannte Atmosphäre der skandinavischen Metropole. Es gab Kneipen, in die er gehen konnte, um Bekanntschaften zu machen, über die er in bald mehr, bald weniger öffentlich bekannte Zirkel geriet, in denen es sich frei und relativ unbeschwert leben ließ. Als Ausländer befand er sich noch dazu in einer besonderen Position. Einerseits konnte er es sich erlauben, anders als die anderen zu sein, weil er sowieso nicht voll dazugehörte, andererseits hätte er bei jedem falschen Schritt sofort als unerwünschte Person ausgewiesen werden können. Er saß zwischen allen Stühlen, und meistens war das recht kommod.

An Kaltsommer dachte Holten trotzdem häufig. Er hatte eine gute Kindheit dort verbracht, mit gutherzigen Eltern und vielen Geschwistern, arbeitsreich und manchmal hart, aber stets voller Nestwärme. Nur dass der Horizont dieses Dorflebens so sehr beschränkt war, noch dazu für einen typischen Spross des Wolkenheims wie ihn, das bedrückte ihn bisweilen. Er war ein so neugieriges Kind, voller Wissbegier und Abenteuerlust. Doch was die Warnung Mutters und Vaters vor der beschränkten, geringschätzigen und gefährlichen Welt dort draußen wirklich bedeutete, das begriff er erst in Kaserne und Krieg. Jeder Blick, jedes auch nur um einen Deut zu langes Verweilen seines Blickes auf dem falschen Mann bedeutete hier Gefahr, und die Deutschen aus dem Süden erwiesen sich da schnell als noch verklemmter als die Dänen. Von denen feuerten auch gerne welche schnell mal mit der Sünderkanone auf einen Spatz wie ihn, aber wenn Holten sich ihnen nicht zu offensiv aufdrängte, ließen sie ihn in der Regel in Ruhe. Warum auch nicht, im Staate Dänemark war die mannmännliche Liebe bisher, wenn überhaupt, nur ein Fall für die christlich-bürgerliche Moralvorstellung und nicht für die Gerichte. Bei allem, was er im Gegensatz dazu aus Preußen und den anderen deutschen Bundesstaaten hörte, war das das weitaus geringere Übel. Ein Grund mehr, in Kopenhagen zu bleiben, wenn er schon nicht nach Hause zurückkehren wollte.

Trotzdem blieb er seiner Heimat eng verbunden, in stetem Briefwechsel mit seiner Mutter stehend. Wiebke Christin Wedekind, zu Stolpe geborene Stölting, liebte das Vierte ihrer sieben überlebenden Kinder am meisten, auch wenn sie das niemals offen zugegeben hätte. Dass ausgerechnet er zum Militär gegangen war, hatte ihr arg zugesetzt. Dass er, nachdem er den Krieg glücklicherweise überlebt hatte, nicht sogleich heimkehrte, erfüllte sie, bedachte sie die geänderte politische Lage, mit bitterer Erleichterung. Alle ihre Kinder waren vom Wesen her zu beinahe hundert Prozent nach dem Vater geschlagen und vom Aussehen her eher nach ihr, etwas zu lethargisch und zu zufrieden mit allem, selbst mit den schlechten Dingen, und dazu blassblond und zu einer gewissen Rundlichkeit neigend. Holtens rothaariger Kopf dagegen war voller Fragen und immer auf der Suche nach Antworten und immer neuen Fragen, weshalb er wohl wie ständig auf dem Sprung wirkte, kein Gramm Fett ansetzte und zäh wie Leder war. Ihr Holten strahlte eine positive Art der Unzufriedenheit aus, arbeitete stets an sich und allem, um sich und andere zu verbessern und voranzubringen, er hätte sich niemals einfach so mit irgendetwas zufriedengegeben. Deshalb hielt Wiebke Wedekind es auch für besser, dass ihr Holten vorerst in Dänemark geblieben war, im neuen Deutschland wäre er nur allzu bald in Schwierigkeiten geraten. Davon war sie überzeugt, damit betäubte sie den anhaltenden Trennungsschmerz.

Einen anderen Weg, diesem Schmerz die Spitze zu nehmen, boten die Briefe. Während Holten seine Briefe eher allgemein hielt und gerade, wenn er über seine Bekanntschaften schrieb, aus Angst vor staatlicher Schnüffelei nicht zu sehr ins Detail ging, plauderte Wiebke mithilfe der Feder frei von der Leber weg. Wenn sie im Schein der Öllampe an ihrem Schreibtisch saß und alles, was sie an Schreibkunst beherrschte, abrief, um die Ereignisse im Alltag der Wedekinds ebenso wie in Kaltsommer zum Leben zu erwecken, stellte sie sich immer vor, direkt mit ihrem Sohn zu sprechen. So klangen ihre Briefe unmittelbar und immer etwas komisch, weil die reine Stimme, bannt man sie in Schrift, doch schnell alt klingt. Holtens Briefe hingegen wollten – mussten – literarischer sein, als ihm eigentlich möglich war, weshalb sie gestelzt wirkten. Seine Mutter hätte ihm das niemals vorgeworfen, sie hörte aus dieser Ferne nur Wirklichkeit und Echtheit, nur wie weit im Leben ihr Holten es schon gebracht hatte. Wiebke berichtete von Geburten, Hochzeiten und Todesfällen oder der Aufhübschung des Dorfes durch die Meyerinks – »Unser Herrenhaus erstrahlt jetzt im weißen Glanz, ganz wie unsere Wolke an einem besonders hellen Tag!« –, und wenn diese Vorkommnisse ihre eigene Familie betrafen, ließ sie ihren Glücks- ebenso wie Kummertränen freien Lauf. In der Zeit seiner Abwesenheit etwa starben Holtens Vater Sören Albrecht (an einer Lungenentzündung) und ältester Bruder Albrecht Adolf (Sturz vom Heuboden) sowie seine jüngste Schwester Anna Christina (Komplikationen bei der Niederkunft), verheirateten sich aber auch seine übrigen Geschwister und zeugten den ersten Nachwuchs. Holten deutete immerhin einmal einen Todesfall an, der ihm sehr nahe ging, als ein gewisser Sven Morten Daldrup dem Lungenkrebs erlag. In diesem einen Brief konnte er nur mit Mühe den künstlich literarischen Tonfall aufrechthalten. Immer wieder funkten ihm Wendungen dazwischen, die auf eine größere persönliche Nähe zwischen dem Schreiber und dem Verstorbenen schließen ließen. Wiebke verstand alles nur zu gut. Obwohl ihr Sohn den Namen dieses Mannes zuvor niemals erwähnt, bestenfalls durch Initialen angedeutet hatte, und musste sie sich bei ihrer Antwort nun ihrerseits sehr zurückhalten, ihr Mitgefühl nicht zu offen auszudrücken. »Du kannst jederzeit nach Hause kommen, mein lieber Sohn«, schrieb sie ihm trotzdem unmissverständlich, »hier wirst du immer ein Zuhause haben.«

Im Grunde seines Herzens wusste Holten dies. Wenn es jemals einen Ort für ihn gab, der den Namen Heimat verdiente, dann Kaltsommer, zumal sich nach dem gegen die Deutschen verlorenen Krieg die politische Lage in Dänemark ebenfalls für Männer wie ihn eintrübte. Auch hier sprach man nun immer öfter, die Bibel als Moralkeule schwingend, öffentlich gegen die Sodomie und verlangte ihre Bestrafung. Unter der Wolke hinter dem Nebel würde man dagegen für immer vor solchen Nachstellungen geschützt sein: Wenn keiner dich sieht, weiß auch keiner, dass es dich gibt.

Trotzdem kehrte Holten erst heim, nachdem zuerst gar kein Brief aus Holstein mehr kam und dann einer aus der Hand seiner Schwester Meta Karolina, von allen nur Meta genannt. Von den Mädchen war sie die älteste, an die mit ihrem Mann nach dem Tod des Vaters und des ältesten Bruders und Erben der Hof in Kaltsommer gefallen war und die sich seitdem auch um die Mutter kümmerte. Das Verhältnis Metas zu ihren Geschwistern war nie besonders innig gewesen, hatte sie doch schon von klein auf im Haushalt mit anpacken müssen und sich fortan als Dienstmagd für ihre verwöhnten Brüder und Schwestern empfunden. Dass auch Albrecht Adolf dem Vater zur Hand hatte gehen müssen, sobald er laufen konnte, wollte sie nicht sehen, und so hatte sie schon in jüngsten Jahren als verbiesterte alte Jungfer gegolten. Wäre sie durch den Tod des Hoferben nicht plötzlich eine gute Partie geworden, dachte Holten, wenn er denn an sie dachte, mit kaum vorhandenem schlechten Gewissen, sie hätte wohl niemals einen Ehemann gefunden, der ihr Keifen, Ätzen und Selbstmitleid lange ertragen hätte. Ein Veteran des Krieges gegen die Dänen hatte sich ihrer erbarmt – so hatte es Mutter Wiebke nicht geschrieben, ihre Worte waren freundlicher ausgefallen –, ein Mann aus einem Ort namens Perleberg im Brandenburgischen. Der hatte vielleicht ja nur wegen seiner Beinwunde, die ihn stark hinken ließ, den langen Weg bis nach Hause nicht antreten können und war deshalb geblieben. Auch Holten schwang bisweilen ein scharfes Zungenschwert, in seinen Kopenhagener Freundeskreis wurde er dafür wieder und wieder gefeiert. Manchmal trat er in intimer Runde als irgendeine gerade berühmte Person der Gesellschaft auf, egal ob Mann oder Frau, und parodierte diese verblüffend echt. Nur seiner Mutter gegenüber – und dem preußischen Geheimdienst – mäßigte er sich, ein solch despektierliches Verhalten gegenüber seinen Geschwistern hätte sie selbst von ihrem Liebling nicht geduldet.

Doch dann schrieb Mutter Wiebke nicht mehr, und stattdessen kam ein Brief von Meta, in dessen Zeilen Holten ein überraschendes Zartgefühl zu erkennen vermeinte. Lieber Holten, lieber Bruder*, schrieb sie,* da Mutter uns immer stolz deine Briefe vorliest und sie Dir sicherlich auch alles Wissenswerte über uns schreibt, sind wir ja auf dem Laufenden, was den jeweils anderen betrifft. Deshalb möchte ich mich hier kurzfassen und gleich auf den Anlass meines Schreibens kommen: Mutter geht es nicht gut. Der Arzt – die gnädige Frau Meyerink hat ihn auf ihre Kosten kommen lassen, da Mutter sich als ihre Schneiderin verdient gemacht hat und die gnädige Frau besonders Mutters Stickereien liebt – gibt ihr noch wenige Wochen oder höchstens Monate. Sie hat mindestens eine Geschwulst am vorderen Oberkörper, die weiter wächst und sich wohl noch vermehren wird, wenn sie es nicht schon getan hat. Sie leidet große Schmerzen. An manchen Tagen ist sie kaum ansprechbar, dann tut auch das Morphin sein Übriges. Aber selbst an solchen Tagen fragt sie regelmäßig nach Dir, lieber Bruder, und darum bitte ich Dich inständig, nach Hause zu kommen, wenigstens auf einen letzten Besuch. Erfülle unserer Mutter diesen einen Wunsch, den sie noch hat, und beeile Dich, ich weiß nicht, wie lange sie noch durchhält. Es tut mir leid*, beendete seine Schwester ihren Brief,* dass ich Dir nicht aus einem schöneren Grund schreiben kann. Bitte komme bald, wir warten alle auf Dich. Meta.

Als ihn dieser Brief endlich in Kopenhagen erreichte, war Holten überzeugt davon, dass es im Grunde schon zu spät sei. Die Post benötigte so lange, um von einem Ort zum anderen zu kommen, wenn noch dazu eine Grenze überquert werden musste allemal. Er ließ trotzdem alles stehen und liegen, verabschiedete sich kaum von seinen Freunden und machte sich auf den Weg. Lediglich etwas Geld lieh er sich, um alle notwendigen Ausgaben bestreiten zu können. Die Reise in Kutsche und Eisenbahn zog sich ewig hin, manchmal glaubte er gar, selbst zu Fuß noch schneller voranzukommen. Immer wieder kam sich Holten wie jener historische Läufer aus Marathon vor, der unbedingt Athen vor dem Angriff der Perser warnen wollte. Nur waren in seinem Fall die Perser längst in Kaltsommer, und für ihn konnte es nur noch darum gehen, einen letzten Blick auf sein Heimatdorf und diejenige, die er liebte, zu werfen, bevor alles geplündert und niedergebrannt wäre. Die Welt stand bereits lichterloh in Flammen, und die Eisenbahn hielt an jeder noch so kleinen Station und endete sowieso weitab von dem Ort, den er unbedingt erreichen musste. Für die letzten Kilometer schließlich brauchte er eine Mitfahrgelegenheit und hatte Glück, dass er auf dem Fuhrwerk einer Brauerei von Kiel nach Ascheberg kam und von dort nach Wankendorf bei einem Hausierer mitfahren konnte, der selbst heim zu seiner Familie wollte. Den letzten Rest des Weges ging er zu Fuß und brauchte für die wenigen Kilometer, da er rigoros querfeldein ging und marschierte wie zu Kriegszeiten, kaum mehr als eine Stunde.

Nach knapp zehn Jahren in der Fremde kehrte Holten Gottfried Wedekind an einem Dienstagabend Anfang Mai im zweiten Jahr des wiedererrichteten Deutschen Kaiserreichs nach Kaltsommer zurück. Er hielt sich jedoch nicht lange mit dem altvertrauten Anblick der Wolke im ringsum blauen Frühlingshimmel auf. Kein heimeliges Gefühl wollte ihn dabei beschleichen, nur die Erleichterung, die letzte Etappe dieses zu langen Weges endlich erreicht zu haben. Er hastete sofort durch die dünnen Nebelschwaden, die den großen Teil der Welt von dieser verwunschenen Exklave trennte. Kaum spürte Holten, wie sich die Wärme auf seiner Haut in Frische verwandelte und sich augenblicklich millionenfach Wasserläuse auf Gesicht, Armen und Händen niederließen. Nicht dass er sie vermisst hätte, diese kleinen Nervensägen, die in seiner Kindheit allgegenwärtig waren, aber auch sie vermochten ihm die Heimkehr jetzt nicht mit dem Erwecken schöner Erinnerungen an damals zu versüßen. Allein die Angst, alles könnte vergebens und er längst zu spät dran sein, trieb ihn an. Nichts wäre schrecklicher, als nur noch ein frisches Grab vorzufinden.

Die Männer und Frauen des Gutes Kaltsommer kamen gerade von der Arbeit auf den Feldern und in den Ställen, der Meierei, der Stellmacherei und dem Gewächshaus der Herrschaften. Viele sahen Holten, als er im Stechschritt, der sich immer mehr in ein Laufen verwandelte, der sich langsam in die Höhe reckenden Lindenallee zustrebte, um den elterlichen Hof ungefähr auf ihrer Hälfte zu erreichen. Viele blickten ihm verwundert nach, weil er ein wenig abgerissen wie ein Landstreicher aussah, einigen kam er sogar bekannt vor. Ein paar wenige grüßten, weil sie in ihm sofort den verlorenen Sohn der Wedekinds erkannten. Holten dagegen sah niemanden. Er nahm nur noch Schatten am Rand seines Blickfeldes wahr, während er alle seine verbliebene Kraft darauf konzentrierte, genügend Sauerstoff in seine pfeifenden Lungen zu bekommen. Die Augen tränten ihm, nicht allein von der Anstrengung, und verwischten ihm umso mehr die Sicht, je näher er seinem Ziel kam. Als er, ohne anzuklopfen, die Schwelle des backsteinroten Bauernhauses überquerte, leitete ihn beinahe nur noch seine Nase, die die altvertrauten Gerüche nach Kuh, Schwein, Huhn, Dung, Hund, Mensch, Essen und Schlaf augenblicklich auffing. Aber da war auch noch ein anderer, neuer, alarmierender Geruch, ein chemisch scharfer und stechender, der ihn plötzlich bremste und innehalten ließ. Der kam vom Karbol, mit dem sie auf Geheiß des Arztes nun ständig alles desinfizieren mussten.

So, wie verloren in der Diele stehend, fand Meta ihren Bruder.

Sie trug einen Säugling auf dem Arm und sah sehr müde aus. Das konnte nicht der kleine Theodor sein, der war, das wusste Holten aus einem der Briefe seiner Mutter, schon bald drei Jahre alt. Aber von diesem Kind hatte sie ihm gar nichts geschrieben.

»Du bist noch einmal Mutter geworden, Meta?«, sagte er und lächelte, während sich seine Augen plötzlich mit Tränen füllen wollten.

Deren Gesicht erstrahlte ebenso plötzlich. »Vor sechs Monaten«, erzählte sie und kam die letzten Meter auf ihren Bruder zu. »Das ist Louise. Sag Hallo zu deinem Onkel Holten, Louise.«

Er streichelte sanft den Kopf der Kleinen, fühlte die Wärme ihres Körpers und das Kitzeln ihres noch sehr dünnen, beinahe farblosen Haars. »Hallo Louise, schön, dich kennenzulernen«, sagte er, wollte noch etwas hinzufügen, doch brach ihm schon beim ersten Ton die Stimme. Metas Lächeln verrutschte traurig, und beide Geschwister umarmten sich.

»Gut, dass du da bist, Holten.«

»Ich bin so schnell gekommen, wie ich konnte.« Er zögerte, wollte die nächste Frage nicht stellen. »Wo ist sie? Ist sie …?«

»Sie ist in ihrem Zimmer.«

»Darf ich zu ihr?«

»Aber natürlich!« Resolut nahm Meta ihrem Bruder den bestenfalls halb gefüllten Seesack ab, der ihm als Reisetasche diente, und stieß ihn freundlich in die zwielichtige Tiefe des Flurs. »Es ist das Zimmer hinten rechts«, sagte sie noch. »Das alte Elternschlafzimmer nutzen jetzt Theo und ich und die Kinder. Mama ist im alten Kinderzimmer.«

Sie sah ihm nach, als er sich wie blind den Gang entlangtastete, so vorsichtig, als könnten überall Stolperdrähte gespannt sein. Vor der Tür sah sie ihn kurz erstarren, die Hand bereits zum Anklopfen erhoben. Holten zögerte, und Meta konnte dieses Zögern nur allzu gut verstehen: Jedes Mal, wenn sie das Zimmer der Sterbenden betrat, musste sie sich erst überwinden. Ihre Mutter war eine gute Patientin, die nicht wollte, dass man viel Aufhebens um ihr Leid machte, die vor ihren Kindern und Kindeskindern so manches Mal ihre Schmerzen unterdrückte, um ihnen nicht zu sehr zur Last zu fallen. Aber mitansehen zu müssen, wie der Krebs sie langsam auszehrte, ja geradezu aufzehrte und verspeiste, als wäre sie nichts weiter als eine zäh zu kauende Mahlzeit, dieser Anblick kostete sie jedes einzelne Mal Überwindung. Selbst wenn sie nur für eine Minute aus dem Zimmer gegangen war, war, kam sie zurück, der Tod eben auch wieder um eine Minute näher an Wiebke Christin Wedekind herangerückt.

Holten ahnte das zumindest. Sven, der Mann, von dessen Leben und Sterben er in den Briefen an seine Mutter nur ansatzweise geschrieben hatte, war einen ganz ähnlichen Tod gestorben. Nur hatte die Krankheit bei ihm die Lunge befallen und nicht die Brust. Holten hatte ihn bis zu seinem Ende gepflegt. Svens Eltern waren tot, seine Geschwister über das gesamte Königreich Dänemark verstreut und ein Bruder auf See verschollen. Er hätte nicht gedacht, sich noch einmal diesem Vielfraß von einer Krankheit stellen zu müssen. Aber hier stand er nun vor der verschlossenen Tür zum Zimmer seiner Mutter und machte sich mit dem Gedanken vertraut, dass daran kein Weg vorbeiführen würde. Er würde dieses Haus erst wieder verlassen, wenn alles getan war; Meta würde sich sicherlich über seine Hilfe freuen.

Nach einem ganz zaghaften Anklopfen, öffnete er die Tür und betrat auf leisen Sohlen das Zimmer, das er noch aus seiner Kindheit kannte. Der Geruch nach Medizin und Hospital war hier stärker als im Rest des Hauses, er stach ihm sofort wie mit Nadeln in die Nase. Doch Holten wich nicht davor zurück, sondern tat den nächsten Schritt, als ginge es darum, zu zeigen, wer hier in Zukunft das Sagen hatte. Nicht dass es auf irgendjemanden oder irgendetwas Eindruck gemacht hätte. Seine Mutter saß schlummernd in einem Schaukelstuhl am Fenster, in einem braunen Kattunkleid und eingehüllt in eine Wolldecke, und nicht einmal die Katze auf ihrem Schoß hielt es für erforderlich, die Ohren aufzustellen und mehr als ein Auge zu öffnen.

Es brannte noch kein Licht im Zimmer, und durch das Fenster fiel nur ein grauer Dämmer ein, der kaum etwas erhellte. Trotzdem leuchtete Wiebkes Gesicht fahl, so fahl wie die Wolke an manchen Tagen, wenn sie sich nicht entscheiden konnte, ob sie es regnen lassen sollte oder nicht. Es sah geisterhaft aus, wie ein Vorzeichen. Holten trat langsam an sie heran und ging vor ihrem Stuhl in die Knie. Die knackten wie aus Protest, und nun sah sich die Katze sogar gezwungen, ihn aus beiden Augen anzuschauen, taxierend und auf alles gefasst. Um das Tier zu beruhigen, streichelte er es, was es sich nach kurzem Abwägen gefallen ließ. Holten kannte diese Katze nicht, aber das bedeutete nichts, auf einem solchen Bauernhof kamen und gingen die Mäusejäger quasi im Dutzend. Neu war, dass eine davon im Haus geduldet wurde, das durfte in der Regel noch nicht einmal der Hofhund betreten. Ihr grauschwarz geschecktes Fell fühlte sich wunderbar warm und weich an, und als Holten aufhören wollte, sie zu streicheln, fing sie an zu schnurren. Lächelnd kraulte er sie noch ein letztes Mal hinter den Ohren, dann widmete er sich endlich seiner Mutter.

Sie hat vielleicht noch ein paar Wochen, schoss es ihm durch den Kopf, als er den Blick hob und von unten ihr Gesicht betrachtete. Die Haut spannte schon bedenklich über den Knochen, alles Blut schien bereits daraus gewichen. Ihr ehemals blondes Haar war grau, strähnig und schütter wie bei einem alten Mann, der Atem ging flach durch den Mund, wenn auch gleichmäßig, die spitz gewordene Nase stach wie ein nutzloser Schnabel in die Luft. Sie sieht aus wie ein in der Mauser krank gewordenes Huhn, dachte Holten. Er schämte sich sogleich für diesen Gedanken, wurde ihn aber trotzdem nicht mehr los.

»Mama«, sagte er endlich und berührte sanft ihre Wange. Die Haut war trocken und kühl, wie mit einer dünnen Schicht Wachs überzogen. »Mama, ich bin es, Holten. Ich bin aus Dänemark zurück. Und jetzt bleibe ich bei dir, versprochen. Jetzt werde ich dich nicht mehr verlassen.«

Wiebke folgte der Wärme und schmiegte sich mit der Wange instinktiv in die Rundung von Holtens Hand. Der Laut, den sie dabei von sich gab, war nichts weiter als ein Ausdruck der Anstrengung, die sie selbst diese minimale Bewegung kostete. Ihr Sohn stellte sich trotzdem vor, dass sie ein leises Danke für ihn gemurmelt hätte. Dass sie zu mehr in diesem Moment und für diesen Tag nicht fähig sein würde, ahnte er schon. Meta bestätigte ihm später, dass sie ihrer Mutter heute eine besonders hohe Dosis Morphin geben musste, da die Schmerzen noch einmal stärker geworden zu sein schienen, obwohl sie niemals geglaubt hätte, dass das überhaupt noch möglich sei.

»Ich sehe später noch mal nach dir, Mama«, versprach Holten und überließ Wiebke und die Katze ihrem tröstlichen Schlaf.

In der Küche erwartete ihn neben seiner Schwester und ihren beiden Kindern Theodor und Louise auch sein Schwager, der ehemalige Soldat der preußischen Armee Theodor Schönfeld aus Perleberg in Brandenburg. Er war bei den Ulanen gewesen und kümmerte sich nun um die Pferde des Meyerinkschen Gestüts, vornehmlich um die Hengste. Holten hatte ihn bis dato nicht kennengelernt und wusste nicht, wie gut im Bilde dieser Theodor Schönfeld inzwischen über die

Verhältnisse in seiner neuen Heimat Kaltsommer war, wie weit er diese bereits akzeptiert hatte, wenn überhaupt. Als Soldat mochte er einiges erlebt haben, aber im Krieg macht der Mann so manche Ausnahme, die er in Friedenszeiten niemals erlauben würde. Holten trat vor ihn und reichte seinem Schwager mit zurückhaltender Freundlichkeit die Hand.

»Es freut mich, dich endlich einmal persönlich kennenzulernen, mein lieber Holten«, plauderte der jedoch sogleich jovial in seiner brandenburgischen Mundart drauflos und schüttelte die ihm dargebotene Hand, als wollte er sie abreißen. »Du bist ja auch ein alter Soldat wie ich, wir werden uns viel zu erzählen haben. Nenn mich ruhig Theo, das tun alle. Du musst hungrig sein nach deiner langen Reise«, fuhr er fort, drehte sich um und hinkte zum gedeckten Tisch. »Komm, lass uns zu Abend essen.«

Theodor Theo Schönfeld war ein rechter Dampfplauderer, wie Holten noch an diesem Abend feststellen durfte. Der hatte die Kunst perfektioniert, reden zu können, ohne dabei ersichtlich Luft holen zu müssen. Und er war eine Frohnatur, gutmütig und sehr liebevoll im Umgang mit seiner Frau und den Kindern, soweit Holten das nach so kurzer Zeit schon beurteilen konnte. Er freute sich sehr für seine Schwester, die, er hätte es ja niemals für möglich gehalten, tatsächlich noch ihr Glück gefunden hatte und unter der Aufmerksamkeit, die ihr Mann ihr zuteilwerden ließ, aufgeblüht war. So weich, so zufrieden hatte er Meta vielleicht noch niemals zuvor erlebt.

Trotzdem entschuldigte er sich bald bei den beiden, die so viele Fragen an ihn hatten und selbst noch mehr zu erzählen. Holten war müde. Er sah nur noch einmal nach der Mutter, dann bat er darum, sich in sein Bett zurückziehen zu dürfen. »Wir reden morgen weiter«, winkte sein Schwager fröhlich ab und richtete ihm persönlich das Lager in der Stube. Holten dankte es ihm und brauchte dann aber so lange zum Einschlafen, dass er noch hörte, wie alle anderen Hausbewohner einer nach dem anderen zu Bett gingen. Den Lärm an der Haustür in den frühen Morgenstunden hörte er jedoch nicht. Erst als Meta aufschrie, ihr Tonfall lag irgendwo zwischen Panik und Entrüstung, weckte es Holten abrupt. Sich nur eben seine Jacke überwerfend, lief er nach draußen zu seiner Schwester und Theo, die auf die Außenseite ihrer Haustür starrten. Dort stand in roter Farbe ein Wort: Vaterlandsverräter.

»Was hat das zu bedeuten?«, fragte er verwirrt.

Weder Meta noch Theo wussten es, aber sie alle sollten es sehr bald herausfinden.

Achtundzwanzigstes Kapitel

Der Birnbaum stand so schief, dass er beinahe auf dem Boden lag. Warum oder wodurch er in diese Schieflage geraten war, war auf den ersten Blick nicht ersichtlich. Es war kein besonders hoher Baum, eher ein Bäumchen, schmal und nur spärlich belaubt, zumindest verglichen mit den anderen Bäumen im Umkreis, den Apfel- und Kirschbäumen, dem Walnussbaum, der sich geradezu majestätisch vier Gärten weiter in den so eng umgrenzten Himmel erhob, oder natürlich den in Reih und Glied stehenden Linden der Allee. Dagegen sah dieser Birnbaum klein und verkümmert aus, sterbend – doch dieser Eindruck wiederum wurde von den vielen heranreifenden Früchten durchkreuzt, die seine Krone zierten. War es also ein Sturm gewesen, der ihn auf die Seite gedrückt hatte? Laut Benni gab es so etwas wie Stürme in Kaltsommer nicht, dafür war das Wetter im Wolkenheim zu gleichförmig oder eintönig, obgleich Gerrit ihm das bisher nicht so recht hatte glauben mögen. Nicht einmal jetzt, da er es endlich mit eigenen Augen sah, konnte er es so richtig glauben. Das war alles zu seltsam hier, und dass die Wurzeln dieses mickrigen, aber in vollem Saft stehenden Birnbaums fest im Boden verankert waren und nicht einmal an einer einzigen Stelle durch das Erdreich nach oben an die Luft drückten, passte nur zu gut in dieses verwirrende Bild. Nichts passte zusammen, dieser Obstbaum schien einfach nur einen starken Hang zur Waagerechten zu haben.

Was die Frage aufwarf, warum Benjamins Mutter ihn in ihrem Garten geduldet hatte. Der Rest in diesem für Nutzpflanzen ausgelegten Teil ihres Grundstücks sah selbst nach den letzten Wochen der bestenfalls notdürftigen Pflege durch die Nachbarn noch immer äußerst akkurat aus. Wie im Vorgarten, der Blumen und Ziersträuchern vorbehalten war, oder rund um den Wäscherasen – so nannte jedenfalls Benni ihn, weil er aus nichts anderem als einer Rasenfläche mit darüber gespannten

Wäscheleinen bestand (Gerrit wunderte es nur, dass man in Kaltsommer im Freien Wäsche trocknen konnte, wenn es hier doch ständig feucht und kalt sein sollte) –, stellten auch hier hinten nicht einmal kniehohe Buchsbaumhecken das stilprägende Element dar. Sie bildeten Linien, die so gerade verliefen, als wären sie mit dem Lineal gezogen worden, und dazwischen befanden sich die Beete für Kartoffeln, Karotten, Bohnen, Erbsen, Zwiebeln, Kohlrabi, Salat, Kürbis, Zucchini und Erdbeeren. An den Gartenrändern standen Johannis- und Stachelbeersträucher und ein paar der bereits erwähnten Obstbäume. Hier im hintersten Drittel des Gartens, wo ein verwucherter Knick das Grundstück zu einer Kuhkoppel hin begrenzte und das ohnehin wie gedimmt anmutende Tageslicht durch das viele Laub noch einmal um einige Lux geschwächt wurde, durften die Bäume vom Rand auch zwischen die Beete rücken. Aber warum Gerburg Sandow diese fallsüchtige Birne in ihrem Reich, mit dem sie vermutlich in jeden Gartenbauwettbewerb als Favoritin gezogen wäre, hätte sie in dieser Richtung irgendeinen Ehrgeiz besessen, geduldet hatte, blieb trotzdem ein Rätsel. Es sei denn, er hatte sich erst, als sie schon im Koma lag, auf die Seite gelegt …

Gerrit fühlte Schwindel aufkommen bei diesem Anblick. Nichts drückte so treffend seine Beklemmung ob dieses Ortes aus wie dieser gefallene und doch nicht gefallene Baum. Er hatte es sich nicht vorstellen können – wenn er ehrlich war, hatte er Benjamin bis zum allerletzten Augenblick kein Wort geglaubt von dem, was der über dieses ominöse Kaltsommer erzählte. Erst als er ihn gestern vom Bahnhof in Neumünster abgeholt hatte und sie mit dem Leihwagen, schweigend, weil glücklich, endlich wieder vereint zu sein, durch die sonnenbeschienene holsteinische Landschaft gefahren waren und plötzlich eine einzige große Wolke am Himmel vor ihnen aufgetaucht war, erst da dämmerte es Gerrit langsam, dass sein Freund ihm keine Märchen erzählt, ihm doch keinen Bären aufgebunden hatte. Der einzige Bär weit und breit blieb Benjamin, und der fühlte sich beim Anblick der Wolke nicht im Geringsten beunruhigt. Gerrit hätte sich am liebsten vor Verwunderung die Augen gerieben. Aber dann hatte er die Nebelwand erblickt, die ihnen plötzlich entgegenwaberte und sie im Nu verschluckte. Natürlich musste er sofort an das Busunglück denken, von dem Benni ihm erzählt hatte, an das kleine Mädchen, das erst vor kurzem seinen Verletzungen erlegen war. Ihm wurde heiß und kalt auf einmal, und sein Hodensack schrumpfte beinahe schmerzhaft zusammen; wie zu dessen Schutz presste er die Beine zusammen und die Lippen aufeinander und rissen seine Augen tellergroß auf. Gerrit meinte sich zu erinnern, dass sie inmitten dieser Suppe, in der die Sichtweite bei unter fünf Metern lag, links abbiegen mussten. Doch Benjamin bog nicht links ab, sondern fuhr geradeaus durch den Nebel, bis sie auf der anderen Seite wieder ins Sonnenlicht kamen. »Nächste oder übernächste Woche soll tatsächlich eine Ampel aufgestellt werden, wenn auch erst mal nur provisorisch«, erzählte er, auf die Straße konzentriert. »Seit der Beerdigung der kleinen Heise ist Bewegung in die Sache gekommen, weil die lokalen Medien danach das Thema wieder aufgegriffen haben. Aber solange die Ampel nicht steht, fahren wir lieber einen kleinen Umweg über Bornhöved. Alles andere ist mir zu gefährlich, und ich möchte doch, dass mein kleiner Schatz heil im Mutterhaus seines Freundes ankommt.« Benjamin hatte ihn schief angegrinst, sehr schief, und Gerrit nicht gewusst, wie er darauf reagieren sollte. So hatte er nur stumm genickt und aus dem Seitenfenster geschaut.

Sie waren am Friedhof vorbeigekommen – »Hier wird Gerburg beerdigt werden«, hatte Benjamin berichtet, »aber der Gottesdienst wird in der Kirche in der Ortsmitte abgehalten werden, weil ihr wohl doch sehr viele Leute die letzte Ehre erweisen wollen.« – und aus dem Dorf wieder rausgefahren, erneut zwischen Feldern und Weiden entlang, die sich auftürmende Wolke stets zu ihrer Linken. Irgendwann mussten sie dann an einer Kreuzung tatsächlich links abbiegen. Rechts wäre es nach Ruhwinkel gegangen, doch in die andere Richtung ging es einen Hügel hinauf, als wäre es eine Rampe, über die sie sich direkt hinein in die Wolke katapultieren wollten. So wie Benni den Wagen beschleunigte, um die kleine Steigung zu überwinden, hätte man das jedenfalls glatt glauben können. Aber sie hoben nicht ab, sondern sausten über die Kuppel hinweg und gleich wieder nach unten und mitten hinein in den wallenden Nebel. Offensichtlich war der schneller gewesen als sie und hatte ihnen den Weg abgeschnitten; Gerrit musste unwillkürlich an die Fabel von Hase und Igel denken.

Als ihr Auto die nachgiebige Wand durchstieß, hielt er reflexhaft den Atem an. Die Passage durch dieses blinde Stück Welt dauerte vielleicht drei Sekunden, da Benni dieses Mal den Fuß nicht vom Gaspedal nahm, aber danach holte Gerrit so tief Luft, als hätte er einen Apnoetauchgang versucht. »Wir sind gleich da«, hatte der rote Bär nur gesagt und ihm kurz die Hand mit seiner Pranke gedrückt, bevor er die wieder zum Lenken und Schalten brauchte. Gerrit hatte tapfer gelächelt. Ihm war plötzlich, als hätte sich ihm eine Schlinge um den Hals gelegt, obwohl der Gefahrenherd Nebel nun hinter ihnen lag und das Dorf, das sich um sie herum ausbreitete, aussah wie jedes andere, das er auf seiner kurzen Fahrt durch Holstein bisher gesehen hatte. Nur fehlte eben das Sonnenlicht. Immerhin regnete es nicht, wurden sie nicht sofort von diesen Abermillionen Wasserläusen, wie Benni sie genannt hatte, überfallen. Stattdessen blendete sie beinahe ein Gleißen, ein grellweißes Licht, das die Wolke über ihnen ausstrahlte wie eine riesige LED-Leuchte, die selbst noch die Sonne überdeckte. Gerrit wagte nur ein Schielen nach oben. Dieser Ort war ihm unheimlicher, als er das jemals für möglich gehalten hätte. Am liebsten hätte er die Augen zugekniffen, aber das wäre unfair Benni gegenüber gewesen, vielleicht sogar beleidigend, der war hier schließlich aufgewachsen. Also beschränkte Gerrit sich darauf, starr geradeaus zu schauen und das Ende dieser Fahrt herbeizusehnen. Das wirkte. Kaum zwei Minuten später bogen sie erst in die Lindenallee ein und dann in die Auffahrt zu Gerburg Sandows Grundstück. Benni ließ den Leihwagen ausrollen, bis er in einem riesigen Carport neben einem zweiten Auto zum Stehen kam; das war das Auto seiner Mutter, das er aus versicherungstechnischen Gründen nicht fahren durfte.

Gerrit war angekommen in Kaltsommer oder, wie er jetzt im Angesicht des schiefen Birnbaums hoffte, in der bald für immer ad acta gelegten Vergangenheit seines Freundes. Er hasste sich für diesen Gedanken, wurde ihn aber dennoch nicht los. Er gehörte nicht hierher, und er hoffte, dass Benjamin genauso empfand. Das lag nicht nur an der Wolke oder dem Nebel oder dem die Netzhäute blendenden Licht. Das lag nicht nur an dem Gefühl, seit gestern in einem riesigen Käfig gefangen zu sein, im Freigehege eines besonders seltsamen Wildparks. Das waren auch die Geräusche, allen voran die Laute gleich diverser Vogelarten. Schon bei ihrer Ankunft gestern hatte sie ein so schrilles Spatzengezwitscher begrüßt, dass er sich automatisch fragte, ob nicht gerade eine Katze versuchte, sich einen der Piepmätze zu krallen. Doch war für die Aufregung kein wildernder Stubentiger verantwortlich gewesen, sondern dies der normale Lärmpegel der kleinen Singvögel, die es sich in den Büschen und Sträuchern rund um Nachbars Hühnerhagen gemütlich gemacht hatten. Von dort aus plünderten sie im Schwarm das Futter der Nutztiere, und selbst dann, wenn er voll war, hielten sie den Schnabel nicht. Die Hühner duldeten den Mundraub mit stoischer Gelassenheit. Sie kümmerten sich um ihre kleineren Verwandten überhaupt nicht, jedenfalls kannten sie eigene Anlässe, sich bemerkbar zu machen: die Hennen etwa, wenn sie ein Ei gelegt hatten, die Hähne, um Gott, der Welt und ihren Artgenossen auf den anderen Höfen im Dorf ihr Dasein zu verkünden. Ein oder zwei von Nebendahls Hähnen hatten das sogar die gesamte Nacht hindurch getan und nicht nur, wie es das Klischee wollte, zur Begrüßung des Sonnenaufgangs – an einem Ort, der einen echten Sonnenaufgang gar nicht kannte, vielleicht ein verzeihlicher Fehler. Trotzdem hatte das ewige Krähen Gerrit die ganze Nacht wachgehalten, zusätzlich noch zu der Enge in Benjamins altem Jugendzimmerbett, die zwar kuschelig war, aber eben auch unbequem. Doch in dem einzigen anderen Bett im Haus, das groß genug für zwei ausgewachsene Männer gewesen wäre, nämlich das seiner Mutter, hatte Benjamin partout nicht schlafen wollen. Gerrit konnte es ihm nicht verdenken. Allerdings hatte auch sein roter Bär nicht wirklich gut genächtigt mit seinem Schatz im Arm, und deshalb würden sie die kommende Nacht doch im großen Schlafzimmer verbringen.

Das dritte Federvieh, von dessen Geschnatter Gerrit sich belästigt fühlte, waren die Gänse. Die waren hier mindestens so ortsfremd wie er. Immer wieder waren sie in der Nacht in kleinen Abteilungen über die Dächer geflogen und hatten ihr sinnloses Geschrei veranstaltet. Wie bekloppte Nachtwächter, die ihre Aufgabe darin sehen, die Leute vom Schlafen abzuhalten, damit sie selbst auf ihre Heime aufpassen können. Am Morgen dann hatte sich eine große Schar von ihnen auf Bauer Thomsens Kuhweide und Nebendahls Skuddenkoppel, die beide Gerburg Sandows Nutzgarten eingrenzten, niedergelassen. Dort ließen sie es sich jetzt gutgehen, und egal, ob sie im Gras hockten, herumwatschelten oder fraßen, ständig waren die schwarzweißgrauen Vögel am Schnattern, Schimpfen und Kreischen. Und sie stanken. Sie verströmten einen penetranten Ammoniakgeruch, der Gerrit schon gestern, als er die Wagentür geöffnet hatte, aufgefallen war und der ihm jetzt, wo die Tiere so nahe waren, erst recht in die Nase stach. Beides, der Lärm und der Gestank, war Gift für Gerrits Nerven, und das allgegenwärtige grelle Licht machte den Generalangriff auf seine Sinne komplett. Er sehnte sich nach Hause, zurück nach Berlin, auf ein Ende dieser Reise, die er hoffentlich niemals mehr wiederholen musste. Nicht dass er Benjamin mit diesem Gedanken belästigt hätte, der hatte gerade ganz eigene Sorgen, eigene Gründe, sich unwohl zu fühlen. Die Beerdigung seiner Mutter belastete ihn mehr, als er das jemals zugegeben hätte. Aber Gerrit hatte es ihm gleich beim Aussteigen aus dem Zug an der allzu blassen Nasenspitze angesehen.

Das Knirschen von Schritten auf dem einst akkurat geharkten Kiesweg zwischen den Beeten und Hecken, den nach so wenigen Wochen mangelhafter Pflege nun das Unkraut für sich eroberte, kündigte seinen Schatz an. Sofort fühlte Gerrit sich nicht mehr ganz so allein und deplatziert. Mit einem erleichterten Lächeln im ganzen Gesicht drehte er sich zu Benjamin um, als der feststellte: »Hier bist du ja!«

»Ja«, erwiderte er. »Hab den Garten deiner Mutter bewundert.«

»Ich hätte dich niemals für einen dieser Schrebergartenschwulen gehalten«, neckte Benjamin ihn und nahm Gerrit in den Arm.

Der verabreichte ihm einen Ellenbogenstoß in die weiche Flanke. »Bin ich auch nicht«, sagte er, »aber einen schönen Garten weiß ich trotzdem zu schätzen.«

»Mir reichen auch öffentliche Parkanlagen«, meinte der rote Bär nach einem Blick in die Runde. »Die kann man genießen, ohne selbst einen Finger krummmachen zu müssen.«

»Gärtnern kann man das, was Mann da macht, bestimmt nicht nennen.«

»Hey! Nicht so frech, ja? Dafür war ich nie der Typ – ich hab mir meine Beute immer lieber in geschlossenen Räumen gesucht.«

»Angst vor dem Jäger gehabt?«

»Eher vor Tierfilmern und selbsternannten Hütern von Moral und Ordnung.«

Gerrit schmunzelte. »Tierfilmer ist gut«, sagte er, »wo heute doch jeder alles mit dem Handy aufnimmt und meint, es dann ins Netz stellen zu dürfen.«

»Hm«, sinnierte Benjamin belustigt und wiegte seinen Kleinen ein wenig in den Armen hin und her, »ist denn schon mal jemand auf die

Idee gekommen, Männer beim Cruisen heimlich aufzunehmen und die Filmchen ins Netz zu stellen?«

»Weiß ich nicht.«

»Wäre vielleicht 'ne gute Geschäftsidee …«

»Kannst es ja mal versuchen, wenn wir wieder zurück sind.«

»Ich überleg's mir.«

Gerrit drehte sich in Benjamins Armen, bis dieser ihn von hinten umfassen und das Kinn auf seinem Kopf ablegen konnte. Er schloss die Augen – und hätte auch Nase und Ohren verschlossen, wenn das möglich gewesen wäre – und genoss die Nähe seines Freundes. Es lag ein Trost darin, den er eigentlich, wie ihm schuldhaft bewusst wurde, dem anderen hätte spenden sollen. Stattdessen machten sie Witze über heimliche Porno-Drehs im Großstadtwald, während sie beide in schwarzen Anzügen, weißen Hemden und schwarzen Krawatten im Garten einer Verstorbenen standen, die in der nächsten Stunde beerdigt werden sollte. Das war alles so unangebracht, und dennoch tat es gut.

»Was ist eigentlich mit dem Baum da passiert?«, fragte er und deutete auf die schiefe Birne.

»Keine Ahnung«, brummte Benjamin direkt in seinen Schädel hinein.

»War der schon immer so?«

»Weiß nicht.« Sein roter Bär schien unwillig zu sein. »Ich hab mich nach Möglichkeit immer aus Gerburgs Garten ferngehalten.«

»Weil du kein Schrebergartenschwuler bist …?«

»Weil ich den harten Asphalt schon immer lieber mochte als die nackte Erde.«

Gerrit lag bereits der nächste neckische Kommentar auf der Zunge, auf den Benjamin mit Sicherheit entsprechend reagiert hätte, der wiederum von ihm nach einer Antwort verlangt hätte und so weiter und so fort, bis sie darüber völlig die Zeit vergessen hätten. Eine Frauenstimme, angekratzt vom Rauch unzähliger Zigaretten, bewahrte sie davor. Es war diese Bente Nissen, die zwei Türen weiter wohnte und schon gestern wie zufällig gerade aus der Haustür gekommen war, als Benjamin mit ihm vorfuhr.

»Ihr solltet langsam los«, rief sie ihnen von ihrem Garten aus zu. Die beiden Männer, aufgeschreckt von dem neuen Geräusch, drehten sich reflexartig zu ihr um und sahen sie dort, ebenfalls gewandet in eine schwarzweiße Kombination aus Hose, Bluse und Blazer, zwischen ihren üppig sprießenden Beeten stehen. Auch jetzt stieg eine dünne Rauchfahne von einer Zigarette in ihrer Hand auf.

Sie brauchten beide einen Moment, um sich zu berappeln. Benjamin zwang sich zu einem Lächeln und erwiderte freundlich: »Ja, danke, Frau Nissen. Wir fahren gleich los, keine Sorge.«

»Ich wollte nur helfen, nicht stören«, meinte die und fuhr fort, dabei zum Abschied winkend: »Ich fahre jetzt los. Almut Runge nimmt mich mit. Wird bestimmt voll gleich in der Kirche.«

»Bestimmt.« Benjamin räusperte sich. »Bis gleich dann.«

»Bis gleich«, zwitscherte die Nissen und machte sich auf den Weg.

Das Beklemmende des Tages hatte die Oberhand zurückgewonnen.

»Wir sollten wirklich los«, sagte Benjamin und löste sich von Gerrit. Dem wurde augenblicklich kalt, obwohl die Luft viel wärmer und – vor allem – trockener war als in allen Erzählungen, die sein roter Bär ihm bisher von Kaltsommer aufgetischt hatte.

»Ist gut«, antwortete Gerrit und warf einen letzten Blick auf den schiefen Birnbaum. Dann fragte er Benni, der unschlüssig auf dem Kiesweg stand: »Bereit?«

»Muss ja. Und du?«

»Wenn du bei mir bist schon.«

»Wie schmalzig«, meinte Benjamin, griff lächelnd nach Gerrits Hand und ging mit ihm zu ihrem Leihwagen.

Auf der kurzen Fahrt nach Bornhöved sprachen sie kaum. Das lag auch an Gerrit, der seine Erleichterung darüber, Kaltsommer, dieses von Wetterphänomenen eingekesselte Örtchen mit seinem Krach und Gestank, zumindest vorläufig wieder verlassen zu dürfen, nicht allzu offen zeigen wollte. Es tat so unglaublich gut, wieder einfach nur von echten Sonnenstrahlen geblendet zu werden.

Neunundzwanzigstes Kapitel

Was falsch gewesen war an diesem Tag, fiel ihm erst spätabends auf, als sie endlich in Gerburgs Bett lagen und sie die Erschöpfung und Überreizung des Tages trotz ausufernder Müdigkeit vom Schlafen abhielten. Hinzu kam natürlich noch das seltsame Gefühl, in ihrem Bett zu liegen. Das hatte er zuallerletzt als ganz kleiner Junge aufgesucht, von irgendeinem fremdartigen Geräusch von draußen oder einem schlechten Traum zu ihr getrieben. Nicht dass er dort groß willkommen gewesen wäre mit seinen Ängsten und seinem Bedürfnis nach Trost, höchstens geduldet und auch das nur, bis er mit beinahe sieben Jahren eingeschult wurde. »Du bist jetzt ein großer Junge«, hatte sie ihm damals rigoros erklärt, »wenn du dich im Dunkeln fürchtest, mach das Licht an, bis die Furcht vorbei ist. Ich muss morgen auch früh raus, ich brauch auch meinen Schlaf.« Am Ende hatte sie recht behalten. Die Furcht verging irgendwann, und bis dahin hatte er es sich längst angewöhnt, so oft wie möglich bei Olaf zu übernachten. Bärbel und Rüdiger hatten das nie infrage gestellt, genauso wenig wie sie jemals über Gerburg gesprochen hatten, und wenn doch, dann nur mit einem schwer zu unterdrückenden abfälligen Ausdruck im Gesicht.

Vieles an diesem Tag hatte Benjamin überrascht, manches verwirrt oder gar verschreckt und alles zusammen ihn stärker überwältigt, als er es selbst jetzt noch, allein mit seinen Gedanken, zugeben mochte. Er fühlte sich leer und ausgebrannt, körperlich ebenso wie geistig, so ausgehöhlt, dass es schmerzte. Wenn er nicht Gerrits warmen Leib an seinem gespürt hätte, an den er sich klammern durfte wie an einen Rettungsring, die anbrandenden Wellen alter wie noch ganz frischer Erinnerungen hätten ihn erst fortgespült und dann Schicht für Schicht abgeschliffen wie einen Stein, der bald nur mehr die Größe eines Sandkorns hätte und mit dem bloßen Auge nicht mehr zu erkennen wäre. Allein Gerrit bewahrte ihn vor diesem Schicksal. Gerrit, der heute wahrlich sein Anker, seine Stütze, sein besseres Ich gewesen war.

Wegen der Sommerferien waren sicherlich einige Leute verreist, die andernfalls an der Trauerfeier für Gerburg teilgenommen hätten. Trotzdem war die Vicelinkirche zu Bornhöved bis auf den letzten Platz gefüllt, zumeist mit Menschen, die Benjamin nicht einmal vom Sehen kannte; vielleicht ein Drittel der Gäste mochte aus Kaltsommer stammen. Selbst dort hatte es in den letzten fünfzehn Jahren, die er sich das Dorf auf Abstand gehalten hatte, einen beachtlichen Bevölkerungsaustausch gegeben, durch Todesfälle und Geburten, Wegzüge und Zuzüge, und die, an die er sich noch erinnerte, waren zumeist sichtlich gealtert oder zumindest reif und erwachsen geworden. Und wen hatte er nicht alles in den letzten sechs Tagen getroffen, die er dann doch bereits hier oben verbracht hatte. Anders hätte er trotz überall angebotener und tatkräftig geleisteter Unterstützung die Herausforderungen, die die Organisation einer solchen Beerdigung stellte, nicht bewältigen können. Natürlich war da Bente Nissen, die sich wie eine Klette an ihn heftete, ihm unaufgefordert Essen brachte oder zu sich einlud, »damit die Einsamkeit dich nicht holt«, wie sie halb schmunzelnd gesagt hatte; er war immerhin einmal bei ihr zum Kaffee gewesen. Lieber war Benjamin zu Petra Niemann und ihrer Frau Dunja gegangen, und bei ihrem zweiten gemeinsamen Abendessen waren auch der alte Tausendsassa Hans Niemann zugegen gewesen und seine Frau Beate. An dem Abend hatte Hans sie im Alleingang in Grund und Boden gequatscht, während Beate nur wie ihr eigener Geist am Tisch saß und vermutlich nicht mehr zuhörte, was ihr Mann in die Welt hinausposaunte. Nicht einmal er selbst bekam noch zusammen, was Kaltsommers Immobilienkönig in den knapp drei Stunden alles salbadert hatte, was auch daran liegen mochte, dass er die ganzen Hintergründe und Zusammenhänge kaum noch kannte. Erst als das Gespräch auf die Schließung des »Krugs« zu sprechen kam, ihr alter Dorfgasthof, auf Verkauf, Abriss und den Neubau an seiner Stelle, begriff Benjamin zumindest, dass die Aufregung Hans Niemanns darüber aus verletztem Stolz und Ehrgeiz herrührte. Er war beleidigt, nicht den Zuschlag erhalten zu haben, obwohl er doch aus dem Dorf stammte! Das war ein anstrengendes Abendessen gewesen, aber als Petra sich für das nervige Verhalten ihres Vaters entschuldigen wollte, hatte er es mit einem ehrlich lachenden Achselzucken abgetan: »So ist dein Vater nun mal.« – »Trotzdem!« Beinahe hätte er etwas über das Glück, überhaupt noch Eltern zu haben, erwidert, doch sich diese Bemerkung im letzten Moment verkniffen. Stattdessen war er schnell nach Hause gegangen, immer mit dem Geschnatter dieser blöden Gänse in den Ohren, die ihn auf Schritt und Tritt zu verfolgen schienen.

Erdmann und Louise Garg hatten ihm einen Besuch abgestattet, zusammen mit Almut Runge. Die war sogar noch einmal das kurze Stück zu sich nach Hause gelaufen, um für sie alle einen wirklich leckeren Kaffee aufzubrühen, nachdem er seinen Gästen gar nichts hatte anbieten können. Witwe Möller von gegenüber hatte ihn für ein Viertelstündchen in ihre Küche geschleift, um ihm ihr Beileid auszusprechen. Die Bürgermeisterin Ute Heinsohn war vorbeigekommen, Thomsens ebenso und die Neu-Kaltsommeraner Nebendahls von nebenan erst recht. Rasmus Duggen hatte er auf der Straße hier im Dorf getroffen, Ulrike Quandt aus dem Schulweg auf einem Supermarktparkplatz in Wankendorf und Traudel Molkentin vom anderen Ende der Lindenallee, deren Anwesen inzwischen mehr und mehr von der Nebelbank verschluckt wurde, auf einem solchen in Bornhöved. Beide hatten ihn erkannt, seine Erscheinung war eben unverkennbar. Er selbst wäre mir nichts, dir nichts an ihnen vorbeigelaufen; woher sollte er sich auch an diese Ulrike Quandt erinnern, die zwar ebenfalls aus Kaltsommer stammte, aber so viele Jahre jünger war als er, dass sie früher keinerlei Berührungspunkte miteinander hatten, und nicht nur, weil sie ein Mädchen war …

Er lernte das Ehepaar Philipps-Egmont kennen und traf bei ihnen auch wieder auf ihren »Zuläufling« Leon. An den konnte er sich noch allzu gut von seinem ersten Besuch im neuen Dorfladen erinnern. Dieses Mal immerhin zog der Junge ihn nicht sofort mit den Blicken aus, sondern schien im Gegenteil etwas bedrückt zu sein, abgelenkt von anderen Dingen in seinem fraglos pubertierenden Kopf. Manfred Philipps stammte ebenfalls gebürtig aus dem Wolkenheim. Die Familie hatte ein Stück die Hauptstraße rauf gewohnt, aber als Benjamin auf die Welt kam, hatte er das Dorf vorläufig aufgrund seines Studiums verlassen. Er war gut fünfzehn Jahre später ins Dorf zurückgekehrt, bereits mit dem Chirurgen Martin an seiner Seite, und gemeinsam hatten sie das Verwalterhaus gekauft und bezogen. Benjamin hatte sich nie sonderlich für die beiden interessiert. Nur dass das Gerücht, dass durch die Straßen flirrte, dass Olaf was mit einem von ihnen oder auch gleich mit beiden gehabt haben sollte, in dem Jahr, als er in Leeds war, war natürlich auch ihm zu Ohren gekommen. Ob etwas Wahres daran war, hatte Benjamin niemals herausfinden wollen, und selbst wenn es jemals wichtig gewesen sein mochte, jetzt hatte es längst alle Bedeutung verloren. Das Glas Wein, das er mit ihnen in ihrem gediegen eingerichteten Wohnzimmer trank, erwies sich als pure Erholung vom sonstigen Stress dieser Tage. »Komm uns jederzeit besuchen, solange du da bist«, hatte Manfred zum Abschied gesagt. Benjamin war dieser Einladung bisher allein deshalb nicht nachgekommen, war allein dem Gefühl der allgemeinen Überforderung geschuldet, das immer stärker wurde, je näher Gerburgs Beerdigung rückte. Erst als er Gerrit gestern Nachmittag vom Bahnhof abgeholt hatte, hatte sich das etwas gelegt.

Nicht jedes Gesicht, mit dem er in diesen Tagen in Kaltsommer sprach, erkannte er auf Anhieb wieder. So brauchte es einen Moment, dass er mit Alexandra Runge-Kluge sprach. Sie war mit dem Auto unterwegs und hatte kurz angehalten, um zu kondolieren. Als es ihm endlich wie Schuppen von den Augen fiel und er den netten Besuch ihrer Mutter neulich erwähnte, musste sie aber plötzlich ganz schnell weiter. Selten hatte er einen reineren Ausdruck von Verbitterung in einem Gesicht zu sehen gemeint wie in ihrem. Bei anderen Leuten, denen er zufällig begegnete und die ihn anhielten, wollte der Groschen dagegen gar nicht fallen, es blieb bei der vagen Ahnung, sie von früher her zu kennen.

Einmal begegnete Benjamin Momme Iversen. Der sah noch schmieriger aus, als er ihn ohnehin in Erinnerung hatte. Der wollte erst gar nicht über Gerburg reden, sondern fragte ihn nur, ob er nicht Kaminholz brauche, gute, bereits ordentlich abgelagerte Linde von direkt vor der Haustür. Als Benjamin ihm erklärte, dass er weder einen Ofen in seiner Berliner Wohnung noch die Möglichkeit hätte, das ganze Zeug in die Hauptstadt zu transportieren, sah Iversen ihn nur an, als sei er komplett bekloppt. »Doch nicht für da«, grunzte er, sich augenscheinlich für dumm verkauft fühlend, »für hier!« – »Gerburg hatte keinen Kamin«, antwortete Benjamin und sah zu, dass er weiterkam. Die Nissen, die natürlich von dieser Begegnung wusste, klärte ihn später über Iversen und seinen vermeintlichen Feuerholzcoup dank des gemeinen Brandkrustenpilzes auf: »Niemand will sein Holz haben, und nicht nur, weil es zu teuer ist. Und er selbst hat auch keinen Kamin – vermutlich ist er sogar zu geizig, im Winter die Heizung anzumachen. Aber er glaubt, dass sich das ganze Dorf gegen ihn verschworen hat, um ihm einen niedrigeren Preis abzupressen. Im Laden soll er sogar schon mal was davon gefaselt haben, das Kartellamt einzuschalten.« Benjamin war froh, dem alten Ekel nicht noch einmal über den Weg zu laufen.

Dafür sprach er mit Leuten, deren Namen ihm nicht mehr einfielen, über das Wetter, das selbst in Kaltsommer einem Wandel zu unterliegen schien. Von gleich mehreren Seiten wurde ihm versichert, dass es in der Geschichte des Dorfes oder zumindest so lange, wie sie sich zurückerinnern konnten, jemals so wenig geregnet hätte wie in diesem Jahr. Nicht nur müssten inzwischen die Blumenkübel gegossen werden, sondern auch die Gärten. Alles sei zu trocken, das sei fast schon unheimlich. Er musste über den vermeintlichen Öko-Boom in der Stadt reden, den sie hier auf dem Land ja nicht nötig hätten, da sei sowieso alles viel grüner und natürlicher. Dass die meisten Bewohner Kaltsommers ihre Lebensmittel ebenfalls im Supermarkt kauften, überging Benjamin mit einem Lächeln. Das Thema, bei dem selbst ihm dagegen das Lächeln verging, waren die allgegenwärtigen Gänse, die just in diesen Tagen zumindest teilweise ihr Quartier von den Feldern am nördlichen Dorfrand in seine unmittelbare Nachbarschaft verlegt hatten. Die Felder da draußen hatten sie in eine wüste braune Ödnis verwandelt, überdüngt mit ihrem Kot, und die Trockenheit schickte sich nun an, daraus eine feste, lebensfeindliche Kruste zu backen. Ernten würde die Besamung in diesem Jahr dort nichts, und Benjamin konnte verstehen, dass so mancher alteingesessene Kaltsommeraner nach einem kleinen Gänsepogrom rief. Mit einem Schaudern dachte er immer noch an seine erste Ankunft vor ein paar Wochen, nachdem Gerburg die Hirnblutung erlitten hatte, als ihm im auf der dunklen Auffahrt plötzlich eins dieser fauchenden Viecher den Weg verstellt hatte. Vielleicht waren die Nonnengänse in ihrem angestammten Lebensraum nicht so aggressiv wie die Artgenossen hier, aber sicher verbreiteten sie überall ihren Lärm und Gestank.

Allerdings hatte er diesen Vögeln auch seine bisher schönste wie traurigste Begegnung in Kaltsommer zu verdanken. Vorgestern war er, das Bedürfnis nach frischer Luft verspürend, zu einem kleinen Spaziergang durchs Dorf aufgebrochen, nachdem er mit Schrecken festgestellt hatte, dass es für die Beerdigung absolut nichts mehr vorzubereiten gab. Sobald er tatenlos in Gerburgs Wohnung herumsaß, drohte ihm die Decke auf den Kopf zu fallen. Gerrit hatte er auch nicht erreichen können, und draußen vor der Tür schlich schon wieder die Nissen ums Haus, eine Gießkanne in der Hand und immer wieder zum Stubenfenster linsend. Er hatte einen Moment abgewartet, als sie neues Wasser aus dem Hahn zapfen musste – »Meine große Regentonne ist leer«, hatte sie ihm, ehrlich verwundert, ja beinahe erschrocken mitgeteilt. »Zum ersten Mal, seit ich hier wohne, ist meine riesengroße Regentonne bis auf den letzten Tropfen leer!« –, und sich in die entgegengesetzte Richtung davongeschlichen. Den kürzesten Weg wählend, war er den Waldweg entlanggelaufen, an nun Runge-Kluges Haus am Wald vorbei und dem Plattenweg folgend bis zum Bockhorner Weg. Schon lange vorher hörte und roch er die Entenvogelkolonie, doch viel näher kam er ihr nicht. Auf dem Bockhorner Weg erblickte er einen Mann, der schon von weitem einen völlig verlorenen Eindruck machte. Er trug eine alte Cordhose, ein unregelmäßig zugeknöpftes Arbeitshemd, Latschen an den Füßen und einen ihm offen von den mageren Schultern herabhängenden blauen Morgenmantel. Sein schütteres Haar war zerzaust, die Bartstoppeln in seinem eingefallenen Gesicht grau und der Ausdruck in seinen Augen, mit denen er sich gehetzt umsah, wirr. Benjamin brauchte eine kleine Weile, bis er begriff, dass er vor Rüdiger Harms stand.

Rüdiger erkannte den alten, ehemals besten und engsten Freund seines Sohnes nicht. Er brabbelte unzusammenhängendes Zeug von Gänsen und Weltuntergang, und selbst wenn Benjamin nicht zumindest ansatzweise über den schlechten Gesundheitszustand dieses Mannes, den er sich trotz seiner heimtückisch wie ein Sommergewitter entladenden Zornesausbrüchen als Vater gewünscht hatte, informiert gewesen wäre, hätte er sofort den zerrütteten Geist erkannt. Eine Unterhaltung war gar nicht möglich, was Benjamin sehr traurig stimmte. Außerdem wirkte Rüdiger nicht nur hinfällig, sondern über die Maßen erschöpft, so als würde er schon seit Stunden durch die Gegend irren. Sein Heim, den Harmshof, konnten sie von ihrem Standort aus sehen. Er lag nur wenige hundert Meter Luftlinie entfernt, und dennoch schien er in einer anderen Zeit und Welt zu liegen. »Komm, Rüdiger, ich bring dich nach Hause«, hatte er gesagt, den Gänsen keine weitere Beachtung mehr schenkend, und sich bei ihm eingehakt.

Rüdiger ließ sich willenlos zurück ins Dorf führen; seltsamerweise klirrte es leise bei jedem seiner Schritte, so als hätte er einiges an Kleingeld in seinen Morgenmanteltaschen. Unterwegs erzählte er dem alten Bauern ein bisschen von seinem Leben und vom Grund für seine zeitweilige Rückkehr nach Kaltsommer: »Gerburg – Mama – ist tot.« Als Melanie ihnen vor etwas über einer Woche die traurige Nachricht so Hals über Kopf überbracht hatte, hatte Rüdiger zuerst gar nicht darauf reagiert, seitdem hatte sich sein Zustand jedoch noch einmal radikal verschlechtert. Vor den Augen seines Sohnes und seiner Schwiegertochter schien er nun endgültig zu verfallen. Wenn Sandra Thode von nebenan nicht tagsüber nach ihm gesehen hätte, einer oder eine von beiden hätte aufhören müssen zu arbeiten. Eine Tagespflegekraft war zwar inzwischen bewilligt, aber keine zu bekommen; jeder Pflegedienst, bei dem sie anfragten, hatte sie mit Verweis auf die bereits bestehende völlige Überlastung der eigenen Arbeitskräfte abgewiesen. Erst für Ende des Sommers war ihnen Besserung versprochen worden, doch bis dahin mussten sie sich irgendwie so behelfen. Für Olaf hieß das, dass er der Besamung für Überstunden vorerst nicht zur Verfügung stand und selbst während der bevorstehenden Erntezeit nicht Tag und Nacht im Einsatz würde sein können, was die Kollegen mit mehr als nur einem Murren quittiert hatten. Sobald seine Schicht zu Ende war, eilte Olaf nach Hause, um die Aufsicht über seinen Vater zu übernehmen. Normalerweise band er ihn, der plötzlich wieder so unruhig war wie vor ein paar Monaten, als klar geworden war, dass die Nonnengänse ihren ungewöhnlichen Aufenthalt hier auf unbestimmte Zeit ausdehnen würden, in alles, was er tat, mit ein. Aber während er an diesem späten Nachmittag seine Kühe molk, war ihm Rüdiger doch wieder entschlüpft. Er suchte bereits nach ihm, aber gefunden hatte ihn ausgerechnet Benjamin. Und Benjamin löste wenigstens keine weitere Krisenreaktion bei dem Alten aus, als er ihm erst Details von Gerburgs Tod erzählte und dann auf die Folgen dessen für sich zu sprechen kam. Benjamin tat dies nicht einmal bewusst, die Worte flossen einfach so aus ihm heraus: »Ich werde das Haus verkaufen und den Laden in Bornhöved und überhaupt alles, was sie besessen hat. Ich werde nicht zurückkommen, Rüdiger, spätestens ab Herbst oder so wird Kaltsommer für mich eine abgeschlossene Geschichte sein. Ich komme nie wieder zurück. Ich habe jetzt einen festen Freund in Berlin und einen guten Job. Wir werden zusammenziehen und heiraten und dort gemeinsam alt werden. Ich komme niemals wieder nach Kaltsommer zurück.«

So waren sie, langsamen Schrittes und immer wieder kleine Verschnaufpausen einlegend, bis zur alten Schule, die der Straße hier ihren Namen beschert hatte, gekommen, als hinter ihnen eine Hupe ertönte. Gleich darauf hielt ein weißer Transporter, bemalt mit leuchtenden Sonnenblumen und der Aufschrift »Schmidtblume«, neben ihnen am Kantstein und eine Frau sprang heraus. »Rüdiger«, rief sie, nur mäßig überrascht, »was machst du denn hier draußen? Wie bist du hierhergekommen?« – »Bärbel, wo hast du die Kinder gelassen?«, antwortete er, ehrlich verwirrt. »Ich hab doch keine Kinder, Rüdiger.« – »Aber …« – »Ich hab ihn da hinten bei den Feldern gefunden«, schaltete Benjamin sich ein, vage in die entsprechende Richtung gestikulierend. »Ich hätte ihn sonst nach Hause gebracht, ich weiß ja, wo er wohnt.« Melanie drehte sich nicht zu ihm um. Sie sagte nur knapp, während sie ihren Schwiegervater auf den Beifahrersitz bugsierte und ihm den Gurt anlegte: »Danke, das ist sehr nett von Ihnen.«

Benjamin hatte sie sofort erkannt, obwohl er Olafs Frau seit Jahren nicht mehr gesehen und auch damals kaum wirklich kennengelernt hatte. Er fasste sich ein Herz und bat: »Grüßen Sie doch bitte Olaf von mir. Von Benni. Benjamin Sandow.« Erst jetzt, als der Groschen fiel, drehte sie sich zu ihm um. Melanie musterte ihn kurz, neutral, wie sie hoffte, doch als sie das wehmütige, tieftraurige Lächeln des rothaarigen Riesenmenschen sah, drängte es alle anderen Gefühle als Mitleid und Dankbarkeit, die in diesem Moment vielleicht hätten aufploppen können wie böse Blumen, an den Rand. »Das werde ich«, versprach sie und ergänzte, mit einem knappen Nicken zu Rüdiger, der ratlos am Gurt zerrte: »Und danke noch mal für die Hilfe. An manchen Tagen ist er einfach nicht zu halten.« – »Gerne doch. Er hat in meiner Kindheit so viel für mich getan.« – »Ich weiß, davon hab ich gehört«, erwiderte sie und hielt ihm plötzlich die Hand hin: »Mein herzliches Beileid zum Verlust Ihrer Mutter, Herr Sandow.« – »Oh, danke …«

Danach war sie schnell gefahren, Rüdiger wurde unruhig, angeschnallt auf seinem Sitz. Aber heute zur Beerdigung waren weder Olaf noch Rüdiger gekommen, und selbst Melanie meinte er, nur einmal aus der Entfernung auf dem Friedhof wahrgenommen zu haben. Ans Grab war sie nicht getreten, ein weiteres Mal hatte sie ihm nicht die Hand gegeben und ihm ihr Beileid ausgesprochen. Er nahm es ihr nicht übel, weder hatte sie ihn jemals gut gekannt noch seine Mutter. Selbst die meisten Kränze, Gestecke und Sträuße in der Kirche und auf dem Grab stammten von Floristen in Bornhöved, in Neumünster oder sogar Kiel. Benjamin hatte bisher gar keine Zeit gehabt, sich über die Abwesenheit der Harms-Männer zu wundern oder – noch schlimmer – zu ärgern. Ihr Fehlen war ihm bis jetzt ja überhaupt nicht aufgefallen, und nach dem Vorfall mit Rüdiger glaubte er, auch den Grund dafür zu kennen. Es wäre sicherlich seltsam gewesen, Olaf nach so langer Zeit einmal wiederzusehen, noch dazu unter diesen Umständen, sein Exfreund begleitet von Ehefrau und dementem Vater und Benjamin mit Gerrit neben sich. Er hätte Gerrit gerne seine Vergangenheit gezeigt, aber dass die heute gar nicht gekommen war, schien selbst sein Kleiner bisher nicht bemerkt zu haben. Dabei hatte er sich großartig gehalten und die Rolle des Partners mit einer Selbstverständlichkeit ausgefüllt, die Benjamin ihm kaum zugetraut hätte. Gerrit hatte Hände geschüttelt, auf jede Bemerkung die richtige Antwort gewusst und besonders mit den Vertretern von Lokalpolitik und Wirtschaft, etwa dem Chef der IHK Schleswig-Holstein, bravourös palavert, während Benjamin zu allem bald nur noch ja und Amen sagen konnte, die Kehle trocken und der Kopf öde und leer. Sogar im allerletzten Moment, als sich dieser mysteriöse blassblonde Jüngling zu erkennen gegeben hatte, hatte Gerrit die Contenance bewahrt und sie alle vor einer tragikomischen Szene bewahrt. Da hatten sie längst im »Café Elend« in Bornhöved gesessen und die Trauergesellschaft begonnen, sich langsam aufzulösen. Das Café hieß übrigens nicht Elend, weil man sich hier generell zum Leichenschmaus traf, so lautete schlicht der Name der Betreiberfamilie. Gerrit hatte den Namen vom ersten Moment an super gefunden und gewitzelt: »Mach unter dem Namen ein Café oder eine Bar in Berlin auf, und das wird ein riesen Knüller!« – »Wenn du meinst.« – »Doch, wirklich«, hatte sein Kleiner darauf beharrt. »In Berlin gibt es so seltsame Kneipennamen. In Neukölln soll es irgendwo sogar einen Swingerclub mit dem Namen ›Zwiespalt‹ geben.« Das war gestern Abend gewesen, in einem anderen, schmaleren Bett, und das Lachen hatte ungemein gutgetan.

Jetzt, als er auf dem Rücken in der fahlen Dunkelheit Kaltsommers in dem Bett lag, das Gerburg nie wieder brauchen würde, war Benjamin zum Lachen und Heulen zugleich zumute. Ob sie wohl hier mit ihm, mit diesem …? Allein die Erinnerung daran, dass sie immer sehr diskret gewesen war und Männer niemals zu sich nach Hause eingeladen hatte, hielt ihn davon ab, aus dem Bett zu springen, als wäre es wanzenverseucht. Nicht dass er ihr ihre Affären, oder welcher Art auch immer die Beziehungen waren, die sie scheinbar bis zum Schluss geführt hatte, nicht gegönnt hätte, aber das war doch zu verwirrend.

»Schläfst du schon?«, fragte er.

»Nein. Und du?«

»Tief und fest.«

Sie drehten sich einander zu und schauten sich im Zwielicht der selbst im Wolkenheim hellen Sommernacht in die Augen. Gerrit nahm seine Hand und drückte sie. »Alles okay bei dir?«, fragte er.

»Was hältst du von diesem Tag heute?«, fragte Benjamin nach kurzem Zögern zurück.

»Es war ein guter Tag, also den Umständen entsprechend.« Der Kleine wusste genau, worauf sein Freund hinauswollte, der Glanz in seinen Augen verriet es. »Es waren so viele Leute da, so viele Honoratioren, wie man so schön sagt. Was die Pastorin gesagt hat, fand ich treffend, und den Reaktionen in der Kirche nach schien sie das Wesen deiner Mutter auch für alle anderen sehr nachvollziehbar beschrieben zu haben.«

»Ich hab fast drei Stunden mit Frau Kröger gesprochen und hinterher noch zweimal mit ihr telefoniert, weil mir noch Sachen eingefallen waren, die sie, so glaubte ich jedenfalls, unbedingt noch über Gerburg wissen musste. Es war fast wie eine Lebensbeichte.«

»Es war eine echte, facettenreiche Würdigung«, hielt Gerrit dagegen. »Auch was dann dieser IHK-Mann gesagt hat, war gut. Etwas hölzern vielleicht, aber gut.«

»Ich hab nicht gewusst, dass sie sich so stark für die lokale Wirtschaft engagiert hatte.«

»Deine Mutter hat auf jeden Fall nachhaltigen Eindruck hinterlassen. Wenn ich das richtig gesehen habe, war mindestens die Hälfte der Gäste heute mit ihr durch Geschäftliches verbunden.«

»Es waren aber auch überraschend viele Nachbarn und Leute aus Kaltsommer da.«

»Warum überrascht dich das denn?«

»Du weißt, wie ich das meine.«

Gerrit schwieg, bis ihm eine passende Antwort einfiel. »Ulrike und Cheyenne«, sagte er dann, sorgfältig jede Silbe artikulierend, »waren ehrlich traurig über den Tod ihrer Chefin.«

Benjamin gab einen zustimmenden Laut von sich und erwiderte: »Sie haben jedenfalls ganze Arbeit geleistet heute. Das ganze Drumherum, die Blumen, die verschiedenen Redner, sogar die Speisen im Café haben sie ausgesucht und organisiert. Und sie werden wirklich schon in den nächsten Tagen Gerburgs Geschäft übernehmen. Ich habe noch kurz mit ihnen und Dr. Grünwohld, dem Anwalt, sowie diesem Typen von der IHK sprechen können, der Übernahme steht nichts Gravierendes im Wege.« Er seufzte plötzlich auf. »Zum Glück waren zumindest schon der Grünwohld und der andere Kerl weg, als dann dieser seltsame Typ auftauchte ...«

»Tamo Lindemann, meinst du.«

Benjamin drehte das Gesicht zur Decke. »Das war so ... surreal«, flüsterte er.

Gerrit ließ ihm Zeit und drückte seinem Freund lediglich bestärkend die Hand.

»Einen Moment war ich drauf und dran, ihm einen rechten Haken zu verpassen. Ich meine, was hat sich der Typ denn dabei gedacht, mich so mir nichts, dir nichts zu überfallen?«

»Du hast ihn dir ›irgendwie anders‹ vorgestellt?« So ganz konnte Gerrit den spöttischen Unterton aus seiner Stimme nicht verdrängen.

Benjamin überhörte ihn so oder so und sagte nur: »Nach dem Brief, den er mir nach Gerburgs Einlieferung ins Krankenhaus geschrieben hat?«

»Muss ich denn das Offensichtliche hier noch einmal extra betonen?«

Tamo Lindemann hatte sich immer näher an Benjamin herangepirscht, je weiter der Tag vorangeschritten war. Allerdings nicht wie ein Jäger, sondern eher wie ein Bettler, noch neu auf der Straße und von Skrupeln zurückgehalten anstatt von Kaltschnäuzigkeit oder Verzweiflung angetrieben. Das erste Mal hatte Benjamin ihn vor der Kirche wahrgenommen, als er mit Gerrit und dem Bestatter Kirchenwitz auf den Beginn der Trauerfeier draußen vor dem Portal wartete. Nach und nach waren die Besucher eingetroffen und hatten ihre Plätze im Innern eingenommen, und alle hatten sie zu ihm, dem roten Riesen, hingeschaut. Keiner jedoch so schmerzlich intensiv wie dieser junge blonde Mann, hochaufgeschossen, aber nicht sehr athletisch oder attraktiv, vielmehr langweilig aussehend in seinem einfachen schwarzen Anzug. Allein dieser kreuzbrave Seitenscheitel! Benjamin hatte erst gar nicht versucht, das Verhältnis, in dem dieser Typ zu Gerburg gestanden haben mochte, zu erraten. Dazu wäre er bei den wenigsten der in der Kirche Versammelten in der Lage gewesen. Einen Moment schien es so, als wollte der Blonde schon da an ihn herantreten und mit ihm reden, schien dann noch einmal Angst vor der eigenen Courage zu bekommen und verschwand in der schwarzgewandeten Menge. Das nächste Mal hatte Benjamin ihn auf dem Friedhof erblickt, als sich alte Nachbarn, vage Bekannte und wildfremde Gesichter vor ihm aufreihten, um ihm noch einmal am Grab seiner Mutter zu kondolieren. Dieser Herr Lindemann hatte sich am Ende der immer kürzer werdenden Schlange herumgedrückt, die Augen von Tränen gerötet, und sich schließlich doch nicht getraut, den anderen zu folgen. Erst als Benjamin zusammen mit Gerrit, Pastorin Kröger und dem Bestatter den Friedhof verließ, sah er beim Blick zurück über die Schulter, wie er an das Grab trat wie an einen lockenden Abgrund, sich eine Handvoll Erde griff, in die Hocke ging und, laut aufschluchzend, diese auf den Sarg prasseln ließ. Frau Kröger und der Kirchenwitz hatten das ebenfalls beobachtet, aber als Benjamin nicht darauf reagierte, ließen sie es sich dabei bewenden. Sie verabschiedeten ihn und Gerrit stattdessen an der Friedhofpforte und ließen sie den bereits ins »Café Elend« vorausgeeilten Gästen folgen. Dorthin kam auch Tamo Lindemann, als man bereits allgemein dabei war, sich auf die Platten mit Schnittchen und Kuchen zu stürzen. Er ergatterte noch einen Platz ganz am Rand im hinteren Teil des Gastraums, wo Benjamin ihn von seinem Platz aus nicht sehen konnte und ihn schnell über die vielen Gespräche, die er jetzt über Gerburg führen musste, vergaß. Nicht einmal als er seine kleine Dankesrede hielt und kurz von Tisch zu Tisch ging, um mit den Gästen auf das Wohl der Verstorbenen anzustoßen, bemerkte er ihn mehr. Tamo Lindemann besaß offensichtlich das Talent, so unscheinbar zu sein, dass er sich glatt unsichtbar machen konnte. Sichtbar wurde er erst schlagartig wieder, als er plötzlich in dem nun fast leeren Café vor ihm stand – als wäre er vor seinen Füßen aus dem Erdboden gewachsen – und sofort auf den Kern seiner Sache zu sprechen kam: »Herr Sandow, entschuldigen Sie bitte, ich bin Tamo Lindemann. Ich habe Ihnen geschrieben, erinnern Sie sich noch? Ich bin – war – der letzte Freund Ihrer verehrten Frau Mutter. Leider haben Sie auf meinen

Brief nicht reagiert, aber bei allem, was Sie jetzt um die Ohren hatten, ist das nur allzu verständlich. Ich wollte Ihnen nur noch einmal persönlich sagen, wie sehr ich Gerburg geliebt und bewundert habe und was für ein großer Verlust ihr verfrühter Tod für uns alle ist.« Bei diesen letzten Worten versagte ihm beinahe die Stimme. Bei Benjamin dagegen hätte beinahe die gute Erziehung versagt. Er wusste nicht, was er sagen sollte, und kam sich verschaukelt vor, als wäre dies ein Scherz mit versteckter Kamera. »Ich habe sie so geliebt«, hörte er diesen Tamo Lindemann, dem nun die Tränen offen über die Wangen liefen, nur weiter vor sich hin brabbeln und spürte, wie sich seine Hände plötzlich zu Fäusten ballten.

»Er hat mir so leidgetan«, schaltete sich Gerrit jetzt in seine Erinnerung ein, wie er sich am Nachmittag instinktiv in die sich entspinnende Schmierenkomödie eingeschaltet hatte. »Er hat so verloren ausgesehen. Ich kann mir gar nicht vorstellen, was es ihn an Überwindung gekostet haben muss, so offen vor dich hinzutreten und dir seine Gefühle zu offenbaren.«

»Er hätte es besser bleiben lassen!« Selbst jetzt, im Schutze der Nacht, konnte Benjamin es nur drohend brummen.

Am Nachmittag war Benjamin zu gar keiner Erwiderung fähig gewesen. Die hatte Gerrit übernommen, diesem Lindemann gedankt für seine mitfühlenden Worte und ihn dann beiseite geführt, wo sich der lächerliche Kerl ausweinen konnte. Benjamin war derweil auf die Toilette gegangen – gewankt, besser gesagt, sein Gleichgewichtssinn war plötzlich gestört –, hatte sich erst in der Kabine eingesperrt und geschluchzt und sich dann eine Unmenge kaltes Wasser ins Gesicht gespritzt, um wieder zu klarem Verstand zu kommen. Wie konnte dieser Milchbubi es wagen, sich den Freund seiner Mutter zu nennen! Gerburg hätte sich niemals auf eine solche Geschichte … Die Wut war in ihm hochgekocht, doch als er aus der Toilette gestürmt kam, um dem Jüngelchen die Meinung zu geigen, hatte Gerrit ihn schon überredet, nach Hause zu gehen. Er und Benjamin trafen sich vor der üppig bestückten Kuchentheke, warfen sich einen langen Blick zu und tranken erst mal einen Schnaps.

»Ich weiß immer noch nicht«, meinte Benjamin, noch immer zur Zimmerdecke redend, »was ich davon halten soll.«

»Ich schon.«

»Aha.« Der rote Bär wälzte sich endlich wieder auf die Seite und warf seinem Kleinen durch das Zwielicht einen durchdringenden Blick zu. »Und was?«

»Wie die Mutter, so der Sohn.«

»Pff!«

»Der Apfel fällt eben nicht weit vom Stamm«, fuhr Gerrit unbeirrt fort, bis über beide Ohren grinsend. »In diesem Sprichwort scheint mir sehr viel Wahrheit zu liegen.«

»Ach, hör doch auf.« Benjamin drehte sich zurück auf den Rücken.

Gerrit wurde wieder ernst. Er streckte seine Hand aus, um seinem Freund über die sich nicht mehr frisch rasiert anfühlende Wange zu streichen, und fragte: »Ist das denn wirklich so schlimm?« Und als der partout nicht antworten wollte: »Ist es nicht wichtiger, dass sie glücklich war? Ich finde es schön, zu wissen, dass Gerburg bis zuletzt nichts auf irgendwelche Konventionen gegeben hat, sondern sich genommen hat, was sie brauchte. Ihr Selbstbewusstsein sollte vorbildhaft sein.«

Plötzlich brach Benjamin in Tränen aus. Er weinte so lange und hart, dass dagegen kein Tamo Lindemann der Welt angekommen wäre. Gerrit ließ ihn weinen. Er nahm den Riesen in seine Arme und wartete, bis die aufgestauten Gefühle abgeflossen waren wie durch einen Abfluss, der zu lange verstopft gewesen ist, und viel kleiner wirkte als jemals zuvor.

»Ich kann es kaum abwarten, den ganzen Scheiß hier zu verkaufen und niemals wieder nach Kaltsommer zurückkehren zu müssen«, beendete Benjamin seinen Weinkrampf selbst.

»Willst du das denn wirklich tun?«

»Würdest du das hier denn behalten wollen?« Benjamin sah ihn überrascht an.

»Es geht hier doch nicht um mich«, wich Gerrit aus.

»Doch schon«, widersprach der rote Bär, sich auf den linken Unterarm aufstützend. »Du hängst da jetzt auch mit drin.«

»Wie das?«

»Na«, holte Benjamin Luft, »angenommen, ich vermiete Haus und Grund nur, dann wäre ich trotzdem gezwungen, ab und an herzukommen und nach dem Rechten zu sehen, vermutlich selbst wenn ich einen Verwalter beauftragen würde. Und du glaubst doch nicht ernsthaft, dass ich dich dann allein in Berlin zurücklasse. Du kommst dann mit.«

»Oh …«

»Aber du fühlst dich hier überhaupt nicht wohl …«

Gerrit schwieg einen langen Moment, bevor er sagte: »Ist das so offensichtlich?«

»Mach dir keine Sorgen«, ein Lächeln von fast reiner Erleichterung ließ zwei Zahnreihen aufblitzen, »das ist kein Verbrechen. Und heute muss man ja auch nicht mehr unbedingt in Kaltsommer leben, heute sind wir auch woanders nahezu frei, zumindest in den großen Städten. Die Schutzmauern, die Kaltsommer umgeben und es immer vor zu zudringlichen Blicken abgeschirmt haben, wären heute nicht mehr nötig. Wir müssen uns nicht mehr unbedingt verstecken.«

»Diese Schutzmauern sind tatsächlich das Problem«, gestand Gerrit, von dieser Rede ermutigt. »Egal, wo du auch stehst oder in welche Richtung du blickst, überall endet dein Blick an einer weißen Wand. Wenn du nach oben schaust sowieso, aber auch in jeder Himmelsrichtung endet die Sicht immer im Weiß. Es gibt keine Weite hier, nach spätestens ein paar ganz wenigen Kilometern wird dein Blick blockiert. Hinter jedem Baum und jedem Haus erhebt sich eine scheinbar undurchdringliche Grenze, und das finde ich beklemmend. Ich hab das Gefühl, nach kurzer Zeit schon keine Luft mehr zu bekommen, wenn ich draußen unter der Wolke stehe oder auch nur aus dem Fenster schaue.«

Benjamin nickte nur, sein Lächeln sah verständnisvoll aus.

»Es tut mir leid, dass ich so fühle«, fuhr Gerrit fort, und jetzt war er es, der wegschauen musste. »Es ist ja deine Heimat, du kommst hier her. Aber ich werde wirklich erleichtert sein, wenn ich nie wieder herkommen muss. Ich brauche einfach die Sonne und einen weiten Himmel. Das hier ist wie ein Gefängnis.«

»Es muss dir nicht leidtun«, antwortete Benjamin und drehte Gerrits Gesicht sanft wieder in seine Richtung. »Ich finde Sonne und weiten Himmel inzwischen ebenfalls als wesentlich erstrebenswerter als diese Enge. Und es ist ja auch nicht so, als hätte ich hier die beste Zeit meines Lebens verbracht oder die schönste – die habe ich erst jetzt mit dir. Und wenn du mir versprichst, auch in Zukunft bei mir zu sein, mit mir zusammen in Berlin zu leben, dann werde ich mit Freuden alle noch verbliebenen Brücken nach Kaltsommer abbrechen und nie mehr zurückkommen.«

»Würdest du das wirklich tun?«, fragte Gerrit bewegt. »Kannst du das wirklich? Ich könnte niemals meine Verbindungen nach Düsseldorf kappen.«

»Du kannst doch Düsseldorf nicht mit Kaltsommer vergleichen!« Benjamin kitzelte seinen Kleinen empört an den Rippen, wo er besonders empfindlich war. »Düsseldorf ist 08/15, Kaltsommer dagegen ist das Wolkenheim!«

»Was?«

»Du weißt schon, was ich meine.«

Beider Blicke glitten durch das mit einer Jalousie verhüllte Veluxfenster über ihren Köpfen nach draußen zur unsichtbaren Wolke. Deren Gegenwart war, ob sichtbar oder nicht, jederzeit zu spüren. Gerburg war tot, das Geschwätz der Leute von früher über sie und ihn endgültig verstummt und Olaf nicht bei der Beerdigung gewesen, ohne dass er ihn dort vermisst hätte – er hatte endgültig mit seiner Vergangenheit abgeschlossen. Von jetzt an würde es nur noch vorangehen, vorwärts in eine gemeinsame Zukunft mit Gerrit. In seiner Familie war er mehr als willkommen.

Nachdem das geklärt und ihr kleiner Rosamunde-Pilcher-Moment verklungen war, konnten sie endlich einschlafen. Der Schlaf war nicht sehr erholsam, aber er ließ die Stunden schneller vergehen, und gleich ab dem nächsten Morgen machten sie sich daran, dass Haus auszuräumen und für mögliche Käufer vorzubereiten. Gerburgs sämtliche Kleidung wanderte zum nächsten Sozialkaufhaus des Roten Kreuzes, zusammen mit Haushaltsgegenständen und später noch einigen Möbeln. Was das DRK nicht haben wollte, landete auf dem Müll. Gerrit fand es von Zeit zu Zeit immer noch irritierend, mit welcher Entschlossenheit Benjamin die Sachen seiner Mutter weggab und kaum etwas für sich behalten wollte, behielt seine Bedenken aber für sich. Immerhin zwei dünne Fotoalben, hauptsächlich gefüllt mit Schnappschüssen aus Bennis Kindheit, sollten mit nach Berlin kommen, das teure Silberbesteck, ihr überschaubarer Schmuck, noch ein paar andere Wertgegenstände sowie sämtliche Kondolenzkarten, die bei der Beerdigung abgegeben worden oder mit der Post gekommen waren; keine davon hatte er bisher geöffnet. Die Akten, die eventuell noch wichtig für die Geschäftsübergabe und das Finanzamt waren, schloss er in Gerburgs altem Büro ein, bis er wusste, wie damit zu verfahren sei. Das Gartengerät, das sich in der Garage und einem Schuppen hinten im Garten stapelte und von bester Qualität und in einem sehr gut gepflegten Zustand war, verschenkte Benjamin dagegen großzügig in der Nachbarschaft. Die hätte gerne schon mit angepackt, und wenn auch nur aus Neugier, wurde aber von ihm auf später vertröstet, wenn es wirklich daran gehen würde, das Haus bis auf das letzte Staubkorn auszuräumen. Außerdem erhielten sie zum Wochenende hin noch Hilfe aus Berlin, als Gerrits alter Freund Mehmet kam. Seit Gerrits Geburtstag hatten er und Benjamin sich angefreundet, sehr zur Freude des Kleinen, und wenn er nicht unter der Woche auf eine nicht zu verschiebende Dienstreise hätte gehen müssen, wäre Mehmet schon zur Beerdigung gekommen. Jetzt wollte er Benjamin und Gerrit zumindest wieder zurück nach Berlin bringen.

Allerdings kam er kalkweiß im Gesicht an, bis ins Mark erschüttert. Er war die A21 hochgekommen, hatte dann die Ausfahrt Bornhöved genommen, war auf die B430 gebogen und hatte sich dem hinter grellem Dunst verschanzten Dorf also von der denkbar schlechtesten Seite genähert. Als Rechtsabbieger in die Lindenallee war das Risiko zwar etwas geringer denn als Linksabbieger, trotzdem wäre er beinahe mit einem aus Richtung Neumünster kommenden Milchlaster kollidiert. Dessen mattsilberne Oberfläche war in der wabernden Nebelwand komplett unsichtbar. »Wenn ich nicht eh schon Schritttempo gefahren wäre«, erzählte er mit zittriger Stimme, »hätte es gekracht. Das war so schon ganz knapp. Man kann da oben ja gar nichts sehen! Da muss doch irgendwas gegen gemacht werden!?« Die Realsatire von der versprochenen Ampelanlage, die Benjamin ihm daraufhin nur allzu bereitwillig erzählte, half nicht wirklich, Mehmet zu beruhigen. »Das ist doch ein Skandal!«, wetterte er und schnorrte sich von der längst herangeschlichenen Bente Nissen eine Zigarette. Er rauchte schon lange nicht mehr, aber jetzt half gegen seine wunden Nerven nur noch dieses inhalierte Gift.

»Keine Sorge«, versprach Benjamin ihm schließlich, »wenn wir jetzt das Dorf wieder verlassen, werden wir einen anderen Weg nehmen.«

»Und der ist sicherer?«

»So ziemlich.«

Überzeugt sah er nicht wirklich aus.

IN JENER ZEIT WOHNTE DER *Verwalter des Gutsbezirks Kaltsommer noch um Einiges näher bei seinem Herrn als in späteren Jahren. Anstatt in dem schönen Haus am Kopf der Allee wohnte er auf dem Gelände des Gutshofs selbst, in der Meierei nämlich, vom weiß erstrahlenden Herrenhaus nur durch den damals noch wesentlich längeren Meiereiteich getrennt. Heute ist es der Dorfteich und von der alten Meierei ebenso wie von vielen anderen Wirtschaftsgebäuden aus jener Zeit nichts mehr zu sehen. Damals jedoch stellte die Meierei das eigentliche Machtzentrum Kaltsommers dar – davon jedenfalls war Wilhelm Arnold Faber überzeugt. Nicht dass er die Position des Gutsverwalters innegehabt hätte. Das war sein Vater Kornelius, bei den Arbeitern als strenger und aufbrausender Charakter gefürchtet. So war er schon gewesen, bevor seine Frau Adele im Kindbett ihrer Tochter Brunhilde starb, und hatte sich seither erst recht in einen unberechenbaren Drachen verwandelt. Weich wurde Kornelius Faber nur, wenn er seiner Freude über den Wiederaufstieg der Deutschen zu einem echten Reich Ausdruck verleihen konnte. Für diese Schwärmerei brauchte er nicht einmal Alkohol, im Gegenteil. Je nüchterner er war, desto unverblümter lobte und pries er den Kaiser in Berlin. Er hatte niemals unter der dänischen Herrschaft gelitten, aber er war eben deutsch. Das musste doch etwas bedeuten, und sei es nur, in einem deutschen Staat, einer ungeteilten deutschen Nation zu leben.*

Trotz der deutschnationalen Begeisterung, die im Hause Faber herrschte, war Wilhelm nicht in den Krieg gegen Frankreich gezogen. Damals hatte er die Schule noch nicht beendet, weshalb er – leider Gottes, wie er nicht müde wurde zu betonen – nicht einberufen worden war. Ansonsten hätte er natürlich seine Pflicht für das Vaterland erfüllt. Inzwischen war der Krieg ebenso aus wie für ihn die Schule, und er studierte in Kiel Chemie. Allerdings trieb er sich mehr in studentenbündischen Kreisen herum als in Hörsälen, worunter sein Studium zu leiden begann. Das wiederum vertrug sich nicht mit dem Arbeitsethos des Vaters, der deswegen seinen Sohn just in den Tagen nach Kaltsommer zum Rapport einbestellt hatte, als Holten Gottfried Wedekind heim zu seiner sterbenden Mutter kehrte. Als Kornelius Faber sah, wie stutzerhaft herausgeputzt sein Sohn und Stammhalter herumlief, mit geschwollenem Kamm und ganz erfüllt von seiner eigenen Wichtigkeit, hatte es ein mächtiges Donnerwetter gesetzt, von dem sich Kornelius auch nicht durch die Anwesenheit des

Freundes hatte abhalten lassen, den sein Sohn unangekündigt und uneingeladen mitgebracht hatte. Der war genauso ein eitler Geck wie Wilhelm, mit nichts als Flausen im Kopf und Phrasen auf der Zunge. Was Wilhelm nicht verstehen wollte, war der Umstand, dass es hier um die Ehre der Familie ging, um den Status des Gutsverwalters, dessen Autorität in den Augen der Arbeiter durch das unehrenhafte Verhalten des Sohnes untergraben werden würde. Denn natürlich hatte es sich in den Häusern und Unterkünften der Landarbeiter längst herumgesprochen, was für ein Maulheld und großspuriger Tunichtgut Fabers Sohn sei. Selbst unter den vielen Männern, die den von der Wolke eng umgrenzten Gutsbezirk am liebsten niemals verließen, machte sich doch längst Verachtung für so viel väterliches Versagen breit. Gerade bei denen! Doch Wilhelm lächelte nur jeden Vorwurf überheblich weg. Erst als es Ohrfeigen setzte, änderte sich das. Danach schaute er so überrascht wie gekränkt aus seiner feinen Wäsche. Beleidigt und ohne die Erlaubnis seines Vaters abzuwarten, zogen die beiden jungen Männer ab, im Hinausgehen den Backfisch Brunhilde, die alles hinter der Tür belauscht hatte, grob aus dem Weg schubsend.

Wilhelm echauffierte sich gewaltig über die Ungerechtigkeit, die sein Vater ihm hatte zuteilwerden lassen. Seinem Freund, ein gewisser Hermann Runge, der eher darunter litt, dass sein eigener Vater nicht einmal auch nur halb so durchsetzungsfähig war wie der Wilhelms, fiel derweil nichts Besseres ein, als ihn in dieser Haltung zu bestätigen. Er wäre gerne wieder ins Haus gegangen, unter dieser Wolke über seinem Kopf fühlte er sich nicht recht wohl, so etwas kannte Hermann aus Eutin, woher er stammte, nicht. Aber der Rückweg ins Haus war versperrt. Zum einen polterte dort noch immer der Vater herum, zum anderen klebte Wilhelms Schwester seit seiner Ankunft mit Blicken an ihm, auch jetzt lugte sie hinter der Gardine im Wohnzimmer hervor und hatte nur Augen für den unverhofften Gast. Sie war noch so jung, so unreif, und dennoch fühlte Hermann sich von dieser unverhohlenen Bewunderung sehr geschmeichelt. Er war nicht besonders groß, sein Bartwuchs nicht besonders dicht – selbst ein Backenbart erinnerte bei ihm mehr an einen räudigen Köter als an echte Männlichkeit –, immer war er pummelig gewesen und setzte nun endgültig Fett an. Trotzdem hätte er erwartet, von den Mädchen und Frauen mehr Aufmerksamkeit geschenkt zu bekommen, doch erst von Brunhilde erhielt er etwas anderes als Gekicher hinter vorgehaltener Hand. Das verwirrte ihn und erfüllte ihn gleichzeitig mit Stolz, was er sich vor Wilhelm niemals hätte anmerken lassen. Der prahlte gerne mit seinem Schlag bei den Weibern und ließ nie einen Zweifel daran aufkommen, dass in ihrer Freundschaft ihm der Vortritt in der Damenwelt zustehe.

Frauen eines gehobeneren Standes natürlich, Frauen, die sie auf ihrem Lebensweg voranbringen würden, Frauen mit Manieren und Umgangsformen, mit Vermögen und Verbindungen, deutsch und christlich natürlich. Die Frauen, die den beiden jungen Männern begegneten, als sie nun, um sich etwas Luft zu verschaffen, durch das Dorf liefen, zählten gewiss nicht dazu. Sie mochten harte Arbeiterinnen sein und manche von ihnen sogar ganz gut aussehen, nur gute Aussichten hatte keine von ihnen zu bieten. Wilhelm betonte das noch einmal ausdrücklich, bevor er zu Hermann sagte:

»Trotzdem wäre mir jetzt nach einem kleinen Abenteuer. So etwas beruhigt die Nerven.«

»Da hast du sicherlich recht«, stimmte der beflissen zu.

Dass es nicht dazu kam, durften sie schließlich ebenfalls Holten in die Schuhe schieben, dessen Ankunft mit einem Schlag alle Aufmerksamkeit auf sich zog. Es brauchte nicht lange, bis sich unter den zum Feierabend Heimkehrenden herumsprach, wer da gerade nach Hause zurückkehrte, und sofort summte das Dorf wie ein Bienenstock. Wiebke hatte immer gerne alles, was Holten ihr geschrieben, mit ihren Nachbarn geteilt, stolz und sorgenvoll zugleich. Man wusste also grundsätzlich über ihn Bescheid, und da man auch den traurigen Grund für seine Rückkehr kannte, war schnell das Lob für den guten Sohn in aller Munde. Selbst Kornelius Faber war das bereits zu Ohren gekommen, als man sich zum Abendessen an den Tisch setzte. Er hielt es für angebracht, Wilhelm diesen Holten Gottfried Wedekind als Beispiel für einen guten Sohn vorzuführen.

»Wenn er so gut ist, wie du sagst, Vater«, antwortete der jedoch in kalter Wut, »wie konnte er sich dann nach Dänemark verdrücken und nicht für Deutschland in den Krieg gegen Frankreich ziehen, wie es seine heilige Pflicht gewesen wäre?«

Das brachte Kornelius aus dem Konzept. »Die Pflicht, Vater und Mutter zu ehren, ist ebenso heilig«, stammelte er, »das sagt uns schon die Bibel.«

»Nichts ist heiliger als das Vaterland!«

So fanden Vater und Sohn Faber trotz aller Differenzen an diesem Abend wieder zueinander und war der Frieden während der Mahlzeit gesichert. Die beiden redeten sich in eine immer selbstgerechtere politische Rage, in deren

Windschatten Brunhilde den nur allzu bereitwillig reagierenden Hermann in eine eigene kleine Unterhaltung zog. Sie fragte ihn über sein ganzes Leben aus und wusste ihm selbst noch für seine eher durchschnittlichen Prüfungsnoten an der Universität nichts als Bewunderung und Respekt zu zollen. Hermann schmolz unter dem Klang ihrer säuselnden Stimme dahin und war ganz überrascht, als Wilhelm ihm verkündete, es sei Zeit, ins Bett zu gehen.

Nur schlafen konnten beide nicht, weshalb es für Wilhelm ein Leichtes war, den Freund in den frühen Morgenstunden zu seiner kleinen Rachetat am Haus der Wedekinds zu überreden. Der eine tat es aus einem nationalchauvinistischen Bewusstsein heraus, der andere wollte damit im Wesentlichen »sein Mädchen« beeindrucken. Beide hätten niemals gedacht, dafür Ärger zu bekommen. Umso größer war ihre Überraschung, als sie sahen, wie schnell sich am nächsten Morgen die Nachricht davon unter der Wolke herumsprach und kaum jemand mit Zustimmung reagierte. Theodor Schönfeld, die alte brandenburgische Plaudertasche und Holtens Schwager, hatte die Kunde davon sogleich in alle Ställe des Guts getragen und nichts als wohlwollende Empörung geerntet. Trotzdem wäre wohl Wilhelms und Hermanns Täterschaft kaum jemals herausgekommen, wenn die beiden sich nicht selbst verraten hätten.

Allen voran Wilhelm musste seine Zustimmung zu dieser Denunziation demonstrativ hinausposaunen, er konnte die Täter für die Klarheit ihrer Botschaft gar nicht oft genug loben. Selbst dem Dümmsten im Dorf dämmerte es bald, dass der kleine Faber sich selbst bauchpinselte. Er hatte schon immer zu übertriebener Selbstverliebtheit geneigt, und seit er studierte, hatte sich sein Ego ins Unermessliche aufgeblasen. Wilhelm war nicht sonderlich beliebt bei den Wolkenheimern. Was er getan hatte, hielten sie für kindisch und unhöflich den Wedekinds gegenüber, die eine geachtete Familie ihrer Gemeinschaft war. Jeder wusste, warum Holten nach dem Krieg gegen Dänemark lieber in Kopenhagen geblieben war als heim ins Reich zu kehren und gleich auf das nächste Schlachtfeld in Frankreich zu ziehen. Viele hielten seine Entscheidung für vernünftig, und dass er jetzt alles stehen und liegen gelassen hatte, um Abschied von seiner Mutter zu nehmen, rechneten sie ihm hoch an. Wilhelm war in ihren Augen nur ein Grünschnabel, dem es guttun würde, endlich selbst seinen Militärdienst leisten zu müssen. Das würde ihm schon so manche Illusion nehmen und ihm die Flausen austreiben. Das war die eine Seite der Medaille.

Die andere sah so aus: Wilhelm war der Sohn des Gutsverwalters, beide begrüßten die neue deutsche Ordnung von Herzen, und eben diese neue deutsche Ordnung wurde für Menschen wie die, die sich hauptsächlich in Kaltsommer niedergelassen hatten, immer brenzliger. Unter den Dänen hatte man sich so sicher gefühlt, dass selbst die, die vor ihrer Ankunft unter der Wolke übelste Erfahrungen hatten machen müssen, zuletzt häufiger wieder durch den Nebel ins Umland gegangen waren, ohne sich verfolgt und bedroht vorzukommen. Seitdem die Deutschen herrschten, hatte sich der Wind gedreht und das Klima empfindlich abgekühlt. Die nun auch per Gesetz festgelegte Strafbarkeit ihres Lebens machte sie zu einem leichten Opfer von Erpressung und Verrat, zumal das Streuen von Gerüchten bereits ausreichte, um sie an den Pranger zu stellen und ins Gefängnis zu bringen. Beweise bedurfte es dafür kaum, die waren ja aber auch viel zu unappetitlich für brave Bürger. Plötzlich konnten gewöhnlicher Neid, Missgunst, Habsucht oder eine alte Familienfehde durch die harte Hand des Staates gelöst werden. Das hatten manche schnell begriffen und damit begonnen, dieses Werkzeug zu ihren Gunsten anzuwenden. Den alten Gustav Petersen, der sich mit seinem Bruder Heinrich seit Jahren um das väterliche Erbe, ein Bauernhof in Wankendorf, der eigentlich Gustav als dem Älteren zustand, stritt, hatte es letztens erwischt. Heinrich, der seinen Bruder niemals im nahen Kaltsommer besucht hatte und folglich gar nicht wusste, in welchen Verhältnissen der dort lebte, hatte diesen bei der Polizei der widernatürlichen Unzucht angezeigt. Für die Polizei mochte der Paragraph 175 des Strafgesetzbuches noch neu sein, nichtsdestotrotz handelte sie entschlossen und führte den Zweiundsechzigjährigen ab. Der Prozess, der getragen wurde von einer feindlichen Stimmung gegen den Angeklagten, war kurz und beruhte auf einer vorsätzlichen Verwechslung von Tatsachen und übler Nachrede. Nicht einmal Jan Hinrich Meyrinks Aussage zugunsten seines obersten Kuhhirten hatte daran etwas ändern können. Man wollte Gustav hängen sehen und hätte dafür nicht einmal der Anstachelung durch Heinrich Petersen bedurft. Den Galgen sah das Strafgesetzbuch als Strafe zwar nicht vor, dafür aber sechs Monate Zuchthaus und die Aberkennung der bürgerlichen Ehrenrechte. Für Gustav hieß das konkret, dass er sein Wahlrecht verlor und er für erbunwürdig erklärt wurde. Heinrich war nun am Ziel seiner Träume, Gustav saß noch für einige Wochen in Neumünster ein, und in Kaltsommer fürchtete man, dass dieses Beispiel Schule machen könnte. Wilhelm Arnold Faber traute man ein solches Vorgehen auf jeden Fall zu.

Die Sympathien lagen klar aufseiten Holtens. Den ganzen Tag gingen die Wolkenheimer bei den Wedekinds ein und aus, um ihm und Meta den Rücken zu stärken und auf den verzogenen Faber-Bengel zu schimpfen, der nichts als Unfrieden stifte. Aber sie kamen auch als Mahner, die Holten, je länger der Tag dauerte, desto direkter baten, ja anflehten und schließlich aufforderten, sich nicht von diesem Geschmiere an der Haustür provozieren zu lassen. »Wenn ihr nicht reagiert«, lautete die Behauptung, »dann verliert Wilhelm ganz schnell wieder das Interesse. Der will doch nur Aufmerksamkeit haben.«

»Wirklich?«, fragte Holten zurück. Die Kinder waren da längst im Bett und auch Wiebke schlief ihren von Schmerzen gepeinigten Schlaf, aber in der Küche der Wedekinds war alles andere als Ruhe eingekehrt. Neben ihm saßen Meta und Theodor um den alten, mit Kerben übersäten Holztisch sowie drei Leute aus dem Dorf. Die stellten so etwas wie eine offizielle Delegation dar und vertraten die Interessen Kaltsommers. Zum einen war da Minna Schultheiß, eine Matrone von fast fünfzig Jahren, die sieben Kinder auf die Welt gebracht hatte, von denen drei noch immer im Dorf wohnten. Zwei davon, ein Sohn und eine Tochter, aus gutem Grund, ein weiterer Sohn war nach Berlin gegangen und sollte schon mehrfach Ärger mit der Polizei gehabt haben. Zum anderen saß bei ihnen Ferdinand Möller, der Gustav Petersens Posten übernommen hatte und dankbar dafür war, nicht als Stammhalter auf die Welt gekommen zu sein; dass er den väterlichen Hof in Bargteheide fast heimlich, still und leise verlassen und der Familie so einiges an Gerede und Spott erspart hatte, war für alle ein großes Glück gewesen. Der Dritte im Bunde aber war Karl Hinnerk Hader, Holtens ehemals bester Freund. Er besaß den ultimativen grünen Daumen und durfte sich deshalb als Gärtner um Gemüsebeet und Gewächshaus, Park und Blumen der Herrschaften kümmern. Kürzlich erst hatte er eine Bauerntochter aus Schmalensee als Braut heimgeführt – damit hatte man bei ihm schon gar nicht mehr gerechnet – und erwartete sein erstes Kind. Er trat als Wortführer auf, zumindest anfänglich ihre Freundschaft, ja Kameradschaft ein ums andere Mal betonend.

»Ja, wirklich«, trat er nun Holtens Skepsis mit Entschiedenheit entgegen. »Du kennst Wilhelm nicht so gut wie wir, du hast ihn kaum aufwachsen sehen. Du warst da schon weg. Er war immer schon ein Gernegroß, der sich wunder was auf den Verwalterposten seines Vaters einbildete.«

»Vielleicht sollte man ihn dann endlich mal auf Normalgröße zurechtstutzten.«

Holten war kein aggressiver Mensch, die Kriegserlebnisse hatten in ihm nur die friedfertige Seite gestärkt, anstatt ihn verrohen zu lassen. Aber die Strapazen seiner hastigen Anreise, das plötzliche Herausgerissensein aus seiner gewohnten Umgebung, die wieder hochkommenden Erinnerung an Kaltsommer und der Anblick seiner Mutter, der jede Hoffnung auf Genesung, darauf, dass alles doch noch wieder gut werden würde, mit einem Schlag zunichtegemacht hatte, hatten ihn wund und aufgewühlt zurückgelassen. Er war müde und überreizt, traurig und wütend und hatte es nicht nötig, sich von einem Hosenscheißer wie Wilhelm Faber beleidigen zu lassen. Selbst ein Mensch wie Holten braucht von Zeit zu Zeit ein Ventil, um den Gefühlen in seinem Innern Herr zu werden.

»Aber doch nicht mit Gewalt!«, empörte sich Minna Schultheiß, nur um dann, als sie ein seltsamer Blick aus seinen Augen traf, beschwichtigend hinzuzufügen: »Holten, so bist du doch nicht.«

»Und wie bin ich dann?«

»Vernünftig genug, um zu wissen«, antwortete Karl, »wann es sich lohnt zu kämpfen und wann nicht.«

»Und hier lohnt es sich nicht?«.

Seine Frage war eher rhetorisch gemeint, trotzdem fühlte sich Ferdinand berufen zu betonen: »Nein, mit dem Faber leg dich besser nicht an. Der sitzt am längeren Hebel, gerade jetzt, nachdem uns die Preußen einkassiert haben.«

»Vielleicht sollte ich dann den Hebel umgehen und gleich das Getriebe aufsuchen«, sinnierte Holten.

»Was meinst du damit?«, fragte Meta, bleich im Gesicht. Der Tag hatte ihr schwer zugesetzt. Sie ahnte die Gefahr für sich und ihre Familie mehr, als dass sie sie vollumfänglich begriff, und trotzdem hätte sie niemals zugelassen, dass man selbst ihren an die Fremde verlorenen Bruder derart verleumdete. Das hätte sie auch ihrem Mann Theodor klargemacht, wenn das nötig gewesen wäre und der nicht nur einen Narren an ihr gefressen hätte, sondern gleich an Kaltsommer mit all seinen Absonderlichkeiten im Ganzen. Er saß jetzt neben ihr, mischte sich kaum ein und hielt lediglich ihre Hand fest in seiner. Meta fühlte sich gestärkt dadurch, und trotzdem wuchs sich die Verunsicherung in ihr immer mehr zu echter Angst aus. Sobald sie Ferdinand Möller sah, hatte sie auch Gustav Petersen vor Augen und wusste, dass die alten, die unbeschwerten Zeiten endgültig vergangen waren. Sie waren keine Kinder mehr.

»Ich könnte«, erklärte Holten ihr seine Idee, »gleich zum alten Faber gehen und mich bei ihm über das Treiben seines Sprösslings beschweren. Ich kann mir nicht vorstellen, dass der so etwas dulden möchte, allein schon, um nicht bei der Herrschaft in Verruf zu geraten.«

»Sei dir da mal nicht so sicher«, widersprach ihm Karl jedoch düster.

»Wie meinst du das?«

»Sobald es ums Vaterland geht«, klärte ihn der alte Freund auf, »setzt es bei ihm aus. Er mag die Schmiererei vielleicht für den Streich eines dummen Jungen halten, aber weil er in Sachen Deutschland wirklich nur noch Freund oder Feind kennt, wird er da am Ende doch eher aufseiten seines dummen Jungen stehen.«

»Ja«, pflichtete Theodor ihm bei, »man könnte glatt denken, der alte Faber wäre in Brandenburg aufgewachsen und nicht ich.« Meta brachte ihn mit einem gequälten Lächeln zum Verstummen.

»Und was heißt das genau?«, fragte derweil Holten nach.

»Dass du in seinen Augen ein Feind Deutschlands bist.«

Wenn sie es nicht mit einer solchen Gravität gesagt hätte, hätte Holten über Minnas Worte lachen mögen. Er begriff nicht, was in den Jahren seiner Abwesenheit in diesem Land geschehen war, nur dass die Dinge nicht mehr so einfach lagen wie gedacht, das wurde ihm nun klar.

»Und was soll ich machen?«, fragte er kopfschüttelnd.

»Verhalte dich ruhig«, riet Karl ihm prompt. »Das ist doch nur so eine Laune bei Wilhelm. Nach ein paar Tagen beruhigt er sich wieder, und alles ist vergessen.«

»Außerdem muss er ja auch bald wieder zurück nach Kiel«, fügte die Schultheiß hinzu, »sein Studium wieder aufnehmen.«

»Er wird es nicht wagen, noch weiter gegen die Stimmung im Dorf zu handeln.« Das kam von Ferdinand, der dazu tapfer lächelte.

Aber erst nach einem Blick zu Meta, die ihn beinahe flehentlich ansah, erklärte sich Holten zu dieser Taktik bereit. »Ist gut«, verkündete er, »ich werde nichts tun. Aber eins sage ich euch gleich: Wenn der Knilch noch einmal so was macht, verpass ich ihm eine Abreibung, die sich gewaschen hat.«

Wenn man ihm diese unverhohlene Drohung hinterbracht hätte, hätte Wilhelm Faber vielleicht von weiteren Taten dieser Art abgesehen. Mut zählte nicht unbedingt zu seinen Tugenden. Aber da er weder etwas von dieser abendlichen Zusammenkunft im Hause Wedekind erfuhr noch jemals geglaubt hätte, ihm könne von der Seite Gefahr drohen, fuhr er fort mit seinen nationalistischen Provokationen. Das lenkte nicht nur ihn von seinem akademischen Unvermögen ab, sondern stimmte auch den Vater ihm gegenüber milder. Kornelius schien erst jetzt wahrzunehmen, wie viel abweichendes und damit undeutsches Verhalten es unter der Wolke gab, als hätte das Treiben seines Sohnes ihn aufgeweckt. Wie konnte er Wilhelm verurteilen, wenn der doch nur den Finger in eine riesige klaffende Wunde legte.

Als Nächstes traf es den Stellmacher des Gutes, Jens Ole Sönnichsen. Der wohnte nur wenige Schritte von Fabers in ihrer Meierei entfernt, nämlich gleich neben seiner Werkstatt, in der er den lieben langen Tag hauptsächlich Räder für Heu-, Mist-, Vieh- und sonstige Wagen sowie für die Kutschen der Herrschaft fertigte. Alle in Kaltsommer wussten, dass er etwas mit dem Dorfschmied am Laufen hatte, obwohl der verheiratet war und drei Kinder hatte und damit auch ganz glücklich und zufrieden schien. Wilhelm fand das schrecklich, die dörfliche Gemeinschaft zersetzend – allerdings erst, seitdem er sich in diesen Kieler Studenten- und Burschenschaftskreisen bewegte. Bevor er an die Universität gegangen war, hatte er sich niemals über die Verhältnisse in Kaltsommer Gedanken gemacht, plötzlich empfand er alles als Herausforderung, Beleidigung und Übelkeit erregend. Die Kommilitonen konnten von ihren sittsam deutschen Heimatorten berichten, er hingegen musste die Wahrheit verbiegen oder gleich lügen, um nicht den beschämenden Eindruck zu erwecken, aus Sodom und Gomorrha zu kommen. Dass seine Herkunft ihn zu einer solchen Heuchelei zwang, empfand er als entwürdigend, und das erfüllte ihn zusätzlich mit Wut.

Die Wahl fiel auf Stellmacher Sönnichsen, weil der in der Nähe und damit verfügbar war. Jeder halbwegs besonnene Mensch hätte sich einen anderen Mann als Opfer gesucht, aber dass er für seine erste Schandtat ungeschoren davongekommen war, hatte Wilhelm erst recht überheblich werden lassen. Sogar sein Freund Hermann wollte ihn zurückhalten. Der war eben eine Memme, und das sagte Wilhelm ihm auch, erweitert um den dezenten Hinweis, dass Brunhilde vor Weicheiern alle Achtung verlieren würde. Hermann wollte gar nicht erst herausfinden, ob das eventuell nicht stimmte. Also lief er die wenigen Schritte zur Stellmacherei mit hinüber und trat hinter Wilhelm in den kühlen, schattigen Raum ein, in dem es angenehm harzig nach Holz duftete, angereichert um eine würzige Schweißnote. Hier wurde ehrliche Arbeit geleistet, dachte Hermann automatisch anerkennend, und da hatte er

Jens Ole Sönnichsen noch nicht einmal gesehen. Der war nämlich ein Bär von einem Mann, groß wie ein Baum, Haupt- und Barthaar wie wild wucherndes schwarzes Moos, der Brustkorb ein Fass, die Arme und Beine nichts als dicke Muskelstränge – und in der Rechten ein Hammer. Und genau dem warf Wilhelm nun die wüstesten Beleidigungen an den Kopf. Er nannte ihn einen Schädling und Zerstörer von Familienglück, eine Verschwendung guten deutschen Erbgutes, eine Schande für die ganze Nation und erst recht für das Gut Kaltsommer, das besser ohne ihn und seine schändlichen Neigungen dran sei. »Ich werde dafür sorgen, dass mein Vater dich rausschmeißt, Sönnichsen«, drohte Wilhelm, während Hermann sich im Hintergrund wunderte, woher sein Freund diesen Mut nahm.

Zu beider Überraschung blieb der Stellmacher recht ruhig. Weder brüllte und drohte er, noch fing er von oben herab an zu lachen, sondern teilte den beiden Burschen schlicht mit: »Dann tu es doch, Willi, vielleicht hast du ja Erfolg mit deiner Aufwiegelei. Oder aber der Wind dreht sich plötzlich und bläst dir ins Gesicht, wenn du damit weitermachst, die alteingesessenen Einwohner dieses Dorfes anzuschwärzen, bloßzustellen und zu beleidigen. Dein Vater kann die nicht alle entlassen, denn wie soll er dem guten Herrn Meyrink denn erklären, dass dem plötzlich alle Arbeitskräfte abhandengekommen sind. Und wer macht dann die ganze Arbeit? Du etwa, Willi? Dich will ich mal im Kuhstall sehen, wie du Mist wegkarrst. Dir würde doch schon vom Geruch schlecht werden, so wie früher immer. Da hast du dich auch immer von allen Orten ferngehalten, an denen wirklich gearbeitet wurde. Arbeit hattest du als Kind schon nicht nötig, für die waren alle anderen zuständig. Daran hat sich bis heute offensichtlich nichts geändert. Und deshalb habe ich für diese Kindereien auch keine Zeit, denn der Landauer der Herrschaften braucht ein paar neue Räder. Die werden nicht von allein fertig, also packt euch und stehlt jemand anderem die Zeit.« Und ohne den beiden Studenten noch weiter Beachtung zu schenken, widmete er sich wieder seiner Tätigkeit.

Hermann hatte von Anfang bis Ende nicht gewusst, was sein Freund mit dieser Aktion hatte erreichen wollen. Und wenn er Wilhelm jetzt, zurück im grauen Wolkenlicht, so anschaute, dann der auch nicht. Dessen Ausdruck schwankte zwischen Überraschung und Überrumpelung, zusehends unterminiert von der Wut darüber, von einem einfachen Arbeiter bloßgestellt worden zu sein. Dass dieser Sönnichsen nicht einmal auch nur einen Hauch von Furcht ob seiner Drohung gezeigt hatte, wurmte Wilhelm, ja verletzte ihn gar. Wie sollte dieses Land jemals zu wahrer Größe aufsteigen, wenn dort solche Zustände herrschten?! Das war doch abartig! Das konnte nicht so weitergehen.

»Wir müssen ein Zeichen setzen«, ereiferte Wilhelm sich. »Wir müssen die Leute wachrütteln. Und wenn wir sie dafür mit dem Schmutz bewerfen müssen, in dem sie selbst so gemütlich leben!«

Hermann schwante Schreckliches.

An diesem Tag geschah jedoch nichts mehr, außer dass zu später Stunde die drei in der Wohnung in der Meierei weilenden Männer voll wie die Haubitzen in ihre Federn sanken. Hermann hatte, obwohl der Gast und nicht der Gastgeber, ein anständiges Hospitium, wie es in ihren studentischen Zirkeln exerziert wurde, angeregt und selbst das Bier aus der Kühlkammer herangebracht, da mochten weder Vater noch Sohn Faber nein sagen. Bald schon wurde gesungen, gelacht und verächtlich über die Wolkenheimer hergezogen. Hermann selbst trank eifrig mit, denn auch er wollte so besoffen wie möglich werden, dass er, selbst wenn Jesus Christus persönlich gekommen wäre, um ihn ins Gelobte Land zu führen, nicht mehr hätte mitgehen können. Brunhilde bestärkte ihn darin. Selbst sie war sich der Gefahr für den Frieden im Dorf bewusst, wenn Wilhelm so weitermachte, obwohl sie eigentlich nur Augen für den Kommilitonen ihres Bruders hatte.

Am nächsten Tag passierte ebenfalls nicht, besonders der junge Faber litt allzu arg unter seinem Kater. Jedes Geräusch war ihm zu laut, selbst das bisschen Licht, das an diesem besonders trüben Tag durch die Wolke nach unten sickerte, war ihm zu grell und der Nieselregen zu kalt. Während Kornelius einigermaßen tapfer seinen Verwaltergeschäften nachging, legte sein Sohn sich wieder hin, kaum dass er aufgestanden war, ein Eimer neben seinem Bett. Für Hermann war es der beste seiner Tage in Kaltsommer, bot er ihm doch die Gelegenheit, einen langen Spaziergang mit der überraschend wetterfesten Brunhilde zu unternehmen. Anderswo hätten sich die jungen Mädchen bei einem solchen Wetter hinter dem Ofen verkrochen und wären durch nichts dahinter wieder hervorzulocken gewesen. Kaltsommer war mit Sicherheit nicht der schönste Ort der Welt, auch wenn das frisch herausgeputzte Gut mit all seinen Neu- und Umbauten einen formidablen Eindruck machte, aber zumindest das Weibsvolk hier war wenig zimperlich.

Umso mehr betrübte es ihn, dass Wilhelm am nächsten Morgen noch vor dem Frühstück wieder zu alter Form zurückgefunden hatte. Er verkündete, sich in der kommenden Nacht noch einmal diesen Holten Wedekind vorzuknöpfen. Dass der erneut ins Fadenkreuz gerückt war, weil er sich gegen die erste Attacke nicht gewehrt hatte, musste Wilhelm nicht extra betonen. Der funkensprühende Hass in seinen Augen wies jedweden möglichen Protest Hermanns sofort in seine Schranken und duldete auch keinerlei Nachfragen. Bevor er sich erneut dem Hohn und Spott des Freundes aussetzte, der trotz seines angegriffenen Zustands am Vortage genauestens über Hermann und Brunhilde im Bilde zu sein schien, ergab sich dieser still in sein Schicksal und suchte auch bis auf weiteres nicht mehr die Nähe seiner Herzensdame auf.

Holten hatte den Tag bei seiner Mutter verbracht. Hätte das Wetter mitgespielt und ihnen ein wenig Trockenheit geschenkt, hätte er sich mit ihr in den Garten unter die Linden gesetzt, die mit jedem Zentimeter, den sie in die Höhe wuchsen, die Wolke ein Stückchen weiter fort vom Erdboden zu drücken schienen. So saßen sie nur eine Zeitlang in der Küche beim bollernden Herd, Wiebke bis zum Hals gehüllt in ein Plaid, unterhielten sich, sahen den Kindern Theodor und Louise beim Spielen zu, und als ihre Kräfte sie verließen und das Sitzen zu anstrengend wurde, brachte Holten sie zurück ins Bett. Er hatte sie weder waschen noch sich um ihre Notdurft kümmern dürfen. Das hatten weder seine Mutter noch Meta zugelassen, aber füttern durfte er sie. Das tat er mit großer Geduld und Sorgfalt. Wiebke dagegen aß nur aus Freude darüber, ihren Jungen endlich wieder bei sich zu haben, ein paar kleine Happen. Hunger hatte sie schon lange keinen mehr verspürt und brauchte ja auch kein Essen mehr, nichts, was sie wieder zu Kräften hätte kommen lassen. Ihre Zeit war nun einmal endgültig abgelaufen. Sie konnte in seinen Augen lesen, dass er diesen Umstand akzeptiert hatte, aber gerade deshalb wollte sie ihm etwas Gutes tun und seine Mühe belohnen und nahm noch einen Bissen. Schön war auch, dass er bei ihr blieb, bis sie eingeschlafen war und ihr von seinem Leben in Kopenhagen erzählte, von seinem Freund Sven Morten Daldrup: »Er war so ein findiger Mensch. Wenn es irgendwo ein Problem gab, fand er die Lösung dafür. Wenn irgendetwas kaputt war, konnte er es wieder reparieren. Als er mich nach meiner Ankunft in Kopenhagen fand, ich muss ganz abgerissen und verhungert ausgesehen haben, die ersten Wochen und Monate in der Stadt waren hart, da hat er mich mit zu sich nach Hause genommen, in sein Bett gesteckt und wieder einen richtigen Menschen aus mir gemacht. Ich war ja so kaputt vom Krieg. Er hat keine Sekunde gezögert, und auch ich habe keine Sekunde gezögert, mit ihm zu gehen …«

Wiebke Wedekind schlief tief und fest, als ihr Haus erneut Ziel eines Angriffs wurde, den man nun nicht mehr als bloßen Dummejungenstreich abtun konnte. Auch Theodor, Meta und die Kinder schliefen, in Sicherheit gewogen von der Vorstellung, dass sich nun, da zwei Tage lang nichts mehr geschehen war, die Wellen wieder beruhigt haben durften. Allein Holten schlief kaum bis schlecht. Allerdings hielt ihn nicht die Furcht vor erneuten Schmierereien wach, sondern der bevorstehende Tod seiner Mutter und all das, was der in ihm aufwühlte. Schon lange nicht mehr hatte er mit einer solchen Klarheit an Sven gedacht, war ihm sein teurer Verstorbener nicht mehr so nahe gewesen.

Er war beim ersten Poltern auf den Beinen. Wie ein Soldat, der einen nächtlichen Überfall witterte, reagierte er sofort, tappte auf bloßen Füßen zur Haustür, von wo die verräterischen Geräusche – Wispern, ein leichtes Schaben und Kratzen über das Holz – kamen, hielt einen Moment inne, bevor er den großen Schlüssel im Schloss herumdrehte und schon die Tür aufriss, noch bevor das laute Knacken den beiden feindlichen Kombattanten in die Ohren gedrungen war. Die sahen ihn an, als hätte der Teufel selbst sie ertappt. Den einen, der den Eimer hielt, kannte Holten nicht. Den anderen aber, den mit dem tropfenden Pinsel in der Hand, den erkannte er sehr wohl, obwohl er ihn zuletzt gesehen hatte, als der noch immer kaum mehr gewesen war als ein altkluger Dreikäsehoch, und das Wolkenlicht die Szenerie kaum erhellte.

»Wilhelm Faber, du elende Drecksau!«, entfuhr es ihm. »Reicht dein Mut immer noch nicht zu mehr als dazu, bei Nacht und Nebel das Haus einer wehrlosen alten Frau zu beschmieren? Dich werde ich Saures lehren! Dir wird Hören und Sehen vergehen!« Und sogleich holte er mit seiner Rechten zu einem Haken aus und platzierte ihn zielsicher auf Wilhelms Nase. Dessen zur Abwehr sich hebenden Hände kamen zu spät, sie mussten erst noch den Pinsel fallen lassen. So taumelte er ein paar Schritte rückwärts, während aus seiner gebrochenen Nase das Blut strömte und auch in seiner Kehle gurgelte, sodass er nur ein paar unartikulierte Laute der Angst und der Gegenwehr hervorbringen konnte. Hermann, das muss man ihm wohl anrechnen, stellte sich instinktiv zwischen die beiden Wolkenheimer, um den Konflikt zu deeskalieren. Das Ergebnis war, dass ihn der nächste Hieb traf und ihn zur Seite stolpern ließ und der Weg für Holten wieder frei war. Er machte keine leeren Versprechungen. Holten hatte diesem feigen Vogel eine Abreibung versprochen, und die würde er ihm jetzt auch verabreichen. »Mach dich auf was gefasst, Bürschchen!«, rief er noch und war schon über dem zappelnden und strampelnden Wilhelm.

Das Ganze hatte kaum eine Minute gedauert, als Holtens Schwager Theodor schon bei ihnen war und den Rasenden von dem Heulenden wegzog. Sie hatten sehr viel Lärm gemacht. Wilhelms Gesicht sah trotzdem übel aus, wie ein Haufen Brei. An Holtens Fingerknöcheln dagegen klebte nicht nur fremdes Blut, das Dreschen von Knochen auf Knochen, nur von ein wenig Haut und keiner Fettschicht gedämpft, hatte sie ganz wund werden lassen. Das war nicht gut, und Theodor begriff es sofort. Ebenso wie Meta, die in der Zwischenzeit ebenfalls herangekommen war und sich mit einem Rundblick selbst ins Bild gesetzt hatte. Wilhelm war zu schwer verletzt, als dass jetzt die Farbe an ihrer Tür und auf dem Kopfsteinpflaster davor, wo Hermann den Eimer hatte fallen lassen, noch als Entschuldigung hätte helfen können. Kornelius Faber würde das niemals akzeptieren, diese Schmach für sich und seinen Sohn, und wenn er schon bei Gustav Petersen nur tatenlos zugesehen hatte, so besaß er jetzt ein Mittel, die Machtverhältnisse wieder ins rechte Lot zu rücken. Das Ehepaar Wedekind zweifelte keine Sekunde lang daran, dass er den Paragraphen 175 nutzen würde.

Theodor zog den ganz benommenen Wilhelm auf die Beine, Meta den zu Tode erschrockenen Hermann. Beide gaben sie den Jungen denselben Ratschlag: »Ihr geht jetzt besser nach Hause. Geht am besten gleich zurück nach Kiel an die Universität, bevor sich hier rumspricht, was ihr getan habt und was euch passiert ist. Ihr werdet sonst eures Lebens nicht mehr froh. Und jetzt packt euch!«

Die beiden zogen auch tatsächlich ab, aber alle wussten, dass das eben nur hohles Geschwätz war, ein Bluff. Selbst Holten, der sich langsam wieder beruhigte, wusste das. »Es tut mir leid«, stammelte er, »das wollte ich nicht.«

»Das weiß ich doch«, antwortete Meta mit überraschender Herzlichkeit, »das weiß ich doch. Aber jetzt ist es passiert …«

»Die werden sich nicht einfach so aus dem Staub machen, richtig?«, fragte Theodor mit einem ahnungsvollen Blick die düstere Allee in Richtung Dorf hinunter.

»Ganz bestimmt nicht«, stimmte seine Frau ihm zu.

»Und nun?«, fragte Holten. Er sah aus, als würde er gleich anfangen, zu weinen.

Dreissigstes Kapitel

Er hielt sich weder für einsam noch verschroben, ahnte aber, dass die Leute im Dorf ihn zumindest als ziemlich komischen Kauz ansahen. Als einen sympathischen Sonderling und Einzelgänger zwar, an dessen Lebenseinzelheiten sich selbst gleichaltrige Mitbürger kaum mehr erinnerten, weil er immer am Rande gelebt zu haben schien, aber eben doch als Außenseiter. Rasmus Duggen störte sich nicht mehr daran. Mit den Jahren war es ihm gelungen, eine von Gleichmut getragene Grundeinstellung zum menschlichen Dasein zu entwickeln, und die schloss nicht nur ihn selbst ein, sondern grundsätzlich alle Menschen, nicht zuletzt seine Exfrau Kordula und ihren gemeinsamen Sohn Helge. Zu beiden hatte er seit Jahren, ja Jahrzehnten keinen Kontakt mehr. Und obwohl er fürchtete, dass zumindest an Helges Weigerung, mit ihm zu sprechen, Kordula schuld war, hatte er gelernt, dies zu akzeptieren. Der Junge hatte es nicht für nötig gehalten, sich eine eigene Meinung von seinem Vater zu bilden. Für Rasmus hieß das, dass sein Sohn mit der Art, wie er lebte, zufrieden sein musste. Ein unzufriedener Mensch hätte alles darangesetzt, das, was ihn belastete, zu korrigieren oder gleich ganz aus der Welt zu schaffen. So hatte es Kordula mit ihrem von langer Hand geplanten und überfallartig während seiner Abwesenheit durchgeführten Auszug und dem Einreichen der Scheidung gehandhabt, so hatte er selbst diesen Schicksalsschlag verarbeiten können. Als ihm nämlich auffiel, dass er seine Frau gar nicht in dem Maße vermisste, wie er es sich im ersten Moment eingeredet hatte, überkam ihn eine angenehme Ruhe und Gelassenheit. Ein Weltuntergang war jetzt nur noch das mit dem Verschwinden seiner Frau einhergehende Verschwinden seines Sohnes, doch auch an Helges Abwesenheit hatte er sich irgendwann gewöhnt. So sah es aus.

Seltsamerweise hatte nicht die Wolke Kordula vertrieben. Sie war von Anfang an unzufrieden gewesen. Schon bevor sie Rasmus kennengelernt hatte, hatte sie mit ihrem Leben gehadert. Sie hasste ihre Arbeit als Fleischereifachverkäuferin, und dass er nur Müllmann war, hielt sie für symptomatisch für alles, was in ihrem Leben schieflief. Sie glaubte, Besseres verdient zu haben, und trotzdem ließ sie sich auf Rasmus ein. Trotzdem heiratete sie ihn, zog mit ihm unter die Wolke und bekam mit ihm ein Kind. Sie beschwerte sich jeden Tag über Gott und die Welt. »Dann tu doch was dagegen«, riet er ihr, durchaus genervt. »Du musst doch nicht einfach nur alles erdulden, was dir nicht passt. Fang an, die Dinge selbst zu ändern, die dich stören.« Doch sie rümpfte nur verächtlich die Nase. Als sie dann seinen Rat beherzigte, überraschte sie ihn damit nur deshalb, weil er ihr eine solche Entschlossenheit schon nicht mehr zugetraut hätte. Der Mann, zu dem sie zog, besaß in Plön zwei Lebensmittelmärkte. Für ihn wurde es die erste Ehe, aber gemeinsame Kinder bekamen sie nicht – zumindest hatte Rasmus es so gehört. Helge blieb ein Einzelkind. Aus der Zeitung wusste Rasmus, dass sein kleiner Junge geheiratet hatte, er war zufällig über die Anzeige bei den Bekanntmachungen gestolpert. Das war auch schon wieder über dreißig Jahre her. Ob er Großvater geworden war, wusste er dagegen nicht. Obwohl er in der Folge jahrelang den Anzeigenteil der Zeitung studierte, war ihm nie eine entsprechende Ankündigung aufgefallen. Das musste nichts heißen, Helge konnte umgezogen sein, in eine andere Stadt, in einen anderen Kreis, in ein anderes Bundesland. Rasmus zuckte nicht einmal mehr mit den Schultern über diese Ungewissheit und ging nach draußen. Seitdem er gerade vor ein paar Tagen erst auf seiner zweiten Beerdigung in nicht einmal zwei Wochen gewesen war, fühlte er sich unangenehm in Gedanken an Tod und Vergangenheit versunken. Die Nähe zu seinen Bienen würde ihn ablenken und guttun. Wenn es, neben seiner Arbeit, je eine verlässliche Konstante in seinem Leben gegeben hatte, dann seine lieben Immen. Er war inzwischen in Rente, aber in seinen Bienenstöcken summte es nach wie vor geschäftig.

Seine Ausrüstung lagerte hinter dem Haus in einem solide gebauten Schuppen, in dem er Platz genug hatte, um seinen Honig zu ernten. Rasmus Duggen wohnte am Rande Kaltsommers, ganz am Ende des Schulwegs und eigentlich schon im Bockhorner Weg, man hatte einfach die Hausnummernzählung weiterlaufen lassen. Ihm war es egal, Hauptsache, man kam nicht auf die dumme Idee, ihm auf seine alten Tage noch die Aussicht zu verbauen. Die endete zwar nach wenigen hundert Metern an der Nebelwand, aber bis dahin musste er sich kaum mit anderen Gebäuden in seinem Umfeld herumschlagen, jedenfalls nicht beim Blick nach Westen, Norden und Osten. Hinter seinem Schuppen standen ein paar Gewächshäuser der Gärtnerei Kohlfeld, in der alten Schule waren die Büros untergebracht und dort wohnte auch die Familie. Rasmus hatte an dieser Grundstücksgrenze ein paar Haselsträucher und Holunderbüsche gepflanzt sowie Mirabellen. Sie verdeckten nicht nur die Sicht ganz gut, sondern boten seinen Bienen über Wochen hinweg auch viel Nahrung. Seine einzigen direkten Nachbarn waren Horst und Marianne Quandt, deren Tochter Ulrike nur wenige Häuser die Straße rauf wohnte. Beide waren inzwischen ebenfalls in Rente und gebürtige Kaltsommeraner. Horst ein eher wortkarger und phlegmatischer Zeitgenosse, Marianne dagegen das reinste Energiebündel, das seine Kraft zu gleichen Teilen in die Enkel und den Garten investierte. Marianne liebte Blumen. Ohne Blumen, behauptete sie, würde sie das triste Wolkengrau niemals aushalten. Für sie war es ein großes Glück, einen Imker gleich nebenan wohnen zu haben. Rasmus mochte Blumen ebenfalls, und das nicht nur, weil sie seine Bienen ernährten, und so kamen insbesondere er und Marianne sehr gut miteinander aus. Einer ihrer Enkel hatte sogar eine Allergie gegen Bienenstiche entwickelt, und trotzdem verwahrte sie sich gegen jeden Versuch ihrer Tochter, auf eine Umsetzung der Bienenstöcke zu plädieren.

Rasmus zog seine weiße Imkerjacke aus hundert Prozent dicht gewobener Baumwolle über – seitdem es in Kaltsommer so ungewöhnlich trocken und warm geworden war, schwitzte er ständig in dem Ding, hatte aber keine dünnere Alternative – und zündete die Sägespäne und Pappelhäcksel in seinem Smoker an. Als der ordentlich qualmte, zog er sich seinen Hut über, drapierte das Netz ordentlich vor Gesicht und Hals und streifte zu guter Letzt noch seine Handschuhe über. Jetzt war er ausreichend gewappnet, um seinen fleißigen Arbeiterinnen gegenüberzutreten. Er inhalierte einmal tief den würzigen Rauch ein, das hatte den angenehmen Nebeneffekt, den Gestank dieser widerlichen Gänse zu verdrängen, dann marschierte er entschlossen auf die rot, grün, gelb und blau lackierten Bienenstöcke am Rande seines Gartens zu. Das dumme Geschnatter verdrängte der Rauch jedoch nicht aus seinen Ohren.

Bei dem Geräusch musste Rasmus unweigerlich an die zum Klatschen und Tratschen aufgerissenen Mäuler und Schnäbel der Basen und Tanten im Dorf denken, das eingesetzt hatte, nachdem die Kunde von Gerburgs Hirnblutung die Runde gemacht hatte, und zu ihrer Beerdigung auf einen Höhepunkt geklettert war. Nicht weil die Optikerin so beliebt bei allen gewesen wäre, eher weil sie immer schon für viele einen Stein des Anstoßes dargestellt hatte. So eine unabhängige Frau, damit konnten nicht nur viele Männer nicht umgehen. Dass sie keinen Ehemann gefunden habe, so einer der über sie kursierenden Sprüche, habe allein schon daran gelegen, dass sie Haare auf den Zähnen hätte. Und dazu dann noch dieser Sohn: erst ein Riesenbaby, jetzt ein Riese, der mit einem wesentlich jüngeren Freund in der Kirche erschien. Aber da wiederum schienen Mutter und Sohn ja etwas gemeinsam zu haben, wenn man Mareike Jessen und Momme Iversen, die so etwas in der Art bei »Elend« mitbekommen haben wollten, Glauben schenken durfte. Da sich beide nicht mochten und keinen Umgang miteinander pflegten, schien an dieser Behauptung etwas dran zu sein. Rasmus gab trotzdem nichts darauf. Für ihn war und blieb Gerburg Sandow eine ganz patente Frau, nicht umsonst hatte er seine Brille gegen die voranschreitende Altersweitsichtigkeit immer bei ihr gekauft. Auch für Benjamin empfand er Sympathie, der Junge schien bei sich angekommen zu sein. Ganz offensichtlich war er gerade dabei, den Absprung von Kaltsommer zu schaffen, weil er endlich sein eigenes Glück gefunden hatte. Jedenfalls hatte Rasmus den Riesen noch nie so selbstsicher, ausgeglichen und zielbewusst erlebt wie jetzt. Er schien nun zu wissen, was er wollte, und wirkte regelrecht befreit dadurch. Der alte Imker schenkte der Welt ein kleines Lächeln, als er an den blauen Holzkasten ganz rechts herantrat, um mit seiner Arbeit zu beginnen. Er war sich sicher, Benjamins Gefühlslage nachvollziehen zu können. Die hatte eben nicht nur etwas mit dem Tod seiner Mutter zu tun, er war vorher schon aus eigener Kraft aus ihrem Schatten getreten.

Seine Stöcke waren herkömmliche Magazinbeuten, viereckige Kästen mit mehreren Etagen, die jede ihre eigene Einflugöffnung besaßen, und einem abnehmbaren Deckel oben drauf. Den beschwerte Rasmus, obwohl der passgenau gefertigt war, zusätzlich noch mit einem roten Ziegelstein, um ihn an Ort und Stelle zu halten. Er fürchtete Übergriffe anderer Tiere, nicht den Wind, den es in solch starker Form in Kaltsommer ja sowieso nicht gab.

Rasmus arbeitete langsam und mit zielgerichteten Bewegungen. Seit seinem Bandscheibenvorfall achtete er sehr genau darauf, seinen Rücken nicht mit falschen Bewegungen und Handgriffen unnötig zu belasten. Damals wäre er beinahe in die Erwerbsunfähigkeit gefallen, selbst bis zur Frührente wäre es noch zu lang hin gewesen. Das wäre eine echte Katastrophe gewesen, denn dann wäre er in Armut versunken; das Haus hätte er bestimmt nicht halten können und damit auch seine Bienen verloren. Also kämpfte er, mit sich und gegen den Schmerz in seinem Rücken, und als klar war, dass er keine Touren mehr würde fahren können, weil das Ziehen, Heben und Schieben der schweren Mülltonnen eine zu große Belastung darstellte, auch für eine andere Stelle innerhalb des kommunalen Abfallbeseitigungsbetriebs. Er hatte es tatsächlich bis ins Büro geschafft. Dort kümmerte er sich fortan um die Erstellung der Dienstpläne, wofür er viel Fingerspitzengefühl bewies. Frührente war bald kein Thema mehr, er galt mit seiner Erfahrung und Einsicht in die praktischen Abläufe des Betriebs als unverzichtbar. Er wiederum liebte das Planen und Koordinieren von Mann und Gerät und fühlte sich wie eine Spinne im Netz, die gutwillig die Fäden zog, selbst wenn der Rücken mal wieder zwickte. Als der unvermeidliche Tag der Verabschiedung in den Ruhestand kam, war nicht nur er sehr traurig über den Abschied; noch heute meldeten sich ehemalige Kollegen bei ihm auf einen kleinen Plausch, und nicht nur an seinem Geburtstag.

Trotzdem waren es in dieser Phase allein seine Bienen gewesen, die ihn davor bewahrt hatten, schwermütig zu werden. Rasmus war nicht einsam, er hatte gelernt, mit dem alltäglichen Alleinsein nach Dienstschluss umzugehen. Jetzt jedoch merkte er, wie gerne er mit seinen Kollegen zusammen gewesen, wie selbstverständlich es für ihn geworden war. Bis zu seiner Verrentung hatte er drei Völker gehabt, für die Imkerei als Hobby neben dem Beruf war das mehr als genug. Seither war diese Zahl auf zehn angewachsen. Sechs weitere Stöcke standen auf der großen Lichtung gleich vornean im Wald. Sie produzierten einen sehr würzigen, beinahe herben Honig, den nicht nur Rasmus besonders gerne aß. Bei Dunja und Petra im Laden ging der weg wie warme Semmeln.

Ganz in Gedanken versunken, merkte Rasmus erst, dass etwas nicht stimmte, als er den Deckel des blauen Kastens abgehoben hatte. Vielleicht wenn dieses ständige Gänsegeschnatter nicht seine Gehörgänge verstopft hätte, wäre ihm vorher schon etwas aufgefallen. So aber traf es ihn ganz unvermittelt, als er einen ersten Blick ins Innere des Bienenstocks warf. Wegen der zu lauten Umweltgeräusche hatte er das viel zu verhaltene Summen aus dem Stock nicht wahrgenommen, den viel zu gedämpften Geräuschpegel der doch so emsigen kleinen Insekten. Irgendetwas stimmte nicht, nur konnte es unmöglich daran liegen, dass seine Immen gerade alle zur Arbeit ausgeschwärmt waren. Es blieben immer genügend Tiere im Stock, um ihn mit vibrierendem Leben zu füllen. Jetzt kroch bestenfalls eine Handvoll von ihnen auf den Waben herum und nahm die plötzliche Licht- und Luftveränderung wahr, die er mit Abheben des Deckels ausgelöst hatte. Wo waren seine Bienen?

Er legte den Deckel beiseite, schnell genug, um einen eiskalten Stich sein Rückgrat entlang zu jagen, dem eine unangenehme Hitzewelle folgte. Rasmus kümmerte sich nicht darum. Er sah nach, ob die Königin noch in ihrem Brutraum saß. Das war der Fall. Doch sah der Imker darin kaum einen Grund zur Erleichterung, sie saß dort nämlich nahezu allein. Von ihrem arbeitsamen Hofstaat fehlte so gut wie jede Spur. »Was zum Teufel …«, flüsterte Rasmus und bückte sich, um das Gras neben dem Stock abzusuchen. Bisher waren seine Völker von dem allgemein grassierenden Bienensterben weitestgehend verschont geblieben. Weder hatte sich die Varroamilbe hier ausgebreitet noch schienen sich Pestizide und andere Umweltgifte oder die Monokulturen in der Landwirtschaft, von denen auch Kaltsommer nicht verschont geblieben war, ungünstig ausgewirkt zu haben. Bisher waren seine Immen die glückliche Ausnahme eines ebenso allgemeinen wie bedrohlichen Todestrends gewesen. Und auch jetzt lagen nicht mehr tote Tiere als üblich am Fuß der Kästen, nichts deutete auf den Ausbruch einer Seuche hin.

Aber wo waren dann seine Bienen?

In den anderen drei Kästen jedenfalls nicht, wie ihm ein hastiger Blick hinein verriet. In denen war zwar noch etwas mehr los, aber nach Normalität sah es trotzdem nicht aus. Und schon bemächtigte sich ein neuer Gedanke seiner wie ein Räuber, der dich von hinten überfällt: »Der Wald!« Der Imker verspürte plötzlich ein sehr flaues Gefühl in seinem Magen.

Trotz der in ihm aufkeimenden Furcht setzte Rasmus die Deckel wieder sorgfältig auf die Bienenstöcke und beschwerte sie mit den angestoßenen

Backsteinen. Danach holte er seinen Handkarren hervor, den er sich extra für die Arbeit auf der Lichtung hergerichtet hatte, legte Hut, Handschuhe und Smoker hinein, sah sich noch einmal um, ob die Tür zu seinem Arbeitsschuppen auch verschlossen war, und erst dann nahm er die Griffe wie die Beine in die Hand und schob ab. Auf der Straße hätte er beinahe Krabat überfahren, der gemächlich seinem Herrchen auf der Abendrunde hinterhertrottete. Der altersschwache Neufundländer gab ein überraschtes Bellen von sich, das klang, als wäre tief in seinen Eingeweiden ein Silvesterknaller detoniert. Es war eben laut genug, um sein Herrchen auf das Geschehen in seinem Rücken aufmerksam zu machen. Norbert Einem drehte sich um, ein strenger Blick in den Augen.

»Ach so, du bist das!« Die Strenge verflog und machte einem Lächeln Platz. »Moin, Rasmus.«

»Moin, Norbert.«

»Alles gut bei dir?«

»Keine Zeit, Norbert, tut mir leid.« Mit einer haarscharfen Kurve hatte er Krabat umfahren und hetzte bereits den Bockhorner Weg davon. Wie ihm der Autobahnpolizist noch einen guten Abend wünschte, hörte er nur noch mit halbem Ohr.

Je näher er dem Wald kam, desto ängstlicher wurde Rasmus. Obwohl er gar nicht wissen konnte, ob seine Waldbienen ebenfalls von diesem mysteriösen Verschwinden betroffen waren, hatte seine Fantasie längst das Ruder übernommen und steuerte seinen Verstand in einen Sturm übelster Vorstellungen hinein. Schon als er den Plattenweg erreichte, der direkt auf Kaltsommers kleinen Forst zulief und auf das alte Bergmann-Haus, das jetzt Runge-Kluges bewohnten, war er völlig aus der Puste. Außerdem tat ihm sein Rücken weh, weil er in seiner Hast nicht auf die richtige Körperhaltung beim Stemmen und Stoßen des Karrens geachtet hatte. Das konnte eine lange schlaflose Nacht werden, gepeinigt von seinem schmerzenden Kreuz. Aber wenn er dafür nur seine Bienen in der Sicherheit ihrer Stöcke wusste, dann war es das wert, und gegen den Rest gab es Tabletten …

Der Weg vor ihm zog sich qualvoll in die Länge. Der mit Laub- und Nadelbäumen besetzte Saum des Waldes rückte bestenfalls im Schneckentempo näher. Weil es komplett windstill war, gaben die Bäume nicht einen einzigen Laut von sich. Durch das Rauschen in seinen Ohren und das

Pfeifen seines Atems meinte Rasmus lediglich, das Klopfen eines Spechts zu hören – es klang, als wollte der Vogel ihn verhöhnen. Mit letzter Kraft, wie ihm schien, erreichte er die Biegung, wo der Plattenweg in den Waldweg überging und sich der Wald zum Dorf hin öffnete. Die Lichtung war von diesem Punkt aus bereits zu sehen, seine Bienenstöcke allerdings befanden sich ganz am hinteren Ende, vorne war die Wiese zu sumpfig und es überhaupt wegen der Nähe zur menschlichen Siedlung zu unruhig. Die Einfahrt in den Wald war durch einen Balken versperrt: Man wollte keine Privatautos darin haben, und seit man die Forstwirtschaft aufgegeben hatte, bestand sowieso kein Grund mehr, Flora und Fauna mit dem Motorenlärm von Fahrzeugen zu belästigen. Rasmus hatte diese Entwicklung begrüßt und damals im Gemeinderat sogar dafür plädiert, eine feste Barriere zu errichten. Ihm hatte es nie etwas ausgemacht, sich mit seinem Karren durch den schmalen Durchlass zu schieben, der für die Fußgänger gelassen worden war. Jetzt aber misslang ihm das Einfädeln, und er donnerte mit der Vorderkante seines Karrens gegen den Begrenzungspfosten. Und auch erst dann hörte er die Stimme hinter sich.

»Rasmus? Rasmus? Hallo! Ist alles in Ordnung bei dir?«

Verwirrt drehte er sich um. Die Pumpe raste, vor seinen Augen tanzten schwarze Flecken und seine Nase wollte ihm tatsächlich weismachen, dass Brandgeruch in der Luft läge. Aber dann erkannte er Bente Nissen und beruhigte sich zumindest in dieser Hinsicht. Was er gerochen hatte, war lediglich ihre Zigarette. Sie nahm auch jetzt erst einmal einen weiteren Zug, bevor sie ihre Frage nach seinem Befinden wiederholte.

Zunge und Kehle waren ihm staubtrocken, deswegen nickte er nur und deutete entschuldigend auf seine Imkerutensilien und den Wald hinter sich.

»Und warum die Eile?«, fragte die Nissen sofort und grinste plötzlich breit. »Haben deine Bienen etwa Babys bekommen?«

Rasmus hätte ihr den Hals umdrehen können.

»Ich war gerade bei den Kluges«, fing sie an zu plappern, auf das Haus hinter sich deutend. »Nicht zum Putzen, das muss ich gerade nicht, die sind ja im Urlaub. Nur zum Gießen und Fische Füttern und so. Sind gerade in Frankreich, in Paris bei Imogen. Mit Ella. Und dann wollen sie alle zusammen noch nach Amerika zu Leonora. Die sind noch knapp drei Wochen weg. Das ist auch für mich fast so was wie Ferien.«

»Bente«, gelang es Rasmus endlich, zu schnaufen, »ich hab wirklich keine Zeit. Lass uns ein anderes Mal reden, ja?« Und schon versuchte er wieder, sein Gefährt durch den engen Spalt der Sperre in den Wald zu schieben. Dieses Mal war er aufmerksamer und kam hindurch, nur linksseitig ein wenig mit seinem Blech den hölzernen Pfosten touchierend. Er spürte dabei die ganze Zeit über Bentes fragend bohrenden Blick in seinem Nacken, kümmerte sich aber nicht weiter darum. Er hatte Wichtigeres zu tun. Er hoffte lediglich, dass sie nicht auf die Idee kam, ihm zu folgen, und nicht nur, weil sie keine Schutzkleidung trug.

»Dann mach's gut, Rasmus«, hörte er sie zum Glück gleich darauf rufen. »Wir sehen uns bestimmt bald mal wieder im Laden.«

Er sparte sich die Antwort und lief in den Wald hinein. An jedem anderen Tag hätte er dessen tierische Stille und modrigen Duft tief in sich eingesogen, heute nahm er allein die bunten Beuten wahr, die endlich in seinem Blickfeld auftauchten. Er bog vom Hauptweg auf den kleinen Trampelpfad ab, der allein von seinen Aktivitäten hier zeugte, und durchpflügte gleich darauf das hohe Gras auf der Lichtung. Kein staunender Blick ging wie sonst nach oben, um das Gefühl zu haben, als würden die Baumkronen die Wolke wie ein Bild einrahmen. Eines, das niemals gleich aussah, weil es sich in ständiger Bewegung befand. Sein Blick klebte allein an den Holzkästen, die, das bemerkte er sofort, ungewöhnlich verlassen wirkten.

Rasmus stellte seinen Karren zwei Meter entfernt ab und streifte sich lediglich die Handschuhe über, bevor er nach dem Smoker griff und sich den Bienenstöcken näherte. Da war kein Summen zu hören, nicht einmal das leiseste. An den Einfluglöchern herrschte kein Verkehr, sie wurden nicht einmal bewacht. Aber auf dem Boden lagen auch keine pelzigen kleinen Immenleichen herum. Trotzdem sank Rasmus das Herz, ihm schwante Schreckliches. Mit zitternden Händen schob er den ersten Stein vom Deckel, ließ ihn einfach zur Seite gleiten und nach unten ins Gras fallen. Er hob den Deckel ab, zählte innerlich bis drei und spähte in den Kasten hinein: nichts. Da war nichts, keine einzige Biene. In ein paar Waben des Brutraums steckten tote Larven, vermutlich verhungert, aber ausgewachsene Tiere waren keine mehr vorhanden. Nicht einmal die Königin! Die Kehle des alten Imkers zog sich schmerzhaft zusammen, und er wandte sich dem zweiten Kasten zu. Darin dasselbe Bild von

Verlassenheit. Ebenso im dritten, vierten, fünften und sechsten. Alle seine Waldbienen waren weg. Alle. Als wären sie ausgewandert – oder geflohen.

»Aber warum?«, entrang es sich gebrochen aus Rasmus' Rachen. »Meine Bienen …«

Er verstand die Welt nicht mehr. Er sah sich um, als könnte er sie an irgendeiner anderen Stelle der Lichtung entdecken, als hätten sie ihm nur einen Streich spielen wollen. Natürlich waren sie nicht da. Und an den Kästen fanden sich keinerlei Spuren von Fremdeinwirkung, von tierischem oder menschlichem Vandalismus. Da war nichts, einfach nichts. Sie waren nur verlassen und leer. Als hätte der Erdboden seine Bienen verschluckt. Oder doch die Wolke? Aber das wäre erst recht Unsinn …

Rasmus wusste keine Erklärung für diesen Vorgang. Natürlich kam es vor, dass eine neue Bienenkönigin mit einem alten Volk plötzlich umzog, etwa wenn sie an anderer Stelle mehr Nahrung vermuteten. Aber das hätte auf ein Volk zugetroffen und nicht gleich auf alle sechs! Das hier war so ungewöhnlich, dass es schon unmöglich war. Was auch immer hier geschehen war, es deutete auf etwas Schlimmes hin. Nur konnte Rasmus die Zeichen überhaupt nicht lesen, nichts verstehen, und das gab ihm ein mulmiges Gefühl. Langsam sackte es aus dem Magen hinab in die Knie und stieg zugleich nach oben durch die Luft- und Speiseröhre auf, schnürte ihm die Kehle zu, stellte ihm die Nackenhaare auf, ließ ihm die Mundhöhle trocken werden und verursachte ein kaltes Kribbeln zwischen Schädeldecke und Kopfhaut. Ohne es zu merken, legten sich seine behandschuhten Hände an seine Wangen, öffnete sich sein Mund zu einem stummen Schrei und liefen ihm die ersten Tränen über das Gesicht.

Als plötzlich über ihm das Geschnatter von Gänsen laut wurde, schrie er erschrocken auf und blickte in Panik gen Himmel. Von der Wolke war gar nichts mehr zu sehen, so kam es ihm vor, überall waren nur noch die Gänse. Diese Unheilsvögel, diese … Rasmus schrie ihnen seinen Schmerz entgegen.

Einunddreissigstes Kapitel

Lieber Benni, begann das Schreiben. Schon auf dem Umschlag hatte diese Koseform seines Namens gestanden, ohne dass ihm die merkwürdige Vertraulichkeit da bereits ins Auge gefallen wäre. Das zugeklebte Kuvert hatte sich zwischen den unzähligen anderen befunden, die er nach der Beerdigung Gerburgs mit nach Berlin brachte. Eingeschoben in Gerburgs Adresse hatte sich der Zusatz *z.H. Benjamin Benni Sandow* gefunden. Allerdings zählte es nicht zu denen, die direkt in der Kirche beim Bestatter Kirchenwitz abgegeben worden waren, sondern zu den mit der Post gekommenen. Briefmarke und Stempel verrieten es, während der schwarze Trauerflor, der sich einmal um den gesamten Rand des Umschlags zog, eindeutig seine Zugehörigkeit zu den jüngsten Ereignissen bewies. Nachdem er mit Gerrit und Mehmet nach Hause zurückgekehrt war, hatte er den riesigen Stapel von Beileidsbekundungen erst einmal beiseitegestellt und sich in die Arbeit mit seinen Teilnehmern gestürzt. Deren Anteilnahme war so süß, unmittelbar und herzlich, dass sie leichter zu ertragen war als dieses womöglich erratische Geschreibsel von Menschen, die weder ihn noch die Verstorbene jemals wirklich gekannt hatten. Benjamin aß lieber Unmengen von Aabidahs schmackhaften Keksen, als noch einen verzweifelten Brief von Tamo Lindemann zu lesen, selbst wenn der ihm nur noch versichern wollte, ihn nun endgültig nicht mehr mit der Trauer um seine Geliebte belästigen zu wollen. Er konnte nicht aus seiner Haut, er fand das besser so, und nicht einmal Gerrit mochte ihm hier widersprechen. All das und die Aussicht, den Menschen, die an ihn – und sie – gedacht hatten, auf irgendeine Art antworten zu müssen, hatte ihn bisher davor zurückschrecken lassen, sich um die Kondolenzpost zu kümmern. Hätte er jedoch geahnt, dass sich in vielen dieser Umschläge Geld befand, er wäre nicht so saumselig gewesen. Zumeist handelte es sich dabei um Zehner und Zwanziger, aber selbst die türmten sich neben den geöffneten Kuverts inzwischen zu einem beachtlichen Haufen auf dem Küchentisch auf. »Macht man das so bei Beerdigungen?«, hatte Gerrit ebenso überrascht wie sein roter Bär gefragt. »Was ist das? So eine Form von Ablass?« – »Scheinbar«, hatte Benjamin schulterzuckend geantwortet. Seine letzte Beerdigung war die irgendeines entfernten Verwandten in Kindertagen gewesen, bei dem es sich sogar um einen von seinen Großeltern gehandelt haben mochte. Wenn es damals eine ebensolche Flut an Beileidsschreiben gegeben hatte, gefüllt mit Geld, dann konnte er sich nicht daran erinnern. Aber das war auch egal. Was zählte, war allein die Tatsache, dass er sich jetzt definitiv dazu genötigt sah, darauf zu antworten. »Am besten schalte ich eine Anzeige in den Kieler Nachrichten«, überlegte er laut, »die dürfte von den meisten gesehen werden.« – »Klingt nach einer guten Idee«, stimmte Gerrit zu.

Benjamin wusste gar nicht, was er mit all dem geschenkten Geld anfangen sollte. Die Scheine beliefen sich auf eine Summe von knapp elfhundert Euro. Das deckte beinahe die Kosten für den Leichenschmaus im »Café Elend«. Nicht dass er es dafür gebraucht hätte, Gerburgs Konten waren so gut gefüllt, dass er sich um finanzielle Dinge vorerst keine Sorgen mehr zu machen brauchte. Er war der einzige Erbe. Der ganze Vorgang musste nur noch rechtskräftig werden, und wenn er dann auch noch Haus und Laden verkauft hatte, würde er über so viel Geld wie noch nie in seinem Leben verfügen. Was sollte er da noch mit diesen Spenden? Sie waren sicher nett gemeint, und dennoch lagen sie ihm auf dem Magen, setzten sie ihn in Zugzwang. Die Scheine auf dem Tisch sorgten dafür, dass er noch lange nicht mit dieser ganzen Geschichte würde abschließen können.

So weit war Benjamin jedenfalls gedanklich, als er sich daranmachte, die allerletzten Umschläge zu öffnen und wenigstens diesen Teil der Arbeit abzuschließen. Was er mit dem Geld machen und wie er angemessen darauf reagieren sollte, das konnte er sich danach immer noch überlegen. Erst mal ein Schritt nach dem anderen. Durch das geöffnete Fenster drangen feuchtheiße Luft an seine Haut und der alltägliche Geräuschcocktail der Simon-Dach-Straße an sein Ohr. Er hätte alles dafür gegeben, jetzt unten in einer der Bars zu sitzen und ein wenig Alkohol in sich hinein zu kippen. Aber erst musste er endlich hiermit fertig werden.

Lieber Benni, las er also noch einmal und wurde endlich stutzig. Wer redete ihn da so vertraulich an? Reflexartig griff Benjamin noch einmal nach dem Umschlag und begutachtete ihn von allen Seiten. Nirgendwo war ein Absender vermerkt. Der Brief stand auf einem handelsüblichen Blatt aus einem linierten Collegeblock, war handschriftlich notiert, in einer sehr sauberen und ordentlichen Schrift. Im ersten Augenblick dachte er, es müsse sich um eine Verfasserin handeln. Kein Mann verfügte über eine solch klare Handschrift – zumindest nicht, wenn er sich selbst als Maßstab nahm. Erst danach kam ihm der Gedanke, dass es auch ein älterer Herr sein konnte. Früher hatte man viel größeren Wert auf eine akkurate Handschrift gelegt, weil man sie viel öfter sowohl im Berufs- als auch im Privatleben brauchte. Erst als Drittes kam Benjamin auf die Idee, ans Ende des Schreibens zu schauen und nach einer Unterschrift zu suchen. Dort stand lediglich ein J., das aber ließ immerhin einen ersten Verdacht in ihm aufkeimen. Er beschloss, den Brief trotzdem zu lesen.

Lieber Benni, las er also zum dritten Mal, *ich möchte Dir mein herzliches Beileid zu Deinem Verlust aussprechen. Ich habe lange hin und her überlegt, wie ich Dir mein Mitgefühl am besten aussprechen kann, wir standen uns ja nie besonders nahe. Am Ende habe ich mich dann entschieden, Dir einen Brief zu schreiben. Ich werde dafür nicht persönlich bei der Beerdigung erscheinen, ich möchte Dir den Tag nicht noch schwerer oder komplizierter als ohnehin schon machen. Dass ich überhaupt davon erfahren habe, grenzt beinahe an ein Wunder. Sabine und ich sind vor ein paar Jahren nach Schönberg an die Ostsee gezogen, sie hat es chronisch an den Bronchien und kann hier besser atmen. Außerdem sind die Kinder längst aus dem Haus, und dies hier ist eine seniorengerechte Wohnanlage, an die ein ambulanter Pflegedienst angeschlossen ist. So können wir hier bis ins hohe Alter bleiben, wenn uns das denn vergönnt sein soll.*

Ich schweife ab, tut mir leid. Aber ich weiß kaum, was ich sagen soll. So viele Jahre sind vergangen, ich bin alt und Du erwachsen geworden, und dennoch empfinde ich Dir gegenüber noch immer eine solche Sprachlosigkeit. Wir haben uns ja nie richtig kennenlernen können. Vielleicht ist es dafür jetzt auch schon zu spät. Ich bin mir sicher, dass Du Deinen Weg erfolgreich gegangen bist.

Aber irgendwie wirkt das alles gerade auf mich wie ein Wink des Schicksals, und deswegen schreibe ich Dir auch. Ich rede nicht von einem Neuanfang, das wäre albern, eher von einem verspäteten Start. Wenn Du dafür eine Chance siehst, würde ich mich über einen Anruf von Dir freuen. Meine

Handynummer steht auf der Rückseite. Dank meiner Töchter habe ich jetzt sogar WhatsApp, also wenn Du erst mal nur schreiben möchtest, kannst Du auch das gerne tun. Ich meine mich zu erinnern, dass Du schon als Kind dem Schreiben und der Literatur sehr zugetan warst. Ich würde mich auf jeden Fall sehr freuen, von Dir zu hören, auf welche Art auch immer.

Mein lieber Benni, ich wünsche Dir viel Kraft in dieser schweren Zeit und alles Liebe und Gute. Melde dich, das würde diesen alten Mann sehr glücklich machen. Dein J.

Erst nach der zweiten Lektüre drehte Benjamin das Blatt einmal um, um nach der Nummer zu schauen. Sie stand tatsächlich dort, fein säuberlich notiert, nicht oben oder unten auf dem Blatt, sondern genau in der Mitte. Sonst nichts, keine Adresse, kein Postskriptum, kein nochmaliger Gruß. Er dachte noch darüber nach, als Gerrit frischgeduscht in die Küche kam.

»Was ist?« Er blieb verwundert stehen. »Was ist das für ein Brief?«

»Von meinem Vater.«

»Was steht drin?«

Benjamin hielt ihn Gerrit hin. »Lies selbst.«

Der tat, wie ihm geheißen, und schaute danach seinen Freund an, die Stirn gerunzelt von tausend Fragen. Er stellte jedoch nur eine: »Wirst du ihn anrufen?«

»Das«, antwortete Benjamin und seufzte schwer, »muss ich mir erst sehr genau überlegen.«

Er zerbrach sich gleich den ganzen folgenden Abend den Kopf darüber, als sie mit Mehmet zum Essen verabredet waren. Benjamin bekam weder viel von der Unterhaltung zwischen den beiden anderen mit, noch schmeckte er viel von den Gerichten, eine Fusion aus jüdisch- und palästinensisch-israelischer Küche, zubereitet von einem jüdisch-muslimischen Paar, das erst nach Berlin kommen musste, um seinen gemeinsamen Traum von einem gemeinsamen Restaurant und einem gemeinsamen Leben verwirklichen zu können. Mehmet kannte beide seit Jahren, war Stammgast an ihrem Tisch und hatte sich sehr darauf gefreut, etwas Werbung machen zu können. Gerrit aß auch mit Genuss, Benjamin dagegen steckte mit dem Kopf in den Wolken – oder litt einmal mehr an dieser schrecklichen Wolke namens Kaltsommer in seinem Kopf. Er ließ sich nicht einmal dazu herab, die Qualität der

Speisen zu loben, obwohl er sonst ein starker Esser war. Erst als Gerrit ihn über den Brief aufgeklärt hatte, entwickelte Mehmet Verständnis für den roten Bären und ließ das ständige Nachfragen, ob es ihm denn schmecke, sein. Nachdem er mit eigenen Augen gesehen hatte, woher Benjamin stammte, war er mehr als bereit, sich nicht kritisierend in dessen endgültigen Abnabelungsprozess von zu Hause zu mischen. Er wusste aus eigener Erfahrung, wie schwer es war, in einer anderen Welt Wurzeln zu schlagen, selbst wenn man dafür nicht erst noch eine neue Sprache erlernen musste. Er hatte schließlich erlebt, wie anders diese Welt war, aus der der Freund seines Freundes zu ihnen gekommen war. Noch immer hatte Mehmet den seltsam fauligen Gänsegeruch in der Nase und wachte er manchmal schweißgebadet auf, wenn er an den Beinaheunfall an seinem Ankunftstag in Kaltsommer dachte. Verglichen mit ihm, der er damals Istanbul mit Kreuzberg getauscht hatte, schien Benjamin eher aus Mittelerde oder vom Mond zu kommen.

Sie waren längst beim Dessert angekommen, fruchtiges Sorbet nach kräftig mit Knoblauch gewürzten Kichererbsen in allen möglichen Darreichungsformen, erst da schien Benjamin sie überhaupt richtig wahrzunehmen und in sein gemurmeltes Selbstgespräch miteinzubeziehen. »Hattet ihr auch schon mal das Gefühl«, brach es völlig unvermittelt aus ihm hervor, und er sah sie direkt an, »dass eure Vergangenheit euch nicht loslassen will? Ich bin endlich bereit, mich von Kaltsommer und allem, was da war, zu lösen, aber es lässt mich einfach nicht los. Es ist wie ein Krake, der mit immer neuen Tentakeln aus der Tiefe nach mir greift und mich festzuhalten sucht, egal wie schnell ich auch versuche, nach oben an die Wasseroberfläche zu schwimmen und ans rettende Ufer.«

»Du sprichst von dem Brief?«, fragte Mehmet ihn, während Gerrit Benjamins Hand ergriff und sanft drückte.

»Woher weißt du …? Oh, entschuldige, ich bin heute wirklich keine gute Gesellschaft.«

»Ist schon okay«, winkte Mehmet ab, »wir sind doch alle mal ein wenig neben der Spur.«

»Aber das ist es ja«, rief Benjamin da plötzlich, entriss Gerrit seine Hand und rieb sich die müden Augen, »ich fühl mich nicht neben der Spur, sondern als würde jemand versuchen, mich zwanghaft in der Spur zu halten. Als dürfte ich eben nicht ausbrechen und Kaltsommer endlich hinter mir lassen. Dabei ist es das einzig Richtige, meine Zeit dort ist um.«

Gerrit fing mühsam die Hand seines Freundes wieder ein, und Mehmet fragte nachdenklich: »Vielleicht würde dir ja ein ganz bewusst durchgeführter Abschied dabei helfen?«

»Wie meinst du das?« Sowohl Benjamin als auch Gerrit sahen ihn ratlos an.

»Na ja«, begann der, »du bist doch gerade dabei, den Haushalt deiner Mutter aufzulösen, oder? Und danach wirst du das Haus verkaufen, ebenso wie den Laden, richtig? Das sind aktive Handlungen, bewusste Entscheidungen, die helfen, dich von diesem Teil deiner Herkunft zu lösen.«

»Was sollte ich denn sonst damit machen? Ich …«

Doch Mehmet unterbrach ihn mit einer beschwichtigenden Handbewegung und fuhr fort: »Ich habe das nicht wertend gemeint oder zumindest nicht abwertend. Du willst diesen Bruch ja, weil du es hier in Berlin besser hast, mit Gerrit und deinem neuen Job und allem. Und das sind ja auch alles keine Ad-hoc-Entscheidungen, jetzt kommt nur eben alles in deinem Leben auf einmal zusammen. Ich halte für richtig, was du tust, Benni.«

»Aber ich verstehe nicht, was du mir sagen willst«, erwiderte der.

»Ich auch nicht«, pflichtete Gerrit ihm bei.

Mehmet lächelte sie an, mit etwas Schmerz in den Mundwinkeln. »Das wissen nicht viele«, sagte er, »weil ich es nur selten erzähle, aber ich war vor ein paar Jahren noch einmal in Istanbul – vor dem Putschversuch und den Massenverhaftungen. Ich war da, weil meine Mutter im Sterben lag. Ich habe lange mit mir gerungen, ob ich fahren sollte, weil ich mich damals, als ich ging, so von allem dort bedroht gefühlt hatte und mich auch bis heute beim Gedanken an meine Heimat bedroht fühle. Aber im Nachhinein bin ich froh, gefahren zu sein, denn ich habe mich nicht nur von meiner Mutter verabschiedet, sondern von Istanbul an sich. Ich hatte so viel böses Blut in meinen Adern, so viel Zorn, meiner Familie gegenüber und dieser gewaltigen und oftmals gewalttätigen Stadt. Das habe ich alles dagelassen. Es ist am Sterbebett meiner Mutter aus mir herausgeflossen, und ich bin mit einem riesigen Gefühl der Erleichterung wieder zurück nach Berlin gefahren, nach Hause. Ich weiß, ich werde niemals wieder dorthin zurückkehren, aber nicht etwa, weil ich nicht anders könnte, sondern weil ich nicht mehr muss. Ich habe abgeschlossen damit. Mein jüngster Bruder lädt mich seitdem jedes Jahr ein, ihn und seine Familie besuchen zu kommen, aber das muss ich nicht mehr. Mir reicht es, dass wir regelmäßig telefonieren und sie mich im Herbst hier besuchen werden.«

»Du meinst also«, sagte Benjamin und lächelte plötzlich, »ich sollte mich mit meinem Vater treffen, um auch das Kapitel ein für alle Mal abschließen zu können?«

»Kann doch sein, dass es bei dir auch klappt.«

»Vielleicht hat Mehmet ja wirklich recht«, mischte Gerrit sich ein, der sich ein wenig nutzlos vorkam, weil er zu diesem Thema kaum etwas Substanzielles beizusteuern wusste. Er hatte diese Probleme buchstäblich nicht und war mehr als froh darüber.

Benjamin war nicht überzeugt. »Ich weiß nicht«, erwiderte er. »Um etwas beenden zu können, müsste es dafür dann nicht vorher notwendigerweise einen Anfang gegeben haben? Mein Vater und ich hatten niemals wirklich eine Beziehung zueinander …«

»Das musst du natürlich selbst entscheiden«, meinte Mehmet. »Ich wollte dir auch nur aufzeigen, was für Möglichkeiten du hast.«

»Danke.«

Immerhin war es ihm gelungen, Benjamin aus der Isolation seiner Gedanken zu befreien. Den Rest des Abends nahm der an ihrer Unterhaltung teil und ließ es sich auch nicht nehmen, die beiden anderen freizuhalten. Mehmet protestierte zwar, aber Benjamin ließ sich nicht davon abbringen. »Ich hab gerade so viel Bargeld zu Hause«, erklärte er, »Bargeld, das ich auf einer Beerdigung bekommen habe, dass ich gar nicht weiß, was ich damit anfangen soll. Meinen Freunden Essen und Getränke zu spendieren, scheint mir da gerade noch der beste Weg zu sein, es wieder loszuwerden.« In der Tat hatte er sich, bevor sie am Abend die Wohnung verlassen hatten, eine Handvoll Scheine vom Stapel auf dem Küchentisch gegriffen und eingesteckt.

Benjamin verstand die Intention hinter Mehmets Vorschlag durchaus, er konnte sie sehr gut nachvollziehen. Leichter fiel ihm die Entscheidung dadurch aber noch lange nicht. Er wollte es richtig machen, die Sache komplett durchdenken, damit er sich selbst hinterher nicht vorwerfen musste, oberflächlich gehandelt zu haben. Joachim war sein Vater und eben auch nicht. Mit Gerburg tot in ihrem Grab war er sein letzter lebender Verwandter; die Halbschwestern zählten schon nicht mehr. Sie hatten nie eine gute, eine innige Beziehung zueinander gehabt, aber dafür allein die Mutter verantwortlich zu machen, wäre kaum die ganze Erklärung. Sie mochte in seinem Leben aufgeragt haben wie ein hoher schroffer Berg und er zu lange in ihrem kalten Schatten vor sich hin vegetiert. Er mochte sich wieder und wieder von ihr kleingehalten gefühlt haben. Gerade im Rückblick aber schien das als Grund für seine Passivität nicht mehr auszureichen. Gerburg war alles andere als ein besitzergreifender Mensch, zumindest wenn es um ihn, ihren Sohn, ging. Vielmehr kam es Benjamin jetzt immer stärker so vor, als wäre ihr wesentliches Urteil über ihn, dass er immer zu weich, zu nachgiebig, zu willenlos gewesen und zu sehr davor zurückgeschreckt sei, eigene Entscheidungen zu treffen, richtig. »Du bist wie dein Vater«, hatte sie ihm mehr als einmal verächtlich ins Gesicht gesagt – und genau das bestätigte in Benjamins Augen Joachims Brief in den Folgetagen immer mehr. Joachim war von sich aus auch niemals aus seiner Nebenrolle als Benjamins Erzeuger herausgetreten, um seine väterlichen Rechte einzufordern. Er hatte sich Gerburgs Willen unterworfen. Nicht weil sie das verlangt hätte, sondern aus freien Stücken, und Benjamin wurde den Verdacht nicht los: weil es einfacher so gewesen war. Er hatte sich in sein Loch verkrochen und kam erst jetzt, wo die sicherlich manchmal erdrückend überwältigende Präsenz dieser Frau sich in Luft und Wohlgefallen aufgelöst hatte, wieder daraus hervor.

Eigentlich hätte diese Erkenntnis Benjamin mit Traurigkeit oder Wut oder mit beidem gleichermaßen erfüllen müssen, stattdessen konnte er diese Handlungsweise nur zu gut nachvollziehen. Er hatte selbst oft genug danach gehandelt und sich von ihr leiten lassen – auch wenn andere darin mehr ein herrisches Herumkommandieren gesehen hatten. Und wie lange hatte er gebraucht, um dieses Verhalten endlich abzulegen! Im Grunde genommen war es ihm doch erst vor kurzem gelungen, und selbst dafür hatte es das Erscheinen eines neuen Menschen in seinem Leben gebraucht. Erst Gerrit hatte ihm den Weg gezeigt, wie er sich davon, von diesem alten, behäbigen, ziemlich unterwürfigen Ich befreite und sein Leben in die eigenen Hände nahm. Bei Elmar damals war ihm das keine Sekunde lang gelungen, nur hatte Elmar eben auch niemals ein echtes Interesse an einem selbstständigen Benjamin besessen. Das erkannte der jetzt ebenfalls erst. Er sei wie sein Vater, hatte Gerburg ihm wieder und wieder gesagt, und Benjamin glaubte ihr endlich.

Joachim war ein Relikt aus seiner Vergangenheit, zu diesem Schluss kam Benjamin in den nächsten Tagen, die Ruine eines Bauwerks, das niemals vollendet worden war. Die Frage war jetzt nur, ob er sich noch einmal ein wenig Zeit für ein paar Ausgrabungen und archäologische Erkundigungen nehmen oder den Ort nicht gleich planieren, Erde ausbringen und Gras säen sollte, um ihn auf lange Sicht der Natur zurückzugeben. Die hatte sich das meiste dieses Platzes doch sowieso schon zurückerobert. Darüber dachte er bald in jeder freien Minute nach und manchmal auch während des Unterrichts, wenn seine Teilnehmer in Stillarbeit irgendeine Übung erledigten. Das ging jetzt, unmittelbar vor den Prüfungen, ohne großen Lärm vonstatten. Den Brief trug er währenddessen immer bei sich, obwohl er den Text bereits auswendig kannte. Wie ein Fetisch war er erst in Benjamins Arbeitstasche gewandert und von dort schließlich, geknickt und gefaltet, weiter in die Brusttasche seines Oberhemds. Bei jeder Bewegung knisterte das Papier nun leise unter dem Stoff, und das hätte ihn eigentlich daran erinnern sollen, bald zu einer abschließenden Entscheidung zu kommen. Nicht für Joachim, nicht für Gerrit, der sich in dieser Frage auffallend zurückhielt und ihn zu nichts drängte. Sondern für sich. Er war es sich selbst schuldig, endlich einmal Verantwortung für sich zu übernehmen.

Erst dann hätte er sich von Gerburg wirklich gelöst.

Dieser Gedanke kam Benjamin knapp anderthalb Wochen nach dem Fund des Briefes. Er war gerade in seiner alten Wohnung in Neukölln, die er nur noch als teures Lager für diejenigen seiner Sachen nutzte, die er nicht unbedingt brauchte. Er wohnte inzwischen dauerhaft bei Gerrit, doch wäre seine Wohnung aus allen Nähten geplatzt, hätte Benjamin sein ganzes Zeug dort unterbringen wollen. Noch war dieses Hinterhofloch seine offizielle Adresse und würde es bleiben, bis sie eine neue gemeinsame Wohnung gefunden hätten. Sobald Gerrits Semester vorbei und Gerburgs Nachlass geregelt war, wollten sie sich auf die Suche machen. Der Plan war, Eigentum zu erwerben, und mit der Erbschaft und dem Verkaufserlös von Haus und Laden einerseits sowie dem neuen festen Job andererseits wollte Benjamin derjenige sein, der den Kauf tätigte. Gerrit hatte nichts dagegen einzuwenden. Nicht einmal seine Eltern, die ihm das Studium finanzierten und seine jetzige Wohnung bezahlten, hatten etwas dagegen einzuwenden. Sie akzeptierten Benjamin längst als Schwiegersohn. Anders als Gerburg interessierten sie sich für den Freund ihres Sohnes – da war es doch nur sinnvoll, mit Gerburgs Geld das neue Eigenheim für ihn und Gerrit zu bezahlen.

Benjamin kam nur noch nach Neukölln, um nach der Post zu schauen und dann und wann ein Buch, in der Regel für den Unterricht, zu holen. Er las im Moment selbst Lyrik nur selten, das Schreiben hatte er sogar ganz eingestellt. Zuletzt waren ihm kurz nach seiner Rückkehr von Gerburgs Beerdigung zwei knappe Verse eingefallen, die er auf irgendeinem Zettel niedergeschrieben und dann vergessen hatte. Kaltsommer beschäftigte ihn nur noch auf der ganz praktischen Ebene der Nachlassregelung, er träumte nicht einmal mehr von diesem Ort. Die halbschlafartigen Visionen, die ihn Anfang des Jahres noch gequält, ja geradezu gelähmt hatten, hatten schon vor einer ganzen Weile aufgehört, ohne dass er es überhaupt noch bemerkt hätte. Das einzige Zeugnis, das noch von ihrer Existenz kündete, war die Kladde, in der er sie notiert, mit deren Hilfe er versucht hatte, Ordnung und Begreifen in diese Bilderstürme zu bringen. Diese Kladde lag noch immer gut sichtbar auf seinem alten Schreibtisch, zugeschlagen und mit einer dünnen geschlossenen Staubschicht darauf.

Wenn immer Benjamin in seiner Wohnung war, fiel sein Blick unweigerlich darauf. Anstatt jedoch wie früher Verwirrung oder gar Angst auszulösen, rang es ihm jetzt nur noch ein müdes Lächeln ab. Er hatte den Block nur deshalb noch nicht entsorgt, weil er nicht unnötig Tatsachen schaffen wollte. Vielleicht kehrte er ja doch eines Tages zum Schreiben, zu seinen Gedichten zurück, und dann wäre Kaltsommers eigenwillig fantastische Geschichte das ideale Sujet für ein Epos. Darin steckte Potenzial – und er beugte sich vor, um in einer liebevollen Handbewegung den Staub von seiner Kladde zu wischen. Dabei aber raschelte es einmal mehr leise in seiner Brusttasche und fiel Benjamin der Brief wieder ein. Zuerst wusste er gar nicht mehr, was er dort hineingesteckt hatte, und stirnrunzelnd holte er den zerknitterten Bogen Papier hervor. *Lieber Benni* las er, zum Gott weiß wievielten Mal, *mein lieber Benni*. Diese Anrede sprach von einer solchen Vertrautheit, von einer tiefen Verbundenheit. Vielleicht lag darin nicht einmal eine Lüge, sondern ein Versprechen, weil sie auf die Zukunft ausgerichtet war und nicht auf die

Vergangenheit. Die Frage war nur, ob es ohne Vergangenheit überhaupt eine Zukunft geben konnte, ob er eine solche Zukunft, die auf einem riesigen Vakuum aufbaute, wollte. Dieses Vakuum wäre fortan immer da, angefüllt mit dem Geist einer kürzlich Verstorbenen, einer Frau, die ihr Leben geradezu mit einem Furor gegen jedes Vorurteil und über jede Barriere hinweg gelebt hatte. Wer wusste denn schon, ob sie sich mit ihrem Tod überhaupt würde abfinden können und nicht schon jetzt ungeduldig mit den Fingern von unten gegen den Sargdeckel trommelte und er das nur nicht hörte, weil er weit genug weg war …

Benjamin fällte eine Entscheidung. Er zerriss den Brief.

✩

DIESE GESCHICHTE MUSS DORT ENDEN, *wo sie begonnen hat. Die Umstände zwingen uns dazu. Holten konnte nicht in Kaltsommer bleiben. Dass er es war, der einen feigen Farbanschlag auf das Haus seiner Familie vereitelte, war bedeutungslos, weil er seine Fäuste hatte sprechen lassen. Dessen waren sich alle, er, Meta, Theodor und selbst Wiebke in ihrem Morphindämmer, sofort bewusst. Wilhelm Arnold Faber hatte diese Abreibung durchaus verdient, aber er war der Sohn des Gutsverwalters und spielte sowieso mit gezinkten Karten. Außerdem hatte sich das Rechtssystem empfindlich zu ihren Ungunsten verschoben, wie der Fall Gustav Petersen so schmerzlich wie schmählich bewiesen hatte. Niemand zweifelte daran, dass Wilhelm spätestens am Morgen diesen Trumpf, der die Falschspielerei zum Prinzip erhob, aus dem Ärmel ziehen würde. Welche Geschichte auch immer er seinem Vater auftischen mochte, um die blutige Nase zu erklären, Kornelius Faber würde seinem Sohn am Ende schon glauben. Der Junge mochte ein Nichtsnutz sein, aber sein eigen Fleisch und Blut war er eben doch, und gerade das zählte dieser Tage bei den Fabers am meisten.*

»Du musst sofort gehen«, hatte Meta ihrem Bruder gesagt, kaum dass sie nach der Aufregung wieder ins Haus zurückgekehrt waren. Dann war sie in Tränen ausgebrochen. Holten hatte sie trösten müssen, weil sein Schwager Theodor draußen geblieben war und Wache hielt. Ihren warmen, bebenden Körper zu halten, sorgte immerhin dafür, dass Holten selbst sich langsam wieder beruhigte. Noch immer raste das Adrenalin durch seine Blutbahnen, hämmerte sein Herz wie wild und brannten ihm wund die Knöchel, aber immerhin entkrampften sich langsam seine Hände wieder und musste er sie nicht länger zu Fäusten geballt halten. Angst und Wut verflüchtigten sich und machten Platz für eine dumpfe Leere, die langsam von Traurigkeit eingetrübt, ja vergiftet wurde. Meta hatte recht, er musste fort. Aber nicht wegen der Körperverletzung. In Kopenhagen hatten sie die Einführung des Paragraphen 175 unten im Deutschen Reich kaum wahrgenommen, hier in Kaltsommer war er eine allgegenwärtige Bedrohung. Als würde man schutzlos auf weiter Flur von einem Unwetter mit Sturm, Hagel, Blitz und Temperatursturz überrascht werden. Die Bedrohung war mit den Händen zu greifen.

»Ich will mich nur von Mutter verabschieden«, antwortete er seiner Schwester, und die Worte fielen ihm schwer und fremd wie Murmeln aus dem Mund.

Holten blieb eine halbe Stunde bei Wiebke hinter der verschlossenen Tür ihres Zimmers. Kein Laut drang nach draußen, als wären beide, Mutter und Sohn, für einen kurzen Moment friedlich beieinander eingeschlafen. Als Holten die Sterbende verließ, wirkte er gefasst. Seine Augen waren nicht von Weinen gerötet, aber echten Halt schien sein Blick in diesem Haus auch nicht mehr zu finden. Fahrig strich er über Wände und Gesichter und suchte doch nur den Ausgang. Er hatte es plötzlich eilig. Viel zu packen hatte er nicht, das meiste Gewicht in seinem Seesack stammte von dem Proviant, den Meta, ganz praktische Veranlagung, ihm üppig mitgab. Er bedankte sich artig bei ihr.

»Es ist eine Schande!«, platzte es aus ihr heraus, begleitet von neuerlichen Tränen.

Doch dieses Mal musste Theodor seine Frau in den Arm nehmen, von Gefühlen durfte Holten sich nicht länger aufhalten lassen. Er sagte, was er zu sagen hatte, und endete mit folgender Instruktion: »Und keine Briefe. Hörst du, Meta? Keine Briefe! Zumindest nicht auf absehbare Zeit, bis sich die Wogen geglättet haben. Du weißt nicht, wer die mitliest. Du weißt nicht, was für Fäden die Fabers ziehen werden, um ihr Mütchen zu kühlen. Bringt euch nicht selbst in Gefahr, nicht mehr jedenfalls, als ihr durch mich ohnehin schon seid. Ich … Ich wünschte …«

Holten ging, bevor der Satz ihn zerbrechen ließ. Kaum angekommen, verließ er Kaltsommer wieder, in der kältesten Stunde der Nacht, als das Dorf noch in trügerischem Schlummer lag. Nur bei Fabers brannte schon Licht, wie er auf seinem Weg zurück nach Norden sah. Er beschleunigte seine Schritte und passierte bald darauf die Nebelgrenze. Doch kaum spürte er den offenen Himmel über sich und sahen die Sterne auf ihn herab, fühlte er sich erst recht wie ein seinen Häschern schutzlos ausgeliefertes Tier. Obwohl die Luft hier draußen wärmer war als hinter ihm unter der Wolke, begann er zu frösteln. Der Reflex, sich umzudrehen und hinter dem Nebel erneut Deckung zu suchen, kam sofort, aber Holten hielt ihm stand. Kaltsommer – das Wolkenheim – hatte seine Zauberkraft verloren, und alles, was es dafür gebraucht hatte, war ein neues Gesetz, ein Gesetz, dem das Sein egal war und das allein auf den Schein abhob.

Ohne einen letzten Blick zurück, lief Holten los. Dieses Mal führte ihn sein Weg an Rendsburg und Flensburg vorbei nach Tondern, wo er die grüne Grenze nach Dänemark knapp zwei Wochen später passierte. Sicher fühlte er sich trotzdem erst, als er das Festland verließ und auf die Inseln kam. Je weiter aufs Meer hinaus er auf ihnen hüpfte, desto leichter ging ihm wieder der Atem, bis er endlich den Öresund vor sich im Abendlicht glitzern sah und die Türme und Dächer Kopenhagens. Umgehend suchte er seine alten Freunde auf, die ihn kommentarlos bei sich unterbrachten. Er fand auch schnell wieder Arbeit als Schauermann im Hafen, wo immer kräftige Hände gesucht wurden. Nach kurzer Zeit schon sah es so aus, als wäre er niemals fortgewesen.

Nur wie zu Hause fühlte es sich nicht mehr an. Stattdessen kam Holten sich entwurzelt vor, mit den Beinen in der Luft zappelnd wie ein Erhängter, den der Tod nicht holen kommt. Denn auf den Tod wartete er instinktiv, wenn auch nicht auf den eigenen. Sein Körper war nach Kopenhagen zurückgekehrt, nicht aber sein Herz. Und an dem nagte die Ungewissheit, deren Zähne noch von dem Wissen geschärft wurden, dass Wiebke unvermeidlich starb und er ihr nicht beistehen durfte. Vielleicht war sie sogar schon gestorben. Woher sollte er das wissen, denn selbst wenn Meta sein Schreibverbot gebrochen hätte, brauchten Briefe auch ins benachbarte Ausland Wochen. Seine Freunde suchten ihn zu trösten, ihm Beistand zu leisten, aber manchmal half nur noch das Betäuben mit Alkohol, zumindest bis er wieder nüchtern zu sich kam. Viel hätte nicht gefehlt, und diese Zeit des grausamen Wartens hätte ihn, den ehemaligen Soldaten vieler Schlachten, kaputtgemacht.

Als der Brief dann kam, war es wie eine Erlösung für Holten. Meta hatte ihn an seine alte Adresse geschickt, von wo aus man ihn an seinen neuen Wohnort weitergeleitet hatte, das hatte seine Ankunft noch einmal um einen Tag verzögert. Es war ein langer und ungeschminkter Brief, den Holten in seiner Fülle zuerst gar nicht erfassen konnte. Zuerst interessierte ihn allein die eine Nachricht, auf die er so bangend gewartet hatte. Meta schien das gewusst zu haben, sie spannte ihn nicht unnötig auf die Folter.

Lieber Holten, mein lieber Bruder, *schrieb sie,* Mama ist von uns gegangen. Am 1. August schon hat sie für immer die Augen geschlossen. Seitdem Du wieder gehen musstest, hat sie kaum noch das Bewusstsein wiedererlangt. Wir sind alle sehr traurig. Aber jetzt hat wenigstens ihre Qual ein Ende. Sie wurde nicht mehr froh, nachdem Du fortmusstest. Wir haben sie in Bornhöved auf dem Kirchhof begraben, unter ein paar jungen, kräftigen Kastanienbäumen. Die gnädige Frau Meyrink nahm ebenfalls an der Trauerfeier teil. Sie hatte uns auch vorher schon einen privaten Besuch abgestattet. Sie sagte uns, wie sehr sie Mama als Schneiderin und als Mensch geschätzt hat. Du wirst Dir vorstellen können, wie gerührt wir alle waren. Überhaupt war die Anteilnahme im Dorf riesig. Tagelang ging es bei uns zu wie im Taubenschlag, und die Kirche platzte aus allen Nähten. Buchstäblich jeder kam, um uns sein Beileid ob unseres Verlustes auszusprechen. Das hat gutgetan, aber jetzt ist es auch gut, dass langsam wieder Ruhe einkehrt. Das Leben geht ja weiter, die Kinder wollen erzogen und Haus, Hof und Vieh versorgt werden. Ach, Holten, ich wünschte, Du hättest dabei sein dürfen!

Die alte Meta hätte an dieser Stelle ihr Schreiben eben mit einem solchen Verweis auf die viele Arbeit, die ihrer harrte, beendet. Sie hätte ohne Worte akzeptiert, was das Leben von ihr forderte, und es lediglich mit ihrem eindeutigen Mienenspiel kommentiert. Aber sie war keine stille Dulderin mehr. Sie fraß nicht mehr alles, was sie als Unrecht empfand, in sich hinein, damit es ihr Organismus in Selbstmitleid, Weltekel und unterdrückte Enttäuschung verstoffwechselte. Sie war jetzt die Herrin im Haus, und das zeigte sie auch. Die nächsten Zeilen bewiesen, dass sie sich nicht einmal mehr vor dem Staat und seinen Geheimagenten fürchtete, vor deren Zugriff selbst die Post nicht sicher war.

Übrigens war auch Kornelius Faber mit seiner Tochter Brunhilde da. Sie hielten sich im Hintergrund und wurden von den meisten Anwesenden geschnitten. Trotzdem wird er sich wohl als Verwalter halten können, der Meyrink hält zu große Stücke auf ihn. Von Wilhelm natürlich keine Spur. Aber das war auch besser so, ich selbst hätte ihm noch an Mamas Grab die Augen ausgekratzt für seine Schandtaten. Seit den Vorfällen dieses Sommers hat er sich in Kaltsommer nicht mehr blicken lassen. Seit dem Schaden, den er angerichtet hat. Und der alte Faber hat seinen Sohn zwar nicht unbedingt in Schutz genommen, sich aber auch kein einziges Mal für ihn entschuldigt oder zumindest erklärt, dass er es falsch gefunden hätte, was dieses verzogene Balg angerichtet hat. Lieber Holten, es war richtig von Dir, zu gehen, denn bei dem, was folgte, wärst auch du gnadenlos unter die Räder gekommen.

Holten überkam ein Frösteln, als er das las. Seitdem er hinter Kaltsommers schützender Nebelwand hervorgetreten war, passierte ihm das öfter, plötzliche Attacken wie von Schüttelfrost, die seinen ganzen Körper durchrüttelten und in ihm das Bedürfnis nach einem heißen Grog oder Rum gleich pur aus der Flasche weckten. Ihm war, als hätte er einen Teil seiner Lebenswärme am Sterbebett seiner Mutter zurückgelassen, als wäre es eine Art Zollgroschen, ohne dessen Entrichtung er nicht hätte gehen dürfen. Am liebsten hätte er den Brief jetzt beiseitegelegt, ihn irgendwo unter anderen Papieren in einer Kiste begraben, die er kaum jemals öffnete. Er fasste sich ein Herz und las weiter.

Du warst kaum ein paar Stunden weg, da stand der alte Faber wütend vor unserer Tür, sein Nichtsnutz von Sohn in seinem Windschatten, stolzierend wie ein Gockel trotz seiner ramponierten Nase. Faber wusste wohl nicht wirklich, was er von uns wollte, denn einmal verlangte er sofortige Entschuldigung und Entschädigung für seinen Sohn, dann wieder drohte er mit der Polizei und schließlich Theodor mit seinem Rauswurf, wenn er Dich nicht sofort beibrächte. Da hättest Du meinen Theo aber mal sehen sollen! Er weiß genau, dass keiner in den Ställen der Herrschaft so gut mit den Hengsten umgehen kann wie er – und dass auch der alte Faber das weiß. Theo hat dem Verwalter einmal ganz genau erzählt, was sein geliebter Wilhelm und sein Freund, dieser Hermann Runge, getan haben, wofür sich sein Willi die blutige Nase geholt hat. Das stritt der Alte natürlich kategorisch ab, sein Sohn würde so etwas natürlich niemals machen. Ich sah aber in seinen Augen, dass er uns sehr wohl glaubte. Wie dem auch sei, die beiden zogen unverrichteter Dinge wieder ab. Gegen Mittag stand dann die Polizei bei uns auf der Matte. Faber hatte extra den Wachtmeister aus Bornhöved holen lassen, der vorgab, wegen einer Anzeige wegen eines nächtlichen Überfalls mit Körperverletzung zu ermitteln. Er verlangte, Dich sofort zu sprechen, und als ich erwiderte, Du seist nicht da, verschaffte er sich einfach so Zutritt zu meinem Haus, um nach Dir zu suchen. Nicht einmal vor Mamas Zimmer machte er Halt! Sie brauchte hinterher eine sehr hohe Dosis Morphin, solche starken Schmerzen hatte diese Hausdurchsuchung bei ihr ausgelöst. Nur Dich hat der gute Herr Wachtmeister natürlich nicht finden können. Weil Du aber ein paar Sachen in der Eile hier vergessen hast, habe ich mich hingestellt und behauptet, Du seist schon seit dem Vorabend auf ein paar Tage zu einem alten Freund nach Neumünster gegangen, wo Du doch schon mal von Kopenhagen hier zu Besuch wärst. Diese kleine Lüge hat mich mit einer diebischen Freude erfüllt, das kannst Du mir glauben. Auf jeden Fall hat sie uns ein wenig Luft verschafft, denn diese Angaben musste der gute Mann in seiner schicken Uniform ja erst mal überprüfen, auch wenn er mir offensichtlich kein Wort glaubte.

Für einen kurzen Moment lächelte Holten, allein dieses Lächeln erstarb schnell wieder auf seinen Lippen.

Ein paar Tage suchten sie Dich, und währenddessen bekam Wilhelm langsam wieder Oberwasser. Die Polizei im Dorf zu haben, machte viele hier mehr als nur nervös. Er stolzierte herum, schwang seine wilden Reden, in denen es immer nur um Ehre und Treue, Vaterland und die Stärke des Volkes ging. Als die Polizei Dich dann nicht fand und klar wurde, dass Du geflohen warst, änderte sich sein Tonfall jedoch rapide. Plötzlich sprach Wilhelm nur noch von Volkszersetzung, von Schädlingen, die aus dem Volkskörper entfernt gehörten, ja ausgemerzt, weil sonst das ganze Reich bald an dieser Krankheit zugrunde gehen würde. Da war dieser Runge übrigens schon nicht mehr an seiner Seite, der hatte sich bereits nach Kiel abgesetzt, weil er angeblich nicht in eine solch schmutzige Geschichte mit hineingezogen werden wollte. Der Bursche scheint mehr Grips zu haben als sein Freund und Kupferstecher Wilhelm. Er war kaum weg, als die Denunziationen begannen.

Holten schluckte trocken. Ein Schnaps gegen das Nervenflattern wäre jetzt gut gewesen.

Zuerst wurdest natürlich Du verleumdet, Holten. Von wem, war für niemanden schwer zu erraten. Weswegen auch nicht. Wieder stand plötzlich der Wachtmeister aus Bornhöved vor unserer Tür, Jungjohann heißt der, glaube ich. Er hatte eine Vorladung für dich aufgrund dieses neuen Paragraphen bei sich, wegen dem sie schon den alten Gustav Petersen gefangengenommen haben. Damit wedelte der Kerl vor meinem Gesicht herum. Aber da Du ja noch immer nicht wieder bei uns aufgetaucht warst – und er überzeugte sich noch einmal persönlich im ganzen Haus davon –, musste er unverrichteter Dinge wieder abziehen. Er schien mir enttäuscht darüber zu sein, so als hätte er sich besonders gefreut, einen 175er, wie er das nannte, mitnehmen zu dürfen. Dieser Jungjohann beehrte uns an jedem der folgenden drei Tage erneut, um zu sehen, ob Du nicht doch heimlich wieder zurückgekehrt wärst. Er war sich ziemlich sicher, dass jemand wie Du seine sterbende Mutter nicht im Stich lassen könnte. Was er im Einzelnen sagte, erspare ich Dir lieber, Holten. Es war ekelhaft. Das änderte jedoch nichts an der Tatsache, dass er seine Vorladung nicht vollstrecken konnte, und das machte wohl nicht nur ihn wütend.

Entweder er selbst oder jemand anderes sah dann offensichtlich ein, dass Du nicht mehr greifbar warst. Man fahndet noch immer nach Dir, Holten, also darfst Du in naher Zukunft zumindest nicht nach Hause zurückkehren. Damit allerdings gab man sich an höherer Stelle nicht zufrieden. Im Dorf ist man sich einig darüber, dass Wilhelm Faber, unterstützt von seinem Vater, danach an denjenigen sein Mütchen kühlen musste, die verfügbar waren.

Sofort gingen Holten ein paar Namen durch den Kopf. Er zerkaute sich im stillen Gebet die Unterlippe, keiner davon möge in den folgenden Zeilen genannt werden.

Ferdinand Möller traf es als Ersten. Erinnerst Du Dich noch an ihn? Er war neben Minna Schultheiß und Karl Hader einer von denjenigen, die versucht haben, Dich und uns nach dem ersten Farbanschlag von Gegenmaßnahmen abzuhalten. Ich weiß nicht, warum er zuerst drankam, vielleicht war sein Name dem Gutsverwalter nur am geläufigsten, schließlich arbeitet Ferdinand ebenfalls für den gnädigen Herrn Meyrink. Er wurde abgeführt wegen Verstoßes gegen den Paragraphen 175 – wegen wiederholter Verstöße sogar. Was genau sie ihm vorwarfen, weiß ich nicht und weiß auch sonst keiner. Zuletzt lebte Ferdinand alleine, aber wohl sehr zufrieden bei uns unter der Wolke. Sie hielten ihn auch nicht lange fest und entließen ihn schnell wieder, allerdings schwebte wohl die Drohung eines Strafverfahrens über ihm. Er kam nur noch einmal kurz nach Kaltsommer zurück, um seine Sachen zu packen und zu verschwinden. Niemand weiß, wohin, er hat keinem was gesagt. Es fragt auch niemand nach, nicht, dass man damit noch unfreiwilligerweise zum Erfüllungsgehilfen der Behörden wird!

Kaum war er weg, holte Jungjohann sich Ole Kistenmacher und Ingwer Iversen. Ob Du Dich noch an die beiden erinnern kannst, weiß ich nicht, sie waren noch recht jung, als Du in den Krieg ziehen musstest. Es sind zwei ganz sympathische Burschen, grundgütige junge Männer, die man seit ihrer frühesten Kindheit immer nur zusammen gesehen hat. Beide sitzen jetzt im Gefängnis in Neumünster. Mit ihnen wurde kurzer Prozess gemacht, vielleicht um eine ähnliche Peinlichkeit wie bei dem geflohenen Ferdinand Möller von vornherein auszuschließen. Beide sind zur Maximalstrafe von einem Jahr verurteilt worden. Es ist eine Katastrophe, ihre Familien sind verzweifelt. Und wir anderen alle auch. Was da geschieht, ist ein Unrecht! Sie haben niemandem etwas getan, aber sie werden behandelt wie Verbrecher. Und warum? Weil es anonyme Hinweise aus der Bevölkerung gegeben haben soll, dass die beiden Unzucht miteinander treiben würden – so jedenfalls hat sich Wachtmeister Jungjohann ausgedrückt. Als wüssten wir nicht, von wem diese Hinweise stammten. Es ist schrecklich, aber nicht einmal der gnädige Herr Meyrink wollte zugunsten der beiden Jungs eingreifen. Das Dorf hat eine Abordnung gebildet und zu ihm geschickt, auch die Väter der beiden gehörten ihr an, aber Meyrink wollte sie gar nicht erst empfangen.

Das wundert mich gar nicht, dachte Holten ohne jede Genugtuung.

Wilhelm und Kornelius Faber sahen darin natürlich einen Freifahrtschein, jetzt erst recht diejenigen Personen aus dem Weg zu räumen, die ihnen schon immer ein Dorn im Auge gewesen waren. Als Nächstes verleumdeten sie Stellmacher Sönnichsen und Deinen alten Freund Karl Hinnerk Hader. Ja, Holten, Du hast richtig gehört: Karl, dessen Frau gerade ein Kind von ihm erwartet. Auch ihn haben sie mitgenommen und über Nacht eingesperrt. Natürlich ist Karl nur ins Visier geraten, weil er mit Dir befreundet war. Er muss auch immer noch Gefängnis und Entlassung fürchten, wenn auch nicht wegen Vergehen nach Paragraph 175, das trauen sie sich dann scheinbar doch nicht. Sie unterstellen ihm jetzt verbotene politische Agitation für diese Sozialisten. Der alte Faber selbst hatte sich den Behörden als eine Art Kronzeuge angeboten, weil er, so behauptet er jedenfalls, persönlich entsprechende Reden aus Karls Mund gehört haben will. Nicht dass er Beweise dafür hätte, aber Karl kann ihm auch nicht das Gegenteil beweisen. Es steht Aussage gegen Aussage, und es dürfte nicht schwer sein einzuschätzen, wessen Wort mehr Gewicht haben wird.

Der Einzige, der Karl jetzt noch retten kann, ist der gnädige Herr selbst. Der hat, nicht zuletzt durch die Empörung seiner Frau, endlich den Mut gefunden, sich in die Ermittlungen einzuschalten. Außerdem wollte er seinen hervorragenden Stellmacher nicht verlieren. Der hohe Herr liebt seine Ausfahrten in der Kutsche einfach zu sehr, als dass er auf den Mann verzichten könnte, der ihm Fahrzeuge baut, die so sanft über den Boden gleiten, dass er nicht mit blauen Flecken am Hintern heimkommt. Sein Gärtner Karl ist ihm nicht so wichtig, das merkt man, zum Glück aber der Frau Meyrink. Dennoch ist es fraglich, ob beide glimpflich davonkommen. Während der Sönnichsen wieder auf freiem Fuß ist und seiner Arbeit nachgeht, ist Karls Existenz nach wie vor unsicher. Karl denkt darüber nach, mit seiner kleinen Familie das Dorf zu verlassen. Er wirkt zutiefst ernüchtert und enttäuscht. Zumal die Fabers nicht den Hauch von Schuldbewusstsein an den Tag legen. Müssen sie wohl auch nicht, der Meyrink macht keinerlei Anstalten, seinen Verwalter zu entlassen, obwohl der für den Verlust von ein paar Arbeitern gesorgt hat und für einen handfesten Skandal jenseits unseres Nebels. Dort draußen zerreißt man sich das Maul über uns und nennt uns durch die Bank weg Sodomiten und Perverse und freut sich darüber, dass wir alle zur Hölle fahren werden. Der Meyrink hat lediglich dafür gesorgt, dass nicht noch mehr Männer denunziert und abgeholt werden, aber schämen tun sich Kornelius und Wilhelm nicht im Geringsten. Es gibt inzwischen auch ein paar andere hier, die anfangen, ihren verheerenden Ideen anzuhängen.

Mein lieber Holten, ich wünschte, ich hätte schönere Dinge, über die ich schreiben könnte.

Das wünschte der sich noch wesentlich sehnlicher als seine Schwester. Das Gefühl, schuld an diesem ganzen Unglück zu sein, nagte an ihm wie eine Ratte an einem in seinem Verlies vergessenen Gefangenen. Wenn er nicht nach Kaltsommer zurückgekehrt wäre, egal wie ehrenhaft die Gründe dafür auch gewesen sein mochten, dann wäre all das vielleicht niemals passiert. Er war nicht gefragt worden, ob er für die Dänen gegen Deutschland in den Krieg hatte ziehen wollen, es war ihm schlicht befohlen worden, und Verweigerung oder Desertion hätten schwere Strafen nach sich gezogen. Aber mit solchen Feinheiten hielt sich ein Wilhelm Faber offensichtlich nicht auf. Und wenn es nicht das gewesen wäre, dann das andere. Wilhelms Opferwahl bewies es eindeutig, nichts und niemand hätte ihn aufgehalten. Wenn er nicht noch einmal seine sterbende Mutter hätte sehen wollen, wäre der Kerl vielleicht niemals auf seine grausame Idee gekommen.

Schweren Herzens las Holten den Rest des Briefes.

Ich habe dieses Dorf immer geliebt und kann Dir gar nicht sagen, lieber Bruder, wie glücklich und erleichtert ich darüber war, einen Mann gefunden zu haben, der sich hier ebenfalls wohl fühlt. Theodor macht auf mich immer den Eindruck, als wäre er durch seine Ehe mit mir nur in sein eigentliches Zuhause heimgekehrt. Nicht einmal seine immer etwas frech und pampig zugleich anmutende brandenburgische Ausdrucksweise wirkt bei uns fehl am Platze, aber Kaltsommer hat ja immer schon vom Zuzug fremder Leute gelebt. Dieses Dorf stand Fremden immer offen. Und jetzt bietet es nicht einmal mehr den Eingeborenen einen sicheren Hafen. Neben Karl denken noch andere darüber nach, wegzugehen, Männer und Frauen, die triftigeren Grund dazu hätten als er. Ich kann mir zwar nicht vorstellen, wo sie hingehen wollen, wenn sie sich nicht einmal mehr bei uns sicher fühlen, aber die Welt ist groß, und irgendwo findet sich vielleicht ein versteckter Winkel für sie. Ich kann es ihnen nur wünschen. Unter diesen Umständen bin ich einfach nur froh, dass Du in Kopenhagen vor dieser Art der Nachstellung relativ sicher bist, und ich bete jeden Tag dafür, dass das so bleibt. Was mich hingegen mit tiefster Trauer erfüllt, ist das beklemmende Gefühl, dass Du, wenn die Umstände so bleiben, kaum jemals mehr zu uns zurückkehren können wirst. Niemals wirst Du Mamas Grab besuchen können, Du wirst deinen Neffen und deine Nichte nicht aufwachsen sehen, Du wirst das größte Heimweh aushalten müssen, sollte es Dich jemals heimsuchen. Wie konnte es nur so weit kommen? All die Siege auf dem Schlachtfeld scheinen am Ende nichts Gutes bewirkt, die Gründung unseres neuen deutschen Kaiserreichs nur das Schlechteste in uns Menschen zum Vorschein gebracht zu haben. So vieles hat sich verändert, aber nicht unbedingt zum Besseren.

Vielleicht hat es darum auch etwas Gutes, wenn Dir der Rückweg nach Kaltsommer versperrt bleibt. So bleibt es Dir wenigstens erspart, seinen Verfall mitanzusehen. Ich weiß doch, wie sehr Du an Deiner Heimat hängst, mindestens ebenso sehr wie ich selbst. Es schmerzt mich so ungemein, miterleben zu müssen, wie seine alten Strukturen, die auf gegenseitigem Respekt und einem bedingungslosen Miteinander gegründet sind, plötzlich von innen heraus zersetzt werden. Dieses Gesetz, dieser schändliche Paragraph 175, er hätte uns doch nichts anhaben können, wenn nicht ausgerechnet Wilhelm Faber, immerhin einer von uns, ein waschechtes Kind Kaltsommers, ihn zu uns hinter den Nebel und unter die Wolke getragen hätte. Es musste erst einer wie dieser verwöhnte dumme Junge kommen, damit er seine verheerende Wirkung – wie eine Seuche! – entfalten konnte. Nicht dass man es dem Dorf ansehen würde, es scheint mehr denn je zu prosperieren mit all den Renovierungen und Neubauten und dieser Lindenallee, die von Tag zu Tag höher in den Himmel hinein sprießt. Keine zwanzig Jahre sind diese Bäume alt und doch schon so stattlich, so beeindruckend. Aber das ist alles nur Schein, nur Lüge, denn hinter den Mauern machen sich Moder und Schimmel breit und aus den Kammern strömt fauliger Gestank. Herrgott, jetzt klinge sogar ich schon wie eine vor lauter Sentimentalität ranzig gewordene Heimatdichterin! Da siehst Du, Holten, wie weit es mit uns in Kaltsommer schon gekommen ist.

Nicht einmal das vermag mich mehr aufzuheitern. Es ist auch schon spät, selbst Theo ist schon vor einer geraumen Weile schlafen gegangen. Und bevor ich einen mitternächtlichen Weinkrampf erleide und meine Tränen die mühsam aufs Papier gebrachte Tinte wieder verlaufen lässt, komme ich lieber zum Schluss. Ich werde Dir jedoch wieder schreiben, Holten, das verspreche ich. Ich werde Dich auf dem Laufenden über unser, über Dein Dorf halten. Und vielleicht – vielleicht – sehen wir uns eines Tages ja wieder. Holten, mein lieber Bruder, das wünsche ich mir so sehr. Wie nichts auf der Welt.

Wir in Kaltsommer werden Dich immer liebhaben.

Alles Liebe und Gute, Deine Meta.

Holten küsste den Namen seiner Schwester, dann faltete er den Brief zusammen und hielt ihn mit beiden Händen fest an seine Brust gedrückt. Der Atem ging ihm schwer und schmerzhaft. Nur Tränen wollten keine fließen, und nicht nur, weil auch er sich dann wie eine ranzige Heimatdichterin vorgekommen wäre. Er fühlte sich innerlich leer, ausgetrocknet wie ein verlorengegangenes Ei. Er bestand nur mehr aus einer hauchdünnen Schale ohne jedes Eigengewicht, die selbst der leiseste Windstoß davontragen und an der nächsten Mauer zerschellen lassen konnte. Am erschreckendsten war jedoch, dass in dieser Vorstellung tatsächlich ein Quäntchen Trost für ihn lag. Er hatte seine Familie verloren, er hatte seine Heimat verloren. Nicht einmal kämpfen hatte er für sie dürfen, sondern schon damals auf der falschen Seite gestanden. Obwohl … Wenn seine Seite damals gewonnen hätte, wäre so manches andere Unglück in der Folge vielleicht niemals geschehen. Wenn die Dänen und er mit ihnen damals den Sieg davongetragen hätten, wäre Kopenhagen jetzt nicht sein Exil, sondern eine echte neue Heimat, aus freien Stücken gewählt und jederzeit und ohne jeden Groll in Richtung Kaltsommer wieder zu verlassen. Seine Freunde hier müssten dann nichts mehr sein als seine Freunde, jetzt stattdessen brauchte er sie regelrecht als Ersatzfamilie. Aber selbst sein Sven war nun lange schon Tod und hatte auf seinem letzten Gang viel von ihnen beiden mitgenommen.

Vermutlich wäre Holten immer tiefer und gefährlicher in diesen Grübeleien versunken, so haltlos entwurzelt, wie er sich in jenem Moment vorkam.

Doch war er bei seiner Rückkehr nicht nur bei Freunden untergekommen, die ihn bei sich wohnen ließen, weil er bei seinem Aufbruch noch davon ausgegangen war, kaum jemals wieder nach Dänemark zurückzukehren, und deshalb seine alte Bleibe gekündigt hatte. Es waren Freunde, die ihn bei sich aufnahmen, weil sie auf den ersten Blick sahen, wie instabil und hilfsbedürftig dieser Mann aus dem gar nicht allzu fernen Holstein war. Sie sorgten sich um ihn und kümmerten sich um ihn, und deshalb sahen sie auch nach ihm, nachdem sie begriffen hatten, aus wessen Feder der Brief stammte. Sie öffneten die Tür – ihr Klopfen hatte Holten überhört – und betraten sein Zimmer, ohne erst hereingebeten werden zu müssen. Sie gingen zu ihm, ließen sich links und rechts von seinem Stuhl nieder, sahen ihm in die Augen und schenkten ihm ein mitfühlendes Lächeln. Sie warteten geduldig, bis er sie wahrnahm und die ersten, noch lautlosen Tränen über seine Wangen kullerten, und dann fingen sie ihn auf, als er fiel.

Zweiunddreissigstes Kapitel

Der Nebel war eine Wohltat. Seine frische Kühle legte sich auf seine Haut, setzte sich in seine Haare und benetzte seine Kleidung, hüllte ihn von Kopf bis Fuß ein wie ein Tuch: ein feuchter Wickel gegen den Fieberwahn. Und es war so still hier drin. Niemand schrie, weil er die Einsperrung nicht mehr ertrug oder die ihn verfolgenden Schrecken, die sowieso zumeist nur eingebildet waren, eine Gaukelei des eigenen Verstandes. Nirgendwo brüllte ein Fernseher, piepste ein Alarm. Von der tiefschürfenden Unruhe, die wie ein gieriger Goldsucher den gesamten Platz dort heimgesucht hatte, fehlte hier jede Spur. Nicht einmal Vögel waren zu hören oder das Säuseln einer leichten Brise im Blattwerk der Bäume. Ab und an tastete sich lediglich ein Auto die im dichten Weiß verschwimmende Autobahn entlang, deutlich war das Abbremsen bei Eintritt und das Beschleunigen bei Austritt aus der Gefahrenzone an der Brücke zwischen Baschenberg und Schützenheim zu erkennen. Wie Medizin war dieser Nebel, mit Balsam getränkte Watte, die sich auf seine wunden Nerven legte. Allein das noch einmal zu empfinden, war die beste Belohnung für seine Flucht, rechtfertigte sie geradezu. Diesem Nebel gelang durch simples Eintauchen das, was all ihre Medikamente nicht vermocht hatten: Frieden und Klarheit in seinen Kopf zu bekommen.

Es war so einfach gewesen, aus der Klinik auszubrechen. Wenn man wie Ralph nur über etwas technischen Sachverstand verfügte und handwerklich begabt war, hatte man leichtes Spiel mit der Türverriegelung, die dafür sorgen sollte, dass die eher gefährdeten als gefährlichen Patienten nicht ungesehen verschwanden. Den Rest besorgten der Personalmangel und ein Notfall, der wie ein Geschenk des Himmels im genau richtigen Moment gekommen war. Aber Ralph wäre auch ohne die Krise in Zimmer 243 heute Nacht aus der geschlossenen psychiatrischen Abteilung des Universitätsklinikums Kiel geflohen. Vor Wochen schon hatte er den Entschluss gefasst und sich seither darangemacht, die örtlichen wie technischen Gegebenheiten auszuspionieren. Allein das hatte ihn schon mit mehr Ruhe und Zuversicht erfüllt und seine Stimmung aufgehellt. Das hatten auch die Ärzte registriert. Plötzlich sprachen sie ihm gegenüber von ersten Anzeichen einer echten Verbesserung seines Gemütszustands. Womit sie recht hatten, und so hatte er ihnen lächelnd zustimmen können. Ein wenig tat es ihm leid, besonders um die herzensgute junge Dr. Nieswandt, dass er das Personal nun so düpierte, aber es ging einfach nicht mehr anders. Er konnte nicht mehr, er musste raus aus der Klinik. Er wollte zurück nach Kaltsommer, zurück nach Hause. Alles in ihm zog ihn dorthin, dort, wo er mehr war als bloß eine weitere gescheiterte und an ihrem Scheitern erkrankte Existenz. Dort hatte er einen Job gehabt und die Freiwillige Feuerwehr angeführt und war er für eine ganz kurze, tragische Zeit sogar ein Held gewesen. Wenn er jemals wieder gesund werden wollte, musste er endlich zurück unter die heimische Wolke.

Wo sie seine persönlichen Sachen aufbewahrten, hatte er zuerst ausgekundschaftet, danach sich um die Schließanlage an den Sicherheitstüren gekümmert. Von außen war die tatsächlich schwer zu knacken, von innen dagegen – scheinbar hielt die Klinikleitung die eigenen Patienten für viel zu verpeilt, um sich konstruktiv mit einem strombetriebenen Schließmechanismus zu beschäftigen – ein Klacks. Auf den ersten Blick hatte Ralph gewusst, welche Schaltkreise er unterbrechen musste, um Magnetbolzen, Alarmanlage und sogar die Kamera über dem Eingang außer Gefecht zu setzen. Für die nötige Ruhe beim Arbeiten sorgte dann dankenswerter- und unbekannterweise Zimmer 243. In letzter Zeit hatte er ihnen nachts kaum noch Probleme bereitet und immer ruhiger durchgeschlafen, mit etwas Glück also hatten sie noch nicht einmal bemerkt, dass er ihnen ausgebüxt war. Der Ansatz eines Lächelns stahl sich in Ralphs Mund- und Augenwinkel.

Er hatte sich Jeans, T-Shirt, Schuhe und Jacke angezogen, sich sein Portemonnaie eingesteckt, es enthielt nur wenig Bargeld, aber auch noch seine EC-Karte, und das Basecap von Pfleger Mischa geklaut, mit dem der außerhalb seiner Dienstzeit herumlief. Auch darum tat es Ralph etwas leid, aber er glaubte nicht, dass Mischa ihm deswegen lange böse sein würde. Mischa war einer von den ganz Netten, einer, der wusste, was Kaltsommer für ein Ort war, und der öfter mit ihm über das Wolkenheim geplaudert hatte. Die Kappe trug Ralph noch immer, obwohl es jetzt keinen Grund mehr gab, das Gesicht vor zu genauen Blicken von Mitmenschen und Überwachungskameras zu schützen. Sie zeigte das Logo der New York Yankees, wies bereits einige Gebrauchsspuren auf und saß ungemein gemütlich auf seinen kurzgeschorenen Haaren. Lediglich den Schirm hatte Ralph wieder etwas weiter nach oben geschoben, um bessere, breitere Sicht auf seine Umgebung zu haben.

Die war ihm wie nichts anderes vertraut. Nicht dass er sich nicht auch in Kiel ausgekannt hätte – wie oft er da zum Feiern gewesen war! Die Läden in der Bergstraße kannte er wie seine Westentasche. Aber die waren nicht sein Zuhause, nur einer der Plätze, an denen er sein sauerverdientes Geld allzu leichtfertig wieder auf den Kopf gehauen hatte. Immerhin wusste er dadurch, auf welchem Weg er auch ohne Auto am schnellsten aus dem nachtschlafenden Kiel zurück in die holsteinische Pampa kam. Dank EC-Karte und Dispo-Kredit verfügte er schnell über die nötigen Mittel, um sich zuerst eine Fahrkarte für den Zug nach Neumünster und danach für den Bus nach Kaltsommer zu besorgen. Allerdings nahm er die Linie nach Plön, auf der die blauen Fahrzeuge der VKP verkehrten, nicht die nach Trappenkamp, weshalb er unten am Hügel an der Haltestelle Ruhwinkel ankam anstatt mitten im Dorf vor dem Torhaus. So wunderschön sich der Nebel auf seiner Haut jetzt auch anfühlte, mit dem Bus durch ihn hindurchzufahren wäre ihm unmöglich gewesen. Für Busse war der Nebel nicht sicher, für Businsassen eine tödliche Falle. Allein der Gedanke daran ließ ihn in kalten Schweiß ausbrechen.

Ralph trat aus dem Nebel heraus und unter die Wolke.

Unter der sah das Morgenlicht noch milchiger aus als ohnehin schon, trüb beinahe. Wärmer war die Luft ebenfalls, aber nicht feuchter. Beides war ungewöhnlich, obwohl Kaltsommer wie ein Topf war, auf dem der Deckel fest aufsitzt. Hohe Luftfeuchtigkeit hätte Ralph erwartet, nicht aber so hohe Temperaturen, schließlich trug dieses Dorf seinen Namen nicht von ungefähr. Hinzu kam eine seltsam tiefe Stille, die nicht allein auf die frühe Stunde zurückzuführen sein konnte. Alles, was er hörte, war das entfernte Schnattern von Gänsen, und das jagte ihm sofort einen kalten Schauer über den Rücken. Waren die widerlichen Viecher also noch immer nicht verschwunden! Ansonsten war kein anderes Tier zu hören, weder Vogel noch Kuh oder Hund, nicht einmal ein Auto oder Trecker. Kaltsommer wirkte beinahe wie ausgestorben. Als hätten die Bewohner das Dorf aufgegeben, während er in der Klinik war. An den Ferien allein jedenfalls konnte diese Abwesenheit von Lebendigkeit nicht liegen, auch wenn die gerade ihren Höhepunkt erreicht hatten und viele Kaltsommeraner auswärts in der Sonne weilten. Das Dorf schien tot und verlassen, und nach allem, was seit dem Unglück im April passiert war, wunderte Ralph das nicht.

Er ging trotzdem weiter, weil er wusste, dass das Blödsinn war. Seine Mutter war so gut wie jeden Tag in den letzten Wochen den umständlichen Weg von Kaltsommer nach Kiel gefahren, um ihn im Krankenhaus zu besuchen. Sie hatte ihn auch mit den neuesten Informationen versorgt, etwa dass die kleine Justine Heise ebenfalls an den Folgen des Unfalls gestorben war. Vielleicht hatte ihn diese Nachricht nur deshalb nicht zurück in den Wahnsinn befördert, weil seine Medikamente ziemlich gut eingestellt und der Entzug vom Alkohol bereits abgeschlossen war. Er hatte nur ein paar Nächte lang verstärkt Albträume bekommen, nicht jedoch dieses selbstzerfleischende Bedürfnis, sich etwas anzutun. Er glaubte der lieben Dr. Nieswandt ja, dass ihr Sterben nicht auf ein Versagen seinerseits zurückzuführen war – meistens jedenfalls. Deswegen hatte seine Mutter es ihm wohl überhaupt nur erzählen dürfen, und deswegen hätte sie ihm auch erzählt, wenn in der Zwischenzeit ein Exodus aus Kaltsommer eingesetzt hätte. Als er aber jetzt so vom Rand des Dorfes auf die Ansammlung von Häusern schaute, wollte ihn plötzlich die Gewissheit überkommen, dass genau das Beste gewesen wäre, was die Leute hier hätten tun sollen: weggehen, solange sie noch konnten. Wenn dieses Jahr bisher eins gezeigt hatte, dann doch wohl, dass ein Fluch über Kaltsommer hing wie eine Schlinge, die sich jetzt langsam, aber unerbittlich zuzog.

Ralph wäre am liebsten selbst gleich wieder geflohen, stattdessen pirschte er sich ins Dorf hinein.

In manchen Häusern brannte immerhin schon Licht. Bei Familie Harms etwa, wo Bewegung hinter den Gardinen erkennbar war und das Muhen der Kühe am mobilen Melkstand auf der Koppel direkt hinter den Gebäuden erschallte. Sein alter Kollege Olaf war der Einzige, der so ein Ding noch benutzte, obwohl seine Handvoll Kühe es nun wahrlich nicht weit bis in den Stall gehabt hätte. Aber so war Olaf eben, immer etwas komplizierter als nötig handelnd. Ralph sah zu, dass er am Harmshof ungesehen vorbeikam. Fast erwartete er, dabei Rüdiger in die Arme zu laufen, auch wenn das, nach allem, was seine Mutter ihm erzählt hatte, kaum mehr möglich war. Mit Vater Harms ging es rapide bergab – noch so ein schlechtes Zeichen.

Ein Stück weiter die Hauptstraße runter erhob sich das komplett zu Wohnungen und Pferdeställen umgebaute Gehöft Frank Niemanns. Der alte Schwätzer und Gierlappen! Wenn man nicht aufpasste, kaufte der früher oder später noch das ganze Dorf auf, und dann würde er die Leute hier erbarmungslos schröpfen. Noch hielt er sich zurück, beklagte sich kaum einer seiner Mieter über ihn, außer vielleicht darüber, dass er ihnen gerne mal eine Blase ans Ohr laberte. Um diese Uhrzeit lag Kaltsommers aktueller Großgrundbesitzer natürlich noch im Bett, sich genussvoll den feuchten Träumen von seiner zukünftigen Allmacht hingebend. Ein Dorf kann auf viele Arten untergehen, kam es Ralph in den Sinn und ließ ihn weitereilen.

Zum Laden von Franks Tochter Petra und ihrer Frau Dunja etwa. Die beiden waren so liebenswert und immer hilfsbereit, man konnte kaum glauben, dass Petra auch nur entfernt mit dem kleinen Immobilienkönig verwandt sein sollte. Mit ihrer Mutter schon eher, Beate sollte einmal eine recht ansehnliche und durchaus schlagfertige Frau gewesen sein. Früher, bevor sie Frank Niemann in die Hände gefallen war. Für ihn schien Beate niemals mehr gewesen zu sein als eine weitere Wohnung, die gewinnbringend genutzt und verwaltet werden musste. Kein Wunder, dass sie ihre eigene Wohnung kaum jemals mehr verließ, als wäre sie selbst zu einer Immobilie geworden.

Ein paar Schritte weiter befand sich die Baustelle, wo früher einmal der »Krug« gewesen war. Ralph hätte erwartet, dass die Außenarbeiten längst abgeschlossen wären und man schon beim Innenausbau angelangt wäre. So sah es jedoch nicht aus, überall stand noch schweres Baugerät herum. Er hatte selbst eine Zeitlang auf dem Bau gearbeitet, bevor er bei der Besamung anfing, und hätte jetzt, ausgehend von diesen Erfahrungen, glatt behaupten wollen, dass früher schneller gebaut wurde. Aber vielleicht war es auch besser so, dass dieses Doppelhaus nicht fertig wurde: Es bedeutete Gefahr, unter der Wolke zu wohnen. Das spürte er inzwischen in jedem Einzelnen seiner Knochen.

Obwohl er nicht zu sagen gewusst hätte, wohin es ihn eigentlich trieb, machte Ralph einen kleinen Abstecher zur Rinderbesamung. Zwölf Jahre lang hatte er hier gearbeitet. Es war ein guter Job gewesen, die Arbeit mit den Bullen genau die Richtige für ihn. Dass sein Lohn kaum für den Monat reichte, er deshalb ständig auf Pump lebte und bei vielen Leuten in der Kreide stand, hatte nicht an schlechter Bezahlung gelegen, sondern an seiner anhaltenden Unfähigkeit, seine Ausgaben im Griff zu behalten. Seine Kollegen hatten ihn trotzdem gemocht und respektiert. Hier hätte er bis zur Rente bleiben und sich um ihre so liebenswerten wie unberechenbaren Muskelpakete wie Igor VI. oder den schwulen Muhdolf, Olafs Augenstern, kümmern können. Aber selbst im Bullenstall herrschte noch tiefste, ja ungewöhnliche Ruhe, als hätten sie alle Tiere längst an bessere Orte verbracht.

Ralph hastete weiter in die Lindenallee. Unter dem Schutz der majestätisch über dem Erdboden schwebenden Baumkronen fühlte er sich besser. Zwar fielen ihm sofort auch die Lücken auf, die dieser tückische Brandkrustenpilz in ihren Bestand gefressen hatte, trotzdem strahlten sie noch immer eine gewisse Unantastbarkeit aus, als existierten sie schlicht außerhalb der Zeit. Hier waren auch endlich ein paar Vögel zu hören, das Gurren von Tauben, Gezeter von Spatzen und Hahnenkrähen, außerdem huschte ein Eichhörnchen über die Straße und den nächsten Stamm hinauf. Er folgte dem rostroten Baumbewohner auf die andere Seite auf den Bürgersteig, denn die Herren des Verwalterhauses waren ebenfalls bereits aufgestanden, vermutlich um zur Arbeit zu fahren. Ihr Ziehsohn Leon schlief bestimmt noch in seinem Bett, nach der Rückkehr seiner Eltern aus dem Urlaub war er noch immer nicht wieder vollständig in deren Haus zurückgekehrt. Ralphs Mutter hatte ihm erzählt, dass Anna und Robert Kaufmann alles, was im Leben ihres Sohnes passierte, mehr oder weniger nur noch hinnahmen und keine eigene Haltung mehr dazu entwickelten. Sie benahmen sich wie zwei Trommeln, auf die das Schicksal immer weiter einschlägt, obwohl ihr Fell längst gerissen ist und kein Ton mehr herauskommt. Manfred und Martin dagegen schienen voll und ganz in ihrer neuen Erziehungstätigkeit aufzugehen. Auf jeden Fall hatte Martin, als der ihn einmal auf der Geschlossenen besuchen kam, mit leuchtenden Augen von Leon und ihrem neuen Leben zu dritt berichtet.

Leon … Noch so einer, den er aus dem Wrack gezogen hatte. Einer der Glücklichen, der es ohne größere Schäden überstanden hatte.

An den Bäumen entlang, parallel zum Bürgersteig, verlief ein kleiner Erdwall, kein Knick, einfach nur eine Aufschüttung. Die gab es schon, solange Ralph denken konnte. Kinder, er selbst und solche vor ihm, hatten in die Kuppe einen Trampelpfad getreten. In einem gewissen Alter liefen alle Kinder Kaltsommers lieber da oben in luftiger Höhe als unten auf dem langweiligen Bürgersteig. Ralph sprang instinktiv hoch und ging ein paar Schritte über den schmalen, von recht trocken aussehendem Gras gesäumten Pfad. Bis ihm bewusst wurde, dass das Grundstück linker Hand Momme Iversen gehörte.

Er blieb wie angefroren stehen. Ihn fror auch wirklich, die Kälte kroch von der Haut in Fleisch und Knochen bis ins Mark – und traf dort auf blinden Zorn. Iversen! Wenn einer bei dem Unfall hätte draufgehen sollen, dann doch wohl dieser Mistkerl. Dieses Großmaul, das noch damit angibt, angeschnallt gewesen zu sein und deshalb überlebt zu haben. Sicherlich hatte ihn der Gurt davor bewahrt, durch die Luft geschleudert zu werden und sich schwerere Verletzungen zuzuziehen. Aber wie er da so jammernd und heulend, vom Riemen gehalten und von den deformierten Sitzreihen eingeklemmt, auf seine Retter gewartet hatte, war ein erbärmlicher Anblick gewesen. Zumal der Kerl sich dann auch noch darüber beschwerte, dass sie als Helfer sich zuerst um die beiden Mädchen, den Bus- und den Transporterfahrer kümmerten. Als sie endlich bis zu ihm vorgedrungen waren, hatte er nicht mehr nur gejammert und geheult, sondern auch noch geschimpft. Sie beschimpft und ihnen mit einer Klage wegen unterlassener Hilfeleistung gedroht. Als würde es nur ihn auf der Welt geben, als hätten sie es nicht auch noch mit Toten und echten Schwerverletzten zu tun gehabt. Und leider war dieses Verhalten Iversens nicht einfach auf den Schock zurückzuführen, der war immer so … ein mieses Arschloch.

Wie gern hätte Ralph ihm damals schon die Fresse poliert. Beinahe wäre ihm das ja später noch im Dorfladen gelungen, wenn man ihn nicht mit vereinten Kräften zurückgehalten hätte. Seine Wut auf diesen Kerl hatte das nicht gemildert. Es wäre besser gewesen, wenn er ein paar platzierte Faustschläge in Iversens selbstgefälliger Visage hätte landen dürfen. In der Klinik war er allein deshalb manchmal gewalttätig geworden, weil ihn plötzlich die Bilder überwältigten, weil er der

Erinnerungen und seiner Gefühle nicht mehr Herr wurde. Und wenn er sich in solchen Momenten nicht auf andere stürzte, tat er sich selbst Gewalt an. Dr. Nieswandt hatte ihm erklärt, dass selbst sein Griff zur Flasche letztendlich nichts anderes war als der Versuch, sich selbst wehzutun, sich für das eigene, als Versagen empfundene Tun zu bestrafen. Er hatte Wochen gebraucht, um ihr das zu glauben.

Seinem Wunsch, dem Ekel Iversen doch noch eine Abreibung zu verpassen, hatte diese Einsicht derweil keinen Abbruch getan, wie er jetzt, als er auf dessen wie verlassen daliegendes Haus starrte, mit Ingrimm bemerkte. Es juckte Ralph in den Händen. Wer sollte ihn denn daran hindern, den alten Momme aus der Kiste zu klingeln und ihm, sobald der, vermutlich schimpfend und zeternd wie ein altes Fischweib, die Tür aufmachte, die Nase zu zertrümmern? Die Nase und noch mehr, viel mehr ... Dr. Martin Egmont verhinderte es, ohne sich dessen freilich bewusst zu sein. Da er nie in den Ferien Urlaub nahm, fuhr er wie jeden Morgen, wenn er die Tagesschicht hatte, um diese Zeit zur Arbeit. Das Motorengeräusch seines Autos brachte Ralph insofern zur Besinnung, dass er reflexartig hinter der straßenabgewandten Seite des nächsten Lindenstamms Deckung suchte. Während er darauf wartete, dass Martin vorbeifuhr – seit zumindest eine provisorische Ampelanlage errichtet war, nahm er wieder den kurzen Weg durch die Allee, um zur Autobahn nach Kiel zu kommen –, kauerte er sich über den Wurzeln zusammen und hielt den Atem an. Martin meinte trotzdem, im Rückspiegel etwas gesehen zu haben, eine Bewegung oder einen seltsamen Schatten, war aber schnell zu weit weg, um noch etwas erkennen zu können. Er hielt es für ein Tier, eine Katze vielleicht oder eins von Nebendahls ausgebüxten Hühnern, dachte sich nichts weiter dabei und hatte es bald wieder vergessen. Nicht einmal als er in der Klinik mitbekam, dass der Patient Ralph Schilling aus Kaltsommer gesucht wurde, fiel es ihm wieder ein. An diesem Tag hatte er fast pausenlos im OP zu tun.

Ralph dagegen, als er sich wieder in Sicherheit wähnte, musste feststellen, dass seine Wut auf Momme Iversen verpufft war. Sie war nicht weg, hatte sich nicht in Luft oder gar Wohlgefallen aufgelöst. Nur das Bedürfnis, den Mann für alles, was in Ralphs Leben verkehrt gelaufen war, verantwortlich zu machen, hatte sich gelegt. Was konnte Momme schon dafür? Im Grunde war der doch auch nur ein armes Würstchen.

Ein Sozialversager, dem es gelungen war, alle Menschen um sich herum zu vergraulen, und der es nicht einmal schaffte, in einem Dorf voller moderner Kamine eine alte Linde als Feuerholz an seine Nachbarn zu verkaufen. Mit Momme Iversen wollte man nicht einmal Geschäfte machen. Ralph hatte es immerhin bis zum Wehrführer der hiesigen Freiwilligen Feuerwehr gebracht. Tragisch war nur, dass sein größter Erfolg im Leben so eng mit seiner größten Katastrophe verknüpft war, als wären es siamesische Zwillinge. Doch auch dafür konnte Momme nichts. Ralph ließ ihn schlafen.

Er ging weiter, einen Seitenblick nach rechts werfend, wo bei Gerburg Sandow dauerhaft die Jalousien heruntergezogen waren. Eine weitere Tote dieses bereits jetzt an Toten reichen Jahres. Ralph blieb nicht stehen und schaute schnell wieder geradeaus. Er schaute aber auch nicht nach links, sonst hätte er hinter der Gardine im Wohnzimmer der alten Frau Möller eine Bewegung ausmachen können. Klementine Möller war seit Stunden auf, und das war nicht allein auf senile Bettflucht zurückzuführen. Vielmehr zählte sie zu der großen Gruppe von Rentnern im Dorf, die noch regelmäßig von schlechten Träumen gequält wurde, die ungefähr zeitgleich mit den Nonnengänsen gekommen waren und in denen es von diesen Vögeln nur so wimmelte. In letzter Zeit schienen sie wieder stärker zu werden, und das machte ihr sehr zu schaffen. Sie wurde das Gefühl nicht los, dass irgendetwas in der Luft lag. Etwas Schlimmes vielleicht, auf jeden Fall aber etwas Ungewöhnliches – und kam sich selbst deshalb lächerlich vor, weil sie sich beim besten Willen nicht vorstellen konnte, was das denn sein sollte. Als sie nun zufällig an diesem Morgen auf dem Bürgersteig vor ihrem Haus eine Gestalt entlanggehen sah, wollte sie natürlich wissen, wer das sein mochte, für jede Ablenkung dankbar. Sie erkannte Ralph Schilling sofort. Sie fühlte sich jedoch nicht alarmiert davon, ihn frühmorgens in Kaltsommer zu sehen, sondern nahm es eher als gutes Zeichen. Wenn sie ihn entlassen hatten, dachte sie, musste es dem Jungen ja wieder bessergehen. Das freute Klementine Möller sehr, nicht zuletzt für Irmgard, die mit ihrem Sohn in den letzten Wochen so viel durchgemacht hatte.

An der Ecke zur Sandskoppel blieb Ralph kurz verharrend stehen. Krabat stand am Zaun, der das Grundstück der Einems zur Straße hin begrenzte, und schaute ihn altersweise aus seinen müden Augen an. Einen

Grund zum Bellen sah er in dem unvorhergesehenen Passanten offensichtlich nicht. Ralph zögerte dennoch, an ihm vorbeizugehen, denn wenn der Neufundländer schon draußen war, war auch sein Herrchen, Autobahnpolizist Einem, bereits auf. Der musste nur ausgerechnet jetzt einmal aus dem Fenster schauen und würde vermutlich sofort Alarm schlagen. Für Norbert Einem war jeder Mensch, egal ob unter Sonne oder Wolke, ein wandelnder Verdachtsfall. In seinem Fall galt das als Berufskrankheit. Je länger Ralph aber zögerte, desto mehr fühlte er sich generell wie auf dem Präsentierteller. Also fasste er sich ein Herz, schenkte Krabat ein verschwörerisches Lächeln, das er noch mit einem in unmissverständlicher Geste an die Lippen gesetzten Zeigefinger verstärkte, und schritt aus, die Sandskoppel hoch. Der große Hund wuffte ihm einmal träge hinterher, und dann war Ralph auch schon aus der Gefahrenzone heraus.

Vor ihm lag nun die ganze Sandskoppel mit ihrem alten Kopfsteinpflaster, an deren westlichem Ende sich nur linksseitig eine Handvoll Häuser befanden. Die versteckten sich aber nur zum Teil hinter hohen Hecken, und auf der anderen Seite lag freies Feld bis zu den nächsten Wohngrundstücken, die entweder noch zur Allee gehörten oder schon zum Dörnsberg. Von dort erschallten bereits Stimmen, Kinderstimmen, wenn er sich nicht irrte, die nach aufgeregtem Aufbruch klangen. Wenn sie nur zum Spiel- und Sportplatz wollten – bei Kindern würde ihn das selbst zu dieser Stunde nicht überraschen – und dafür den Schleichweg vorne beim Speicher nahmen, schnitten sie ihm quasi den Weg ab und könnten ihn entdecken. Es war also besser, sich zu beeilen. Zumal sein Ziel nicht mehr weit war, wie er jetzt, sich selbst überraschend, entdeckte. Ralph war nach Hause gegangen.

Was er da wollte, war eine andere Frage. Wie seine Mutter reagieren würde oder was er ihr erzählen sollte, darüber dachte er nicht einmal jetzt nach. Er wollte ihr nicht wehtun …

Ralph eilte vorwärts. Kaum hatte er das Grundstück auf der Ecke zur Straße ›Zum Speicher‹ erreicht, dort wohnte die Familie Matthusen in zweiter Generation, schlug er sich gleich nach links in die Nutzgärten, um von der Straße wegzukommen. Bis zur Nummer 8 waren es nur noch ein paar Schritte, und da sich auch bei diesen Häusern die Eingangstüren auf der Seite zum Hof hin befanden, kam er gleich richtig, um alles sofort im Blick zu haben. Und das war auch gut so, denn im Hause Schilling herrschte offensichtlich große Aufregung. Auf beiden Etagen brannte Licht. Das war bei einer so sehr zur Sparsamkeit neigenden Frau wie seiner Mutter kein gutes Zeichen und ließ auf große Hektik schließen. Zumal gleich darauf ein Taxi auf den Hof fuhr, mit laufendem Motor hielt und einmal kurz hupte. Irmgard Schilling riss beinahe sofort die Haustür auf, um dem Fahrer zu bedeuten, dass sie gleich kommen würde, und verschwand, die Tür gar nicht erst wieder schließen, noch einmal für wenige Sekunden im Haus. Die reichten aus, um alle Lichter zu löschen, sich eine dünne Jacke überzuziehen und die Handtasche unter den Arm zu klemmen. Beinahe hätte sie in der Eile vergessen, die Tür hinter sich abzuschließen. Aber auch daran dachte sie noch rechtzeitig, bevor sie die drei Stufen der Eingangstreppe zurückgelegt hatte. Sie brauchte allerdings drei Anläufe, um den Schlüssel ins Schloss zu bekommen, und viel hätte nicht gefehlt, beim Herausziehen desselben den Bart abzubrechen. Dann lief sie zum Taxi und sprang hinein, ohne nach links oder rechts zu blicken. Kies aufwerfend, fuhr der Wagen vom Hof.

Bei aller Hast hatte Ralph trotzdem einen Blick in ihr Gesicht werfen können. Der Ausdruck war erschreckend gewesen. Angst und Panik hatten es so sehr verwüstet, dass nur noch eine stumpfe Leere zu erkennen war. Nicht einmal ein Hauch von Hoffnung schien in ihren Zügen zurückgeblieben zu sein. Er wusste sofort, was das bedeutete: Man hatte seine Flucht entdeckt.

Eine Flucht, die er jetzt bereute. Von allen Menschen auf der Welt hatte er damit doch seiner Mutter am wenigsten etwas antun wollen. Aber so weit voraus hatte er natürlich wieder nicht gedacht, als er getürmt war. Dass sein Handeln auch für andere Menschen als nur für ihn Konsequenzen haben würde, wäre ihm im Traum nicht eingefallen. Er war doch nur eine hässliche zerzauste Motte, die noch einmal mit den Flügeln schlagen wollte, und ausgerechnet seine Mutter musste darüber in Hysterie ausbrechen. Was er auch machte, er machte es verkehrt. Wenn es dafür noch eines Beweises bedurft hätte, dann hatte er ihn eben erhalten.

Ralph merkte gar nicht, dass er weinte. Stumm liefen ihm die Tränen über das Gesicht, während er sich fragte, ob es wohl möglich wäre, sich genauso in sein Klinikzimmer zurück zu schleichen, wie er sich davongeschlichen hatte, um dann so zu tun, als wäre nichts geschehen. Er kam sich nur unendlich albern und unfähig vor. Wie ein Versager eben, dem es weder gelungen war, zwei kleine Mädchen vor dem Unfalltod zu retten, noch seine Mutter vor dem Schmerz seines Totalabsturzes zu bewahren. Er war eine Bürde. Er war eine Bürde für sich und die Welt, und die wäre ohne ihn besser dran. Denn es würde doch nicht besser werden mit ihm, sein Leben würde er niemals auf die Reihe kriegen und stattdessen immer auf fremde Hilfe angewiesen sein. Allen voran auf die Hilfe seiner Mutter. Das aber hieße, Übermenschliches von ihr zu verlangen.

Das durfte er ihr nicht länger antun.

Und plötzlich sah Ralph ganz deutlich den Weg vor sich, den er noch zu gehen hatte. Und in seltsamer Konsequenz dachte er auch dieses Mal nicht darüber nach, was das für andere bedeutete. Er sah nur noch den langfristigen Vorteil für alle Beteiligten.

So fand Irmgard Schilling ihren Sohn im Flur, als sie nach einem langen Tag ohne Gewissheit wieder nach Hause kam, erhängt am Treppenaufgang in den ersten Stock ihres Hauses. Sein Genick war nicht gebrochen, er war elend erstickt, aber der Körper schon lange kalt. Es bedeutet eine enorme Willensanstrengung, um auf diese Art zu sterben.

✡

»WIR WERDEN VERLIEREN!«

Wenn ich es nicht besser wüsste, würde ich behaupten wollen, dass dieser Satz, ausgestoßen als ebenso wütender wie angsterfüllter Schrei, den Unglücksreigen in Gang gesetzt hätte. Dem ist nicht so. Als Jörn Marquardt ihn den anderen ins Gesicht schrie, allen voran Walter Göben, seinem besten Freund, hatten die Dinge längst ihren tragischen Lauf genommen. Für das Wolkenheim scheinen sie sogar einen Endpunkt darzustellen, während sich die Situation jenseits des Nebels erst noch weiter zuspitzen musste, um endlich ihr Ende zu erreichen. Aber natürlich reden wir hier von historischen Ereignissen, und die enden niemals wirklich, so wie sie auch selten einen echten Anfang zu haben scheinen. Wenn man nur genau genug schaut, wird man immer ein Davor finden, das als Auslöser für das Folgende gilt, nur um sich dann selbst bald als Folge von etwas Vorangegangenem zu erweisen. Die Geschichte der Menschheit ist wie eine Schraube mit defektem Gewinde: Man kann sie zwar drehen, aber sie greift nicht und lässt sich darum niemals fixieren.

Auch Kaltsommer hatte im letzten Winter gelitten und litt immer noch an den Folgen von Hunger und Kälte. Jetzt im Sommer war es wenigstens warm genug, dass sie ihre Häuser kaum zu heizen brauchten, und Mutter Natur half großzügig mit Frucht und Kraut von Feldrain und Wegesrand bei der Ernährung mit. Im letzten Winter aber hatten sie, ganz wie die Schweine, Steckrüben gefressen. Noch immer schlotterten den Kindern die Kleider um die abgemagerten Körper und beschwerten sie sich mitunter gar bitterlich, dass die besten Nahrungsmittel für die Soldaten an der Front abgegeben werden mussten. Das dritte Jahr in Folge schon fraß das Offizierskorps ihren Weizen, während die Bauern sich mit der eigenen Spreu begnügen mussten. Ein Idiot, wer da nicht heimlich etwas von der Ernte abzweigte und für sich zurückbehielt, auch wenn man in diesen Zeiten besonders vorsichtig sein musste, weil man nie wusste, wer einen aus welchen Gründen anschwärzen ging. Der Krieg mit seinen Entbehrungen und seinem unerwartet langwierigen Verlauf hatte aus Nachbarn längst Verdächtige gemacht, die sich misstrauisch über den Gartenzaun hinweg beäugten. Über den Krieg selbst wurde außerhalb des »Krugs« gar nicht mehr gesprochen, und dort musste auch erst reichlich Bier aus dem Zapfhahn in große Gläser und aus den Gläsern in die Kehlen geflossen sein, um die ursprüngliche Hoffnung auf einen baldigen Sieg wiederzubeleben.

Die immerhin hielt sich zäh wie Moos in der Tundra, war sehr genügsam und brauchte kaum etwas zum Überleben. Der Glaube an den Kaiser und die Fähigkeit der deutschen Armee hielt sich hartnäckig in den alten Männern in Johann Torben Marquardts Schankraum. Der war wegen seines verwachsenen Beins ausgemustert worden und empfand das schon lange nicht mehr als Schmach, sondern als Verpflichtung, den an seiner statt Kämpfenden an der Heimatfront den Rücken freizuhalten. In seinem Gasthaus überlegte man es sich besser zweimal, ob man dem baldigen Untergang von Reich und Vaterland das Wort reden wollte.

Das änderte sich erst, als in jenem Sommer Karsten Fabian Bobzien aus dem Krieg heimkehrte. Er hatte dafür einen langen, langen Umweg über Lazarett, Hospital und Genesungsheim einlegen müssen, und nicht jeder war sich sicher, ob es an ein Wunder grenzte, dass er zurück nach Kaltsommer gekommen war. Viele hielten es doch eher für eine Sünde an der Natur des Todes. In einem Graben in Frankreich war neben ihm eine Granate explodiert und hatte ihn schwer verwundet. Die Ärzte hatten zwar sein Leben retten können, aber weder sein linkes Ohr und Auge noch beide Arme. Der Linke musste direkt am Schultergelenk amputiert werden, der Rechte kurz oberhalb des Ellbogens. Die Haut rund um die linke Schläfe war ein wüst entstelltes Narbengewebe. An Karsten Bobzien hatte erst die moderne Waffentechnik ihr Können demonstriert und danach die moderne Medizin, als wären sie ein Bruderpaar. Aber er würde von nun an für immer ein Pflegefall sein, und nicht wenige, die ihn sahen, dachten nicht immer nur im Stillen bei sich, dass es gnädiger gewesen wäre, hätte man ihn sterben lassen. Auf jeden Fall hätten sie es für angebracht gehalten, wenn der Krüppel fortan sein Haus nicht mehr verlassen hätte, um sie nicht ständig mit seinen Entstellungen zu konfrontieren. Die Kinder bekamen doch Angst! Den Gefallen jedoch tat er ihnen nicht. Mit grimmiger Entschlossenheit geradezu ging er durchs Dorf spazieren, nur zuerst unsicher, weil er ja keine Arme mehr hatte, um besser die Balance zu halten. Und er kam auch ab und an in den »Krug«, denn auch ein Veteran brauche dann und wann sein Bier, »um zu vergessen«. Johann Marquardt hätte ihn gerne seines Hauses verwiesen, traute sich das bei einem Kriegshelden *aber nicht.*

Bei Bobziens Ankunft verstummten sämtliche Gespräche, in seiner Gegenwart kamen nur schwerlich Neue in Gang, und selbst der Alkohol vermochte es dann nicht mehr, die Zungen zu lockern und zu den alten, hymnisch vorgetragenen Durchhalte- und Siegesparolen zu verführen. Seine pure Anwesenheit veränderte die Chemie in jedem Raum, den er betrat, mehr noch, sie veränderte die Chemie in ganz Kaltsommer. Seine Existenz ließ es zu einer Herkulesaufgabe werden, noch an ein glückliches Ende dieses vermaledeiten Krieges zu glauben. Dessen süßestes Versprechen, einen schnellen Triumph zu erringen, hatte sich in das Damoklesschwert der Niederlage verwandelt, das an einem seidenen Faden über ihren Köpfen hing. Nur durfte man das nicht aussprechen, Spitzel konnten überall lauern. Als Defätist gebrandmarkt zu werden, war als Sorge inzwischen sogar noch größer als die, sich wegen Vergehen gegen den Schandparagraphen verantworten zu müssen, der nun schon seit so vielen Jahren wie ein Fluch auf ihrer Gemeinschaft lastete. Karsten Fabian Bobzien hielten solche Sorgen nicht mehr zurück, weder die eine noch die andere. In den »Krug« brachte er seine Tochter Erika mit, damit sie ihm das Bierglas an die Lippen hielt. Erika war zwölf und in Abwesenheit ihres Vaters zu einer resoluten jungen Person herangereift, vor der selbst ihre Mutter zu kuschen begann. Neben ihrem entstellten Vater jedoch schrumpfte sie wieder zu einem kleinen Mädchen zusammen, dass ängstlich schwieg und tat, was der Versehrte ihr befahl. Liebe und Bewunderung für ihn bestimmten ihre Bewegungen dabei ebenso wie das Grauen vor seinem Aussehen und die Furcht vor seinem allzu leicht reizbaren Temperament.

Jörn bewunderte Erika trotzdem. Nicht einmal der Umstand, dass sie zwei Jahre jünger war als er, also noch ein echtes Kind, änderte daran etwas. Der trug nur dazu bei, dass er es tunlichst vermied, mit irgendjemandem über seine Gefühle für sie zu reden. Selbst Walter wusste nichts davon, und das war auch noch aus einem anderen Grund besser: Vor seiner Einberufung war Bobzien auf dem Hof der Göbens als Knecht angestellt gewesen, und Walter als Erbe des größten landwirtschaftlichen Betriebs im Dorf nach dem Gut Kaltsommer selbst war durchaus arrogant, wenn es um die Leute ging, die einmal für ihn arbeiten würden, und um deren Familien. Walter wollte immer seltener mit ihren Kindern spielen. Sonst war Walter ein guter Kerl und Freund, mit ihm hätte Jörn sogar Pferde gestohlen. Über Erika jedoch kein Wort zu ihm!

Zum Glück durfte Walter abends nicht in das Gasthaus, Freundschaft hin oder her. Sein Alter kam selbst nur selten und brachte ihn grundsätzlich nicht mit. An den Abenden war Jörn also sicher vor spitzen Fragen und herablassenden Kommentaren, und so konnte er sich ganz der heimlichen Betrachtung Erikas hingeben. Für ihn war es immer toll, wenn sie für ihren

Vater die Tür öffnete und den schweren, Kälte und Feuchtigkeit abhaltenden Vorhang zerteilte, ihm die Jacke von den Schultern nahm und auf einen Stuhl ganz in der Ecke des Schankraums platzierte, für ihn das Bier bestellte und es ihm zum Trinken anreichte. Sie selbst sagte nie etwas, grüßte nicht einmal, wenn sie den Raum betrat, Rederecht besaß allein der Veteran dieses noch immer nicht beendeten Krieges. Aber Jörn brauchte ihre Stimme auch nicht zu hören, er hatte ihren Klang in seinem Gedächtnis gespeichert. Ihm reichte ihr Anblick voll und ganz.

Während Erikas Mutter die Familie Bobzien notgedrungen mit ihrer Arbeit als Köchin im Hause des Gutsherrn von Kaltsommer, Eduard Ferdinand Wulff, über Wasser hielt, gab es bei Marquardts nur Jörn und seinen Vater. Jörns Mutter war keine zwei Jahre nach seiner Geburt bei einem tragischen Unfall ums Leben gekommen, als einer der Hengste, die jetzt auf dem Gut gezüchtet wurden, plötzlich ausschlug und sie mit einem Huf am Kopf traf. Jörn hatte keinerlei Erinnerung an sie. Das Geld aber, dass Herr Wulff an Johann Torben Marquardt als Wiedergutmachung und Entschädigung zahlte, hatte ausgereicht, um diesen Gasthof zu kaufen und herzurichten. Ohnehin zeichnete sich der Herr Wulff durch seine Großzügigkeit und Hilfsbereitschaft aus. Immer wieder hatte er im letzten Winter Geld gespendet, um für die hungernden Menschen von Kaltsommer und der Umgebung Kartoffeln zu kaufen. Vorher war Jörns Vater der Hufschmied des Gutes, jetzt der Gastwirt des Dorfs, der Zeit hatte, sich tagsüber um die Erziehung seines Sohnes zu kümmern. Eine neue Frau suchte er sich nicht. Man sagte ihm gelegentliche Affären mit Dienstmägden und Stallburschen nach, schien aber auch schon altersruhiger geworden zu sein und sich jetzt nur noch mit einem verheirateten Pferdehändler aus Neumünster zu treffen, immer wenn es den beruflich nach Kaltsommer trieb. Sicher war man sich nicht, obwohl es unter der Wolke deshalb kaum Böswilligkeit gegeben hätte, die beiden wahrten trotzdem Diskretion.

An Johann war nicht gerade ein Erzieher verlorengegangen, auch wenn er seinen Sohn hütete wie seinen Augapfel. Im Klartext hieß das, dass Jörn morgens das Haus für ein paar Stunden verließ, um in die Dorfschule zu gehen, nachmittags durfte er nach Herzenslust draußen mit seinen Freunden spielen und abends kam er mit in die Kneipe, bis es Zeit fürs Bett war. Bald schon packte er dort mit an, wusste, wie man Bier zapfte, Gläser und Krüge spülte und wie Schnaps auf der Zungenspitze brannte. Jörn gefielen diese Abende als kleiner Gastwirt, und es war Vater und Sohn längst klar, dass er den Betrieb einmal übernehmen würde. Sobald er fünfzehn werde, das hatte sein Vater ihm versprochen, dürfe er auch anfangen, zu rauchen wie jeder echte Mann.

So kam es, dass Jörn jeden Abend im »Krug« verbrachte und dort nun regelmäßig auf Erika traf. Das Glücksgefühl dabei war überwältigend. Er hatte nur Augen für sie, und deshalb bekam er auch die Spannungen, die bei Ankunft der Bobziens sofort in der Luft lagen, nicht mit. Seine Welt war in Rosa getaucht, während sich rund um die Häupter der Männer der Zigaretten- und Pfeifenrauch zu dräuenden Gewitterwolken zusammenzog. Als sich dieses Gewitter endlich mit einem lauten Knall entlud, kam es für Jörn vollkommen überraschend.

Ein schlechter Sommer neigte sich seinem Ende zu, nur um den vierten Kriegsherbst in Folge einzuläuten. Die letzten Monate waren selbst für Kaltsommeraner Verhältnisse feucht und kalt gewesen, nachdem der strenge kalte Winter sie über Gebühr lange in seinen eisigen Klauen gehalten hatte. Die Ernte wäre so oder so schon mau ausgefallen, auch ohne dass die Oberste Heeresleitung einen Gutteil davon für sich requiriert hätte. Wenn nicht noch ein Wunder geschähe, stand ihnen ein zweiter Hungerwinter bevor. Und als wollte das Wetter sie verhöhnen, war es in den letzten Tagen doch noch einmal richtig heiß geworden, was sich in Kaltsommer anfühlte, als würde die Wolke über ihnen selbst schmelzen und in heißen Tropfen auf sie herniederregnen. Jede Bewegung, jeder Atemzug wurde zu einer schweißtreibenden Qual – es war zum Mäusemelken!

Darüber klagten Ties Hagen Stölting und Horst Molkentin, und zwar umso lauter und heftiger, je höher ihr Pegel stieg. Alles war schlecht, nur auf den Kaiser und seine ruhmreiche Armee wollten sie nichts kommen lassen. Das sahen auch die anderen Gäste der Schenke so, nämlich Ludwig Schielke, Gottfried Duggen und Manfred Rixen. Sie waren alle nicht nur Nachbarn, sondern auch Kollegen und Wolkenheimer qua Abstammung, und sie waren abweichende Meinungen nicht gewohnt. Von ihrem Wirt hatten sie da nichts zu befürchten, ebenso wie von Herbert Göben, Walters Vater, den der übermächtige Wunsch nach einem kühlen Bier an diesem Abend ausnahmsweise einmal in den von stickig heißer Luft und Qualm angefüllten »Krug« getrieben hatte. Er hatte sich auf einen friedlichen Abend an der Theke gefreut und sich nicht zu den Landarbeitern an den Tisch gesetzt. Nach dem alten Wulff selbst war er schließlich der wohlhabendste und einflussreichste Mann des Dorfes, als solcher fraternisierte man nicht mit den unteren Schichten.

Heute aber war sein Herz mit ihnen. Ihre Sorgen waren die seinen, ihre Wünsche und Hoffnungen auch. Nur einer musste stänkern, und das war Karsten Bobzien, dieser zornige Krüppel. Es wäre für alle besser gewesen, wenn die Granate ihn vollständig zerfetzt hätte, das hätte allen viel Kummer und Ärger erspart. Zumal ihn schon immer eine große innere Unzufriedenheit angefüllt und er bessere Arbeitsbedingungen und höhere Bezahlung gefordert hatte. Zeit seines Lebens war dieser Bobzien ein Aufwiegler gewesen, und wenn er nicht so gut mit den Kühen gekonnt hätte, Herbert Göben hätte ihn gleich wieder zum Teufel gejagt. Und der Krieg, anstatt zur traurigen Lösung für ein dummes Problem zu werden, hatte jetzt alles nur noch schlimmer gemacht.

»Wenn wir nur endlich den Krieg gewinnen würden!«, wiederholte Ties Stölting gerade zum Gott weiß wievielten Mal. Ihm stand der Schweiß in dicken Perlen auf der Stirn und Bierschaum auf dem Schnauzbart, und in seinen Augen glühte es abgründig. Die Umsitzenden nickten heftig Zustimmung, und so fuhr er fort: »Was brauchen diese Kerle denn noch? Die haben doch schon alles von uns! Wir geben unser letztes Hemd, damit die den Krieg endlich gewinnen, aber sie kriegen es einfach nicht hin. Den ganzen Winter haben wir für unsere Soldaten gehungert, und das soll nichts gebracht haben?! Warum überrennen die den Feind nicht endlich, nehmen Paris im Sturm und machen dem Spuk ein Ende? Das kann nicht wirklich so schwer sein!«

»Warum das nicht gelingt?«, hörten sie da eine Stimme ätzend wie Säure sagen. »Weil es auch noch Franzosen, Engländer und Amerikaner gibt, die etwas dagegen haben.«

Sie hatten Karsten Bobzien in seiner Ecke ganz vergessen – vergessen wollen. Solange er nur anwesend war und stumm sein Bier trank, war das leidlich möglich, sobald er aber den Mund aufmachte, gehörte die Aufmerksamkeit ihm allein.

»Und zusammen sind sie stärker als wir«, fuhr er fort. In den Ohren der anderen klang es, als würde er jedes einzelne Wort davon genießen. Und: »Der Kaiser und Hindenburg und Ludendorff haben sich allem Anschein nach überschätzt. Vielleicht hätten sie nicht mit allen auf einmal Krieg beginnen sollen, sondern sich einen nach dem anderen vorknöpfen. Aber … halt! Von denen war ja keiner jemals wirklich an der Front. Von denen hat keiner auch nur eine Minute in den Gräben gedient und in den Stellungen gekämpft und sich vor Giftgasangriffen in Sicherheit bringen müssen. Sie sitzen sicher in

Berlin und lassen es sich gutgehen, während ihr Volk – während wir Männer auf fremden Schlachtfeldern fern der Heimat krepieren.«

Einen Moment lang sahen die Männer ihn entgeistert an, während Erika versuchte, sich unsichtbar zu machen. Dann warnte Ludwig Schielke, ein grobschlächtiger Berg von einem Mann: »Halts Maul, Bobzien!«

»Nicht mehr lange, und hier wird alles kapeister gehen.« Die entstellte Hälfte seines Gesichts schien sich zu einem bösen Grinsen zu verzerren, der Anblick war furchterregend. »Nicht mehr lange, und der Kaiser selbst wird fallen.«

»Noch ein so 'n Spruch, Bobzien«, drohte nun auch Johann Marquardt, »und du kannst dein Bier in Zukunft zu Hause trinken.«

»Die Arbeiter werden sich erheben, und die Soldaten werden sich erheben«, prophezeite der und wehrte mit dem Kinn Erikas Versuch ab, ihm das dickwandige Bierglas an die Lippen zu halten, »und der Umsturz wird kommen. Und wenn die Reichen dann noch Krieg führen wollen, müssen sie selbst an die Front gehen. Sollen sie doch ihr eigenes Gas riechen und krepieren! Wir werden verlieren!«

Die Situation im »Krug« eskalierte augenblicklich.

»Du Drecksau!«, schrie Manfred Rixen und erhob sich mit einem Ruck von seinem Platz, während neben ihm sein Zechkumpel Schielke dasselbe tat und dazu rief: »Elender Dreckskerl!« Die restlichen Männer erhoben sich ebenfalls, drohend und zeternd, und stürzten auf Karsten Bobzien und seine Tochter zu. Selbst wenn ihr Vater die Absicht gehabt hätte, eine Flucht war allein deshalb schon nicht möglich, weil sie in ihrer Ecke festsaßen, aus der heraus jeder Weg nur durch die Phalanx der aufgebrachten, erzürnten und vom Alkohol ermutigten Männer geführt hätte. Fäuste wurden bereits geschwungen, und allein der Ekel vor dem entstellten Gesicht des ehemaligen Stallknechts Herbert Göbens schien sie noch davon abzuhalten, diese darin zu platzieren. Göben selbst stand in zweiter Reihe, die Hände tief in den Hosentaschen verborgen, aber seine Miene zeigte klar den Wunsch an, dass diesem aufsässigen Bobzien endlich einmal das Maul gestopft werden sollte. Warum das in einer Kneipe im holsteinischen Kaltsommer besser gelingen sollte als beim Militär oder an der Front in Frankreich, wo es offensichtlich auch nicht geklappt hatte, darüber dachte er gar nicht erst nach.

Jörn Marquardt hatte vom Spülbecken aus zugesehen, wie sich die Dinge zuspitzten, den Blick dabei einzig und allein auf Erika gerichtet. Das Schicksal ihres Vaters interessierte ihn nicht, den hielt auch er für einen

Dummschwätzer. Er nahm es dem Veteranen mehr als übel, dass er seine Tochter in eine solch gefährliche Lage brachte. Schmutzige Gläser tauchte er schon lange nicht mehr in die erkaltete Seifenlauge, er zerbrach sich nur noch den Kopf darüber, wie er Erika heldenhaft aus der Gefahr befreien konnte. Was er dafür als süßen Lohn ernten würde, wusste er sich gar nicht konkret vorzustellen, und trotzdem ließ der Gedanke daran ihm die Ohren rot werden. Auf jeden Fall hielt es ihn davon ab, zu einem konkreten Rettungsplan für seine Angebetete zu kommen.

Die bedurfte seiner Hilfe jedoch gar nicht, wie sich gleich darauf zeigte. Die Menschen neigten grundsätzlich dazu, sie zu unterschätzen, weil sie noch so jung war und eher zierlich gebaut. Dass sie ihren Vater nur in das Wirtshaus begleitete, weil sie ihm im Gegenzug dafür das Versprechen abgenommen hatte, seinen Frust zu Hause nicht an ihrer Mutter und den beiden Geschwistern auszulassen, wusste niemand. Darüber schwiegen alle Bobziens wohlweislich. Ihr Ansehen im Dorf hatte sowieso sehr gelitten, denn während die Männer sich in Hass flüchteten, würgten die Frauen an ihrem Mitleid wie an einer verschluckten Gräte. Das eine wie das andere war nicht schön, hinter beidem verbarg sich nichts anderes als Abscheu. Erika hatte das durchschaut, und sie ertrug es nur schwer. Obwohl gezwungenermaßen reif für ihr Alter, begann sie gerade erst, die Zusammenhänge zu verstehen, und nichts von dem, was sie begriff, wollte ihr gefallen. Es war alles gemein, niederträchtig und gemein in jeder Hinsicht.

Nur hatte Erika nicht allein die Duldsamkeit ihrer Mutter geerbt, sondern auch das Starrköpfige ihres Vaters. Beide Elemente vereinten sich in ihr zu einer Legierung, die sie ebenso widerstandsfähig wie, im richtigen Moment, schlagfertig machte. Dieser Moment war gekommen, als sich vor ihr und ihrem Vater diese Wand bedrohlich aufgebrachter Männer aufbaute. Deren Geduldsfaden war nun endlich gerissen und sie wollten Blut sehen als Gegenleistung für all die Opfer, die sie schon hatten erbringen müssen für das Unvermögen ihrer Soldaten, den Krieg zu gewinnen. Was sie nicht verstanden, Erika aber zumindest ahnte, war, dass sich Karsten Bobzien nach diesem Blutvergießen sehnte. Das käme einem Opfergang gleich. Wie oft hatte Erika ihren Vater jetzt schon nachts weinen und sein Schicksal, die Granate überlebt zu haben, verdammen hören. Warum hatte die Explosion ihm unbedingt beide Arme rauben müssen, sodass er jetzt selbst beim Selbstmord auf fremde Hilfe angewiesen wäre …

Erika wollte nicht, dass sich ihr Vater etwas antat. Sie wollte, dass er lebte, dass er glücklich war und dass alles wieder so werden würde wie früher. Das war unmöglich. Das wusste sie, und es machte sie wütend. Deshalb musste sie ihn beschützen, damit alles nicht noch schlimmer wurde als ohnehin schon. Für ihn, die Mutter, für die beiden Kleinen und für sich selbst. Warum sonst hätte sie ihn nach drei Jahren zurückbekommen sollen, wenn sie dann erst recht nichts anderes mehr als Leid erwarten sollte? Warum konnte man sie nicht einfach in Ruhe lassen?

Den Bierkrug ihres Vaters hielt Erika noch in der Hand, als die Männer sie einzingelten, so fest, dass ihre Knöchel weiß hervortraten. Vor ihr stand außerdem ein Glas Wasser, aus dem sie getrunken hatte. Sie hätte auch Limonade haben können, Karsten hätte seiner Tochter gerne eine Flasche spendiert. Die aber wusste, dass jeder in der Kneipe ausgegebene Groschen in der Haushaltskasse ihrer Mutter schmerzlich fehlte. So blieb es bei Bier und Wasser, und das war auch gut so, denn ohne jede Vorwarnung ging Erika zum Gegenangriff über. Sie schleuderte den Männern den Krug entgegen und schrie, sofort nach dem Glas greifend: »Lasst ihn in Frieden! Wenn ihr ihn haben wollt, müsst ihr erst an mir vorbei!«

Die Männer waren sichtlich überrascht, vom fliegenden Trinkgefäß ebenso wie von ihrer mit hoher, schriller Stimme ausgestoßenen Ankündigung. Beides für sich genommen hätte lächerlich gewirkt, zumal Karsten seinen Gerstensaft so gut wie ausgetrunken hatte und es so noch nicht einmal eine ordentliche Sauerei gab. Und Erikas Stimme mochte noch so piepsig dünn sein, ein Blick in ihr Gesicht verriet zu allem bereite Entschlossenheit. Die hieß die Herren Stölting, Molkentin, Schielke, Duggen, Rixen, Marquardt und selbst noch den Herrn Göben stehenbleiben. Vor ihnen stand kein laufender Meter im Rock mit geflochtenen und zu Schnecken aufgedrehten Zöpfen über den Ohren mehr. Vor ihnen stand eine junge, zu allem entschlossene junge Frau, die meinte, was sie sagte. Die ihren Vater notfalls mit Klauen und Zähnen verteidigt und ihre eigene Gesundheit in die Waagschale geworfen hätte, um ihn aus dieser Bredouille herauszuboxen. Die mit demselben Furor für ihre Überzeugungen einzutreten vermochte wie ihr Vater damals schon und scheinbar selbst heute noch. Deren Widerstand kaum zu brechen war.

Das begriff in diesem Moment endlich auch Karsten Bobzien selbst. So ließ er sich mir nichts, dir nichts von seiner Tochter mitreißen, leicht geworden wie eine Feder, als die die Situation für günstig genug hielt, die Flucht zu versuchen. Mit einer dem Kind nie zugetrauten Umsicht griff sie ihn ebenso wie nach ihren Jacken und nahm, Kopf und Schultern nach vorn gebeugt, als wäre sie ein menschlicher Rammbock, den kürzesten Weg zur Tür in Angriff. Dass der genau durch Ludwig Schielke und Ties Hagen Stölting führte, beide groß und schwer gebaut, schüchterte sie offensichtlich nicht ein. Ihren Vater regelrecht am Schlafittchen gepackt, mied sie jedweden Augenkontakt und stürmte voran wie der bis vor ein paar Monaten noch selbst an der Front. Und ihr sollte mehr Erfolg beschieden sein als ihm. Während er wie Sisyphos am Ende meistens wieder dort landete, von wo aus er gestartet war, nur jetzt um eine ganze Reihe an Kameraden ärmer, standen sie plötzlich draußen vor der Gasthaustür und atmeten die Luft, die nicht weniger warm und feucht war als dort drinnen. Es war, als würde die Wolke, die noch dazu heller als sonst leuchtete, über ihnen schwitzen. Allein für solche Gedanken hatte nur Karsten Bobzien Zeit, Erika dagegen zog ihn weiter mit sich fort, so schnell wie möglich weg von den Männern in ihrem Rücken, die jeden Augenblick zur Verfolgung ansetzen konnten. Die beiden liefen auf direktem Wege nach Hause.

Dort kamen sie sicher und unbehelligt an, Karsten sogar in einer für seine Tochter völlig unverständlichen heiteren Stimmung. Seit seiner Einberufung hatte sie ihn nicht mehr so tief vergnügt lächeln sehen. Woher dieses Lächeln rührte, sollte sie niemals wirklich verstehen. Das lag allerdings auch daran, dass die Ereignisse dieses Abends damit nicht abgeschlossen waren, für die Erwachsenen nicht und noch weniger für die Kinder.

Zwar beruhigten sich die restlichen Besucher des »Krugs« schnell wieder, die eine oder andere Runde kühler Getränke half ihnen dabei. Auch schwang in ihrem nun folgenden Gerede mitunter so etwas wie Anerkennung für die kleine Erika mit, deren Ehemann es mit ihr eines Tages nicht leicht haben würde, wie Herbert Göben feststellte und damit allgemeines Gelächter erntete. Nur vergessen mochte und konnte den Vorfall trotzdem keiner. Das Ehrgefühl der Männer war zumindest angekratzt, und weil es auch wieder ehrenrührig war, sich mit einem Krüppel oder einem Mädchen zu schlagen, taten sie eben das, was Männer in solchen Fällen so tun, um ihr Mütchen zu kühlen: Sie zerrissen sich das Maul über die Bobziens, und je länger sie redeten, desto derber natürlich. Zuerst in der Kneipe und anschließend zu Hause im Familienkreis, damit auch jeder im Dorf bald von der ganzen Angelegenheit wusste. Allerdings kam dabei Erikas Heldenmut schnell unter die Räder. Dass der alte Aufwiegler Bobzien ungeschoren davongekommen war, hatte bald *einzig und allein den Großmut der anderen Kneipengäste als Ursache. Dass es irgendwie anders hätte gewesen sein können, mochte da bald schon keiner mehr glauben.*

Nur Jörn wusste es besser. Er war der Augenzeuge gewesen, den alle übersahen. Das Mäuschen an der Spüle, das keiner ernst nahm. Der verliebte Junge, der schnell darüber verzweifelte, dass Leumund und Ansehen seiner Flamme so in den Dreck getreten wurden. Und der wusste, dass er die Erwachsenen niemals so sehr in ihre Schranken weisen könnte, wie Erika es getan hatte.

Trotzdem wollte er etwas für sie tun, ihr helfen, ihren Namen reinzuwaschen.

Ein paar Tage lang gärte die Geschichte, im Dorf allgemein und besonders in Jörn. Während die Erwachsenen jedoch bald wieder andere Dinge hatten, um die sie sich kümmern mussten – und inzwischen sowieso bereuten, jemals allzu laut über den Vorfall gesprochen zu haben –, entwickelte sie unter den Kindern ein hartnäckiges Eigenleben. Die hatten schnell Brocken von dem, was passiert war, aufgeschnappt, jeweils stark geprägt von der Sicht auf das Ereignis, die in ihrem Elternhaus vorherrschte. Dass sie sich auf einen eigenen Augenzeugen hätten berufen können, wollten sie nicht wahrhaben, zumal viele Kinder in Kaltsommer Jörn Marquardt darum beneideten, jeden Abend im Gasthaus bei den Männern des Dorfes sein zu dürfen. Allen voran Walter Göben, Jörns bester Freund. Was half es, dass der eigene Vater der wohlhabendste freie Bauer des Dorfes war und vom Gutsherrn Eduard Wulff selbst geachtet wurde, wenn man doch jeden Abend zeitig ins Bett musste, nachdem man sich vorher die Schimpftiraden über den dreisten Krüppel Bobzien am Abendbrottisch anhören musste? Es konnte doch nicht sein, dass der Rote Karsten, wie Herbert seinen ehemaligen Knecht nur noch nannte, doch nicht deshalb einer gehörigen Tracht Prügel entronnen war, weil der eigene Vater dies mit einem Machtwort verhindert hätte. Jörn durfte dem großen Bauern Göben da nicht widersprechen! Das gehörte sich nicht, das war beleidigend, respektlos – und mochte trotz allem der Wahrheit entsprechen. Aber dass es dann die kleine Erika gewesen sein sollte, die eine Gruppe erwachsener Männer, Walters Vater eingeschlossen, in Schach gehalten hatte, machte die Sache nur noch unerträglicher. Ein Mädchen! Ein kleines Mädchen! Eine Rockliese, die jünger war als Walter und Jörn und mal eben eine Handvoll gestandener Männer in die Schranken gewiesen haben sollte?! Das durfte schon aus Prinzip nicht sein.

Erika selbst sah man im Dorf seit der Rückkehr ihres Vaters kaum noch, sie hatte keine Zeit mehr zum Spielen. Selbst in die Schule war sie seitdem nur selten gekommen. Nicht einmal der von seinem Patriotismus bis hoch zum Kragenknopf volle Lehrer hatte etwas dagegen gesagt, sondern den Umstand mit Schweigen übergangen. Erika musste sich um den Haushalt und ihren Vater kümmern, während ihre Mutter auf dem Gut arbeiten ging. Sie war also nicht greifbar, um weder das, was die Erwachsenen sagten, noch das, was Jörn behauptete, zu bestätigen oder zu widerlegen. So stand Aussage gegen Aussage, und Walter hatte längst begriffen, dass sein bester Freund sich noch aus einem ganz anderen Grund für speziell dieses Mädchen interessierte als nur aus Gerechtigkeitsempfinden …

Die Geschichte gärte auch deshalb in Kaltsommer, weil das Wetter dort just zu dieser Zeit etwas Gäriges hatte. Es war wärmer als üblich und noch feuchter als sonst, obwohl der sonst obligatorische Nieselregen schon vor Tagen ausgesetzt hatte. Die Wolke über ihnen leuchtete blendend grell, jeder Gang draußen unter diesem Himmel schmerzte in den Augen. Man konnte kaum nach oben sehen, so unangenehm war es. Als hätte eine gewaltige Macht die Wolke von oben ausgehöhlt und eine besonders hell strahlende Lampe hineingestellt. Die Bewohner Kaltsommers konnten sich nicht helfen, bei dem Gedanken an das, was gerade über ihren Köpfen geschehen mochte, wurde ihnen ganz unheimlich zumute. An ein ähnliches Wetter konnte sich selbst von den ganz Alten nur Oma Philipps erinnern. Das behauptete sie jedenfalls, allein so recht glauben wollte ihr niemand. Denn aus ihrem zahnlosen Mund tönten Sätze, die nach nichts Geringerem als einer Katastrophe biblischen Ausmaßes klangen. »Das ist schon einmal passiert«, wollte sie wissen, »als ich noch ein sehr junges Mädchen war. Tagein, tagaus schien die Wolke über uns immer dünner zu werden, als wäre sie im Begriff, sich für immer aufzulösen. Auch damals herrschte Krieg gegen Frankreich, das letzte Aufbäumen dieses kleinen Möchtegernkaisers von dieser Insel im Mittelmeer da … Wir sahen es als böses Omen. Als die Nachricht von seiner Niederlage und unserem Sieg kam, wollten wir es kaum glauben. Hier nämlich hatten sich die übelsten Dinge ereignet. Eines Tages – es war am Nachmittag, ich weiß es noch wie heute – geschah wirklich das Unvorhersehbare: Die Wolke öffnete sich! Die Sonne brach durch und versengte uns mit ihren heißen Strahlen schier die blasse Haut. Schon das war schmerzhaft, aber schlimmer war noch, dass sie einigen Menschen hier auch das Hirn versengte. Manche Menschen – und es waren nicht nur Männer, sondern auch ein paar von den Frauen – rasteten aus und begannen, sich wie rasend zu benehmen. Da war nichts mehr als

Wahnsinn in ihren Augen, so gleißend grell wie der Sonnenschein, der sie getroffen hatte. Aus nichtigsten Anlässen fielen diese Menschen übereinander her und prügelten sich. Einer ging sogar mit einem Messer auf seine Kinder los, und eine Bäuerin lief in ihren Hühnerstall und drehte jeder einzelnen Henne den Hals um. Eine gute Stunde schien die Sonne über Kaltsommer, und in dieser Zeit wurden fünfzehn Menschen verletzt, zwei davon sehr schwer, ein Stall, zwei Scheunen und ein halbes Haus brannten ab und nicht nur die Hühner, sondern auch sieben Schweine und zwei Kühe waren abgeschlachtet worden. Und das alles nur, weil sich für eine Stunde die Wolke öffnete und die Sonne auf unser Dorf scheinen ließ! Es war ein Übel, das niemand, der es damals erlebte, jemals wieder vergaß. Noch heute bete ich jeden Tag zu Gott, dass sich dieses schreckliche Schauspiel niemals wiederholen möge. Aber jetzt wird die Wolke schon wieder so dünn und hell …«

Niemand wollte Oma Philipps glauben, schließlich hatte sie seit Jahren nicht mehr so zusammenhängend gesprochen. Und dennoch sickerten ihre Worte in das kollektive Bewusstsein des Dorfes ein wie Wasser in Mauerwerk und schwächten es Stück für Stück, lösten Mörtel von Stein und Putz. Denn irgendetwas geschah dort oben am Himmel, unmittelbar über ihren Köpfen, und nicht einmal Eduard Wulff noch sein Verwalter Hermann Runge, dieser studierte Mann, wussten eine Erklärung dafür. Sie konnten alle nur vermuten. Je länger die Situation allerdings ungewiss blieb, desto stärker schossen diese Vermutungen ins Kraut. Die Lage in den Köpfen Kaltsommers wurde angespannter mit jedem Tag.

Allein deshalb schon wurde die Stimmung der vom Nebel Eingeschlossenen zusehends aggressiver …

Die Kinder hatten es noch am leichtesten, dieser negativen Energie Herr zu werden. Ihr Ventil bestand im Wesentlichen darin, draußen herumzutoben. Abseits des elterlichen Kontrollblicks, nämlich im Wald nördlich des herrschaftlichen Parks, waren sie zu einem älteren Spiel zurückgekehrt, das sie zuletzt vor drei Jahren mit allergrößter Inbrunst gespielt hatten: Krieg. Aufgeteilt in zwei Parteien, galt es, die andere zwischen den Stämmen in einen Hinterhalt zu locken und mit Eicheln, Bucheckern oder Tannenzapfen abzuwerfen, bis der Gegner entweder komplett ausgelöscht war oder sich ergab. Sich zu ergeben, wurde allerdings als Schande angesehen, allein der Heldentod auf dem Schlachtfeld gereichte einem zur Ehre. Normalerweise blieben die Jungs dabei unter sich, das einzige Mädchen, das früher ab und zu mitgespielt hatte

– nicht weil sie durfte, sie tat es einfach –, war Erika gewesen. Irgendwann hatte sie das ewige und immer gleiche Anpirschen, Abwerfen mit Granatwerfer- und Maschinengewehrimitationen, das Triumphgeheul und die endlosen Diskussionen darüber, ob man tatsächlich tödlich getroffen worden war oder doch nur verwundet, aber gelangweilt, und so war sie nicht mehr in den Wald gekommen. Zu dem Zeitpunkt war ihr Vater noch im Krieg, dessen schnelles Ende ein kollektiver feuchter Traum und Jörn nicht in sie verschossen. Doch schon lange, bevor der Krieg sein albtraumhaftes Gesicht auch in Kaltsommer zeigte, hatten die Kinder des Dorfes ihr Interesse an seiner spielerischen Variante verloren und sich wieder harmloseren Vergnügungen wie Verstecken oder Topfschlagen zugewandt.

Plötzlich aber war das Bedürfnis, sein Gegenüber zu unterwerfen und für irgendetwas büßen zu lassen, selbst in den Kleinsten wiedererwacht. Besonders in Walter, der oft genug den Tischreden seines Vaters gelauscht und darüber ein klares Feindbild entwickelt hatte. Für Haus und Hof Göben war klar, dass die größte Bedrohung für Reich und Vaterland nicht von links des Rheins kam, sondern von links in der Gesellschaft. Wenn Deutschland den Krieg verlöre, dann wegen der heimtückischen Sozialisten, Kommunisten, Anarchisten und gewissenlosen Kriegskrüppel, die ein ganz falsches Bild vom Frontgeschehen in der Heimat nachzeichneten und zur allgemeinen Desillusion beitrugen. Nicht dass Walter im Einzelnen gewusst hätte, wovon er da sprach, ihm genügte und beruhigte es, dass es schon jetzt Schuldige für alles gab, was bisher schiefgelaufen war und noch schieflaufen mochte.

Und wenigstens auf ihrem Spielplatz im Wald hatten sie es unter seiner Führung in der Hand, den Dingen einen anderen Lauf zu geben, einen glücklichen und ruhmreichen. In Walter erwachte wieder die unbändige Lust auf ausufernde Schlachten mit den Samenkapseln der Bäume. Denn das hatte selbst er aus all den Gesprächen und Reden der Erwachsenen herausgehört: Lange konnte dieser Krieg nicht mehr dauern. Vielleicht noch bis über den nächsten Winter, aber dann musste Schluss sein, weil sie dann nichts mehr hätten, was sie noch an die Front schicken könnten. Es war sinnvoll, gingen ungefähr Walters Gedanken, zumindest bei ihnen im Kleinen endlich für eine Entscheidung zu sorgen.

Also trommelte er wieder seine Truppen zusammen. Zuerst kamen nur wenige, hauptsächlich kleinere Kinder wie der fünfjährige Lutz Nissen oder die achtjährige Agathe Runge mit ihren jeweiligen Freundeskreisen. Walter mochte sie nicht wegschicken, obwohl er auf diese Zwerge mit kaum verhohlener Verachtung herabblickte. Aber gerade Agathe als älteste Enkelin des Gutsverwalters besaß eine Anziehungskraft auf viele Kinder Kaltsommers, von der er selbst nur träumen konnte. Also akzeptierte er zum ersten Mal diese Knirpse bei seinem Spiel, und tatsächlich zogen sie bald andere und ältere Kinder nach. Immerhin folgten sie im Wald seinen Anweisungen, ließen sich von Walter in die verschiedenen Armeen einteilen und sahen zu ihm als Feldherrn auf. Bald schon entbrannte ihr Spiel so wild und fanatisch wie selten zuvor. Ab und an stolperte jemand über eine Wurzel, stieß mit dem Kopf gegen einen niedrigen Ast, wurde Haut von Dornen geritzt oder traf eins der Wurfgeschosse eine empfindliche Körperstelle, und trotzdem rannte nur selten eins der Gören plärrend nach Hause. Jede Blessur wurde stolz wie ein Orden getragen, Walter hatte alles im Griff. Nur dass Jörn als sein bester Kumpel dem Aufruf zum Spielen nicht in den Wald gefolgt war, fand er blöd. So ein Kameradenschwein konnte der doch nicht sein! Spätestens das ausgelassene Dröhnen ihres Lärms hätte ihn neugierig machen und anlocken müssen. Aber Jörn ließ auf sich warten.

Das lag zum einen daran, dass er an den schulfreien Tagen länger schlief, schließlich waren auch seine Abende durch den Dienst im »Krug« länger als die seiner Altersgenossen. Zum anderen suchte er nach dem Vorfall im Gasthaus und Erikas furchtlosem Einsatz für ihren Vater verstärkt ihre Nähe. Er konnte nicht anders, er musste sie einfach wiedersehen, zumal jetzt, wo Karsten Bobzien so etwas wie Hausverbot im »Krug« erhalten hatte. Das Problem war nur, dass Erika sich ihm entzog. Wo Jörn auch nach ihr suchte, sie war nirgends zu sehen. Und wenn er zu lange vor ihrem Haus herumlungerte, um einen Blick durchs Fenster auf sie zu erhaschen, vertrieben ihn die Nachbarsfrauen meist schnell. Seine einzige Chance, ihr über den Weg zu laufen, war, wenn sie zum Einkaufen in den Dorfladen ging. Das kam selten genug vor, Familie Bobzien besaß nur wenig Geld für Einkäufe. Und als es ihm doch einmal gelang, Erika abzufangen, als sie aus dem Tante-Emma-Laden von Gertrud und Bjarne Löhndorf kam und sich ihr anerbot, den nur mit dem Notdürftigsten gefüllten Korb zu tragen, sah sie ihn geradezu verstört an. Er war ja selbst über seine Galanterie überrascht, aber dass sie sein Angebot nicht einmal ablehnen konnte und stattdessen nur den Griff um den Henkel verstärkte und ihre Schritte beschleunigte, tat ihm weh. Sie ließ ihn stehen wie einen dummen August. Anstatt sich gedemütigt zu fühlen, fielen ihm sogleich tausend Gründe ein, warum sie ausgerechnet so und nicht anders hatte reagieren können. Er wusste doch um ihren schweren Stand, zu Hause ebenso wie im Dorf. Trotzdem setzten ihm seine Gefühle zu, die sich so unerfüllbar, wie es schien, nach Ausdruck sehnten. Und so kam es, dass Jörn doch in den Wald ging, dort konnte er wenigstens Ablenkung finden.

Wäre er aufmerksamer gewesen, hätte er an Walters zusammengekniffenen Lippen und Augenwinkeln ablesen können, dass dessen Freude über sein Erscheinen nicht sehr tief reichte. Walter wusste längst, was im Busch war. Die anderen Kinder hatten seinen Kumpel oft genug im Gartenweg, dort, wo Bobzien mit seiner Brut hauste, gesehen, und gut genug in Mathe, um eins und eins zusammenzuzählen, war er allemal. Er beschloss spontan, seinem Freund eine kleine Lehre zu erteilen, um ihn wieder auf den rechten Weg zu bringen. Niemand ignorierte einen Walter Göben, schon gar nicht wegen eines Mädchens.

Walter übernahm wie üblich das Kommando, er teilte die Armeen ein und erkor Jörn zum Kommandeur der gegnerischen Truppe. Der mit seinem Kopf in den Wolken übersah das Ungewöhnliche daran, sondern tat, wie ihm geheißen. Sein Kumpel hatte in den letzten Tagen so oft Abfälliges über Erika und ihren Vater gesagt, dass ihm Walters Nähe im Moment sowieso nicht recht behagte. Unter seinem Kommando standen nun acht Kinder, darunter mit Emmy Cordte eines, das gerade erst mit ihrer Familie nach Kaltsommer gezogen war; ihr Vater ging Verwalter Runge zur Hand. Walter befehligte sieben Dreikäsehochs und zog sich mit ihnen fürs Erste tief in den Wald hinein. In der Regel kam es bei diesem Spiel zuerst immer zu kleineren Scharmützeln bald hier, bald da, bevor sich das Schlachtgeschehen auf die große Lichtung verlagerte, auf der, seit Hanno Iversen auf dem französischen Feld der Ehre geblieben war, auch keine Bienenkästen mehr standen. Wer am längsten auf der Lichtung standhielt, ohne abgeworfen zu werden, der gewann die Schlacht. Da aber auf deren Boden kaum Munition zu finden war, war der vorläufige Rückzug in das Waldesdickicht auch deshalb nötig, um sich vorher die Taschen mit Eicheln, Eckern und Zapfen vollzustopfen. Beide Kommandeure wiesen ihre Soldaten gewissenhaft dazu an, zum Glück waren zumindest die Drillichhosen der Jungs mit großen Taschen ausgestattet. Nur bei Lutz Nissen waren die Löcher so groß, dass das meiste, was er hineintat, gleich wieder das Bein herab auf den Boden kullerte, ohne dass das freilich seine Begeisterung für das Bevorstehende geschmälert hätte.

Und dann endlich begann es. Dazu bedurfte es keiner gesonderten Kriegserklärung mehr, es reichte, dass ausgerechnet Emmy, die Neue, plötzlich Eicheln und Eckern um die Ohren pfiffen, begleitet von begeistertem Gebrüll. Wie durch ein Wunder wurde sie nicht getroffen – Querschläger durch Abpraller von Ästen und Stämmen zählten nicht – und von ihren Kameraden in Deckung gezogen. Nachdem die erste Überraschung verdaut war, fingen ihre Augen an zu leuchten, und sie stürzte sich todesmutig in jedes Getümmel. Und davon gab es viele an diesem Tag, bevor es endlich zur Entscheidung auf der Lichtung kam. Die Kinder verwandelten Kaltsommers Wald in eine echte Walstatt, auf der so mancher Hautfetzen und Blutstropfen und auch die eine oder andere Träne zurückblieb.

Auch ich habe so manches Mal wüst gespielt in meinem Leben, aber nicht so. Das Ausschweifende kam erst dazu, als ich erwachsen war und Spiele spielen konnte und durfte, die für Kinder noch nichts sind, die aber nicht notwendigerweise nur im Dunklen und Warmen stattfinden müssen. Als Kind dagegen habe ich viel Zeit in Spielzimmern und Gärten verbracht, eingerahmt von blickdichten Hecken und Bäumen und unter den wachsamen Augen von Müttern und manchmal sogar Hausangestellten. Selbst als es mir und meinen Freunden irgendwann möglich war, sich dieser liebevollen Überwachung zu entziehen, haben wir dies nicht genutzt, um so exzessiv zu spielen, und das lag bestimmt nicht nur daran, dass wir in einem Land aufgewachsen waren, in dem Krieg und Gewalt weitestgehend verpönt waren. Das Wildeste, was wir außerhalb der Obhut unserer Erziehungsberechtigten gemacht haben, war zu rauchen, später auch mal zu kiffen. Damit kamen wir uns so durchtrieben vor, dass uns allein davon schon beinahe schwindlig zu werden drohte. Nein, das, was ich hier beschreibe, habe ich selbst niemals erlebt, und würde ich gefragt werden, ob ich das bereue, ich könnte keine Antwort darauf geben …

Die Kinder kamen schnell ins Schwitzen. Ihnen selbst war das kaum bewusst, zu vertieft waren sie in ihr Spiel, um mehr zu tun, als sich geistesabwesend mit dem Ärmel über das Gesicht zu wischen. Außerdem verhinderten die vollbelaubten Baumkronen einen Blick nach oben zum Wolkenbauchhimmel. Der nämlich schien sich an diesem frühen Nachmittag immer weiter in gelbes Licht aufzulösen, was ein paar hundert Meter weiter im Dorf selbst für mehr und mehr Verwunderung bis Angst sorgte. Die Kinder bemerkten ebenso wenig nicht, dass sich das Niederwild nicht ihres Lärms wegen verzogen und die Vögel aufgehört hatten zu singen, weil sie sowieso kein Mensch mehr gehört hätte. Auf ihre instinktbasierte Art hatten sie längst begriffen, was wirklich im Busch war, und das besondere Biotop, das Kaltsommer darstellte, vorsichtshalber verlassen. Die Bauern gleich jenseits des Nebels behaupteten später, viel mehr Rehe, Hasen, Füchse, Wildschweine und Vögel gesehen haben zu wollen als sonst, sogar Eulen und Dachse bei Tageslicht. Nur die Menschen gingen nicht. Die verkrochen sich, wenn sie es konnten, in ihren Häusern oder gingen plötzlich mit argwöhnisch eingezogenen Köpfen ihrer Arbeit nach. Erika hatte alle Hände voll damit zu tun, ihren Vater zu beruhigen, der genau zu diesem Zeitpunkt aus einem heftigen Albtraum hochschrak und haltlos weinte, was ihre beiden jüngeren Geschwister mit einer solchen Angst erfüllte, dass auch sie zu weinen begannen. Erika hatte kein Auge für das, was draußen vor sich ging, für die gelbe Helligkeit, die schließlich erstrahlte. Sie verspürte nur mit einem Male den überwältigenden Wunsch, die Heulsusen mit Backpfeifen ruhig zu stellen.

Weder Jörn noch Walter bekamen von diesen Vorgängen etwas mit. Walters Verbissenheit hatte auch Jörn inzwischen zu tief in das Schlachtgeschehen hineingezogen. Beide Seiten hatten bereits einen Gutteil ihrer Stärke eingebüßt, eine ganze Reihe von Kindern durfte als Abgeworfene nur noch in der Munitionsbeschaffung dienen, aber nicht mehr aktiv in den Kampf eingreifen. Immerhin hatten sie den eigentlichen Schauplatz ihrer Auseinandersetzung inzwischen erreicht. Die Lichtung lag zwischen ihnen wie eine Todeszone, die sogleich derjenige von ihnen, der eine Entscheidung stärker erzwingen wollte, erstürmen musste. Neben Walter hockte nur noch Agathe Runge im Unterholz, an Jörns Seite immerhin noch Holger Stölting, Ties Hagen Stöltings Neffe, und Emmy Cordte, die Furchtlosigkeit in Person. Alle waren sie dreckig, verschwitzt und zerkratzt, durch ihre Adern pumpte mehr Adrenalin als Blut. Aber wie sehr ihnen der Atem auch pfiff und die Arme vom übermäßigen Werfen schmerzten, davon spürten sie nichts. Ihr Selbstempfinden war gleich null. Alles, was sie noch in sich fühlten, war das unbändige Verlangen, den Gegner endlich dem Erdboden gleichzumachen, während dieses schaurig-schöne goldene Licht sie umspielte.

Jörn dachte an Wiedergutmachung für all das Unrecht, dass Walter und sein blöder Vater Erika und der ganzen Familie Bobzien angetan hatte, Walter an die Kränkung, dass sich sein bester Freund nur noch für dieses verkommene linke Gesocks interessierte. Emmy, Agathe und Lutz hatten ihre eigenen Gründe, für die sie nach Rache dürsteten und die nichts mit diesem Spiel zu tun hatten, sondern mit als plötzlich unerträglich erscheinenden Ungerechtigkeiten, erlitten durch Eltern und Geschwister, und sei es nur, dass Emmys kleine Schwester ihrer Puppe letztens beinahe den Arm abgerissen hätte. Schlagartig lag echte Gewalt in der Luft, aber weil sie sowieso schon die ganze Zeit über Gewalt hart an der Grenze zur Realität simuliert hatten, begriffen es die Kinder im Wald nicht. Währenddessen drohte die Situation im Dorf an manchen Stellen ernsthaft zu eskalieren. Auch die Erwachsenen sahen nun überall gute Gründe, gewisse Dinge und Fragen endgültig zu klären, obwohl ihnen das nackte Sonnenlicht, das jetzt unmissverständlich auf ihre bleiche Haut schien, einen Angstschauer nach dem anderen das Rückgrat hinunter jagte. Selbst gute Freunde wie Ties Hagen Stölting und Horst Molkentin wollten einander wegen der Lappalie einer nicht rechtzeitig zurückgegebenen Ahle auf einmal gegenseitig an die Gurgel gehen.

Im Wald war es schließlich Walter, der sie über die Klippe brachte und in einen unerwartet tiefen Abgrund stürzen ließ. Wie in Trance und ohne zu begreifen, woher das kam, rief, ja sang er plötzlich äußerst unmelodiös aus seinem Versteck heraus mit lautester Stimme, damit man ihn auch ja drüben auf der anderen Seite der Lichtung hörte: »Jörn und Erika, die haben sich sehr lieb. Sie wollen im Stall ein paar Kinder machen, denn da gehören sie hin. Und Erikas Vater hat nichts dagegen, solange er mitmachen darf …«

Jörn verstand kaum, was er hörte, von der Beleidigung einmal abgesehen. Aber mehr brauchte es auch nicht. Zutiefst in seiner Ehre verletzt und Erikas Ehre verteidigen wollend, stürzte er aus dem Haselnussgebüsch, in dem er mit Emmy und Holger hockte. Ohne jede Vorwarnung. »Du Schwein!«, schrie er Walter zu, der ihm sofort entgegenkam, wie ein wildgewordener Büffel aus den Büschen brechend. »Ich bring dich um! Sowas darfst du über Erika nicht sagen!«

Walter lachte nur gehässig.

Bis sich im nächsten Moment sein Mund in eine blutige Höhle verwandelte.

Seine Schneidezähne, wie er im ersten Schock behauptete, verlor er nicht, weil es wohl auch wirklich kein Stein war, was ihn traf. Jörn hatte eine noch in ihrer grünen Hülle steckende Haselnuss geworfen und Emmy eine Kastanie, während Holgers Handvoll Bucheckern weit um Walter herum streuten wie eine Ladung Schrot und kaum trafen. Trotzdem erschreckte sie alle der Anblick der aufgeplatzten, stark blutenden Lippen zutiefst, die Walters Finger beschmierten, mit denen er sich wiederum das Blut hektisch über Kinn, Wangen und bis an die Ohrläppchen verrieb. In Nullkommanichts sah er aus wie eine menschenfressende Schreckensgestalt aus einem Märchen – sein schmerzerfüllter Blick, der plötzlich in Zorn und Hass umkippte, passte nur allzu gut dazu. Und dann begann er auch schon, zu fluchen und zu schreien. Die Kinder, egal ob Freund oder Feind, wichen wie ein Mann sofort ein paar Schritte zurück, auch Jörn, obwohl ihm Walters Verwundung so leidtat, als hätte er sie ihm geschlagen. Der aber hörte nicht auf zu toben, steigerte sich mehr und mehr in seine Wut hinein, dass die Blutstropfen nur so in alle Richtungen davonflogen, während er wild mit den Füßen aufstampfte. Und plötzlich konnte Jörn nicht mehr anders, das Bild vom durch die Müllerstochter bei seinem Namen genannten Rumpelstilzchen setzte sich in seinem Geist fest.

Sein Lachen klang beinahe noch erschreckender als Walters Geheul.

Zu diesem Zeitpunkt hatten sich längst die ersten Kinder über den nahen Waldrand hinaus ins Dorf abgesetzt. Dort wähnten sie sich in Sicherheit vor der befürchteten Prügelei, jedoch liefen sie der Sonne unmittelbar in die ausgebreiteten Fangarme. Geblendet stoben sie zurück, manche brachen, verwirrt und verängstigt, in Tränen aus. So hatten sie ihre Heimat noch nie gesehen: Kaltsommer sah gar nicht mehr aus wie Kaltsommer, da gab es nichts Vertrautes mehr in diesem Anblick. Ein paar wagten sich schließlich doch ins Dorf vor, andere verkrochen sich im Unterholz, und nur ganz wenige traten den Rückweg an, um den anderen Kindern zu berichten, was da draußen an Seltsamem vor sich ging. Sie bekamen gerade noch mit, wie auf der Lichtung zwischen den beiden alten Kumpeln Jörn und Walter die Zeit für einen endlos langen Moment einzufrieren schien; es war wahrlich die Ruhe vor dem Sturm.

»Das hast du mit Absicht getan!«, schrie Walter und senkte den Kopf wie ein Stier, bereit zum Angriff.

»Stimmt nicht«, wehrte Jörn ab, noch zu jeder Geste der Versöhnung bereit.

»Du lügst doch!«

»Das war ein Versehen, ein Unfall. So was kommt vor beim Spielen.«

Walter war nicht zur Einsicht bereit, er hatte im wahrsten Sinne des Wortes Blut geleckt. Er senkte den Kopf noch ein Stückchen tiefer, seine Augen verengten sich zu Schlitzen, und ätzte gehässig: »Erika lässt sich davon bestimmt nicht beeindrucken.«

Jörn war sprachlos.

»Aber haben wirst du sie wahrscheinlich trotzdem können«, fuhr Walter fort, während ihm ein Gemisch aus Blut und Speichel wie Giftschaum von den Lefzen troff.

»Was soll das heißen?«, stammelte Jörn.

»Diese kleine Hure …«

Jörn wurde es abwechselnd heiß und kalt.

»… die treibt es doch mit jedem …«

Ihm wurde schlecht.

»… sogar mit ihrem Vater!«

Der Schrei zerriss alles: Stille, Starre, Nerven und Sonnenlicht. Jörn forderte von seinem Freund gar nicht mehr die Rücknahme dieser grenzenlosen Beleidigung, sondern stürzte sich, nun selbst zum Stier geworden, auf ihn. »Du Schwein«, brüllte er noch, »du elendes Schwein!« Doch Walter hatte für ihn nur noch ein böses Grinsen übrig und ballte die Fäuste.

Sie prallten mit Wucht aufeinander und lagen augenblicklich im Gras, sich balgend, schlagend, kratzend und an den Haaren ziehend. In der Hitze des Gefechts verloren sie vollkommen die Beherrschung und wussten nicht mehr, was sie taten, unwissentlich angefeuert von den Sonnenstrahlen, die ihnen direkt durch Schopf und Schädel ins Gehirn zu dringen und jedes verantwortungsbewusste Handeln zu Asche zu verbrennen schienen. Sie kannten nur noch eins: Vernichtung. Holger, der als erster seinen Schock überwand, wollte sie trennen und zog am nächstbesten Glied, das ihm aus dem Leiberknäuel in die Finger kam. Leider gehörte es Walter, was Agathe, die ebenfalls ganz nahe dabei stand, als Angriff auf ihren Kommandeur verstand. Sofort stürzte sie sich auf Holger und prügelte auf ihn ein. Der wusste zuerst gar nicht, wie ihm geschah, doch dann prügelte er zurück, schlug einmal sogar so fest zu, dass Agathe hernach ein Eckzahn bedenklich wackelte.

Im Nu entstand eine Massenschlägerei, an der zwölf Kinder beteiligt waren. Eine wüste Rauferei, die den Blessuren des Spiels echte Wunden an die Seite stellte. Es wurde geschrien, geheult und gebrüllt, geschlagen, getreten und gewürgt; der kleine Lutz Nissen stopfte dem zwei Jahre älteren Björn Löhndorf welke Blätter, Gras und Erde ins Maul, bis es nur so zwischen seinen Zähnen knirschte. Kleider gingen in Fetzen und Haare wurden ausgerissen. Dass an jenem Tag auf jener Lichtung kein Kind eine schwerere Verletzung davontrug, war allein dem Glück geschuldet.

Dass keins der Kinder noch einmal von den Eltern durchgeprügelt wurde, als sie bald darauf, zerschlagen und mit ruinierter Wäsche, nach Hause kamen, lag allerdings daran, dass die Eltern von den Ereignissen, die zur selben Zeit wie die Prügelei im Dorf passierten, noch zu verstört waren. Der Anblick ihrer zerschundenen Kinder passte da zu gut ins Bild. Denn als hätte Oma Philipps mit ihrem Erinnerungsvermögen, das inzwischen löchriger war als ein Schweizer Käse, nicht einen Schwank aus ihrer Jugend erzählt, sondern eine böse Prophezeiung gesprochen, gingen auch im Dorf mehrere Männer urplötzlich wegen nichts aufeinander los und Nachbarinnen kreischten sich schrill über den Gartenzaun an. Ties Hagen Stölting und Horst Molkentin fielen tatsächlich übereinander her wegen der Ahle, die der eine dem anderen noch nicht zurückgebracht hatte, obwohl er mit ihr schon fertig war und obwohl dafür nicht der geringste Grund zur Eile bestand. Im Gutskontor herrschte Hermann Runge seinen neuen Angestellten Eberhardt Cordte an, weil der beinahe einen Tintenfleck auf sein Schreibpult gekleckst hätte. Henriette Iversen, Hanno Iversens Witwe, die gerade beim Packen war, um nach Kiel zu ihrer Schwester zu ziehen, rutschte die gute Suppenterrine, das imposanteste Stück ihres Festtagsgeschirrs, aus den Händen und zerschellte auf dem Boden in tausend kleinste Scherben. Darüber zerrissen ihre ohnehin schon seit der Todesnachricht ihres Mannes wie Drahtseile gespannten Nerven. Sie brach zusammen und zerschmetterte kreischend jedes Stück Steingut und Porzellan in ihrem Haus, das sie in die Finger bekam, bevor Frau Kistenmacher, die nebenan wohnte und den entsetzlichen Lärm gehört hatte, sie mit einer Ohrfeige stoppen konnte. Tatsächlich war diese Ohrfeige eher ein Fausthieb, ein veritabler rechter Haken, der die Rasende für Minuten außer Gefecht setzte, wie diese mit einem ungeahnten Gefühl der Genugtuung feststellte. Erika dagegen walkte ihre Geschwister, deren Weinerlichkeit sich bis ins Unerträgliche steigerte, als der verstümmelte Vater plötzlich lauthals nach Bier verlangte, als wäre das eine echte schmerzlindernde Medizin, mit dem Teppichklopfer durch. Zu guter Letzt zog sie den sogar ihrem plärrenden und brüllenden Vater über den Schädel, und erst danach, als er verdutzt schwieg und sie aus großen, verletzten Augen anstarrte, kam sie wieder zur Besinnung …

Solcherlei Vorfälle gab es noch weitere in Kaltsommer an diesem Tag im August des Jahres 1917. Sie glichen sich alle, weil ihr Anlass entweder ein vollkommen nichtiger war oder eine Feuersbrunst, die schon lange in ihnen geschwelt hatte. Dass auch von den Erwachsenen niemand ernsthaft verletzt wurde, lag daran, dass die Sonne nicht allzu lange auf das Dorf herniederschien. Eine halbe Stunde nur bildete die ewige Wolke einen Trichter und zeigte einen blauen Himmel, in dessen Zentrum die heiß brennende gelbe Kugel stand wie ein böses Auge. Dann schloss sich die Wolke wieder und zeigte ihren üblichen grauen Bauch, als wäre nicht das Geringste geschehen. Und sobald wieder normale Lichtverhältnisse herrschten und der altbekannte, feuchtkühle Nieselregen einsetzte, beruhigten sich die Gemüter endgültig wieder. Verwundert sah man sich an, konnte nicht begreifen, was soeben geschehen war, half sich auf, klopfte sich auf die Schulter, reinigte sich gegenseitig die Wunden und lachte bald unsicher über das Vorgefallene. Die Sache war ihnen allen so unverständlich, dass sie einander allein deswegen nicht böse sein konnten. Das galt selbst für Walter und Jörn, auch wenn ihre Freundschaft etwas mehr Zeit brauchte, um sich zu erholen. Aber bis zum nächsten Sommer, als sich die Spanische Grippe Walter und noch so manch anderen Dorfbewohner holte, war sie längst wieder intakt.

Trotzdem gab es auch ein Todesopfer zu beklagen, und die Tragik, die das gesamte Dorf darin erkannte, sorgte endgültig dafür, dass alle einander das Begangene verziehen. Oma Philipps überlebte den zweiten Sonnenschein, den sie in Kaltsommer erlebte, nicht. Eine Obduktion hätte einen Herzinfarkt ergeben. Wie sie es allerdings schaffte, mit ihren kraftlosen Beinen, die sie sonst kaum noch bis zum Nachttopf trugen, bis hinaus in den Garten zu kommen, wo sie schließlich kollabierte, sollte eine auf ewig unbeantwortete Frage bleiben. Mysteriös war zudem, was ihre Schwiegertochter, die sie fand, erzählte: »Sie sah nicht aus, als wäre sie vor Schwäche gestorben. Sie sah aus, als hätte sie ein Gespenst gesehen! Zumindest als ich ihr Gesicht endlich sehen konnte, denn als ich kam, sah ich zuerst nur ein eigenartiges Schillern rund um ihren ganzen Kopf. Und erst als ich ganz nah herangetreten war, sah ich, dass sich ein ganzer Schwarm von silbrig glänzenden Libellen auf ihr Gesicht und ihre Haare gesetzt hatte, die nun aufstoben und sich in alle Himmelsrichtungen verteilten. Das war eigentlich ein schöner Anblick, aber mich schüttelt's jedes Mal, wenn ich daran denke.«

MAIN Verlag

Thomas Pregel
Abschied von Kaltsommer

ISBN: 978-3-95949-603-2

Was macht das kleine Holsteiner Dorf Kaltsommer, in dem es ununterbrochen regnet, für einen schwulen Single Mitte zwanzig so anziehend? Christians Studentenleben in Berlin hindert ihn nicht daran, immer wieder sein Elternhaus zu besuchen. Doch dann passiert etwas, was sein Leben für immer verändern könnte, vorausgesetzt, er trifft die richtige Entscheidung …

Der zweite Teil der Holsteiner Trilogie von Thomas Pregel erzählt von einer Liebe zwischen Kaltsommer und Berlin-Neukölln – und davon, was Hormone so alles bewirken können …

KALT SOMMERS

UNTERGANG

INVICTICON

Printausgabe, erschienen 2022
1. Auflage

ISBN: 978-3-95949-605-6

www.main-verlag.de
www.facebook.com/MAIN.Verlag
order@main-verlag.de

Druck: AKT AG, FL-9497 Triesenberg (AgenTisk Huter d.o.o)

Bibliografische Information der Deutschen Nationalbibliothek:
Die Deutsche Nationalbibliothek verzeichnet diese Publikation in der Deutschen Nationalbibliografie; detaillierte bibliografische Daten sind im Internet über http://dnb.d-nb.de abrufbar.

Die Handlung, die handelnden Personen, Orte und Begebenheiten dieses Buchs sind frei erfunden.
Jede Ähnlichkeit mit toten oder lebenden Personen oder Persönlichkeiten des öffentlichen Lebens, ebenso wie ihre Handlungen sind rein fiktiv, nicht beabsichtigt und wären rein zufällig.

THOMAS PREGEL

KALT SOMMERS

UNTERGANG

ERSTER TEIL

HOLSTEINER TRILOGIE III

Das Buch

Benjamin Sandow kehrt nur aus einem einzigen Grund aus Berlin nach Kaltsommer zurück: Um sein Erbe so schnell wie es geht zu verkaufen, und damit alle Bande zwischen seinem neuen Leben in Berlin und seiner Kindheit in Kaltsommer für immer zu durchtrennen. Schließlich wartet Gerrit in Berlin, Benjamins um gut zwanzig Jahre jüngere Liebe.

Wer war Aleric, der Kaltsommer gründete und von dem Benjamin träumt? Kaltsommer, seine Wolke und seine Bewohner werden zu einer ganz besonderen Mixtur.

Mit »Kaltsommers Untergang« endet die Holsteiner Trilogie. Kaltsommer an sich mag in einer Zeit der Akzeptanz und Toleranz nicht mehr gebraucht werden, aber der Zauber des Neuen und des Wandels wohnt diesem Buch, das zugleich auch ein historischer Roman ist, und die Geschichte des Umgangs mit der Homosexualität in Schleswig-Holstein vom 8. Jahrhundert bis heute schildert, inne.

für Simon,
für Femke und Ylva
und auch für Till

Wenn die Räder des Universums richtig eingestellt sind, dann kompensieren sich Gut und Böse – aber auch das Gute kann furchtbar sein.

Stephen King – Es

Nur die halbe Welt ist Teflon und Asbest
Der Rest ist brennbar
Und mitunter angezündet
Ganz munter anzuschau'n
So lichterloh
Lichterloh
Und alles für König Feurio!

Einstürzende Neubauten – Feurio!

Am Anfang

... STANDEN DER WALD UND DIE *Wolke. Welches von beiden zuerst da war, vermag ich allerdings nicht zu sagen. Die Quellenlage ist dürftig, und Gott, so er existiert oder überhaupt interessiert sein sollte, schweigt. Es gäbe noch ein paar Verse, der Versuch eines Epos über diesen seltsamen Ort, doch beruhen die nicht unbedingt auf Fakten. Was an Informationen vorhanden ist, stammt beinahe komplett aus der historischen Neuzeit, eine zweihundert Jahre zurückreichende Dorfchronik und Notizen für eine Biografie. Der Rest beruht auf Mythen und Legenden, Vorstellungen und Wünschen. Es fehlen Hintergründe und Zusammenhänge, und die zu ergründen und herzustellen, das ist jetzt meine Aufgabe. Aber ob sich aus all diesen vagen und dunklen Andeutungen Wahrheiten bilden und zu Tatsachen verdichten oder ob nicht doch alles ein sinnloses Stochern im Nebel der Gezeiten bleiben wird – ich vermag es jetzt noch nicht zu sagen. Kaltsommer. Ausgerechnet Kaltsommer! Von allen unmöglichen Orten, die jemals auf diesem Planeten existierten, muss es unbedingt dieser sein. Wer nicht aus dieser Gegend kommt, entweder aus dem Dorf selbst oder seiner unmittelbaren Umgebung, hatte, so wie ich, kaum jemals davon gehört, seine weltweit einzigartige meteorologische Anomalie hin oder her. Nicht einmal das Internet mit seiner Fähigkeit, Mücken so sehr aufzublasen, bis sie zu Elefanten mit fetten Bäuchen voll heißer Luft werden, schaffte es, daraus eine Berühmtheit zu machen oder wenigstens ein temporäres Aha-Erlebnis. Das gelang erst seinem Ende. Ausgerechnet durch seinen Untergang wird Kaltsommer jetzt für alle Zeiten im Gedächtnis der Menschheit überdauern. Der war eine Naturkatastrophe, ein Spektakel, ein Medienereignis, sodass man nicht einmal mehr in unmittelbarer Nähe gestanden und die Hitze auf der eigenen Haut gespürt haben muss, um sich an diese Bilder zu erinnern. Nur täuschen diese Bilder eben auch. In ihrer grausamen Radikalität verzerren sie die Wirklichkeit, das, was Kaltsommer wirklich einmal gewesen ist.*

Wenn ich nicht unser Glück festhalte, wie kann dann mein Schmerz vergehen? Es wäre falsch, sich an diesen Ort nur durch Feuer und Schwefel zu erinnern, es gab – gibt – noch eine lange, lange Geschichte davor. Die will ich rekonstruieren. Um meinet- und um deinetwillen. Das ist, was bleiben soll. Deshalb folge ich der Spur aus Brotkrumen, die du und andere vor mir gelegt haben, egal wie sehr sich diese ominösen Nonnengänse daran bereits gütlich getan haben mögen. Es fängt ja schon mit der Frage an, was zuerst da war, der Wald oder die Wolke. Beides ist heute verschwunden, aber die Wolke hat länger durchgehalten. Heißt das auch, sie war zuerst da? Die Vermutung liegt nahe, freilich ohne jeden Beweis. Ich muss trotzdem eine Wahl treffen, um einen Anfang für diese Geschichte zu schaffen, und entscheide mich für die Wolke: Die Wolke war zuerst da. Sie stand bereits unverrückbar wie ein Fels am Himmel, als die Bäume ihre ersten verletzlichen Keime aus dem Erdboden reckten, auf der Suche nach dem Licht einer Sonne, die an dieser Stelle noch für Jahrtausende nicht scheinen sollte, und als sie dann endlich durch die Wolke brach, führte es unmittelbar in die Katastrophe …

Die Wolke also war zuerst da. Weil sie sich aber niemals oder doch nur minimal wandelte, allen geophysikalischen Naturgesetzen zum Trotz, und weil wir uns selbst mit unserem heutigen Wissen und technischen Möglichkeiten ihren Ursprung nicht erklären können, wollen wir sie einfach als Gegebenheit hinnehmen und als Grundvoraussetzung in diese Geschichte einführen. Diese Wolke war ein trüber Himmelsdiamant, bestehend aus winzigen verdichteten Wassertropfen und Eiskristallen, wertvoll auf seine Art und notwendig für den weiteren Verlauf unserer Handlung. Allein durch ihre Anwesenheit erschuf sie einen Ort, den die meisten Menschen instinktiv mieden. Ohne dieses Meiden aber gäbe es jetzt nichts zu erzählen. Denn es war ein sommers wie winters feuchter und kalter Ort, ein unwirtlicher, unfreundlicher Ort, an dem nur bestehen konnte, wer genügend eigene innere Wärme mitbrachte. Den meisten Menschen war und ist diese Veranlagung nicht gegeben, ohne die Strahlen der Sonne gehen sie ein wie vernachlässigte Blumen. Deshalb und weil die Wolke nur einen Bereich von wenigen Quadratkilometern Ausdehnung bedeckte, fiel es ihnen leicht, diesen zu umgehen. Und das war auch gut so, es war sogar notwendig, denn nur so blieb für die wenigen anderen Menschen überhaupt dieser Platz übrig. Sie zog diese zu einer spitzen grauen Kuppel zulaufende Wolke bald schon wie magisch an, als stünde in einer Geheimschrift auf ihrer äußeren Hülle eine Botschaft geschrieben, die ihnen versprach: Unter meinem triefenden Dach wird alles gut für euch. Wer nun der allererste Mensch gewesen sein mag, der jemals den Schritt in den Schatten der Wolke wagte, wissen wir ebenso wenig wie die Antwort auf die Frage, ob die Wolke wirklich vor dem Wald an diesem Ort erschienen ist. Wichtig ist diese Information indes nicht, es wäre doch nur ein uns fremder Name. Wichtig dagegen ist, dass ihn die nackte Verzweiflung, diese dunkelste aller menschlichen Energien, angetrieben haben muss, dass er ausgerechnet hier sein tristes, auf Lunge und Bronchien gehendes Asyl erblickte, mehr Heim und Zukunft als der Ort, von dem er geflohen war. Als er Kaltsommers Boden betrat, war er allein, und deshalb wollen wir ihn zum Ahn und Vorfahr aller Nachfolgenden bestimmen. Nicht im Sinne einer direkten Blutlinie, so doch aber in dem des Verhaltens und der Veranlagung.

Nennen wir ihn Aleric.

Aleric war ein handwerklich, landwirtschaftlich und in allen Jagdtechniken seiner Zeit begabter Mann. Er hatte von frühester Kindheit an gelernt, wie man mit und von der Natur lebte, denn das war die einzige Art, wie man in jenen Tagen in dieser Gegend, in dieser Welt überlebte. Das Wissen darüber wurde mit den Händen vermittelt und festgehalten, Bücher, die exakte Wissenschaft als Trägerin von Informationen, spielten noch gar keine Rolle. Des Menschen Gedächtnis war das einzige Speichermedium. Starb der Mensch, bevor er sein Wissen persönlich an die nachfolgende Generation weitergeben konnte, erlosch sein Wissen mit ihm. Anderswo mochte es bei Alerics Geburt bereits Papyrus, Pergament, Schriftrollen und sogar Bücher gegeben haben, in diesen Breitengraden jedoch nicht. Hier gab es noch nicht einmal Buchstaben. Es ging nicht darum, Dinge zu bewahren, sondern die Flamme des Lebens am Verlöschen zu hindern. Was zählte, war allein das, was man mit seinen eigenen zwei Händen und gelegentlich in kleinen Gemeinschaften erreichen und greifen konnte. Die Natur litt diese Eingriffe nicht, sie waren zu klein und unbedeutend, um Spuren zu hinterlassen. Der Wald in all seiner bedrohlich düsteren Wildheit überwucherte schnell jeden Einschlag und tilgte ihn aus, als hätte es ihn niemals gegeben. Der Wald barg Schutz und Gefahr zugleich, bewahrte das Leben und brachte den Tod. Ein Menschenleben dauerte in Alerics Tagen sowieso nicht lange. Ein falscher Tritt, ein gebrochenes Bein und ein wenig Wundbrand und man war Vergangenheit. Das Leben war zerbrechlich wie ein Ei und manchmal schneller kaputt als ein Windei. Es war hart, es war brutal und auch auf grausame Art und Weise schön. Noch immer beherrscht von den alten Göttern des Nordens und des Ostens und bis auf weiteres gänzlich unberührt von dem Glauben des Aachener Königs, der sich gerade anschickte, ein Reich aufzubauen, vereint unter dem Banner eines einzigen Gottes. Eine Vorstellung, die Aleric und seine Nachbarn als pure Blasphemie empfunden hätten. Sie wussten sich bei jedem Schritt umgeben von den höheren Mächten, die im einen Moment feindlich und im nächsten schon fabelhaft sein konnten und in jedem See und Bach, in jedem Baum und Strauch und Stein wohnten. Sie waren es, die ihn entweder reichlich mit Fisch belohnten, wenn er sich dem See näherte, oder ihn zu sich in die Tiefe zogen; sie konnten ihn üppig mit Beeren, Fleisch und Holz segnen oder mit einem herabfallenden Ast erschlagen; sie waren das Feuer, das sie winters wärmte oder sommers als Waldbrand verkohlte. Sie traten in Gestalt der Nixe oder des Raubtiers oder des unsichtbaren Übels auf, das aus einem gesunden Mann erst einen kranken und dann einen toten machte, oder als der Lichtstrahl erscheinen, der einem doch noch den Weg heraus aus dem unendlichen Labyrinth der Millionen Stämme wies. Was diese Götter taten, oblag allein ihrem unergründlichen Willen. Die Götter waren weder gut noch böse – diese Kategorien überließen sie den nieder am Boden herumkreuchenden Menschen und erhoben oft genug allein den Wald zum Richter über Gedeih und Verderb. Denn den Wald gab es damals schon. Der Wald war eine einzige ewige ausufernde Wildnis, das gesamte Land bedeckend, unendlich und unergründlich wie die Götter, die ihn erschaffen, dunkel und mystisch. Ein Hort von Versprechungen ebenso wie von Gefahren, der Hüter aller menschlichen Wünsche und Ängste.

Der Wald hieß Isarnho, Eisenwald.

Den habe ich mir nicht ausgedacht, den gab es wirklich.

Er wuchs, nachdem das Eis der Weichseleiszeit, der letzten Eiszeit ihrer Art bisher, gekommen und wieder gegangen war. Erst hatten ihre Gletscherzungen, rau von den mitgeschleppten Geröllmassen, über das Land hin und dann, weich geworden vom Tauwetter, wieder zurückgeleckt. So hatten sie die hiesige Endmoränenlandschaft geschaffen, ein flaches, von sanften Hügeln gekröntes Gebiet, unter dessen Oberfläche Kies, Steine und Findlinge lagern. Das Eis verschwand, das Klima wurde milder, und die Bäume begannen zu sprießen. Der Wald wuchs. Er stand wohl schon hoch, tief und unberührt, als die ersten Menschen kamen, Alerics Vorfahren. Oder sie kamen zusammen mit ihm, immer den feuchten Spuren der sich zurückziehenden Eiszungen auf den Fersen. Nomaden zumeist, Jäger, Sammler, Gelegenheitsfischer, die noch nicht gelernt hatten, wie man den Boden bewirtschaftet oder eine metallene Axt schwingt. Vermutlich kannten sie das Feuer schon, aber selbst damit rückten sie dem Isarnho noch nicht wirklich zu Leibe. Eher hatten sie Angst vor ihm und nutzten die Wärme der Flammen nur, um sich selbst Mut zu machen und in ihren Herzen die Zuversicht zu entfachen, es durch die Gefahren der Nacht in den nächsten Morgen zu schaffen. Denn in diesem Wald, so wollte es die alte nordische Sage, lebte die Riesin Angrboda, die Alte vom Eisenwald, die dem Fenriswolf die Kinder Hati und Skalli gebar. In einer anderen Sage freilich ist sie die Mutter des Wolfes Fenrir sowie seiner Geschwister Jörmungand, der Midgardschlange, und Hel, der Totengöttin, gezeugt mit dem Gott Loki selbst. So finster sind diese alten Geschichten und doch so voller buntem Leben. Vielleicht ist das der Grund, warum es die Menschen trotz dieser göttlich-wölfischen Bedrohung wagten, im Isarnho zu siedeln und die ersten Stämme für ihre Behausungen zu roden. Mit Beilen aus Flint hackten sie das Holz. Sie banden es mit Bast und Birkenpech zu einem mehr oder weniger stabilen Ganzen zusammen, damit es ihnen wenigstens ansatzweise Schutz bot vor schleichendem Getier und kriechender Kälte und der mitunter granitenen Faust des Sturmes. Und sie gediehen. Ihre Gemeinschaften aus Männern, Frauen und Kindern etablierten sich im Eisenwald, selbst wenn Fenrir sich noch den einen oder die andere von ihnen holen sollte oder sie Hati, der den Mond verfolgte, oder Skalli, der die Sonne verfolgte, sich auf ihrer ewigen Jagd als kleinen Imbiss zwischendurch schnappten. Ihre Angst vor solchen Gefahren ging über den Anforderungen des Alltags allmählich verloren. Neue Ängste entstanden stattdessen, denen selbst der routinierteste Alltag nicht beizukommen mochte.

Ängste, von denen gerade Aleric ein Lied singen konnte.

Vielleicht kannte er den Wald deshalb so gut, weil er ihm trotz aller Gefahren einen Rückzugsort bot, Momente der Erholung und Freiheit, des Aufatmens. Der Isarnho war ein echter Mischwald. Er bestand aus Eichen, Buchen und Birken und verfügte über ein dichtes Unterholz aus Dornen- und Strauchgewächsen, das nicht leicht zu durchdringen war, schon gar nicht mit Blicken. Blicken der Neugier ebenso wie der der Kontrolle, aber auch der Furcht. Für Aleric wäre es die meiste Zeit seines Lebens erträglicher gewesen, vom gierigen Beuteblick Fenrirs verfolgt zu werden als von den nachforschenden seiner Mitmenschen. Deshalb also ging er oft und tief in den Eisenwald, machte sich darin nützlich für die Gemeinschaft, in der er lebte, jagte, sammelte und hielt Ausschau nach möglichen Feinden. Den anderen in der Siedlung erzählte er allerdings nicht, dass eins seiner Augen dabei immer auch nach hinten gerichtet war, auf sie. Er traute ihnen nicht, er durfte ihnen nicht trauen. Allein im Wald konnte er frei atmen, wenn er sich dem kurzen und zu gefährlichen Traum, um ihn in die Tat umzusetzen, hingab, für immer zwischen den dicken hohen Stämmen zu verschwinden. Die Einsamkeit einer solchen einsiedlerischen Nomadenexistenz erschien ihm mitunter verführerischer als tagein, tagaus die Angst, entdeckt zu werden. Die Dinge, die ihm dann drohten, wären schrecklicher gewesen als alle Schrecken des Waldes zusammen. Dieser Wald aber erstreckte sich einmal quer über das Land von Südosten nach Nordwesten oder, mit heute geläufigeren Namen gesprochen, von Lübeck bis hoch zur Schlei, wo die Wikinger in Haithabu hausten, und zog sich weiter bis hin zur Geest. Der Isarnho war ein Meer aus Holz und Blättern und Tierhöhlen – und in jedem Meer kann man schwimmen, zumindest eine Zeit lang. Wie weit er bei einem solchen Schwimmversuch gekommen wäre, hätte Aleric nicht zu sagen gewusst, der Gedanke blieb stets Theorie. Am Ende war die Furcht doch immer größer als der Druck, der auf ihm lastete. Trotzdem war die Versuchung da, eines Tages seine Sachen zu einem leichten Bündel zu schnüren und sich einfach auf den Weg zu machen, komme, was wolle. Wie weit er gekommen wäre, ist schwer zu sagen, aber noch gab es nicht einmal den Limes Saxoniae, der, nun auf Geheiß des Aachener Kaisers errichtet und das Land von der Elbe bis hinauf zur Kieler Förde zerteilend, die Stämme der sächsischen Holsaten, Dithmarscher und Stormarn von den slawischen Abodritenstämmen der Wagrier und Polaben trennen sollte. Vielleicht wäre er sehr weit gekommen und hätte anderswo einen Neuanfang schaffen können, vielleicht hätte es ihn aber auch nur vom Regen in die Traufe geführt.

Anders als sein Name es vermuten lässt, war Aleric ein Slawe und kein Sachse. Früh verwaist und von Nachbarn eher deshalb aufgenommen, durchgefüttert und großgezogen, weil sie in ihm eher die zukünftige Arbeitskraft sahen als das zusätzliche Maul, das gestopft werden musste, konnte ihm niemand erzählen, wie es zu dieser kuriosen Namensgebung gekommen war. Seine Eltern mochten bereits bei seiner Geburt etwas in ihm gesehen haben, das für andere noch längere Zeit wohl verborgen blieb. Sein Name jedenfalls trennte Aleric nicht vom Rest der Gemeinschaft, in der er lebte. Seine lebenstauglichen Fähigkeiten, von denen alle profitierten, obsiegten schnell über jedes Befremden. Nicht seines Namens wegen sollte Aleric zum ersten Helden unserer Geschichte werden, nämlich zum Gründervater des Ortes, der schließlich Kaltsommer wurde, zum Urahn all jener, die nach ihm kamen, ich selbst vermutlich eingeschlossen. Nein, so einfach liegen die Dinge nicht. Es brauchte ganz eigene Gründe, die Aleric schließlich – freundlich ausgedrückt – zum Gehen veranlassten. Und genau diese Gründe mögen es am Ende sogar gewesen sein, die ihn ausgerechnet diesen immerfeuchten, immerkalten Platz unter der immerwährenden Wolke einsam in und über dem Isarnho als Zielort wählen ließen. Gerade hatte er alles verloren und kaum die eigene Haut retten können, der Schrecken über den Verlust seines gesamten bisherigen Lebens stand ihm noch ins Gesicht geschrieben, und doch kroch er nur so weit, bis er den wohl am wenigsten einladenden Flecken Erde auf der ganzen Welt erreicht hatte. Und trotzdem wage ich zu behaupten, dass es ihn nicht aus Reue oder Schuldgefühl dorthin getrieben. Nicht aus dem Impuls heraus, sich für das, was vorgefallen, bestrafen zu müssen. Ich wage zu behaupten, dass er vielmehr sofort hinter dem Wolkenschatten das Wolkenheim erkannte.

Damals, zu Alerics Zeiten rund um die römische Krönung Karls des Großen zum Kaiser des Heiligen Römischen Reiches deutscher Nation, das hier oben mehr ein hallender Name war als eine handfeste Realität, war dieses Land nur dünn besiedelt. Die meisten heutigen Städte waren noch nicht gegründet, selbst das stolze Lübeck harrte noch seiner Besiedlung. Die Menschen lebten verstreut in kleinen Flecken und Weilern, manchmal durch künstlich aufgeschüttete Wälle und mit Palisaden geschützt, oftmals kaum befestigt und nach einer Weile wieder aufgegeben. Sie hatten Namen, diese Siedlung, doch waren die kaum substantieller als der Rauch ihrer Herdfeuer und sind deshalb nur selten im Gedächtnis haften geblieben. Alerics Heim war ursprünglich genau so eine Siedlung, am Ufer irgendeines der zahlreichen Seen der Gegend gelegen, vielleicht sogar dem Großen Plöner See. Es kann aber auch am Dieksee, Kellersee, Ukleisee oder Großen Eutiner See gewesen sein, jedenfalls irgendwo im Gebiet der Holsteinischen Seenplatte. Genaueres konnte ich an dieser Stelle nicht herausfinden, alle Spuren führen hier ins Dunkel des Ungewissen. Schriftliche Aufzeichnungen jedenfalls gibt es nicht oder nur so wenige, dass von der Seite keine Hilfe bei der Suche nach diesen Ursprüngen zu erhalten war. Das, was wir heute Zivilisation nennen, steckte damals hier oben noch in den Kinderschuhen oder lief, genau genommen, barfuß herum.

Es war eine sehr schöne Gegend, aus der Aleric stammte. Sie ist noch heute malerisch und idyllisch. Ihn trieb es trotzdem westwärts unter die große einsame Wolke. Warum? Ich denke, es ist langsam an der Zeit, dass ich davon erzähle, obwohl oder gerade weil diese Geschichte mit ziemlicher Sicherheit auf den Umfang eines Dickens', Dostojewskis oder zur norddeutsch-dörflichen Variante von Marcel Prousts Auf der Suche nach der verlorenen Zeit *anschwellen wird.*

ERSTER TEIL

WOLKENKUCKUCKSHEIM

Erstes Kapitel

Wie ein Berggipfel ragt sie in den Himmel – ein Berg ohne Wurzeln, ohne Fundament und Bodenhaftung. Am auffälligsten ist sie bei klarem Wetter, wenn sie sich aus einer planen blauen Ebene erhebt, oder in einer sternenklaren Nacht, wenn an ihren Rändern plötzlich das Funkeln der Sterne abbricht. In diesen Momenten kann man ihr eine gewisse Schönheit nicht absprechen, ist sie durchaus beeindruckend. Doch selbst aus einer geschlossenen Wolkendecke, wenn das gesamte Firmament von Nord nach Süd, von Ost nach West von Tiefdruckgebieten in die Mangel genommen wird, sticht sie hervor. Sie fügt sich niemals ein, steht immer für sich selbst, dreht sich allein um ihre eigene Achse, als befände sich in ihrem Innern ein so schwerer Kern, dass er ein eigenes Gravitationsfeld erzeugt. Woraus dieser Kern freilich bestehen sollte, ist schwer zu sagen, denn erzhaltiges Gestein kann es wohl schlecht sein. Aber können sich Wassermoleküle und Eiskristalle so sehr verdichten? Die Wissenschaft würde diese Frage mit einem klaren Nein beantworten; eine Erklärung für das Vorhandensein dieser Wolke hat sie dennoch nicht zu bieten. Für die Wissenschaft ist sie bloß eine Anomalie, eine Randerscheinung und wird entsprechend herabgewürdigt, wenn es um die Verteilung von Forschungsgeldern geht. Dabei ist die Wolke über Kaltsommer ganz offensichtlich viel mehr als das, nämlich ein Mysterium, dessen Geheimnisse ihr noch niemand entrissen hat. Vielleicht besitzt sie deshalb die Form eines alten Zaubererhutes: schmutziggrau, spitz zulaufend und überall eingedellt. Es könnte Magie unter seiner Krempe stecken, weiße wie schwarze. Dabei sind ihr Wesen und ihre Maße mit Skalen und Kategorien erfassbar, völlig fantasielos und trotzdem fantastisch: Am ehesten kann man sie wohl in die Wolken mit großer vertikaler Erstreckung einreihen, denn ihr Kegelkörper ragt bis hinauf in eine Höhe von beinahe dreizehntausend Metern und wirkt, als wäre sie mit ihrem spitzen Ende in die Tropopause gerammt worden. Das macht sie wohl zu einer Mischung aus den Wolkengattungen Nimbostratus und Cumulus. Vielleicht aber ragt sie auch bis in die große Unsichtbarkeit jenseits davon und hat es geschafft, ihre Spitze in einem großen universalen Rotationsmechanismus zu schieben – oder in der Hand Gottes höchstselbst. Wie ein Brummkreisel dreht sie sich die ganze Zeit um ihre eigene Achse. Dabei verrückt sie niemals auch nur um einen einzigen Zentimeter in irgendeine der vier Himmelsrichtungen von der Stelle. Stets bleibt sie fest an ihrem ureigenen Platz verankert. Sich gemächlich wie genügsam um sich selbst drehend, bedeckt sich nicht mehr als drei bis vier, bestenfalls fünf Quadratmeter Land, die zudem noch umschlossen sind von einer dünnen Wand aus Nebel, weil sich die Temperatur unter der Wolke immer von der unter dem Himmel unterscheidet und es so im Grenz- und Vermischungsbereich zur Nebelbildung kommt. Der Platz unter der Wolke entzieht sich dauerhaft dem Blick von außen, es ist, als existierte er gar nicht wirklich. Er erscheint zur Gänze als ein Ort der Einbildung. Doch weil die Wetterbedingungen, unter denen er sich präsentiert, so wenig einladend sind, sind es die Bilder, die man sich bei seinem Anblick von ihm macht, erst recht nicht. Es ist der ideale Ort für alle, die etwas zu verheimlichen haben oder sich verstecken müssen. Sie wissen instinktiv, hier werden sie niemals gefunden, hier will niemand nach ihnen suchen. Solange sie nicht hinter die Nebelwand aus dem Schatten der Wolke treten, sind sie in Sicherheit – bis die Wolke eines Tages beschließen wird, sich aufzulösen. Dann werden alle, die sich unter ihrem Schutz eingerichtet haben, plötzlich nackt und bloß dastehen, von Kopf bis Fuß in einer bleichen Haut steckend, die die Sonne weder gewohnt ist noch verträgt. Mit schreckensweiten Augen werden sie zum Himmel hinauf blicken und erkennen, dass ihr Schutzschirm immer schneller um ihre eigene Achse rotiert und dabei buchstäblich in Fetzen fliegt. Weiß-graue Wattebälle aus Wassertropfen und Eiskristallen werden in den Osten, den Süden, den Westen und den Norden geschleudert und durch die Geschwindigkeit und die ungewohnte Wärme, die sie auf einmal umgibt, zu einem Nichts verdunsten. Manche Teile mögen auch nach unten zu Boden gedrückt werden und sich noch für eine Weile mit dem Nebelband dort vereinen, das nach Kräften die Stellung hält. Sie mögen dann aussehen wie die verschwimmende Wand einer sich in Höchstgeschwindigkeit drehenden Zentrifuge. Schneller und immer schneller wird es gehen, bis das Firmament blau durch die ewige weißliche Einheitsfarbe hindurchbricht, zuerst nur an manchen Stellen, dann großflächig, bis schließlich nichts mehr von der Wolke übrig ist. Jahrtausende lang hat sie an dieser Stelle das Leben bestimmt, regiert wie eine bescheidene Königin, aber jetzt wird es so sein, als hätte es sie niemals gegeben. Stattdessen wird eine neue Herrscherin auftreten, eine im Gewand strahlenden, ja gleißenden Glanzes, so wunderschön, dass ihre Schönheit im ersten Moment nur als Grausamkeit, als reine Brutalität empfunden werden kann. Wer sein ganzes Leben unter der Wolke gelebt hat, verträgt nämlich die Sonne nicht besonders gut, obwohl er ständig von ihren segensreich wärmenden Strahlen träumt. Nur sind seine Augen nicht für ihre Helligkeit gemacht. Kaum wird er also ehrfürchtig seinen Blick zum Himmel emporrichten, um dieses Wunders ansichtig zu werden, wird es ihm die Netzhaut verbrennen. Geblendet wird er dastehen, zu spät bemüht, sich abzuwenden und Schutz zu suchen, den er jetzt, so gut wie blind, nicht mehr finden kann. Er wird umherstolpern, taumeln, schreien, vielleicht sogar kreischen, sich die Augen reiben, die hinter den nun geschlossenen Lidern schwelen, ein wirres Geflecht von Punkten, Blitzen, Sternen und Schmerzen sehend, während seine Füße nach einem Unterschlupf suchen. Und deshalb sieht er auch nicht die Vollendung des Wunders, die zugleich seinen Untergang bedeuten wird: den Aufgang der Sonne selbst. Von Süden kommend, wird sie langsam und majestätisch, würdevoll und gravitätisch in das unterworfene Königreich einziehen, das ihr, obwohl es nur ein so kleiner Fleck auf der Landkarte des Himmels gewesen ist, so unendlich lange Paroli hat bieten können. Doch nun werden ihre Strahlen ungehindert den bisher unbeschienenen Raum erobern und alles wie zum ersten Mal berühren: Erde, Steine, Pflanzen, Tiere und Menschenhaut. Für die aber wird es sein, als würde Feuer vom Himmel regnen. Sie werden bei lebendigem Leibe verbrennen …

Wieder einmal erwachte er aus einem Schlaf, der sich zwar komatös anfühlte – tief, nur leider nicht erholsam –, aber höchst lebendig gewesen war. Er erwachte mit verschwitzter Haut und brennenden Augen und wusste gar nicht, was davon er sich zuerst reiben sollte, um sich zu vergewissern, dass doch alles in Ordnung war. Er wusste im Grunde genommen, dass gar nichts in Ordnung war, einmal abgesehen von seinem Körper. Der funktionierte, wie er sollte, im Großen und Ganzen jedenfalls. Aber der

Rest lag im Argen. Mit diesem Traum, ein besseres Wort fiel ihm dafür nicht ein, fing es an, mit der Tatsache, dass er immer noch im Bett lag, hörte es bei weitem nicht auf. Mit jedem Tag, den er verschlief, rückten die Konsequenzen notwendigerweise ein Stückchen näher an ihn heran, bedrohlich wie ein Raubtier, das, im Unterholz lauernd, schon längst seine Witterung aufgenommen hat. Manchmal glaubte er gar, seine glühenden Augen aus den dunklen Ecken des Zimmers aufscheinen zu sehen. Nur gab es um diese Uhrzeit keine dunklen Ecken in seinem Zimmer mehr, selbst wenn man solche Parameter wie den Winter, den schachtartigen Innenhof und die Lage im Erdgeschoss des Hinterhauses in Betracht zog. Oder die zugezogenen Vorhänge vor den beiden ungeputzten Fenstern. Das Tageslicht hatte sich trotzdem in seine Einzimmerwohnung geschlichen und machte sein ganzes Elend sichtbar.

Aber das war eigentlich viel zu pathetisch, um seinen Zustand zu beschreiben. Sicher, seine Lebensumstände waren nicht die besten, schon gar nicht für sein Alter und seinen Bildungsgrad. Er selbst hätte sich niemals vorstellen können, mit Mitte vierzig noch eine so bohèmehafte Existenz zu führen – wenn das Wort nicht auch schon wieder zu groß, zu schick für sein Neuköllner Hinterhausloch gewesen wäre. Er lebte schlicht und einfach in bescheidenen Verhältnissen, die sich, gerade wenn das so weiterging, unweigerlich der Armut annäherten. Einmal hatte er in der Tat von einer großen Künstlerkarriere geträumt. Aus der war, nach einem verheißungsvollen Beginn, bisher nichts geworden. Aus der würde wohl auch nichts mehr werden. Der Traum war tot, der Poet sang- und klanglos auf seinem Lager verhungert. Trotzdem hatte er sich sehr lange zäh und hartnäckig gehalten und spätestens mit dem Eintritt ins Erwachsenenalter alle seine Entscheidungen beeinflusst. So hatte er immer wieder alles diesem einen großen Ziel untergeordnet, mit dem Erfolg, dass er jetzt mit beiden Beinen wirtschaftlich auf einer Eisschicht stand, die mal dünner, mal dicker war, je nachdem, wie gerade die gesamtwirtschaftliche Lage aussah. Finanzielle Unsicherheit war sein Grundzustand. Bisher hatte er es noch immer geschafft, nicht beim Jobcenter um Hilfe betteln zu müssen. Aber wenn das mit dieser neuesten Achterbahnfahrt während seines Schlafes mitten hinein ins im Feuer vergehende Kaltsommer so weiterging, konnte er selbst das nicht mehr garantieren. Zum ersten Mal fürchtete Benjamin Sandow, selbst im Treibsand seines zu Fantastereien neigenden Wesens zu versinken.

Das wirkliche Problem daran war allerdings, dass ihn das nicht sonderlich erschreckte. Dieser Traum besaß die erschütternde Wirkung eines Erdbebens, bei dem kein Stein auf dem anderen blieb. Er war ein Horrorszenario, wie es sich nur ganz kranke Köpfe auszudenken vermochten. Und dennoch, sobald er aufwachte, konnte er sich kaum noch daran erinnern. Lediglich der Eindruck, gerade etwas äußerst Schlimmes durchlebt zu haben, blieb in ihm zurück. Konkrete Bilder dagegen suchte er in seinem Hirn, in seiner Erinnerung oder auf der Rückseite seiner Lider vergebens. Stattdessen kamen ihm wieder die tausend guten Gründe in den Sinn, die ihm damals das Verlassen seines Heimatdorfes so schmackhaft gemacht hatten, dass er gar nichts anderes als hatte gehen können. Jede andere Entscheidung wäre dumm gewesen, und zwar nicht nur unter dem Gesichtspunkt, es in absehbarer Zeit in der Welt dort draußen unbedingt als Lyriker schaffen zu wollen. Vor kurzem war ihm außerdem eine andere mögliche Deutung für diese Traumgebilde eingefallen, nämlich die einer Botschaft. Was wäre denn, wenn dieser Wink seines Unterbewusstseins einen Ruf darstellte, eine Art Rückruf? Seit Jahren war er nicht mehr in Kaltsommer gewesen. Er hatte sogar konsequent jeden Gedanken an seine Herkunft verdrängt, mit niemandem von dort mehr gesprochen; die kurzen Telefonate mit seiner Mutter an ihrem oder seinem Geburtstag zählten kaum. Dennoch war Kaltsommer mit seinem einzigartigen Wetter so etwas wie ein magischer Ort – ein Wirklichkeit gewordener Hort der Poesie. Einer mit Ecken und Kanten, Kälte und Schatten. Nicht zum ersten Mal kam Benjamin an diesem späten Vormittag der Gedanke, dass vielleicht gerade dort, in der Abarbeitung an und der Bewältigung seiner Herkunft aus diesem Ort sein literarisches Schicksal lag und er nur dorthin zurückkehren müsste, um endlich seine Bestimmung, seine künstlerische Erfüllung zu finden.

»Ich sollte lieber mal zur Arbeit gehen«, sagte er sich stattdessen laut in die Stille seines Zimmers hinein. Die Worte versanken in der überheizten verbrauchten Luft wie in einem Sumpf. War sowieso egal, der Unterricht für diesen Tag würde so gut wie beendet sein, wenn er endlich am anderen Ende dieser sich riesig ausdehnenden Stadt ankäme. »Das Kind ist doch längst in den Brunnen gefallen …«

Trotzdem erhob er sich schwerfällig aus den Federn, und sein Magen knurrte hungrig dazu.

Bevor er jedoch in die Küche ging, um nachzuschauen, was er sich als Frühstück einverleiben könnte, ging er ins Bad. Er begann diesen Tag, wie er ihn begonnen hätte, wenn er rechtzeitig aufgestanden und zur Arbeit gegangen wäre. Es war die Parodie eines Arbeitstagbeginns, und entsprechend viel Zeit ließ er sich unter der Dusche. Nachdem er geduscht hatte, zwängte er sich am Klo vorbei zurück vor den Spiegel über dem Waschbecken bei der Tür. Eine andere Anordnung der sanitären Einrichtungen ließ der schlauchartige Raum nicht zu. Für eine geraume Weile betrachtete seinen zur Masse und Breite neigenden Körper. Er war nicht dick, nur sehr groß und schwer gebaut, weder muskulös noch fett. Auf jeden Fall zu groß für diesen engen Raum, in dem seine Ausmaße kaum Platz fanden. Mit gemächlichen Bewegungen trocknete er sich ab, seinem Spiegelbild dabei zuschauend, wie es über das rote Haar rieb, dass auf dem Kopf immer lichter wurde und überall sonst immer dichter. Benjamin konnte nicht unbedingt sagen, dass ihm das missfiel. Es entsprach in etwa dem Bild, das er von sich selbst hatte und vermitteln wollte: ein Bär von einem Mann, in dem trotz allem ein Feingeist steckte.

Den Dreitagebart, der gerade einmal etwas über achtundvierzig Stunden alt war, ließ er stehen, kehrte ins Zimmer zurück, machte das Deckenlicht an und suchte sich aus dem Kleiderschrank und von diversen Wäschestapeln das zusammen, was er anzuziehen gedachte. Auch beim Ankleiden trödelte er, ließ seinen Blick über seine Habseligkeiten gleiten, die sich an allen vier Wänden hochzogen, nur unterbrochen von den beiden Fenstern, dem Bett, dem Schrank und seinem Schreibtisch. Von diesen Möbeln einmal abgesehen, bestand seine gesamte Einrichtung aus Büchern – und dem von ihm selbst beschriebenen Papier. Das erhob sich auf und unter seinem Schreibtisch, einer schlichten Holzplatte mit vier Beinen daran, zu wackeligen Türmen. Er betrachtete seine ungedruckten Elaborate mit dieser besonderen Hoffnung, die schmeckte wie ein saurer Drops: Wenn man nur lange genug darauf herumlutschte, breitete sich doch noch Süße im Mund aus. Die Bücher dagegen schaute er mit purem Wohlgefallen an. Es handelte sich fast ausschließlich um Gedichtbände; die Romane dagegen wuchsen die Flurwände empor wie eine Schallisolierung. Benjamin lieh sich nicht gerne Bücher aus, weil er es hasste, sie nach der Lektüre wieder zurückgeben zu müssen, gerade wenn sie ihm gefallen hatten. Er zählte zu den Menschen, die Bücher immer wieder in die Hand nahmen, um darin zu blättern und einzelne Passagen erneut zu lesen, gleichsam das, was ihm schon einmal daran gefallen hatte, wieder- und andere schöne Stellen, die er bisher vielleicht überlesen haben mochte, neu zu entdecken. Allein damit konnte er Stunden verbringen. Damit hätte er auch jetzt gerne die nächsten Stunden verbracht, aber sein Magen sendete das nächste Hungersignal, dieses Mal als ein unüberhörbares Grollen.

Beinahe schweren Herzens ging Benjamin in die Küche, gefühlt höchstens doppelt so breit wie das Bad. Trotzdem bot der Raum mehr Platz, was nicht zuletzt an dem richtigen Fenster lag, das Licht hereinließ, während nebenan nur eine kleine Luke hoch oben in die Wand eingelassen war, durch die weder Licht noch Luft hereindrang. Das Küchenfenster ging dafür direkt auf die Mülltonnen, was es im Sommer, wenn der heiße Brodem der Stadt im Innenhof stand und sich mit den Faulgerüchen der Abfälle auflud, schwierig machte zu lüften. Jetzt im Winter stellte das zum Glück kein Problem dar, Benjamin verspürte nicht einmal den Wunsch nach frischer Luft. Als typisches Kind Kaltsommers zog er selbst den größten Mief einer frischen Brise vor, solange der nur angenehm warm war. Nicht einmal ein Vierteljahrhundert in Berlin hatte daran etwas ändern können. Die triste Welt draußen nicht eines Blickes würdigend, steckte er zwei Scheiben Toast in den alten, von verbrannten Krumen übersäten Toaster und nahm das schon ziemlich leere Nutella-Glas vom Regal über der Arbeitsfläche. Butter holte er aus dem Kühlschrank, das Brett lag schon benutzt auf seinem Platz am schmalen Tisch. Lediglich das Messer wechselte er aus, ließ das von gestern Abend in die Spüle rutschen und angelte sich aus der Besteckschublade ein frisches. Er aß mit dem Rücken zum Fenster.

Jeder einzelne Bissen der insgesamt vier Scheiben Toast, die er, fingerdick mit Nougatcreme bestrichen, verdrückte, wurde langsam, fast schon meditativ zerkaut. Als gäbe es in dem Brotbrei, der dabei in seinem Mund entstand, wirklich Nährstoffe, die daraus zu filtern gewesen wären. Dabei glitten Benjamins Gedanken zurück zu dem Traum, der ihn wieder einmal über die Zeit ans Bett gefesselt hatte. Er versuchte, sich an Details zu erinnern, an irgendetwas über den vagen Eindruck hinaus, in seinem Unterbewusstsein eine schreckliche Katastrophe, die sein altes Heimatdorf heimsuchte, durch- oder erlebt zu haben. Dass jedes Mal nicht mehr als das von diesem Ereignis in seinem Schlaf übrigblieb, sprach sehr dafür, dass es sich wirklich nur um einen Traum handelte.

»Aber was ist, wenn es sich doch um eine Vision handelt?«, fragte er sich laut mit vollem Mund.

Die Idee war nicht mehr ganz neu, vor einer Woche ungefähr war sie ihm zum ersten Mal gekommen. Es gab so vieles, was dagegen sprach: Wollte eine Vision beispielsweise nicht eine Botschaft übermitteln? Brauchte es dafür nicht mehr Informationen, an die man sich hinterher noch erinnerte? Selbst wenn sie als ein Puzzle daherkommen mochte, deren einzelnen Teile man sich selbst zusammensuchen und zu einem vollständigen Bild zusammensetzen musste, sollten dann nicht nach und nach zumindest ein paar Körnchen oder Bröckchen an Erinnerungsgehalt zurückbleiben? Alles, was er dagegen hatte, war dieses vage Unglücksgefühl, von dem er sich nicht wirklich bedroht fühlte, nicht hier in seiner Bücherhöhle in Berlin-Neukölln jedenfalls. Das Einzige, was ihn an der ganzen Geschichte irritierte, war die ständige Wiederholung dieses Traums – und dass er darüber immer öfter die Arbeit, das Erwirtschaften seines täglichen Toastbrots vergaß.

»Ich muss zumindest noch den Nachmittagsunterricht abhalten, damit ich wenigstens das Geld für die Stunden noch kriege.«

Mit einem Ruck schob er den Stuhl zurück, ließ Brett und Messer stehen, trank über der Spüle noch ein großes Glas Leitungswasser, räumte immerhin Butter und Nutella ab, putzte sich die Zähne und suchte die nötigen Unterlagen für seinen Deutschkurs für Flüchtlinge und andere bleibewillige Ausländer zusammen. Er zog sich einen dicken Pullover über, dazu den schwarzen Mantel und den anthrazitfarbenen Schal, setzte seine Schiebermütze auf, hängte sich die Tasche um, löschte überall das Licht und verließ seine Wohnung. In Haus und Innenhof war es werktäglich still, seine Nachbarn waren längst zur Arbeit, in der Uni oder verbrachten den unfreundlichen Tag wie er hinter geschlossenen Fenstern. Auf der Straße traf ihn ein kalter Nieselregen, den ein scharfer Ostwind vor sich her trieb. »Schlimmer als in Kaltsommer«, murmelte Benjamin, zog den Kopf zwischen die Schultern und lief zur U-Bahnstation Rathaus Neukölln.

Erst in der U7 holte er sein Handy hervor, überflog kurz die fünf Nachrichten von seinem Chef. Die wurden im Tonfall immer sorgenvoller, obwohl Ärger angebrachter gewesen wäre, und fragten nach seinem Verbleib. Er antwortete, auf dem Weg zu sein, und steckte das Handy zurück in die Tasche.

Zweites Kapitel

Endlich dämmerte es. Von Osten her färbte sich der Bauch der Wolke so grau wie an jedem Morgen. In demselben Grau, das den ganzen Tag dort oben zu sehen sein würde, in seinem Verlauf zuerst um mehrere Grade heller und schließlich um dieselben Grade wieder dunkler werdend. Am Grau selbst aber würde sich nichts ändern – es untergrub und schwächte sogar das sternenlose Schwarz der Nacht, als würde irgendwo ganz tief im Innern der Wolke eine eigene Lichtquelle leuchten, ein Geisterlicht. Es war und blieb die Farbe des Nieselregens.

Olaf registrierte diesen Vorgang nur am Rande. Einen Gutteil seines Tagewerks hatte er bereits erledigt, nun wartete das Frühstück auf ihn. Danach würde er zur Arbeit gehen. So lief es seit knapp elf Jahren, seit er den Hof von seinem Vater hauptverantwortlich übernommen hatte. Nach dem Aufstehen zog er sich an und ging in den alten Stall neben dem Wohnhaus, in dem jetzt, Anfang Februar, seine sechzehn Kühe schon ungeduldig darauf warteten, gemolken zu werden; außerdem verlangten sie nach frischem Futter. Misten dagegen würde er erst am späten Nachmittag. In der warmen Jahreszeit war es etwas einfacher, da standen die Tiere Tag und Nacht auf der Weide, brauchten nur ein wenig zugefüttert werden und kamen selbstständig zur Melkzeit zum Stall, darin mindestens ebenso sehr Gewohnheitstier wie der Mensch, der sie domestiziert hatte. Im Gegenzug brauchte es im Sommer dafür mehr Feldarbeit als im Winter, und so glich sich am Ende alles wieder aus.

Es war ein Kreislauf, an den Olaf sich nicht nur gewöhnt hatte, sondern der ihm in Fleisch und Blut übergegangen war. Er war mit Leib und Seele Bauer. Nur für wie lange noch, das war die große Frage. An diesem Morgen war er, was die Antwort darauf anging, äußerst pessimistisch, und das lag nicht nur daran, dass er müder als sonst war. Zwei Stunden vor seiner üblichen Zeit war er aus dem Bett gefallen und hatte anschließend nicht mehr in den Schlaf finden können. Er hatte nicht wüst geträumt, da war kein ungewöhnliches Geräusch gewesen, das ihn eventuell geweckt haben mochte. Nicht einmal sein Vater war noch orientierungsloser als ohnehin schon durch das Haus geschlichen und hatte dabei Lärm gemacht. Wie ein Stein hatte er plötzlich dagelegen und nach den letzten Körnchen Sand in seinen Augenwinkeln gesucht, um damit die Sorgen, die seinen Kopf füllten, zuzuschütten. Ein sinnloses Unterfangen. Melanie hatte von alldem nichts mitbekommen, sie hatte tief und fest weitergeschlafen, als läge sie nicht einfach nur auf einer eigenen Matratze, sondern gleich in einer ganz anderen Welt. Das war auch gut so, Olaf hätte es ihr niemals vorgeworfen. Sie leistete genug, um den Hof über Wasser zu halten. Der Hof, der sein Steckenpferd war, nicht ihrs. Der Hof, auf dem er aufgewachsen war und den er liebte, der der Mittelpunkt seines Lebens war. Der Hof, der der Grund dafür war, warum sie seit ihrer Hochzeitsreise nach Ibiza kein einziges Mal mehr in den Urlaub hatten fahren können, weil die Tiere versorgt werden mussten. Nicht dass von diesem Hof ihre Existenz abgehangen hätte, aber eben doch so etwas wie sein Seelenfrieden. Dieser Hof, der viel zu klein war, um selbst bei günstigeren konjunkturellen Rahmenbedingungen für die Land- und Viehwirtschaft rentabel zu sein.

Natürlich kannte Olaf jede Einzelne seiner Kühe mit Namen. Er konnte sie mit geschlossenen Augen allein an der Art und Weise, wie sie atmeten oder muhten, erkennen. Diese kleine Herde, die nur wenige Zu- und Abgänge pro Jahr verzeichnete, war sein Augapfel. Aber er liebte auch seine beiden alten Trecker und die wenigen Maschinen, die in seinem Fuhrpark standen – wenn es im Sommer ans Dreschen ging, ließ er aus Rendswühren einen Mähdrescher kommen –, mit denen er die Saat aus- und die Ernte einbrachte. Die Gerüche nach heißem Schmieröl und Erde, Milch und Mist erfüllten ihn. Sie waren das, was ihn auch dann mit seiner eigenen Scholle verband, wenn er tagsüber bei der Besamung arbeitete, weil sie sich nicht zuletzt so hartnäckig in seiner Kleidung festgesetzt hatten, dass dagegen kein Waschmittel der Welt ankam. Bei der Besamung roch es im Grunde genommen zwar auch nur nach Heu, Stroh und Rindviechern, aber die Bullen dort waren eben nicht seine eigenen Tiere und die Milch, die dort gewonnen wurde, nicht trinkbar. Das dort war reine Agrarindustrie, dies hier noch echte, erdverbundene Landwirtschaft.

Seine Frau verstand das nicht immer. Sie kam nur vom Dorf, nicht aber auch vom Bauernhof. Ihr Pragmatismus allen voran in wirtschaftlichen Dingen konnte mitunter verletzend eindeutig sein, etwa wenn wieder eine Kuh altersbedingt in ihrer Milchleistung nachließ. Für Melanie war klar, das Vieh gehörte schnellstmöglich zum Schlachter, um wenigstens noch etwas Geld einzubringen. Er dagegen hätte dem Tier am liebsten das Gnadenbrot gewährt. Trotzdem gab er immer nach kurzer Zeit nach, einfach weil ihre Ansicht die vernünftigere war, egal wie schwer ihm der Abschied fiel. Sie konnten sich solche unnützen Fresser – ihre Worte, natürlich, nicht seine – tatsächlich nicht leisten. Er neigte nun einmal zu einer gewissen Form der Sentimentalität. Olaf fürchtete den Tag, an dem im Stall wirklich die Lichter ausgingen, und wenn sich die Lage für die Bauern nicht bald spürbar verbesserte, war dieser Tag nicht mehr allzu fern.

Der Einzige, der das wirklich verstand, war sein Vater. Rüdiger lebte mit ihnen unter einem Dach, und obwohl nach und nach immer größere Teile seines Verstandes und seiner Erinnerung in den Treibsandfeldern der Demenz versanken, teilte er noch immer mit seinem Sohn diese tiefe Verbundenheit an das von den Jahreszeiten und den Bedürfnissen der Tiere geprägte Leben auf dem Hof. Diese Verbundenheit war ebenso fest wie Familienbande, allerdings wesentlich statischer. Verwandtschaftsverhältnisse waren biegsam, dehnbar und elastisch, zu Familienmitgliedern konnte man auch dann noch leicht Kontakt halten, wenn die inzwischen Gott weiß wo lebten. Olafs Bruder Andreas etwa hatte in eine Schweinezüchtersippe in Niedersachsen eingeheiratet, lebte also mehrere hundert Kilometer weit weg. Dennoch fühlte er sich ihm dadurch nicht entfremdet. Sie telefonierten regelmäßig miteinander, inzwischen konnten sie sich dabei sogar ansehen, der modernen Technik sei Dank. Sollte er aber jemals gezwungen sein, den eigenen Betrieb dichtzumachen, wäre das so, als würde man einen alten Baum mitsamt den Wurzeln aus dem Boden reißen, ohne eine andere Möglichkeit als der, aus Stamm und Ästen Feuerholz zu machen. Noch war das zum Glück nicht so weit, noch gab es andere Mittel und Wege. So überlegte Olaf zum Beispiel ernsthaft, von der Milchkuh- auf die Ammenkuhhaltung umzustellen – auch das natürlich ein Vorschlag Melanies.

Vieles an seinem kleinen Resthof war längst museumsreif, allen voran die Maschinen, Anhänger und selbst die Gebäude. Allerdings gehörte die zugige Halle aus wurmstichigem Holz und rostigem Blech, in der seine Maschinen standen und die schon seit Ewigkeiten nicht mehr als Tenne genutzt wurde, wahrscheinlich am ehesten noch abgerissen. Dafür war die Melkanlage ziemlich neu, ihre Anschaffung jüngsten politischen Hygienevorschriften geschuldet und Grund für einen großen Krach gewesen. Für Melanie war das der Wink mit dem Zaunpfahl, endlich ganz aus der Landwirtschaft auszusteigen, weil diese Investition sowohl ihren Kostenrahmen sprengte als auch ihren Nutzen überstieg. Dieses eine Mal jedoch war Olaf hartnäckig geblieben und hatte sich durchgesetzt. Trotzdem war fraglich, ob sich das Ding jemals amortisieren würde, selbst wenn er noch ein paar Jahrzehnte lang zweimal pro Tag seine sechzehn Kühe melkte. Olaf seufzte. Das Herz des Menschen ist ein Anker, der, je länger er im Meeresboden steckt, umso schwerer wieder zu heben ist.

Olaf ließ den Blick einmal mehr wehmütig über seinen Besitz schweifen, seufzte erneut, rief seinen »Damen« einen letzten Gruß zu und ging über den unter seinen Gummistiefeln knirschenden Kies die wenigen Schritte hinüber zum Wohnhaus. Dort brannte inzwischen Licht im gesamten Erdgeschoss: Melanie machte Frühstück.

»Moin!«, grüßte er, als er durch die Tür von draußen direkt in die Küche trat. Es roch angenehm nach frisch gebrühtem Kaffee.

»Morgen«, antwortete Melanie. Sie stand an der Spüle und goss kochendes Wasser durch den Kaffeefilter; die Frühstückseier waren bereits fertig. Die stammten immerhin von ihrem eigenen Hof. Da konnte er noch so vergesslich sein, Rüdiger schaffte es bisher noch immer problemlos, sich um seine Hühner zu kümmern. Noch nie hatte er vergessen, sie zu füttern, die Eier einzusammeln, zu misten, abends die Luke zu schließen, damit weder Fuchs noch Marder hereinkamen, oder hinter sich das Gatter zuzumachen. Sein liebes Federvieh war der Anker seines Vaters, der ihn davon abhielt, endgültig ins Meer des vorzeitigen Vergessens abgetrieben zu werden.

Rüdiger Harms saß bereits am Tisch und löffelte sein dampfendes Ei aus der Schale. »Moin, Junge«, grüßte er, ganz auf seine Tätigkeit konzentriert.

»Moin, Papa.«

»Was machen die Kühe?«

»Denen geht's gut.«

»Schön.«

Heute war offensichtlich ein guter Morgen. Sein Vater fragte ihn nicht nach Dingen, von denen er eigentlich wissen müsste, dass sie schon lange nicht mehr waren. Seine Frau Bärbel etwa, die nicht nur schon seit dreißig Jahren fort war, sondern auch seit zwanzig Jahren tot. Umgekommen bei einem Autounfall, von einem Besoffenen totgefahren, einfach vom Bürgersteig rasiert. Je seltener er sich daran erinnerte, desto schwerer schien Rüdiger diesen doppelten Verlust zu nehmen. An solchen Tagen hätte sein Vater genau genommen schon eine Rundumbetreuung gebraucht. Dann war er unberechenbar, spazierte manchmal sogar einfach so aus dem Haus, ohne hinter sich die Tür zu schließen, und verlief sich im Dorf – in dem Dorf, in dem er sein ganzes Leben verbracht hatte. Zum Glück war er bekannt wie ein bunter Hund, und weil jeder seinen Zustand kannte, fand sich dann immer jemand, der sich seiner annahm. Ansonsten wäre es kaum mehr möglich für Olaf und Melanie gewesen, parallel arbeiten zu gehen.

»Wenn du Besteck brauchst«, teilte seine Frau ihm mit unbewegter Miene mit, als sie sich mit der Kaffeekanne in der Hand an den Tisch setzte und einschenkte, »wende dich an deinen Vater.«

Das war noch eine der lustigeren Demenz-Marotten, die Rüdiger entwickelt hatte: Er holte andauernd sämtliche Messer, Löffel und Gabeln aus der Besteckschublade und verstaute sie in den weiten Taschen seines Morgenmantels, den er ständig trug. Es klirrte dann leise bei jedem Schritt, den er tat.

»Papa, gibst du uns auch mal Messer und kleine Löffel?«, fragte Olaf den alten Mann freundlich; er musste dabei einfach lächeln.

Als wäre es das Selbstverständlichste der Welt, griff Rüdiger in seine Taschen und holte zwei Messer und vier kleine Löffel hervor, die er gerecht an Sohn und Schwiegertochter verteilte. Danach widmete er sich den Resten seines Eis, das er wie immer ohne Salz aß.

»Danke.« Selbst Melanie konnte sich ein kleines, wenn auch wehmütiges Lächeln nicht verkneifen. Sie und Rüdiger hatten sich immer gut verstanden, manchmal besser als die Eheleute selbst. Ihr Schmerz über seine Erkrankung, über sein sich in Rauch auflösendes Wesen war genauso echt und tief empfunden wie Olafs eigener.

»Danke, Papa.«

Sie frühstückten ohne viele Worte, Olaf immer mit einem Auge auf seinen Vater. Melanie war in Gedanken schon bei den Aufgaben des Tages, die sie heute in ihrem Blumenladen vor der Brust hatte. Der war in Wankendorf, woher sie ursprünglich stammte. Seit dem 1. Januar dieses Jahres war sie sogar die Besitzerin dieses Ladens, der auch ihr Ausbildungsbetrieb zur Floristin gewesen war. Der alte Besitzer Eike Schmidt war in den Ruhestand gegangen und hatte ihn seiner Lieblingsangestellten überschrieben unter der einzigen Bedingung, zumindest so lange er lebe, den Namen des Geschäfts nicht zu ändern. Melanie dachte gar nicht daran, die »Schmidtblume« war in der ganzen Gegend ein stehender Begriff.

Melanie beendete ihr Frühstück als erste, erhob sich, ging ins Bad, putzte sich die Zähne, legte ein wenig Make-up auf – »Sonst gehe ich zwischen all den bunten Blumen ja unter!« – und kam nur noch einmal in die Küche, um sich zu verabschieden.

»Irgendwas Besonderes heute?«, fragte Olaf nach.

»Nein.« Sie schüttelte den Kopf. »Ich sollte ganz normal zu Hause sein.«

»Gut.«

»Bis dann, ihr beiden. Tschüs, Rüdiger.«

»Tschüs, mein Kind.«

Wenig später hörten sie sie in ihrem Kleintransporter, einem erst ein Jahr alten Ford Transit, der auf allen vier Seiten mit leuchtenden Sonnenblumen beklebt und mit »Schmidtblume« beschriftet war und an den Seiten und am Heck zusätzlich noch mit Adresse, Telefonnummer und Homepage, davonfahren. Das Geräusch des Dieselmotors war unverkennbar.

Aber lange blieb auch Olaf nicht mehr sitzen, seine Lohnarbeit rief ebenfalls. Er deckte ab und schaffte es sogar mit großer Behutsamkeit, Rüdiger dazu zu bewegen, ihr Besteck wieder in die dafür vorgesehene Schublade zurückzulegen. Nach einem letzten Besuch des Badezimmers schlüpfte er in der Küche wieder in seinen immer schmutzigen Overall und die Gummistiefel, griff sich den mit ein paar Scheiben Brot und einer Thermoskanne Kaffee gefüllten Henkelmann und legte die Hand auf den Türgriff.

»Du kommst zurecht, Papa?«

Rüdiger schien beim Klang dieser Worte aus einer Trance zu sich zu kommen. »Was? Ja. Klar doch.«

»Mistest du heute wieder die Hühner?«

»Hatte ich vor, ja.«

»Okay, gut. Ich muss dann jetzt auch los.«

»Viel Spaß, Junge.«

»Danke.« Olaf zögerte einen Moment, dann fügte er hinzu: »Wenn was ist, ich bin bei der Besamung, ja?«

»Was soll denn schon sein?«

Hoffentlich nichts, dachte Olaf und verließ das Haus.

Er wandte sich nach rechts und lief zum zweiten Stall. In dem hatten früher Schweine gestanden, heute benutzten sie ihn als Garage. Melanie hatte einmal mit dem Gedanken gespielt, ihn zu Ferienwohnungen auszubauen, aber Tourismus war in Kaltsommer ein Ding der Unmöglichkeit. Niemand war so bekloppt, an einem Ort, an dem das Wetter ausschließlich schlecht war, nach Erholung zu suchen. Die Leute wollten Sonnenschein und Meer oder zumindest Abwechslung und Abenteuer, nicht Tristesse und ewigem Nieselregen. Überall sonst wären Ferien auf dem Bauernhof ein lukratives Nebengeschäft gewesen, nur nicht in Kaltsommer, und der Gedanke, sich dafür auch noch mit übertriebenen Extrawünschen ihrer Gäste herumschlagen zu müssen, war nicht immer ein Trost, gerade wenn etwa die Landesregierung in Kiel oder gar vom Bundeslandwirtschaftsministerium neue Anforderungen an die viehhaltenden Betriebe per Gesetz gestellt wurden. Seinen guten alten, soliden, backsteingemauerten Kuhstall etwa durfte er nur noch mit einer Sondergenehmigung betreiben, angeblich bekamen seine Kühe darin nicht genug Luft und Auslauf. Einen Neuen könnte er sich niemals leisten, das wäre das Ende seines Bauernlieds. Er sah auch gar nicht ein, warum ein neuer Stall nötig sein sollte. Sein Stall hatte sich seit Generationen bewährt, bot im Sommer angenehme Kühle und im Winter die nötige Wärme. Auch die Belüftung, für die es keiner Elektrizität bedurfte, sondern einfach nur intelligent ins Mauerwerk eingelassene Fensteröffnungen, funktionierte einwandfrei. Ständig herrschte ein angenehmer Luftzug. Der war insofern wichtig, dass er die lästigen Fliegen fernhielt. Stand die Luft in einem Stall, fielen die Viecher gleich zu Myriaden in diesen ein. Das war eine altbewährte Technik, allein sie spielte bei den Regierungsbürokraten keine Rolle mehr, die wussten ja immer alles besser. Seine Kühe hatten es bei ihm gut, auch ohne dass er seinen Stall in eine Wellnessoase verwandelte, bei deren Komfort selbst hotelerprobte Menschen noch neidisch geworden wären!

Bevor er sich wieder allzu sehr aufregte, holte Olaf sein Fahrrad aus der Garage und schob es vor zur Hauptstraße. Er hätte die Strecke auch laufen können, sein Arbeitsweg war keinen Kilometer lang. Aber mit dem Fahrrad war er schneller, falls doch mal wieder etwas sein sollte. Dort lief er Kaltsommers Spaziergänger vom Dienst direkt in die Arme, was allein deshalb bemerkenswert war, weil in diesem Dorf niemand freiwillig spazieren ging.

So war es auch mit Norbert Einem, den trieb die Notwendigkeit vor die Tür. Er war einer der wenigen im Dorf, die einen Hund besaßen, und dieser Hund brauchte nun einmal regelmäßig seinen Auslauf. Dieser Hund hieß Krabat nach dem berühmten Kinderbuch, das Norberts längst erwachsene Kinder besonders geliebt hatten. Sie gaben dem Hund diesen Namen, als der noch ein flauschiges, tapsiges Fellknäuel von einem Welpen war. Jetzt waren die Kinder aus dem Haus und Krabat ein Neufundländer-Opa, der in gichtiger Schwerfälligkeit neben seinem Herrchen her trottete. Für seinen Hund bewies Norbert Einem, der Autobahnpolizist von Beruf war, großes Einfühlungsvermögen und immer wieder ein Maß an Rücksichtnahme, wie es Menschen von ihm nicht immer erwarten durften. Bei denen verlor er leichter die Contenance.

»Moin, Norbert.«

»Morgen, Harms.«

Norbert mochte Olaf nicht, seit mindestens fünf Jahren schon nicht mehr. Damals hatte Olaf eine kurze Affäre mit Markus, Einems jüngstem Sohn, unterhalten. Eine reine Bettgeschichte, mehr nicht, das Herz war auf beiden Seiten nicht involviert gewesen. Markus hatte nach ersten sexuellen Erfahrungen gesucht, ja geradezu gehungert, Olaf war grundsätzlich offen für jede Gelegenheit, sich ein wenig auszutoben. Melanie hatte das bei ihrer Hochzeit gewusst. Nicht nur hatte ihm schon damals der Ruf eines nach allen Seiten offenen Schwerenöters angehangen, er hatte es ihr selbst gleich zu Beginn ihrer Beziehung erzählt. Er hatte ihr alles versprochen außer Treue. Sie hatte das akzeptiert, ohne viele Worte darüber zu verlieren. Sie sprach nie darüber, zumindest solange er es nicht zu offensichtlich, zu wild trieb und man ihr überall seine Untreue, von den meisten schlicht als Ehebruch tituliert, unter die Nase rieb. Es viel ihr nicht immer leicht, sein promiskes Verhalten zu akzeptieren, obwohl Olaf sich bemüht hatte, ihr klarzumachen, dass auch sie nicht monogam leben müsse. Ob sie seit ihrer Heirat selbst einmal den einen oder anderen Seitensprung versucht hatte, wusste er trotzdem nicht. Aber die Verhältnisse zwischen Olaf und seiner Frau waren geklärt, was man von denen zwischen Olaf und vielen anderen Dorfbewohnern nicht sagen konnte.

Nun war Homosexualität in Kaltsommer nicht gerade ein Problem. Im Gegenteil, es war ein Alltagsphänomen, von dem keiner sagen konnte, woher es kam, sondern nur, dass es so war. So gut wie jede Familie, die länger hier lebte, also bis man eigene Kinder in die Welt setzte, musste irgendwann der Tatsache ins Auge sehen, mindestens ein homosexuelles Kind zu haben. Es kursierten die unterschiedlichsten Erklärungsversuche dafür, angefangen beim nasskalten Wetter, dass gerade die Jungen zwang, viel eigene innere Wärme zu erzeugen, um bei diesem Klima bestehen zu können – Homosexualität also als Form der Anpassung an den Lebensraum –, bis hin zu einem alten Fluch, derselbe, der auch schon für das Entstehen und die Unverrückbarkeit der Wolke verantwortlich zeichnete. Der Lächerlichkeit waren hier keine Grenzen gesetzt, zumal die Wissenschaft sich gar nicht erst mit eigenen Interpretationen dieses Phänomens aus der Deckung wagte. Aber im Grunde genommen waren diese Spekulationen der Kaltsommeraner auch nichts anderes als ein beliebter Zeitvertreib, in den langen, dunklen, besonders feuchten Wintermonaten etwa, wenn es viel Zeit totzuschlagen galt. Besser, man akzeptierte ganz schnell die Tatsache, einen schwulen Sohn oder eine lesbische Tochter zu haben, wenn man unter der Wolke leben wollte, andernfalls konnte man hier schlecht glücklich werden. Selbst diesem konservativen Knochen Norbert Einem war das gelungen. Zwischen ihn und Markus passte kein Blatt, obwohl der Sohn inzwischen in Dortmund lebte und nur selten mit seinem Ehemann zu Besuch kam.

So war es denn auch nicht die gleichgeschlechtliche Affäre, die man Olaf vorhielt, die an seinem Ansehen kratzte und seinen Stand im Dorf untergrub, sondern sein Hang zum Seitensprung an sich. Den empfanden die meisten seiner Nachbarn als unmoralisch, als zersetzend geradezu. In ihren Augen höhlte er damit das Fundament aus, auf dem die ganze Gesellschaft ruhte. Nämlich die Exklusivität eines Bundes zweier erwachsener Menschen – davon, dass dies ausschließlich ein Mann und eine Frau sein müssten, sprach man in Kaltsommer schon lange nicht mehr –, der vor dem Gesetz geschlossen wird, um sich damit materiell ebenso wie emotional vor den Anforderungen und manchmal sogar den Angriffen der Außenwelt abzusichern. Zumindest offiziell war Monogamie ein Grundpfeiler dieses Bundes, die schön glänzende Fassade des Gelübdes, so sakrosankt, dass man am besten gar nicht mehr darüber sprach, nachdem das Ja-Wort einmal gesagt worden war.

Bis ein Olaf Harms auf der Bildfläche erschien und dieses Edikt über den Haufen warf, so wie ein einzelner Windstoß ein Kartenhaus zum Einsturz bringt. Dass er zu alledem ganz offensichtlich auch noch bisexuell war, machte das Maß mehr als nur voll. Vor diesem Mann war also wirklich niemand sicher – und seine Frau tolerierte es. Wenn wenigstens die ihm Zügel angelegt, mit Trennung und Scheidung gedroht hätte. Aber die nahm es einfach so hin. Das mochte daran liegen, dass sie aus Wankendorf kam, also nicht von hier, von unter der Wolke. Dort draußen mochte man in Sachen Treue nach anderen Regeln leben. Nicht einmal vom Vater war da noch ein Machtwort zu erwarten, nicht seitdem der alte Rüdiger immer deutlichere Anzeichen einer Alzheimer-Erkrankung zeigte. Das war ja überhaupt das Traurigste an der ganzen Geschichte, dass dieser liebenswerte Kerl, vor dem jeder im Dorf einst Respekt hatte und für den jetzt jeder eine Zuneigung empfand, die mehr war als bloßes Mitleid, nicht mehr in der Lage war, seinem Ältesten Einhalt zu gebieten. Erst war ihm die Frau davongelaufen, dann der jüngere Sohn, der, der die Erben in die Welt setzen würde, auf den Hof seiner Frau in Niedersachsen gezogen und zu guter Letzt Olaf ein unfassbarer Hallodri. Der taugte durchaus was als Landwirt, er tat alles, um den alten Harmshof über Wasser zu halten, das war aller Ehren wert. Aber niemand hätte jemals erwartet, dass er einmal eine Frau heiraten würde, nicht, nachdem er, kaum geschlechtsreif geworden, immer nur Freunde gehabt hatte. Wenigstens hatten die nicht noch Kinder in die Welt gesetzt …

Olaf glaubte, all diese Urteile über sich und seine Familie mit einem Blick an Norbert Einems Gesicht ablesen zu können. Der wiederum hatte nichts dagegen, wenn der Harms sofort merkte, dass er keinerlei Sympathie für ihn hegte. Zwischen ihnen beiden gab es nichts weiter zu sagen, mit dem gegenseitigen Gruß hatten sie ihr soziales Soll erfüllt. Außerdem wollte der alte Krabat zurück nach Hause in die warme Stube, die Feuchtigkeit tat seinen Knochen nicht gut. Wie immer unangeleint war er einfach weiter den vertrauten Weg entlanggetrottet, vor in Richtung Ecke Hauptstraße und Appelallee. Dort würde es für ihn rechts ab gehen, dann, nach wenigen hundert Metern, noch einmal nach rechts in die Sandskoppel, der er dann nur noch bis zu ihrer Mündung in die große und prächtige Lindenallee folgen musste, wo sein gemütliches Körbchen auf ihn wartete. Nicht dass er seit den vier gewechselten Worten der beiden Männer weit gekommen wäre, aber es war auch unnötig, auf sie zu warten, die Verhältnisse waren längst geklärt.

Ein völlig unerwartetes, weil fremdes, Geräusch ließ ihn ebenso wie die Menschen plötzlich innehalten. Es kam vom Himmel: Männer wie Hund sahen automatisch nach oben. Unter der Wolke flog, den so arg begrenzten Luftraum Kaltsommers von Nordwest nach Südost durchquerend, in Keilformation ein Schwarm Gänse und unterhielt sich dabei in ihrer charakteristischen quietschend-schnatternden Sprache.

»Was ist denn das?« Die Frage rutschte Olaf unwillkürlich heraus.

»Gänse«, antwortete Einem trocken, den Blick nicht von den Vögeln abwendend.

»Das sehe ich auch.«

»Nonnengänse vermutlich. Eigentlich ein Zugvogel, der an der russischen Eismeerküste brütet und in Mitteleuropa überwintert. Durch den Klimawandel überwintern aber immer mehr Tiere auch bei uns hier oben im Norden und fressen den Bauern den Winterweizen weg.«

»Das hab ich auch schon gehört.« Olaf bemühte sich immerhin, auf das oberlehrerhafte Gesülze des Polizisten nicht allzu sarkastisch zu reagieren. »Aber was machen die Viecher hier unter der Wolke? Normalerweise machen solche Schwärme doch einen großen Bogen um uns herum. Die wagen sich sonst nie unter ihren Rand.«

Darauf wusste auch Norbert Einem keine Antwort. Achselzuckend sagte er: »Weiß nicht. Wollte es auch nicht glauben, als mir Erdmann Garg letztens erzählte, einen solchen Schwarm Gänse hier bei uns gesehen zu haben. Dachte, der Alte braucht mal wieder 'ne neue Brille.«

»Scheinbar nicht.«

Mehr gab es dazu nicht zu sagen. Mit einem letzten, schon ganz fern klingenden Gruß passierten die Vögel, vielleicht dreißig an der Zahl, im Südosten die Nebelgrenze zur Außenwelt und waren nicht mehr gesehen.

»Na, ich muss dann auch los«, meinte Olaf und schwang sich auf sein Fahrrad. »Tschüs.«

»Tschüs.«

Über die Arbeit in den Ställen der Rinderzucht Schleswig-Holstein vergaß er sowohl die unerfreuliche Begegnung mit Norbert Einem wieder als auch den seltsamen Anblick der großen Schwarmvögel. Als er jedoch am späten Nachmittag nach Hause kam, traf er seinen Vater in zwar aufgeräumter, aber zugleich ganz aufgeregter Stimmung an.

»Hast du heute Nachmittag die Gänse gesehen, Olaf?«, überfiel Rüdiger ihn regelrecht, kaum dass er mit dem Rad auf den Hof gefahren kam.

»Heute Nachmittag? Nein. Aber heute Morgen.«

Für den alten Harms machte das keinen Unterschied. »Das ist ein böses Omen, das sag ich dir«, verkündete er.

»Ein böses Omen?« Olaf unterdrückte ein Lachen. »Warum das denn?«

»Diese Tiere gehören nicht hierher. Die haben unter unserer Wolke nichts zu suchen. Das sind Eindringlinge. Warum ändern die auf einmal ihre Flugrouten, hä?«

»Ach, Papa, du alte Unke!«

»Ich bin keine Unke! Ich sag dir, da ist was im Busch.«

»Wir werden es sehen. Wie wäre es jetzt erst mal mit 'ner schönen Tasse heißen Kaffee, was?«

»Von mir aus.«

»Prima. Und hinterher hilfst du mir mit den Kühen, okay?«

»Ja.« Er ließ sich bereitwillig zum Haus führen, noch immer in seinem alten, verwaschenen blauen Morgenmantel, in dessen Taschen es bei jedem Schritt klimperte und klingelte. »Aber das mit den Gänsen ist nicht gut!«

»Wir werden es sehen.«

Drittes Kapitel

Norbert Einem war ein ausgemachter Frühaufsteher. Nicht einmal als Jugendlicher oder junger Mann, wenn seine Altersgenossen nach einer durchzechten Nacht ganze Tage verschliefen, war das anders gewesen. Er schlief gern, aber er brauchte nicht viel davon, um sich ausgeruht zu fühlen. In seiner Ehe war das ein Vorteil, denn Thekla war eine Langschläferin, wie sie im Buche stand. Dafür machte sie gerne die Nacht zum Tag. Irgendwo hatte Norbert einmal gelesen, dass ihn das zu einer Lerche machte und sie zu einer Eule. Das mochte hinkommen, für ihren Ehealltag hatte es jedenfalls bedeutet, dass er sich morgens um die Kinder kümmerte und sie abends und nachts, zumindest wenn sein Dienstplan dies erlaubte. Der mit seinen Nachtschichten und Wochenenddiensten war hin und wieder der einzige echte Grund zur Beschwerde gewesen, den Thekla vorbrachte, weil er ihre natürliche Arbeitsteilung über den Haufen warf. Aber inzwischen hatte selbst der seinen Schrecken verloren: Die Kinder waren aus dem Haus, für ihn waren es nur noch zwei knappe Jahre bis zur Pensionierung und der einzige, um den man sich morgens kümmern musste, war Krabat – und der stand selbst kurz davor, das Gassigehen gegen eine Bettpfanne für Hunde einzutauschen. Aber noch absolvierten sie zweimal täglich ihre Runde durchs Dorf, die der Mensch fast mehr brauchte als der Neufundländer.

Zum einen schnarchte Thekla schrecklich und immer lauter, je älter sie wurde, zum anderen liebte Norbert die Geräusche des morgendlich stillen Dorfes. Die waren auf so ganz besonders verlässliche Weise von ihrem Wetter unter der Wolke geprägt. Der allgegenwärtige haarfeine Nieselregen, spielerisch Wasserläuse genannt, damit die Kinder auch bei schlechtem Wetter Zeit an der frischen Luft verbrachten, war konstant überall zu hören. Er sammelte sich an Dachrinnen, Vordächern, Mauervorsprüngen, Ästen, Zäunen und wo sonst überall und verdichtete zu Tropfen, die glucksend und platschend zur Erde fielen. Besonders morgens, wenn seine Nachbarn mehrheitlich noch schliefen und die Welt schwieg, wohnte diesem beständigen Hintergrundrauschen etwas äußerst Meditatives, Entspannendes inne. Hinein mischte sich hie und da ein wenig Vogelgezwitscher, zudem selbst das Krähen der Hähne gehörte, das Muhen, Meckern und Wiehern von Pferden, Schafen und Kühen oder auch das nach rostiger Türangel klingende Geschrei von Bauer Göbens Eseln. Oder eben das Schnaufen und Hecheln Krabats, das mitunter etwas besorgniserregend klang. Norbert fürchtete den Tag, an dem ihn sein alter Kumpel nicht mehr begleiten würde.

Heute war er jedoch bei ihm, und das war gut so. Heute Morgen brauchte er diese Konstante in seinem Leben mehr als sonst. Thekla hatte eine schlechte Nacht gehabt, ihr Insulinwert war außer Rand und Band. Ständig musste sie aufs Klo, wobei sie ein so heftiges Schwächegefühl in den Beinen verspürte, dass sie mehrmals befürchtete, den Weg nicht zu schaffen. Ihr Kreislauf rauschte in den Keller, sie war ganz zitterig geworden, blass, ihre Haut bedeckt von kaltem Schweiß. Norbert hatte schon das Telefon für den Notruf bereitgelegt, da war sie doch noch eingeschlafen. Normalerweise hieß das, dass sie über den Berg waren. Für dieses Mal. Aber ihre Typ-2-Diabetes wurde schlimmer, obwohl sie sich seit der Diagnose einen sehr gesunden Lebensstil angewöhnt hatte und sich auch sonst an die Anweisungen ihrer Ärztin hielt. Warum es trotzdem immer schlimmer wurde bei Thekla, konnte ihnen auch die nicht sagen.

Norbert hatte seiner Frau einen Zettel mit der Nachricht auf den Nachttisch gelegt, kurz mit dem Hund draußen zu sein, und daneben die Uhrzeit notiert, zu der er aufgebrochen war. Damit sie nicht in Panik geriet, weil sie fürchten musste, allein mit den Schrecken ihrer Krankheit zu sein. Außerdem trug er sein Handy bei sich, während er ihres neben dem Zettel platziert hatte. Dann hatte er sich seinen Anorak übergeworfen, sich den schläfrig dreinschauenden Krabat – wenn seine Halter eine schlechte Nacht hatten, war seine nicht besser – geschnappt und war nach draußen gegangen. Kaum vor der Tür, atmete er erleichtert die feuchte und kalte, aber für den Winter wie immer zu milde Luft ein und ignorierte den Stich seiner Schuldgefühle in der Brust deswegen. Er folgte mit diesem Gang lediglich Pflicht und Gewohnheit, er floh nicht vor den Qualen seiner Frau mit all ihren möglichen Konsequenzen.

Während Krabat sich körperlich erleichtern sollte, hoffte Norbert, den Kopf wieder etwas freier zu bekommen. Nach einer Nacht wie dieser steckte der so randvoll mit Sorgen, dass er ihm zu platzen drohte. Zum Glück hatte er heute die Spätschicht, dann würde er vielleicht nicht ganz so abgelenkt zum Dienst erscheinen. Norbert mochte es nicht, wenn die Kollegen ihm seine Bedrückung allzu offensichtlich ansahen; es war ihm zuwider, sein Herz vor anderen ausschütten zu sollen. Das war fast noch anstrengender, als eine Nacht lang Theklas ungelernter Krankenpfleger sein zu müssen. Außerdem ging die das sowieso nichts an. Bevor er sich dem stellen konnte, brauchte er etwas Abstand. Den bot so ein Ausgang mit Krabat ganz wunderbar.

Wenn er nur nicht so spät dran gewesen wäre! Oder mal wieder die andere Runde durch den Schulweg, Bockhorner Weg, dann links Richtung Wald und durch den Waldweg zurück ins Dorf genommen hätte. Aber nein, sein umnebeltes, noch kaum funktionstüchtiges Gehirn hatte ihn die übliche Route Richtung Ruhwinkel und Bornhöved einschlagen lassen. Und Krabat, dem blöden Vieh, war das sowieso völlig egal. Hauptsache, der kam schnell wieder hinter den warmen Ofen. So war er am Harmshof vorbeigekommen und natürlich dem unfassbaren Olaf direkt in die Arme gelaufen. Norbert hätte gerne geglaubt, dass die Abneigung, die er für diesen Mann empfand, auf Gegenseitigkeit beruhte, fürchtete aber, dass Olaf ihn sogar mögen würde, wenn er es nur zuließe. Olaf mochte alles und jeden, das war ja das Problem. Er mochte allem Anschein nach sogar seine Frau, war ihr in ehrlicher Zuneigung zugetan. Das war für Norbert das unverständlichste überhaupt. Was hielt diese Ehe zusammen, worauf baute sie auf, wenn Melanie sich ihres Mannes doch niemals sicher sein konnte? Wie hielt sie das nur aus? Sobald er einen Fuß vor die Tür setzte, musste sie doch befürchten, dass er unweigerlich mit jemandem im Bett landete. Mit einem anderen Mann, um es genau zu sagen. Olaf besprang jeden Kerl, der auch nur ansatzweise darüber nachdachte, eventuell schwul sein zu können. Irgendwie roch er das, und schon war er auf der Pirsch. Wenn eine männliche Jungfrau in diesem Dorf einen Typen zur Defloration brauchte, dann war Olaf prompt zur Stelle. Techtelmechtel mit anderen Frauen hingegen waren von ihm nicht bekannt. Das machte die Verwirrung komplett. Gab es wirklich keine, oder ging er da nur diskreter vor? Was band jemanden wie Olaf ausgerechnet an eine Frau wie Melanie? Sie hätte was Besseres haben können!

Niemand hätte jemals gedacht, dass Olaf eines Tages eine Frau heiraten würde, alle hatten ihn schon vor dem Eintritt in die Pubertät für schwul gehalten. Kaum war der erfolgt, war er auch schon mit dem gleichaltrigen Benjamin Sandow zusammengekommen. Das hatte jeder im Dorf als folgerichtig angesehen. Die beiden waren ein paar Jahre zusammengeblieben, obwohl Olaf wohl schon damals Schwierigkeiten mit der Treue gezeigt hatte. Sie waren nicht voneinander losgekommen, bis Benjamin nach Abitur und Wehrdienst zum Studium nach Berlin gegangen war. Danach war der riesenhafte rothaarige Kerl in Kaltsommer kaum mehr gesehen worden. Allerdings war sich die Dorfgemeinschaft an dieser Stelle einig, dass das nicht allein Olafs Schuld war. Benjamins Mutter Gerburg dürfte ihr Scherflein dazu beigetragen haben. Die Frau hatte Haare auf den Zähnen.

Wie dem auch sei, Benni war weg, und Olaf hatte freie Bahn für seinen Eroberungszug durch sämtliche Betten Kaltsommers, in dem ein gestandener oder angehender Schwuler lag. Leider auch durch Markus' Bett. Der Vater, der die Neigung seines Sohnes, mit Harms anzubändeln, sehr wohl erkannte, hatte versucht, das abzuwenden. Seine Absicht war gut gewesen, er wollte ihn lediglich vor so unnötigem wie vorhersehbarem Kummer bewahren. Allerdings hatte er sich gescheut, das, worum es ging, nämlich den Geschlechtsverkehr seines Sohnes mit einem anderen Mann, offen anzusprechen, und stattdessen seine ganze Autorität in die Waagschale geworfen, um das Thema ein für alle Mal vom Tisch zu wischen. Markus hatte ihm überraschend selbstbewusst widersprochen, ein Wort hatte das andere gegeben, und schon lagen sie sich in den Haaren. Es wurde ein ungleicher Kampf. Der Wille zur Ehrlichkeit lässt sich vom einschüchternden Gehabe eines Kampfhahns nicht abwürgen. »Du hältst dich fern von diesem Harms, kapiert?« – »Oder was?« – »Oder du kannst was erleben.« – »So? Was denn?« – »Das wirst du dann schon sehen.« – »Ha!« Der Streit wogte hin und her, doch mit jedem weiteren Wort, mit dem er um den heißen Brei herumredete, merkte Norbert, wie ihm der Boden unter den Füßen schwand. Markus dagegen trat immer selbstsicherer auf. Hätte er damals schon gewusst, dass sein Sohn längst erste Erfahrungen mit Männern gesammelt hatte, zum Beispiel mithilfe dieser ominösen Sache namens Online-Dating, und sich nicht blauäugig in diese Affäre stürzte, hätte er vielleicht anders reagiert. Aber auch über solche Dinge sprach man im Hause Einem nicht offen, jedenfalls nicht mit dem Familienoberhaupt. So wusste Norbert nur aus einem Gespräch seiner Tochter Kerstin mit Thekla, das er zufällig mitgehört hatte, dass Markus zwar seinen Partner Kai geheiratet hatte, sobald es ihnen möglich gewesen war, aber beide keine traditionelle Ehe führten, sondern eine offene Beziehung. Norbert verstand weder, was das sein sollte, noch, wie das funktionieren konnte. Er war dadurch lediglich überzeugt davon, dass die beiden viel zu jung geheiratet hätten. Tatsache war, Markus lebte in einer ganz anderen Welt als sein Vater, eine, die dieser trotz aller Toleranz und sogar Akzeptanz, die der für ihn aufbrachte, nicht erfassen konnte. Die Maßstäbe, nach denen Markus Beziehung und Zusammenleben definierte, waren ihm zu fremd. Waren es immer schon für ihn gewesen, von Anfang an. Damals, als er Panik bei der Erkenntnis empfand, im Streit mit seinem Sohn auf verlorenem Posten zu stehen, hätte er vielleicht dieses Gefühl der Befremdung durchbrechen und ablegen können, wenn er sich eine offene Argumentation zugetraut hätte. Das Momentum hatte durchaus in der Luft gelegen. Stattdessen hatte die Angst die Oberhand gewonnen und ihn zu einer reinen Panikreaktion verleitet, mit der er mehr von sich preisgab als beabsichtigt: »Ich will nicht, dass du so kalt wirst wie dieser Olaf Harms!« – »Papa«, hatte Markus darauf nur maliziös geantwortet, »Olaf Harms ist das heißeste, was hier im Dorf rumläuft.« Der Junge zog als Sieger vom Feld, während Norbert vor Peinlichkeit verging. Zur Wahrheit gehörte aber auch, dass Markus die Geschichte mit dem Harms ohne seelische Schäden überstand. Es gab keine Tränen, kein Geschrei, Norbert wusste nicht einmal, wie lange das zwischen den beiden lief. Markus zog bald darauf zum Studium nach Dortmund, lernte Kai kennen und lief mit ihm mit nur dreiundzwanzig Jahren in den Hafen der Ehe ein, inklusive Kinderwunsch. Nichts passte da zusammen, absolut gar nichts.

In gewisser Weise musste Olaf Harms dieses Unverständnis des Vaters für das Leben seines Sohnes Markus ausbaden, dessen war sich Norbert Einem bewusst. Er konnte trotzdem nicht aus der Haut. Und es verdarb ihm jedes Mal die Laune, wenn er dem Typen über den Weg lief. Dass die Rettung aus solch einer unangenehmen Situation einmal vom Himmel kommen könnte, damit hätte er allerdings niemals gerechnet. Aber da oben flogen sie, diese Weißwangen- oder Nonnengänse; tatsächlich unter der Wolke ein so ungewohnter Anblick, dass selbst Krabat den schweren alten Kopf hob und schaute. Warum diese Zugvögel seit kurzem keinen Umweg mehr einschlugen, sobald sie Kaltsommers Anomalie ansichtig wurden, blieb ein Rätsel, das er mit dem Harms sicher nicht weiter ergründen wollte. Es bot ihm allerdings einen willkommenen Anlass, die peinliche Situation aufzulösen und seine verspätete morgendliche Runde fortzusetzen. Er sollte langsam wieder nach Thekla schauen.

Schneller wurden Herrchen und Hund dadurch trotzdem nicht, und im Kopf spukten Norbert mehr Geister herum denn je. An der Ecke Hauptstraße und Appelallee hob Krabat einmal wackelig das rechte Hinterbein, mehr um sich zu erleichtern, als irgendein Revier zu markieren, und pinkelte in die akkurat geschnittene Stechpalmenhecke, die das Thode-Grundstück zur Straße hin begrenzte. Als Nächstes markierte der Neufundländer die Bank, die an der Stelle aufgestellt war, wo die Sandskoppel in die Appelallee mündete. Über diese Bank konnte man sich trefflich aufregen, eindeutiger hätte man Steuergeld nicht verschwenden können! An einem Ort, an dem es an dreihundertfünfundsechzig Tagen im Jahr regnete, brauchte man keine Parkbänke, von denen aus man die Landschaft genießen konnte. »Sett di daal un laat di tied«, stand dann auch noch in roten Lettern darauf – ein Hohn bei dem Wetter und wenn man bedachte, dass man von diesem Standort aus keine hundert Meter mehr über Felder sah, ehe der Blick in der Nebelwand, Kaltsommers undurchdringlich weiche Außenmauer, hängenblieb. Die Bürgervertretung, Kaltsommers kommunale Wählergemeinschaft, die seit Jahrzehnten beinahe ununterbrochen den Bürgermeister oder die Bürgermeisterin stellte, hatte sämtliche Einwände beiseite gewischt und sie trotzdem aufgestellt, damit angeblich einen Anreiz für eine gesundere Lebensweise im Freien setzen wollend. Und so stand die Bank hier also und verwitterte langsam. Wenigstens war die Aufregung über diesen Unsinn so heftig gewesen, dass der alte Heinsohn nicht mehr zur Wiederwahl antrat; seine Tochter Ute bekleidete jetzt das Amt.

Ein Hupen riss Norbert aus seinen sturmgepeitschten Gedanken, und gleich darauf kachelte eine blaue Mercedes-Limousine an ihm und Krabat vorbei. Die beiden machten reflexartig, zumindest soweit ihre alten Knochen das noch zuließen, einen Satz zur Seite ins Gras, und Norbert meinte aus den Augenwinkeln noch eine zum Gruß erhobene Hand zu sehen. Dann war das Auto schon um die Ecke in die Appelallee gebogen und brauste mit viel zu hoher Geschwindigkeit für diese enge Straße in Richtung Bornhöved davon. Keine fünf Sekunden später hatte es die Nebelwand durchbrochen und war in die Außenwelt entschwunden.

»Die Alte hat doch 'nen Hackenschuss!«, schimpfte der Autobahnpolizist Gerburg Sandow hinterher.

Krabat knurrte Zustimmung. Die Sandow war ein Katzenmensch, der für Hunde nichts als Verachtung übrig hatte, was selbst sein schwerfälliger Zottelbär früh begriffen hatte. Er bellte jedes Mal, wenn sie und die Sandow sich auf der Straße begegneten. Norbert mochte es ihm nicht verdenken. Leider war sie ihm noch nie während seiner Dienstzeit auf der Autobahn in eine Kontrolle geraten, ansonsten hätte er sie längst mal einer Untersuchung unterzogen, die sich gewaschen hätte. Er wusste vom Hörensagen, dass sie auch dort fuhr wie eine gesengte Sau und sich an keine Regeln hielt. Wohl weil sie als Optikerin mit eigenem Brillenfachgeschäft in Bornhöved glaubte, den totalen Durchblick zu haben, hielt sie das nicht für nötig. Sie besaß so eine schrecklich arrogante Ader. Kein Wunder, dass sich ihr eigener Sohn nicht mehr zu Hause blicken ließ. Da musste er trotz aller Verständnisbarrieren bei Markus doch mehr richtig gemacht haben als sie bei Benjamin. Dieser Gedanke immerhin ließ ihn lächeln.

»Komm, du alte Trantüte«, rief er Krabat zu, »wir wollen nach Hause, Frühstück machen.«

Eine Viertelstunde später waren sie wieder daheim im Schatten der großen alten Linden, die sich selbst noch winterkahl beeindruckend gegen den grauen Wolkenhintergrund abhoben. Die Heizungswärme umarmte sie buchstäblich, als sie zur Tür hereinkamen. Der Neufundländer legte sich sofort in sein Körbchen, Norbert legte ab, doch bevor er in die Küche ging, um die erste Mahlzeit des Tages für sie alle zuzubereiten, sah er im Schlafzimmer nach dem Rechten. Thekla schlief jetzt tief und fest, ihr Atem ging ruhig und gleichmäßig. Endlich beruhigte sich Norberts Gemüt.

Viertes Kapitel

»Herr Sandow, Sie wissen so gut wie ich, dass es so nicht weitergehen kann. Das Maß ist voll. Schon beim letzten Mal habe ich Ihnen gesagt, dass es keine weitere Abmahnung mehr geben wird, sondern nur noch die Aufkündigung des Vertragsverhältnisses. Sie sind einfach nicht mehr tragbar für uns.«

Es war ein langer Weg bis zu dieser Feststellung gewesen, und nicht nur, weil der Arbeitsmarkt für Lehrkräfte zurzeit leergefegt war und daher jede Schule und erst recht jeder privatwirtschaftliche Bildungsträger bemüht war, sein Personal zu halten. Steigende Schülerzahlen, Kollegen, die massenhaft in Rente gingen, mangelnder Nachwuchs und zuletzt die Flüchtlingskrise hatten den Bedarf unheimlich anschwellen lassen, sodass selbst abgebrochene Lehramtsstudenten wie er gesucht waren. Hinzu kam, dass Herr Olm, Benjamins Chef, ungern Leute entließ. Er sah nicht danach aus mit seinem militärischen Kurzhaarschnitt, den hageren Zügen, der Nickelbrille und den ewig grauen Anzügen von der Stange, die ihn kalt und lieblos wirken ließen. Aber er war ein durch und durch gutherziger Mensch, dem es persönlich wehtat, wenn jemandem ein Leid zustieß, und mochte es nur das eines selbstverschuldeten Arbeitsplatzverlustes sein. Herr Olm hatte seit Jahresbeginn, seit Benjamin allmählich die Kontrolle über sich verlor, ein ums andere Mal beide Augen zugedrückt, wenn der erneut unentschuldigt und unerreichbar fehlte. Nicht zuletzt deswegen saß der jetzt nur stumm dabei und nickte reuevoll Zustimmung bei allem, was sein Chef sagte.

»Seitdem wir am 7. Januar wieder den Unterricht aufgenommen haben«, fuhr der mit Grabesstimme fort, »haben Sie fünfzehnmal unentschuldigt gefehlt. Sie hatten weder einen gelben Schein vom Arzt vorzuweisen noch überhaupt irgendeine Erklärung. Sogar zu Vertretungsstunden, die ich Ihnen extra zugeschoben habe, damit Sie ihr Unterrichtspensum wenigstens ansatzweise noch einhalten können, sind Sie nicht erschienen. Sie lassen mir einfach keine Wahl! Wenn ich wenigstens wüsste, was los ist …«

Wenn er das selbst nur wüsste. Es lag an diesen Traumgebilden oder eben doch Visionen, die ihn seit mehreren Wochen immer stärker verfolgten, ohne dabei unangenehm zu sein. Visionen von einer Zukunft, die schrecklich und erleichternd zugleich war. Untergangs- und Befreiungsvisionen in einem. Allerdings von einem Ort handelnd, den er seit Jahren mied, den er hinter sich gelassen zu haben glaubte. Inzwischen fesselten sie ihn beinahe jede Nacht an sein Bett und dehnten diese Nacht bis weit in den Tag hinein aus. Wie paralysiert lag er da, schaute diese Bilder und nahm dabei sogar wahr, wie sehr währenddessen in der realen Welt die Zeit verrann. Er hätte Herrn Olm nicht einmal begreiflich machen können, wie viel Kraft und Anstrengung es ihn gekostet hatte, rechtzeitig zu diesem Termin um elf Uhr am Vormittag zu erscheinen. Er hatte sich sowohl seinen Funk- als auch den Handywecker gestellt, und trotzdem hätte er es beinahe nicht rechtzeitig geschafft, weil er in seinem Bett lag wie eine Bleifigur auf dem Grund eines tiefen, tiefen Sees, die langsam im Schlick versinkt.

»Sie lassen mir einfach keine andere Wahl«, wiederholte Herr Olm noch einmal kopfschüttelnd.

Benjamin nickte nur ansatzweise.

»Ich verliere Sie nur ungern, Sie hätten das Zeug zu einem richtig guten Lehrer gehabt.«

»Das ist nett, dass Sie das sagen, Herr Olm.«

»Aber es reicht nicht, Sie zu mehr Leistungsbereitschaft zu motivieren, oder?«

Benjamin blieb die Antwort darauf schuldig, was alles war, was sein Chef wissen musste.

»Die Kündigungsfrist beträgt, wie üblich bei unseren Honorarkräften, zwei Wochen«, verkündete er, nur um dann in einer Geste seiner unendlichen Geduld und Liebenswürdigkeit fortzufahren: »Ich stelle Sie für diese letzten zwei Wochen nicht frei, sondern gebe Ihnen die Chance, noch einmal so viele Stunden wie möglich zu arbeiten, damit für Sie wenigstens noch etwas Geld zusammenkommt.«

»Danke.«

»Sie sollten diese Chance wirklich nutzen.«

Benjamin nickte, den Blick gesenkt.

Herr Olm seufzte. »Sie haben noch einen anderen Job als Dozent, richtig?«

»Bei der SokraTeach in Lichtenberg«, bestätigte er.

»Auch auf Honorarbasis?«

»Ja.«

»Was unterrichten Sie da?«

»Deutsch für Ausländer.«

»Nur das?«

»Ja.«

»Und läuft das besser?«

Sie wussten beide, was gemeint war.

»Die Kurse finden ausschließlich nachmittags statt.«

Sein Chef nickte. »Ich hoffe, Sie verdienen da zumindest genauso viel wie hier bei uns?«

Benjamin war sich sicher, dass Herr Olm genau wusste, was die Konkurrenz zahlte, schob die Frage aber auf die Höflichkeit seines Gegenübers und verbot sich jeden Sarkasmus. Stattdessen antwortete er ganz ehrlich: »Achtzehn Euro pro fünfundvierzigminütige Unterrichtseinheit.«

Sein Mitleid konnte Herr Olm nicht ganz unterdrücken, obwohl die Berliner Bildungswerkstatt, die er gegründet hatte und leitete, nur fünf Euro pro Dreiviertelstunde mehr zahlte. Er wusste aber auch, dass jemand wie Benjamin, wenn er sich nur zusammenreißen würde, sehr schnell wieder einen neuen zusätzlichen Job bekäme.

»Ich werde Ihnen in den nächsten Tagen noch ein Arbeitszeugnis schreiben«, erklärte er, »und mich bemühen, Ihre Qualitäten darin besonders hervorzuheben.«

»Danke, sehr freundlich von Ihnen.« Benjamin konnte es nur murmeln, jetzt wurde er doch etwas verlegen.

Zum Glück besaß sein Chef nicht nur ein gutes Herz, sondern auch ein ausgeprägtes Taktgefühl. Er erhob sich und hielt Benjamin die Hand über den Schreibtisch hin. »Wie gesagt, es ist schade, Sie verlieren zu müssen«, sagte er. »Ich wünsche Ihnen für Ihre Zukunft alles Gute. Auf Wiedersehen.«

»Auf Wiedersehen.«

Benjamin verließ mit gemischten Gefühlen diese Stätte, an der er die letzten dreieinhalb Jahre gewirkt hatte, zumeist mit Spaß an der Sache. Zum ersten Mal in seinem Leben war ihm eine Arbeitsstelle gekündigt worden. Bisher war immer er der Kündigende gewesen, in der Regel, weil er etwas Besseres gefunden hatte. Und die Berliner Bildungswerkstatt war gut gewesen, er hatte im Laufe seiner Karriere schon weitaus schlimmere Bildungsträger gesehen. Unter Herrn Olms Ägide war man ernsthaft bemüht, den Teilnehmern etwas beizubringen und ihnen so etwa das Ziel eines nächsthöheren oder überhaupt eines Schulabschlusses zu ermöglichen. Andere Träger konnten das von sich nicht behaupten, obwohl sie es gegenüber den staatlichen Einrichtungen, die für gewöhnlich für die Teilnahmegebühren aufkamen, dreist behaupteten. In Wahrheit aber erschöpfte sich ihre Energie dann darin, die ihnen anvertrauten Leute nur so lange, wie die Verträge es festschrieben, in ihrer Obhut zu behalten. Dafür kassierten sie nämlich das Geld. Ob oder was in den Unterrichtsstunden passierte, war denen völlig egal. Besonders wenn die Kurse von Freigängern besucht wurden, die mehr als alle anderen dazu verpflichtet waren, den Unterricht zu besuchen, bevor sie danach wieder zurück ins Gefängnis mussten, wurde sehr viel Schindluder betrieben. Das hatte Benjamin mit eigenen Augen gesehen. Bei zwei solchen Trägern hatte er gekündigt, weil er sich, einem Anflug von Idealismus folgend, mit solchen Praktiken nicht gemein hatte machen wollen. Heute würde er alles für so einen Job geben. Bei dem wäre es letztendlich egal, ob er anwesend war oder nicht. Es war wohl an der Zeit, ein paar alte Kontakte zu reaktivieren …

Er verließ die Räumlichkeiten der Bildungswerkstatt Berlin, die sich über mehrere Etagen in einem Zweckbau in Wilmersdorf erstreckten. Der Februarhimmel war bewölkt, aber immerhin trocken. Benjamin setzte seine Schiebermütze auf, zog den Reißverschluss seiner Jacke zu und ging los, ohne sich noch einmal umzudrehen. Bei seiner fahrlässigen Disziplin war es zweifelhaft, ob er noch einmal hierhin zurückkehren würde, um Herrn Olms großzügig gewährte Chance zu ergreifen. Er sollte es tun, nicht zuletzt des Geldes wegen, wollte sich aber auch selbst nichts vormachen. Er hatte sehr gerne hier gearbeitet. Er wollte noch immer sehr gerne hier arbeiten, wenn ihm nur sein Kopf nicht wieder und wieder einen Strich durch die Rechnung machte. Diese blöden … was auch immer!

Ohne es zu bemerken, lief er an der U-Bahnstation Adenauerplatz vorbei und ging zu Fuß weiter. Er folgte dem Verlauf der U7 oberirdisch, als könnte er durch die Sohlen seiner gefütterten Winterstiefel die Vibrationen ihrer Züge spüren, die diese in regelmäßigen Abständen durch das Pflaster jagten.

Die kühle Luft tat seinem Schädel gut, der von dem Krisengespräch mit Herrn Olm nicht etwa heiß gelaufen war, sondern sich wehmütig anfühlte. Er hatte soeben einen der anständigsten Jobs verloren, mit denen er jemals Geld verdient hatte, und das alles nur, weil sich in den letzten Wochen Kaltsommer mit seiner vermaledeiten Wolke unnachgiebig, ja unerbittlich in seine Wahrnehmung geschoben hatte. Wenn das kein Zeichen war, dann wusste er auch nicht. Nur leider war er vollkommen unfähig, dieses Zeichen zu lesen. Vor zwei oder drei Tagen hatte er zum ersten Mal im Zentrum des Feuerregens nach der Auflösung der Wolke das Haus seiner Mutter stehen sehen, das mochte etwas zu bedeuten haben. Weil aber die vom Himmel fallenden Flammen nicht direkt auf das Dach fielen, sich stattdessen in einem Kreis darum legten – ihr gehörte das nördliche Viertel des Vierparteienreihenhauses, und das Dach ihres direkten Nachbarn, das nahtlos in ihr eigenes überging, brannte bereits lichterloh –, war das schwer zu sagen. Es sah aus, als wäre es der alten Hexe gelungen, ihr Heim mit einem Schutzzauber zu belegen, der sie vor dem Untergang bewahrte, während der Rest des Dorfes in Schutt und Asche versank. Das hätte ihr durchaus ähnlich gesehen. Benjamin hatte im Laufe seiner Dozentenkarriere so manchen Freigänger unterrichtet, viele davon hatten einiges auf dem Kerbholz, von Raub über Körperverletzung bis hin zu Totschlag. Aber keiner dieser zumeist noch sehr jungen Männer war ihm jemals so hart vorgekommen wie seine eigene Mutter. Sie hatte nie einen Hehl daraus gemacht, ihn als den folgenschwersten Fehler ihres Lebens anzusehen. Sie hatte es ihm nie so deutlich auf den Kopf zugesagt, aber gespürt hatte er es trotzdem. Herzlichkeit, Trost und Wärme hatte er von ihr nie erhalten, nur den unmissverständlichen Rat, sich nie allzu sehr auf andere Menschen einzulassen, weil die einem nur Fesseln anlegten. An diesen Kodex hielt sich seine Mutter eisern, selbst ihrem eigenen Kind gegenüber. Sie war wie eine ihrer verdammten Katzen: freiheitsliebend und nur dann auf Kontakt aus, wenn sie diesen wollte. Benjamin hatte sehr darunter gelitten und sich geschworen, ein genau entgegengesetztes Leben zu führen, und dennoch gewann er mehr und mehr den Eindruck, dass er sich mindestens ebenso bindungsscheu verhielt wie sie. Wenn nicht gar noch stärker, denn wo sich diese Scheu bei ihr auf den Bereich der zwischenmenschlichen Beziehungen reduzierte, schien sie sein Leben komplett zu prägen, es geradezu zu durch- und zu zersetzen.

Angefangen hatte das alles, nachdem er sich endgültig von Olaf getrennt hatte und nach Berlin gezogen war. Solange er unter der Wolke und hinter der schützenden Nebelwand gelebt hatte, hatte er allein unter der Gefühlskälte seiner Mutter gelitten, kaum hatte er diese jedoch hinter sich gelassen, war es im Grunde genommen nur noch bergab mit ihm gegangen. Natürlich hatten auch damals die Leute über die beiden Sandows getuschelt, wenn auch nur hinter seinem Rücken oder zumindest hinter vorgehaltener Hand. Genug zu tratschen gab es bestimmt, Gerburg Sandow war damals in den 1980er Jahren die einzige alleinerziehende, weder verheiratete, aber getrennt lebende, noch geschiedene Mutter im Dorf. Zudem war sie finanziell unabhängig, weil sie lieber arbeiten ging, anstatt sich um ihr Kind zu kümmern, wie man sich von Herzen gern echauffierte. Dass aus ihm trotzdem eine manierliche, höfliche Person geworden sei, teilten sie ihm immer wieder nur allzu gerne mit. Gegen den Rest, die geringschätzigen Blicke und die mit den Jahren immer lauteren Kommentare, die zumeist etwas Abschätziges über seine Mutter aussagten, hatte er Olaf. Der war von Anfang an da gewesen, quasi ein Zwillingsbruder, der seit ihrer Geburt nur in einer anderen Familie aufwuchs. Das hätte durchaus zu Gerburg gepasst, eins von zwei Kindern abzugeben, um nicht ganz in der Erziehungs- und Ernährungsarbeit zu versinken. Diesem Gedanken wohnte sogar ein kleiner Trost inne, denn so wäre Benjamin der Auserwählte gewesen. Schon vor dem Kindergarten hatten sie sich gekannt und Benjamin viel Zeit auf dem Harmshof verbracht, fast so, als wäre er Rüdigers und Bärbels Pflegekind. Olaf, schon immer kleiner als Benjamin, aber zugleich auch bulliger, härter oder, wie die Psychologen sagen würden, resilienter, war stets sein Schutzschild gegen den Rest der Welt gewesen. Dank Olaf hänselten ihn die anderen Kinder nicht, nicht einmal dann, als alle zu erahnen begannen, dass sie langsam mehr wurden als nur Freunde. Aber sie kamen ja aus Kaltsommer, bei denen war so was normal.

Die anderen hätten viel zu hänseln gehabt, Benjamin lieferte ihnen die Munition dafür frei Haus. Jeden Tag kam er mit einer anderen Sonderheit an, machte er sich selbst zur Zielscheibe, aber wegen Olaf fiel das alles nicht ins Gewicht. Der musste ihnen nicht einmal drohen, er wickelte sie schon damals einfach mit seinem Charme ein, erstickte ihren Unmut, ihre Lust am Triezen in seiner Umarmung. Als er seine Umarmung dann später auch für andere Dinge nutzte – nicht nur bei anderen Jungs, auch mit Mädchen –, konnte Benjamin das aber nicht ertragen. Eifersucht und Unsicherheit ließen jedes gute Gefühl für den Freund bitter werden. Dabei hätte er dankbar für Olafs unverbrüchliche Treue sein sollen, denn der hielt widerspruchslos zu ihm, diesem pummeligen Rothaarigen, der jenseits der Wolke zu Sommersprossen und Sonnenbrand neigte, seine Klassenkameraden um mindestens einen Kopf überragte und sowieso aussah wie ein Mehrfachsitzenbleiber oder: ein Mammutbaum, der mit der Geschwindigkeit von Bambus wuchs.

Zu dem Zeitpunkt hatte er eine beinahe berauschende Schulkarriere hingelegt, zumindest solange es um die Grundschule in Wankendorf ging. Obwohl er sich an manchen Tagen nicht anders als in Reimen mitteilte, wurde er jedes Jahr zum Klassensprecher gewählt, schrieb in allen Fächern ausschließlich Einsen und musste nicht einmal etwas von seiner Klassenlehrerin Frau Stange befürchten. Die war die Personifizierung einer alten Jungfer und vielleicht nur Lehrerin geworden, weil damals, als sie aus der Schule kam, für Frauen nur wenige Berufe offenstanden und von ihnen sowieso erwartet wurde, so schnell wie möglich zu heiraten und Hausfrau und Mutter zu werden. Allen Kindern in Benjamins Klasse kam sie steinalt vor, was nicht zuletzt an der Wahl ihrer pädagogischen Werkzeuge lag: Wer zu laut war, musste in der Ecke stehen. Wer etwas nicht auf Anhieb verstand, musste an die Tafel kommen und es vor aller Augen »lernen«; es wäre wohl keine falsche Unterstellung zu behaupten, dass sie die Abschaffung der Prügelstrafe bedauerte. Wenn sie die Wahl zwischen Strenge und Einfühlsamkeit gegenüber ihren Schülern hatte, dann wählte sie grundsätzlich Ersteres. Außerdem – aber das war den Grundschülern damals nicht klar, sondern kam bestenfalls als diffuse Wahrnehmung daher, weil es ihnen für dieses Verständnis an Reife und Lebenserfahrung fehlt – selektierte sie. In ihren Augen bestimmten nicht allein die schulischen Leistungen den weiteren Bildungsweg eines Kindes, sondern das Elternhaus und allen voran der berufliche Status des Vaters. War dein Vater Taxifahrer, konnte auch aus dir nicht viel mehr werden, war dein Vater hingegen Beamter oder in der Führungsetage irgendeines Unternehmens tätig, gehörtest du ganz offensichtlich aufs Gymnasium und später auf die Universität. Sie teilte die Menschen in Stände ein: Hätten sie ein Kind mit adliger Abstammung in der Klasse gehabt, sie hätte es hofiert wie einen kleinen König. Wäre im Gegenzug ein Kind mit Migrationshintergrund gewesen, ausgenommen vielleicht der Sohn oder die Tochter eines Botschafters, sie hätte es mehr oder weniger offen erniedrigt. Dem Sohn des Wankendorfer Bürgermeisters und der Tochter des örtlichen Raiffeisenbankvorstandes begegnete sie mit äußerster Zuvorkommenheit, selbst wenn die etwas falsch machten. Allen anderen zeigte sie nur ihre strenge Seite, zumeist verbunden mit einer Abfälligkeit, der es, wenn sie dich aufgrund der wertlosen Tätigkeit deines Vaters als Idiot ausgemacht hatte, an jedweder Unterschwelligkeit mangelte.

Die beiden, die nicht in dieses Bild passten, waren Benjamin und Olaf. Olaf war als Sohn eines Bauern zwar nützlich, aber zu höheren Aufgaben nicht berufen. Trotzdem versagte an ihm Frau Stanges Dünkel komplett, nicht einmal sie konnte sich seines Charmes erwehren. Er musste sie nur strahlend anlächeln oder ihr kokett zuzwinkern, und schon schmolz sie dahin. Augenblicklich vergaß sie jedes belehrende Wort, das sie ihm gerade hatte sagen wollen, fast schon verwundert den eigenen erhobenen Zeigefinger anstarrend. Bei Benjamin lagen die Dinge noch wieder anders, denn Benjamin hatte gar keinen Vater – natürlich gab es einen, aber zu dem hatte niemals Kontakt bestanden, er kannte gerade mal seinen Namen – und beschmutzte damit geradezu alles, was dieser Lehrerin vom ganz alten Schlag heilig war. Gemessen an ihren Maßstäben hätte ihm sofort und unwiderruflich die Rolle des Parias in der Klasse zufallen müssen, all seinen hervorragenden Noten zum Trotz. Stattdessen fasste sie ihn mit Samthandschuhen an und gewährte ihm als Drittem im Bunde eine Gymnasialempfehlung. Sie hatte sich, was Benjamin nicht wusste, weil seine Mutter solche Dinge ohne Rücksprache mit ihrem Sohn regelte, beim ersten Anzeichen einer unfairen Bewertung Frau Stange gegriffen und zur Schnecke gemacht. Diese war daraufhin nicht unbedingt vor Angst erstarrt, sondern hatte sich dem einzigen unterworfen, was ihr neben der gesellschaftlichen Stellung eines Menschen noch Respekt abverlangte: natürliche Autorität.

So meisterte Benjamin diese Hürde und kam schließlich nach Neumünster aufs Gymnasium. Allerdings ohne Olaf, der keine solche Empfehlung bekommen noch jemals eine gewollt hatte. Das war kein Beinbruch, denn zum einen hatte Benjamin inzwischen gelernt, nicht mehr unbedingt jeden Spleen, den er in sich erblühen fühlte, offen nach außen zu tragen. Zum anderen änderte sich nichts an seiner Freundschaft, an diesem tiefen Gefühl der Verbundenheit mit Olaf. Die neun Klassen bis zum Abitur auf der Klaus-Groth-Schule wurden für Benjamin zum Spaziergang. Diese Schule genoss besonders bei Familien aus bürgerlichen Kreisen einen sehr guten Ruf, obwohl deren Kinder während ihrer Schulzeit dann zumeist sehr alternative Phasen durchliefen, was der Schule in Neumünsters rechtsextremen Kreisen wiederum den Ruf einbrachte, äußerst links zu sein. Er sang in allen ihm offenstehenden Schulchören mit, gründete zusammen mit einer sehr engagierten Deutschlehrerin eine Poesie-AG und wurde erneut regelmäßig Klassensprecher. Das Pummelige verwuchs sich ins Breitschultrige und Kräftige, nur die Neigung zu Sommersprossen und Sonnenbrand blieb. Bei Lehrern wie Mitschülern galt er als umgänglich und war beliebt. Buchstäblich jeder sah für ihn eine große Karriere voraus, egal ob als Künstler, Lehrer oder in der freien Wirtschaft. In ihrer Abi-Zeitung sollte später über ihn die Einschätzung stehen, dass er eines Tages einmal seine eigene Hilfsorganisation leiten werde, irgendwas mit Kunst und Bildung. Ob sie wollten oder nicht, viele seiner Mitschüler sahen instinktiv zu ihm auf.

Daran änderte nicht einmal sein Coming-out etwas. In Kaltsommer sowieso nicht, da war niemand überrascht; seiner Mutter war es sogar herzlich egal. Aber auch auf dem Gymnasium innerhalb der Schülerschaft machte niemand deswegen ein Fass auf. Es gehörte dort zum guten Ton, offen und liberal oder, wie es die jungen Leute Anfang der 1990er Jahre eher ausgedrückt hätten, alternativ zu sein. Noch lief überall Grunge und bestimmte die allgemeine Schülerhaltung durch seine entspannt fatalistische No-Future-Sicht; keiner hätte doch jemals geglaubt, dass Kurt Cobain wirklich schon auf dem Weg in die Garage war! Außerdem hatten schon vor Benjamin Mädchen und Jungs aus Kaltsommer gerade die Klaus-Groth-Schule besucht, die sich zumeist eher früher als später als homosexuell identifizierten. Man war also an diesem Gymnasium daran gewöhnt. Benjamin kannte einige zumindest noch vom Hörensagen, etwa Christian Bergmann, der ebenfalls eine Zeit lang in Berlin gelebt haben, jetzt aber in Frankfurt als Zeitungsredakteur arbeiten sollte; oder Tobias Faller von der Schlachter-Sippe, dessen Großmutter auf so bestialische Weise ermordet worden war; oder Petra Niemann, die Tochter des inzwischen größten Vermieters im Dorf. Sie war gerade auf die KGS gekommen, als er in die Oberstufe eintrat. Heute betrieb sie mit ihrer Lebenspartnerin den Dorfladen in den Räumlichkeiten der alten Faller-Schlachterei, erweitert um eine eigene Kunsthandwerksproduktion – das wusste Benjamin alles aus dem Internet, weil er, seit ihn diese Traumgesichter terrorisierten, sich verstärkt dazu genötigt sah, sich mit seiner alten Heimat auseinanderzusetzen. Irgendetwas war da im Busch, dem musste er auf den Grund gehen!

Olaf, der auf die Realschule in Bornhöved ging und nach seinem mittleren Schulabschluss bei einem Bauern in Bockhorn, eben außerhalb der Wolke, eine Lehre zum Landwirt absolvierte, hätte es als schwuler Junge vom Land vielleicht schwerer getroffen, wenn er nicht so ein einnehmendes Wesen besessen hätte. So einnehmend, dass ihm, kaum pubertierend und obwohl ihm ein entsprechender Ruf vorauseilte, sofort selbst die Mädchen hinterherliefen. Eine davon war eine gewisse Melanie aus Wankendorf, die er später, nach einigem Hin und Her, tatsächlich heiratete.

»Ob sie wohl immer noch verheiratet sind?«, fragte sich Benjamin. Danach hatte er sich im Internet nicht zu suchen getraut, das berührte einen wunden Punkt, der scheinbar niemals heilen wollte. »Ist auch nicht wichtig«, murmelte er und versuchte, den Gedanken aus seinem Kopf zu schütteln. Dass er dabei wirkte wie einer dieser kaum zurechnungsfähigen Typen, die in den letzten Jahren immer häufiger auf Berlins Straßen anzutreffen waren, bemerkte er nicht, während er ging. Immerhin sah er nicht abgerissen und obdachlos aus – noch nicht. Er würde schnell einen zusätzlichen Job finden müssen, sonst würde er sich die Miete selbst für das Loch, das er bewohnte, bald nicht mehr leisten können. Und dann hieße es entweder Amt oder Brücke. »Oder ich such mir einen Job außerhalb Berlins.« Das wäre eine Lösung. Sicher nicht in Köln. Das Rheinland war absolut nicht seins, wie er von einem kurzen Intermezzo als Student dort wusste; jenes Semester hatte sich unerträglich in die Länge gezogen, und als der Karneval ausbrach wie eine Naturkatastrophe, floh er gar zurück zu Studienfreunden nach Berlin. Aber Hamburg wäre eine Möglichkeit oder Kiel oder Lübeck. Selbst Neumünster klang in seiner jetzigen Lage verführerisch, dann wäre er auch sehr dicht an Kaltsommer dran und könnte, quasi im Vorbeigehen, ergründen, was das mit seinen Wolkenvisionen auf sich hatte. Obwohl seine Mutter über diese erneute Nähe zu ihrem Spross vermutlich nicht sehr erfreut sein würde …

»Ich sollte es trotzdem in Erwägung ziehen.«

Was hielt ihn denn in Berlin? Hier führte er ein prekäres Leben mit schlecht bezahlten Jobs in einer Bruchbude von einer Wohnung, in die, wenn er die Fenster öffnete, eher die Mäuse von den Mülltonnen aus eindrangen als Licht. Einen festen Freund hatte er nicht, schon seit Jahren nicht mehr gehabt, seit Elmar nicht mehr wirklich. Elmar, noch so ein wunder Punkt in seinem Leben. Nach ihm waren nur noch schale One-Night-Stands und ranzige Affären gekommen. Es hatte alles keinen Spaß mehr gemacht. Vielleicht würde ein Umzug auch da einen Neuanfang bringen. Nicht dass er einen Partner an seiner Seite brauchen würde, er kam sehr gut alleine zurecht. Aber schön wäre es doch. Und die Chancen dafür waren im Norden wohl größer als hier im Berliner Süden, einfach weil ihm die Mentalität der Leute da oben vertrauter und lieber war; Elmar war aus Rostock in die Hauptstadt gezogen.

»Und Gedichte kann ich sowieso überall schreiben!«

Tatsächlich erfüllte ihn plötzlich eher die Hoffnung, dass dort oben die kreativen Säfte überhaupt wieder zu fließen beginnen könnten. Er hatte schon seit Jahren kein Gedicht mehr geschrieben. Das Drechseln schöner Verse und Reime hatte er zusammen mit Elmar aufgegeben. Beides hatte sich als Fehlschlag entpuppt, als Sackgasse, in der er viel zu viel Zeit verbracht hatte.

»Ein Gedicht habe ich bisher in meinem ganzen Leben veröffentlicht. Ein einziges Gedicht!«

Er bemerkte aus den Augenwinkeln, wie eine Frau bei seinen sehr laut gesprochenen Worten einen überraschten Satz zur Seite machte. Selbst überrascht sah er auf, registrierte ihren alarmierten Blick, den sie schnell abwandte, als sie noch schneller davonging, und sah, dass er in der Zwischenzeit, buchstäblich mit dem Kopf in der Wolke, nicht nur Wilmersdorf hinter sich gelassen hatte, sondern, streng dem Verlauf der U7 folgend, auch Schöneberg. Vor ihm lag der Mehringdamm in Kreuzberg. Noch vier Stationen, und er wäre wieder zu Hause in Neukölln.

Aber da will ich gar nicht mehr hin, dachte er jetzt im Stillen bei sich, als wären die Würfel längst gefallen. Und der Himmel schien diese Entscheidung bestätigen zu wollen, denn während Benjamins Spaziergang war der sukzessive aufgeklart und ließ genau jetzt die ersten Sonnenstrahlen des Tages durch. Wenn das kein Zeichen war! Die Sonnenstrahlen wiesen ihm einen ganz anderen Weg. Benjamin wusste sofort, wohin. Auch dort war er schon länger nicht mehr gewesen, aber jetzt zauberte das Erkennen ein Lächeln auf sein Gesicht. Ein Blick auf die Uhr sagte ihm, dass bereits geöffnet war, und so änderte er kurzentschlossen die Richtung und ging die wenigen noch fehlenden Schritte nach Süden anstatt die vielen grob weiter nach Osten. Zwischen den Touristenmassen, die sich um Curry 36 und Mustafa's Gemüse Kebap drängten, lag eine Tordurchfahrt. Im ersten Hinterhof befand sich eine große graue Metalltür mit einem Klingelknopf daneben. Benjamin drückte darauf, und als der Summer ertönte, zog er die Tür auf, ließ sich von Wärme und Badegerüchen umfangen und betrat die Herrensauna.

✿

WAS LIESS ALERIC SEINE ZELTE in der malerischen Holsteinischen Seenplatte abbrechen und ausgerechnet an diesem widrigen Wolkenort wieder aufschlagen? Er ging nicht freiwillig allein in den tiefen Wald, in dem unter Umständen noch immer die sagenhaften Wölfe Fenrir, Hati und Skalli hausten oder doch zumindest die Riesin Angrboda. Der Isarnho war weiterhin ein unfreundlicher Ort für einen einsamen Wanderer und sollte es noch für eine lange Zeit bleiben. Erst als die Menschen anfingen, dem Eisenwald mit Eisenäxten zu Leibe zu rücken, sollte sich das ändern. Erst als sie das Holz zum Bau von Häusern und Schiffen, Städten und Flotten verwendeten, auf dem fruchtbaren Boden Äcker für Obst und Gemüse, Getreide und Flachs, Raps und später auch Mais anlegten und auf den weiten gerodeten Flächen ihre Rinder- und Schafherden weiden ließen, erst da bannten sie seine Schrecken. Aleric hatte noch nichts davon, als er sich auf den Weg machte – auf den Weg machen musste. Zu seiner Zeit gab es nicht einmal Straßen, auf denen man sich bequem hätte vorwärtsbewegen können, bestenfalls ein paar unbefestigte Pfade, auf denen fahrende Händler, christliche Missionare oder irgendwelche waffenstarrenden Spießgesellen unterwegs waren. Aber unser Held hätte diese Routen sowieso gemieden, aus Angst vor dem, was Menschen einander anzutun fähig waren.

Aleric war auf der Flucht.

Doch was genau war passiert? Ich kann es nur vermuten, selbst wenn die Vermutung naheliegt. Das Leben in jenen Tagen war hart, die Regeln, die das Zusammenleben der Menschen bestimmten, eisern und die Strafen bei Verstoß drakonisch. Entweder man passte sich an, wobei der Übergang zur Unterwerfung fließend war, oder man ging unter. Was aber, wenn man sich nicht anpassen kann, wenn einem, obwohl man sich schon unterworfen hat, die eigenen Bedürfnisse einen Strich durch die Rechnung machen? Man weiß, das bedeutet Lebensgefahr, ein weiterer Schrecken, der einen mit nichts Geringerem als dem Tod bedroht. Trotzdem kann man davon nicht lassen, egal wie sehr man dagegen ankämpft. Die eigenen Nachbarn, die eigene Familie würde einen auf bestialische Weise töten, sollten sie es jemals herausfinden, und trotzdem kommt es immer wieder durch. Das Bedürfnis ist stärker als alles andere. Du kannst es nicht abschalten, weil es dein innerstes Wesen betrifft. Gerade in einer so harten Umwelt wie der Alerics wäre es als Ausgleich für den

Alltag besonders wichtig gewesen, nämlich die Erfahrung von Wärme und Zuneigung. Er hätte immer wieder aufs Neue Kraft daraus ziehen können, um ein noch besseres, produktiveres, verlässlicheres Mitglied der Gemeinschaft zu sein. Stattdessen saß es ihm wie ein riesiger Blutegel auf dem Rücken, hatte seine Zähne in Alerics Halsschlagader geschlagen und musste das Blut nicht einmal selbst saugen, weil das panische Herz des Mannes es ihm von ganz allein mit schnellen Pumpstößen ins Maul trieb. Allein das hätte Aleric früher oder später, aber ganz sicher vor seiner damals ohnehin knapp bemessenen Zeit umkommen lassen. Was ihn allerdings erwartete, wenn sie ihn entdeckt hätten und er nicht entkommen wäre, daran mochte er gar nicht erst denken. So unaussprechlich wie sein Verlangen waren die Grausamkeiten, die sie ihm hätten angedeihen lassen. Indem er Hals über Kopf vor ihnen in den Eisenwald floh und alles, was ihm lieb und teuer war oder er zum Überleben gebraucht hätte, zurücklassen musste, war selbst Aleric klar, dass er ihnen damit vermutlich einen Gutteil der Arbeit abgenommen hatte. Auf sich allein gestellt, blieb ihm fast nur das Sterben.

Alerics Frau hieß Hodica.

Ihr Bund war aus reinem Zweck heraus entstanden. Eine Frau brauchte einen Mann, um beschützt zu sein, und ein Mann brauchte eine Frau, um sich fortzupflanzen. Dennoch kamen sie miteinander aus, wenn ihnen das Pech bei der Zeugung einer Nachkommenschaft nicht angeheftet hätte wie ein Fluch. Dreimal wusste Hodica, dass sie schwanger war, und dreimal verlor sie das Kind. Danach schien ihre Gebärmutter erschöpft zu sein und nicht mehr empfangen zu können. Zugleich schien die Säuglings- und Kindersterblichkeit im ganzen Dorf zu steigen, über das übliche Maß hinaus. Blattern, Masern, Keuchhusten und andere Erkrankungen der Atemwege grassierten, Abszesse führten zu tödlichen Blutvergiftungen, Stürze zu Knochenbrüchen oder gar Lähmungen, ein Junge ertrank auf ungeklärte Weise im See, an dessen Ufer sie lebten. Schon flüsterte man ängstlich von schwarzer Magie, von einem bösen Zauber, den irgendjemand über sie gebracht hätte, vom Zorn der Götter, weil unter ihnen einer sein musste, der frevelte. Mindestens einer.

Der Verdacht fiel schnell auf Aleric und Hodica. Besonders aber auf das Weib, deren Schoß ganz offensichtlich den Tod gebar. Nicht dass Aleric sie nicht verteidigt hätte. Wann immer er die Leute über sie tuscheln hörte, ging er dazwischen und ergriff für sie Partei. Die Stimmung war aufgeheizt, sollte sie sich entladen, würde das ihr grausames Ende bedeuten. Denn die Götter waren fabelhaft und dürsteten nach Blut. Schon sah er Hodica mit eingeschlagenem Schädel im See versinken.

Zur Wahrheit gehört allerdings ebenso, dass Aleric nur bedingt um ihrer selbst willen um seine Frau fürchtete. Er hatte ganz eigene Gründe, ihr Leben und damit ihre Partnerschaft zu bewahren. Wenn sie wenigstens ein Kind lebend geboren hätte, dann würde ihnen beiden das Wasser jetzt nicht bis zum Hals stehen. Selbst wenn das dann, kaum dem Wochenbett entwachsen, an irgendeiner der zahlreichen Krankheiten, gegen die es in der Natur kein Mittel gab, gestorben wäre, alles wäre dann in Ordnung gewesen. Aleric hatte seinen Teil ihres Ehebundes erfüllt, Hodica nicht, und dennoch brauchte er sie mehr, als sie, als jeder andere im Dorf vermutete. In Wahrheit beschützte nicht er sie, sondern sie ihn. Solange sie an seiner Seite stand, war er zumindest leidlich sicher.

Der einzige andere Mensch im Dorf, der das begriff, war Sclaomir. Er war der Schmied und verheiratet mit Sigrid, mit der er die Tochter Sigrun und den Sohn Ceadrag gezeugt hatte. Auch bei diesem Paar hatte es vorzeitige Abgänge und Totgeburten gegeben, aber zwei Kinder hatten alles überlebt, und das war das Einzige, was zählte. Wenn die Dorfbewohner sahen, wie der kleine Ceadrag seinem Vater half, die Esse in Gang zu halten, dann sahen sie, dass Sclaomir es gutgemacht hatte.

Wann immer sie konnten, entschlüpften Aleric und Sclaomir in den Eisenwald mit seinem blickdichten Unterholz. Für beide waren diese Ausflüge mit großer Angst verbunden, aber bisher wogen das Glück und die Entspannung, die sie durch ihre Treffen empfanden, jeden Stress auf, der allein schon mit dem Gedanken an eine mögliche Entdeckung verbunden war. Sie halfen überhaupt gegen jede Art von Spannung, die ihnen im Alltag widerfuhr. Je stärker der Druck um sie herum wuchs, desto nötiger brauchten sie dieses Zusammensein.

Also gerade weil Aleric wusste, in welcher Gefahr er durch das Unvermögen seiner Frau, ein lebendes Kind zu gebären, steckte, weil er bei jedem Schritt spürte, wie sehr er unter argwöhnischer Beobachtung stand, musste er Sclaomir unbedingt sehen. Dem Schmied wiederum war es gelungen, seinen Samen ein weiteres Mal in Sigrid aufgehen zu lassen, weshalb er sich von der Seite unbehelligt wähnte. Er glaubte, frei zu sein und ein wenig Freiheit genießen zu dürfen. Die Freunde verabredeten sich an ihrem üblichen Treffpunkt, eine Buche mit hohlem, wie eine aufgeplatzte Schote aussehendem Stamm, die trotzdem eine ausladende grüne Krone trug, weit genug vom Dorf entfernt, um selbst das Risiko einer zufälligen Entdeckung auf ein Minimum zu reduzieren. Hodica aber, sowieso nicht dumm und durch die allgemeine böswillige Atmosphäre besonders aufmerksam, bekam es mit und folgte Aleric. Vorher sagte sie noch Sigrid Bescheid, sie unter einem Vorwand in die furchterregende Finsternis des uralten Waldes lockend. Es war nicht leicht, den Männern zu folgen, keiner von ihnen wählte den geraden Weg zum Treffpunkt, aber am Ende gelang es ihnen doch, nicht zuletzt wegen der Geräusche, die auf einmal an ihre Ohren drangen.

Die Männer hatten, kaum wähnten sie sich am Ziel, keine Zeit verloren, wie die Frauen erkennen mussten. Wirklich überrascht waren Hodica und Sigrid nicht. Dass irgendetwas mit Aleric und Sclaomir war, ahnten sie seit Langem, die eine mehr, die andere weniger. Dennoch traf der Anblick sie wie ein Schock. Dass so etwas im Angesicht der Götter möglich war, solch eine Schande, solch eine Lästerung und Schändung der Natur! Das durfte nicht sein, es war wie ein Todesurteil – vielleicht nicht nur für die sündhaften Männer.

Hodica und Sigrid fingen gleichzeitig vor Entsetzen an zu schreien.

Als die Männer es hörten, wussten sie sofort, was passiert war. Vor diesem Moment hatten sie sich immer gefürchtet, ohne dass die Furcht ihrem Bedürfnis dauerhaft Ketten hätte anlegen können. Nun war es zu spät. Die Erkenntnis, die auf dem Rücken des Geschreis angeritten kam wie die drei Nornen selbst, schien all ihre Muskeln in Wasser zu verwandeln, das sich auf den Waldboden ausgießen wollte. So hätten sie wenigstens im Boden versinken können und wären allem entgangen, was jetzt folgen mochte. Denn als sie sich endlich aus ihrer Erstarrung lösten, war Sigrid längst zurück in Richtung Dorf gelaufen, um von ihrer schrecklichen Entdeckung zu berichten. Nur Hodica war geblieben und warf Aleric und Sclaomir gleichermaßen vernichtende Blicke zu. Zu guter Letzt hatte sie alles begriffen.

»Ihr seid böse«, flüsterte sie. »Möge Radegast euch vom Antlitz der Welt tilgen!«

Aleric wollte sie vom Gegenteil überzeugen, aus einem reinen Reflex heraus. Geistesgegenwärtig hielt Sclaomir ihn zurück.

»Lauf!«, zischte er seinem Freund ins Ohr.

»Was?«

»Lauf, Aleric. Rette dich!«

»Aber du …«

»Ich habe Kinder. Ich muss bleiben und kämpfen.«

»Sie werden dich töten.«

»Ich habe Kinder, sie werden sie nicht vorsätzlich zu Waisen machen.«

Aleric wusste es besser, aber es war Hodica, die alles mit angehört hatte und einwarf: »Ihr gehört beide getötet – und deine Brut auch, Sclaomir. Den Göttern sei Dank, dass diese Saat des Unrats niemals in mir aufgegangen ist.«

»Lass uns fliehen«, flehte Aleric seinen Freund an, »zusammen.«

»Ihr werdet nicht weit kommen«, höhnte Hodica.

»Sie werden die Hunde auf uns hetzen«, begriff Sclaomir.

»Nein, sie …«

»Wenn sie uns zusammen erwischen, werden sie uns beide töten, Aleric. Stelle ich mich ihnen, werden sie Gnade mit mir haben.«

»Pah!«

Aleric glaubte eher seiner Frau als seinem Freund. Schlimmer als der Götter Zorn ist allein der Zorn des Menschen. Aber er wusste auch, dass er zumindest eine Chance zu überleben hätte, wenn er Sclaomirs Angebot annähme, wenn er zuließe, dass der ihm den Rücken freihielt. Sein Gewissen regte sich sofort bei diesem Gedanken: »Ich will nicht, dass du dich für mich opf…«

»Lauf endlich!«

Sclaomir brüllte ihn an, das Gesicht zu einer einzigen Grimasse verzerrt. Hodica lachte dazu, aber ihr Lachen klang wie eine klaffende, stark blutende Wunde.

Und Aleric lief. Auf den Hacken drehte er sich um und lief hinein in den finstern, finstern Eisenwald, mit nichts bei sich als den Kleidern, die er am Leib trug. Von einer Sekunde auf die andere hatte er alles verloren: Besitz, Sicherheit und Liebe. Nichts als das nackte Überleben war ihm geblieben, und obwohl er in jenem Moment stark daran zweifelte, dass das dieser Anstrengung überhaupt noch wert war, lief er, so schnell ihn seine starken Beine trugen. Er lief, bis die Dunkelheit der Nacht, noch schwärzer gemacht durch die Dunkelheit des Waldes, ein Fortkommen unmöglich machte. Erst dann ruhte er sich aus, ohne dass jedoch Ruhe um ihn herum gewesen wäre. Da war nur überall das Rauschen der Blätter und Knacken der Zweige, das Rufen der Eulen und Schreien der vierbeinigen Räuber, das hämische Flüstern grausamen Götter und die hasserfüllten Stimmen seiner Jäger, die jeden Augenblick erschallen mussten und den entlarvenden Schein von Fackeln mit sich trugen.

Und er fror bitterlich in der dünnen grobgesponnenen Wolle, die für einen Sommertag auf der kimbrischen Halbinsel ausreichend sein mochte, nicht aber für eine hungrige Nacht im Freien.

Aleric glaubte nicht, dass Sclaomir noch lebte.

Fünftes Kapitel

Wieder regnete es. Ganz kleine Tropfen, mit den Augen nur erkennbar, weil es so viele waren. Petra nannte sie Wasserläuse, was niedlich klang und für jemanden, der aus Kaltsommer stammte und mit diesem Phänomen aufgewachsen war, durchaus in Ordnung sein mochte. Auf Außenstehende dagegen wirkte dieser dichte Schwarm da draußen vor dem Fenster wie eine biblische Plage, der jede Niedlichkeit abging. Da mochten Petras Augen noch so wehmütig geglänzt haben, wenn immer sie ihr von ihrem Heimatdorf mit seinem wunderlichen Liebreiz erzählte. Die Realität hatte diesen sehr schnell verloren, kaum dass sie hergezogen waren und Dunja begriffen hatte, dass Petras Behauptung ernst gemeint war: Die Wolke war immer da, immer!

Ein weiteres Mal überlief es sie wie Schüttelfrost.

Dunja kam aus Emmerich am Rhein, unweit der holländischen Grenze. In ihrer Kindheit war die Familie oft in den Sommerurlaub an die westfriesische Nordseeküste gefahren – sie wusste also, was schlechtes Wetter war. Für sie lag auf der Hand, warum sich die Bewohner ihres stets feuchten und trüben Nachbarlands ausgerechnet dieses leuchtende Orange als Nationalfarbe ausgesucht hatten: Wenn die Sonne selbst schon nicht scheinen will, imitiert man sie eben und sonnt sich in ihrem erträumten Glanz. Außerdem hatte dieses Orange etwas von einem alten, gutgereiften Gouda, und mit dem konnte sich erst recht jeder Holländer identifizieren …

Wenn sie diesen Gedanken laut vor Petra geäußert hätte, hätte die sie nur angestrahlt und ihr gesagt, welche großen Fortschritte sie bei der Eingewöhnung in ihr neues Zuhause gemacht habe: »Du siehst die Dinge schon mit den Augen einer Kaltsommeranerin.« Dunja war sich nicht sicher, ob das wirklich ein Kompliment war. Erträglich wurden ihr solche Sprüche nur dadurch, dass Petra sie in der Regel mit einer langen, festen

Umarmung kombinierte. In der lag so viel Wärme, dass dies bisher noch jedes Verlangen nach blauem Himmel und Sonnenschein wettgemacht hatte.

Meistens reichte das, um Dunjas »südländische Trübsal«, wie die Leute hier oben allen Ernstes ihre Anflüge von Melancholie, von Sonnensehnsucht nannten, verpuffen zu lassen. Heute hätte es bestimmt gereicht. Trotz der klimatischen Widrigkeiten löste sich das Heimweh mehr und mehr auf. In den fünf Monaten, seit sie hergezogen waren, hatte sie große Fortschritte gemacht. Dabei hatte es auf ihrer Seite mehr Bedenken als nur die wegen des Wetters gegeben. Das Haus, in das sie einziehen sollten, großzügig zur Verfügung gestellt von Petras Vater, hatte eine böse Geschichte: Hier war vor Jahren eine alte Frau umgebracht worden, und zwar von ihrem eigenen Sohn. Damals war das eine Schlachterei gewesen, unten die Produktions- und Geschäfts-, oben die Wohnräume – allesamt bis unters Dach angefüllt mit jahrzehntealtem Hass, wie die Dorfbewohner behaupteten. Alles andere als ein Traumhaus also, als ein Sehnsuchtsort. Fast hätte sie erwartet, bei der ersten Begehung der Räumlichkeiten noch überall auf Reste angetrockneten Bluts zu treffen, die selbst hartnäckigstes Putzen nicht beseitigen könnte. Aber dann war alles blitzblank sauber gewesen und hatte sowieso die Wolke über ihren Köpfen sofort Dunjas gesamte Aufmerksamkeit mit Beschlag belegt. Und für ihre Zwecke war das Gebäude geradezu ideal. Es bot genug Platz, um darin zwei Frauen mit ebenso vielen Kanarienvögeln, ein Warenlager, einen Laden sowie, als Herzstück von allem, ihre Töpferei unterzubringen, ohne jede Ironie Atelier genannt. Zum einen hatten Dunja und Petra wieder einen Dorfladen eröffnet, der die Einheimischen mit den Dingen des alltäglichen Bedarfs versorgte, zum anderen fertigten sie beide Steingut an, Geschirr, Vasen und sogar Kacheln und Fliesen für Wände und Öfen, die sie sowohl hier als auch übers Internet verkauften. Das bildete ihr wirtschaftliches Rückgrat. Ohne die Bestellungen aus dem ganzen deutschsprachigen Raum und immer öfter auch aus Skandinavien wären sie längst pleitegegangen, denn die Kundschaft vor Ort, noch einmal eben dezimiert durch die besonderen klimatischen Bedingungen, die Besucher aus den Nachbardörfern abhielt, warf bei weitem nicht genug ab für das tägliche Brot. Zum Glück war Kaltsommer vor knapp zwei Jahren an das Glasfasernetz angeschlossen worden, womit die Möglichkeiten eines Online-Geschäftes überhaupt erst geschaffen worden waren. Sonst wären sie entweder in Hamburg geblieben oder in irgendeine kleinere Stadt gezogen, in der sie sich die Miete noch hätten leisten können. Aber Petra wollte so gerne wieder nach Hause und ihre Eltern die Tochter zurück in ihrer Nähe, also hatte Hans ihnen ein Angebot gemacht, das sie unmöglich hatten ablehnen können. Sie hatten noch in Hamburg geheiratet, ohnehin auf gepackten Koffern sitzend, da ihr alter Vermieter, ein Mann ohne eigene Kinder, ihnen wegen Eigenbedarf gekündigt hatte, und die Feier ihres neuen Lebensbundes gleich mit einem großen Abschiedsfest verbunden, das am Ende aussah wie ein Polterabend. Als Höhepunkt der Feierlichkeiten nämlich war die Partygemeinde von ihnen dazu aufgefordert worden, die gesamte beschädigte Ware, die im Laufe der Zeit angefallen und noch nicht entsorgt war, zu zertrümmern. Der Spaß war riesig gewesen, wie ein Rausch, und endete damit, dass die beiden frischvermählten Ehefrauen ganz traditionell dazu gezwungen wurden, den Schlamassel auch gleich wieder aufzukehren, angefeuert von ihren Gästinnen und Gästen.

Scherben bringen Glück, und wenn es danach ging, war es die richtige Entscheidung gewesen, nordwärts zu ziehen. Petra erlebte seitdem einen einzigen, nicht enden wollenden kreativen Schub, der zu einer fantastischen neuen Kollektion geführt hatte und in der Internetgemeinde eingeschlagen war wie eine Bombe. »Sonne auf Wolken« nannte Petra sie und hatte sich bei ihren Entwürfen ganz klar von ihrer alten und wiedergewonnenen Heimat inspirieren lassen. Die Bemalung sah aus wie ein langsam aufklarender Himmel, der in seinem wabernden Grau sublime Spuren von göttlichem Azur und sonnigem Gold zeigte. Ein besonderer Renner war die Linie mit dem angedeuteten Regenbogen mit seiner feinen Subtilität; mit der Produktion kamen sie nicht nach, und die Lieferzeit hier betrug zurzeit sieben bis acht Wochen. Eigentlich müssten sie jemanden einstellen, eine Fachkraft, die sie unterstützte, doch war ihnen das finanzielle Risiko noch zu hoch. Sie überlegten stattdessen, im Sommer mit Beginn des neuen Ausbildungsjahrs einen Ausbildungsplatz anzubieten.

Dunja seufzte, mehr zufrieden als unzufrieden, und schüttelte den Ansturm der Wasserläuse auf ihr Gemüt endgültig ab. Sie drehte sich um und wandte sich wieder ihrer Arbeit zu. Erst staubte sie die Auslagen im

Laden ab, dann verpackte sie ein paar Online-Bestellungen und orderte selbst bei einem Großhändler Rohstoffe für ihre Töpferei. Gestört wurde sie dabei kaum, die Laufkundschaft ließ sich an den Fingern einer Hand abzählen. Ganz selten nur ging überhaupt mal jemand – sie konnte noch nicht jedem Gesicht sicher einen Namen zuordnen – draußen auf der Hauptstraße vorbei und warf winkend einen Gruß zu ihr hinein. Sie erwiderte jeden davon lächelnd. Meistens lächelten die Passanten erst dann zurück, aber hätte Dunja nicht gelächelt, wäre es auch okay gewesen. Der Gruß selbst stellte mehr als eine Höflichkeit dar, in ihm schwang in den Augen der Leute hier ein ausreichendes Maß an Freundlichkeit mit. Alles darüber hinaus konnte auch übertrieben und damit falsch sein. Dunja mochte diese Einstellung der Leute: reduziert, aber nicht gefühlskalt oder geizig, sondern punktgenau und echt. Sie selbst neigte ebenfalls nicht zur Übertreibung und hatte schon immer ein Problem damit gehabt, wenn Menschen zu exaltiert auftraten. Nun, solche Leute gab es in Kaltsommer grundsätzlich nicht, hier wurden Gefühlsregungen verinnerlicht und nicht veräußerlicht. Andere mochten damit nicht klarkommen, Dunja kam das sehr entgegen. Überhaupt war sie immer wieder begeistert davon, wie wenig Aufhebens die Leute um ein verheiratetes Lesbenpaar machten, das mitten unter sie gezogen war. Da war nicht eine Sekunde lang ein Befremden zu spüren gewesen, nicht einmal eine demonstrativ zur Schau gestellte Toleranz mit all ihrer Brüchigkeit wie schlecht verarbeiteter oder zu heiß gebrannter Ton, sondern nichts als schlichte Akzeptanz. Natürlich hatte Petra ihr von Kaltsommers besonderer Beziehung zur Homosexualität erzählt, aber glauben hatte sie es doch erst können, als sie endlich hier war. Manchmal rieb sie sich noch heute die Augen bei der Sachlichkeit, mit der man ihrer gleichgeschlechtlichen Neigung begegnete. Erst allmählich lernte Dunja, den Argwohn abzulegen, nicht mehr auch danach beurteilt zu werden, sondern allein wegen ihres Charakters. Wie sehr ihr der mitunter das Leben und die Beziehung zu anderen Menschen getrübt, ja sogar vergiftet hatte, begriff sie erst jetzt, wo er von ihr abfiel wie eine eiserne Beinfessel.

Natürlich hatte sie auch die richtige Frau geheiratet, um im Dorf sofort Anerkennung zu finden, von den Töchtern die beste Partie sozusagen. Kaum einem anderen war es so gut gelungen, sich den Zeitläuften anzupassen, den Wandel so anzunehmen wie Hans Niemann. Weil er nie ein echter Bauer gewesen sei, nicht so wie sein Vater und Großvater, behaupteten die Neider, sein Herz habe niemals an der Scholle gehangen. Dazu konnte Dunja nichts sagen, sie wusste nur, dass ihr Schwiegervater erfolgreich von Viehwirt auf Immobilienbesitzer umgesattelt hatte. So erfolgreich, dass ihm das mitunter zu Kopf zu steigen schien. Wenn man ihn durch Kaltsommers Straßen spazieren sah und ihn dabei beobachtete, wie er ebenso kritisch prüfende wie besitzerstolze Blicke nach links und rechts warf, fühlte man sich automatisch an einen alten Junker erinnert, der seinen prosperierenden Besitz inspizierte. Zumal er die Kleidung eines Bauern, zumeist graue, braune oder grüne Sachen aus Cord oder Drillich, anspruchslos und strapazierfähig, nicht gegen Anzug und Krawatte eingetauscht hatte. So ganz hatte Hans Niemann seine frühere Tätigkeit ja auch nicht aufgegeben, sondern die Kühe zugunsten von Pferden abgeschafft. Auf seinem Hof nur ein Stück die Straße rauf stellten Pferdehalter aus der ganzen Gegend, teilweise sogar aus Kiel und Lübeck, ihre teuren Tiere unter, nicht selten solche, die selbst irgendwelche familiären Verbindungen nach Kaltsommer hatten. Wer würde sonst auch freiwillig ausgerechnet hier einen Platz für seinen edlen Vierbeiner mieten, also seine wertvolle Freizeit in Kaltsommers Dauertristesse verbringen!

Womit sie wieder beim Wetter angekommen wäre und damit bei ihrer »südländischen Trübsal«. An manchen Tagen drehte Dunja sich im Kreis, wenn zu wenig zu tun war und die Arbeit sie nicht auslastete zum Beispiel. Sie mussten unbedingt etwas mit den Ladenöffnungszeiten tun, es machte doch keinen Sinn, ihn dauerhaft offenzuhalten, wenn niemand kam …

Just in diesem Moment kam natürlich jemand. Das Glöckchen über der Eingangstür klingelte, und eine alte, leicht gebeugt gehende Frau betrat das Geschäft. Es war Almut Runge, eine der ganz Alteingesessenen. Ihr Gesicht schien zur Gänze aus Runzeln und Falten zu bestehen, in denen Augen und Mund regelrecht zu versinken schienen, wohingegen sich die Nase wie ein Adlerschnabel daraus hervorwölbte. Wenn auf der Spitze dieser Nase noch eine Warze gesessen hätte, sie wäre glatt als Dorfhexe durchgegangen. Aber damit hätte man ihr unrechtgetan. Unter der durchsichtigen Plastikhaube, die sie, geschnürt wie ein Kopftuch, gegen den Nieselregen trug, verbarg sich ein zwar zurückhaltendes, aber freundliches Wesen.

»Guten Morgen, Frau Runge«, grüßte Dunja.

»Guten Morgen, Frau Vogel.«

»Kann ich Ihnen zur Hand gehen?«

»Danke, ich komm schon zurecht.«

Frau Runge war eine ihrer regelmäßigen Kunden, die beinahe ihren gesamten Lebensmittelbedarf bei ihnen deckte. Ungefähr dreimal pro Woche schaute sie vorbei und kaufte vor allem Obst und Gemüse und holte ihr vorbestelltes Brot ab; frische Backwaren gab es nur am Samstag, das lohnte sich anders nicht. Heute kaufte sie Wurzelgemüse, Kartoffeln und ein Netz Apfelsinen.

»Kartoffelsuppe?«, tippte Dunja, stolz darauf, wie gut sie bereits die charakteristische Ein-Wort-Kommunikation der Einheimischen beherrschte.

»Ja.« Almut Runge schien für dieses Wort eher ein O als ein A zu verwenden.

»Darf es sonst noch was sein?«

»Danke, nein.«

»Schönen Tag noch.«

»Danke, ebenso.«

Und schon war sie wieder allein im Laden. Ein Laden, der einmal das geschäftliche Zentrum des Ortes gewesen war, berühmt für seine frischen Wurst- und Fleischwaren, wenn sie dem Gerede Glauben schenken durfte. Aber mit dem Gerede war das ja so eine Sache: Je mehr es sich auf die Vergangenheit bezieht, desto schöner wird alles, nur die Gegenwart kommt immer schlecht weg. Die letzten Fallers, zwei nicht mehr junge Schwestern, hatten rund ein Jahr nach ihrer familiären Tragödie das gesamte Anwesen verkauft und waren weggezogen, die Blicke und das Geflüster ihrer Nachbarn nicht mehr aushaltend. Der einzige Käufer, der jedoch Interesse angemeldet hatte, war Hans Niemann gewesen. Am Ende hatte er es für ein Appel und ein Ei erstanden, sehr zu seiner Freude und zum Unmut der Faller-Schwestern sowie zur Häme aller anderen. Immerhin traf die Häme danach auch ihn, denn in der Folgezeit fanden sich nur selten Mieter für das Objekt, und wenn doch, dann kündigten sie nach kürzester Zeit meist wieder. Und ein Geschäft wollte in diesen Räumen sowieso niemand mehr einrichten. Wer in den letzten acht, neun Jahren Lebensmittel brauchte, musste grundsätzlich nach außerhalb fahren. Bis irgendwer – waren es wirklich die alten Niemanns gewesen oder nicht doch eher die Tochter? – auf die Idee kam, darin eine Töpferei anzusiedeln. Zugegeben, keine schlechte Idee, aber auch nicht unbedingt Dunjas erste Wahl. Sie hatte in Meißen und bei KPM in Berlin gelernt und war eher zufällig nach Hamburg geraten, wo sie auf einem Weihnachtsmarkt an einem Glühweinstand diese Frau kennenlernte, der das trübe Wetter der Hansestadt überhaupt nichts auszumachen, die sogar bei nasskaltem Niederschlag erst so richtig aufzublühen schien. Petra hatte dort die Hochschule für bildende Künste mit den Schwerpunkten Bildhauerei, Design und Malerei/Zeichnen besucht, ihren Abschluss gemacht und gerade versucht, sich in dem Bereich selbstständig zu machen. Das lief nicht gut, weil sie für ihre Entwürfe noch nicht die richtige Grundlage gefunden hatte. Die ergab sich automatisch, als sie Dunja kennenlernte mit ihrem Porzellanmanufaktur-Hintergrund. Eins passte zum anderen, nur der Hamburger Mietmarkt verhagelte ihnen ständig die Bilanz, und dann kam Hans Niemann mit seinem Vorschlag um die Ecke, ins frisch ans Glasfasernetz und damit an die Welt angeschlossene Kaltsommer überzusiedeln. Alles hätte perfekt sein können, wenn nur ab und an das Wetter mitspielen würde. Das allein schlug Dunja hin und wieder aufs Gemüt.

»Na, leidest du wieder am Weltschmerz?«

Zwei Arme schlossen sich von hinten um ihren Bauch, und eine Stimme, begleitet von einem Geruch, der sich aus feuchtem Ton, Farben, Lacken und Lösungsmitteln zusammensetzte, flüsterte ihr neckisch ins Ohr.

»Nur ein bisschen«, gestand Dunja.

Was ihr sofort an Petra aufgefallen war und sie besonders angezogen hatte, war das sehr stark ausgeprägte Verlangen ihrer Frau nach körperlicher Nähe. Befanden sie sich in einem Raum, dann gab es eigentlich immer irgendeine Form von Körperkontakt. Dabei hielten sie sich nicht lange mit Händchenhalten auf, sondern die eine legte der anderen gleich den Arm um die Schulter oder die Hüfte. Woher dieses Bedürfnis kam, hatte Dunja jedoch erst nach ihrem Antrittsbesuch in Kaltsommer verstanden. Hier berührte man sich nicht einfach nur, um sich gegenseitig seine Zuneigung zu zeigen. Hier besaß ein solches Verhalten eine geradezu existenzielle Bedeutung, eine gegenseitige Absicherung gegen die ständig bis ins Mark kriechende und einen aushöhlende Kälte. Das mochte Dunja.

Sie drehte sich in der Umarmung um, küsste Petra und betrachtete sie. Ihr Gesicht war von der konzentrierten Arbeit gerötet, der lose Zopf, der ihre nackenlangen blonden Haare bändigen und von ihrem Malerauge fernhalten sollte, hatte sich weitestgehend gelöst, überall, auf der Haut ebenso wie auf ihrem weißen Kittel, den sie über Jeans und Pullover trug, prangten Farbkleckse. Ein Anblick zum Anbeißen, fand Dunja.

»War das eben mein Vater?«, fragte Petra.

»Nein, Frau Runge«, antwortete Dunja und fügte, nur ein wenig stichelnd, hinzu: »Hans ist hier heute noch nicht auf seiner täglichen Runde vorbeigekommen.«

Petra gab ihr einen Klaps auf den Hintern. »Er meint es nicht böse«, erwiderte sie.

»Ich weiß. Aber er sollte trotzdem mal an seinem Kontrollzwang arbeiten.«

»Immerhin profitieren wir sehr davon, dass er unser Vermieter ist.«

Dunja mochte es nicht, wenn ihre Frau meinte, sich rechtfertigen zu müssen. »Wolltest du mit ihm über was Bestimmtes sprechen?«, wechselte sie das Thema.

»Ich würde doch gern die Kühlanlage aus dem alten Kühlraum rausreißen«, erzählte Petra. »Wir brauchen sie nicht, aber den Platz, den sie einnimmt. Wir brauchen einfach jeden Stauraum, den wir kriegen können, wenn das Geschäft weiter so gut läuft.«

»Gute Idee.« Sie hatte von Anfang an auf diesen Umstand hingewiesen, aber sowohl Schwiegervater als auch Ehefrau hatten auf ihre Meinung anfänglich sehr konservativ reagiert. Nun würden sie ein paar Tage lang, während der Betrieb weiterlaufen musste, Handwerker und Dreck im Haus haben, aber das ließ sich jetzt nicht mehr ändern. Das Wort der Neuen wiegt eben nicht so schwer wie alte Verbundenheit, selbst wenn es durch und durch sinnvoll ist.

»Bist du fleißig gewesen?«

»Ja, sehr«, antwortete Petra. »Und du?«

»Im Rahmen meiner Möglichkeiten. Im Laden war nicht viel los.«

Petra verzog besorgt das Gesicht, wollte etwas dazu sagen, doch änderte sie ihre Meinung, als sie eine Bewegung draußen jenseits der großen Schaufenster sah. »Immerhin bleiben wir heute nicht völlig ohne Kundschaft«, sagte sie. »Olaf kommt.«

Dunja drehte sich um, sich halb von ihrer Frau lösend. Sie konnte nicht anders, sie musste beim Anblick dieses Mannes immer lächeln, seitdem sie sich das erste Mal begegnet waren. Er war ein Charmeur, aber nicht etwa, weil er mit allen, die nicht bei drei auf den Bäumen waren, flirtete und sie ins Bett zu kriegen versuchte. Olaf Harms strahlte eine Freundlichkeit aus, der absolut nichts Falsches anhaftete. Inzwischen hatte sie alle Gerüchte und das ganze Geschwätz, das über ihn im Umlauf war, mindestens zweimal gehört, und war überzeugt, dass einiges Wahres daran war. Eine Zeitlang hatte sie das verwirrt, besonders wenn sie an die Ehefrau dachte. Sie wusste nicht, ob sie Mitleid mit Melanie Harms haben oder ob ihr nicht mal jemand ob ihrer Rückgratlosigkeit, an so einem Schlawiner hängengeblieben zu sein, den Marsch blasen sollte. Dann hatte sie Melanie kennengelernt und war vollends durcheinander. Die war nicht rückgratlos, kein eingeschüchtertes graues Mäuschen, das seinen einzigen Sinn und Lebenszweck im heiligen Bund der Ehe mit egal was für einem Kerl sah. Die wusste ganz genau, was sie wollte, führte mittlerweile ihr eigenes Geschäft und verbat sich grundsätzlich jede öffentliche Diskussion über ihre Verhältnisse zu Hause. Sie verlangte Respekt für ihre eigenen Entscheidungen, und das imponierte Dunja. Mit Melanie wäre sie gerne näher bekannt gewesen, befreundet sogar, aber die hatte ihren Blumenladen außerhalb und verbrachte deshalb nur wenig Zeit in Kaltsommer.

Was Melanie an Olaf einmal anziehend und attraktiv gefunden haben mochte, konnte man selbst jetzt noch erkennen. Obwohl schon Mitte vierzig, sah er gut zehn Jahre jünger aus, der Rücken gerade, die Schultern stattlich, die Muskeln gut in Schuss gehalten von der körperlichen Arbeit, die er verrichtete. Außerdem lichteten sich seine braunen Haare vorerst nur an einer ganz kleinen Stelle am Hinterkopf, den Rest hielt er kurz, aber nicht so kurz, dass der Eindruck aufgekommen wäre, er wollte es sich mit ihnen besonders leicht machen. Die nachlässige Rasur gab ihm zudem etwas Verwegenes, was durch den ewig lächelnden Mund und das schalkhafte Blitzen in seinen braunen Augen noch verstärkt wurde. Dieser Mann bewegte sich mit einer Selbstverständlichkeit und Selbstgewissheit durch sein Leben, dass Dunja wieder und wieder automatisch dachte, wenn sie seiner ansichtig wurde, es dürfte nichts Problematisches, nichts Zweifelhaftes darin geben. Sie wusste es besser, Olaf machte keinen Hehl aus der schwierigen wirtschaftlichen Lage seines Hofes, aber seine Körpersprache vermittelte etwas ganz anderes. Dadurch brach er selbst diesen Eindruck, vor Energie und Virilität nur so zu strotzen, so, als könnte er jeden Augenblick versuchen, seine Überlegenheit gegen eine andere Person auszuspielen. Wenn Olaf Harms eins nichts war, dann bedrohlich.

Jetzt stellte er sein Fahrrad im dafür vorgesehenen Radständer ab – es gab immer wieder Leute, die lehnten ihre Räder einfach an den Fensterscheiben an –, richtete sich zu seiner vollen Größe von einem Meter fünfundachtzig auf, drückte mit beiden Händen über den Nieren das Kreuz durch, als hätte der durch viel Schlepperei einiges aushalten müssen heute, ließ seinen Blick in den Himmel schweifen und – hielt plötzlich inne. Die Komik des Anblicks übertraf noch die Verwunderung der beiden Frauen darüber, was er wohl dort oben außer der Wolke sehen mochte, und so grinsten sie noch, als er sich davon löste, das Seltsame wortwörtlich abschüttelte und in den Laden kam.

»Moin, Olaf«, grüßte Petra zuerst.

»Moin, ihr beiden«, kam es heiter von ihm zurück.

»Morgen«, sagte Dunja, obwohl die Uhr längst auf Mittag zuging. Aber sie konnte diesen Reflex, das allgegenwärtige *Moin* der Region grundsätzlich mit dem Tagesbeginn gleichzusetzen, einfach nicht abstellen. »Schon Feierabend?«, fragte sie.

»Mittagspause«, antwortete er. »Und da Papa heute nicht gut drauf war, will ich mal nach ihm schauen und sehen, wie es ihm geht.«

»Oh.« Petra machte ein betroffenes Gesicht. »Was hat er denn?«

»Schlecht geschlafen. Die ganze Nacht Albträume gehabt. Und heute Morgen war er dann ganz besonders verwirrt und hat überall nach meiner Mutter gesucht.«

»Oh«, kam es wieder von Petra. Wie jeder im Dorf hatte auch sie den alten Rüdiger Harms ins Herz geschlossen und nahm großen Anteil an seinem Verfall.

»Ich wollte mich schon krankmelden«, erzählte Olaf weiter, »aber dann war er plötzlich verschwunden, und wir fanden ihn in seinem Zimmer, schlafend auf seinem Bett. Ich hab ihn zugedeckt und ein paar Zettel hingelegt, dass ich zur Arbeit bei der Besamung bin, und bin doch gegangen.« Er seufzte.

Dunja biss sich auf die Lippen, stellte ihre Frage aber trotzdem: »Kann er denn … Ist er denn noch in der Lage zu lesen?«

»Noch ja, zum Glück.« Olaf schenkte ihr ein Lächeln, nicht ganz so strahlend wie sonst, aber auch alles andere als erbost. »Ob er die Botschaft immer versteht, ist allerdings eine andere Frage.«

Eine Pause entstand, in der jeder für sich die Tragweite dieser Worte auslotete.

»Und was hast du eben so interessiert am Himmel betrachtet?«, fragte Petra.

»Gänse. Schon wieder. Ein ganzer Schwarm Nonnengänse flog eben wieder unter der Wolke durch.«

»Fliegen die jetzt schon in ihr Sommerquartier?«, fragte Dunja. Sie hatte die Aufregung, die die ersten Sichtungen dieser Vögel bei den Bewohnern Kaltsommers auslösten, zwar mitbekommen, aber nicht so ganz nachvollziehen können. Zugvögel waren nun einmal ständig in Bewegung, oder nicht?

»Dafür ist es noch zu früh, würde ich sagen«, antwortete ihr Petra.

Auch Olaf schüttelte zweifelnd den Kopf. »Die waren von Ost nach West unterwegs, Nonnengänse verbringen den Sommer aber eher im russischen Osten oder in arktischen Regionen. Also wenn die Viecher schon in ihr Sommerquartier wollten, dann sollten die noch mal ihren inneren Kompass nachjustieren.«

»Wann hast du denn noch Zoologie studiert?«, neckte ihn Petra mitten in ihr allgemeines Kichern hinein.

»Hab mich schlau gemacht«, antwortete Olaf ihr jedoch überraschend ernsthaft, »um besser mit Papa drüber reden zu können. Den hat der Anblick dieser Vögel ganz schon aufgewühlt, warum auch immer. Für ihn stellt ihr wiederholtes Auftreten ein schlechtes Zeichen dar.«

»Oh.« Diesmal fiel weder Petra noch Dunja etwas Besseres ein.

»Ja …«

»Was können wir für dich tun?«

Olaf brauchte einen Moment, bis er in der Lage war, Dunjas Frage zu beantworten: »Zwei Kilo festkochende Kartoffeln, bitte.«

»Kommt sofort.« Sie ging selbst, um ein paar schöne, gleichmäßig große Knollen zusammenzusuchen, abzupacken und zu wiegen.

»Sonst noch was?«, fragte Petra derweil.

Olaf holte sein Handy hervor, rief eine Nachricht Melanies auf und las vor: »Zwei Becher Sahne, ein Bund Frühlingszwiebeln und ein Kilo Fleischtomaten.«

»Klingt gut. Was gibt's denn heute bei euch?«

»Auflauf oder Tortilla oder so was.«

»Lecker.«

»Mal sehen. Melanie bringt noch frisches Hack für Frikadellen mit.«

»Männer und ihr Fleisch«, kommentierte Petra trocken, obwohl auch sie keine Vegetarierin war.

»Ach, komm! Ich bin ein hartarbeitender Mann, von irgendwoher muss doch meine Kraft kommen – aber bestimmt nicht von Kaninchenfutter!«

»Was? Möchtest du auch noch Salat?«, ärgerte ihn Dunja, als sie die braune Tüte mit den Kartoffeln auf den Tresen legte.

»Nein, danke!«

Sie plauderten noch immer und hatten gar nicht bemerkt, dass draußen jemand am Laden vorbeigegangen war. Nun kam dieser Jemand plötzlich zurück, drückte die Tür auf, ließ das Glöckchen erklingen und zog die ganze Aufmerksamkeit auf sich. Dunja und Petra sahen auf, Olaf drehte sich um, alle drei hatten sich leicht erschrocken.

»Papa, was machst du denn hier?«, fragte Olaf.

»Und was machst du hier?«

»Ich kaufe fürs Abendessen ein.«

»Ist es schon so weit? Gut, ich habe auch Hunger.«

Rüdiger trug wieder nichts anderes als seinen alten blauen Morgenmantel über dem Pyjama und an den Füßen Filzpantoffeln. Sein Resthaar stand ihm in alle Richtungen vom Kopf ab, selbst der Nieselregen hatte es nicht niederdrücken können, und sein Blick war nicht wirklich fokussiert. Er wusste offensichtlich nicht mit Sicherheit, wo er war. Zögerlich kam er auf die drei am Tresen zu, und bei jedem Schritt klirrte es leise metallisch in seinen Taschen.

»Nein, Papa«, erwiderte Olaf, seufzte es fast, »es ist erst Mittag. Aber wenn du willst, gehen wir jetzt nach Hause, und dann schmier ich dir 'ne Scheibe Brot, ja?«

»Mit Marmelade?« Plötzlich schien ihn ein kleines Kind anzublicken – mit einem Kranz dünner grauer Haare auf dem Kopf und grauen Bartstoppeln im Gesicht.

»Ja, mit Marmelade.«

»Gut, gut.« Rüdiger Harms wandte sich um und ging zurück zur Tür.

Bemüht, sich seine Sorgen nicht allzu sehr ansehen zu lassen, sagte Olaf zu den beiden Ladeninhaberinnen: »Ich bring ihn nach Hause und mach ihm was zu essen. Mein Fahrrad lass ich kurz hier stehen und nehme es nachher wieder mit, wenn ich zurück zur Arbeit gehe, okay? Was bekommt ihr dafür von mir?« Er deutete auf seine Einkäufe.

Während Dunja abrechnete, meinte Petra: »Ja, lass das Rad hier stehen. Kein Problem. Bring deinen Vater nur schnell ins Warme, sonst holt er sich noch den Tod.«

»Ach«, winkte Olaf jedoch ab, »was das angeht, ist er unglaublich robust.«

»Trotzdem, soll ich euch eine Decke mitgeben?«

»Nein, lass, das geht schon.«

Sie hätten weiter über diese Frage diskutiert, wenn nicht einerseits Dunja Geld von ihm verlangt und andererseits Rüdiger ungeduldig von der Tür her gerufen hätte: »Kommst du endlich? Ich hab Hunger!«

»Ja, Papa, sofort.«

Dunja fand es bewundernswert, wie sehr es dem Sohn gelang, die Ruhe zu bewahren. Er klang nicht einmal auch nur eine Spur gereizt. Selbst als sie Olaf zufällig gerade ansah, als Rüdiger an der Tür sich murmelnd fragte, warum er gerade Papa genannt worden war, sah sie keinen Ärger in seinen Zügen, sondern lediglich einen sorgsam unterdrückten Schmerz. »Wen sieht er wohl gerade in dir?«, rutschte es ihr über die Lippen.

»Ich weiß nicht.« Olaf zuckte mit den Schultern. »Vielleicht seinen eigenen Vater.«

»Kommst du jetzt endlich? Ich hab Hunger …«

»Ich muss los«, entschuldigte sich Olaf, nahm seine Einkäufe und ging zur Tür, wo sein Vater schon mit dem Griff in der Hand wartete.

Beide Frauen hätten ihn am liebsten zum Abschied fest umarmt, aber damit hätten sie wohl nur noch weiter Öl ins Feuer der Ungeduld des Alten gegossen.

»Wiedersehen, Olaf«, rief Petra ihm hinterher. »Wiedersehen, Rüdiger.«

»Wiedersehen, Olaf«, echote Dunja. »Wiedersehen, Herr Harms.«

»Tschüs«, antworteten beide wie aus einem Mund.

Als die Tür hinter ihnen langsam von allein ins Schloss fiel, konnten sie noch hören, wie der Vater zum Sohn sagte: »Ich habe wieder diese verdammten Gänse gesehen. Die Viecher gehören nicht hierher, die sollen verschwinden. Sie machen mir Angst.«

Der Rest war ein Stummfilm in trüben Bildern: Noch vor der Tür musste Olaf, die Einkäufe im Arm, seinen Vater wegen der Nonnengänse beruhigen. Als er ihn endlich soweit hatte, den Heimweg anzutreten, blieb der neben dem Fahrrad seines Sohnes stehen, das er augenscheinlich wiedererkannte, deutete darauf und fing an zu gestikulieren, als dieser mit einem Achselzucken daran vorbeigehen wollte. Am Ende legte Olaf Kartoffeln, Tomaten, Frühlingszwiebeln und Sahnebecher in den Korb hinter dem Sattel und schob das Rad, während Rüdiger zufrieden neben ihm her ging. Olaf warf ihnen einen letzten Blick durch das Schaufenster zu, zuckte erneut mit den Achseln und lächelte tapfer. Dann waren sie außer Sicht.

»Er hat eine Engelsgeduld«, meinte Dunja anerkennend.

»Was bleibt ihm auch anderes übrig«, erwiderte Petra.

»Zum Glück ist sein Vater so ein lieber Kerl.«

»Ja, aber es war auch erst die Krankheit, die seine weiche Seite zum Vorschein gebracht hat.«

Dunja sah ihre Frau an. »Wie meinst du das? War er früher gewalttätig?«

»Nein, das nicht«, beeilte die sich, keinen falschen Eindruck zu erwecken. »Aber Rüdiger Harms konnte durchaus aufbrausend sein, wenn die Dinge nicht so liefen, wie er das wollte. Das hat besonders seine Frau zu spüren bekommen, und deshalb ist die dann ja auch irgendwann weg.«

»Was hat ihn so … auf die Palme gebracht?«

»Der Niedergang seines Hofes in der Hauptsache.«

»Echt? Nur das?«

»Ja. Seinen Mitmenschen gegenüber blieb er immer freundlich, egal was für Scheiße die gebaut haben, solange er dann und wann seinen Ärger an Bärbel, seiner Frau, abreagieren konnte. Aus dem nichtigsten Anlass fiel er über sie her und schrie sie zusammen. Mehr nicht, nur Anbrüllen, aber irgendwann ist selbst das nicht mehr auszuhalten. Sie packte schließlich ihre Sachen und ging weg.«

»Und dann?« Solche Familiengeschichten üben immer einen ganz besonderen Reiz aus, und auch Dunja war gegen ihren Willen fasziniert. »Hat er sich danach denn kein neues Ventil gesucht? Ich kann mir nicht vorstellen, dass er plötzlich anfing, seinen Ärger einfach runterzuschlucken.«

»Seine Söhne scheint er zumindest damit verschont zu haben.«

»Und … Melanie?«

»Wenn jemals ein Mensch einen guten Einfluss auf ihn ausgeübt hat, dann sie. Die beiden sind ein Herz und eine Seele. Manchmal glaube ich, dass Rüdiger der wahre Grund ist, warum Melanie noch hier ist. Sie kommt von dem alten Mann nicht los.«

Tausend Folgefragen reihten sich wie Fallschirmjäger bereit zum Absprung in Dunjas Kehle auf, jedes Detail dieser alten Geschichte, das Petra ihr entdeckte, brachte zwar Licht ins Dunkel, warf aber zugleich viele, viele Schatten, die ebenfalls ausgeleuchtet werden wollten. Nur empfand sie diese galoppierende Neugier selbst unhöflich Olaf und Rüdiger gegenüber. Sie hätte auch nicht gewollt, dass man sich über sie und ihre Familie so das Maul zerriss. Stoff dafür würde es weiß Gott genug geben, nicht umsonst war sie schon lange nicht mehr in Emmerich gewesen und waren ihre Eltern auch nicht zur Hochzeit gekommen. Daheim am Rhein in der alten Nachbarschaft war sie, die verlorene Tochter, bestimmt noch häufig genug Thema an Küchentischen und hinter Gartenzäunen.

»Es ist wahrscheinlich fast ein Segen«, sagte sie, verlegen mit den Fingern über den Tresen fahrend, »dass Olafs Vater durch seine Krankheit den ernsten Zustand seines alten Bauernhofs nicht mehr richtig begreifen kann.«

»Hoffentlich.« Petra sah sich unschlüssig im Laden um – wie bestellt und nicht abgeholt, kam es Dunja in den Sinn – und sagte dann: »Soll ich uns auch einen Snack machen? Irgendwie hab ich jetzt auch Appetit.«

Bevor Dunja jedoch antworten konnte, schrie das Glöckchen über der Tür geradezu erschrocken auf, als diese mit Schwung aufgerissen wurde und eine laute Stimme in jovialem Tonfall, der seine leicht herrische Note niemals ganz verlor, rief: »Moin, Mädels! Na, gar nicht am Arbeiten?«

Hans Niemann war zu seinem täglichen Besuch bei Tochter, Schwiegertochter und Grundbesitz gekommen.

☆

ES TUT MIR LEID, ICH *muss doch unterbrechen! Ich kann Aleric nicht einfach so mutterseelenallein dem finsteren Eisenwald überlassen. Er hat Schlimmes erlebt, das Wahrwerden all seiner grausamsten Albträume, und ihm steht vielleicht noch schlimmeres bevor. Die Welt ist für ihn endgültig zu einem dunklen Ort geworden voller Gefahren, gegen die er nun ganz allein bestehen muss, ohne den Rückhalt und Schutz einer Gemeinschaft, mag diese auch noch so klein gewesen sein. In jenen Tagen konnte das schon den Unterschied zwischen Leben und Tod ausmachen.*

Aleric wollte nicht sterben. Er war keiner, der aufgab, aber er hatte Angst. Als Hodica und Sigrid so plötzlich aus dem Unterholz aufgetaucht waren und zu schreien begonnen hatten, hatte er Sclaomirs Rat befolgt und war losgelaufen, in die erstbeste Richtung, die sich ihm bot. Ob es Osten, Süden, Westen oder Norden war, spielte keine Rolle. Solange er nur fort von der Bedrohung kam, die sich in seinem Rücken zusammenballte wie der Zorn der Götter, egal ob der der Wikinger, Sachsen oder Slawen. Er rannte, stolperte, taumelte durch den Wald, bis Dunkelheit und Erschöpfung ihm Einhalt geboten und er sich, zerschrammt, zerkratzt, außer Atem und mit den Nerven am Ende, notgedrungen einen Unterschlupf suchen musste. Er fürchtete, noch längst nicht weit genug entfernt von seinem Heimatdorf zu sein, dass sie jeden Moment durch das Dickicht brechen und sich auf ihn stürzen würden – das nachtschwarze Dickicht, das ihn in dem aufkommenden Wind anfauchte wie ein wildes Tier und jedes andere Geräusch mehr und mehr überdeckte. Mit Äxten und Dreschflegeln, mit Prügeln und ihren nackten Fäusten würden sie auf ihn einschlagen, ihn zermalmen und dann, wenn kaum mehr ein Funke Leben in ihm wäre, aber noch genug, um jeden neuen Schmerz zu spüren, auf einen Scheiterhaufen werfen. Im Fieberwahn der Panik sah Aleric es ganz genau: ihre steinhart verkrampften Hände, bereits mit dem Blut Sclaomirs befleckt, und darüber ihre hassverzerrten Gesichter, im Schein der Fackeln reinste Dämonenfratzen. Nichts Bekanntes, Vertrautes, nichts Anteilnehmendes oder gar Liebevolles würde mehr darin sein, nur noch Hass, nur noch Blutdurst – die Forderung der Götter nach Rache für eine menschliche Verfehlung, der die Menschen so gern nachkommen und von ihresgleichen eintreiben.

Als der Morgen nach dieser langen, langen Nacht endlich dämmerte, war Aleric dem Wahnsinn nahe. Unterkühlt, hungrig und mit einem Körper am

Ende seiner Kräfte, jeder Muskel übersäuert, jede Faser nach Wasser und Nahrung dürstend, wusste er nicht, wie es von hier aus weitergehen sollte. Er wusste ja nicht einmal, wo dieses Hier war. Wo war er? Die Bäume um ihn herum sahen aus wie alle Bäume in diesem Wald. Überall Eichen, Buchen und Birken, dazwischen immer wieder Haselnuss und Brombeere und auf dem Boden Sauerklee, Buschwindröschen, Waldmeister, Aronstab und Goldnessel. All das war Aleric zutiefst vertraut, diese Pflanzen waren schon immer da gewesen, seitdem er denken konnte. Doch jetzt half ihre Anwesenheit nicht weiter. Wenn er Pech hatte, befand er sich nur eben außer Hörweite seines alten Dorfes, wo sie sich bereits zur nächsten Jagdgesellschaft zusammenrotteten. Er war gestern so wild drauflos gelaufen, gut möglich, dass er sich nur im Kreis gedreht hatte. Was ihm fehlte, war ein markanter Punkt, irgendeine Stelle mit Wiedererkennungswert in all dieser wuchernden Vegetation. Ein Findling etwa oder ein See, selbst ein kleiner Weiher hätte vielleicht schon ausgereicht, um zu erkennen, wo ungefähr er sich befand. Davon gab es hier sonst mehr, als man zählen konnte, aber eben jetzt erblickte sein brennendes Auge nichts anderes als das Braun der Baumstämme und das Grün der Blätter. Dazu lag ihm der Wind in den Ohren. Der rauschte durch das Laub, und die Vögel schienen lauter denn je zu zwitschern: Inmitten seiner Lebensgefahr kam sich Aleric taub und blind vor, nichts Vertrautes war mehr in seiner Welt verblieben.

Er wusste nur eins, er musste so schnell wie möglich hier weg.

Für immer.

Aleric ging in sich, beruhigte mit Mühe und Not sein rasendes Herz. Dann öffnete er zuerst seine Ohren und schließlich seine Augen und nahm seine Umgebung noch einmal ganz neu wahr. Er lauschte, er schaute, beobachtete und horchte und massierte nebenbei seine müden Muskeln. Als er sich einigermaßen sicher war, nichts und niemanden, zumindest keinen anderen Menschen zu hören, erhob er sich langsam in der Mulde, in die er sich, als die Nacht seine Flucht ausgebremst hatte, instinktiv geduckt hatte, und sah sich um. Zu guter Letzt sah er nach oben, spähte zwischen die Baumkronen hindurch und schaute nach dem Stand der Sonne am Himmel. Langsam kamen seine Fähigkeiten zurück, seine Kenntnisse von Natur und Jahreszeit. Mit ihnen die vage Erinnerung, gestern zuerst in den späten Nachmittag hinein gelaufen zu sein, während sich hinter ihm die Dunkelheit mit all der Grausamkeit in ihrem Herzen erhob. Das musste auch weiterhin sein

Weg sein. Dorthin, wo das Licht noch am längsten in den Abend hinein schien. Von Osten kam er, nach Westen ging Aleric fort.

An einem Bach erfrischte er sich, wusch sich, löschte seinen Durst und fand in der Nähe Giersch, dessen junge Triebe essbar waren. So gestärkt ging er los. Verpflegung und Säuberung hatten seine Lebensgeister wieder geweckt und ihm neue Zuversicht eingegeben. Er wusste, er würde zumindest nicht verhungern und verdursten auf seinem Weg ins Ungewisse. Sorge bereitete ihm dagegen die jederzeit bestehende Möglichkeit, auf andere Menschen zu treffen, die in ihm, in seinem verdächtig kaputten Aufzug bestimmt eine Bedrohung sähen. Nach nur einer Nacht im Freien sah er tatsächlich aus wie der Verstoßene und Flüchtige, der er war. Jeder Fremde würde sich vor ihm fürchten und ihn eher mit Gewalt vertreiben, als auch nur für einen Wimpernschlag in seiner Nähe zu dulden. Im Gegensatz zur Natur, die immer eine milde Gabe für einen Ausgestoßenen übrighat, reagieren die Menschen erbarmungslos auf einen solchen, auf einen der ihren letztendlich. Aleric wusste das. Er hätte wahrscheinlich nicht anders gehandelt, wenn er noch Mitglied seiner Gemeinschaft gewesen wäre und diese durch irgendetwas oder -jemand vermeintlich bedroht worden wäre. Deshalb beschloss er, sich von Siedlungen fernzuhalten und sich immer dann zu verstecken, wenn er auch nur von fern Stimmen hörte. Durch seine Taten hatte er doch sowieso jedwedes Recht verwirkt, unter Menschen zu leben. Er hatte sie begangen, obwohl er um die Gefahren wusste, und nun hatte er Sclaomir gezwungen, sich für ihn zu opfern … Aleric wollte nicht zulassen, dass die Verzweiflung ihn übermannte, und erhöhte lieber sein Tempo.

Er lief den ganzen Tag, legte nur kurze Pausen ein, entweder um seine Umgebung nach verdächtigen Anzeichen abzusuchen oder um ein wenig zu trinken. Noch immer war seine größte Angst, aus dem Unterholz hervorzukommen und anstatt auf eine Lichtung in sein altes Dorf zu treten. Er würde vor Sclaomirs verstümmeltem Leichnam stehen und sich seinen ehemaligen Freunden und Nachbarn und Hodica gegenübersehen, allesamt Raubtiere unmittelbar vor dem Sprung auf ihre heißersehnte Beute. Für sie war er nur noch ein Tier, eine niedere, minderwertige Kreatur, die man nicht einmal aß, wenn man sie erschlagen hatte, sondern nach dem Erschlagen wegwarf, den Aasfressern hin. Diese Vorstellung sollte ihn noch tagelang verfolgen, bis zu seinem Lebensende würde er gelegentlich davon träumen. Ein gewisses Maß an Schuldgefühlen würde er niemals ganz ablegen können, selbst später nicht, nachdem sich das Blatt für ihn wendete. Als Tier war er vertrieben worden, als Tier huschte er durch den mächtigen Isarnho, als Tier suchte er nach irgendeiner Gelegenheit, sich irgendwo vor den Augen der Welt zu verkriechen, um sein restliches Dasein in Kümmernis und Elend zu fristen. Nichts anderes hatte er verdient!

Die Nacht wurde wieder kalt und Aleric von Albträumen geplagt. Die Hose aus grauer und das immerhin langärmelige Oberteil aus brauner Wolle, die Hodica an ihrem Gewichtswebstuhl selbst hergestellt hatte, hielten die Strapazen der Flucht kaum aus und lösten sich rasant auf. Aber eben nicht der Umstand, dass er anfing, sich in seiner Kleidung nackt zu fühlen, machte ihm daran zu schaffen, sondern dass sich damit jeglicher Schutz vor der Kälte in Nichts auflöste. Der Sommer mochte zwar bevorstehen, allein heiß wurde der selbst im Süden der kimbrischen Halbinsel selten. Dafür war er stets zu feucht. Tagsüber löste das schnell Schweißfluss aus, nachts ließ es einen frösteln. Nachts hätte es einer Decke bedurft, um sich warmzuhalten, oder besser noch eines Feuers. Beides hatte Aleric nicht. Alles, was ihm blieb, war, sich eine halbwegs geschützte Stelle zu suchen und sich mit dichtbelaubten Zweigen zuzudecken. Und zu allem Überfluss fürchtete er noch immer, die anderen Dorfbewohner könnten ihm auf den Fersen sein. Deshalb war er bemüht, nicht den leisesten Laut von sich zu geben, nicht zu niesen, zu husten oder auch nur tief durchzuatmen. Selbst das Schnarchen, worunter seine Frau in ihrer gemeinsamen Hütte so manche Nacht gelitten hatte, schien er einzustellen. Obwohl das auch daran liegen mochte, dass sein Schlaf nur seicht war und an der Oberfläche verharrte, um jederzeit auf eine mögliche Gefahr reagieren zu können. Er versank nicht in der Tiefe, die es brauchte, um die zum Schnarchen nötige Entspannung zu bringen. Oder Erholung: Als er am zweiten Morgen nach der Vertreibung aus seinem bescheidenen Paradies erwachte, hatte ihm der Schlaf keine neuen Kräfte verliehen. Im Morgengrauen suchte er sich etwas zu essen und zu trinken und schleppte sich weiter westwärts.

Er wusste ja nicht einmal, wohin er wollte, geschweige denn kommen könnte. Nur dass er nicht zurückkehren durfte, das wusste er mit Sicherheit. Was lag hinter dem Wald? Lag dort überhaupt etwas, oder war an seinem Rand die Welt zu Ende? Würde er vielleicht unter dem Blätterdach hervortreten und direkt ins Meer stürzen? Es gab natürlich Geschichten über Länder jenseits des Waldes, Geschichten, die genauso gut nur Gerüchte oder Märchen sein mochten. Gewissheit gab es nicht und erst recht kein Wissen. Der Wald war grün und der Rest der Welt grau. Bisher hatte das als Orientierungsgrundlage ausgereicht, denn weder Aleric noch irgendjemand sonst aus seinem Dorf wäre jemals auf die Idee gekommen, den heimischen Herd zu verlassen und auf Entdeckungsreise zu gehen. Es hatte ausgereicht, ab und an einem fahrenden Händler zu begegnen. Vor anderen Fremden hingegen nahm man sich lieber in Acht, die brachten selten etwas Gutes, gerade wenn sie ganz abgerissen und halb verhungert aussahen …

Als Aleric das erste Mal in die Nähe einer Siedlung kam, wartete er bis zum Hereinbrechen der Dunkelheit, ehe er es wagte, sich daran vorbei zu schleichen. Ein kleiner Weiler war es nur, vier Hütten aus Holz, Erde und Reet, umgeben von einer dichten dornigen Brombeerhecke – und bewacht von Hunden. Erst als er schon so gut wie herum war, schlugen die an, und danach rannte Aleric noch eine ganze Stunde weiter, ehe er sich einen Platz zum Verschnaufen, zum Ausruhen suchte. An diesem Tag war er kaum vorangekommen, wenn er aber jemals irgendwo ankommen wollte, dann musste er zukünftig solche Hürden anders, schneller überwinden.

Am nächsten Tag stolperte er aus dem Unterholz und stand plötzlich auf einem Weg. Keine befestigte Straße, so etwas gab es in dieser Region nicht, aber doch ein klar erkennbarer Pfad, den Mensch und domestiziertes Getier für ihre Wanderungen nutzten. Von Panik erfüllt, warf Aleric einen gehetzten Blick nach links und nach rechts und sprang dann auf der anderen Seite zurück ins Gebüsch wie ein Reh, das sich aus Versehen aus seiner Deckung gewagt hat. Niemand hatte ihn gesehen, der Weg lag verlassen und leer. Aber er war überzeugt davon, er würde nicht immer so viel Glück haben.

Über Einsamkeit machte er sich vorläufig keine Gedanken.

Weiter trieb ihn seine Flucht, immer weiter westwärts. Er ernährte sich von dem, was der Wald ihm bot, eine zwar abwechslungsreiche, aber rein pflanzliche Kost. Für für das Erlegen von Säugetieren, Vögeln oder Fischen fehlten ihm die Hilfsmittel, Feuer konnte er sowieso keins entfachen und an Insekten traute er sich nicht heran. Einmal nahm er ein Nest aus, das eines Bodenbrüters, vielleicht eines Rebhuhns oder einer Wachtel. Er war am Rande einer etwas größeren Lichtung darüber gestolpert. Das Gelege war warm, der brütende Altvogel musste also gerade erst geflohen sein. Aleric stürzte sich gierig auf die Eier, nahm das erste, knackte die Schale und fand ein fast vollständig entwickeltes Küken darin. Trotzdem überlegte er, ob er es nicht essen sollte, plötzlich überkam ihn ein regelrechter Heißhunger. Wie lange schon hatte er kein Fleisch mehr gegessen! Am Ende entschied er sich dagegen. Angeekelt von sich selbst schleuderte er das vor der Zeit getötete Tier in die Büsche, hätte sich beinahe noch für seinen Frevel entschuldigt – bei den Eltern oder den Göttern, egal – und rannte davon, so schnell ihn seine wunden Füße trugen. Als wären Fenrir, Hati und Skalli gleichermaßen hinter ihm her.

Der Isarnho war ein Zauberwald, gewachsen unmittelbar auf der Grenze zwischen Leben und Tod. Ein einzelnes menschliches Leben konnte er jederzeit beenden, und sei es durch eine im Zwielicht ausgestreckte Wurzel, die den Hastenden zu Fall brachte und ihm, nein, nicht unbedingt gleich das Genick brach, aber ein Fuß oder Bein. Aleric wäre das mehrmals beinahe passiert. Auf der anderen Seite aber bot er jedem, der nicht allzu anspruchsvoll war und sich leidlich auskannte, ein Auskommen an, versorgte ihn mit gesunden essbaren Dingen, mit Wasser und sogar so etwas wie Kleidung: Als Alerics Schuhe aus gegerbtem Leder kaputt waren, fertigte er sich Ersatz aus Rinde und Laub an. Er war ein Mann, der sich selbst helfen konnte. Trotzdem sah man ihm die Strapazen seiner Flucht mit jedem Tag mehr an, und nicht nur, weil er immer mehr abnahm und bald schon hager wie eine Vogelscheuche aussah, die sich auf der Suche nach ihrem Feld im tiefen Wald verirrt hat. Sein Haar war verfilzt und voller Kletten, Samenkapseln und welkem Laub, sein Bart ebenso. Seine Kleidung wies mehr Löcher als gewebte Flächen auf und wurde scheinbar nur noch von dem Schmutz zusammengehalten, der ins Gewebe eingedrungen war. Seine Hände waren bedeckt mit Schwielen und offenen wie verschorften Wunden. Am ganzen Leib hatte er Blutergüsse, die in allen Farben von dunkelviolett bis hellgelb schillerten. Nach einem Fehltritt in eine Senke humpelte er etwas. Und er stank. Das ahnte er mehr, als dass er es wirklich roch, zu vertraut, zu selbstverständlich waren ihm die eigenen Ausdünstungen inzwischen. Sie trugen aber zu dem Gefühl des Elends bei, das ihn immer dann, wenn er sich doch einmal eine kurze Pause gönnte, überkam, sobald er Zeit zum Nachdenken über seine verfahrene Situation hatte.

Es gab so viele Seen um ihn herum, es wäre ein Leichtes gewesen, in einen davon zu steigen und sich von dessen klaren Wassern reinigen zu lassen. Aleric traute sich nur nicht, denn zumeist lebten an den Ufern Menschen oder suchten diese doch häufig auf, um Trinkwasser zu holen, Wäsche zu waschen oder zu fischen. Sie würden sofort sein Planschen hören und herbeieilen, voller Misstrauen und darum bewaffnet. Es war alles so ausweglos.

Obwohl er ständig nur in eine Richtung lief, schien Aleric sich im Kreis zu drehen.

So konnte es nicht weitergehen. Er war am Ende seiner Kräfte angelangt.

Eine Entscheidung musste her.

Am nächsten See auf seinem Weg würde er nicht vorbeischleichen wie ein wasserscheuer Gesell, sondern halten, ausruhen, sich säubern und besinnen. Er wusste ja schon gar nicht mehr, seit wie vielen Tagen er unterwegs war oder wann ihm das letzte Mal überhaupt ein Zeichen menschlicher Existenz begegnet war. Sein Gefühl sagte ihm, dass sein Heimatdorf nun so weit hinter ihm zurückläge, dass ihm von dort gar keine Gefahr mehr drohen könne. Er mochte allein deshalb nicht daran glauben, weil ihm Angst und Alarmbereitschaft längst zur zweiten Haut geworden waren und er in jeder Form der Beruhigung Selbstaufgabe witterte. Wenn er so weitermachte, würde sich seine ganze Flucht aus dem einzigen Grund als hinfällig erweisen, dass er schon in sehr absehbarer Zeit einfach vor Entkräftung tot umfallen würde, ohne jemals so etwas wie ein Ziel erreicht zu haben. Was wollte er denn? Warum war er überhaupt geflohen, wenn nicht um zu leben? Aber wer leben will, braucht einen Ort dafür, einen Platz, an dem er sich niederlassen und entfalten kann. Selbst Nomaden haben einen solchen, wenn auch einen, den sie in der Gewissheit, die für sich richtige Lebensweise gewählt zu haben, stets in ihrem Innern mit sich herumtragen. Er war kein Nomade, Aleric entstammte einer sesshaften Kultur. Er brauchte Grund und Boden, eine Scholle für seine Hütte, die aus festen Wänden und einem Dach bestand und in ihrer Mitte wie ein Herz ein Herdfeuer barg. Bekam er das nicht bald zurück, konnte er gleich an Ort und Stelle verharren und auf den Tod warten oder in die nächste Siedlung gehen und sich dem menschlichen Erbarmen ausliefern. Aber dann hätte er auch zu Hause bleiben und sich zusammen mit Sclaomir seinem Schicksal stellen können.

Trotz allem wollte Aleric leben.

Der nächste See auf seinem Weg war von in die Länge gestreckter Form, eine leichte Kurve beschreibend und nicht besonders tief. Die Ufer waren beinahe komplett mit Schilf bewachsen, der Wald ringsum hoch und würzig schwer nach Moder und Morast duftend. Mücken spielten über der spiegelnden Oberfläche, Schmetterlinge und Bienen, aber auch Bremsen schwirrten durch die Luft. Enten und Haubentaucher gründelten, Blesshühner suchten den Schilfgürtel nach Nahrung ab, Singvögel trällerten und irgendwo arbeitete sich ein Specht an einem Stamm ab. Und weit und breit kein Mensch zu hören, zu sehen oder durch den verräterischen Geruch eines Feuers zu riechen: ein wahrhaftiges Idyll.

In späteren Tagen wird man diesen See Schierensee nennen. Wie er damals hieß oder ob er überhaupt schon einen Namen trug, ist mir nicht bekannt. Aleric war es sowieso egal, er erkannte nur den Frieden in allen Dingen ringsum und entschied sofort, endlich einmal vernünftig Rast zu machen. Am Ostufer fand er in den dicht an dicht stehenden Schilfstangen einen kleinen Durchlass, hier durfte eine Wasserzunge unmittelbar am festen Land lecken. Das Wasser hatte einen leichten Braunton, war aber klar und ließ den Blick frei auf einen flachen und nicht sehr tiefen Grund. Das war gut, Aleric konnte nicht schwimmen. Im Licht der Nachmittagssonne zog er sich aus, tauchte eine Zehenspitze ins Wasser, gewöhnte sich an dessen Frische und stieg nach und nach komplett in die natürliche Wanne. Er setzte sich eben außerhalb des Schilfgürtels in den weichen Schlamm des Seegrunds, der sich wie ein Kissen an seine malträtierte Haut und die schmerzenden Knochen schmiegte. E seufzte, schloss die Augen und tat eine Weile erst einmal gar nichts, außer dann und wann ein paar Insekten von seinem Gesicht zu wedeln. Nachdem er sich ein wenig ausgeruht fühlte, wusch Aleric erst sich und dann die Fetzen, die von seinen Kleidern noch übriggeblieben waren. Aus dem Stoff wie aus seinen Haaren puhlte er Kletten und Käfer, bei der Zecke, die sich an seinem Schienbein festgesaugt hatte, wartete er geduldig, bis sie voll war und von selbst abfiel. Er hätte gerne eine Möglichkeit gehabt, sich die Haare zu scheren, dann wäre er wenigstens die Läuse komplett losgeworden. So blieb ihm nur die Möglichkeit, immer wieder den Kopf unterzutauchen, um möglichst viele der kleinen juckenden Biester zu ersaufen. Aleric wusste, dass die viel zu zäh für so einen kindischen Ausrottungsversuch waren, dennoch tunkte er den Kopf wieder und wieder ins kühle Nass – das Planschen machte plötzlich großen Spaß.

Seine bedrohliche Lage verlor er trotzdem nie aus dem Auge, und bald hingen seine Kleider zum Trocknen über dem Schilf ausgebreitet in der Sonne. Er selbst legte sich noch wieder ein Weilchen ins Wasser, fest entschlossen, so viel Sonne wie möglich zu tanken nach diesen letzten Tagen der Flucht nur durch die dunkelsten Gefilde des Waldes. Die Lider fielen ihm halb zu, während sich erneut die Wärme auf seinem Gesicht ausbreitete und Wasser und Schlamm seinen geschundenen Leib nahezu in Schwerelosigkeit betteten. Er lag so ruhig da, manchmal glaubte er sogar, von einem vorwitzigen kleinen Fisch gekitzelt zu werden. Dieser Tag mochte gut und gerne der erste echte Sommertag des Jahres sein, ein Geschenk der Götter, ein Zeichen, dass am Ende doch noch alles gut werden könnte. Ein Zeichen …

Es dauerte eine ganze Weile, bis Aleric den kühlen Schatten auf seinem Gesicht fühlte. Er öffnete irritiert die Augen und sah sich um, konnte aber über sich nur blauen Himmel entdecken. Nicht eine Wolke war dort oben unterwegs – wie denn auch bei dieser völligen Windstille? Und trotzdem musste irgendwo im Westen etwas die Sonnenstrahlen blockieren. Nur was? Etwa ein Berg? Aleric hatte von Bergen gehört, aber das waren Geschichten und Legenden aus weit entfernten Landen, teilweise nicht einmal von dieser Welt. War er wirklich so weit gelaufen, dass er die Grenzen alles bisher Bekannten überschritten hatte, und das unbemerkt? Bei allem, was in den letzten Tagen in seinem Kopf abgelaufen war, das konnte selbst er sich nicht vorstellen! Aber irgendetwas war da, ziemlich genau westlich von ihm, jenseits der Baumkronen. Ein weiteres Geheimnis des unendlichen Eisenwalds. Aber auch ein Wunder, eine Rettung? Oder doch nur eine neue Gefahr?

Aleric erhob sich langsam. Wasser und Morast tropften von seinen Gliedern, als wollten sie sich zurück in die Sicherheit ihres natürlichen Habitats flüchten. Er reckte den Hals und stellte sich auf die Zehen und konnte noch immer nichts erkennen. Er trat zurück ans Ufer, das feste Land brachte ihm zwanzig weitere Zentimeter Höhe, allein der Blick blieb von Bäumen verstellt. Also kletterte er auf die nächste Buche, bis er in den Ästen hoch genug gekommen war, um über das Dach des Waldes schauen zu können. Er schob die Zweige auseinander und sah den grauen Zipfel, der sich wie ein schmutziger Finger in das Firmament erstreckte, als versuchte der, die perfekte azurene Fläche zu zerkratzen.

Beinahe wäre Aleric vom Baum gefallen.

Eine Erinnerung wehte ihn an, als er sich da so an den rauen Stamm klammerte, und wollte ihm den Atem rauben. Eine alte Erinnerung aus seiner Kindheit, an ein Märchen, das ihm seine Mutter zum Einschlafen erzählt haben mochte. Das Märchen von einem Ort, an dem niemals die Sonne schien und es stattdessen stets klamm und feucht war: Kinder, die unartig wären und nicht einschlafen wollten, würden sich in ihrem Starrsinn dorthin verirren und in Bäume verwandeln, ringsum mit Moos bewachsen. In dieser schrecklichen Gute-Nacht-Geschichte hieß es zur Erklärung, warum die Sonne an jenem Ort niemals scheine, dass darüber auf ewig eine Wolke hänge, von den Göttern dort platziert, als Strafe für ein dummes, uneinsichtiges Kind, das durch seine Untaten die eigenen Eltern verloren hätte.

Andere Eltern aus seinem alten Dorf hatten ihren Kindern diese Geschichte nicht erzählt, das wusste Aleric. Hodica hatte sie nicht gekannt, und Sclaomir und Sigrid brachten ihre Kinder Sigrun und Ceadrag mit anderen Märchen zu Bett. Deshalb hatte Aleric sie mit den Jahren immer mehr für eine Erfindung seiner Eltern gehalten, die ihre Entstehungsgeschichte schlussendlich mit in ihr frühes Grab genommen hatten. Seine Eltern, die ihm einen sächsischen Namen gegeben hatten inmitten einer slawisch besiedelten Gegend …

Die Möglichkeit einer Erkenntnis wehte ihn mit dem eisigen Hauch ihres Geisteratems an. Sie ließ Aleric frösteln. Eine Gänsehaut überzog seinen ganzen, noch immer nackten Körper, und er krallte sich mit seinen schmutzigen Fingernägeln in die Borke, um nicht von seinem Ausguck zu fallen. Er wollte nicht glauben, was er sah, wollte nicht für wahr halten, was sich ihm plötzlich offenbarte. Er wollte sich aber auch nicht wirklich dagegen wehren. Denn war die Existenz eines solch sagenumwobenen Ortes wirklich so schlimm, selbst wenn das, was von ihm erzählt wurde, nichts war als ein gruseliges Lügenmärchen? Lag nicht vielmehr auch eine Chance darin? Wenn er als Einziger schon einmal von diesem Ort gehört hatte, mochte darin durchaus eine Botschaft liegen, die auch nur er allein verstehen konnte. Vielleicht waren seine Eltern mit Hellsichtigkeit oder doch wenigstens weiser Voraussicht begabt gewesen. Vielleicht hatten sie ihm diese Geschichte nicht umsonst erzählt, sondern ihm tief ins Unterbewusstsein eingepflanzt, um ihm für genau diesen Moment ein Ziel, eine Hoffnung, ja eine Erlösung von seinem Leid zu schenken. Schließlich war er kein Kind mehr, das noch wuchs und sich im Wachsen in einen Baum verwandeln konnte: Er war ein erwachsener Mann, längst selbst ein Baum, dem ein solcher Verwandlungszauber kaum mehr etwas würde anhaben können. Vielleicht hatten die Götter ihn in ihrer grausamen Weisheit nur zurück nach Hause geschickt?

Noch bevor Aleric wieder von seiner Buche heruntergeklettert war und auf festem Boden stand, wusste er, dass er die Wolke aufsuchen und schauen würde, was sich unter ihr befand. Schon malte er sich aus, wie er dort ein neues Leben beginnen würde, zufrieden in der Geruhsamkeit eines kaum jemals von Menschen betretenen Waldes, selbst wenn der nur aus kleinen, zarten, rundum bemoosten Bäumchen bestehen sollte. Gleich am nächsten Morgen würde er sich auf den Weg machen.

In dieser Nacht schlief er vor Aufregung kaum, das Herz erfüllt von neuer Zuversicht.

Nachdem er die Wolke einmal erblickt hatte, war es unmöglich, sie wieder aus den Augen zu verlieren. An welcher Stelle er jetzt auch immer zwischen den Zweigen und Blättern hindurch nach oben schaute, sah er ihr waberndes Grau, das sich beständig wie in Zeitlupe bewegte. Das machte die Orientierung leicht. Es hätte nicht einmal mehr des Sonnenstands bedurft, um den neuen Ort seiner Träume zu finden. Der Tag selbst versprach wieder sonnig und warm zu werden, der Eisenwald war erfüllt von Leben, unten auf der Erde ebenso wie oben in der Luft zwischen den Kronen. Überall grünte und blühte es und bildeten sich bereits die ersten Fruchtkörper aus, die in wenigen Wochen schon eine reiche Ernte versprachen. Alles war plötzlich wieder voller Hoffnung. Ohne groß nach links oder rechts zu schauen, ohne noch Angst vor einer Begegnung mit fremden, übelgesinnten Menschen zu haben, schritt Aleric aus.

Nach knapp einer Stunde hatte er es erreicht und fand sich vor einer Nebelwand stehend. Die schloss genau mit dem äußeren Rand der Wolke ab und verlor sich in beiden Richtungen zwischen den Baumstämmen im Wald. Damit hätte er nicht gerechnet. Dass es im Schatten der Wolke, die wie ein von den Göttern erbauter Turm über ihm in den Himmel ragte, kühler sein würde, damit schon. Dass es feuchter werden würde, damit auch. Aber dass der Platz unter der Wolke ein allem Anschein nach von der Welt abgeschlossener Ort sein würde, damit nicht. Das verunsicherte ihn, das ließ erneut Furcht in Alerics Herz aufkeimen. Die Angst drang in ihn ein wie ein Bienenstachel, giftig und mit Widerhaken besetzt, und bremste seinen Tatendrang aus. Alles, was für den Moment vergessen gewesen war, die Schrecken, die hinter ihm lagen, die Verluste, die Toten mit ihren anklagenden Augen, alles das kam zu ihm zurück wie Tauben, die immer wieder in ihren heimischen Schlag zurückkehren, selbst wenn der längst niedergebrannt ist.

Aleric wusste nicht, was er tun sollte.

Er zögerte und zweifelte, ging unschlüssig ein paar Schritte nach links, dann nach rechts, seufzte und stöhnte und sah sich immer wieder um, als suchte er nach Hilfe. Vor ihm lag ein Rätsel, das er allein deshalb schon nicht lösen konnte, weil er die Sprache nicht verstand, in der es formuliert war. Er verstand nichts von Meteorologie, wusste nichts von Kalt- und Warmluft oder den physikalischen Eigenschaften von Wasser. Stattdessen glaubte er an das unergründliche Wirken der Götter, an ihre Magie, die in allen Dingen um ihn herum zum Vorschein kommen konnte. Der Glaube bot die nötigen Erklärungen, die das fehlende Wissen nicht liefern konnte. Er ließ das Unbekannte vernünftig und plausibel und damit erträglich erscheinen. Zumindest wenn noch andere da waren, die sich in ihrem Glauben an das Übernatürliche gegenseitig bestätigten. War man dagegen allein, so wie Aleric jetzt, drohte der Zweifel mit seinem kräftigen Wolfsgebiss jede Gewissheit in Stücke zu zerreißen. Was sollte er nur tun?

Der Wald war nicht lichter geworden im Schatten der Wolke. Im Gegenteil, die Stämme schienen noch dichter beieinander zu stehen, und das Unterholz üppiger und dorniger zu ranken. Der Boden war ein weiches Polster aus dickem Moos, das den Fuß bei jedem Schritt zentimetertief einsinken ließ und jeden Laut verschlang. Überhaupt schien hier alles leiser zu sein als im Rest des Waldes. Die Luft war kühler als noch zwanzig Meter zuvor, angefüllt mit Feuchtigkeit, die sich in kleinsten Tröpfchen von der Nebelwand löste und einem auf die nackte Haut legte. Die Haare auf Alerics Unterarmen und in seinem Nacken stellten sich bei dieser geisterhaften Berührung auf, und er wich reflexartig ein paar Schritte zurück. Einen Moment lang wuchs sich das Verlangen in ihm, den Rückzug anzutreten und davonzulaufen, ins Übermächtige aus. Schon verlagerte er sein Gewicht auf die rechte Ferse, um sich mit Schwung umzudrehen und zurückzukehren. Nur wohin? Hinter ihm gab es nichts mehr, keinen Ort, an dem er noch willkommen gewesen wäre. Hinter ihm lag nur noch sein Tod.

Wenn er nur wüsste, was jenseits des Nebels läge!

Wenn er Glück hatte, mochte sich dort Radegast selbst niedergelassen haben oder Angrboda, die Alte vom Eisenwald. Wenn er Pech hatte, befand sich dort Fenrirs Bau oder der seiner Söhne Hati und Skalli und Managarm, des nordische Hunds, der auf Erden umhergeht und das Fleisch der Toten verschlingt. Auch der muss doch an irgendeinem Ort ruhen, an einem Ort, an dem man ihn besser nicht stören sollte …

Oder hinter dem Nebel lag nichts weiter als ein Stück sehr schattigen, feuchten Waldes.

Langsam, ganz langsam streckte Aleric seinen rechten Arm aus, die Finger der Hand leicht gekrümmt und leise zitternd. Nach einem letzten Zögern, begleitet von einem tiefen Seufzen, ließ er die Kuppen erst über das durchlässige Gewebe des Nebels gleiten, dann tauchte er sie darin ein. Alles, was er spürte, war die Feuchtigkeit, die sich als dünner kühler Film auf seine erhitzte Haut legte. Aleric zog seine Hand zurück, um zu überprüfen, ob seine Sinne ihn ja nicht getäuscht hätten, und in der Tat war sie ihm nicht von einer göttlichen Kreatur abgebissen worden. Er stieß ein kurzes Lachen aus, dann glitt der Arm erneut in den Nebel, bis zum Ellbogen zuerst, dann bis zur Schulter. Noch immer passierte nichts, gab es kein plötzliches Rucken und Reißen und danach das triumphierende Geheul eines erfolgreichen Raubtiers, das als letztes noch an seine Ohren drang, während ihm das Blut aus dem Stumpf schoss und das Leben aus ihm wich. Nichts dergleichen passierte. Sein Arm wurde nur umso feuchter und kühler, je länger er ihn in der Nebelwand ließ. Wenn wirklich etwas dahinter auf ihn lauerte, gab es nur einen Weg, das herauszufinden: Aleric trat einen großen Schritt nach vorn.

Er schloss instinktiv die Augen aus Furcht vor dem, was er erblicken mochte. Falls dies nun doch die Passage von einer Welt in die andere sein mochte, öffnete er sie aber schnell wieder, als er merkte, dass es hinter dem Nebel leicht nieselte. Mit allem hätte er gerechnet, nur damit nicht. Mit plötzlichem Sonnenschein und Hitze, ja, mit den rotglühenden Augen eines Ungeheuers, mit einer Wunderwelt voller Schönheit oder einer Wüstenei, deren Ödnis einem den Verstand rauben konnte. Aber nicht mit einem bedeckten Himmel, aus dem ein feiner Nieselregen fiel, wie man ihn so oft auf der Kimbrischen Halbinsel erleben konnte. Das war so banal, so enttäuschend – so irritierend vertraut.

Was, wenn er sich hatte täuschen lassen und diese Wolke nichts weiter wäre als ein temporäres Phänomen und somit keinen Schutz vor dem böte, was ihn verfolgte, wovor er floh? Was, wenn in ein paar Metern schon die nächsten Menschen lebten, die nicht anders waren als alle anderen und ihm verboten, hier zu leben? Was, wenn alles umsonst gewesen war?

Beinahe wäre Aleric unter der Last seiner Enttäuschung zusammengebrochen.

Er drehte sich um und starrte durch den Nebel zurück in die Welt, aus der er gekommen war. Schemenhaft konnte er den Wald jenseits erkennen, hie und da sogar einen Sonnenstrahl, wie er glaubte, der wie ein Stern durch das üppige Blätterdach auf den Boden gefallen war. Es sah alles so verlockend vertraut aus dort draußen, so warm und einladend, während ihm hier drinnen bereits die Kälte in die Knochen kroch. Selbst im neuen, heilen Zustand wären seine Kleider für einen Ort wie diesen niemals gemacht, hier bräuchte es auch im Sommer mehrere Lagen Stoff oder besser noch Leder und Pelz, um auf Dauer bestehen zu können. Wovon er nichts besaß. Was wollte er hier nur, hier gab es nichts für ihn zu holen außer den Tod.

Mit einem Satz stand Aleric wieder auf der anderen Seite in wärmerer Luft.

Und fühlte sich plötzlich den Blicken tausender Augen ausgesetzt, die alle nach ihm suchten und ihm Böses wollten.

Jetzt fror er auch auf dieser Seite der feuchten Barriere – aber diese Kälte schien ihm tödlicher als jede, die das Wetter für ihn bereithalten konnte.

Aleric sprang zurück unter die Wolke. Im Hauch einer Sekunde war die Entscheidung über den weiteren Verlauf seines Lebens gefallen. Er war nicht so weit gekommen, um jetzt den Schwanz einzuziehen. Es war doch viel eher so, dass er genau diesen Ort hatte erreichen sollen. Warum sonst schufen die Götter einen Ort wie diesen, den normale Menschen instinktiv mieden, wenn nicht, um einem Flüchtling wie ihm Asyl zu gewähren? Ja, das musste des Rätsels Lösung sein: Kein Wolf oder Hund würde hier auf ihn warten, sondern seine Zukunft. Seine Bestimmung!

Ohne einen letzten Blick zurück, machte Aleric sich auf, seine neue Heimstatt zu erkunden.

Das Licht war etwas trüb, vom schönen Sommertag nichts mehr übrig. Ansonsten sah alles so aus wie draußen. Auch hier standen in der Hauptsache Birken, Buchen und Eichen – vielleicht ein paar mehr Birken als üblich, die mochten die Feuchtigkeit nun einmal ganz besonders – und war der Boden mit allerlei dichtem Gestrüpp bewachsen, allem voran mit Brombeerranken. Dazwischen huschten Kleintiere herum. Wenn er Glück hatte, handelte es sich dabei um Kaninchen. Vögel schwirrten durchs Geäst. Tatsächlich waren die Baumstämme beinahe rundum mit Moos und Flechten bewachsen und nicht nur auf ihrer nördlichen Seite, aber wie verfluchte kleine Kinder sahen die darum noch immer nicht aus. Der Waldboden bestand ebenfalls zum größten Teil aus Moos, aus dem schon jetzt, so früh im Jahr, jede Menge Pilze ihre Köpfe erhoben. Das war ein gutes Zeichen. Aleric wusste sehr genau, welche davon er essen durfte und welche nicht. Sein Speiseplan versprach also recht reichlich zu werden. Er müsste nur ein Mittel gegen diese nasse Kühle finden, die sich schon jetzt anschickte, ihm unter die Haut zu kriechen.

Bewegung war eine Möglichkeit. Vorsichtig ging Aleric tiefer in diesen verwunschenen Wald hinein, dem ohne Nebelwand und Wolke nichts Unver-

trautes angehaftet hätte. Trotzdem war er auf der Hut, durchstach sein Blick das dunkle Grün um ihn herum, horchten seine Ohren auf unerwartete Laute, gesprochene Worte etwa oder ein finsteres Knurren, und filterte seine Nase jedes auch noch so kleine Geruchsmolekül aus der Luft, falls die kaum vorhandene Brise plötzlich doch den fiesen Gestank von nassem Wolfshundfell herantragen sollte. Allerdings wehte kaum ein Lüftchen hier. Die Luft stand vielmehr, als würde selbst der Wind einen Bogen um das Wolkenheim machen. Zudem klangen alle Geräusche seltsam gedämpft und wurden überlagert von dem permanenten Tropfen des Wassers von Zweigen und Ästen. Keine Frage, an diese Geräuschkulisse würde er sich erst gewöhnen müssen. Und es roch alles viel stärker nach Moder, aber etwas anders als noch am See gestern und heute Morgen, wo zumindest über der freien Wasserfläche frische Luft zu finden war. Hier dagegen, und da mochte sich der Kreis zur Windlosigkeit schließen, dominierten Holzfäule und Zersetzung, der ideale Nährboden für Pilze und krabbelnde Insekten, die Sonne und Trockenheit nicht mochten. Aleric hätte sich nicht gewundert, würde er demnächst ein Kaninchen fangen und in seinem Fell Pilze, Moos oder Asseln finden, die es sich als ihren natürlichen Lebensraum erobert hätten.

Je tiefer er unter die Wolke vordrang, desto märchenhafter erschien ihm alles, was er sah – und darum umso hoffnungsvoller: Seine Mitmenschen würden sich vor einem moosgrünen Kaninchen, dem Pilze statt Ohren aus dem Kopf wachsen, zu Tode fürchten und diesen Ort für immer meiden!

Er war vielleicht zweihundert Meter weit gegangen, als eine Entdeckung ihn ganz unerwartet an dieser These zweifeln ließ. Vor ihm zwischen den Stämmen erhob sich plötzlich unverkennbar der kugelrunde Rücken eines Hügelgrabs aus dem Boden. Ein Mahnmal aus der altvorderen Zeit, ganz mit Erde bedeckt und von Sträuchern und kleineren Bäumen bewachsen. Die gab es in dieser Gegend überall. Aleric hatte in seiner Jugend einmal zusammen mit Sclaomir und anderen Jungs eins aus Jux und Dollerei geöffnet, aber nichts mehr darin gefunden außer dem Rest eines sich langsam mit Erde füllenden Hohlraums. Sie hatten niemandem von diesem Spaß erzählt, nicht nur weil er so enttäuschend endete, sondern weil sie sich für diese Respektlosigkeit den Toten gegenüber allesamt einen Satz heißer Ohren eingefangen hätten. Es hätte ihn also nicht wundern dürfen, auch an diesem Ort auf ein Hügelgrab zu treffen. Aber unter der Wolke, in der er schon jetzt einen natürlichen Schutzschild gegen alles Normale und Erwartbare sah, verunsicherte ihn dieser Anblick sehr. Selbst wenn das Ding schon tausend Jahre alt war, so hieß das doch, dass hier einmal Menschen gelebt hatten. Das wiederum konnte vieles bedeuten: Dass die Wolke nicht schon immer hier gewesen war und also auch wieder verschwinden konnte; dass ihre abschreckende Wirkung auf andere nicht unbedingt hundertprozentig war; dass dies, wer weiß, vielleicht sogar der Ursprung allen menschlichen Lebens war, denn das benötigte bekanntlich nichts so sehr wie Wasser, um sich entfalten zu können. Dies mochte nicht zwangsläufig der Wohnsitz irgendeiner zähnefletschenden Gottheit sein, sondern hätte genauso gut der Ort sein können, an dem die ersten Menschen aus ihrem Ei geschlüpft waren. Wer konnte das schon sagen, Aleric jedenfalls nicht. Alles war möglich in dieser verwunschenen Welt! Aber eben weil alles möglich war und der Zahn der Zeit längst jeden echten Beweis zu Staub zermahlen haben dürfte, fiel ihm auch noch eine weitere Erklärung für das Vorhandensein dieses Hügelgrabs ein, eine, an die er sich mit aller Kraft klammerte, denn in ihr lag plötzlich ein ungeheurer Trost: Was wäre denn, wenn die, die vor ihm schon hier gewesen waren, genauso gewesen wären wie er? Brüder dem Wesen nach, aus ihrer alten Gemeinschaft aus denselben Gründen ausgestoßen? Was, wenn sie sich, allein von ihrem Instinkt geleitet, schon zu Urzeiten hier gesammelt und einen eigenen Clan, einen eigenen Stamm gegründet hätten, um sicher und glücklich zu leben? Ein Bund von Männern, der keinen eigenen Nachwuchs zu zeugen brauchte, weil die Außenwelt sie immer wieder mit Nachschub versorgen würde, denn natürlich hätte sich die Existenz dieser ganz speziellen Gemeinschaft längst herumgesprochen als ein von den Baumkronen verbreitetes tröstendes Flüstern in den Ohren derjenigen, die dieser Botschaft bedurften …?

Warum er dann noch nie zuvor davon gehört hatte oder warum diese Gemeinschaft im Laufe der Zeit scheinbar wieder ausgestorben war, solche Fragen verdrängte Aleric vorerst rigoros. In diesem Moment zählte allein die Hoffnung, die diese Vorstellung mit sich brachte, brauchte er den süßen Geschmack, den sie auf seine Zunge zauberte, und die Wärme, die ihm durch alle Adern in den gesamten Körper floss und die Kälte darin zurückdrängte. Wenn es einmal geklappt hat mit der Gründung einer solchen Gemeinschaft, dachte er, sich selbst ermutigend, kann es genauso gut ein zweites Mal klappen.

Aleric ging weiter, nachdem er das Hügelgrab einmal umrundet hatte. Er wünschte, er wäre nicht so schnell darüber gestolpert. Aber er durfte sich davon auch nicht aufhalten lassen, nicht jetzt, da es für ihn sowieso kein

Zurück mehr gab. Dennoch kam er nun langsamer voran, hin und her gerissen zwischen der Furcht, anderen Menschen zu begegnen, und der Sehnsucht, auf seinesgleichen zu treffen. Er fand weder die einen noch die anderen, obwohl er den ganzen Tag damit zubrachte, die wenigen Quadratkilometer Boden unter der Wolke nach beiden abzusuchen. Was er vorfand, war ein von Menschen unberührtes Stück Land, wenn man einmal von dem Hügelgrab absah. Überall standen alte hohe Bäume, von dunklem Moos und dunklen Blättern bewachsen, viel Efeu und Misteln, alles so aussehend, als stünde es bereits seit tausend Jahren hier, ohne jemals dem Wechsel irgendwelcher Jahreszeiten unterworfen gewesen zu sein. Dieser Ort wirkte alt, und Aleric brauchte lange, bis er begriff, dass das an dem grauen trüben Licht liegt, dass hier tagein, tagaus herrscht. Diese dämmerige Helligkeit, die ihren Ursprung zwar in der Sonne hat, aber trotzdem eher so wirkt, als käme sie direkt vom Mond. Eine Helligkeit, die Licht ist, ohne Sonne zu sein. Als ihm das klar wurde, hatte sich Aleric zum Glück schon längst daran gewöhnt, daran und an die beständige kühle Feuchtigkeit, die viel stärker noch als das jeder Wärme ermangelnde Licht zum Problem hätte werden können.

Aleric wusste, wie man überlebt.

Nachdem er zuerst etwas wahllos durch das Gelände gestreift war, ohne weder Schreckliches noch Schönes vorzufinden, ging er bei seiner Erkundung systematischer vor. Zuerst lief er einmal den äußeren Rand seiner neuen Heimstatt ab, immer an der Nebelwand entlang. Ein Auge war dabei nach innen gerichtet und eins nach außen, inzwischen hoffend, dass sich nicht einmal dort in zu großer Nähe andere Menschen niedergelassen hatten. Nichts und niemand sollte ihn mehr stören. Nachdem das getan und zu seiner vollen Zufriedenheit ausgefallen war, schlug er einen Weg einmal mitten hindurch ein, den Durchmesser seines neuen Reiches abschreiten wollend. Das war nicht ganz so leicht, da die Wolke über ihm es unmöglich machte, sich am Sonnenstand zu orientieren. So beschrieb er keine echte Diagonale, sondern lief einen leichten Zickzackkurs, ähnlich einem Strich, einmal ohne Lineal quer über eine Tafel gezogen. Er ahnte das und ließ sich davon nicht beirren, denn schnell hatte er heraus, dass er sich hier kaum jemals würde verirren können. So groß war der Platz nicht. Außerdem gab es genügend markante Stellen, anhand derer er sich würde orientieren können, alte Bäume zumeist, knorrige Eichen und ausladende Buchen, die den Wildwuchs um sich herum dominierten und auf Distanz hielten. Ab und an lugte auch ein Findling aus der Erde, das Antlitz komplett grün und gelb mit Flechten und Moos bedeckt, aber gut genug zu erkennen, um als Wegmarke zu dienen.

Und dann war da noch der Bach.

Der Bach floss einmal durch die nordwestliche Ecke seines neuen Territoriums. Mitten durch den Wald schlängelte er sich, teilweise tief in den lehmigen Boden gegraben. Glasklar war er und rein sein Wasser. Aleric sah in ihm sofort ein Geschenk und Zeichen der Götter. Aufgeregt wie ein Kind, das die Fährte eines Tiers entdeckt hat, folgte er seinem Lauf, bis er an eine Stelle kam, wo der Bach drei mächtige alte Buchen passierte, die nahezu in einem Halbkreis standen und unter ihren ineinander ragenden Kronen einen kleinen freien Platz geschaffen hatten. Sie selbst bildeten schon ein natürliches Dach, aber Aleric erkannte, dass darunter noch Raum für das Dach einer Hütte war. Seiner Hütte – sein neues Heim.

Hier am Bach bei den drei Buchen würde er sich niederlassen und sein neues Leben beginnen, fernab aller Menschen und frei von ihren grausamen Ansichten und Gesetzen. Hier würde er sein Haus errichten und leben, solange es den Göttern beliebte. Und weil es in seinen Augen keinen schöneren Ort mehr gab als diesen alten Buchenhain inmitten des tropfnassen Eisenwaldes, nannte er ihn Sconebeke – Schöne Buchen.

Sechstes Kapitel

Wanderer, kommst du in das Richtungslose Land, vergiss alles, was du über den Himmel und die Sterne gelernt hast. Weder dein Wissen noch die Gestirne werden dir hier helfen, geschweige denn der Himmel. Denn an welcher Stelle auch immer du es betrittst, gleich dein erster Schritt führt dich in die Mitte dieses Landes, und von der aus sind alle Richtungen gleich und alle Grenzen gleich weit weg. Allein die Eingeborenen finden sich im Richtungslosen Land zurecht. Sie werden ohne Orientierungssinn geboren und kennen deshalb immer den Weg. Vergiss also alles, was du über Norden, Osten, Süden, Westen weißt, Wanderer, den es dich in das Richtungslose Land verschlagen hat, sonst gehst du hier verloren. Schließe dich lieber gleich der Führung eines Einheimischen an. Doch Obacht!, frage ihn niemals nach dem Weg oder nach dem Grund für sein Wissen, warum euer Ziel in eben der Richtung liegt, die er eingeschlagen hat. Er weiß keine Antwort darauf, und am Ende werdet ihr beide in die Irre gehen. Dann wird euch das Richtungslose Land verschlucken und ihr niemals wieder gesehen. Wanderer, kommst du in das Richtungslose Land, hilft dir einzig Vertrauen …

Mit diesen Worten war sie berühmt geworden, aber nicht deshalb wusste sie sie auswendig. Als sie diese wenigen Sätze schrieb – geradezu blind von der Eingebung, die sie sofort auszuarbeiten begann, ohne eigentlich etwas mehr von der Handlung zu wissen als diese Eröffnung, sie wusste nur, das war ES – war sie, zumindest in Fan-Kreisen, bereits ein anerkannter Autor. Mit einer Handvoll Kurzgeschichten und zwei, für das Genre ungewöhnlich kurzen Romanen hatte sie sich erste Sporen verdient und zugleich alles dafür getan, nicht öffentlich in Erscheinung zu treten. Offiziell war sie gelernte Bauzeichnerin, Arztgattin, Hausfrau und Mutter von drei Töchtern. Niemand, von Mann und Kindern einmal abgesehen, hatte auch nur die leiseste Ahnung, dass sie im Bereich der Fantasy-Literatur eine ganz große Nummer war, weltweit inzwischen. Ihre Tarnung war ziemlich perfekt. Selbst im Dorf wusste man nur, dass sie ab und an im Selbstverlag kurze Liebesschmonzetten veröffentlichte. Die konnte sich jeder für wenig Geld aus dem Internet herunterladen und wurden von Lesern bestenfalls als edelmütiger, herzensguter Trash beurteilt. Das hatte ihr den Ruf eingebracht, spleenig zu sein, eine Hausfrau mit unerfüllbaren literarischen Ambitionen, so blind vor Schreibeifer, dass sie niemand von ihrem Schreibtisch wegbekomme. Zum Glück kümmere sich eine Haushälterin um den Haushalt, sonst würde der ja komplett den Bach runtergehen und die ganze Familie verlottern. Dass ihr Mann das mitmache. Aber wenn man es sich leisten könne, so wie die Kluges …

Alexandra Runge-Kluge empfand für dieses Geschwätz nichts als Dankbarkeit. Erst das erteilte ihr im Grunde die Absolution, die meiste Zeit des Tages am Schreibtisch zu verbringen. Nur so konnte sie seit fünfundzwanzig Jahren regelmäßig ein neues Buch unter dem Pseudonym Martin Becker veröffentlichen, von Anfang an bei einem der größten Publikumsverlage des Landes, wo man sogleich nicht nur ihr schriftstellerisches Potenzial erkannt hatte, sondern auch ihre Idee, sich hinter einem falschen Namen zu verstecken, als großartige Marketingstrategie. Darüber hinaus war der Name Martin Becker so gewählt, dass ihn selbst ein nicht deutschsprachiges Publikum leicht aussprechen konnte. Das zahlte sich ebenfalls bald aus, denn besonders die englischsprachige Welt fuhr regelrecht auf ihren mittlerweile elfbändigen Zyklus über das Richtungslose Land ab. Damals war es ihr gar nicht einmal so sehr um das Verstecken ihrer wahren Identität gegangen. Vielmehr hatte sie sich von der vorgeblichen Männlichkeit des Verfassers größere Chancen erhofft, überhaupt mit solchen Geschichten, die im Wesentlichen Märchen umsponnen von Seemannsgarn waren, bei einem Verlag unterzukommen und die wohlwollende Aufmerksamkeit der Leser zu erreichen. Männer schienen ihr da einen Standortvorteil zu haben, neigten die doch sowieso zur Prahlerei und zum Fabulieren, wenn die nur den Mund aufmachten. Auf jeden Fall übertrieben sie eher die Wirklichkeit, gerade wenn sie von sich selbst erzählten, um in einem besseren Licht dazustehen, als die Frauen. Wenn ihr Mann Markus abends etwa aus der Praxis nach Hause kam, stöhnte er immer herum, als hätte er eine ganze Armee frisch aus der Schlacht gekommener Soldaten versorgt – und natürlich alle wie nebenbei gerettet. Dabei hatte er sich höchstens um ein paar Grippefälle, Verstauchungen, Alterserscheinungen und eingebildete Zipperlein gekümmert. Sie dagegen hing die Tatsache, acht Stunden mit den verschiedenen, aber zielsicher auseinanderdriftenden Handlungssträngen ihres neuesten Romans gerungen zu haben, niemals an die große Glocke. Vielleicht weil sie ahnte, dass ihr Job ihr mehr Spaß machte, mehr Erfüllung brachte als die Tätigkeit als Allgemeinmediziner ihrem Mann. Sie ahnte, dass er sich im Praxisalltag langweilte.

Während ihre Karriere durch die Decke ging, schien er wider Erwarten in eine Sackgasse geraten. Alexandra war inzwischen sogar überzeugt davon, dass es nicht einmal damals mehr der männlichen Camouflage bedurft, dass sie auch als Frau den Durchbruch geschafft hätte. Es war nur so ungemein bequem, hinter dieser Maske abzutauchen, und schien sowieso zu ihrer Arbeit als Geschichtenerzählerin zu passen wie die Faust aufs Auge. Hinzu kam die Abgeschiedenheit Kaltsommers. Das war scheinbar der letzte Ort auf Erden, wo man den Ursprung erfolgreicher, von Einfällen nur so sprühender Literatur vermutete. Das Einzige, was hier nach Meinung der Leute sprühte, war der Nieselregen: Ein Hoch auf die Voreingenommenheit des Menschen, die noch immer die beste Tarnung von allen bietet!

Auch deshalb liebte sie Kaltsommer so sehr, und nicht nur, weil sie hier aufgewachsen war. Markus dagegen kam offensichtlich immer weniger mit diesen Umständen klar. Dabei war er damals, als sie den Vorschlag eines Umzugs in die holsteinische Pampa machte, überzeugt gewesen von der Richtigkeit dieses Weges. Damals hatte er nicht nach dem Grund für ihr Vertrauen in diese Entscheidung gefragt, sondern sich einfach ihrer Führung, ihrem Instinkt überlassen. Heute schien er alles infrage zu stellen, und das machte sie beide manchmal kirre. Natürlich, für ihn war dieser Schritt größer gewesen als für sie, doppelt so groß, wenn man so wollte. Während Alexandra letztendlich nur nach Hause zurückkehrte und ihre Arbeit fortsetzte, musste er sich an ein neues Zuhause gewöhnen und an einen neuen Job. 2005 hatten sie das Haus am Wald, wie es im Dorf aufgrund seiner Lage hieß, von Rechtsanwalt Uwe Bergmann gekauft, renoviert und bezogen. Dabei hatten sie die Räume im oberen Stockwerk komplett neu aufteilen müssen, um genügend Zimmer für ihre Mädchen und Alexandras Arbeit zu schaffen. Das große Arbeitszimmer im Erdgeschoss blieb, wie schon zuvor, dem Herrn des Hauses vorbehalten. Für Leonora, ihre Älteste, hatten sie sogar den Dachboden ausgebaut, obwohl Alexandra lange mit der Idee gespielt hatte, den fertigen Raum, den nun höchsten des Hauses, selbst zu beziehen. Zu verlockend war die Idee, zukünftig quasi mit dem Kopf in der Wolke schreiben zu können. Aber dann wäre ihr Leo im wahrsten Sinne des Wortes aufs Dach gestiegen und hätte solange Terror gemacht, bis sie sich entnervt in tiefere Regionen zurückgezogen hätte. Das ohnehin besitzergreifende Wesen ihrer Tochter war durch die Pubertät damals noch um eine Reizbarkeit bereichert worden, die explosiver war als jeder schlecht zusammengemischte Sprengstoff. Davon war heute zum Glück nur noch eine Impulsivität übriggeblieben, dank der die gute Leo trotzdem ständig wie zwischen Fettnäpfchen hindurchtaumelte.

Zuerst hatte sich alles glücklich entwickelt. Ihre Töchter hatten sich überraschend schnell nach dem Wegzug aus Hamburg eingelebt und neue Freunde gefunden. Es half ihnen sehr, dass die Schulen allesamt außerhalb der Wolke lagen. Außerdem lebte ihre Oma im Dorf, zu der sie ein sehr inniges Verhältnis entwickelten. Aber auch Markus schien die Entscheidung, seiner Geburtsstadt den Rücken zu kehren, nicht zu bereuen. Seine Stelle als Arzt auf der Not- und Unfallstation des Universitätsklinikums Hamburg-Eppendorf mit seinen langen Schichten, Zusatz- und Bereitschaftsdiensten und den ständig durchgearbeiteten Wochenenden hatte ihn mehr und mehr erschöpft. Die Möglichkeit, in die Landarztpraxis von Dr. Schnoor in Wankendorf erst einzusteigen und sie dann zu übernehmen, war ihnen beiden damals wie ein Fingerzeig des Himmels erschienen. Alexandra hatte ihren Mann niemals so gelöst, ja erleichtert gesehen wie in den Wochen und Monaten, nachdem sie ihre wegweisende Entscheidung gefällt hatten. Wie ausgewechselt war er gewesen, wie von allem Ballast befreit. »Ich fühl mich wie neugeboren und so energiegeladen, ich könnte glatt noch 'ne vierte Tochter in die Welt setzen«, hatte er gescherzt und sie sich das nächste Rezept für die Pille geholt.

Von dieser Euphorie und Aufbruchsstimmung war bei ihm inzwischen kaum mehr etwas geblieben. Markus gab es nicht zu, aber er vermisste den abwechslungsreichen Arbeitsalltag auf der Notfallstation. Würde es den ohne die überlangen Dienstzeiten geben, er würde sofort wieder zurück ins Krankenhaus wechseln – und zurück nach Hamburg. Kaltsommers Wettertristesse tat längst ihr Übriges, um ihm, dem Zugezogenen, auch den letzten Rest Lebensfreude auszusaugen. An der Erkenntnis führte für Alexandra kein Weg mehr dran vorbei, und mehr als alles andere machte sie sich darüber Sorgen. Wenn der Verfall seines Gemüts so weiterging, sah sie ihre Ehe bald ernsthaft in Gefahr. Inzwischen beschäftigte sie diese Bedrohung so sehr, dass sie darüber immer öfter das Schreiben vergaß. Das war vielleicht das alarmierendste Zeichen von allen. Irgendetwas würde geschehen müssen, um ihrem Mann und damit ihrem Zusammenleben wieder neue Impulse zu geben. Irgendetwas musste ihn aus seiner Unzufriedenheit und Lethargie reißen, bevor er den Kopf verlor und irgendetwas unwiderruflich Dummes tat.

Sie hatte auch schon eine Idee, obschon eine, die so radikal war, dass sie zurzeit noch davor zurückschreckte.

Alexandra Runge-Kluge dachte über ihr Coming-out nach. Sie erwog ernsthaft den Gedanken, eine Art Autobiografie zu schreiben und sich darin, neben klugen Ansichten zur Stellung der Frau in der Gesellschaft und wie ihr die damit verbundenen Vorurteile geholfen haben, ihre Maskerade über Jahre aufrechtzuerhalten, als Martin Becker zu erkennen zu geben. Sie war sich nur nicht sicher, ob sie danach weiter unter diesem Pseudonym veröffentlichen wollte – und ob ausgerechnet das ihrer Ehe einen neuen Schub geben würde. Mit ihrem Mann, den das doch von seiner gefährlichen Langeweile befreien sollte, hatte sie jedenfalls noch nicht darüber gesprochen. Der Schuss konnte durchaus nach hinten losgehen. Bisher wurde der gesamte Wohlstand der Familie ihm allein zugeschrieben. Dass Leonora die Universität Princeton bei New York besuchte, Imogen, ihre zweitälteste Tochter, seit einem Jahr auf die Sorbonne in Paris ging und ihr Nesthäkchen Ella schon jetzt, da sie gerade erst vor dem Eintritt in die Oberstufe stand, davon schwärmte, nach dem Abitur nach Oxford oder Cambridge zu gehen, machte durchaus Eindruck. Aber dass das alles viel, viel Geld kostete, das verbanden die Menschen in ihrem Umfeld mir nichts, dir nichts mit seinem Einkommen als Arzt. In Wirklichkeit war sie es, die die Studiengebühren und Lebenshaltungskosten ihrer Töchter schulterte. Es wäre nicht einmal vermessen zu sagen:

aus der Portokasse bezahlte. Alexandra beziehungsweise Martin Becker war einer der erfolgreichsten Schriftsteller der Gegenwart, insbesondere seitdem Hollywood die Filmrechte am Richtungslosen Land gekauft hatte. Der erste Film würde im Frühjahr nächsten Jahres in den Kinos anlaufen, und wenn der auch nur halbwegs gelungen war, würde sie erst recht Reibach machen. Dank ihres gewieften Anwalts würde sie an jedem Merchandising-Produkt, das über den Ladentisch ging, mitverdienen. Sie war die mit Abstand reichste Person in Kaltsommer. Ihr Mann aber würde, sollte sie das jemals öffentlich machen, gleich zweifach im Schatten stehen, in ihrem und in dem Martin Beckers, eines Mannes, der noch nicht einmal wirklich existierte. Wie sich das auf Markus' Psyche auswirken würde, konnte sie nur erahnen.

Es wäre besser, doch endlich ernsthaft mit Band Nummer zwölf ihres Bestseller-Zyklus' zu beginnen. Normalerweise ging das wie von allein: Weiche Butter auf eine Scheibe Brot zu schmieren, wäre ihr schwerer vorgekommen als das Schreiben dieser Romane. Ihre Schreibweise erinnerte sogar ein wenig an das Schmieren eines Brotes, da sie sehr assoziativ arbeitete. Sie setzte sich nicht hin und arbeitete erst sorgfältig einen Plot aus, bevor sie sich ans Schreiben machte, sondern nahm eine Idee und führte diese am Computer aus. Dadurch mäanderte die Erzählung wie ein Fluss, der sich durch ein sagenumwobenes und legendenumranktes Land schlängelt, unterwegs die andersfarbigen Wasser zufließender Flüsse aufnimmt sowie all das, was seine Anwohner in ihn werfen oder auf ihm treibt und sich in seinem Delta schließlich auffächert und verzweigt, bevor er sich rauschend ins Meer ergießt. Der Erfolg gab ihr Recht: Ein hochdekorierter Literaturkritiker, der sonst nicht als Fantasy-Freund bekannt war, hatte ihr sogar einmal attestiert, dass in ihrem Werk die inhaltliche und die formale Ebene selten stringent miteinander im Einklang stünden, wodurch es besonders aufregend zu lesen sei. Seitdem wurde der Name Martin Becker selbst bei solchen Literaturpreisen ins Gespräch gebracht, die zumindest im deutschsprachigen Raum allein der ernsthaften Literatur vorbehalten waren und die nicht anerkennen wollten, dass auch das Bemühen, die Leser unterhalten zu wollen, ein ernsthaftes Unterfangen darstellte. Auch darüber würde sie in ihrer Autobiografie so manches zu sagen haben …

Stattdessen saß sie in ihrem Arbeitszimmer an ihrem Schreibtisch vor dem Computer, auf dessen Bildschirm die vollständig eingerichtete

Schreibprogrammdatei darauf wartete, von ihr mit verzaubernden Worten gefüllt zu werden, und konnte ihre Finger nicht dazu bringen, wie sonst über die Tastatur zu fliegen. Sie hatte eine Idee, eine Idee, von der sie wusste, dass sie als Ausgangspunkt für einen weiteren, mehrere hundert Seiten starken Roman funktionierte. Sie war da, in ihrem Kopf, schimmernd wie eine Perle – umschlossen von der widerspenstigen Schale einer gläsernen Auster. Sie kam einfach nicht an sie heran, konnte sie nicht ergreifen, sie fühlen, betrachten und staunen, wie vielfältig und faszinierend schön sich das Licht in ihrem Perlmuttglanz spiegelte und brach. Und das nur, weil ihr zu viele andere Dinge im Kopf herumspukten! Pläne für ein anderes, unter Umständen gefährliches Buch. Ein Buch, das entweder alle ihre Probleme löste, weil es sie trotz aller Bequemlichkeit, die ihr die Anonymität gewährte, auch von allen Zwängen zur Vorsicht und Geheimhaltung befreite, oder das endgültig alles zerstörte.

Unten im Wohnzimmer wurde der Staubsauger angeworfen. Es war noch eins von den alten Geräten, das röhrte und heulte, als wollte es nicht nur Flusen und Krümel aufsaugen, sondern gleich das ganze Fundament des Hauses aus dem Boden reißen. Über die fruchtlose Grübelei hatte Alexandra ganz vergessen, dass sie gar nicht allein im Haus war. Unten tat die Haushälterin Bente Nissen ihre Putzarbeit, solange Ella noch in der Schule und Markus in der Praxis war. Zweimal die Woche kam sie zum Reinemachen, wobei sie das Dachbodenzimmer, das Ella seit dem Auszug ihrer beiden älteren Schwestern bewohnte, bestenfalls absaugen musste. In Alexandras Arbeitszimmer durfte sie sogar nur nach vorheriger Erlaubnis, nämlich wenn alles, was ihre Pseudo-Identität verraten könnte, sorgfältig weggeräumt war. Selbst dann durfte die Nissen hier drin den Staub nur saugen und wischen und einmal im Jahr das Fenster putzen. Diese Beschränkungen reichten allemal aus, um einerseits das Zimmer sauber zu halten und ihm andererseits in den Augen der Putzkraft eine Magie zu verleihen, die jedem guten Fantasy-Buch selbst zur Ehre gereicht hätte. Sowohl dem Nimbus der Unantastbarkeit ihres Arbeitszimmers als auch der Schwatzhaftigkeit Bente Nissens hatte sie vermutlich einen Großteil der Gerüchte zu verdanken, die über sie in Kaltsommer im Umlauf waren. Wenn die Frau nicht so viel von ihrem eigentlichen Job verstanden hätte, hätte Alexandra sie allein dafür geradezu fürstlich entlohnen müssen. Dafür nahm sie sogar den unangenehmen Hauch von Nikotin und Teer, den die starke Raucherin ständig verströmte und der stets den frischen Zitrus- und Fichtennadelduft der Putzmittel unterminierte, in Kauf.

In der Regel störte Alexandra die Anwesenheit ihres guten Hausgeistes nicht. Wenn sie schrieb, dann schrieb sie, völlig versunken im Richtungslosen Land. Die Tür zu ihrer Schreibkammer war abgeschlossen, sie musste also nicht einmal das plötzliche Hereinplatzen dieser Person fürchten. Heute aber – und das nicht zum ersten Mal in den letzten Wochen – sorgte das Gejaule des Staubsaugers endgültig dafür, dass sich ihre Konzentration in den Feierabend verabschiedete. Es war noch nicht einmal vierzehn Uhr durch, und sie hatte den ganzen Tag kein einziges Wort geschrieben. Am Vormittag hatte sie Bürokram erledigt und eingekauft, jetzt streikte die Muse, sich plötzlich über den Lärm von unten beschwerend. Es war zum Mäusemelken! Nach einem letzten Blick aus dem nur im oberen Drittel von einer Gardine verhüllten Fenster hinaus in Kaltsommers so angenehm vertraute Trübseligkeit beschloss Alexandra, für heute Schluss zu machen. Sie schaute zwischen den Linden hindurch auf das winterkahle Feld, auf dem im Sommer Mais oder hoffentlich eher Raps wunderbar gelb erblühen würde, nahm den Nieselregen, der seit Neujahr scheinbar ununterbrochen fiel, was selbst für diesen sonderbaren Ort ungewöhnlich war, kaum war und beschloss, einen Spaziergang zu machen und ihre Mutter in der Lindenallee zu besuchen. Die machte den besten Espresso im Umkreis. Schon vor Jahren hatte Almut Runge ihre Liebe für die Welt des Kaffees entdeckt und sich, seitdem sie Rentnerin war, zu einer formidablen Hobby-Barista ausbilden lassen. Für die Kurse war sie teilweise eigens bis nach Hamburg gefahren. Die Ausstattung ihrer Küche mit Maschinen, Kannen und Tassen konnte mit jeder Szene-Bar mithalten – und bestand zu einem nicht geringen Teil aus teuren Geschenken der wohlhabenden Tochter. Nichts würde sich jetzt so positiv auf ihr Gemüt auswirken wie ein guter, wie ein erstklassiger Espresso. Und vielleicht könnte sie dann auch einmal eingehender über ihre derzeitigen Probleme reden, die kaum verständlichen Andeutungen beiseitelassen und anfangen, sich alles von der Seele zu reden. Das konnte sie inzwischen vermutlich ebenso gut gebrauchen wie einen schönen Kaffee. Nur war eigentlich ihre Mutter noch nie die Person, die sie bei Problemen ins Vertrauen zog, so war ihre Beziehung nie geartet gewesen. Die Position nahm für gewöhnlich Markus ein oder ihre alte Lektorin

Caroline, die leider vor einem Jahr in Rente gegangen war und ihr vor kurzem erst mitgeteilt hatte, an Parkinson erkrankt zu sein …

Alexandra seufzte und fuhr den Computer herunter. Sie ließ noch einmal ihren Blick durch ihr Arbeitszimmer und die deckenhohen Regale an den Wänden schweifen. Die enthielten eine ganze Weltbibliothek der Fantasy-Literatur, in der die Werke eines gewissen Martin Becker nur einige unter sehr vielen waren; ihre Belegexemplare der ganzen übersetzten Ausgaben lagerten in einem verschlossenen Schrank im Keller. Dann schloss sie auf und ging nach unten. Bente Nissen hatte sich mit dem Staubsauger inzwischen bis zum Treppenabsatz vorgearbeitet, um sich selbige in den nächsten Minuten emporzuarbeiten.

»Ich mache einen kleinen Spaziergang und besuche vielleicht noch kurz meine Mutter«, sagte sie zu ihrer Haushälterin. Die hielt mit dem Saugen inne, während Alexandra sich anzog. »Sollten Sie noch da sein, wenn Ella aus der Schule kommt, sagen Sie ihr das bitte?«

»Natürlich, Frau Kluge«, antwortete die Nissen, die scheinbar unfähig war, ihren Doppelnamen auszusprechen. Aber das galt für die meisten Dorfbewohner.

»Danke. Wann kommen Sie wieder?«

»Montag.«

»Okay.«

Bente Nissen zögerte und meinte dann, das Kinn Richtung ersten Stock rucken lassend: »Ich würde dann auch mal wieder gern Ihr Arbeitszimmer machen.«

»Wir werden sehen. Auf Wiedersehen.«

»Wiedersehen. Und grüßen Sie mir Ihre Mutter.«

Mit einem freundlichen Nicken war sie zur Tür hinaus, wie immer gleich aus einem ganzen Bündel von Gründen erleichtert, aus dem Dunstkreis der Nissen zu kommen. Ihr Geruch war das eine, dass die Haushälterin als eingeborene Kaltsommeranerin sich bestens in so ziemlich allen Familiengeschichten vor Ort auskannte, das andere. Drittens wegen ihrer eigenen Voreingenommenheit der Putzfrau gegenüber, die zwar knapp zehn Jahre jünger war als sie, aber so verlebt aussah, dass man die andere glatt für die ältere von beiden halten konnte. Reflexartig unterstellte Alexandra der Nissen immer, nichts aus ihrem Leben gemacht zu haben, außer es zu verschwenden, und das seit frühesten Kindertagen an, als sie schon in der ersten Klasse kaum Interesse am Unterrichtsstoff zeigte. Dass dafür auch die prekären Verhältnisse zu Hause verantwortlich zeichneten, Arbeitslosigkeit, Alkohol und Überforderung, konnte sie nur selten gelten lassen – jeder Mensch besaß doch einen eigenen Willen! Jeder Mensch musste doch den Wunsch verspüren, aus dem Schlechten ausbrechen zu wollen, um es einmal besser zu haben! Stattdessen wiederholten die Kinder nur die Fehler ihrer Eltern, willenlos und wie gefangen.

Was Alexandra zum nächsten Grund brachte, warum sie Vorbehalte gegen Bente Nissen hatte: Immer wenn die den Wunsch äußerte, ihr Arbeitszimmer putzen zu wollen, unterstellte sie ihr automatisch, es nicht zu tun, weil genau das ihre Aufgabe war, sondern aus purer Neugierde. Die Nissen wolle sie ausspähen, weil sie Verdacht geschöpft habe … Alexandra wusste, dass das Quatsch war, aber sie konnte nicht aus ihrer Haut. Das war die Schlinge um ihren Hals, über die sie keine hundertprozentige Macht hatte. Ein Coming-out würde dieses Problem sofort lösen, sie aus dem goldenen Käfig, in den Martin Becker sie über die Jahre gesperrt hatte, handstreichartig befreien.

Alexandra überlegte, ob sie nach links in den Wald gehen sollte. Heute schien dort niemand seine Hunde auszuführen, jedenfalls hallte von dort kein Gebell zu ihr heran. Sie verwarf den Gedanken, dafür hätte sie Gummistiefel anziehen müssen. Also wandte sie sich nach rechts, rückte noch einmal Schal und Mütze zurecht und lief die kleine Lindenallee entlang, die der Waldweg auf diesem Ende war.

Im Dorf war es zu dieser Tageszeit recht ruhig. Selbst die kleineren Kinder, die schon aus der Schule heimgekehrt waren, saßen noch in der warmen Stube, aßen Mittag oder machten Hausaufgaben. Für Krabat war es auch noch nicht wieder Zeit, um von dem immer leicht missmutig dreinschauenden Norbert Einem ausgeführt zu werden oder von Thekla, die stets für einen kleinen Plausch zu haben war. Der Schönfeld-Hof, der als erstes zu ihrer Rechten lag und der sie in den ersten Jahren nach ihrem Umzug mit seiner frühmorgendlichen Geschäftigkeit sanft aus den Betten geholt hatte, wurde nicht mehr bewirtschaftet. Eike Schönfeld war inzwischen Rentner, Sonja arbeitete als Kassiererin bei einem Discounter in Bornhöved und die beiden Kinder waren lange schon aus dem Haus. An der Rinderbesamung herrschte zumindest ein wenig Betrieb, da war die Mittagspause gerade vorbei: Olaf Harms kam ihr auf seinem Rad entgegen. Bei ihrem Anblick löste sich der sorgenvolle Ausdruck, den sie von weitem auf seinem Gesicht erkannt zu haben glaubte, augenblicklich in Freude darüber auf, sie zu sehen. Auch Alexandra kannte natürlich seinen Ruf als Charmeur und Schwerenöter, und trotzdem konnte sie in seiner Freundlichkeit nichts Falsches entdecken. Er freute sich wirklich, sie zu sehen, und seine Freude war ansteckend. Sie grüßten einander, ohne füreinander anzuhalten, und wünschten sich noch einen schönen Tag. Auf dem kleinen zentralen Platz vor dem alten Torhaus mit seinem Türmchen, auf dem Waldweg, Hauptstraße und Kaltsommers Wahrzeichen, die einen Kilometer lange Lindenallee, zusammentrafen, blieb sie kurz unschlüssig stehen: Sollte sie erst noch eine kleine Runde durch das Dorf drehen oder gleich zu ihrer Mutter gehen? Das Wetter war wirklich nicht einladend heute, selbst für jemanden, der diese Verhältnisse gewohnt war. So endlos lange hatte es noch nie genieselt, da war sich Alexandra ziemlich sicher. Also ging sie gleich wieder rechts und trat unter die hohen Kronen der im Spalier gepflanzten Linden, die selbst so kahl beeindruckend erhaben aussahen. Alexandra hatte gelesen, dass die Allee in den kommenden Wochen turnusmäßig gesäubert und beschnitten werden sollte, was alle zehn, fünfzehn oder zwanzig Jahre stattfand. Damit sollte die Gefahr, von einem morschen Ast erschlagen zu werden, minimieren und die Gesundheit der Bäume sichergestellt werden. Ihre Mutter hatte deswegen gejammert, weil für diese Zeit die Straße zumindest teilweise gesperrt werden würde, sie also unter Umständen mit ihrem Auto für ein paar Tage nicht bis unmittelbar vor ihre eigene Haustür käme. Als wäre das ein Problem für ihre Mutter, die mit ihren neunundsiebzig Jahren immer noch bestens zu Fuß unterwegs war und, seit es wieder einen Dorfladen gab, die meisten ihrer Einkäufe dort erledigte. Ihren Kaffee, Filter und was sie sonst noch an Zubehör für ihre Barista-Manie benötigte, bestellte sie darüber hinaus im Internet. Sie brauchte ihr Auto sowieso kaum noch.

Wieder bog Alexandra nach rechts ab und in eine schmale Straße ein, die eigentlich gar keine war, sondern nur eine ellenlange Auffahrt. An deren Ende lag der Bauernhof der Familie Thomsen, auf dem immerhin noch Ammenkuhhaltung betrieben wurde. Thomsens hatten versucht, die Landwirtschaft nach und nach durch die Vermietung von Ferienwohnungen zu ersetzen, aber Tourismus passte ungefähr so gut nach Kaltsommer wie Badetücher nach Grönland. Dieser Ort wäre bestenfalls für

Menschen mit ausgeprägter Sonnenallergie interessant, und deshalb waren die Ferienwohnungen nach und nach in Mietwohnungen umgewandelt worden. Die immerhin waren allesamt belegt.

Der Weg stieg ein wenig an und führte zwischen zwei der Deputathäuser hindurch, die die Westseite der Allee dominierten. In jedem davon befanden sich vier Wohnungen, eine neben der anderen. Es gab große Gärten davor und dahinter und einen Hof, der von einem zweiten Gebäuderiegel eingerahmt wurde. In dem waren früher Ställe und die Toiletten untergebracht, heute wurden sie zumeist als Garagen genutzt. Alexandra bog nach links durch das offenstehende Tor auf den mit Schotter bestreuten Hof ein und lief dann auf dem Plattenweg vor bis zur dritten Haustür: Hier war sie aufgewachsen. Aber wie ein Kind, das zurück nach Hause kommt, fühlte sich Alexandra schon lange nicht mehr, wenn sie diesem Weg folgte. Seit ihrem siebten Lebensjahr schon nicht mehr.

Im Haus – niemand nannte sein Viertel eines solchen Gebäudes eine Wohnung, es war grundsätzlich von Häusern die Rede – ihrer Mutter brannte Licht. Trotzdem hoffte Alexandra wie immer für einen Moment, ihre Mutter möge nicht zu Hause sein. Dann drückte sie auf die Klingel.

Almut Runge war zu Hause und öffnete nach wenigen Sekunden die Tür. Sie benötigte nur einen kurzen Blick auf das Gesicht ihrer Tochter, um zu wissen, was los war. »Na, hat's mal wieder mit dem Schreiben nicht geklappt?« Ihre Stimme war rau, aber nicht unfreundlich.

»Hast du einen Kaffee für mich?«

»Klar.« Diese Frage hob die Laune der Mutter immer. Sie machte Platz in dem kleinen Vorraum, damit Alexandra an ihr vorbei in den Flur treten konnte. »Komm rein.«

Während sich die Jüngere aus ihren feuchten Klamotten schälte, ging die Ältere gerade durch in die Küche. »Einen Espresso, bitte«, rief Alexandra ihr hinterher.

»Einen Kräftigen oder einen Weicheren?«

»Den Kräftigen.«

»Gute Wahl.«

Wenig später saßen sich die beiden Frauen am Küchentisch gegenüber, eine jede über eine dampfende Tasse Espresso gebeugt. Um sie herum schien alles aus auf Hochglanz poliertem Edelstahl zu bestehen, was zusammen mit dem Kaffeearoma, der inzwischen das ganze Haus durchströmte, und zwar vom Keller bis unters Dach, beinahe echte Café-Atmosphäre erzeugt hätte. Was dazu fehlte, wäre das Gemurmel anderer Menschen im Gespräch gewesen. Sie aber waren allein, und wie üblich hatten sich Mutter und Tochter erst mal nichts zu sagen. Gleich, sobald die Tassen geleert sein würden, würden sie den üblichen Smalltalk-Parcours abklappern, Familie, Wetter und Dorfklatsch, um sich dann bis zum nächsten Mal zu verabschieden. Almut würde sofort das benutzte Geschirr abwaschen und danach das Internet nach neuen Barista-Utensilien absuchen, sich zufrieden, da ganz bei sich, durch den Tag leben. Alexandra dagegen hätte das Gefühl, mit einer noch größeren Last auf den Schultern als ohnehin schon in ihr eigenes Heim zurückzukehren, weil es ihr wieder nicht gelungen war, sich ihrer Mutter zu öffnen. Die dicke Eisschicht, die über die Jahre zwischen ihnen gewachsen war, war härter als jeder Panzerstahl. Ihre gute Laune würde durch das Gefühl der Sinnlosigkeit endgültig vergiftet sein, gekippt wie ein See von sprudelnder Mitteilungsbedürftigkeit in mürrische Schweigsamkeit, die sie an Ella und Markus auslassen würde.

Als Alexandra sieben war, in diesem Sommer vor fünfundvierzig Jahren, starb ihr Vater Otto an Magenkrebs. Vater und Tochter hatten sich immer sehr nahegestanden, weit näher als Mutter und Tochter. Sein Tod hatte ein unglaublich tiefes Loch in Alexandras Leben gerissen. Das umso größer wurde, je mehr sie das Gefühl bekam, dass ihre Mutter scheinbar gar nichts ob des erlittenen Verlustes empfand. Im Gegenteil, sie schien eher noch erleichtert zu sein, als wäre ihr ein schweres Kreuz vom Rücken genommen. Schon damals zeigte sie keinerlei Bedürfnis, über ihre Gefühle zu sprechen. Zumindest nicht mit ihrer Tochter, so sehr diese über die Jahre auch immer wieder versuchte, ein Gespräch anzuknüpfen. Lange Zeit wusste Alexandra gar nicht, was passiert war, später, nachdem sie bald dieses, bald jenes von fremden Mündern Gesprochenes aufgeschnappt hatte, setzte sich langsam ein undeutliches Bild zusammen wie ein Mosaik, bei dem immer noch zu viele Teile fehlten. Erst als Erwachsene, als sie wirklich begriffen hatte, was Kaltsommers Besonderheit ausmachte, war sie in der Lage, die fehlenden Steinchen hinzuzufügen, freilich ohne deren Richtigkeit jemals von ihrer Mutter bestätigt zu bekommen. Für die war das Kapitel Ehe mit dem Tod Otto Runges ein für alle Mal abgeschlossen gewesen.

Sowohl Otto Runge als auch Almut, geborene Cordte, stammten aus Kaltsommer, hier geboren und noch im Dorf auf die Schule gegangen. Zwischen beiden hatte ein Altersunterschied von knapp zwanzig Jahren bestanden, und bevor er mit Almut zusammenkam, hatte ihr Vater niemals etwas mit einer Frau gehabt, zumindest nicht mit einer aus dem Dorf. Was er während des Zweiten Weltkriegs erlebt hatte, darüber war nichts bekannt. Nur dass Otto Runge schwul gewesen war, da war Alexandra sich heute ganz sicher. Aber anders als fast alle anderen schwulen Männer, die dieses Dorf immer wieder hervorgebracht hatte, war es ihrem Vater nicht vergönnt gewesen, zu seiner Veranlagung wenigstens hinter ihrer Nebelwand, unter dem Schutz der ewigen Wolke zu stehen. Trotzdem hatte er diese Seite in sich ausgelebt, nur eben nicht vor Ort, sondern, um dem Erwartungsdruck seiner Eltern zu entgehen, in der Außenwelt. Dort, wo es erst recht gefährlich für jemanden wie ihn war, wo der Paragraph 175 seine schreckensbraune Regentschaft führte. Warum hatte er sich auf dieses Risiko eingelassen? Lag es nur an seinen Eltern, die für Kaltsommeraner Verhältnisse als sehr konservativ galten und von ihrem einzigen Kind unbedingt einen Stammhalter verlangten? Die Erklärung war Alexandra zu einfach. Es hätte selbst damals Wege gegeben, sich diesem Druck zu entziehen. Er aber war den in eine unglückliche heterosexuelle Ehe gegangen und bald gestorben. Manchmal zweifelte Alexandra daran, dass ihn wirklich der Magenkrebs getötet hatte, allerdings wurde nicht einmal in den dunkelsten Ecken Kaltsommers etwas von Selbstmord gemurmelt.

Eine Zeitlang hatte sie ihre Mutter regelmäßig mit Fragen nach ihrem Vater konfrontiert oder besser noch genervt und nichts weiter als Gleichgültigkeit geerntet. »Das ist alles mit ihm gestorben«, hatte Almut nur gesagt und sich kühl ihrer Hausarbeit gewidmet. Alexandra hatte an jenem Tag noch weiter gebohrt, doch ihre Mutter war ein zu hartes Brett, um ihr auch nur einen Kratzer zu verpassen. »Du kannst gehen oder das Thema wechseln«, hatte die schließlich ultimativ gesagt, nicht einmal drohend, nur sehr, sehr bestimmt. Alexandra war gegangen und hatte das Thema seitdem nicht mehr aufgegriffen.

Aber es stand nun seit fünfundvierzig Jahren zwischen ihnen, gähnte wie ein Abgrund, der jede echte Nähe zwischen den beiden Frauen unmöglich machte. Alexandra sah nicht zuletzt darin den Grund, warum sie ihrer Mutter niemals erzählt hatte, woher das ganze Geld für die teuren

Geschenke, die sie in dieser Küche überall um sich herum sah, kam. Auch Almut Runge ging nach wie vor ganz selbstverständlich davon aus, dass das alles Markus in seiner Praxis erwirtschaftete, obwohl sie selbst nach Ottos Tod in Vollzeit arbeiten gegangen war und von daher einiges über Einkommensmöglichkeiten hätte wissen müssen.

Alexandra wusste längst, dass ihre Kraft auch an diesem besonders trüben Tag nicht dazu ausreichte, den Abgrund zwischen ihnen zu überspringen und den Grundstein für eine, sei es auch noch so schmale Brücke zu legen. Sie war kaum zwanzig Minuten hier, ihre Tasse leer und draußen wurde es bereits dunkel. Ella war noch nicht einmal von der Schule zurück, aber die Nissen bestimmt schon gegangen, nachdem sie ihre Pflichten ebenso gründlich wie schnell erledigt haben dürfte, sobald sie von ihrer Arbeitgeberin allein gelassen worden war. Für einen Moment schien Alexandra keinen Ort zu haben, an den sie noch gehen konnte.

Sie wollte gerade etwas über die Güte ihres soeben getrunkenen Espressos sagen, als ihre Mutter plötzlich herzhaft gähnte. Das war ungewöhnlich, denn Almut Runge hatte stets eine eiserne Disziplin an den Tag gelegt. Ein so öffentliches Gähnen wäre ihr früher nicht passiert, sie hätte es als ein Verstoß gegen die eigenen Regeln angesehen und mit allen Mitteln unterdrückt. Alexandra faste ihre Mutter genauer ins Auge und erkannte auf einmal dunkle Schatten unter ihren Augen und Dellen in ihrer Dauerwelle, die ihren Kopf, seit Jahren schon schlohweiß, wie einen Helm umgab.

»Müde?«, fragte sie.

»Schlecht geschlafen.«

»Warum?«

»Keine Ahnung.« Almut zuckte ratlos mit den Schultern. »Seit ein paar Nächten träume ich irgendwie schlecht.«

»Worüber?«

»Keine Ahnung – Gänse oder so.«

»Gänse?«

»Frag mich nicht. Vielleicht ja die, die seit Wochen schon über das Dorf hinwegziehen.«

»Welche Gänse?«

»Mädchen, du sitzt zu viel an deinem Schreibtisch. Du musst unbedingt mehr vor die Tür gehen.«

Nur wenige Minuten später kam sie dieser Aufforderung nach, am Ende beinahe erleichtert, dem Kaffeedunstkreis ihrer Mutter entkommen zu sein. Sie ging nicht direkt nach Hause, obwohl der Nieselregen noch einmal stärker geworden zu sein und sich fast in echten Regen verwandelt zu haben schien. Sie machte stattdessen doch noch den kleinen Spaziergang, den sie von Anfang an hätte tun sollen. Sie suchte dabei immer wieder den Himmel ab, aber an diesem Tag flogen keine Nonnengänse durch den Luftraum über Kaltsommer. Dafür tauchte ein neuer Gedanke in ihrem Kopf auf: Vielleicht sollte sie kein Enthüllungsbuch über sich selbst schreiben, sondern sich auf Spurensuche nach ihrem Vater begeben.

Siebtes Kapitel

Der Kleine stöhnte genussvoll unter dem Gewicht seiner Stöße, das Gesicht beinahe in die weiche, leicht abwaschbare Matte gepresst, auf der sie sich vergnügten. Er war vielleicht einen Meter fünfundsiebzig groß, brünett, rank und schlank und von Natur aus kaum behaart. Jeder Wirbel seines Rückgrats und alle Rippen zeichneten sich ab unter der gebräunten Haut. Die hatte er sich entweder erst kürzlich im Urlaub geholt oder im Solarium, aber sicher nicht vom tristen Berliner Winter stammte. Er konnte natürlich ein Tourist sein, aber das glaubte Benjamin nicht. Irgendwie kam ihm der andere bekannt vor. Was auch immer er war, er war auf jeden Fall ganz Hingabe und Entspannung – und ausdauernd, ja geradezu unersättlich. Wie oft sie schon die Position gewechselt hatten, seitdem sie in die Kabine gekommen waren, vermochte Benjamin nicht mehr zu sagen. Rauf und runter war es gegangen, rein und raus, bald langsamer, dann wieder schneller und immer ohne Pause. Benjamin schwitzte sowieso leicht, noch dazu in so warmer Luft wie hier. Aber auch der Kleine war inzwischen am ganzen Körper von einem dünnen Schweißfilm bedeckt, der angenehm nach Salz schmeckte, wenn Benjamin ihn ableckte. Dem Kleinen schien das sehr zu gefallen, ganz besonders, wenn Benjamin ihm mit der Zunge über den Nacken fuhr. Selbst jetzt noch schien er jedes Mal eine lustvolle Gänsehaut davon zu bekommen.

Dennoch würde es gleich vorbei sein. Benjamin stand kurz davor zu kommen und war nicht länger gewillt, es noch einmal hinauszuzögern. Dieses Spielchen hatten sie oft genug getrieben, jetzt brauchten sie beide Erlösung. Dank des Kondoms musste er seinen Rhythmus nicht unterbrechen, sondern konnte ihn beibehalten und final steigern. Der Körper unter ihm signalisierte Entgegenkommen und wollte vorher nur wieder auf den Rücken gedreht werden. Die Augen des Kleinen waren weit genug offen, um den großen Moment nicht zu verpassen. Ein spitzbübisches Lächeln lag auf seinen Lippen: Er war bereit. Bevor er jedoch die Finger an Benjamins Brustwarzen setzte, legte er dessen rechte Hand um seinen Schwanz. Der war steif wie ein Brett, seit Stunden schon, wie es schien, als könnte nichts diese Standhaftigkeit jemals erschüttern. Oder als hätte er etwas genommen ... Benjamin versuchte, den blöden Gedanken abzuschütteln, und ließ einen Schweißtropfenschauer auf den Körper unter sich niederregnen. Der Kleine verstand es als Startsignal für das allerletzte Aufbäumen und grinste noch breiter.

Seine Energie erinnerte Benjamin an Olaf. Auch diesen Gedanken vertrieb er entschlossen.

Sie kamen gleichzeitig, als wären sie zwei perfekt aufeinander eingestellte Liebhaber. Nur während der Kleine bestenfalls dabei erleichtert aufseufzte, brach es aus Benjamin mit einem gewaltigen Stöhnen heraus, das die ganze Sauna in ihren Grundfesten erschüttern musste. Als seine gesamte Ladung verschossen war, sackte er über dem Kleinen wie von Schüssen tödlich getroffen zusammen und begrub ihn regelrecht unter sich. Worauf der Kleine offensichtlich stand, jedenfalls machte der lange keinerlei Anstalten, sich von den roten Massen dieses Bären auf ihm zu befreien. Wenn Benjamin nicht alles täuschte, war es sogar genau das gewesen, was den Kleinen an ihm von Anfang an angezogen hatte, die Aussicht, in den Armen eines solchen roten Riesen versinken zu dürfen. Benjamin war nicht durchtrainiert, er hatte nicht den größten Schwanz und mehr Haut als Haare auf dem Kopf. Aber dafür war er ein wandelnder Wandschrank mit Pelzbesatz, und das zog Männer aller Altersklassen an. Wenn immer er herkam, fand sich sehr schnell jemand, der ihm hinterherstieg. Er war ein Daddy, ein Bär und auch noch rothaarig, eine Kombination, die ihm, seit er sich mit dieser Sichtweise auf sich abgefunden, ja angefreundet hatte, viel Spaß bescherte. Richtig Probleme hatte er nur mit dem Daddy-Part gehabt, als kinderloser, ungebundener Mann von Mitte vierzig, also im besten Alter, konnte er schwerlich in sich selbst eine Vaterfigur erkennen. Irgendein Date der letzten Wochen hatte ihm jedoch erzählt, dass in diesem Fall die Vaterfigur ein reines Sexsymbol sei, und gegen die Interpretation konnte Benjamin beim besten Willen nichts einzuwenden haben. Gerade an einem Ort wie diesem, wo man ungezwungen anonym Sex haben konnte, ohne dass daraus längerfristige Ansprüche abgeleitet wurden, war diese Kategorisierung ein klarer Standortvorteil. Die Typen umschwärmten ihn wie die Motten das Licht und versuchten alles, ihm Entspannung zu bereiten – was sein noch immer von seltsamen Träumen geplagter Kopf gerade ganz besonders dringend benötigte.

Aber so gut wie gerade eben war der Sex schon lange nicht mehr gewesen. Benjamin verspürte nicht im Geringsten den Wunsch, sich sofort unter die Dusche zu verabschieden, und das nicht nur, weil er dazu zu angenehm erschöpft war. Die Zufriedenheit, die der Kleine nun ganz offensichtlich darin fand, einfach unter ihm zu liegen und seine Wärme zu genießen, stand nur oberflächlich betrachtet im Widerspruch zu seiner zuvor an den Tag gelegten hemmungslosen Gier. Sie bewies eher den Willen, die Lust bis zu ihrem absolut letzten Tropfen auszukosten. Noch immer war Benjamin in ihm, und noch immer hielt der Kleine ihn mit seinen Armen fest umschlungen. Er kuschelte sich sogar noch enger an ihn, so viel Hautkontakt wie möglich herstellend. Keiner von beiden verspürte im Moment das Bedürfnis nach postkoitaler Konversation. Dafür war Benjamin mehr als dankbar, sein schwergehender Atem musste sich erst mal wieder beruhigen. Außerdem hätte jede Unterhaltung den Zauber des Unbekannten sofort gebrochen, und das wäre schade gewesen, schade und unwiderruflich.

Benjamin war kurz davor einzuschlafen.

So viel Geduld hatte der Kleine dann allerdings doch nicht. Durch ein sanftes, auf dem Schweißfilm dahingleitendes Schlängeln wand er sich halb unter Benjamin hervor, ließ ihn aus sich heraus und von sich herab auf die Seite rutschen, und während der sich automatisch zu seiner vollen Länge ausstreckte, zog der Kleine sich ihn am Arm so zurecht, dass er wie eine Decke halb auf ihm lag. »So isses besser«, murmelte er verwaschen, küsste Benjamin auf den Hals und ließ den Kopf wieder zurück auf die feuchte Matte fallen, ein seliges Lächeln auf den Lippen. Benjamin grunzte leise Zustimmung.

Wie lange sie so liegenblieben, war bedeutungslos. Hier unten, in diesem labyrinthartig ausgebauten Keller unter dem Mehringdamm gab es keine Tageszeiten. Das Licht über ihnen änderte niemals seine Farbe und die leise elektronische Musik niemals ihren Rhythmus. Manchmal schwoll in einer der anderen Kabinen der Geräuschpegel an, das Klatschen von Haut auf Haut, das Stöhnen, Seufzen und Schreien, gefolgt entweder von Stille oder von Worten oder auch von berauschtem Auflachen. Vor der Tür ihrer Kabine erklang regelmäßig das Klatschen nackter Füße oder das Schlappen von Badelatschen derjenigen, die noch auf der Jagd nach einer Eroberung waren. Die sprachen kaum, sondern maßen mit Blicken ab und trafen stumme Entscheidungen. Seinen Mund brauchte man hier mehr für andere Dinge, und das war es, was Benjamin an so einer reinen Herrensauna liebte.

Das und die seltenen Augenblicke, wenn man nach dem Sex doch noch etwas beieinander verweilte und die Nähe des anderen genießen durfte. Nicht alle Männer waren eben von Natur aus Nestflüchter …

Er hätte nicht sagen können, wann der Kleine wieder damit begonnen hatte, ihn zu streicheln. Über den Rücken, die Seiten, den Hintern, die Rückseite seiner Oberschenkel, dann durch die Haare auf seiner Brust, hinunter zum Bauch und schließlich bis an die sensiblen Teile heran. Er hätte auch nicht sagen können, wann er angefangen hatte, diese Streicheleien zu erwidern. Oder das Küssen. Aber er tat beides und mit mehr Energie, als er selbst es nach dem langen ersten Akt jemals für möglich gehalten hätte. Das gebrauchte Kondom, das noch immer wie ein zu großer Hut auf ihm steckte, flog davon, den alten Samen dagegen, der rund um seine Eichel zurückblieb, nutzte der Kleine geschickt als Gleitmittel, während sie sich gegenseitig mit den Händen befriedigten. Dieses Mal brauchten sie nur ein paar Minuten, um zum Höhepunkt zu kommen, und danach sahen sie sich in die Augen und mussten beide lachen.

»Jetzt ist wirklich erst mal genug«, sagte der Kleine grinsend und küsste ihn halb auf die Lippen.

»Sag bloß, du machst schon schlapp«, neckte Benjamin ihn.

Der Kleine sah an ihnen herunter und meinte: »Wir beide, wie es aussieht.«

Diesmal war es an Benjamin zu küssen. Der Kuss fiel sehr lang und trotz der beidseitigen Ermattung höchst leidenschaftlich aus.

»Das war echt gut«, murmelte der Kleine und sah ihm tief in die Augen.

»Danke.« Benjamin konnte den Blick nicht von diesen braunen Brunnen, die nicht nur in der Tiefe in Unschärfe abglitten, abwenden. Wieder fühlte er sich an Olaf erinnert, der hatte nach dem Sex auch immer so ausgesehen. In diesem Moment jedoch haftete dem Gedanken nichts Unangenehmes an. »Hat Spaß gemacht«, fügte er hinzu.

»Find ich auch.«

Wieder kuschelten sie sich aneinander, die vorherige Hitze wie selbstverständlich in gegenseitige Wärme umwandelnd.

»Viel besser als beim letzten Mal.«

»Was?«

Benjamin wusste, dass er sich nicht verhört hatte, und allmählich glaubte er, zu wissen, woher er den Kleinen kannte. Er hob den Kopf, betrachtete den in seinen Armen liegenden Körper von Kopf bis Fuß, aber der gab nicht viel her, von denen hatte er in letzter Zeit recht viele gehabt.

»Erinnerst du dich nicht mehr?« Der Kleine sah ihn an, nicht beleidigt, sondern schelmisch grinsend.

Benjamin hob nur vage die Augenbrauen.

»Na ja, das war ja auch nur so 'ne Art Quickie in der Dampfsauna«, erklärte der Kleine, noch breiter grinsend und schon wieder mit einer Hand Benjamins Schwanz umfassend. »So schnell, dass wir nicht mal ein Gummi benötigt haben.«

Auch das brachte noch keine Klarheit.

»Du hast mich da durchgenommen, als hättest du die letzten zwanzig Jahre in einem Nonnenkloster verbracht. Das war so geil, so intensiv, mir haben noch tagelang die Knie gezittert. Ich wär beinahe unter dir kollabiert. Und das Letzte, was ich noch klar sah, war, wie sich um uns herum ein ganzer Pulk von Männern versammelte. Ich glaube, manche von den Typen haben dich sogar angefeuert …«

Plötzlich wusste Benjamin wieder, von welchem Tag der Kleine sprach. »Ich glaube, ich erinnere mich«, sagte er, und zum ersten Mal fühlte er sich nicht bedrückt bei dem Gedanken an diesen Tag, an dem er seinen Job bei der Bildungswerkstatt Berlin verloren hatte.

»Ich war vielleicht wund danach«, fuhr der Kleine leichten Herzens fort, »aber seitdem wollte ich dich unbedingt wiedersehen.«

»Dein Wunsch wurde erhört, würde ich sagen.«

In dem jungen Gesicht schien die Sonne selbst aufzugehen, so sehr erstrahlte sein Lächeln.

»Ich heiße Gerrit«, stellte sich der Kleine vor.

»Benjamin«, antwortete der ohne das leiseste Zögern.

»Hallo Benjamin. Schön, dich kennenzulernen.«

»Hallo.«

»Kommst du öfter her, Benjamin?«

Gerrit kicherte, als er diese Frage stellte. Aber anstatt albern empfand Benjamin es als ansteckend, und so antwortete er: »Ungefähr so oft wie du.«

»Und was machst du sonst so?«

»Was machst du denn sonst so?«

Gerrit setzte sich abrupt auf, und Benjamin missfiel die Kühle, die sich dadurch an seiner Seite ausbreitete. Zum Glück konnte der Kleine seine Hände nicht dauerhaft von ihm lassen und musste, zwanghaft scheinbar, damit ständig durch sein noch immer verschwitztes Brust- und Bauchfell fahren. Benjamin drehte sich etwas weiter auf die Seite, um ihm den Zugang zu erleichtern. »Ich studiere«, erzählte Gerrit, selbstbewusst lächelnd, während er das leise Kitzeln der Haare in seinen Handflächen genoss. »Ich mache gerade meinen Master im Maschinenbau an der TU.« Benjamin nickte anerkennend und war froh, nicht erst von sich aus irgendeinen Tipp abgegeben zu haben. Er hätte bei diesem zarten Körper mit dem unersättlichen Geist eher auf Literaturwissenschaften, Theologie oder irgendetwas mit Kunst getippt, er, der abgebrochene Lehramtsstudent für Deutsch und Geschichte. »Danach will ich auf jeden Fall noch promovieren«, kam Gerrit zum Ende.

»Alle Achtung!«

»Danke. Und du?« Gerrit wollte es unbedingt wissen, und als der rote Bär an seiner Seite noch immer nicht mit der Sprache herausrücken wollte, zwickte er ihn lockend-fordernd in die rechte Brustwarze. »Nun sag schon. Das ist doch kein Staatsgeheimnis.«

»Und was, wenn doch?«

»Dann hab ich mir nach allem, was ich gerade von dir ausgehalten habe, das Recht verdient, in dieses Geheimnis eingeweiht zu werden«, kam die Antwort wie aus der Pistole geschossen.

Benjamin mochte Männer, die nicht auf den Mund gefallen waren. »Bevor du mich hier noch einem peinlichen Verhör unterziehst«, begann er und drehte seinen Oberkörper so, dass er Gerrit beide Brustwarzen wie zwei reife Früchte präsentierte, bevor er von seiner Arbeit bei SokraTeach erzählte. Seinem einzigen Job im Moment, nicht weil er in der Zwischenzeit keinen anderen gefunden hätte, sondern weil er gar nicht nach Stellen geguckt hatte. Die Rechnungen, die er diesem Bildungsträger stellte, reichten knapp aus, um seine eigenen Rechnungen zu bezahlen. Alle Ausgaben darüber hinaus, etwa den Saunaeintritt, beglich er von seinem Ersparten. Diese Kombination würde noch eine ganze Weile hinreichen, weshalb er gerade keinen finanziellen Druck verspürte. Druck machten ihm lediglich die seltsamen Träume von der sich in einen Feuerregen verwandelnden Wolke über Kaltsommer, doch weniger einen existenziellen, als vielmehr einen kreativen. Sex war eine Möglichkeit, diesem die Spitze zu nehmen, schreiben eine andere. Zum ersten Mal seit Jahren hatte er wieder zum Stift gegriffen und damit begonnen, sich Notizen über Kaltsommer zu machen. Wohin die einmal führten, wusste er jetzt noch nicht zu sagen. Ihm schwebte ein Epos über sein altes Heimatdorf vor, über dessen Besonderheit, die weit über die Wolke mit ihrer abschreckenden Wirkung hinaus ging. Aber so weit war er noch lange nicht. Noch sammelte er Fakten aus dem Gedächtnis, die er hie und da durch Erfundenes ergänzte. Das machte mehr Spaß, als er gedacht hätte. Lächelnd und Gerrits Finger an den empfindlichsten Stellen seines Oberkörpers spürend, fügte er hinzu: »Und in meiner Freizeit arbeite ich an etwas, das vielleicht einmal ein Versepos a la Homer oder Dante werden wird.«

»Verse? Gedichte?« Gerrit hielt unversehens in seiner Brustwarzenzwirbelei inne. »So richtig mit Veröffentlichungen und so?«

»Auch, ja.« Er fixierte den Kleinen, der tatsächlich große Augen machte. Das ließ ihn wieder lächeln. So hatte schon lange keiner mehr auf diese Enthüllung reagiert, außer Elmar damals eigentlich noch keiner. Benjamin griff sich den schlanken, so ganz und gar nicht zerbrechlichen Leib, legte ihn sich zurecht, schwang seine eigenen, wesentlich größeren und schwereren Glieder darüber, verteilte Küsse auf Gesicht, Hals und Schultern und fragte währenddessen: »Was interessiert dich das denn so?«

»Ist doch spannend«, antwortete der, sich unter dem anschwellenden Sturm der Liebkosungen räkelnd, jeden Quadratzentimeter Haut, den er besaß, dem anderen zur Verfügung stellend. »Ich war noch nie mit einem Dichter im Bett.«

»Was für ein Bett denn?«, unterbrach Benjamin grinsend seine Tätigkeit und sah sich kurz um. »Das hier ist reiner Mattensport und kein Matratzensport.«

»Oh, du Künstler! Du Wortakrobat. Komm, flüster mir schweinische Wortspielereien ins Ohr!«

Benjamin tat es nicht, und dennoch war der folgende Akt doch mehr als der behauptete Mattensport, mehr als ein genussvolles Ringen um die lustvollste Position. Dieses Mal war der Sex anders, ruhiger, rücksichtsvoller, achtsamer. Hinterher wusste er es nicht anders zu beschreiben als damit, dieses Mal wirklich miteinander geschlafen zu haben, sich geliebt zu haben. Wieder nahm Benjamin Gerrit, ohne Hast und ohne Kondom, und beide nutzten die angenehme Mattigkeit, die eigentlich schon längst in ihnen herrschte, als Mittel, den Genuss über die Befriedigung siegen zu lassen. Trotzdem brauchten sie nicht mehr so lange, und als Benjamin kam, zog er sich vorher aus Gerrit zurück, obwohl der es nicht von ihm verlangt hätte. Er beschwerte sich jedoch auch nicht, sondern zeigte nur wieder diesen verklärten Ausdruck in den braunen Augen, der ihn so frappierend an Olaf erinnerte. Benjamin bedeckte sie solange mit Küssen, bis sie wieder klar waren. Wieder kuschelten sie sich ganz eng aneinander und hielten sich in den Armen, als wären sie diese Intimität schon länger gewohnt.

»Das könnte ich andauernd mit dir machen«, flüsterte Gerrit in Benjamins Ohr, nicht von Schläfrigkeit verwaschen, sondern voll wacher Freude.

Benjamin grunzte nur leise.

»Du bist ja öfter hier, nicht?«

Benjamin ahnte, worauf die Frage abzielte. »Ab und an.«

»Hast du«, Gerrit holte noch einmal tief Luft vor dem Sprung, »feste Tage?«

»Wo? Hier? Nein.«

»Ich auch nicht. Mein Studium frisst doch viel Zeit. Meistens könnte ich nur nachts hierher, wenn kaum was los ist.«

»Das hast du also schon herausgefunden.« Benjamin ließ ein leises Glucksen hören.

»Lach nicht.« Ein Klaps auf die Schulter war die Folge. »Auch ein angehender Maschinenbauingenieur hat Bedürfnisse.«

»Ganz bestimmt.«

Benjamin drehte den Kopf und öffnete die Augen. Wie erwartet traf er auf Gerrits Blick.

»Wir können uns ja mal außerhalb der Sauna treffen …?«

»Aber wann und wo und wie?«, fragte Benjamin, ohne erst Überraschung zu spielen. »Wenn du nur spät in der Nacht Zeit hast, wird das schwierig. Ich arbeite tagsüber und muss dafür fit sein. In meinem Alter kann ich mir nicht mehr die Nächte um die Ohren schlagen, ich brauche meinen Schönheitsschlaf.«

»Wenn wir nicht mehr auf zufällige Begegnungen in der Sauna angewiesen sind, sind wir doch wesentlich flexibler.«

»Du bist schon sehr flexibel.«

»Ach, hör auf!«

»Ich meine es ernst.«

»Ja, ich auch.«

Weil Benjamin die Logik, den pragmatischen Ansatz mochte, den er aus Gerrits Worten sprechen hörte, ließ er das Tanzen um den heißen Brei endlich sein. Auch er hatte längst gespürt, dass da etwas zwischen ihnen Funken schlug und dass diese Funken nicht nur in der anderen Brust Feuer zu legen begannen. Er hatte genug Erfahrung, um solche Dinge schnell zu erkennen. Aber eben weil er seine Erfahrungen gemacht hatte, wollte er nicht einmal seinen eigenen Gefühlen zu schnell nachgeben.

»Und warum?«, fragte er Gerrit, den Kleinen.

»Ich möchte dich gern besser kennenlernen, Benjamin.« Die Antwort kam ohne das geringste Zögern, stattdessen schwang ein unerschütterliches Maß an Zuversicht in ihr mit.

»Aber was ist, wenn dir nicht gefällt, was du kennenlernst?«

»Dann ist das eben so.«

»Und wenn dir gefällt, was du kennenlernst?«

Einmal mehr ging in Gerrits Gesicht die Sonne auf.

»Ich komme nicht unbedingt in die Sauna, weil ich auf der Suche nach einer Beziehung wäre.«

»Dann bist du also immerhin schon mal Single.«

»Touché!«

Benjamin seufzte, Gerrit grinste.

»Ich bin übrigens auch Single«, teilte er mit.

»Und das heißt?«

»Dass wir beide die besten Voraussetzungen für ein Kennenlernen mitbringen, Herr Lehrer!«

Benjamin gab sich geschlagen. »Dann wirst du mir also gleich deine Telefonnummer geben?«

»Nur wenn ich deine sofort im Gegenzug erhalte.«

Mehr als alles andere überzeugte Benjamin diese Antwort davon, den Schritt aus der Sauna heraus wagen zu können. Ja, Gerrit war jung, altersmäßig hätten sie ein Vater-Sohn-Gespann sein können, aber der Kleine war definitiv nicht blauäugig vor lauter Gefühlsduselei. Er wusste, was er wollte, ohne bereit zu sein, sich dafür komplett selbst aufzugeben. Andere hätten darin einen Mangel an Romantik und Hingabe gesehen, für Benjamin war es das Quäntchen an Realismus, das er brauchte, um sich guten Gewissens mit ihm einlassen zu können.

Sie tauschten Nummern, nachdem sie gemeinsam geduscht und an der Bar noch etwas getrunken hatten. Aber nicht deshalb meldete Benjamin sich zwei Tage später – sie hatten zwischendurch ein paar Nachrichten via WhatsApp ausgetauscht, ansonsten hatte sich der Kleine angenehm zurückgehalten – von sich aus bei ihm. Etwas hatte sich nach ihrer Begegnung grundlegend geändert.

Beide Nächte hatte Benjamin wieder geträumt, so wüst wie zuvor schon. Dieses Mal jedoch war auf die Zerstörung seiner alten Heimat durch das Feuer noch etwas gefolgt, ein Neuanfang nämlich. Als hätten die Flammen erst die nötige Energie dazu geliefert, keimten plötzlich überall aus der Asche junge Triebe. Eine flächendeckende Vegetation fing an zu sprießen, die sich wie im Zeitraffer zu einem dichten Urwald auswuchs. Benjamin erkannte Buchen, Eichen und Birken, beim Buschwerk dazwischen konnte er ob seiner eher beschränkten Kenntnisse von Botanik bestenfalls Vermutungen anstellen. Was er aber sofort begriff, war die Unberührtheit dieser Natur von Menschenhand. Sie war vollkommen sich selbst überlassen, vielleicht weil es noch gar keine Menschen gab – oder nicht mehr. Die Frage war auch unwichtig, denn dieser Wald strahlte einen solchen Frieden aus, dass Benjamin zumindest am ersten Morgen so ausgeruht wie schon lange nicht mehr nach einer durchträumten Nacht erwachte. Selbst der Unterricht am Nachmittag ging ihm leichter von der Hand als sonst, sodass sich ein paar Teilnehmer aus seiner Flüchtlingsklasse dazu hingerissen fühlten, ihm für die tolle Stunde zu danken.

In der zweiten Nacht – Benjamin schlief ein, als hätte man ihm eine Vollnarkose verabreicht – wuchs der Wald erneut, erhob sich aus der Asche, als hätte er schon immer dort gestanden und würde für immer dort stehen. Weiterhin schien er unberührt von Menschenhand zu sein. Die Geräusche, die er hörte, waren das Rauschen des Windes, das Knarzen alter Äste, das Flüstern von Abermillionen von Blättern, das Singen der Vögel, das Surren der Insekten und das Huschen kleiner Säugetiere durchs Unterholz. Da war nichts zu hören oder zu sehen, was nicht in diesen Wald gehört hätte. Alles war an seinem Platz und erfüllte die ihm zugedachte Aufgabe im großen Kreislauf des Lebens. Alles war in Ordnung. Dass der Urgrund für das Vorhandensein dieses Waldes eine Feuerkatastrophe war, eine Auslöschung, hatte längst jede Bedeutung verloren. Das Leben hatte sich eingerichtet und zu seinem gesunden Rhythmus gefunden.

Dann durchbrach plötzlich etwas diesen Frieden des Waldes. Zweige knackten, altes Laub raschelte. Der träumende Benjamin hörte ein Kratzen, von dem er sofort wusste, dass es Fingernägel waren, die über Borke glitten. Noch ehe er sah, was da zwischen den Bäumen auf ihn zu gestolpert kam, erkannte er an den Geräuschen, dass es sich um einen Menschen handelte. Aber seltsamerweise flößte ihm das weder Angst ein, noch machte es ihn wütend: Der, der da kam, war kein Eindringling. Der, der da kam, hatte das Recht, ja die Bestimmung, hier zu sein. Er sollte und musste hier sein. Es war gut und richtig, dass er gekommen war, denn er war der Anfang von … allem!

Dieses Wort läutete wie eine große Glocke in Benjamin. Sein Klang erschütterte ihn in seinen Grundfesten und riss ihn aus Traum und Schlaf. Er wusste plötzlich mit tausendprozentiger Sicherheit, warum er all das die letzten Wochen wieder und wieder geträumt hatte, nämlich um auf genau diesen Moment vorbereitet zu sein: auf *seine* Ankunft. Weil er aber auf *ihn* in dieser ersten Nacht noch keinen genauen Blick hatte werfen können, nicht auf *sein* Gesicht, noch auf *seine* Kleidung, und weil ihm zu dem Mann auch noch der Name fehlte, würde er auch in der Folge weiter intensiv von *ihm* träumen. Noch waren Benjamin selbst nicht alle Zusammenhänge klar, nur die Gewissheit erhob sich plötzlich unverrückbar wie ein Fels in seinem Bewusstsein, dass er darüber schreiben sollte. Ganz so, wie er es mehr im Scherz noch Gerrit gegenüber behauptet hatte. Ein Gedicht, ein Langgedicht, ein echtes Epos würde er schreiben, über diesen ganz besonderen Mann und über Kaltsommer – und damit würde er, besser spät als nie, doch noch den künstlerischen Durchbruch schaffen.

Benjamin fühlte es ganz deutlich, er war soeben Zeuge eines doppelten Ursprungs geworden, der einer Geschichte und ihres Erzählers für die Nachwelt.

Hätte er diese Stufe jemals erreicht ohne die Begegnung mit Gerrit? Bis zum Anschlag aufgepumpt mit dem eigenen erblühenden Mythos, konnte Benjamin diese Frage nur mit einem klaren Nein beantworten. Er hatte offensichtlich seine Muse gefunden. Von der hatte er nicht einmal gewusst, dass er sie sie brauchte und auf der Suche nach ihr gewesen war, nicht seit dem Bruch mit Elmar jedenfalls und dem damit einhergehenden Bruch mit dem Schreiben selbst. Aber da war Gerrit nun, jung, schlank und total entzückt, seinen roten Bären gefunden zu haben, und deshalb rief Benjamin ihn an.

»Wo wollen wir uns treffen?«, fragte der Kleine sofort. »In einer Kneipe?«

»Das wäre doch wohl Geldverschwendung, oder?«

Gerrit verstand sofort, was der Ältere meinte, und nahm die Einladung ins Neuköllner Hinterhaus lachend an. Für Benjamin war das auch eine Probe aufs Exempel: Wenn sein Kleiner beim Anblick der Verhältnisse, in denen er lebte, nicht umgehend den Rückwärtsgang einlegte und auf Nimmerwiedersehen die Flucht ergriff, dann hatten sie vielleicht wirklich eine Chance – worauf genau auch immer. All seiner frisch erwachten Gefühle und seinem jugendlichen Überschwang zum Trotz und obwohl er gespürt hatte, dass diese zumindest im Ansatz erwidert wurden, hatte sich Gerrit bisher noch nicht die rosa Brille aufgesetzt, mit der Verliebte sich das Objekt ihrer Begierde schönfärben. Er hatte mit Sicherheit eine romantische Ader, aber mit etwas Glück setzte ihr Anstich nicht das betäubende Gas der Naivität frei, das sich manchmal, wenn es nicht bald irgendein Ventil findet, um entfleuchen und verwehen zu können, sammelt, staut, Druck aufbaut und nur auf einen Funken wartet, um sich dann in einer verheerenden Verpuffung plötzlich zu verbrauchen. Als er seine Einladung aussprach, merkte Benjamin, der alte Beziehungshaudegen, selbst erst, wie sehr er hoffte, von dieser oder einer ähnlichen Katastrophe verschont zu bleiben. Schon jetzt tat Gerrit ihm gut, so gut wie Olaf oder Elmar damals zu ihrer Zeit, und er hätte nicht gedacht, das noch jemals wieder erleben zu dürfen. Benjamin hätte nicht einmal geglaubt, sich danach überhaupt noch zu sehnen.

Als Gerrit dann am Abend an seine Tür klopfte, kam es jedoch gar nicht erst zu einer Wohnungs- und Zustandsbesichtigung. Beide hatten nur Augen füreinander und landeten ohne Umwege im Bett. Das verließen sie nur, um aufs Klo zu gehen oder etwas zu trinken zu holen. Sie redeten nicht einmal viel miteinander, weil sie die Hände einfach nicht voneinander lassen konnten. Erst am folgenden Morgen, beim Licht des neuen Tages, waren sie wirklich zu einer Unterhaltung fähig. Sie lagen engumschlungen unter Benjamins einziger Bettdecke, teilten sich sein Kopfkissen, die Gesichter einander zugewandt, und als Benjamin erwachte, sah er unmittelbar in zwei strahlend lächelnde braune Augen. Nicht Olafs Augen, wie er sofort erkannte, und das ließ auch ihn lächeln.

»Guten Morgen«, sagte er.

»Guten Morgen«, erwiderte Gerrit.

»Schön, dass du noch da bist.«

»Schön, dass ich noch hier sein darf.«

Sie küssten sich lange und innig und jeder Gefahr von morgendlichem Mundgeruch zum Trotz.

»Du hast geträumt heute Nacht«, informierte Gerrit ihn.

»Wirklich?« Benjamin war nicht im Geringsten überrascht, er erinnerte sich nur allzu gut »Schlimm?«

»Du hast dabei gelächelt.«

»Es war ein schöner Traum«, gab Benjamin zu.

»Einer von mir?«

»Nein!« Das Brüske dieser Antwort wurde gebrochen von dem heiteren Lachen, das den großen schweren Mann im Bett durchschüttelte und nichts von einem Auslachen an sich hatte. Trotzdem fügte er hinzu: »Aber dank dir.«

Nun konnte auch der Kleine lächeln. »Schön. Worum ging es in dem Traum?«

»Um …« Benjamin wusste nicht recht, wie er anfangen und was er sagen sollte. Er wollte gerne von seinen nächtlichen Erlebnissen erzählen, denn an seinem Plan, daraus ein Versepos zu schmieden, hatte sich nicht das Geringste geändert. Sein Problem war nur, dass ihm noch immer zu wenige Informationen zur Verfügung standen, um beginnen zu können.

»Was hast du gesehen?«, kam seine Muse ihm zu Hilfe.

»Einen Mann«, kam es wie aus der Pistole geschossen.

»War ja klar …«

»Ach, hör du mir doch auf!« Sie kabbelten sich ein wenig, dann fuhr Benjamin fort: »Seit ein paar Nächten träume ich von einem Mann, der in einem bisher unberührten Wald auftaucht. Bisher hatte ich ihn nicht genau erkennen können, sein Gesicht zumindest nicht. Das hat sich letzte Nacht geändert. Der Mann ist vielleicht in deinem Alter, obwohl er älter, verlebter wirkt. Das könnte daran liegen, dass er aus einer ganz anderen Zeit stammt, denn seine Kleidung ist anders. Sie ist einfach gehalten, aus Wolle gesponnen, denke ich, die nicht künstlich gefärbt ist oder doch nicht mit solchen Färbemitteln, die uns heute zur Verfügung stehen. Alles an diesem Mann deutet auf das Mittelalter hin, er könnte im Frühmittelalter gelebt haben.«

»Wann war das?« Gerrit hörte gespannt zu.

»Das dauerte grob vom 6. bis 11. Jahrhundert.«

»Und das machst du allein an der Kleidung des Mannes fest?«

»Ja.«

Gerrit nickte nur.

»Ich hab das studiert, erinnerst du dich? Also«, fuhr der verhinderte Herr Lehrer fort, bevor sein Einzelschüler zu einem weiteren Kommentar Gelegenheit hatte, »er hat sehr dunkelblonde, eher schon braune Haare, ist von kräftiger Statur, seine Haut im Gesicht ist wettergegerbt, aber durchzogen von Lachfältchen, und er strahlt eine unbändige Energie aus, Tatkraft. Er taucht einfach ganz plötzlich im Wald auf, hat nichts bei sich außer den Klamotten, die er am Leib trägt, aber es ist ihm buchstäblich anzusehen, dass er nichts anderes als seine Hände benötigt, um etwas aus dem Nichts zu erschaffen. Er macht auf mich jedenfalls einen sehr zuversichtlichen Eindruck.«

»Und was erschafft er?«

»Das weiß ich nicht.« Benjamin zuckte mit den Schultern. »Aber ich bin mir sicher, das werde ich bald erfahren. Dieser Traum ist definitiv ein Fortsetzungsroman.«

Gerrit dachte gründlich über das Gehörte nach, erkannte im Aussehen des geschilderten Traummannes durchaus Parallelen zu sich selbst – nur die Statur stimmte nicht und auch nicht das Verlebte, das allein von harter Arbeit im Freien bei Wind und Wetter stammen mochte. Er hätte das gerne allein als Kompliment genommen, als Beweis für dein Einfluss, den er schon nach so kurzer Zeit auf diesen großen, älteren Mann ausübte. Doch so naiv war er wirklich nicht, ihm fehlte der Hang zur Selbstschmeichelei. Er ahnte, dass es ein anderer Aspekt war, der den roten Bären so sehr daran elektrisierte. »Warum wirst du das bald erfahren, Benni?«, fragte er, die Koseform etwas verstohlen der Frage anhängend.

»Weil ich darüber schreiben werde – schreiben soll!«, trompetete der jedoch sofort selbstsicher los, der Verkleinerung seines Namens nicht die geringste Beachtung schenkend. Nicht dass er sie nicht mitbekommen hätte, sie war nur nichts Neues für ihn: Olaf hatte ihn auch immer so genannt und Elmar sogar nur Ben. Er hatte noch nie auf der Nennung aller drei Silben seines Namens bestanden, solange die Anrede nicht verächtlich klang, wie etwa ganz oft bei seiner Mutter …

»Benni?«

Ein Klaps auf den Arm brachte ihn zurück zur Besinnung: »Was?«

»Wirst du ein Gedicht daraus machen?«, wiederholte Gerrit seine Frage.

»Ja, was denn sonst?«

»Ein Gedicht über irgendeinen Mann, der irgendwann im Mittelalter irgendwo in einem Wald steht?«

»Es ist mit Sicherheit nicht irgendein Mann«, belehrte Benjamin seinen Kleinen mit der Selbstsicherheit plötzlicher Gewissheit, »und er steht auch nicht einfach nur so in irgendeinem schnöden Allerweltswald herum. Beides, sowohl seine Identität als auch sein Aufenthaltsort, wird noch von Bedeutung sein, und früher oder später werde ich es deshalb auch erfahren.«

»Und wie? Oder wann?«

»In den nächsten Nächten im Traum.«

Gerrit zog kurz eine Flunsch, bis ein schelmisches Grinsen seine Mundwinkel unwiderstehlich weit nach oben zog. »Ich hatte eigentlich nicht vor, dich in den nächsten Nächten viel Schlaf bekommen zu lassen«, verkündete er.

»Ach nein?« Benjamin zog äußerst skeptisch eine Augenbraue nach oben.

»Nein.«

Große Pranken griffen nach dem schmalen Körper, umfassten ihn, schlossen ihn in eine Umarmung, die jeden Widerstand zwecklos werden ließ. Und als er ihn ganz nah bei sich hatte, flüsterte ihm Benjamin zu, von einem tief aus seinem Bauch aufsteigenden Glucksen begleitet: »Ich weiß genau, was du vorhast. Aber wir werden ja noch sehen, wie viel Ausdauer du hast. Wenn ich mit dir fertig bin, wirst du für jede Sekunde Schlaf dankbar sein, die ich dir gönne.«

»Das hoffe ich doch.«

Es überraschte Benjamin schon nicht mehr, dass sein Kleiner unbedingt das letzte Wort haben musste.

ICH HATTE BEREITS ERWÄHNT, DASS *Aleric ein handwerklich begabter Mann war. Wie gut, ja notwendig das war, sollte sich schnell zeigen. Sconebeke hinter dem Nebel und unter der Wolke mochte Schutz vor fremden Menschen mit ihren bösen Blicken und ihren Herzen voller Rachsucht und Furcht bieten, aber sicherlich nicht vor dem Wetter, das seinen – nennen wir es einmal – Charme ausmachte. Dass es ein klandestines Leben sein würde, sogar ein einsames, war Aleric sofort klar. Ein Keben voller Heimlichkeit und Verschwiegenheit, um keine falsche Aufmerksamkeit auf sich zu ziehen. Aber dass beständige Feuchtigkeit und Kühle zumindest vorerst noch ein viel größerer Feind sein würden, das hatte er nicht auf dem Plan. Schon nach der ersten Nacht unter seinen drei Buchen war er so durchgefroren und klebten ihm seine ohnehin zerrissenen Klamotten so klamm auf der Haut, dass er von seinem eigenen Zähneklappern geweckt wurde. Er fühlte sich gar ein wenig fiebrig und hoffte nur, das möge allein von der Erschöpfung seiner tagelangen Flucht durch den Eisenwald kommen, ebenso wie der Schmerz in all seinen Gliedern. In seiner Panik vor einer ihn zusätzlich schwächenden Erkrankung viel ihm sogar nichts Besseres ein, als den Dunstkreis der Wolke erst einmal wieder zu verlassen und sich nahebei eine Lichtung zu suchen, in deren Licht und Sonne er sich wieder etwas aufwärmen konnte. Dort fühlte er sich natürlich wie auf dem Präsentierteller liegend, was ihn wiederum unruhig werden ließ. Ständig und trotz aller Schläfrigkeit, die ihn in der Sonnenwärme erfüllte, musste er um sich blicken, als könnte gleich aus dem Unterholz eine Rotte wilder Männer hervorbrechen, bewaffnet mit Beilen und Fackeln, um ihn erst in Stücke zu schlagen und dann zu verbrennen. Woher der Schweiß auf seiner Haut wirklich rührte, wusste er bald schon nicht mehr zu sagen. Also floh Aleric lieber schnell wieder zurück unter die Wolke. Als er sich aber etwas beruhigt hatte, machte sich ein weiteres großes Problem bemerkbar: Hunger. Sein Magen knurrte wie ein Wolf, der zu lange schon Pech bei der Jagd hat. Er knurrte so guttural laut, dass jeder zufällig vorbeikommende Fremde selbst jenseits der Nebelwand es noch hören und denken musste, die nordischen Wunderwölfe würden tatsächlich an jenem verwunschenen Ort wohnen, gerade aufgewacht aus einem jahrhundertelangen Winterschlaf und nun voller Appetit auf das Fleisch eines unschuldigen Wanderers.*

Nicht einmal diese Vorstellung vermochte Aleric in jenem Moment aufzuheitern. Er sah sich selbst zu großen Bedrohungen ausgesetzt, um darüber lachen zu können. Er bangte um seine Existenz, die vielleicht erst jetzt, da er vorgeblich den Ort seiner Bestimmung erreicht hatte, so richtig an einem seidenen Faden hing. Das Hügelgrab, das er entdeckt hatte, stand dort sicherlich nicht ohne Grund. Wenn er nicht bald etwas unternahm, um sein Überleben hier zu sichern, wäre alles umsonst gewesen, wieder einmal.

Ein Literaturwissenschaftler mag darin ein retardierendes Moment erkennen. Aleric dagegen erkannte nur, dass er etwas tun musste, und zwar schnell, wenn ihm nicht die Umstände den Garaus machen sollten. Er wusste nur nicht, wo anfangen, der Probleme waren schlicht zu viele. Früher, in seinem verlorenen Leben in seiner verlorenen Gemeinschaft, hatte er zu Geduld und Duldsamkeit zugleich geneigt, daraus Ruhe und Kraft geschöpft und sowohl seine Probleme als auch die der anderen in Angriff genommen. So ganz allein an diesem fremden Ort fühlte er sich jedoch vollkommen überfordert. Die Bedrohungen schienen kein Ende zu nehmen. Kaum hatte er eine bewältigt, erhoben mindestens zwei andere ihr Haupt an ihrer Statt. Und dennoch, er hatte keine andere Wahl als zu kämpfen, als die Zähne zusammenzubeißen und etwas zu tun.

Er fing damit an, dass er sich etwas zu essen suchte. Wenn das Knurren seines Magens endlich verstummt sein würde, dachte er sich, könnte er auch wieder hören, was sein Verstand zu sagen hätte. Auch hier bot der Wald reichlich Auswahl, verhungern würde er also nicht so schnell. Er fand neben jungem Giersch und anderen Kräutern noch ein paar Brombeeren, die allerdings ungewöhnlich sauer waren. Dafür hätte er sich schon an Pilzen versuchen können, von denen es an diesem feuchten Ort selbst so früh im Jahr schon eine überraschende Menge gab. Von den Pilzen, selbst von denen, die er als essbar identifizierte, hielt er sich trotzdem fern, die hielt er als über einem schönen heißen Feuer gegart für bekömmlicher.

Feuer … er brauchte die Wärme eines Feuers!

Aber vorher brauchte er ein Haus für ein Feuer. Ein Haus mit einer Feuerstelle in seiner Mitte. Er brauchte ein Dach über dem Kopf, ein Herd zum Aufwärmen und Kochen und Stauraum für Vorräte und Werkzeuge. Und er brauchte Werkzeuge, um all das bauen zu können.

Zum Glück war Aleric der geborene Handwerker. Plötzlich schien ihn sein gesamtes bisheriges Leben auf genau diesen Moment vorbereitet zu haben. Er wusste doch, hatte seit frühester Kindheit gelernt, wie man sich selbst behalf und aus dem, was die Natur einem schenkte, Werkzeuge und Hilfsmittel bastelte. Seine Finger waren so geschickt darin gewesen, dass die anderen ihn mitunter neidisch angesehen hatten. Allein deshalb hatte er, obwohl früh verwaist und von daher mittellos, in den Augen der Gemeinschaft eine gute Partie abgegeben. Nicht er hatte um Hodica geworben, sondern sie um ihn.

Er atmete tief durch, schüttelte den Gedanken ab und aß noch ein wenig Bärlauch und die Wurzeln des Blutwurz. Die waren nicht nur genießbar, wenn auch arg bitter, sondern von der wusste darüber hinaus, dass sie gegen so manche inneren wie äußeren gesundheitlichen Beschwerden half. So gestärkt machte er sich an die Arbeit. Der Tag war immer noch jung, wenn er sich ranhielt, konnte er einiges vor Anbruch der nächsten Nacht schaffen.

Aleric ging methodisch vor, wie es immer schon seine Art gewesen war. Zuerst baute er eine Falle, die ihm hoffentlich ein Kaninchen oder irgendein anderes Kleintier fing, während er sich anderen Dingen zuwandte. Er brauchte so etwas wie einen Spaten und ein Beil, wenn er sich ein Haus oder überhaupt irgendeine Art von Unterschlupf errichten wollte. Eine natürliche Höhle hatte er auf seinem ersten Rundgang nirgends entdecken können und zweifelte auch daran, eine solche im Schatten der Wolke zu finden. Er würde also auf Erde, Holz, Gras und, wenn er es finden konnte, Schilf zurückgreifen müssen. Immerhin wusste er dafür schon, wie er bauen wollte, um sich die Aufgabe etwas zu erleichtern. Jedenfalls sobald er die dafür nötigen Werkzeuge besaß. Sein Plan sah vor, mit einer Schaufel ein mehr oder weniger quadratisches Loch auszuheben, das er vorher mit Stöcken oder besser gleich noch dicken Ästen oder Stämmen abgesteckt hatte, und den Aushub sofort als Füllmaterial für die Wände zwischen dem Holz zu verwenden. Das würde die Elemente zumindest für den Anfang davon abhalten, ständig in seine Knochen zu kriechen. Auf Dauer jedoch wäre eine Hütte aus Holz allein noch besser; starken Regengüssen hielt sie eher stand als festgestampfte Erde.

Mit Metall wäre vieles leichter und schneller gegangen. Aber da er quasi wieder in der Steinzeit lebte und nicht mehr im Mittelalter, griff Aleric auf diesen ursprünglichsten aller Werkstoffe zurück. Überall lagen die zementfarbenen Flintknollen herum, die man mit nur wenigen gezielten Schlägen in altertümliche Beilklingen verwandeln konnte. Dazu ein handlicher Stock und Rinde und elastische junge Ranken, und schon konnte es losgehen. Aleric machte sich ans Werk.

Für einen Einzelkämpfer kam er gut voran. Er arbeitete vom ersten Licht des Morgens bis zum letzten Licht des Abends. Seine Konstitution, sein Körper, der es gewohnt war, hart zu arbeiten, half ihm dabei. Er aß, was er in der Natur fand, auch wenn ihm kaum jemals ein Tier in die Falle ging, nicht einmal ein moosgrünes Kaninchen mit Pilzohren. Nachts schlief er weiter unter den drei Buchen, auf einer Matte aus Laub und unter einer Decke aus dünnen, zusammengebundenen Zweigen. Das hielt nicht wirklich warm und half erst recht nicht gegen die allgegenwärtige Feuchtigkeit, gegen die einfach kein Kraut gewachsen war. Dagegen würde allein ein niemals verlöschendes Feuer helfen, umgeben von Wänden und einem Dach, um seine Wärme zu halten: Aleric trieb sich zu noch größerer Eile an. Es wurde schnell ein Wettlauf gegen die Zeit, das spürte er, denn schon bald nahm er immer mehr ab, quälte ihn ein Husten und legte sich Schleim auf seine Bronchien, den er ein ums andere Mal ausspuckte. Außerdem verrotteten ihm seine Kleider direkt am Leib. Je weiter sein Hausbau voranschritt, desto mehr beschleunigte sich sein körperlicher Verfall. Er versuchte, sich selbst Mut zuzusprechen, laut und ohne Angst vor zufälligen Lauschern, aber seine Stimme ohne jede Antwort im Wald verhallen zu hören, verstärkte nur seine Einsamkeit. Die saß ihm sowieso die ganze Zeit wie ein Blutsauger im Nacken und fraß zusätzlich von seiner Lebenskraft.

Weil er immer stärker spürte, wie wichtig ein Feuer war, baute er zwischendurch eine provisorische Feuerstelle. Ohne diese Wärme würde er es nicht mehr lange machen. Es wollte ihm jedoch nicht gelingen, mit den üblichen Mitteln Stein, Holz und Reisig auch nur den kleinsten Funken zu erzeugen, weil die Materialien dafür nicht trocken genug waren. Selbst wenn er sie von jenseits der Wolke beschaffte, wollte es nicht funktionieren. Bestenfalls stieg ein wenig stinkender Qualm auf. In seiner Verzweiflung dachte er daran, loszuziehen und sich aus irgendeiner menschlichen Siedlung in der Nähe Feuer zu stehlen. Irgendwo im Umkreis würde es mit Sicherheit Menschen geben, Bewohner des Isarnho oder Wanderer auf dem Durchmarsch, und alle würden sie früher oder später ein Feuer entfachen, um zu kochen und die Gefahren der Nacht abzuwehren. Gefahren wie herumschleichende Diebe wie ihn, für die sie außerdem noch ihre Waffen bereithielten. Die sie ohne zu zögern gegen ihn einsetzen würden, nicht einen Gedanken darauf verschwendend, er könnte wehrlos sein und auf der Suche nach Hilfe.

Aleric ließ die Idee, zum Flammenräuber zu werden, fallen. Stattdessen machte er ab und an eine Arbeitspause, um nach draußen zu gehen, hinter die Nebelwand, und sich in die pralle Sonne zu legen. Es war ein warmer Sommer auf der Kimbrischen Halbinsel, der Mensch und Natur mit viel,

viel Wärme verwöhnte. Wie dringend sein Körper die inzwischen brauchte, merkte er, sobald er sein erstes Sonnenbad nahm. Das Gelände war leicht hügelig hier, und auf einer dieser Bodenerhebungen fand er einen Platz, der von der Faust eines Sturmes kahlgeschlagen worden war. Eine Orkanböe hatte eine Schneise in den Wald gefräst und es den Sonnenstrahlen ermöglicht, zu beinahe jeder Stunde des Tages bis zum Boden vorzudringen. An dieser Stelle setzte sich Aleric bald täglich zumeist um die Mittagszeit hin, um sich zu stärken. Er genoss die Sonne und schlief einmal sogar für längere Zeit ein, zutiefst erschöpft und nach der vom Himmel kommenden Wärme lechzend wie ein Ertrinkender nach einem Stück Treibholz. Er wachte Stunden später mit einem heftigen Sonnenbrand im Gesicht, am Hals, auf den Händen und überhaupt an jeder Stelle seines Körpers auf, die nicht mehr als nur notdürftig von Wolle bedeckt gewesen war. Es brannte höllisch und ließ ihn über die Schmerzen fluchen, und trotzdem kam er am nächsten Tag wieder zurück, weil es sonst absolut nichts mehr gegeben hätte, sein Gemüt aufzuheitern.

Der warme Sommer war es schließlich auch, der ihn rettete.

Eine Hitzewelle wälzte sich über das Land und brachte zuerst trockene heiße Luft, die sich zwischen den Meeren im Osten und Westen jedoch schnell mit Feuchtigkeit auflud. Selbst unter der Wolke schien es ein wenig wärmer zu werden und sogar um ein paar Grade heller, als wäre es der Sonne draußen gelungen, zumindest einige ihrer Schichten verdunsten zu lassen. Nur der Nebel an der Temperaturengrenze wurde dafür noch dichter und durchnässte Aleric jedes Mal bis auf die Haut, wenn er ihn passierte. Auf dem Weg nach draußen war das erfrischend, kam er dagegen zurück – heim, dachte er manchmal bereits –, ein wenig ärgerlich, weil es ihn zu schnell wieder auskühlen ließ. Aber diese heiße Phase fand sowieso schnell ihr Ende in einem mächtigen Sommergewitter. Aleric hatte es schon am Mittag von Südwesten her aufziehen sehen. Riesige Wolkenberge, die sich immer mehr verdichteten und dunkler wurden, bis sich das gesamte Antlitz des Himmels in bleigrauer Wut verfärbt hatte. Zuerst schaute er ein wenig erleichtert diesem sich anbahnenden Naturschauspiel zu, selbst ihm wurde die Hitze allmählich zu viel. Dann aber überkam ihn eine erste Ahnung von der schier göttlichen Gewalt, die sich da näherte, und schließlich hielt ihn Furcht an seinem Platz: Was wäre denn, wenn dieser Gewittersturm seine Wolke aus ihrer Verankerung am Himmel riss und auf die Erde, auf ihn stürzen ließ? Auch in ihm steckte genug Veranlagung zum Aberglauben, um dies für möglich zu halten.

Als der Wind sich dann aber erhob und durch die Baumkronen fuhr wie ein Kamm, der rücksichtslos durch verfilztes Haar gezogen wird, schweren Regen vor sich hertrieb und erste wilde Blitze am Himmel entzündete, denen auf dem Fuße Donnergrollen folgte, verjagte es zwar nicht die Vorstellung des Wolkenbruchs aus seinem Denken, bescherte ihm aber noch einen zweiten Einfall: Der Donnergott selbst schien einmal mehr über den Himmel zu wandern und bei jedem Schritt seine magischen Funken zu sprühen. Die Blitze waren diese Funken, und wenn sie in einen Baum fuhren, konnten sie in Feuer entzünden. Ein Feuer, das nach der Trockenheit der letzten Tage überall sein Fressen finden könnte – wenn der mit ihm vermutlich einhergehende Starkregen es nicht sofort wieder erstickte.

Gegen seine Angst ankämpfend, im Moment überhaupt keinen Ort mehr zu haben, an dem er sicher vor den wuchtigen Schlägen der Elemente wäre, verließ Aleric seinen erhöhten Aussichtspunkt nicht. Er hielt seinen Posten und suchte die Umgebung mit Adleraugen ab, die dichten Regenschleier mit seinem Blick durchschneidend. Immer nach dem einen Blitz, der in der Nähe einschlagen würde, Ausschau, ja Vorausschau haltend. Nebenbei bastelte er aus einem abgestorbenen Ast und totem Moos eine Fackel, die er, so gut es ging, vor dem bereits vom Himmel herabrauschenden Wasser schützte. Lieber sollte das Unwetter ihm auch noch den letzten Rest Wolle vom Leib reißen und ihn zwingen, in Zukunft nackt über die Erde zu laufen, als dass er sich diese Chance, endlich dauerhaft Wärme in sein neues Zuhause zu bringen, entgehen ließ.

In einer Mischung aus Heulen und Juchzen bot er der Naturgewalt Paroli.

Aleric musste lange warten und glaubte kaum noch daran, als sein Moment doch noch kam. Das Gewitter war schon fast komplett über ihn hinweggezogen, nur ein letzter Ausläufer, nachgezogen wie ein lahmes Bein, schwebte noch dräuend über ihm. Plötzlich schien es zu zucken, auszuholen und loszutreten. Ein gewaltiger Blitz fuhr vom Himmel hernieder und direkt in eine alte stattliche Eiche. Sie stand ebenfalls auf der Kuppe einer Bodenwelle und überragte die umstehenden Bäume um einige Meter. Dieser Größenwahn wurde ihr jetzt zum Verhängnis. Binnen Sekunden brannte sie lichterloh, und weder der Regen, der schon gefallen war, noch die letzten Tropfen, die noch fallen sollten, würden sie retten können. Das hoffte Aleric jedenfalls. Er schnappte sich seine improvisierte Fackel und rannte durch den glitschig nassen Wald, als wären wieder irgendwelche Höllenhunde hinter ihm her. Er verdrängte jeden Gedanken ans Ausrutschen, Stolpern und an Beinbruch, nur noch ein Ziel kennend: das Feuer des Lebens.

Das Blut rauschte in seinen Ohren, wie der Wind noch immer in den Ästen rauschte, und überall raschelte das Laub unter den fallenden Regentropfen. Das Licht war noch immer grau und trüb, als hätte das Unwetter den Herbst gebracht. Die Luft aber zwischen den Stämmen roch nach nasser Erde und Ozon, dem Duft der Blitze, und ganz schwach nach Rauch. Das war die Spur, der er folgte. Eine endlos lange Zeit, wie ihm schien. Aber der Brandgeruch wurde immer stärker, und schließlich hörte er das Prasseln eines mächtigen Feuers, so gleißend heiß, dass es den Regen selbst verbrannte, bevor der noch den Boden erreichte. Aleric brach durch eine letzte Barriere aus Sträuchern und Gebüsch und stand endlich vor der lichterloh in Flammen stehenden Eiche.

Beinahe hätte er geweint, als ihr roter Schein und ihre brüllende Hitze ihn in ihre heißen Arme schlossen.

Ehrfürchtig und respektvoll näherte er sich dem verbrennenden Baum und hielt seine mitgebrachte Fackel in das orangene Fauchen. Fast so, als böte er sie dem Gott der Flammen als Opfergabe dar. Nur schien der sie zuerst nicht annehmen zu wollen: Mehr als Rauch stieg davon nicht auf. Das Moos versengte und verkohlte, aber brennen wollte es nicht. Aleric fürchtete schon, sie könnte zu nass geworden sein auf dem Weg hierher, und spürte eine entsetzlich schwarze Enttäuschung in sich aufsteigen. Je näher der Gedanke an ihn herankroch, es mochte alles umsonst gewesen sein, desto kraftloser fühlte er sich auf einmal. Nicht mehr lange und seine Feuerquelle selbst würde versiegt sein. Schon jetzt brannte die Eiche nur noch an wenigen Stellen.

Aleric schickte ein Stoßgebet an alle Götter, die er kannte, an die des Nordens ebenso wie an die des Ostens, und bat um Hilfe, nur noch für dieses eine Mal. Er versprach nichts im Gegenzug dafür, er bekannte allein seine Hilflosigkeit und seine Abhängigkeit von der Macht dieser höheren Instanzen. Er war nackt und nichts, sie waren alles, und kein Versprechen seinerseits hätte daran etwas geändert.

Ob sie ihn nun erhört hatten oder nicht, Alerics Fackel fing Feuer. Der Jubel blieb ihm in der Kehle stecken aus Furcht, das zarte, frisch erblühte Pflänzlein aus Versehen gleich wieder auszublasen. Einen größeren Schatz hatte er niemals besessen, und diesen galt es jetzt um jeden Preis zu bewahren. Er lief nicht nach Hause, er ging. Vorsichtig setzte einen Fuß vor den anderen, als hätte er eine einzige weite Fläche aus hauchdünnem Eis zu überqueren.

Jedes Knacken eines Zweiges oder einer Buchheckernhülse unter seinen Sohlen schien ihm ein Riss in dieser Eisfläche zu sein und ließ ihn noch langsamer gehen. Immerhin brannte inzwischen seine Fackel kräftig, wenn auch weiterhin heftig qualmend, und trotzdem schützte er die Flammen mit einer Hand, die er wie einen Schutzschild davorhielt.

Dass er so, ohne zu stolpern und mit dem Gesicht direkt in die Flammen zu stürzen, überhaupt zu Hause ankam, grenzte an ein Wunder. Aber plötzlich tauchte vor ihm die Nebelwand auf. Er passierte sie ohne Zögern und stand sogleich unter seiner alten Bekannten, der Wolke. Kein Unwetter der Welt könnte sie jemals aus ihrer Verankerung am Himmel reißen. Nicht um einen Zentimeter hatte sie sich von der Stelle bewegt, mochten Gewitter, Regen und Sturm auch noch so an ihr zerren! Aleric atmete tief ein und aus. Noch nie war er so froh gewesen, in diese feucht-kühle Atmosphäre mit ihren stets etwas gedämpft wirkenden Farben einzutauchen. Von nun an fanden seine Füße den Weg von allein.

Zumindest das wichtigste Bauteil seines Hauses am Bach bei den drei Buchen war bereits fertiggestellt: die Feuerstelle. Kaum hatte er die Möglichkeit dazu gehabt, hatte er angefangen, Holz zu sammeln und an einem möglichst trockenen Ort zu stapeln, um fortan immer Futter für die Flammen zu haben. Das war wichtig, nach Möglichkeit durfte ihm dieses Feuer nicht mehr verlöschen. Es würde auch in Zukunft nicht leichter sein, Ersatz dafür zu erhalten. Sein Vorrat war noch nicht sehr groß – vor dem Winter musste er noch sehr viel Holz sammeln und, wenn es ging, auch noch so etwas wie einen Schuppen oder Verschlag an sein Haus anbauen, um es dort zu lagern. Sein Augenmerk hatte in den letzten Wochen auf anderen Tätigkeiten gelegen. Trotzdem konnte Aleric jetzt der Versuchung nicht widerstehen, sein Heim mächtig zu beheizen. Das Dach war zum größten Teil noch provisorisch, Boden und Wände schmierig feucht, die lehmhaltige Erde färbte noch sehr ab – die Hitze würde zumindest dem schnell ein Ende setzen. Er hatte so viel gearbeitet, so viel geleistet, allein und nur mit Werkzeugen ausgestattet, die selbst in dieser abgelegenen, technisch rückständigen Region schon lange nicht mehr dem Standard entsprachen, und dennoch hatte er es geschafft. Er hatte es geschafft! Das Feuer sicherte endgültig sein Überleben.

An diesem Abend und die halbe Nacht hindurch feierte Aleric ein Fest, einen zweiten Geburtstag. Er sammelte Pilze und briet sie zusammen mit Bärlauch auf einem heißen Stein; beinahe hätte er sogar mit den bloßen

Händen ein allzu neugieriges Kaninchen gefangen, dann hätte es sogar endlich wieder Fleisch gegeben. Aber das Tier war zu schnell und seine Falle bisher ein Reinfall gewesen. Nicht dass es ihm die Laune verdorben hätte, nicht heute! Lediglich einen guten Schluck Met vermisste er plötzlich, und hätte er jemals gelernt, wie man Honig erntete, er hätte noch in dieser Nacht damit angefangen. Sclaomir hatte sich damit ausgekannt. Mit ihm zusammen wäre das Überleben viel einfacher gewesen … Auch diesen trüben Gedanken vertrieb Aleric schnell wieder. Heute sollte allein Freude in ihm regieren. Irgendwann schlief er ganz dicht bei seiner Feuerstelle ein, die Wärme hatte ein paar seiner übelsten Ängste dahinschmelzen lassen und ihm eine Ruhe eingeflößt, die wie ein Narkotikum nach der Aufregung und Anstrengung der letzten Wochen wirkte. Zum ersten Mal seit seiner Flucht träumte er sogar etwas Schönes, Zuversichtliches, nämlich dass Sclaomir jetzt, da er ein Feuer hatte, ihn durch die schwarze Nacht zu ihm zu leiten, den Weg schnell finden und bald wieder und für immer mit ihm vereint sein würde …

Am nächsten Morgen wachte Aleric mit Fieber neben einem kaum noch glühenden Aschehaufen auf. Als wären die Flammen, nachdem sie keine andere Nahrung mehr hatten finden können, in seinen Körper geschlüpft, um sich von seinen Muskeln und Knochen zu ernähren.

Es gelang ihm mit Ach und Krach, das Feuer wieder zu schüren und die nächsten Tage, während das Fieber in ihm wütete und ihm die letzten Kraftreserven abverlangte, in Gang zu halten. Die Krise war heftig und bedrohlich. Es kostete ihn viel, jeden Tag nach draußen zu gehen, Essen zu finden und Holz zu sammeln, aber am Ende überstand er sie doch. Stück für Stück kamen seine Lebensgeister zurück, stärker als jemals zuvor. Unverwundbar geradezu, und so nahm er seine Arbeit an den tausend Baustellen, die er vor dem Winter noch fertigzustellen hatte, wieder auf. Aleric verließ in dieser Zeit den Schutzraum unter der Wolke nur noch sporadisch. Manchmal nahm er etwa noch ein Sonnenbad, aber dann immer in Verbindung mit der Suche nach trockenem, leicht brennendem Totholz sowie nach Beeren und Nüssen. Der Sommer würde bald zu Ende gehen, er brauchte Vorräte für die karge Zeit. Das brachte ihn noch einmal in Gewissensnöte, denn diese Vorräte mussten haltbar sein, und da ihm weder Salz noch Zucker zur Verfügung standen, hieß es Trocknung. Die aber konnte nur außerhalb der Wolke gelingen, während er innerhalb für einen Platz sorgen musste, an den die allgegenwärtige Feuchtigkeit mit ihren schleimigen Fingern nicht hinreichte. Alles, was sie damit berührte, würde zwangsläufig anfangen zu schimmeln. Dennoch schreckte Aleric davor zurück, jenseits der Nebelwand eine Trocknungsvorrichtung zu bauen: Wenn die entdeckt wurde, konnten sie auch ihn entdecken. Das durfte nicht geschehen, das war zu gefährlich. Und es war unumgänglich. Ohne diese Vorräte würde er den Winter niemals überstehen, selbst wenn es ihm bis dahin wieder regelmäßig gelang, Wild zu erlegen und Fische zu fangen. Von Neuem erfüllten Sorgen seinen Kopf. Ständig sah er sich gezwungen, mögliche Vor- gegen gefürchtete Nachteile abzuwägen. Allein seinen wiedererwachten grundsätzlichen Optimismus, am Ende gegen alle Unwägbarkeiten und Herausforderungen zu bestehen, konnte nichts davon mehr brechen. Er hatte sich etabliert, ohne fremde Hilfe und allen Widerständen zum Trotz. Das würde er sich von nichts und niemandem mehr kaputtmachen lassen. Er machte sich frischauf an das niemals endende Werk, und bald schon hallte weithin sein Sägen, Schlagen und Hämmern durch den Eisenwald.

Aber während Aleric selbst nur noch dann, wenn es absolut unvermeidlich war, hinter der Nebelwand in die Außenwelt schlüpfte und sich bei diesen Ausflügen bewegte wie ein Waldgeist, der nur existieren kann, wenn kein Menschenauge ihn erblickt, führten die Schallwellen, die er erzeugte, ein von ihm unbedachtes Eigenleben. Wolke und Nebel mochten die Sicht einschränken, Geräusche jedoch hielten sie nicht auf.

Seine Anwesenheit an dem verwunschenen Ort war längst bemerkt worden. In seinem Umkreis hatten sich in und an den zahlreichen Seen weitere Menschen niedergelassen und Burgen erbaut und Dörfer gegründet, hölzerne Siedlungen umgeben von Palisaden zu ihrem Schutz. Sie alle sahen stets mit einem mulmigen Gefühl herüber zur Wolke und trauten sich nicht darunter. Selbst die Jungen mit ihrem Hang zu Abenteurertum und Mutproben hielten sich fern von ihr. Die Schreckensgestalten aus den alten Überlieferungen, die verbrieftes Wissen ersetzten, hielten sie zurück. Diese Menschen blieben möglichst nah an ihren Siedlungen, denn die Welt war voller Gefahren, denen sie sich permanent ausgeliefert fühlten, allein noch mehr als in der Gruppe. Trotzdem machten auch sie sich dann und wann auf den Weg, um Handel zu treiben, in politischer Mission oder um an einen neuen Ort zu ziehen. Wie bereits erwähnt, gab es gerade in Sconebekes Umgebung noch keine wirklich befestigten Straßen. Es gab nur Wege, die durch den häufigeren Verkehr auf ihnen einigermaßen nachvollziehbar in den Wald getreten waren und ihre ganz eigenen Gefahren, etwa die der Wegelagerei, mit sich brachten. Aber diese Wege wurden eben doch genutzt, und so mancher, der in jenen Tagen an Wolke und Nebelwand vorbeizog, hörte die seltsamen Klopf- und Schlaggeräusche daraus hervordringen. Sofort bekam er eine Gänsehaut, weil es ihn so unerwartet traf, dass er die ihm eigentlich aus seinem eigenen Alltag bekannten Laute plötzlich nicht mehr erkennen konnte. Er beschleunigte seine Schritte, machte erst viel später das nächste Mal Rast als eigentlich geplant, hatte vielleicht sogar Albträume in der Nacht und erzählte auf jeden Fall so bald wie möglich anderen von dem vorzugsweise Bösen, das sich unter der ewigen Wolke neuerdings rührte.

In jenen Tagen gab es bereits den sogenannten Ochsenweg. Vornehmlich eine Handelsroute, obwohl ihr dänischer Name übersetzt Heerweg lautet, auf dem seit der Bronzezeit mit Ochsenkarren Waren über den weichen Untergrund transportiert wurden. Er durchzog die Kimbrische Halbinsel von Jütland im Norden bis zur Elbe im Süden. Verglichen mit der Einsamkeit des dünn besiedelten Landes ringsum war darauf relativ viel Verkehr unterwegs. Deshalb bewegten sich auch fahrende Händler darauf, sich so verwegen und mutig fühlend, dass sie glaubten, sich allein allen Gefahren stellen zu konnen, die ihnen auflauern mochten. Einer davon hieß Udo. Sein ganzes Leben hatte er auf der Straße verbracht, war dort geboren worden, hatte an ihrem Rand seine Eltern und Geschwister begraben und vielleicht auch Frau und Kinder, hätte er jemals eine gehabt und mit ihr die anderen. Er war ein mit allen Wassern gewaschener Mann, der sich nicht zuletzt mit allen Göttern der Region auf guten Fuß gestellt hatte, um unter ihrem Schutz wandeln zu können. Selbst mit diesem neuen Gott aus dem Süden, der so ganz allein daherkam, ohne Geschwister und Weib, dafür aber mit einem Sohn, und dem die Herrscher des Südens und Westens mit ihren Schwertern den Weg gen Norden und Osten ebneten, selbst mit dem hatte er sich schon vertraut gemacht. Er glaubte an ihn, wie er an all die anderen Götter glaubte, und bat auch ihn regelmäßig um den dringend notwendigen Geleitschutz und Glück im Geschäft. Nicht dass das besonders gut gelaufen wäre, schon gar nicht in dieser Gegend, die ob der Wolke so einen zweifelhaften Ruf genoss. Er handelte mit allem, was er in die Finger bekam, tauschte aber eher, als dass er mit echtem Geld bezahlt worden wäre. Normalerweise bewegte er sich auf dem Ochsenweg auf und ab, ab und an zog er am Danewerk entlang und nur selten die Angelbowege. Ganz, ganz selten bog Udo in eine dieser scheinbar wahllos in den Wald getrampelten Schneisen ein, um dort sein Glück zu versuchen. Zumeist nur, wenn er irgendwelche Gerüchte aufgeschnappt hatte, entweder solche, die von einer Bedrohung auf den großen Handelsrouten erzählten, oder solchen, die von neuen Siedlungen etwas abseits davon berichteten und also die Aussicht auf ein Geschäft versprachen. Neue Siedler brauchten immer neue Dinge für den Neuanfang.

Udo wusste nicht, dass das, was er aufgeschnappt hatte, das bis zur Unkenntlichkeit verstümmelte Geflüster und Geraune über das neuerwachte Unheil unter der Wolke war, von der jeder in der Region schon gehört hatte. Udo hatte sie sogar schon mit eigenen Augen gesehen und sich gleichwohl nicht in ihren Schatten getraut. Niemals hätte er geglaubt, die Gerüchte könnten von diesem Ort handeln. Er dachte eher an eine neugegründete Burg, errichtet am Ufer irgendeines Sees oder auf einer Insel mitten darin. Voller Zuversicht schlug er sich mit dem von seinem treuen Ochsen Wuotan gezogenen Karren in die Wildnis, um einmal mehr darin sein Glück zu suchen.

Wäre Udo mutiger gewesen, er hätte das Geschäft seines Lebens machen können. Hätte er Aleric seine Anwesenheit verraten und sich ihm als Händler zu erkennen gegeben, unser Pionier von Kaltsommer wäre zu jeder Art von Handel bereit gewesen. Es gab so viele Dinge, die er nicht alleine herstellen konnte, die er aber gerne eingetauscht hätte. Selbst wenn es ihn einen Großteil seiner bereits angelegten Wintervorräte gekostet hätte, er hätte sie sofort hergegeben, vorzugsweise für Messerklingen, Wolle und Leder oder ein paar Tongefäße zur Aufbewahrung und Lagerung von Lebensmitteln. Aber er erfuhr niemals, wie knapp diese Gelegenheit an ihm vorbeigegangen war. Der fahrende Händler warf nur einen Blick auf ihn und suchte das Weite, erschüttert bis ins Mark.

Udo war überzeugt davon, dass das, was plötzlich in vielleicht dreißig Metern Entfernung aus der Nebelwand erschienen und scheinbar sofort vom Zwielicht des Waldes zwischen den dicht stehenden Stämmen wieder verschluckt worden war, ein Schrat gewesen sein musste. Er war schrecklich anzusehen, wie ein misslungener Versuch, einen Mann zu erschaffen. Nichtsdestotrotz besaß er die Gestalt eines Mannes, wenn auch eines sehr dünnen, hageren Mannes, und um seinen Leib hingen scheinbar noch Reste von menschlicher Kleidung – wer mochte denn schon zu sagen, welch armer Wanderer dafür sein Leben lassen musste! Ergänzt wurde diese menschliche Aufmachung wohl von Blättern und Rinde und vielleicht dem einen oder anderen Tierfell, schlecht gegerbt und räudig aussehend. Seine Haare waren ein wild verfilztes Gewirr, auf dem Kopf ebenso wie im Gesicht. Er lief barfuß herum, und in seiner Hand trug dieser Waldgeist ein Beil, dessen Klinge aus Stein bestehen musste.

Aleric bemerkte Udo nicht, als er auf dem Weg zu seiner Lichtung, wo er Früchte und Fleisch trocknete, den Nebel verließ. Er rechnete schon längst nicht mehr damit, hier jemals einem anderen Menschen zu begegnen. Udo, ganz Gänsehaut und gesträubtes Haar, sorgte dafür, dass das so blieb. Augenblicklich ließ er sich ins Unterholz fallen, die Augen tellergroß aufgerissen und die Hände zum Gebet verkrampft. Der alte fahrende Händler verfolgte jede Bewegung des Schrats und hoffte nur, er möge nicht plötzlich die Richtung ändern und auf ihn zukommen, denn er selbst fühlte sich zu Eis erstarrt und zu keiner Bewegung mehr fähig. Er blieb lange, lange so auf dem weichen Waldboden liegen, bis die Feuchtigkeit aus Moos und altem Laub die Vorderseite seiner Kleidung komplett durchtränkt hatte. Das war der einzige Gradmesser für ihn, um sich sicher sein zu können, dass wirklich Zeit vergangen sein musste. Dass sie nicht einfach angehalten hatte, bis der Schrat endlich wieder zurückkam, nun beladen mit kleinen grünen Päckchen und einem größeren toten Vogel. Aus dessen aufgerissener Kehle tropfte noch das Blut. Noch immer blickte dieses gruselige Wesen nicht nach links oder rechts, wirkte dafür aber höchst zufrieden. Das verwunderte Udo nicht im Geringsten, schließlich hatte es sein Opfer für diesen Tag schon gefunden.

Der fahrende Händler beschloss trotzdem, kein weiteres Risiko einzugehen und sein Glück nicht unnötig herauszufordern. Er wartete noch ein paar Minuten, ob der Waldschrat noch einmal zurückkehren würde, dann schüttelte er entschlossen die Lähmung aus seinen Gliedern, schlich und stürzte zugleich zurück zu Wuotan und seinem Ochsenkarren – das Tier hatte die ganze Zeit still vor sich hin gedöst und wiedergekäut, genügsam, wie es nur ein Ochse sein konnte – und machte sich davon. Voller Panik floh er diesen verwunschenen Ort. Er wurde panischer mit jeder Stunde des Tages, die verstrich, ohne dass er eine der Siedlungen, von denen er wusste, dass es sie in der Gegend gab, zu finden vermochte. Der Schrat konnte sie sich nicht alle geholt haben, oder? Aber je stärker die Dämmerung hereinbrach, desto größer wurde diese Angst in ihm.

Völlig aufgelöst kam Udo doch noch bei einer menschlichen Siedlung an, errichtet in der Mitte eines Sees: Stulupy. Brennende Feuer zeigten an, dass hier tatsächlich noch jemand lebte, dass das Böse seine Finger nicht so weit ausgestreckt hatte. Die Erleichterung fegte durch ihn hindurch wie ein Wirbelsturm und ließ ihn als ein Häuflein erlöstes Elend zusammenbrechen. Die Tränen kannten kein Halten mehr und versiegten erst lange, nachdem die Burgbewohner auf ihn aufmerksam geworden waren und in den Schutz ihrer Palisadenwände geholt hatten. Met beruhigte seine Nerven weiter und löste seine Zunge. »Ihr braven Leute, ich muss euch etwas berichten«, begann er. Seine Erzählung war wild und wirr, aber das machte sie nicht weniger glaubwürdig, denn auch in Stulupy hatte man bereits von den Geräuschen von unter der Wolke gehört. Udos Bericht war für sie wie eine Bestätigung, und was sie in der Folge weitererzählten, war schon kein Gerücht mehr, sondern Gewissheit.

Nur nachsehen, wer oder was wirklich unter der Wolke hauste, traute sich niemand – und das war vermutlich Alerics größtes Glück.

Achtes Kapitel

Nicht einmal die vereinten Düfte von Rührei, gebratenem Speck, Toast und Kaffee konnten den Brandgeruch der Krise an diesem Morgen überdecken. Rüdiger war einmal mehr die ganze Nacht durchs Haus gegeistert wie ein seltsames Tier, das nur bei Vollmond aktiv wird, und hatte dabei ständig vor sich hin gemurmelt. Was er sagte, war immer nur dann zu verstehen, wenn er an ihrem Schlafzimmer vorbeigekommen war. Immerhin hatte er nicht auch noch die Tür geöffnet und ihnen einen Besuch abgestattet. An der Haustür hatte er mehrmals gerüttelt und, den Lauten nach, die er dabei ausstieß, erschrocken reagiert, als er sie verschlossen vorfand. Sie zogen jetzt abends immer den Schlüssel ab. In der Woche zuvor war er mitten in der Nacht ausgebüxt und hatte einen langen Spaziergang in Pyjama, Morgenmantel und Schlappen durch das Dorf gemacht. Pünktlich zum Frühstück hatte er klitschnass vom Nieselregen wieder auf der Matte gestanden. Rüdiger hatte nicht eine Sekunde lang begriffen, weshalb sie sich so aufregten. Seitdem nahmen sie ihm also die Möglichkeit, nachts noch das Haus zu verlassen. Das war zwar sicherer, aber besser schliefen sie dadurch nicht. Nun musste Rüdiger seine geballte Ruhelosigkeit im Haus verteilen, um sie loszuwerden. Melanie hatte sich irgendwann mit Ohropax ausgeklinkt, Olaf dagegen war aufgestanden, um nach seinem Vater zu sehen. Er fand ihn in der Küche, wo er sich das Besteck in die Taschen stopfte, während er mit seinen zwei unsichtbaren Dämonen, die, einer links und der andere rechts, auf seinen Schultern saßen und ihm diesen ganzen Schabernack ins Ohr flüstern mussten, unterhielt. Diese Dämonen hießen Nonnengänse und Bärbel, und Olaf wusste nicht, was er beunruhigender fand, die Angst seines Vaters vor dem Federvieh oder die Wiederauferstehung seiner Mutter. Er hatte Rüdiger das Besteck zum größten Teil wieder abnehmen können und ihn ins Bett gebracht. Dort war er dann auch für den Rest der Nacht geblieben. Wach gehalten hatte ihn danach Melanie, die ihn mit groß im Licht der blauen Ziffern ihres Funkweckers leuchtenden Augen ansah, als er zurückkam, und sagte: »Das geht so nicht weiter, du musst etwas tun.« Ihre Stimme hatte eher traurig geklungen, ihre Augen aber kalt ausgesehen. »Was soll ich denn tun?«, hatte er zurückgefragt, sich darauf konzentrierend, beide Beine wieder unter die Bettdecke zu schieben. »Geh zum Arzt mit ihm, lass ihn Rüdiger Medikamente verschreiben.« – »Und wenn die nicht wirken?« Melanie war ihm die Antwort schuldig geblieben, weil sie selbst das im Grunde nicht wollte. Sie hing an ihrem Schwiegervater, aber manchmal machte sein Zustand sie eben ganz besonders fertig.

»Schläft Papa noch?«, fragte er, als er in die Küche kam und niemanden am Tisch sitzen sah.

»Ja.«

Er wusch sich die Hände über der Spüle. »Soll ich ihn holen?«

»Lass ihn schlafen. Ich stell ihm eine Portion hin, die kann er essen, wenn er ausgeschlafen hat.«

Sie aßen schweigend, jeder den Blick des anderen meidend. Olaf warf seiner Frau nur dann und wann einen Blick von der Seite zu, etwa als sie gerade lustlos die Zeitung durchblätterte. Sie hatte dunkle Ringe unter den Augen und schien sich nicht einmal wie sonst auf ihren Arbeitstag im Blumenladen zu freuen. Normalerweise erfüllte sie diese Aussicht mit Zufriedenheit, heute jedoch wirkte sie leer, wie ausgehöhlt von einer Sorge, die ihr langfristig wohl nur der Tod würde nehmen können. Olaf sah und hörte Melanie seufzen. Wie gerne hätte ihr tröstend über den Rücken gestreichelt, traute sich aber nicht. Sie war ihm gegenüber leicht reizbar dieser Tage, als wäre alles sein Fehler, seine Schuld.

»Ich komme heute später nach Hause«, verkündete sie schließlich, kurz bevor sie aufgegessen hatte.

»Ja?«

»Ich muss die ersten Ostergestecke fertigmachen«, erzählte sie, »und dann auch noch fünf Kränze für morgen binden.«

»Für wen?«

Melanie warf ihm einen Blick zu, der eher verletzt als beleidigt wirkte. Etwas zu laut sagte sie: »Für Jan-Hinrich Jürgens! Der Bürgermeister von Stolpe ist vor einer Woche an einem Herzinfarkt gestorben. Im Amt. Die

Zeitung war voll davon. Die Beerdigung ist morgen und wird ein riesiges Ereignis. Mein Gott, ich sprech seit Tagen von nichts anderem mehr!«

»Entschuldigung.«

»Machst du hier sauber? Ich muss los.«

»Klar. Kein Problem.«

Sie rauschte durchs Haus, um sich selbst und ihre Sachen zu sammeln. Dann war sie auch schon zur Tür hinaus, ein letztes, hartes »Tschüss!« auf den Lippen, das nicht auf eine Erwiderung wartete. Olaf ließ sie ohne Groll ziehen. Es würde ihnen überhaupt nicht weiterhelfen, wenn er jetzt auch noch die beleidigte Leberwurst spielte. Stattdessen räumte er auf, stellte Geschirr, Pfanne und Kanne in den Geschirrspüler – für Rüdiger stand ein Becher Kaffee auf dem Tisch, den der, ohne mit der Wimper zu zucken, kalt trank –, stellte ihn an und machte sich für die Arbeit fertig. Bevor er ging, sah er noch einmal nach seinem Vater, der, leise durch den halb geöffneten Mund schnarchend, schlief. Als er die Haustür ins Schloss zog, dachte er einmal mehr daran, seinen Vater zu seiner eigenen Sicherheit einzuschließen, konnte es aber nichts übers Herz bringen. Gefängnis war der falsche Weg, mit seiner Demenz umzugehen. Selbst ein allein durch die Umstände erzwungener Umzug ins Heim würde sich wie eine Bestrafung anfühlen, nicht nur für seinen Vater, sondern auch für ihn und Melanie.

Olaf radelte zur Arbeit, kam in der Mittagspause nach Hause, fand seinen Vater bei der Fütterung der Hühner vor, ausgeruht, korrekt angezogen und bei bester Laune. Er beschwerte sich nur ein wenig über seine lahmen Beine, »als hätte ich heute Nacht einen Marathon gelaufen«. Olaf aß mit ihm eine Scheibe Brot und trank einen Kaffee.

»Brauchst du noch was?«, fragte er, bevor er sich wieder auf den Weg machte.

»Nein«, antwortete sein Vater.

»Okay. Ich bin in drei, vier Stunden wieder zurück.« Die Ermahnung, keinen Unsinn zu machen, verkniff Olaf sich. Stattdessen sagte er: »Wir essen heute Abend allein, Melanie muss länger arbeiten. Soll ich was Besonderes aus dem Laden mitbringen?«

Rüdiger schüttelte den Kopf. »Warum muss Melanie länger arbeiten?«, fragte er.

»Jan-Hinrich Jürgens ist tot und wird morgen beerdigt.«

Die Nachricht, die auch sein Vater nicht zum ersten Mal hörte, erschütterte ihn sehr. Der Stolper Bürgermeister war in Andreas' Alter gewesen, Olafs jüngerer Bruder war sogar mit ihm zusammen zur Schule gegangen. Rüdiger kannte die Eltern ganz gut. Der Gedanke an die beiden, die jetzt mit dem Verlust ihres Kindes zurechtkommen mussten, war es offensichtlich auch, der seinem Vater so zusetzte. Einerseits war das ein hoffnungsvolles Zeichen, zeigte es doch, dass Rüdiger heute wirklich einen guten Tag hatte. Andererseits war das schlimm, weil ihm dieser gute Tag dadurch verdorben wurde.

»Kann ich dich alleine lassen?«, fragte Olaf mit sorgenvollem Blick auf die plötzlich verhärmten Züge seines Vaters.

»Was? Ja. Jaja, geh nur. Ich muss jetzt erst mal die Hühner füttern.«

Olaf ließ ihn die Hühner füttern und fuhr zur Arbeit, immer hoffend, seinen Vater am Abend nicht in schlimmerer geistiger Verfassung denn je vorzufinden. Die Arbeit selbst erledigte er eher mechanisch. Alles, was er an Aufmerksamkeit noch aufbringen konnte, widmete er den Tieren, die immer für eine unberechenbare Aktion gut waren und allein schon aufgrund ihrer Größe und ihres Gewichts gefährlich werden konnten. Sein letzter Kunde an diesem Tag, Igor VI., ein Holstein-Friesian-Stier, der es auf eine Schulterhöhe von einen Meter fünfundsiebzig brachte und knapp tausend Kilogramm wog, war ein Paradebeispiel dafür. Auf dem Weg zur Samenentnahme war er wie immer leicht bockig, schnaubte und schnaufte und senkte drohend den Kopf mit den beiden Hörnern darauf. Selbst dass er an einem Ring durch die empfindliche Nase geführt wurde, schien ihn eher wütend zu machen als unterwürfig. Nachdem er dann aber die Attrappe, die eher aussah wie ein Pauschenpferd, aber nicht im Mindesten an eine Kuh erinnerte – ein paar versprühte Pheromone reichten aus, die ohnehin schwachäugigen Tiere gänzlich zu täuschen –, besprungen und seinen Samen in den Auffangbehälter ruckzuck verspritzt hatte, war der gute Igor wesentlich ruhiger, ja geradezu entspannt. Für seine Verhältnisse schon lammfromm ließ er sich in seine Box zurückführen. Er bummelte regelrecht und machte öfter mal Halt, um hier zu schnuppern und da zu lecken, als wäre er plötzlich ein Hund und kein Rindvieh mehr. Manche seiner Kollegen rissen Witze darüber, was diese Bullen doch für ein schönes Leben hätten, weil sie regelmäßig die Attrappe besteigen dürften, die ja wohl doch eher sowas wie eine Sexpuppe sei; wenn sie selbst so ein Ding zu Hause hätten, wäre bei ihnen vermutlich auch wieder mehr los.

Olaf beteiligte sich nicht an derartigen Witzeleien und wurde von den anderen auch nicht mehr dazu eingeladen. Er hatte ihnen einmal gesagt, wie geschmacklos er solche Sprüche fände. Daraufhin hatten sie welche auf ihn abgefeuert wie »Klar, dass das von dir kommt!« oder »Du kannst es dir ja leisten, du bist nicht auf deine Frau allein angewiesen!« oder »Finger weg von unseren Bullen, Harms!«. Sie waren nicht wirklich böse gemeint und hatten mehr über ihre Sprecher als über ihn ausgesagt, Olaf fühlte sich von seinen Kollegen nicht ausgegrenzt. Aber es zeigte ihm, dass es da doch so etwas wie einen Graben zwischen ihnen gab, eine Erdspalte, die eben unterhalb der Oberfläche lag und schon bei der kleinsten Erschütterung aufbrechen konnte. Angst hatte von den anderen Männern keiner vor ihm, eher schienen sie ihn noch um seine Wahlmöglichkeiten zu beneiden. Sie wollten nur nicht verstehen, warum sich einer nicht auf ein Geschlecht festlegte. Diese Haltung begegnete Olaf sehr häufig im Dorf, egal wie offen und akzeptierend man sonst war. Manchmal ärgerte es ihn, manchmal machte es ihn traurig. Die Einzigen, bei denen er wirklich vor solchen Unterstellungen sicher war, waren die Stiere in ihren Boxen: die schwarzbunten Holstein-Friesians, die Red Holsteins, die Rotbunten, die Angler und die extrem wuchtig gebauten Fleischrinder. Für die waren alle Menschen gleich, und ihm gaben sie nicht nur Ruhe, sondern auch das dringend benötigte Einkommen, um seinen eigenen Hof über Wasser zu halten.

Olaf brachte Igor VI. zurück in seine Box in dem hallenartigen Stall. Danach brachte er ihm frisches Heu, klopfte ihm noch einmal auf die mächtigen Schultern und wünschte ihm eine gute Nacht. Er war gerade der einzige Stallmitarbeiter im Gebäude, in dem trotz der eingeschalteten Neonbeleuchtung ein trübes Dämmerlicht herrschte und eine feierabendliche Atmosphäre verbreitete. Tatsächlich hätte er jetzt sofort nach Hause gehen können, seine Aufgaben waren erledigt und seine Schicht vorbei. Er hätte sich nicht einmal bei irgendjemandem verabschieden müssen. Die eigene Furcht hielt ihn jedoch zurück. Furcht vor dem, was ihn zu Hause erwarten mochte – wenn sein Vater nicht sowieso gerade wieder, einmal mehr versunken in den immer größer werdenden Treibsandstellen seines Gedächtnisses, orientierungslos durch Kaltsommer irrte. Dieser

Tag war bereits jetzt unerfreulich lang und kräfteraubend gewesen, und er spürte Müdigkeit und Erschöpfung in all seinen Knochen sitzen. Am schlimmsten war allerdings, dass er an Tagen wie diesen selbst manchmal dachte, wie erholsam es doch wäre, nicht nach Hause zu müssen oder in ein anderes Zuhause zu dürfen, eins ohne die große Bürde, die Rüdigers Krankheit darstellte. Ein ketzerischer Gedanke, gemein und schmutzig. Ein Pestvogel, der dann und wann vorbeiflog und seine faulen Eier in das gemachte Nest von Olafs wankender Stärke legte.

Heute brauchte er auf jeden Fall noch einen Moment der Ruhe, bevor er sich auf den Heimweg machte. Er wandelte durch die Gänge zwischen den Boxen. In jeder davon stand oder saß einer dieser gewaltigen Riesen, deren Trägheit und Phlegma eine Harmlosigkeit vortäuschten, die die eigentliche Gefahr dieser Arbeit darstellte. Im Moment waren alle am Fressen oder Wiederkäuen, was sie mit geradezu stoischer Geduld taten. Als Olaf, dessen Silhouette und Geruch sie kannten, an ihnen vorbeiging, warfen sie ihm kaum mehr als einen halben Blick zu. Das galt auch für den Stier in der hintersten Ecke des Stalls. Er lag gemütlich im Stroh, hatte die Augen halb geschlossen, atmete gleichmäßig ein und aus und zermahlte die fermentierte und wieder hochgeschluckte letzte Mahlzeit. Auf der Tafel an seiner Box stand neben den üblichen Informationen zu seinen Maßen auch sein Name: Rudolf. Rudolf war ein imposanter Berg schwarzbunt gescheckten Fleisches und Muskeln, der einem Igor VI. in nichts nachstand. Trotzdem nannten ihn alle Mitarbeiter hier, nicht nur die im Stall, sondern auch der Stationstierarzt, die Techniker und die Leute vom Spermaversand, nur Muhdolf. Anfänglich war das despektierlich gemeint, inzwischen, nachdem der Stier seine Eignung zum Zuchtbullen trotz allem bewiesen hatte, hatte es sich als liebgemeinter Kosename für diese Besonderheit ihres Betriebs eingebürgert. Olaf nannte ihn Muhdi, denn Muhdi war definitiv sein boviner Seelenverwandter hier. Der gute Muhdi war schwul. Das hätte ihm anfangs fast das Leben gekostet. Der Transport zum Abdecker war schon bestellt gewesen, nachdem sich Rudolf wieder und wieder geweigert hatte, die Kuhattrappe, selbst nachdem die mit weiblichen Pheromonen nur so eingedieselt war, zu bespringen. Er hatte an dem Ding absolut keinerlei Interesse gezeigt und sich nicht zum Narren halten lassen. Mancher Mitarbeiter hatte ihm schon eine gefährlich erhöhte Intelligenz unterstellt, bis es eines Tages plötzlich doch klappte und der gute Rudolf gar nicht mehr von dem Pauschenpferd herunterkommen wollte. An dem Tag hatten sie Stress gehabt, waren mit dem Entsamungszeitplan in Rückstand geraten – im Stall hatte sich ein Stier losgerissen und war, angefeuert von den wilden Rufen seiner Genossen in ihren Boxen, auf Erkundungstour gegangen –, und bevor Rudolf zu einem letzten Versuch der Attrappe zugeführt worden war, hatte man vergessen, diese zu säubern und neu mit Pheromonen einzusprühen. Sie roch also eher nach anderem Bullen als nach Kuh, und das war offensichtlich genau das, was Rudolf brauchte. Überall sonst hätte man vielleicht lange darüber gerätselt, was passiert war, an einem Ort wie Kaltsommer aber wusste man es sofort. Man behielt dieses Wissen für sich und teilte das Geheimnis nicht einmal mit der Zentrale in Neumünster, denn das Sperma eines schwulen Zuchtbullen hätte sich als unverkäuflich erweisen können. Das wiederum wäre Rudolfs endgültiges Todesurteil gewesen. Aber fortan hieß Rudolf nur noch Muhdolf, dessen Sperma bei den Bauern sich großer Beliebtheit erfreute.

»Moin, Muhdi«, begrüßte Olaf seinen alten Freund, als er zu ihm in die Box schaute. »Na, geht's gut?« Der Angesprochene öffnete halb die Augen und schenkte dem Menschen einen sanften Blick, ohne das Wiederkäuen zu unterbrechen. »Morgen darfst du mal wieder aufs Pauschenpferd«, erzählte Olaf dem Rind, »freust du dich schon? Ich werde dich hin- und wieder zurückbringen.« Dem Bullen schien diese Aussicht zu gefallen, er verlagerte sein Gewicht etwas auf die Seite, um entspannter zu liegen. »Dann stärk' dich man mal ordentlich, damit du morgen bei Kräften bist. Schlaf gut, mein Lieber.« Und nach einem letzten Blick auf das Tier, das eine unendliche Ruhe und Zufriedenheit ausstrahlte, wandte sich Olaf mit einem Seufzen ab und machte sich auf den Heimweg. Er musste noch seine eigenen Kühe melken, das Abendessen zubereiten und seinen Vater bespaßen, bis der reif fürs Bett war.

Olaf fuhr ohne Umweg über den Dorfladen nach Hause. Dort angekommen, fand er die Haustür angelehnt und das Haus leer vor.

Es fuhr ihm eiskalt durchs Gedärm. Rüdiger war auch nicht bei seinen Hühnern oder im Kuhstall, den Rindviechern einen Schwank aus seinem Leben erzählend. In der Werkstatt war er nicht, nicht in der Scheune bei den alten Maschinen und nicht auf der Koppel hinter dem Hof, um die Zäune vor Beginn der Weidesaison zu inspizieren. Hatte Rüdiger wirklich wieder einen Rückfall erlitten, nachdem er am Mittag noch so gut beieinander gewirkt hatte? Immerhin trug er noch seine Arbeitskleidung, Pyjama und Morgenmantel lagen zusammengeknüllt unter seiner Bettdecke. Es war zwar etwas zu mild für die Jahreszeit, aber der Nieselregen, der diesen Winter überhaupt kein Ende nehmen wollte, würde sich wie eine Schicht aus Blei mit dem Frottee des Morgenmantels verweben und nach und nach für einen Auskühlungs- und Auszehrungseffekt sorgen. Rüdiger mochte die physische Unverwüstlichkeit eines Arbeitstieres haben, aber auf Dauer gehüllt zu sein in einen Mantel aus kalter Feuchtigkeit konnte selbst für ihn nicht gut sein. Was sie jetzt nicht noch zusätzlich brauchten, war eine Lungenentzündung.

Olaf sah noch einmal überall nach, in jedem Gebäude und auf dem letzten Rest Land, der noch dazugehörte. Sein Vater blieb verschwunden. Also musste er irgendwo im Dorf unterwegs sein – oder schon jenseits der Wolke! Wenn sich sein alter Herr gleich nach dem Mittagessen auf seinen ziellosen Weg gemacht hatte, mochte er bereits Gott weiß wo sein. Olaf griff sich sein Fahrrad, schob es zurück zur Straße und sah sich um, soweit die engen Grenzen Kaltsommers es ihm erlaubten. Sein Blick glitt über Winterweizen-, Raps- und Maisfelder mit ersten grünen Trieben und Weiden, auf denen der alte Niemann schon seine Pferde laufen ließ, die einer Kuhherde jedoch noch nicht genug Nahrung gaben. Die stattlichen Renn- und Springpferde trugen allesamt Decken über ihren Rücken, um sich bei den niedrigen Temperaturen nichts wegzuholen, und ihr Atem bildete kleine vergängliche Wölkchen in der Luft. Nur Rüdiger stand nicht bei ihnen, wie er es schon einmal gemacht hatte, auf ein Gatter gelehnt, die ihm neugierig zugewandten Blessen streichelnd und ihnen was von damals erzählend, als die Wehrmacht die alten Gutsgebäude als Remonteamt genutzt hatte. Von einer Zeit also, die weder er noch die Tiere um ihn herum selbst erlebt hatten. Die Pferde hatten heute nicht sein Interesse geweckt, sie … Olaf stutzte plötzlich.

Hinter der Pferdekoppel, kurz vor dem Nebel, auf der Straße namens Am Stövkamp, die die Bockhorner Straße mit der Rüderkoppel verband und auf der selten mehr los war als ein Trecker zurzeit, sah er Bewegung. Ungewohnt viel Bewegung. Dort standen eindeutig Menschen, dreißig mindestens, und Weitere näherten sich von beiden Seiten. Sie wandten Olaf allesamt den Rücken zu, blickten in Richtung Nebelwand, gestikulierten und sprachen scheinbar aufgeregt miteinander, wenn man bedachte, wie schnell und ruckartig sie ihre Köpfe hin und her bewegten. Irgendetwas war dort … »Papa?«

Aufs Rad zu springen und in die Pedale zu treten, war eine Bewegung für ihn. Olaf wählte den Weg rechts herum über die Rüderkoppel mit ihren Gärtnereien. Das schien ihm der Kürzere und Schnellere zu sein als der durchs Dorf. Der direkte Weg einmal quer über die Felder war nicht möglich, zumindest nicht mit dem Rad, und hätte zu Fuß noch länger gedauert. Zum Glück kannte er die Strecke und wäre auch mit geschlossenen Augen nicht von ihr abgekommen, denn alles, was er sah, während er sich wie panisch abstrampelte, war ein verschwommenes Schreckensszenario voller Blut und wirrer Worte, gesprochen von einer versagenden Stimme, die nur seinem Vater gehören konnte. Mit einem Mal war er überzeugt davon, dass Rüdiger etwas passiert sein musste, dass der Schutzengel, der ihn sonst immer auf diesen Ausflügen begleitete, einmal nicht aufgepasst hatte.

Er bog auf Höhe des alten Hügelgrabs in den Stövkamp ein. Sein Gesicht war nass, wobei es schwer zu sagen war, ob es sich dabei um Tränen oder doch nur um Regentropfen handelte. Schon kam er an ein paar abgestellten Autos und achtlos neben die Straße geworfenen Fahrrädern vorbei, aber erst fünfzig Meter weiter standen die Menschen zusammen in einem Pulk. Alle standen sie auf dem Teer, keiner auf dem Feld jenseits davon – so als trauten sie sich nicht hin zu dem, was passiert war. Olaf schnürte es erst recht die Kehle zusammen. Warum halfen sie nicht? Warum standen sie nur so da, gestikulierten wild und schnatterten wie ein Schwarm aufgeregter, verängstigter Gänse?

Er stieg vom Rad und warf es zur Seite in eine Reihe hochgewachsener Mirabellenbäume. Dann lief er weiter, den Blick in alle Richtungen zugleich fliegen lassend. Er atmete kaum noch, sein Herz raste. Sie kannten Rüdiger doch alle, mochten ihn oder hatten zumindest Mitleid mit ihm, jetzt, wo er so krank war. Sie konnten ihn doch nicht einfach so sterben lassen!

»Junge, was ist denn mit dir los? Du siehst aus, als wäre der Teufel persönlich hinter dir her.«

Olaf wäre beinahe über seine eigenen Füße gestolpert, als er die Stimme seines Vaters hörte. Die kam nicht aus dem Jenseits zu ihm, wie er im ersten Moment fürchtete, sondern aus einer Gruppe älterer Herren. Die stand unmittelbar vor ihm und öffnete sich jetzt für ihn wie eine Auster, indem die Männer auseinandertraten und den Blick auf Rüdiger freigaben.

»Papa! Was … was ist hier los?«

Er wusste, ein falsches Wort, und er würde sich bis auf die Knochen blamieren. Da konnte er sich noch so sehr um seinen Vater sorgen, wenn er dabei in ein Fettnäpfchen trat, würden ihn die anderen mit Freuden dafür verspotten. Das musste nicht einmal böse gemeint sein, sie brauchten ja auch einen Weg, den Verfall ihres alten Nachbarn, Kumpels und Freunds zu verarbeiten. Trotzdem wollte Olaf nicht auch hier schon wieder den Blitzableiter für ihr Unwohlsein spielen, das tat er so schon oft genug.

Rüdiger bekam davon nichts mit. Er deutete nur aufgeregt nach links aufs Feld und rief mit unterdrückter Stimme, als hätte er Angst, jemanden oder etwas zu verschrecken, wenn er zu laut spräche: »Guck mal, die Gänse. Sie sind gelandet!«

Und Olaf guckte: Auf dem Acker, der sich zwischen der Straße und der Nebelwand hinzog – im Laufe der Zeit sogar genau dort endete, weil es zu schwer gewesen war, ordentliche Ackerfurchen durch den Nebel zu ziehen, stattdessen hatte man mitten hinein in den Dunst einen Knick gepflanzt, den man aber nur erkennen konnte, wenn man unmittelbar davor stand – machte sich tatsächlich eine Schar Gänse breit. Die unterhielt sich in ihrer schnatternden Sprache, die immer klang, als würden sich die Tiere gerade die neuesten Sensationen aus der Welt ihrer eigenen Stars erzählen. Es mochten gut fünfzig Vögel sein, Nonnengänse, wenn er ihr Gefieder richtig las, und ein paar weitere waren just in diesem Moment von Westen her im Anflug. Olaf sah außerdem, dass das Feld seinem Arbeitgeber gehörte, der Besamung, und die Viecher sich daran machten, die frisch ausgebrachte Saat, vermutlich Futtermais, wieder aus dem Boden zu holen und zu vertilgen. Das noch mildere Klima Kaltsommers verglichen mit dem ohnehin milden Klima Schleswig-Holsteins erlaubte es, den Mais früher als anderswo auszubringen. Dafür wuchs er dann auch langsamer, aber jetzt wurde ihnen das offensichtlich zum Verhängnis. Endgültig mit ihren Gewohnheiten brechend, waren diese Zugvögel nicht mehr nur unter der Wolke hindurchgeflogen anstatt daran vorbei, sondern hatten auch zur Landung angesetzt, um Futter aufzunehmen.

»Die fressen unser Feld kahl«, war alles, was Olaf im ersten Moment herausbekam.

Mitfühlendes Gemurmel, versetzt mit ein wenig ungläubigem Lachen, war das, was er darauf als Antwort bekam. Jedenfalls fühlte sich keiner der Umstehenden dazu bemüßigt, aufs Feld zu laufen, einen auf Vogelscheuche zu machen und die Gänse zu vertreiben.

Olaf sah sich um und stellte erstaunt fest, wie viele Dorfbewohner sich um diese Tageszeit hier draußen eingefunden hatten, um das Schauspiel zu bewundern. Feierabend hin oder her, die wenigsten von denen waren zufällig vorbeigekommen. Da waren eher eifrig Nachrichten getippt und gesendet worden. Ihm am nächsten hatte sich um seinen Vater eine Altherrengruppe versammelt, eine Horde Alphamännchen, die mit breiten Beinen und abgeklärt vor der Brust verschränkten Armen dastand und so tat, als hätte sie so etwas schon tausendmal gesehen. Dazu zählte etwa Karsten Göben, den alle nur Bauer Göben nannten, weil er der letzte Milchbauer des Ortes war. Sein Hof mit den über zweihundert Tieren erstreckte sich die ganze andere Seite der Appelallee entlang, was ihn zu Olafs Nachbarn machte. Neben ihm stand, wie immer am lautesten fachsimpelnd, Hans Niemann, Kaltsommers Immobilienkönig. Seine Frau hatte er mal wieder zu Hause gelassen, aber auch von Petra und Dunja fehlte jede Spur. Das Quartett vervollständigte Norbert Einem, zu dessen Füßen Krabat saß, schwer hechelte und das Federvieh keines Blickes würdigte; der Hund schien die vier Männer an Alter und Gebrechlichkeit locker in die Tasche zu stecken. Eine zweite Gruppe Schaulustiger bestand aus den echten Rentnern Kaltsommers. Olaf erkannte Erdmann und Louise Garg an Stock und Rollator, Almut Runge und Bente Nissen. Die wohnte auch in der Lindenallee, vermutlich waren sie zusammen gekommen. Die dritte Gruppe wurde von Hausfrauen mit Kindern im schulpflichtigen Alter gebildet. Die Kinder konnte Olaf nicht unbedingt zuordnen, zumal die auf ihren Rädern und Tretrollern ständig hin und her flitzten und nur sich selbst zu gehören schienen. Er erkannte aber Mareike Jessen aus dem Gartenweg, Ulrike Quandt aus der Schulstraße, Jasmin Heise, die im Kurt-Ohlsen-Weg wohnte, und die Bürgermeisterin Ute Heinsohn. Ihnen hatte sich Alexandra Runge-Kluge zugesellt, was Olaf nur im ersten Moment verwunderte. Dann erinnerte er sich wieder daran, dass die Arztgattin und ihre Mutter nie wirklich gut miteinander ausgekommen waren und sich auch in der Öffentlichkeit schon lange nicht mehr darum bemühten, allen eitel Sonnenschein vorzuspielen. Neben den Frauen hatte sich noch eine weitere Männergruppe zusammengefunden, bestehend aus Olafs Besamungskollegen Ralph Schilling – der eigentlich noch bei der Arbeit hätte sein sollen, aber seine Anwesenheit mit Sicherheit damit erklären würde, dass er es zu seinen Aufgaben zähle, auch auf dem Landbesitz seines Arbeitgebers nach dem Rechten zu sehen –, Manfred Philipps, Lutz Reinke und Thies Dührkopp. Mit zweien von denen hatte er mal was gehabt, aber das war schon so lange her, dass jetzt beide Seiten so tun konnten, als wäre niemals etwas passiert. Natürlich wusste trotzdem jeder darüber Bescheid …

Zu guter Letzt gab es auch noch zwei Einzelkämpfer, denen Olaf eine solche Schaulust aus ganz unterschiedlichen Gründen nicht zugetraut hätte: Gerburg Sandow und Leon Kaufmann. Die Sandow stand inmitten all der anderen, ihr feuerrotes Haar leuchtete selbst bei diesem trüben Licht wie ein Signalfeuer. Aber keiner kam ihr zu nahe, nicht einmal aus Versehen. Mit jeder Faser ihres Körpers strahlte sie Unberührbarkeit aus, entweder weil sie sich wirklich für etwas Besseres hielt als der Rest, wie einige behaupteten, oder weil sie grundsätzlich zwischenmenschlichen Kontakt so gut es ging vermied. Wenn Olaf seinem alten Freund Benjamin Glauben schenken durfte, dann war eher Letzteres der Fall. Das aber ließ ihre Anwesenheit hier nur umso rätselhafter erscheinen. Wieso interessierte sich ausgerechnet diese Frau plötzlich für ein paar blöde Gänse, und zwar so sehr, dass sie dafür sogar ihre eigenen Barrikaden überwand, um sie sich aus der Nähe anzusehen?

Eingedenk der alten Animositäten zwischen ihm und der Mutter seiner ersten großen Liebe hörte Olaf auf, sich den Kopf über das stets seltsame Verhalten dieser Frau zu zerbrechen. Lieber wandte er seine Aufmerksamkeit Leon Kaufmann zu. Der kurvte mit der lässigen Eleganz des Sechzehnjährigen auf seinem Skateboard den Stövkamp auf und ab, einen Slalom zwischen den einzelnen Grüppchen und den wild umhertobenden Kleinkindern fahrend, und schien dabei allein das Federvieh im Blick zu haben. Die Straße oder die Umstehenden würdigte er jedenfalls keines Blickes. Er fuhr wie auf Autopilot, gelenkt von unhörbarem Ultraschall wie eine Fledermaus. Allein Olaf wusste es besser.

Leon Kaufmann wohnte mit seinen Eltern Am Dörnsberg, Kaltsommers jüngstem Neubaugebiet im Schatten der Lindenallee. Sie waren echte Zuzügler, kamen also nicht ursprünglich aus dem Dorf oder hatten hier nahe Verwandte. Was sie hierher verschlagen hatte, konnte niemand sagen, glücklich wirkten sie auf ihre Nachbarn jedenfalls nicht. Mit Leon war das anders, er war hier geboren und wies inzwischen in den Augen des geneigten Betrachters alle Merkmale des typischen Kaltsommeraners auf. Seitdem er vor ein paar Jahren angefangen hatte zu pubertieren, war so gut wie jedem klar, wohin die Reise bei ihm gehen würde. Leon selbst schien es dabei immer stärker zu Olaf hinzuziehen – und war bisher immer bei ihm abgeblitzt. Der Junge war noch minderjährig, und was das anging, hatte Olaf ganz klare und unantastbare Grundsätze: Frühestens mit sechzehn tauchten die Jungschwulen auf seinem Radar auf, und selbst dann nur, wenn sie erste echte erkennbare maskuline Attribute aufwiesen wie etwa Bartwuchs. Olaf war durchaus nicht abgeneigt, einen Frischling in die Geheimnisse der zwischenmännlichen Sexualität einzuweihen, aber körperlich sollte der dann trotzdem schon mehr nach Mann als nach Junge aussehen. Er hatte Leon jetzt längere Zeit nicht mehr gesehen, obwohl er sich sonst viel im Dorfladen herumtrieb, durfte aber jetzt, als der ihn ein weiteres Mal auf seinem Skateboard umkreiste, feststellen, dass er sich inzwischen regelmäßig rasierte. Die roten Stellen am Hals, die unter seinem Schal hervorlugten, verrieten es ebenso wie der kleine Schnitt am Kinn, wo eventuell auch nur einer seiner ohnehin wenigen Pickel hatte dran glauben müssen.

»Hey, Junge!«, bellte Hans Niemann ihn plötzlich an. »Hör auf, uns ständig um die Füße zu kurven. Das nervt, verdammt noch mal!«

Leon ließ nicht erkennen, dass er den Anpfiff überhaupt gehört hatte, und rollte mit aufreizender Lässigkeit davon.

Olaf sah ihm grinsend nach und gleichzeitig Ralph Schilling auf sich zukommen. Der interpretierte das Grinsen offensichtlich als Begrüßung und erwiderte es so breit, dass er gleich mindestens zehn Jahre jünger wirkte. Ralph war zehn Jahre jünger als Olaf, sah aber wesentlich verlebter aus, weil er seit seiner frühesten Jugend all sein Geld und das seiner Freunde für Partys ausgab. Eine Zeitlang hatte er den Spitznamen Pumpe getragen. Olaf wusste, dass sein Kollege noch immer viele Schulden hatte, aber angepumpt worden war er von ihm noch nie. Er hätte ihm auch nichts gegeben – weil er selbst nichts zu verleihen hatte, nicht weil ihm Ralph unsympathisch gewesen wäre. Der war letztendlich noch immer ein kleiner Junge, der bei seiner Mutter in der Straße ›Zum Speicher‹ wohnte.

»Ist das nicht ein Ding?«, sagte Ralph, kaum dass er in Hörweite war.

»Kann man wohl sagen«, antwortete Olaf. Er warf seinem Kollegen einen Blick zu und meinte dann grinsend: »Vermutlich haben sie dich losgeschickt, um auf ihrem Feld mal nach dem Rechten zu sehen, nicht wahr?«

»Ja, genau!«

Sie lachten und schauten zu den Nonnengänsen herüber, die in aller Seelenruhe die nächste Maisernte vernichteten. Olaf kam nicht umhin zu denken, dass ihr ungewohnter Anblick nicht nur befremdlich war. Ihm wohnte außerdem etwas seltsam Beunruhigendes inne. Die Tiere wirkten, als könnte ihnen nichts etwas anhaben, als wäre es das Selbstverständlichste von der Welt für sie, ausgerechnet in Kaltsommer Rast zu machen. Ausgerechnet dort, wo niemand hinkam, nur um sich auszuruhen.

»Ob die hier nur nach Futter suchen?« Er hatte mehr sich selbst als Ralph gefragt, der aber schien denselben Gedanken gehabt zu haben: »Wer weiß?«

Eine ganze Weile standen die beiden Kollegen einfach nur da und starrten auf das ruinierte Feld. Nicht einmal Leon, der zu einer weiteren Fahrt rund um die Männer angerollt kam, konnte währenddessen Olafs Aufmerksamkeit erregen. Erst als fünf weitere der Vögel angeflogen kamen und mit großem Geschrei zur Landung ansetzten, kamen sie wieder zu sich.

»Ich glaub, ich muss langsam mal meinen Vater nach Hause bringen«, erklärte Olaf.

»Ja, mach das«, erwiderte Ralph. »Schönen Feierabend.«

»Dir auch.«

Es erwies sich jedoch als gar nicht so einfach, Rüdiger von den Gänsen und den sich allwissend gebärdenden alten Herren loszueisen. Aber Olaf musste zurück, die Kühe melken. Auch die waren Gewohnheitstiere und mochten es nicht, wenn man sie warten ließ. Hätten sie nicht im Stall gestanden, ihr Protestmuhen wäre bis hierhin zu hören gewesen. Erst mit dem wiederholten Verweis auf die noch zu erledigende Arbeit ließ sich Rüdiger überzeugen, mitzukommen, obwohl es Olaf in der Seele wehtat, seinen Vater mitzunehmen. Er hatte ihn schon lange nicht mehr so klar und fröhlich erlebt. Vielleicht hätte er Bauer Göben bitten können, ihn später nach Hause zu bringen, aber er wollte niemandem zur Last fallen.

Mit einem letzten Blick auf Mensch und Tier wandten sie sich um und gingen den Weg zurück, den Olaf gekommen war. Rüdiger drehte sich immer mal wieder um, wenn das Gänsegeschnatter in seinem Rücken anschwoll und ihn an das eben Erlebte erinnerte. Es beschäftigte ihn sehr, das konnte Olaf an seinem Gesicht erkennen. Die Freude, die vor kurzem noch darin gewesen, war einer seltsamen Ernsthaftigkeit gewichen, die für Olaf nicht völlig nachvollziehbar war. Sie hatten das Hügelgrab hinter sich gelassen und die Gärtnereien in der Rüderkoppel zur Hälfte passiert, als der Sohn das schweigsame Grübeln des Vaters nicht mehr aushielt und seine Gedanken zu ergründen suchte.

»Das ist 'n Ding, oder? Das mit den Gänsen? Wenn man bedenkt, dass die früher immer einen Bogen um uns gemacht haben?«

Zuerst antwortete Rüdiger nicht, dann sagte er: »Wir hätten sie verscheuchen sollen, sofort.«

»Aber wieso?« Olaf sah seinen Vater erstaunt an. »Weil sie uns die Ernte kaputtmachen?«

»Nein, weil sie Unglück bringen.«

»Inwiefern?« Am liebsten hätte er seinem Vater gesagt, dass er Quatsch redete. Wenn der nur nicht noch immer so ganz bei sich wirkte, nicht im Geringsten verwirrt. Tatsächlich klang sein alter Herr so überzeugt von dem, was er gerade behauptet hatte, dass ihn diese Gewissheit frösteln ließ.

»Sie sind nicht gut«, erklärte Rüdiger Harms und klang wie ein antikes Orakel: kryptisch und selbstsicher. »Sie gehören hier nicht her. Kaltsommer ist kein Ort für Zugvögel. Sie sind ein Zeichen, ein Omen. Ein böses Omen. Sie kündigen Unglück an. Sie bringen Unglück auf ihren Schwingen.«

»Aber Papa, du … das ist doch Unsinn.«

»Nein, ist es nicht!«

»Wie willst du das denn wissen?«

»Ich fühle es.«

Olaf blieb abrupt stehen, mit aufgestelltem Nackenhaar und einer Gänsehaut, die sich über seine Unterarme ausbreitete. Rüdiger ging weiter, als hätte er nichts bemerkt. Er beschleunigte sogar seinen Schritt, als hätte er es plötzlich eilig, nach Hause zu kommen.

»Du fühlst es?«, fragte Olaf, nachdem er wieder aufgeschlossen und einen unsicheren Blick in das Gesicht seines Vaters geworfen hatte.

Das war jetzt grimmig verzerrt und von der Richtigkeit dessen, was er behauptete, überzeugter denn je. »Ja«, antwortete er, »und nicht nur ich. Auch die beiden Gargs und Almut.«

»Runge?«

»Ja.«

Sie bogen auf die Ruhwinkler Straße ein. Zu ihrer Rechten lag der Hof des alten Heinsohn, zu ihrer Linken wohnte dessen Tochter Ute. Rüdiger überquerte die Straße, ohne auf mögliche vorbeikommende Autos zu achten.

»Papa!«

»Und Max meint das auch.«

»Max Heinsohn? Der war auch da? Den hab ich gar nicht gesehen.«

»Der musste früh wieder weg.«

Es fiel Olaf immer schwerer, seinem Vater hinterherzukommen. »Früh?«, fragte er. »Wie lange warst du denn da?«

Das bremste Rüdigers Vorwärtsstürmen immerhin kurz aus. Nachdenkend blieb er stehen und sah seinen Sohn schließlich verwundert an. »Weiß nicht«, gab er zu, »ein paar Stunden? Egal! Ich will jetzt nach Hause. Lass uns nach Hause gehen.«

»Wir sind doch schon auf dem Weg, Papa.«

»Ach so, ja.«

Olaf hätte noch unzählige Fragen an seinen Vater gehabt, der aber verschloss sich für die letzten wenigen hundert Meter wie eine Auster. Sie kamen bei Göbens vorbei, wo die Angestellten bereits mit dem Melken begonnen hatten, und gleich darauf bei Thodes. Die Töchter Ida und Pia in ihren neonbunten Regensachen spielten wie immer so selbstverständlich miteinander, als wären sie eineiige Zwillinge und nicht zwei Jahre auseinander. Sie grüßten artig, Olaf grüßte zurück. Rüdiger bekam es gar nicht mit.

»Wart ihr bei den Gänsen?«, fragte Pia, eine nassforsche Fünfjährige.

»Ja«, antwortete Olaf. »Ihr nicht?«

»Nö.«

»Die fliegen doch andauernd hier rüber«, ergänzte Ida, und damit war das Thema für sie abgehakt.

Rüdiger war nicht stehengeblieben, sondern marschierte jetzt über den Kies auf den Hof und auf die Haustür zu.

»Hilfst du mir beim Melken?«, fragte Olaf, der seinen Vater in dieser düsteren Stimmung nicht gern alleine lassen wollte, sich aber unbedingt um seine Kühe kümmern musste. Die riefen wirklich schon sehnsüchtig nach ihm.

»Nein. Ich bin müde, ich leg mich hin.«

»Und was ist mit deinen Hühnern? Fütterst du die wenigstens noch?«

Doch Rüdiger antwortete nicht mehr. Er verschwand im Haus und ließ die Tür vernehmlich hinter sich ins Schloss fallen. Olaf blieb einen Moment lang stehen, sich unschlüssig am Kopf kratzend, ob er ihm nachgehen oder in Ruhe lassen sollte. Natürlich konnte dieser abrupte Stimmungsumschwung etwas mit seiner Demenz zu tun haben, nur dieses Mal fühlte es sich anders an. Wie, das war für ihn jedoch nicht greifbar, dafür vermochte sein Verstand keine Begriffe finden. Vielleicht weil die Sorge alles überlagerte, die Sorge, nach einer schweren letzten Nacht und einem relativ guten Tag nun erneut einer unruhigen Nacht entgegenzublicken. Was war denn, wenn er gerade erlebte, wie sein Vater ins nächste Stadium seiner Krankheit eintrat? Wie lange würden sie das noch aushalten, sowohl körperlich als auch seelisch? Schon jetzt machte es ihn fertig …

Die Kühe riefen immer lauter nach ihm, und Olaf ging, sie von ihrer aufgestauten Milchlast zu befreien. Anschließend fütterte er Rüdigers Hühner und sammelte die Eier ein, aus denen er für sich und ihn ein Omelett zaubern würde. Mit Petersilie oder Schnittlauch, sein Vater liebte frische grüne Kräuter. Melanie fror immer welche aus ihrem Garten in kleinen Portionen für den Winter ein. Er beeilte sich mit allem und warf immer wieder unruhig Blicke in Richtung Haus, der Stille und dem Frieden dort nicht trauend. Als er schließlich eintrat, die dreiviertelvolle Eierpappe auf dem Arm, fürchtete Olaf fast, sein Vater könnte schon wieder zu den Gänsen entwischt sein, seinen eigenen Wunsch nach Ruhe sofort wieder vergessen habend, kaum dass er die Schwelle übertreten hätte.

Aber Rüdiger war noch da. Olaf fand ihn auf seinem Bett, halb unter der Decke, und sein leises Schnarchen wurde vom Geschnatter aus dem

Fernseher, wo irgendein Boulevardmagazin lief, übertönt. Er ließ alles so, wie es war, und zog sich in die Küche zurück. Später machte er Abendbrot, weckte seinen Vater, aß mit ihm, unterhielt sich mit ihm und brachte ihn gegen neun ins Bett. Rüdiger schien müder als sonst zu sein und schlief beinahe sofort ein. Es lag nicht einmal das leiseste Quäntchen Erleichterung in dieser Beobachtung für Olaf. Sie erfüllte ihn im Gegenteil mit einer dunklen Vorahnung, die sich in seinem Kopf zur Begleitmusik von Gänseschnäbeln und -flügelschlägen festsetzte.

Er hätte gerne mit Melanie darüber gesprochen, als sie wenig später nach Hause kam. Sie sah aber selbst sehr erschöpft aus, wenn auch zufriedener als er.

»Alles geschafft soweit«, verkündete sie, kaum hatte sie Jacke und Schuhe ausgezogen, »die Beerdigung morgen kann kommen. Hier alles okay?«

»Nur mal wieder ein paar Gänse«, antwortete Olaf. »Sonst nichts.«

Neuntes Kapitel

Warum gibt es für Autos eigentlich drei Ampelphasen und für Fußgänger nur zwei? Während er darauf wartete, dass das stehende rote Männchen sich in ein grünes gehendes verwandelte, hatte Benjamin Zeit zu sinnieren. Er hätte nicht warten müssen, weder herrschte noch übermäßiger Verkehr, noch stand eine Mutter mit Kleinkind an der Hand neben ihm, dem er ein gutes Vorbild hätte sein müssen. Auch ein Ordnungshüter war nicht in der Nähe, der einen solchen Regelverstoß – Straftat? Ordnungswidrigkeit? Nichtigkeit? – hätte ahnden können. Er wartete trotzdem: Benjamin hatte es nicht eilig. Den ganzen Weg schon war er gebummelt, war keiner U-Bahn hinterhergelaufen, hatte sich Schaufenster an- und Männern hinterhergeschaut und war sich dieser Verzögerungstaktik bewusst gewesen. Dabei hatte sich ein Teil von ihm sehr danach gesehnt, endlich diesen Schritt zu gehen.

Für Fußgänger gibt es nur rot und grün, gehen oder stehen, dachte er weiter; neben ihm liefen zwei Mädchen plappernd über die Straße, ein Radfahrer kam ihm entgegen. Die Fahrzeuge haben auch noch gelb: bremsen. Als müssten die Menschen nicht auch bremsen, wenn sie einmal Fahrt aufgenommen haben. Wer einfach so aus vollem Lauf anhält, fällt auf die Nase. Nur der Bremsweg ist kürzer, weil das Tempo geringer ist. Oder liegt es nicht doch eher an der menschlichen Schutzlosigkeit? Ein Autofahrer hat das Metallgestell der Karosserie um sich herum wie der Brustkorb die Rippen. Das bildet im Notfall eine Knautschzone, die von den bei einem Unfall entstehenden zerstörerischen Energien erst einmal überwunden werden muss. Ist das Fahrzeug nicht steinalt, verfügt es zusätzlich über Airbags, die einen echten Puffer schaffen. Die Fußgänger haben nur ihre Klamotten am Leib, aber die sind als Schutzhülle wertlos, kommt es zu einem Aufprall. Wenn Fußgänger nur mit anderen Fußgängern zusammenstoßen würden und Autos nur mit Autos, wäre das kein Problem. So dagegen scheint es ziemlich unfair zu sein, ein tödlich unausgewogenes Kräfteverhältnis, bei dem der eine den anderen über den Haufen fahren kann, ohne selbst einen Kratzer abzubekommen. Dementsprechend benehmen sich viele Autofahrer im Straßenverkehr, ihnen kann ja keiner was. Das bisschen Seelenschaden, wenn man einen anderen Menschen überfahren hat, wird schon nicht so schlimm sein. Was kann – sollte – man also tun, wenn sich zwei Verkehrsteilnehmer mit unterschiedlichen Geschwindigkeiten aufeinander zu bewegen, der eine mit Vollgas, der andere sich immer zögerlicher vorantastend wie einer, der sich erst zu spät wieder daran erinnert, dass er eigentlich Angst vor weiten Plätzen und zu viel Interaktion mit anderen Verkehrsteilnehmern hat? Benjamin fühlte sich ein wenig wie ein Reh, das mitten auf der Straße von zwei Scheinwerfern erfasst wird und wie hypnotisiert stehen bleiben und schauen muss, was wohl gleich passieren mag.

Hätte in diesem Moment die Ampel nicht angefangen, für die Sehschwachen und Gedankenverlorenen zu tuten, Benjamin hätte die Grünphase verpasst. Stattdessen hätte er über Fußgänger in aufblasbarer Schutzkleidung sinniert und Autos, dessen Fahrer wieder außerhalb ihrer Karosserie sitzen mussten wie anno dunnemals die Kutscher auf ihren Kutschböcken. So aber zerplatzte das Traumbild von Männern, Frauen und Kindern, die von allseitigen Luftkissen zu Sumoringern aufgebläht werden und bestenfalls noch torkeln können, und Benjamin überquerte die Revaler Straße. Hinter sich hörte er die S-Bahnen am Bahnhof Warschauer Straße, neben sich die Tram, vom RAW-Gelände stieg Gelächter der ausgehhungrigen Meute auf, und er hatte es jetzt nicht mehr weit.

Gerrit wohnte in der Simon-Dach-Straße. Die war noch immer ein Szene-Hotspot, zumindest bei Touristen und Leuten, die Trends hinterherliefen, anstatt sie zu setzen. Es war lange her, dass er in einer der Kneipen hier ein Bier getrunken oder sich gar jemanden zum Aufreißen gesucht hatte. Jahrzehnte, wie es ihm plötzlich an diesem beinahe schon frühlingshaft milden Winterabend schien. Wie man freiwillig in diese Gegend ziehen konnte, in der es nachts lauter war als am Tag, blieb Benjamin ein Rätsel. Er hatte das Abgeschiedene, ja Entrückte seines Neuköllner Hinterhofs inzwischen sehr liebgewonnen. Gerrit jedoch war noch jung und mochte Trubel. Der Kleine musste spüren, wie das Leben um ihn herum pulsierte. Lärm störte ihn nicht, er verbrachte sowieso die meiste Zeit entweder außer Haus oder mit Kopfhörern über den Ohren. Und dennoch hatte er darauf bestanden, dass Benjamin jetzt einmal ihn besuchen käme.

Ein Teil von ihm hatte sofort zusagen wollen, ein anderer gezaudert und sich gegen die Einladung gesträubt. Der eine Fuß konnte gar nicht schnell genug von Neukölln nach Friedrichshain laufen, der andere drückte permanent aufs Bremspedal. Benjamin fühlte sich hin und her gerissen. Gerrit liebte ihn, hatte sich Hals über Kopf in ihn verliebt, das war ihm klar. Auch sein eigenes Herz schlug schneller, wenn er an den Kleinen dachte. In seinem Kopf aber schrillten die Alarmglocken und verwiesen immer wieder auf Gerrits Jugend und Unerfahrenheit, die ihn vermutlich mindestens ebenso verführten wie Benjamin selbst. Der Kleine hatte noch nicht gelernt, seinen Hormonen Zügel anzulegen. Dass man sich nicht gleich auf jede angenehme Duftspur stürzt, über die man stolpert allein, aus Angst, einem könnte der ganz große Fang entgehen. Nicht alles, was im ersten Moment verführerisch wirkt, ist es am Ende auch. Hormone sind hirnlose Botenstoffe, die nur Reflexe auslösen wie bei Pawlows Hund und einen für die Wahrheit blind machen können. Benjamin war keine fünfundzwanzig mehr, als Student war er ebenso gescheitert wie als Dichter oder als Wettbewerber auf dem Arbeitsmarkt, und seine finanzielle Situation erlaubte ihm keine großen Schritte. Seine familiären Verhältnisse lagen im Argen und langfristige soziale Bindungen, egal ob hier in Berlin oder anderswo, waren nicht mehr vorhanden. Er war das genaue Gegenteil von Gerrit, dem Glück und Erfolg geradezu ins Gesicht geschrieben standen. Was den Kleinen an ihm anzog, waren sein Alter und sein Körper, waren Stärke und Erfahrung, die er dadurch ausstrahlte. Aber sobald der erste Rausch verflogen sein und sich Gerrits Blick wieder klären würde, würden diese Reize schnell ihre Wirkung verlieren. Dann gäbe es nichts anderes mehr als eine gescheiterte Existenz zu sehen, und ein junger, so von Hoffnung und Zuversicht erfüllter Mensch würde schnellstmöglich das Weite suchen. Er hatte Gerrit keine Zukunft zu bieten, warum sollte er sich dann auf eine gemeinsame Zukunft, sei sie auch noch so kurz und befriedigend, einlassen?

Weil er wusste, dass das nur ein vorgeschobener Grund war. Er hielt Gerrit nicht hin, um ihn vor der bevorstehenden Enttäuschung zu schützen, sondern sich selbst. Zu lange schon stand er in den kalten Schatten, die

Olaf und Elmar und all die anderen, die nicht einmal lange genug geblieben waren, um sich ihre Namen wirklich zu merken, auf ihn warfen. Gerrits Gegenwart dagegen war wie ein Sonnenstrahl, der selbst im Schlaf noch wärmend auf ihn fiel und seine Träume in ein freundliches Licht tauchte. Visionen von Kaltsommers Untergang hatte er seither nicht mehr gehabt. Dafür wusste er inzwischen, wer der gutgebaute Mann in der einfachen grauen und braunen Mittelalteraufmachung war, der so viel Virilität ausstrahlte, dass er den endlosen Wald um sich herum vermutlich mit bloßen Händen hätte roden können. Sein Name war Aleric, und Benjamin erkannte sofort in ihm den Vorvater.

Kaum dachte er an Aleric, beschleunigte sich sein Schritt auf dem bröckeligen Gehwegpflaster. Er wollte Gerrit davon erzählen.

Er schlängelte sich zwischen Touristengruppen aus Italien, Spanien und diversen englischsprachigen Ländern hindurch, alle jung, alle angetrunken und gut drauf, überquerte die Libauer und bog endlich in die Simon-Dach-Straße ein. Gerrit musste ungefähr auf Höhe eines schwulen Cafés wohnen, an das Benjamin sich noch von früher her erinnerte. Ob es noch existierte, war freilich eine andere Frage. Solche Läden wurden in Berlin entweder zur Institution oder Eintagsfliege. Wie sich gleich darauf herausstellte, gab es das *Himmelreich* noch – und Gerrit schwebte zwei Stockwerke darüber.

Das Treppenhaus sah benutzt aus, ein besseres Wort fiel Benjamin dafür nicht ein. So als würden es gelegentlich auch Gäste der hiesigen Gastronomie nutzen, zumindest als Unterstand oder gediegenere Telefonzelle, aber wenigstens nicht als Toilette. Unter den Briefkästen türmten sich Werbeprospekte, es roch ein wenig nach Zigarettenrauch, aber nirgendwo schlief einer seinen Rausch aus. In dieser Stadt konnte das durchaus passieren: kein Armutsproblem, sondern eins des Überflusses. Nach dem ersten Absatz wurde es auch merklich sauberer, allerdings nicht ruhiger. In den Wohnungen schien mindestens ebenso viel los zu sein wie draußen auf der Straße. Überall lief Musik oder der Fernseher oder unterhielten sich Leute, hinter einer Tür drang das Geschrei eines Babys hervor. Es war definitiv lauter als bei ihm in Neukölln. In seinen Ohren jedoch klangen alle diese Geräusche friedlich, einvernehmlich, so als hätten sich sämtliche Anwohner auf ein bestimmtes Geräuschlevel geeinigt. Wie es mit dem typischen Gentrifizierungsproblem der Verdrängung gastronomischer Betriebe durch Zuzügler stand, die unbedingt mitten in der Szene leben wollten, am Puls des Lebens, und die sich plötzlich von dessen lautem Schlag genervt fühlten, wusste Benjamin freilich nicht. Gerrit gehörte sicher nicht zu dieser Art Streithansel, er hatte sich letztens sogar darüber beschwert, wie seltsam ruhig es in Benjamins Wohnung sei, »wie aus Zeit und Raum gefallen.« – »Schön, nicht wahr?«, hatte Benjamin im Halbschlaf gemurmelt. »Als wären wir die letzten Menschen auf Erden.« Sein Kleiner hatte sich enger an ihn geschmiegt und Benjamin ihn fester in den Arm genommen. Im gleichen Moment war jemand durch das Treppenhaus gestampft wie ein Elefant und hatte jeden Eindruck vom Weltenende zunichtegemacht.

»Da bist du ja endlich!« Gerrit stand barfuß auf seiner Türschwelle, nur in Jeans und T-Shirt. Er strahlte bis über beide Ohren. »Endlich bist du da!«

»Ich hab's geschafft, ja«, antwortete Benjamin auf den letzten Stufen und versuchte, nicht allzu sehr zu keuchen.

»Komm rein, komm rein!«

Er wurde in die Wohnung gezogen. Gelenkig, wie er war, stieß Gerrit gleichzeitig die Tür mit dem Fuß zu und umfasste ihn in einer stürmischen Umarmung, die augenblicklich in wildes Küssen überging. Benjamin kam gar nicht mehr zu Atem und musste lachen.

»Was ist?«

»Nichts. Ich freu mich auch, dich zu sehen.«

Gerrit setzte das Küssen und Herzen fort, zähmte jedoch seine Gier etwas.

»Leg ab«, sagte er und half seinem großen Gast aus Mantel, Schal und Schiebermütze. Alles hängte er auf den Kleiderständer, der aussah, als hätte er einmal in einer Kneipe gestanden. Er quoll bereits von Gerrits Sachen über. Darunter zog sich ein dreistöckiges Schuhregal die Wand entlang, auf dessen oberster Etage sich eine Kollektion von Umhängetaschen und Rucksäcken breitmachte, während darunter alles für den Fuß vom Turnschuh über Sneaker und Stiefel bis hin zum Lackschuh paradierte. Benjamin stellte seine Sachen davor. Ansonsten hing in dem Flur noch eine Lampe von der Decke und an der Wand eine kleine Fotogalerie von Freunden und Familie sowie in einem Holzverschlag Stromzähler und Sicherungskasten. Die Dielen waren abgezogen, ebenso wie im Wohn- und Schlafzimmer. Die Einbauküche war ein kaum benutzter Traum in Weiß inklusive Spülmaschine, für die Gerrit allein vermutlich eine Woche brauchte, um sie zu füllen. Auf der Fensterbank stand ein gefledderter Basilikum, über dem Esstisch hingen Postkarten aus aller Welt an die Wand gepinnt, auf der Arbeitsfläche standen je eine Schale Zwiebeln, Tomaten und Zitronen.

»Du bist auf alles vorbereitet«, kommentierte Benjamin trocken, als Gerrit ihn auf eine Wohnungsführung mitnahm.

»Bisher hat's immer gereicht«, antwortete der achselzuckend.

Das Bad war überraschend geräumig und verfügte sowohl über eine Dusche als auch über eine Badewanne. Benjamin war beeindruckt, von der Ordnung, die darin herrschte. In einem Regal lagen von oben nach unten große und kleine Handtücher, auf Vorrat gekaufte Reinigungsartikel für Gesicht und Körper, Putzzeug sowie Waschmittel für die Waschmaschine.

»War beides schon drin, als du hier eingezogen bist?«, fragte Benjamin, auf die große und die kleine Wanne deutend.

»Nein«, antwortete der. »Das haben wir gemacht.«

»Wer wir?«

»Meine Eltern und ich. Also die Handwerker natürlich. Das ist 'ne Eigentumswohnung. Meine Eltern haben sie gekauft, und ich wohne hier zur Miete.«

»Wie praktisch.«

»Kein Grund, neidisch zu sein.« Mit einem Ellbogencheck in die Rippen dirigierte Gerrit seinen Gast weiter ins Wohnzimmer.

»Du magst weiß, oder?«

Auf dem hellen glänzenden Holz des Fußbodens standen vor weißen Wänden eine große, über Eck gehende Sofalandschaft an der einen Längswand, ihr gegenüber eine Regalwand, die weniger für Bücher als vielmehr für elektronische Geräte wie Fernseher, Stereoanlagen, Router und Dinge, die Benjamin nicht erkennen konnte, ausgelegt war. Beides war weiß lackiert, ebenso wie Schreibtisch und Bürostuhl rechts daneben und der Konsolentisch links neben den weißen Balkontüren. Grünpflanzen konnte Benjamin ebenso wenig erkennen wie Bücher oder Tonträger irgendwelcher Art. Weil er bereits wusste, dass sein Kleiner solche Dinge wie Literatur, Musik oder Film nach Möglichkeit nur noch digital konsumierte, fragte er nicht nach, wo all das, was ihm selbst an einer Wohnungseinrichtung am meisten bedeutete, geblieben war. Trotzdem traf Benjamin diese Leere, die er, gegen diesen Impuls kam er nicht an, augenblicklich als Kulturlosigkeit empfand. Für ihn war und blieb ein Buch etwas, das auf Papier gedruckt war, nicht aber eine Datei, die man sich von diesem gesichtslosen Kraken namens Internet zeitweise lieh. Wobei selbst *Leihen* nicht das richtige Wort war, da auch die Geräte, auf denen man sich diese Dateien zu Gemüte führte, ja diesem Kraken gehörten. Sie waren letztendlich nur seine Tentakel, mit denen er bis tief hinein ins Privatleben seiner Konsumenten griff. Aber dieser Gedanke, das hatte Benjamin ebenfalls schon gelernt, war Gerrit nicht zu vermitteln. Für ihn zählte der praktische Nutzen mehr.

»Benni, komm doch endlich ins Schlafzimmer.«

»Wohin denn auch sonst.«

Hier gab es wenigstens etwas Unordnung und ein paar bunte Farbtupfer. Das Ungetüm von einem Kleiderschrank hatte schwarze Seitenwände, und eine der Türen wurde von einer mannshohen Spiegelfläche eingenommen. Aber so ungeheuer groß der Schrank auch war, er schien nicht genügend Platz für alle Klamotten Gerrits zu haben, denn die begruben links und rechts daneben noch zwei Stühle unter sich. Auf dem Schrank lag eine Kollektion Koffer in Froschgrün, eine Farbe, die Benjamin seinem Kleinen niemals zugetraut hätte. Links und rechts auf Einstiegshöhe des wieder stilechten Doppelbetts lagen weiße Berberbrücken und am Kopfende standen dazu passende Nachtschränke – und in beiden Zimmerecken erblickte Benjamin doch tatsächlich ein paar Bücher und alte CDs. Auf den CDs befand sich deutscher Hiphop aus den späten Nullerjahren, was Gerrit als Jugendsünden abtat, und die Bücher waren Reiseführer, mit denen man einmal bequem um die ganze Welt gekommen wäre.

»Bin ich auch«, gab Gerrit ganz selbstverständlich zu. »Zuerst mit meinen Eltern und Geschwistern, später dann allein oder mit Freunden.«

»Schön.«

Sie schienen sich einen Moment lang zu taxieren.

»Kann ich dir etwas zu trinken anbieten?«

»Das auch.«

Als sie tief in der Nacht beim Schein von ein paar Kerzen, die Gerrit von Fensterbänken und unter dem Bett hervorgeholt hatte, eng aneinandergeschmiegt lagen und dösten, stellte Benjamin fest, dass er sich behaglicher als gedacht in der Wohnung des Kleinen fühlte. Der Lärm von draußen war auf der Rückseite des Gebäudes etwas gedämpfter und mehr wie ein Hintergrundrauschen. Wie ein Fluss, der mal mehr, mal weniger stark floss. Gerrit hatte zu keinem Zeitpunkt so gewirkt, als wollte er unbedingt Eindruck auf ihn machen. Er hatte sich als souveräner und entspannter Gastgeber erwiesen, der seinem Gast mühelos jeden Wunsch von den Augen abzulesen verstand. Er ließ seinem Benni Raum zum Atmen, den dieser ganz selbstverständlich nutzte.

Benjamin merkte erst, in welche Richtung seine Gedanken abgedriftet waren, als Gerrit ihn danach fragte.

»An Elmar.«

»Wer ist das?«

Gerrit war bei dem Namen immerhin nicht erschrocken zusammengezuckt. Auch das bestärkte ihn darin, sich bewusster der sonst tabuisierten Zeit zu nähern: »Ein Exfreund.«

»Erzähl mir von ihm.«

»Was?«

»Alles.«

»Und wenn du nicht alles magst, was ich dir von ihm zu erzählen habe?«

Gerrit dachte einen Moment darüber nach, dann spürte Benjamin an seiner Flanke das Achselzucken und bekam zu hören: »Er ist doch Vergangenheit, oder? Die Geschichte ist vorbei.«

»Solche Geschichten sind nie wirklich vorbei.«

»Du weißt, was ich meine.«

»Ja«, antwortete Benjamin mit einem leisen Lachen. Sie lagen eine Weile schweigend da, dann fragte er in die schummerige, von ihren Ausdünstungen getränkten Luft hinein: »Womit soll ich anfangen?«

Gerrit wählte einen ihn überraschenden Ansatzpunkt: »Warum hast du gerade an ihn gedacht und nicht an jemand anderen?«

Das war schwerer in Worte zu fassen als gedacht. Was sie verbunden hatte, war die Dichtkunst gewesen. Elmar selbst war kein Dichter gewesen, aber ein großer Lyrik-Fan und -Fachmann. Wenn ihm sein verfrühter Tod nicht einen Strich durch die Rechnung gemacht hätte, wäre er mit Sicherheit entweder zu einem ob seiner stupenden Kenntnis seines Forschungsgebietes berühmter Literaturwissenschaftler geworden oder, eher noch vermutlich, zu einem Feuilletonisten und Rezensenten, ob seiner Zunge spitzer als ein Schwert ebenso berühmt wie berüchtigt. Elmar konnte sehr scharf formulieren und nahm grundsätzlich kein Blatt vor den Mund. Nicht einmal ein geliebter Mensch erhielt bei ihm Welpenschutz, die Poesie stand immer über allem. Zu Anfang ihrer Beziehung war das kein Problem gewesen, da hatte Elmar noch Potenzial in Benjamin gesehen. Zum Ende hin hatte er ihn scheinbar für jeden einzelnen Vers, den er zu Papier brachte, fertig gemacht. Für Benjamin am schlimmsten daran war, dass die Kritik meistens zutraf. Er rackerte sich an den Worten ab, feilte, meißelte, hämmerte, lötete und sägte an ihnen herum wie ein Berserker, aber das Ergebnis war keine transzendente Erfahrung, sondern Schrott. Leider hatte Benjamin bis heute Elmars Stimme im Ohr, sobald er sich an den Schreibtisch setzte, um ein paar Verse zu drechseln. Manchmal war er überzeugt davon, deshalb keine Fortschritte zu erzielen, kein vorzeigbares Ergebnis mehr zu produzieren, weil Elmar ihn noch aus dem Grab heraus entmutigte. Nicht zuletzt deshalb war er vom Schreiben abgekommen.

»Was uns zusammengebracht hat, war die Liebe zur Lyrik«, erzählte er Gerrit. »Seit ein paar Tagen nun denke ich über einen neuen Stoff nach, und immer wenn das passiert, frage ich mich automatisch, was Elmar wohl dazu sagen würde.«

»Frag ihn doch einfach.«

»Er verhält sich seltsam still – und das ist ein gutes Zeichen. Er hatte sehr viel Ahnung von Poesie und konnte deine beste Idee mit einem einzigen Satz in der Luft zerreißen. Zu meiner neuesten Idee scheint ihm aber nichts Gescheites einzufallen, und das bestärkt mich gerade sehr darin, weiter daran zu arbeiten.«

Ob ihn die verschiedenen Zeitformen verwirrten, ließ Gerrit sich nicht anmerken. Stattdessen fragte er: »Worum geht es?«

»Um einen Mann namens Aleric, der das Dorf, aus dem ich komme, gegründet hat. Ihm würde ich gerne eine Ode widmen, ein ganzes Epos, um seine Verdienste angemessen zu würdigen.«

»Du hast mir schon von ihm erzählt, oder? Dieser Mann aus dem Wald.«

»Ja.«

»Hat es diesen Aleric wirklich gegeben?«

»Ich würde es mir jedenfalls wünschen.«

Gerrit war einen Moment still, dann fragte er: »Hast du schon ein paar Strophen geschrieben?«

»Nein. Ich bin noch dabei, das Konzept auszuarbeiten.«

»Schade. Ich hätte gerne mal was von dir gehört.«

»Ich trage nicht gern unfertige Sachen vor.«

Benjamin hatte es nicht wie ein göttliches Verbot klingen lassen, so als hätte er seinem Adam verbieten wollen, einen Apfel vom Baum der Erkenntnis zu pflücken. Der schien es auch nicht als endgültige Absage verstanden zu haben, nicht als Verweis für denjenigen, der sowieso keine Ahnung hatte. Gerrit legte seinen Kopf auf Benjamins Brust ab und ließ sich von den kräftigen Pranken seines roten Bären drücken. Daraus wurde bald ein Streicheln, das jedes eventuell als herabwürdigend deutbares Wort in eine Vertröstung auf später verwandelte.

»Erzähl mir von Elmar«, griff Gerrit den Faden wieder auf. »Wie habt ihr euch kennengelernt?«

»Tatsächlich durch eins meiner Gedichte«, gestand Benjamin, »mein Bestes und das Einzige, das jemals veröffentlicht worden ist.«

»Und wo?«

»In einem Kellerclub irgendwo in Mitte Ende der Neunziger, als die heutige beste Lage noch mit dem Charme des Verfalls aufwarten konnte. Das Haus war unsaniert, in der Fassade sah man sogar noch Einschusslöcher aus dem Krieg, und beheizt wurde das Etablissement mit Kohleöfen, die der Luft etwas angenehm Würziges verliehen. Das konnte man selbst noch aus dem zum Schneiden dicken Zigarettenqualm herausschmecken, der sehr schnell darin stand. Für die Atmosphäre war das toll, für die Lungen grausam, und wenn man etwas vortragen wollte, nahm man besser ein großes Bier mit auf die Bühne, um die Stimmbänder zu ölen. Sonst hätte das Mikrophon nichts anderes als ein Krähenkrächzen übertragen – aber vermutlich hätte das Publikum selbst das noch als tollen künstlerischen Beitrag bejubelt.«

»Willst du damit sagen, die Leute wollten einfach nur ihren Spaß haben?«

»Die Leute wollen immer nur ihren Spaß haben!«

Sie giggelten und quetschten genüsslich ein paar empfindliche Körperstellen, um diesen Punkt zu unterstreichen.

»Und du bist da aufgetreten«, stellte Gerrit schließlich fest.

»Ja. Früher habe ich das noch gemacht.«

»Und warum heute nicht mehr?«

»Elmar.«

»Oh …«

»Zuerst war er alles an Publikum, was ich brauchte. Dann, denke ich, ließ ich mich von ihm immer mehr einschüchtern, sodass ich mich gar nicht mehr traute, mit meinen Werken an die Öffentlichkeit zu gehen.«

»Was ist passiert?«

»Gute Frage.«

Ob sie vorher schon einmal Blickkontakt hatten, hätte Benjamin nicht zu sagen gewusst. Vor der Show war er zu aufgeregt gewesen, um auf etwas oder jemand anderen zu achten als sich selbst. Oft hatte er noch nicht auf solchen Kleinkunstbühnen gestanden, und dass die Zuhörer bei diesen Open-mike-Veranstaltungen den Künstlern in der Regel freundlich gesonnen waren, beruhigte seine Nerven nicht im Geringsten. Je mehr Leute vor ihm ans Mikrophon traten und ihre Texte hauchten, flüsterten, sprachen, deklamierten, fauchten, schrien, kreischten und stöhnten, desto schneller schlug sein Puls. Mit verschwitzten Händen saß er an der Bar, hielt er sich an seinem Bier fest, hörte den Kollegen zu und dachte von ein oder zwei sogar, dass sie richtig gut wären. Immer wieder ließ er auch seinen Blick über das in seinem eigenen blauen Dunst verschwindende Publikum gleiten, war aber unfähig, einzelne Gesichter klar zu erkennen. Als er dann aufgerufen wurde, achtete er auf seinem Weg zur Rampe nur darauf, nicht über die eigenen Füße zu stolpern. Sobald er das kniehohe Holzgestell erklommen hatte, fühlte er sich freier. Plötzlich bestand eine Distanz zwischen ihm hier oben und den Leuten da unten, eine klare Rollenverteilung, an der er sich festhalten konnte. Das löste den Knoten in seiner Kehle und brachte ihm die nötige Gewissheit, sein Programm durchziehen zu können. Er prostete dem Publikum noch einmal demonstrativ mit seinem Bier zu, was die erwartete zustimmende Reaktion dort unten auslöste. Danach stellte er das Glas beiseite und trat ans Mikrophon heran, seinen gewaltigen Brustkorb mit so viel Sauerstoff gefüllt, dass er Homers komplette »Odyssee« in einem Atemzug hätte aufsagen können. Benjamin trug an diesem Abend drei Gedichte vor, alle mit dem Ernst, den es benötigte, ihre humoristische Note gebührend hervorzuheben. Das Publikum honorierte seine Bemühungen mit Lachern an den richtigen Stellen und einem kräftigen Applaus am Ende seiner Darbietung. Wäre dies ein Poetry Slam gewesen, er hätte gute

Chancen auf den Sieg gehabt, aber von denen hatte man damals in diesen Breitengraden noch nichts gehört. Noch auf der Bühne leerte er sein Glas, reckte er kurz wie einen Pokal in die Höhe und ging zurück an die Bar. Dort hatten sich alle Poeten des Abends versammelt, die, die schon aufgetreten waren, und die, die noch auf ihren großen Auftritt warteten. Sie klopften ihm anerkennend auf die Schulter. Benjamin fühlte sich regelrecht high von diesem Erfolg. Er glühte vor Glück und hätte jetzt sehr gerne jemanden zum Küssen gehabt. Just in diesem Moment trat an strohblonder, bebrillter Mann – Typ schluffiger Bücherwurm mit blasser Haut und hängenden Schultern – in seinem Alter an ihn heran und machte ihm Komplimente. »Ein bisschen Morgenstern, ein bisschen Ringelnatz«, sagte er, »aber auch eine eigene Note.« – »Danke«, erwiderte Benjamin gebauchpinselt, »ich hab auch noch was mit Heine in petto.« Sie grinsten sich an. »Ich bin nur wegen dir hier heute«, meinte der Blonde. »Hab dein Gedicht im ›Elfenbeinturm‹ gelesen. Ich hab bei denen in der Redaktion zu der Zeit ein Praktikum gemacht und es selbst zur Veröffentlichung empfohlen.« Benjamin war sprachlos. Der andere lächelte strahlend und hielt ihm die Hand hin: »Hallo. Elmar Pedersen.« – »Du hast mir damals die Zusage geschrieben!« – »Ganz genau.« Einen Moment lang wusste er nicht, was er tun oder sagen sollte, dann ergriff er die ihm hingehaltene Hand, drückte sie ein wenig zu stark und stammelte: »Hallo. Danke. Ich … Benjamin. Benjamin Sandow.« – »Ja, ich weiß«, grinste Elmar. »Ich bin sehr froh, dich endlich einmal persönlich kennenzulernen. Du hast sehr viel Potenzial, weißt du.«

»So habt ihr euch also kennengelernt, du und Elmar«, fasste Gerrit das Geschehen zusammen. »Klingt fast schon wie in einem Märchen.«

»Das war es zuerst auch«, stimmte Benjamin zu. »Wir sind gleich nach der Veranstaltung noch weitergezogen und später dann in seinem Bett gelandet.«

»Beim ersten Date? Also wirklich!«

»Schätzchen, bei unserem ersten Date haben wir es noch nicht mal in die Horizontale geschafft.«

»Die hätte ich danach auch nicht mehr hinbekommen!«

Benjamin gab ihm einen Klaps auf die Schulter und drückte seinen Kleinen fester an die Brust. »Es begann wirklich wie in einem Märchen«, wiederholte er die Analogie und versank im Ansturm der Erinnerungen.

Sie wurden ein Paar, in jeder Beziehung. Wenn sie nicht gerade miteinander schliefen, drehte sich alles um Lyrik. In der gab Elmar den Ton an, im Bett Benjamin. Aber schon bald nahm die Dichtkunst einen immer größeren Raum in ihrem Leben ein und Elmars Meinung wurde für Benjamins Schaffen zum absoluten, weil einzigen, Gradmesser. Selbst schrieb er keine Gedichte – »Dafür fehlt mir leider jegliches Talent.« –, kannte sich dafür aber bestens in der Theorie aus. Elmar wusste Bescheid über die Poesie, er hatte sich einmal ganz durch sie hindurchgearbeitet, von ihren Anfängen rund um Gilgamesch bis hin zu den obskursten Blüten, die sie in der Gegenwart trieb. Er las buchstäblich alles. Jede auch noch so abseitige kleine Zeitschrift aus dem deutschsprachigen Raum, und mochte sie nur aus zwanzig handgedruckten, irgendwo in einem abgelegenen schweizerischen Alpental verteilten Exemplaren bestehen, stöberte er auf. Jeder Name eines Dichters oder einer Dichterin, mochte der Ruhm dieser Leute noch so kurz gewährt haben oder stets nur ein vages, unerfülltes Versprechen geblieben sein, sagte ihm etwas, zu jeder und jedem konnte er etwas sagen. Benjamin erfüllte diese Wissensfülle meistens mit Ehrfurcht, manchmal mit Befangenheit und selten mit Neid. Um auch in der Theorie gegenüber seinem Freund wenigstens etwas aufzuholen, entschied er sich sogar, sein Studienfach zu wechseln. Er hatte gerade sein Referendariat an einem Berliner Gymnasium angetreten. Das lief gut, wenn er die Reaktionen seines Betreuers und der Schüler richtig deutete, und machte ihm Spaß. Aber Elmar hielt es für Zeit- und damit Talentverschwendung. Benjamin ließ das Lehramtsstudium sausen und belegte Literaturwissenschaften, um sich fortan vollends auf die Lyrik zu konzentrieren. Ihm wurden viele Scheine aus der Germanistik angerechnet, sodass er nicht bei Null anfangen musste, allein mit Elmar konnte er trotzdem nicht mithalten. Der verweigerte auch plötzlich die akademische Zusammenarbeit und behauptete, so ein Wissen sei nur echt und belastbar, wenn man es sich komplett selbst erarbeitete.

»Du bist ihm in die Falle gegangen«, kommentierte Gerrit, wenn auch leise, um den roten Bären nicht vor den Kopf zu stoßen.

Doch der nickte nur. »Die Frage ist nur«, sagte er, »ob Elmar das von Anfang an so geplant hatte oder die Dinge irgendwann eine ungesunde Eigendynamik entwickelt haben. So oder so, irgendwie haben wir eine Lawine losgetreten, die uns schließlich unter sich begraben hat.«

»Wenn das nicht passiert wäre, wärst du dann heute noch mit ihm zusammen?«

Aufgrund ihrer Position, Gerrits Kopf noch immer auf Benjamins Brust, konnte der Kleine das traurige Lächeln auf den Lippen seines Freundes nicht sehen. Sie hatten bisher noch nie über intime Details vorangegangener Beziehungen gesprochen, Gerrit wusste also nichts von Elmars Tod als Folge einer Aids-Erkrankung. Weil sein Kleiner darüber hinaus ein herzensguter Optimist war und das Glück der späten Geburt hatte, rechnete er auch nicht mehr unbedingt mit diesem Schreckgespenst, das für die Jungschwulen von heute schon wie ein alter Hut klang und jeden Schrecken verloren hatte. Dank entsprechender Medikamente war ja selbst eine Infektion mit dem HI-Virus heute keine Tragödie mehr, erst recht kein Todesurteil. Allerdings hatte es auch zu Elmars Zeiten schon die Kombinationstherapie gegeben, und trotzdem war er gestorben.

»Benni?«

»Hm?« Er schreckte auf. »Nein, vermutlich nicht. Es wäre auf jeden Fall besser für mich gewesen, wenn ich die Beziehung irgendwann beendet hätte.«

»Dann hat er sie beendet?«

»So kann man das auch nicht sagen«, widersprach Benjamin und sagte, bevor sein Kleiner etwas darauf erwidern konnte: »Hör einfach weiter zu.«

Je länger sie zusammen waren, desto stärker beschlich Benjamin das Gefühl, zu Elmars ganz persönlichem Literaturprojekt zu werden. Sex hatten sie schon lange nicht mehr, und ihre gesamte Kommunikation drehte sich um Gedichte. Elmar wollte einen Dichter nach seinem Idealbild erschaffen, stellte aber wohl irgendwann fest, in Benjamin doch nicht den richtigen Kandidaten, das passende Rohmaterial dafür gefunden zu haben. Er sagte ihm das niemals offen ins Gesicht, sondern verpackte es in die Kritik an seinem Schaffen: »Man merkt schon wieder zu sehr, dass du dich gerade mit Goethe beschäftigst.« Ähnliche Sprüche gab es über Shakespeares Sonette, Celans düstere Fugen, die Emotionalität von Nelly Sachs und »immer wieder Morgenstern und Ringelnatz!« Irgendwann platzte Benjamin der Kragen und er verlangte von Elmar, zu wissen, was er ihm damit wirklich sagen wolle. Als hätte der nur auf diese Einladung gewartet, sprudelten die Worte aus ihm hervor, wie der alles auf den Punkt bringende Monolog der Hauptfigur eines Theaterstücks: »Dir fehlt es noch immer an Eigenständigkeit, Benjamin. Du beherrscht die Werkzeuge des Poeten perfekt, aber alles, was am Ende bei dir herauskommt, ist nichts weiter als ein Imitat dessen, was du bewunderst und was bereits existiert.« – »Aber ich soll doch experimentieren!« – »Aber doch nicht so! Wo ist deine eigene Stimme? Wo ist das Originelle? Wo der geniale Funke, der sich im Leser entzündet und ihn in neue Bewusstseinswelten katapultiert? In deinen Gedichten erkenne ich alle möglichen und unmöglichen Meister, nur einen nicht: Benjamin Sandow. Wo bist du in alldem?«

»Es tat ungeheuer weh, das hören zu müssen«, gestand Benjamin, bevor Gerrit etwas dazu sagen konnte. »Ich wollte ihm nicht glauben, aber der Zweifel nagte doch an mir.«

»Und getrennt hast du dich danach auch nicht von ihm.«

»Das konnte ich nicht, ich fühlte mich viel zu abhängig von ihm.«

»Was hast du gemacht?«

»Um ihn gekämpft. Indem ich noch härter an meinen Gedichten gearbeitet habe. Ich wollte endlich der werden, den er damals bei unserer ersten Begegnung in mir gesehen hatte.«

»Klingt toxisch«, meinte Gerrit.

»War es auch«, stimmte Benjamin zu. »Auf jeden Fall ließ es mich blind werden für alles andere – ganz besonders für Elmars Verhalten.«

Anstatt nach dieser Zurechtweisung in sich zu gehen und die gesamte Beziehung zu überdenken, stürzte Benjamin sich erst recht in die Arbeit. Er zog sich immer mehr in das kleine Arbeitszimmer zurück, das er in ihrer gemeinsamen Wohnung für sich hatte, und versuchte alles, damit seine Gedichte endlich so klangen, wie Elmar sie sich vorstellte. Der war und blieb für ihn das Maß aller Dinge, obwohl er sich immer seltener blicken ließ. Neben dem Studium arbeitete er bei einer kleinen Literaturzeitschrift als Redakteur für die Lyrikseiten und bereitete zusätzlich noch seine Promotion vor. Das hieß im Wesentlichen, sich erst mal ein Thema zu suchen. Scheinbar konnte er sich nicht entscheiden und verbrachte deshalb viele Stunden diskutierend mit seinem Doktorvater. Mit dem zusammen ging er auch wieder vermehrt auf Dichterlesungen. Angeblich, um die richtige Inspiration zu finden, denn: »Ich will unbedingt über etwas Modernes, Zeitgenössisches promovieren.« Benjamin befürchtete eher, dass sein Freund auf der Suche nach einem neuen Lover und Entwicklungsprojekt war, aber er hätte sich niemals getraut, das offen auszusprechen. Obwohl sie im Alltag kaum noch etwas miteinander verband, meinte er noch immer, Elmar für sich zurückgewinnen zu müssen. Als hinge sein Leben davon ab. Elmar suchte derweil das Leben ganz woanders. Ohne sich bemüßigt zu fühlen, es seinem Partner mitzuteilen, hatte er die Beziehung geöffnet und besuchte Sexpartys und Saunen. Ganze Nächte schlug er sich um die Ohren, übernachtete immer öfter auswärts und wirkte so zwar einerseits ausgeglichener, wollte aber andererseits so gut wie gar nichts mehr von Benjamin wissen.

»Warum hat er dich nicht verlassen?«, fragte Gerrit. »Er war doch offensichtlich durch mir dir.«

»Warum hätte er das tun sollen?«, fragte Benjamin zurück. Er hatte selbst lange genug über diese Frage nachgedacht und war zu folgendem Schluss gekommen: »Er hatte doch alle Freiheiten, die er wollte. Ich habe ihm bestimmt keine Fesseln angelegt. Ich legte ihm dann und wann noch ein neues Gedicht vor, das er prompt in der Luft zerriss, und mehr war nicht mehr zwischen uns. Ich habe zum Beispiel nicht mitbekommen, dass er sich einmal mit Feigwarzen angesteckt hatte. Ich war nicht mal in Gefahr, da wir schon lange nicht mehr miteinander schliefen.«

»Mag sein. Aber trotzdem …«

»Hätte Elmar in dieser Phase einen neuen, aufstrebenden und noch formbaren Dichter gefunden, der ihm auch körperlich gefallen hätte«, erklärte Benjamin, »dann wäre er sofort auf und davon gewesen. Den fand er aber nicht, also beließ er alles so, wie es war, weil das am bequemsten für ihn war.«

»Und dass er eine Dichterin fördert, kam nicht infrage?«

Dafür war Elmar viel zu sehr auf Männer fixiert – und den männlichen Körper. Er bewunderte Stefan George und hätte gerne ebenso wie der einen Kreis von Jüngern um sich versammelt, um sich mit denen auf allen Ebenen auszutauschen. Allerdings nicht ganz so verschwurbelt wie zur damaligen Zeit. Im Elmar-Pedersen-Kreis wären schnell alle Hüllen gefallen, um der Inspiration und gegenseitigen Befruchtung keine Grenzen zu setzen. Nichts anderes als das Gute und Schöne wäre aus dieser mannigfachen Verbindung hervorgegangen.

Vielleicht war es diese Fantasie, in der er sich zunehmend verlor und die ihn blind machte für die Gefahren, die da draußen lauerten. Es gab weit schlimmere Dinge als Feigwarzen. Ob er nicht in der Lage war, sich beim Sex zu schützen, oder keinen Wert darauf legte, vermochte Benjamin nicht zu sagen. Er wurde aber das Gefühl nicht los, dass Elmar, unfähig, ein neues Liebhaberprojekt zu finden, in einen Selbstzerstörungsmodus schaltete. Er wusste genau, was da draußen lauerte und sich genau dadurch übertrug, wonach er sich am meisten sehnte – sie alle wussten das, dafür waren die Bilder der schrecklich Dahinsiechenden und Sterbenden noch zu frisch. Schutz wäre sogar relativ einfach gewesen, aber Elmar verzichtete offensichtlich darauf. Er infizierte sich mit HIV, und nur wenig später brach Aids bei ihm aus. Er ging zum Arzt und ließ sich behandeln, vertrug aber die meisten der ziemlich heftigen Medikamente nicht. Außerdem vergaß er immer wieder, sie einzunehmen, obwohl nicht nur sein Arzt, sondern auch Benjamin ihm die Wichtigkeit der regelmäßigen Einnahme eingeschärft hatte. Elmar hörte nicht auf sie und tat ihre Ermahnungen mit einem Schulterzucken ab.

»Er starb nur knapp anderthalb Jahre nach seinem positiven Testergebnis an zerebraler Toxoplasmose«, berichtete Benjamin sachlich.

»Das tut mir leid.«

»Seine Familie hat ihn bei sich in Rostock begraben lassen. Sie hat mich ausdrücklich dazu eingeladen, deshalb war es mir recht. Ich bin hingefahren, hab mich von Elmar verabschiedet, bin wieder zurück nach Berlin gekommen und seitdem nicht mehr oben gewesen.«

»Wie lang wart ihr zusammen?«

»Nicht ganz sechs Jahre.«

»Und was hast du danach gemacht?«

»Mich verkleinert.«

Gerrit warf ihm einen ratlosen Blick zu.

»Guck nicht so«, lachte Benjamin auf, »das stimmt. Zum einen bin ich in eine kleinere Wohnung gezogen, zum anderen nahm ich über zehn Kilo ab. Und ich habe lange, lange mit dem Schreiben ausgesetzt.«

»War das nicht hart? Ich meine, das Schreiben scheint doch ein wesentlicher Bestandteil deines Lebens zu sein.«

»Nein, in dem Moment nicht. In der Phase drückte mir allein schon der Gedanke, mich an den Schreibtisch zu setzen und den Füller in die Hand zu nehmen, die Luft ab. Über ein Jahr lang schrieb ich kein einziges Wort, erst danach löste sich diese … diese Beklemmung allmählich. Und das Erste, was ich dann schrieb, war ein Nekrolog auf Elmar.«

»Und wie wurde der?«

Er klang wie eins der Werke, die John Keats bei der Zusammenstellung seiner Sammlung »Auf eine griechische Urne« aussortiert hatte. Kaum hatte Benjamin den Nekrolog fertiggestellt, hatte er wieder Elmars ätzende Stimme im Ohr, die ihn fragte: »Und wo ist dein Nekrolog, Benni?«

»Ich hab ihn gleich nach Fertigstellung zerrissen.«

Gerrit drückte ihn fest.

»Das war das Letzte, was ich bisher in meinem Leben geschrieben habe«, fuhr Benjamin fort. »Zuerst vermisste ich es, wie ein Süchtiger seinen nächsten Schuss vermisst. Es tat beinahe körperlich weh. Aber irgendwann verging auch das und ich fühlte mich befreit. Danach kehrte ich ins Leben zurück, hatte ein paar Affären, sogar kurzzeitig einen neuen Freund. Nur das Studium brach ich ab und kehrte auch nicht ins Referendariat zurück. Stattdessen fing ich an zu jobben, machte alles Mögliche, ohne dass mich die Art der Tätigkeit selbst interessiert hätte, solange ich nur über die Runden kam. Dann kamen die Flüchtlinge, und vorher schon immer mehr dieser sogenannten Bildungsträger, die privatwirtschaftlich Schulabschlüsse auf dem zweiten Bildungsweg anboten, und ich hatte meine Berufung gefunden.«

Er spürte Gerrits Nicken auf seiner Brust. »Dann hast du diese Beziehung mit Elmar wirklich überwunden?«, fragte er.

»Es ist seitdem so viel Zeit vergangen.«

»Die Zeit heilt alle Wunden.«

»Wenn die Zeit alle Wunden heilt, dann nur, weil sie wie reines Wasser ist, das angereichert wird mit der wirksamen Arznei der Amnesie – und du bist noch viel zu jung für so einen altklugen Spruch!«

»Wenn du meinst …«

»Ach, komm!«

Sie kabbelten sich fröhlich, bis sie ganz außer Atem waren.

»Der Mensch besitzt die so gute wie schreckliche Fähigkeit, das, was ihm nicht so sehr behagt, erst zu vergessen und dann in rosigerem Licht wieder nachzudichten«, teilte der rote Bär sein gesammeltes Wissen mit seinem Kleinen. »Erst dadurch wird sein Leben erträglich.«

»Wie zynisch.«

»Ein bisschen vielleicht.«

Die Kerzen waren heruntergebrannt und die Nacht dem frühen Morgen gewichen. Allein der Jahreszeit war es geschuldet, dass das Stadtlicht noch die Dunkelheit zurückdrängen musste. Dem Nachtvolk auf den Straßen wäre es sowieso nicht aufgefallen. Es trank, tanzte und flirtete weiterhin ausgelassen, während Benjamin im fremden Bett überrascht feststellte, wie wenig zynisch seine letzte Bemerkung tatsächlich gemeint war. Vor ein paar Jahren noch hätte ein solches Gespräch über Elmar stärker gebrannt, wie ein Bienenstich etwa, bei dem ein Stück des Stachels unter der Haut steckengeblieben ist und sich entzündet hat. Weil sich aber die Haut über der Wunde wieder verschlossen hat, kommt man an den Wundherd nicht heran, es sei denn, man würde alles noch einmal aufschneiden. Jetzt schienen die Selbstheilungskräfte des Körpers tatsächlich den Fremdkörper ausgeschieden oder zumindest durch eine Schutzschicht aus Gewebe isoliert zu haben, sodass kein Schmerz mehr zu spüren war. Es hatte gedauert, aber es war wirklich das Werk der Zeit. Sie hatte das Erlebte in Erinnerung umgewandelt, und bei dieser Metamorphose war, als wäre es ein freundliches Faulgas, Melancholie freigesetzt worden, die die Sinne benebelte und betäubte. Selbst die schlimmsten Verletzungen, an die sich Benjamin noch aus seiner Zeit mit Elmar erinnerte, wirkten jetzt gar nicht mehr so übel – vielleicht auch deshalb, weil er bereit war, seinen eigenen Anteil daran anzuerkennen. Wer, wenn nicht er selbst, hatte ihm denn immer wieder die Möglichkeit zu neuen Hieben und Streichen gegeben? Er hätte weggehen können, Elmar hätte ihn nicht aufgehalten. Der wäre vermutlich sogar froh gewesen, ihn endlich los zu sein. Stattdessen hatte er sich ganz der Rolle des Masochisten hingegeben, der das Sicherheitswort, das alle weiteren Schläge unterbunden hätte, vergessen hat.

Schon lange nicht mehr hatte sich Benjamin so versöhnlich gefühlt, und er schloss Gerrit fester in seine Umarmung. Seeliger Schlaf kündigte sich endlich mit einem herzhaften Gähnen an.

Aber Gerrit war noch nicht ganz fertig mit ihm. »Benni?«, sagte er und rüttelte an dem trägen Fleisch halb unter sich. »Du?«

»Was denn?«

»Ich würd's gerne hören.«

»Was?« Im ersten Moment wusste er gar nicht, was gemeint sein könnte. »Hab ich heute denn nicht schon genug von mir erzählt? Jetzt wärst sowieso erst mal du dran: ›Die Abenteuer des Gerrit Bäumler‹. Aber auch die müssen bis morgen warten, ich bin jetzt wirklich müde.«

»Das meine ich nicht.« Gerrit richtete sich auf und stützte sich auf die Ellbogen, um Benjamin besser ansehen zu können. Doch der spürte nur die Kälte, die sich dadurch auf seiner plötzlich baren Brust ausbreitete. Er wollte den Kleinen wieder an sich heranziehen, der aber wehrte sich. »Von mir gibt es nichts zu erzählen, was auch nur annähernd so spannend wäre.«

Der rote Bär öffnete langsam die Augen. »Was meinst du dann?«

»Das Gedicht.«

»Welches Gedicht?«

»Das Veröffentlichte.« Gerrit grinste. »Das will ich hören.«

»Jetzt?«

»Ja.«

»Es ist mitten in der Nacht!«

»Es ist früher Morgen.«

»Das macht es nicht besser. Ich brauche meinen Schönheitsschlaf.«

»Den kriegst du auch – nachdem du mir dein Gedicht vorgetragen hast.«

»Eigentlich war das die falsche Antwort«, erwiderte Benjamin und wälzte sich auf die Seite. Er seufzte theatralisch. »Aber wenn es anders nicht geht …«

Gerrit jubelte wie ein kleines Kind, das dem Weihnachtsmann begegnet, obwohl dessen roter Mantel in der Regel nicht aus Echthaar bestand und die wesentlichen Intimzonen freiließ. Da jedoch auch der Bescherte in diesem Fall nackt war und in einem zerwühlten Bett saß anstatt unter einem Tannenbaum, kam das schon hin.

Benjamin stellte sich am Fußende des Bettes auf, warf sich in Pose, füllte seinen gewaltigen Brustkorb mit dem Odem der Poesie und – »Aber danach wird geschlafen!«

»Ja, versprochen.«

»Okay.« Benjamin nickte zufrieden. »Ich muss dich aber warnen, manche empfinden das Gedicht sowohl aufgrund seiner Länge als auch des gewählten Themas als albern und fühlen sich davon verarscht. So ist es aber nicht gemeint. Kann es auch gar nicht, schließlich basiert es auf einer wahren Begebenheit.«

»Wie heißt es denn?«

»›Fahrradunfall‹.«

Gerrit kicherte, enthielt sich aber jeden Kommentars.

»Erschienen ist es«, fuhr der Dichter verkündend fort, »in der Zeitschrift für zeitgenössische Literatur ›Elfenbeinturm‹, Heft 11, 7. Jahrgang, im Jahre des Herren 1999.«

»Nun fang endlich an!«

Ein letzter tadelnder Blick wurde unter einer hochgezogenen Augenbraue auf das unbotmäßige Publikum abgefeuert, dann gab sich der Künstler ganz seinem Schicksal hin. Ein zweites Mal füllte er seine Lungen mit Luft, und als sie wieder entwich, trug sie folgende Verse mit sich:

Helmpflicht verletzt
Kopf verletzt
Versicherung verletzt
Will nicht zahlen!

DER WINTER WURDE HART. ALERICS erster Winter in Sconebeke war, was das Wetter anging, kein extremer im Zentrum der Kimbrischen Halbinsel. Weder gab es lange Frostperioden noch schwere Schneefälle. Wolke und Nebel hätten sowieso das Gröbste davon abgehalten. Hunger, Kälte und Feuchtigkeit setzten unserem Gründervater zwar zu, und hätte er nicht regelmäßig seinen Speiseplan durch die Jagd auf Niederwild aufgestockt, seine Versorgungslage wäre brenzlig geworden. Zum einen war zu wenig Zeit gewesen, sich akkurat auf den Winter vorzubereiten, weil grundsätzlich noch so viele Dinge hatten erledigt werden müssen: der Ausbau der Hütte, Sammeln von Feuerholz, Trocknen von Früchten, Einlagern von Nüssen, Konservieren von Fleisch, Gerben von Leder und Fell. Zum anderen kannte er sich in manchen dieser Tätigkeiten nur theoretisch aus, weil sie bisher immer in Hodicas Arbeitsbereich gefallen waren. Er hatte seiner Frau oft genug dabei zugesehen, sich aber nicht gemerkt, wie sie etwas machte. Nun musste er häufig improvisieren und nicht immer mit Erfolg. Mitten im Winter musste er einen Gutteil seines Vorrats an getrockneten Beeren wegwerfen, weil sie schimmelten. Das war ein herber Verlust. Immer wieder litt er an Anfällen von Existenzangst, und die wiederum hatten zur Folge, dass er seine Lebensmittel über Gebühr rationierte. Irgendwann verlor er jedes Zeitgefühl, fürchtete, der Winter würde noch ewig dauern, dabei war der Februar schon so gut wie vorbei und seine Lager noch gut gefüllt. Er magerte ab bis auf das Gerippe, aber lieber hungerte er, als dass er verhungerte.

Was ihm fehlte, war jemand zum Reden. Die Einsamkeit wurde zu Alerics größtem Feind. Sie drohte, ihm den Verstand zu rauben. Wäre er noch in seinem Dorf am Seeufer gewesen, hätte die Gemeinschaft die düstere Jahreszeit nicht nur für Reparaturen genutzt, die im laufenden Betrieb liegen geblieben waren, sondern wäre auch immer wieder am Herdfeuer zusammengekommen, um sich gegenseitig mit Geschichten zu unterhalten. Es wäre immer jemand da gewesen, mit dem man sich hätte austauschen können, ein vertrauter Ansprechpartner wie etwa seine Frau oder Sclaomir. In diesem Winter aber hatte er nicht einmal ein paar Schafe oder Hühner um sich, die ihm Gesellschaft leisteten. Aleric war mutterseelenallein, und das vertrug er nicht gut. Die Einsamkeit war eine Ratte, die in seinem Herzen saß und es zu einem hohlen Gehäuse abnagte. Sie war noch schlimmer als die zweite Ratte namens Hunger, *die in seinem Bauch saß und den zu einem hohlen Gehäuse abnagte. Beide Ratten waren keine guten Begleiter.*

Das Einzige, was wenigstens zeitweise half, war das Feuer. Aleric sorgte penibel dafür, dass die Flammen in seinem Herd niemals erloschen. Das wäre die größte Katastrophe von allen gewesen. Er wollte gar nicht daran denken, was er dann gemacht hätte. Stattdessen sah er zu, dass immer genügend Holz bereitlag, den hungrigen roten Dämon zu füttern. Obwohl er vorgesorgt hatte, die Wände seiner Hütte waren innen beinahe komplett mit Feuerholz isoliert, ging Aleric an jedem Tag nach draußen, um Totholz zu sammeln. Das war eigentlich viel zu feucht zum Verbrennen und qualmte elendig, bis es endlich brannte. Aleric brauchte die Wärme ebenso, wie er das Gefühl brauchte, niemals Gefahr zu laufen, sie zu verlieren. Nur das gab ihm Sicherheit. Nur dadurch fühlte er sich geborgen, nicht völlig verlassen und aus der Welt gefallen. Im Herdfeuer lag die Erinnerung an eine bessere Zeit und die Hoffnung auf ihre Rückkehr.

Als der Frühling kam, fand er Aleric halb wahnsinnig. Hätte ihn der fahrende Händler Udo jetzt noch einmal erblickt, er hätte ihn erst recht für einen Waldschrat gehalten und die Flucht ergriffen. Nicht nur war sein Äußeres noch weiter verwildert, die Abmagerungskur hatte ihren erschreckenden Teil dazu beigetragen, sondern sein Verhalten unterstrich erst recht noch diesen Eindruck. Alerics Gesten waren abgehackt und sprunghaft, bei jedem Geräusch drehte er sich um wie das furchtsamste Eichhörnchen, das man sich nur vorstellen kann, und jeder zu laute Ruf eines Vogels ließ ihn einen kleinen Sprung in Richtung Unterholz machen. Und Aleric redete in einem fort mit sich selbst. Seine Lippen standen niemals mehr still. Ständig sonderten sie ein unverständliches Gebrabbel ab, als hätte sein Verstand zu guter Letzt zu eitern begonnen, und dieser Eiter troff ihm nun haltlos aus dem Mund. Aber wenn er nicht einmal mehr seine eigene Stimme hörte, dann überkam Aleric die Panik. Sein Herz begann zu rasen, sämtliche ausgedörrten Muskeln in seinem Körper zitterten und er wünschte sich nur noch, irgendein Erdloch zu finden, in dem er sich für den Rest seiner Tage verkriechen könnte. Manchmal sehnte er sich nach einer allumfassenden Ruhe.

Aleric glaubte nicht, einen zweiten solchen Winter zu überstehen.

Trotzdem stürzte er sich in die Arbeit, kaum dass das Wetter es zuließ. Es gab so viel zu tun, so viele Dinge, die er dieses Mal besser machen konnte.

Dieses Mal hätte die nötige Zeit dafür, sie richtig zu machen, da wollte er von dieser Zeit nichts verschwenden. Mit der Sonnenwärme kam sein Optimismus zurück und mit ihm seine Tatkraft. Außerdem bereicherte das Frühlingswachstum seinen Speiseplan mit vitaminreicher Kräuterkost, und vermutlich hatten ihm niemals zuvor junge Keime so gut geschmeckt, selbst wenn dabei noch so manches Körnchen Sand zwischen seinen Zähnen knirschte. Auch nahm er seine Sonnenbäder wieder auf, wertvolle Erholungspausen, auf deren Einhaltung er sorgsam achtete. Sconebeke mit seinem Wolkendach und seiner Schutzmauer aus Nebel mochte seine Trutzburg sein, die ihn von bösen Blicken und gewalttätigen Nachstellungen abschirmte, aber ab und an musste er sie doch hinter sich lassen, sonst hätte sie ihm nach und nach den Lebenssaft aus den Knochen gesaugt. Wenn er schon keinen anderen Menschen an seiner Seite haben konnte, so sollte wenigstens die Sonne sein Kamerad sein.

Das Leben ging wieder bergauf. In erstaunlich kurzer Zeit hatte sich nicht nur Alerics Wohnort weiterentwickelt, sondern auch sein Körper regeneriert. Er arbeitete jeden Tag von Sonnenauf- bis Sonnenuntergang und legte nur dann und wann eine Pause ein, um sich die Sonne auf den Bauch scheinen zu lassen. Gewohnheit und Routine stellten sich mit festen Arbeits- und Tagesabläufen ein. Sie gaben ihm nach und nach immer mehr Zeit, über die Dinge nachzudenken, die ihm zum Überleben an diesem Ort noch fehlten und die er nicht mit eigener Hand erschaffen konnte. Nutztiere etwa. Schafe und Hühner für Eier, Milch, Daunen und Wolle und gelegentlich auch Fleisch. Oder ein Hund, Bewacher und Begleiter zugleich. Messer- und Beilklingen aus Metall, die schnitten doch wesentlich besser als behauener Flintstein. Eine Sense oder wenigstens eine Sichel. Gewebte Stoffe, um sich neue Kleidung zu machen, denn von seinen alten war nun wirklich kaum mehr etwas übrig, oder zumindest das Wissen, wie man einen dieser Webstühle mit den Gewichten dran baute, wie Hodica ihn benutzt hatte. Wofür man jedoch wieder Wolle benötigte. Und ordentlich getöpferte Gefäße, mit Deckel am besten, um Vorräte lange und vor Schimmel und Mäusen sicher aufzubewahren. Ach, es gab so vieles, woran es ihn mangelte, was er aber nicht alleine herstellen konnte, und nicht nur, weil ihm dafür die Rohstoffe fehlten. Die gab es nur jenseits von Wolke und Nebel, in den Siedlungen der Menschen, auf ihren Märkten und in ihren Heimen. Eben dort, wo er nicht mehr geduldet war und wohin er sich nicht zurück traute. Der bloße Gedanke daran ließ ihn frösteln. Als hätte er seinen Mut in seinem Heimatdorf zurückgelassen.

Er jagte viel, in der Hauptsache Kaninchen, aber auch Rehe, Hühnervögel und gelegentlich einen Fuchs oder Dachs, um an deren Pelz zu kommen. Regelmäßig ging er zu dem See zurück, von dem aus er zum ersten Mal die Wolke über Sconebeke erblickt hatte, um zu angeln. Hechte fing er häufig, gelegentlich einen Zander. Aber er aß grundsätzlich alles, was ihm in Netz und Reuse oder an den Haken aus Vogelknochen ging, selbst wenn es nur ein Stichling war. Im Frühjahr, zu Beginn der Brutsaison, nahm er noch so manches Nest aus, bis er sich der Frische der Gelege nicht mehr sicher sein konnte. Auf keinen Fall wollte er noch einmal ein Ei öffnen und darin ein halbentwickeltes Küken finden.

Seine Tage waren gut gefüllt, und wenn er arbeitete, sehnte er sich nur kaum nach der Gesellschaft anderer Menschen. Das war ein wertvoller Nebeneffekt, denn Aleric war nicht zum Eremiten geschaffen. Er kam zurecht, aber spätestens in der Nacht, wenn er auf seinem Blätterlager lag, wurde die Sehnsucht nach menschlichen Gesichtern, Stimmen, Körpern an seiner Seite mitunter so groß, dass es ihn in seiner Mitte zusammenkrümmte wie ein Krampf, genau dort, wo die Einsamkeit des Winters weiter ein Loch in ihn fraß. Aus dem damals gelegentlich aufgetauchten Wunsch, sich hinlegen und sterben zu wollen, war nun jedoch die Angst vor einem Tod in totaler Vergessenheit geworden. Je länger der Sommer dauerte, desto erschreckender wurde die Vorstellung in ihm, nach seinem Dahinscheiden von niemandem bestattet, sondern von den Wildtieren aufgefressen zu werden wie jedes andere Stück Aas auch. Das war eines Menschen unwürdig.

Nichts treibt den Menschen so sehr an wie die Angst und die Hoffnung. Das sind die beiden Pole, zwischen denen er sich ständig bewegt, die ihm – im Guten wie im Schlechten – Beschleunigung verleihen. Oft genug aber bedarf es noch einer weiteren Zugabe, um einen Menschen wirklich zum Handeln zu bringen, denn Hoffnung und Angst können auch so groß sein, dass sie sich als lähmend erweisen: der Zufall. Der Zufall ist der wahre König der menschlichen Existenz. Manche wollen nicht glauben, dass unser Wohl und Wehe von einer solch willkürlichen Kraft abhängt, und negieren sein Vorhandensein durch die Behauptung, allem irdischen Geschehen liege eine göttliche Vorherbestimmung zugrunde. Ob dem so ist oder nicht, weiß ich genauso wenig wie der Rest der Menschheit. Es interessiert mich auch nicht, denn wir können weder an der Vorherbestimmung noch am Zufall etwas ändern. In beiden Fällen sind wir nichts weiter als ein Spielball, entweder des Schicksals oder eines unergründlichen göttlichen Willens. Und Aleric war sowieso längst jenseits aller Philosophie. Er lebte von einem Tag auf den anderen, ebenso fürchtend wie hoffend, nicht entdeckt zu werden, weil es für ihn keine klare Grenze mehr zwischen Glück und Unglück gab. Wenn es nach ihm gegangen wäre, hätte auch der Zufall am besten einen weiten Bogen um ihn gemacht, um ihn nur ja nicht in Versuchung zu führen und vor eine schwere Entscheidung zu stellen.

Aber früher oder später begegnet der Zufall jedem von uns, er kommt so sicher wie das Amen in der Kirche. Als er zu Aleric kam, meinte er es sehr gut mit ihm, obgleich unser Held das im ersten Moment nicht glauben wollte. Nicht einmal ich kann sagen, was passiert war, irgendeine kleinere oder größere Katastrophe, ich bin nicht allwissend. Fest steht nur, der Verlust eines anderen sollte Alerics Gewinn sein.

Zu Beginn des Monats Juli seines ersten vollen Jahres unter der Wolke schlich Aleric sich einmal mehr zum Schierensee, um Fische zu fangen. Wie immer war er auf der Hut, blieb stets in Deckung und bemühte sich, so wenig Geräusche und Bewegung wie möglich zu verursachen im Wald. Die Fische wollten nicht beißen, was ihn ärgerlich machte. Dafür gelang es ihm, eine Ente, einen kräftigen Erpel mit gesund glänzendem Gefieder, zu fangen. Er machte dem Tier mit einer entschlossenen Drehung seiner Hände um den Hals den Garaus. Im selben Moment meinte er, in der Ferne irgendeine Art von Lärm zu vernehmen. Leise nur, weit weg, es hätte auch das Krachen eines umstürzenden Baumes sein können – oder eben eines gefällten. Den erschlafften Erpelkörper in der Hand, fror er mitten im Schilf, in dem er stand, ein und lauschte. Einige Minuten stand er bewegungslos im Wasser, ließ sich von Mücken stechen und neugierigen kleinen Fischen anstupsen, suchte mit weitaufgerissenen Augen die Ufer- ebenso wie die Horizontlinie nach Hinweisen auf eine sich nähernde Gefahr ab und strengte sein Gehör so sehr an, bis er nur noch das eigene aufgewühlte Blut darin rauschen hörte. Er wusste, dass Menschen ab und an durch diesen Teil des Eisenwaldes kamen, es musste nördlich und südlich von hier mindestens je eine dauerhafte Niederlassung geben. Er wusste auch, dass die dort Wohnenden niemals hinter den Nebel unter seine Wolke traten, weil ihnen die Sache nicht geheuer war. Nur befand er sich gerade eben auch nicht hinter seinem Schutzschild. Im Gegenteil, er war in ihr Territorium eingedrungen und bediente sich an ihren Vorräten, an ihren natürlichen Reichtümern. Was, wenn sie ihn entdeckt und Alarm geschlagen hatten? Die Wasseroberfläche war ein Spiegel, in dem er seine eigene Erscheinung betrachten konnte, und selbst er erschrak im ersten Moment immer vor seinem völlig verwilderten Aussehen. Welchen Schrecken mochte er da erst in anderen, zufällig auf ihn stoßenden Menschen hervorrufen?

Die warme Sommerluft brannte plötzlich vor Gefahr auf seiner Haut.

Langsam trat Aleric den Rückzug an. Alles, was er noch wollte, war, ungesehen zurück nach Sconebeke zu kommen. Ungesehen und nicht verfolgt. Er stieg aus dem Wasser und verursachte nicht mehr Geräusche als eine leichte Brise, die durch das Schilfrohr fährt. Er sammelte seine Siebensachen zusammen und musste nur zusehen, dass die ihm nicht wieder aus den zitternden Händen fielen. Er sah sich noch einmal um, denn hätte er etwas vergessen, hätte das den anderen ein Hinweis, eine Spur sein können. Er schlüpfte ins Unterholz und schlich zurück in Richtung Wolke, allerdings nicht auf dem geraden Weg, sondern hakenschlagend wie ein Hase: Am Ende einer geraden Linie wartet in der Regel nur der Tod durch des Jägers Hand. Er verbrauchte mehr Zeit für Pausen als für sein Schleichen. Immer wieder hielt er an, um die Umgebung mit Augen, Ohren, Nase und seinem aufgestellten Nackenhaar nach möglichen Verfolgern abzusuchen. In ihm vereinten sich die Instinkte des Jägers mit denen eines gejagten Raubtieres und machten ihn noch langsamer als ohnehin schon.

Das war sein großes Glück. Als er nämlich das nächste Mal Laute vernahm, die nicht in diesen Wald gehörten, verharrte er so reglos an Ort und Stelle, als wäre die Reglosigkeit selbst sein natürlicher Seinszustand. Aleric konnte warten. Etwas Größeres kam durch das Unterholz genau auf ihn zu. Etwas, das sich nur bedingt darum zu scheren schien, ob es entdeckt wurde oder nicht. Das freilich war verwirrend, denn nichts und niemand sollte sich in einer Wildnis wie dieser so unbedacht verhalten. Blätter raschelten, Zweige knackten – und plötzlich mähte der Brombeerstrauch vor ihm wie ein Schaf. Nein, wie zwei Schafe! Mindestens.

Aleric wusste nicht, wie ihm geschah. Er glaubte eher an Halluzinationen als an das, was seine Sinne ihm mitteilten. Selbst seine Nase wollte ihm plötzlich weismachen, es nur mit ein paar Huftieren zu tun zu haben. Er jedoch fürchtete noch solange den nordischen Sagenwolf im Schafspelz, bis es wieder und diesmal unmissverständlich mähte und einer der Paarhufer durch das Rankengestrüpp brach. Es war ein Lamm, so süß anzusehen, dass nicht einmal Alerics furchtgeleiteter Geist darin eine reißzahnbewehrte Gefahr zu erkennen vermochte.

Er wagte sich aus seiner Deckung hervor und fand vier Schafe vor, zwei ausgewachsene und zwei Lämmer. Bei den ausgewachsenen handelte es sich um einen Bock und ein Mutterschaf, die Jungtiere waren ihre Lämmer, erst wenige Monate alt und noch von ihr gesäugt. Männchen und Weibchen waren mit einem Seil zusammengebunden, dessen loses Ende sich im Unterholz verheddert hatte. Deshalb waren sie nicht weiter gekommen und hatten angefangen, Laut zu geben, als hätten sie ihren Besitzer rufen wollen, damit der ihnen aus der Patsche helfe.

In Alerics Hirn überschlug sich alles, Erleichterung und Horror, Schuld und Dankbarkeit. Dennoch zögerte er keine Sekunde und griff sofort nach dem Strick. Er fummelte ihn aus dem Gestrüpp frei, dabei die ganze Zeit über beruhigende Worte den Tieren zuflüsternd, und wollte ihn schon zur Sicherheit fest um sein Handgelenk wickeln, als ihm die klebrige Nässe daran auffiel. Nicht dass er hätte nachschauen wollen, Aleric agierte rein instinktiv und erkannte sofort das Blut, das die rauen Fasern durchtränkte. Beinahe hätte er das Seil wieder losgelassen. Für einen kurzen Moment war nicht klar, zu welcher Seite sich die Waage neigen würde, dann handelte er blitzschnell: Ungeachtet des glitschigen Gefühls, das der blutbesudelte Strick auf seiner Haut auslöste, wickelte er sich das lose Ende um das Handgelenk, griff sich erst das eine, dann das andere Lämmchen, klemmte sich die blökenden Tiere unter den Arm und lief nach Hause. Bock und Mutterschaf hatten Mühe hinterherzukommen, gebremst von der Furcht vor dem fremden Menschen und angetrieben von der Sorge um den eigenen Nachwuchs.

Die Nebelwand schien in ihren Augen nichts Ungewöhnliches zu sein, sie gingen hindurch, als hätten sie sie gar nicht wahrgenommen. Aleric fiel ein riesiger Stein vom Herzen, als ihre blasse Undurchsichtigkeit endlich vor ihm auftauchte. Dahinter würde er in Sicherheit sein, vor allem und jedem, was ihm hier draußen auflauern mochte. Sein Tempo verlangsamte er nach dem Passieren des feuchten Vorhangs trotzdem nicht. Er stoppte erst, als er seine Hütte im Schatten der drei Buchen erreicht hatte. Er führte seine Beute direkt hinein, warf die Tür zu und sackte von innen mit dem Rücken dagegen, dabei beinahe den Erpel zu Mus zerquetschend, der ihm noch immer vom Gürtel hing. Das war egal, Hauptsache, er hatte es geschafft!

Während Alerics schweres Keuchen wieder zu einem normalen Atmen wurde, ließ auch die Aufregung in den Schafen nach. Ihr lautes Blöken ging mehr und mehr in ein neugieriges Herumschnüffeln über, und je leiser sie wurden, desto mehr entspannte sich ihr neuer Besitzer. Ihr Krach hätte Verfolger auf die richtige Fährte führen, ihren rechtmäßigen Besitzer anlocken können. Denn diese Schafe gehörten nicht Aleric, er war allein aufgrund eines Unglücks oder Verbrechens in ihren Besitz geraten. Trotzdem würde er sie nicht zurückgeben. Er brauchte sie, brauchte sie unbedingt, wollte er den nächsten Winter überstehen und all die Winter, die da für ihn noch kommen mochten. Die Götter hatten sie ihm gesandt. Sie waren sein Lohn, solange durchgehalten zu haben. Sie waren ein Zeichen, ein Fingerzeig auf die Zukunft.

Zwei Tage lang rumorte die Angst, entdeckt zu werden, in seinen Eingeweiden, und Aleric verließ den Schutzraum seiner Hütte nur, um seine Notdurft zu verrichten. Die Schafe bekamen seine Essensration. Sie hätten sogar den Erpel haben können, er hatte keinen Appetit. Erst am dritten Tag normalisierte sich sein Verhalten wieder. Niemand war gekommen, sich die Tiere zurückzuholen und ihn des Diebstahls, des Raubes und vielleicht sogar Mordes an irgendeinem Bauern oder Händler zu bezichtigen. Einmal mehr hatte die ewige Wolke über Sconebeke ihren Zauber entfaltet und diejenigen beschützt, die so mutig waren, ihren Schutz zu suchen. Jedenfalls erklärte sich Aleric auf diese Weise das erlebte Wunder. Nach zwei Tagen verflüchtigte sich die Magie des Augenblicks endlich, und als Erstes verspürte er wieder Hunger. Ihm war nach einem Festmahl zumute, und er liebäugelte kurz mit Lammbraten, begnügte sich dann aber doch mit Früchten und Kräutern und ein wenig getrocknetem Wildfleisch.

Nachdem er gegessen hatte, stürzte unser Held sich in die Arbeit. Es mussten Vorkehrungen getroffen werden, wollte er seine Schafe erfolgreich halten. Für den Sommer musste ein Verschlag her; im Winter würden die Tiere bei ihm in der Hütte untergebracht sein, nicht zuletzt wegen der Wärme, die sie abgaben. Außerdem würden die Wiederkäuer im Winter etwas zu fressen brauchen, Heu vorzugsweise. Das aber, da war sich Aleric sicher, würde sich unter der Wolke kaum herstellen lassen, dafür war es nicht warm und trocken genug. Und wie sollte er die Mahd erledigen ohne das dafür nötige Werkzeug? Mit seinen eigenen Händen wäre er kaum jemals in der Lage, genügend Gras zu rupfen, damit die Viecher ihm nicht schon nach der Hälfte des Winters verhungerten. Die Vorstellung allein, auf einer Lichtung im Wald eine Weide anzulegen, die er für die Heuproduktion kultivieren konnte, ohne dass diese, und sei es nur durch Bruder Zufall, entdeckt werden würde, ließ ihm den Magen zu einem Eisklumpen gefrieren. Aber er würde nicht drum herumkommen. Hatte er es mit seinen Trockenfrüchten nicht ebenso gemacht? Wenn er nur eine Sichel hätte oder am besten gleich eine Sense. Und wenn er schon dabei war: Wie sah es mit Scherwerkzeugen für die Wolle aus? Was nützten ihm die schönsten Schafe, wenn er sie nicht scheren konnte? Es war unmöglich, den armen Tieren das Fell mit bloßen Händen auszureißen, und selbst seine Klingen aus Flintgestein würden ihm kaum den gewünschten Erfolg bringen. Sicher, irgendwie würde es gehen, aber er war sich nicht sicher, ob ihm dazu die nötige Beharrlichkeit gegeben war, von den Schafen einmal ganz zu schweigen.

So schön es auch war, endlich wieder Nutztiere zu besitzen, sie stellten ihn vor gleich eine ganze Reihe an Herausforderungen. Aleric war geschickt mit den Händen, das habe ich bereits mehrfach erwähnt, aber hier stieß er mit seinen Fähigkeiten an seine Grenzen. Zumindest für den Anfang würde er auf fremde Hilfe angewiesen sein.

Diese Erkenntnis behagte Aleric nicht im Geringsten.

Aber für eine Umkehr war es längst zu spät.

Was macht man, wenn man kein Geld zum Kaufen oder Ware zum Tauschen hat? Was macht man, wenn man nicht einmal seine eigene Arbeitskraft anbieten kann, um dafür Dinge als Gegenwert zu erhalten? Richtig, man stiehlt. Man nimmt anderen etwas weg, was die vielleicht ebenso dringend brauchen wie man selbst, ohne eine Entschädigung dafür zurückzulassen. Welches Unglück das für die Bestohlenen nach sich ziehen konnte! Elend oder, wenn die Dinge besonders schlimm liefen, der Tod. Welcher anständige Mensch kann allein schon mit der Aussicht auf eine solche mögliche Schuld leben?

Tatsächlich waren es nicht einmal diese hochmoralischen Implikationen, die Aleric zögern ließen. Mehr als alles andere fürchtete er die Entdeckung. Wenn sie ihn auf frischer Tat ertappten, erkannten sie dann nicht auch sofort, wer er wirklich war und warum er sich vor ihnen versteckt hielt? Das hielt ihn zurück und ebenso die große Frage danach, wie er den nötigen Diebstahl überhaupt praktisch bewerkstelligen sollte. Er hatte nicht die geringste Erfahrung damit. Seine Karriere als Dieb beschränkte sich auf ein Ereignis in seiner Kindheit, als er zusammen mit Sclaomir von dessen Mutter einen frischen Laib Brot stibitzt hatte – wofür sie ordentlich durchgeprügelt worden waren. Danach hatten sie beide nie wieder Lust auf die widerrechtliche Aneignung fremden Eigentums verspürt. Jetzt aber würde ihm keine andere Wahl bleiben, wollte er sein Asyl und damit sein Leben nicht gefährden.

Wohl das Beste an der Not ist, dass sie die Skrupel betäubt.

Es begann eine klandestine, sinistre Zeit, die nicht sehr lange währte, sich unserem Aleric aber tief einprägte. Er war tatsächlich bemüht, nur das zu stehlen, was ihm zum Leben noch fehlte. Er war nur nicht der Typ, der sich nachts durch den nun wahrlich finsteren Wald schlich, andere Menschen belauerte, auf einen unachtsamen Moment wartete und sich fremdes Eigentum griff. Allein die Vorstellung ließ ihn in kalten Schweiß ausbrechen, als wollte sich sein Körper durch Verflüssigung vor der gemeinen Aufgabe drücken. Jeder Zweig, der in der Dunkelheit unter seinen Füßen knackte, ließ ihn zusammenzucken und für ganze Minuten erstarren wie ein Stein und ebenso jedes welke Blatt. Jeder Ast, der zu laut an seinen Platz zurückschnellte, nachdem er ihn beiseitegeschoben hatte, um zu passieren, war wie ein Peitschenhieb auf den Rücken, der seine Muskeln in Abwehr versteifen ließ. Jeder Schrei eines Kauzes, jedes warnende Keckern eines aufgestörten Dachses, jedes überhastete Verhuschen eines Nagers im Gestrüpp klang wie Verrat in seinen Ohren. Selbst Mondschein, der es wagte, durch das dichte Blätterdach bis zu ihm unten auf der Erde vorzudringen, war nicht wirklich willkommen, sondern barg die große Gefahr in sich, seine Entdeckung zu forcieren.

Das waren die Stolpersteine, die ihm den Weg zu seinen Opfern zum Spießrutenlauf werden ließen. Hatte er die endlich erreicht, stellten sich ihm noch ganz andere Herausforderungen: Wachhunde, die nur darauf warteten, belfern zu dürfen; Gänse, die scheinbar niemals schliefen und, wenn sie einmal losschnatterten, wohl die lautesten Tiere überhaupt waren; Wallanlagen aus Erde, Holz oder der guten alten, allgegenwärtigen Brombeerranke und mit Wasser und Dreck gefüllte Gräben. Zu guter Letzt kam noch der Schlaf von Menschen hinzu, die es trotz Schutzmaßnahmen gewohnt waren, mit einem Auge offen zu schlafen. Diesen Schlaf kannte Aleric nicht erst seit Sconebeke. Ihn hatte er auch schon in seinem alten Dorf geschlafen, denn vor Räubern und anderen Spießgesellen war man niemals gefeit. Wer sollte einen vor solchen Leuten schützen, wenn nicht man selbst?

Und in den Hütten und Verschlägen würde es dunkel sein, nachts brannte nirgends ein Licht außer dem letzten leisen Glühen des Herdfeuers. Mehr als einmal wünschte sich Aleric im Verlaufe dieses ehrlosen Abenteuers, Augen wie die Eule zu haben. Stattdessen fühlte er sich jetzt, da es darauf ankam, geradezu mit nächtlicher Blindheit geschlagen. Natürlich waren es Aufregung und Angst, die sich wie zwei große kalte Hände über seine Augen stülpten und alles um ihn herum schwarz werden ließen. Aber es sind nicht die Boten des Teufels, die zählen, sondern seine Botschaft: Du wirst scheitern!

Lange Zeit ging es nicht voran für unseren kleptomanischen Amateur. Zum einen gestaltete sich schon die Suche nach möglichen Opfern als schwierig in einem Land ohne feste Straßen, Wegweiser und Siedlungen. Die wurden bisweilen schnell wieder aufgegeben und deren Namen waren zumeist nur Schall und Rauch und allein ihren Bewohnern bekannt. Zum anderen traute Aleric sich, hatte er endlich Menschen entdeckt, lange nicht an sie heran. Wahrscheinlich wäre er selbst vor Udo mit seinem getreuen Zugtier Wuotan zurückgeschreckt, wenn Händler und Ochse selbst nicht aus Angst vor einem Waldschrat, der unter der ominösen Wolke hauste, neuerdings einen Bogen um diese geschlagen hätten. Drittens gab es so viele andere Arbeiten, die er unbedingt vor dem Einbruch des Winters erledigen sollte, um gegen die Angriffe dieses grimmen Herren bestehen zu können. Wertvolle Zeit verstrich, bevor Aleric sich traute und das erste Mal beobachtend in der Nähe einer Siedlung auf die Lauer legte. Er wollte doch nur seine Erfolgsaussichten einschätzen lernen. Es war ein kleiner Weiler, drei Hütten, errichtet am Rand einer schmalen Lichtung, bewohnt vermutlich von einem Familienverband. Er sah drei erwachsene Männer, nur einer davon halbwegs alt und gebrechlich, zwei Frauen, eine Handvoll Kinder, keine verräterisch schnatternden Gänse, aber vier aufmerksame, durch und durch unfreundlich dreinschauende Hunde. Die Leute trugen Arbeitswämser, einfache Tuniken und schmutzige Gamaschen. Sie wirkten eher hager und ärmlich, wenn da nicht ein Koben voller Schweine gewesen wäre und: ein paar Schafe, deren Fell vor wenigen Wochen erst geschoren worden war. Deshalb entschied er sich schlussendlich dazu, zurückzukommen und es hier zu versuchen. Er hatte es auf ihre Scherwerkzeuge abgesehen, die brauchte er.

Wie bereits angedeutet, Aleric war alles andere als ein Meisterdieb, allein schon, weil es ihm an der dafür nötigen Kaltschnäuzigkeit fehlte. Bis zum Schluss überkam ihn bei der Vorstellung, sich in der Dunkelheit in eine fremde Hütte zu schleichen, in der die Bewohner friedlich, aber nicht sehr tief schliefen, das kalte Grausen. Dass es für ihn auf diesem Weg nicht gehen würde, war ihm schnell klar. Dass es auf dem, den er dann wählte, auch deshalb so gut ging, weil ein anderer bereits die ebnende Vorarbeit geleistet hatte, sicher nicht. Andernfalls hätte er sein Vorhaben sofort abgeblasen, sich zu seinen drei Buchen hinter Nebel und Wolke zurückgezogen und wäre niemals wieder daraus hervorgekrochen. Aleric sollte niemals erfahren, dass es ausgerechnet der mit allen Wassern gewaschene und nicht unbedingt als glaubwürdig geltende Udo war, der mit seinem Gefasel vom bösartigen Fabelwesen unter der Wolke den Boden bereitet hatte. Trotzdem hatte es die Runde gemacht, und obwohl keiner es glauben wollte, gedieh es doch prächtig in den für Aber- und Wunderglaube anfälligen Köpfen der Menschen. Alles, was Aleric noch zu tun brauchte, war das richtige Mittel zu wählen, um die Geschichten über sich unbemerkt wahrwerden zu lassen.

Er wählte das richtige Mittel.

Wir haben zuvor schon von der Macht der Angst über das menschliche Leben gesprochen, wie sehr sie in der Lage ist, dieses zu steuern. Aleric, selbst ein Angstbündel in seiner Einsamkeit, wusste das nur zu gut. Es gab so viele Dinge, die einem Menschen in dieser Zeit Furcht einflößen und in die Flucht schlagen konnten. Je mehr ein Mensch dabei auf sich allein gestellt war, desto besser funktionierte es natürlich. In der Gruppe dagegen fühlten sie sich immer stärker. Also musste unser Held bei seinen Opfern eine Massenpanik auslösen, um sie alle zugleich aus ihren Behausungen zu scheuchen. Ihr Schrecken musste so groß sein, dass keiner von ihnen auf die Idee kam, sich ihm als letzte Bastion in den Weg zu stellen. Aleric stahl, weil er keinen anderen Ausweg mehr wusste, da musste er nicht auch noch Blut vergießen und zum Körperverletzer oder Mörder werden.

Der Sommer half ihm gnädigerweise bei seinem Ablenkungsmanöver. Eine Phase relativer Wärme und Trockenheit – so richtig heiß wurde es in diesem Teil der Kimbrischen Halbinsel zumeist erst im August – schuf die Grundlage. Sein kniffligstes Problem war so, die Vorbereitungen unbemerkt durchzuführen. Was passieren würde, wäre er vorzeitig ertappt worden, wollte er sich nicht ausmalen. Das dauerte ein paar Tage, Tage, die er außerdem brauchte, um sich den nötigen Mut einzureden. Dann aber stand alles bereit. Die Generalprobe würde zugleich die Premierenaufführung sein, und das bereitete ihm die größten Sorgen. Das hieß, das Gelingen seiner miesen kleinen Operation lag allein in den Händen der Götter. Eine Fehleinschätzung, und der ganze schöne Plan würde zum Teufel gehen. Aleric schickte ein letztes Stoßgebet zu allen Anbetungswürdigen im Umkreis, dann machte er sich an die Arbeit.

Es war in einer stockfinsteren Neumondnacht. Die Bewohner des namenlosen Weilers schliefen, die Menschen ebenso wie die Tiere. Ab und an stellte einer der Hunde horchend ein Ohr auf, wenn ein Geräusch die dünnen oberen Schichten seines Schlafs durchbohrte, aber nichts klang so ungewöhnlich, dass es ihn oder einen seiner Kameraden geweckt hätte. Wildtiere konnten gut und gerne für jedes Knacken, Rascheln, Huschen und Flüstern im Wald verantwortlich sein. Bis ein mächtiges Gejaule, halb wutentbranntes Brüllen, halb schmerzgepeinigtes Heulen, die Nachtruhe zerstörte, sie so plötzlich aufschlitzte wie ein von hinten angesetztes Messer eine ungeschützte Kehle. Mensch und Tier waren augenblicklich wach und auf den Beinen. Die Hunde bellten und winselten im Wechsel, die Menschen schrien und weinten, als sie aus ihren Hütten liefen – und plötzlich unweit ihres Lagers einen toten Baum in Flammen aufgehen sahen. Die Siedler, die die Umgebung sehr genau kannten, wussten sofort, dass es sich um die alte Esche handelte, die sie schon tot bei ihrem Herzug vorgefunden hatten. Sie hatten deshalb erst weiterziehen wollen, ein so edler und mythenumwobener Baum tot in der Nachbarschaft mochte ein böses Omen sein. Das schien sich nun zu bewahrheiten. Das Feuer fraß sich, genährt von trockenem Laub und schnell brennenden Kienspänen, in Windeseile den Stamm hinauf und ins Astwerk hinein, und dazu erklang erneut dieses markerschütternde Brüllen. Schon da waren sich die Siedler einig, dass dieses Ereignis weder menschlichen noch tierischen Ursprungs sein konnte. Etwas Altes, Zorniges, Untotes hauste in der Esche, war darin vielleicht von einer noch größeren Macht gefangen gehalten worden, aber nun hatte es diese überwältigt und befreite sich aus seinem für die Ewigkeit geschaffenen Gefängnis. Es musste hungrig sein nach so langer Zeit – hungrig auf Fleisch. Die Siedler starrten noch einen Moment wie gebannt auf das unheimliche Schauspiel, standen wie am Boden festgenagelt da, obwohl ihr Gehirn ihnen längst befahl, das Weite zu suchen. Doch dann fing die Lohe an, nach allen Seiten hin Feuer zu spucken und den Wald ringsum in Brand zu stecken. Dazu kamen auf einmal reißende, splitternde, ächzende Geräusche, so als würde sie ihre langen Wurzeln aus der Erde ziehen, um sogleich die Jagd auf mögliche Opfer zu eröffnen.

Das gab den Ausschlag: Die Menschen ließen alles stehen und liegen und ergriffen die Flucht. Sie nahmen nur mit, was sie am Leibe trugen, und wären die Hunde nicht instinktiv ihren Herren gefolgt, auch sie wären zurückgelassen worden. Einer der Männer kam noch auf die Idee, den Schweinekoben zu öffnen, aus dem es entsetzlich ängstlich quietschte und schrie, und dann waren sie schon über alle Berge. Lediglich eins der Kinder, ein kleines Mädchen, an die Brust seiner Mutter gedrückt, musste zurückschauen und glaubte für einen Moment, einen Schatten vor den Flammen zu sehen, die Umrisse einer Gestalt, die absolut nicht so aussah wie Mama oder Papa.

Aleric ließ das Tanzen um die Flammen der Esche sein, warf die belaubten Zweige, mit denen er herumgewedelt hatte, weg und näherte sich den verlassenen Hütten. Er heulte und brüllte noch gelegentlich, um die Fassade aufrechtzuhalten. In der nur vom Feuer erhellten Finsternis hatte er nicht genau erkennen können, ob wirklich alle Bewohner des Weilers geflohen waren. Wie groß seine Erleichterung war, als er diese Hoffnung bestätigt sah, ist kaum zu beschreiben. Ihn schwindelte es richtiggehend und er wäre beinahe auf die Knie gefallen wie ein reuiger Sünder, dem Erlösung zuteilwird. Aber dafür hatte er natürlich keine Zeit, jetzt musste er schnell handeln. Er konnte sich schließlich nicht sicher sein, ob die fremden Menschen seinen Trick nicht doch noch durchschauten. Ein letztes Mal musste unser Held sein schlechtes Gewissen hinunterschlucken, bevor er die Hütten betrat.

Ob diese nun für immer aufgegeben waren oder nur für den Moment, spielte keine Rolle mehr, Aleric nahm sich, was er kriegen konnte. Genau genommen plünderte er den Platz. Alles aus Metall, behauenem Stein, gebranntem Ton, geschliffenem Knochen, geschnitztem Holz oder bearbeitetem Gebein griff er sich: Eisenklingen, Töpfe, Kannen, Kämme, Spindeln, Nadeln. Dazu sämtliche Tuche und alles Lederzeug, das er finden konnte, egal ob Bekleidung oder Beutel. Er suchte nach Vorräten – er fand einen Schinken! – und steckte sie ein. Saatgut stöberte er auf, Gerste vielleicht oder Dinkel. Frisches Gemüse, etwas Rübenartiges, eventuell Gelbe Bete. In der Düsternis der Hütten war das schwer auszumachen, aber in seiner Hast nahm er es mit den Bezeichnungen nicht allzu genau. Das konnte später kommen, jetzt galt es nur, so schnell wie möglich alles zusammenzuraffen, was vorhanden war.

Die nächste Hürde stellte der Transport des Diebesgutes dar. Doch auch hier halfen ihm die Geflohenen mit ihrem eigenen Besitz. Aleric fand mehrere Weidenkörbe, ein recht großer davon mit Schulterriemen versehen, sodass er wie ein Ranzen zu tragen war. Er stopfte alles wahllos hinein und den Rest in zwei weitere Körbe, die er sich unter die Arme klemmte. Manches musste er zurücklassen, weil kein Platz mehr war. Das ärgerte ihn, obwohl er sich nicht einmal sicher war, ob er diese Dinge überhaupt gebrauchen konnte. Trotzdem, es wurde Zeit, diesen Ort zu verlassen. Je länger er verharrte, desto größer wurde die Gefahr, dass die Bewohner zurückkehrten.

Mit einem letzten Blick zurück in die dunkle Höhle dieses geplünderten Wohnraums zwängte Aleric sich durch die niedrige, enge Türöffnung und verließ die Lichtung. Die wurde noch immer von der brennenden Esche erhellt, die längst das Unterholz um ihren Stamm herum in Brand gesteckt hatte. Allein, der Gedanke, einen Waldbrand ausgelöst zu haben, kam Aleric nicht, er wollte jetzt nur noch nach Hause. Der direkte Weg war natürlich unmöglich wegen eventueller Verfolger, weshalb er Stunden für die wenigen Meilen brauchte. Doch nicht einmal nachdem er die Nebelwand passiert und seine eigene Hütte unter der Wolke und den drei Buchen am Bach erreicht hatte, ließ die Anspannung nach. Seine vier Schafe begrüßten ihn mit aufgeregtem Blöken, und er hätte ihnen am liebsten das Maul gestopft, weil sie so einen Krach machten. Außerdem fühlte er sich in seinen eigenen vier Wänden plötzlich wie gefangen, wie in einer Falle hockend, die er sich selbst geschaffen hatte. Jetzt könnten sie ihn mit Leichtigkeit umzingeln. Plötzlich bekam er keine Luft mehr da drin. Immerhin funktionierte sein Kopf noch so gut, dass er seine Beute möglichst so ablegte, dass die Schafe nicht herankamen, dann musste er wieder nach draußen, ins Freie, an die frische Luft.

In dieser Nacht schlief Aleric gar nicht und auch in der Nächsten nur wenig. Das leiseste Geräusch in seiner Umgebung sandte einen Adrenalinschub durch seinen Organismus und brachte ihn auf die Beine. Immer wieder fingen seine Hände an, unkontrolliert zu zittern, und wurden ihm die Knie weich. Er war kaum fähig, seine Eroberungen zu sichten, geschweige denn Nutzen daraus zu ziehen. Bis sich seine Schuldgefühle einigermaßen gesetzt hatten, sollten Tage vergehen. Erst allmählich zeitigte die Einsicht in die Notwendigkeit ihre lindernde Wirkung, und unser Held begann, sein Verbrechen in einem anderen, günstigeren Licht zu sehen.

Noch drei weitere Male zog Aleric seinen feurigen Mummenschanz ab, jedes Mal mit Erfolg. Als er für einen vierten Versuch auf die Pirsch ging, stieß er auf eine Ansammlung von gerade erst frisch aufgegebenen Hütten, und es war offensichtlich, dass die mangelhafte Gründlichkeit beim Packen allein der Eile der fortziehenden Menschen geschuldet war. So fand er noch den einen oder anderen Gegenstand im Staub, darunter eine Schafschere, verließ den Ort aber selbst so schnell wie möglich wieder. Er kam ihm unheimlich, wie heimgesucht vor. Womit er die Gefühle der geflohenen Menschen sehr genau getroffen hatte; nur dass er selbst die Quelle für diese wäre, hätte er niemals gedacht.

Udo mochte noch ausgelacht worden sein für seine wirre Erzählung vom Waldschrat. Als aber gleich ganz verschiedene und vollkommen mittellose Menschen aus der Nähe der Wolke von bösen Erscheinungen berichteten und um Hilfe und Unterkunft in größeren Dörfern ersuchten, entstand eine neue Legende, ein Schauermärchen, in das Udos Bericht ganz natürlich mit einbezogen wurde. Da wohnte wirklich ein Unwesen unter der Wolke und terrorisierte die braven Menschen des Umlands, und das sorgte für große Unruhe und Angst. Mehrfach wurde gefordert, sich zu bewaffnen und dem Feuerdämon zu stellen, ihn nach Möglichkeit aus seinem Unterschlupf zu vertreiben, damit die Gegend wieder sicher werde. Allein dazu kam es nicht, musste es nicht mehr kommen, denn so plötzlich, wie die seltsamen Überfälle begonnen hatten, hörten sie auch wieder auf. Der Grund dafür war für die Überfallenen genauso wenig nachvollziehbar wie der, der das ganze Geschehen erst ausgelöst hatte. Das immerhin passte ins Bild. Eine logische Erklärung hätte wahrscheinlich alles nur noch schlimmer gemacht und die Menschen tatsächlich zum Handeln gezwungen, und sei es nur aus Rache für das erlittene Unglück. Dabei war der Grund ein ganz banaler: Aleric hatte genug.

Er musste nicht mehr auf Raubzug gehen, weil sein Haushalt mit dem, was er bis dahin erbeutet hatte, gut genug ausgestattet war. Nun würde er es mit der nächsten großen Einsamkeit des Winters aufnehmen können. Er besaß jetzt sogar ein paar Hennen und einen Hahn. Und wieder richtige Kleidung sowie Klingen, um sich die verlausten Haare auf dem Kopf und im Gesicht zu stutzen. Seine unrechtmäßig erworbenen Güter erlaubten es ihm, sich vom Schrat mit dem schrecklichen Antlitz zurück in einen noch immer recht ansehnlichen Mann zu verwandeln. Nun jagte ihm sein eigenes Spiegelbild im Seewasser keinen Schrecken mehr ein, war ihm wieder wohler zumute, wenn er seiner selbst gewahr wurde. Er fühlte sich wieder wie ein Mensch.

Und das war auch gut so. Denn der Herbst kam und brachte nicht nur jede Menge Arbeit mit sich, die unbedingt noch vor dem Einbruch der nächsten Kälteperiode erledigt werden musste und so die Erinnerung an seine gesammelten Untaten verdrängte. Und mit dem Herbst kam außerdem noch ein Mensch zu Aleric.

Plötzlich stand er da. Fünfzehn, vielleicht sechzehn Jahre alt. Unsicher, aber scheinbar zu allem entschlossen, wenn der bei seiner Arbeit überraschte Aleric den Blick aus diesen grauen Augen richtig deutete. Aleric hätte sich beinahe in die Hosen gepinkelt vor Schreck. Es wäre ihm gar nicht mehr in den Sinn gekommen, dass ihn noch jemals irgendein anderer Mensch unter seiner Wolke aufsuchen, entdecken könnte. Sollte er in Panik geraten? Sollte er sich auf den anderen stürzen, bevor der ihm gegenüber handgreiflich werden konnte? Er wirkte nicht gewalttätig, nicht einmal ihm körperlich überlegen. Aber das musste nichts heißen, der andere verstellte sich vielleicht nur instinktiv.

Für einen langen Moment standen sich die beiden Männer nur gegenüber und starrten sich tief in die Augen. Dann begriff Aleric.

»Wer bist du?«, fragte er. Und freundlicher: »Wie ist dein Name?«

Zehntes Kapitel

Unwissenheit war es letztlich gewesen, was die Kaufmanns nach Kaltsommer geführt hatte – und wegen des Phlegmas, das die Eheleute Robert und Anna verband, kamen sie nicht mehr weg. Entgegen jeder eigenen, mantraartig wiederholten Behauptung, dieses Nest sei nur zu ertragen, weil es einen Übergang, einen Anfang darstellte, hatten sie sich eingerichtet. Warum gleich wieder umziehen, wenn es irgendwie geht? Nach einem neuen Heim kann man sich jederzeit und in aller Ruhe umsehen … Bis dahin war Kaltsommer gut genug, zumindest solange die Heizung funktionierte und das Geld für regelmäßige Urlaube im Süden ausreichte. Geldprobleme hatten die Kaufmanns keine.

Robert war ein gebürtiger Frankfurter, Anna stammte aus Mainz. Sie hatten sich ganz klassisch auf der Arbeit kennengelernt. MoLoSo hieß die Firma. Die hatte sich im Frankfurter Bankenviertel angesiedelt, und diese Abkürzung stand für MoneyLogicSolutions. Sie bot Buchhaltungsprogrammlösungen für Geldhäuser und andere Finanzdienstleister an, und dank Globalisierung und Digitalisierung lief das Geschäft blendend. Robert war im Service angestellt, Anna im Vertrieb: Sie warb die Kunden an, bei denen er die Lösungen implementierte, stets individuell auf deren Bedürfnisse zugeschnitten. Die Arbeit war nicht besonders aufregend, aber sie erlaubte es dem jungen Paar, sich auf dem teuren Frankfurter Mietmarkt zu halten. Zwei Zimmer im gediegenen Nordend hatten ihren Ansprüchen vorerst vollkommen genügt. Als die Firma bundesweit expandierte und dafür Personal aus der Stammbelegschaft suchte, hielt Robert dennoch seine Zeit für gekommen. Das war seine Chance: ein besserer Job, ohne den Arbeitgeber wechseln zu müssen. Nicht dass er ein besonders ehrgeiziger Mensch gewesen wäre, auch auf Anna traf das nicht zu, aber man musste sich doch verbessern, wenn die Gelegenheit günstig war. Außerdem wollten sie nicht mehr einfach nur miteinander verheiratet sein, sondern eine richtige Familie gründen und Kinder haben. In Frankfurt selbst hätten sie das kaum finanzieren können, eine größere Wohnung wäre für sie nur im Umland der Mainmetropole möglich gewesen. Also warf Robert seinen Hut in den Ring – Anna nicht, auf die Idee, ihr am neu zu gründenden Standort ebenfalls einen Job zu verschaffen, kam MoLoSo selbst –, und gemeinsam träumten sie von München, Düsseldorf, Hamburg, Berlin oder vielleicht ja Wien oder Genf. Es wurde Kiel. Immerhin, andere Kollegen gingen ganz leer aus. Die Eheleute Kaufmann trösteten sich mit der Aussicht auf ein Haus mit Meerblick und ein Leben in entspannter Gelassenheit, für die die Fischköpfe doch so berühmt wären. Sie beauftragten eine Maklerin, der suchte ihnen ein paar Objekte heraus. Das in Kaltsommers Neubaugebiet Am Dörnsberg war eigentlich nur aus Spaß dabei, ein Running Gag innerhalb der holsteinischen Maklerzunft, denn niemand außer einem verlorenen Kaltsommeraner Sohn wollte sich dort ansiedeln. Im Laufe der Zeit war es zu einem sportlichen Wettkampf geworden, ein Objekt dort an vollkommen Ortsfremde zu vermitteln, ohne es diesen mit illegalen Tricks aufzuschwatzen. Dem Sieger winkte ein fürstliches Essen auf Kosten der Kollegen. So war auch Elke Siebert aus Kiel an die Sache herangegangen und hätte im Leben nicht daran geglaubt, einmal diese Siegprämie einzuheimsen. An dem Haus, um das es ging, auf der Ostseite der beeindruckenden Lindenallee gelegen, aber eben auch unter dieser vermaledeiten ewigen Wolke, hatte sich der Bauherr verhoben. Ausgestattet mit allem wärmedämmenden und heiztechnischen Luxus, geräumig und modern, hatte es der Besitzer abstoßen müssen, nachdem er seinen Job verloren hatte. Der Neubau hätte ein echtes Juwel sein können, wenn nicht die Lage gewesen wäre. Die drückte den Preis. Interessenten gab es trotzdem, hauptsächlich solche, die ohnehin familiäre Verbindungen nach Kaltsommer besaßen. Aber die zählten nun einmal nicht im Sinne des heimlichen Maklerwettstreits, und so wäre vermutlich auch dieses Objekt bald wieder als vertane Gelegenheit vom Markt verschwunden.

Dann kamen Robert und Anna Kaufmann. Elke Siebert führte sie nach Kaltsommer und durch das Haus, nannte die Details vom Grundriss bis zur Ausstattung und wies auch ausdrücklich nah oben gen Himmel. Dort drehte sich Kaltsommers Wolke gemächlich wie ein Mühlstein, der nichts anderes zu tun schien, als Sonnenlicht zu Nieselregen zu zermahlen, um die eigene Achse. »Die ist immer da!«, hatte sie mit erhobenem Zeigefinger gewarnt und den Preis genannt. Robert Kaufmann hatte sofort zugeschlagen und Anna aufgeregt genickt. »Noch einmal: Die Wolke ist hier immer. In Kaltsommer scheint so gut wie nie die Sonne«, hatte Frau Siebert wiederholt. Doch die Entscheidung war gefallen. Der Kaufvertrag wurde aufgesetzt, das Geschäft besiegelt und die Kollegen informiert. Während die sich noch verwundert staunend die Augen rieben und als gute Verlierer erwiesen, machten sich die Kaufmanns an den Um- und Einzug.

Sie konnten wirklich nicht behaupten, übervorteilt worden zu sein. Gier und Geiz waren es gewesen, die sie aufs Glatteis geführt hatten, bestenfalls hätten sie sich blauäugig nennen dürfen. Das begriffen sie aber erst, als sie tatsächlich in ihrem neuen Haus wohnten und auf Sonnenschein warteten. Der nicht kam, sie waren in einem Jahr mit ganz besonders miesem Wetter nach Kaltsommer gezogen. Währenddessen schlossen Elke Siebert und ihre Kollegen Wetten darüber ab, wann das Objekt wohl wieder auf dem Markt erscheinen würde. Robert und Anna nahmen sich auch bald vor, sich in Kiel nach einem Haus in besserer Lage umzusehen. Das blieb ein frommer Wunsch. Zuerst absorbierte die Arbeit ihre ganze Energie – einen neuen Standort aufzubauen, war doch komplizierter als gedacht –, dann wurde Anna schwanger. Eine frohe Botschaft, keine Frage, sie hatten so lange schon auf ein Kind gewartet. Aber eben auch eine Herausforderung, die man nicht durch einen Umzug unnötig verkomplizieren musste. Sie würden also erst mal in diesem Regenwalddorf ohne Wald ausharren und sich etwas Trockeneres suchen, sobald ihr Kind aus dem Gröbsten heraus wäre. Nach der üblichen Zeit erblickte der kleine Leon das Licht der Welt, gesund und munter und pflegeleicht, und Anna hörte erst einmal auf zu arbeiten, um sich ganz um ihren Augenstern zu kümmern. Erst in dieser Phase lernte sie, ihren neuen Wohnort so richtig zu hassen. Sie konnte nicht einmal mit ihrem Söhnchen einen Spaziergang machen, ohne nass und klamm nach Hause zu kommen. In Kiel hätte wenigstens ab und an die Sonne geschienen, hier ließ sie sich wirklich niemals blicken. Niemals! Sie beschwerte sich bitterlich bei ihrem Mann darüber. Der zeigte durchaus Verständnis für sie und versprach, sich nach einer Alternative umsehen zu wollen, wenn immer seine Arbeit ihm dies gestatte. Als Leiter der Kieler MoLoSo-Niederlassung verbrachte er jedoch lieber mehr Zeit damit, sich nach der einfachen, klar umrissenen Struktur seines alten Aufgabenfeldes als IT-Mann zu sehnen, als mit allem anderen. Das ganze bürokratische Gedöns, mit dem er sich jetzt ständig herumschlagen musste und worauf ihn auch das Seminar damals nicht vorbereitet hatte, zerrte an seinen Nerven. So belastet sah er sich einfach nicht in der Lage, noch nach einem Haus zu suchen und einen weiteren Umzug zu organisieren. Und außerdem: Ein so tolles Haus wie das in Kaltsommer würden sie anderswo nicht bezahlen können, schon gar nicht mit Blick auf die Förde. Da war es doch wohl nicht zu viel verlangt, diesen kleinen wettertechnischen Nachteil in Kauf zu nehmen. Nicht dass er Anna das gesagt hätte. Er saß ihr Jammern einfach aus, und sie, auch nur ein Gewohnheitstier, ließ ihn gewähren. Der Einzige, der sich nicht beschwerte, sondern sich im Gegenteil sogar äußerst wohlfühlte in Kaltsommer, war Leon. Er blieb ein pflegeleichtes Kind, das ausgezeichnete Noten aus der Schule nach Hause brachte und immer weniger Pflege bedurfte. Er konnte den Wunsch seiner Eltern, dieses Dorf wieder zu verlassen, nicht im Geringsten teilen. Weil sie nun schon sein ganzes Leben lang darüber sprachen, ohne jemals irgendwelche Schritte diesbezüglich in die Wege zu leiten, fürchtete er irgendwann nicht einmal mehr, sein Zuhause auf diese Weise zu verlieren. Ihn nervten nur ihre ständigen Beschwerden. Deshalb war er sehr froh, als seine Mutter, kaum war er auf dem Gymnasium, wieder in ihrer alten Firma arbeiten ging, zuerst nur halbtags, dann glücklicherweise ganztags. Es gab für ihn nichts Schöneres, als das Haus stundenlang für sich zu haben.

Die Gründe dafür waren die eines typischen Nachwuchskaltsommeraners, erschwert durch Eltern, die ihre ortsfremden, zugezogenen Ansichten nicht ablegen konnten. Hätten Holsteins Makler dies geahnt, sie hätten nicht länger auf den Ausgang ihres neuesten Wettspiels gewartet, sondern die nächste Runde des alten eingeläutet. Die hätte größere Aussicht auf Erfolg geboten. Dabei wäre Leon Kaufmanns persönliche Entwicklung beinahe ein solcher Stein des Anstoßes geworden, dass es die Familie tatsächlich noch einmal in Bewegung versetzt hätte. Es hätte nichts geändert, aber Vater und Mutter Kaufmann dann wenigstens behaupten können, alles versucht zu haben.

Die Eltern waren die letzten, die begriffen, dass ihr Junge schwul war. Sie wollten es nicht wahrhaben, weil sie sich dadurch von ihrem Kind noch weiter entfremdet fühlten. Leon war nun nicht mehr nur, was seine

Gleichgültigkeit gegenüber dem ewigen Schietwetter anging, ein echter Eingeborener, sondern auch von seiner Sexualität her. Sie dagegen waren und blieben die Zugezogenen. Sie hatten ja nichts gegen Schwule, aber musste es ausgerechnet ihren Sohn treffen, nachdem sie schon in diesem feuchten Rattenloch von einem Dorf gelandet waren? Von dieser Besonderheit Kaltsommers, besonders viele Homosexuelle hervorzubringen und diese nicht reflexartig vom Hof zu jagen, hatten sie natürlich lange Zeit gar keine Notiz genommen. Erst Stück für Stück, nachdem sie sich eingelebt und Kontakt zu ihren Nachbarn aufgenommen hatten, fiel es ihnen wie Schuppen von den Augen. Bald mussten sie feststellen, dass es in so gut wie jeder Familie mindestens eine schwule oder lesbische Person gab: ein Sohn oder eine Tochter, eine Tante oder einen Onkel, manchmal Vater oder Mutter oder selbst ein Großelternteil. Der bekannteste bekennende Schwule war sogar mit einer Frau verheiratet und stellte trotzdem noch jedem Kerl nach, der nicht bei drei auf den Bäumen war. Darüber rümpften zwar sogar die extrem toleranten Bürger Kaltsommers ab und an die Nase, aber ein Grund, diesen Olaf Harms aus ihrer Mitte auszuschließen, war das noch lange nicht. Wie gute Papageien imitierten die Kaufmanns an dieser Stelle das Verhalten ihrer Nachbarn, zeigten sich nach außen hin tolerant und bemühten sich, zu Hause möglichst wenig über diese Dinge zu reden. Erst als ihnen klar wurde, wohin die Reise bei Leon ging, befreiten sich die alten Vorurteile wieder aus den Schränken, in denen sie eingemottet waren. Was wäre denn, wenn dieser Harms ihren Jungen verführte und ihn damit erst so richtig schwul machte? Am liebsten hätten sie Leon permanent in seinem Zimmer eingesperrt, um ihn vor dieser Gefahr zu beschützen.

Es hätte Robert und Anna umgehauen, hätten sie erfahren, dass sich die Sache genau andersrum verhielt: Nicht Olaf Harms versuchte Leon Kaufmann ins Bett zu kriegen, sondern Leon Olaf. Ihr Sohn war in seiner Entwicklung schon viel weiter, als sie es jemals für möglich gehalten hätten. Eben als echtes Kind Kaltsommers, aufgewachsen mit diversen positiven schwulen Vorbildern gleich vor der Haustür, fürchtete er sich nicht im Geringsten vor seiner von der elterlichen Norm abweichenden sexuellen Orientierung. Er trat überall selbstbewusst schwul auf, sobald er sich seiner selbst bewusst geworden war. Nicht einmal auf dem Gymnasium, der Klaus-Groth-Schule in Neumünster, versteckte er sich. Auch hier war er ganz er selbst und darum schnell kein Thema mehr bei seinen Mitschülern. Das Einzige, was ihn bedrückte, war sein Gefühl, von den eigenen Eltern im Kern ihres Wesens abgelehnt zu werden. Ausgerechnet von den beiden Menschen, mit denen er unter einem Dach lebte und die ihm die nächsten hätten sein sollen, wurde er nicht verstanden und akzeptiert. Entfremdung gab es also bei Eltern und Kind und sorgte dafür, dass zwischen den Generationen nur das nötigste miteinander gesprochen wurde. Selbst in ihrem so schön ausgestatteten Heim machte sich dieser Riss bemerkbar: So richtig lebte Leon hier nur in seinem Zimmer, aus allen anderen Räumen hatte er sich zurückgezogen. Wenn möglich, aß er nicht einmal zusammen mit Robert und Anna, sondern nahm sich seine Mahlzeiten aufs Zimmer mit. Das Bad musste er sich leider mit ihnen teilen, den Zugang zu seinem Zimmer aber verwehrte er ihnen. Seine Eltern revanchierten sich dafür, indem sie ihrem Sohn so gut wie jeden männlichen Besuch zu Hause verboten, selbst wenn es sich um einen Schulfreund handelte. Wenn Leon mit einem Freund auf seinem Zimmer war, konnten sie sich nichts anderes zwischen den beiden vorstellen als das Eine. Nicht einmal mit dem Handwerker, der vor kurzem ein neues Rollo eingebaut hatte, eine nach Schweiß, Bier und Zigarette stinkende Kröte von einem Mann, hatten sie ihn alleinlassen wollen. Sie hätten mit Leichtigkeit herausfinden können, wie unangebracht ihr Misstrauen war. Doch anstatt mit ihrem Sohn zu reden und ihm etwas Vertrauen zu schenken, gaben sie sich lieber ihren Unterstellungen hin und den Schuldgefühlen, die diesen auf dem Fuße folgten.

Sein Zimmer verwandelte Leon derweil in einen Bunker gegen die Beschränktheit seiner Erzeuger. Die Wände wurden dick gepanzert mit Regalen, auf denen sich Bücher, Comics und Filme drängten, die ihm mit Rat und Tat zur Seite standen. Den Rest besorgte sein Internetzugang, der seit ein paar Jahren dank Glasfaser rasend schnell war. In entsprechenden Foren tauschte er sich mit anderen schwulen Jungs aus, traf sich manchmal mit ihnen, konsumierte auch regelmäßig pornografisches Material und schaute sich aus der Sicherheit seines Kinderzimmers heraus in der schwulen Welt um. Aber Leon war eben auch ein sehr haptisch veranlagter Mensch. Er erkundete die Dinge gerne mit all seinen Sinnen, berührte, roch und schmeckte sie, weshalb ihm das Digitale nicht hundertprozentig zufriedenstellte. Am Ende des Tages war das Internet doch nur eine Benutzeroberfläche, hinter der sich nichts Reales verbarg. Deshalb sammelte Leon die alten Medien, die ihm die Post frei Haus brachte. Geldprobleme hatten Kaufmanns keine, und das galt auch für Leon mit seinem üppigen Taschengeld, das regelmäßig durch großzügige Spenden seiner fernen Omas und Opas weiter erhöht wurde. Er las gerade Armistead Maupins »Stadtgeschichten« und träumte davon, sobald wie möglich nach San Francisco zu reisen. Er schaute sich die Comics von Ralf König an, die er vollständig besaß. Seine Mutter hatte einmal einen der Bände durchgeblättert, erschrocken aufgesehen und ihn pikiert zurück auf Leons Nachttisch gelegt. Die folgenden drei Tage konnte sie ihm nicht einmal in die Augen sehen, geschweige denn mit ihm sprechen.

Darüber hinaus sah er sich viele Serien und Filme mit queeren Figuren an, die meisten davon aus dem englischsprachigen Raum. Deutsche Produktionen konnten mit denen kaum mithalten. Mit »Queer as Folk« oder »Looking« schon gar nicht, aber auch nicht mit Formaten wie »American Horror Story«, »Orange is the New Black« oder auch nur »Game of Thrones«. In denen kamen nicht nur regelmäßig schwule Typen vor, sie waren auch noch ständig nackt. Deutsches Kino und Fernsehen war langweilig. Und wenn sein Englisch besser gewesen wäre, hätte er noch unzählige gute Formate mehr gucken können; es wurde viel zu wenig von dem guten Zeug synchronisiert.

Wenn Leon aber die Decke auf den Kopf fiel, schnappte er sich sein Skateboard und fuhr durchs Dorf. Ihm machten weder Wolke noch Nieselregen etwas aus, für sie waren sie ein selbstverständlicher Teil seines Lebens. Für ihn bedeuteten diese Fahrten durch Kaltsommer Freiheit, denn das war ein Ort, an den ihm seine Eltern aus freien Stücken nicht folgten. Wenn sie nicht in Kiel bei der Arbeit waren, verbarrikadierten sie sich mittlerweile regelrecht in ihrem Haus und nahmen am Dorfleben keinen Anteil mehr. Er sah ihnen an, dass sie ihm diese Touren am liebsten verboten hätten, und wusste, worauf sie anspielten, wenn sie ihn ermahnten: »Sei ja vorsichtig da draußen!« – »Was soll mir denn passieren?«, fragte er jedes Mal zurück und erhielt niemals eine Antwort. Sobald die Haustür hinter ihm ins Schloss fiel und das Plappern des Fernsehers abschnitt, das das dröhnende Schweigen seiner Erzeuger übertönte, atmete er befreit auf. Kaltsommer war sein Zuhause, Kaltsommer war sein Freund, und so sehr er auch davon träumen mochte, die Welt zu bereisen und andere Orte kennenzulernen, mehr noch wünschte er sich manchmal, seine Eltern würden einfach wegziehen und ihn in Ruhe lassen. Sollten sie doch endlich nach Kiel gehen! Oder an den Nordpol oder ins Land, wo der Pfeffer wächst, egal.

Wenn Leon durch Kaltsommers Straßen rollte, kannte er jeden, dem er begegnete. Er grüßte freundlich und wurde freundlich gegrüßt. Von Fremdheit keine Spur. Kinder in seinem Alter gab es nur wenige, und er war der einzige Gymnasiast, sodass ihn kaum etwas mit diesen verband. Dafür war er mit ein paar Erwachsenen befreundet, wovon seine Erzeuger jedoch nichts wussten. Das war besser für sie. Zu diesen Freunden zählten Dunja und Petra, die er oft in ihrem Laden besuchte, oder Manfred Philipps und sein Ehemann Martin Egmont. Beide waren schon weit über fünfzig, alte Männer, der eine ein hohes Tier in der Kieler Stadtverwaltung, der andere Chirurg am UKSH dort, und beide strahlten eine gebildete Weltläufigkeit aus. Eine selbstsichere Lässigkeit und in sich ruhende Zufriedenheit, von der sich Vater und Mutter Kaufmann gerne einmal eine Scheibe hätten abschneiden können. Die beiden versorgten Leon regelmäßig mit Literaturtipps, er revanchierte sich mit Hinweisen auf tolle neue Serien aus den USA. Dunja und Petra dagegen waren mehr für die Wärme und Geborgenheit zuständig, die er bei sich zu Hause vermisste. Er durfte stundenlang bei ihnen im Laden herumhängen, musste sich weder erklären noch mithelfen, fand aber immer ein offenes Ohr, wenn sich doch einmal zu viel Ärger über die Ignoranz seiner Erzeuger in ihm aufgestaut hatte. Oft blieb er bis nach Ladenschluss bei ihnen zum Abendessen, während ihm die Vorstellung, wie die Fantasie mit seinen Eltern durchging, das Käsebrot würzte.

In letzter Zeit gab es aber noch einen anderen Grund, warum er geradezu ruhelos Kaltsommers Straßen rauf und runter kurvte. Er suchte jemanden, lauerte auf eine Gelegenheit, wenigstens einen Blick auf ihn werfen zu können. Er träumte von mehr und wusste, dass die Chancen dafür seit kurzem gestiegen waren: Leon wollte Sex mit Olaf Harms.

Nicht um seine Unschuld zu verlieren, die war er gemeinsam mit seinem Klassenkameraden Torben losgeworden. Mit Olaf wollte er Erfahrungen sammeln: weil er verfügbar war; weil jeder wusste, dass er für solche Abenteuer offen war; weil er gar nicht mal so schlecht aussah, obwohl er schon so total alt war. Nicht so alt und glatzköpfig wie Manfred und Martin, aber die waren auch eher so etwas wie seine schwulen Großväter. Sie … *Piep!*

Leon war seit Wochen hinter Olaf her. Früher war er mit dem Skateboard durchs Dorf gerollt, um der Enge zu Hause zu entkommen, heute wollte er seinen Horizont erweitern. Jeder in Kaltsommer kannte das charakteristische Geräusch, das die kleinen Räder unter seinem Brett auf dem Asphalt verursachten. In der Stille des Dorfes kündigte es ihn jedes Mal an wie ein Herold. Weil er zurzeit aber nicht wollte, überall sogleich erkannt zu werden, sprang er immer öfter bei voller Fahrt ab, lief ein paar Schritte neben dem ausrollenden Board her, verpasste ihm dann einen festen Tritt auf das rückwärtige Ende und fing das hochspringende vordere geschickt auf. Er klemmte sich sein liebstes Fortbewegungsmittel unter den Arm und lief auf seinen Sneakers weiter, die schließlich nicht umsonst so hießen. Nahezu lautlos bewegte er sich auf ihnen durch Kaltsommers noch immer schnell dunkelnde Frühjahrsabende. Immerhin war es endlich Frühjahr. Das Gras wurde wieder grün, die Knospen an den Bäumen mussten bald aufplatzen und ihre Blätter entfalten, die Luft wurde wärmer und der Nieselregen endlich weniger. Die Bedingungen für das, was Leon machte und was man in der Großstadt als Cruising bezeichnet hätte, wurden von Tag zu Tag besser. Außerdem flog er gerade auch deshalb unter dem allgemeinen Wahrnehmungsradar, weil ein anderes Thema alle anderen überlagerte, selbst die nervigen Gänse: der Brandkrustenpilz. Vor kurzem war die Lindenallee mal wieder professionell begutachtet und beschnitten worden, um Unfälle durch herabfallendes Totholz zu vermeiden. Tagelang war eine Firma damit beschäftigt gewesen und hatte die Straße immer wieder komplett gesperrt; selbst die Linienbusse nach Neumünster und Wankendorf hatten Umwege fahren müssen. Die Baumkontrolleure hatten bei ihrer Inspektion diesen Schädling entdeckt, der Wurzel und untere Stammbereiche zersetzt. Dem Baum selbst sieht man es zunächst nicht an, bis er dann eines Tages einfach umkippen kann. Sechs der über hundertfünfzig Jahre alten Linden, von denen so mancher Kaltsommeraner gerne glauben wollte, sie wären nur gepflanzt worden, um die Wolke mit ihrem schweren Bauch vom Boden aus abzustützen, waren befallen. Sie waren zuerst mit einem neongelben Punkt markiert und kurz vor Ostern gefällt worden. Viele hatte das betroffen gemacht, das Holz aber hatten sie sich trotzdem für ihre Kamine unter den Nagel gerissen. Die stattliche Allee wies nun also ein paar Lücken auf, zum Glück nicht eine große, sondern hie und da verteilt an ihrem nördlichen Ende. Es sah aus, als wäre der Pilz quer über die Fahrbahn gehüpft, um bald diesen, bald jenen Stamm anzufressen. Klar war nur nicht, wann diese Lücken wieder mit neuen Bäumen geschlossen werden durften. Manche im Dorf behaupteten, fünfzig Jahre lang dürften an diesen Stellen keine neuen Bäume gesetzt werden, weil so lange das Erdreich mit den Pilzsporen verseucht sei. Andere erzählten das genaue Gegenteil. Leon war das weitestgehend egal, ihn interessierte zurzeit nur Olaf Harms. Er … *Piep!*

Einmal hatte er ihn schon gestellt, vor kaum vier Wochen, da war Olaf noch spät im Dorf unterwegs gewesen. An der Ecke Schulweg und Eduard-Wulff-Straße war das gewesen. Plötzlich hatten sie sich im Schein der Straßenlaternen gegenübergestanden. Der Nieselregen auf der Haut hatte ihre Gesichter glänzen lassen. Leon war sofort in die Offensive gegangen und ziemlich offen bezüglich seiner Absichten gewesen. Olaf hatte zuerst nur entgeistert geguckt und dann geblafft: »Junge, du hast doch nicht mehr alle Nadeln an der Tanne!« Er schien seine harschen Worte selbst sofort zu bereuen, denn kurz darauf sagte er: »Du bist mir echt noch zu jung. Du bist doch noch minderjährig.« – »Ich werde in nicht mal zwei Wochen sechzehn.« – »Aha.« Der Bauer stutzte, musste plötzlich grinsen, dann schüttelte er sich und fragte: »Du hast nicht zufällig meinen Vater gesehen, Leon? Der ist schon wieder ausgebüxt.« – »Nein, tut mir leid. Soll ich dir suchen helfen?« Wieder hatte Olaf Harms aufgelacht. »Nein, lass mal. Fahr du man mal lieber nach Hause, du musst bestimmt morgen früh in die Schule. Aber wenn du unterwegs meinen Vater siehst, dann erinnere ihn mal ganz vorsichtig daran, wo er wohnt, ja?« Leon hatte das zugesagt, ihm noch ein paar betont sehnsuchtsvolle Blicke zugeworfen und sich verabschiedet: »Bis später.« Olaf Harms hatte den Kopf geschüttelt, dabei aber breit gegrinst, das hatte Leon genau gesehen.

Piep!

Vor zwei Tagen hatte die Schule wieder begonnen, unmittelbar nach den Osterfeiertagen. Das süße Ferienleben war schlagartig vorbei, schmerzhaft schnell beinahe. Leon nahm morgens den Bus rein in die Stadt und nachmittags wieder raus. Mit ihm fuhren zumeist noch ein paar andere Kinder aus Kaltsommer mit, die auf die weiterführenden Schulen in Neumünster gingen, Ella Kluge etwa. Aber die war eine ziemlich hochnäsige Schnepfe, die selten mit jemandem aus dem Dorf redete, und wenn doch, gab sie nur damit an, bald in Amerika zu studieren, in Harvard oder so. An diesem Dienstagnachmittag stieg sie nicht mit ihm am Bahnhof ein und auch nicht an der Haltestelle auf dem Großflecken. Leon vermisste sie nicht. Dafür stieg der alte Momme Iversen zu, der Lindenallee 3 wohnte und sich auch eine der gefällten Linden gesichert hatte. Er besaß aber keinen Kamin und bot nun seinen Nachbarn das Holz zum Kauf an. Er war ein alter Kauz, von dem er nichts wusste und mit dem Leon nichts anfangen konnte – was durchaus auf Gegenseitigkeit beruhte. Der alte Iversen galt nicht als ein geselliger Typ. Man grüßte sich, wie es sich gehörte, und wahrte Distanz. Am Friedhof, wo die Schüler der Gemeinschaftsschule ihre Haltestelle hatten, kam noch Justine Heise aus dem Kurt-Ohlsen-Weg in den Bus. Die war erst in der fünften Klasse. Warum ihre Eltern sie nicht auch auf der Klaus-Groth-Schule eingeschult hatten, wie das in Kaltsommer gang und gäbe war, war Leon ein Rätsel. Auch egal, denn mit diesem Mädchen, das am liebsten rosa trug und ihren ganzen Ranzen mit glitzernden Einhörnern verziert hatte, verband Leon noch weniger als mit Momme Iversen mit den schütteren weißen Bartstoppeln in seinem feisten Gesicht. Andere Leute aus Kaltsommer saßen an diesem Tag nicht im Bus.

Piep! Piep!

Der Schultag war nicht besonders anstrengend gewesen, trotzdem freute Leon sich auf daheim. Seine Eltern würden erst in ein paar Stunden von der Arbeit kommen, er konnte also in aller Ruhe seine Hausaufgaben machen, noch eine Folge »American Gods« im Internet schauen, sich den Rest vom gestrigen Abendessen warmmachen und dann ins Dorf hinausrollen, eine neue Runde der Jagd auf Olaf Harms einläutend. Mittlerweile konnte Leon diesem Spiel fast genauso viel abgewinnen wie dem erhofften Gewinn, zumal der Bauer ihm letztens, als sie sich bei Dunja und Petra im Laden begegnet waren, definitiv zugezwinkert hatte. Noch spielten sie Katz und Maus, aber Leon spürte, dass er seinem Ziel näherkam. Er würde einen erwachsenen Mann, einen echten Kerl erobern! Nicht dass das mit Torben schlecht gewesen wäre, aber in ihrer Unerfahrenheit hatten sie beide doch ziemlich aneinander herumgestümpert. Silvester war das gewesen und Leon bei Torben zu Besuch. Sie hatten ein Feuerwerk ganz eigener Art veranstaltet.

Piep! Piep!

Die Sonne schien warm auf das Land, das noch immer unter der Trockenheit des Vorjahres litt. Das Frühjahr schickte sich an, ebenso heiß wie das letzte zu werden, und schon äußerten die Bauern die Befürchtung, gleich die nächste Dürre durchstehen zu müssen. Die in Kaltsommer natürlich nicht, obwohl es selbst dort im letzten Jahr vergleichsweise wenig Niederschlag gegeben hatte. Dafür war es permanent feuchtwarm gewesen, die Luft unerträglich, jeder Schritt eine Qual: ein Wetter wie im Regenwald. Als das größte Problem jedoch hatte sich die Nebelwand rund um Kaltsommer erwiesen, die sich aufgrund des Temperaturunterschiedes ausgedehnt hatte. Hauptsächlich nach innen zwar, aber dennoch war es an ihrem östlichen Rand auf der A 21 und an ihrem südlichen, dort, wo die Allee auf die B 430 traf, vermehrt zu Verkehrsunfällen gekommen. Aus dem Dorf selbst hatte es keinen erwischt, dennoch hatte das Phänomen für einige Unruhe in der Bevölkerung Kaltsommers gesorgt. Und jetzt, da sich das Wetter zu wiederholen schien, machte sich die Nebelwand schon wieder breiter als üblich. Noch forderte sie sogar zu beiden Seiten Raum ein und waberte gerade morgens einmal ganz über die Bundesstraße, bis die Sonne dann im Verlauf des Tages wenigstens diesen Überschuss an Feuchtigkeit verdunsten ließ.

Piep! Piep!

Im Bus saßen knapp zwanzig Personen, als der die Stadtgrenze Neumünsters hinter sich ließ. Von nun an würden es bis zu seiner Endstation immer weniger werden, da für gewöhnlich um diese Zeit auf der Strecke niemand mehr zustieg. Da fuhren hauptsächlich Schüler nach der achten Stunden nach Hause. Justine Heise saß mit ihren Freundinnen im vorderen Drittel, die Handvoll Erwachsenen um Momme Iversen hatte es sich im mittleren bequem gemacht und die Jugendlichen ganz hinten. Die Kinder vorne machten noch am meisten Lärm, während die Älteren die Fahrt nutzten, um sich für den schönsten Teil des Tages auszuruhen. Leon selbst saß, den Kopf an die Scheibe gelehnt, in seinem Sitz und döste. Die Strecke kannte er so gut, dass er nicht mehr hinsehen musste, um zu wissen, wo er sich gerade befand. Normalerweise fuhr seine Freundin Elena auch mit diesem Bus, sie wohnte in Bornhöved, der nach Kaltsommer nächsten Station. Das war schön, so war da morgens und mittags immer jemand zum Reden. Heute hatte sie nach der Schule noch einen Termin beim Kieferorthopäden, weshalb sie erst später fuhr. Deshalb schloss Leon die Augen, während sie durch Husberg fuhren, an Husberger Moor vorbei, den völlig unnützen Bogen über Hollenbek machten, weil da sowieso nie jemand hinwollte, und schließlich an Rendswühren vorbeikamen. Er tagträumte wieder von Olaf Harms, dem er mit jedem Kilometer, den der Bus zurücklegte, näherzukommen schien. Es standen nur noch ein paar Hausaufgaben in Englisch, Deutsch, Mathe und Bio zwischen ihnen und einer weiteren Runde Katz und Maus.

Piep! Piep! Piep!

Die Wolke dominierte längst den Himmel vor ihnen, als der Bus die letzte Kurve hinter Rendswühren nahm und buchstäblich in ihren Dunstkreis eindrang. Leon meinte, den Fahrer fluchen zu hören. Das hielt er zwar kaum für möglich, dafür saßen sie zu weit auseinander. Trotzdem öffnete er die Augen und sah sich um. Im Bus war es überraschend still, alle starrten vorne durch die riesige Windschutzscheibe und hinein in das milchig wabernde Weiß von Kaltsommers Nebelwand. Heute war es zwar warm, aber nicht ganz so heiß wie gestern, die Sonne war nicht in der Lage gewesen, den Dampf aufzulösen. An normalen Tagen schloss er die Öffnung der Lindenallee zur Bundesstraße hin ab wie ein gewaltiger Mundschutz. Nur ein paar Nebelfinger griffen über den größeren Verkehrsweg hinaus und in dessen Verkehr hinein, in der Regel am Morgen und am Abend. Jetzt erhob sich vor ihnen eine dichte Wand vom Boden bis hoch in den Himmel und zumindest für das Auge undurchdringlich. Und genau dort musste der Bus links nach Kaltsommer abbiegen. Doch selbst der Abbiegerstreifen war wie vom Erdboden verschluckt. Es herrschte nicht viel Verkehr, und dennoch hielt Leon ebenso wie alle anderen den Atem an, als der Busfahrer abbremste.

Piep! Piep! Piep!

Beinahe hätten sie es geschafft, erinnerte Leon sich. Er spürte Schmerz an gleich mehreren Stellen seines Körpers, eine Dumpfheit im Schädel, und ständig bohrte sich ihm dieser Piepton wie eine Nadel ins Gehör. Seine Pupillen huschten von links nach rechts, wollten die Quelle zumindest dieses Lärms ausfindig machen, aber um ihn herum gab es nur Dunkelheit. Der Fahrer hatte ganz vorsichtig manövriert, um nicht zu sagen ängstlich. Im Schneckentempo hatte er die Schnauze seines langen Fahrzeugs zur Seite gedreht, nachdem er zuerst scheinbar gar nicht hatte abbiegen wollen. Er hätte mutiger sein sollen, schoss es Leon plötzlich klar durch den Sinn, einfach ordentlich Gas geben, dann hätten wir es geschafft. Um sie herum war alles weiß gewesen, keinen Meter weit hatte man sehen können. Selbst in den frühen Morgenstunden letztes Jahr während des Hitzesommers war der Nebel an dieser Stelle nicht so dick gewesen. Dagegen hätte selbst der berühmte Londoner Nebel abgestunken. Es war absolut nichts zu sehen, nicht nur für sie, sondern für jeden Verkehrsteilnehmer. Jederzeit konnte ihnen ein Auto entgegenkommen, aber wenn der nicht aus dieser Gegend wäre oder ein Draufgänger und notorischer Raser …

Piep! Piep! Piep!

Genau das war der Fall, wie Leon später erfuhr. Ein Paketbote, noch neu in diesem Gebiet und natürlich in Eile, musste ebenfalls nach Kaltsommer, um dort diverse Sendungen abzuliefern. Weil er sich als Rechtsabbieger auf der sicheren Seite wähnte, drosselte er sein Tempo zu wenig, als er von der Bundesstraße in den nebelverhangenen Schlund der Allee einbog. Er krachte ungebremst in den vorderen Teil des Busses. Es gab einen gewaltigen Schlag, der Bus kippte, nach einem Moment in der Schwebe, auf die Seite, und das Letzte, woran sich Leon erinnern konnte, war, dass er durch die Luft gewirbelt wurde. Er schlug hart mit dem Kopf auf, hörte noch irgendetwas kreischen und splittern, unschlüssig, ob Glas, Metall oder Menschen, dann verlor er das Bewusstsein.

Das Bewusstsein, das erst jetzt, zwei Tage später, ganz langsam im Rhythmus irgendeiner piependen Maschine zurückkehrte.

Er hatte Glück im Unglück gehabt. Zwar hatte auch er rechts des Gangs gesessen, also auf der Seite, mit der der Lieferwagen kollidiert war, und war nicht angeschnallt gewesen. Aber die volle Wucht des Zusammenpralls hatte die Passagiere vorne getroffen, nicht ihn hinten auf der Lümmelbank. Er war mit einer Gehirnerschütterung, ein paar gebrochenen Rippen, einem kompliziert gebrochenen und bereits operierten Oberarm sowie Prellungen, Quetschungen und Abschürfungen noch relativ glimpflich davongekommen. Der Paketbote war sofort tot. Der Busfahrer kämpfte um sein Leben. Bis auf Momme Iversen befanden sich alle Insassen noch im Krankenhaus, verschieden schwer verletzt. Iversen war als einziger angeschnallt gewesen und hatte nur ein paar Kratzer abbekommen; bis ans Ende seiner Tage sollte er damit prahlen, geflissentlich andere für ihn günstige Umstände ignorierend, etwa den, auf einem Platz mittig und links gesessen zu haben.

Justine Heise lag im Koma, ihre beste Freundin Emma Johannsen erlag noch am Unfallort ihren schweren Verletzungen. Ob Justine durchkommen würde, stand in den Sternen. Sie war mit dem Rettungshubschrauber nach Kiel geflogen worden, die eingetroffenen Notärzte hatten sie so schnell wie möglich in den OP geschickt. Die Freiwillige Feuerwehr Kaltsommers, angeführt von ihrem Wehrführer Ralph Schilling, hatte sich ebenso wie die aus Bornhöved, Wankendorf und Gönnebek an den Rettungsmaßnahmen beteiligt. Die Polizei hatte die B 430 weiträumig abgesperrt, Molkentins, die ganz unten am Ende der Allee wohnten, stellten Haus und Hof als Einsatz- und Erstversorgungszentrale zur Verfügung. Viele Einwohner Kaltsommers kamen wie unter Zwang zur Unglücksstelle, kaum hatte sich die Nachricht wie ein Lauffeuer herumgesprochen. Sie mussten mit eigenen Augen sehen, was passiert war, gar nicht mal aus Schaulust, sondern um der Beklommenheit Herr zu werden, die sie plötzlich in ihrem Würgegriff hielt. Die Ausfahrt auf die Bundesstraße war eine ihrer zwei wesentlichen Lebensadern und die Gefahr, die dort zeitweilig herrschte, bekannt und gefürchtet. Bisher war es zumeist gutgegangen, bis auf Blech- und minderschwere Personenschäden war selten etwas passiert. Dass das reines Glück gewesen war, wurde ihnen jetzt mit einem Schlag klar. Das alarmierte sie, deswegen mussten sie kommen und schauen. Aber der Nebel war auch auf ihrer Seite so dicht, dass sie kaum etwas sehen konnten.

Piep! Piep! Piep! Piep! Piep!

Leon wusste nichts davon, er kämpfte noch immer damit, Licht in sein eigenes Dunkel zu bringen. Wenn er sich wenigstens bewegen könnte. Aber selbst die Lider über den panisch hin und her huschenden Pupillen lagen unverrückbar schwer über den Augäpfeln. Als wären sie mit Blei verplombt. Da ging nichts, überhaupt nichts, so sehr er sich auch anstrengte. Das war schrecklich beängstigend. Und dazu dieses Piepen. Und die Dumpfheit in seinem Schädel, diese dröhnende Betäubtheit, als wäre er mit Watte ausgestopft, zu keinem klaren Gedanken fähig. Und wo war der Rest seines Körpers? Warum spürte er ihn nicht? Wieso war da, wo sein Torso, wo Arme und Beine hätten sein sollen, Sehnen, Muskeln und Knochen, nichts oder, wenn überhaupt, nur eine Ahnung von Schmerz?

Was war passiert?

Plötzlich konnte Leon eine Stimme hören. Sie kam ihm bekannt vor, wie sie da gedämpft und voller Mitgefühl sprach. Im ersten Moment wünschte er sich, sie möge Olaf Harms gehören.

»... aus Bornhöved?«

»Ja, die«, antwortete eine zweite Stimme, ebenfalls voller Wärme und Anteilnahme. Es konnte natürlich nicht sein, aber auch bei der wünschte Leon sich, es möge die seines Traumbauern sein. »Erst letzten Dezember ist ihnen ihr Sohn an Leukämie verstorben, und jetzt ist die Tochter tot. Das ist grausam.«

»Die ganze große Knochenmarkspendeaktion damals war vergeblich gewesen.«

»Man hat keinen geeigneten Spender finden können, und dann ging ja auch alles sehr schnell. Die Onkologen hier im Haus sagen, dass sie selten einen so aggressiven Verlauf der Krankheit erlebt haben.«

»Die arme Familie.«

Leon begriff nicht, wovon die beiden Männer sprachen. Dafür erkannte er endlich, wer da sprach: Manfred Philipps und Martin Egmont. Das war gut. Was auch immer los war, wenn sie bei ihm waren, konnte es nicht so schlimm sein. Sie waren seine väterlichen Freunde, seine schwulen Opas, und Mama und Papa durften besser nicht wissen, dass ... Wo waren seine Eltern? Warum waren die nicht hier? Die Panik, kaum abgeflaut, nahm wieder an Fahrt auf. Mit aller Macht kämpfte Leon gegen das Blei in seinen Lidern und den Sand in seinen Gliedern an. Er musste sich bewegen, musste wissen, was passiert war.

Es gelang ihm immerhin, mit der Zungenspitze die wie zugenäht daliegenden Lippen zu öffnen, kurz ihre spröde, ausgetrocknete Oberfläche zu benetzen und sich zu räuspern. Seine Kehle, sein ganzer Mund- und Rachenraum fühlten sich rau und wund an. Ein Wort bekam er noch nicht heraus, aber diese schreckliche Starre, die von ihm Besitz ergriffen hatte, war überwunden.

»Martin!«

»Ich hab's gesehen. Er kommt zu sich.«

Leon gab ein bestätigendes Krächzen von sich.

»Ganz ruhig, Leon, ruhig«, sprach Dr. Martin Egmont ihn direkt an, und Leon spürte, wie sich eine warme weiche Hand beruhigend auf seine

Wange legte. »Es wird alles wieder gut. Du bist in Sicherheit und wirst wieder vollkommen gesund.«

Ohne es zu wollen oder zu wissen, warum, fing er an zu weinen. Die Tränen liefen einfach so aus seinen geschlossenen Augen heraus, eine nach der anderen und ohne groß von Schluchzern oder anderen Tönen begleitet zu werden.

»Ist ja gut«, hörte er nun auch Manfred Philipps sagen und spürte eine sanfte Berührung an seiner linken Schulter.

Nach ein paar Minuten, das Salzwasser half dabei, die Lider loszueisen, konnte er endlich die Augen öffnen. Er sah sich um. Sobald er das Zimmer als ein Krankenhauszimmer erkannt hatte, kam die Erinnerung zurück. Wie eine Faust rammte sie sich in sein Bewusstsein und brachte die nächste Panikattacke. Wieder spürte er die gewaltige Wucht des Aufpralls, wie er aus seinem Sitz geschleudert und herumgeworfen wurde, gegen andere Sitze prallte, Schmerz an diversen Stellen gleichzeitig aufflammte und er schließlich hart aufschlug. Der Boden, vermutete er, obwohl da überall zersplitterndes Glas war und er zu schnell ohnmächtig wurde, um Genaueres erkennen zu können.

Es dauerte eine ganze Weile, bis es den beiden Männern gelang, Leon wieder zu beruhigen. Als es dann aber soweit war, war er immerhin zu einer kurzen Unterhaltung in der Lage.

»Wo sind Mama und Papa?«, lautete seine erste Frage.

»Ich hab sie nach Hause geschickt«, erzählte Martin ihm. Er beugte sich über seinen Patienten, damit der ihn aus seiner steifen Position heraus besser sehen konnte. Das Licht der Neonröhren spiegelte sich auf seinem haarlosen Kugelkopf. »Sie waren die letzten achtundvierzig Stunden ununterbrochen hier bei dir und total erschöpft. Sie kommen morgen ganz früh wieder – wenn du eigentlich frühestens erst aufwachen solltest.« Er lächelte.

»Soll ich sie anrufen und ihnen sagen, dass du wach bist?«, fragte Manfred. Er beugte sich ebenfalls über Leon, und auch auf seiner Platte spiegelten sich die Deckenleuchten. Der Anblick der beiden freundlich glänzenden Kugeln über ihm war lustig.

»Immerhin scheinen die Medikamente zu wirken«, kommentierte Martin sein verwaschenes Lächeln trocken.

Manfred schüttelte verständnislos den Kopf und wiederholte seine

Frage. »Deine Eltern wären bestimmt sehr erleichtert zu wissen, dass du wieder ansprechbar bist.«

Leon dachte darüber nach. Er wusste, sie wären erleichtert und würden sofort zurück zu ihm ins Krankenhaus kommen. Das wäre schön gewesen. Aber es hätte auch Probleme aufgeworfen, denn dann hätten sie von seiner Freundschaft mit diesem Männerpaar erfahren, das sich dank seiner zwei sehr guten Einkommen das tolle Verwalterhaus gleich gegenüber vom Torhaus leisten konnte. Das gönnten seine Eltern den beiden nicht. Für sie wurde daran die ganze Ungerechtigkeit der Welt sichtbar: Zwei Männer, die nichts zum Erhalt der Menschheit beitrugen, bewohnten als Partner das schönste Haus des Dorfes. Leon hatte längst den eigentlichen Grund für ihre Missgunst erkannt und ihnen deshalb nie etwas von seiner Beziehung zu Manfred und Martin gesagt. Hätten sie davon gewusst, es hätte Aufregung und böse Worte gegeben und jede Menge Verbote gehagelt, natürlich nur zu seinem Schutz. Hätten er ihnen erzählt, dass ihr kleiner Sohn seit seinem fünften Lebensjahr bei den beiden ein und aus ging, es hätte sie glatt aus den Schuhen gehauen. Wären sie öfters im Dorf unterwegs gewesen, anstatt sich in ihrem Haus einzuigeln, sie hätten es sofort selbst herausgefunden. Im Dorf war allgemein bekannt, dass das Verwalterhauspaar den stets etwas verlassen wirkenden Jungen unter seine Fittiche genommen hatte. Damals hatte Leon die beiden Männer eines Nachmittags einträchtig in ihrem Garten arbeiten sehen, der eine zupfte Unkraut, der andere mähte den Rasen, und sofort seine Verbindung mit ihnen geahnt. Was er sah, fühlte sich richtig an, so etwas wollte er auch irgendwann einmal haben. Er hielt das, was er zu Hause bei seinen Eltern erlebte, nicht für falsch oder schlecht, er konnte in dem Modell nur sich selbst nicht entdecken. Schon damals dämmerte ihm, dass er sich niemals nach einer Frau sehnen würde. Manfred und Martin wiederum erkannten bald in dem Zaungast, der nun regelmäßig an ihrer Grundstücksgrenze zur Besamung hin auftauchte, die nächste Generation. Sie wussten sofort, wer er war, und sahen die Probleme voraus, mit denen er in naher Zukunft schon konfrontiert sein würde. Damals waren Robert und Anna Kaufmann noch gelegentlich zu Dorffesten gekommen und hatten entsprechend auf die schwulen Bewohner reagiert, nicht offen ablehnend, sondern durch angewiderte Blicke, wenn sie sich unbeobachtet fühlten. Blicke, die zunehmend den eigenen Sohn trafen, so sehr sie sich dagegen auch wehren mochten. Sie begannen auf ihre Art, Leon zu adoptieren, ihm den Rückhalt und die Sicherheit zu geben, die seine Eltern gefährlicherweise in ihm stets untergraben würden. Zuerst lächelten sie ihn an, wenn er wieder einmal an ihrem Zaun auftauchte, dann wurde gewinkt und gegrüßt, schließlich ein Gespräch angefangen und er in ihren Garten und in ihr Haus eingeladen. Beinahe jedes Wochenende, wenn seine Eltern glaubten, er spiele irgendwo im Dorf mit den anderen Kindern – sie sahen nicht, dass es kaum Kinder in seinem Alter und damit echte Spielgefährten für ihn gab – verbrachte er bei ihnen. Und als er alt genug war und begann, Fragen zu stellen, gaben sie ihm die Antworten, die er suchte. Für Leon war das ein Glücksfall, seinen Eltern wäre es ein Graus gewesen. Dass nun der Arzt, der in diesem Krankenhaus als Chirurg arbeitete, in seinem Krankenzimmer anwesend war, hätten sie noch nachvollziehen können. Warum aber ausgerechnet dessen Lebensgefährte ihnen die gute Nachricht von seinem Erwachen überbringen sollte, hätte nur unnötig Spannung erzeugt.

»Nein, lass ihnen Zeit bis morgen«, sagte er, geübt in der Scharade. »Sie sollen sich ausruhen, und morgen tun wir dann so, als wäre ich erst kurz vor ihrem Eintreffen wieder zu mir gekommen.«

Ein knappes Doppelnicken reichte als Antwort aus. Danach sprachen sie noch über dieses und jenes und auch über den Unfall. Martin und Manfred bemühten sich, alle seine Fragen zu Hergang und Folgen nach bestem Wissen und Gewissen zu beantworten. Vieles war noch Spekulation und damit unbefriedigend für Leon, es lag buchstäblich im Nebel verborgen, der den Unfall zumindest begünstigt hatte.

»Hast du mich operiert?«, fragte er deshalb nach etwas Naheliegenderem. Darauf würde er eine klare Antwort erhalten, denn ihn ermüdeten die ganzen Vermutungen über das, was passiert war, zusehends.

»Dich hat eine gute Kollegin von mir operiert«, antwortete Martin ihm, »und sie hat ihre Sache sehr gut gemacht. Bald kannst du wieder auf deinem Skateboard die Straßen Kaltsommers unsicher machen.«

Leon wurde hellhörig. Dr. Martin Egmont war kein Mann der vielen Worte. Er sagte, was gesagt werden musste, und hielt sich ansonsten zurück. Mehr als ein Ja oder Nein hatte er nicht erwartet und wäre damit zufrieden gewesen, stattdessen war ihm diese Rede zur Lage der Nation aus dem Mund gefallen. Und das Lächeln dazu wirkte auch nicht echt.

»Warum nicht?«

»Ich musste eine andere Operation durchführen.«

»Welche?«

»Leon, du solltest etwas schlafen«, mischte sich Manfred ein.

»Wen hast du operiert?« Leon sah vom einen zum anderen. Eine Ahnung beschlich ihn. Dann schossen erneut Bilder vom Unfall durch sein Gehirn: sein Blick, der durch den Bus schweift und zur Windschutzscheibe hinausgeht, über die wenigen Köpfe vor ihm hinweg. Da sitzen zwei kleine Mädchen ganz vorne, und plötzlich greift der Bus mit Krallen aus Metall und Glas nach ihnen und verschluckt sie. Er kennt beide, die eine aber besser als die andere.

»Justine? Was ist mir ihr? Wie geht's ihr?«

Martin und Manfred konnten die Sorgenfalten nicht länger unterdrücken. Sie kannten Familie Heise, nicht besonders gut, aber doch seit Jahren. Justines Vater Lasse war ebenso ein gebürtiger Kaltsommeraner wie Manfred.

»Ich kann nicht sagen, ob sie durchkommt«, flüsterte Martin. »Ich habe getan, was ich konnte, aber ob das reicht, steht auf einem anderen Blatt.«

»Was hat sie?« Leon verband so gut wie nichts mit dem viel, viel jüngeren Mädchen, das so gerne rosa trug und glitzernde Einhörner liebte, aber jetzt war ihm fast, als wäre sie seine Schwester.

Martin überlegte einen Moment, ob er diese Information weitergeben wollte, dann sagte er: »Ein sehr schweres Schädel-Hirn-Trauma und schwere innere Verletzungen. Dass sie noch lebt, grenzt an ein Wunder. Und ihr Zustand ist alles andere als stabil.«

Es blieb mehrere Takte lang still im Krankenzimmer, gezählt von dem Piepen der Maschinerie, die Leons Lebensfunktionen kontrollierte.

»Ich hoffe, sie kommt durch«, flüsterte er.

Martin streichelte ihm dankbar über Schläfe und Wange, Manfred drückte seine linke Hand.

»Das hoffen wir alle«, sagte Manfred, und für einen Moment sah Leon das ganze Dorf hinter ihm stehen.

»Aber jetzt musst du dich ausruhen«, wies Martin ihn an. »Wenn du bald wieder zu Kräften kommen willst, brauchst du Schlaf. Viel Schlaf.« Er zog und zupfte Leons Bettdecke zurecht. »Ich bin die ganze Nacht hier und werde immer wieder nach dir schauen. Und wenn was ist, drück einfach den Knopf hier, dann kommt sofort jemand. Alle auf der Station wissen, dass du mein Freund bist, und werden dich besonders lieb behandeln, okay?«

»Okay.« Leon konnte nicht anders, er musste lächeln.

»Und ich schau morgen gleich nach Feierabend wieder bei dir rein«, versprach Manfred.

Das aber alarmierte den Patienten. »Meine Eltern sollten dich hier vielleicht nicht sehen.«

»Das haben sie schon.«

»Und? Haben die sich nicht aufgeregt?«

»Sie schienen mir eher glücklich, dass so viele Menschen an deinem Schicksal anteilnehmen.«

»Wieso? Wer war denn noch alles hier?«

»Das halbe Dorf«, antwortete Martin in seiner typisch trockenen Art. »Mindestens.«

Für einen Moment stand eine seltsame Feierlichkeit im Raum, und vielleicht war es die, die den Arzt plötzlich dazu bewog, sich noch einmal über seinen Patienten zu beugen und ihm einen Gute-Nacht-Kuss auf die Stirn zu drücken.

»Machst du das bei all deinen Patienten?«, frotzelte Leon, Feuchtigkeit aus seinen Augenwinkeln blinzelnd.

»Ja! Und jetzt schlaf.«

»Gute Nacht, Leon.« Manfred ließ es sich nicht nehmen und drückte ebenfalls einen Kuss auf Leons Stirn. Dann gingen sie und überließen ihn seinen eigenen Gedanken. Die schleppten sich noch ein Weilchen dahin, bis die Müdigkeit ihn überwältigte und er in einen teils medikamentös induzierten Schlaf versank. Der jedoch nicht traumlos war. Im Gegenteil, er war erfüllt von lebhaften Bildern und Sequenzen, in denen sich Szenen des Busunfalls mit Erinnerungen an glückliche Nachmittage bei Manfred und Martin im Verwalterhaus mischten und immer öfter Olaf Harms auftauchte. Leon war wieder auf der Pirsch, und diesmal schien sich der Bauer ihm nicht länger entziehen zu wollen. Endlich blieb er stehen, wandte sich seinem Verfolger zu, lud ihn mit einem Lächeln ein näherzutreten und breitete seine Arme aus. Leon flog zu ihm, sah die rehbraunen Augen auflodern und hielt es für Leidenschaft. Er versank sofort in diesem Feuer. Doch als der Traum-Olaf seinen Mund zum Kuss öffnete, war die Zunge, die ihm entgegenkam, nicht aus Fleisch und Blut, sondern eine heiße Stichflamme. Sie fuhr Leon in den Mund, den Hals hinab und durch alle Glieder bis hinunter in die Zehen. Sein ganzer Körper brannte und schrie vor Schmerz.

Elftes Kapitel

Aleric war tot. Das hatte er jedenfalls geträumt. Obwohl nichts daran dramatisch gewesen war, hatte es ihn aus dem Halbschlaf gerissen, in dem er immer diese Blicke in Kaltsommers Vergangenheit warf. Sein Ahne war eingeschlafen und nicht wieder aufgewacht. Benjamin dagegen stand um fünf Uhr in der Frühe senkrecht in seinem Bett. Er zitterte am ganzen Leib. An ein Weiterschlafen war nicht zu denken, zu laut war in diesen Bildern der Weckruf gewesen. Benjamin wusste nur nicht, wozu er noch vor den Hühnern gerufen werden sollte. Zu abrupt war Alerics Ende gekommen, zu viele andere Episoden aus seinem Leben schienen noch zu fehlen. Er hatte sich gerade erst in Kaltsommer eingerichtet, seine Existenz mit allem nötigen abgesichert, und plötzlich war er tot. Das beunruhigte Benjamin. Das konnte nicht schon die ganze Geschichte des Gründervaters seines Heimatdorfes gewesen sein. Denn wenn doch, war das nur der Prolog und nicht das erste Kapitel seiner Saga von unter der Wolke. So aber hatte Benjamin diese Traumerzählungen nie empfunden, bisher schien alles auf einen nahtlosen Übergang auf die nächste Generation hinzudeuten. Wie dieser aussehen würde, das hätte er beim besten Willen nicht sagen können, nur eben nicht durch Tod, Leerstand und Neubezug der Hütte bei den drei Buchen am Bach. Aleric musste mehr sein als der erste gescheiterte Versuch nach allem, was er durchgemacht hatte.

Und dann war nicht einmal Gerrit da, um ihm Trost zu spenden. Der war noch in Düsseldorf bei seinen Eltern. Die hatten am Wochenende ihren dreißigsten Hochzeitstag mit einem rauschenden Fest gefeiert. Gerrit hatte gefragt, ob er mitkommen wollte, die Einladung hätte für beide gegolten, aber Benjamin hatte abgelehnt. Dass der Kleine seinen Eltern nicht nur bereits von ihm erzählt hatte, sondern auch schon bereit war, ihn vorzustellen, hatte ihn überfordert. Das ging ihm zu schnell. Allerdings wurde er selbst das Gefühl nicht los, dass sein eigentlicher

Beweggrund, die Einladung abzulehnen, mal wieder in seinem Hang zum Zaudern lag, wenn es um Beziehungen ging. Gerrit und er waren ein Paar, daran gab es nicht das Geringste zu deuteln. Sie verbrachten jede freie Minute miteinander, genossen diese Zeit in vollen Zügen und sehnten sich nacheinander, wenn sie sich nicht sehen konnten. Ein paar von Gerrits Freunden aus dem Studium hatte Benjamin bereits kennengelernt und sich auch mit ihnen ganz gut verstanden. Die Eltern aber waren etwas anderes. Oder nicht? »Wenn es nur deine Eltern wären«, hatte er seinen Hals aus der Schlinge gewunden, »dann wäre es okay. Aber gleich mit der ganzen Bäumler-Sippe anfangen, das ist mir etwas zu heftig.« – »Kann ich verstehen«, hatte Gerrit überraschend leicht eingelenkt. »Du bist doch jetzt nicht etwa erleichtert?« Gerrit lachte nur. »Nein«, sagte er, »was die Bäumler-Sippe von meiner Partnerwahl denkt, ist mir ziemlich schnuppe. Außerdem ist das erste Kennenlernen damit nur aufgeschoben und nicht aufgehoben.« – »Und was heißt das jetzt wieder?« – »Sie kommen Ende Mai über Himmelfahrt für ein verlängertes Wochenende nach Berlin, dann holen wir alles nach.« – »Vielen Dank für die Schonfrist.«

Jetzt hätte Benjamin alles dafür gegeben, mit seinem Kleinen in Düsseldorf zu sein. Dann hätte er sich wieder an ihn kuscheln und ihm gleich von Alerics Ableben erzählen können. Das hätte dem Verstörenden die Spitze genommen. Mit Elmar hätte er nicht einmal am stürmischen Beginn ihrer Beziehung über solche Dinge sprechen können, es sei denn, es wäre konkret um Gedichte, egal ob schon geschriebene oder noch zu schreibende, gegangen. Das wurde Benjamin jetzt ebenfalls klar und machte ihm die Leere in seinem Bett, in seiner Wohnung erst recht unerträglich. Er nahm sein Handy von dem Stapel großformatiger Gedichtbände, die seinen Nachttisch bildeten, und tippte eine Nachricht an seinen Freund: *Ohne dich kann ich nicht mehr schlafen. Komm bald zurück, ich vermisse dich.*

Danach fühlte Benjamin sich besser, nur an Schlaf war weiterhin nicht zu denken. Er stand auf und sah sich unschlüssig in seiner Wohnung um. Die war ihm noch nie so trostlos vorgekommen wie jetzt. Vor Gerrit war sie alles gewesen, was er brauchte, seit Gerrit hatte sie, gesehen durch seine leuchtenden braunen Augen, den Charme der unverwandt gegen das Scheitern ankämpfenden Künstlerklause besessen. Ohne Gerrit war sie ein dunkles Hinterhausloch, das mehr kostete, als sowohl Mieter als auch Vermieter verdienten. Mit jedem Tag schien die Decke ein Stückchen niedriger zu hängen, bald würde sie ihn auf dem billigen Flickenteppich aus dem berühmten schwedischen Möbelhaus zerquetschen und daraus einen Fleckenteppich machen … Benjamin seufzte und wünschte sich in Gerrits Bett. Kein Wunder, dass sie dort inzwischen die meisten Nächte verbrachten.

Weil er nicht wusste, was er sonst tun sollte, ging er duschen. Als er damit fertig war, war es noch immer nicht sechs Uhr durch. Immerhin drang das erste Tageslicht zu seinen Fenstern herein. Er verrenkte seinen Hals, um einen Blick auf den Himmel am besseren Ende des Wohnschachts zu sehen, und meinte, nichts als ungetrübte Bläue zu erblicken. Wenigstens das. Bisher war der April in Berlin wieder so warm und trocken wie der vorherige, in Brandenburg kletterten die Waldbrandwarnungen einmal mehr die eigene Gefahrenskala hoch. Benjamin mochte es heiß und trocken, erst seitdem Aleric in seinen Gedanken aufgetaucht war, war auch das Interesse an Kaltsommers Nässe und Kälte in ihm wiedererwacht. Auch davon hatte er Gerrit erzählt und der prompt gesagt: »Das musst du mir unbedingt mal zeigen.« – »Und dich bei der Gelegenheit gleich meiner Mutter vorstellen.« Diesmal war es an Benjamin gewesen zu lachen und zu ergänzen: »Die wird sich schrecklich freuen.« – »Ich kann mir nicht vorstellen, dass euer Verhältnis so schlecht ist.« – »Es ist ja auch nicht schlecht, es existiert nur einfach nicht. Sie hat ihr Soll als Erziehungsberechtigte erfüllt und mich dann mir selbst überlassen. Wie eine Bärenmutter, die sich von ihrem Jungen nach Ablauf der entsprechenden Aufzuchtphase von ihrem flügge gewordenen Bärchen trennt und für Neues bereit ist.« – »Okay, mit dem Bild kann ich was anfangen«, hatte Gerrit geantwortet und seinem roten Bären einen schmatzenden Kuss aufgedrückt.

Benjamin schaute auf sein Handy. Eine Nachricht war in der Zwischenzeit nicht eingegangen. Zwar war sein Kleiner mehr Morgenmensch als er, aber es war wohl selbst für ihn noch zu früh. Dabei war die große Feier schon vorgestern gewesen, er sollte sich von dem Partystress also wieder erholt haben. Gerrit blieb jedoch noch ein paar Tage länger in seiner alten Heimat. Die Semesterferien erlaubten es, noch alte Freunde zu treffen. Einer davon war sein Ex Manuel, mit dem er nach der Trennung auf freundschaftlichem Fuße stand. »Als wir uns trennten, schien das das Ende der Welt zu sein, von wegen wir werden niemals wieder jemanden lieben und für immer alleine bleiben und so«, erzählte Gerrit ihm dazu, »aber nach ein paar Monaten hatte er bereits einen Ersatz für mich gefunden. Das nahm ich ihm natürlich besonders übel. Nie wieder wollte ich mit ihm sprechen.« – »Doch dann?« – »Hab ich auch jemand Neuen kennengelernt.« – »Na, sieh mal einer an.« – »Trotzdem hatten wir erst mal gar keinen Kontakt mehr. Bis wir uns auf einer Party mit unseren neuen Freunden im Schlepptau zufällig über den Weg gelaufen sind. Wir haben uns angesehen und mussten plötzlich sehr lachen.« – »Ach ja«, hatte Benjamin geseufzt, »die erste Liebe …« – »… die auch nur wichtig ist, weil sie eben die Erste ist.« – »In deinem Alter war ich noch nicht so zynisch.« Doch Gerrit widersprach entschieden: »Ich bin nicht zynisch, ich bin nur abgeklärt. Romantik ist nur gut für den Augenblick, lässt man sie zu lange stehen, wird sie schal wie Bier.« Dazu hatte Benjamin nichts mehr zu sagen gewusst.

Gerrit war romantischer veranlagt, als er jemals zugeben würde, das hatte Benjamin längst begriffen. Aber auch er selbst liebte diese Momente, die einem die Sinne vor zärtlichem Sehnen und Verlangen ganz weich werden ließen. Er liebte sie mehr, als er bisher geahnt hatte oder anzunehmen bereit gewesen wäre. Er verbrachte so viel Zeit wie möglich zusammen mit seinem Kleinen, weil es nichts Schöneres gab. Es gab kein übergeordnetes Banner, das sie beide vereinte, nur das Interesse an- und die Liebe zueinander. Für Benjamin war das etwas Neues und Wunderschönes.

Aber Gerrit schlief immer noch im weit entfernten Düsseldorf. Erst morgen Abend würde er zurück sein, und die Uhrzeiger krochen zäh wie eine Schnecke ohne Schleim erst auf halb sieben zu.

Gerburg Sandow wäre bestimmt schon wach. Das Handy immer noch in der Hand, durchzuckte ihn dieser Gedanke wie ein Stromschlag. Ihr letztes Telefonat lag schon länger zurück, Ostern war als Feiertag zu unwichtig, um sich auch nur Grüße zu schicken. Jetzt schien es Benjamin plötzlich eine gute Idee zu sein, sich bei ihr zu melden. Sie würde sich über den frühen Anruf nicht wundern, sie wunderte sich schon lange nicht mehr über das Verhalten ihres Sohnes. Und dieser Moment war so gut wie jeder andere, um mal wieder von sich hören zu lassen. Benjamin rief ihre Nummer auf und ließ es klingeln, bevor er es sich anders überlegen konnte. Sie ging nicht ran. Nicht einmal ihr Anrufbeantworter meldete sich. Eher erleichtert als enttäuscht legte Benjamin das Handy auf seinen Schreibtisch, ging in die Küche und aß ein karges Frühstück aus Toastbrot und Nutella.

Als er an seinen Schreibtisch zurückkehrte, um den Unterricht für den Nachmittag vorzubereiten, hatte die Uhr sieben geschlagen und mit ihrem Schlag Gerrit geweckt. Seine Nachricht lautete: *Ich vermisse dich auch. Ich will nicht mehr ohne dich schlafen. Nur noch mit dir.* Ein sehr breit grinsendes Smiley ersetzte jedes notwendige Satzzeichen am Ende.

Nichts ist besser für die Nerven. – Die wirst du danach gar nicht mehr spüren, versprochen.

So ging es den ganzen Vormittag hin und her, immer konkreter und schlüpfriger werdend. Als Benjamin das Haus verließ, um zur Arbeit nach Lichtenberg zu fahren, hatte er Gerrit nicht nur von seinem jüngsten Aleric-Traum berichtet, sondern auch vereinbart, ihn morgen vom Bahnhof abzuholen und mit in die Simon-Dach-Straße zu fahren. Er schritt beschwingt durch die warme Berliner Frühlingsluft.

Benjamin fuhr mit der U-Bahn über Hermann- und Alexanderplatz zum Bahnhof Lichtenberg, weil es auf dem S-Bahn-Ring einmal mehr Probleme wegen einer Signalstörung gab. Er nutzte die Zeit, um weitere kurze Nachrichten an Gerrit zu schreiben. Erst als er seinen Arbeitsplatz erreichte, steckte er das Handy entschlossen weg, einen letzten Kuss nach Düsseldorf sendend. Die SokraTeach, die ebenso wenig auf seine Dienste verzichten konnte wie er auf ihr Geld, hatte einen Bürobau gleich neben den Gleisen des Nah- und Fernverkehrsbahnhofs bezogen, keine zwanzig Jahre alt und schon schäbig und heruntergekommen aussehend. Der Waschbeton sah aus, als wäre er mit schmutzigem Wasser begossen worden; die blauen Fensterrahmen, die wohl einen fröhlichen Farbakzent hatten setzen sollen, offenbarten ihren billigen Anschaffungspreis dadurch, dass immer mehr Farbe abblätterte und sich in alle Winde zerstreute; vor vielen Fenstern hingen die Rollos kaputt herunter, nicht mehr auf noch ab zu bewegen; die Hausverwaltung wurde erst tätig, wenn die Mieter konkret mit Mietkürzung oder gleich Auszug drohten; im Innern sah es immer schmutzig aus, obwohl jeden Tag eine Putzkolonne durchs Gebäude zog, aber in den langen dunklen Fluren sah das Raufasertapetenweiß der Wände genauso schmutziggrau aus wie das des PVC-Bodens; und viele Neonröhren, auch in den Klassenräumen, waren entweder durchgebrannt oder, und das war schlimmer, flackerten und machten einen damit auf Dauer ganz kirre. Der SokraTeach-Geschäftsführung waren diese Zustände ziemlich egal, die besaß nicht denselben Anspruch wie die Bildungswerkstatt Berlin und schon gar nicht einen Herrn Olm als Chef, der seinen Kunden ernsthaft Wissen und Bildung vermitteln wollte. Für die SokraTeach-Oberen, die zusammen mit der Verwaltung draußen in einem schmucken Neubau im grünen Grünau residierten, war der zweite Bildungsweg ein Geschäftszweig und sonst nichts: Solange regelmäßig Maßnahmen akquiriert und Kunden geworben werden konnten, stimmte die Rechnung für sie. Wie viele ihrer Kunden erfolgreich einen Abschluss machten, war zweitrangig. Natürlich mussten die Quoten einigermaßen stimmen, sonst wurde es mit der Akquise schwierig, aber dafür sorgten am Ende meistens nicht einmal die Dozenten, sondern die Teilnehmer der verschiedenen Maßnahmen selbst: Brachten die genügend Wille und Ehrgeiz mit, dann schafften sie es in der Regel auch. Für die Dozenten hieß das, sie hatten freie Hand und konnten tun und lassen, was sie wollten, solange sie die Teilnehmer in den Kursen hielten. Vom Jobcenter, Senat oder wer auch immer das Geld gab, schaute nur selten jemand kontrollierend vorbei.

Wären die Dinge anders gelaufen, hätte Benjamin lieber diesen Job als den bei der Bildungswerkstatt verloren. Stattdessen hatte er letztens die Chance genutzt und seine Tätigkeit hier ausgeweitet. Nachdem ein Kollege die Segel gestrichen und endgültig sein Heil im Hals der Flasche gesucht hatte – er war zuletzt nur noch besoffen im Unterricht erschienen –, hatte Benjamin dessen Stunden komplett übernommen. Jetzt unterrichtete er in einer Maßnahme, deren Teilnehmer in wenigen Wochen ihre Prüfungen zur Berufsbildungsreife oder sogar der erweiterten Berufsbildungsreife ablegen sollten, in Deutsch und Englisch. Die Teilnehmer waren zwar ein wilder Haufen, aber Benjamin hatte schon schlimmere erlebt. Er, der rote Riese, musste nur den Raum betreten, und es wurde augenblicklich still. Diese Stille hielt nie lange vor. Seine Kundschaft war notorisch zappelig, respektlos und unfähig zu lernen, weshalb er den Großteil der Unterrichtszeit damit verbrachte, sie wiederherzustellen. Nur gelang ihm das eben relativ gut, weil Benjamin, sobald er einen Klassenraum betrat, eine Autorität ausstrahlte, auf die die meisten Menschen mit Obacht reagierten, egal welchen Alters. Der im Schnapsrausch versunkene Kollege hatte definitiv noch weitere Probleme, die ihm das Arbeitsleben und vermutlich das Leben überhaupt unerträglich hatten werden lassen. Davon wusste Benjamin jedoch nichts, darüber wurde höchstens im Kollegenkreis getuschelt, und von dem hielt er sich nach Möglichkeit fern. Obwohl ein Bär, war er ein nicht sehr geselliger Typ, von seinem Bedürfnis, Gerrit nahe zu sein, einmal abgesehen.

An diesem Nachmittag stand allerdings nicht der BBR/EBBR-Kurs auf dem Plan, sondern Deutsch für Ausländer in einer Flüchtlingsklasse. Diese Klassen unterrichtete Benjamin, seit sie im Nachgang der Flüchtlingskrise 2015 eingerichtet worden waren. Die SokraTeach, sich instinktsicher auf jedes neue Geschäft stürzend, war einer der ersten Anbieter gewesen, hatte in Windeseile ein mehr als fadenscheiniges Konzept für die sogenannten Integrationskurse entworfen und seitdem Jahr für Jahr erneut den Zuschlag vom Bundesamt für Migration und Flüchtlinge erhalten. Diese Kurse allein sicherten dauerhaft einige Arbeitsplätze bei der Firma. Es war nicht mehr so leicht, sie voll zu bekommen, denn auch andere Anbieter waren längst auf den Zug aufgesprungen, aber bei der SokraTeach konnte man inzwischen ja auf eine ganz besonders ausgeprägte Expertise verweisen.

Benjamin unterrichtete gerne diese Kurse. Die Motivation der Teilnehmer war oft besser als die von anderen Maßnahmen. Dass viele trotzdem scheiterten, hatte andere Gründe, die sehr viel mit ihrer Geschichte von Flucht und Vertreibung zu tun hatten, der wiederum oftmals eine traumatische Erzählung von Armut und Unterdrückung vorausging. Viele der Männer und Frauen und noch mehr der Jugendlichen hätten eher erst mal eine psychologische Betreuung gebraucht als einen Sprachkurs. Dennoch wollten sie unbedingt Deutsch lernen, um eine Arbeit zu finden, Geld zu verdienen und sich entweder hier eine neue Existenz aufzubauen oder Rücklagen für die Rückkehr eines Tages in die verlorene Heimat zu bilden. Sein heutiger Kurs stand exemplarisch dafür.

Von den zweiundzwanzig eingeschriebenen Teilnehmenden waren fünfzehn anwesend, der Rest fehlte aus Krankheitsgründen oder wegen eines Termins beim BAMF. Zehn davon waren Männer, fünf Frauen, drei der Männer noch keine achtzehn Jahre alt und ganz allein in dieses Land gekommen. Zusammen bildeten diese fünfzehn Teilnehmer ein Panoptikum der Krisen der Welt: Menschen, die vor dem Krieg in Syrien geflohen waren; Menschen, die vor den Taliban und anderen Warlords in Afghanistan geflohen waren; Menschen, die vor dem Bürgerkrieg in Somalia geflohen waren; Menschen, die vor dem diktatorischen Regime in Eritrea geflohen waren; Menschen, die vor den Islamisten ebenso wie vor den brutalen Machenschaften der ausländischen Ölgesellschaften aus Nigeria geflohen waren; Menschen, die wegen ihres Kampfes gegen die alteingesessenen Diktatoren in Algerien, Libyen und Ägypten geflohen waren; Menschen, die vor der Unterdrückung durch die chinesische Zentralregierung aus dem fernen Uigurien geflohen waren; usw. usf. Noch waren keine Venezolaner da, aber auch das würde sich vermutlich bald ändern.

In seinem Klassenraum trafen die unterschiedlichsten Mentalitäten, Temperamente und Ansprüche aufeinander. Selbst wenn nur eine Handvoll Teilnehmer kam, lag immer eine Aufmerksamkeit in der Luft, die nicht nur den Worten des Lehrers galt, sondern zu gleichen Teilen immer auch den Personen an den Nachbartischen. Manche sahen sich als Konkurrenten, die es zu übertreffen oder sogar auszustechen galt, andere waren hilfsbereit und zuvorkommend. Sie saßen hier doch alle im selben Boot, und egal wie gut sie abschnitten, am Ende entschied allein das BAMF über ihr Schicksal in Deutschland. Nur eine ganz kleine Gruppe saß in diesem Kurs, weil es ihnen von oben so verordnet worden war. Das waren nicht unbedingt die Studierten, für die dieser Neuanfang in den Niederungen eines fremden Bildungswesens demütigend war, sondern vielmehr die extrem Traumatisierten, die gar nicht in der Lage waren, dem Unterricht zu folgen. Gar keine Lust zu lernen hatte nur hin und wieder mal jemand.

Von denen saß heute keiner vor Benjamin. Sie kamen gut mit ihrem Thema, dem Bau eines deutschen Satzes, voran. Die mündliche Beteiligung war okay und mitgeschrieben wurde ebenfalls eifrig. Zumindest im Rahmen ihrer Übungseinheiten beherrschten seine Schützlinge die Syntax schon recht gut.

»Meine Herren, würden Sie jetzt bitte Ihre Handys weglegen und Ihre Aufmerksamkeit wieder der Tafel zuwenden! Langsam nervt es.«

»Ja, immer stört ihr den Lehrer.«

»Halt du dich da raus.«

»Wir stören nicht. Ihr stört.«

»Toll, die kurzen Sätze klappen schon richtig gut.«

Dieses kleine Wortgefecht war einer der Gründe, warum Benjamin seinen derzeitigen Deutsch-für-Ausländer-Kurs so sehr mochte. Es gab nicht nur ein oder zwei Teilnehmer, die sich besonders stark einbrachten, egal ob aus Ehrgeiz oder Geltungsdrang. Es saß gleich eine ganze Handvoll davon vor ihm. War Ariete da, konnte er seinen Unterricht sogar auf sechs Säulen aufbauen, die halfen, die anderen Männer und Frauen über die Ziellinie zu tragen. Ariete Mukbene hatte vor ihrer Flucht aus den kongolesischen Kriegsgebieten Fürchterliches durchmachen müssen, was genau, kannte Benjamin nur aus Andeutungen. Sie litt an einer schweren Depression, immer wieder war sie zu krank für den Kurs. Zumindest hatte sie nach Monaten jetzt endlich einen Therapieplatz erhalten. Sie war seine intelligenteste Schülerin, durchaus in der Lage, später das Jura-Studium, Schwerpunkt Menschenrechte, aufzunehmen, von dem sie träumte – wenn ihre Gesundheit es jemals zulassen sollte.

Sein ältester Teilnehmer war Baschar Hadad, zweiundfünfzig Jahre alt und ursprünglich einmal Schreiner in einem Dorf bei Aleppo. Das Lernen fiel ihm schwer, Bildung besaß er nur in Grundzügen, und so litt er sehr unter dem Verlust seines eigenen Unternehmens, das ihm daheim trotzdem Achtung beschert hatte. Er bemühte sich, des Deutschen mächtig zu werden, um so schnell wie möglich auf dem Arbeitsmarkt Fuß zu fassen – »Schreiner werden gesucht, ich habe die besten Chancen!« –, machte aber nur sehr langsam Fortschritte. Dass andere ihn mit Leichtigkeit überflügelt hatten, kratzte an seinem Selbstbild. Das versuchte er auf andere Weise wieder zu korrigieren. Ungefragt hatte er sich zum Klassensprecher aufgeschwungen, zweifelsohne auf das Recht des Ältesten pochend. Allerdings interpretierte er diese Rolle ausschließlich als die des Sprachrohrs des Herrn Lehrer, in dessen Namen er, ob nun mit dessen Genehmigung oder ohne, die anderen Teilnehmer ständig zur Ordnung rief. Seiner Frau Aabidah, die neben ihm saß, war das bisweilen so peinlich, dass sie sich am liebsten in ihre Deutschbücher verkrochen hätte, um sich unsichtbar zu machen. Ihr einziges Kind, ein Sohn namens Esat, hatte seinen Protest gegen das Assad-Regime vermutlich mit dem Leben bezahlt. Er war gleich zu Beginn, als der Arabische Frühling auf Syrien überschwappte, vom Geheimdienst abgeholt worden und nie mehr zurückgekehrt, nicht einmal als Leiche. Die Hadads gingen nicht davon aus, jemals in ihre alte Heimat zurückkehren zu können, nicht jetzt, nachdem die falsche Partei den Krieg für sich so gut wie entschieden hatte.

Sobald Baschar Hadad sich wieder als des Lehrers Stellvertreter aufspielte, bot ihm Wathiqa Souwaim umgehend Paroli. Sie war siebenundzwanzig und gebürtig aus Karthum, der Hauptstadt des Sudans. Seitdem dort der langjährige Diktator gestürzt worden war, blühte sie auf und sprach offen davon, ihr Exil bald beenden zu können. Trotzdem wollte sie unbedingt Deutsch lernen, um daraus nach ihrer Rückkehr wirtschaftlichen Nutzen zu ziehen. Sie träumte davon, als Fremdenführerin deutsche Touristen zu den Stätten der alten nubischen Hochkultur zu führen. Was sie da gar nicht gebrauchen konnte, war das Papageiengeschwätz eines alten Mannes, solche hatten ihr in der Vergangenheit oft genug den Mund verboten.

Stein des Anstoßes für die verbalen Auseinandersetzungen zwischen seinen Schülern waren jedoch immer die drei als unbegleitete Minderjährige ins Land gekommenen Jungs, die sich hinten in der letzten Reihe hingelümmelt hatten und nicht von ihren Handys lassen konnten. Sie hatten sich erst in diesem Kurs kennengelernt, klebten aber schon zusammen wie Pech und Schwefel. Aus ganz unterschiedlichen Weltgegenden kommend, hatten sie schnell jede Menge Gemeinsamkeiten entdeckt und waren Freunde geworden. Eine Gemeinsamkeit war die, intelligent, aufnahmefähig und schnell von Begriff zu sein – und sehr leicht ablenkbar. Darin unterschieden sie sich nicht von ihren deutschen Altersgenossen, den Unterricht störten sie trotzdem regelmäßig. Sie hätten das Zeug dazu gehabt, seinen Kurs jede Stunde an die Wand fahren zu lassen, wenn sie es darauf angelegt hätten. Aber weil sie einerseits ahnten, wie wichtig der für ihren Aufenthaltsstatus und damit ihre Zukunft war, und andererseits Herrn Sandow mochten, ließen sie sich immer wieder zur Räson bringen. Benjamin im Gegenzug mochte die drei, sie waren grundsympathische Jungs. Was sie im Einzelnen erlebt hatten, um hierherzukommen und bevor sie überhaupt geflohen waren, konnte er wieder nur vermuten. Aber sie verdienten jede Hilfe, die sie kriegen konnten, und keine Behandlung von oben herab. Sie würden es noch schwer genug haben, und solange sie immer wieder unter Beweis stellten, zu was sie alles in der Lage waren, ließ er ihnen gerne eine längere Leine.

Der frechste von ihnen war Mohammed. Mohammed Ayan, siebzehn, aus Damaskus, über die Türkei, Griechenland und die Balkanroute nach Deutschland gekommen, ganz auf sich allein gestellt. »Meine Familie ist tot«, war alles, was er dazu sagen wollte, im Rahmen des Kurses jedenfalls. Als Benjamin einmal die Chance hatte, sich allein mit ihm zu unterhalten, vertraute Mohammed ihm an: »Die eine Hälfte ist tot, meine Eltern, Großeltern und Geschwister. Die andere ist für Assad. Wenn ich jemals zurückmüsste, würden die nicht zögern, mich sofort an das Regime zu verraten. Besonders mein Onkel.« Kein Wunder also, dass er mit seinem Landsmann Baschar ein Problem hatte und keine Gelegenheit ausließ, diesen zu triezen.

Neben ihm saß Radwan Ehsanmand, sechzehn, aus der afghanischen Provinz Helmand geflohen, zusammen mit zwei älteren Brüdern, von denen er unterwegs getrennt wurde und die seitdem als verschollen galten. Wo und wie es zu dieser Trennung gekommen war, konnte er nicht sagen. Sobald er es versuchte, verschloss sich sein Gesicht. Es sah aus, als würde es zusammenschrumpfen und ihm die Zunge im Mund verdorren. Überhaupt war er von den dreien der stillste und nachdenklichste, mit regelrechten schwermütigen Phasen. Nur wenn Radwan mit seinen Freunden zusammen war, fühlte er sich sicher und kam aus seinem Schneckenhaus heraus. Selbst bei Benjamin löste er väterliche Beschützerinstinkte aus, und wenn der sich in einer Rolle überhaupt nicht sah, dann in der eines Vaters.

Blieb noch Issa Oyenusi. Issa war ebenfalls siebzehn und stammte aus dem Norden Nigerias. Die Gewalt Boko Harams ebenso wie die der zurückschlagenden Regierungstruppen hatte ihn zur Flucht gezwungen. Bevor er zwischen deren Fronten zerrieben wurde, war er lieber über das Mittelmeer nach Europa geflohen. Alles, was er darüber erzählen mochte, war: »Ich habe das Boot überlebt, andere nicht.« Issa verschaffte sich gerne Selbstversicherung dadurch, dass er den starken Mann heraushängen ließ, den Macho, der jede Frau haben konnte, die er wollte. Dabei sehnte er sich eher nach einer starken männlichen Schulter, an die er sich anlehnen, auf die er die Last, die er mit sich herumschleppte, legen konnte. Er war zu jung zu Dingen gezwungen worden, die selbst einem alten Mann den Boden unter den Füßen wegziehen konnten. Insofern war Benjamin genau der richtige Lehrer für ihn, weshalb der auch viel weniger Probleme mit Issa hatte als so mancher Kollege und ganz besonders als die Kolleginnen.

Benjamin ließ seinen Jungs vieles durchgehen, selbst wenn das mitunter für mehr Unruhe im Kurs sorgte, als gut für diesen war. Aber wenn jemand eine Chance hatte, in diesem Land heimisch zu werden, dann sie. Sie waren jung, alles andere als dumm und hatten sich zur gegenseitigen Unterstützung. Fraglich war nur, was geschehen würde, wenn Mohammed und Issa herausfanden, dass ihr Kumpel Radwan schwul war.

Ein einziger Blick hatte ausgereicht, das zu erkennen. Das war keine große Kunst, auch wenn man schwul sein musste, um sie zu beherrschen. Die gemeinsame Veranlagung war der Schlüssel. Wenn heterosexuelle Männer sich anblicken, tun sie dies entweder, um sich gegenseitig zu signalisieren, dass sie einander wahrgenommen haben, oder um herauszufinden, ob ihr Gegenüber eine Konkurrenz darstellt im ewigen Wettbewerb vornehmlich um die Weibchen. Homosexuelle Männer versuchen automatisch herauszufinden, ob sie es mit Freund oder Feind zu tun haben, wobei sie immer hoffen, einen Freund zu entdecken. Sobald sie nur das geringste Anzeichen dafür im anderen zu sehen meinen, schauen sie länger als nötig hin. Da das auf Gegenseitigkeit beruht, kommt so ein Blickkontakt zustande, der intensiv und vielschichtig ist und trotzdem zu kurz, um von Außenstehenden bemerkt zu werden. Je älter man als Schwuler wird, desto leichter fällt einem dieser Blick, bis er gar zur Routine wird. Das ist das ganze Geheimnis hinter dem berühmten Schwulenradar: die Gleichheit der Interessen. Radwan war noch sehr jung, unsicher und verschämt, weshalb er seinen Blick sehr schnell wieder gesenkt hatte. Aber für Benjamin war es lange genug gewesen, um die Zeichen zu erkennen. Er war sich sicher, dass Radwan ebenfalls eine Vermutung hatte, was den Herrn Lehrer anging, ob er die sich nun eingestehen wollte oder nicht. Benjamin würde ihn zu nichts drängen, aber sollte der Junge jemals mit Fragen auf ihn zukommen, würde er Rede und Antwort stehen.

Der Rest des Kurses musste davon nichts erfahren. Die anderen Teilnehmer durften getrost weiterhin ganz automatisch unterstellen, dass alle im Raum anwesenden Personen heterosexuell waren. Den Unterricht machte das einfacher. Und sobald das Thema doch einmal in diese Richtung ging und etwa auf die Ehe für alle fiel, hatte Benjamin genügend Argumente dafür parat, ohne gleich mit der Tür ins Haus fallen zu müssen. In diesem Umfeld kam er, wurde er als neutral und bestenfalls liberal wahrgenommen, weiter, als wenn er sich, sein Regenbogenfähnchen schwenkend, vor sie gestellt hätte, selbst wenn er nicht nur auf Ablehnung traf. Überraschungen gab es da immer wieder. Waqithas Onkel zum Beispiel lebte offen schwul in London, und selbst die beiden Hadads wussten Positives über Schwule zu berichten. Einer, der sich nach ihrer Ankunft am engagiertesten um sie gekümmert hatte, war offensichtlich »so veranlagt und trotzdem ganz nett«. Sie freuten sich immer, ihn zu sehen.

Auf Radwan würde er trotz allem aufpassen müssen. Solange alle glaubten, dass die Flucht ihn so gezeichnet hätte, ihn still, schüchtern, introvertiert und fragil hatte werden lassen, drohte kaum Gefahr. Der Mensch kann nur schwer seinen ersten Eindruck von einem Mitmenschen korrigieren. Wenn seine drei Lümmel von der letzten Bank jedoch weiterhin so nachlässig mit ihren Handys umgingen, sie einander ausliehen und zum Daddeln überließen, konnte die Sache schnell brenzlig werden. Radwan musste nur einmal vergessen, seinen Browserverlauf zu löschen – und Benjamin war sich sicher, dass der Junge das jedes Mal, wenn er ganz allein im Internet war, tat –, und prompt wäre er enttarnt. Das wäre ein schlimmes Coming-out, eins aus Unachtsamkeit bei etwas, das heute keinerlei Achtsamkeit mehr erfordern sollte. Sich gegenseitig die Handys auszuleihen wiederum signalisierte genau die Art von Vertrautheit, nach der sich insbesondere Radwan sehnte.

»Mohammed, Issa, Radwan! Zum letzten Mal, legen Sie die Handys weg, oder ich nehme sie bis zum Rest der Stunde an mich.«

Die Ermahnung war lauter und schärfer gesprochen als die vorherige, und sie zeitigte wenigstens für ein paar Minuten Wirkung. Die Angesprochenen widmeten sich wieder dem Unterricht, und selbst Klassensprecher Baschar traute sich nicht, sie als Befehl zu wiederholen und damit alle Autorität zunichtezumachen.

Keine fünf Minuten später musste Herr Lehrer Sandow erneut schimpfen.

»Was ist heute denn nur los mit Ihnen? Das ist ja zum Mäusemelken! Liegt es am Frühling, dass Sie sich wie vom Hafer gestochen benehmen?«

Die letzte Viertelstunde besprachen sie nun immerhin, was die Redewendung »vom Hafer gestochen« bedeutete und woher sie kam. Bevor er als Lehrer sein Wissen mit den Schülern teilte, ließ er sie ein wenig raten, nachdem er erst einmal erklärt hatte, worum es sich bei Hafer überhaupt handelte. Bei den Deutsch-für-Ausländer-Kursen hatte es sich als probates

Mittel herausgestellt, bei den Teilnehmern ein tieferes Sprachverständnis zu entwickeln. Selbst wenn sie im ersten Moment mit einer solchen Redewendung gar nichts anzufangen wussten, war der Groschen erst einmal gefallen, brachten sie die Entsprechungen dafür aus ihren eigenen Muttersprachen und Vaterländern an. Der Spaß war groß, vertieft durch das Heimweh, das währenddessen oft zum Vorschein kam. Wenn sie sich dann bemühten, ihre Sprichwörter und geflügelten Worte ins Deutsche zu übersetzen, lernten sie gleich noch selbstständiges Denken in und Anwenden der neuen Sprache. Einen größeren Lerneffekt kann man in der Kürze der Zeit nicht erzielen. Issas Behauptung, in Nigeria stecke einem in solchen Fällen eine Maniokwurzel quer im After, hielt Benjamin trotzdem einerseits für eine hübsche Kolportageleistung und andererseits für schwierig, gerade im Hinblick auf Radwan. Der hatte den ungelenken Übersetzungs- und Erklärungsversuchen zum Glück nur bedingt folgen können.

Am Ende hatten sie um bald zehn Minuten überzogen. Benjamin entließ seine Klasse und wünschte allen einen schönen Abend. Baschar ließ es sich nicht nehmen, im Namen aller zu danken und ihm einen selbigen zu wünschen. Von Waqitha fing er sich dafür einen genervten Blick ein, und seine Frau Aabidah zog ihn nach draußen auf den Flur. Die Sudanesin beließ es wie die meisten bei einem Winken, und nur seine drei Jungmänner von der letzten Bank riefen ihm laute fröhliche Abschiedsgrüße zu. Sie mochten noch so wenig aufpassen, aber spätestens wenn sie sich so vertraulich von ihm verabschiedeten, konnte Benjamin ihnen nicht mehr gram sein. Heute sowieso nicht. Kaum war er halbwegs allein im Raum, zückte er selbst sein Handy, um die Nachricht zu lesen, die er während der Arbeit – als gutes Vorbild schaute er währenddessen niemals auf sein Handy – erhalten hatte.

Na, war der Unterricht schön anstrengend? Ich hoffe es, dann kannst du heute Nacht besser schlafen und bist morgen ausgeruht. Das solltest du auch besser sein …

Eine ganze Reihe von Smileys und anderen Emojis folgte Gerrits süßer Drohung, denen allen man mit genügend Wohlwollen eine sexuelle Konnotation unterstellen konnte. Was nicht anders zu erwarten gewesen war. Benjamin musste lächeln bei diesem bunten Anblick. Trotzdem horchte er erst einmal in sich hinein, bevor er seine Antwort tippte. War er noch aufgewühlt? Versetzte Alerics vermeintlicher überraschender Tod ihn weiter in Unruhe? Jedenfalls hatte er in den letzten Stunden nicht einmal daran gedacht, wie er jetzt feststellte. Der Kurs hatte seine volle Aufmerksamkeit auf sich gezogen, und das war auch gut so. Was er jetzt fühlte, war die Erschöpfung, die immer unmittelbar nach dem Unterricht einsetzte und nach einer stärkenden Mahlzeit verlangte, sonst nichts. Kaltsommer und alle seine früheren Bewohner waren weit, weit weg. Die Gegenwärtigen sowieso. Dass seine Mutter sich nicht gemeldet hatte, um nachzufragen, was er so früh am Morgen von ihr gewollt hätte, war nicht weiter verwunderlich. Sie wollte grundsätzlich nichts von ihm, nicht einmal erfahren, was es Neues gab in seinem Leben. Der Ball lag immer in seinem Feld. Daran war er gewöhnt, und viel lieber hätte er jetzt sowieso seinen Kleinen bei sich gehabt.

Sei ganz beruhigt, das wird schon. Aber ich würde viel lieber schon diese Nacht in deinem Bett sein als erst nächste.

Du hast doch einen Schlüssel für die Wohnung.

Witzbold!

Benjamin fuhr nach Hause und aß unterwegs bei einem asiatischen Imbiss Nudeln, gebräunt mit etwas Sojasauce, garniert mit ein paar Fetzen Chinakohl und ganz kleinen Fitzelchen Huhn. Das Ganze war viel zu salzig und verlangte nach einem Bier, um heruntergespült zu werden. Leider ging die Sonne noch immer recht früh unter, sonst hätte er sich für eine Weile auf eine Bank gesetzt und sie sich auf den Pelz brennen lassen. Stattdessen kaufte er sich ein zweites Bier und setzte sich, kaum zu Hause angekommen, an seinen Schreibtisch. Nachzubereiten gab es keinen Stoff, der für den nächsten Tag war schnell vorbereitet. Ein Großteil seines Unterrichts, sowohl in Deutsch als auch in Englisch, bestand aus Wiederholungen, weil sich die Teilnehmer nur schwer etwas merken konnten. Als hätten sie die gröbsten Siebe im Kopf, die man sich nur vorstellen kann. Das Unterrichtsziel, am Ende der Maßnahme die Prüfungen zu bestehen, war so natürlich nur schwer zu erreichen und in vielen Fällen unerreichbar, aber versuchen mussten sie es eben doch.

Er war kaum fertig damit, als Gerrit anrief. Sie quatschten bald anderthalb Stunden, streiften aber die Causa Aleric nur ganz am Rande. Seit dem Morgen war das Bedürfnis, darüber zu reden, in Benjamin so gut wie abgestorben. Was auch immer das bedeutete, die nächsten Tage, vielleicht sogar schon die nächste Nacht, würde sicherlich Klarheit bringen. Viel spannender war da schon Gerrits Treffen mit seinem Ex Manuel. Sie hätten sich nur auf einen Kaffee getroffen, versicherte Gerrit, Benjamin wollte trotzdem jede Einzelheit hören. Gerrit schmeichelte das offensichtlich, er ließ sich lang und breit darüber aus. Sie legten nur deshalb auf, weil Gerrits Akku leer war und er sein Ladekabel nicht zur Hand hatte. Weil sie sich morgen endlich wiedersehen würden, setzten sie das Gespräch nicht fort nach der Unterbrechung. Benjamin fühlte sich auch schon wieder so gut beieinander, dass er sich erneut an seinen Schreibtisch setzte. Dieses Mal holte er die Kladde heraus, in der er alles, was er von Kaltsommers Vergangenheit träumte, notierte. Den Plan, aus diesem Stoff ein dichterisches Werk zu machen, eine »Ode an Aleric«, hatte er fürs Erste ausgesetzt. Das brachte weitere Ruhe in seine Gedanken. Als er zu Bett ging, fühlte er sich so ausgeglichen, wie er es ohne Gerrit derzeit nur sein konnte. Er schickte einen letzten Gruß durch den Äther zu ihm herüber und wartete noch die Antwort ab, dann schlief er ein.

Gerburg Sandow hatte sich auch den Rest des Tages nicht bei ihrem Sohn gemeldet. Der träumte die Nacht nicht wieder von Alerics Tod. Benjamin träumte von Gänsen. Von einem riesigen Schwarm, der den Himmel verdunkelte. Aber das war nicht halb so erschreckend wie der Traum die Nacht zuvor, und deshalb schlief er durch.

ER SOLL WIETZAN HEISSEN.

Ähnlich wie bei Benjamin und Radwan Jahrhunderte später genügte ein tiefer Blick in die Augen, um Aleric erkennen zu lassen, aus welchem Grund Wietzan zu ihm unter die Wolke gekommen war. Wie der ihn dort aber gefunden hatte und woher er wusste, ausgerechnet hier auf einen Freund und nicht auf einen weiteren Feind zu treffen, das stand auf einem ganz anderen Blatt. Die Antworten auf diese Fragen erschreckten Aleric, zumindest teilweise, zutiefst.

»Ich habe dich gesehen. Bei einem deiner Raubzüge.«

Diese Aussage ließ unserem Helden das Blut in den Adern gefrieren. Wann und wo dies geschehen sei, danach konnte er kaum fragen.

»Schon ziemlich zum Ende des Sommers hin«, erklärte sein Gast, »in einem Weiler mitten im Wald.«

»Davon gibt es mehr, als ich jemals dachte.« Die Worte klangen bedrohlich im Unterton, das lag aber nur an Alerics plötzlich rauer Kehle, nicht weil er Wietzan einschüchtern wollte.

Der ergänzte trotzdem schnell: »Zwei Bäume gingen dort in Flammen auf, auf zwei verschiedenen Seiten der Hütten. Eine Eiche und eine Esche.«

Aleric erinnerte sich augenblicklich. Das war sein letzter Einsatz als dämonischer Dieb gewesen, der pyrotechnische Höhepunkt seiner nächtlichen Umtriebe und eine echte logistische Meisterleistung. Er war eher zufällig über den Weiler gestolpert, der überraschend nah am Wolkenrand stand. Zu nah für seinen Geschmack. Und jede Menge Hunde hatten die Bewohner außerdem. Nicht auszudenken, was hätte passieren können, wenn die seine Fährte gewittert hätten! Deshalb hatte er beschlossen, an dieser Siedlung ein Exempel zu statuieren und sie nach Möglichkeit ganz aus seiner Nachbarschaft zu vertreiben. Das war unmenschlich, das wusste er, aber sie wären es nicht minder, sollten sie ihn jemals entdecken. Das betäubte wie immer seine Gewissensbisse, für den Moment jedenfalls.

»Du hast dort gelebt?«

»Ja.« Wietzan nickte bedächtig. »Aber wir wollten sowieso gehen. Von überallher wurde uns von einem feuerspeienden Waldschrat berichtet, der die Dörfer im Umkreis der ewigen Wolke zu Asche verbrannte.«

»Das hab ich nie getan! Ich hab immer darauf geachtet, dass der Schaden nicht allzu groß wird.«

Wietzan hob beschwichtigend die Hände. Ein Lächeln ließ Grübchen über seinen Mundwinkeln erscheinen und eine kecke Zahnlücke in seinem ansonsten noch sehr vollständigen Gebiss. »Ich weiß, dass die Leute übertreiben«, sagte er abgeklärt, »ich glaube ihnen schon lange nicht mehr alles, was sie sagen. Ich bin kein Kind mehr.«

»Also hattest du keine Angst und bist nicht vor mir davongelaufen?«

»Ich hab geschlafen wie ein Stein und bin erst aufgewacht, als alle anderen schon weggelaufen waren.«

Aleric warf dem Jungen einen weiteren tiefen Blick in die Augen, aber er konnte keine Lüge darin erkennen oder auch nur Angeberei.

»Wir hätten in den nächsten Tagen aufbrechen wollen, wollten aber unbedingt noch die Haferernte mitnehmen«, erzählte Wietzan weiter, den Blick gelassen aushaltend. »Dabei rechneten wir jeden Tag mit deinem Überfall, so nah, wie wir der Wolke waren.«

»Wenn ihr wusstet, dass ich von dort komme, warum seid ihr mir dann nicht zuvorgekommen und habt mich ausgeräuchert?«

»Wir haben uns nicht getraut.«

»Weil dies ein verfluchter Ort ist?«

»Nicht unbedingt verflucht, aber doch unheimlich. Niemand geht hinter den Nebel, der nicht bei klarem Verstand ist – oder in tiefster Not.«

»Wie meinst du das?«

Wietzan schwieg einen Moment, bevor er antwortete: »Wenn ich einmal schlafe, dann schlafe ich. Dann weckt mich nichts so leicht auf. Dann kannst du mich stehlen, wenn du willst, und ich merke es nicht. Deshalb habe ich auch nichts von der Flucht meiner Leute gemerkt, obwohl die ganz schön Lärm gemacht haben müssen.«

»Es wurde viel gekreischt und geschrien«, erinnerte sich Aleric.

»Ich bin erst wach geworden«, erzählte Wietzan und grinste plötzlich, »als alles schon wieder still war. Warum, weiß ich nicht. Vielleicht ist die ganze Unruhe erst dann in mein Bewusstsein durchgesickert. Auf jeden Fall aber wachte ich rechtzeitig auf, um eine Gestalt unsere Hütte betreten zu sehen. Im Zwielicht sah sie aus wie ein wandelnder Strauch, ein Strauch, der sich daranmachte, unsere Sachen zu durchwühlen.«

»Ich hab dich nicht bemerkt.«

»Ich hab mich mucksmäuschenstill verhalten. Und außerdem lag ich in der hinterletzten Ecke, ganz an die Wand gepresst. Die Decke hatte ich mir fast bis zur Stirn hochgezogen.«

»Ach so.«

»Nur die Haare, meine Augen und ein Ohr schauten heraus«, fuhr Wietzan fort. »Ich hörte mehr, als ich sah. Von draußen drang das Prasseln der brennenden Bäume in die Hütte, aber drinnen konnte ich Gemurmel hören. Dein Gemurmel. Es war eindeutig eine menschliche Stimme, an ihr war nichts Dämonisches trotz der Aufmachung.«

»Und was hab ich gesagt?«

»Zuerst hab ich kaum was verstanden, mir schlug das Herz bis zum Hals, weißt du. Erst nach und nach verstand ich einzelne Wörter und dann ganze Sätze. ›Schnell, schnell!‹, hast du immer wieder gesagt und: ›Ich muss mich beeilen.‹ Einmal auch: ›Sie dürfen mich nicht finden.‹ Und dann fingst du ernsthaft an, unsere Sachen zu durchsuchen, und dabei hast du Dinge gesagt wie: ›Schabeisen, ich brauche ein Schabeisen.‹ ›Irgendwo müssen die doch Messer haben.‹ ›Ich muss mir unbedingt ein paar der Hühner schnappen, sonst hätte ich mir den ganzen Mummenschanz auch sparen können.‹« Wietzan schaute auf und endete: »Irgendwann hörte sich das einfach nur noch komisch an. Nachdem ich erst einmal erkannt hatte, dass du ein Mensch bist, und die Angst verflogen war, hatte ich Mühe, nicht laut loszulachen.«

Aleric war ganz mulmig geworden bei dieser Schilderung seiner Abenteuer. Er konnte sich nicht daran erinnern, mit sich selbst gesprochen zu haben während seiner Raubzüge. Seiner Meinung nach war er immer hochkonzentriert und leise wie eine Katze auf Beutefang gewesen. Anscheinend war er bis zum Ende seiner Karriere als Strauchdieb nicht sehr abgebrüht gewesen. Er wollte sich gar nicht ausmalen, was passiert wäre, hätte mal einer der Überfallenen nicht die Flucht ergriffen, sondern sich ihm in den Weg gestellt. Wahrscheinlich wäre er zu Eis erstarrt und mit Leichtigkeit überwältigt worden. Wie gut, dass das alles hinter ihm lag. Hoffentlich würde er niemals wieder gezwungen sein, das Handwerk des Räubers zu ergreifen, egal wie groß die Not werden mochte.

»Wieso …« Aleric musste sich räuspern, um die in seinem Rachen feststeckenden Worte freizubekommen. »Wieso haben deine Leute dich nicht geweckt? Oder hast du es nur nicht bemerkt? Wieso haben sie dich zurückgelassen, wenn sie doch so große Angst vor mir hatten?«

»Vielleicht haben sie es, vielleicht auch nicht«, war alles, was der Junge, plötzlich ganz still geworden, darauf antworten mochte, begleitet von einem Schulterzucken, das demonstrative Gleichgültigkeit signalisieren sollte.

Aleric verstand ihn trotzdem. Manchmal braucht es keine Worte, um eine Geschichte zu erzählen. Er erkannte die Ähnlichkeit zwischen ihnen beiden und wusste, dass dieses Unaussprechliche selbst jetzt und hier auch weiterhin noch unausgesprochen blieb. Von einer Sekunde auf die andere hatte sein Gast jede Selbstsicherheit eingebüßt und wirkte noch schmächtiger, als er ohnehin war. Ohne Frage war er zäh, gewöhnt an harte Arbeit, doch zugleich war er fragil wie ein Spatz. Er sah …

»Wann hast du das letzte Mal etwas Richtiges gegessen? Was ist passiert, nachdem ich weg war und du wieder allein?«

»Ich hab bis zum Morgengrauen ausgeharrt und dann versucht, meine Leute zu finden«, antwortete Wietzan tonlos.

»Hast du sie gefunden?«

»Nach ein paar Tagen, ja. Nicht weit von uns, aber auf der anderen Seite der Wolke, da gibt es ein Dorf in einem See. Da wollten wir hin, weil das Feuer ja nicht über das Wasser kann. Meine Leute sind auch da hin, nur wusste ich den Weg nicht und hab mich deshalb verlaufen. Ich wusste einfach nicht, an welcher Stelle der Wolke ich in den Wald abbiegen musste, um dieses Stulupy zu finden. Ich hab es überhaupt nur zufällig gefunden und bin halb verhungert angekommen.«

»Deine Leute müssen froh gewesen sein, dich wiederzuhaben …«

»Niemand war froh, mich wiederzuhaben.«

Der Junge hatte sich lange tapfer dagegen gewehrt, aber jetzt drohten ihn die Tränen zu übermannen.

»Was ist passiert?«, fragte Aleric sanft.

»Sie hatten Angst vor mir.«

»Warum?«

Wietzan seufzte, erbebte regelrecht. »Sie … sie behaupteten, dass ich … ich … dass kein normaler Mensch die Begegnung mit einem solchen Wesen wie dem feuerspeienden Waldschrat überleben kann, wenn er nicht … wenn er nicht selbst mit dem Bösen im Bunde ist.«

»Du sollst mein Komplize gewesen sein?«

»Nein.«

»Sondern?«, fragte Aleric, obwohl er plötzlich haargenau wusste, was seinem Gast vorgeworfen worden war von – den anderen.

Aus Wietzans Augen quollen Angst und Scham, seine Stimme kam erstickt, als würgten ihn unsichtbare Hände zu Tode. Er wollte reden, allein er war zu aufgewühlt.

Aleric verstand nur allzu gut, was in dem jungen Mann vor sich ging, er erkannte grundlegende Dinge wieder. Dass so etwas einem die Sprache verschlug, war nicht verwunderlich. Wenn er nur an das zurückdachte, was er durchgemacht hatte, und zwar nicht nur unmittelbar vor seiner und Sclaomirs Entdeckung. Angst und Scham waren auch seine ständigen Begleiter gewesen, zwei Todesschatten, die es sich auf seinen Schultern bequem gemacht hatten und stets ihre blutleeren kalten Krallen als Drohung über seinen Kehlkopf hielten. Noch heute gab es Momente, etwa wenn er nachts aus einem schlechten Traum aufschreckte, da meinte er, ihren eisigen Abdruck auf seiner Haut zu spüren. Wenn es ihm schon nicht gelingen wollte, selbst nach über einem Jahr in Sicherheit die Vergangenheit hinter sich zu lassen, wie sollte es dann diesem halben Kind möglich sein, das seinem Albtraum gerade erst entronnen war? – Und Aleric streckte eine Hand nach Wietzan aus und streichelte ihm sanft über das strohige Blondhaar. »Schon gut«, flüsterte er, die vielen kleinen Knoten und Kletten darin spürend, »schon gut. Sie sind nicht hier. Und sie kommen auch nicht her. Niemand kommt jemals hierher unter meine Wolke, weil es das Heim des bösesten aller Waldschrate ist, geschlüpft aus der Nachgeburt des Fenriswolfes und stets hungrig auf Menschenfleisch.«

Wietzan lächelte immerhin.

»Siehst du, schon besser«, meinte Aleric. »Und jetzt sage mir, was sie dir vorgeworfen haben. Rede es dir von der Seele, Junge, damit du auch das elende Geschwätz hinter dir lassen kannst.«

Nach einigen weiteren vergeblichen Versuchen und unter großem Stottern brachte Wietzan endlich hervor: »Ich soll mich dir hingegeben haben, damit du mein Leben verschonst.«

»Du meinst, ich habe dich mit Gewalt genommen?«

»Nein. Ich soll mich dir hingegeben haben. Ich soll dich betört und verführt haben.«

»Womit?«

»Mit meinen Reizen«, flüsterte Wietzan und lief rot an.

Aleric, nicht wissend, ob er lachen oder weinen sollte, versuchte es mit Sachlichkeit und fragte: »Aber woher solltest du denn gewusst haben, dass ein feuerspeiender Waldschratdämon für die empfänglich ist? Ich hör so was zum ersten Mal.«

Sein Gast schüttelte nur in qualvoller Verzweiflung den Kopf. Er traute sich kaum, dem Hausherrn ins Gesicht zu sehen.

»Lass mich die Frage anders stellen«, versuchte der einen neuen Ansatz. »Woher wussten denn deine Leute, dass ein solcher Unglücksbringer wie ich auf Reize dieser Art mit … mit Zuspruch reagieren würde?«

Lange Zeit blieb es still. Aleric wartete, bis Wietzan sich endlich überwand, aufschaute und sagte: »Kannst du dir das nicht denken?«

»Was ich denke, spielt keine Rolle«, erwiderte der Zurückgefragte jedoch. »Warum deine Leute das dachten, das ist wichtig.« Und als zuerst wieder keine Erklärung kommen wollte, legte er dem Jungen seine Hand auf die knochige Schulter und bekräftigte: »Du kannst es sagen, Wietzan. Hier kannst du offen sprechen. Außer uns ist niemand hier, und ich bin der Letzte, der dich verurteilen wird.«

»Sie halten mich für verflucht.«

»Wieso?«

»Seit ich ein kleiner Junge war, sehen sie mich scheel an, zeigen mit dem Finger auf mich und versuchen, mir nicht zu nahe zu kommen, mich möglichst gar nicht zu berühren, nicht einmal zufällig. Teilweise hielten sie mich wie ein Sklave. Wenn es ging und sie auf meine Arbeitskraft verzichten konnten, durfte ich nicht einmal bei der Ernte helfen, weil sie fürchteten, ich könnte die Früchte verderben und sie durch meine Berührung vergiften. Als meine Großmutter nach dem Essen einen Krampfanfall bekam und kurz darauf starb, hätten sie mich beinahe erschlagen. Für alles Schlimme, was uns passierte, war ich plötzlich verantwortlich. Nachts banden sie mich auf meinem Lager fest, damit ich nicht wie meine Geschwister zu den Eltern krabbeln und mich an sie kuscheln konnte. Steine durfte ich schleppen und Holz, aber wehe, ich wollte die Tiere auch nur streicheln, dann wurden die tagelang beobachtet, ob sie nicht plötzlich irgendwelche Anzeichen von Krankheit und Siechtum zeigten. Und wenn eins von ihnen dann tatsächlich starb, wurde der Kadaver verbrannt und die Asche im Wald vergraben. Ich war verflucht, meine Hände brachten Unglück über uns alle.«

»Aber warum? Was ist passiert?«

»Weil ich, als ich noch ein kleiner Junge war, beim Spielen mit meinen Schwestern gesagt hatte, dass ich auch gerne ein Mädchen sein würde.«

Selbst Aleric musste das erst einmal sacken lassen. Sollte er sich doch in dem Jungen geirrt haben?

Wietzan erkannte diese Reaktion wieder, aber er war schon zu weit gegangen, um jetzt noch den Rückzug anzutreten. »Habe ich es ernst gemeint?«, stellte er die im Raum stehende Frage. »Damals wahrscheinlich schon. Ich hatte es unbedacht gesagt, völlig versunken in das Spiel mit meinen Schwestern. Die waren älter als ich, ich der einzige Sohn im Haus. Ich hatte immer zu ihnen aufgeschaut und sie als Vorbild genommen. Mein Vater taugte nicht dazu, er war ein harter Mann, der zu viel Met trank und gerne zuschlug.«

»Zuschlug?«

»Zuschlägt. Er trinkt noch immer zu viel Met.«

Aleric nickte gewichtig.

»Ich war ein zarter Junge«, fuhr Wietzan fort. »Ich fing schnell an zu weinen und träumte viel vor mich hin und spielte ständig mit Mädchen. Nicht nur weil es keine anderen Jungs in meinem Alter gab, sondern weil ich mich bei ihnen wohlfühlte. Ich mochte Mädchen. Wie sollte ich denn da nicht wünschen, ebenfalls eins sein zu wollen? Natürlich begriff ich sehr schnell, dass ich niemals eins sein würde. Aber da war es längst zu spät, da hatte sich die Kunde bereits herumgesprochen. Alle sahen in mir nur noch eine Missgeburt, aus der niemals ein echter Mann werden würde.« Er seufzte und lachte plötzlich auf. »Sie haben's natürlich trotzdem versucht, einen Mann aus mir zu machen, meine ich. All die harte körperliche Arbeit war dazu gedacht. Die Schläge. Die Beleidigungen. Die Drohungen, mich in den Wald zu treiben oder am besten gleich zu erschlagen. Sie wollten retten, was noch zu retten war, obwohl sie wohl selbst nicht so recht an ein Gelingen glaubten.«

»Warum haben sie dich dann nicht doch vertrieben?«

»Sie brauchten meine Arbeitskraft«, antwortete Wietzan trocken und fügte hinzu: »Und außerdem tat ich in der Folge alles, um ein guter Junge zu sein. Dass ich gerne ein Mädchen sein würde, erwähnte ich nie wieder, ich bin ja nicht blöd. Nur leider bringe ich bis heute nicht wirklich die nötigen Voraussetzungen mit, um als echter Mann durchzugehen. Schau mich an: Ich bin ein dürres Hemd, ein Hänfling, dem kaum der Bart sprießen will. Ich könnte mir Frauenkleider anziehen und würde tatsächlich als Frau durchgehen.«

»Willst du denn wirklich eine Frau sein?« Die Frage rutschte Aleric heraus, bevor er sich auf die Zunge beißen und sie stoppen konnte.

»Ich kann keine Frau sein!«

»Ja, aber …«

»Kein Aber! Ich kann keine Frau sein. Ich könnte nur so tun als ob, und das ist nicht dasselbe.«

»Und was willst du dann?«

»Als ich in Stulupy ankam, war die Burg voll mit Flüchtlingen, die du vertrieben hattest«, erzählte Wietzan stattdessen und lächelte nicht dabei. »Sie platzte aus allen Nähten, willkommen war ich allein deshalb schon nicht. Noch ein Maul mehr, das es zu stopfen galt. Aber immerhin, sie ließen mich ein. Ich war wieder mit meinen Leuten vereint.«

Aleric ließ den Jungen vom Haken und sagte, auf den tiefen Seufzer reagierend, mit dem der geendet hatte: »Nur freuten die sich nicht im Geringsten, dich zurückzuhaben.«

»Du kannst es dir nicht vorstellen.«

»Wer weiß, vielleicht doch.« Aleric lächelte ein trauriges Lächeln. »Aber erzähl.«

Nur schien Wietzan nicht mehr zu wissen wie. In seinem Gesicht kämpften die unterschiedlichsten Empfindungen gegeneinander, sie zogen und zerrten an den vielen kleinen Muskeln um Augen und Mund, in Wangen und Stirn. Selbst seine Ohren zuckten plötzlich wie bei einem Tier, das sich von einem Rudel Räuber umzingelt wähnt. Schließlich sagte er: »Ich denke, sie trauten sich nur deshalb nicht, mich gleich wieder fortzuschicken, weil sie dann allen anderen den Grund dafür hätten sagen müssen. In Stulupy herrschte aber eine so angespannte Atmosphäre, dass jedes falsche Wort eine Panik ausgelöst hätte. Am Ende hätten die Menschen nicht nur mich gefesselt und mit Steinen beschwert in den See geworfen, sondern auch alle meine Leute. Ich denke, das ist, wovor meine Leute mehr Angst hatten als vor mir. Zumindest zuerst.«

»Aber dabei blieb es nicht. Was hat sich geändert?«

»Du.« Und Wietzan lachte trocken auf.

»Ich?«

»Du hast deine Angriffe eingestellt – von deinen Plünderungen weiß ja niemand was außer mir. Zu denen kam es immer erst, wenn alle schon weg waren.«

»Es war nicht mehr nötig«, rechtfertigte Aleric sich, sofort wieder von seinem schlechten Gewissen gequält. »Ich hatte genug.«

Wietzan winkte ab. »Auf jeden Fall kamen nach mir keine weiteren Flüchtlinge mehr nach Stulupy und auch keine Gerüchte über seltsame Aktivitäten unter der Wolke.« Er lächelte ein saures Lächeln, das seine Lippen von den Zähnen zog und sie wie gefletscht aussehen ließ. »Die See-Leute wollten uns loswerden. Sie zeigten mit jedem Tag deutlicher, dass wir eine Last für sie waren. Und auf meinen Leuten lastete der Druck am stärksten: Wir waren zuletzt gekommen, und plötzlich stand der Vorwurf im Raum, dass wir gar keine Opfer des Waldschrats seien, sondern aus Dummheit selbst unser Heim abgefackelt hätten. Man warf uns vor, Lügner und Betrüger zu sein, die die Gutherzigkeit der anderen nur ausnutzten.«

»Oh nein. Das tut mir leid.«

»Und meine Leute wiederum machten mich dafür verantwortlich. Ich war und blieb der Unglücksbringer. Der Junge, der vor vielen, vielen Jahren einmal gemeint hatte, ein Mädchen sein zu wollen, und seitdem als Urgrund für alles Üble herhalten muss.«

»Es tut mir so leid.« Beinahe hätte Aleric den Jungen in den Arm genommen. »Ich wollte wirklich nicht, dass das passiert.«

»Es wäre sowieso irgendwann passiert.« Wietzans Abgeklärtheit, hart wie Eisen und scharf wie zersplitterter Kristall, hatte etwas Erschreckendes. Selbst für ein Zeitalter, in dem die Menschen schnell erwachsen und selten alt wurden, war die zu tief ausgeprägt, als etwas anderes als Leid und Traurigkeit darin zu erkennen. »Irgendwann wäre es über sie gekommen, und sie hätten mich fortgeschickt oder … Schlimmeres. Mein Vater, er … immer wenn er mich sah … er ballte nur noch die Fäuste. Und er trank Stulupys sämtliche Metbestände leer.«

»Was ist passiert?«

»Wir verließen die Burg im See, bevor es zu Handgreiflichkeiten kommen konnte. Wir zogen ab in den Wald, grob in die Richtung, aus der wir gekommen waren. Zuerst begleitete uns noch eine andere Familie, die man auch nicht länger dahaben wollte. Sie soll gestohlen haben wie die Elstern, und vermutlich stimmt das auch. Sie besaßen kaum mehr als die Kleider an ihrem Leib.«

Aleric schluckte. »Trotzdem, ihr wart wenigstens nicht ganz allein«, sagte er.

»Meine Leute waren froh, als die anderen sich bald darauf von uns trennten, sie hatten ihnen nicht über den Weg getraut. Und als das geschehen

war, nur ein paar Stunden später, beschlossen sie, gleich noch ein weiteres Problem aus der Welt zu schaffen. Sie … sie hatten es wohl nur nicht vor Zeugen tun wollen, sonst hätten sie ja immer den Makel, eine Missgeburt in die Welt gesetzt zu haben, mit sich rumgetragen. Sie wollten ihren Schmutzfleck ein für alle Mal loswerden, um endlich ein gutes und glückliches Leben zu leben.«

»Also haben sie dich im Wald ausgesetzt.«

»So ähnlich, ja. Dem Fenriswolf zum Fraß.«

Ein weiterer Blick in Wietzans Gesicht hielt Aleric davon ab, sich erneut zu entschuldigen. Er sollte erst nach und nach erfahren, was an jenem Abend, kurz bevor die Dunkelheit über den Eisenwald hereinbrach, geschehen war, wie bei einem Mosaik, dessen einzelne Steinchen überall versteckt sind und nur per Zufall gefunden werden können. Wenn man auf eines davon stößt, weiß man sofort, dass es dazugehört, aber wenn man gezielt nach ihnen sucht, entdeckt man sie nicht, so als wären sie mit einem Unsichtbarkeitszauber belegt.

Angeführt vom Vater, dem die Nüchternheit hart zusetzte, wandte sich die Familie gegen Wietzan, plötzlich und ohne Vorwarnung, wie es ihm schien. Gerade jetzt, wieder auf sich allein gestellt und ohne Dach über dem Kopf, hätten sie doch zusammenhalten müssen, wäre jede helfende Hand von Vorteil gewesen. Seine Leute aber brauchten einmal mehr jemanden, dem sie die Schuld für ihr Unglück anlasten konnten, und da kam ihnen der eigene Sohn, der lieber ein Mädchen sein wollte, gerade recht. Die Ungewissheit glotzte sie von allen Seiten aus kalten Augen an, nur darauf wartend, sie sich einen nach dem anderen zu schnappen und zu verschlingen. Der Isarnho war doch berüchtigt für seinen unstillbaren Appetit auf Menschenfleisch. Wie viele waren schon in ihn hineingegangen und nicht wieder herausgekommen! War es da nicht besser, dem Wald gleich ein Opfer darzubringen? Vielleicht verschonte er dann die anderen. Und wer bot sich da besser an als der, den ihnen die Götter des Schicksals als Fessel ans Bein gebunden hatten. So ließen sich gleich zwei Fliegen mit einer Klappe schlagen …

Sie erschlugen Wietzan nicht, aber plötzlich umringten sie ihn mit Steinen in ihren Fäusten. Alle, Männer, Frauen und Kinder, Eltern und Geschwister, Onkel und Tanten, Vettern und Basen, die gesamte Sippe. Als hätte es ein geheimes Zeichen gegeben, lange schon unter ihnen für genau diesen Augenblick verabredet. Dass er nicht fähig gewesen war, es rechtzeitig zu erkennen, sollte ihn auf ewig wundern, denn auch er hatte doch auf genau diesen Augenblick schon sein ganzes Leben lang gewartet. Er hatte gewusst, dass es eines Tages passieren würde. Dennoch erwischte es ihn kalt. Freundlich waren ihre Gesichter ihm gegenüber schon lange nicht mehr gewesen, jetzt aber brachen sich Hass und Angst in ihnen Bahn. Die Drohung war unverhohlen, sie galt seiner nackten Existenz. Wietzan glaubte, das Einzige, was sie davon abhielt, ihn zu erschlagen, war ihr Ekel vor ihm, ihre Furcht, von ihm noch stärker beschmutzt zu werden, sollten sie sich mit seinem Blut besudeln. Er war Gift in ihren Augen, eine Seuche, die jeden erkranken ließ, der mit ihren Ausdünstungen und Absonderungen in Berührung kam.

Wietzan konnte sich nicht erinnern, dass irgendein Wort gesprochen worden wäre. Versuchte er sich zu erinnern, sah er nur Steine in zum Wurf bereiten Fäusten und eine Lücke in ihrem Kreis, die unmöglich zufällig entstanden sein konnte. Er wusste, welches Stündlein geschlagen hatte. Sein allzu leichtes Bündel noch auf dem Rücken, drehte er sich einmal um die eigene Achse, voller verzweifelter Hoffnung auf Milde, dann rannte er los. Hinter ihm flogen die Steine ins Gebüsch und gegen Stämme, es klang, als lachte der Wald ihn aus. Nur seine Leute blieben auch weiterhin stumm, als fürchteten sie Ohrenzeugen. Dabei hätte es kaum jemanden gegeben, der in dieser Austreibung ein Verbrechen gesehen hätte.

Das war auch Wietzan klar. Auf Hilfe brauchte er nicht zu hoffen. Wohin er auch ginge, irgendwann würde sich die Kunde vom Grund seiner Verstoßung dort verbreiten, als klebte sie ihm wie Scheiße am Schuh. Ihr Geruch hing ihm unwiderruflich an. Er hätte sich auch gleich zum Sterben in den Wald legen können oder an einem der Bäume aufhängen. Er besaß kein Seil. Er hätte eins stehlen können. Ein Dieb in der Nacht, der auf leisen Sohlen durch fremder Menschen Hütten schlich. Wer hätte ihm das in seiner Not verübeln können, andere machten es doch auch so. Andere, feuerspeiende Waldschrate vielleicht …

»Deshalb bist du zu mir gekommen? Weil du Ähnlichkeiten in deiner und meiner Lage entdeckt hast?«

»So ähnlich, ja.«

»Ich kann es nicht glauben!«

»Ehrlich, das ist keine Lüge. So war es, irgendwie.«

Aleric hob beschwichtigend die Hände. »Keine Angst«, sagte er, »ich glaube dir. Irgendwie. Ich verstehe, was du mir sagen willst.«

»Dann darf ich bleiben?«

Aleric sah sich in seiner bescheidenen Hütte um. Wietzan ebenso. Sie erblickten die Enge, die Feuchtigkeit, gegen die das Herdfeuer in jeder Sekunde aufs Neue ankämpfen musste, die Tiere mit ihrem Geruch und Kot, die Unordnung, das Provisorische, das noch immer Alerics Lebensumstände kennzeichnete, und die eine vorhandene Schlafstatt.

»Wo sollst du denn sonst hin«, meinte der Hausherr. »Für uns beide gibt es keinen anderen Ort als diesen.«

Zwölftes Kapitel

Seit dem schweren Busunfall war Dunjas und Petras Dorfladen regelrecht zur Gemeindevertretung geworden. Ein Gasthaus gab es seit drei Jahren nicht mehr, als Frank Marquardt, der Besitzer und Wirt des »Krug« an einem Werktagnachmittag auf seinem Gästeparkplatz von einem Herzinfarkt dahingerafft worden war. Er war einfach tot umgefallen, einen Eimer Putzwasser in der Hand. Niemand hatte das Gasthaus übernehmen und sanieren wollen, und der Vorschlag, das Dorf solle daraus einen Schwulenclub machen, denn wo sonst als in Kaltsommer würde so ein Ding erfolgreich laufen, war nicht einmal belächelt worden. Noch vor dem letzten Weihnachten war das alte Gebäude abgerissen worden, zu marode für den Weiterbetrieb, ein Neubau kam billiger. Der wurde seit ein paar Wochen errichtet. Wenn die beiden Ladeninhaberinnen aus ihren großen Fenstern nach links schauten, konnten sie die Baustelle sehen. Allerdings baute man nicht an einer neuen Kneipe, sondern an einem Doppelwohnhaus, deren Hälften noch vor Jahresende bezugsfertig sein sollten. Es stellte sich wohl nur die Frage, wer sich den Einzug leisten konnte oder wollte, angeblich verlangte der Bauherr pro Wohneinheit eine Viertelmillion Euro. »Das sind ja bald Hamburger Verhältnisse!«, hatte Petras Vater Hans Niemann geschimpft, jedoch mehr aus verletzter Eitelkeit. Er hatte selbst auf das Grundstück geboten und schon fertige Pläne in der Schublade gehabt, aber gegen einen Konkurrenten aus Plön verloren. Das wurmte ihn, dass Marquardts Erben einem Ortsfremden den Vorzug vor einem Nachbarn gegeben hatten. Zur Weißglut brachte ihn das Gerücht, dass beide Haushälften bereits verkauft sein sollten. »Das ist doch billiges Maklergeschwätz«, echauffierte Kaltsommers Immobilienkönig sich, »um die Nachfrage anzuheizen. Das glaube ich erst, wenn ich die Kaufverträge sehe.« Natürlich bekam er die nicht zu sehen, und so kochte er weiter im eigenen Saft.

Für Dunja und Petra zählte nur, dass Kaltsommer seit Frank Marquardts Tod keinen allgemeinen Versammlungsort mehr hatte und die Dorfbewohner sich ihren Laden als Ausweichquartier ausgesucht hatten. Warum auch nicht, die Wahl war logisch. An welchem Ende des Dorfes man auch wohnte, der Laden lag genau im Zentrum und war für jeden gut zu erreichen. Und so kamen sie, die Hausfrauen, die Ehemänner, die Rentner, ein paar Jugendliche und, das war besonders wichtig, die Mitglieder der Freiwilligen Feuerwehr rund um ihren Wehrführer Ralph Schilling. Die, die als Erste am Unfallort gewesen waren und das Grauen ungefiltert gesehen hatten. Sie waren keine professionellen Helfer, die Feuerwehr mehr eine Möglichkeit der Zusammenkunft, des Austausches, gemeinsam seine Freizeit zu verbringen und ab und an ein schönes Fest zu schmeißen. An Ostern das Osterfeuer, im Herbst das Laternenlaufen, das die Feuerwehrmänner als Fackelträger eskortierten, oder zu Weihnachten das Aufstellen und Schmücken des Dorfweihnachtsbaums auf dem Platz vor dem Torhaus. Dazu wurde immer gegrillt und ein Bierpilz aufgestellt, damit Kaltsommer gesellig zusammenkommen konnte. Die Einsätze schienen darüber glatt zur Nebensache zu verkommen und waren auch weder häufig noch zumeist schlimm. Meistens mussten sie im Sommer ausrücken, wenn jenseits von Kaltsommers Wolkenrand Hochsommer herrschte und Stoppelfelder oder Mähdrescher brannten. Ab und an wurden sie zu Verkehrsunfällen gerufen und mussten Autos aus dem Graben ziehen. Dass eine Scheune oder gar ein Haus brannte, passierte noch seltener. Mit Verletzten, Verstümmelten oder Toten wurden sie glücklicherweise kaum jemals konfrontiert. Bis dieser ortsunkundige Paketbote im dichten Nebel am Kopf der Allee mit überhöhter Geschwindigkeit in den Bus aus Neumünster krachen musste und großes Leid über sie alle brachte. So schien es zumindest. Auf jeden Fall musste darüber gesprochen werden, wieder und immer wieder, und es gab dafür bald keinen besseren Ort mehr als Dunjas und Petras Laden.

Seitdem kannte Dunja als frisch Zugezogene endlich jeden Einwohner Kaltsommers. Sie versuchte, das als positives Ergebnis des schrecklichen Ereignisses zu verbuchen. Noch haftete dem ein bitterer Beigeschmack an, auf diese Weise sollte man seinen neuen Heimatort nicht kennenlernen. Aber sie fühlte sich jetzt tatsächlich heimischer hier, enger mit den Menschen, mit ihren neuen Nachbarn verbunden. Leid schweißt zusammen – eine traurige Wahrheit. Auf einen weiteren positiven Nebeneffekt des Unglücks wies ihr Schwiegervater sie mit der ihm üblichen Kaltschnäuzigkeit hin. »Eure Umsätze sind ja wohl ordentlich gestiegen, ne?«, hatte er eines Abends nach Ladenschluss, nachdem er einen langen Nachmittag bei ihnen verbracht und alles mit allen ausführlich bekakelt hatte, gesagt und auf die leeren Getränkekühlschränke gewiesen. »Allein was ihr jetzt an Bier verkauft! Das ist gut, richtig gut. Und noch besser ist, dass Ralph Schilling nicht bei euch schnorren muss, sondern als Held der Stunde von allen ständig was ausgegeben bekommt.« Das stimmte zwar, aber nur gut war das auch wieder nicht. Ralph war ein lieber Kerl, der nicht mit Geld umgehen konnte, das hatte Dunja schnell gelernt. Schon bei ihrem Antrittsbesuch damals im Hause Niemann, als ein Umzug nach Kaltsommer noch nicht einmal Zukunftsmusik war, hatte Petra bei einem Spaziergang auf den zufällig Vorbeikommenden gezeigt und gesagt: »Das ist Ralph. Ralph ist nett. Aber wenn er dich jemals um Geld bittet, und das wird er, dann nimm die Beine in die Hand und lauf weg.« Damals hatte sie darüber gelacht. Heute empfand sie Mitleid für ihn und Sorge. Sorge, weil er den Unfall nicht gut verkraftet hatte. Vorher hatte er in Gesellschaft gerne einen über den Durst getrunken, das gehörte für ihn zu einer geselligen Runde dazu. Heute, nachdem er seine neue Stellung in Kaltsommers überschaubarer Gesellschaft erkannt hatte, suchte er diese auf, weil sie ihm seine guten Taten mit freigiebigen Spenden in Form von Bierflaschen vergalt. Aber keiner wollte scheinbar sehen, dass er nicht mehr zum Spaß trank, sondern um zu vergessen. Keiner außer Dunja. Deshalb hatte sie das Gespräch mit ihm gesucht, versucht, ihm ins Gewissen zu reden und von dem seelsorgerischen Angebot, das man allen Dorfbewohnern und Ersthelfern nach dem Unfall gemacht hatte, Gebrauch zu machen. Die Leute wären sogar zu ihm nach Hause gekommen. Aber Ralph hatte nur gesagt, er würde es sich überlegen, und ihr dabei nicht in die Augen sehen können. Seitdem kam er seltener in den Laden. Er trank jetzt immer öfter allein zu Hause. Das hatte ihr Olaf, Ralphs Kollege bei der Besamung, erzählt. Manchmal käme er angetrunken zur Arbeit, manchmal gar nicht. Dunja dachte darüber nach, ihn in seiner Wohnung aufzusuchen und nach dem Rechten zu sehen. Allein die Frage, ob ihr eine solche Intervention, die immerhin einen Einbruch in seine Privatsphäre darstellte, überhaupt zustand, hielt sie noch zurück. Hoffnung machte ihr lediglich der Gedanke, dass Ralph ihnen nicht wegen ihres offenen Wortes den Rücken gekehrt hatte, sondern wegen eines weiteren Vorfalls kurze Zeit später. Für den zeichnete Momme Iversen verantwortlich, dieser ekelhafte Kerl, der nie wusste, wann er den Mund halten sollte. Diese Sorte Mensch gab es überall und würde wohl niemals aussterben.

Gut zwei Wochen war es her. Leon Kaufmann war noch nicht aus dem Krankenhaus entlassen und Justine Heise, im Koma liegend, würde vielleicht niemals mehr daraus entlassen werden, da war Iversen im Laden aufgetaucht. Um seine Einkäufe zu erledigen, wie er behauptete. Seit dem Unfall machte er das tatsächlich bei ihnen, weil er sich, so stand zu vermuten, nicht mehr recht aus dem Dorf heraus traute durch den dichten Nebel. Gleiches galt für so einige Bewohner Kaltsommers. Es war, als hätte der Unfall zusätzlich zu der Nebelwand, die sie ohnehin tagtäglich umgab, noch eine unsichtbare Mauer um das Dorf gezogen. Durch die kam nur, wer vorher sich selbst überwand. Aber es ist auf Dauer sehr anstrengend, jedes Mal gegen seine Ängste ankämpfen zu müssen, selbst wenn man nur eben ein Brot vom Bäcker aus dem Nachbarort braucht und man eine alternative Einkaufsmöglichkeit gleich um die Ecke hat. Für manche Bewohner Kaltsommers hatte der Unfall das Dorf in ein Gefängnis verwandelt. Nur wollte auch darüber niemand sprechen, erst recht nicht der alte Momme Iversen. Der prahlte lieber weiterhin bei jeder Gelegenheit damit, als einziger Businsasse so intelligent gewesen zu sein, sich anzuschnallen. Deshalb sei ihm nichts passiert, deshalb habe er noch am selben Abend wieder nach Hause dürfen.

Überraschend lange war das gutgegangen. Weil er als Rentner zumeist zu Zeiten unterwegs war, an denen die meisten anderen noch arbeiteten, etwa die Mitglieder der Freiwilligen Feuerwehr. Leons Eltern zeigten sich kaum im Dorf, und Lasse und Jasmin Heise lebten nur noch im Krankenhaus bei ihrer Tochter. Lasse sollte zwar geschworen haben, dem »alten Sack« die Fresse zu polieren, »reißt der auch nur einmal in meiner Gegenwart sein dummes Maul auf«, hatte jedenfalls Martin Egmont aus dem Krankenhaus in Kiel mit warnendem Unterton berichtet. Aber am Ende war es der liebe gute Ralph gewesen, der Iversen zum Schweigen bringen wollte. Ralph, dem die Feuerwehr immer so viel bedeutet hatte, dass er sich um ihre Belange mit der allergrößten und für ihn ungewöhnlichen Verlässlichkeit gekümmert hatte.

Deshalb war er von den anderen Mitgliedern guten Gewissens zu ihrem Wehrführer ernannt worden.

An jenem Tag hatte es zum bisher letzten Mal genieselt, erinnerte sich Dunja jetzt, als sie aus dem großen Ladenfenster schaute. Fast vier Monate am Stück hatte es durchgenieselt, was selbst für Kaltsommer extrem war, wie ihr jeder Alteingesessene versicherte. Seit Ostern waren die trockenen Tage beständig mehr geworden, und seit zwei Wochen hatte es keinen einzigen Tropfen mehr geregnet. Iversen war noch mit blutender Nase im Geniesel verschwunden, mit Polizei und Klage wegen Körperverletzung drohend. Aber nur ein paar Stunden später, als sie und Petra den völlig aufgelösten Ralph in seine Wohnung gleich nebenan in der Straße ›Zum Speicher‹ begleitet hatten, war es bereits trocken gewesen. An der Tür waren sie von Ralphs Mutter Irmgard in Empfang genommen worden, die längst über die unterirdischen Informationskanäle des Dorfes von dem Vorfall erfahren hatte. Ihre sorgenvolle Miene sprach Bände. Dunja und Petra hatten den Sohn übergeben, den Schillings alles Gute gewünscht und Ralph noch einmal versichert, dass er weiterhin jederzeit bei ihnen willkommen wäre. Danach waren sie zurück in den Laden gegangen. Es war in dem kurzen Handgemenge ein bisschen was zu Bruch gegangen, das musste aufgeräumt werden. Petras Mutter Beate war zwar schon dabei, aber sie war nicht gerade die zielstrebigste Person, neigte zum Bummeln und neugierigen Herumstöbern in fremder Leute Sachen, selbst in denen ihrer Tochter und Schwiegertochter. Und Hans, der alte Schwadroneur, saß mit Sicherheit nur dabei und tat nichts, außer seiner besseren Hälfte wertvolle Putztipps zu geben.

Anders als sonst war Momme an jenem Tag nicht gegen Mittag zum Einkaufen gekommen, sondern erst am späten Nachmittag, als der Laden sich einmal mehr ins Dorfparlament verwandelt hatte. Es wurde geklatscht und getratscht und aufs Neue über die allgemein bekannten Ursachen und die noch immer nicht vollständig absehbaren Folgen des Unfalls spekuliert – auf Kreis- und sogar auf Landesebene sollten bereits diverse mögliche Maßnahmen zur Verhinderung weiterer Unfälle diskutiert werden –, und ab und an wurde etwas gekauft. Ralph bekam jedes Bier spendiert, nach dem es ihn dürstete, und seine Schulter war schon ganz weichgeklopft. Der Lärmpegel war hoch und brach auch nicht ab, als der feiste Mann mit dem fettigen Silberhaar und den Schweinsäuglein zur Tür hereinkam.

Lediglich die Glocke, die seine Ankunft verkündete, schien ernsthaft von ihm Notiz zu nehmen. Nicht ein Hauch von Brandgeruch lag in der Luft. Momme Iversen war sofort Teil des Palavers und brachte sich, wie es seine Art war, kräftig ein. Er machte eine Bemerkung über die Nonnengänse, die offensichtlich nicht mehr weiter in ihre Sommerquartiere gen Norden und Osten abziehen, sondern bleiben und hier ihre Brut aufziehen wollten. Er versuchte einmal mehr, einen Käufer für das von ihm geraffte Holz der vom Brandkrustenpilz befallenen Linde zu finden. Und er musste sich natürlich seines überragenden Intellekts rühmen, im Bus angeschnallt gewesen zu sein. Bis dahin hätte auch noch alles gut ausgehen können. Doch dann, verführt vom Klang der eigenen Stimme, meinte er, die Eltern schelten zu müssen, die ihren Kindern nicht einmal die elementarsten Regeln des öffentlichen Personennahverkehrs beibrächten. In einem so kleinen Dorf, in dem jeder jeden kennt und es vielfältige freundschaftliche und familiäre Bindungen von einem Ende zum anderen gibt, ist das keine gute Idee. Den Schmerz der einen fühlten auch die anderen, und Ralph war mit dem gleichaltrigen Lasse Heise zusammen aufgewachsen. Der alte Iversen hatte kaum seinen herablassenden Spruch beendet, da stürzte sich Ralph mit einem unartikulierten Schrei aus tiefster Kehle auf ihn, riss ihn zu Boden und ließ seine Faust einmal, zweimal und beinahe noch ein drittes Mal auf dessen Gesicht eindreschen, bevor ihn die anderen Männer zurückziehen konnten. Ein Regal mit eingemachtem Gemüse, Marmeladengläsern und Saftflaschen war dabei umgefallen, und Traudel Molkentin, die nach dem Unfall ihren Hof den Rettungskräften als Basis zur Verfügung gestellt hatte, hatte sich vor Schreck in die Tomatenkiste gesetzt. Unter anderen Umständen wäre das lustig gewesen. Unter den Gegebenen konnte sie von Glück reden, dass kaum jemand ihr Malheur bemerkte. Die Aufmerksamkeit galt allein den beiden Streithähnen, die sich jetzt gegenseitig anschrien, während starke Hände sie davon abhielten, erneut aufeinander loszugehen. Es gab Gebrüll und Drohungen von beiden Seiten – und dann fing Ralph plötzlich an zu weinen. Schlagartig war alles still, selbst Iversen wusste nicht, wie er darauf reagieren sollte. Jeder wollte nur noch ihrem heldenhaften Wehrführer helfen, der sich in weniger als einer Sekunde in ein Häuflein Elend verwandelt hatte. Mehr als alles andere reinigte das die Atmosphäre von aller Spannung. Man half Ralph auf, brachte ihn nach oben in die Wohnung, während sich unten nach und nach die Leute verliefen. Nur Momme musste sich natürlich einen großen Abgang schaffen und kündigte rechtliche Konsequenzen an, bevor er ging. Die hatte er bis heute nicht eingeleitet, was auch daran liegen mochte, dass ihm von jeder Seite bisher signalisiert worden war, dafür keine Hilfe erwarten zu können. Das ganze Dorf stand hinter Ralph. Wie sehr ihn das verbitterte, konnten sie Iversen am Gesicht ablesen, wenn immer er jetzt in den Laden kam, um seine Einkäufe zu erledigen. Dunja hatte ihm zuerst Hausverbot erteilen wollen, aber sich von Petra umstimmen lassen. »Wo soll er denn sonst einkaufen?«, hatte sie schlicht gefragt und Dunja dieselbe Frage unter all der Verbitterung in Iversens Zügen gelesen, nur hier offen verzweifelt. Also taten sie alle, als wäre nichts geschehen, und ihr ungeliebter Kunde beeilte sich von nun an mit seinen Einkäufen.

Seitdem war es im Laden wieder ruhiger geworden, das größte Redebedürfnis war vorbei. Nach wie vor kamen mehr Kunden als früher, sie blieben auch länger, aber zu großen spontanen Versammlungen der Dorfgemeinschaft war es nicht mehr gekommen. Dunja nahm es mit Erleichterung hin, noch so eine Prügelei wollte sie nicht erleben. Normalität war doch etwas Schönes. Zumal seit kurzem ein alter Stammgast zurückgekehrt war, der mehr Zeit denn je bei ihnen verbrachte, es aber gar nicht mochte, wenn man allzu neugierig versuchte, ihn auszuhorchen: Leon. Bein und Rippen waren gut verheilt, die Gehirnerschütterung folgenlos abgeklungen, nur der komplizierte Bruch seines Arms machte noch Probleme. Die verschraubten Knochenstücke wurden weiterhin von einem Fixateur stabilisiert, der noch vor den Sommerferien in einer erneuten Operation entfernt werden sollte. Leon hasste das Ding, dieses Gestell aus Karbonstäben, es ging ihm auf die Nerven. Kein Kleidungsstück passte deswegen, T-Shirts, Pullover, Jacken konnten entweder nur übergelegt oder mussten zerschnitten werden. Ständig brauchte er eine helfende Hand. Und seit dem Krankenhaus konnte er es nicht ertragen, wenn seine Eltern es waren, die ihm diese boten. Seit seiner Entlassung ging Leon nur noch zum Schlafen nach Hause.

Dunja wandte sich von der Aussicht auf das Feuerwehrgerätehaus und den Kindergarten auf der anderen Seite der Hauptstraße ab und der Ecke hinter dem Kassentresen zu, wo der Junge saß und seine Hausaufgaben machte. Er machte sie mit großer Sorgfalt und war sowieso bemüht, den verpassten Stoff aufzuholen, um nicht Gefahr zu laufen, das Schuljahr wiederholen zu müssen. »Ich will kein Jahr länger als nötig bei meinen Eltern bleiben«, hatte er ihnen klargemacht. Abends nach Ladenschluss blieb er entweder noch hier oder ging gleich rüber ins Verwalterhaus zu Manfred und Martin. Dort blieb er bis elf, bis die beiden darauf bestanden, dass er zu sich in sein eigenes Bett gehen müsse, zu seinen Eltern. Dunja empfand durchaus Mitleid mit Robert und Anna Kaufmann, die beiden steckten so fest in ihren Gewohnheiten wie verrostete Schrauben in einem Gewinde, dass jeder Versuch, sich zu bewegen und ihrem Sohn entgegenzukommen, sie schier zu zerreißen drohte. Aber sie hatten sich auch mehrmals im Krankenhaus danebenbenommen und damit nicht nur ihren Sohn bloßgestellt, sondern mutwillig seinen Freunden und ihren Nachbarn aus Kaltsommer vor den Kopf gestoßen. In jedem Besucher hatten sie eine homosexuelle Person gesehen, die den geschwächten Zustand ihres Sohnes ausnutzen wollten, um ihn endgültig schwul zu machen, und das wollten sie auf Biegen und Brechen verhindern. Das war so traurig wie lächerlich und hatte zu so mancher lautstarken Szene zwischen ihnen und Leon geführt. Der immer erst erschöpft und frustriert weinte, wenn sie gegangen waren. Er hatte sofort begriffen, was seine Eltern versuchten, und darum um jeden Besucher gekämpft, mit mal mehr, mal weniger drastischen Mitteln. Als sein Schulfreund Torben mit einer Delegation ihrer Klasse vorbeigekommen war, hatte er ihn demonstrativ vor aller Augen, aber im Grunde genommen nur für die seiner Eltern, zur Begrüßung auf den Mund geküsst. Torbens Augen hatten danach geleuchtet, Leons waren eiskalt geblieben. Als Dunja und Petra das erste Mal an sein Krankenbett gekommen waren und Anna sich wie eine Furie auf sie hatte stürzen wollen, hatte Leon sie mit scharfer Stimme zurückgehalten. »Die beiden sind mehr Mutter für mich als du!«, hatte er ihr vorgeworfen, und die Drastik in seinen Worten war selbst für die beiden Besucherinnen noch verletzend gewesen. Anna war in Tränen ausgebrochen und bald gefahren, mit den Nerven am Ende. Petra hatte später versucht, mit ihr und Robert zu reden, war aber nur auf eine Mauer aus Unverständnis gestoßen.

Dunja seufzte. »Ich mach mir einen Tee«, sagte sie über den Kassentresen hinweg. »Möchtest du auch einen, Leon?«

»Nein, danke.«

»Was anderes? Ein Wasser?«

»Nein, danke. Hab noch.«

»Okay.« Sie ging nach hinten, wo sie sich im Atelier eine kleine Teeküche eingerichtet hatten. Als sie an ihrem Hausgast vorbeikam, sagte sie: »Sag Bescheid, sollte noch jemand in den Laden kommen. Ist zwar gleich Feierabend, aber man weiß ja nie.«

»Mach ich.« Er sah nicht einmal auf. »Aber da ist ja auch noch die Glocke.«

Dunja schüttelte den Kopf. »Ja, da ist auch noch die Glocke.« Sie ging nach hinten.

Dort warteten nicht nur Wasserkocher und Teebeutel auf sie, sondern arbeitete auch Petra konzentriert daran, die immer stetiger übers Internet hereinkommenden Bestellungen abzuarbeiten. Wenn das so weiterging, brauchten sie wirklich demnächst eine Hilfskraft oder sie suchten sich gleich eine Auszubildende. Oder eine Aushilfe für den Laden. Um der Auftragsflut Herr zu werden, hatten sie zuletzt schon diverse Abend- und Nachtschichten eingelegt. So schön der Erfolg auch war, auf Dauer konnte das so nicht weitergehen. Es zehrte nicht nur ihre Kraftreserven auf, sondern zapfte auch ihre kreative Energie an und sorgte schon jetzt dafür, dass sie seit Wochen keine neuen Designs mehr entwickelt hatten. Wenn Leon nur schon wieder gesund und rundum einsatzfähig gewesen wäre, dann hätten sie ihm den Laden zumindest ab Schulschluss am Nachmittag anvertrauen können. Zeit für seine Hausaufgaben hätte er trotzdem gehabt und sich so, wenn er schon einmal da war, einerseits nützlich machen und andererseits noch einen Groschen dazuverdienen können.

Bevor sie auf einen kurzen Plausch zu ihrer Frau gehen konnte, rief die Türglocke Dunja zurück in den Laden. Sie hörte noch ein paar Takte lang dem Radio zu, bis das Wasser kochte und sie es über den Beutel Kräutertee gießen konnte. Dann nahm sie den Becher und sah nach, wer gekommen war.

Melanie Rixen hieß die junge Frau. Sie war Mitte zwanzig, so viel wusste Dunja immerhin über sie, und arbeitete in der Systemgastronomie oder, wie es der Dorfsprech auf den Punkt brachte: Sie briet Burger bei McDonald's in Neumünster. Obwohl sie in einem alten Polo zur Arbeit fuhr, war auch sie von der Buskatastrophe in den Laden gespült worden, wenn auch mehr auf der Suche nach Geselligkeit und einem potentiellen Ehemann. Sie kaufte nur selten etwas ein, dafür trug sie Glitzerspangen im blondierten Blondhaar, zu viel Make-up auf den properen Wangen und zu enge Kleidung, gerne in grellen Farben, am drallen Leib. Alles an ihr schrie den Männern ein gellendes »Nimm mich!« zu, so laut, dass die meisten reflexartig vor ihr Reißaus nahmen – wenn sie nicht schon in ihrem Bett gelegen hatten. Wenn Dunja dem Dorfklatsch glauben durfte, dann schlief Melanie mit den Typen allerdings niemals zum Spaß, sondern nur, weil sie darin eine notwendige Vorstufe für die Ehe sah. Seltsamerweise galt sie deshalb im Dorf nicht als Schlampe, eher als tragikomische Gestalt, die selbst weder etwas von der eigenen Tragik noch Komik ahnte. Angeblich hielt sie sich Meerschweinchen als Haustiere, ihr gesamter hinterer Garten in der Lindenallee sollte inzwischen ein einziger Meerschweinchenfriedhof sein. Gut vorstellbar, die fiependen kleinen Dinger hatte keine besonders lange Halbwertszeit, wie Dunja aus ihrer eigenen Kindheit wusste. Im Alter von sieben bis neun hatte sie selbst drei der pelzigen Nager verschlissen.

Melanie kaufte Kartoffeln und Bockwürste in der Dose, freundlich, aber schweigsam, nachdem sie gesehen hatte, dass heute außer Leon kein anderes männliches Wesen im Laden weilte. Sie roch nach Schweiß und Fritteuse und wirkte erschöpft, unter all dem Abdeckpuder sah sie verbraucht aus. Dunja wünschte ihr einen schönen Feierabend und erntete dafür ein leises Dankeschön und ein kleines Lächeln. Beides kontrastierte in seiner Natürlichkeit sehr mit Melanies übertriebener Aufmachung und ließ diese erst recht grotesk erscheinen. Dunja verspürte kurz Mitleid mit der jungen Frau, die war allerdings auch alt genug, um zu wissen, was sie tat.

Leon hatte nicht ein einziges Mal mehr von seinem Mathebuch aufgeschaut, nachdem er gesehen hatte, welche Kundschaft da in den Laden geschneit war. Er interessierte sich für Melanie Rixen genauso wenig wie sie für ihn. Das lag an der Überschneidung des Beuteschemas, wie Dunja gleich darauf eindrucksvoll vor Augen geführt bekam. Als Melanie den Laden verließ und zu ihrem vor der Tür geparkten Wagen ging, lief sie Olaf Harms direkt in die Arme. Nicht metaphorisch gesprochen, sondern wortwörtlich. Er stellte ein Stück den Bürgersteig hinauf sein Fahrrad ab und sie tat so, als hätte sie vergessen, wo ihr ehemals schneeweißes Auto stand. Um das Bild perfekt zu machen, hätte sie bei ihrem Zusammenprall zumindest noch den Sack Kartoffeln fallen lassen müssen, aber ihr

Essen hielt sie eisern fest. Olaf hätte sich auch niemals danach gebückt, das war nicht Melanies erster Annäherungsversuch dieser Art, und jede Kavaliersgeste wäre sofort als Entgegenkommen gewertet worden. Er ließ sie also nach einem kurzen Gruß stehen und kam in den Laden, während Melanie ihm erst noch hinterherschaute, bevor sie in ihr Auto stieg und nach Hause fuhr. Olaf sah sich nicht nach ihr um. Auf ihn wartete bereits eine Melanie zu Hause, er brauchte keine zweite. Im Laden wartete derweil Leon auf ihn. Als hätte er einen sechsten Sinn dafür entwickelt, hatte er sich schon hinter dem Kassentresen aufgerichtet, noch bevor Olaf überhaupt mit seinem Fahrrad ins Blickfeld der Schaufenster gekommen war. Seitdem hatte der Junge ihn nicht mehr aus den Augen gelassen. Jeder Schritt wurde gemessen, jede Geste gezählt, jedes Wort gespeichert und auf jeden Blick sehnsüchtig gewartet.

Dunja sah dem Schauspiel amüsiert zu. Sie und Petra wussten, wie sehr sich ihr Schützling für den Dorfschürzenjäger interessierte, seitdem er sich in einem schwachen Moment bitterlich bei ihnen darüber beschwert hatte, dass von allen Kaltsommeranern ausgerechnet Olaf Harms ihn nicht an seinem Krankenbett besucht hätte. Als sie Olaf davon erzählten – zugegeben, auch um seine Reaktion zu testen, um zu sehen, ob er wirklich ein so schlimmer Finger war, wie alle behaupteten –, erfuhren sie, dass Leon ihm seit Monaten nachstellte. »Und du fühlst dich nicht in Versuchung gebracht?«, hatte Petra gefragt und dafür einen Ellbogencheck von Dunja abbekommen. Doch Olaf hatte nur müde gegrinst und geantwortet: »So sehr es mich auch schmeichelt, für die Jugend noch attraktiv zu sein, aber er ist mir einfach zu jung.« – »Und zu unerfahren?« – »Ich glaub nicht, dass der noch so unerfahren ist. Das Früchtchen weiß sich auch anderweitig zu behelfen.« Nach der Episode mit Torben im Krankenhaus wussten die Frauen genau, was Olaf damit meinte.

Als er jetzt unter Glöckchengeklingel den Laden betrat, grinste er wieder müde. Allerdings war es nicht auf Leon gemünzt, den er natürlich ebenfalls sofort auf seinem Stammplatz entdeckte und der gar nicht mal mehr so tat, als würde er noch Hausaufgaben machen. Vielmehr war das den langen Arbeitstagen und Nächten voller Sorge um seinen Vater geschuldet. Rüdiger Harms schien vom Busunglück nichts mitbekommen zu haben, stattdessen verlor er über die dauerhafte Anwesenheit der Nonnengänse langsam den Verstand. Da Olaf und seine Frau es nicht über sich bringen konnten, den alten Mann zu Hause einzusperren oder in ein Heim zu geben, sah man ihn täglich durch das Dorf streunen wie ein Jagdhund, der nach dem letzten Schuss seines Herrchens suchte. Wenn immer er dann ein paar Gänse entdeckte, wie sie auf einem Feld rasteten und die jungen Pflanzentriebe aus dem Boden rissen, stürzte er sich auf sie mit Gebrüll, um sie zu vertreiben. Einmal war es ihm sogar gelungen, eine Gans zu erwischen. Er drehte ihr an Ort und Stelle den Hals um und spießte sie auf einem Zaunpfahl auf: eine Warnung an ihre Artgenossen. Obwohl mittlerweile nicht nur die Bauern das Federvieh verfluchten, überall schiss es hin, auch private Nutzgärten waren von ihm schon verwüstet worden, war der Vorfall verstörend gewesen. Seitdem behielt das ganze Dorf ein Auge auf Rüdiger, um ihn nach Hause zu bringen, sobald er sich wieder einem Gänseschwarm näherte. Tagsüber war das auch problemlos möglich, nachts aber, wenn er einmal mehr seinem schlafenden Sohn und dessen Frau ausgebüxt war, gewann er oft einen großen Vorsprung vor seinen Häschern. Denen gegenüber konnte er sogar aggressiv werden, wenn die ihn von seiner »Mission« abhielten. In solchen Momenten erwachte der alte Jähzorn, der Rüdiger früher zu einer ungenießbaren, ja unaushaltbaren Person machen konnte, zu neuem, zombiehaftem Leben. Das, mehr noch als die nächtlichen Eskapaden, bereitete Olaf Sorgen, und dass sein Vater kaum mehr schlief und viel zu selten aß. Rüdiger war nur mehr Haut und Knochen. Er versank regelrecht in seinem alten Morgenmantel, den er gar nicht mehr abzulegen schien.

»Moin.«

»Moin, Olaf.« Dunja schenkte ihm ein warmherziges Lächeln.

»Hallo«, sagte Leon von hinter dem Tresen. »Wie geht's dir?«

Olaf verdrehte ansatzweise die Augen, nickte und erwiderte: »Hallo Leon. Wie geht es dir? Was macht der Arm?«

»Darf immer noch nichts machen.«

»Na, wie erholsam für ihn.«

»Noch wieder schnell fürs Abendessen einkaufen?« Dunja war ziemlich stolz darauf, sich so schnell die verknappte Redeweise der Norddeutschen angeeignet zu haben. Je kürzer die Sätze wurden, desto mehr schienen sie auszusagen, dachte sie, gerade in Situationen, die schnell peinlich zu werden drohten.

»Ja.«

»Und wie geht's deinem Vater?«

»Ich hoffe, er ist noch zu Hause, wenn ich komme. Ich hab keine Lust, ihn schon wieder suchen zu müssen.«

»Ich kann helfen«, bot sich Leon sofort an.

»Das glaub ich gern.«

»Was brauchst du?«, fragte Dunja.

»Nudeln oder Spätzle. Sahne. Frische Pilze, wenn ihr habt, sonst Tomaten und Paprika.«

»Hm, klingt gut. Was gibt es denn?«

»Geschnetzeltes. Melanie bringt Fleisch vom Schlachter mit.« Olaf atmete tief durch und erzählte: »Früher hat Papa das sehr gerne gegessen. Vielleicht erinnert ihn ja der Geruch oder der Geschmack wieder daran und er isst mal mehr als ein, zwei Happen.«

Dunja nickte nur und suchte das Gewünschte zusammen. Olaf ging währenddessen zum Kühlschrank und nahm drei Flaschen Bier heraus. Leon verfolgte jeden seiner Schritte mit Argusaugen. Er wollte schon zu einem Kommentar ansetzen, irgendetwas Freches, das ihm erneut die Aufmerksamkeit des Älteren einbringen würde, doch das Glöckchen über der Tür kam ihm zuvor. Er schaute verärgert auf, Dunja neugierig und Olaf erst, nachdem er den Kühlschrank wieder ordentlich verschlossen hatte. Aber wie auch immer sie im ersten Moment geschaut hatten, plötzlich waren sie alle unmittelbar von Sorge erfüllt: Alexandra Runge-Kluge hatte den Dorfladen betreten und sah völlig durch den Wind aus. Nicht dass ihre Kleidung zerzaust gewesen wäre oder ihre Frisur zerstört, aber in ihren weit aufgerissenen Augen stand das nackte Entsetzen.

Ella! Es musste etwas mit ihrer jüngsten Tochter sein. Seit dem Busunglück häuften sich die Nachrichten über ihr sonderbares Verhalten. Dass sie gar nicht an Bord gewesen war, sondern mit Freundinnen im Kino, hatte sie nicht davor bewahrt, ebenfalls zu den Opfern gezählt werden zu müssen. Allein das Wissen, nur knapp der Katastrophe, vielleicht sogar dem eigenen Tod entronnen zu sein, hatte sie traumatisiert. Mit dem Bus fuhr sie inzwischen gar nicht mehr zur Schule, sie bekam Schweißausbrüche und Schwindelanfälle, wenn sie nur an der Bushaltestelle vorbeikam. Überhaupt fehlte sie immer öfter in der Schule, und wenn sie doch einmal kam, war sie entweder verschlossen oder aggressiv. Sie pendelte nur noch zwischen Gefühlsextremen hin und her wie ein aus dem Takt geratenes Uhrwerk. Letztens hatte sie sich in einer Pause auf eine Mitschülerin gestürzt, diese angeschrien und an den Haaren gezogen, ohne dass sie oder ihr Opfer hinterher einen Grund dafür hätten angeben können. Das wussten sie von Leon, der die Szene zufällig beobachtet hatte. Anders als er, der das für sich ablehnte, befand sich Ella in therapeutischer Behandlung, doch anstatt besser zu werden, schien sich ihr Zustand von Tag zu Tag zu verschlimmern.

»Alexandra«, begrüßte Dunja die Frau, auf die das halbe Dorf mit Verachtung und die andere Hälfte amüsiert blickte wegen ihrer erfolglosen Versuche, eine ernstzunehmende Schriftstellerin zu sein. Dunja teilte weder das eine noch das andere. Sie wusste, was es hieß, einen Traum zu haben und diesen verwirklichen zu wollen. Dafür reichte Können allein nicht aus. Ohne das Glück, im rechten Moment Petra getroffen zu haben, hätte sie sich niemals als Töpferin selbstständig machen können. Sie redete sich gerne ein, dass die Arztgattin das gespürt hatte und sie sich deshalb inzwischen duzten.

»Hallo Dunja.«

Die Tür glitt hinter ihr unter Glöckchengeschrill zurück ins Schloss, und nun stand sie da im Laden und wusste offensichtlich nicht mehr, was sie hier wollte. Sie sah sich verwirrt um.

»Ist alles in Ordnung, Alexandra?« Dunja ging ein paar Schritte auf sie zu. »Du … Ist irgendwas passiert? Geht es Ella gut?«

»Was? Ella?« Das brachte sie zur Besinnung. Sie schüttelte den Kopf, atmete tief aus, als hätte sie seit Stunden die Luft angehalten, und sagte: »Nein, mit Ella ist nichts. Die ist noch bei der Therapie in Kiel. Markus holt sie nachher und bringt sie mit nach Hause.«

»Ist dir denn nicht gut? Du siehst so … so …«

Plötzlich lächelte Alexandra. Ein abgrundtieftrauriges Lächeln war es, das Dunja glauben ließ, es müsse jemand gestorben sein. Sie schluckte. Doch die Frau in dem leichten Designermantel und mit der perfekt sitzenden Hochsteckfrisur berichtete: »Ich war gerade wieder in Schleswig im Landesarchiv. Habe alte Polizeiakten studiert. Meine Mutter will ja nicht mit mir reden, also habe ich mich eben selbst auf die Suche nach Informationen gemacht. Und jetzt habe ich was herausgefunden, über meinen Vater, etwas ganz Schreckliches.«

»Komm, setz dich erst mal hin.« Dunja ergriff die schlagartig erbleichte Frau beim Arm, stützte sie, während sie Anweisungen gab: »Olaf, hol bitte den Stuhl von hinter der Kasse. Leon, bring Frau Runge-Kluge ein Glas Wasser. Danke.«

»Oh, hallo ihr beiden.« Erst jetzt hatte die Strauchelnde die anderen beiden Personen im Laden wahrgenommen. »Bitte, keine Umstände.«

Aber Olaf und Leon liefen schon, die gewünschten Dinge zu bringen. Olaf rollte den Stuhl auf die andere Seite des Kassentresens, und gleich darauf brachte Leon das Glas Wasser. Geradezu scheu stellte er es vor der Mutter des Mädchens ab, das im Jahrgang unter ihm die Klaus-Groth-Schule besuchte und mit dem ihm bisher so gar nichts verbunden hatte. Der Unfall hatte auch das geändert, zumindest theoretisch. Seither schienen sie in einem Boot zu sitzen und ganz häufig praktisch in einem Auto. Die Eltern der minderjährigen Kinder Kaltsommers, die in Neumünster zur Schule gingen, hatten eine Fahrgemeinschaft gebildet, um ihren Nachwuchs so heil wie möglich zum Unterricht zu bringen und zurück nach Hause zu holen. Sogar Leons Eltern beteiligten sich daran. Mit dem Bus, der seinen Linienbetrieb gleich am nächsten Tag wieder aufgenommen hatte, fuhr zurzeit niemand mehr. Wenn es nicht das Zentrum der Zen-Buddhisten hier im Dorf gegeben hätte, das regelmäßig seine Meditationsveranstaltungen mit Teilnehmern aus der ganzen Republik durchführte, hätte der Bus Kaltsommer ganz aus dem Fahrplan streichen können.

Alexandra Runge-Kluge griff nach dem Wasser. »Danke«, sagte sie und trank ein paar kleine Schlucke. »Vielen Dank.« Sie behielt es in beiden Händen auf dem Schoß. »Danke, Leon. Was macht dein Arm? Wann wirst du den Fixateur wieder los?«

»Bis zu den Sommerferien ist der ab.« Ihm war die Situation sichtlich unangenehm. Er war auf seiner Seite des Kassentresens geblieben und zog sich nun, nachdem er seinen Auftrag ausgeführt hatte, Schritt für Schritt zurück an seinen Platz bei der Rückwand.

»Na, die sind ja bald.«

»Das ist noch über ein Monat.«

»Ja, du hast recht …«

»Ich kann es kaum erwarten.«

»Wir alle werden froh sein, wenn dieses Schuljahr zu Ende ist.«

Das dachten sogar die, die keine Kinder hatten, die jeden Tag die wabernde Nebelwand auf dem Weg zur Schule passieren mussten. Olaf hatte jedes Mal Angst um Melanie, wenn sie Richtung Wankendorf davonbrauste in ihrem Kleintransporter, und atmete erst wieder auf, wenn sie abends sicher nach Hause zurückgekehrt war. Dunja fühlte automatisch die Schweißperlen, die sich bei jeder Fahrt durch den Nebel auf ihrer Stirn bildeten, wenn sie Einkaufen fuhr. Den Teil der Aufgaben hatte sie nur zu gern übernommen, so kam sie regelmäßig raus aus diesem seltsamen Wolkenkuckucksheim und konnte die Sonne sehen. Die vermisste sie nach wie vor, und sei es nur als Trostspender. Nachdem sie Kaltsommer das erste Mal nach dem Unfall verlassen hatte, hatte sie sich mit einem Eis vor dem Supermarkt in die Sonne gesetzt und die Wärme genossen. Irgendwann hatten sich wie von selbst ihre Augen geschlossen, und als sie sie wieder geöffnet hatte, waren zwei Stunden vergangen und jede Menge besorgte Anrufe und Nachrichten von Petra auf ihrem Handy eingegangen. Selbst in diesen Tagen warf sie jeden Tag in regelmäßigen Abständen Blicke gen Himmel, immer darauf hoffend, dass jetzt, nachdem der Nieselregen aufgehört hatte, endlich auch einmal in Kaltsommer die Sonne herauskäme. Um wie viel freundlicher das Dorf dadurch wirken müsste. Aber oben am Himmel thronte wie fest verschraubt in das Gewinde des Firmaments die Wolke und zeigte ihr nichts anderes als den Bauch, und der hatte die Farbe eines toten Fischs.

Alle Augen ruhten auf Alexandra. Die hatte ihre geschlossen und bekam langsam wieder Farbe im Gesicht.

»Geht's wieder?«, fragte Dunja vorsichtig.

»Ja. Danke, Dunja.« Sie schlug die Augen auf, stellte das Glas auf dem Tresen ab und wollte sich gleich wieder erheben. »Es tut mir leid, die ganze Aufregung …«

»Nein, bleib noch ein Weilchen sitzen, bitte«, hielt Dunja sie zurück. Ihr schwankte die Kundin noch zu bedenklich.

»Ja, bitte, Alexandra«, kam ihr Olaf zu Hilfe, der der Frau aus dem Waldweg sanft eine Hand auf die Schulter legte und sie wieder zurück auf den Stuhl drückte. »Haben Sie keine Eile, überstürzen Sie nichts.«

Alexandra Runge-Kluge warf Olaf einen langen Blick zu, und Dunja fürchtete schon, dass der mit seiner instinktiv ausgeführten Berührung eine Grenze überschritten hätte. Stattdessen fragte sie: »Olaf, Ihr Vater Rüdiger, wie alt ist der jetzt?«

»Dreiundsiebzig. Wieso?«

Die Frage stand auch Dunja und Leon ins Gesicht geschrieben, aber Alexandras Blick war nach innen geglitten, sodass sie die Neugier nicht mitbekam. Sie dachte nach, rechnete, wie sich herausstellte. »Er kann meinen Vater also noch gekannt haben«, murmelte sie.

»Ihren Vater?« Nun war es an Olaf, Berechnungen anzustellen. »Wann ist der denn gestorben? Ist der nicht schon lange tot? Mein Vater kann da höchstens ein Kind gewesen sein.«

»1971. Mein Vater ist im Januar 1971 gestorben.«

»Okay, da war er so«, Olaf schien es an den Fingern abzuzählen, »vierzehn Jahre alt.«

»Alt genug.«

»Wofür?«

Doch anstatt zu antworten, verfiel Frau Runge-Kluge wieder ins Grübeln. Etwas kämpfte in ihr, das konnte sogar Leon sehen, der unbemerkt wieder nähergetreten war. Was er mit diesem seltsamen Auftritt anfangen sollte, wusste er noch immer nicht, aber die Verwirrung und Verletzlichkeit, die die Mutter seiner Mitschülerin plötzlich ausstrahlte, erweckte Mitgefühl in ihm. Er sah Dunja ratlos an, die diesen Blick nur stumm erwidern konnte.

»Ob ich mich vielleicht mal mit Ihrem Vater unterhalten könnte?«

Die Frage kam nicht nur für Olaf überraschend. »Ja, sicher, da freut er sich bestimmt«, antwortete der, nur um sogleich einzuschränken: »Aber Sie wissen schon, dass er an Alzheimer leidet, oder? Sein Langzeitgedächtnis funktioniert zwar noch, besser als das Kurzzeitgedächtnis jedenfalls, aber oft bringt er alles durcheinander. Er kann manchmal nicht mehr unterscheiden, was vergangen ist und was Gegenwart.«

»Vielleicht klappt es ja trotzdem.« Alexandra Runge-Kluge sah den Bauern, der immer schon am anderen Ende des Dorfes gelebt hatte, beinahe verzweifelt an. »Ich weiß einfach nicht, wen ich sonst fragen soll. Die meisten Alten im Dorf … sie … ich denke, die werden eher zu meiner Mutter halten und nichts sagen. Jedenfalls hat nie jemand mit mir über meinen Vater gesprochen. Wenn ich als Kind mal jemanden nach ihm fragte, bekam ich nur zu hören, dass ich mich an meine Mutter wenden soll.«

Dunja verstand noch immer nichts. »Was ist denn mit deinem Vater?«, platzte es aus ihr heraus.

»Er …« Alexandra sah sie beinahe erschrocken an, gequält. »Ich …« Doch die Worte wollten ihr nicht über die Lippen kommen. Den Kopf schüttelnd, sagte sie entschuldigend: »Ich muss erst noch weiter recherchieren. Vielleicht stimmt es ja nicht.«

»Schon okay, ich verstehe.« Dabei verstand sie gar nichts. Dunja wusste nicht einmal, ob sie das, was gerade in ihrem Laden passiert war, überhaupt verstehen wollte. Sie tippte auf ein Familiengeheimnis, auf das die andere eher unverhofft gestoßen war, und Familiengeheimnisse waren doch zumeist schmutzig. Schmutzig oder peinlich oder bedrohlich. Welchen Grund gibt es sonst, sie ins Dunkel des Schweigens zu verdrängen?

»Ich muss jetzt auch los«, kam Alexandra jeder weiteren Frage zuvor. »Muss das Abendessen für Ella und Markus machen. Morgen ist ein Schultag.« Sie erhob sich und stellte das Glas auf dem Tresen ab. Dabei sah sie Leon, der sie immer noch aus großen fragenden Augen anblickte. Prompt fielen ihr auch ihre anderen Verpflichtungen wieder ein. »Morgen früh fahr ich euch zur Schule, Leon. Sei wie immer pünktlich unten an der Allee.«

»Okay.« Er nickte, wieder ganz schüchtern.

»Ich fahr auch, wenn Ella nicht kann.«

»Okay.«

»Und wegen Ihrem Vater«, wandte sie sich an Olaf, »komme ich einfach die Tage noch mal auf Sie zu, okay?«

»Sicher.«

»Dann bis bald.« Sie strebte der Ladentür zu. »Vielen Dank für das Wasser, Dunja.«

»Gerne.« Die holte tief Luft und sagte: »Aber hast du nicht noch was vergessen, Alexandra? Wolltest du nicht noch einkaufen?«

Jetzt wurde die Kundin doch noch rot. Sie schlug sich eine Hand vor den Mund, als hätte sie gerade eine Erleuchtung gehabt. Für vergessene Einkäufe hingegen schien die Geste etwas übertrieben. »Du hast ja recht!«, sagte sie und musste über sich selbst lachen. Es war kein fröhliches Lachen.

In Windeseile kaufte sie Nudeln, Gemüse und Obst, bezahlte mit einem Fünfzig-Euro-Schein, wartete voller Ungeduld auf das Wechselgeld und verließ beinahe im Laufschritt den Laden, einen letzten Gruß der Allgemeinheit zuwerfend. Zurück blieben Dunja, Olaf und Leon. Sie sahen einander an, dass sie alle dasselbe dachten.

»Was ist denn mit der los?«, fasste Leon diesen Gedanken in Worte.

»Hab keine Ahnung«, antwortete Olaf kopfschüttelnd.

»War ihr Vater mal im Gefängnis?«, fragte Dunja. »Wenn sie Polizeiakten studiert hat und jetzt Leute sucht, die ihren Vater mal gekannt haben …«

»Hab keine Ahnung«, wiederholte Olaf nur achselzuckend. »Aber ich werde meinen Vater gleich mal fragen. Der alte Runge – Otto hieß er, glaub ich – ist schon so lange tot, über den hat schon lange keiner mehr gesprochen.«

»Wegen der alten Runge?«

Beide Erwachsenen sahen Leon fragend an.

»Na ja, Frau Runge-Kluge hat doch gesagt«, erklärte er, »dass ihr wegen ihrer Mutter niemand etwas über ihren Vater erzählt.«

»Vielleicht. Ich hab keine Ahnung.« Olaf seufzte es beinahe.

Dunja wusste sowieso von nichts. »Mich darfst du nicht fragen«, sagte sie, »dafür bin ich noch nicht lange genug in Kaltsommer.«

Wieder trat ein ratloses Schweigen ein, das von Olaf durchbrochen wurde. Der hatte es ebenfalls plötzlich eilig, nach Hause zu kommen. »Mein Vater wartet«, sagte er, »hoffentlich.«

Er packte seine Einkäufe zusammen, bezahlte mit viel Kleingeld und ging, einen letzten Gruß in die Runde rufend. Es mochte Zufall sein, dass sein letzter Blick Leon galt. Das konnte sich Dunja jedenfalls vorstellen, denn der Blick ihres treuen Kunden und Freundes war nicht wirklich fokussiert gewesen. Dass Leon das anders sah, war ihm an der Nasenspitze anzusehen.

»Wäre echt mal interessant zu hören, was Rüdiger über Alexandras Vater weiß«, sagte sie.

»Was?«

»Nichts.«

Lächelnd fing sie an, den Laden aufzuräumen. Es ging auf achtzehn Uhr zu, auf Ladenschluss. Leon war mit seinen Hausaufgaben durch und half im Rahmen seiner Möglichkeiten. Er brachte Ordnung in die durchwühlten Regale und sagte ihr, welche Produkte nachgefüllt werden mussten. Hätte er beide Arme zur Verfügung gehabt, er wäre selbst nach hinten ins Lager gelaufen, um die Aufgabe zu erledigen. Über Alexandra Runge-Kluges seltsamen Auftritt sprachen sie dabei kaum, aber es war klar, dass beide an diesem Abend gerne im Hause Harms Mäuschen gespielt hätten. Kurz vor sechs fuhr langsam ein dunkelblauer Mercedes auf der Hauptstraße vorbei, hupte zweimal kurz und riss sie aus ihrer gedankenverlorenen Tätigkeit. Beide wussten, was das bedeutete.

»Manfred ist da«, sagte Leon.

»Dann mach dich mal fertig und geh rüber zu ihm«, meinte Dunja. »Ich schaff den Rest hier auch alleine.«

»Okay.« In Nullkommanichts war seine Tasche gepackt, die Jacke übergeworfen, ein Arm im Ärmel, der andere leicht über dem Fixateurgestänge drapiert, und der Junge abmarschbereit. »Ich geh dann mal«, sagte er, schon an der Tür stehend. »Grüß Petra von mir.«

»Mach ich. Schönen Abend euch«, antwortete Dunja. »Und du grüßt mir die beiden Herren, ja?«

»Okay. Tschüs.«

»Tschüs.«

Das Glöckchen klingelte noch einmal. Zum letzten Mal an diesem Tag, denn Dunja schloss gleich hinter ihm ab. Sie warf noch einen allerletzten Blick aus dem Fenster die Hauptstraße rauf und runter: Nichts zu sehen und am Neubau hatten sie vor Stunden schon Feierabend gemacht. Ein Schwulenclub in Kaltsommer – die Idee war doch lustig … Sie widmete sich den letzten Aufgaben im Laden. Weil es wieder keinen einzigen Tropfen geregnet hatte und nichts aus Versehen kaputtgegangen war, musste sie nur noch ausfegen und nicht noch feucht durchwischen oder feudeln, wie man hier oben sagte. Sie war gerade dabei, die kleinen Häufchen aus Sand, Erdkrümel und Strohschnipsel mit Handfeger und Schaufel aufzunehmen, als sie Schritte hinter sich hörte. Petra machte eine Pause, wahrscheinlich, dachte Dunja, hatte sie Hunger und wollte Abendbrot.

Aber als sie sich zu ihrer Frau umdrehte, sah sie nicht in ein hungriges, sondern schreckensblasses Gesicht. Petra kam auf sie zu, sah sich dabei im Laden um und fragte mit gedämpfter Stimme, obwohl niemand mehr da war, der sie hätte hören können: »Ist Leon schon weg?«

»Ja. Aber … was ist denn los?« Dunjas Hände umklammerten plötzlich die Griffe ihrer Putzutensilien.

Petra räusperte sich, setzte zum Sprechen an, brachte kein Wort heraus, räusperte sich erneut und sagte schließlich: »Der Busfahrer ist tot.«

»Wer?« Die Frage war heraus, bevor Dunja begriff. Wären ihre Hände nicht voll gewesen, sie hätte sie sich vor den Mund geschlagen. »Wann?«

»Heute Nachmittag wohl. Kam gerade in den Nachrichten.« Petra schüttelte traurig den Kopf und fügte hinzu: »Im Radio. Sie sagten auch, dass eine Kommission gegründet werden soll, die sich mit dem Verkehrsproblem rund um Kaltsommer beschäftigen soll. Es soll dazu demnächst auch hier im Dorf eine Info-Veranstaltung stattfinden, mit Leuten vom Kreis und vom Land.«

»Wann?«

»Steht noch nicht fest.«

Die Frauen sahen sich an, als wäre es das Ende der Welt. »Scheiße«, flüsterte Dunja. Sie hatte zwar seit Tagen nicht mehr an den Busfahrer gedacht, der ebenfalls im Koma gelegen hatte seit dem Unfall, aber jetzt fühlte es sich an, als wäre er ein guter Freund gewesen. Für das Dorf bedeutete es einen weiteren Schlag, auch wenn der Mann aus Neumünster stammte: ein weiteres Opfer von Nebelwand und Wolke, der Kapriolen, die das Wetter ausgerechnet hier ständig schlug.

»Ich hab Manfred 'ne Nachricht geschrieben«, teilte Petra mit. »Er soll es Leon schonend beibringen.«

Dunja konnte nur nicken.

»Er soll es nicht von seinen Eltern hören«, schloss ihre Frau.

Wieder konnten sie sich nur gegenüberstehen und die Erschütterung in den Augen der anderen sehen. Es gab nichts weiter zu sagen. Überhaupt schien es gar nichts mehr zu geben, was sie noch hätten tun können. Zu Salzsäulen erstarrt standen sie da, wie Lots Frau und ihre Schwester, die gemeinsam auf ihre verlorene Heimat zurückgeschaut hatten.

Ein Klopfen ans Glas riss sie aus ihrer Erstarrung, laut und fordernd. Der Schreck fuhr ihnen in die Glieder, riss sie regelrecht auseinander, wollte sie sich zugleich ducken und weglaufen lassen. Das war praktisch unmöglich, also drehten sie sich nur ruckartig zur Tür um, um zu sehen, wer oder was das plötzliche Geräusch verursacht hatte.

»Papa«, brachte Petra mit schwacher Stimme über die Lippen.

»Was will er?«

Er rief ungeduldig ihre Namen und intensivierte sein Klopfen. Die ganze Scheibe bebte in ihrem Rahmen.

»Jede Wette, er hat auch gerade die Nachrichten gehört.«

»Und was will er hier?«

»Tratschen.«

»Bitte nicht.«

»Wahrscheinlich steht gleich das halbe Dorf wieder bei uns auf der Matte.«

Dunja war plötzlich nach Heulen zumute. »Zum Glück ist Leon schon weg«, stammelte sie.

»Ja«, nickte Petra und schloss die Tür auf, um ihren Vater einzulassen. Aus dem Schulweg sah sie Ulrike Quandt kommen, nicht einmal ihren Einkaufskorb als Alibi in der Hand.

Dreizehntes Kapitel

KALTSOMMER GING IHM NICHT MEHR aus dem Kopf, und das lag nicht nur an Aleric. Der war tot und blieb es scheinbar auch, denn jetzt träumte er von einer Periode, die ein paar Jahrhunderte nach dem legendären Begründer von Sconebeke liegen mussten. Er hatte Geschichte studiert, er kannte sich damit aus, selbst mit dem Wandel der Bekleidung im Laufe der Zeit und dem Fortschritt bei Werkzeugen und Maschinen. Trotzdem konnte er die neuen Gesichter noch immer nicht so recht einordnen. Nur dass sie noch immer unter der Wolke lebten, war unübersehbar. Aber ihm fehlte Aleric, er wurde das Gefühl nicht los, nicht alles über ihn erfahren zu haben.

Das war der eine Grund, weshalb er sich permanent mit Kaltsommer beschäftigte. Der Zweite war natürlich Gerrit. Der wollte alles über ihn wissen und fragte ihm regelrecht Löcher in den Bauch. Sein Kleiner hatte gleich mehrere Schwierigkeiten, sich das, was ihm erzählt wurde, vorzustellen, obwohl er glauben wollte. »Das ist doch meteorologisch komplett unmöglich, dass da immer eine Wolke über dem Dorf hängt«, behauptete er, wohl nicht ganz zu Unrecht, »und dass niemand außerhalb Holsteins jemals davon gehört hat!« Satellitenfotos und Google Earth belehrten ihn zwar eines Besseren, allein der Glaube wurde noch immer untergraben von Zweifeln. »Ich kann mir auch überhaupt nicht vorstellen, dass Leute dort dauerhaft leben können, nein: wollen!« – »Es ist aber so.« – »Die müssen doch alle voll den Wasserschaden haben.« – »Am besten siehst du dir das mal persönlich an, dann wird dir das freche Grinsen schon vergehen.« – »Du nimmst mich mal mit hin, Benni? Echt?« – »Wenn du das möchtest.« Daran konnte keinerlei Zweifel bestehen, sein Kleiner strahlte über das ganze Gesicht. »Und lern ich dann auch deine erste große Flamme kennen, diesen Olaf?« Auf die Frage jedoch blieb Benjamin die Antwort schuldig. Anders als über Elmar mochte er über Olaf nicht sprechen. Über ihn erzählte er nur das Nötigste, um Gerrit nicht das Gefühl zu geben, ihm etwas zu verheimlichen. Er wusste ja selbst nicht so recht, warum das so war. Wie jede erste große Liebe, die zerbricht, hatte auch diese ein gerütteltes Maß an Liebeskummer nach sich gezogen. Über den jedoch war er lange schon hinweg. Olaf war Vergangenheit, nicht tot, aber trotzdem unwiederbringlich vorbei.

»Stellst du mich dann zumindest deiner Mutter vor?« Wie immer musste Benjamin über die Volten, die Gerrits Hirn zu schlagen imstande war, lachen. »Wenn sie mich denn lässt«, hatte seine Antwort gelautet. »Ach ja, da war ja auch was.« Mehr als alles andere konnte Gerrit die gestörte Mutter-Sohn-Beziehung seines Freundes nicht begreifen. Da es sich aber nicht negativ auf ihre eigene Beziehung auswirkte und Benjamin mit Details zu seiner Mutter niemals hinter dem Berg hielt, war seinem Kleinen das egal.

Benjamin allerdings nicht. Zielsicher hatte Gerrit den dritten Punkt getroffen, wegen dem er sich ständig in Gedanken mit Kaltsommer beschäftigte. Vielleicht wurde aber auch andersherum erst ein Schuh daraus: Weil in seinem Kopf gerade alles – okay, fast alles – nur um dieses Wolkenloch in der holsteinischen Pampa kreiste, musste er zwangsläufig immer wieder auch über seine Mutter stolpern. Sie lebte nun einmal dort und hatte sich, im Gegensatz zu ihm, dort immer wohlgefühlt. Umso wohler sogar, je mehr sie ihr Heim wieder für sich hatte nach der Geburt ihres einzigen Kindes. Im Grunde genommen hatte sie seitdem nie einen Hehl daraus gemacht, dass sie sich sehr auf den Tag seines Auszugs freute. Auf eine unterschwellige Art hatte sie ihn so sicherlich auch vertrieben, aber eben nur aus ihrem Heim, nicht aus Kaltsommer an sich. Im Hause Harms und ganz besonders bei Olaf hatte er einen Ersatzunterschlupf gefunden, der vieles wieder ausglich. Benjamin hatte sogar die jähzornigen Anfälle Rüdigers als einen Ausdruck von Familie und Väterlichkeit angesehen, obwohl die Olaf und Andreas, an ihre Mutter Bärbel konnte er sich kaum erinnern, jedes Mal schwer zusetzten. Als Benjamin das Dorf schließlich verließ, um zu studieren, tat er dies nicht in dem Gefühl, ein Vertriebener zu sein. Weder verspürte er Heimweh noch das Bedürfnis, mit seiner Mutter ein abschließendes Hühnchen wegen ihrer Distanziertheit und Kälte rupfen zu müssen. Seine Zeit in Kaltsommer war einfach vorbei gewesen und mit ihr seine Verbindungen zu Olaf und Gerburg Sandow.

Davon war er jedenfalls überzeugt gewesen, bis diese seltsamen Träume eingesetzt hatten. Seitdem spukte ihm seine Mutter immer öfter im Kopf herum und wuchs der Wunsch in ihm, wenigstens ihre Stimme mal wieder zu hören. Zum ersten Mal seit sehr langer Zeit hatte er so etwas wie ein Stich in der Brust verspürt, als sie auf seinen letzten Versuch, sie anzurufen, überhaupt nicht reagierte. Dabei wusste Benjamin, dass das besser so war. Den Trost, den er sich nach Alerics plötzlichem Tod davon erhoffte, hätte sie ihm niemals gegeben, der kam von Gerrit.

Ihre Funkstille erklärte sich Benjamin mit der Grundlosigkeit seines Anrufs. Außer an Weihnachten oder Geburtstagen gab es keine Verbindung zwischen ihnen. Das war wie ein ungeschriebenes Gesetz zwischen Mutter und Sohn, und er hatte es gebrochen. Da er es in der Folge aber auch nicht noch einmal versucht hatte, musste sie davon ausgegangen sein, dass nichts Ernstes passiert war und es also keinen Grund für einen Rückruf gab. Benjamin wusste, dass seine Mutter so dachte, bis vor kurzem hätte er ebenso gehandelt. Trotzdem war er dankbar, dass sie heute Geburtstag hatte und die Annahme seines Anrufs nicht verweigern würde.

Für den wählte er einen Zeitpunkt nach Feierabend, wenn sie garantiert nicht mehr im Geschäft sein würde. Nicht dass sie noch hätte arbeiten müssen mit ihren nun neunundsechzig Jahren, aber ohne ihre Tätigkeit als selbstständige Optikerin konnte er sie sich vermutlich genauso wenig vorstellen wie sie sich selbst. Ihr Geschäft war ihr Lebenselixier. Nähme man es ihr weg, sie würde eingehen wie eine Blume, die nicht mehr gewässert wird – okay, Kaktus in der trockensten Wüste der Welt wäre in ihrem Fall die passendere Bezeichnung, denn auch die brauchen ab und an ein wenig Feuchtigkeit. Er wählte ihre Festnetznummer.

»Sandow.«

»Hallo Gerburg. Alles Gute zum Geburtstag.«

»Danke.«

»Ich bin's, Benjamin.«

»Ich weiß, wer da ist.«

»Sicher. Klar.«

Sollte er sich jemals wirklich auf dieses Gespräch gefreut haben, so hatte sich diese Freude schon wieder in Luft aufgelöst. Verdampft wie Wasser, könnte man sagen, nur anders als Wasser benötigt Freude dazu nicht Hitze, sondern Kälte.

»Wie geht's dir denn so? Heute an deinem Wiegenfest?«

»Wie immer.«

»Und wie ist das Wetter in Kaltsommer?«

»Auch wie immer.«

Benjamin stand wie immer bei diesen Telefonaten der Schweiß auf der Stirn. Es war so hart, mit dieser Frau Konversation zu machen. Sie hatte ihm nichts zu sagen, und er, eingeschüchtert von ihrem Desinteresse, traute sich nicht, den Mund aufzumachen. Wie gerne hätte er ihr von Gerrit erzählt oder von Aleric. Wie sie wohl reagiert hätte, wenn ihr Sohn ihr erzählte, er hätte in letzter Zeit Visionen von Kaltsommers fernster Vergangenheit? Der Wüstenkaktus hätte vermutlich spontan ein ganzes Bündel von neuen Stacheln ausgebildet.

»Es regnet?«

»Nein, es ist trocken.«

»Wirklich?«

»Ja«, antwortete Gerburg Sandow und fügte dann, ein Wunder dies, hinzu: »Seit ein paar Wochen schon.«

»Was? Kein Regen in Kaltsommer? Nicht einmal Nieselregen? Das kann ich mir gar nicht vorstellen!«

»Ist aber so.«

»Hier in Berlin ist das Wetter heute ziemlich durchwachsen. Feuchtwarme Luft und immer wieder Schauer.«

Dazu hatte seine Mutter nichts zu sagen. Benjamin biss sich auf die Lippe.

»Hast du heute gearbeitet?«

»Ist ein ganz normaler Werktag gewesen. Ich kann das Geschäft nicht einfach schließen, nur weil ich lustig bin.«

»Es ist dein Geschäft.«

»Ich habe Verantwortung meinen Kunden gegenüber. Ich kann die nicht einfach im Regen stehen lassen. Am Ende fühlen die sich verprellt und gehen zur Konkurrenz.«

»Das geht natürlich nicht.«

»Das geht wirklich nicht.«

Benjamin hörte ihren säuerlichen Tonfall und sah direkt vor sich, wie sich bei diesen Worten ihre Lippen zu einem dünnen Strich zusammenzogen. Sie hatte nie Mitleid von anderen gewollt, Hilfe immer verabscheut und auch nur auf die Andeutung von Spott mit einer Wortkargheit reagiert, die ganz schnell in ein bedrohliches Schweigen kippte. Dann stand man plötzlich vor ihr und rang selbst nach Worten, während man das Gefühl hatte, an seinem eigenen Spott zu ersticken. Diese Fähigkeit hatte sie oft genug bewiesen, nicht nur ihrem Sohn gegenüber, denn als alleinerziehende Mutter war sie sowohl Spott als auch Hilfe und Mitleid oft genug begegnet. Gerburg Sandow war die stolzeste Frau, die Benjamin kannte, mit allen Konsequenzen.

»Machst du denn heute noch was?«

»Ich gehe aus.«

»Wirklich?«

»Ja.«

»Mit wem?«

»Kennst du nicht.«

»Das ist mir klar.«

Wieder kam vom anderen Ende der Leitung nur Schweigen.

»Mit einem Verehrer?«

»Mit meiner Katze sicherlich nicht.«

»Hast du immer noch diesen Albino?«

»Ja. Und es ist eine Katze, eine Sie.«

»Entschuldigung.«

Er kannte das Tier nur vom Hörensagen. Bilder schickte sie, obwohl sie mobilfunktechnisch auf dem neuesten Stand war, natürlich nicht. Katzen liebte seine Mutter über alles, das war ihr einziger *soft spot*, wie der Engländer sagt. Schon als kleines Mädchen hatte sie immer eine gehabt und das bis heute so beibehalten. Sie hielt immer nur eine, niemals zwei, und wenn die Alte starb, ging sie ins Tierheim und holte sich eine möglichst junge Neue. Als er geboren wurde, war er in diese intakte Familienstruktur eingedrungen, so kam es Benjamin jedenfalls vor. Und die blöden Viecher hatten ihn offensichtlich immer als Eindringling gesehen, als Konkurrenten um die Liebe der Hausherrin. Er hatte sie nicht einmal streicheln dürfen, ohne gleich angefaucht und gekratzt zu werden. In seinen Augen waren das alles kleine Biester gewesen, und er zweifelte keine Sekunde lang daran, dass Blanca, so der passende Name der Albina, sich darin nicht von ihren Vorgängerinnen unterschied.

»Also: Wer ist er?«

»Wer ist wer?«

»Dein Verehrer.«

Das interessierte ihn wirklich. Sie hatte immer mal wieder Affären gehabt, seine ganze Kindheit hindurch. Er hatte das nur selten und spät bemerkt, weil sie niemals einen dieser Männer mit nach Hause gebracht hatte und zumeist schnell wieder Schluss gewesen zu sein schien. Heute war er sich sicher, dass sie jedes Mal diejenige gewesen war, die es beendet hatte. Er hatte sie nie in Tränen aufgelöst am Küchentisch vorgefunden, es gab eben nur Phasen, in denen war sie abends und nachts öfter weg als in anderen. Benjamin war da ganz anders gewesen, mitteilungsbedürftig in jeder Hinsicht. Kaum war er mit Olaf zusammen, hatte er ihr seine Freude ins Gesicht geschrien. Nachdem es vorbei war, hatte er geheult wie ein Schlosshund, am liebsten in ihrer unmittelbaren Gegenwart. Nicht dass er damit irgendetwas bei ihr berührt hätte, sie hatte für sein Herzeleid nur ein Schulterzucken übrig. Beides war verletzend gewesen, aber auch nicht wirklich überraschend. Schon bevor er als Schüler für ein Jahr nach England gegangen war, hatte er nie viel Wärme von ihr erfahren, nach seiner Rückkehr war es damit ganz vorbei. Als er ihr einmal vorwarf, dass ihr es wohl lieber gewesen wäre, wenn er gleich ganz in England geblieben wäre, war ihr abschätziges Heben der Augenbrauen eine mehr als deutliche Antwort gewesen. An dem Tag hatte er sich geschworen, Kaltsommer so bald wie möglich zu verlassen, und gleich darauf war er zu Olaf gefahren, um sich bei ihm die Nähe und Geborgenheit zu holen, die er zu Hause nicht bekam. Aber auch der war nach Benjamins Rückkehr aus England nicht mehr ganz so wie vorher gewesen …

»Es ist kein Verehrer.«

»Ach, komm schon!«

»Meine beiden Mädels führen mich aus.«

»Deine Angestellten?«

»Ja. Wir gehen schick in einem Landgasthof hier in der Gegend essen.«

Er mochte es nicht glauben. »Wo denn?«

»Kirschenholz.«

»Kenn ich nicht.«

»Sag ich ja.«

Gerburg Sandow war keine Frau, die einen Sieg lange auskostete, weil es ihr nie ums Siegen ging. Ihr ging es stets nur darum, ihren Willen durchzusetzen. Kompromisse waren ihre Sache nicht, da gab man zu viel von sich selber auf. Dass sie diese Gelegenheit jetzt nicht nutzte, um das Gespräch zu beenden, lag einzig und allein an dem langgezogenen Gähnen, das ihr plötzlich dem Atem nahm.

»Schlecht geschlafen?«, fragte Benjamin sofort.

»Ja.«

»Warum? Aufgeregt wegen deines Geburtstags?«

»Sei nicht albern.« Sie sog tief die Luft ein und erzählte: »Schlecht geträumt.«

»Wovon? Von Kaltsommer?«

»Von … von Kaltsommer? Warum soll ich von Kaltsommer träumen?«

»Na ja, du wohnst da …«

Er wusste selbst, dass das nicht sehr überzeugend klang, desto mehr überraschte ihn die Antwort: »Irgendwie wohl schon.«

»So?«, sagte er, um Zeit zu gewinnen. Plötzlich war er ganz aufgeregt, wusste aber auch, dass er sich davon nichts anmerken lassen, nicht gleich mit seiner eigenen Geschichte herausplatzen durfte. Jetzt ging es nicht um ihn. »Was hast du denn geträumt?«

»Von brennenden Gänsen, die auf mein Haus stürzen.«

»Bitte?«

»Du hast mich schon verstanden.«

»Brennende Gänse? Warum brennende Gänse?«

»Woher soll ich das wissen?«

»Niemand träumt einfach so von Gänsen.«

Sie seufzte genervt, antwortete aber wiederum: »Seit ein paar Monaten werden regelmäßig Weißwangen- oder Nonnengänse im Dorf gesichtet. Die Viecher wachsen sich inzwischen zur echten Plage aus. Fressen die Felder kahl, scheißen überall hin, ständig hat man ihr Geschnatter im Ohr. Letztens kam ich nach Hause und fand meinen Blumengarten komplett verwüstet vor. Die hatten alle jungen Triebe abgefressen. Wäre zu dem Zeitpunkt auch nur noch eins der Viecher hier herumgeschlichen, ich hätte es gemacht wie der alte Harms und mich darauf gestürzt und ihm den Hals umgedreht.«

»Dem Harms? Rüdiger?«

»Der Gans!«

Benjamin wusste nicht, was er sagen sollte.

»Jedenfalls, deshalb hab ich schlecht geschlafen«, endete sie.

»Interessant. Bei euch scheint ja gerade ordentlich was los zu sein … Ist sonst noch was Spannendes passiert?«

»Es hat einen schweren Busunfall gegeben, oben an der Allee. Drei Tote inzwischen, und ein kleines Mädchen hier aus dem Dorf liegt immer noch mit schweren Hirnschäden im Koma.«

»Wer?«

»Justine Heise.«

»Heise, Heise … Von Lasse eine Tochter?«

»Sonst haben wir keine Heises mehr im Ort.«

Benjamin schwieg. Nicht dass er Lasse gut gekannt hätte, der war um Einiges jünger als er und immer noch ein Kind, als er Kaltsommer verlassen hatte. Trotzdem rührte ihn dessen Schicksal, dem ein solcher Schlag versetzt worden war. Benjamin schwieg aber auch, weil ihn diese Gänse verwirrten und mehr noch der Umstand, dass seine Mutter von ihnen als brennend träumte. Obwohl er nicht wusste, wie solche Nonnengänse aussahen, hatte er automatisch ein Bild von ihnen als brennender Haufen Federn vor Augen, der wie ein Napalmbombenhagel auf Kaltsommer niederregnete und alles in Flammen aufgehen ließ. Das korrespondierte auf eine ebenso seltsame wie beunruhigende Art und Weise mit seinen Träumen oder Visionen, bevor Aleric auf der Bildfläche erschienen war. Plötzlich verspürte er Angst und sagte, bevor er seiner Zunge Fesseln anlegen konnte:

»Vielleicht sollte ich mal wieder nach Hause kommen und nach dem Rechten sehen.«

Die Stille am anderen Ende der Leitung sprach Bände. Währenddessen verselbstständigte sich der Gedanke und wurde zur Idee.

»Nein, wirklich«, sagte er, »vielleicht wird es mal wieder Zeit für einen Heimatbesuch.«

»Kannst du ja gerne machen«, kam es dünn zurück, »aber du wirst dann wohl außerhalb von Kaltsommer schlafen müssen. Den »Krug« gibt es nicht mehr und Ferienwohnungen, wie du dir denken kannst, sowieso nicht. Und ich hab auch keinen Platz, dein altes Zimmer existiert schon lange nicht mehr als solches.«

Benjamin ließ ihren Worten Zeit verklingen, bevor er antwortete: »Ist vielleicht auch besser so, ich würde eh nicht allein kommen. Und zu zweit in meinem alten schmalen Bett schlafen, das wäre vermutlich ziemlich unbequem geworden.«

»Dann wäre das ja geklärt.«

Für seine Mutter mochte es nicht um Sieg oder Niederlage gehen, sondern einzig und allein um ihren Willen, der Sohn wusste trotzdem, wann er verloren hatte. »Schön«, sagte er.

»Ja. Hör mal, ich muss langsam Schluss machen, sonst werde ich nicht mehr fertig, bis die Mädels kommen.«

»Ist gut.«

»Ist sowieso ein Wunder, dass die darauf bestanden haben, mich abzuholen. Seit dem Unfall trauen sich Ortsfremde noch weniger durch den Nebel als ohnehin schon. Am Wochenende kommst du dir hier inzwischen manchmal vor wie auf einer einsamen Insel. Vielleicht ändert sich das wieder, wenn sie tatsächlich Ampeln an den Zugängen aufstellen. Der Nebel ist aber auch so dicht, wie ich ihn noch nie erlebt habe, selbst in diesem Jahr, wo das Temperaturgefälle zwischen uns und denen da draußen nun doch nicht so jahrhundertmäßig krass auszufallen scheint wie im Letzten.«

»Aha.«

»Der Nebel nimmt einfach nicht mehr ab.«

»Aha.«

»Also vielen Dank für deinen Anruf.«

»Dafür nicht.«

»Tschüs.«

Sie legte so zügig auf, dass sie sein Tschüs zum Abschied nicht mehr hörte.

Benjamin schloss die Augen und atmete tief ein und aus. Als er sich wieder beruhigt hatte, wählte er Gerrits Nummer und fragte ihn gleich als Allerersten: »Hast du heute Abend Zeit für mich?« Die Antwort seines Kleinen brachte ihm endgültig Erleichterung.

IHR DRITTER GEMEINSAMER HERBST BRACH *an. Abgesehen vom Wetter hatte das Leben es gut mit Aleric und Wietzan gemeint und sie Wege zu einem harmonischen Miteinander gefunden. In seinem ersten Winter in Sconebeke war Wietzan an den Atemwegen erkrankt. Über Wochen hatte es in seinen Bronchien übel gerasselt, der Husten ihn geschüttelt und Fieberschübe ihn immer wieder auf die Bettstatt geworfen. Aleric wusste nicht, ob es eine Reaktion auf das feuchtkalte Wetter war oder etwas Schlimmeres. Was er hingegen wusste, war, dass er den Jungen nicht verlieren, dass er nicht wieder allein sein wollte. Also tat er alles, um Wietzan wieder gesund werden zu lassen, vom Einheizen der Hütte über Kräuterwickel bis hin zu Körperwärme und guten Worten. Dass er in dieser Zeit für mindestens zwei arbeitete, störte Aleric nicht im Geringsten. Für ihn gab es nichts Schöneres, als endlich wieder Gesellschaft zu haben. Und das Wunder gelang, Wietzan überwand die Krankheit. Sein Leib mochte zwar schmächtig sein, in ihm steckte aber auch eine große Zähigkeit.*

Nachdem er die Gefahr von seinem neuen Mitbewohner abgewendet hatte, erwischte es Aleric selbst. Für eine gute Woche streckte es ihn auf das Krankenlager nieder, das noch warm vom vorherigen Patienten war. Aber letztendlich war es nur die Erschöpfung, die ihren Tribut forderte. Kaum waren seine Kraftreserven wieder aufgefüllt, stürzte Aleric sich aufs Neue kopfüber in die Arbeit. Es galt nun, sich eine gemeinsame Zukunft unter den drei Buchen am Bach im Schatten der Wolke aufzubauen.

Zuerst lebten sie ganz für sich, ihre kleinste aller möglichen Gemeinschaften reichte ihnen vollkommen aus. Weder sehnten sie sich weitere Ankömmlinge herbei, noch verspürten sie den Wunsch, in die Außenwelt hinter dem Nebel zurückzukehren. Dort wartete nichts mehr auf sie, zumindest nicht nach Alerics Raubzügen vom letzten Sommer mit all ihren Folgen. Sie hatten Vieh, Werkzeug, Kleidung und ein Dach über dem Kopf, das sie trocken und warm hielt. Sie hatten ein wenig Saatgut, um Hafer anzubauen, und konnten sich ansonsten im Eisenwald bedienen. Der hielt selbst im härtesten Winter Nahrung für sie bereit, wenn man wusste, wie man Fallen stellte. Das konnte man lernen. Die Arbeit war hart, das Leben nicht einfach, aber verglichen mit dem, was sie erlebt hatten, bevor sie unter die Wolke gekommen waren, war es das Paradies auf Erden. Wenigstens mussten sie einander nicht auch noch etwas vorspielen. Eine zweite Hütte für Wietzan zu bauen, wäre ihnen nie in den Sinn gekommen, aus keinerlei Gründen.

Dass sie zu Beginn ihres zweiten gemeinsamen Sommers trotzdem ernsthaft darüber nachdachten, Sconebeke gelegentlich zu verlassen, lag an den Mängeln ihrer Existenz, die sie allein nicht beheben konnten. Sie konnten vieles, aber eben nicht alles. Um sich neue Kleidung zu weben, fehlte ihnen teilweise das Gerät und völlig das Wissen, wie. Sie hatten Wolle und Spindeln, aber wie stellte man daraus Garn her und wie daraus wiederum einen gewobenen Stoff? Durch die harte Arbeit und die Besonderheiten ihres Klimas verwandelten sich Arbeitswams und Gamaschen immer mehr in Fetzen, die kaum mehr ihren Zweck erfüllten, ihren Träger zu wärmen und seine Haut zu schützen. Schon wieder, wie Aleric dachte, der sich nur zu gut an sein Dasein als Waldschrat erinnerte und nicht den geringsten Wunsch verspürte, dieses zu wiederholen. Kleidung aus Wolle oder Leinen war angenehmer zu tragen als solche aus Rinde und Laub, und Leder herzustellen und zu verarbeiten, war bei der allgegenwärtigen Feuchtigkeit Sconebekes schwierig. Meistens schimmelten die Häute, kaum hatten sie sie zum Trocknen ausgelegt, und dann stank ihre Hütte unangenehm nach Verwesung. Für kleine Stücke, Kaninchen- und Eichhörnchenhäute, hatte es gereicht, sodass sie wenigstens grob genähte Schuhe tragen konnten. Mehr wollte ihnen jedoch nicht gelingen.

Also machte Aleric schweren Herzens den Vorschlag, erneut hinter den Vorhang aus Nebel zu treten, um ihre Not zu lindern.

In Wietzans Gesicht stand die nackte Panik. Er brach lieber einen Streit vom Zaun, als sich Alerics Argumente in Ruhe anzuhören. Der begriff sofort, was mit seinem Gefährten passierte, wusste aber nicht, wie er damit umgehen sollte. Es wurde laut in der Hütte. Über Tage, ja Wochen wogte der Streit hin und her, wieder und wieder angefeuert von ihren Ängsten. Bis diese ihre Macht verbraucht zu haben schienen und sich ein Lösungsweg so plötzlich herauskristallisierte, als hätte er ihnen die ganze Zeit schon zum Greifen nahe vor den Augen gestanden.

»Dann gehe ich eben alleine«, schlug Aleric vor.

»Selbst wenn, du gehst nicht zum Stehlen da raus«, erwiderte Wietzan, dem sich das Wissen, was es hieß, ausgeraubt zu werden, eingebrannt hatte.

»Und was soll ich dann machen?«

Wietzan sah sich um, ließ seinen Blick über ihren gesamten Besitz streifen, sah dabei viel Nützliches und antwortete: »Tauschen.«

Aleric schien nicht zu verstehen.

»Wir haben Wolle, wir haben Fleisch, Kräuter, Eier«, erklärte der Jüngere geduldig. »Inzwischen haben wir so viel davon, dass wir nicht alles selbst verbrauchen können. Das können wir gegen Kleidung, Medizin oder weitere Werkzeuge eintauschen.« Er lächelte plötzlich erleichtert, als ginge ihm selbst erst jetzt, da er davon sprach, die Tragweite seiner Idee auf. »Das wäre ein ehrlicher Weg. Einer, der viel weniger Gefahren in sich birgt als das Stehlen. Dann kann uns niemand am Leder flicken.«

»Aber dann wissen die, wo wir sind«, wandte Aleric ein.

Doch Wietzan schüttelte den Kopf. »Nicht unbedingt«, meinte er. »Ständig siedeln sich Menschen hier in der Gegend neu an. Manche bleiben länger, andere ziehen nach kurzer Zeit weiter. Es ist ein ständiges Kommen und Gehen, das weißt du selbst.«

»Aber wenn wir öfter irgendwo auftauchen, wissen die, dass wir geblieben sind – und dann werden sie irgendwann fragen, wo.«

»Bis dahin haben die längst begriffen, dass wir ehrliche Leute sind und ihnen nichts Böses wollen.«

»Sie könnten trotzdem auf die Idee kommen, einmal herkommen zu wollen. Wenn wir es für einen guten Platz zum Leben halten, dann sie vielleicht auch.«

Wietzan machte eine vage Geste hinauf zur ewigen Wolke am Himmel. »Glaubst du wirklich?«

»Wir sind auch hier.«

»Wir haben Gründe dafür, die nicht.«

Es war von Anfang an klar, dass erst mal nur Aleric gehen würde. Aber er brauchte drei Anläufe, um es bis hinter den Nebel zu schaffen. Auf dem Rücken trug er ein dickes Bündel aus roher Wolle und geräuchertem Fleisch, und damit machte er sich auf den Weg nach Stulupy im See. Im Ganzen war er drei Tage und zwei Nächte fort. In denen fürchtete Wietzan permanent, einen großen Fehler begangen und seinen Gefährten in den Tod geschickt zu haben. Als Aleric dann aber wieder vor ihm stand, vor Glück und Erleichterung strahlend, war das alles sofort vergessen. Noch bevor der Heimkehrer sein nun merklich schmaleres Bündel ablegen konnte, fiel Wietzan ihm schon um den Hals. Erst später sah er sich an, was Aleric mitgebracht hatte. Ein Wams, ein Klappenrock, der wie eine Jacke getragen wurde, und Gamaschen. Nichts davon neu, alles gebraucht, aber noch gut in Schuss. Es passte leidlich und würde für die nächste Zeit reichen. Außerdem hatte er zwei Nähnadeln aus

Knochen im Gepäck, um zumindest Risse grob zu flicken und Stofffetzen und Lederstücke aneinanderzunähen; Aleric hätte sich lieber direkt in Fenrirs Schlund geworfen, als dem anderen zu erzählen, dass er die doch stibitzt hatte. Aber die Vettel hatte ihn übers Ohr hauen wollen, das ging nicht an. Er war zu weit gekommen, um sich noch immer wie der letzte Dreck behandeln zu lassen.

Den ganzen Sommer über unternahm Aleric seine kurzen Handelsreisen in die nähere Umgebung. Zumeist ging er nach Stulupy, wo man ihn bald kannte und das Misstrauen ihm gegenüber verlor. So verlor er wiederum nach und nach seine Angst vor der Außenwelt und ihren Bewohnern, die, unbemerkt im klammen Dämmer Sconebekes, in ihm gewachsen war, seit er dort Asyl gesucht und eine neue Heimat gefunden hatte. Aleric erzählte zwar niemandem, dass er tatsächlich unter der Wolke wohnte, aber er sah sich nicht mehr nach jedem Schritt um, ob ihm auch niemand folgte. Bald ging er durch den Nebel ein und aus und nutzte den Hochsommer, um auf seiner alten Lichtung Beeren und Felle zu trocknen, Holz zwischenzulagern und gelegentlich auch das eine oder andere Sonnenbad zu nehmen. Er fühlte sich wieder wie ein richtiger Mensch. Leider konnte er Wietzan nicht dazu bewegen, ihm zumindest auf der Lichtung Gesellschaft zu leisten. Der weigerte sich nach wie vor, ihren natürlichen Schutzraum zu verlassen: »Niemand darf uns jemals miteinander sehen!«

Dennoch blieb ihre traute Zweisamkeit nicht unentdeckt. Allerdings hätte Aleric niemals gedacht, dass die Störung aus dieser Richtung kommen würde, und überhaupt war Störung nicht das richtige Wort für das, was zu Beginn ihres dritten gemeinsamen Herbstes geschah.

In der Außenwelt schien die Sonne an jenem Tag golden auf buntes Laub, unter der Wolke nieselte es heftig auf Schlamm und Blättermatsch, als lägen beide Orte auf verschiedenen Planeten. Aleric und Wietzan gingen ihrer Arbeit nach und machten die Hütte einmal mehr winterfest. In diesem Sommer hatte sie eine Erweiterung um mehrere Quadratmeter Fläche erhalten, um mehr Platz für Tiere zu haben und mehr Wohnfläche rund um die zentrale Feuerstelle für sich selbst. So konzentriert besserten sie Schäden am Dach aus, dass sie gar nicht merkten, dass sie nicht mehr allein waren. Einen Hund besaßen sie nicht und auch keine Gänse, die Laut hätten geben können, sei es nun zur Begrüßung eines Freundes oder als Warnung vor einem Eindringling. Es stand auch nicht nur eine Person im Nieselregen am Rande der kleinen Lichtung, die durch das Wirken der beiden Bewohner Sconebekes im Laufe der Zeit rund um die drei Buchen am Bach entstanden war. Dort standen sie zu dritt: eine Frau mit zwei Kindern. Sie standen da wie angewurzelt, jeder Rücken bis hin zum kleinsten sich biegend unter der Last ihrer vollgestopften Bündel, unfähig näherzukommen und unwillens, wieder fortzugehen. Mehrmals setzte die Frau, die Mutter des Mädchens und des etwas kleineren Jungen, zu sprechen an, doch kein Laut wollte ihr über die Lippen kommen. Sie konnten nur warten …

… bis Aleric sie plötzlich entdeckte. Er kam gerade mit einer neuen Garbe Reet aus der Hüttentür und sah sie, als er sich jenseits der Schwelle wieder zu seiner vollen Größe aufrichtete. Beinahe wäre ihm das Reetbund aus den Händen gefallen, und auch sein Mund arbeitete erst eine ganze Weile tonlos, als hätten die Menschen die Fähigkeit zu sprechen noch nicht entwickelt, bevor er zumindest ein Wort fand. Aleric spie es aus in einer Mischung aus Schreien und Verschlucken: »Sigrid!«

Die Kinder bei ihr waren Sigrun und Ceadrag. Sclaomirs Frau und Kinder.

Wietzan war es am Gesicht abzulesen, dass er die drei lieber jetzt als gleich vertrieben gesehen hätte. Aber da war Aleric vor: Nach allem, was wegen ihm und Sclaomir geschehen war, konnte er die drei nicht einfach so vom Hof jagen. Denn dass die Geschichte damals nicht mit Sclaomirs Tod und seiner Flucht erledigt gewesen war, war den drei nur allzu deutlich anzusehen. Drei Jahre waren seitdem vergangen, drei Jahre, in denen sie mehr Leid gesehen hatten als er. Nicht dass Aleric die Einzelheiten hätte hören wollen, trotzdem fühlte er sich verpflichtet, danach zu fragen, sobald er die abgerissen aussehenden Wanderer hereingebeten hatte. Sigrid erzählte es ihm, nachdem sie sich und ihre Kinder von den schweren Bündeln befreit und sich nahe beim Feuer niedergelassen hatte. Zum Glück war sie noch nie eine Frau vieler Worte gewesen, ihr Bericht war kurz und bündig:

»Wir konnten nicht mehr bleiben. Seit jenem Tag wurden wir im Dorf mehr und mehr zu Aussätzigen. Zuerst duldete man uns noch aus Mitleid, je mehr Zeit ins Land ging, desto mehr schlug dieses Mitleid allerdings in Misstrauen um. Dann gab es eine Missernte, ein Kind wurde tot geboren, ein anderes starb mitsamt der Mutter bei der Geburt, und die Fischer schienen kaum noch Fische zu fangen. Plötzlich sah man mich und meine Kinder scheel an. Es war klar, dass man uns dafür verantwortlich machte, denn natürlich hatte niemand vergessen, wer ihr Vater war. Es begann mit Flüstern hinter unserem Rücken. Aber das steigerte sich ganz schnell zu offener Beschimpfung.

Und als die Kinder des Dorfes anfingen, nach uns mit Steinen zu werfen, wusste ich, dass wir dort nicht länger sicher waren. Bei Nacht und Nebel habe ich unsere Sachen gepackt und bin mit ihnen geflohen. Einfach in den Wald. Einfach nur weg. Wir irrten lange herum auf der Suche nach einem sicheren Ort. Aber erst als wir in dieses Stulupy kamen, schienen wir zumindest halbwegs sicher zu sein. Komischerweise stellte uns dort kaum jemand eine Frage nach dem Grund für unsere Reise oder warum wir dort Obdach begehrten. Wir waren nicht erwünscht, aber irgendwie schienen die Leute in diesem See mehr Erfahrung mit Fremden zu haben als andernorts. Vielleicht wären wir geblieben, dort war es für uns genauso gut wie überall sonst auch. Wenn Sigrun dich nicht zufällig gesehen hätte, Aleric. Ich wollte ihr zuerst nicht glauben. Bis ich es mit eigenen Augen gesehen hab. Oder besser dich, wie du Räucherfleisch gegen Trockenfisch eintauschtest. Ich fragte herum, ob dich jemand kennte und wüsste, wo du lebst. Aber alles, was ich zu hören bekam, war: unter einer großen Wolke. Es kostete mich eine ganze Weile, bis ich herausbekam, dass das kein Scherz war. Den Rest herauszufinden, war dann nicht mehr schwer.«

»Aber warum seid ihr hergekommen?«, fragte Wietzan.

»Wo sollen wir denn sonst hin?«, fragte Sigrid zurück. »Nach allem, was passiert ist, wüsste ich nicht, wo wir sonst noch leben könnten.«

»Was ist denn alles passiert?«, fragte Aleric mit versagender Stimme. »Mit Sclaomir?«

»Erschlagen. Noch am selben Tag.«

Aleric schluckte. »Und Hodica?«

»Vermutlich auch tot.« Sigrid zuckte mit den Achseln. »Ihr erging es ähnlich wie uns, erst Mitleid, dann Misstrauen. Sie ist darüber verrückt geworden, hielt sich selbst für verflucht. Sie arbeitete nicht mehr, verwahrloste, lebte von den Almosen der Leute. Und eines Morgens war sie fort. In den Wald verschwunden, ohne irgendwas mitzunehmen. Vermutlich ist sie tot.«

»Ihr solltet trotzdem nicht hier sein«, brach es einmal mehr aus Wietzan heraus. »Dies ist kein Ort für Leute wie euch.«

Dass Sigrid nicht fragte, für welche Leute sonst, rechnete Aleric ihr hoch an. Sie wusste genau, wo sie mit ihren Kindern gelandet war, und schien dies zu akzeptieren. Deshalb erlaubte er ihr, zu bleiben, sich über alle Proteste seines Gefährten hinwegsetzend. Der entspannte sich jedoch erst wieder, als Aleric ihm versprach, für die Neuankömmlinge eine eigene Hütte zu bauen, und zwar noch vor dem Winter. Das war ein Kraftakt, der geradeso eben gelang, zumal dieser Herbst in Sconebeke sich anschickte, noch feuchter zu werden als die Vorherigen. Die Erde, die sie für die Hüttenwände verwendeten, wollte kaum richtig trocknen, selbst nachdem sie das Innere der Hütte in einen Glutofen verwandelt hatten. Aber am Ende gelang es doch, und als wenig später ein weiteres Jahr des Herrn anbrach, dessen Herrschaft noch immer nicht wirklich bis in diese Region reichte, lebten in Sconebeke schon fünf Menschen.

Anfänglich sprach man nicht viel miteinander, obwohl man sich gegenseitig half, wann immer das nötig war. Zu vieles von früher lastete auf ihnen allen, was lieber nicht berührt wurde. Wietzan verbiss sich regelrecht in sein Schweigen, das er häufig genug auch gegen Aleric richtete. Der nahm es so hin und zwang seinen Gefährten zu nichts. Wie sich zeigte, musste er das auch nicht, denn mit der Zeit taute der junge Mann trotzdem auf. Sigrun und Ceadrag brachen das Eis. Gegen ihren kindlichen Charme kam sein Groll auf Dauer nicht an, sie waren die warme Luft, die seinen Eispanzer schmelzen ließ. Ihre unverfälschte Offenheit und Freundlichkeit ihm gegenüber war alles, was es brauchte, um ihn weichzuklopfen. Er mochte eine verletzte Seele mit sich herumtragen, aber sein Herz war nach wie vor gut, und besonders Kindern gegenüber konnte er nicht lange gram sein. Spätestens bei Anbruch des nächsten Frühjahrs verbrachte er so viel Zeit wie möglich mit ihnen, auch wenn er zu Sigrid weiterhin Distanz wahrte. Aleric war es egal, Hauptsache, er konnte Wietzan wieder lachen hören.

Sigrid hielt sich ebenfalls zurück. Niemals drängte sie sich den Männern auf, blieb lieber allein in ihrer Hütte und werkelte vor sich hin, wenn Aleric und Wietzan sie nicht ausdrücklich in ihre einluden. Mit der Zeit normalisierte sich das Verhältnis besonders zu Wietzan, der sich schlicht an ihre Gegenwart gewöhnte. Sigrid war fleißig, packte überall mit an, wo sie gebraucht wurde, und sie wusste nicht nur, wie man Wolle zu Garn spann, sondern auch, wie man Garn zu Tuch verwob. Sie war eine wahre Meisterin am Gewichtswebstuhl. Alles, was sie dafür brauchte, war ein Gestell aus Holz und die Webgewichte, die die Kettfäden straffhielten. Aleric ging extra dafür auf den Markt nach Stulupy, um welche aus Ton zu besorgen. Der Webstuhl war ein Segen, sie profitierten alle davon: Männer, Frau und Kinder. Wietzan ließ es sich nicht nehmen, zusammen mit Sigrun das Handwerk des Spinnens und Webens zu erlernen, wobei er sich als gelehriger Schüler entpuppte. Im Gegenzug verschwendete Sigrid keine Atemluft an die Frage, warum ausgerechnet ein Mann dieses Frauenhandwerk lernen wolle. So fingen sie an, einander zu respektieren.

Aleric sah es mit Wohlgefallen, die zwischenmenschliche Entspannung ebenso wie Sigrids Taktgefühl, niemals nach dem eigentlichen Grund für Sconebekes Existenz zu fragen. Für die Antwort hätte es keine Worte gegeben. Ihre Sprache kannte nur abfällige Begriffe für Menschen wie sie, geschmiedet aus Abscheu, Furcht und bösartiger Unterstellung. Weder war sie geeignet, noch es wert, zur Erklärung für etwas zu dienen, was sich am Ende so glücklich zu entwickeln schien. Es vergingen Jahre, bevor Sigrid sich doch noch einmal an diese Causa heranwagte. Da war ihre Gruppe schon wieder gewachsen und Sigrid suchte ein für alle Mal nach Gewissheit. Sie nahm also Aleric beiseite, damit niemand sonst sie hörte, deutete auf ihre Kinder und fragte ganz offen: »Zuerst haben die Menschen behauptet, es läge an der Frau, wenn der Mann sie nicht will. Später dann, als der Mann tot war, haben dieselben Leute behauptet, es stecke auch in seinen Kindern. Stimmt das? Hat Sclaomir Ceadrag etwas mitgegeben?« – »Davon weiß ich nichts«, antwortete Aleric ihr ehrlich. »Aber wenn, dann ist es nicht der Junge, sondern Sigrun, die so ist.« Sigrid nickte nur und sprach das Thema nie wieder an, ließ aber auch kein einziges Mal erkennen, dass sie aufgrund dieses Wissens auf Distanz zu ihrer Tochter gegangen wäre.

Obwohl nicht darüber gesprochen wurde, verbreitete sich die Kunde von Sconebeke. Ob es nun Wissen war, als das sie sich verbreitete, oder nur ein Gerücht, kann ich nicht sagen. Vielleicht war es sogar üble Nachrede, hinter vorgehaltener Hand von Mund zu Ohr gemunkelt, die scheint mir meistens der sicherste Weg der Nachrichtenübertragung zu sein. Fest steht nur, Sconebeke unter der Wolke und hinter dem Nebel war kein Ort außerhalb der Welt mehr. Es hatte Anschluss gefunden, wenn auch nur einen sehr vorsichtigen. Und es gibt Menschen, die haben im Laufe ihres Lebens ein sehr feines Gespür für Zwischentöne und unterschwellige Botschaften entwickelt, nicht freiwillig, sondern weil sie es müssen, wollen sie überleben. Wer von denen es bis in Wisperweite der Hütten unter den drei Buchen am Bach schaffte, vernahm das Geraune, das nicht vom Wind in den Bäumen des Isarnho stammte.

Der Erste, der kam, hieß Nakon. Da waren zwei weitere Jahre verstrichen und Aleric, nun oft begleitet von Sigrid, regelmäßiger Gast auf den Marktflecken des Umlands. Sigrid hatte gelernt, besonders dichte Stoffe zu weben, die, getragen als Untergewand, dem Träger selbst noch die hartnäckigste nasse Kälte vom Leib hielten. Die fanden reißenden Absatz. Sie, Sigrun und Wietzan, hätten Tag und Nacht weben und die Nachfrage doch nicht decken können, zumal der Eigenbedarf immer Vorrang hatte. Mit Nakon gewann Sconebeke allerdings keinen weiteren Weber hinzu, Nakon war ein Söldner. Er war mit den karolingischen Truppen ins Land gekommen, um den Bau des Limes Saxoniae zu überwachen, der nicht allzu weit östlich von Sconebeke in Nordsüdrichtung verlief und das an die Franken gefallene Nordalbingien gegen Einfälle der slawischen Abodriten schützen sollte. Nicht dass es der kleinen Gemeinschaft in Sconebeke bis dahin aufgefallen wäre, inzwischen zum Reich Karls des Großen zu gehören. Selbst dessen Steuereintreiben und Missionare schienen instinktiv immer einen Bogen um die ewige Wolke gemacht zu haben.

Nakons Geschichte ist ein Roman für sich, seine Narben erzählten stets mehr über ihn als seine Zunge. Sie wussten nur, dass er ein Deserteur war, der nach einem geeigneten Unterschlupf für seine geschundene Haut und Seele gesucht hatte und dabei rein zufällig über diesen unvorstellbaren Ort gestolpert war. Er war älter als Aleric und müder auch, aber an harte Arbeit gewöhnt und bereit, sich einem neuen Kommando unterzuordnen. Alles, was er vom Leben noch wollte, war Ruhe und nicht mehr ständig befürchten zu müssen, von den eigenen Kameraden gelyncht zu werden: für einen falschen Blick, eine falsche Geste oder ein falsches Wort. Wenn man selbst falsch ist in der Welt, kann man nichts richtig machen, man geht nur am dauerhaften Versuch zugrunde. Ein langer Blick in Nakons gezeichnetes Gesicht reichte, um das zu sehen. Er durfte bleiben. Seine Waffen, Schwert, Dolch und Messer, alles schartig, aber noch immer scharf genug, schwere Wunden zuzufügen, verstaute er erst einmal in Alerics und Wietzans Hütte, wo er auch anfangs schlief. Schnell und mit Hilfe der anderen baute er aber eine Hütte für sich, um niemandem unnötig zur Last zu fallen und für sich selbst sein zu können. Wenn er sich nicht an der Dorfarbeit beteiligte, verbrachte er dort beim Schein seines Herdfeuers lange Stunden allein und focht Kämpfe mit seinen Dämonen aus allen Schlachten seines Lebens aus, den gewonnenen ebenso wie den verlorenen. Die hatten sich zäher als jede Zecke an ihm festgebissen und trachteten danach, ihm noch den letzten Tropfen Lebenssaft auszusaugen.

Aus dieser Isolation riss ihn erst die Ankunft Drascos. Mit seinen fünfzehn Jahren war er den ganzen weiten Weg aus Horchenbici allein gekommen, immer entlang der neuen Grenzscheide, die mehr natürliche Gegebenheiten wie Sumpf- und Waldland nutzte und nur hie und da aus Barrieren aus Holz und Gestrüpp gebildet war. Ein fahrender Händler – nicht unser guter alter Udo mit seinem treuen Ochsen Wuotan, nein, das wäre zu viel des Guten gewesen – hatte eine seltsame Geschichte von einem Platz im Norden unter einer immerwährenden Wolke erzählt, an dem nur Männer und auch wirklich nur Männer überleben könnten, die so warm waren in ihrem Innern, dass sie schon regelrecht glühten, um das nasse Wetter dort auszuhalten. Die Geschichte war hanebüchen und unglaubwürdig, die anderen Zuhörer auf dem Markt von Horchenbici fanden sie noch nicht einmal Gelächters für würdig. Drasco hingegen hörte aus den Worten des Händlers eine versteckte Botschaft heraus, eine, von der dieser selbst nicht einmal Ahnung hatte. Für ihn war es die Heilsbotschaft, auf die er schon so lange und mit zunehmender Verzweiflung gewartet hatte. Drasco wusste, würde er noch viel länger in Horchenbici bleiben, wären seine Tage gezählt und ein grausames Ende stünde ihm bevor. Die Christen, die nun immer öfter in diesen Breitengraden anzutreffen waren, waren in ihrem Tun nicht gnädiger als die Kulte, die sie allmählich verdrängten, sie schienen eher noch blutrünstiger zu sein. Drasco hatte längst gesehen, wozu sie fähig waren im Namen ihres Erlösers. Aber wer einen Gekreuzigten anbetet, kann nicht wirklich gegen Gewalt als Mittel zur Durchsetzung seiner Überzeugungen sein.

Im Gegensatz zu Nakon erzählte Drasco oft und viel von den Fährnissen, die er auf seinem Weg nach Norden erlebt hatte. In ihm steckte ein Kasper, der imstande war, selbst noch den größten Schrecken in einen Witz zu verwandeln. Aleric hielt ihn für drollig, Nakon dagegen sah in dieser Charaktereigenschaft ein Geschenk, das er bewunderns-, ja beneidenswert fand. Vom ersten Augenblick an suchte er die Nähe des jungen Neuankömmlings, und selten sah man eine so reine Freude in diesem verhärmten und vernarbten Gesicht wie in dem Moment, als Drasco einwilligte, bei ihm einzuziehen. Auch ihm erzählte Nakon wenig aus seiner Vergangenheit, aber er hörte Drasco sehr gerne zu, wenn der seine Geschichtsfäden spann.

Und Sconebeke wuchs weiter. Vom Norden aus dem Jütländischen kam Helgard. Sie sprach wenig und war hochschwanger. Kaum hatte sie das Dorf erreicht, kam sie nieder und gebar ein totes Kind, ganz blau und verkümmert. Sie wollte das Geschlecht nicht wissen, ließ Aleric und Nakon es beerdigen und nur Sigrid an sich heran. Nach der Totgeburt wirkte sie erleichtert, wie von einer großen Last befreit, wollte aber immer noch nicht über ihre Vergangenheit sprechen. Die Sconebeker stellten ihre Vermutungen an, bedrängten die Frau jedoch nicht oder machten das Erzählen ihrer Geschichte zur Bedingung dafür, dass sie bleiben durfte. Helgard stellte keine Gefahr für sie dar, das begriffen sie sofort. Mehr mussten sie nicht wissen. Sie kam bei Sigrid unter, arbeitete fleißig, schwieg die meiste Zeit und hielt sich von den Männern fern. Deren Gegenwart schien sie nur ertragen zu können, wenn sie die andere Frau oder Sigrun als eine Art Schutzschild bei sich hatte.

Als Nächstes fand Roderic seinen Weg zu ihnen. Ein junger Mann war er, ungefähr zwanzig Jahre alt, flachsblondes Haar, ein wenig pummelig, und er besaß die traurigsten Augen, die man sich nur vorstellen kann. Stille Wasser waren es, deren Tiefe einen glatt verschlang, wenn man zu lange hineinstarrte. Auch Roderic erzählte nicht viel von sich, und warum auch, wenn sich ihre Geschichten im Kern doch nicht sonderlich voneinander unterschieden. Er erwies sich als sehr guter Koch, der allein tausend Arten wusste, Fisch zuzubereiten. Aus seinem Gejammer, dass ihm Salzwasserfische lieber wären als solche aus Süßwasser, weil die immer so brackig schmecken würden, schlossen die anderen irgendwann, dass er von der Küste gekommen sein musste. Trotzdem waren sie ganz überrascht, als er ihnen schließlich erzählte, dass er an der Schlei aufgewachsen sei. »Der genaue Ortsname ist nicht wichtig«, meinte er, »ich werde doch niemals mehr dorthin zurückkehren.« Er blieb vorerst unter Alerics und Wietzans Dach.

Erst als eine vierte Hütte gebaut werden musste, zog er in die mit ein. Die wurde nötig, als binnen kurzer Zeit zwei weitere Männer zu ihnen stießen. Der erste hieß Pippin und kam hoch zu Ross nach Sconebeke eingeritten. Er behauptete von sich, dem großen Geschlecht der Karolinger anzugehören, wenn auch einer Nebenlinie des mächtigsten Hauses der Welt. Seine Erklärung, nämlich hier oben ein Lehen erhalten zu haben, um hinter dem Limes Saxoniae das Land mit wehrfähigen Menschen gegen Übergriffe der Slawen abzusichern, schien diese Behauptung zu stützen. Glaubhafter war jedoch seine Kleidung, die, zumindest anfangs noch, aus viel feinerem Tuch war, als die meisten anderen Bewohner Sconebekes es jemals gesehen hatten. Er trug eine reich verzierte Obertunika aus hochwertigem Leinen, Wickelbänder und über allem einen Mantel aus Pelz, dessen Knöpfe aus Silber gefertigt waren. Auch sein Gehabe war vornehm, und dennoch konnte er niemals so ganz den Verdacht der anderen zerstreuen, nicht doch einfach nur ein Hochstapler zu sein. Er arbeitete nicht gern körperlich, war nicht einmal in der Lage zu verstehen, warum einer von so hoher Geburt selbst Hand an irgendetwas anlegen sollte, und zupfte lieber seine mitgebrachte Laute. Damit gewann er zumindest Roderics Herz schnell und die der Kinder. Ihn hätte Aleric am liebsten wieder fortgeschickt, wenn nicht schnell klar geworden wäre, dass es auch für einen Edelmann wie Pippin, dessen Lebensweg gepflastert war mit Privilegien, keinen anderen Platz mehr gab als Sconebeke. Er nahm es hin, dass der Karolinger immer wieder Unruhe in ihre Gruppe brachte: sei es durch Faulheit, sei es durch Fresssucht, sei es durch amouröse Abenteuer oder zumindest entsprechende Versuche. Pippin erzählte nie, wie er vom Heim unter der Wolke erfahren hatte, sondern sagte nur, die Wolke gesehen und gewusst zu haben, dass dies der Platz für ihn sei.

Zu guter Letzt kam Ottokar, ein Mönch, der im Auftrag der neuen Landesherren nach Nordelbien gekommen war, um die Menschen zum Christentum zu bekehren. Ihm war von einem Pfuhl erzählt worden, wohin die Sünder gingen, um sich im Schlamm zu suhlen, vielleicht sogar zur Buße. Als er Sconebekes Wolkenturm erblickte, ahnte er, dass an dieser Erzählung etwas dran sein mochte. Er war ein asketischer Typ, der aus tiefster Überzeugung dem neuen Gott anhing und an sich selbst scheiterte. Aus Buße für seine sündhaften Gedanken fastete er zu oft, packte überall mit an, ob er dafür nun gebraucht wurde oder nicht, und geißelte sich selbst, indem er sich nackt in die allgegenwärtigen Brombeerranken warf, obwohl das Nacktsein selbst auch wieder eine Sünde in seinen Augen darstellte … Er hatte einen selbstzerstörerischen Zug am Leib. Wäre er in der Außenwelt geblieben, er wäre schnell zugrunde gegangen. In Sconebeke, wo alle Männer so waren wie er und ihn nur für seine Selbstgeißelung verurteilten, beruhigte sich sein schuldgeplagter Geist etwas. Ausgerechnet in Pippins Hang zur Ausschweifung fand er das Gegengewicht, das notwendig war, um ihn in der Balance zu halten und sich nicht eines Tages im religiösen Wahn umzubringen. Roderics schmackhafte Küche half ebenfalls.

Beides half zumindest eine Zeitlang. Wo Leben ist, ist unweigerlich auch der Tod. Der Letzte, der vorerst zu ihnen gekommen war, war der Erste, der wieder ging. Ottokars Leib war zu geschunden und das Wetter in Sconebeke nicht geeignet für so viel Selbsthass. Ottokar war im Sommer zu ihnen gekommen, doch einen Frühling in Sconebeke sollte er nicht erleben. Eine Lungenentzündung raffte ihn dahin und schenkte dem Mönch den einzigen Frieden, nach dem er sich wahrhaftig immer gesehnt hatte. Sie begruben ihn im Wald, auf einer kleinen Lichtung, die zur einen Hälfte unter der Wolke lag und zur anderen unter freiem Himmel. Sie hätten nicht gewusst, wie sie Ottokars Glauben noch näherkommen konnten. Pippin, der einzige andere im Namen des Gekreuzigten Getaufte in ihrer Gemeinschaft, sprach ein kurzes Gebet und wünschte ihm eine gute Reise hinauf ins Paradies. Dann schaufelten sie das Grab wieder zu und platzierten einen Stein darauf, um immer zu wissen, wo ihr ganz besonderer Bruder ruhte.

So verging die Zeit und gedieh Sconebeke. Aleric sah es mit Genugtuung, obwohl es auch Tage gab, da er sich am liebsten noch immer vor Verwunderung die Augen reiben wollte. War es zu glauben, dass sein Leben noch so eine gute Wendung genommen hatte? Er hatte ein Dach über dem Kopf, einen Gefährten an seiner Seite und eine echte Gemeinschaft um sich herum, die in ihm ihren Anführer sah. Er hatte zu essen, etwas anzuziehen und war mittlerweile selbst jenseits von Wolke und Nebel ein respektierter Handelsmann. Seine Tage als Dieb waren lange vorbei. Am wichtigsten war jedoch, dass er in Sicherheit lebte. Die Angst, die ihn so lange auf all seinen Wegen, bei jedem einzelnen Schritt begleitet hatte, war fort. Er war ein freier Mann.

Er starb als freier Mann.

Aleric erreichte ein Lebensalter von bald fünfzig Jahren. Er wurde alt für seine Zeit. Die Haare waren ihm ausgegangen, Zähne hatte er kaum noch welche im Mund und die Muskeln hatten ihre Kraft verloren. Wietzan half ihm durch den Alltag, Roderic kochte seine Mahlzeiten und Sigrid kam immer öfter vorbei, um mit ihm über die alten Zeiten zu sprechen und nicht nur über die guten. Sigrun und Ceadrag waren keine Kinder mehr, Sclaomirs Sohn ging längst auf Freiersfüßen und plante, demnächst eine Braut heimzuführen. Sie musste natürlich nach Sconebeke mit all seinen Besonderheiten passen, aber da war der Junge guter Dinge. Aleric drückte ihm die Daumen. Mehr konnte er kaum noch tun, die fensterlose Hütte verließ er nicht einmal mehr an den seltenen trockenen Tagen, und so hatte er längst den Überblick darüber verloren, ob es draußen gerade Tag oder Nacht war. Er schlief fast nur noch.

Und eines Tages wachte er aus dem Schlaf nicht mehr auf. Aleric starb an einem nieseligen Nachmittag, mit einem Ausdruck von tiefster Entspannung und Zufriedenheit auf dem Gesicht. Die Augen mussten ihm nicht mehr geschlossen werden. Als Wietzan es bemerkte, rief er die anderen Dorfbewohner zusammen, um mit ihnen gemeinsam zu trauern und die Beerdigung vorzubereiten. Alerics Leib wurde gewaschen und in die beste Robe gehüllt, die es in Sconebeke gab: Pippin gab seinen alten Pelzmantel mit den Silberknöpfen dafür her. Aleric sollte als Fürst aus dieser Welt scheiden, die ihn so oft erniedrigt hatte, zum Ehebrecher und Unzüchtigen, Bettler und Dieb. Danach nähten sie ihn in ein weißes Wolltuch ein und trugen ihn auf die Lichtung, wo Nakon und Ceadrag gleich neben Ottokar ein weiteres Grab ausgehoben hatten. Pippin sprach wieder sein christliches Gebet, Sigrid ein slawisches und Helgard eines an die Götter des Nordens. Danach starrten sie alle für einen langen Moment schweigend in das Grab. Schließlich schaufelten Nakon und Ceadrag es wieder zu. Aber erst als das getan war, gingen sie heim nach Sconebeke. Gemeinsam und erhobenen Hauptes. Vier Hütten besaßen sie, Tiere und Getreide, Holz zum Heizen und ein Gemeinschaftsgefühl, wie sie es andernorts niemals gefunden hätten. Aleric war tot, sie aber durften guter Dinge sein, denn sein Werk würde weiterleben, in und durch sie und mit ihnen.

Sconebeke würde nicht wieder untergehen.

Vierzehntes Kapitel

Als sie kurz vor Veranstaltungsbeginn einen Blick in den Raum warf, spürte Ute doch Enttäuschung. Nach dem Schrecken, den der Unfall ausgelöst, und der Anteilnahme für die betroffenen Familien, die er nach sich gezogen hatte, nach den Gerüchten, was nun mit den vernebelten Zufahrten zu Kaltsommer geschehen würde – sogar von einer Totalsperrung war zeitweise geflüstert worden –, und nach ihren Bemühungen, eine ordentliche Podiumsbesetzung zu organisieren, war sie nun etwas enttäuscht. Der Versammlungsraum im Feuerwehrgerätehaus sah nur deshalb voll aus, weil er nicht besonders groß war. Er hätte aus allen Nähten platzen müssen. Vielleicht hätte der »Krug« mit seinem Zapfhahn mehr Anziehungskraft besessen, aber der existierte nun einmal nicht mehr, und ein Dorfladen war einfach nicht der richtige Ort für eine solche Veranstaltung. Momentan war dies der größte öffentliche Raum, über den Kaltsommer verfügte, also nutzten sie ihn. Dass er bereits mit Tischen und Stühlen aus anspruchslosem Kieferfurnier möbliert war, machte die Sache noch einfacher.

Immerhin waren die auswärtigen Gäste bereits da, sie würde also nicht alleine auf dem Podium sitzen und sich blamieren. Die in den beiden betroffenen Kreisen Plön und Segeberg für Verkehr und Straßenbau zuständigen Verwaltungsbeamten Klaus Ahne und Claudia-Maria Wolfsohn-Haber sowie ein Vertreter vom Wirtschaftsministerium in Kiel, das derzeit auch den Verkehr mit abdeckte, Dr. Hinrich Kitz, standen draußen auf dem Parkplatz und rauchten. Dr. Kitz war auf Betreiben Manfreds Philipps gekommen, der dank seiner Arbeit in der Kieler Stadtverwaltung ganz gute Kontakte zu den Beamten der Landesregierung hatte. Das verlieh dieser offiziell »Informationsabend mit Podiumsdiskussion zur Zukunft der Verkehrsanbindung Kaltsommers an das Umland« genannten Veranstaltung zumindest etwas Gewicht und bot ihren Mitbürgern ein hoffentlich genügend großes Ziel für ihre hochkochenden Emotionen. In der Folge des Unglücks hatte sich Ute Heinsohn als amtierende Bürgermeisterin von Kaltsommer so manches harsche Wort anhören müssen, als hätte sie allein es verhindern können, wenn sie denn nur gewollt hätte. Im Laufe der Zeit war es immer wieder einmal zu kleineren Unfällen in Folge von Nebelbildung an den Zufahrts- und Umgehungsstraßen Kaltsommers gekommen, zumeist spielten Unachtsamkeit und überhöhte Geschwindigkeit ebenfalls eine Rolle. Aber es waren vorher nie Menschen gestorben. Vielleicht hatten sie bisher nur unverschämtes Glück gehabt, vielleicht war eine solche Katastrophe nur eine Frage der Zeit gewesen, nur sie persönlich hätte dieses Ereignis wohl kaum verhindern können. Sie hatte nicht am Steuer des Kleintransporters gesessen!

Das war kein wirklicher Trost, aber die Kaltsommeraner warfen ihr ja auch nicht wirklich vor, für die Toten und Schwerverletzten verantwortlich zu sein. Sie hatten nur jemanden gebraucht, an dem sie ihren Schrecken abreagieren konnten, einen Blitzableiter. Trotzdem hatte sie sich reingehängt und die Verantwortlichen auf Kreis- und Landesebene dazu bewegt, sich mit Kaltsommers Verkehrssicherheit auseinanderzusetzen. Hauptberuflich leitete sie die Gärtnerei ihres jüngeren Bruders Udo, der Bürgermeisterposten war ein reines Ehrenamt. Daneben hatte sie in den letzten Wochen rund um die Uhr, wie ihr schien, entweder ein offenes Ohr für ihre Mitbürger gehabt oder versucht, diese Podiumsdiskussion auf die Beine zu stellen. Es musste tatsächlich endlich etwas an den Zugängen nach Kaltsommer geschehen, damit sich die Leute wieder sicher fühlten. Dass jetzt verhältnismäßig so wenige gekommen waren, fühlte sich an wie eine Diskreditierung all ihrer Mühen, beinahe wie eine persönliche Beleidigung. Ute Heinsohn versuchte, sich mit dem Gedanken zu trösten, dass der Unfall vielleicht schon zu lange zurückliege, dass nach über fünf Wochen jeder Schrecken irgendwann seine Kraft verliert und eine Form von Normalität eintritt.

Außer den drei geladenen Gästen war von außerhalb Kaltsommers kein einziger Mensch gekommen. Aus Kaltsommers selbst waren die üblichen Verdächtigen da: zum einen die, die meinten, etwas zu sagen zu haben, und zum anderen die, die tagtäglich irgendwohin zur Arbeit pendelten. Zu Letzteren zählten natürlich Gerburg Sandow, die direkt vor dem Podium Platz genommen hatte, und Melanie Harms mit ihrem Blumenladen in

Wankendorf; sie war allein gekommen, Olaf passte zu Hause auf Rüdiger auf. Markus Kluge war da, begleitet von seiner Schwiegermutter Almut, und die beiden Glatzköpfe Manfred und Martin, die links neben sich Dunja und Petra sitzen hatten und rechts Leon Kaufmann mit seinem lädierten Arm. Der war scheinbar in Vertretung seiner Eltern gekommen, die es nicht einmal jetzt für nötig hielten, sich ins Dorf einzubringen. Trotzdem schien er sie noch zu erwarten, auf jeden Fall sah der Junge sich ständig wie suchend im Raum um. Norbert Einem war mit Thekla und Krabat gekommen, sie schwer gestützt auf einen Rollator. Außerdem Hannes Nebendahl mit seinen zu einem langen Zopf gedrehten Haaren und Pawel Ostrowski mit seiner Frau Barbara. Es gab noch viel mehr Leute im Dorf, die auswärts arbeiteten und wohl was Besseres zu tun hatten an diesem seltsam feuchtwarmen Maiabend.

Aber das war eben so. Wenn es ihnen wichtig gewesen wäre, wären sie jetzt hier. Wichtig war es dagegen den Angehörigen der zweiten Kategorie, denen, die zu allem und jedem eine Meinung hatten, diese Meinung für der Weisheit letzter Schluss hielten und nie verstehen konnten, warum andere ihre Ansichten so selten teilten. So gut wie alle waren Männer und alle allein unterwegs: Frank Niemann, Bauer Göben, Eike Schönfeld, Momme Iversen und ein gewisser Maximilian Heinsohn, ehemaliger Bürgermeister von Kaltsommer und Utes Vater.

Als dritte, etwas schwerer zu fassende Gruppe kamen noch jene hinzu, deren Beweggründe für ihr Kommen nicht so klar auf der Hand lagen: Erdmann und Louise Garg etwa, die steinalten Rentner aus der Allee, Irmgard Schilling, Dorfheld Ralph Schillings Mutter, Bente Nissen, Traudel Molkentin und ihr Sohn Florian, Ulrike Quandt, Lutz Reinke und der stets schweigsame und sich abseits haltende Thies Dührkopp. In den war Ute einmal verliebt gewesen, war aber gegen seine traurige, fast schon depressive Ader nicht angekommen. Sympathie empfand sie für ihn noch immer und grüßte ihn deshalb, als sein Blick sie endlich einmal streifte. Er saß neben den beiden Vertretern der Zen-Buddhisten, die in Herren- und Torhaus residierten. Vor dreißig Jahren hatten Jörg und Rolf Tietze, Brüder aus dem Sauerland, mit ihrer Zen-Vereinigung Deutschland das damals ziemlich verfallene Areal übernommen und daraus nach und nach wieder das Prunkstück Kaltsommers gemacht. Mehrfach im Jahr kamen Anhänger aus der ganzen Republik dorthin, um innere Einkehr zu finden.

Ute war mit ihren zweiunddreißig Jahren noch zu jung, um sich an die sparsamen Blicke zu erinnern, mit denen die Fremden anfangs im Dorf betrachtet wurden. Man fürchtete Bekehrungsversuche an der Haustür oder Schlimmeres, so schlimm, dass man es nicht einmal in Worte fassen konnte. Nichts davon war eingetreten, stattdessen hatten sich die Brüder Tietze als sehr freundliche und stets hilfsbereite Mitmenschen herausgestellt. Jörg, der ältere von beiden, hatte sich in Japan sogar zu einem echten Zen-Meister ausbilden lassen, weshalb er einen japanischen Beinamen trug, den aber niemand im Dorf aussprechen konnte. Jörg nahm es gelassen, er zwang nicht einmal diesen Teil seiner Religion den anderen auf.

Zu guter Letzt waren noch drei Männer von der Freiwilligen Feuerwehr anwesend, schließlich waren sie die Gastgeber und hatten die Tragödie aus erster Hand erleben müssen: Justus Thomsen, Frederik Bobzien und Sönke Stölting.

Mehr waren nicht gekommen. Für eine so kleine Ortschaft wie Kaltsommer mochten das schon viele sein, und dennoch war dieses Ergebnis für Ute unbefriedigend. Sie konnte nur hoffen, dass die Diskutanten sich vorbereitet und etwas zum Thema zu sagen hatten – und dass die Altmännerriege, Kaltsommers Herrscher der Welt, nicht sofort alles mit ihrem Pochen auf Beachtung ihrer Sondermeinung eskalieren ließ. Bürgermeisterin Heinsohn bat die Gäste aufs Podium. Sie folgte als letzte und blieb, während sich die Auswärtigen setzten, stehen, um die Anwesenden zu begrüßen. Sie war erst seit einem Jahr im Amt, aber ein verbindliches Lächeln konnte sie schon anknipsen wie die Profipolitiker.

»Guten Abend«, begann sie, »ich freue mich, dass trotz des guten Wetters so viele gekommen sind.« Der Spruch brachte ihr zumindest genügend Aufmerksamkeit ein, um die Gäste mit Namen, Posten und Kurzbiografie vorzustellen. Sie hatte ihre Hausaufgaben gemacht. Schließlich, als das unruhige Füßescharren unüberhörbar wurde, kam sie zum Punkt: »Wir kennen alle den traurigen Grund, aus dem wir uns heute hier zusammengefunden haben. Darum will ich auf den nicht näher eingehen, sondern gleich zu der alles entscheidenden Frage kommen, was getan werden kann, um ein solches Unglück in Zukunft zu vermeiden. Kaltsommer befindet sich ja nun mal in einer besonderen Lage. Wir …«

»Werden Sie uns hier einsperren?«

»Eike, zu der Frage kommen wir noch, versprochen.« Ute unterdrückte ein Seufzen, eine Schonfrist würde ihr heute nicht gegeben werden. »Ich dachte mir, wir hören uns erst mal an, was sich in den Kreisen Plön, Segeberg und im zuständigen Ministerium bisher schon dazu an Gedanken gemacht worden sind. Vielleicht gibt es ja schon konkrete Ideen, über die wir dann diskutieren können.«

»Werden wir hier eingesperrt?«

Eike Schönfeld war und blieb ein Sturkopf. Leider war sein Verstand so knapp bemessen, dass er immer nur einen Gedanken zurzeit fassen konnte. Er war erst Mitte fünfzig, aber schon in Rente. Das Land, das zu seinem alteingesessenen und von ihm nicht mehr bewirtschafteten Hof gehörte, hatte er verpachtet; Hauptpächter war die Rinderbesamung. Seine Frau arbeitete noch, er hingegen hatte viel freie Zeit, die er am liebsten in den guten Stuben seiner Altherrenkollegen bei Bier und Köm verbrachte. Dass die nebenbei zum Teil noch arbeiten mussten, störte ihn nicht.

»Für diese Frage wird später noch Zeit sein«, antwortete die Bürgermeisterin mit Engelsgeduld.

»Das ist die einzige Frage, die wichtig ist«, sprang Frank Niemann seinem Kumpel bei.

»Und wir können uns auch gerne lange und breit darüber austauschen, aber erst mal sollten wir …«

»Ach, komm. Du willst uns doch nur ablenken.« Der Vorwurf kam von Momme Iversen. So etwas Absurdes konnte auch nur der sich ausdenken. »In Wahrheit haben die da oben doch schon längst beschlossen, dass sie uns hier den Laden dichtmachen wollen, weil Ampeln oder so viel zu teuer sind für eine kleine Gemeinde wie wir.«

Ute hätte nicht sagen können, woher diese Paranoia, von der Iversen Worte zeugten, plötzlich kam. Aber sie verfing, überall nickten Köpfe mehr oder weniger verhalten Zustimmung. Selbst ihr Vater machte mit, auch wenn er es nicht wagte, sie dabei anzusehen, sondern lieber in seinen Schoß starrte. Normalerweise wurden Iversen und Schönfeld kaum ernst genommen, heute dagegen gelang es ihnen mit einer Handvoll dreisten Zwischenrufen, die Agenda zu bestimmen?

»Ampeln sind nicht teuer.« Das klang selbst in ihren eigenen Ohren lahm.

»Wenn man für so wertlos gehalten wird wie wir, dann schon!«

»Herr Iversen, das ist doch albern.«

»Wenn ich kurz einhaken darf.« Dr. Kitz eilte ihr zur Hilfe. Der Mann war gestählt, was solche Bürgerveranstaltungen anging. Bevor er nach der letzten Wahl im Ministerium aufgestiegen war, hatte er sich bereits einen Namen als konservativer Kommunalpolitiker gemacht. Er galt als integer, vernünftig und besonnen und war bisher noch zu keinem Zeitpunkt einem rechtspopulistischen Beißreflex verfallen, wie es so vielen seiner Parteifreunde zuletzt passiert war. Wieder und wieder hatte er sich populistischen Forderungen in den Weg gestellt und sie mit Argumenten bekämpft und nicht mit eigener Phrasendrescherei. Schon als er für diesen Abend zugesagt hatte, war Ute froh gewesen, jetzt verspürte sie regelrecht Erleichterung. Der Mann tat, was er zu tun hatte.

»Na, dann mal los«, höhnte Schönfeld.

»Bitte, Dr. Kitz«, bat Ute entschuldigend.

»Weder die Landesregierung noch die Kreise können ein Interesse daran haben, auch nur die kleinste Gemeinde vom Verkehrsnetz abzukoppeln«, begann der.

Momme Iversen fuhr ihm sofort in die Parade: »Und ob! Ihr kümmert euch doch einen Scheißdreck um uns. Ihr seid froh, wenn ihr uns los seid!«

Die Diskussion dauerte noch keine fünf Minuten, und schon wurde sie surreal. Auch Kaltsommer hatte ein gewisses populistisches Wählerpotenzial, das bewies jede Wahl aufs Neue, und zuletzt gewann dieses Lager wie überall im Land an Stärke hinzu. Dass die Unvernunft aber selbst in Kaltsommer schon so seltsame Blüten trieb, hätte Ute niemals vermutet.

»Aber wären wir euch denn wirklich los?«

Sie horchte auf, Dr. Kitz' Erwiderung kam unerwartet. Momme Iversen und seine Kollegen sahen ebenfalls etwas überfordert aus. »Ja, natürlich«, stammelte er.

»Wirklich?« Dr. Kitz ließ sich nicht anmerken, ob er das alles amüsant fand oder nervtötend. »Selbst wenn wir die Straßen nach Kaltsommer schließen würden, kämen Sie dann nicht trotzdem noch raus? Sie könnten einfach querfeldein laufen. Sie sind hier zu Hause, wenn sich einer hier auskennt, dann Sie. Also, mit Straßensperrungen wäre uns da nicht gedient, dann müssten wir schon radikalere Mittel anwenden. Dann bliebe uns eigentlich nur, Kaltsommer einzumauern. Ja, jetzt lachen Sie, aber wenn wir sie wirklich loswerden wollten, wäre das der einzige Weg: Wir müssten einmal rund um ihr schönes Dorf, etwa entlang dieser problematischen Nebelwand, eine Mauer hochziehen, und zwar so hoch, dass niemand mehr drüber kommt. Aber selbst das würde noch nicht reichen, denn falls es doch mal jemand versuchen sollte, müssten wir auch darauf vorbereitet sein. Das heißt, wir brauchen Sicherungsanlagen zusätzlich zur Mauer: Kameras, Wachtürme, Wachtposten. Dreihundertfünfundsechzig Tage im Jahr, rund um die Uhr. Und wer bezahlt das alles? Die Kosten dafür wären viel höher als jede Ampelanlage, selbst wenn man dafür auch noch ein paar Straßenarbeiten durchführen müsste. Glauben Sie wirklich, die Landesregierung oder die Kreise würden dieses ganze Geld für Sie ausgeben, wenn Sie uns einen Scheißdreck wert wären und wir sie am liebsten los sein würden? Nein, sicher nicht!«

»So war das auch nicht gemeint.« Iversen klang plötzlich ziemlich kleinlaut.

»Ich kann Ihnen also versichern«, kam Dr. Kitz zum Schluss, »dass eine Vollsperrung der Zugangsstraßen nach Kaltsommer nicht eine Sekunde lang zur Diskussion gestanden hat oder jemals stehen wird. Es geht einzig und allein um verkehrssichernde Maßnahmen, damit ein solches Unglück wie das vor ein paar Wochen sich nicht wiederholt.«

»Anschnallpflicht in Bussen«, stammelte Iversen.

»Momme, halt die Klappe«, wies ihn Frank Niemann halblaut zurecht.

»Die besteht generell, sie hat sich bei den Bürgern nur noch nicht durchgesetzt.« Dr. Kitz war jetzt in seinem Element und führte souverän die Diskussion an. Ute hatte gar nicht bemerkt, wie sie erleichtert auf ihren Stuhl gesackt war. »Aber damit ist Kaltsommer auch nur bedingt geholfen. Die spezielle Frage hier lautet, wie wir das Ein- und Ausfahren in das Dorf sicherer machen. Sie müssen zur Arbeit und zum Einkaufen kommen, Ihre Kinder in die Schule, und manchmal kommt ja auch die Verwandtschaft zu Besuch. Es geht nicht darum, Sie vom gesellschaftlichen Leben abzukoppeln, sondern im Gegenteil: Wie stellen wir sicher, dass Sie auch weiterhin daran teilnehmen können?«

Nach dieser Ansprache war das Schiff sicher im Hafen vertäut. Kapitän Kitz hatte es aus schwerster Seenot gerettet und behielt auch weiter das Kommando. Ute wurde erst wieder als Moderatorin gebraucht, als die Experten auf dem Podium ihre Gedanken zum Thema teilweise recht wortreich auseinandergesetzt hatten und die Diskussion für das Publikum geöffnet wurde. An dieser Stelle hätten die Ältermänner Kaltsommers noch einmal zur feindlichen Übernahme des Kahns ansetzen können, aber einerseits schienen sie ihr Pulver verschossen zu haben, andererseits achtete Ute sorgsam darauf, andere Wortmeldungen zu bevorzugen.

Ampelanlagen zeichneten sich schnell als Konsenslösung ab, allen voran natürlich an der Schnittstelle Lindenallee und Bundesstraße. Außerdem bestanden Melanie Harms und Familie Ostrowski, die ebenfalls in Wankendorf ein Geschäft betrieb und Fahrräder verkaufte, auf einer Ampel, wo sich Ruhwinkler Straße und der Baschenberg kreuzten. Die Nebelwand lag eigentlich noch mehrere Meter weiter östlich, inzwischen ziemlich genau auf der A 21, aber an manchen Tagen dehnte sie sich auch nach innen aus und machte selbst diese wenig befahrene Abzweigung gefährlich. Bald wurden sie für alle Zufahrtsstraßen gefordert.

Allein Gerburg Sandow widersprach, nicht generell, sondern punktuell. »Was sollen wir am Bockhorner Weg und der Appelallee mit Ampeln?«, warf sie in ihrer unnachahmlich harschen Art die Frage auf. »Da gibt es keinen kreuzenden Verkehr. Ein Tempolimit reicht locker.«

»Würdest du dich dann auch selbst daran halten, Gerburg?«, kam es von Norbert Einem.

»Wenn ich es für angebracht halte.«

»Wie oft du Krabat und mich schon beinahe umgenietet hättest.«

»Keine Angst, Norbert, ich wollte immer nur deinen stinkenden Köter treffen.«

Der Hund hob kurz den Kopf, als sich das Gelächter in sein altes Gehör bohrte, dann ließ er ihn wieder auf seine Pfoten sinken und verschlief auch den Rest des Abends. Selbst als ein letzter, unter Umständen heikler Punkt berührt wurde, ließ er sich nicht stören. Dass der angesprochen werden würde, war Ute von Anfang an klar, es überraschte sie jedoch, dass die Frage danach nicht von Autobahnpolizist Einem kam. Er schlug sich doch tagtäglich mit solchen Dingen herum, sogar wenn er mit seinem Neufundländer Gassi ging. Es war aber Hannes Nebendahl, der, als der Redeeifer allgemein erlahmte, sich meldete wie in der Schule und, nachdem sie ihm mit einem Nicken das Wort erteilt hatte, fragte:

»Wann genau werden denn diese Maßnahmen umgesetzt?«

Die Altherrenriege zeigte mit ihrem Gebrumm an, dass sie die Frage nicht nur begrüßte, sondern sich auch ziemlich sicher war, die Antwort schon zu kennen. Alle übrigen Versammelten reckten nur ein letztes Mal gespannt die Köpfe.

»Das ist in erster Linie eine Kreisangelegenheit, das Ministerium hat da keine Aktien drin«, schien ausgerechnet Dr. Kitz die im Raum stehenden Befürchtungen zu bestätigen. »Wir können den Kommunen nur unsere Hilfe anbieten.«

»Typisch«, flüsterte Schönfeld, und Iversen antwortete ihm ebenso: »Hab ich's doch gewusst.«

Aber dann ergriff Claudia-Maria Wolfsohn-Haber das Wort. Ihre äußere Erscheinung stand im völligen Kontrast zu ihrem komplexen Namen und zeugte von einem Hang zum Pragmatismus: Strickjacke, Bluse, Jeans und Halbschuhe, alles in gedeckten Farben. Sie schien auch so zu handeln: Als sie vorhin die Gedanken der Segeberger Kreisverwaltung zum Thema des Abends vorgestellt hatte, hatte sie sich kürzer gefasst als ihr Plöner Kollege. Jetzt sagte sie nur: »Wir haben nächste Woche wieder eine Sitzung. Zu der sind auch Vertreter der Gemeinde Bornhöved eingeladen, die ja als Anrainer ebenfalls betroffen ist. Ich hoffe, wir können da alles Nötige schon auf den Weg bringen.«

»Wir tagen übernächste Woche wieder«, wollte sich da Herr Ahne aus Plön nicht lumpen lassen. »Es wäre gut, wenn dann auch Bürger aus Kaltsommer nach Plön kommen könnten, um noch einmal vor allem die Dringlichkeit dieses Anliegens zu betonen.«

»Ich werde da sein«, versprach Ute sofort.

»Ich auch.« Das rief ihr Vater, allerdings klang es bei ihm eher nach einer Drohung.

Frank Niemann und Eike Schönfeld schlossen sich ihm spontan an, und Ute hoffte inständig, dass es bei beiden nur der übliche Reflex, sich wichtigzumachen, war, der aus ihnen sprach. Schönfeld war kein konstruktiver Mensch und Niemann einzig und allein seinen eigenen Interessen verpflichtet, mit beiden war nicht viel Staat zu machen. Zum Glück dachte sie nicht alleine so.

»Wenn ihr beide da auftaucht«, blaffte Gerburg Sandow, »dann werden wir doch eingemauert.«

Einen schöneren Schlusssatz hätte es nicht geben können. Ute nutzte die Gelegenheit und bedankte sich bei allen Teilnehmern der Veranstaltung, den Auswärtigen ebenso wie den Einheimischen. Sie schickte alle mit dem Wunsch, dass der Abend bald Ergebnisse zeitigen möge, nach Hause. Dem konnte niemand widersprechen, und so leerte sich der Versammlungsraum der Freiwilligen Feuerwehr Kaltsommer. Manche brachen schnell auf, etwa die Gäste von auswärts, andere quatschten sich noch fest und äußerten einmal mehr ihr Bedauern, dass es den »Krug« nicht mehr gab. Wie schön hätte man sich jetzt dort an die Theke setzen und noch gemeinsam ein Bierchen trinken können.

Ute war eher nach einem Schnaps. Die letzten Wochen waren hart gewesen, kaum einer ihrer Amtsvorgänger hatte jemals einer solchen Herausforderung gegenübergestanden. Nicht einmal im Wahlkampf war so viel Gegenwind gekommen, obwohl es da diese Kontroverse um die vermaledeite Bank an der Ecke Appelallee und Sandskoppel gegeben hatte. Wenn die nicht ihrem Vater das Amt gekostet hätte, wäre sie niemals Bürgermeisterin geworden. Oder jedenfalls noch lange nicht, denn allein der Tod hätte Max Heinsohn von diesem bescheidenen Thron stoßen sollen. Warum er damals so sehr auf die Errichtung dieser Bank bestanden hatte, wusste Max Senior heute selbst nicht mehr. Je größer allerdings der Widerstand wurde, desto mehr versteifte er sich darauf und zog die Nummer durch. Als er endlich begriff, dass er nicht mehr zu halten war, hatte er von seinen vier Kindern verlangt, dass sie ihn im Amt beerbten. Max Junior und Udo hatten abgewunken und die Arbeit auf dem Hof und in der Gärtnerei vorgeschoben, Karl-Johann lebte in Lübeck, also war nur sie geblieben. Ausgerechnet die Tochter. Aber in der Not frisst der Teufel fliegen, hatte sich Max Senior offensichtlich gedacht, und ihre Kampagne gestartet. Wider Erwarten gewann sie die Wahl, mit einem ordentlichen Vorsprung sogar. Der alte Max hatte sich gefreut wie ein Schneekönig, nur um dann sein blaues Wunder zu erleben, als Ute ihn konsequent von der Führung ihrer Amtsgeschäfte ausschloss. »Du wirst Fehler machen«, hatte er sie gewarnt, ihr gedroht eher schon. »Ich werde lernen«, hatte sie nur geantwortet und ihn über die Straße zu sich nach Hause geschickt; es gab kein Rathaus in Kaltsommer, man regierte von zu Hause aus. Nichtsdestotrotz versuchte ihr Vater immer wieder, sich in ihre Amtsführung einzumischen. Manchmal ging er ihr gehörig auf den Geist.

Es überraschte die junge Bürgermeisterin nicht, dass er nicht nach Hause gegangen war, sondern mit den anderen Dorfältesten noch vor dem Eingang des Feuerwehrgerätehauses stand und plauderte. Ute half Florian Molkentin, Frederik Bobzien und Sönke Stölting noch beim Aufräumen, und durch die geöffneten Türen und Fenster schnappte sie hie und da ein paar Gesprächsfetzen auf. Scheinbar suchte das Ekelpaket Iversen noch immer nach einem Käufer für sein Lindenholz.

»Setz doch eine Anzeige ins Basses Blatt oder den Blickpunkt«, schlug Frank Niemann vor. Seiner Stimme war anzuhören, wie breit er dabei grinste.

»Aber das kostet doch Geld«, antwortete Almut Runge, die Ute am wenigsten in dieser Runde erwartet hätte und von der sie noch nie eine spitze Bemerkung gehört hatte. Sie war bestimmt keine zweite Gerburg Sandow. Aber Almut kannte die Herren schon ihr Leben lang, sie war mit ihnen aufgewachsen, da durfte eine solche Vertrautheit eigentlich nicht weiter verwundern.

»Am Ende musst du dir wohl doch noch einen eigenen Kamin anschaffen und das Zeug selbst verbrennen, Momme«, kam es von Erdmann Garg.

»Ach, kleit mi doch an Mors«, schimpfte der und ging nach Hause.

Viele folgten seinem Beispiel, wenn auch besser gelaunt. Zuletzt standen nur noch Frank Niemann und ihr Vater vor der Tür. Ute fürchtete schon, erst sehr spät ins Bett zu kommen, weil die beiden Herren sie noch in eine längere Unterredung verwickeln würden, um ihr ihre Sichtweise der Dinge darzulegen und den klaren Auftrag zu erteilen, diese demnächst in Plön auch bitte so zu vertreten. Ihr Unwille dazu war so schon groß genug, aber als sie dann hörte, was die beiden miteinander sprachen, hätte sie sich lieber klammheimlich durch die Hintertür oder ein Fenster verdrückt, als sich deren Gewäsch anzuhören.

»Wenn du noch Bürgermeister wärst«, hörte sie Immobilienkönig Niemann behaupten, »hätten wir diese Versammlung gar nicht gebraucht und trotzdem schon unsere neuen Verkehrszeichen.«

»Ich kann ja bei der nächsten Wahl wieder antreten«, antwortete Max ihm allen Ernstes.

»Tu das.«

»Oder Udo lässt sich doch noch zu einer Kandidatur bewegen. Ich glaube, langsam habe ich ihn weichgeklopft.«

»Mir egal. Hauptsache, das Amt liegt wieder in fähigen Händen.«

Ute hörte einen Moment lang Schweigen, dann ihren Vater sagen: »Übernimm den Job doch selbst, Frank.«

»Ich hab für so was keine Zeit.« Er spuckte die Worte förmlich aus.

»Dann lass es deine Tochter machen. Oder deine Schwiegertochter.«

»Ach, die hören doch nicht auf mich. Die billige Miete nehmen sie gerne an, aber ansonsten hab ich schön den Mund zu halten. Von wegen Einmischung und so.«

Max Heinsohn lachte trocken auf, dann fing es plötzlich an zu regnen.

»Ich geh nach Hause«, verkündete Frank Niemann.

»Ich auch«, schloss sich Utes Vater an, und schon waren sie weg.

Unter den gegebenen Umständen war das das Beste. Man belauscht andere zwar nicht, nicht einmal zufällig, muss sich von ihnen aber auch nicht beleidigen und als unfähig darstellen lassen. Das tat weh, obwohl es, was ihren Vater anging, nicht neu war. Der liebte seine Söhne, besonders die beiden älteren, während er in seiner Tochter in der Hauptsache eine billige Haushaltshilfe für seine Frau gesehen hatte. Dabei wären sie und Karl-Johann klassische Nesthäkchen gewesen, zwischen ihrer und Udos Geburt lagen zwölf Jahre. Maximilian Heinsohn aber hatte da längst, was er wollte: einen Stammhalter und einen für die Reserve.

Zehn vertrödelte Minuten später sah das Feuerwehrgerätehaus wieder aus wie neu. Draußen regnete es noch immer, die Herren Bobzien und Stölting wollten sich gerade eine Flasche Bier aus dem feuerwehreigenen Vorrat gönnen, und Ute, mit dem Rucksack auf dem Rücken und der Handtasche unter den Arm geklemmt, kam, sich zu bedanken und zu verabschieden.

»Soll ich dich schnell rumfahren?«, bot Florian ihr an, er trank keinen Alkohol mehr. »Du wirst doch ganz nass.«

»Danke, das geht schon.«

Er schaute auf sein Mineralwasser, dann zu ihr. »Das kann ich auch nachher noch trinken.«

Florian Molkentin war einmal der Wehrführer hier gewesen, bis sein ganzes Leben mit einem Schlag aus den Fugen geraten war. Innerhalb kürzester Zeit verlor er seinen Job, brannte ihm die Frau mit einem anderen durch und nahm ihm ein Richter das Sorgerecht für die gemeinsamen Kinder, weil er momentan zu instabil sei, um sich angemessen um sie zu kümmern. Er hatte getrunken als Antwort auf die Krise, je weitere Kreise die zog, desto mehr, bis hin zum Totalabsturz. Nur seine Mutter Traudel hatte die ganze Zeit zu ihm gehalten und es schließlich geschafft, ihn zu einer Therapie zu überreden. Das alles war Jahre her. Heute verkaufte Florian Landmaschinen bei einem großen Händler in Kiel, träumte von einer neuen Beziehung und hielt sich vom Feuerwasser fern. Wenn seine Kollegen von der Freiwilligen Feuerwehr zechten, blieb er konsequent abstinent. Direkt nach dem Busunfall hatte Ute ihn allerdings leise bekennen hören: »Wie gut, dass ich an dem Einsatz nicht teilgenommen habe. Ich würd sonst genauso enden wie Ralph.« Er war arbeiten gewesen und erst abends, da schon längst von seiner Mutter über den Vorfall in Kenntnis gesetzt, nach Hause gekommen, als die Opfer bereits geborgen und abtransportiert waren. Und er kümmerte sich seitdem sehr um Ralph Schilling oder versuchte es zumindest; Ralph schottete sich immer stärker von allen anderen ab.

»Ich hab's doch nicht weit«, winkte Ute ab.

»Aber es steht kaum ein Baum auf der ganzen Strecke. Du wirst ordentlich nass werden.«

»Wir sind in Kaltsommer, da wird man immer nass.«

Die Herren prosteten ihr zu und ließen sie gehen. Natürlich wäre es bequemer gewesen, hätte Florian sie gefahren. Nach der für hiesige Verhältnisse langen Trockenperiode hatte sie keinen Schirm mitgenommen und nur eine dünne Jacke angezogen. Sie hätte niemals mit Regen gerechnet heute Abend, und das war durchaus verwunderlich: Die Annahme, es könnte regnen oder zumindest nieseln, gehörte zu den Grundvoraussetzungen des Lebens unter der Wolke. Trockenheit und Sonnenschein, die waren ein Teil der Außenwelt, dort konnte man es sich leisten, ohne Regenzeug aus dem Haus zu gehen. Wie hatte sie sich so schnell daran gewöhnen können?

»Hallo Ute. Darf ich dich nach Hause begleiten? Ich hab einen Schirm.«

Thies Dührkopp riss sie aus ihren Gedanken. Er stand plötzlich neben ihr im großen offenen Tor zur heute Abend leeren Garage des Feuerwehrgerätehauses; um Platz für die Gäste zu schaffen, die über diesen Weg in den Versammlungssaal gelangten, hatte man das Einsatzfahrzeug kurzerhand draußen geparkt. Thies hatte tatsächlich einen Schirm in der Hand, sah aber pitschnass aus.

»Hast du den gerade von zu Hause geholt?«

Er wohnte in der Eduard-Wulff-Straße, Luftlinie vielleicht fünfzig Meter von hier. Auf seinen Wangen erblühten zwei rote Rosen, und er lächelte verlegen. Das hatte sie an ihm immer gemocht, diesen Hang zur Verlegenheit. Der hatte so etwas Verletzliches. Thies besaß auch ein verletzliches Wesen, nicht nur das, er war schon in frühester Kindheit verletzt worden, wegen seines Bruders Tore. Der ganzen Familie war damals übel mitgespielt worden, und Thies hatte es bis heute nicht verwinden können. Er war nur immer trauriger geworden, zu traurig für Ute, um darauf eine dauerhafte Beziehung aufzubauen. Sie hatte sich von ihm getrennt, nach einem langen, langen Gespräch über ihre Gründe, und er hatte das akzeptiert. Das hieß aber nicht, dass er nicht immer noch etwas für sie empfand. Thies behandelte sie meistens galanter als ihr eigener Lebensgefährte Tino. Der wäre nie auf die Idee gekommen, sie mit dem Auto abzuholen, weil es plötzlich regnete.

»Okay«, sagte Ute und hakte sich bei ihm ein. »Lass uns gehen.«

Er lächelte dankbar und spannte seinen Schirm auf. Aber er brauchte einige Schritte, bevor er endlich sagen konnte: »Ich finde, du hast das heute sehr gut gemacht.«

»Danke. Aber ich hatte auch Hilfe. Wenn dieser Dr. Kitz nicht dagewesen wäre, dann wären mir Momme und Co. ziemlich auf der Nase rumgetanzt.«

»Du hast Kitz eingeladen.«

»Da hat mir Manfred geholfen.«

»Trotzdem.«

Es tat gut, neben Thies durch das in abendlicher Stille daliegende Dorf zu gehen. Außer dem Regen hörte man so gut wie nichts. Es lag eine Friedlichkeit darin, die sich langsam auf ihre wundgescheuerten Nerven legte und dafür sorgte, dass sie sich entspannte.

»Es hat lange nicht geregnet«, sagte sie.

»Seit Ostern oder so.«

»Dem Land wird der Regen guttun.«

»Die Gänse verwüsten alles.«

»Stimmt. Letztens waren die sogar schon auf den Erdbeerfeldern meines Bruders zugange. Wenn das so weitergeht, muss ich deshalb bald den nächsten Krisengipfel einberufen.«

»Der alte Harms sagt, er hat schon über hundert Tiere gezählt. Scheinbar wollen die hier sogar brüten.«

»Können die das denn? Ich meine, finden die hier die richtigen Gegebenheiten für ihre Nistplätze?«

»Ich hab keine Ahnung.«

Gleich darauf kamen sie am Hause Harms vorbei, überall brannte noch Licht. Ute deutete auf den Backsteinbau und fragte ihren Begleiter: »Sprichst du oft mit Rüdiger?«

»Ich treffe ihn manchmal. Dann reden wir.«

»Nachts?«

»Auch.« Seit sie ihn kannte, neigte Thies gerade in der Nacht zur Unruhe, der Schlaf war sein größter Feind. Er versuchte, beidem dadurch ein Schnippchen zu schlagen, dass er lange Spaziergänge durch das schlafende Dorf unternahm. Wie ein Nachtwächter auf seiner Runde, hatte sie früher manchmal gedacht, als es ihr noch romantisch vorgekommen war. »Wenn ich ihm nachts über den Weg laufe«, erzählte er jetzt, »schick ich Olaf kurz 'ne Nachricht und bring ihn dann nach Hause.«

Sie hakte sich fester bei ihm ein. »Was sagt Rüdiger sonst noch so?«

»Sehr viel. Viel wirres Zeug, fürchte ich. Vor den Gänsen hat er regelrecht Angst. Er verscheucht sie, wenn immer er welche sieht.«

»Ich weiß.« Ute dachte mit Schaudern an das erwürgte und aufgespießte Tier.

»Vielleicht stopft er sich deshalb die Taschen immer voll Besteck. Vielleicht soll das Klirren helfen, die Tiere zu verscheuchen.«

Gegen ihren Willen musste sie darüber lächeln. »Olaf hat mir von dieser Angewohnheit seines Vaters erzählt«, sagte sie. »Er hält es eher für einen Ausdruck seiner fortschreitenden Demenz.«

»Mag sein.«

Sie schwiegen, bis sie Bauer Göben und seine Nachbarn, die Familien Heckler und Gärtner, passiert hatten. Das Land links und rechts der Straße gehörte zum größten Teil ihrer Familie, die darauf seit Generationen Obst und Gemüse anbaute. Wenige hundert Meter noch, dann wäre sie zu Hause. Vorher kam noch das Haus ihrer Tante Marianne, aber da brannte nur noch das Außenlicht. Ute wusste, dass nicht nur sämtliche Jalousien bereits heruntergelassen waren, sondern Tante Marianne seit Stunden schon im Bett lag. Sie lebte sehr für sich, stand früh auf und ging noch früher schlafen.

Erst auf den letzten Metern, als die beleuchtete Einfahrt zu ihrem Haus und Hof vor ihnen lag und sie sich eigentlich nur noch hätte bedanken und verabschieden müssen, fragte sie Thies: »Und wie geht's dir so?«

Anstatt zu antworten, zeigte er plötzlich nach oben zur Wolke und in den Regen und flüsterte: »Hör mal.«

»Was …?« Aber dann hörte sie es: Gänsegeschnatter. Sie lachte unsicher auf. »Wir werden die Viecher wohl niemals mehr los, was?«

»Ich werd mal schauen, wo sie diesmal landen«, verkündete er. Und dann tat er etwas, was er seit ihrer Trennung nicht mehr gemacht hatte: Er nahm sie in den Arm. »Danke«, sagte er und verschwand in der Nacht.

Ute sah ihm nach, bis er in die Rüderkoppel einbog. Sie wusste nicht, was sie davon halten sollte, von Thies, diesem Spaziergang, ihrer ganzen Unterhaltung. Er war ihr nicht schwermütig vorgekommen, nicht depressiv, sondern ziemlich ausgeglichen. Aber die Umarmung passte nicht dazu. Gerade was das Körperliche anging, achtete Thies immer sehr auf Abstand zwischen sich und allen anderen. Selbst als sie zusammen waren, hatte er sie so richtig nur im Bett berührt, wenn sie miteinander schliefen. Das war auch so ein Punkt gewesen, an dem ihre Beziehung gescheitert war, seine Unfähigkeit, zu berühren und sich berühren zu lassen. Was hatte das jetzt zu bedeuten? Sie wünschte sich, dass es ein gutes Zeichen war, dass er endlich mehr aus seinem Schneckenhaus herausgekrochen kam. Allein sie glaubte nicht so recht daran. Dafür reichten seine Narben zu tief.

Er hatte sie buchstäblich im Regen stehen lassen, das bemerkte Ute mit plötzlicher Klarheit. Er war gegangen und hatte den Schirm mitgenommen. Das brachte sie zum Lachen, und lachend wie ein kleines Mädchen lief sie durch den Regen die lange gebogene Einfahrt hinauf zum Haus und durch die Tür hinein ins Warme und Trockene. Tino saß vor dem Fernseher und schaute einen alten »Tatort« auf irgendeinem der dritten Programme. Das Babyphone leuchtete friedlich grün vor ihm auf dem Couchtisch: Gloria schlief seelenruhig. Er sah nicht vom Bildschirm auf, als er fragte, wie es gelaufen sei.

»Gut«, antwortete sie. »Ziemlich gut.«

Fünfzehntes Kapitel

Tritt eine Naturkatastrophe ein, liegen Ursache und Wirkung klar auf der Hand: Ein Orkan oder Gewittersturm zieht mit Blitz, Hagelschlag und Sturzregen durch, und danach findet man entwurzelte Bäume, abgedeckte Dächer, zerstörte Autos, eingeschlagene Fenster, ausgebrannte Häuser und, wenn es ganz schlimm kommt, den einen oder anderen Toten. Die Schäden mögen vielfältig sein, aber der Schuldige dafür ist zweifelsfrei auszumachen.

»Ich kann beim besten Willen nicht sagen, was passiert ist.« Zum Gott weiß wievielten Mal schlug Benjamin die Hände vor dem Gesicht zusammen und stöhnte wie unter Schmerzen auf. »Oder wer es getan haben könnte. Issa und Mohammed behaupten, es nicht gewesen zu sein, und ich neige immer stärker dazu, ihnen zu glauben.«

Vor knapp einer Woche hatte Radwan einen erneuten Anhörungstermin beim BAMF. Scheinbar hatte er sich im Vorfeld zum ersten Mal einen Schritt aus dem Schrank heraus gewagt und sich von Queeramnesty beraten lassen. Die hatten ihm nicht nur geraten, seine Homosexualität gegenüber den Behörden als Verfolgungsgrund und Mordanlass in Afghanistan anzugeben, sondern ihm auch von einem Wohnprojekt in Treptow-Köpenick erzählt, das speziell für LGBTI+-Flüchtlinge gedacht war. Dort schien kürzlich ein Platz freigeworden zu sein, den er, wenn er sich beeilte, eventuell bekäme. So hätte er in einer geschützten Umgebung als er selbst leben können, auch wenn das für ihn bedeutete, die Wohnheimgemeinschaft mit seinen Kumpels Issa und Mohammed aufzukündigen. Und es bedeutete auch, sich vor den Behörden direkt und vor seinen Freunden indirekt zu outen. Was es Radwan an Überwindung gekostet haben mochte, diesen Schritt zu wagen, konnte Benjamin nur erahnen. Rat bei seinem Lehrer hatte er nicht eingeholt, aber die Beratung der Untergruppe von Amnesty International musste überzeugend gewesen sein. Sie war auf jeden Fall erfolgreich: Nur zwei Tage später war er aus seiner Lichtenberger Wohngemeinschaft aus- und in Treptow-Köpenick eingezogen.

»Wie geht es ihm denn jetzt?«, fragte Gerrit. »Ist er schwer verletzt?«

»Er liegt nicht mehr auf der Intensivstation.«

Benjamin wusste, dass die Menschenrechtler es gut gemeint hatten. Dass es so ausgehen könnte, hatten sie nicht gewollt. Aber gerade brauchte er einen Schuldigen für das Unglück, und da Issa und Mohammed immer weniger infrage kamen, kam ihm die Organisation gerade recht. Wer knüpfte denn hier per se praktische Hilfe an politische Forderungen?

»Das ist doch schon mal gut.«

Der rote Bär brummte nur. Vorgestern war Radwan auf dem Rückweg vom Unterricht in seine neue Unterkunft im Treptower Park zusammengeschlagen worden. Keiner wusste, was er im Park wollte, er musste ihn nicht auf seinem Heimweg durchqueren, und Zeugen gab es ebenfalls nicht. Aber kaum war der Fall publik geworden, brodelte die Gerüchteküche, allen voran in den sozialen Medien. Wie schnell Mohammed und Issa in Verdacht geraten waren! Die Polizei jedenfalls hatte nicht gezögert, die beiden zur Vernehmung einzuholen, und war bei ihrer Befragung scheinbar alles andere als zimperlich vorgegangen. Den Jungs brach noch immer der kalte Schweiß aus, wenn sie nur daran dachten. Und ihr Alibi, das im Wesentlichen darin bestand, miteinander abgehangen zu haben zur Zeit des Überfalls, wurde bisher nicht durch andere Aussagen gestützt. Sie wollten im Mauerpark gewesen sein, und vermutlich waren sie das auch, aber eher versteckt am Rande, weil sie gekifft hatten. Benjamin wusste, dass sie das manchmal machten. Als sie einmal zugedröhnt in seinem Unterricht aufgetaucht waren, hatte er sie kurzerhand rausgeworfen und als unentschuldigt fehlend eingetragen. Danach war das nicht mehr vorgekommen. Dass ihre Kifferei sie jetzt erneut in Bedrängnis brachte, machte Benjamin nur umso wütender. Wenn sie nicht aufpassten, sägten sie sich selbst den Ast ab, auf dem sie saßen, und das wäre ebenso unnötig wie schade.

Allerdings beteuerten sie nicht nur ihre Unschuld, sie waren auch die ersten, die Arietes Vorschlag, Radwan im Krankenhaus zu besuchen, aufnahmen. Und wieder hatte Benjamin nicht das Gefühl, dass sie es taten, um von eigener Schuld abzulenken. Mohammed und Issa waren wirklich schockiert über das, was ihrem Freund zugestoßen war und über den Grund für die Attacke. Nicht dass seine Kursteilnehmer automatisch von einem Verbrechen aus Homophobie ausgingen, einen fremdenfeindlichen Übergriff hielten sie für viel wahrscheinlicher. Das hatte sich mehr und mehr im Laufe der Diskussion, für die Benjamin seinen Unterricht zur Verfügung gestellt hatte, herausgestellt. Ariete und Wathiqa waren sich darin mit den beiden Jungs und ausnahmsweise auch mit Baschar einig. Am nächsten Dienstag, gleich nach den Feiertagen, wollten sie alle, angeführt von ihrem Lehrer, ins Krankenhaus gehen, um Radwan ihre Solidarität zu zeigen. Die stille Aabidah wollte dafür ganz alleine in einem deutschen Blumenladen einen schönen Blumenstrauß besorgen.

»Er hat eine Gehirnerschütterung und einen Schädelanbruch«, listete Benjamin die Verletzungen seines Abc-Schützen auf, »mehrere gebrochene Rippen, einen ausgekugelten Arm und jede Menge Platz- und Schürfwunden, Prellungen, Verstauchungen und Blutergüsse – das hat mir wenigstens mein Chef erzählt, der mit Polizei und Krankenhaus in Kontakt steht.«

»Ich find's gut, dass er sich kümmert.«

»Der fürchtet nur schlechte Publicity. Er will vorbereitet sein für den Fall, dass wirklich zwei Teilnehmer eines von seinem Unternehmen angebotenen Kurses einen dritten Teilnehmer zusammengeschlagen haben, egal ob aus Schwulenhass oder sonst was. Dem geht es nur ums Geld, und wenn Mohammed und Issa nicht bald aus der Schusslinie kommen, wird er sie rausschmeißen. Aber dann kann er sie auch gleich selbst abschieben, denn das ist das, was ihnen blüht, sobald sie achtzehn werden.«

»Benni, beruhige dich, bitte.«

Sie saßen auf Gerrits Sofa, beide lässig herausgeputzt in elegantem Hemd zu Bluejeans und gewienerten Schuhen. Durch die geöffneten Fenster drang der Trubel auf der Simon-Dach-Straße zu ihnen herein, auf der sich zu Pfingsten noch mehr Touristen und Einheimische mit Besuch aus der alten Heimat drängten als sonst. In einem vietnamesischen Restaurant im Prenzlauer Berg warteten Gerrits Eltern auf sie. Carmen Bäumler hatte von dem Restaurant in einer Reportage gelesen und beschlossen, bei ihrem nächsten Berlin-Besuch hinzugehen. Dass der neue Freund ihres Sohnes an dem Essen teilnahm, war von vornherein klar. Dass weder das noch die Tatsache, dass dieser Freund zwanzig Jahre älter als ihr Sohn war, jemals ein Problem gewesen sei, stand als Behauptung im Raum und harrte noch ihres Beweises. Benjamin war sich nicht sicher, ob seine Nerven diese Belastung heute aushielten.

»Ich bin völlig durch den Wind«, sagte er.

»Ein gutes Essen wird helfen, sie zu beruhigen.«

»Ich weiß nicht …«

»Denk nicht einmal im Traum daran, du kommst mit!«

»Und wenn ich nicht fähig bin, Smalltalk zu machen?«

»Dann erzähl von dem, was dich bewegt.« Gerrit rang die Hände. »Meine Eltern sind erwachsene Leute, die werden damit schon umgehen können. Und mit dir.« Er kuschelte sich verheißungsvoll an den Riesen an seiner Seite und streichelte ihm über Wangen, Rücken und Oberschenkel.

Benjamin ließ es sich gefallen und flüsterte, als er den Augenblick dafür gekommen hielt, seinem Kleinen ins Ohr: »Damit darfst du gerne weitermachen. Das beruhigt meine Nerven auf jeden Fall.«

»Die Belohnung gibt's erst, wenn wir wieder zurück sind und du dich den Abend über artig verhalten hast!«

Die Ansage brachte Benjamin immerhin zum Lachen. Kurz darauf waren sie unterwegs und wenig später dank der Hilfe zweier Tram-Linien am Restaurant. Gerrits Eltern saßen drinnen, was gut war: der Abend versprach frisch zu werden und vielleicht auch ein bisschen nass.

Was er bisher über Gerrits Eltern wusste, war, dass sie ziemlich genau zehn Jahre älter als er waren, zwei Kinder großgezogen hatten und in Düsseldorf wohnten. Sie war Architektin von Beruf, er, Leonhard mit Namen, leitete in dritter Generation ein Familienunternehmen, das Fläschchen, Döschen, Blister und andere Verpackungsformen für die Pharmaindustrie herstellte. Seine innerfamiliäre Nachfolge war bereits gesichert, Gerrits ältere Schwester Celina würde eines Tages den Vater beerben. Auch deswegen hatte sich Benjamin immer vorgestellt, sein Kleiner würde sowohl vom Aussehen her als auch vom Charakter stark nach seiner Mutter kommen. Die war schlank, kaum einen Meter siebzig groß und trug ihr dunkelblondes Haar zu einem Zopf geflochten. Leonhard war allerdings ebenfalls schlank, keine fünf Zentimeter größer als seine Frau, und sein kurzes brünettes Haar wurde von grauen Einsprengseln aufgehellt. Die braunen Augen hatte Gerrit von beiden geerbt, wie Benjamin sofort auffiel, die drahtige Statur auch, die selbst im Alter nichts an

Spannkraft zu verlieren schien. Beide trugen Brille, beide hätten Geschwister sein können, wie sie da vor ihm am Tisch standen, ihm die Hand zu einem kräftigen Händedruck reichten, ihn ohne jede Verlegenheit anlächelten und begrüßten. Vermutlich waren sie sich mit den Jahren immer ähnlicher geworden, dachte Benjamin, aber sie dürften sich von Anfang sehr ähnlich gewesen.

»Das ist mein Benni«, stellte Gerrit ihn vor, und er hätte nicht sagen können, wo bei seinem Kleinen das Bemühen um einen leichten Beginn aufhörte und der Besitzerstolz anfing.

»Wir haben schon viel von Ihnen gehört«, antwortete Carmen.

Natürlich hatte sie das. Benjamin überraschte viel mehr, dass er ihr das nicht nur glaubte, sondern ihm die Vorstellung gefiel, wie Gerrit mit seinen Eltern über seinen festen Freund sprach. In seiner Verliebtheit hatte er selbstverständlich viel von ihm geschwärmt und damit die Realität etwas verzerrt. Carmen und Leonhard schienen allerdings in der Lage gewesen zu sein, diese Verzerrung auszugleichen – vielleicht ja durch einen besonderen Schliff der Gläser ihrer sehr ähnlichen Brillen. Weder sahen sie ihn ungläubig an wie das frisch aus dem Ei geschlüpfte Urmel, noch stand ihnen die Verzweiflung darüber ins Gesicht geschrieben, was für einen Versager ihr Sohn ihnen jetzt schon wieder angeschleppt hatte. Sie lächelten einfach nur freundlich und baten ihn, sich zu setzen. Benjamin fühlte sich vom ersten Moment an wohl in ihrer Gegenwart.

Das überraschte ihn. Mit den Eltern seiner Freunde hatte er bisher nicht viel Erfahrungen gesammelt. Elmars Eltern war er einmal begegnet, ein steifes Aufeinandertreffen, über dessen baldiges Ende jeder sehr froh war. Rüdiger und Bärbel Harms zählten nicht wirklich, da er bei den beiden wie ein Kuckuckskind, das Olaf ihnen ins Nest gelegt hatte, aufgewachsen war. Er hatte sich nie als Außenstehender begriffen, der neu in die Familie eingeführt wurde. Das war bei den Bäumlers anders und lag, wie Benjamin begriff, in der Hauptsache an Gerrit. Der ruhte ganz in sich selbst und strahlte Zufriedenheit und Glück aus, weil er hier zusammen mit seinen Eltern und seinem Freund an einem Tisch saß und ein vietnamesisches Essen bestellte. Er plauderte, machte Witze und legte immer wieder seine Hand auf Benjamins Unterarm oder drückte seinen Oberschenkel an den seines Freundes. Es bestand kein Zweifel an der Richtigkeit dieses Arrangements, und dieses Unzweifelhafte übertrug sich auf alle Personen am Tisch. Elmar dagegen war die ganze Zeit über angespannt gewesen, hatte immer wieder auf die Uhr geschaut und auf alle Fragen nur mit Ja oder Nein geantwortet. Er war hart wie ein Stück altes Brot gewesen, an dem man sich nach und nach die Zähne ausbiss, bis man nicht mehr zubeißen konnte. Gerrit war heute noch jünger als Elmar damals, aber er besaß viel mehr Selbstbewusstsein als sein kritischer Poetenfreund, viel mehr Selbstsicherheit. Gerrit brauchte ihn nicht als einen Stellvertreter, durch den er einen ansonsten nicht zu verwirklichen Traum auslebte, und er führte ihn auch nicht als Trophäe vor. Er musste seinen Eltern nicht zeigen, dass sie keine Macht mehr über ihn besaßen. Gerrit wollte einfach nur mit Benjamin zusammen sein: Er liebte ihn um seiner selbst willen.

Benjamin kamen beinahe die Tränen.

Dass seine Augen plötzlich in Wasser schwammen, schob er kurzerhand auf die süße Chilisoße, die zu den Sommerrollen gereicht wurde. Aber sobald die Vorspeise aufgegessen war und er beide Hände wieder frei hatte, nahm er Gerrits Hand fest in seine.

Er verlor sich völlig in dieser Berührung. Seine Gedanken gingen stiften und nahmen alle Sorgen, Befürchtungen und Ängste, nicht nur diesen Abend betreffend, mit sich fort. Er dachte nicht mehr über Gründe nach – warum Gerrit mit ihm zusammen sein wollte, warum Radwan zusammengeschlagen worden war, was nun mit Issa und Mohammed passiert, warum seiner Mutter ihn nicht liebte, warum er ständig an Kaltsommer und Aleric denken musste –, er genoss das Hier und Jetzt. Probleme gab es nicht mehr, nur noch die warme Hand in seiner und ein ungeahntes Gefühl der Leichtigkeit. Das breitete sich von seinem Magen aus immer weiter in seinem Körper aus.

Scheinbar bis in seine Ohren, wo es ihn mit Taubheit schlug. Leonhard hatte ihm eine Frage gestellt, wie er an dessen wartendem Gesichtsausdruck sah.

»Entschuldigen Sie«, sagte er. »Bitte was?«

»Sie wirken etwas abwesend«, meinte Carmen. »Harten Tag gehabt?«

»Sorgen um einen meiner Teilnehmer«, antwortete Benjamin. »Er ist Opfer einer Prügelattacke geworden und liegt jetzt im Krankenhaus. Die Hintergründe sind noch völlig unklar.«

»Das tut mir leid. Ihnen liegen Ihre Schüler wohl sehr am Herzen.«

Er schenkte ihr ein warmes Lächeln. »Manche.«

Es dauerte eine ganze Weile, bis Leonhard die nächste Chance bekam, seine Frage zu stellen. Worüber sie in der Zwischenzeit nicht alles geredet hatten, während sie ihre Hauptgerichte aßen: Schulen, Bildung, Flüchtlinge, Immigration und Integration, Fachkräftemangel – Leonhard setzte große Hoffnung in den Zuzug von qualifizierten oder zumindest ausbildungsbereiten Ausländern: »Bei den Biodeutschen müssen wir als Betrieb inzwischen auch so vieles nachholen, was die an Schule und Uni nicht gelernt haben, da macht das auch keinen Unterschied mehr. Aber wenn wir diese Arbeit schon leisten sollen, dann wollen wir wenigstens auch die Sicherheit haben, dass die Leute nach der Ausbildung nicht gleich wieder abgeschoben werden und unsere Investition für die Katz war!« – und Berlin als Flughafen-Bauherr. Leonhard sah in all diesen Themen einen direkten Zusammenhang und beklagte sich über den Hang der Politiker, sich mittlerweile in wirklich alles einmischen zu müssen. »Die sollen das Land regieren«, grummelte er, »und sich nicht ihre Hintern in Aufsichtsräten plattsitzen. Das ist das Vorrecht von uns Unternehmern. Wenn ein Politiker in die Wirtschaft will, dann soll er in die Wirtschaft gehen, aber nicht zwei Pferde auf einmal reiten, dafür ist kein Hintern breit genug.« Benjamin hörte Gerrits Vater gerne zu, der sprach nicht, um zu belehren, sondern brachte unterhaltsam seine Meinung vor. Und selbst wenn er mal gezwungen war, einen Gesprächsfaden vorübergehend aus der Hand zu legen, so vergaß er ihn nicht. War die Zeit reif, nahm er ihn wieder auf, als wäre seither nichts geschehen. Es hatte bereits die gebackenen und in Honig ertränkten Bananen gegeben, jetzt stand vor ihnen ein vietnamesischer Espresso, dessen besonderer Clou die süße Kondensmilch war. Leonhard hob sein Glas an die Nase, sog das Aroma ein und fragte, bevor er den ersten Schluck nahm:

»Gerrit sagt, Sie kommen aus einem kleinen Dorf in Schleswig-Holstein, über dem immer eine Wolke hängt. Ist das wahr? Das kann ich mir gar nicht vorstellen.«

»Es ist so unvorstellbar wie wahr«, antwortete Benjamin grinsend. »Ich bin an einem Ort aufgewachsen, an dem so gut wie nie die Sonne scheint.«

»Aber das ist doch schrecklich!«, entfuhr es Carmen.

Benjamin zuckte mit den Achseln und erzählte: »Man gewöhnt sich dran. Ich fand es eher schlimm, als ich in den Kindergarten im Nachbardorf kam und dort zum ersten Mal einen ganzen Tag in der Sonne verbringen musste. Das hat mich total verstört. Die Sonneneinstrahlung war ein Schock für mich, und ich habe sehr aggressiv darauf reagiert, mit Sachen um mich geschmissen, die anderen Kinder geschubst und irgendwann einfach nur noch in einer Ecke gesessen und geheult.«

»Sie nehmen uns auf den Arm, Benjamin.«

»Nein, Carmen, wirklich nicht. Wir Kinder aus Kaltsommer reagieren zuerst äußerst ablehnend auf die Sonne. Wir müssen uns erst an sie gewöhnen, unsere Körpertemperatur anpassen, wenn Sie so wollen, damit wir sie aushalten können. Das dauert einen Moment, und so lange sind wir ganz schön aus dem Gleichgewicht gebracht. Manchmal mit schlimmen Folgen: Wenn in Kaltsommer mal ein Gewaltverbrechen geschieht, dann an solchen Tagen, an denen die Sonne scheint.«

»Ich denke, wir verbringen unseren nächsten Urlaub doch wieder auf Kreta«, sagte Carmen lachend. Sie wollte glauben, dass Benjamin ihr eine Räuberpistole erzählt hatte.

»Keine Angst, Mama«, versuchte Gerrit zu beschwichtigen, »Benni lebt seit vielen, vielen Jahren nicht mehr unter der Wolke, sein Temperament hat sich inzwischen voll an Sonnenschein und Wärme angepasst.«

»Dann sind Sie froh, das Dorf hinter sich gelassen zu haben?«, fragte Leonhard. »Eine Rückkehr wäre für Sie ausgeschlossen?«

Es hätte sehr viele verschiedene Antworten auf diese Frage gegeben, eine jede von ihnen einen ganzen Rattenschwanz an Deutungsmöglichkeiten nach sich ziehend. Benjamin entschied sich für die leichteste, nicht zuletzt deshalb, weil die spätestens seit dem heutigen Abend den größten Anteil an Wahrheit enthielt. »Ich lebe jetzt hier, Leonhard. Meine Arbeit ist hier. Und Gerrit ist hier. Das allein ist ein Grund, nicht mehr zurückzugehen.«

Auf dem Stuhl neben ihm schien die Sonne aufzugehen, und Benjamin genoss ihren warmen Schein.

Das ganze Pfingstwochenende hindurch sollte Benjamin am Besuchsprogramm der Bäumler-Eltern in Berlin teilnehmen. Sie besuchten zusammen die Gemäldegalerie, in die Carmen bei jedem ihrer Berlin-Besuche einmal ging. »Ich liebe sie einfach«, erklärte sie, »nach all den Jahren sind die Bilder so etwas wie Freunde geworden, und ich freue mich jedes Mal auf das Wiedersehen.« Außerdem sahen sie im Architekturmuseum der Technischen Universität – Benjamin hatte bis dahin nicht einmal gewusst, dass es an der TU so eines gab – eine Ausstellung über den Architekten und Stadtplaner Egon Hartmann, die ob des großen Erfolgs noch einmal um ein paar Wochen verlängert worden war. Dazwischen saß man in Cafés, flanierte durch diverse Parkanlagen und aß zu Abend. Und ständig wurde miteinander geredet. Es war die volle Familienpackung, und Benjamin genoss jede einzelne Sekunde davon.

»Warum?«

Diese im Tonfall leichter Verwunderung gestellte Frage bekam er gleich am ersten Abend von seinem Kleinen zu hören, als sie im Bett lagen und Benjamin unentwegt von dem schönen Abend schwärmte. Gerrit wusste offensichtlich nicht, ob er das amüsant oder bedenklich finden sollte. Von dieser Seite hatte er seinen Freund noch nicht kennenlernen dürfen, er hätte nicht einmal geglaubt, dass sein roter Bär dazu in der Lage gewesen wäre.

»Weil ich so was gar nicht kenne«, lautete dessen Antwort.

»Was?«

»Solche Familienverhältnisse.« Benjamin richtete sich im Bett auf, bis er mit dem Rücken ans Kopfende gelehnt dasaß. Gerrit, der es sich wie immer halb auf ihm bequem gemacht hatte, zog er einfach mit. »Und eine so harmonische Ehe. Dass so etwas möglich sein soll, hab ich zwar schon gehört, aber noch nie mit eigenen Augen gesehen, zumindest nicht so direkt.«

»Auch meine Eltern haben mitunter Meinungsverschiedenheiten.«

»Meinungsverschiedenheiten oder Streit?«

»Was?«

»Sind sie nur unterschiedlicher Meinung oder streiten sie sich richtig?«

Gerrit dachte nach und kam zu dem Schluss: »Sie diskutieren.«

»Siehst du, das meine ich«, erwiderte Benjamin erfreut und drückte seinen Kleinen sofort fester an sich. »Sie scheinen mir sehr gut miteinander auszukommen – und genau das hab ich nie kennengelernt.«

»Deine Eltern haben nie zusammengelebt?« Bisher war er automatisch davon ausgegangen, dass die Beziehung von Benjamins Eltern irgendwann nach dessen Geburt zerbrochen wäre, vielleicht im Streit, vielleicht sogar im Krieg oder vielleicht aus ganz anderen Gründen.

»Meine Mutter und mein Vater haben sich kaum gekannt. Ich bin wohl das Produkt einer betrunkenen Begegnung am Rande einer Stoppelfete.«

»Einer was?«

»Einer Party auf dem Land. Ist nicht weiter wichtig.« Ihm war gerade nicht danach, dem Düsseldorfer Jungen die Ausgehmöglichkeiten in der holsteinischen Pampa zu erklären. Wichtiger war ihm dieser Punkt: »Selbst nachdem bei Gerburg die Schwangerschaft diagnostiziert worden war, machten die gar nicht erst den Versuch zusammenzuleben.« Er ignorierte das Kichern in seinem Brusthaar und fuhr fort: »Das lag wohl hauptsächlich an meiner Mutter, die dies kategorisch ablehnte. Scheinbar wusste sie von Anfang an, dass mein Samenspender für sie kein Mann fürs Leben war.«

»Und dein Vater hat das einfach so hingenommen?«

»Ja. Er hat schnell begriffen, dass Gerburg keine Frau ist, mit der man sich anlegen sollte. Sie kann ihren Willen wie keine Zweite durchsetzen.«

Gerrit brauchte einen Moment, bis er zu fragen wagte: »Hast du ihn denn jemals persönlich kennengelernt?«

»Wen? Joachim?«

»Wenn das der Name deines Vaters ist.«

»Ja, hab ich.« Benjamin erinnerte sich wieder an den blass und vollkommen verunsichert wirkenden jungen Mann, an den er seit Jahrzehnten nicht mehr gedacht hatte. »Er hat sogar regelmäßig Unterhalt gezahlt. Und Gerburg hatte auch nichts dagegen, wenn wir uns mal trafen, solange Joachim die Fahrerei übernahm. Er wohnte nicht weit weg von Kaltsommer, in einem Dorf namens Schmalensee. Ich glaub, er wohnt da sogar immer noch.«

»Hast du gar keinen Kontakt mehr zu ihm?«

Der rote Bär dachte an die drei Treffen zurück, zu denen es im Laufe seiner ersten sieben Jahre mit dem Mann, der nach biologischen Gesichtspunkten sein Vater war, gekommen war. Obwohl Gerburg bei keinem davon anwesend war, hatte ihr Schatten doch die ganze Zeit über ihnen gehangen und sie frösteln lassen. Für beide war es eine Qual gewesen, aus der sie jedes Mal mit dem Gefühl gingen, davon keine Fortsetzung zu wünschen. »Nein«, sagte er, »irgendwann ist der Kontakt abgerissen. Ich weiß, er hat später noch eine richtige Familie gegründet. Ich habe wohl noch zwei Halbgeschwister. Aber weder kenne ich ihre Namen, noch weiß ich, wo die sind. Noch verspüre ich den Wunsch, die einmal kennenzulernen.«

Gerrit schwieg. Sie schwiegen beide. Aber während es im Jüngeren arbeitete, schwelgte der Ältere sofort wieder in den noch frischen Erinnerungen an diesen Abend beim Vietnamesen, den sie mit Cocktails in einer Bar gleich nebenan hatten ausklingen lassen. Das andere, die Sache mit Gerburg und Joachim und seiner Kindheit in Kaltsommer, das war alles so weit weg, das konnte ihm schon lange nichts mehr anhaben. Bis Gerrit ihn mit der einzigen Frage, mit der dies überhaupt möglich war, aus dieser Illusion riss. Er dämpfte sie zwar durch Zögerlichkeit, Zaghaftigkeit geradezu, ab, schließlich wollte sein Kleiner ihn nicht verletzen. Aber die Worte trafen trotzdem mitten ins schwarze Herz seines Lebens.

»Hat sie dich denn überhaupt gewollt?«

»Die Frage habe ich ihr auch mal gestellt«, antwortete Benjamin langsam.

Sie hatten sich gestritten, den genauen Grund wusste Benjamin nicht mehr. Vermutlich hatte sie sich einmal mehr geweigert, sich wie eine normale Mutter zu verhalten, etwa wie Bärbel Harms, die alles tat, um ihre Söhne vor den jähzornigen Attacken ihres Mannes zu schützen, zumindest bis sie völlig entkräftet aufgab und das Weite suchte. Er hatte die Frage allerdings etwas präziser gestellt: »Warum hast du mich nicht abgetrieben?« Doch Gerburg Sandow hatte sich auch davon nicht einschüchtern lassen, ihn aus ihren stets gleichgültigen Augen angesehen und geantwortet: »Damals hielt ich es für falsch.« Die volle Wirkung dieser Worte, daran erinnerte Benjamin sich heute ebenfalls, hatte erst später eingesetzt. Vorher war es ihm noch möglich gewesen, zu fragen: »Und warum hast du mich dann nicht Joachim überlassen? Warum musstest du mich unbedingt behalten?« – »Der hätte nichts besser gemacht. Der war ja schon im Stroh damals völlig überfordert. Ob du es glaubst oder nicht, mit mir hast du es immer noch am besten getroffen.« Dazu hatte es nichts weiter zu sagen gegeben und Benjamin sich einmal mehr bei Olaf verkrochen.

»Und was hat sie gesagt?«

»Es war ihr falsch vorgekommen, mich nicht zu nehmen, jetzt, wo ich nun schon mal unterwegs war.«

»Oh …«

Benjamin schaute zu Gerrit auf seiner Brust hinunter, der ihn aus großen Augen ansah. Lächelnd sagte er: »Kein Grund für Betroffenheit, wirklich. Das ist lange her und verwunden. Das Verhältnis zu meiner

Mutter und meinem Vater ist so, wie es ist und wird sich auch nicht mehr ändern. Das habe ich akzeptiert.«

»Aber so sollte es nicht sein!«

»So ist es aber manchmal, mein Schatz.« Benjamin küsste ihn auf den brünetten Schopf. »Umso glücklicher darfst du dich schätzen, dass du in einem intakten Elternhaus aufgewachsen bist und deine Eltern eine bis heute glückliche Ehe führen. Und weißt du was?«

»Was?«

»Ich beneide dich nicht einmal darum.«

Gerrit runzelte die Stirn. »Sondern?«

»Ich bin froh, dass ich heute daran teilhaben durfte. Froh und dankbar.«

Sein Kleiner glühte regelrecht auf wie ein heruntergebranntes Feuer, in das ein Windstoß fährt. Sekunden später nur brannten sie beide wieder lichterloh.

Danach schliefen sie Arm in Arm ein. Benjamin war sogar noch vor Gerrit weg. Selten in seinem Leben hatte er sich so zufrieden, mehr noch, so glücklich gefühlt. Ich sollte ihm einen Antrag machen, dachte er sogar, bevor ihm der Schlaf die Lichter löschte. Mit diesem Gedanken wachte er auch am nächsten Morgen wieder auf, ohne dass der ihm einen Schrecken eingejagt hätte. Trotzdem sagte er noch nichts. Der Moment war noch nicht reif. Solange Carmen und Leonhard Bäumler anwesend waren, ging das nicht, das hätte den Moment verfälscht. Der sollte ganz allein ihnen beiden gehören, nur ihnen allein, romantisch bis jenseits der Kitschgrenze, und sei es mit allem Drum und Dran: Hinknien in der Öffentlichkeit, Ring, Kerzenschein und Konfettiregen. Plötzlich fühlte sich das alles richtig an.

Aber es gab auch noch einen zweiten Grund, aus dem Benjamin vorerst nicht vor seinem Kleinen auf die Knie ging. Der eilte sowieso schon wieder geschäftig durch die eigene Wohnung und machte klar Schiff für den nächsten Besuchstag seiner Eltern. Die wollten sie irgendwann im Laufe des Vormittags abholen, um mit ihnen ins Museum zu gehen. Benjamin hatte in der Nacht wieder geträumt. Doch nicht von Aleric, der war und blieb wohl tot. Wer der namenlose Mann stattdessen war, dessen Gesicht ihm nun schemenhaft vor Augen stand, konnte er noch nicht sagen. Genauso wenig, ob es mit ihm glücklich oder tragisch weitergehen würde. Alles war noch sehr vage. Aber Benjamin blieb ganz entspannt, an diesem wunderschönen Berliner Junimorgen im zerwühlten Bett seines Gegenwärtigen und Zukünftigen gab es keinen Platz für irgendwelche Sorgen. Und was das Wort, das ihm seit dem Aufwachen im Kopf herumgeisterte, anging, so würde ein kurzer Blick ins Lexikon vermutlich schnell für Klarheit und Ruhe sorgen. Benjamin war sich sowieso ziemlich sicher, es schon einmal gehört zu haben, auch wenn er es im Moment nicht einordnen konnte. Das Wort lautete: Zeidler.

WIE SOLL ICH FORTFAHREN? WO *anknüpfen: zeitlich oder personell? Sollte ich wirklich die Geschichte von Sconebeke bis Kaltsommer Jahr für Jahr nacherzählen? Ich fürchte, das könnte langweilig werden. Es gibt immer wieder Zeiten, in denen nichts passiert. Über dem Dorf hing auch nach Alerics Tod unverrückbar die Wolke, und es sah sich umgeben von einer Wand aus Nebel, die die meisten Einwohner als Schutzschild betrachteten. Wie aber diese Einwohner nach und nach in die kleine Siedlung bei den drei Buchen am Bach kamen, das haben wir ebenfalls schon geklärt. Es wurden zwar gelegentlich Kinder in Sconebeke geboren, Ceadrag und seiner Frau Heidrun etwa war in dieser Hinsicht einiges Glück beschieden, die meisten jedoch kamen aus anderen Gründen. Oft waren es Männer, die kamen, angelockt von einem Unterton in den Gerüchten über das Dorf, den nur ihre Ohren wahrzunehmen vermochten, seltener Frauen. So starb Sconebeke nicht wieder aus. Ihm blieb das Schicksal, ein kurzzeitig besiedelter Ort gewesen zu sein, der bald schon wieder in spurlose Vergessenheit versinken sollte, erspart. Durch gelegentlichen Handel nahm es weiterhin am Geschehen der Außenwelt teil, damit sich deren Belange nicht allzu sehr seinen Bewohnern aufdrängten. Das Christentum etwa, das sich im Gefolge der Franken auf der Kimbrischen Halbinsel festsetzte. Vor dem fürchteten sich die meisten Wolkenheimer sehr, es drohte ihnen mit Teufel und Hölle und bedrohte sie mit einem gewaltsamen Tod. Die alten Götter waren schon grausam gewesen, und dieser neue stand ihnen in nichts nach. Aber so, ich sagte es bereits, musste es wohl sein, wenn man einen ans Kreuz Geschlagenen anbetet. Hammer und Nägel schienen dieser Religion wichtiger zur Durchsetzung ihres Willens zu sein als Barmherzigkeit, Nächstenliebe und Vergebung, die friedlichen Instrumente, von denen sie predigte. Es gab Ausnahmen von dieser Regel, einzelne Männer und Frauen, die die Heilsbotschaft ihres Heilands ernster nahmen als die Einschüchterung der Gläubigen und zu Bekehrenden, und manchmal war ihnen sogar ein wenig Erfolg beschieden. Manchmal ließen sie zumindest zeitweilig Gutes mit ihren Händen entstehen.*

Einer dieser Christenmenschen, die ihrem Verstand den Vorzug vor ihrer Furcht gaben, war ein Mann namens Notger. Er war ein rationaler Geist, der nicht gleich an Hexenwerk glaubte, nur weil jemand, und mochte er noch so jung sein, Einsicht in die Wunder der Natur zeigte. In Gottes herrliche Schöpfung. Seine Heimstatt war die Siedlung Oldenburg in Holstein, wo er mit ein paar Gleichgesinnten versuchte, ein von der Ordensgemeinschaft der Prämonstratenser anerkanntes Kloster zu gründen. Noch war es nicht so weit – tatsächlich sollte es niemals dazu kommen, doch ist das für den weiteren Verlauf unserer Geschichte nicht ausschlaggebend –, nichtsdestotrotz bemühte sich diese Handvoll Männer, bereits nach deren Regeln zu leben. Zum Teil waren es Abtrünnige aus anderen Orden, die ihre Vergangenheit bewusst im Dunkeln ließen, zum Teil nach Erlösung oder nach Gott Suchende. Notger mochte diese Gebundenheit in der Ungebundenheit, zumal er davon überzeugt war, Gott überall um sich herum in der Natur und in den guten Werken der Menschen zu erblicken. Gleichzeitig lauerte für ihn nicht hinter jedem Unglück unbedingt Satan. Die Menschen waren durchaus imstande, selbstständig böswillig zu handeln. Aber wiederum nur die wenigstens von denen taten dies mutwillig und vorsätzlich. Für Notger war die Schöpfung ein in der Hauptsache guter Ort voller redlicher Menschen, denen man nur die Möglichkeit gewähren musste, gut zu handeln.

So ist zu erklären, warum er, kaum war er zufällig Zeuge der Szene geworden, schon an der Seite des Jungen weilte. Dieser wohnte am Rande Oldenburgs. Sein Gesicht war Notger zumindest bekannt, und nach kurzem Nachdenken fiel ihm auch wieder sein Name ein: Ludowig. Behutsam brachte der Mönch das Wunderkind wieder zur Besinnung und redete ebenso lobend wie schwärmend auf es ein. Dass Ludowig in Armut lebte, war ihm allzu deutlich anzusehen: Überall piekten die spitzen Knochen aus den zu oft geflickten Kleidern, die ihm längst eine Nummer zu klein waren. Das musste nicht so weitergehen, für alle konnte es besser werden. »Du hast eine Gabe«, versicherte Notger dem Jungen, »eine Gabe, die Gott der Vater selbst dir gegeben hat. Nutze sie, tue Gutes durch sie, und du wirst keinen Hunger noch Armut mehr kennen.« Das brach das Eis. Anstatt zurück zu seinen Eltern und Geschwistern ließ Ludowig sich vor den selbsternannten und von allen anerkannten Abt des wilden Klosters bringen. Der hörte auf den Namen Lothar, behauptete jedenfalls, sowohl den alten Vicelin als auch Norbert von Xanten persönlich kennengelernt zu haben, widmete seine Zeit eher dem Bemühen, endlich die offizielle Anerkennung seiner Gemeinschaft durch die Prämonstratenser zu erhalten, als Notgers Hirngespinsten, und entschied eher unbesehen, nachdem ihm sein Mönch den gesamten Vorfall noch einmal haarklein vorgetragen, den Jungen aufzunehmen. Ludowigs Eltern gaben ebenfalls ihr Einverständnis, mit einem lachenden und einem weinenden

Auge. Als inoffizieller Novize des Klosters würden sie sich fortan nicht mehr um seine Versorgung kümmern müssen, außerdem brachte es der Familie Ehre und Ansehen, einen ihrer alles andere als hochwohlgeborenen Söhne in dessen Mauern untergebracht zu haben. Vielleicht würde er dort sogar lesen und schreiben lernen. Zugleich machte ihnen das aber auch Angst, musste dieser Notger von ihrem Sohn ständig als Bienenbetörer reden? Für sie klang dieses Wort eher unheimlich als verheißungsvoll, und es war besser, wenn die Nachbarn es nicht hörten, nicht einmal aus dem Mund eines Mönchs. Schmerzlich war außerdem, dass Ludowig ihnen nun nicht mehr bei der Verrichtung der täglichen Arbeit zur Verfügung stehen würde. Ihre anderen Kinder waren noch klein, konnten noch nicht so viel leisten. Im Namen des Abtes Lothar durfte Notger ihnen deshalb kleine monatliche Zuwendungen aus den Vorratskammern des Klosters versprechen, denn niemand sollte behaupten, die Kirche würde immer nur nehmen und niemals geben. Und so kam der Knabe Ludowig ins nicht anerkannte Kloster Oldenburg, um dessen nächster Zeidler zu werden.

Der amtierende Zeidler von Kloster und Siedlung Oldenburg hätte selbst dann nichts gegen diese Berufung eingewendet, wenn sie nicht vom Abt befohlen worden wäre. Im Gegenteil, Bruder Helmhold kam der Knabe wie gerufen. Zu lange schon erfreute er sich nicht mehr an der Ausübung seines Handwerks, bei dem ihm aus Furcht vor den Stacheln der Bienen keiner helfen wollte. Er mochte nicht allein sein, sondern brauchte die Gesellschaft anderer und dazu einen Humpen gutes Bier, einen Becher Met oder, aber an den kam ein einfacher Bruder wie er eher schwer, einen Kelch roten Weins. Das einzig Gute an seiner Tätigkeit war, dass die ihn regelmäßig vor die Klostermauern führte und dann immer öfter schnurstracks in das nächste Wirtshaus. Das Kloster Oldenburg produzierte schon lange nicht mehr so viel Honig wie möglich. Ihm hätte nichts Besseres passieren können, als einen kleinen, formbaren Jungen vorgesetzt zu bekommen, der noch dazu ein Händchen für diese Arbeit hatte und auf den er seine Bürde abwälzen konnte. Weil er kaum jemals mehr nüchtern zu seinen Bienen ging, wurde er nun auch noch ständig von ihnen gestochen.

Ein guter Ausbilder wurde Helmhold Ludowig verständlicherweise nicht. Als wäre das die letzte Entschuldigung, die er für seinen Suff noch brauchte, drückte er sich nur noch in Spelunken herum, kaum dass sich der Junge in seiner Obhut befand. Wohl lehrte er ihn den Umgang mit der fassförmigen

Honigschleuder, aber wie man die Waben aus den Stöcken holte, ohne totgestochen zu werden, das durfte Ludowig allein herausfinden. Seine Gabe des Bienenbetörens, von der sein bald väterlicher Freund Notger so schwärmte, half ihm dabei. Auch lernte er die Tracht der Zeidler kennen, dieses bunte Gewand, bestehend aus einer Mütze, außen grün und innen rot, einem weiten weißen Kragen, dazu ein grünes Obergewand und ein Untergewand in Gelb und Rot und dunkle Hosen. Mit dieser Tracht waren besondere Rechte und Pflichten verbunden, weshalb sie nur die Zeidler tragen durften. Aber diese Einzelheiten erfuhr Ludowig alle von Notger und obwohl er als Novize und zukünftiger Mönch eine Kutte zu tagen hatte. Ludowig bemühte sich nach Kräften, allen seinen Pflichten nachzukommen, den Weltlichen ebenso wie den Geistlichen.

Wie gefährlich die Arbeit des Zeidlers wirklich war, musste er ein gutes Jahr später mit eigenen Augen erblicken. Zu diesem Zeitpunkt ruhte die Arbeit schon so gut wie komplett in seinen Händen, Helmholds zitterten viel zu sehr und machten die Insekten nervös. Weil aber nicht nur Abt Lothar ein Leckermaul war und inzwischen von seiner Existenz Notiz genommen hatte, sondern auch der Hof des Grafen Adolf I. von Holstein und Stormarn aus dem Hause Schauenburg immer stärker nach Süßem verlangte, musste sich der alte Säufer wieder mit in den Wald bequemen und bei der Honigernte helfen. Sie gingen in unterschiedliche Teile des Waldes, doch während Ludowig am Abend wieder nach Hause kam, blieb Helmhold verschwunden. Nachdem sich der Verdacht, er könnte sich doch wieder von der Arbeit fort in ein Wirtshaus geschlichen haben, nicht bestätigte, schickte man einen Suchtrupp los. Der fand ihn schließlich am Fuße einer alten Buche, sechs Meter unter einem Bienennest. Ob ihn der Sturz getötet hatte oder das Gift der Immen, ließ sich weder sagen, noch war es weiter von Belang. Helmhold war tot, also beerdigte man ihn, und fortan lag es allein an Ludowig, sie alle mit Honig zu versorgen.

Notger überbrachte Ludowig die Nachricht, die dieser zwiespältig aufnahm. Einerseits zeigte er Trauer über den Verlust seines selten anwesenden Lehrmeisters, andererseits schien ihn auch große Erleichterung zu erfüllen.

»Dann werde ich jetzt also noch mehr Zeit im Wald verbringen«, stellte der Junge, der sein dreizehntes Lebensjahr noch nicht vollendet hatte, fest.

»Ja«, erklärte Notger, »es wird jetzt allein deine Aufgabe sein, die Beuten zu bauen und den Honig der Waldbienen zu ernten. Außerdem vertrittst du

die Interessen unseres Herrn des Grafen Adolf I. im Wald und gehst gegen jeden Waldfrevler vor. Wer auch immer versucht, sich widerrechtlich das Holz oder den Honig des Grafen anzueignen, wird von dir bestraft.«

»Zu diesem Zweck darf ich notfalls auch die Armbrust benutzen?«

»Dafür ist sie da, ja.«

Ludowig nickte nur langsam.

Mehr als alles andere ließ das Notger aufhorchen. Seit einer geraumen Weile schon beobachtete er, dass der Junge sich immer weiter in sich selbst zurückzog. Seine Arbeit verlangte von ihm beinahe täglich Waldgänge, die er inzwischen allein und ohne Führung erledigte. Vor den Bienen hatte er nicht die geringste Angst. In dem guten Jahr, dass Ludowig jetzt bei ihnen im Kloster weilte, war er kein einziges Mal von einem der pelzigen kleinen Tierchen gestochen worden. Er durfte mit bloßer Hand in die zum Teil künstlich angelegten Baumhöhlen greifen und die honigtriefenden Waben aus den Nestern holen. Er durfte sogar ungestraft nach einer Königin greifen und ihr und ihrem Volk einen neuen Platz zuweisen, wie der Vorfall letzten Sommer, der den Jungen erst in seine Obhut gebracht hatte, bewies. Wenn Ludowig bei den Bienen war, war er mit sich im Reinen, und trotzdem, obwohl er die meiste Zeit mit den Insekten verbringen durfte, wirkte er zusehends unglücklicher. Bis zu diesem Zeitpunkt hätte Notger es darauf geschoben, dass der Knabe seine Eltern und Geschwister vermisste und zuletzt seine Tage mit einem alten Trunkenbold hatte verbringen müssen. Jetzt war sich der gutwillige Mönch da nicht mehr so sicher. Irgendetwas arbeitete in dem Novizen, zehrte an ihm wie eine Krankheit an den inneren Organen. Notger hatte schon den Verlauf von Blutvergiftungen gesehen, Ludowigs Verhalten erinnerte ihn an jemanden, der langsam, aber sicher einer Sepsis erlag.

»Die Armbrust ist eine brutale Waffe«, sagte er vorsichtig, mahnend. »Ihre Bolzen schlagen Wunden, von denen man sich kaum mehr erholt, und wenn doch, so wünscht man sich zumeist, lieber daran gestorben zu sein. Nutze sie niemals leichtfertig, nur wenn du dir ganz sicher bist und keine andere Wahl mehr hast.«

»Das werde ich.«

»Versprichst du es mir?«

»Ich verspreche es.«

Notger glaubte dem Knaben, und gerade das erfüllte ihn mit Unruhe. Da war eine Bestimmtheit in seiner Rede, in seiner ganzen Körperhaltung, eine eiskalte Entschlossenheit, die ihn frösteln machte. Ludowig selbst schien deshalb zu frieren. Er sah plötzlich so klein und verwundbar aus, wie er ihn noch nie gesehen hatte. Schon machte Notger einen Schritt auf ihn zu, um ihn in eine tröstende Umarmung zu schließen. Aber Ludowig wich augenblicklich vor ihm zurück, als folgte er einem Reflex, einem Überlebensinstinkt. Mehr als alles andere kam dem Mönch das unheimlich vor. Es keimte sogar eine Ahnung in ihm auf, woher diese plötzliche Distanziertheit rührte. Aber darüber wollte Notger lieber nicht nachdenken und schon gar nicht reden. Allein seine Zunge die entsprechenden Worte formen zu lassen, hätte sich wie Sünde angefühlt. Stattdessen floh er zurück zu seinen eigenen Aufgaben.

Selbst wenn er gefragt hätte, Ludowig hätte sich dem Älteren niemals anvertraut. Dafür war seine Angst viel zu groß. Petrus hatte ihm unmissverständlich gedroht, sollte er jemals irgendjemandem etwas verraten. »Niemand glaubt einem Kind«, hatte er gesagt und dabei so selbstsicher gelächelt, dass sich Ludowig der Magen umdrehte. »Schon gar nicht, wenn sein Wort gegen das eines altgedienten und angesehenen Mönches steht. Wenn du es also wagen solltest, mich zu verpfeifen, werde ich dich persönlich vor den Abt schleppen und Anklage gegen dich erheben. Ich werde behaupten, dass du mich zur Unzucht verführen wolltest, dass der Teufel in dir steckt und ausgemerzt werden muss. Dann werden sie dich so lange foltern, bis du alles gestehst. Und danach wirst du sterben.«

Ludowig glaubte dem anderen Mönch jedes Wort. Eben weil ihnen die offizielle Anerkennung als Kloster fehlte und sie in der Hoffnung, diese alsbald zu erhalten, sich besonders streng an die Vorgaben des Norbert von Xanten hielten und jeden Verstoß dagegen mit größtmöglicher Härte bestraften. Aber das war es nicht allein, warum er lieber schwieg. Die Dinge waren weitaus komplizierter. Gleich bei seinem Eintritt in das Kloster wusste er, dass dieser Ort das Beste war, was ihm hatte passieren können, nicht einmal das Beten mehrmals am Tag störte ihn. Hier gab es keinen Hunger, das Leben war arbeitsam und karg und das Bett hart, aber er musste es wenigstens nicht mit seinen Geschwistern teilen. Und er durfte sich um Bienen kümmern. Nun gab es keine bösen oder abschätzigen oder ängstlichen Blicke mehr, wenn sich die kleinen Tierchen quasi wie von selbst auf ihm niederließen, sich von ihm streicheln und beobachten ließen und ihn niemals stachen. Es gab da wirklich eine besondere Verbindung zwischen ihnen, und wenn Notger es als eine Gabe Gottes bezeichnen wollte, mochte das schon hinkommen. Selbst Helmhold mit seiner ewigen Trunkenheit konnte ihm diese Freude nicht kaputtmachen. Aber dann war Petrus gekommen. Wie die Schlange im Paradies sich an Adam und Eva herangemacht hatte, hatte er sich an den Novizen herangemacht, der zumeist herrenlos seiner Beschäftigung nachging, weil Helmhold gerade wieder irgendwo trank oder seinen Rausch ausschlief. Petrus kam so zielsicher aus seinem Versteck auf ihn zu, als hätte er etwas geahnt, als hätte er ihn mit einem Blick durchschaut. Petrus war die Schlange im Garten Eden, das hatte Ludowig längst begriffen, denn sie versprach ihm genau das, wonach er sich immer stärker heimlich sehnte. Mit seinen bald dreißig Jahren sah er noch immer recht gut aus, der Körper unter der Kutte schlank und geschmeidig, die Stimme angenehm, das Lächeln von Grübchen gesäumt, die ihm etwas Verschmitztes verliehen. Die Tonsur rasierte praktischerweise die kahle Stelle an seinem Hinterkopf aus, die er ansonsten gehabt hätte. Gleich an seinem ersten Tag im Kloster war Ludowig dieser Mönch aufgefallen, und genau das hatte dessen Aufmerksamkeit erregt.

Er hätte Petrus zuerst in die Augen schauen sollen, dachte er später reumütig, dann hätte er sich von Anfang an von ihm ferngehalten. Petrus' Augen nämlich waren nicht nur von eisgrauer Farbe, sondern wirklich kalt und berechnend.

Schnell hatte er mit ihnen jede Lebensfreude aus dem Jungen gesaugt.

Als Helmhold den Bienentod starb, der eines Zeidlers durchaus angemessen war, spielte Ludowig selbst mit dem Gedanken, in den Wald zu gehen und nicht mehr zurückzukommen. Er wusste genau, wie man eine Königin provozierte, damit sie ihrem Volk den Angriff befahl. Einen anderen Weg aus der Falle, in die Petrus ihn gelockt hatte, und der Schande, die er über ihn gebracht hatte, wusste er nicht. Was der Ältere mit ihm tat, nicht nur in den dunklen Klosterecken, sondern auch hier im Wald, in Ludowigs Refugium, war auf jede nur erdenkliche Art grausam und schmerzvoll. Hätte er beim Beten sitzen statt knien müssen, er wäre längst an den Schmerzen gestorben.

Aber dann starb Helmhold, und Ludowig durfte trotz seiner noch jungen Jahre und seines Noviziats im Wald die Armbrust tragen. Sie war eine Insignie der Macht und ein Zeichen. Ludowig jedenfalls konnte es nicht anders verstehen. Sie war der Schlüssel, mit der sich die Tür zu seiner Zelle aufschließen ließe. Er würde wieder frei sein – allerdings um den Preis einer Sünde. Einer Todsünde. Und obwohl ihn Petrus durch sein Vergehen bereits zur ewigen Verdammnis in der Hölle verurteilt hatte, ließ Ludowig das zögern.

Den ganzen folgenden Herbst, Winter und das Frühjahr hielt er Petrus' Übergriffe noch aus. Der Eisenwald, der rund um Oldenburg bereits zurückgewichen und in kleinere Einzelwälder zerfallen war, stand bereits wieder in seiner vollen grünen Pracht, als Ludowig sich geradezu gezwungen sah, seine Angst zu überwinden und zu handeln. Er war gerade auf dem Weg in den Wald, um ein paar neue Beuten für die Bienen anzulegen. Ein kurzstieliges Beil, Beitel und Kerbschnittmesser, um im Stamm eines Baumes eine künstliche Höhle anzulegen, hingen ihm am Gürtel. Die kurzen Bretter, die als Einflugschneise für die Bienen dienen sollten, trug er auf dem Rücken, seine Armbrust über der Schulter. Er ging wie immer etwas abseits der Wege auf Tierpfaden durchs Unterholz. Dort war es schöner, die friedliche, von aller Menschenhand unberührte Natur war Balsam für seine Nerven und schien sogar die Schmerzen zu lindern, die Petrus ihm bereitete. Petrus, der inzwischen sein ganzes Leben verdunkelte wie eine schwarze Gewitterwolke, die unverrückbar am Himmel über ihm stand. Ludowig würde den ganzen Tag im Wald verbringen und erst am Abend ins Kloster zurückkehren, wenn die Brüder bereits auf dem Weg in ihre Betten sein sollten. Abt Lothar sah es nicht gern, wenn einer seiner Mönche sich absonderte und ständig die obligatorischen Gebete verpasste, aber bei seinem jungen Zeidler drückte er ein Auge zu; seit Ludowig allein verantwortlich war, schwammen sie beinahe in Honig.

An manchen Stellen liefen Tier- und Menschenpfade nebeneinander her, lediglich getrennt durch einen Streifen dichten dornigen Buschwerks. Die Tiere witterten, wer sich auf der anderen Seite bewegte, die Menschen hatten zumeist keine Ahnung. Ludowig, dessen Sinne ständig geschärft und in Alarmbereitschaft versetzt waren, hörte die Stimmen schon von weitem, die es sich am Wegesrand bequem gemacht hatten und eine letzte Pause einlegten, bevor sie Oldenburg betraten. Die beiden hatten es nie eilig. Er selbst blieb nicht stehen, weil er die Stimmen erkannte, sie gehörten den Mönchen Gottfried und Nikolaus, sondern weil sie von Dingen sprachen, die Ludowig betrafen. Sein Name fiel in ihrer Unterhaltung ebenso wie der von Petrus und ein weiterer: Harald.

»Hat sich Petrus dieses Mal also die Bienenbetörerin gekrallt«, sagte Gottfried. »Er wird sie aussaugen wie ein Succubus und dann wegwerfen.«

»Von dem Jungen wird nichts übrigbleiben«, antwortete Nikolaus. Beider Stimmen trieften nur so vor Gehässigkeit. »Genauso wie von dem kleinen

Harald damals. Den hat Petrus zu Tode foltern lassen, als der sich zu wehren begann.«

»War auch besser so, der Skandal hätte unsere gesamte Gemeinschaft in Verruf gebracht.«

»Und der Junge hat ja auch mitgemacht, also musste er wirklich den Teufel im Leib gehabt haben, wie Petrus behauptet hat.«

»Und Ludowig, unsere kleine Bienenbetörerin, ist genauso – wenn Petrus nicht besser aufpasst, wird der noch großes Unglück über uns bringen.«

Ludowig sah zu, dass er weiterkam. Er hatte mehr gehört, als gut für ihn war. Nicht nur dass die anderen Mönche zumindest teilweise von Petrus' Schandtaten wussten, nein, sie sahen die Schuld auch noch bei seinen Opfern. Denn das war gleich der nächste Punkt: Es hatte vor ihm bereits einen anderen gegeben, den Petrus auf dieselbe Art und Weise missbraucht hatte wie ihn – und als der sich wehrte, hatte er mit ihm wirklich das gemacht, was er Ludowig androhte, sollte er es wagen, jemanden um Hilfe anzugehen.

All das ließ ihn in den Wald fliehen und sich dort verkriechen. Er dachte ernsthaft daran, sein scharfes Kerbschnittmesser zu nehmen und sich die Kehle aufzuschlitzen. Wenn es lebendiges Holz bearbeiten konnte, dann mit Sicherheit auch Haut und Sehnen. Er wusste, dass es eine Sünde war, für die er in die Hölle käme, aber seinem Empfinden nach war er da bereits: Jede Hoffnung hatte ihn endgültig verlassen. Was ihn am Ende zurückhielt, war ein anderer Gedanke: Wenn er nicht der Erste war, würde er auch nicht der Letzte sein. Was das bedeutete, ging ihm erst nach und nach auf. Die Erkenntnis legte sich bleischwer auf all seine Glieder, bis er Arme und Beine nicht mehr bewegen konnte, erst recht nicht seine rechte Hand mit dem Messer darin hoch an seinen Hals. Die Vorstellung, es würde nach ihm einen Nächsten geben, der in Petrus' Klauen geriet, suchte ihn heim, bis sie ihm als Vorwurf in seinem Kopf dröhnte und ihn beinahe taub werden ließ.

Es durfte nach ihm keinen weiteren Jungen für Petrus mehr geben!

Kaum hatte Ludowig diesen Gedanken gefasst, wusste er, was er zu tun hatte. Plötzlich stand es ihm mit geradezu lächerlicher Klarheit vor Augen. Natürlich würde auch das sein Leben beenden, aber wenn das nun einmal sein Weg war …

Für die Vorbereitungen benötigte er zwei Wochen. Er musste sorgfältig arbeiten und durfte nichts dem Zufall überlassen. Der Zufall ist der Feind eines jeden guten Plans, der Zufall ist der Agent des Teufels. Wenn Petrus nur den leisesten Verdacht geschöpft hätte, wäre alles umsonst gewesen. Also durfte Ludowig sich nicht stärker als sonst gegen die Übergriffe des Mönches wehren und musste ihm zugleich einflüstern, dass das, was sie taten, innerhalb der Klostermauern zunehmend gefährlicher werden würde. »Die anderen Brüder ahnen etwas«, flüsterte er im Dunkel der Schreinerwerkstatt, die Ludowig regelmäßig für seine Arbeit aufsuchte. Dass er an dieser Stelle die Wahrheit sagen konnte, verlieh seiner Stimme die nötige Überzeugungskraft. Er fuhr fort: »Wenn wir im Kloster bleiben, fliegen wir früher oder später auf. Und wenn sie uns auf frischer Tat ertappen, bist auch du dran, Petrus.« – »Das glaube ich nicht«, antwortete dieser, jedoch nicht ganz so selbstbewusst wie sonst. »Und überhaupt, wo sollten wir denn sonst hingehen.« – »In den Wald.« Und dann beschrieb Ludowig dem Älteren seinen Plan, der diesen sofort in größte Aufregung und noch größere Vorfreude versetzte: »Warum habe ich nicht selbst schon daran gedacht!«

Beim ersten Mal unternahm Ludowig noch nichts. Petrus sollte Vertrauen zu ihm fassen und sehen, dass der kleine Zeidler den Wald wirklich besser kannte als jeder andere Mensch in Oldenburg und Umgebung. Niemand würde sie hier draußen finden. Um sie herum stand der Isarnho noch so dicht wie zu Urzeiten, Vögel zwitscherten, ein Specht klopfte, Kleintiere raschelten durchs Unterholz und im Baum über ihnen summten malerisch Bienen. Andere Menschen waren weit und breit nicht zu hören. Petrus gefiel der Platz außerordentlich.

»Lass uns gleich morgen wieder herkommen«, bestimmte er fröhlich.

»Nein.«

»Was?!« Er schlug Ludowig ins Gesicht. Es schmerzte, würde aber keine Spuren auf der Haut hinterlassen. »Wage es ja nicht, mir zu widersprechen. Nicht jetzt, wo alles so schön ist.«

Ludowig blieb ruhig. »Das ist zu gefährlich«, erklärte er. »Man darf uns nicht zu oft gemeinsam im Wald verschwinden sehen, nicht wenn sie uns eh schon im Auge haben.«

»Du hast recht. Also übermorgen.«

»Wenn die Sonne scheint.«

»Warum das?«

»Was soll ich bei Regen bei den Bienen?«

Das überzeugte seinen Peiniger. »Wage es ja nicht, für Regen zu beten«, sagte er zum Abschied maliziös und schlenderte zurück zum Kloster.

»Es darf nicht regnen«, flüsterte Ludowig mit flehentlichem Blick zum Himmel, wo die Sonne ein paar Schäfchenwolken hütete. »Das muss endlich ein Ende nehmen.«

Gewissenhaft bereitete er die letzten Dinge vor.

Zwei Tage später trafen sie sich wieder im Wald. Ludowig war vorausgegangen und erwartete Petrus bereits: Er hockte versteckt im Unterholz und sah zu, wie sein Peiniger den freien Platz unter der alten Eiche betrat und das Summen der Bienen im Geäst über sich nicht im Mindesten wahrnahm. Seine Visage zeigte nichts als eklige Selbstgefälligkeit, und Ludowig wurde schlecht bei diesem Anblick. Als er sah, dass Petrus ungehalten wurde, weil sein Opfer noch nicht wie befohlen anwesend war, verwandelte sich seine Übelkeit in Wut und Hass. Das war gut so, diese beiden starken Empfindungen wirkten wie Gift, und was sie vergifteten, waren die letzten Skrupel, die der Junge noch hatte. Keine Angst vor der Sünde würde ihn jetzt noch aufhalten. Ludowig trat mit Aplomb aus dem Gebüsch hervor, die Armbrust im Arm.

»Du kommst zu spät!«, war alles, was Petrus zu diesem Auftritt einfiel. »Wir müssen uns beeilen. Ich muss bald zurück im Kloster sein, der alte Lothar will mich dabeihaben, wenn er die Gesandtschaft aus Lübeck empfängt. Die Stadt braucht wohl noch mehr Holz für ihre Koggen. Diese Hansekaufleute sind unersättlich. Wenn die so weitermachen, gibt es bald gar keinen Wald mehr.«

»Halt's Maul!«

Petrus Augen weiteten sich empört. Widerspruch war er nicht gewohnt, Unbotmäßigkeit duldete er von seinen Jungs grundsätzlich nicht. Er hätte eigentlich gedacht, dass der kleine Zeidler dies inzwischen begriffen hatte. Vermutlich hatte ihn mal wieder eine seiner Bienen gestochen …

»Nicht in dem Ton, Freundchen«, drohte er, »oder ich sorge dafür, dass du die nächsten zwei Wochen nicht mehr auf deinem kleinen knochigen Arsch sitzen kannst.«

»Halt's Maul, hab ich gesagt.«

Erst jetzt bemerkte Petrus die Armbrust. Erst, als Ludowig sie auf ihn anlegte. Sie war gespannt und ein Bolzen eingelegt. Der Mönch hob entsetzt die Arme, hielt sie als viel zu dünnen Schild vor seine Brust.

»Was hast du vor, Junge? Tu das nicht. Mord ist eine Todsünde!«

Tausend Erwiderungen darauf zugleich gingen Ludowig durch den Kopf. Vom hämischen Lachen über simple Zustimmung bis hin zur Frage der Moral in dieser komplizierten Gemengelage reichte die Palette. Nichts davon ließ er über seine Lippen kommen, es wäre doch nur eitles Geschwätz gewesen. Stattdessen fragte er seinen Peiniger: »Weißt du, wie ich in das Kloster gekommen bin?«

»Nein«, stammelte Petrus.

»Warum nicht?«

Die Antwort blieb der Mönch ihm schuldig.

»Weil es dich einen Dreck interessiert hat«, gab Ludowig sie sich selbst. »Du interessierst dich nur für dich selbst, andere sind dir egal. Alles, was du willst, ist deine unnatürliche Lust zu befriedigen. Was du dafür brauchst, sind Knaben, und wenn die sich wehren oder du ihrer überdrüssig wirst, schmeißt du sie einfach weg. Das wirst du mit mir demnächst machen – und so hast du es auch schon mit Harald gemacht.«

Petrus wurde bleich. »Ich kenne keinen Harald«, log er.

Ludowig lachte nicht einmal enttäuscht darüber auf. Von diesem Kerl hatte er nichts anderes als Leugnung erwartet. Aber er wollte von Petrus auch gar nichts mehr hören, am Ende liefe dessen Geschwätz eh nur auf eine widerwärtige Rechtfertigung seines Tuns hinaus. Ludowig wollte selbst erzählen.

»Solange ich denken kann«, begann er, ohne die Armbrust auch nur um einen Millimeter zu senken, »sind Bienen um mich herum. Von meinen Eltern weiß ich, dass die mich schon als Säugling umschwirrt haben. Aber sie haben mich nie gestochen, und ich hatte nie Angst vor ihnen. Wenn sie über mich drüber gekrabbelt sind, soll ich vor Freude gegluckst haben. Und obwohl meinen Eltern das unheimlich war, haben sie nichts dagegen unternommen, nachdem sie sahen, dass mir nichts passierte. So wuchs ich mit Bienen auf. Natürlich sprach sich das in der Nachbarschaft herum, und mehr als einmal ging das Gerücht, ich sei mit bösen Mächten im Bunde. Meine Mutter soll plötzlich mit dem Teufel geschlafen haben, nur so kann ich in die Welt gekommen sein. Andere waren nachsichtiger und begriffen, wie selten und schön meine Gabe ist und wie nützlich: Ich kann wirklich Bienen betören. Die einen fürchteten mich also und die anderen hatten Respekt vor mir, aber am meisten mochten sie es, wenn ich nicht in der Nähe war. Ich weiß nicht, wie lange sie mich noch geduldet hätten, früher oder später hätte ich sicherlich gehen müssen. Ob ich dann bei einem Zeidler gelandet wäre, weiß ich nicht, vermutlich eher nicht. Aber dann kam der Tag, an dem Notger sah, wozu ich fähig bin. Eine

Bienenkönigin war mit ihrem Volk auf der Suche nach einem neuen Nistplatz ausgeschwärmt und hatte sich ausgerechnet den Türstock einer Hütte am Rande Oldenburgs dafür ausgesucht. Binnen Sekunden wimmelte der gesamte Eingang nur so von Bienen, die bereits dabei waren, erste Waben anzulegen. Die Familie war draußen und arbeitete, in der Hütte befand sich nur ein krankes Kleinkind und schlief. Als die Mutter sah, was gerade passierte, bekam sie es mit der Angst zu tun und schrie wie am Spieß. Davon wachte drinnen das Kind auf, bekam ebenfalls Angst und fing auch an zu schreien. Natürlich ist das Geschrei nicht gut, es macht die Bienen nervös.

Ich kam zufällig vorbei. Auf dem Rücken trug ich eine Kiepe Feuerholz für Mutters Herd. Ich begriff sofort, was los war. Nicht nur das, ich wusste auch sofort, was ich zu tun hatte. Dass ich es könnte, daran zweifelte ich nicht einen Augenblick. Ich streifte also die Kiepe ab und ging vorsichtig an der schreienden Mutter und den anderen Schaulustigen, die sich bereits eingefunden hatten, vorbei. Ich ging schnurstracks auf den Türstock zu, langsam, aber bestimmt, mitten hinein in das fliegende Gewimmel. Um mich herum meinte ich, schlagartig das Geschrei verstummen zu hören. Ich denke, es war wirklich so, denn in meinen Ohren dröhnte bald nur noch das Gebrumm der Bienen. Die kamen auch sofort auf mich zu, wollten wissen, ob ich ein Eindringling bin, eine Gefahr für ihre Königin. Aber ich war keine Gefahr, ich bin ein Freund der Bienen. Und ich wusste, was ich tat. Weißt du, Petrus, das ist das Geheimnis meiner Arbeit: zu wissen, was man tut. Dann nämlich überkommt einen eine himmlische Ruhe, und die wiederum überträgt sich auf die Tiere, und deshalb stechen sie einen nicht. Ruhe ist unsere gemeinsame Sprache.

Ruhe wohlgemerkt, nicht Schweigen.

Wie dem auch sei. Ich suchte die Königin, fand sie und nahm sie behutsam an mich. Als hätte ich das schon tausendmal gemacht. Dabei machte ich das damals zum ersten Mal überhaupt. Aber Angst verspürte ich dennoch keine, ich wollte nur helfen. Notger würde sagen, ich tat, wozu ich geboren worden bin. Ich barg also die Königin in meinen hohlen Händen und ging langsam mit ihr davon in den Wald. Das Bienenvolk folgte uns, uns in einem dichten Pulk umschwirrend. Dahinter, in respektvollem Abstand, folgten uns die Oldenburger. Es reichte ihnen nicht zu sehen, dass die Gefahr beseitigt war, jetzt wollten sie auch wissen, wie alles ausging. Mir war es egal, ich bekam es in dem Moment eh nicht mit. Ich brachte die Bienen in den Wald zurück. Auf einer Lichtung nicht weit entfernt wusste ich einen Baum, eine wunderschöne alte Buche, in die vor Jahren wohl mal ein Specht mit seinem Schnabel eine Höhle gehauen hatte. Die Höhle wurde nicht mehr benutzt, wie ich beim Klettern entdeckt hatte. Das sollte die neue Heimat für meine Königin und ihr Volk werden.

Wie lange ich für den Weg brauchte, kann ich nicht sagen. Die Zeit spielte in meinen Gedanken keine Rolle mehr. Ich achtete nur darauf, nicht zu stolpern und zu stürzen. Und dann, als die Buche endlich vor mir auftauchte, stellte sich natürlich die Frage, wie ich den Stamm hochkam, beladen mit meiner wertvollen Fracht. Nicht nur umschwirrten mich die Bienen komplett, auch auf meiner ganzen Kleidung krabbelten sie inzwischen herum. Ich durfte und wollte keine von ihnen aus Versehen zerdrücken. Ich bewegte mich immer langsamer, je näher ich dem Baum kam. Schließlich hatte ich seinen Stamm erreicht und löste mein Problem, indem ich mich einfach von meinen Instinkten leiten ließ. Ich setzte die Königin auf meiner Schulter ab und fing an zu klettern, immer betend, dass die Bienen rechtzeitig von denjenigen meiner Körperstellen wegfliegen mögen, die ich gleich notgedrungen an die Rinde pressen müsste. Sie schienen mein Gebet zu erhören, kein einziges der Tierchen nahm Schaden. Und als wir oben bei der Höhle waren, nahm ich die geduldig auf meiner Schulter ausharrende Königin und setzte sie vorsichtig in die Mitte ihres neuen Heims. Sofort kamen ihre Arbeiterinnen angeflogen und umgaben sie.

Ich war unglaublich erleichtert und sah zu, dass ich von dem Baum wieder runterkam. Über mir brummte es geschäftig, unten drehte ich mich um und sah in Gesichter, die von Bewunderung und Entsetzen gleichermaßen entstellt waren. Es schien keinen Unterschied darin zu geben, und das war nicht gut. Mein Herz fing an zu rasen, Schwindel ergriff mich, mir wurde schwarz vor Augen und ich fiel in Ohnmacht. Als ich wieder zu mir kam, waren alle Leute weg bis auf Notger. Er als Einziger hatte die volle Tragweite von dem begriffen, was soeben passiert war. Deshalb brachte er mich nicht zurück zu meinen Eltern, sondern ins Kloster. Er plante, Helmhold durch mich zu ersetzen – doch am Ende lieferte er mich nur dir aus.«

Ludowigs Erzählung hatte ihre Zeit gedauert und Petrus die Gelegenheit gegeben, seinen Schrecken zumindest etwas zurückzudrängen. Bemüht, das Heft des Handels wieder in die eigenen Hände zu bekommen, sagte er sarkastisch: »Das ist eine hübsche Geschichte, Junge. Aber was willst du mir damit sagen? Dass du was ganz Besonderes unter der Sonne bist?«

»Ja«, nickte der jedoch nur gelassen und deutete mit der Spitze der Armbrust nach oben in den Baum, wo die Bienen weiter unbeteiligt ihrer Arbeit nachgingen. »Ich bin ein Bienenbetörer.«

Petrus schien sie erst jetzt zu bemerken. »Was?« Er tat so, als beeindruckte ihn das nicht im Geringsten. »Sind das etwa die Bienen, die du umgesiedelt hast?«

»Du hast nicht gut zugehört, Petrus«, erwiderte Ludowig, und seine Stimme klang plötzlich eiskalt. »Die haben ihr neues Heim in einer Buche gefunden, du aber stehst unter einer Eiche.«

»Und?«

»In dieser Eiche befand sich ebenfalls eine natürliche kleine Höhle«, berichtete der junge Zeidler, »die ich vor ein paar Wochen zu einer Beute ausgebaut habe. Sie ist eigentlich nicht tief genug, Fressfeinde könnten recht leicht an den Stock darin gelangen, und trotzdem haben die Bienen sie sehr gut angenommen.«

Petrus schüttelte störrisch den Kopf. »Ich versteh nicht, warum du mir das alles erzählst«, meckerte er los. »Was hab ich mit deinen blöden Bienen zu tun?«

»Mehr als du denkst, wenn du dich mit einem Bienenbetörer anlegst!«

Plötzlich stürmte Ludowig nach vorn und zerschlug einen Krug auf Petrus Kopf. Der Krug war angefüllt mit Honig und die Attacke eher verwirrend als verletzend. Petrus jedenfalls sah ihn mehr verwundert als mit Schmerzen erfüllt an, während sich die zähe, goldgelbe Flüssigkeit langsam über seinen Kopf und die Schultern ausbreitete.

»Was sollte das?«, fragte er. »Bist du irre? Ich werde sofort zum Abt gehen und ihm sagen, was du getan hast. Ich werde ihm sagen, dass du versucht hast, mich zu verführen, und als ich darauf nicht einging, hast du mich angegriffen.«

»Du wirst nirgendwo mehr hingehen.«

»Niemand wird dir glauben«, fuhr Petrus fort, der Ludowigs Erwiderung nicht gehört hatte. Er versuchte, sich den Honig abzustreifen, verteilte ihn dadurch aber nur weiter auf seiner Kleidung. »Niemand glaubt jemals einem dahergelaufenen Jungen, die Erfahrung musste Harald auch machen damals.«

»Halt's Maul!«

Dieses Mal hatte Petrus ihn gehört. Er sah beinahe erschrocken auf, über und über mit Honig bekleckert. Aber Ludowig stand nicht mehr vor ihm. Der hatte wieder mehrere Meter zwischen sich und den Mönch gebracht und die Armbrust erneut angelegt. Er zielte genau auf Petrus' Herz.

»Wenn du mich damit tötest, weiß jeder sofort, dass du es warst«, versuchte er es mit Logik.

Ludowig überraschte ihn ein letztes Mal. Plötzlich liefen Tränen über seine Wangen, und unter Schluchzen sagte der Knabe: »Nicht ich werde dich töten.«

Er schoss, noch bevor Petrus etwas darauf erwidern konnte. Der Bolzen schnellte nach oben in die Zweige der Eiche und fuhr mit einem Knall, der Ludowig die Luft aus den Lungen presste, in die Beute. Petrus schaute, starr vor Schreck, nach oben in das Laubwerk und hörte, wie dort in Windeseile das Summen bedrohlich laut anschwoll. Als die ersten Bienen ausschwärmten, verlor er die Kontrolle über seine Blase. Als die Bienen den vermeintlichen Honigdieb entdeckt hatten, schlug er sofort panisch auf sie ein. Als der erste Stich ihm eine Schmerzwelle durch den ganzen Körper jagte, brüllte er auf, ließ sich zu Boden fallen und wälzte sich von einer Seite auf die andere. Er wollte sich schützen und verteidigen und reizte die Bienen damit erst recht. Immer mehr stürzten sich auf ihn.

Ludowig blieb nicht, um sich das Drama anzusehen. Es reichte ihm, noch lange von den spitzen Schreien seines Peinigers durch den Wald verfolgt zu werden. Er lief jedoch nicht zurück zum Kloster. Obwohl er Petrus nicht erschossen hatte, würde jeder, der eins und eins zusammenzählen konnte, sofort einen Verdacht haben, wer für den Tod des Mönchs verantwortlich sein musste. Der aber hätte nicht ungesühnt bleiben dürfen. Daran hätte auch die Vorgeschichte nichts geändert, die jetzt sowieso nur noch wie erfunden geklungen hätte, um sich selbst herauszureden. Die Mönche hätten ihm niemals geglaubt. Darauf war Ludowig vorbereitet. Er hatte alle nötigen Sachen in einem hohlen Baum versteckt. Dorthin ging er nun, tauschte seine Novizenkutte gegen die Zeidlertracht, schnürte sich Armbrust und Vorratsbündel auf den Rücken und sah zu, dass er so schnell wie möglich aus dem Dunstkreis Oldenburgs entkam.

Sechzehntes Kapitel

Am Fusse der kleinen Treppe vor ihrer Eingangstür, im Windschatten eines bauchigen Blumentopfs, in dem in diesem Jahr eine Margerite üppig blühte, war ein Löwenmäulchen gesprossen. Ohne ihre Erlaubnis, könnte man sagen. Normalerweise hätte Gerburg Sandow schon die ersten Triebe als Unkraut ausgerissen, aber ausgerechnet dieses Blümchen gleich neben ihrer Haustür hatte sie übersehen. Es hatte sich durch die Ritze zwischen zwei Steinplatten gezwängt, halb unter einem Vordach, das ihr auch noch den meisten Regen nahm, und trotzdem ihre traubenförmigen Blütenstände in einem wunderschönen, frühlingsleichten Hellgelb ausgebildet. Diese Beharrlichkeit und dieses Durchsetzungsvermögen bewunderte Gerburg, deshalb ließ sie das Löwenmäulchen jetzt stehen. Sie hatte ihre Chance gehabt, es loszuwerden, sie hatte sie nicht genutzt, und nun musste sie eben damit leben. Es gab weitaus schwerwiegendere Fehlentwicklungen im Leben als den Wildwuchs einer Blume auf dem eigenen Grund und Boden.

Nicht dass man davon viel auf ihrem Grundstück gesehen hätte. Gerburg war zwar inzwischen neunundsechzig Jahre alt und führte noch immer ihr eigenes Geschäft, aber ihrem Garten ließ sie alle nötige Pflege angedeihen. Sie liebte ihren Garten. Ein Teil lag vor ihrem Hausviertel, erstreckte sich die Auffahrt entlang bis hinunter zur Lindenallee, von Auffahrt und Allee nur getrennt durch eine niedrige, akkurat gestutzte Buchsbaumhecke. Zum Grundstück Melanie Rixens hatte sie Sträucher und Zierbäume gepflanzt, die wie ein natürlicher Paravent wirkten. Nicht dass Melanies Garten verwildert gewesen wäre, die junge Frau machte nur nichts daraus. Sie mähte regelmäßig ihren Rasen und ließ ansonsten alles so, wie es bei ihrem Einzug gewesen war. Das hatte allerdings auch etwas mit innerer Trägheit und Desinteresse zu tun. Eine Zeit lang hatte Gerburg versucht, ihre Nachbarin dazu zu überreden, die Birke in ihrem Vorgarten zu fällen, um mehr Licht in der Küche zu haben und weniger

Samen überall sonst, die selbst durch Fliegengitter vor den Fenstern ins Haus kamen. Die Rixen hatte zugesagt, den Baum beizeiten fällen zu wollen, er störe sie ja auch, doch passiert war nie etwas. Gerburg wusste, wenn es sinnlos war, eine Sache zu verfolgen, und ließ ihre Nachbarin in Ruhe. Es gab Schlimmeres als eine Birke. In ihrem hinteren Garten, der sich bis zum Knick an Bauer Thomsens Kuhkoppel erstreckte, hatte sie zur Rixen-Seite hin die Ligusterhecke so hoch und dicht wachsen lassen, dass kein Blick nach drüben auf den trostlos vor sich hin vegetierenden Rasen mehr möglich war.

Eine Ligusterhecke befand sich vorne auch auf der Grundstücksgrenze zu Nebendahls. Die machten schon mehr aus ihrem Garten, allerdings auch nicht gerade nach Gerburgs Geschmack. Hannes und seine Frau Mareike hatten bereits vier Kinder, das fünfte war im Anmarsch, und taten in ihrer Freizeit so, als wären sie Wikinger. Wenn er nicht gerade im Baumarkt arbeitete und sie als – ausnahmsweise mal nicht schwangere – Grundschullehrerin in Bornhöved Kinder unterrichtete, sah ihr Leben aus wie ein Mittelalterrollenspiel. Sie trugen entsprechende Kleidung, arbeitete viel draußen, kochten selbst im Winter gerne mal über offenem Feuer unter freiem Himmel und hielten sich jede Menge Vieh. Hühnern, Enten und Gänsen gehörte der Vorgarten und den Skudden die kleine, zum Hof gehörende Koppel dahinter. Deren skelettierte Schädel samt gewundenem Gehörn zierten die Wand ihrer Scheune, von deren Schwarz sie sich mit ihrem bleichen Knochenweiß weithin sichtbar absetzten. Beide erwachsenen Nebendahls waren intelligente Menschen, mit denen man sich gut unterhalten konnte, und auch ihre vier kleinen Orgelpfeifen Tore, Tade, Bente und Nanke schienen nicht ganz dumm zu sein. Trotzdem hatte Gerburg Schwierigkeiten, sie in ihrem Wikingerhabit ernst zu nehmen. Immerhin reichte zu der Seite hin ein mit Rankenpflanzen bewachsener Zaun, der die Höfe und hinteren Grundstücksteile voneinander trennte, dazu auf Gerburgs Seite ein paar Rosensträucher hie und da, Holunder und hinten Johannisbeeren in allen Farben, die das Auge ablenkten. Zwischen den Grundstücken gab es sogar eine Pforte, die Gerburg regelmäßig benutzte, wenn sie ihre Küchenabfälle zu Nebendahls Hühnern brachte. Das war praktisch, ihre Biomülltonne benutzte sie deshalb kaum. Und Mareike hatte wenigstens ein paar Blumenbeete angelegt und Kästen bepflanzt, um ihren Hof etwas wohnlicher zu machen. Nur hielten die vier Kinder und das viele Viehzeug sie davon ab, dem Ganzen die notwendige Aufmerksamkeit und Pflege zu widmen.

Das wäre Gerburg niemals passiert. Selbst als Benjamin noch klein war und ihr Optikerladen kaum Gewinne abwarf, weil die Leute zum einen Vorbehalte gegen eine Frau als Chefin hatten und auch lieber auf die Werbung der großen Ketten reinfielen, selbst da hatte sie ihren Garten immer tipptopp in Schuss gehalten. Ihr Rasen war immer vorbildlich gemäht, auch der auf dem Wäscheplatz zwischen dem Ziergarten vorne und dem Gemüsegarten hinten. In den Rabatten stand kein Unkraut, in den Kästen blühte es saisongemäß, und zeigten sich irgendwo vertrocknete Triebe, wurden die sofort entfernt. Nicht einmal im Schotter, der den Hof bedeckte, zeigte sich ein einziger grüner Halm, der da nicht hingehörte. Okay, an der Stelle half sie mit der Giftspritze nach, aber sie achtete immer sorgfältig darauf, dass nichts davon an ihre »guten« Pflanzen kam. Ihr Geschäft war ihr ganzer Stolz, ihrem Garten jedoch gehörte ihre Liebe und Zuneigung. Beides war stets ihrer strengen, aber liebevolle Kontrolle unterworfen.

Nur das Löwenmäulchen war ihr durchgerutscht. Als Gerburg es bemerkte, hatte es längst eine Höhe von knapp zwanzig Zentimetern erreicht und Blüten ausgebildet. Es sah aus, als hätte jemand es über Nacht dort in die Steinplattenritze gepflanzt, nur um sie zu ärgern. Aber Gerburg ärgerte sich nicht. Im Gegenteil, der Anblick des wackeren, allen Widrigkeiten trotzenden Blümchens rührte sie. Und Gerburg Sandow war alles andere als eine Person, die leicht sentimental wurde. Rührung war für sie gleichbedeutend mit Rührseligkeit und die wiederum dasselbe wie Weinerlichkeit. So etwas verabscheute sie zutiefst, damit konnte sie nicht einmal bei anderen umgehen. Wenn Benjamin nicht so ein weichherziges, anhängliches Kind gewesen wäre, das sein Glück von der Aufmerksamkeit abhängig machte, die andere ihm schenkten, wer weiß, dann hätten sie vielleicht besser miteinander auskommen können. Wenn er ein wenig mehr wie sie gewesen wäre. Stattdessen kam er nach seinem Vater, der lieb und nett war, aber ein Waschlappen, der im Grunde in ihr nur einen stabilen Haken gesucht hatte, an den er sich hängen konnte. Dieser Typus Mann war ihr Fluch, andere zog sie nicht an. Tamo war auch so einer, ein Windsack mit dem einprogrammierten Anspruch, allen die Richtung anzuzeigen, ohne zu begreifen, dass es der Wind ist, der die Richtung bestimmt. Und wenn kein Wind ging, hing er schlapp und unbrauchbar herab. Allerdings ließ er sich auch von einer künstlichen Brise problemlos wieder aufrichten, und auf die verstand sich Gerburg inzwischen sehr gut. Tamo war Wachs in ihren Händen, ließ sich bequem in die Form bringen, die sie wollte, die sie gerade brauchte. Einen echten eigenen Willen besaß er nicht. Wenn sie nicht mit all ihrer Erfahrung seine sehnsuchtsvollen Blicke registriert und erwidert hätte, von sich aus hätte er keinen Eroberungsversuch unternommen. Manchmal war die Sache mit den Männern sehr anstrengend …

Die Kopfschmerzen kamen zurück. Den ganzen Tag schon malträtierten die sie, bald stärker, bald schwächer. Mindestens ebenso lange spielte Gerburg mit dem Gedanken, das Rendezvous nachher abzusagen und sich stattdessen mit Blanca auf dem Schoß einen Abend im Lesesessel oder vor dem Fernseher zu gönnen. Sie traf Tamo jetzt seit vier Monaten, und allmählich langweilte er sie. Der Reiz des Neuen war verflogen, und andere Reize besaß dieser Windsack-Typus nicht. Aber er wollte sie in dieses noch relativ neue Restaurant in Neumünster einladen, das ziemlich gut sein sollte, und anschließend mit ihr in seine Wohnung fahren – also sie würde fahren, Tamo hatte nicht einmal einen Führerschein. Sie wusste, am Ende würde sie doch fahren.

Aber vorher musste sie unbedingt noch die Blumen gießen. Seit ihrer Bürgerversammlung im Mai infolge des Busunglücks hatte es in Kaltsommer kein einziges Mal mehr geregnet, die Temperaturen waren ungewöhnlich warm und der Bauch der Wolke über ihnen heller, lichter als sonst. Als hätte die etwas von ihrer Substanz verloren, wäre abgeschmolzen und hätte sich in Nebel verwandelt, der nun noch dichter als zuvor schon das Dorf umgab. Wie ein Kokon, in dem sich Wasserdampf in das Mauerwerk eines Festungsrings verpuppte. Das war nur deshalb nicht unheimlich für die Alteingesessenen, weil dieses Phänomen alle Jubeljahre einmal vorkam, wenn auch noch nie so stark. Gerburg wunderte sich mehr darüber, dass Blanca über Tag gar nicht mehr nach draußen wollte. Sie schob es auf die empfindlichen Albinoaugen ihrer Katze, die diese Helligkeit von oben nicht gewohnt waren.

Gerburg goss auch das Löwenmäulchen, sie wusste Zähigkeit zu schätzen. Allerdings musste sie das Wasser dafür aus dem Hahn zapfen, ihre Regentonnen am Carport und dem Schuppen für ihre Gärtnerutensilien hinten waren leer bis auf den letzten Tropfen. Das war nun wirklich mal etwas Neues, eine echte Sensation, wenn man so wollte. Ihr ganzes Leben hatte Gerburg Sandow in Kaltsommer verbracht und es niemals zuvor erlebt, dass die Regentonnen ausgetrocknet waren. Nicht nur ihre, sondern alle. Zum Glück besaß sie einen Außenanschluss, sodass sie nicht für jede Gießkanne nach drinnen in die Küche stiefeln musste. Wenn sie es genau bedachte, war es sogar schon ein Glück, dass sie überhaupt eine Gießkanne besaß, denn aufgrund des feuchten Wetters musste man in diesem Dorf selbst im Hochsommer seine Pflanzen kaum jemals künstlich wässern. Ihre besaß sie eigentlich nur, um die Gräber ihrer Eltern auf dem Friedhof in Bornhöved zu pflegen und dort unabhängig von den öffentlichen Gießkannen zu sein.

Ganz in Gedanken versunken und mit schmerzender Schläfe ertappte sie sich dabei, wie sie das Löwenmäulchen ein zweites Mal goss. Die vorschriftsmäßig in ihrem Topf gewachsene Margerite dagegen wartete noch immer auf den ersten Tropfen. Im gleichen Moment hörte sie über sich einmal mehr das elende Geschnatter dieser verdammten Nonnengänse, und das ließ ihre Kopfschmerzen richtig stechend werden. Seit die Viecher ihren Garten verwüstet hatten, verspürte Gerburg nichts anderes als Hass auf sie. Hätte sie ein Gewehr besessen, ein Maschinengewehr mit hundert Schuss pro Sekunde am besten, sie hätte so lange gefeuert, bis kein Vogel mehr am Himmel zu sehen gewesen wäre. Sie konnte den alten Harms mit seiner gewalttätigen Reaktion letztens immer besser verstehen. Gerburg musste sich setzen, die Vorstellung erzeugte Schwindel.

»Alles in Ordnung?«

Das war die kratzige Stimme Bente Nissens. Gerburg öffnete unter leichten Schwierigkeiten ihre Augen, die Lider schienen plötzlich wie festgeklebt zu sein. Die Nissen stand auf ihrem Hof zwei Türen weiter, ebenfalls eine Gießkanne in der Hand. Sie goss die Blumenkästen, die ihr Grundstück von dem der Rixen trennten, aus Beton gegossene, langgezogene ehemalige Kuhfuttertröge. Gerburg hatte die kettenrauchende Frau, die immer wie frisch geteert roch und einen schlampigen Eindruck machte, obwohl sie eine gute Haushälterin sein musste, sonst hätten Runge-Kluges sie längst gefeuert, gar nicht bemerkt. Auch jetzt hielt sie in der anderen Hand einen brennenden Glimmstängel.

»Geht es Ihnen gut, Frau Sandow?« Die Nissen sah sie ehrlich besorgt an.

»Ja, danke, geht schon«, raffte sich Gerburg zu einer Erwiderung auf. »Ist nur das seltsame Wetter, das schlägt mir wohl auf den Kreislauf.«

»Geht mir auch so. Ich hab seit Tagen Migräne.«

Obwohl Gerburg vermutete, dass diese spezielle Form der Migräne hauptsächlich von einem zu tiefen Blick in die Schnapsflasche herrührte, nickte sie teilnahmsvoll. Sie mochte ihre Nachbarin, weil die zumindest etwas aus ihrem Garten machte, anders als die junge Melanie, die nicht einmal die Gräber ihrer Meerschweinchen hinten am Knick mit Blumen verzierte. Die Nissen wusste viel über Nutz- wie Zierpflanzen und stellte jedes Jahr einen großen Bottich Brennnesseljauche her, mit der inzwischen die ganze Nachbarschaft ihre Gärten düngte und Schädlinge bekämpfte. Das Zeug stank scheußlich, wirkte aber wahre Wunder und war darüber hinaus auch noch zu hundert Prozent biologisch. Gerburg nahm immer gern das Angebot an, das hieß aber nicht, dass sie darüber Freundinnen geworden wären.

Bente Nissen sog kräftig an ihrer Zigarette, was Gerburg der Notwendigkeit einer Antwort enthob. Lieber schloss sie wieder die Augen und atmete tief durch. Das Schwindelgefühl war zwar weg, dafür zog nun eine seltsame Schwere an ihren Gliedmaßen, als trüge sie an Armen und Beinen Manschetten aus Blei. Vielleicht sollte sie Tamo doch absagen.

»Sie sehen müde aus, Gerburg.«

Ihr Gesicht verfinsterte sich. »Das vergeht sicherlich gleich wieder, Frau Nissen«, sagte sie und versuchte, nicht gar zu säuerlich zu klingen. Die Frau meinte es ja nur gut. Sie rappelte sich auf, das Treppengeländer half, ihren Stand zu stabilisieren, und erklärte, demonstrativ ihre friedhofsgrüne Gießkanne schwenkend: »Ich muss nur wieder in die Gänge kommen. Und die Pflanzen brauchen ja auch Wasser.«

»Das können Sie laut sagen.« Die Nissen wedelte mit ihrer gelben Gießkanne in Richtung Nutzgarten hinter dem alten Stall. »Mein Gemüsebeet sieht aus wie ein Stück Wüste.«

Das wagte Gerburg dann doch zu bezweifeln. Diese paar Quadratkilometer Land wurden vermutlich schon seit Jahrtausenden so regelmäßig vom Regen gewässert wie sonst nur der tropische Regenwald. Jetzt mochte die oberste Krume etwas angetrocknet sein, und das gefiel allen Pflanzen mit flachen Wurzeln sicher nicht so gut, aber stach man mit einem Spaten in den Boden, wurde die Erde nach nur wenigen Zentimetern wieder dunkel vor Feuchtigkeit. Gerburg konnte sich kein Szenario vorstellen, dass dazu führen würde, Kaltsommer komplett auszutrocknen.

»Na dann«, sagte sie, »an die Arbeit!«

Sie beeilte sich mit dem Gießen, auch weil sie ständig das Gefühl hatte, dass die Nissen sie beobachtete. Die nestelte zumindest außerordentlich lange an ihren Sonnenröschen, Fackellilien und der Clematis herum, die unter ihren kundigen Fingern so üppig in den hässlichen alten Futtertrögen gediehen. Erst als sie selbst fast fertig war, verschwand die Nissen nach hinten, um sich um ihre Gemüsebeetwüste zu kümmern. Gerburg atmete auf, sie stand nicht gern unter Beobachtung. Dafür war sie als alleinerziehende Mutter und selbstständige Geschäftsfrau viel zu lange das Ziel von Klatsch und Tratsch und übler Nachrede gewesen, selbst in einem für das Andere so offenen Dorf wie Kaltsommer. Aber dieses Andere hatte eben auch immer hauptsächlich Männer betroffen, und während ihr Sohn hier also bequem hatte aufwachsen können, hatte sie immer wieder um die Achtung ihrer Mitmenschen kämpfen müssen.

Bevor sich zu den Kopfschmerzen noch der bittere Geschmack eines zu alten Lamentos auf ihre Zunge legte, wässerte sie lieber schnell noch die Forsythien, die sie im Wechsel mit Phlox an der Hofgrenze zu Nebendahls gepflanzt hatte. Sie war gerade damit fertig, als Mareike mit dem Van voller Kinder nach Hause kam und dort drüben für Trubel sorgte. Die Lehrerin schälte sich noch mit ihren sich wölbenden Bauch aus dem Sitz, da waren die vier Nachwuchswikinger schon in alle vier Richtungen des Grundstücks verschwunden und scheuchten Skudden, Hühner und Spatzen, die sich am Hühnerfutter gütlich taten, gleichermaßen auf. Gerburg wollte sich jetzt nicht auch noch mit dieser Nachbarin unterhalten, und sei es nur kurz, deshalb grüßte sie nur, stellte die Gießkanne unter den Wasserhahn an der Hauswand und ging hinein. Durch die Bewegung und die damit einhergehende bessere Durchblutung hatte sich der Druck in ihrem Schädel, allen voran an der rechten Schläfe, etwas gelegt.

Sie würde doch nach Neumünster fahren.

Während Gerburg sich für den Abend zurechtmachte, strich ihr Blanca ständig um die Füße. Hunger hatte die schneeweiße Katze mit den roten Augen nicht, sie wollte Aufmerksamkeit. Blanca neigte zur Eifersucht, sie teilte ihren Menschen nicht gern. Sie wusste genau, dass ihr Dosenöffner und Bettwärmer erst spät in der Nacht zurückkommen würde, und ihr gefiel die Aussicht gar nicht. Da half auch kein Kraulen und gutes Zureden, die Albina maunzte so kläglich, als sollte sie gleich ins Tierheim abgeschoben werden. Gerburg kannte das schon, sie fand das eher amüsant als herzerweichend. Allein ein weiteres Anschwellen des Schläfenschmerzes ließ sie kurzzeitig doch noch einmal über eine Absage ihrer Verabredung nachdenken. Sie stand in Unterwäsche am Waschbecken vor dem Spiegel, klammerte sich an die Keramik, um nicht in die Knie zu gehen, stöhnte, sah ihre fahle Gesichtsfarbe, die die roten Haare unnatürlich grell aufleuchten ließ, und hörte Blanca jammern, während ihr plötzlich Schweiß auf der Stirn stand. Es dauerte gut zwei Minuten, bis die Attacke vorüber war und Gerburg erleichtert durchatmen konnte. »Vielleicht bekomme ich ja Migräne«, sprach sie zu ihrem Spiegelbild und schüttelte den Kopf. Danach wandte sie sich Blanca zu, hob sie hoch und versprach ihr: »Die nächsten Tage gehören ganz allein dir, meine Süße.« Blanca schnurrte zufrieden. Aber als Gerburg nach dem Make-up griff, ging das klägliche Miauen wieder von vorne los.

Am Ende kam die Katzendame zumindest mit nach draußen. Es war ein außerordentlich gutes Jahr für Mäuse – der letzte Sommer zu trocken, der Winter zu mild, das Frühjahr warm: ideale Bedingungen für die kleinen Nager –, selbst ein so verwöhntes Tier wie Blanca fing sich da ihr Abendessen manchmal selbst. Sie brachte Gerburg noch zum Auto und schaute ihren Rücklichtern nach. Kaum waren die nach rechts in die Allee abgebogen, schlug sie sich in die Blumenbeete, wo kleine Löcher überall die Eingänge zu den Mäusetunneln markierten.

Gerburg machte sich keine Sorgen um ihre Katze. Die würde nicht einmal nachtragend sein, sondern sie entweder noch spät in der Nacht oder morgen früh an der Haustür begrüßen. Als wäre nichts gewesen. Und kaum war sie unterwegs, konnte sie auch von den Schmerzen in ihrem Kopf nichts mehr spüren. Gerburg lächelte, sie hatte sich richtig entschieden.

Trotzdem fuhr sie langsamer als sonst. Das lag jedoch nicht an ihrem körperlichen Befinden, sondern an den Straßenverhältnissen. Seit dem Busunglück hatte auch sie Respekt vor der Nebelwand und ihren Gefahren. Anders als früher fuhr sie nicht einfach drauflos, sobald sie ans Ende der Lindenallee kam, den Fuß eher auf dem Gas als auf der Bremse. Wie alle anderen tastete sie sich jetzt an die Kreuzung vor, die der Nebel komplett geschluckt und in ein weißes, wallendes und die Fahrer mit ihrem eigenen Scheinwerferlicht blendendes Inferno verwandelt hatte. Nicht einmal mehr als gespenstische Umrisse waren die hohen Linden am Straßenrand zu erkennen. Nebelscheinwerfer und -schlussleuchte schaltete sie schon automatisch ein, um die Chance, selbst gesehen zu werden, zu erhöhen. Worauf sie verzichtete, war das Hupen. Traudel Molkentin, die vorgestern bei ihr im Laden war, um ihre neue Brille abzuholen, hatte ihr erzählt, dass manche Fahrer dauerhupten, sobald sie in den Nebel kamen, um auf sich aufmerksam zu machen. »Am schlimmsten sind die Busfahrer«, hatte sie erzählt, müde und mit den Nerven zu Fuß, »die fahren da anders schon gar nicht mehr lang. Tag und Nacht. Ständig dieses Gehupe. Wir können kaum noch richtig durchschlafen. Aber die Ampel soll ja frühestens erst im September gebaut werden. Bis dahin sind wir alle schon in der Klapsmühle.«

Das mit der Ampel hatte Gerburg auch gehört. Irgendeine ihrer bürokratischen Mühlen hatte mal wieder Sand im Getriebe, verlangte nach Sonderprüfung und Machbarkeitsstudie oder dergleichen und verzögerte so den gesamten Genehmigungsprozess. Es war zum Mäusemelken! Aber es passte zu allem, was in diesem Jahr schon passiert war in Kaltsommer. Erst der Dauernieselregen, dann die Gänse, jetzt die Mäuse und die für dieses Dorf unnatürliche Trockenheit, dazu diese extreme und nicht enden wollende Nebelbildung unter dem Wolkenrand. Das Busunglück. Und ihre häufigen wirren Träume. In denen spielten die Gänse und die Wolke eine besondere Rolle. Gerburg konnte sich nach dem Aufwachen nur nie genau an sie erinnern, allerdings weil sie es nicht wollte. Träume gehörten in die Nacht und den Schlaf und nicht in den Tag, sie waren die Arbeitsweise des Unterbewusstseins und nicht des Bewusstseins. Versuchte man, sie sich bewusst zu machen, machte man die ganze Arbeit des Schlafs zunichte. Das war, als würde man Geister wecken. Davon war Gerburg überzeugt, und deshalb setzte sie sich grundsätzlich nie mit ihren Träumen auseinander, nicht einmal mit den wenigen Bruchstücken, an die sie sich am Morgen noch erinnerte. Selbst wenn das letzte Bild, das dann in ihrem Verstand noch nachglühte, das von brennenden Gänsen war, die unter gequälten Schreien vom Himmel fielen …

Beinahe wäre sie einem kreuzenden Auto in die Seite gefahren. Dessen Scheinwerfer sah sie erst im allerletzten Moment. Hätte der Fahrer gehupt, hätte sie ihn früher wahrgenommen. Abends, wenn die Temperatur im Umland stärker fiel als in Kaltsommer unter seinem Wolkendeckel, wurde der Nebel noch dichter als ohnehin schon. Gerburg fluchte stumm hinter ihrem Lenkrad. Mit Ampel wäre dieser Beinahezusammenstoß eben nicht passiert. Wegen der Saumseligkeit der Behörden würden früher oder später noch mehr Menschen an dieser Stelle sterben! Noch nicht einmal eine provisorische Anlage, wie man sie oft an Baustellen aufgestellt fand, bekamen sie hier. Das war ein Skandal. Wofür zahlte sie denn Steuern? Sicher nicht für diese schreiende Unfähigkeit!

Gerburg gab Gas und bog rechts auf die Bundesstraße nach Neumünster ab. Kein Hupen ertönte, keine Reifen quietschten, kein Scheinwerferlicht blitzte plötzlich auf, und es wurde auch kein Metall kreischend in Metall gepresst. Nach fünfzig Meter war sie ganz aus dem Nebel heraus und gab noch mehr Gas. Je erleichterter sie sich fühlte, desto stärker drückte ihr Fuß aufs Pedal, wie es schien. Dass sie den Atem angehalten hatte, merkte sie erst jetzt, als er ihr als endloser Stoß aus der Lunge entwich. Sie bremste nicht ab, als sie gleich nach der nächsten Kurve in die 70-Zone bei Rendswühren kam, sondern beschleunigte noch weiter; mögliche Blitzer überwachten zurzeit eher die andere Richtung nach Kaltsommer.

Knapp fünfzehn Minuten später parkte sie auf dem Waschpohl in Neumünsters Innenstadt. Für einen Freitagabend war wenig los. Das Restaurant mit dem ironischen Namen »Blechnapf« lag nur noch wenige Schritte über einen Kiesweg entfernt. Gerburg wusste, dass Tamo sie bereits erwartete. Ihr junger Galan täte niemals etwas, womit er sie verärgern könnte, dessen konnte sie sicher sein. Zumindest nicht, solange er sie wollte. Aber bevor er genug von ihr hätte, würde sie ihn schon längst verabschiedet haben. Solche Geschichten dauerten nie lange bei ihr. Sie hatte sich nie wohl in Beziehungen gefühlt, Affären waren immer mehr nach ihrem Geschmack gewesen. Sie schätzte es, wenn die Möglichkeiten, die man hatte, die Pflichten, die einem auferlegt wurden, überwogen.

Auch Tamo hatte seine Halbwertszeit zum größeren Teil bereits überschritten. Wenn sie nicht alles täuschte, war diese öffentliche Einladung zum Essen der Anfang vom Ende. Er hatte gerade seine Ausbildung bei der Volksbank hier am Großflecken, die Rückseite des Gebäudes konnte man vom Waschpohl aus sehen, beendet und die frohe Botschaft erhalten, übernommen zu werden. Das wollte er mit ihr feiern. Deshalb dieser eher ungewöhnliche Akt, obwohl er tatsächlich eine sehr romantische Ader zu haben schien. Immer, wenn sie bei ihm war, war sie fast erstickt, weil das Flammenmeer der Kerzen den ganzen Sauerstoff in seiner kleinen Wohnung verbraucht hatte. Aber dass er seit bald vier Monaten eine Frau datete, die seine Oma hätte sein können, hatte er trotzdem niemandem gesagt. Das taten diese Bürschchen nie, dafür hatten sie dann doch nicht die Eier in der Hose. Ihre Familien wussten nichts davon, ihre Freunde nicht, und wenn ihre Kumpels davon erfahren hätten, wären sie glatt vor Scham im Boden versunken. Gerburg sah das als ihren Vorteil an, diesem Umstand verdankte sie die Freiheiten, die sie sich für ihr Beziehungsleben wünschte. Außerdem konnte sie so diktieren, wann, wo und wie sie sich trafen. Normalerweise jedenfalls. Dies heute war eine große Ausnahme, und wahrscheinlich würde am Ende des Abends nichts mehr zwischen ihnen so sein wie vorher. Ihr sollte es recht sein, sie wünschte nur, sie wäre fitter gewesen. Die Kopfschmerzen kamen langsam zurück.

Der Himmel über Neumünster zeigte noch ein helles Blau, das nur langsam in das Dunkelblau der Nacht übergehen würde. Der längste Tag des Jahres stand ihnen erst bevor, und Gerburg verbrachte diese Zeit gerne außerhalb Kaltsommers, wo die Dunkelheit immer früher als anderswo hereinbrach. Im Restaurant waren trotz des vielen Tageslichts bereits überall Kerzen angezündet und Lampen eingeschaltet, um ein gedämpftes, alles weichzeichnendes Licht zu verbreiten. Tamo saß wie vorhergesehen bereits an ihrem Tisch, selbst leuchtend wie eine Kerze, in Anzug und Krawatte und das blonde Haar mit Gel glänzend in Position gehalten. Sein Gesicht war ganz Feierlichkeit, mit rosigen Wangen und einem stillen Lächeln, das ihm in Mund- und Augenwinkeln gleichermaßen saß. Wie er da so saß und auf sie wartete und Gerburg ihn durch das Glas der Eingangstür beobachtete, kam es ihr in den Sinn, dass ihn vermutlich niemals mehr etwas glücklicher machen würde als diese Augenblicke des Wartens, in denen sich alles Weitere in seiner Fantasie abspielte und mit der die Realität niemals mithalten konnte. Sie hatte beinahe Mitleid mit ihm und überlegte, ob sie nicht auf den Hacken kehrtmachen, nach Hause zurückkehren und ihn seinen Träumereien überlassen sollte.

Mit einem leisen Seufzen auf den Lippen betrat Gerburg das Restaurant.

Siebzehntes Kapitel

Nach dem Ende des Gesprächs saß er einfach nur da und horchte in sich hinein. Er suchte nach einem Gefühl, nach irgendeiner Reaktion, die das Mitgeteilte in ihm ausgelöst haben könnte. Aber da war nichts, nichts in dieser Hinsicht. Nichts störte oder schmälerte gar das Hochgefühl, das er empfand und das seit dem Aufwachen am Morgen in Gerrits Bett stetig in ihm angewachsen war. Dieser Tag stand für die pure Freude, die sein Leben erfüllte, seit er mit seinem Kleinen zusammengekommen war, seit er sich für diese Beziehung entschieden hatte. Die einzige schlechte Nachricht, die daran etwas geändert hätte, hätte Gerrit betreffen müssen, aber der war glücklicherweise wohlauf. Jetzt empfand er nicht einmal Taubheit, und das war spätestens seit seinem letzten Gespräch mit Gerburg nur konsequent. Wenn es noch eines Beweises dafür bedurft hätte, dass sie wirklich keinerlei Interesse mehr an ihm hatte, dann das Telefonat an ihrem Geburtstag. Ihr hatte er jede Information aus der Nase ziehen müssen, und sie hatte ihn nicht einmal nach seinem Befinden gefragt. Dabei hätte sie sein Glück selbst durch den Hörer spüren müssen, so sehr troff es ihm doch seit Wochen schon aus jeder Pore. Sie hatte es nicht bemerkt, weil sie Gerrit – oder seine Vorgänger Olaf und Elmar – jemals abgelehnt hätte und damit die Tatsache, einen schwulen Sohn zu haben. Es interessierte sie schlichtweg nicht. Sie war wirklich eine Bärenmutter, die ihr Junges nach der von der Natur vorgeschriebenen Aufzuchtdauer auf Nimmerwiedersehen zurücklässt. Ihr roter Bär hatte sich von nun an allein durchzuschlagen.

Genau das tat Benjamin, er ging zurück auf die Party. Als sein Handy geklingelt und eine ihm unbekannte Nummer gezeigt hatte, war er kurz hinaus ins Treppenhaus geschlüpft, wo es ruhiger war. Angenommen hatte er den Anruf überhaupt nur, weil die Vorwahl die der Stadt Neumünster war. Das hatte ihn neugierig gemacht. Dass sich die Polizei bei ihm melden würde, hätte er jedoch niemals vermutet. Jetzt, im Nachhinein, verstand er nicht einmal die Dringlichkeit dieses Anrufs. Die Information hätte man ihm genauso gut morgen Nachmittag um vierzehn Uhr mitteilen können und nicht um zwei Uhr in der Nacht. Geändert hätte sich dadurch nichts.

Aus Gerrits Wohnung drang das fröhliche Gemisch von Musik, Geplapper und Gelächter: Sein Kleiner feierte seinen fünfundzwanzigsten Geburtstag. Und Benjamin genoss die Party, und zwar aus mehr als nur diesem einen Grund. Seine Einladung zu einer kleinen Reise nach Kaltsommer und seine holsteinische Umgebung in den kommenden Semesterferien war genau das richtige Geschenk für Gerrit, der immer wieder davon sprach, sich dieses trübe Wolkenwunder einmal mit eigenen Augen ansehen zu wollen. Dass Benjamin ihm dort einen Heiratsantrag machen wollte, war das i-Tüpfelchen, von dem er jetzt jedoch noch nichts sagen durfte. Sein Kleiner war auch so schon ganz aus dem Häuschen gewesen. Gestern war außerdem die Benachrichtigung gekommen, dass die Polizei endlich die Ermittlungen gegen Issa und Mohammed wegen des Verdachts, sie könnten Radwan zusammengeschlagen haben, eingestellt hatte. Sobald er vernehmungsfähig war, hatte Radwan ein ums andere Mal versichert, dass die beiden nichts damit zu tun hätten. Es waren drei junge weiße Männer gewesen, die hatten ihn hinterrücks angegriffen und fremdenfeindlich beschimpft. Trotzdem war weiter gegen seine Schützlinge ermittelt worden, wobei die Begründung, nämlich dass Issa und Mohammed aus kultureller Homophobie gehandelt hätten, Benjamin zusehends vorgeschoben vorgekommen war. Die Einseitigkeit der Ermittlungen und die Betonung von Radwans Homosexualität ließ inzwischen eher darauf schließen, dass die Beamten selbst homophob und fremdenfeindlich agierten, auch wenn sie selbst sich dessen nicht einmal bewusst sein mochten. Vor zwei Tagen jedoch hatte die Auswertung von Aufnahmen der Videoüberwachung am S-Bahnhof Treptower Park einen neuen Hinweis gegeben, der Radwans Aussagen zu bestätigen schien. Drei junge weiße Männer, die auf den ersten Blick nicht einmal wie Skinheads aussahen, vielmehr wie die netten Jungs von nebenan, waren jetzt ins Visier der Fahnder gerückt. Mehr wusste Benjamin noch nicht, aber das reichte, ihm ein gutes Gefühl zu bescheren: Seinen drei Jungs Radwan, Issa und Mohammed drohte erst mal keine weitere Gefahr. Sie würden ihren Sprach- und Integrationskurs beenden können und damit ihre Chancen, auf Dauer bleiben zu dürfen, steigern. Allein deshalb hätte Benjamin den ganzen Tag schon vor sich hin lächeln mögen.

Er lächelte aber auch, weil er zu guter Letzt jeden einzelnen Gast auf dieser Party mochte. Auf den ersten Blick war es eine ziemlich wilde Mischung, auf den zweiten dagegen entsprach sie genau dem, was er von Gerrit erwarten konnte. Von der Familie war seine Schwester Celina gekommen, die, drei Jahre Altersunterschied hin oder her, seine Zwillingsschwester hätte sein können. Dann waren da natürlich die Kommilitonen und zwei alte Schulfreunde, die zusammen mit Celina am Nachmittag aus Düsseldorf angereist waren. Soweit die Mittzwanzigersektion der Gästeschaft. Die war jung, fröhlich und ausgelassen und erweckte den Eindruck, als würde das Hier und Jetzt ein endloser Moment sein, der niemals vergeht. Benjamin gönnte ihnen diese naive Unbekümmertheit, er war in dem Alter genauso gewesen. Interessanter fand er trotzdem die Handvoll älterer Gäste, zu der er genaugenommen ebenfalls zählte. Das waren allesamt schwule Männer, der jüngste Ende dreißig, der älteste fünfundfünfzig, und mit jedem davon hatte Gerrit zumindest einmal eine Affäre gehabt. Eine weitere Gemeinsamkeit, die sie alle teilten, war die der ausgeprägten Körperbehaarung. Gerrit hatte eindeutig einen bestimmten Männertyp, auf den er stand, auch wenn Mehmet, ihr aller Senior, selbst den roten Bären in Sachen Behaarung noch ausstach: Jedes Fitzelchen Haut, das an ihm sichtbar wurde, war von schwarzen, zum Teil schon ins Graue changierenden Haaren bewachsen. Selbst auf dem Kopf hatte er davon noch mehr als Benjamin.

Vor ein paar Wochen noch hätte ihn das vielleicht verunsichert, obwohl er immer gewusst hatte, weder der Erste noch der Einzige gewesen zu sein. Wie deutlich jedoch Gerrits Vorliebe ausfiel, das ließ Benjamin jetzt beinahe schmunzeln. Als hätte sein Kleiner sie alle nach und nach aus einem Katalog für junge Bärenjäger ausgewählt. Noch interessanter als das fand Benjamin allerdings, wie wenig er und seine Bärenahnen Gerrits Vater ähnelten. Das gab ihm das gute Gefühl, nicht als ein Ersatz für irgendeinen empfundenen Mangel oder dergleichen herhalten zu sollen. Gerrit war mit jedem Einzelnen von ihnen zusammen gewesen – oder noch zusammen –, weil er schlicht und ergreifend auf ältere, behaarte Männer stand. Einen wie Benjamin eben, der sich darüber mehr denn je einen Ast freute.

»Du strahlst ja so!« Gerrit flog einmal mehr an diesem Jubeltag in seine kräftigen Arme. »Was ist los? Wer hat dich angerufen? Der muss ja ausgesprochen gute Nachrichten haben, wenn er sich so spät noch meldet.«

»Eigentlich nicht.«

Gerrit sah plötzlich besorgt zu ihm auf. »Was ist los?«

»Nichts«, beschwichtigte Benjamin sofort und drückte ihn fester an sich, »mach dir keine Sorgen. Ich erzähle es dir später. Nach der Party, dann ist es auch noch früh genug.«

»Bist du sicher?«

Benjamin begegnete Gerrits Zweifeln mit einem strahlenden Lächeln, das durch keinen gegenteiligen Gedanken verfälscht wurde. »Ja, bin ich. Aber es ist trotzdem nichts für eine Party«, erklärte er, »und deshalb muss und kann es bis später warten.«

Das reichte dem Kleinen. Er zog seinen roten Bären mit sich zu einer Gruppe neuer Gäste, die gerade eben erst von einer anderen Party gekommen waren.

Rund eine Stunde später, in den Räumen herrschte nicht mehr ein solches Gedränge und es gab auch jenseits des Fußbodens wieder Sitzmöglichkeiten, hatte Benjamin einen Platz auf dem Sofa ergattert. Gerrit lag halb in seinen Armen, ein leeres Rotweinglas in der Hand, und neben ihm saß Mehmet. Ergänzt wurde ihre Gruppe von Celina und drei Kommilitonen, allesamt Maschinenbaustudenten. Ihre Namen lauteten Nina, Johann und Mauritz, und Benjamin bezweifelte, dass er sich die lange über den Abend hinaus würde merken können. Nina und Johann waren ein Paar, das war deutlich zu sehen, aber schon wesentlich länger zusammen als er und sein Kleiner. Ihr Umgang miteinander sah routinierter aus und war nicht mehr so abhängig von ständiger körperlicher Nähe.

Benjamin fühlte sich tiefenentspannt. Ein paar Bier und ein großer Gin Tonic hatten ihn sogar leicht sediert. An den Anruf dachte er ab und zu, aber immer noch wollten keine bösen Geister aus ihren Gräbern steigen und ihn heimsuchen. Eher musste er dagegen ankämpfen, dass sich seine Entspannung in Müdigkeit verwandelte und er plötzlich einschlief. Das hätte ihn in den Augen der jungen Leute endgültig als alten Mann abgestempelt und seinen Lieblingsbärenjäger vielleicht etwas blamiert. Das musste ja nicht sein.

»Wie habt ihr euch eigentlich kennengelernt?«, fragte Nina und nahm einen Schluck von ihrem Bier. Sie saß mit den anderen drei jungen Leuten auf dem Boden vor dem Sofa.

Gerrit warf ihm einen Blick zu, grinste, als Benjamin zwinkerte, und gab die Antwort, die durchaus der Wahrheit entsprach, aber den eigentlichen Kern der Dinge nur andeutete: »In der Sauna.«

»In …«, Mauritz suchte nach dem richtigen Wort, »in einer ›Herrensauna‹?«

»Ja, wir haben uns durch Sex kennengelernt.«

»Wir ja letztendlich auch«, warf Mehmet ein. »Unser erstes Date war auch ein Sexdate.«

»Stimmt!« Gerrit strahlte den Bärenpräsidenten an, der lächelte zurück.

»Und wie habt ihr euch gefunden?«

»Grindr«, antwortete Mehmet.

»Internet«, fügte Gerrit eine Erklärung bei, die, wenn Benjamin den Gesichtern unter ihm glauben durfte, keiner brauchte. Selbst der letzte Hetero hatte inzwischen von Grindr gehört, zumindest in Berlin. Am wenigsten überrascht sah Celina aus. Sie hatte ein sehr enges Verhältnis zu ihrem Bruder, der ihr immer schon das meiste aus seinem Leben anvertraut hatte. Dass das sein Sexualleben zumindest teilweise einschloss, war nicht wirklich verwunderlich.

»Ihr habt euch einfach direkt zum Sex verabredet?«, fragte Johann. Es war schwer zu sagen, ob aus Unglaube oder Interesse. »Und dann habt ihr euch wiedergesehen?«

»Wieder für Sex, ja«, antwortete Mehmet ihm.

»Es war gut mit ihm, und ich fand ihn sehr sympathisch – da wollte ich mehr.«

»Dito.«

Das kam so knochentrocken, dass Benjamin seinen Sitznachbarn spontan fragte: »Du kommst nicht zufällig aus dem Norden, oder? Du machst nicht viele Worte, aber die richtigen.«

»Nein, Istanbul. Aber das ist schon so viele Jahre her, dass ich inzwischen nicht einmal mehr richtig Türkisch sprechen kann.«

Benjamin wollte etwas erwidern, aber Johanns Gedanken kreisten noch um einen anderen Mond. »Ich weiß gar nicht, ob ich das könnte«, sagte er in Richtung Läufer, »so … so anonymen Sex haben.«

»Natürlich könntest du das«, widersprach Gerrit ihm vehement. »Und außerdem hüpft man nicht mit jedem so wahllos in die Kiste, wie das jetzt vielleicht geklungen hat. Du suchst dir vorher die Kandidaten schon gezielt aus, egal ob im Internet oder in der Sauna oder sonst wo.« Und als Johann ihn rot im Gesicht ansah, erklärte er: »Ja, ich kannte Mehmet anfänglich nur von seinen Profilbildern und aus dem Chat, aber dann haben wir uns getroffen und die Chemie hat einfach gestimmt. Oder Benni. Sobald ich ihn sah, wusste ich, ich wollte Sex mit ihm. Aber kaum ergab sich die Gelegenheit, dass wir uns näherkamen, war schnell klar, dass da sogar noch mehr möglich war.«

»Ich versteh nicht …« Johann schüttelte ratlos den Kopf, der jetzt hochrot glühte.

»Mein Bruder will damit sagen«, half Celina aus, »dass man trotz der Anonymität nur mit solchen Leuten ins Bett geht, die man nicht nur körperlich attraktiv findet, sondern auch vom Wesen her sympathisch.«

»Meistens jedenfalls«, rutschte es Benjamin raus, und Mehmet lachte darüber am lautesten.

»Ausnahmen bestätigen die Regel«, erwiderte Celina abgeklärt.

»Stimmt genau«, sagte Gerrit. »Ich hatte schon Verabredungen zum Sex, aus denen dann nichts geworden ist, weil der Typ und ich, als wir uns dann endlich gegenüberstanden, nichts miteinander anfangen konnten. Dabei hatte keiner von uns bei den Profilbildern geschummelt und jeder von uns klar gesagt, was er wollte, und trotzdem sprang dann beim Treffen kein Funke über.«

»Und dann?«, fragte Mauritz.

»Ist das nicht peinlich?«, wollte Johann wissen.

»Nö, nicht wirklich.« Gerrit zuckte gelassen mit den Achseln. »Entweder geht man sofort wieder getrennte Wege, oder man setzt sich hin und kommt ins Plaudern. Marcel, der große Blonde, der vorhin gegangen ist, mit dem war es so. Wir hatten ein paar Tage richtig lustig gechattet, bevor ich ihn bei sich zu Hause besuchte. Wir haben auch ein bisschen rumgeknutscht, aber mehr ist nicht passiert. Urplötzlich hatten wir keine Lust mehr auf Sex zusammen. Stattdessen fingen wir an zu reden. Wir haben den Chat in ein Gespräch umgewandelt, und das war toll. Ich bin irgendwann am nächsten Morgen stockbesoffen in meine Wohnung zurückgekommen, ungevögelt, und trotzdem glücklich.«

»Hast du denn keine Angst, einfach so zu einem Fremden in die Wohnung zu gehen?« Mehr viel Johann dazu nicht ein.

»Warum sollte die Gefahr im privaten Raum größer sein als im öffentlichen?«, fragte Mehmet ihn. »Dir kann auch in einer Bar was passieren. Irgendein Kerl, der dich eben noch total heiß angelächelt hat, mischt dir K.-o.-Tropfen in den Drink, oder so. Das kann passieren, muss aber nicht. Völlig sicher bist du nirgends. Das heißt aber nicht, dass du dir von der Gefahr dein Verhalten diktieren lassen darfst. Wenn es nämlich danach ginge, dürftest du gar nicht mehr vor die Tür gehen, so oft, wie inzwischen tätliche Angriffe auf Schwule berichtet werden.«

Darauf wusste Johann gar nichts mehr zu sagen. Nina holte für ihn die Kohlen aus dem Feuer und fragte: »Ist es so schlimm im Moment?«

»Scheint es jedenfalls.«

»Und bist du schon mal angegriffen worden?«, fragte Mauritz ihn vorsichtig.

»Ja.« Es dauerte einen Moment, bis Mehmet fortfuhr: »Nicht hier, sondern noch als Jugendlicher in Istanbul. Da bin ich einmal zusammengeschlagen worden. Danach bin ich dann nach Deutschland gekommen, getarnt als Gastarbeiter.«

»Ich hatte zweimal Glück«, berichtete Gerrit plötzlich, und das hatte auch Benjamin noch nicht gehört. »Einmal auf dem Heimweg vom CSD – das war noch in Düsseldorf – und einmal hier nachts, als ich mit einem Freund aus 'ner Bar kam. Plötzlich wurden wir angepöbelt und mit Flaschen beschmissen. Eine sauste nur ganz knapp an meinem Ohr vorbei.«

»Wer war es?«, fragte Nina.

»Weiß nicht. In beiden Fällen hab ich mich nicht umgesehen, sondern gemacht, dass ich Land gewann.« Er grinste, eher traurig als triumphal. »Zum Glück bin ich ein schneller Läufer.«

Benjamin streichelte seinen Kleinen tröstend und drückte ihn fester an sich, als er Mauritz fragen hörte: »Und du?«

»Wer? Ich?«

»Ja, du, Benni. Hast du so was schon mal erlebt?«

»Nein.«

»Dann hattest du Glück?«

Benjamin kam nicht umhin, Mauritz mehr und mehr zu mögen. Sein Interesse war ehrlich und nicht angetrieben von moralinsauren Skrupeln wie bei Johann. Deshalb antwortete er ihm: »Sicher hatte ich auch Glück. Aber wenn, dann in mehrfacher Hinsicht. Zum einen nämlich bin ich an einem Ort aufgewachsen, wo man als schwuler Junge nichts Ungewöhnliches war, zum anderen genieße ich durch meine Größe und Statur einen natürlichen Schutz vor solchen Übergriffen. Da kann ich noch so schwul rüberkommen, bevor jemand Hand an mich legt, überlegt der sich das mehr als einmal. Selbst wenn solche Schläger in einer Gruppe auftreten, machen die um mich für gewöhnlich einen Bogen.«

Da sein zweiter Punkt für jeden offensichtlich war, rückte der erste zwangsläufig in den Mittelpunkt des Interesses.

»Dann stimmt es also, was mein Bruder behauptet«, hakte Celina nach, »du kommst wirklich aus diesem Dorf, über dem immer eine Wolke hängt und alle schwul sind? Kaltwasser?«

»Kaltsommer«, korrigierte Gerrit sie sofort.

Benjamin grinste. »Ja, das stimmt.«

»Und ich werde es bald mit eigenen Augen sehen!« Sein Kleiner hopste in seinem Schoß vor Freude auf und ab. »Benni hat mir zum Geburtstag eine Reise dahin geschenkt. Ich werde endlich die Wolke sehen!«

»Was für eine Wolke?«, fragten Mehmet und Johann gleichzeitig.

Benjamin hätte niemals gedacht, sich so lang und breit über sein Heimatdorf auslassen zu können und trotzdem das Gefühl zu haben, seinen Zuhörern nur ein krudes Märchen zu erzählen. Je mehr er sagte, desto ungläubiger schauten sie drein. Er bekam auch den einen oder anderen Spruch zu hören, etwa als er sich plötzlich wieder an Muschi Sahne-Häubchen erinnerte, Kaltsommers erste offizielle Dragqueen. Ihr richtiger Name lautete Albert Garg, seine Eltern lebten vermutlich immer noch in der Lindenallee. Muschi war Ende der siebziger Jahre in selbstgeschneiderten Abendkleidern beim Dorffest mit einer Playback-Show aufgetreten oder hatte paillettenglitzernd den jährlichen Skat- und Knobelabend der Freiwilligen Feuerwehr moderiert, der er selbst angehörte. Zwischen Albert und Muschi schien keinerlei Verbindung zu bestehen, das waren zwei völlig unterschiedliche Menschen, der eine nachdenklich und unscheinbar, die andere eine grelle Rampensau, die es binnen weniger Sekunden schaffte, einen zum Lächeln zu bringen. 1980 lernte Albert einen Hamburger kennen und nahm Muschi mit in die

Großstadt, wo beide wenige Jahre später wie so viele ihrer Generation der Seuche Aids zum Opfer fielen.

Nicht einmal Mehmet wollte glauben, dass ein so freies Leben für einen Schwulen – und dann auch noch eine Transe – kaum zehn Jahre nach Stonewall mitten in der norddeutschen Pampa möglich gewesen wäre. Das klang zu abgehoben. Benjamin versicherte noch einmal, dass es genauso war, und bemühte sich gar nicht erst um weitere Überzeugungsarbeit. Schon Elmar damals hatte seine Geschichten von unter der Wolke kaum glauben können, wahrscheinlich hätten sich selbst die Gebrüder Grimm geweigert, irgendetwas davon in ihre Märchensammlung aufzunehmen. Gerrits Freunde waren immerhin so freundlich, darin lustige Flunkereien zu erkennen. Johann nannte es, typisch für die Leute aus dem Süden, die den Unterschied zwischen Küste und Binnenland nicht kennen, Seemannsgarn. Elmar hatte ihm irgendwann unterstellt, zu lügen, um sich interessanter zu machen und von seiner mangelhaften poetischen Gabe abzulenken. Da war ihre Beziehung schon längere Zeit im Niedergang begriffen, aber nicht einmal dieser Vorwurf hatte Benjamin dazu gebracht, endlich das Weite zu suchen.

Mit Gerrit würde ihm das niemals passieren, und nicht nur, weil der nicht an ihm zweifeln wollte. Sein Kleiner würde bald mit eigenen Augen die trüb-feuchte Pracht und Herrlichkeit Kaltsommers erblicken dürfen. Während sie nach der Party das Gröbste aufräumten, glücklich darüber, dass niemand Rotwein im Bett verschüttet oder das Klo vollgekotzt hatte, konnte er von nichts anderem als seiner Vorfreude sprechen und machte sich zwischendurch über den Unglauben seiner Freunde lustig. Die Worte sprudelten aus ihm hervor wie Wasser aus einem Springbrunnen, und Benjamin liebte den Klang, den sie erzeugten. Am liebsten hätte er sich seinen Kleinen geschnappt, ihn aufs Bett geworfen und mit ihm geschlafen. Celina, die es sich nebenan auf der Couch gemütlich machte, hätte sich vermutlich nicht daran gestört. Simon und Nils, die anderen beiden Gäste aus Düsseldorf, waren ausgeflogen. Die Gelegenheit beim Schopfe packend, waren sie, kaum lichteten sich hier die Reihen, ins Berghain weitergezogen. Eine mit vielen Glücks-Emojis gespickte Textnachricht verriet, dass sie es wirklich am legendären Türsteher vorbei und hinein geschafft hatten. Das ließ Gerrit vermuten: »Die sehen wir nicht wieder. Die bleiben da bis Sonntag. Ich hoffe nur, die denken daran, dass sie Sonntagmittag noch ihren Zug erwischen und vorher ihre Sachen abholen müssen.«

»Ist Mehmet eigentlich wirklich noch mit ihnen gegangen?«, fragte Benjamin. Sie bezogen gerade das Bett neu, es war zwar kein Rotwein darauf, aber Unmengen an Chipskrümeln.

»Mehmet?«, Gerrit blickte überrascht auf. »Nein, der doch nicht. Das hat er den beiden nur gesagt, um ihnen etwas Angst einzujagen. Der hat sofort gespürt, dass sie sich niemals mit alten Leuten einlassen würden. Und für Nils und Simon ist man alt, sobald man die Dreißig überschritten hat. Mehmet liebt diese Art von Späßen.«

»Sympathisch. Was macht er eigentlich beruflich?«

»Wer? Mehmet?«

»Ja.«

»Der ist Kampagnenmanager bei Oxfam.« Gerrit hielt inne, einen frischen Kissenbezug in Händen. »Was interessiert er dich denn so?«

Benjamin lächelte. »Kein Grund zur Eifersucht«, neckte er seinen Kleinen, »ich fand ihn einfach nur sehr nett. Du magst nichts mit Gleichaltrigen anfangen können, aber was uns Ältere angeht, hast du ein gutes Händchen.«

Kleine rosa Röschen erblühten auf Gerrits Wangen. Er musste sich kurz räuspern, bevor er sagen konnte: »Freut mich, dass er dir gefällt.«

»Wart ihr mal richtig fest zusammen?«

»Nein, nicht wirklich.« Sein Kleiner schüttelte sinnierend den Kopf und fuhr fort: »Ich hätte es schon gerne versucht, aber er hat sich nicht dazu durchringen können. Vielleicht ist deshalb der Funke zwischen uns nie richtig übergesprungen, vielleicht hatte es aber auch einfach nicht sein sollen.« Plötzlich lächelte er. »Das Lustige ist, kaum hatte er mir gestanden, es seltsam zu finden, mit einem um so viele Jahre Jüngeren zusammen zu sein, und wir uns getrennt, da lernte er einen Neunzehnjährigen kennen und verliebte sich richtig heftig in ihn. Sie waren immerhin zwei Jahre zusammen.«

»Und jetzt ist er Single?«

»Die meiste Zeit.«

Endlich war das Bett frisch bezogen und für sie bereit. Draußen war die Sonne bereits wieder aufgegangen, und selbst auf der Simon-Dach-Straße sank der Lärmpegel etwas. Celina hatte sich trotzdem Ohropax in die Gehörgänge gestopft, sie war, wie sie selbst sagte, äußerst geräuschempfindlich. Dafür schnarchte sie ganz ordentlich, es war bis ins Schlafzimmer zu hören. Simon und Nils hatten vermutlich ganz gut daran getan, für diese Nacht mit dem Schlafen auszusetzen. Das dachte Benjamin jedenfalls, als er unter die Decke schlüpfte und Gerrit in die Arme nahm. Sie küssten und streichelten sich, liebten sich auf eine ganz zarte Weise, die nicht viel mehr als Mund und Hand und Haut auf Haut benötigte. Sie machten kaum ein Geräusch dabei, und hinterher lagen sie eng aneinandergeschmiegt da im Licht des neuen Sommermorgens.

»Was war nun eigentlich mit diesem Anruf?«

Gerrits wache Stimme, die aus seinem Brusthaar zu ihm sprach, riss Benjamin urplötzlich aus den samtweichen Fängen des Schlafs. »Was?«, murmelte er.

»Der Anruf, den du heute Nacht gekriegt hast«, präzisierte sein Kleiner, »du wolltest mir noch sagen, wer das war und warum.«

»Ach ja …«

Er spürte, wie Gerrit den Kopf nach hinten neigte, um ihm besser ins Gesicht sehen zu können. »Und? Was ist los?« Und nach einem kurzen Moment: »Es ist was passiert, oder?«

»Ja.« Der rote Bär seufzte und richtete sich notgedrungen im Bett auf, Gerrit ganz selbstverständlich mit sich ziehend, als wollte er ihn um keinen Preis loslassen. Dann sagte er: »Die Polizei hat angerufen, meine Mutter hat einen Schlaganfall erlitten und liegt bewusstlos im Krankenhaus.«

»Aber das ist ja schrecklich! Wieso hast du denn nichts gesagt?«

»Weil es für sie schrecklicher ist als für mich.«

Gerrit brauchte einen Moment, um diesen Satz zu verdauen. »Sag doch so was nicht«, stammelte er. »Sie ist deine Mutter.«

»Die froh ist, wenn sie von mir nichts sehen oder hören muss.« Benjamin seufzte erneut.

»Und warum wurdest du dann jetzt angerufen?«

»Weil ich ihr einziger lebender Verwandter bin.«

Gerrits Muskeln hatten sich zu harten Knoten versteift und brauchten eine ganze Weile, um sich in der Wärme von Benjamins unnachgiebiger Umarmung wieder zu lockern. Auch ohne hineinsehen zu können, wusste Benjamin, dass im Kopf seines Kleinen die Gedanken nur so ratterten und rasten. Für seinen behütet aufgewachsenen Freund, dessen Eltern nur eine Woche nach ihrem Besuch ein dickes Paket geschickt und angerufen hatten, war und blieb das Ausmaß der Zerrüttung zwischen Mutter und Sohn Sandow ein Ding der Unvorstellbarkeit, egal wie sehr Benjamin sich auch bemühte, es ihm zu erklären. Also wartete er jetzt einfach ab und ließ Gerrits Gehirn erst mal arbeiten.

»Wirst du hinfahren?«, fragte er schließlich.

»Ich muss wohl«, antwortete der rote Bär mit so sanfter Stimme wie möglich.

»Wann?«

»Weiß ich noch nicht. Bald. Muss erst noch mit meinem Chef sprechen wegen der Kurse. Unter Umständen muss noch eine Vertretung organisiert werden.«

Nach einer weiteren Denkpause fragte Gerrit: »Darf ich mitkommen?«

»Du darfst nachkommen«, versprach Benjamin ihm. »Ich muss erst mal da hoch und die Lage sondieren. Sobald das geschehen ist, darfst du nachkommen. Aber«, und damit griff er seinen Kleinen bei den Schultern und zog ihn so hoch, dass sie sich auf einer Augenhöhe befanden, »das ist nicht die Reise, die ich dir geschenkt habe, klar? Die machen wir trotzdem noch, nur eben eventuell etwas später.«

Sofort kam das Lächeln in Gerrits Züge zurück. Er nickte selig.

»Die lassen wir uns von nichts und niemand kaputtmachen«, bekräftige Benjamin. »Die gehört nur uns ganz allein!«

Bevor Gerrit darauf auch nur irgendetwas erwidern konnte, küsste er ihn fest und drückte ihn dann zurück an seine Brust. Über all das konnten sie später weiterreden, jetzt wollte Benjamin nur noch schlafen, am besten ohne Träume von Kaltsommer.

DIE ZEIDLEREI RETTETE IHN ODER *vielmehr die bunte Tracht. Sobald die Leute seine grüne Zipfelmütze erblickten, schauten sie auf, und wenn sie dann seine Armbrust sahen, machten sie ihm respektvoll Platz. Dass Ludowig am Ende des Tages nichts weiter war als ein Mörder auf der Flucht, war seinem Äußeren nicht anzusehen. Er litt auch nicht unter seiner Tat, Petrus hatte bekommen, was er verdiente. Nicht das war es, was ihn wurzellos machte und von einem Ort zum anderen ziehen ließ. Das Unaussprechliche, das in ihm steckte und das Petrus erst Tür und Tor geöffnet hatte, war nicht in Oldenburg zurückgeblieben. Das begleitete ihn überall hin und sorgte dafür, dass Ludowig nirgends lange verweilte.*

Er war noch jung und doch zu einem Mann gereift, kraftstrotzend, voll vibrierender Energie. Er vermochte nicht nur Bienen zu betören. Natürlich drehten sich die Leute auch wegen seiner Aufmachung nach ihm um, die vielen bunten Farben zogen ihre Blicke so magisch an wie die Blumen ihre pelzigen Bestäuber. Aber deshalb war er in jedem Dorf und Flecken, den er aufsuchte, schnell bekannt wie ein bunter Hund. Ludowig konnte niemals in einer Menge untergehen, war sie auch noch so groß, immer war und blieb er der Honigbringer, an den sich Erwartungen und Hoffnungen knüpften. Und immer stach aus der Menge um ihn herum mindestens ein Gesicht hervor, das hinter die farbenprächtige Fassade blickte, den jugendlichen Hormontumult dahinter ebenso erblickte wie die Sehnsucht dieses einsamen jungen Mannes nach menschlicher Nähe und Ruhe. Die Ruhe hätte er haben können, viele Gemeinden, durch die er kam, hätten gerne einen gräflich bestallten Zeidler bei sich aufgenommen. Sie wussten ja nicht, dass Ludowig seine Ausbildung in einem nicht offiziell anerkannten Kloster bei einem ständig betrunkenen Bruder genossen hatte und kein Privileg des Grafen Adolf I. von Holstein und Stormarn besaß. Dessen Herrschaft war zum Glück so neu und ungefestigt, dass niemand danach fragte, solange nur die Tracht die richtige war. Die hielt Ludowig penibel in Schuss.

Die Hürde, an der er jedes Mal wieder scheiterte und ihn das Weite suchen ließ, bevor der Zorn der Leckermäuler über ihn hereinbrach, war sein Bedürfnis nach Nähe. Ludowig hatte immer Angst, einem zweiten Petrus in die Fänge zu geraten. Er misstraute grundsätzlich jedem Mann, der ihm schöne Augen machte. Aber tief in der Nacht oder noch tiefer im Wald kam es doch immer wieder zu treffen. Die erzeugten für den Moment die nötige Intimität und entpuppten sich gleich darauf nur noch als eine Illusion, die auf der nackten Haut abkühlte und in seinem Gehirn einen nachtschwarzen Strauß an Ängsten und Schuldgefühlen erblühen ließ. Wenn er hinter den fadenscheinigen Klostermauern eins wirklich gelernt hatte, dann, dass eine Sünde eine Sünde blieb, egal wie tief das Bedürfnis danach in einem reichte. Der Teufel war allgegenwärtig, und nur der Mensch war noch unbarmherziger als der Fürst der Hölle.

Wenn Ludowig die Möglichkeit gehabt hätte, er hätte sich in den hintersten Winkel des Eisenwalds zurückgezogen und ein Leben als Einsiedler geführt. Nach und nach hätte er gelernt, allein mit den Bienen als Gesellschaft auszukommen. Aber der Eisenwald war schon lange nicht mehr, was er einst gewesen. Immer tiefer fraßen sich die Siedlungen in ihn hinein mit ihrem Hunger nach Feuer- und Bauholz. Aus Pfaden waren Straßen geworden, ein Netz aus breiten Schneisen, das sich immer weiter ausbreitete und kein Ar mehr unberührt ließ. Der Fenriswolf und seine Brut hatten sich weit hinter das Skagerrak zurückgezogen, und Angrboda war nur noch ein altes Mütterchen, das mit gebeugtem Haupt betend in der Kirche kniete. Mit der Einsiedelei war es in Holstein vorbei. So zog Ludowig von einer Ortschaft zur nächsten, kam durch Preetz und Plön, Stolpe, Bosau, Bornhöved, Bordesholm und Wippenthorp, wo sich im Schatten der Kirchtürme mehr und mehr befestigte Dörfer und Städte entwickelten. Nur die Siegesburg auf dem Kalkberg, von der aus der Landesherr sein Lehen überblickte, besuchte er nicht. Im Zentrum einer nach Stabilität suchenden Macht hätte es selbst für einen mit der Armbrust bewaffneten Zeidler gefährlich werden können.

Die allermeiste Zeit war Ludowig allein unterwegs. Ratsam war das nicht, das Land um ihn herum war unruhig. Die Menschen hatten sich ihrem neuen Herrscher vorerst nur unterworfen, ihn aber noch nicht akzeptiert. Was interessierten sie die Beschlüsse der hohen Herren über ihre Köpfe hinweg, selbst wenn die ihr Recht dazu von Gott selbst ableiteten? Dass sie vor plündernden Räubern geschützt wurden, war ihnen wichtiger, dass es Frieden gab und die Steuerlast sie nicht erdrückte. Wenn alles, was sie von der neuen Herrschaft zu Gesicht bekamen, der Steuereintreiber war, murrten sie schnell. Manchmal kam es sogar vor, dass einer dieser hochherrschaftlichen Spießgesellen, der mehr auf eigene Rechnung arbeitete als für den Grafen, in den Wald hineinging und nicht wieder herauskam.

Ludowig konnte sich gut vorstellen, dass genau das Heinrich passiert war. Bevor Heinrich seinen Dienst als Steuereintreiber für Adolf I. von Holstein und Stormarn angetreten hatte, war der für diesen als Soldat ins Feld gezogen. Er hatte gelernt, seinen Willen mit Macht oder notfalls eben mit Gewalt durchzusetzen. Kaum hatte Heinrich jedoch begriffen, dass er bei der Durchsetzung des gräflichen Besteuerungswillens sein eigenes Leben anders als in einer Schlacht nicht auch bedroht war, korrumpierte ihn dieses Machtgefühl. Zuerst wurde er rigoros in seinem Handeln und bald darauf skrupellos. Er nahm mit Gewalt, was er wollte, und achtete nur noch darauf, dass Adolf das zufiel, was Adolf von Rechts wegen zustand. Den Überschuss behielt er, wie es erlaubt war, für sich. Er war ein harter, grausamer Mann, der keine Rücksicht kannte und keinen Widerspruch duldete. Und obwohl Ludowig sich geschworen hatte, niemals wieder einem solchen Typen in die Hände zu fallen, fand er sich eines Tages in Heinrichs Klauen wieder.

In der Nähe von Bordesholm waren sie sich über den Weg gelaufen, sprichwörtlich. Ludowig wollte in den von einem Kloster beherrschten Ort, Heinrich kam gerade von dort, zufrieden, denn mit den Taschen voller Gold. Es war spät, am Firmament leuchteten die ersten Sterne, die Nacht hätte in Kürze jedes Fortkommen unmöglich gemacht. Heinrich schürte gerade ein Feuer, um sich sein Abendessen zuzubereiten, als Ludowig vorbeikam. Er grüßte scheu, und Heinrich, berauscht vom Ergebnis seiner Arbeit in Bordesholm, lud ihn großzügig ein, Feuer, Essen und Gesellschaft mit ihm zu teilen. Im Zwielicht konnte Ludowig darin nichts Falsches entdecken. Außerdem war es gefährlich, in der Dunkelheit durch das Land zu streifen, und so willigte er ein. Heinrich war charmant, und sobald er bemerkte, dass der junge Zeidler dies bemerkt hatte, intensivierte er seinen Charme noch. Bald erkannten beide die Möglichkeit, die sich ihnen hier eröffnete, und ergriffen sie beim Schopf.

Es war schön, im Schein der Lagerfeuerglut und der funkelnden Sterne sogar romantisch. Für ein paar Stunden gab es für Ludowig weder Furcht noch Reue. Doch als der Morgen dämmerte, fühlte er sich wehrlos, als Heinrich ihm erklärte: »Du kommst jetzt mit mir mit! Wir passen gut zusammen. Der Steuereintreiber und der Zeidler, was für ein Paar!«

Widerrede wurde nicht geduldet. Sobald Ludowig auch nur unterschwellig ein Anzeichen von Unwillen zeigte, setzte es Schläge. Er redete sich ein, dass dies die Strafe Gottes für seine Sünden sei, weshalb er zum zweiten Mal einem Petrus gehörte.

Altbekannte Schmerzen kamen zurück, ergänzt um regelmäßige Fausthiebe in Rippen, Bauch und den verlängerten Rücken. Aber Ludowig fand keine Wut in sich, nur Hilflosigkeit, und die saugte alle Kraft und Stärke auf, die er jemals besessen hatte. An einen weiteren Hinterhalt mit Bienenunterstützung war nicht zu denken. Heinrich konnte mit ihm machen, was er wollte, denn immer, wenn er etwas tat, meinte Ludowig, dahinter das hämische Lachen seines ersten Peinigers zu hören. Es war nicht nur eine Sünde gewesen, Petrus zu beseitigen, sondern auch sinnlos. Der Teufel ist unsterblich.

Fast anderthalb Jahre lang sollte sich der junge Zeidler in der Gewalt des Steuereintreibers befinden, von einem Ort zum anderen von diesem mit einer herrschaftlichen Genehmigung versehenen Verbrecher mitgeschleppt wie eine Geisel. Heinrich gab Befehle, Ludowig führte sie aus. Ging Heinrich seiner Arbeit nach, hatte auch Ludowig in den Wald zu gehen und Honig zu holen; kam Heinrich am Abend mit prallen Taschen zurück ins Lager, hatte Ludowig das Essen zuzubereiten; wollte der Ältere ihn, nahm er sich ihn ganz nach Lust und Laune. Es gab nur eine einzige Sache, auf die Heinrich mit größter Sorgfalt achtete, nämlich dass man sie niemals zusammen irgendwo sah. Selbst wenn ein später Wanderer ihr Nachtlager passierte, musste der Jüngere sich im Gebüsch verstecken, bis die Luft wieder rein war. Das zumindest fand auch Ludowig richtig, denn wenn jemand hinter ihr Geheimnis gekommen wäre, hätte der Volkszorn nicht nur Heinrich getroffen. Geblendet von ihrer selbstgerechten Frömmigkeit und Schadenfreude hätten sie Ludowig genauso für das, was der ehemalige Soldat mit ihm machte, leiden lassen.

Heinrich genoss es offensichtlich, einen Leibeigenen zu haben wie die Herrschaften in ihren Burgen. Er wurde niemals müde, seine Macht über Ludowig auszuspielen. Wenn er den jungen Mann bereits am Boden hatte, nutzte er die Gelegenheit, um noch einmal richtig nachzutreten, indem er sich über ihn lustig machte. Nachdem Heinrich schon betrunken aus einem Bauerndorf namens Sören gekommen war – immer öfter ließ er sich seinen Anteil an der einzutreibenden Steuerschuld in Naturalien auszahlen, am liebsten in Schnaps –, hatte er sich Ludowig besonders gewalttätig genommen. Nachher lag der zu einem Embryo zusammengekrümmt auf der Seite, das Gesicht der Dunkelheit zugewandt, und weinte. Heinrich fand das lustig, sein Leibeigener war endgültig gebrochen. Er ließ sich von seinem Triumph hinreißen.

»Weißt du«, erzählte er Ludowig plötzlich mit lallender Stimme, »für Leute wie dich soll es sogar einen Ort auf dieser Welt geben. Gar nicht mal

weit von hier soll der sein. Dort hängt angeblich immer eine große Wolke über dem Land, und Jungs und Männer wie du gehen da hin, um den ganzen Tag zu flennen. Es ist nass und kalt, aber Frauen ist der Zutritt verboten. Alle Männer leben in einem einzigen großen Haus, das Tag und Nacht, sommers wie winters so stark beheizt wird, dass man sich darin nur nackt bewegen kann. Und das tun die Männer dann auch, weil keiner von ihnen eine Frau vermisst. Sind sie aber einmal unter die Wolke getreten, können sie diesen Ort nie wieder verlassen, denn die anderen Menschen wissen alle, was für Kerle das sind. Wenn einer von denen es auch nur einmal wagt, jemals wieder ins Licht der Sonne zu kriechen, erschlagen sie ihn sofort.« Heinrich nahm einen weiteren Schluck Schnaps, rülpste zufrieden und endete: »Für mich wäre das nichts. Ich brauch meine Sonne und ich brauch den weiten Himmel über mir. Aber du, Ludowig, für dich wär das bestimmt was. Du bist so weibisch, du könntest für alle Männer dort das Weib sein und ihnen zu Diensten sein und hättest auch noch deinen Spaß daran.« Er lachte vor sich hin.

Was Heinrich nicht bedachte, war die Möglichkeit, dass Ludowig ihm tatsächlich zuhörte. Von diesem seltsamen Wolkenort hatte er noch nie etwas gehört, war aber so verzweifelt, dass er gerne an seine Existenz glauben wollte. Es klang wie das Paradies. Wenn er sich nur getraut hätte, er hätte sich noch in der Nacht davongeschlichen, um danach zu suchen. Aber die Nacht ist eine finstere Aussicht, und Ludowigs Körper war eine Ruine, ein zertrümmertes Schneckenhaus, mit dem er nicht weit gekommen wäre. Als der nächste Morgen dämmerte, packte er auf Heinrichs Geheiß hin ihre Sachen zusammen und zog mit ihm weiter, das Haupt tief zwischen die Schultern gezogen.

Aber von nun an hielt er die Augen und Ohren offen. Wenn Heinrich, der viel herumgekommen war, diese Geschichte kannte, dann vielleicht auch jemand anderes. Der Steuereintreiber mochte sie märchenhaft und mit der Herablassung des Ungläubigen erzählt haben, nur musste das nicht heißen, dass in ihr nicht doch ein Quäntchen Wahrheit lag. Ludowig wusste nichts davon, wie Perlen entstehen, er wusste nur, dass sein böser Sandmann ihn aus Spaß hatte blenden wollen. Aber eins dieser Sandkörner hatte sich in ihm festgesetzt und bildete nun Sicht um Schicht Perlmutt aus. Ihr weicher Glanz erfüllte ihn bald völlig. Das war seine Sonne, die ihn am Leben hielt.

Ohne die Legende vom Wolkenort wäre der junge Zeidler beinahe zu den Bienen gegangen, um sie ein letztes Mal zu betören. Weglaufen ist sinnlos, wenn es keinen Platz in der Welt gibt, an den du dich flüchten kannst. Nun gab es einen solchen. Selbst wenn alles nur erstunken und erlogen war, allein die Idee gab Ludowig etwas Hoffnung zurück. Genug jedenfalls, um jeden, den er traf, nach weiteren Informationen auszufragen. Gelegenheit dazu hatte er häufig, denn tagsüber, wenn Heinrich seinem semierpresserischen Beruf nachging, war er für sich allein. Ein Hund ohne Leine, den man deshalb leicht für seinen eigenen Herrn halten mochte. Außerdem trug er noch immer seine Zeidlertracht, und die flößte den Menschen Vertrauen ein. Also sprachen sie mit ihm, egal wie seltsam ihnen seine Fragen vorkamen und wie wenig sie ihm darauf antworten konnten. Es dauerte eine ganze Weile, bis Ludowig mehr erfuhr und zu ahnen begann, dass sich hinter der ewigen Wolke mehr verbarg als nur ein schlechter Witz. Ab und an traf er jemanden, der davon wenigstens schon einmal gehört haben wollte.

Gewissheit brachte ihm ein Händler aus dem Dänischen namens Knud. Heinrich hatte ihn in die Nähe eines Marktfleckens namens Wippenthorp im Gau Faldera geführt, aus dem bald schon Neumünster werden sollte, und ihn wie immer vor den Toren der Siedlung zurückgelassen. Nachdem er den Vormittag über erfolglos auf der Suche nach Bienen durch den lichten Wald gestreift war, hatte sich Ludowig unweit eines Weges hingesetzt, um etwas zu essen. Er saß nicht am östlichen Ast des alten Ochsenweges, weshalb nicht viel los war. Den Karren, der trotzdem plötzlich in seine Richtung gerumpelt kam, hörte er schon von weitem. Er wurde von Ochsen gezogen und war beladen mit Tierfellen und -häuten, aus denen man in Wippenthorp Lederwaren herstellte, wie Ludowig wusste. Ein einzelner Mann begleitete den Karren, ungefähr so alt wie Heinrich, aber mit wesentlich weicheren, freundlicheren Zügen. Auch der Mann hatte Ludowig schnell entdeckt und schon mit einem Nicken begrüßt, lange bevor er ihn erreichte. Er lächelte. Ludowig lächelte scheu zurück. Einen Moment lang verspürte er den Impuls, sich selbst jetzt noch in den Wald zurückzuziehen, denn natürlich hätte es Heinrich niemals geduldet, wenn er mit Fremden spräche. Aber Heinrich war nicht da, und wer wusste besser über die Geheimnisse der Welt Bescheid als ein fahrender Händler?

Als Mann und Karren herangekommen waren, lud er den Dänen ein, sich ein Weilchen zu ihm zu setzen und zu rasten. Der willigte sofort ein, noch freundlicher, noch wärmer lächelnd. Sie stellten sich vor und kamen langsam ins Gespräch. Knud hatte es nicht eilig, er wusste, dass er im Gau Faldera ein gutes Geschäft machen würde. Ludowig dagegen musste sich wegen Heinrichs Rückkehr keine Sorgen machen, der kam inzwischen immer später und betrunkener zurück ins Lager. Langsam und bedächtig näherte er sich dem Thema, über das er den Händler wirklich aushorchen wollte.

»Hast du schon einmal von einem Ort gehört, über dem andauernd eine Wolke hängt«, fragte er schließlich, um Beiläufigkeit bemüht. »Er soll hier wohl ganz in der Nähe sein …«

Weil er sich jedoch kaum traute, Knud dabei anzusehen, sah er nicht, wie dem plötzlich ein Licht aufging. Vielleicht war das auch gut so, gut möglich, dass Ludowig es bei diesem Anblick mit der Angst zu tun bekommen hätte und doch geflohen wäre. Aber Knud war ein gutherziger Mann und ein Menschenkenner noch dazu, der durch diese seltsam anmutende Frage endlich verstand, warum der Anblick des Jungen am Wegesrand ihn trotz seiner tollen Tracht so gerührt hatte.

»Ja«, sagte er schlicht und: »Ich kann dich hinbringen, wenn du willst.«

Ludowig saß da wie vom Donner gerührt. In seinen Ohren rauschte plötzlich das Blut und ließ den Rest der Welt stumm werden. Er konnte nicht glauben, was er gerade gehört hatte, obwohl er sich so sehr nach genau dieser Antwort gesehnt hatte. Ihm ging die Atemluft aus, und so konnte er nur eine einzige Silbe hauchen: »Wo?«

»Gar nicht weit von hier. Nur ein paar Meilen.«

»Das …«

»Du darfst es gerne glauben«, versicherte Knud ihm, und Ludowig spürte, wie eine Hand sich sanft, ja besänftigend auf seine bebende Schulter legte. »Der Ort, den du suchst, existiert wirklich, so seltsam das auch ist. Er heißt Sconebeke.«

»Warst du schon mal dort?« Ludowig wagte ein Blick in die Augen des anderen.

»Nein«, antwortete der, jedoch ohne jede Verachtung, »aber ich habe schon mit Männern von dort Geschäfte gemacht.«

Ludowig atmete tief durch, einmal, zweimal, dreimal.

»Ich kann nicht so einfach weg«, gestand er. »Er wird mich verfolgen. Ich bin doch nur sein Eigentum.«

Wenn Knud diese Aussage verwirrte, ließ er sich das nicht anmerken. »Du sprichst nicht vom Grafen Adolf, oder?«, fragte er mit einem Nicken auf die Tracht, die Antwort bereits kennend.

Ludowig kniff die Lippen zusammen und schüttelte den Kopf.

»Das ist gut«, erklärte Knud und war wieder ganz Optimismus, »dann

finden wir auch eine Lösung. Aber als erstes musst du unbedingt aus diesen bunten Kleidern raus, als Zeidler bist du zu leicht zu erkennen und zu verfolgen.«

»Ich hab ein paar andere Sachen …«

»Du bekommst welche von mir, das ist sicherer.«

»Und dann?«

Was der Däne vorschlug, war so einfach, dass Ludowig einerseits nicht verstand, warum er selbst nicht schon darauf gekommen war, und andererseits kaum glauben wollte, dass es klappen könnte. Bevor sie jedoch ihren Rettungsplan in die Tat umsetzen konnten, musste Ludowig noch eine Nacht im Wald verbringen; Knud war auf sein Geschäft in Wippenthorp angewiesen.

»Das kann ich nicht«, entfuhr es dem jungen Zeidler entsetzt. »Wenn ich noch eine Nacht mit Heinrich verbringen soll, dann …«

»Ich weiß zwar nicht, wer dieser Heinrich ist«, erwiderte Knud vielsagend, »aber niemand hat etwas davon gesagt, dass du über Nacht bei ihm bleiben sollst. Du bist ein Zeidler, du kennst dich im Wald aus. Du wirst fähig sein, dich bis zum Morgen dort zu verstecken. Gegen Mittag treffen wir uns wieder hier, du kletterst auf meinen Wagen, versteckst dich unter den Fellen, die dann noch da sind, und ich bringe nicht nach Sconebeke oder zumindest bis zum Wolkenrand.«

Ludowig wäre am liebsten gleich unter den Haufen Felle und Häute gekrochen, das war seinem Gesicht anzusehen. »Was ist, wenn wir uns verpassen?«, fragte er. »Oder wenn Heinrich mich vor dir findet?«

»Ich werde nach dir Ausschau halten«, versprach der Händler und half Ludowig beim Umkleiden. Während er sich von einem Zeidler in einen fahrenden Händler in dunkelbraunen Hosen und einem knielangen Obergewand in hellem Braun verwandelte, kam Knud nicht umhin, die Blutergüsse zu bemerken, die seinen dürren Torso in allen Schattierungen von violett bis gelb zierten. »War das dieser Heinrich?«, fragte er.

Erschrocken versuchte Ludowig, seine Blessuren mit den Armen zu verbergen. Er antwortete nicht, lief aber rot an. Schnell schlüpfte er in das neue Obergewand.

»Ich denke immer noch«, sagte der gestandene Händler mit bebender Stimme, »dass es besser ist, wenn uns niemand zusammen sieht. Dieser Heinrich ist ein böser Mensch. Aber ich werde mich beeilen und nach dir Ausschau halten, solltest du morgen nicht zur vereinbarten Zeit hier sein, so wahr mir Gott helfe!«

Ludowig gestattete sich erst zu weinen, nachdem Knud mit seinem Ochsenfuhrwerk Richtung Marktflecken Wippenthorp abgezogen war. Die feierlichen Worte des Dänen hallten in seinem Kopf nach und brachten eine Saite in ihm zum Klingen, die zu lange stumm geblieben war und von der er schon angenommen hatte, dass sie gerissen sein musste: Hoffnung. Plötzlich erfüllte ihn wieder Hoffnung. Die war das Licht, das ihn durch die folgende finstere Nacht leitete. Denn finster war diese Nacht wirklich, und nicht nur, weil dunkle Wolken Mond- und Sternenlicht verbargen und er sich nicht traute, ein Feuer zu entzünden. Finster war diese Nacht auch, weil er hinter jedem Knacken im Wald den Fußtritt Heinrichs zu hören meinte und hinter jedem Ruf eines Tieres die Stimme seines Herren. Wenn der ihn fände, da war sich Ludowig vollkommen sicher, würde er ihn erschlagen. Dann wäre alles, besonders diese wunderschöne neue Hoffnung, für die Katz. Am finstersten jedoch wurde diese Nacht kurz vor der Dämmerung, in ihrer dunkelsten und kältesten Stunde, als ihn auch noch Zweifel befielen. Wer sagte denn, dass sein neuer Freund Knud wirklich zurückkäme? Alles mochte nur ein leeres Versprechen gewesen sein. Vielleicht verkaufte er sein Wissen über ihn auch gerade in diesem Moment in irgendeiner dreckigen Schenke an Heinrich, bezahlt mit Gold und Schnaps? Oder aber Knud war nicht einen Deut besser als der widerliche Steuereintreiber und seine Hilfsbereitschaft würde sich, sobald Ludowig auf seinen Wagen gestiegen wäre, in die nächste Leibeigenschaft verwandeln? Er kannte Knud nicht, es gab keinen Grund, ihm zu vertrauen.

Dieses Sconebeke sollte in der Nähe sein, nur ein paar Meilen von hier, er hätte es auf eigene Faust versuchen können. Ludowig tat nicht einmal das, weil er Knud nicht kannte und nicht darauf vertrauen konnte, dass zumindest das der Wahrheit entsprach. Während ihn plötzlich Kraftlosigkeit niederdrückte wie ein schwerer Regen einen Grashalm und die Kerzenflamme seiner neuen Hoffnung flackern ließ, dachte er, dass es immer noch besser sei, vom Regen in die Traufe zu kommen als wieder mutterseelenallein durch den holsteinischen Wald zu irren.

Der Morgen kam und mit ihm die Sonne. Sie ließ das Laub um ihn herum herbstlich aufleuchten und brannte Ludowig nach und nach die nächtliche Kälte aus dem Leib. Er hatte sich in die Mitte eines Brombeergestrüpps unweit des Weges zurückgezogen, ringsum von den dornigen Ranken geschützt, aber mit freiem Blick auf den blauen Himmel. Nur ein Vogel hätte ihn dort entdecken können, und Heinrich war kein Vogel, sondern ein Höllenhund. Ludowig selbst hatte eine gute Sicht auf den Weg und konnte, weil es beinahe windstill war, jeden Daherkommenden hören, lange bevor der in sein Sichtfeld trat. Viele waren es nicht, den ganzen Vormittag über höchstens eine Handvoll Bauern, die mit ein paar wenigen Waren auf den Markt wollten; die meisten nahmen den breiteren und wesentlich besser befestigten Ochsenweg nicht allzu weit entfernt.

So zogen die Stunden dahin und dehnten sich immer zäher aus, je weiter es auf Mittag zuging. Mehrmals ertappte sich Ludowig dabei, wie er einnickte, einmal war er sogar eingeschlafen und schreckte aus einem Albtraum auf: Heinrich, der ihn entdeckt hatte und sich nun, die Hände zu Fäusten geballt, auf ihn stürzte, um ihm den Garaus zu machen. Ludowig konnte von Glück reden, dass niemand den spitzen Schrei, den er beim Aufwachen ausstieß, hörte. Nur ein paar Vögel und ein Eichhörnchen mit einer Walnuss im Maul sahen ihn misstrauisch aus den Zweigen der umstehenden Bäume an. Ludowig hätte sich beinahe bei ihnen entschuldigt – und wieder stiegen Tränen in ihm auf.

Er war mit den Nerven am Ende, als er endlich das Rumpeln eines Fuhrwerks hörte. Erleichtert wollte er schon aus seinem Versteck springen und seinem Retter dankbar um den Hals fallen, doch ermahnte er sich gerade noch rechtzeitig zur Vorsicht. Dem Sonnenstand nach war es zwar fast Mittag, aber das musste trotzdem nicht Knud sein, der da kam. Und ob er alleine kam, stand noch wieder auf einem anderen Blatt. Schlagartig waren alle Schreckensvisionen der letzten Nacht zurück.

Es war tatsächlich Knud. Gezogen von zwei Ochsen, rollte sein Karren langsam ins Bild, der Händler auf dem Bock sitzend und sich nach allen Richtungen zugleich umschauend. Auf der Ladefläche wölbte sich, gegen Regen gesichert von einer Decke aus gegerbter Rindshaut, noch immer ein Berg aus Fellen und Häuten, um einiges kleiner als gestern. Aber immer noch groß genug, dass sich darunter ein Mensch verstecken konnte. Ein ausgewachsener Mann wie Heinrich. Wenn Ludowig sich darunter verstecken sollte, und er war nur eine Handbreit kleiner als der ehemalige Soldat, dann konnte der es auch.

Anstatt Knud entgegenzustürzen, duckte sich Ludowig tiefer in sein Versteck. Erst musste er ganz sicher sein, dass dies kein Hinterhalt war. Nur wie?

Knud hielt sein Gespann ziemlich genau an der Stelle an, an der er am Vortage den verlorenen Zeidler entdeckt hatte. Als er von dem Jungen keine Spur sah, erhob er sich und sah sich um. Als das nichts brachte, rief er leise

Ludowigs Namen. Als auch das zu keiner Antwort führte, zuckte er ein wenig ratlos mit den Schultern und sprang endlich von seinem Wagen ab. Er war zeitig dran und wusste nicht, wo genau der Bursche sich die Nacht über versteckt gehalten hatte. Unter Umständen war er tief in den Wald hinein gewandert, aus Furcht, dieser Heinrich käme ihn suchen. Knud beschloss, Rast zu machen und zu warten. Er fütterte seinen Zugtieren etwas Hafer und machte es sich dann mit einem Stück Wurst und etwas frischem Brot am Wegesrand bequem. Der Tag war schön, er konnte sich nicht vorstellen, dass ihm heute etwas Schlimmes widerfahren sollte.

Es mag der köstliche Duft der Wurst gewesen sein, der Ludowig veranlasste, die Sicherheit seines Verstecks zu verlassen. Sein Magen jedenfalls knurrte plötzlich laut vor Hunger. Knud hörte es nicht einmal rascheln hinter sich, so geschickt wand der ehemalige Novize, Zeidler und Leibeigene eines Steuereintreibers sich aus dem dornenbewehrten Gebüsch hervor. Er stand nur plötzlich neben ihm, und der Händler verschluckte sich beinahe vor Schreck.

»Da bist du ja«, grüßte er in einer Mischung aus Husten und Lachen.

»Ja«, antwortete Ludowig, rot werdend. »Du bist tatsächlich zurückgekommen …«

»Aber natürlich. Das hatte ich dir doch versprochen. Komm«, und er klopfte neben sich auf den mit weichem Moos bewachsenen Boden, »iss etwas mit mir. Du bist bestimmt hungrig.«

Ludowig sah sich unsicher um. »Sollten wir nicht lieber von hier weg?«

»Wegen Heinrich? Ich denke, vor dem musst du dich nicht mehr fürchten, denn selbst wenn wir ihm jetzt begegnen sollten, wären wir im Vorteil. Er ist nur einer, wir aber sind zwei ausgewachsene Männer. Wenn ich diesen Kerl richtig einschätze, wird er es nicht wagen, sich mit uns anzulegen.«

»Er war mal Soldat.«

Knud zuckte nur mit den Achseln. »Das war ich auch«, erwiderte er und klopfte erneut auf den Boden neben sich. »Komm und iss etwas – und dann bringe ich dich nach Sconebeke.«

Niemand kam, während sie ihre Mahlzeit zu sich nahmen. Ludowig stopfte Brot und Wurst nur so in sich hinein, weil er sehr hungrig war. Ans Essen hatte er gar nicht mehr gedacht, seit er Knud begegnet war, dabei hätte er ein wenig Proviant bei sich in seinem Bündel gehabt; Heinrich verwahrte allerdings den Löwenanteil davon. Nach Beendigung ihres Mahls hieß Knud ihn auf seinen Karren steigen und es sich unter den Fellen bequem zu machen.

»Versuch zu schlafen«, sagte er. »Du musst müde sein nach so einer Nacht. Deck dich nur ganz zu, damit dich niemand sieht. Meine Ochsen werden dich schon ans Ziel tragen.«

Ludowig tat, wie ihm geheißen, obwohl er nicht glaubte, in dieser Situation schlafen zu können. Er war zu aufgeregt, und die Radachsen federten nicht einmal den geringsten Stoß der Buckelpiste, über die sie fuhren, ab. Die Felle taten es jedoch. Kaninchen, Fuchs, Marder, Dachs, Schaf, Rind und Reh waren weich und warm und noch so zahlreich vorhanden, dass sie Ludowig das bequemste Lager bereiteten, auf dem er jemals gelegen hatte. Im Nu war er eingeschlafen. Das Gefühl stillzustehen weckte ihn schlagartig wieder auf. Aber da waren bereits Stunden vergangen, der Himmel schwarz und die Bäume ringsum erhellt vom Schein eines kleinen Lagerfeuers. Ludowig lugte unter dem Rand eines Rinderfells hervor, um die Lage zu sondieren. Sein erster Gedanke, als er keine Bewegung unter sich mehr spüren konnte, hatte wieder einmal der Möglichkeit einer Falle gegolten. Heinrich saß ihm zumindest als Verfolgungswahn noch immer im Nacken. Mehrere Minuten lag der junge Zeidler einfach nur still da, lauschte und versuchte, mehr als nur einen Schatten zu sehen. Erst als dann noch immer kein zweiter aufgetaucht war und die einzigen Worte, die der Fellhändler sprach, seinen dänischsprachigen Ochsen galten, traute sich Ludowig aus seiner Deckung hervor. Er reckte und streckte sich und sah sich dabei unauffällig um.

»Keine Angst«, meinte Knud, dem das nicht entging, »es ist uns niemand gefolgt. Und die Gegend ist in letzter Zeit auch nicht sehr von Räubern heimgesucht worden. Wir dürften hier für die Nacht sicher sein.«

»Wo ist hier?«

»Ein paar Meilen hinter Wippenthorp.« Wieder einmal klopfte der Däne auf den Platz neben sich, nur war das Gras gegen die Feuchtigkeit dieses Mal mit einem alten, durchgescheuerten Schaffell bedeckt. »Setz dich und iss etwas.«

»Und wie weit ist es noch bis Sconebeke?«

»Noch etwas mehr als doppelt so weit, würde ich sagen. Nun komm und iss etwas.«

Ludowig nahm Platz und aß, wieder mit gesundem Appetit. Sie redeten nicht viel, Knud wirkte still und in sich gekehrt, erschöpft. Ab und an gähnte er. »Habe ich dir dein Geschäft heute sehr verdorben?«, fragte der Jüngere ihn. »Dein Wagen ist noch fast so voll wie gestern, du kannst nicht viel verkauft haben.«

»Ach, mach dir darüber mal keine Sorgen.« Der Ältere winkte ab. »Es scheint, wir kriegen einen milden Herbst, da werde ich noch die eine oder andere Tour machen können, bevor ich für den Winter nach Hause zurückkehre.«

»Wo ist dein Zuhause?«

»Kolding. Dort warten meine Frau und meine Kinder auf mich.«

»Ist das weit von hier?«

»Wenn du in Ochsengeschwindigkeit reist, dann ja.«

Nach einer Weile fragte Ludowig: »Woher kennst du Sconebeke? Treibst du Handel mit den Bewohnern des Dorfes?«

»Auch.«

»Auch?«

»Jeder, der in dieser Gegend unterwegs ist«, holte Knud aus, »kennt die Wolke. Kaum einer war mal darunter, aber jeder kennt die Wolke. Die ist einfach nicht zu übersehen, verstehst du? Wahrscheinlich wirst du sie morgen schon erblicken können, wie sie sich in den Himmel schraubt, höher und immer höher hinauf bis hinein in Gottes gute Stube. Und ab und an begegnet man auch jemandem, der unter ihr lebt. Diese Wolkenmenschen kommen nicht oft darunter hervor, sie ist ihr Schutz, verstehst du?« Ludowig schüttelte nur den Kopf, und deshalb fuhr Knud fort: »Kaum einer der Menschen, die in Sconebeke wohnen, ist dort geboren worden. Die meisten sind irgendwann unter die Wolke gegangen, haben sich ganz bewusst für ein Leben an diesem seltsamen Ort entschieden, der vielen anderen Angst einflößt.«

»Warum?«

»Den Grund dafür kennst du«, antwortete der Händler mit einem bekräftigenden Nicken. »Das weiß ich, und wenn du erst einmal dort bist, wirst auch du wissen, was ich meine.«

»Ich …«

»Nein, lass gut sein. Du darfst mir glauben, ich bin froh, dass es diesen Ort gibt. Ohne ihn hätte ich noch mehr Kummer erlitten als ohnehin schon. Ich bringe dich aus Dankbarkeit dorthin, Dankbarkeit dafür, dass wenigstens Gott barmherzig ist und uns Sündern manchmal schon auf Erden vergibt.«

Alles, was Ludowig als Antwort darauf einfiel, war: »Danke.«

Knud lächelte nur in das langsam ausbrennende Feuer hinein. Traurig, wie es dem Jüngeren schien, und doch auch ein Stückweit erleichtert. Schließlich sah der Händler ihn direkt an und sagte: »Ich werde dich nicht direkt nach

Sconebeke bringen, sondern in ein Dorf nahebei. Es heißt Bornhöved, und dorthin kommen regelmäßig Leute aus Sconebeke, um ein wenig Handel zu treiben. Ich kenne diese Leute und kann dich mit ihnen bekannt machen. Sie werden dann eher bereit sein, dich bei sich aufzunehmen.«

Tausend Dinge gleichzeitig gingen Ludowig durch den Kopf, die er auf diese Ankündigung hätte erwidern können, die den anderen von der Dringlichkeit, unter den Schutz der Wolke zu kriechen, überzeugen sollten. Plötzlich schien ihm Heinrich wieder ganz dicht auf den Fersen zu sein: Hinter jedem Rascheln und Knacken im Busch mochte er stecken.

»Du brauchst keine Angst haben«, kam Knud ihm zuvor, »ich kenne in Bornhöved einen Platz, an dem du sicher bist, bis jemand kommt, um dich nach Sconebeke mitzunehmen. Und jetzt«, er erhob sich resolut, »jetzt gehen wir ins Bett. Wenn wir morgen ganz früh aufbrechen, können wir es bis zum Abend bis an unser Ziel schaffen.«

Ludowig sah keine andere Möglichkeit, als sich dem Willen seines Begleiters und Beschützers zu unterwerfen. Er war ihm ausgeliefert, auf Gedeih und Verderb. Also kroch er neben den Dänen wieder auf den Wagen, deckte sich mit den warmen weichen Fellen zu und sah noch eine Weile unschlüssig in den sternenlosen Himmel hinauf. Ein Kauz rief in den Wald hinein, die Ochsen käuten wieder und rülpsten und furzten gelegentlich und Knud schnarchte bald. Ludowig dachte ein letztes Mal ans Weglaufen, dann schlief auch er ein.

Knud weckte ihn, kaum dass die Dämmerung am östlichen Horizont über den Baumwipfeln zu erahnen war. Sie erleichterten sich, frühstückten kurz und packten schnell zusammen. Nur eine halbe Stunde später rumpelte der Karren wieder über den wenig befahrenen Weg. Die meiste Zeit lief Ludowig nebenher, er wollte nicht als faul erscheinen. Außerdem tat ihm die Bewegung gut. Sie sorgte dafür, dass seine Nerven nicht zu schnell zu flattern anfingen. Manchmal kletterte er zu Knud auf den Bock, und dann unterhielten sie sich beiläufig. Sie gingen nicht allzu sehr auf die zwiespältigen Aspekte ihres Lebens ein, die sich bisher schon angedeutet hatten. Beide sahen darin eher einen Akt der Höflichkeit. Einmal versteckte er sich, wieder ganz der Flüchtling, unter der Fellfuhre, als ein Schweinehirte ihren Weg kreuzte. Der Däne hielt seinen Wagen an, um mit dem Mann zu plaudern und ihm seine Waren anzupreisen, aber der Bauer hatte nur Interesse und kein Geld oder einen anderen Gegenwert zum Tausch. Bald schon setzten sie ihre langsame, vor sich hin zockelnde Fahrt fort, und Ludowig bekam zumindest eine Ahnung davon, was es hieß, mit Ochsengeschwindigkeit zu reisen.

Der Mittag war längst vorüber, als Knud plötzlich seinen Wagen anhielt, zum Himmel hinauf deutete und sagte: »Da, sieh!«

Zuerst wusste Ludowig nicht, was er sehen sollte, dann traute er seinen Augen nicht. Der Himmel war bisher nur von ein paar Schleierwolken bedeckt gewesen, jetzt aber türmte sich vor ihm eine gewaltige grauweiße Struktur auf, unten rund und nach oben spitz zulaufend wie ein Judenhut. Sie schien sich ganz langsam um ihre eigene Achse zu drehen. »Ist das ...?«, fragte er und wusste nicht, ob es Angst oder Erleichterung war, was ihm das Wort abschnitt.

»Ja, das ist sie«, antwortete Knud. Er ließ die Zügel schnalzen, die Ochsen legten sich mit all ihrer Kraft ins Joch und der Wagen fuhr mit einem ordentlichen Ruck an. »Beeilen wir uns, dann schaffen wir es wirklich bis zum Abend nach Bornhöved.«

Plötzlich wusste Ludowig nichts mehr dagegen einzuwenden.

Manchmal nahmen die hier noch immer sehr dicht stehenden Bäume mit ihren ausladenden, bunt belaubten Kronen die Sicht auf den Himmel, aber immer öfter und deutlich zeigte sich die Wolke jetzt. Sie fuhren südlich an ihr vorbei. Bald kam sie Ludowig erhaben vor, bald bedrückend. So oder so, er konnte den Blick nicht von ihr wenden. Nicht einmal als es dämmerte und Knud ihn hieß, sich wieder unter den Fellen zu verstecken, denn auch die Bewohner von Bornhöved sollten ihn nach Möglichkeit nicht sehen. Dies war nicht Heinrichs Bezirk, hier war er als Steuereintreiber nicht zuständig, aber das musste ja nichts heißen. Ludowig fügte sich dem Befehl, auch wenn er sich ein wenig Sicht auf Himmel und Wolke freiließ. Bis der Abend kam jedenfalls und die heranrückende Dunkelheit den Unterschied zwischen der Wunderwolke und dem normalen Firmament verwischte.

Es war fast Nacht, als sie Bornhöved erreichten und vor einer Hütte hielten. Während Knud vom Bock sprang und leise an die Tür klopfte, hörte Ludowig in der Dunkelheit einen Hund bellen und etwas leiser darunter das träge Schwappen von Seewasser ans Ufer.

Es dauerte einige Zeit, bis die Tür sich öffnete und eine Frau sagte: »Was machst du denn schon wieder hier? Ist was passiert?«

»Nein, nein, Hilde, alles in Ordnung«, beschwichtigte Knud die Frau. Ludowig meinte, einen Kuss zu hören. »Mit mir ist alles in Ordnung, aber ich habe jemanden dabei, der unsere Hilfe braucht.«

Ludowig fragte nicht nach den Familien- und Beziehungsverhältnissen, die er in der Hütte vorfand, als er diese nicht lange danach betrat. Was er als Möglichkeit erahnte, reichte ihm aus, und selbst wenn er gewollt hätte, ein moralisches Urteil hätte ihm nicht zugestanden. Im Licht einer stark rußenden Talgkerze erkannte er eine Frau, vielleicht ein paar Jahre jünger als der Händler aus Kolding, und ein Mädchen von um und bei zwölf Jahren. Die Frau hieß Mechthild und wurde Hilde genannt, das Mädchen Hildegunde; beide wussten sie, was zu tun war. Ohne viele Worte machten sie Ludowig ein Bett aus Stroh und alten Fellen, während Knud die Ochsen abspannte und mit dem Wagen mit seiner teuren Fracht in der Scheune hinter der Hütte unterstellte. Als er sich hinlegte, sagte die Tochter des Hauses zu ihm: »Du hast Glück, Gerhard kommt morgen und kann dich gleich mitnehmen.« Bevor Ludowig darauf etwas erwidern konnte, kam Knud jedoch schon zurück, zog sich die Arbeitstracht aus, löschte das Licht und schlüpfte zu Mechthild ins Bett. Wenig später schon schlief die ganze Familie, und alle bis auf Hilde schnarchten.

Ludowig blieb wach, er konnte nicht schlafen. Er hatte begriffen, dass Knud aus Kolding oben im Königreich Dänemark hier unten in Holstein, im Herrschaftsbereich des Grafen Adolf I., noch eine zweite Familie besaß. Das war der Grund, warum er seine Zeit zwar fern von zu Hause, aber eben in einer spärlich besiedelten und kaum als reich zu nennenden Gegend verbrachte. Anderswo, ein Stück weiter südlich nur, auf der Strecke zwischen Hamburg und Lübeck zum Beispiel, hätte er ein lukrativeres Auskommen haben können, ebenso auf der Nord-Süd-Achse Schleswig-Kiel-Oldenburg-Lübeck. Aber hier, mitten auf dem platten Land, wo mehr Tiere lebten, denen man das Fell abziehen konnte, als Menschen, um es ihnen zu verkaufen? Das ergab erst unter diesen Umständen Sinn. Ludowig fragte sich, ob Knuds zwei Familien wohl voneinander wussten. Als fahrender Händler hatte er eine gute Ausrede, ständig in Bewegung zu sein und den Sommer hier und den Winter dort zu verbringen. Dazwischen lag eine lange, lange Strecke in Ochsengeschwindigkeit.

Aber all das erklärte nicht, warum er über diesen Ort namens Sconebeke unter der Wolke so gut Bescheid wusste. Das klärte sich erst am frühen nächsten Morgen, als ihn nicht nur die Dämmerung aus seiner Schlaflosigkeit erlöste, sondern auch die zeitig anbrechende Geschäftigkeit von Vater, Mutter und Tochter. Weil er ganz ruhig lag, sich nur sein Brustkorb gleichmäßig hob und senkte und er die Augen geschlossen hielt, dachten sie, ihr Gast würde noch schlafen. Sie unterhielten sich gedämpft, sodass Ludowig nicht alles verstand, was sie redeten, während sie ihre Schlafsachen beiseite räumten, ein Feuer entzündeten und Frühstück aus Stockfisch, Brot und warmer Milch bereiteten. »Gerhard wird überrascht sein, dich zu sehen«, hörte er Mechthild sagen und Knud darauf erwidern: »Aber wird er auch froh darüber sein?« Die möglichen Gründe für die in der Frage mitschwingenden Zweifel nuschelte Knud zu leise in seinen Bart. »Warum nicht?«, beschwichtigte Mechthild, eine kleine, runde und resolute Person. »Wenn er sieht, warum du so schnell zurückgekehrt bist.«

Hildegunde kam, ihn zu wecken. Er tat, als holte sie ihn aus tiefstem Schlaf. Sie setzte ihm Frühstück vor, und er aß aus purer Freundlichkeit alles auf. Tatsächlich war sein Magen ein harter Knoten, dem es nicht nach Nahrung verlangte, sondern nach Klarheit. Allein er traute sich nicht, zu fragen, wer dieser Gerhard sei, warum er noch vor dem ersten Hahnenkrähen komme und seine Ankunft mit so viel Spannung verbunden sei. Ludowig saß nur da und wartete ab, den Kopf eingezogen zwischen den Schultern.

Ein von Gerhard erwiderter Blick genügte, um Ludowig das Geheimnis zu enthüllen. Es war nicht schrecklich, jedenfalls nicht für ihn. Auch Gerhard sah sofort, was mit dem jungen Mann ungefähr in seinem Alter los war, den sein Vater ihm als geflohenen Novizen und ausgebildeten Zeidler vorstellte.

»Den Rest muss er dir selbst erzählen«, beendete Knud seine Vorstellung. »Bring du ihn nur sicher unter die Wolke, Gerd.«

Der sah dem Händler forschend ins Gesicht und antwortete dann, mit zumindest dem Hauch eines Lächelns in seinen Zügen: »Das werde ich, Vater.« Doch bevor es rührselig werden konnte, wandte er sich schon Ludowig zu und sagte: »Ich brauche ungefähr bis Mittag, um meine Geschäfte hier zu erledigen. So lange bleibst du im Haus meiner Mutter und zeigst dich nicht. Ich komme dann und hole dich ab.« Mit diesen Worten war er schon wieder zur Tür hinaus, ohne Ludowigs Antwort abzuwarten.

Auf Vater, Mutter, Schwester und ihrem Gast lastete ein Schweigen, dass erst Knud zu brechen imstande war, als er ankündigte: »Na, dann will ich mich auch mal wieder auf den Weg machen. Bevor es sich allzu sehr herumgesprochen hat, dass ich so früh schon wieder von meiner Reise zurückgekommen bin und es lästige Fragen gibt.«

»Wo willst du diesmal hin?«, fragte Hilde.

»Wieder Wippenthorp. Ich habe da noch ein paar Geschäfte laufen.« Er machte eine Pause, sah die Frau und das Mädchen, das er mit ihr gezeugt hatte,

an, und warf auch einen halben Blick auf Ludowig, bevor er schloss: »Ich komme dann noch einmal her, bevor ich wieder nach Norden muss.«

»Tu, was du nicht lassen kannst.« Sie sagte es mit einer Weichheit, in der sich, zumindest für Ludowigs Ohren, Zuneigung und Resignation die Waage hielten.

Knud ging nach draußen, sein Ochsengespann wieder fertigzumachen. Er brauchte nicht lange dafür. Die Sonne hatte noch nicht einmal angefangen, den Frühnebel aufzulösen, der vom See heraufgezogen kam, da war er schon abmarschbereit. Er verabschiedete sich von Hildegunde und Mechthild, die ihm noch frischen Proviant mit auf den Weg gab, dann kam er zu Ludowig auf ein letztes Wort.

»Ich wünsche dir alles Gute«, begann er. »Du kannst Gerhard vertrauen, er ist ein guter Mann. Er wird dich sicher nach Sconebeke geleiten und dich dort unter seine Fittiche nehmen. Er wird dir helfen, bis du dich eingelebt hast. Und wenn jemals dieser Heinrich dort auftauchen sollte, werden er und seine Freunde alles tun, um dich vor diesem Wüterich zu beschützen. Die Männer dort, sie halten zusammen. Sie bilden eine Gemeinschaft, und du wirst dort willkommen sein. Sobald du dort bist, brauchst du keine Angst mehr zu haben und wirst endlich frei leben können.«

»Werden wir uns wiedersehen?« Plötzlich steckte Ludowig ein Kloß im Hals, und er bereute alles, was er diesem Mann seit ihrer Bekanntschaft in Gedanken an möglichen Untaten unterstellt hatte.

»Wer weiß, vielleicht.«

»Danke«, flüsterte Ludowig. »Danke für alles.«

»Ich bin froh, dass ich wenigstens das tun konnte.«

Mit diesen Worten wandte der Händler sich ab, warf seiner holsteinischen Frau und Tochter einen letzten Gruß zu, stieg auf seinen Bock, schnalzte mit der Zunge und mit den Zügeln und setzte seine beiden Ochsen in ihre träge, aber stetige Bewegung. Ludowig sah ihm aus dem Türrahmen der Hütte nach, bis Nebel, Häuser und buntbelaubte Bäume ihn verschluckt hatten.

Die nächsten Stunden verbrachte er im Haus, während Mechthild und ihre Tochter routiniert ihren täglichen Aufgaben nachgingen. Ludowig bot mehrfach an, ihnen zu helfen, aber sie lehnten jedes Mal dankend ab. So zogen sich die Stunden hin und ließen unweigerlich die paranoiden Gedanken, die er endlich tot und begraben gewähnt hatte, wieder aus ihren Grüften auferstehen. Je länger er nutzlos herumsaß, desto überzeugter wurde er, dass Gerhard nur losgegangen war, den Schergen Adolfs I. zu berichten, wo der gesuchte Mörder und Sodomit Ludowig sich versteckt hielt. Als es gegen Mittag dann an die Tür klopfte, wäre er vor Schreck beinahe hintenüber vom Hocker gefallen.

Aber es war nur Gerhard, der gekommen war, ihn abzuholen. Er wollte nicht einmal bleiben, um mit Mutter und Schwester noch eine kleine Mahlzeit einzunehmen, sondern drängte zur Eile. »Sie machen ja gerne Geschäfte mit mir, aber haben mich ungern länger als nötig in ihrer Nähe«, erklärte er mit einem Seitenblick auf Ludowig. »Und wenn sie jetzt auch noch erfahren, dass dein Haus so etwas wie ein Durchgangslager für neue Sconebekener wird, könnte es auch für euch gefährlich werden.«

Mechthild nickte nur. »Komm wieder, sobald du kannst«, sagte sie zu ihrem Sohn und drückte ihn kurz an sich. Dann wandte sie sich ihrem Gast zu und sagte, während ein reines, herzliches Lächeln plötzlich ihr Gesicht aufhellte: »Geh mit Gerd und geh mit Gott, mein Junge. Er wird auf dich aufpassen und dir sicheres Geleit geben. Von nun an musst du dich nicht mehr bei allem, was du tust, ängstlich umsehen.« Und dann drückte sie auch Ludowig.

Dem liefen noch immer die Tränen über die Wangen, als er auf einem Pfad, der direkt in den Wald und weg von der offiziellen Straße führte, Gerd folgte. Ihm war, als würde ihm mit jedem Schritt ein Stein nach dem anderen vom Herzen fallen, unter deren erdrückender Last er sein ganzes bisheriges Leben hatte leben müssen.

Sie marschierten in strammem Tempo und brauchten keine Stunde bis an ihr Ziel. Währenddessen wechselten sie kein Wort miteinander, sowohl Gerds als auch Ludowigs ganze Aufmerksamkeit galt den Unwegsamkeiten des einmal quer durch den Busch führenden Weges. Ein ungeübtes Auge hätte den bestenfalls für einen Wildtrampelpfad gehalten. Gerd sah sich nur regelmäßig nach seinem unerwarteten Gefährten um, und immer wenn er das tat, erblickte Ludowig in seinem Ausdruck nichts anderes als stille Sympathie. Auf diesen letzten Metern seines langen, langen Weges, der vor so vielen Jahren inzwischen in Oldenburg in Holstein begonnen hatte, zweifelte Ludowig kein bisschen mehr am glücklichen Ausgang seines Abenteuers. Und so stand er endlich vor der Nebelwand, die Sconebeke umgab und den Erdboden mit der Wolke am Himmel verband.

»Das Leben auf der anderen Seite hat seine eigenen Macken und Tücken«, warnte Gerd ihn freundlich, »aber bei Gott, dort drüben haben wir wenigstens ein Leben.«

Ludowig nickte. Er verstand noch nicht die volle Tragweite dieses Satzes, aber wusste, was Gerd ihm damit sagen wollte. Er sah nach links und rechts entlang der wabernden Nebelwand; er sah hinauf zum Himmel und zum langsam rotierenden Grau und Weiß der Wolke, die in seinen Augen mehr ein Versprechen war denn eine Bedrohung; und er sah noch einmal über seine Schulter, in die von der Sonne überflutete und im Farbenrausch des bunten Herbstlaubes versinkende Welt, aus der er gekommen war. Er lächelte. »Selbst wenn ich das alles nie wieder sehen sollte«, sagte er, »so bin ich sicher, dass alles, was ich hinter diesem Nebel finde, es wert sein wird.« Und Ludowig trat unter die Wolke.

MAIN Verlag

Thomas Pregel
Kaltsommer

ISBN: 978-3-95949-597-4

Kaltsommer, im tiefsten Holstein gelegen, ist für ein unerklärliches Phänomen bekannt: In dem kleinen Dorf nieselt es ohne Pause.
Eines Tages ist die Ruhe des unheimlichen Dorfs gestört, denn es passiert ein Mord. Kennt der Enkel des Opfers, der in den USA mit Gay-Pornos reich wurde, den Täter? Und warum taucht er gerade jetzt auf?

Dieser Roman bildet den Auftakt zu der Holsteiner Trilogie von Thomas Pregel, die rund um die fiktive Ortschaft Kaltsommer, irgendwo zwischen Neumünster, Plön und Bad Segeberg gelegen, spielt.